**Weltgeschichte
seit der Aufklärung**

Weltgeschichte seit der Aufklärung

Herausgegeben von der Lexikonredaktion
des Verlages F. A. Brockhaus, Mannheim

F.A. BROCKHAUS
Leipzig · Mannheim

Redaktionelle Leitung
Mathias Münter-Elfner

Autoren der Kapitel 1 bis 5
Birgit Brandau
Dr. Jochen Grube
Hartmut Schickert

Autoren der Kapitel 6 bis 11
Dr. Friedrich Kießling
Priv.-Doz. Dr. Thomas Nicklas
Dr. Claus W. Schäfer
Prof. Dr. Gregor Schöllgen
Dr. Matthias Stadelmann

Redaktion
Dr. Jochen Grube
Ute Aengeneyndt
Birgit Brandau
Hartmut Schickert

Herstellung
Andreas Preising

Gestaltungskonzept und Typografie
Horst Bachmann

Umschlaggestaltung
Hans Helfersdorfer, Heidelberg

Umschlagabbildungen
picture-alliance/dpa, Frankfurt am Main: World Trade Center, Kubakrise, Nelson Mandela, NATO; picture-alliance/akg-images, Frankfurt am Main: Berliner Kongress, Dampfmaschine, Dresden, Gandhi, Gemälde Delacroix, Gemälde Dix, Prager Frühling, Samurai-Rüstung; Corbis, London und Düsseldorf: Mondlandung, Mount Rushmore; Volkswagenwerk, Wolfsburg: VW Käfer; Verwertungsgesellschaft BILD-KUNST, Bonn: Gemälde Dix

**Bibliografische Information
der Deutschen Bibliothek**
Die Deutsche Bibliothek verzeichnet diese Publikation in der Deutschen Nationalbibliografie; detaillierte bibliografische Daten sind im Internet über http://dnb.ddb.de abrufbar.

Namen und Kennzeichen, die als Marken bekannt sind und entsprechenden Schutz genießen, sind beim fett gedruckten Stichwort durch das Zeichen ® gekennzeichnet. Handelsnamen ohne Markencharakter sind nicht gekennzeichnet. Aus dem Fehlen des Zeichens ® darf im Einzelfall nicht geschlossen werden, dass ein Name oder Zeichen frei ist. Eine Haftung für ein etwaiges Fehlen des Zeichens ® wird ausgeschlossen.

Das Wort BROCKHAUS ist für den Verlag Bibliographisches Institut & F.A. Brockhaus AG als Marke geschützt.

Das Werk einschließlich aller seiner Teile ist urheberrechtlich geschützt. Jede Verwertung außerhalb der Schranken des Urheberrechtsgesetzes ist ohne Zustimmung des Verlages unzulässig und strafbar.
Das gilt insbesondere für Vervielfältigungen, Übersetzungen, Mikroverfilmungen und die Speicherung und Verarbeitung in elektronischen Systemen.

© F.A. Brockhaus GmbH,
Leipzig · Mannheim 2006
Satz A–Z Satztechnik GmbH, Mannheim
(PageOne, alfa Media Partner GmbH)
Druck- und Bindearbeit
Druckerei Parzeller, Fulda
Printed in Germany

ISBN 3-7653-0191-4

Vorwort

In unserem Zeitalter der Globalisierung rücken Länder und Kontinente aufgrund wirtschaftlicher und finanzieller Verflechtungen sowie revolutionär verbesserter Verkehrs- und Kommunikationsmöglichkeiten immer enger zusammen. Daher wird es für das Verständnis der Gegenwart immer wichtiger, den historischen Blick weit über die eigene Nation hinaus auf weltgeschichtliche Entwicklungen und Zusammenhänge zu richten.

Das Werk „Brockhaus – Weltgeschichte seit der Aufklärung" setzt mit seiner Darstellung im 18. Jahrhundert da ein, wo mit der Philosophie der Aufklärung und mit den großen Revolutionen in Nordamerika und in Frankreich nach allgemeiner Auffassung die „moderne Welt" ihren Anfang nahm. Seither sind die Nationalstaaten heutiger Prägung entstanden, die, obgleich in jüngster Zeit zunehmend infrage gestellt, nach wie vor die Struktur der Weltgemeinschaft entscheidend bestimmen. Der Band zeigt, wie die französische Hegemonie in Europa durch das britische Weltreich abgelöst wurde und dieses den beiden Weltmächten USA und Sowjetunion weichen musste, er zeigt schließlich den Zusammenbruch der Sowjetunion – mit dem Ergebnis, dass die USA als einzige Supermacht in einer multipolaren Welt verblieben sind.

Dreifachen Nutzen – als Handbuch, als Nachschlagewerk und als geschichtliches Lesebuch – bietet der vorliegende Band durch seinen Aufbau, der sich von anderen geschichtlichen Darstellungen grundsätzlich unterscheidet. Er bringt auf neuartige Weise Weltgeschichte in verschiedenen Epochen und Entwicklungsphasen den Menschen unserer Tage nahe, er macht die Problematik vergangener Zeiten und das Verhalten unserer Vorfahren in unterschiedlich schwierigen Situationen verständlich:

In den elf Kapiteln des Buches, die jeweils einem Zeitabschnitt gewidmet sind, wird ein chronologischer Grundrahmen vorgegeben, innerhalb der Kapitel wird die Geschichte allerdings nicht in einer fortlaufenden Erzählung ausgebreitet, sondern durch kurze Texte – wir nennen sie Schlaglichter – aufgeschlüsselt, die dem historischen Ablauf entsprechend in einen Zusammenhang gebracht werden. Schlaglichter werden geworfen: auf herausragende Persönlichkeiten, die in ihrer Zeit eine führende Rolle gespielt haben; auf Ereignisse und Entwicklungen, die ihre Epoche geprägt haben; auf Begriffe, die schon für die Zeitgenossen zu Schlagworten wurden oder die erst aus späterer Sicht historisch bedeutsam erscheinen und in denen sich charakteristische geistige, politische und gesellschaftliche Strömungen widerspiegeln. Über die Schlaglichter kann der Leser auf einleuchtende Weise Zugang zum Verständnis geschichtlicher Vorgänge finden, ohne sich durch eine Gesamtdarstellung durcharbeiten zu müssen.

Den Schlaglichtertexten jedes Kapitels ist eine Einführung vorangestellt, die die Hauptmerkmale der jeweiligen Epoche aufzeigt. Den Abschluss jedes Kapitels bildet eine Datenseite, auf der die wesentlichen Ereignisse des Zeitabschnittes in einer Zeittafel aufgeführt sind. Einführung, Schlaglichtertexte, Illustrationen und Datenseite zusammen geben ein anschauliches Bild der Epoche. Über das ausführliche Inhaltsverzeichnis ist das Auffinden der einzelnen Themen ebenso möglich wie über das Personen- und das Sachregister.

Der Verlag dankt den Autoren und allen, durch deren Zusammenwirken der vorliegende Band entstanden ist.

F. A. Brockhaus

Inhaltsverzeichnis

KAPITEL 1

Von der Gründung der USA bis zum Wiener Kongress (1776–1815)

	Einführung	15
1.1	Die Vorgeschichte der Amerikanischen Revolution	17
1.2	Die Boston Tea Party	19
1.3	Die Amerikanische Unabhängigkeitserklärung	20
1.4	Der Amerikanische Unabhängigkeitskrieg	21
1.5	»We the People«: Die amerikanische Verfassung	23
1.6	»Virginia Declaration of Rights«	24
1.7	George Washington	25
1.8	Selbst denken – der Sieg der Vernunft	25
1.9	Europäische Aufklärer	27
1.10	Die Krise des Ancien Régime: Der Ständestaat	28
1.11	Das »Neue Regime« Selims III.	29
1.12	Der Ständestaat in China (1750–1795)	30
1.13	Russland wird Großmacht in Europa	31
1.14	Polen – drei Mal geteilt	33
1.15	Das Schogunat der Tokugawa	33
1.16	Die Verfassunggebende Nationalversammlung in Frankreich	34
1.17	Der Sturm auf die Bastille	36
1.18	Die »Große Furcht« und die Augustdekrete	37
1.19	Die Erklärung der Menschen- und Bürgerrechte	38
1.20	Frankreich wird Republik	39
1.21	Frauen in der Revolution	40
1.22	Die Herrschaft des Terrors	41
1.23	Das Direktorium	42
1.24	Napoléon Bonaparte: General, Konsul, Kaiser	43
1.25	Der Code civil	45
1.26	Der Friede von Campoformio	45
1.27	Die Friedensschlüsse von Lunéville und Amiens	46
1.28	Austerlitz und Trafalgar	47
1.29	Deutschland unter Napoleon	47
1.30	Der Frieden von Tilsit	49
1.31	Die Kontinentalsperre	49
1.32	Das Ende des Heiligen Römischen Reiches	50
1.33	Freiheitskampf in Spanien, Erhebung in Österreich	51
1.34	Napoleon zieht nach Russland	52
1.35	Die Befreiungskriege	53
1.36	Bestehendes erhalten oder Vergangenes wieder herstellen – der Wiener Kongress	53
1.37	Die Konföderation der Ashanti	55
1.38	Die Briten am Kap der Guten Hoffnung	56
1.39	Die erste Unabhängigkeitserklärung in Lateinamerika: Haiti	57
1.40	Die Briten in Indien	58
	Daten	60

KAPITEL 2

Nationale Befreiung, bürgerliche Freiheit und Industrialisierung (1815–1860)

	Einführung	61
2.1	Die Heilige Allianz	64
2.2	Das System Metternich	64
2.3	Der Siegeszug der Dampfkraft	66
2.4	Kohleförderung	67
2.5	Die Eisen- und Stahlindustrie	68
2.6	Industrieregionen Europas	69
2.7	Der griechische Freiheitskampf	71

2.8 Mahmud II.: Der Kampf um den Erhalt des Osmanischen Reiches 72
2.9 Die Monroedoktrin 73
2.10 Die Restauration in Frankreich....................................... 74
2.11 Die Julirevolution von 1830.......... 75
2.12 Unabhängigkeit Belgiens 76
2.13 Der Opiumkrieg und der Frieden von Nanking................................. 76
2.14 Die Londoner Konventionen von 1840 und 1841....................... 77
2.15 Aufstände in Polen........................ 78
2.16 Simón Bolívar................................ 79
2.17 Neue Staaten in Hispanoamerika... 80
2.18 Die sozialen Schichten in Lateinamerika................................ 81
2.19 Go West! Die Expansion der USA....................................... 82
2.20 1848/49: Revolutionen in Europa 84
2.21 Einigung Italiens............................ 86
2.22 Giuseppe Garibaldi 89
2.23 Einwanderung nach Amerika....... 89
2.24 Die Expansion Russlands nach Osten... 90
2.25 Der Große Aufstand in Indien 92
2.26 Der Taipingaufstand in China...... 92
2.27 Der Vertrag von Kanagawa 94
2.28 Der Krimkrieg 94
2.29 Die Verträge von Tientsin 95
2.30 Friedrich List und der Deutsche Zollverein..................................... 96
Daten 97

KAPITEL 3

Industrielle Revolution und koloniale Expansion (1860–1880)

Einführung....................................... 98
3.1 Die industrielle Revolution 101
3.2 Der Unternehmer – Vertreter einer neuen Zeit............................. 102
3.3 Freihandel..................................... 103
3.4 Wissenschaft und Technik............ 104
3.5 Eisenbahnen: Die Revolution des Transportwesens..................... 105
3.6 Massenarmut in Europa, Russland und Japan 107
3.7 Kinderarbeit in Europa und in den USA...................................... 108
3.8 Die soziale Frage 109
3.9 Karl Marx 110
3.10 Das Kommunistische Manifest....................................... 111
3.11 Sozialismus................................... 112
3.12 Entstehung und Aufstieg der SPD.. 113
3.13 Die Arbeiterbewegung 114
3.14 Die Erste Internationale................ 115
3.15 Anarchismus................................. 116
3.16 Nationalismus und Liberalismus.................................. 117
3.17 Das Zweite Kaiserreich in Frankreich.................................... 118
3.18 Der Amerikanische Bürgerkrieg 119
3.19 Mexiko: Ausländische Interventionen und Bürgerkrieg 121
3.20 Der Januaraufstand in Polen (1863–64) 122
3.21 Die Einigung Deutschlands.......... 122
3.22 Otto von Bismarck 124
3.23 Das zweite Deutsche Reich 125
3.24 Die Pariser Kommune................... 127
3.25 Der »Gründerkrach« 127
3.26 Die Tansimatedikte im Osmanischen Reich................................. 128
3.27 Königin Viktoria und ihre Epoche.. 129
3.28 Die Aufhebung des Sklavenhandels 131
3.29 Die Jungtürken 132
3.30 Der Berliner Kongress 133
3.31 Panslawismus 134
3.32 Reformansätze in China................ 135
3.33 Die Meijizeit in Japan 136
3.34 Aufstieg der USA zur Weltmacht... 137
Daten 139

KAPITEL 4

Das Zeitalter des Imperialismus (1880–1914)

- Einführung 140
- 4.1 Imperialismus 142
- 4.2 Die Pax Britannica in Indien 144
- 4.3 Der Indische Nationalkongress 146
- 4.4 Lateinamerika – abhängig von Europa und den USA 147
- 4.5 Die Eröffnung des Suezkanals 147
- 4.6 Die Berliner Afrikakonferenz 148
- 4.7 Rückversicherungsvertrag und Orientdreibund 150
- 4.8 Äthiopien unter Menelik II. 150
- 4.9 Die Dreyfusaffäre 152
- 4.10 Der Chinesisch-Japanische Krieg 1894/95 153
- 4.11 Antisemitismus 154
- 4.12 Zionismus 155
- 4.13 Die Faschodakrise 156
- 4.14 Der Spanisch-Amerikanische Krieg 1898 158
- 4.15 Haager Friedenskonferenzen 159
- 4.16 Der Große Treck der Buren und der Burenkrieg 160
- 4.17 Bertha von Suttner 161
- 4.18 Militarismus 162
- 4.19 »Unsere Soldaten in Kiautschou« 163
- 4.20 Der Boxeraufstand in China 164
- 4.21 Entente cordiale 165
- 4.22 Der Hereroaufstand 1904 166
- 4.23 Der Russisch-Japanische Krieg 1904/05 166
- 4.24 Die erste Revolution in Russland 168
- 4.25 Der französische Imperialismus und seine Motive 169
- 4.26 Die Erste Marokkokrise 170
- 4.27 Die Tripelentente 171
- 4.28 Die Bosnienkrise 1908/09 172
- 4.29 Die Daily-Telegraph-Affäre 173
- 4.30 Revolution in Mexiko (1910 bis 1917) 174
- 4.31 Die zweite Marokkokrise 175
- 4.32 Die Gründung der Republik China 176
- 4.33 Die deutsch-britische Flottenrüstung 177
- 4.34 Die Balkankriege von 1912 und 1913 178
- 4.35 Kolonialalltag in Schwarzafrika 179
- 4.36 Europäischer Kolonialismus in Afrika 181
- 4.37 Der Bau des Panamakanals 182
- Daten 184

KAPITEL 5

Der Erste Weltkrieg (1914–1918)

- Einführung 185
- 5.1 Attentat in Sarajevo 188
- 5.2 Julikrise und Kriegsbeginn 188
- 5.3 »Im Westen nichts Neues« 190
- 5.4 Kriegsziele 191
- 5.5 Ostfront 192
- 5.6 Wladimir Iljitsch Lenin 193
- 5.7 Die Revolutionen in Russland 1917 194
- 5.8 Der Frieden von Brest-Litowsk 195
- 5.9 Seekrieg und Kriegseintritt der USA 196
- 5.10 Die Balfour-Deklaration 197
- 5.11 Woodrow Wilson 199
- 5.12 Entscheidung an der Westfront 199
- 5.13 Kriegsindustrie und Arbeiterschaft 200
- 5.14 Das Ende der Donaumonarchie 202
- 5.15 Deutschland wird Republik 203
- 5.16 Waffenstillstand in Compiègne 204
- 5.17 Der Vertrag von Versailles 205
- 5.18 Die Pariser Vorortverträge 207
- 5.19 Die Folgen des Ersten Weltkriegs 208
- Daten 210

KAPITEL 6

Die Zeit zwischen den Weltkriegen (1919–1939)

- Einführung 211
- 6.1 Die Weimarer Republik 214
- 6.2 Die wirtschaftliche Lage der Weimarer Republik 216
- 6.3 Reparationen und Ruhrkampf 217
- 6.4 Neue Staaten in Mittel- und Südosteuropa 218
- 6.5 Völkerbund 219
- 6.6 Briten, Juden und Araber in Palästina 220
- 6.7 Russischer Bürgerkrieg 1918–1920 222
- 6.8 Polnisch-russischer Krieg und Curzon-Linie 223
- 6.9 Griechisch-türkischer Krieg 224
- 6.10 Der indische Freiheitskampf 225
- 6.11 Mahatma Gandhi 226
- 6.12 Wirtschaftsentwicklung und Expansion Japans 227
- 6.13 Komintern 228
- 6.14 »Neue Ökonomische Politik« in der Sowjetunion 229
- 6.15 Vertrag von Rapallo 230
- 6.16 Die neue Türkei. Kemal Atatürk . 231
- 6.17 Dawesplan und Youngplan 232
- 6.18 Verträge von Locarno 234
- 6.19 Das deutsch-französische Verhältnis. Briand und Stresemann 235
- 6.20 Deutschland tritt dem Völkerbund bei 236
- 6.21 Abrüstung und Kriegsächtung. Briand-Kellogg-Pakt 237
- 6.22 Commonwealth of Nations. Westminster-Statut 238
- 6.23 Die Weltwirtschaftskrise in Europa, USA und Lateinamerika 239
- 6.24 Die Kuomintang in China 241
- 6.25 Mao Zedong, die KPCh und der Lange Marsch 242
- 6.26 Stalin und der Stalinismus 243
- 6.27 Industrialisierung und Zwangskollektivierung in der Sowjetunion 245
- 6.28 Autoritäre und diktatorische Bewegungen in Europa 246
- 6.29 Japanisch-chinesischer Krieg. Mandschukuo-Regime 247
- 6.30 Die »Goldenen Zwanziger« in den USA 249
- 6.31 Religiöser Fundamentalismus und Rassentrennung in den USA 250
- 6.32 Die Rolle der USA in Asien, Lateinamerika und im Nahen Osten 252
- 6.33 Der »New Deal«. Franklin Delano Roosevelt 253
- 6.34 Die Spätzeit der Weimarer Republik 254
- 6.35 Nationalsozialismus 256
- 6.36 Auf dem Weg zum totalen Staat. Machtsicherung und Machtausbau der NSDAP 257
- 6.37 Rassenideologie 259
- 6.38 Allgemeine Wehrpflicht. Besetzung des Rheinlandes 260
- 6.39 Spanischer Bürgerkrieg 260
- 6.40 Der Faschismus in Italien 261
- 6.41 Die Achse Berlin-Rom 262
- 6.42 Der »Anschluss« Österreichs 263
- 6.43 Nationalsozialistischer Verfolgungs- und Terrorapparat. Die Gestapo 264
- 6.44 Die SS 265
- 6.45 Pogromnacht 9./10. November 1938 266
- 6.46 Sudetenkrise und Münchener Abkommen 267
- 6.47 Deutsch-sowjetischer Nichtangriffspakt 267
- Daten 269

KAPITEL 7

Der Zweite Weltkrieg (1939-1945)

- Einführung 270
- 7.1 Adolf Hitler 273

7.2 Deutscher Überfall auf Polen.
Beginn des Zweiten Weltkriegs .. 274
7.3 Krieg im Norden 275
7.4 »Blitzkrieg« im Westen 276
7.5 Luftschlacht über England 277
7.6 Winston Churchill........................ 278
7.7 Krieg im Mittelmeerraum und
in Nordafrika................................ 279
7.8 Krieg auf dem Balkan 280
7.9 Vernichtungskrieg gegen die
Sowjetunion 281
7.10 Lebensraumideologie 282
7.11 Die Niederlage vor Moskau 283
7.12 Stalingrad 284
7.13 Alliierte Kriegskoalition.
Die Atlantikcharta 285
7.14 El-Alamein und Tunis................. 286
7.15 Der »totale Krieg« 287
7.16 Die Frauen und der Krieg 288
7.17 Zwangsarbeiter 289
7.18 Die Wannseekonferenz 290
7.19 Auschwitz. Die Ermordung der
europäischen Juden 292
7.20 Kriegseintritt der USA 293
7.21 Konferenz von Casablanca 295
7.22 Die Alliierten landen in Sizilien.. 296
7.23 Bombenkrieg................................ 297
7.24 Aufstand im Warschauer
Getto 298
7.25 Die Landung der Alliierten in
der Normandie 299
7.26 Widerstand in Deutschland......... 300
7.27 Die erste Atombombe wird
gezündet...................................... 302
7.28 Konferenzen von Teheran und
Jalta 303
7.29 Warschauer Aufstand 304
7.30 Die Rote Armee erobert Berlin.... 305
7.31 Bedingungslose Kapitulation
der deutschen Wehrmacht........... 306
7.32 Hiroshima und Nagasaki. Die
Kapitulation Japans 307
7.33 Kriegsgefangenschaft 308
7.34 Die Bilanz des Zweiten
Weltkriegs.................................... 309
Daten 310

KAPITEL 8

Neuordnung der Welt und Kalter Krieg (1945-1955)

Einführung...................................... 311
8.1 Flucht und Vertreibung................ 314
8.2 Konferenz von Potsdam................ 315
8.3 Die Siegermächte in
Deutschland 316
8.4 Oder-Neiße-Linie......................... 317
8.5 Nürnberger Prozesse 318
8.6 Die Vereinten Nationen 319
8.7 Politischer Neuaufbau in
Westeuropa 321
8.8 Italien nach dem Krieg 322
8.9 Die Arabische Liga 323
8.10 Eiserner Vorhang......................... 324
8.11 Kominform 325
8.12 Truman-Doktrin und Marshallplan... 326
8.13 Londoner Sechsmächtekonferenz 327
8.14 Die Teilung Indiens..................... 328
8.15 Die Gründung der Volksrepublik China............................. 329
8.16 Ben Gurion und die Gründung
des Staates Israel 330
8.17 Die Teilung Deutschlands und
die Berlin-Blockade..................... 332
8.18 Die Gründung der Bundesrepublik und der DDR................. 333
8.19 Konrad Adenauer 335
8.20 RGW 336
8.21 NATO 337
8.22 Eindämmen oder zurückdrängen?..................................... 338
8.23 Jugoslawien bricht mit Moskau.. 338
8.24 Europarat 340
8.25 Koreakrieg................................... 341
8.26 China annektiert Tibet 342
8.27 Ost-West-Konflikt und Kalter
Krieg.. 343
8.28 Montanunion 344
8.29 Europäische Verteidigungsgemeinschaft und Deutschlandvertrag 345

11

8.30 Volksaufstand in der DDR............. 347
8.31 Der Indochinakrieg.......................... 348
8.32 Westeuropäische Union................ 349
8.33 Warschauer Pakt 350
8.34 XX. Parteitag der KPdSU.
Nikita Chruschtschow 352
8.35 Die Konferenz von Bandung.
Die Blockfreien................................ 353
Daten 354

KAPITEL 9

Im Zeichen der Militärblöcke (1955–1963)

Einführung.. 355
9.1 Aufstand in Ungarn 357
9.2 Die Suezkrise................................... 359
9.3 Gamal Abd el-Nasser...................... 360
9.4 Römische Verträge: EWG und EURATOM.. 362
9.5 Rapacki-Plan 363
9.6 Nationalbewegungen in Nordafrika.. 364
9.7 Kongokrise....................................... 365
9.8 Europäische Freihandelszone (EFTA)... 366
9.9 Wirtschaftsboom in Japan............. 367
9.10 Berlinkrise und Mauerbau............. 368
9.11 Die kubanische Revolution 370
9.12 Die Kubakrise 371
9.13 Chinesisch-sowjetischer Konflikt... 372
9.14 Atomares Patt und Rüstungsdynamik.......................... 373
9.15 Paktsysteme der Welt 374
9.16 Indira Gandhi.................................. 376
9.17 Die Ära Eisenhower 378
9.18 Die Ära Kennedy............................. 379
9.19 Entkolonisierung Afrikas............... 380
9.20 Organisation für afrikanische Einheit (OAU)................................. 382
9.21 Deutsch-französischer Vertrag... 383
9.22 Atomteststoppabkommen 1963... 384
Daten 385

KAPITEL 10

Zwischen Spannung und Entspannung (1963–1989)

Einführung.. 386
10.1 Ende der britischen Weltherrschaft....................................... 389
10.2 Die Gruppe der 77 390
10.3 Der Vietnamkrieg............................ 390
10.4 Rassenkonflikte in den USA 392
10.5 Martin Luther King......................... 393
10.6 Die Ära Nixon/Kissinger................ 394
10.7 Bürgerkriege in Afrika 395
10.8 Apartheid... 397
10.9 Großer Sprung und Kulturrevolution in China........................ 398
10.10 Sechstagekrieg................................ 399
10.11 Prager Frühling 401
10.12 Atomwaffensperrvertrag............... 402
10.13 Die Studentenbewegung............... 402
10.14 Wettlauf im All................................ 404
10.15 Der Nordirlandkonflikt................. 405
10.16 Die Ostverträge der Bundesrepublik Deutschland.................... 407
10.17 Viermächteabkommen über Berlin... 408
10.18 Willy Brandt.................................... 409
10.19 SALT und MBFR............................. 410
10.20 Militärputsch in Chile.................... 411
10.21 Jom-Kippur-Krieg........................... 412
10.22 Die OPEC und die erste Ölkrise.. 413
10.23 Ende der Diktaturen in Südeuropa....................................... 414
10.24 Die KSZE-Schlussakte.................... 415
10.25 Der Terrorismus in Europa 417
10.26 Palästina und die PLO................... 419
10.27 Camp David..................................... 420
10.28 Großbritannien, Dänemark und Irland in der EG............................. 422
10.29 Europäisches Parlament 423
10.30 NATO-Doppelbeschluss................ 424
10.31 Sowjetischer Einmarsch in Afghanistan.................................... 425
10.32 Friedensbewegung 426
10.33 Frauenbewegung 427
10.34 Ökologiebewegung........................ 428

10.35	Revolution im Iran	430	11.13 Der Zweite Golfkrieg	458
10.36	Die Türkei seit 1980	431	11.14 Kriege auf dem Balkan . Abkommen von Dayton	459
10.37	Einheitliche Europäische Akte	432		
10.38	Solidarność und Kriegsrecht in Polen	433	11.15 Niederschlagung der Demokratiebewegung in China	461
10.39	Der Nord-Süd-Konflikt	434	11.16 Wirtschaft in Ostasien	462
10.40	Neoliberalismus	435	11.17 Demokratisierung Lateinamerikas	463
10.41	INF-Vertrag	436		
10.42	SALT II und START, SDI	437	11.18 Ära Clinton	463
	Daten	439	11.19 Intifada: Palästinenser und Israeli	465

KAPITEL 11

Auf dem Weg zur einen Welt? (seit 1989)

	Einführung	440
11.1	Perestroika und Glasnost	442
11.2	Michail Gorbatschow	444
11.3	Tschernobyl	445
11.4	Ende des Kalten Krieges	446
11.5	Auflösung der Sowjetunion	447
11.6	Russland und die GUS	448
11.7	Osteuropa auf dem Weg der Demokratie	449
11.8	Von der Plan- zur Marktwirtschaft	451
11.9	Russlands Tschetschenienkonflikt	451
11.10	Die »Wende« in der DDR	453
11.11	Die deutsche Wiedervereinigung	455
11.12	Vertrag von Maastricht. Der Euro	456

11.20	Der Friedensprozess in Israel	467
11.21	Umbruch in Südafrika	467
11.22	Nelson Mandela	468
11.23	Schwarzafrika – der vergessene Kontinent	469
11.24	Indien und Sri Lanka	471
11.25	EU-Osterweiterung	472
11.26	Weltbevölkerung	473
11.27	Armut in der »Dritten Welt«	473
11.28	Globalisierung	475
11.29	Weltumweltpolitik	476
11.30	Kosovokonflikt	477
11.31	11. September 2001	478
11.32	USA und UNO	480
11.33	Das Ende der Taliban-Herrschaft in Afghanistan	481
11.34	Dritter Golfkrieg	481
11.35	Internationaler Terrorismus und »Schurkenstaaten«	483
11.36	Terroranschlag in Madrid	484
11.37	Flutkatastrophe in Südasien	485
	Daten	486

Von der Gründung der USA bis zum Wiener Kongress (1776–1815)

Einführung

Die Loslösung der dreizehn britischen Kolonien in Nordamerika vom Mutterland, die nach dem Unabhängigkeitskrieg 1775–1783 zur Gründung der USA führte, und die Französische Revolution zwischen 1789 und 1815, die das Gefüge des alten europäischen Absolutismus sprengte, werden heute zunehmend als eine Einheit betrachtet: Man spricht in diesem Zusammenhang von einer umfassenden »Atlantischen Revolution«. Sie fußte in der Neuen und in der Alten Welt auf grundsätzlich ähnlichen Werten und Normen und war eine so tiefe Zäsur in der Weltgeschichte, dass sie als der Beginn der Neuesten Zeit, der Moderne, gelten kann. Die umstürzenden Ideen von geeinter Nation, Menschenrechten, Rechtsgleichheit und staatsbürgerlicher Teilhabe strahlten von Amerika und Frankreich auf die Welt aus; sie setzten sich seither in Schüben, jedoch begleitet von vielen grausamen Rückschlägen, mehr und mehr durch, wenn auch nicht überall auf der Welt mit gleichem Erfolg.

Die USA entstehen

Bei der Amerikanischen Revolution und beim Unabhängigkeitskrieg handelte es sich nicht um einen Aufstand von Ausgebeuteten, hier kämpften nicht – wie in den späteren antikolonialistischen Bewegungen in der »Dritten Welt« – unterdrückte Eingeborene, sondern übergesiedelte Europäer um die politische Selbstbestimmung. Hier verselbstständigte sich ein europäisches Fragment. Ein neuer Staat wurde gegründet, der im Verlauf der folgenden 150 Jahre zur stärksten Weltmacht aufsteigen sollte. Zu Beginn des 17. Jahrhunderts setzte die Eroberung Amerikas durch die Weißen ein. Die *Pilgrim Fathers*, die im Winter 1620 mit dem Schiff *Mayflower* in der Nähe der heutigen Stadt Plymouth landeten, hätten in der zunächst noch unwirtlichen Gegend ohne die Hilfe der eingeborenen Indianer wohl kaum überlebt. Diese Urbevölkerung Amerikas, deren teils verfeindete Stämme in verschiedenen Siedlungsräumen lebten, konnte damals bereits auf eine vieltausendjährige Geschichte zurückblicken, die allerdings in ihrer schriftlosen Kultur nur mündlich überliefert wurde. Im *French and Indian War* (1754–63), einem Krieg, der zeitgleich zum europäischen Siebenjährigen Krieg (1756–63) ausgefochten wurde und der die britisch-französische Rivalität in Nordamerika zugunsten Großbritanniens beendete, gerieten viele Indianerstämme erstmals in das Mahlwerk europäischer Kolonialinteressen. Sie hatten, mehr oder weniger zufällig, ohne die Winkelzüge europäischer Politik zu kennen, besonders die Franzosen unterstützt und standen somit am Ende auf der Seite der Verlierer. Dies wiederholte sich im Amerikanischen Unabhängigkeitskrieg zwölf Jahre später, in dem ein beträchtlicher Teil der Indianer für die schließlich unterlegenen Briten kämpfte und dann die Rache der Sieger zu spüren bekam.

Der Krieg begann, da die nordamerikanischen Kolonisten den Steuerforderungen des britischen Parlaments, in dem ihre Interessen nicht vertreten waren, Widerstand entgegensetzten: *No taxation without representation* lautete ihre berühmte Parole. Die Unabhängigkeitserklärung der Kolonien von 1776 war ein

Kapitel 1

Dokument von erheblicher Fernwirkung bis in unsere Tage. Ende der Siebzigerjahre wendete sich das Kriegsglück zugunsten der Kolonisten, und im Frieden von Paris 1783 musste Großbritannien die Unabhängigkeit der Vereinigten Staaten anerkennen; Kanada allerdings fiel nicht von der Krone ab. Die befreiten amerikanischen Staaten gaben sich die ersten demokratischen Verfassungen der Welt, wobei überall die berühmte *Virginia Bill of Rights* Pate stand. Gewaltenteilung, Volkssouveränität, Bundesstaatsprinzip, Glaubens- Presse- und Versammlungsfreiheit sowie die Unverletzlichkeit von Person, Wohnung und Eigentum zeichnete sie aus.

Die Unabhängigkeitserklärung ist ein erhabenes Dokument. Das Pathos der Gleichheit – *all men are equal* – und der unveräußerlichen Menschenrechte, zu denen auch das Streben nach Glückseligkeit zählte, ignorierte allerdings die Indianer und die Sklaven als rechtlos. Die Indianer wurden unterdrückt, später nahezu ausgerottet, und die Sklaverei war noch lange ein dunkler Fleck in der Geschichte Amerikas. Der Sklavenhandel zwischen Afrika und der Neuen Welt war einer der größten Menschentransporte, der jemals auf den Weltmeeren stattfand: Bis zu 100 Millionen Menschen wurden verschleppt und unter grauenhaften Bedingungen wie Vieh in Laderäumen von Schiffen nach Nordamerika gebracht. Unzählige starben. Während die rechtlosen und billigen Arbeitskräfte Amerikas Aufstieg beförderten, hatte der Sklavenhandel katastrophale Folgen für das Gesellschaftsgefüge Afrikas und hemmte dort jegliches wirtschaftliche Wachstum, er machte Afrika »wehrlos« gegenüber dem forcierten Kolonialismus im 19. Jahrhundert.

Das Erbe der Aufklärung

Ein Jahr nach der amerikanischen Unabhängigkeit und fünf Jahre vor der Französischen Revolution beantwortete Immanuel Kant die Frage »Was ist Aufklärung?« mit dem ausdrucksstarken, seither immer wieder zitierten Satz: »Aufklärung ist der Ausgang des Menschen aus seiner selbstverschuldeten Unmündigkeit.« Auf den Einzelnen komme es an, er müsse es wagen, selbstständig zu denken, Glückseligkeit könne in der Welt verwirklicht werden, Fortschritt lasse sich planen und die Dinge seien rational berechenbar – dies waren Leitgedanken der Aufklärung als dem Höhepunkt eines jahrhundertelangen Säkularisierungs- und Rationalisierungsprozesses. Neue Erkenntnisse über die Gesetzmäßigkeiten der Natur (Newton) sowie medizinische Fortschritte bewirkten, dass ein individuelles Menschenbild entstand. Gegen den zum Teil erbitterten Widerstand der Kirche wurde der Mensch so in seine Natürlichkeit zurückverwiesen und seiner religiös bestimmten Ausnahmestellung als Ebenbild Gottes enthoben. Namentlich Voltaire kämpfte gegen kirchliche Unterdrückung und irrationale Traditionen. Seit dem Beginn des 18. Jahrhunderts entstanden neue Staatstheorien von der Gewaltenteilung (Montesquieu) oder vom demokratischen Gesellschaftsvertrag (Rousseau), die direkt die Atlantische Revolution in Amerika und Frankreich beeinflussten und zu einem neuen bürgerlichen Selbstbewusstsein führten. Dieses zeigte sich auf allen gesellschaftlichen Ebenen, von der politischen bis zur künstlerischen, und sei es »nur«, wie im deutschen Bereich, im Gedanken eines »aufgeklärten Absolutismus«: Der »gute« Monarch müsse sich als erster Diener seines Staates verstehen.

Freiheit, Gleichheit, Brüderlichkeit

Die absolute Monarchie in Frankreich befand sich am Vorabend der Revolution in einer tiefen Krise. Sie bestand eigentlich nur noch aus einer glänzenden Fassade; daher stürzte sie 1789 so schnell ein. Der Staatsapparat war nicht modernisiert worden, und die Ungerechtigkeiten im Steuersystem wuchsen ins Unermessliche. Zugleich begann ein modernes liberalkapitalistisches Wirtschaftsleben die bürgerlichen Kräfte zu stärken. Wegen mangelnder Repräsentation gegenüber dem Klerus und dem Adel breitete sich vor allem in diesem »dritten Stand« eine Oppositionsstimmung aus. Was wir heute Französische Revolution nennen, setzte sich aus einem ganzen, zum Teil widersprüchlichen Bündel von Ereignissen zusammen. So fanden 1789 im Grunde drei Revolutionen auf einmal statt: die Revolution der Bauern gegen die drückenden Feudallasten, die Revolution der städtischen Unterschichten in Paris, die den Sturm auf die Bastille trugen, und vor allem die Revolution der Abgeordneten der Generalstände in Versailles, die aus der Schule der Aufklärung kamen. Die Abgeordneten des *tiers état*, des »dritten Standes«, betrachteten sich nicht länger nur als Stand, sondern als die wahren Vertreter der französischen Nation. So hatte die Erklärung der Menschen- und Bürgerrechte am 26. August 1789 in Frankreich eine andere Qualität als in Amerika: Nur hier, in der Alten Welt, herrschten feudalständische Privilegien, gegen die man sich jetzt auflehnte, und deswegen trug hier die Menschenrechtserklärung einen sozialrevolutionären Charakter. Im Anspruch auf universelle Gültigkeit bestand ihre normsetzende Kraft.

Die Französische Revolution war kein einheitlicher Block, weder von ihren Trägern noch von ihrem Ablauf. Sie durchlief zwischen 1789 und 1815 ganz unterschiedliche Phasen: Auf die liberale und konstitutionelle Monarchie 1789–92 folgte mit der Hinrichtung des Königs 1792/93 eine bürgerliche Republik, abgelöst sodann durch eine radikale Phase der jakobinischen Diktatur und des *terreur* 1793/94, bevor sie in die Bahnen einer konservativen Republik gelenkt wurde und schließlich ab 1799 mit der Herrschaft Napoléon Bonapartes ihren Charakter noch einmal veränderte. Zunächst blieb die Republik formal bestehen, bis sich Napoleon 1804 selbst zum Kaiser der Franzosen krönte.

Außerdem lebte die Französische Revolution von den Wechselwirkungen zwischen Europa und der außereuropäischen Welt. Sie war keineswegs auf Europa beschränkt, vielmehr bildete sich ein weltpolitisches Beziehungssystem heraus. Ein prägnantes Beispiel hierfür stellt der Sklavenaufstand auf Haiti dar: Er begann, als dort die Erklärung der Menschenrechte bekannt wurde, und war bis 1804 so erfolgreich, dass erstmals in der Geschichte ein souveräner Staat durch einen Sklavenaufstand aus dem Kolonialsystem hervorging. Die globale Dimension der Französischen Revolution zeigt sich in den Revolutionskriegen unter der Führung Napoléon Bonapartes. Die Kriege umspannten alle Weltmeere, gekämpft wurde im arabischen Raum, an den Grenzen Persiens, auch in Lateinamerika. Beim Konflikt zwischen Großbritannien und Frankreich um die Vorherrschaft in Europa entstand zugleich ein neuer Kriegstypus: der Wirtschaftskrieg in Form der napoleonischen Kontinentalsperre, die britische Waren vom Festland fernhalten sollte.

Jahrhundertgestalt Napoleon
Wie ein Koloss steht Napoleon am Beginn der modernen Geschichte: Er lenkte die Revolution, als deren Vollender er sich selbst sah, innenpolitisch in ruhigere Bahnen, konsolidierte sie und schuf den epochalen *Code civil*, das bürgerliche Gesetzbuch; außenpolitisch jedoch schlug der Eifer, die Menschheit beglücken zu wollen, in Eroberungssucht und Machtexpansion um, wodurch die Ideale der Revolution ad absurdum geführt wurden. Die französischen Soldaten, die freie Bürger waren, kämpften nicht mehr gegen die »Söldner der europäischen Tyrannen«, sondern, wie in Spanien oder Preußen, gegen nationale Bewegungen, die sich ihrerseits auf Freiheitsparolen gegen die napoleonische Fremdherrschaft beriefen. Das Debakel der »großen französischen Armee« im autokratisch regierten zaristischen Russland war der Anfang vom Ende. Napoleon erlag der Übermacht eines gegen ihn vereinten Europa. Der Wiener Kongress von 1815, der nach über 20 Jahren Krieg, Millionen von Toten und ständigen Grenzverschiebungen ein gesamteuropäisches Ordnungsmodell entwarf, konnte die Veränderungen jedoch nur zum Teil wieder rückgängig machen. Wien brachte einen Frieden, aber keine Freiheit, brachte eine Ordnung der Fürsten und Staaten gegen die liberalen und nationalen Bewegungen, gegen das Selbstbestimmungsrecht der Völker. Eine vollständige Restauration gelang jedoch nicht, vielmehr blieb über das Epochendatum 1815 hinaus die Spannung zwischen Revolution, Reform und Restauration bestehen. Das demokratische Erbe der Amerikanischen und der Französischen Revolution war aus dem Gedächtnis der Menschheit nicht mehr zu tilgen.

1.1 Die Vorgeschichte der Amerikanischen Revolution

1607 wurde Virginia als erste der 13 britischen Kolonien gegründet, aus denen sich die Vereinigten Staaten von Amerika entwickelten; Pennsylvania bildete 1682 den Abschluss. Nicht

Kapitel 1

nur Briten, auch viele andere Europäer, darunter zahlreiche Deutsche, wanderten in diese Kolonien aus. Ihre Bevölkerung verdoppelte sich alle 25 Jahre (▶ 2.23).

Die britischen Kolonisten waren nicht von ihrer Regierung ausgesandt worden, um neue Besitzungen für ihre Krone zu erobern. Sie kamen als Siedler auf der Suche nach Land und ließen sich von wirtschaftlichen Interessen oder, wie die *Pilgrim Fathers,* dem Drang nach Religionsfreiheit leiten. Ihre Aktivitäten waren, obwohl durch königliche Bewilligungen abgesichert, eher privatrechtlicher Natur.

Allerdings bedeutete das Fehlen eines Eroberungs- oder Bekehrungsauftrags auch, dass die Kolonisten mit der indianischen Urbevölkerung nach Belieben verfuhren; in der Folge wurde diese rücksichtslos vertrieben oder vernichtet, da der Landbedarf der Siedler ständig stieg.

In ihren Gründungsbriefen waren den Kolonien die »alten englischen Rechte« zugesichert

Der amerikanische Unabhängigkeitskrieg

worden, allen voran die Gesetzgebung und das Steuerrecht. Sie erfreuten sich also einer relativ großen Selbstständigkeit gegenüber dem Mutterland, das zunächst denn auch wenig Interesse an ihnen zeigte. Seine Politik gegenüber den amerikanischen Kolonien lässt sich als »wohlwollende Vernachlässigung« charakterisieren.

Thomas Paine rief als Erster zum Kampf für die Unabhängigkeit der Amerikaner auf.

Das Wirken der europäischen Aufklärung in den Kolonien

In diesen von Freiheitsdrang und Unternehmungsgeist geprägten Kolonien fielen die Ideale der europäischen Aufklärung auf fruchtbaren Boden, vor allem die Idee der Gleichheit aller Menschen. Immer mehr Amerikaner empfanden sich nicht mehr als Untertanen einer Ständegesellschaft, sondern als freie und gleiche Bürger, die ihr Schicksal selbst bestimmten. Genau diese Einstellung brachte der Schriftsteller und Politiker Thomas Paine auf den Punkt, als er in seiner Flugschrift »Common Sense« verkündete: »Wir haben es in unserer Hand, die Welt von neuem zu beginnen.«

Nach dem Ende des *French and Indian War* (1754–63), in dem parallel zum Siebenjährigen Krieg in Europa Großbritannien und Frankreich um die koloniale Vorherrschaft in Nordamerika gekämpft hatten, beschloss das britische Parlament, zur Sanierung des durch die Kriegskosten stark verschuldeten Staatshaushalts auch die amerikanischen Kolonien heranzuziehen. 1764 setzte das so genannte Zuckergesetz Einfuhrzölle auf Zucker, Kaffee, Wein, Textilien u. a. fest. 1765 verlangte ein Stempelsteuergesetz *(Stamp Act)* Gebühren für die Ausstellung von Urkunden und Abgaben auf sämtliche Druckerzeugnisse.

Die Entrüstung über diese und weitere als unrechtmäßig empfundenen Maßnahmen, z. B. strengere Handels- und Zollgesetze sowie britische Bestrebungen zur Zentralisierung der Verwaltung, bewirkte in den bisher zerstrittenen Kolonien rasch ein Solidaritätsgefühl.

Während eines Kongresses in New York 1765 erklärten die Vertreter von neun Kolonien, dass ihnen vom Parlament in London keine Abgaben auferlegt werden dürften, da sie in diesem nicht vertreten seien *(No taxation without representation)*. Tatsächlich erreichten sie mit dem Boykott britischer Importe 1766 die Rücknahme des *Stamp Act*. Dieser Erfolg verstärkte das Zusammengehörigkeitsgefühl der Siedler und unterminierte die bereits angeschlagene Autorität der britischen Regierung vollends.

1.2 Die Boston Tea Party

1767 wollte Großbritannien in den Kolonien wieder Einfuhrzölle erheben, diesmal auf Tee, Glaswaren, Papier, Porzellan und Farben, was auf einhellige Ablehnung der Kolonisten stieß. Es kam zu Boykottaufrufen und Zwischenfällen. In Boston, einem Zentrum des Widerstands, musste die Zollbehörde zu ihrem Schutz Truppen der Kolonialarmee anfordern. Im März 1770 stießen dort britische Soldaten blutig mit einheimischen Demonstranten zusammen.

Wie schon 1766 wich die britische Regierung vor der Entschlossenheit der Kolonisten zurück. Mit Ausnahme des Teezolls hob sie alle Einfuhrabgaben auf und zog die Truppen ab. Erleichtert gaben die Amerikaner den Boykott britischer Waren auf, gründeten aber Korrespondenzkomitees zur gegenseitigen Unterrichtung über neue britische Schritte.

1773 wurde die finanziell angeschlagene Britische Ostindienkompanie von der britischen Regierung ermächtigt, ihren in England von der Steuer befreiten Tee in den amerikanischen Kolonien zu niedrigen Preisen abzusetzen. In London hoffte man, die Amerikaner würden anstelle teurer Schmuggelware den billigen Tee abnehmen und die Gesellschaft könnte sich dadurch sanieren. Die Kolonisten aber sahen darin den Versuch, sie mit dem günstigen Angebot zur Anerkennung der Teesteuer zu verleiten.

Am 16. Dezember 1773 warfen aufgebrachte Bürger, als Indianer verkleidet, im Hafen von Boston die Teeladung eines Schiffes der Ostindienkompanie ins Meer, was als *Boston Tea*

Kapitel 1

Boston Tea Party. Als Indianer verkleidete Bürger werfen Fässer mit Teeblättern ins Meer (1773).

Party in die Geschichte einging. Das Parlament in London antwortete mit Strafmaßnahmen: Der Bostoner Hafen wurde bis zur Zahlung einer Entschädigung geschlossen, die Selbstverwaltung von Massachusetts wurde eingeschränkt. Die übrigen Kolonien solidarisierten sich daraufhin mit Massachusetts.

Auf dem Ersten Kontinentalkongress in Philadelphia im Oktober 1774 erklärten die Delegierten der Kolonien alle seit 1763 erlassenen Steuergesetze für verfassungswidrig und riefen zum Boykott britischer Waren auf. Diese Konfrontation eskalierte im Frühjahr 1775 nach ersten Kämpfen zwischen britischen Soldaten und amerikanischen Milizen zum Unabhängigkeitskrieg (▶ 1.4).

1.3 Die Amerikanische Unabhängigkeitserklärung

Im Mai 1776 spitzten sich auf dem Zweiten Kontinentalkongress in Philadelphia die Gegensätze zwischen den radikalen und den gemäßigten Delegierten der dreizehn Kolonien zu. Die entscheidende Triebfeder war Virginia, wo nach der Auflösung des Parlaments durch den britischen Gouverneur die Bürger einen Provinzialkongress einberufen hatten, der faktisch die Regierungsgeschäfte führte. Dieser Provinzialkongress forderte die Delegierten Virginias beim Zweiten Kontinentalkongress auf, sich für die Unabhängigkeit vom Mutterland Großbritannien einzusetzen. Daraufhin stellte der Abgeordnete Richard Henry Lee am 7. Juni den Antrag, die Kolonien vom Kongress zu »freien und unabhängigen Staaten« zu erklären, sie zu einer Konföderation zusammenzuschließen und ausländische Mächte um Hilfe zu bitten. Nach langen Debatten nahm der Kontinentalkongress die Resolution Lees am 2. Juli mit zwölf Stimmen bei einer Enthaltung (New York) an. Am 4. Juli (dem späteren Nationalfeiertag) wurde daraufhin die Unabhängigkeitserklärung einstimmig verabschiedet; die Delegierten New Yorks waren der Abstimmung ferngeblieben, um die Einstimmigkeit zu ermöglichen.

Gottgegebene Menschenrechte

Formuliert hatte die Unabhängigkeitserklärung der aus einer wohlhabenden Pflanzerfamilie stammende Rechtsanwalt Thomas Jefferson, der mit 33 Jahren zu den jüngsten Delegierten zählte. Bei seinem Entwurf stützte er sich auf die in seinem Heimatland Virginia verabschiedete Verfassung, in der erstmals die Menschenrechte gesetzlich verankert worden waren.

Ausgangspunkt des Selbstbestimmungsrechts der Kolonisten ist in der Unabhängigkeitserklärung das Naturrecht, das hier als gottgegeben verstanden wird. In der bereits zwei Tage nach der Verabschiedung in Philadelphia veröffentlichten ersten deutschen Übersetzung der Unabhängigkeitserklärung heißt es:

»Wir halten diese Wahrheiten für ausgemacht, daß alle Menschen gleich erschaffen worden, daß sie von ihrem Schöpfer mit gleichen unveräusserlichen Rechten begabt worden, worunter sind Leben, Freyheit und das Bestreben nach Glückseligkeit. Daß zur Versicherung dieser Rechte Regierungen unter den Menschen eingeführt worden sind, welche ihre gerechte Gewalt von der Einwilligung der Regierten herleiten; daß sobald eine Regierungsform diesen Endzwecken verderblich wird, es das Recht des Volks ist sie zu verändern oder abzuschaffen, und eine neue Regierung einzusetzen, die auf solche Grundsätze gegründet, und deren Macht und Gewalt solchergestalt gebildet wird, als ihnen zur Erhaltung ihrer Sicherheit und Glückseligkeit am schicklichsten zu seyn dünket.«

Die weltgeschichtliche Bedeutung

An Jeffersons Entwurf änderte der Kongress nur wenig; allerdings wurde ein Absatz getilgt, der die Sklaverei kritisierte und damit bei einigen Südstaaten-Delegierten auf Ablehnung gestoßen war. Nach außen sollte die Unabhängigkeitserklärung vor allem in Europa die ehemaligen Kolonien als handlungsfähige Völkerrechtssubjekte darstellen, nach innen sollte sie die Amerikaner durch die Verkündung fundamentaler Prinzipien und Grundwerte, für die zu kämpfen sich lohnte, an die Sache binden. Jefferson selbst betrachtete sie später nur als Ausdruck des amerikanischen Zeitgeistes, wie er sich zur Zeit der Revolution dargestellt habe,

Thomas Jefferson, John Adams und Benjamin Franklin gehörten zu dem Komitee, das die Unabhängigkeitserklärung vom 4. 7. 1776 ausarbeitete.

Zur Rechtfertigung ihrer Lossagung vom Mutterland wird sodann »der unpartheyischen Welt« eine ausführliche, aber nicht in allen Einzelheiten zutreffende Liste von »wiederholten Ungerechtigkeiten und gewaltsamen Eingriffen« des britischen Königs Georg III. vorgelegt, die zum Schluss kommt: »Ein Fürst, dessen Charakter so sehr jedes einen Tyrannen unterscheidendes Merkmal trägt, ist unfähig der Regierer eines freyen Volks zu seyn.«

Der Schlussabsatz erklärt unter Berufung »auf den allerhöchsten Richter der Welt« sowie »im Namen und aus der Macht der guten Leute dieser Colonien (...) daß diese Vereinigten Colonien Freye und Unabhängige Staaten sind, und (...) von aller Pflicht und Treuergebenheit gegen die Brittische Krone frey- und losgesprochen sind«.

doch gerade indem er dessen Prinzipien und Grundwerte knapp, aber präzise auf den Punkt brachte, schuf er ein Werk von nachhaltiger weltgeschichtlicher Bedeutung.

1.4 Der Amerikanische Unabhängigkeitskrieg

Im Frühjahr 1775 verschärfte sich die Konfrontation zwischen Großbritannien und seinen immer mehr aufbegehrenden Kolonien. Im April kam es zu ersten Gefechten zwischen britischen Truppen und amerikanischen Milizen, die aus allen Kolonien nach Boston, dem Zentrum des Widerstands, gekommen waren. Wegen seiner militärischen Erfahrung bekam George Washington (▶ 1.7) vom Kongress den

Auftrag, aus den Milizentruppen eine Kontinentalarmee aufzustellen, die im März 1776 die Briten zur Räumung Bostons zwang.

Daraufhin entsandte Großbritannien bis August 1776 rund 32 000 Soldaten, darunter 8 000 deutsche Söldner, nach Amerika, um Neuengland von den übrigen Kolonien zu isolieren und die »Rebellenarmee« zu zerschlagen. In den ersten Schlachten von Long Island und Manhattan hatten die gut ausgebildeten britischen Truppen wenig Mühe, die anfangs schlecht organisierte Kontinentalarmee zu schlagen. George Washington gelang es jedoch, eine Entscheidungsschlacht zu vermeiden und sein auf 3 000 Mann geschrumpftes Heer nach New Jersey in Sicherheit zu bringen. Nach Überquerung des Delaware River bei Trenton und Princeton Ende Dezember 1776 konnten er und seine Truppen erste Erfolge verbuchen.

Das Gemälde »The Spirit of 76« zeigt die Aufbruchstimmung im Amerikanischen Unabhängigkeitskrieg.

Ein ungleicher Kampf

Dennoch blieb die Situation für die Amerikaner prekär, denn sie kämpften gegen eine an Zahl, Bewaffnung und Kampferfahrung weit überlegene Streitmacht, und der Kongress wie die Einzelstaaten hatten große Schwierigkeiten, weitere Soldaten zu rekrutieren und die Armee zu versorgen.

Im August 1777 nahmen die Briten Philadelphia ein, und gleichzeitig versuchte eine zweite britische Streitmacht, von Norden her die Kolonien in einen Zangengriff zu nehmen. Diese von General John Burgoyne entlang des Hudson River nach Süden geführten Streitkräfte wurden bei Saratoga Springs von den Amerikanern geschlagen und mussten sich am 17. Oktober 1777 mit 6 000 Mann ergeben.

Die entscheidende Wende kam mit dem Kriegseintritt Frankreichs, das die Amerikaner schon seit 1776 materiell unterstützt hatte. Im Februar 1778 erkannte Ludwig XVI. die Vereinigten Staaten von Amerika diplomatisch an und schloss mit ihnen ein Militärbündnis sowie einen Freundschafts- und Handelsvertrag. Der britisch-amerikanische Konflikt weitete sich zu einer Kraftprobe der beiden europäischen Großmächte aus, denn ab Juni 1778 befand sich Frankreich im Krieg mit Großbritannien. 1779 schlossen sich auch Spanien und die Niederlande der antibritischen Koalition an. Dank finanzieller und militärischer Hilfe aus Europa wendete sich das Blatt zugunsten der Amerikaner.

Zudem waren ihre Streitkräfte jetzt besser ausgebildet. 1777 war der deutsche Baron Friedrich Wilhelm von Steuben, der im Siebenjährigen Krieg Stabskapitän der preußischen Armee gewesen war, nach Amerika gekommen, um nach Kontakten mit den amerikanischen Repräsentanten Benjamin Franklin und Silas Deane den Unabhängigkeitskampf zu unterstützen. Er gewann rasch das Vertrauen George Washingtons. 1778 wurde er zum Generalinspekteur der (weiterhin unter Washingtons Oberbefehl stehenden) Kontinentalarmee ernannt, die er nach preußischem Vorbild organisierte und ausbildete.

Dennoch stieg die Truppenstärke nie über 18 000 Mann, in den Wintern sank sie bis auf unter 5 000 Soldaten ab. Längst nicht alle Kolonisten hatten sich dem Unabhängigkeitskampf angeschlossen, sodass dieser zum Teil auch ein Bürgerkrieg war. Rund ein Drittel der Bevölkerung, die so genannten Loyalisten, stand treu zu den Briten, und ein weiteres Drittel blieb neutral oder lehnte aus religiösen Gründen den Kampf ab. Mehr als 20 000 Loyalisten schlossen sich den regulären britischen Truppen oder probritischen Milizen an. Hinzu kamen in den Südstaaten Tausende von Sklaven, die zu den Briten überliefen, weil diese ihnen die Freiheit versprachen.

Von der Gründung der USA zum Wiener Kongress

Der Sieg von Yorktown

Auf weitere Unterstützung durch Sklaven hoffend, gaben die Briten im Sommer 1778 Philadelphia auf und griffen die Südkolonien an. Nach der Landung in Georgia stießen sie über Charleston bis nach Virginia vor. Im Sommer 1780 schickten die Franzosen eine 5 500 Mann starke Hilfsarmee, die zusammen mit Washingtons Truppen die Briten in Yorktown umzingeln konnte, während gleichzeitig eine französische Flotte den Seeweg abriegelte. Nach längerer Belagerung mussten die Briten am 19. Oktober 1781 mit 7 000 Mann kapitulieren.

Diese Niederlage zwang die Regierung in London, den zu Hause zunehmend unpopulären Krieg einzustellen. Am 30. November 1782 wurde in Paris ein vorläufiger Frieden geschlossen, der mit der Unterzeichnung des Friedensvertrags von Paris am 3. September 1783 in Kraft trat. Großbritannien erkannte darin die Unabhängigkeit der dreizehn Kolonien an und sprach ihnen zusätzlich das Hinterland bis zum Mississippi zu.

1.5 »We the People«: Die amerikanische Verfassung

Am 15. November 1777 bildeten die 13 amerikanischen Staaten eine Konföderation, die allen Mitgliedern volle Souveränität ließ. Eine Zentralregierung war in den 1777 aufgestellten *Articles of Confederation* nicht vorgesehen. Der Konföderationskongress konnte keine Gesetze verabschieden und weder Steuern noch Zölle erheben. Seine Maßnahmen wurden aus freiwilligen Beiträgen der Mitgliedsstaaten finanziert. Wichtige Entscheidungen bedurften der Zweidrittelmehrheit.

Nach dem Unabhängigkeitskrieg befand sich die Konföderation in einer schlimmen Lage. Die Finanzen waren zerrüttet, und die Geschlossenheit, die die Unabhängigkeit erst ermöglicht hatte, schwand, weil die Einzelstaaten wie vor dem Krieg wieder ihre spezifischen Interessen verfolgten, vor allem in wirtschaftlicher Hinsicht.

Angesichts des drohenden Auseinanderfallens und der zunehmenden Handlungsunfähigkeit der Konföderation nahm am 25. Mai 1787 in Philadelphia ein Verfassungskonvent die Arbeit auf. Offiziell sollte er Verbesserungsvorschläge für die Konföderationsartikel ausarbeiten, doch die 55 Delegierten unter dem Vorsitz von George Washington (▶ 1.7) arbeiteten hinter verschlossenen Türen eine regelrechte Verfassung aus. Das war nicht leicht, weil die unterschiedlichen Schwerpunktsetzungen der Einzelstaaten, die inzwischen eigene Verfassungen hatten, genauso berücksichtigt werden mussten wie die verbreitete Angst vor einer zu mächtigen Zentralregierung, der die schlechten Erfahrungen mit der zu machtlosen Konföderationsverwaltung gegenüberstanden.

Die am 17. September 1787 vom Konvent verabschiedete amerikanische Verfassung, die selbstbewusst mit »We the People of the United States« beginnt, stellte also in mehrfacher Hinsicht einen Kompromiss dar. Entscheidend war für ihre Väter, die Grundsätze von 1776 beizubehalten – Freiheit, Gewaltenteilung, Volkssouveränität, eingeschränkte Regierungsgewalt – und diese mit dem neuen Konzept des Bundesstaats zu kombinieren. Die Einzelstaaten mussten nur so viel Kompetenzen abgeben, wie zur Bewältigung der übergeordneten Aufgaben nötig war.

Am 28. September 1787 wurde die Verfassung den Bundesstaaten zur Ratifizierung vorgelegt. Am 21. Juni 1788 trat sie in Kraft. Nach den Wahlen von Ende 1788 kam am 4. März 1789 erstmals der neue Kongress zusammen.

Ein starker Präsident und strikte Gewaltenteilung

Nach der amerikanischen Verfassung ist der Präsident Staatsoberhaupt und zugleich Regierungschef sowie Oberbefehlshaber der Streitkräfte. Er wird zum Wahlmännern, die vom Volk bestimmt werden, für vier Jahre gewählt. Als höchster Vertreter der Exekutive muss er für die Durchführung der Beschlüsse des Kongresses, der Legislative, sorgen, kann dagegen aber auch ein Veto einlegen. Andererseits kann sich der Kongress mit Zweidrittelmehrheit über das Veto des Präsidenten hinwegsetzen, und er kann auch mithilfe eines *Impeachment* genannten Verfahrens die Amtsenthebung des Präsidenten wegen erwiesener Verfehlungen einleiten. Der Kongress besteht aus zwei Kammern, dem Repräsentantenhaus (Volksvertre-

Kapitel 1

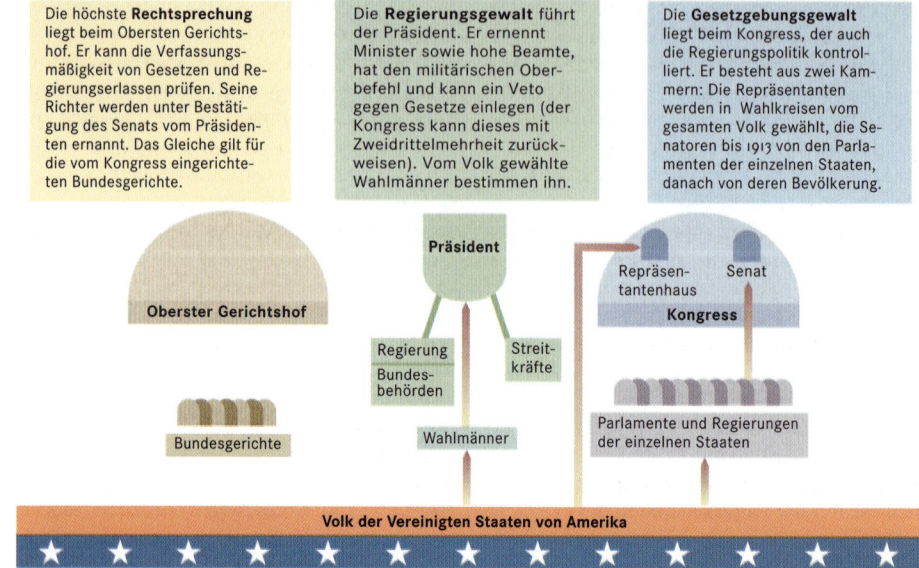

Die Verfassung der USA von 1787/88

tung) und dem Senat (Vertretung der Bundesstaaten). Die Volksvertreter werden von den Bürgern direkt für zwei Jahre gewählt. In den Senat entsendet jeder Bundesstaat unabhängig von seiner Größe für je sechs Jahre zwei Senatoren.

Die dritte Gewalt, die Judikative, besteht aus einem unabhängigen Bundesgerichtswesen mit dem *Supreme Court* als oberstem Organ. Seine Richter werden vom Präsidenten ernannt, können aber von ihm nicht abgesetzt werden.

1.6 »Virginia Declaration of Rights«

Die Diskussion über die Grundrechte war ein wesentlicher Bestandteil des politischen Neuanfangs in den Kolonien Nordamerikas. Sechs von ihnen formulierten einen separaten Grundrechtskatalog und stellten ihn als *Bill* oder *Declaration of Rights* neben ihre Verfassung, während die anderen Kolonien die Grundrechte in ihre Verfassung integrierten. Dabei ging es nicht nur darum, die Bürger vor staatlicher Willkür zu schützen; die schriftliche Fixierung der Grundrechte diente auch der Sinngebung des republikanischen Regierungssystems.

Am deutlichsten kommt dies in der *Virginia Declaration of Rights* zum Ausdruck. Formuliert hat sie George Mason, ein Freund und Nachbar George Washingtons. Sie wurde am 28. Juni 1776 vom Provinzialkongress angenommen. Ihre 16 Artikel definieren zum einen die *inalienable rights*, die unveräußerlichen Grundrechte, und zum anderen den Begriff des *limited government*, also die Einschränkung der Regierungsgewalt durch das Wahlrecht der Bürger und das Wirken der unabhängigen Gerichte.

Neben die Grundrechte auf Leben, Freiheit und Eigentum traten gleichbedeutend der Schutz vor Verhaftung ohne richterliche Anordnung, der Anspruch auf einen raschen Prozess vor einem Geschworenengericht und das Verbot von Folter und grausamen Strafen; als besondere republikanische Freiheiten sind das Wahlrecht, das Widerstandsrecht und die Religionsfreiheit aufgeführt. Gleichzeitig werden die Bürger zu Gerechtigkeit, Mäßigung, Sparsamkeit, Fleiß und christlicher Nächstenliebe angehalten.

Alles in allem spiegelt die *Virginia Declaration of Rights* die zeitgenössischen republikanischen Ideale einer sittenstrengen, sich selbst regierenden Gesellschaft, in der die Aufopferung für das Gemeinwohl als Tugend gilt. Die Regierenden gelten nicht länger als *rulers* (Herrscher), sondern als *trustees*, als Treuhänder auf Zeit. Alle, Bürger wie Regierende, unterliegen dem Recht, das in der Verfassung seinen höchsten Ausdruck findet.

Die Ideen und Konzepte der *Virginia Declaration of Rights* wirken über die französische Erklärung der Menschen- und Bürgerrechte von 1791 (▶ 1.19) und die Verfassungskämpfe des 19. Jahrhunderts bis in unsere heutige Zeit.

1.7 George Washington

George Washington wurde am 22. Februar 1732 in Wakefield (Virginia) geboren und entstammte einer wohlhabenden Pflanzerfamilie; damit zählte er zur Elite des großagrarisch geprägten Südens. Nachdem er aufgrund seiner militärischen Erfahrungen aus dem *French and Indian War* (1754–1763) die noch junge amerikanische Armee im Unabhängigkeitskrieg (▶ 1.4) zum Sieg geführt hatte, ernannte ihn der Verfassungskonvent im Mai 1787 zu seinem Vorsitzenden. Nach dem In-Kraft-Treten der amerikanischen Verfassung (▶ 1.5) wurde Washington am 7. Januar 1789 einstimmig zum ersten Präsidenten der Vereinigten Staaten gewählt.

George Washington setzte sich für eine starke Zentralregierung ein, suchte früh den Ausgleich mit Großbritannien und wahrte im Ersten Koalitionskrieg in Europa (▶ 1.20) strikte Neutralität. Im Innern galt es, eine funktionierende Verwaltung und eine stabile Währung aufzubauen. Washington unterstützte die Bemühungen seines Schatzministers Alexander Hamilton um den Ausbau einer unabhängigen Finanzverwaltung und auch um die Stabilisierung der durch den Unabhängigkeitskrieg zerrütteten Wirtschaft.

Washington hielt das Präsidentenamt aus dem innenpolitischen Streit zwischen den Parteien heraus und wurde 1792 für weitere vier Jahre in seinem Amt bestätigt. 1796 aber hatte er von dessen Bürde genug, obwohl ihn viele seiner Freunde mit der Bitte bestürmten, sich ein drittes Mal zum Präsidenten wählen zu lassen. In seiner Abschiedsbotschaft vom 17. September 1796 warnte er vor langfristigen Bündnissen mit europäischen Staaten. Obwohl von vielen Europäern bevölkert, müssten die Vereinigten Staaten ihre eigenen Interessen wahren. In die häufigen Streitereien der Europäer sollte sich das Land nicht einmischen. Am 14. Dezember 1799 ist George Washington auf seinem Landgut Mount Vernon (Virginia) gestorben.

1.8 Selbst denken – der Sieg der Vernunft

Die europäische Aufklärung war mehr als eine elitäre Philosophie: Sie schuf ein neues geistiges Klima oder war, wie der Historiker Ernst Troeltsch 1897 schrieb, »Beginn und Grundlage der eigentlich modernen Periode der europäischen Kultur und Geschichte«.

Die aufgehende Sonne, Symbol der Aufklärung

Der Beginn der Aufklärung lässt sich nicht eindeutig feststellen, dafür aber sind ihre Kernländer bekannt – England, Frankreich und Deutschland. Aus England stammte die erkenntniskritische Methode der Aufklärung (John Locke). In Frankreich kämpften Aufklärer gegen den starren Absolutismus des *Ancien Régime*. Der bekannteste deutsche Aufklärer war Immanuel Kant, der das Leitmotiv der Aufklärung knapp und auf den Punkt genau definierte: »Habe Mut, dich deines eigenen Verstandes zu bedienen!« Autonomes Denken und individuelle Mündigkeit wurden die Leitideen der Aufklärung.

Vernunft und Kritik

Dieses »Selbstdenken« wurzelte in der Überzeugung, dass der Mensch vernünftig und deshalb im Stande sei, sein Leben nach den Regeln der Vernunft zu gestalten, anstatt wie bisher ungeprüften Traditionen und kirchlichen Dogmen zu folgen. Die Aufklärer ermunterten zur Kritik, verlangten aber auch Toleranz gegenüber Andersdenkenden. Sie orientierten sich an der Diesseitigkeit des Menschen und nicht mehr an seiner religiös begründeten Jenseitigkeit. Sie wollten ihn befähigen, Kenntnisse über die Welt zu erlangen, in der er lebte. So förderten sie den Prozess der Säkularisierung aller Lebensbereiche und gingen von der grundsätzlichen Autonomie des vernunftbegabten und damit erziehungsfähigen Individuums aus.

Die politischen Auswirkungen der Aufklärung

Die Aufklärung hat die Grundlagen für den modernen Verfassungsstaat gelegt. Die Schriften der Aufklärer setzten sich intensiv mit dem Gedanken auseinander, wie rechtmäßige (legitime) Herrschaft zu begründen und nach welchen Regeln sie auszuüben sei. Die Prinzipien, die sie formulierten, gelten noch heute. Dazu gehören:

1. das Prinzip der Gewaltenteilung, d. h., die ausführende, die gesetzgebende und die rechtsprechende Gewalt müssen voneinander getrennt sein;
2. der Gesetzgeber ist an Grund- und Menschenrechte gebunden;
3. das Prinzip der Volkssouveränität behält das Recht zur Gesetzgebung den gewählten Vertretern des Volkes vor.

Diese Prinzipien garantierten den Bürgern bestimmte Freiheitsrechte und die Möglichkeit der Mitsprache bei politischen Entscheidungen. Darüber hinaus richteten sie sich gegen den Machtanspruch des absoluten Monarchen, seine Herrschaft beruhe auf dem Gottesgnadentum und sei somit unabänderlich. Die Aufklärer lehnten jede sakrale Begründung politischer Herrschaft ab und banden deren Ausübung an Normen, denen sich alle, auch der oberste Repräsentant des Staates, zu beugen hatten.

Die Aufklärung brauchte den freien und öffentlichen Gedankenaustausch als Voraussetzung des Diskurses. Die allgemeine Verbreitung von Kenntnissen und die Ausweitung des Leserkreises von wissenschaftlicher Literatur sind wesentliche Kennzeichen der Aufklärung. Die Gedanken der Aufklärer wurden in allen möglichen Formen von Druckerzeugnissen – Büchern, enzyklopädischen Werken, Zeitschriften, Zeitungen und Gebrauchsschriften – veröffentlicht. Die Schriften Voltaires und die große französische »*Encyclopédie*« (35 Bände. 1751–80), herausgegeben von Denis Diderot und Jean Le Rond d'Alembert, bedeuteten dabei Meilensteine. Auch die schöngeistige Literatur stieß mit der Aufnahme von Fabelmotiven wie dem »edlen Wilden« und utopischen Romanen in ihr Repertoire in neue Richtungen vor. In Deutschland hat Gotthold Ephraim Lessing (1724–1804) dem aufklärerischen Ideengut im Drama »Nathan der Weise« (1779) klassischen Ausdruck verliehen. Damit war der sozialgeschichtliche Entwicklungsprozess der Öffentlichkeit im 18. Jahrhundert ebenso ein Resultat der Aufklärung als geistiger und sozialer Bewegung wie ihr treibender Faktor, weil er sie stimulierte und letztlich überhaupt erst ermöglichte. »Publizität« gelangte in den Rang eines obersten Prinzips der Aufklärung, das ihren Fortschritt garantieren sollte und zugleich eine kritische Dimension erhielt. Die damit verbundene Forderung nach »Pressefreiheit« galt in den Augen vieler Aufklärer als wichtigstes Freiheitsrecht, das, nach einer vor allem in Deutschland verbreiteten Meinung, auch für die Verbesserung der gesellschaftlichen und politischen Verhältnisse eine ausreichende Garantie bot.

Dieses Klima förderte den Aufstieg eines gebildeten Bürgertums. In deutschen Groß- und Kleinstädten entstanden Lesekabinette, Klubs, Salons und Tischgesellschaften, in denen in der Landessprache und nicht mehr in der Sprache der Höfe und des Adels – zumeist Französisch – diskutiert wurde. Auf dieser Basis entstand eine deutsche Nationalkultur, lange bevor sich ein deutscher Nationalstaat entwickelte.

1.9 Europäische Aufklärer

Die Aufklärung war bis auf Russland eine europäische Bewegung, und in ihr flossen die Ideen und Vorstellungen vieler Köpfe zusammen; hier geht es um die herausragendsten.

Der Engländer John Locke (1632–1704) lebte zwar zwei bis drei Generationen vor den Hauptvertretern der europäischen Aufklärung, aber von ihm stammen ihre erkenntnistheoretischen Grundlagen. Seine diesbezüglich wichtigsten Schriften erschienen alle zwischen 1689 und 1694: der erste Brief »Über die Toleranz« (1689), zwei Schriften »Über die Regierung« (1690), »Über den menschlichen Verstand« (1690), »Gedanken zur Erziehung« (1694). Sie gaben die Leitmotive der Aufklärung vor.

und die Erleichterung der Lebensbedingungen der Bauern ein; er zog gegen Fanatismus und Aberglauben zu Felde, die er besonders in der katholischen Kirche repräsentiert sah.

Jean-Jacques Rousseau verfasste für die französische Aufklärung zwei grundlegend wichtige Schriften. 1762 erschienen »*Du contrat social*« (dt. Der Gesellschaftsvertrag) und der Erziehungsroman »*Émile ou De l'éducation*« (dt. Emile oder über die Erziehung). Im »Gesellschaftsvertrag« bildet der politisch mündige Bürger den Ausgangspunkt für den Gemeinwillen aller *(la volonté générale),* die, nachdem jeder auf seine individuellen Rechte verzichtet hat, sich an ein Gesetz binden, das sie sich selbst gegeben haben und damit zu einer höheren Gleichheit und Freiheit finden. Diese These

Montesquieu

Jean-Jacques Rousseau

Immanuel Kant

John Locke

Aufklärer im 18. Jahrhundert
Es gilt als das eigentliche »Zeitalter der Aufklärung«. In diesem Zeitraum wirkten die bekanntesten europäischen Aufklärer, z. B. der deutsche Philosoph Immanuel Kant (1724–1804), Jean-Jacques Rousseau (1712–1778), Charles de Sécondat, Baron de la Brède et de Montesquieu (1689–1755) und in der Nähe von Genf Voltaire (1694–1778).

Von Kant stammt die Erkenntnis, dass die Fähigkeit, für sich selbst sprechen und sorgen zu können, die selbst verschuldete Unmündigkeit des Einzelnen überwindet. Diese Emanzipation zählt zu den Grundforderungen der Aufklärung.

Der französische Schriftsteller und Philosoph Voltaire war ein geistvoller Betrachter der Verhältnisse im *Ancien Régime* und trat unermüdlich für die Abschaffung der Leibeigenschaft

zielte auf die Grundlagen des absolutistischen Staates. Im »*Émile*« legt Rousseau dar, wie ein politisch mündiger Bürger zu erziehen sei. Dabei orientiert er sich am Ideal der freien Entfaltung der Persönlichkeit auf der Grundlage von Empfindung, Natur und dem Grundsatz des behutsamen Wachsenlassens, um die natürlichen, die »guten« Fähigkeiten zu fördern. Der Roman hat alle neuzeitlichen Erziehungstheorien grundlegend beeinflusst.

14 Jahre zuvor, 1748, war das Hauptwerk Montesquieus »*De l'esprit des lois*« (dt. Vom Geist der Gesetze) erschienen, das die moderne Gewaltenteilung durch die Trennung der drei staatlichen Funktionen der Legislative, der Exekutive und der Judikative und ihre Zuordnung an unterschiedliche Staatsorgane vorbereitet – auch dies ein direkter Angriff auf den absolutistischen Staat. Das Prinzip der Gewal-

tenteilung hat die amerikanische Verfassung von 1787 (▶ 1.5) und die französische Verfassung von 1791 (▶ 1.16) geprägt. Sie ist einer der Wesenszüge der modernen Demokratie. In Deutschland setzte sie sich erst in der Verfassung der Weimarer Republik von 1919 (▶ 6.1) und in den Artikeln 1 und 20 des Grundgesetzes der Bundesrepublik Deutschland durch (▶ 8.18).

1.10 Die Krise des Ancien Régime: Der Ständestaat

Die Staatskrise, die Frankreich Ende des 18. Jahrhunderts durchlitt, hatte viele Gründe. Da war zum einen die öffentliche Verschuldung, die den Staat bis zur Bewegungslosigkeit lähmte und schon unter dem »Sonnenkönig« Ludwig XIV. (1661–1715) eingesetzt hatte. Als sein Nachfolger, Ludwig XV. (1715–1774), starb, überstiegen die jährlichen Staatsausgaben die Einnahmen bereits um 22 Millionen *Livres*. Unter Ludwig XVI. (1774–1792) war die staatliche Schuldenlast im Jahr 1788 schließlich auf 630 Millionen *Livres* angewachsen. Wenige Monate vor Ausbruch der Revolution in Frankreich verschlang allein der Schuldendienst (Zinsen) etwa die Hälfte der Staatseinnahmen von 503 Millionen *Livres*. Die Pensionen für die Günstlinge des Hofes, die Inflation und der Krieg in Amerika, der allein fast zwei Milliarden *Livres* kostete, trieben die Staatsausgaben zusätzlich in die Höhe – und das unter einem Herrscher, der durch halbherzige oder widersprüchliche Reformen durchaus vorhandene Chancen zur Veränderung von Staat und Gesellschaft verspielte.

Neben der Verschuldung litt das Land unter der zu jener Zeit in Europa verbreiteten Ständegesellschaft. In ihr besaß der König die absolute Macht über seine Untertanen. Der erste Stand (Klerus, ca. 130 000 Personen) und der zweite Stand (Adel, ca. 350 000 Personen) pochten auf ihre Privilegien wie Steuer- und Abgabenfreiheit und ihre ständischen Vorrechte. Der dritte Stand umfasste alle anderen Franzosen, etwa 98 Prozent der Bevölkerung beiderlei Geschlechts und völlig unterschiedlicher Berufe – Großunternehmer, Juristen, Ärzte, Handwerker, etwa 22,5 Millionen Bauern, Tagelöhner und Bettler. Gemeinsam war ihnen nur, dass sie sämtliche Steuern oder Abgaben bezahlten und keinerlei politische Rechte besaßen. Ihre Situation brachte ein Flugblatt des Abbé Sieyès 1789 auf den Punkt:
»1. Was ist der dritte Stand? – ALLES.
2. Was ist er bis jetzt in der politischen Ordnung gewesen? – NICHTS.
3. Was verlangt er? – ETWAS ZU SEIN.«

Freiheitliche Ideen, Wirtschaftskrisen und Hungersnot
Die standespolitische Erstarrung empfanden die französischen Aufklärer als dringend reformbedürftig (▶ 1.9). Sie verlangten politische Gewaltenteilung, den freien Zugang zu allen Ämtern und den Vorrang der Leistung vor der Standeszugehörigkeit. Die späteren Forderungen der Französischen Revolution nach individueller Freiheit, rechtlicher wie politischer Gleichheit aller Menschen und die Idee der Volkssouveränität wurden von ihnen vorbereitet. Außerdem fanden sich ähnliche Vorstellungen in der amerikanischen Unabhängigkeitserklärung von 1776, die von französischen Freiwilligen am Unabhängigkeitskampf der Siedler in Nordamerika, z. B. dem Marquis de La Fayette, nach Frankreich gebracht wurden und dort umgehend ihre Wirkung entfalteten. Allerdings erreichten diese Ideen nur das wirtschaftlich starke Bürgertum in den Städten. Die städtischen Massen und die Landbevölkerung erreichten sie nicht.

Diese litten Ende der 1780er-Jahre vielmehr unter einer Wirtschaftskrise, die durch witterungsbedingte Missernten in den Jahren 1787 und 1788 entstanden war und die durch Preisspekulationen von Großhändlern auf die Grundnahrungsmittel Brot, Fleisch und Wein zusätzlich angeheizt wurde. Die Folge: Entweder gaben die Menschen wie ein Pariser Handwerker im Jahr 1789 durchschnittlich etwa 95 Prozent ihres Tagelohns allein für ihre Ernährung aus oder sie hungerten. Die ständige Verschlechterung der wirtschaftlichen Situation im Frühjahr und Sommer 1789 verursachte in Stadt und Land Aufstände, wobei sich der Zorn der Bevölkerung sowohl gegen die Regierung des Königs als auch gegen die Grundbesitzer richtete. Diese Unruhen waren aber lokal begrenzt und besaßen noch keinen revolutionären Charakter. Da sie jedoch mit einer allgemeinen politischen Krise zusammenfielen, entwickelte sich aus ihnen eine für den Bestand des *Ancien Régime* gefährliche revolutionäre Grundstimmung.

»Was ist der dritte Stand?« – Titel der einflussreichsten Flugschrift der Französischen Revolution

Der Konflikt mit Großbritannien
In dieser Situation kam dem Zustand des Staatsapparats und der damaligen internationalen Situation Frankreichs entscheidende Bedeutung zu: Das Land, das nach den Eroberungskriegen Ludwigs XIV. weite Teile Europas beherrschte, hatte im 18. Jahrhundert militärische Niederlagen einstecken müssen und war im internationalen Wettbewerb gegenüber der Handelsmacht England immer weiter zurückgefallen. Im amerikanischen Unabhängigkeitskrieg setzte es das Ringen mit der Rivalin um die Führungsrolle in Europa fort – selbst um den Preis des finanziellen Zusammenbruchs des Staates. Auf der anderen Seite brauchte die kleine Schicht der Privilegierten, die zur Zeit Ludwigs XVI. das Land beherrschte und ihre eigenen Interessen gegenüber der Bevölkerung rücksichtslos durchsetzte, staatliche Instanzen, die sowohl für die Eintreibung der Steuern als auch die Rekrutierung von Soldaten sorgten. Als der Staatsapparat diese Kontrollfunktion aber nicht mehr gewährleisten konnte, wurde er nicht nur außenpolitisch schwach, sondern konnte sich auch gegen rebellierende Untertanen nicht mehr zur Wehr setzen. Damit war das *Ancien Régime* in Frankreich

wegen der sozialökonomischen Verhältnisse im ausgehenden 18. Jahrhundert und der Unfähigkeit des ersten und des zweiten Standes zu politischen Reformen reif für den Untergang.

1.11 Das »Neue Regime« Selims III.

Hatte das Osmanische Reich im 17. Jahrhundert noch ganz Vorderasien bis zum Persischen Golf sowie weite Teile Nordafrikas (Maghreb, Ägypten) beherrscht, so verlor es im 18. Jahrhundert aus verschiedenen Gründen seine Großmachtstellung. Deshalb ließen die schleichende Aushöhlung des Sultanats, Aufstände in den Grenzprovinzen, z. B. in Griechenland, im Libanon und im Irak, und eine Reihe verlustreicher Kriege, namentlich mit Russland, Reformen unausweichlich erscheinen.

Sie setzten unter Selim III. (1789–1807), dem ersten einer Reihe von Reformsultanen, ein, der mit 27 Jahren wenige Monate vor dem Sturm auf die Bastille 1789 auf den Thron gelangte. Er hatte eine sorgfältige Erziehung genossen und sich gründlich über die Lebensverhältnisse in Frankreich und Österreich informiert.

Reformen im Osmanischen Reich
Was der Kronprinz an Kenntnissen verinnerlicht hatte, das floss ab 1793 in das »Neue Regime« *(Nizâm-t cedîd)*, Schlüsselwort für alle Reformen Selims III. und zugleich für seine wichtigste Einzelmaßnahme, ein, mit denen er das Osmanische Reich näher an die europäische Zivilisation heranführen wollte. Angesichts der unsicheren innenpolitischen Basis brauchte der neue Sultan zunächst zuverlässige Streitkräfte, d. h., er stellte ab 1794 drei Regimenter mit 23 000 modern ausgebildeten Soldaten auf, die er mit den ihm unmittelbar unterstellten Truppenteilen verband. Die Janitscharen, bisher Elitetruppe und Kern des Heeres, verweigerten aber die Zusammenarbeit mit den neuen Verbänden.

Parallel dazu gründete er moderne Erziehungsanstalten, an denen ausländische Lehrer Mathematik, Naturwissenschaften und europäische Sprachen unterrichteten. Ausbildungsstätten für Verwaltungsbeamte, Offiziere und

Techniker vervollständigten das Fundament eines Erziehungssystems, das mittelfristig auf die Entstehung einer europäisch gebildeten Intelligenzschicht abzielte. Diesem Reformwerk blieb die öffentliche Zustimmung versagt, insbesondere bei den hauptstädtischen Massen, die einen so wichtigen Faktor in der osmanischen Geschichte darstellten. Im Mai 1807 wurde Selim III. deshalb von einer breiten Koalition von Janitscharen, hoher islamischer Geistlichkeit und Großwürdenträgern des Palastes gestürzt.

Auch außenpolitisch handelte der Sultan nicht immer erfolgreich. So widmete er sich nicht energisch genug dem Krieg um die territoriale Expansion Russlands nach Süden, den Katharina II. seinem Vorgänger, Sultan Abd ül-Hamid I. (1774–1789), und ihm aufgezwungen hatte. Im Vertrag von Jassy 1792 anerkannte die Pforte die Annexion der Krim durch Russland ebenso wie das russische Einspracherecht in den Fürstentümern Moldau und Walachei, die dem türkischen Einfluss damit de facto entzogen wurden.

Der letztendlich gescheiterte Ägyptenfeldzug Napoleons veranlasste Selim III. zwar zur Kriegserklärung an Frankreich (1798) und zu einer begrenzten Anlehnung an die im östlichen Mittelmeer operierenden Briten und Russen, aber kurz nach Abschluss des Friedens von Amiens (▶ 1.27) arrangierte er sich wieder mit dem Ersten Konsul und setzte dadurch die traditionell frankreichfreundliche Politik des Osmanischen Reiches fort.

Selims Nachfolger, Mustafa IV., ließ ihn ermorden, als der mächtige Provinzfürst auf dem Balkan, Bairaktar Mustafa Pascha (1765–1808), den entmachteten Sultan wieder auf den Thron bringen wollte: Die Koalition aus reaktionär militärischen und religiösen Kreisen hatte ihn im Verein mit der Hofkamarilla endgültig besiegt.

1.12 Der Ständestaat in China (1750–1795)

Während des *Ancien Régime* in Frankreich (▶ 1.10) lebte auch China unter dem absolut regierenden Mandschu-Kaiser Qianlong in einer starren Gesellschaftsordnung. Er führte seinen Vielvölkerstaat in straffer Verwaltung, die, weil die Mandschu nur zwei Prozent der Bevölkerung stellten, auch die chinesischen Eliten einbinden musste. Deshalb waren alle hohen Ämter paritätisch mit Mandschu oder Chinesen besetzt.

Verwaltung, Handel und Wandel

China bestand damals aus 18 Provinzen, 154 Präfekturen und 1287 Kreisen. Dem Kaiser direkt unterstanden der Staatsrat (fünf oder sechs Personen), sechs »koordinierende Ämter«, z. B. das wichtige Amt für Astronomie, und sechs Ministerien. Das höchste Amt der Provinzialverwaltung bekleidete der Generalgouverneur. Die Verwaltung der untersten Hierarchieebene, der Kreise mit je etwa 200 000 Menschen, lag meistens in den Händen von Chinesen. Sie trieben die Steuern ein, sprachen Recht und besaßen Polizeigewalt. Nach dreijähriger Amtszeit wurden sie versetzt.

Der Einstieg in die Beamtenlaufbahn setzte das Bestehen von mindestens einem der drei klassischen Examina, der Präfektur-, Provinz- und Palastprüfung, voraus. Die Kandidaten mussten gründliche Kenntnisse der klassischen konfuzianischen Schriften nachweisen und sie in einem blendenden Stil schriftlich wiedergeben. Nach der Vorauswahl auf Kreisebene, zu der etwa zwei Millionen Bewerber jährlich antraten, blieben nach der Palastprüfung 300 »avancierte Gelehrte« *(jinshi)* übrig. Nur sie besaßen Anspruch auf eine der fürstlich dotierten Beamtenstellen. Doch Geld war nicht alles; fast mehr noch zählte das Prestige, dem vornehmsten Stand des Reiches anzugehören. Die Verwaltungsbeamten arbeiteten eng mit den einflussreichen Grundbesitzern zusammen. Zu deren Aufgaben zählten der Erhalt der Bewässerungs- und Entwässerungsanlagen oder des Wege- und Kanalnetzes, was allerdings die Bauernbevölkerung in Fronarbeit leistete.

Die Bauern stellten zwar 80 Prozent der Gesamtbevölkerung, besaßen aber nur die Hälfte der Ackerflächen. Trotzdem trugen sie fast die gesamte Steuer- und Abgabenlast, die seit 1724 aus einer Einheitssteuer (Kopf- und Grundsteuer), der Kornsteuer und zahlreichen Sonderabgaben bestand. Unter dieser Last brachen viele Kleinbauern zumal nach Missernten oder Überschwemmungen zusammen. Sie verdingten sich als Pächter beim örtlichen Grundherrn, der für die Pacht die Hälfte ihrer Ernteerträge verlangte. Damit fielen sie – unabhängig von ihrer persönlichen Not – als Steuerzahler für den Staat aus.

Dessen ruinierte Finanzen konnten auch Handel und Gewerbe nicht mehr sanieren. Im vorkapitalistischen China zählten Textil- und Seidenwaren, Salz und Papier zu den Haupthandelsprodukten, die aber den Zwängen der staatlichen Monopolwirtschaft unterlagen. Eine moderne arbeitsteilige Produktions- und Vertriebsform kannte man nicht. Außerdem lebte China im 18. Jahrhundert fast abgeschlossen vom Rest der Welt. Es besaß nur geringe Kontakte nach außen. Nur wenige lizenzierte chinesische Kaufleute, die *cohong*, durften auf einer Insel vor Kanton mit Europäern, die Wollwaren, Blei, Zinn, Eisen und Leinen brachten und dafür Rohrzucker, Lackwaren, Porzellan und Tee holten, Handel treiben. Schiffe der britischen *East India Company* luden für den indischen Markt zusätzlich Textilien, Aluminium, Pfeffer und Tee und lieferten dafür Baumwolle, Elfenbein, Silber und Opium. Gerade an Letzterem entzündete sich der Opiumkrieg (▶ 2.13), nach dessen Ende China sich dem internationalen Handel öffnen musste.

1.13 Russland wird Großmacht in Europa

Peter I., der Große, kam 1672 in Moskau zur Welt, aber erst 1696 fiel ihm die Alleinregierung zu. Als Herrscher konzentrierte er sich vor allem auf die Öffnung Russlands gegenüber der westlichen Zivilisation. Er reiste zweimal (1697 und 1716) nach Europa. Diese Reisen weckten in Russland Proteste, denn noch nie zuvor hatte ein Zar sein Land verlassen, um »Ungläubige« zu besuchen. 1700 brach der 1. Nordische Krieg, der Kampf um die Vorherrschaft im Ostseeraum, aus. 1702 musste Peter aufgeben, aber er lernte aus der Niederlage und setzte umgehend eine Heeresreform durch. Den 2. Nordischen Krieg gegen den Schwedenkönig Karl XII. entschied er durch die Schlacht bei Poltawa 1709 für sich.

Die Reformpolitik Peters des Großen

Trotz aller Kriegswirren verlor Peter nie sein politisches Hauptziel aus den Augen, Russland Europa anzunähern. Dazu verordnete er seinen Untertanen den Verzicht auf altrussische Traditionen. Den Adel unterwarf er durch seine Rangtabelle 1722 einem rationalistischen Leistungsprinzip. Elf Jahre zuvor hatte er einen »Regierenden Senat« als oberste Rechtsbehörde eingerichtet, dem die Fachministerien unterstanden. Sein Reich teilte er in elf Gouvernements (1719) und 50 Distrikte ein. Bereits zum 1. Januar 1700 war der Jahresanfang im julianischen Kalender auf den 1. Januar umgestellt worden. 1708 führte Peter die besser lesbare Zivilschrift ein. 1721 ersetzte er das Patriarchenamt durch eine Kollegialbehörde, den »Heiligen Synod« unter Vorsitz des Zaren. Mit seinen Reformen weckte Peter den Zorn altmoskowiter Kreise. Selbst sein Sohn Aleksej Petrowitsch lehnte das väterliche Reformprogramm ab.

Zar Peter I. – Modernisierer Russlands

Peter schuf Staatsmonopole für Tuchmanufakturen, das Geschäft mit Pelzen aus Sibirien und die Ausbeutung seiner Bodenschätze. Zwei Kamtschatka-Expeditionen (1725–28 und 1733–43) unter der Leitung des Dänen Vitus Bering erforschten den äußersten Nordosten Russlands. Andere Expeditionen erschlossen Teile des inneren Sibirien – mit schlimmen Auswirkungen für dessen Ureinwohner. Einige Stämme wurden brutal unterjocht oder star-

Kapitel 1

Sankt Petersburg, das »Fenster zum Westen«, wurde 1712 Hauptstadt.

ben wegen der von den Russen eingeschleppten Krankheitserreger nahezu aus (▶ 2.24).

Im äußersten Westen Russlands hingegen und weitab von Moskau errichtet, diente die neue Hauptstadt Sankt Petersburg seit 1712 als sichtbarer Beweis der petrinischen Westorientierung. An ihrem Bau hatten berühmte Architekten aus allen europäischen Ländern mitgewirkt, z. B. Andreas Schlüter.

Peters Tod am 8. Februar 1725 leitete eine krisenhafte Übergangsphase ein, aber das gute Einvernehmen zwischen Wien und Sankt Petersburg blieb. Deshalb trat Zarin Elisabeth, eine Tochter Peters, mit Großbritannien und Österreich in den Siebenjährigen Krieg (1756–63) ein. Der preußische König Friedrich II. hätte diese »Umzingelung« militärisch nicht überlebt, nur der Tod Elisabeths und der Thronwechsel auf Peter III. rettete ihn. Der neue Zar, ein Bewunderer Friedrichs II., zog sich umgehend aus dem Krieg zurück.

Von Katharina II. bis Alexander I.

Peter III. regierte 1762 nur sechs Monate. Wahrscheinlich fiel er dem Ehrgeiz seiner Ehefrau, der späteren Katharina II., zum Opfer, die von 1762 bis 1796 Russland im Sinne Peters d. Gr. als »republikanische Autokratin« regierte. Die neue Zarin war eine Schülerin der französischen Aufklärung und regte in deren Geist viele Neuerungen an, aber vor grundlegenden Reformen der sozialen Missstände im Zarenreich schreckte sie zurück.

Außenpolitisch erreichte sie nach zwei Türkenkriegen im Frieden von Jassy (1792) den Zugang zum Schwarzen Meer, die Ausdehnung der Reichsgrenze bis zum Dnjestr und die freie Durchfahrt durch die Meerengen für Handelsschiffe. 1783 hatte sie die Krim annektiert. Weitere große Gebietszuwächse erzielte sie durch die Polnischen Teilungen (▶ 1.14).

Katharina II. festigte die Stellung Russlands als europäischer Großmacht, aber ihr Sohn Paul I. (1796–1801) verabscheute die Politik seiner Mutter. Er setzte sich vielmehr für den Schutz der leibeigenen Bauern ein. Im Zweiten Koalitionskrieg (1798–1802) trat er 1800 offen an die Seite Napoleons. Am 24. März 1801 fiel er wegen seines despotischen Auftretens und der Planlosigkeit seiner Außenpolitik einer Palastrevolution zum Opfer.

Sein Erbe Alexander I. (1801–25) entsprach den Erwartungen der europäischen Mächte eher. Mit Napoleon arrangierte er sich im Frieden von Tilsit (1807), provozierte aber durch sein Verlassen der Kontinentalsperre den Einmarsch der »Großen Armee« 1812 in Russland (▶ 1.34). Nach der Völkerschlacht bei Leipzig (1813) zog Alexander I. im März 1814 gemeinsam mit den verbündeten Truppen in Paris ein.

Auf dem Wiener Kongress (▶ 1.36) träumte er von einer gründlichen Erneuerung der europäischen Völkergemeinschaft. Sein Programmentwurf einer »Heiligen Allianz« (▶ 2.1) basierte auf einem strikten Legitimitätsdenken und der Furcht vor umstürzlerischen Umtrieben. Vor seinem Tod am 1. Dezember 1825 hatte eine breite Europäisierung der russischen Intellektuellen eingesetzt.

1.14 Polen – drei Mal geteilt

Ein französischer Kupferstich aus dem Jahr 1793 zeigt die Herrscher von Preußen, Friedrich II., von Österreich, Joseph II., und von Russland, Katharina II., über die Landkarte von Polen gebeugt. Der Titel des Stichs lautet: »Der Kuchen der Könige«, womit genau die Situation der drei Polnischen Teilungen von 1772, 1793 und 1795 beschrieben ist.

Zur ersten Teilung Polens 1772 kam es, als der polnische König Stanislaus August Poniatowski 1764 eine Verfassungsreform durchführen wollte, um die Lähmung des aufgrund der widersprüchlichen Interessen von hohem und niederem Adel de facto beschlussunfähigen polnischen Reichstags (Sejm) aufzuheben. 1768 brach deswegen ein Bürgerkrieg aus, der von den Nachbarn Russland, Preußen und Österreich unter scheinheiligen Gründen zur militärischen Intervention genutzt wurde. Bevor sie wieder abzogen, hatte Polen etwa 30 Prozent seines Territoriums und 35 Prozent seiner Bevölkerung verloren: Galizien wurde Österreich zugeschlagen, Russland schob sich bis zur Düna und zum Dnjepr nach Westen vor und Preußen annektierte das Ermland und Westpreußen, allerdings ohne Danzig und Thorn, um eine Landverbindung zwischen Pommern und Ostpreußen herzustellen.

1793 wurde Polen zum zweiten Mal geteilt. Den Anlass bot die Einführung einer modernen und an den Ideen der Französischen Revolution orientierten neuen Verfassung im Jahr 1791. Von ihr fürchteten die drei Nachbarländer, dass ein revolutionärer Funke auf sie überspringen könnte. Deshalb schnitt sich Russland vom »Kuchen der Könige« das Gebiet östlich der Linie Dünaburg – Chocim und Preußen ganz Großpolen bis zur Pilica inklusive Danzig und Thorn ab. Diese zweite Teilung hinterließ einen polnischen Rumpfstaat mit etwa 3,5 Millionen Einwohnern.

1795 schließlich verschwand Polen als souveräner Staat ganz von der politischen Landkarte. Dieselben drei Nachbarstaaten nahmen die nationale Erhebung des selbst ernannten »Staatschefs« in Polen, Tadeusz Kościuszko, gegen die zweite Teilung zum Anlass, den Rest Polens an sich zu reißen – ein selbstständiger polnischer Staat entstand erst wieder 1918.

1.15 Das Schogunat der Tokugawa

Als *Shōgun* (»Kronfeldherr«) bezeichnete man in Japan im 17. Jahrhundert einen Militärregenten, der im Namen des Kaisers *(Tennō)* die Regierungsgeschäfte führte. 1603 wurde Tokugawa Ieyasu aus dem Hause Tokugawa nach schweren Kämpfen zum Kronfeldherrn ernannt; der Titel blieb bis zum Ende des Schogunatssystems 1867 in der Familie.

Die Polnischen Teilungen

Japan lebte damals – nach außen hin streng abgeschirmt – in einer Feudalherrschaft. Die Epoche ist nach dem Regierungssitz der Tokugawa in Edo (heute: Tokio) als Edozeit bekannt. Die Tokugawa regierten ihr Land bis in die 2. Hälfte des 18. Jahrhunderts in Ordnung und Frieden. Die Bevölkerung lebte in einer strengen Ständeordnung: Die *Daimyō* (Territorialherren, oft aber auch *warlords*) mit ihren ritterlichen Vasallen *(Samurai)* bildeten den ersten Stand. Im zweiten und im Gegensatz zum *Ancien Régime* in Europa wichtigsten Stand lebten die Bauern. Zum dritten und vierten Stand zählten die Handwerker bzw. Kaufleute. *Tennō*, Hofadel und Klerus gehörten keinem Stand an. Etwa ab 1780 verwischten sich die Standesschranken zusehends.

Die ersten *Shōgune* der Tokugawa entmachteten zunächst die großen Kriegerfamilien und ihren Anhang: Die *Daimyō* mussten alle Burgen auf ihren Territorien bis auf eine zerstören, die *Samurai* wurden von ihrem Landbesitz getrennt, um sich um die Burg ihres *Daimyō* anzusiedeln. Dieser hatte am Sitz des Schogunats in Edo Familienangehörige als Geiseln zu stellen und musste beinahe jährlich einmal dorthin reisen. Diese Maßnahmen dämpften die Kampfbereitschaft der Kriegerkaste, das Staatswesen konnte stabilisiert werden.

Die »Pax Tokugawa«
Ihre segensreichen Auswirkungen zeigten sich auf vielen Gebieten, zunächst aber in der dynamischen Entwicklung von Städten aus sog. Burgstädten um die Herrschaftssitze der Territorialherren, in denen neben den *Samurai* mit ihren Familien auch Handwerker und Händler, durchschnittlich etwa 30 000 Menschen, lebten. Kyōto und Ōsaka kamen um die Wende zum 18. Jahrhundert auf etwa 350 000 Einwohner.

Mit Lebensmitteln versorgt wurden die Städte von den Bauern aus dem Umland, die, weil milde besteuert, durch neue Anbautechniken und Investitionen höhere Erträge und auch höhere Erlöse für ihre Produkte erzielten. Die bäuerliche Selbstversorgung wurde nach und nach von der Geldwirtschaft abgelöst, sodass die Bauern zu einem gewissen Wohlstand gelangten.

Die Städte boten neue Verdienstmöglichkeiten auch für Handel und Gewerbe. Namentlich die Kaufleute profitierten davon, und auf ihre Kredite war der erste Stand angewiesen, wenn seine Naturalabgaben als Existenzsicherung nicht mehr reichten. Daneben entwickelte sich ein blühendes Transportgewerbe, das die Erzeugerregionen mit Märkten und Städten verband.

Die wirtschaftlichen Erfolge über etwa 150 Jahre hinweg ermöglichten eine höhere Bildung auf breiter Basis – auch auf dem Land –, und daraus entstand ein neues Selbstbewusstsein, das neben der zunehmenden wirtschaftlichen Verarmung des ersten Standes das gesamte japanische Standesgefüge in Frage stellte. Selbst mit grundlegenden Wirtschaftsmaßnahmen zur Unterstützung des ersten Standes im 18. und 19. Jahrhundert scheiterte das Schogunat.

Zeigten sich schon um 1800 deutliche Risse in der japanischen Gesellschaft, so ließ sich die etwa 250 Jahre dauernde selbst gewählte Isolierung nach außen erst recht nicht mehr halten. Im Vertrag von Kanagawa 1854 (▶ 2.27) erzwangen die USA die Öffnung der japanischen Häfen für amerikanische Schiffe. Unterstützt wurde dies durch Bestrebungen im Inneren, dem *Tennō* zur Macht zu verhelfen. Am 3. Januar 1868 übernahm der junge Kaiser Mutsuhito nach einem Putsch des *Samurai* Saigō Takamori selbst die Regierung. Die Zeit der Tokugawa war vorüber, die Meijizeit begann (▶ 3.33).

1.16 Die Verfassunggebende Nationalversammlung in Frankreich

Die Französische Revolution von 1789 lässt sich in drei Phasen gliedern: die Entmachtung des Monarchen (1789–1792); die Herrschaft des Nationalkonvents, bestehend aus Girondisten und Jakobinern, die von 1792 bis 1794 dauerte, und schließlich die bürgerliche Republik von 1794 bis 1799. Die Zeit der Verfassunggebenden Versammlung (Konstituante) fiel in die erste Phase. Sie entsprang dem ersten revolutionären Akt, als sich die Abgeordneten des dritten Standes in der am 5. Mai 1789 nach Versailles einberufenen Ständeversammlung unter Füh-

Der Ballhausschwur in Versailles am 20. Juni 1789

rung von Graf Mirabeau am 17. Juni 1789 zur Nationalversammlung erklärten. Drei Tage später schworen sie, nicht auseinander zu gehen, bevor Frankreich eine Verfassung besitze (Ballhausschwur). Der dritte Stand hatte der Monarchie die Stirn geboten, das Ancien Régime begann schon zu wanken, noch ehe eine wütende Volksmenge die Bastille stürmte.

Weitere Ereignisse von gewaltiger politischer Sprengkraft wie die sog. Augustdekrete, die »Große Furcht« und die im Oktober von Pariser Marktfrauen erzwungene Umsiedelung der Königsfamilie von Versailles nach Paris (▶ 1.18) folgten. Am 2. November 1789 erklärte die Konstituante alle Kirchengüter zu Nationalgütern, um mit ihrem Verkauf die nach wie vor bestehende Finanzkrise des Staates zu beheben. Bezahlt wurde ab 19. Dezember mit Assignaten (Papiergeld), einer neuen Währung, deren Kurs aber rasch verfiel.

Im Januar 1790 beschloss die Konstituante eine neue Verwaltungsstruktur: An die Stelle der ehemaligen Provinzen traten 83 Departements mit einem neuen und hierarchisch gegliederten Verwaltungsaufbau (Gemeinde, Distrikt, Departement). Die Hauptstadt Paris bestand künftig aus 48 Sektionen anstatt der bisherigen 60 Distrikte.

Im Juni 1790 beseitigte die Konstituante den Erbadel sowie sämtliche Orden, Titel und Wappen der alten Adelsgesellschaft, was die erste Fluchtwelle adliger Familien ins benachbarte Ausland bewirkte. Dort, in den weiterhin ständestaatlich verfassten Ländern, schürten sie die Gegenrevolution. Der in späteren Phasen der Revolutionszeit deutliche Zusammenhang zwischen der inneren und der äußeren Entwicklung zeichnete sich schon früh ab.

Trotz dieser für das Königtum bedrohlichen Anzeichen besuchte Ludwig XVI. mit seiner Familie das große Föderationsfest am 14. Juli 1790. Bischof Talleyrand zelebrierte auf dem Marsfeld in Paris eine feierliche Messe, der Marquis de La Fayette, Kommandeur der Nationalgarde, leistete dem König einen kollektiven Treueid, und Ludwig XVI. schwor, Nation und Gesetz, also die künftige Verfassung zu achten. Die Menge jubelte ihm begeistert zu. Dass die Konstituante aber zwei Tage zuvor, am 12. Juli, das Gesetz zur Reorganisation des Klerus erlassen hatte, wurde im allgemeinen Jubel übersehen.

Die Zivilverfassung des Klerus
Dieses Gesetz griff tief in die Struktur der französischen Kirche ein: Alle katholischen Geistlichen sollten Beamte werden, deren Gehalt der Staat übernahm. Damit hätten sie nicht mehr der römischen Kurie unterstanden. Obwohl es zu diesem Zeitpunkt noch gar keine Verfassung gab, nötigte ein Dekret der Konstituante die Priester am 26. Dezember 1790 zum Schwur auf die Verfassung. Die meisten Priester lehnten den Eid ab, obwohl sie – vor allem der niedere Klerus – die Revolution bisher mitgetragen hatten. Enteignung und Eid hatten den vormals ersten Stand zerschlagen und seine Angehörigen in erbitterte Feinde der Revolution verwandelt. Ebenfalls im Dezember 1790 wurden die Erblichkeit und die Käuflichkeit

KAPITEL 1

von Ämtern, die ein wichtiger Motor der ständischen Gesellschaft waren, beseitigt.

Bleibt die Monarchie erhalten?
Seit seinem Umzug in das Pariser Stadtschloss (Tuilerien) war Ludwig XVI. praktisch der Gefangene der Revolution. Im Sommer 1791 erschien die Krise unvermeidlich. Nach dem Tod Graf Mirabeaus versuchte das mächtige Triumvirat Duport, Barnave und Lameth die Revolution zu beenden, aber Ludwig XVI., anstatt die Führung des Staates zu übernehmen, versuchte die Flucht ins Ausland. In Varennes wurde er entdeckt und am 25. Juni 1791 nach Paris zurückgebracht. Die letzte Möglichkeit eines Zusammengehens von König und Konstituante war verspielt.

Diese ging nun in großer Eile an die Verabschiedung der Verfassung, die am 3. September 1791 in Kraft trat. Sie sah nur eine Kammer vor, in der das Bürgertum wegen des Zensuswahlrechts die führende Rolle spielte. Dem König stand nur ein aufschiebendes Veto gegen die Beschlüsse der Nationalversammlung zu, deren Abgeordnete indirekt, d. h. über Wahlmänner bestimmt wurden.

Die Konstituante löste sich am 30. September 1791 auf, am 1. Oktober übernahm die Gesetzgebende Versammlung *(Assemblée nationale législative)* die parlamentarische Arbeit. Knapp ein Jahr später, am 21. September 1792, folgte ihr der Nationalkonvent.

1.17 Der Sturm auf die Bastille

Am 17. Juni 1789 erklärten sich die Abgeordneten des Dritten Standes in Versailles zur Vertretung des gesamten Volkes, zur Nationalversammlung. Ludwig XVI. wich vor ihrer Entschlossenheit zurück und forderte aus Furcht vor einem Volksaufstand im unruhigen Paris die beiden anderen Stände auf, sich der Nationalversammlung anzuschließen. Damit hatte der Dritte Stand einen triumphalen Sieg gegen König, ersten und zweiten Stand errungen.

Aber weder die Abgeordneten noch die Pariser Bevölkerung glaubten an eine echte Kehrtwende des Monarchen. Gerüchte über Truppenbewegungen schienen den Verdacht zu bestätigen, der König plane im Verein mit reaktionären Adelskreisen, die noch junge revolutionäre Bewegung mit Waffengewalt niederzuschlagen. Die Entlassung des populären Finanzministers Jacques Necker am 11. Juli 1789 und die Berufung erzkonservativer Minister brachten die angespannte Situation in der Hauptstadt auf den Siedepunkt. Am 14. Juli 1789 strömte eine aufgebrachte Volksmenge, die sich in den Besitz von Waffen gebracht hatte, um sich der städtischen Getreidehäuser zu bemächtigen, zum Staatsgefängnis, der Bastille, und stürmte die nur noch mit wenigen Gefangenen belegte Festung, die als Symbol der königlichen Tyrannei galt. Der Kommandant, Bernard Jordan de Launay, und ein

Am 14. Juli 1789 erstürmten bewaffnete Volksmassen die Bastille, das Symbol der absolutistischen Tyrannei.

Teil der aus Kriegsinvaliden bestehenden Besatzung starben einen grausamen Tod. Ein Augenzeuge notierte: »Es grenzt ans Wunderbare. Die Bastille hätte sich sechs Monate halten können, aber sie wurde von Bürgersleuten und führungslosen Soldaten ohne einen einzigen Offizier innerhalb weniger Stunden genommen.«

Die Nachricht von der Erstürmung der Bastille löste im ganzen Land Jubel und weitere Aufstände (▶ 1.18) aus. Das System der absolutistischen Herrschaft brach zusammen. Verglichen mit dem revolutionären Akt des 17. Juni (▶ 1.16) war die Erstürmung der Bastille ein eher unbedeutendes Ereignis, das aber im Ausland als Symbol für das Freiheitsringen des französischen Volkes gesehen wurde. In Frankreich erhielt der Bastillesturm erst nachträglich den Nimbus des außergewöhnlichen nationalen Ereignisses: Seit 1880 ist der 14. Juli Nationalfeiertag der Franzosen.

1.18 Die »Große Furcht« und die Augustdekrete

Der Fall der Bastille am 14. Juli 1789 stärkte den Widerstandswillen in Paris. Von nun an führte die Stadt die Revolution an. Ihre Verwaltung wurde in den nächsten Jahren unter Bürgermeister J. S. Bailly zur mächtigen Nebenregierung, und aus ihrem bewaffneten Arm, der Nationalgarde (Bürgermiliz mit blau-weiß-roter Kokarde unter Führung La Fayettes), entwickelten sich die späteren Volksarmeen. Alles, was in Paris passierte, verbreitete sich umgehend und teils maßlos aufgebauscht in der Provinz.

Dort geriet die Landbevölkerung wegen der Nachrichten aus der Hauptstadt in kollektive Panik: Bewaffnete Bauernscharen stürmten Schlösser, Klöster und grundherrliche Archive, um die vielen Rechts- und Besitztitel zu verbrennen, die sie bisher so gepeinigt hatten. Aber kaum waren die Freudenfeuer erloschen, da tauchte die Furcht vor der Reaktion der Adligen auf, in die sich zusätzlich Ängste vor Räubern und dem Eindringen fremder Heere mischten. Die »Große Furcht« *(La Grande Peur)* erfasste weite Teile des Landes und eskalierte zur Gewalt.

Diese Nachrichten lösten in Versailles Entsetzen aus, und nur vor diesem Hintergrund sind die »Augustdekrete« zu verstehen.

Im Fieber einer aus Angst und Edelmut aufgeheizten Stimmung verzichteten Adlige und Kleriker in der Nachtsitzung vom 4./5. August 1789 auf sämtliche Feudalrechte, auf die Fronarbeit der Bauern, die unterschiedlichen grundherrlichen Gerichtsbarkeiten und den Zehnten für die Kirche. Ausgenommen davon waren aber die sachlichen, an die Ländereien des Adels gebundenen Rechte, denn diese mussten zurückgekauft werden. Damit kam ein gewaltiger Ablösungsmechanismus, d. h. die Umwandlung von altem Feudaleigentum in bürgerliches Privateigentum, in Gang, das seinerseits für unantastbar erklärt wurde. Als die Nationalversammlung am 26. August 1789 die Erklärung der Menschen- und Bürgerrechte (▶ 1.19) als Grundlage der künftigen Verfassung beschloss, zeichnete sich die Tendenz zur universellen Umwälzung in Frankreich unübersehbar ab.

Der Zug der Pariser Marktfrauen nach Versailles

Auch der letzte Akt dieser ersten sechs Monate der Revolution ging von Paris aus. Als Ludwig XVI. die Unterschrift unter die Augustdekrete verweigerte und der Brotpreis in Paris weiter anstieg, zogen am 5. Oktober spontan mehrere Tausend Pariser Marktfrauen nach Versailles, um eine Senkung der Lebensmittelpreise zu erzwingen. Die Menge nötigte den willensschwachen König und seine Familie, mit ihr am nächsten Tag in die Hauptstadt zurückzukehren, ein folgenschwerer Schritt für den Fortgang der Revolution. Der König begab sich in die Hände der neuen Machthaber, der Konstituante (▶ 1.16), der politischen Klubs und vor allem der unruhigen Pariser Bevölkerung: Sie alle konnten nun die weiteren Geschicke Frankreichs beeinflussen.

Die Folgen ließen nicht auf sich warten. Als um die Stellung des Königs in der künftigen Verfassung gerungen wurde – man diskutierte über eine konstitutionelle Monarchie mit starker königlicher Entscheidungsgewalt und ein Zweikammerparlament nach angelsächsischem Muster – spaltete sich die Patriotenpartei, der viele namhafte, meist adlige Führer der ersten Stunde angehörten. Diese zogen sich enttäuscht aus der Nationalversammlung zurück. Dadurch hatte der König an Rückhalt verloren, als die Konstituante im September 1791 immer mehr unter den Einfluss der Pariser Kleinbürger geriet. Deren Rolle als Aufspalter und Entzweier der politischen Gruppen hatte begonnen.

1.19 Die Erklärung der Menschen- und Bürgerrechte

Ludwig XVI. hatte die Vorgänge im Sommer 1789 (▶ 1.16) mehr oder weniger willfährig hingenommen. Erst bei der Unterzeichnung der Augustdekrete ließ er wegen der »Beraubung meines Klerus und Adels« Widerstand erkennen. Davon unbeeindruckt, verkündete die Nationalversammlung am 26. August 1789 eine Erklärung der Menschen- und Bürgerrechte, mit der die Beschlüsse des 4. August verfassungsrechtlich legitimiert wurden.

Diese Erklärung umfasst 17 Einzelartikel, ihr Entwurf stammt aus der Feder des Marquis de La Fayette, des Freundes und Mitstreiters George Washingtons (▶ 1.7). Deshalb sind die Einflüsse der französischen Aufklärung und das Vorbild der amerikanischen Unabhängigkeitserklärung deutlich zu erkennen. Schon die Präambel der Erklärung spricht von »natürlichen, unveräußerlichen und geheiligten Menschenrechten«.

Die wichtigsten Rechte der Erklärung

Artikel 1 räumt mit der unter dem *Ancien Régime* in Frankreich gegebenen Rechtsungleichheit auf: »Die Menschen werden frei und gleich an Rechten geboren und bleiben es. Die gesellschaftlichen Unterschiede können nur im Wohle der Gemeinschaft gerechtfertigt sein.« In Art. 2 heißt es: »Der Zweck jeder staatlichen Vereinigung ist die Erhaltung der natürlichen und unverjährbaren Menschenrechte. Diese Rechte sind: Freiheit, Eigentum, Sicherheit und Widerstand gegen Unterdrückung.«

Art. 3 äußert ganz offen den Gedanken der Volkssouveränität: »Der Ursprung jeder Herrschaft liegt wesensmäßig beim Volke; keine Körperschaft und kein Einzelner kann eine Autorität ausüben, die nicht ausdrücklich von ihm ausgeht.« »Die Freiheit«, so Art. 4, »besteht darin, alles tun zu können, was einem

Die Nationalversammlung nahm am 26. August 1789 die »Erklärung der Menschen- und Bürgerrechte« an. Sie wurde der Verfassung von 1791 vorangestellt.

anderen nicht schadet [...]. Die Grenzen der Freiheit können allein durch das Gesetz bestimmt werden.«

Die Artikel 6, 9 und 10 betonen die Gleichheit aller vor dem Gesetz, die Unschuldsvermutung für einen Angeklagten bis zum gerichtlichen Urteil und die Glaubensfreiheit.

Eines der wichtigsten Anliegen der Aufklärer ist in Art. 11 festgehalten: »Die freie Mitteilung der Gedanken und Ansichten ist eines der kostbarsten Menschenrechte; daher kann jeder Bürger frei sprechen, schreiben, drucken mit dem Vorbehalt, dass er verantwortlich für den Missbrauch dieser Freiheit in den von dem Gesetz festgelegten Fällen« ist. Art. 16 bestimmt: »Eine Gesellschaft, in der die Garantie der Rechte nicht gesichert und die Teilung der Gewalten nicht festgelegt ist, hat keine Verfassung.«

Die Menschen- und Bürgerrechtserklärung wurde der ersten französischen Verfassung von 1791 vorangestellt. Bildlich dargestellt hat sie der Maler Jean Jacques Le Barbier d. Ä. in einem Gemälde, das sich heute im Musée Carnavalet in Paris befindet. Verschiedene Kupferstecher und Radierer verwendeten es als Vorlage und machten die Menschen- und Bürgerrechte dadurch weit über die Grenzen Frankreichs hinaus bekannt. Im 19. Jahrhundert galten sie liberalen und demokratischen Kräften als Hebel zur Durchsetzung von Reformen in europäischen Monarchien.

Erst nach dem Zweiten Weltkrieg setzten sich die Vereinten Nationen (UNO) für eine weltweite Stärkung der Menschenrechte ein. Am 10. Dezember 1948 beschlossen sie die »Allgemeine Erklärung der Menschen- und Bürgerrechte«, in der sich alle Mitgliedsstaaten verpflichteten, die Menschenrechte weltweit zu verwirklichen und zu schützen. Für den Schutz der Menschenrechte setzen sich seither auch internationale Organisationen, z. B. »amnesty international«, ein.

1.20 Frankreich wird Republik

Am 3. September 1791 verwandelte die erste französische Verfassung das absolute Königtum Ludwigs XVI. in eine konstitutionelle Monarchie. Etwa 14 Monate später starb der König unter der Guillotine, und Frankreich war eine Republik. In dieser Zeit hatte sich die Revolution radikalisiert und das monarchische Europa herausgefordert – künftig bedingten Revolution und Krieg einander. Dieses Europa hatte schon früh auf die Revolution reagiert, zuerst in der Pillnitzer Deklaration am 27. August 1791 und dann im Februar 1792 durch ein Militärbündnis von Österreich und Preußen gegen Frankreich.

Dort tobten überall royalistische Aufstände, und die Inflation kletterte weiter. Die Pariser Kommune forderte die Bestrafung des Königs nach dessen gescheitertem Fluchtversuch (▶ 1.16) und verlangte eine gesicherte Lebensmittelversorgung zu erschwinglichen Preisen. Die Girondisten gerieten im Nationalkonvent unter Druck. Um wenigstens einen Teil der Spannungen nach außen zu lenken und einem österreichisch-preußischen Angriff zuvorzukommen, erklärten sie im April 1792 Österreich den Krieg (1. Koalitionskrieg). Freiwillige aus allen Landesteilen strömten zu Hilfe, so auch ein Bataillon aus Marseille, das mit der *Marseillaise* auf den Lippen in Paris einrückte, die Hauptmann Rouget de Lisle aus Straßburg 1792 für die Rheinarmee komponiert hatte. Auch der König unterzeichnete die Kriegserklärung, weil er sich vom Sieg der verbündeten Mächte eine Wiederherstellung seiner absoluten Monarchie erhoffte.

Im Sommer 1792 marschierten die Koalitionstruppen auf Paris zu. Das Manifest ihres Oberbefehlshabers, des Herzogs von Braunschweig, zugunsten Ludwigs XVI. versetzte die Hauptstadt in höchste Spannung. Am 5. Juli erklärte der Konvent »das Vaterland in Gefahr«. Am 10. August stürmte eine wütende Volksmenge die Tuilerien und zwang die königliche Familie zur Flucht in den Temple, die Niederlassung des einst so mächtigen Templerordens in Paris. Am 17. August entstand neben der französischen Gerichtsverfassung das Revolutionstribunal, das Verdächtige jeder politischen Couleur verhaften konnte.

Die militärische Wende

Am 20. August gelang den bisher erfolglosen Revolutionsarmeen in der Kanonade von Valmy (Champagne) ein taktischer Sieg. Diese Nachricht destabilisierte Paris zusätzlich: Anfang September ermordete ein wütender Mob von Kleinbürgern in Pariser Gefängnissen wahllos etwa 1 200 Personen. Am 21. September schaffte der Konvent die Monarchie ab und stellte einen Tag später Ludwig XVI. unter Hausarrest – nach seiner Flucht aus den Tuilerien hatte man kompromittierende Dokumente gefunden.

Als die Nachricht vom Sieg des Generals Dumouriez über die Österreicher bei Jemappes in Paris eintraf, kannte die Begeisterung keine Grenzen. Am 19. November 1792 erließ der Konvent ein Dekret, das »allen freiheitsliebenden Völkern Europas die Unterstützung gegen Tyrannei und monarchischen Despotismus« anbot. Eine französische Armee hatte inzwischen den Rhein überquert. Unter ihrem Schutz gründeten deutsche Jakobiner im Frühjahr 1793 die »Mainzer Republik«, die Anschluss an Frankreich suchte. Nach vier Monaten war die Episode vorüber, denn im Juli 1793 eroberten preußische Truppen Mainz wieder zurück.

Am 17. Januar 1793 verurteilte der Nationalkonvent nach einem politischen Prozess Ludwig XVI. mit einer Stimme Mehrheit zum Tode. Das Urteil wurde am 21. Januar auf der Place de la Révolution vollstreckt. »Der König muss

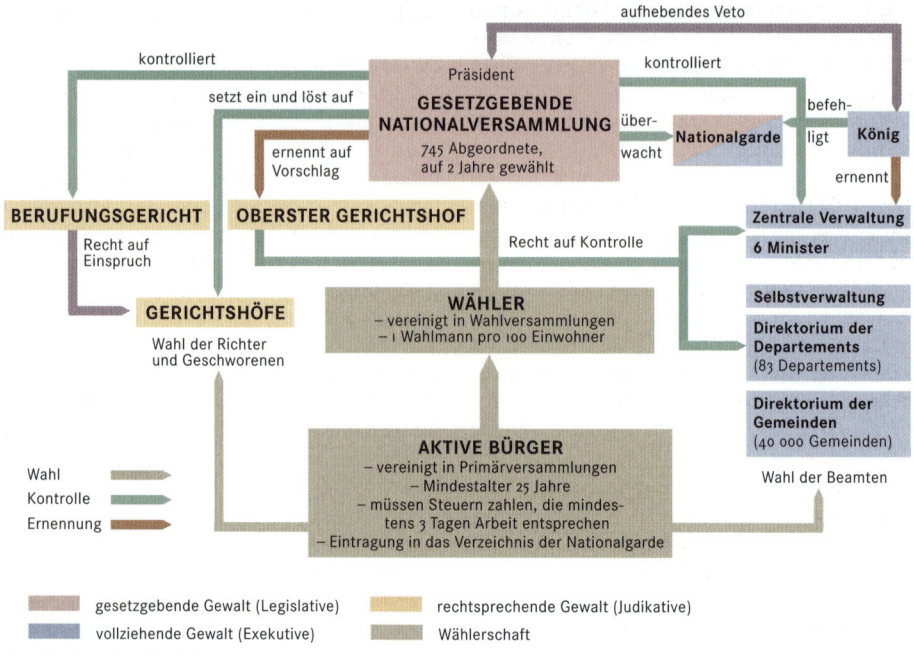

Frankreich: Die Verfassung von 1791

sterben, damit das Vaterland lebe« hatte Robespierre (▶ 1.22) in seiner Anklagerede gefordert. Der Kopf des Königs stand für die Enthauptung eines verhassten Regimes.

1.21 Frauen in der Revolution

Das Leitprinzip der Französischen Revolution (»Freiheit, Gleichheit, Brüderlichkeit«) vereinte zwar die männlichen Revolutionäre, aber es schloss die Frauen aus. Sie blieben während der Revolution, was sie schon im *Ancien Régime* gewesen waren, der absolut rechtlose vierte Stand. Dabei hatten Frauen an der Erstürmung der Bastille teilgenommen oder durch ihren Zug nach Versailles Ludwig XVI. zum Umzug nach Paris gezwungen (▶ 1.18).

Sie entfalteten auch sonst rege politische Aktivitäten. Von 1789 bis 1793 entstanden überall in Frankreich reine Frauenklubs. Die Anhängerinnen der Girondisten trafen sich in »Patriotischen Frauenklubs«, während die Jakobinerinnen in Paris in der »Gesellschaft der republikanischen und revolutionären Bürgerinnen« verkehrten. Alle Frauenklubs verfolgten ein gemeinsames Ziel: die politische Gleichberechtigung der Frauen. Da ihnen die Verfassung von 1791 das Wahlrecht und andere bürgerlichen Rechte versagte, strebten sie anderweitig nach politischem Einfluss, z. B. über Petitionen an den Nationalkonvent, als Zuschauerinnen bei seinen Sitzungen, wo sie die Abgeordneten durch lautstarke Zwischenrufe zu beeinflussen versuchten, durch Straßendemonstrationen oder durch nackte Gewalt wie am 20. Mai 1795, als sie den Konvent mit der Losung »Brot und die Verfassung von 1793« stürmten (▶ 1.23).

Im täglichen Kampf um die Existenz ihrer Familien wehrten sie sich zwar mit allen Mitteln gegen überhöhte Brotpreise, Spekulanten und Wucherer, aber die Anerkennung ihrer männlichen Revolutionskollegen erreichten sie weder dadurch noch durch ihre politischen Aktivitäten. So meinte der Vorsitzende des Pariser Stadtrats, der radikale Jakobiner Pierre-Gaspard Chaumette, 1793: »Seit wann ist es Frauen gestattet, ihrem Geschlecht abzuschwören und sich zu Männern zu machen? Seit wann ist es Brauch, dass sie die Wiege ihrer Kinder verlassen, um auf die öffentlichen

Plätze zu kommen, von der Tribüne herab Reden zu halten, [...] mit einem Wort: Aufgaben zu übernehmen, welche die Natur allein dem Manne zugeteilt hat? Unkluge Frauen, warum wollt ihr Männer werden? [...] Im Namen der Natur, bleibt, was ihr seid!«

Die »Erklärung der Rechte der Frau und der Bürgerin«
Für besonderes Aufsehen sorgte die Schriftstellerin und Journalistin Olympe de Gouges, die in Anlehnung an die »Erklärung der Menschen- und Bürgerrechte« (1791) eine »Erklärung der Rechte der Frau und der Bürgerin« veröffentlichte, deren Präambel markige Sätze enthält: »Mann, bist du fähig, gerecht zu sein? [...] Wer hat dir die selbstherrliche Macht verliehen, mein Geschlecht zu unterdrücken? Deine Kraft? Deine Talente? Extravagant, blind, von den Wissenschaften aufgeblasen und degeneriert, will der Mann in diesem Jahrhundert der Aufklärung und Scharfsinnigkeit, doch in krasser Unwissenheit über ein Geschlecht herrschen, das alle intellektuellen Fähigkeiten besitzt.[...]« Neben Olympe de Gouges zählen noch Théroigne de Méricourt und Manon de Roland zu den bedeutenden politisch-literarischen Vertreterinnen ihrer Zeit.

Frauen spielten in der Revolution eine aktive Rolle. Sie spendeten sogar ihren Schmuck der Nationalversammlung

Dennoch hat die Französische Revolution die Stellung der Frauen verbessert: 1791 stellte ein Gesetz weibliche und männliche Erben gleich, 1792 wurde die Zivilehe eingeführt, die es den Frauen entgegen der kirchlichen Eheschließung erlaubte, sich scheiden zu lassen. Gerade die legale Ehetrennung und die Geschäftsfähigkeit der Frau garantierte auch der *Code civil* (▶ 1.25). Das Wahlrecht erhielten die französischen Frauen allerdings erst 1946.

1.22 Die Herrschaft des Terrors

Die extreme Radikalisierung des politischen Lebens in Frankreich von 1792 bis 1794 entstand aus der Agitation der Parteien und der politischen Klubs, z. B. der *Cordeliers,* der die Belange der Kleinbürger vertrat, und des Jakobinerklubs, den zunächst die *Girondisten* beherrschten. Diese Kräfteverhältnisse spiegelten sich auch im Konvent. Das Übergewicht unter den 750 Abgeordneten besaßen die 200 *Girondisten,* die damals auch wichtige Regierungsämter bekleideten. Die Opposition bildeten die 100 Deputierten der sog. Bergpartei *(Montagnards),* die auf den oberen Rängen im Sitzungssaal saßen, während sich die meisten Abgeordneten in der Mitte des Sitzungssaales unter der Führung des Abbé Sieyès (▶ 1.10) zur *Plaine* (»Ebene«) formierten. Sie unterstützten zunächst die *Girondisten,* später aber die Jakobiner der Bergpartei. Als stärkste außerparlamentarische Kräfte wären die republikanischen Frauenklubs und die radikalrepublikanischen *Sansculotten* (»die ohne Kniehosen«) zu nennen, die aus dem Pariser Kleinbürgertum oder aus sozialen Unterschichten stammten.

Der Wohlfahrtsausschuss
Girondisten und Jakobiner bekämpften sich auf allen Gebieten. Am 2. Juni 1793 fiel die Entscheidung: *Enragés* (Heißsporne), organisiert von den Anführern der Pariser Sektionen, überfielen den Konvent und verhafteten 29 *Girondisten.* Die anderen flohen in die Provinz. Im Herbst 1793 setzte der Konvent eine neue provisorische Regierung mit mehreren Ausschüssen ein; der von Jakobinern beherrschte Wohlfahrtsausschuss übernahm unter der Führung von Maximilien de Robespierre die Exekutive.

Von nun an überschlugen sich die Ereignisse. Weder an den Grenzen noch im Innern war die Lage stabil, sodass der Konvent die Einführung der allgemeinen Wehrpflicht *(levée en masse)* beschloss. Ende September 1793 standen, von Lazare Carnot glänzend organisiert, 150 000 Mann unter Waffen. Sie kämpften zunächst gegen die inneren Feinde – ein Bürgerkrieg begann, der Tausende von Toten forderte: Marseille und Lyon wurden zerstört; die Royalisten in der Vendée streckten erst im Februar 1794 ihre Waffen.

Kapitel 1

Die Schreckensherrschaft der Jakobiner um Robespierre setzte ein, als der Wohlfahrtsausschuss am 17. September 1793 auf der Grundlage des »Gesetzes über die Verdächtigen« den Terror als Mittel der Regierung erlaubte. Als »verdächtig« galten Vermögende, Emigranten, eidverweigernde Priester (▶ 1.16) und alle noch im Land lebenden Adligen. Die Revolutionstribunale verurteilten innerhalb eines knappen Jahres 30 000 bis 40 000 Menschen oft ohne Gerichtsverfahren wegen geringster Vergehen zu Gefängnisstrafen oder zum Tode. Die Urteile wurden sofort vollstreckt. Das »Gesetz über das große Maximum« legte im Herbst 1793 Höchstpreise für Nahrungsmittel und Höchstlöhne fest. Wer dagegen verstieß, galt ebenfalls als »Verdächtiger«.

Robespierre richtet als letztes Opfer eigenhändig den Henker hin (satirisches Flugblatt).

Robespierre verschonte auch altgediente Revolutionäre nicht, z. B. Bailly, Hébert, Danton und Camille Desmoulins. Viele politische Klubs verschwanden, Pressefreiheit bestand schon lange nicht mehr. Obwohl Robespierre am 8. Juni 1794 in Paris das »Fest des höchsten Wesens« zelebrierte, mit dem er eine radikale, vernunftbetonte Revolutionsidentität fördern wollte, braute sich der Widerstand in den eigenen Reihen zusammen. Selbst hartgesottene Jakobiner fürchteten um ihr Leben. Am 27. Juli 1794, nach dem neuen Revolutionskalender am 9. Thermidor im Jahr II, wurde Robespierre verhaftet und am nächsten Tag durch die Guillotine hingerichtet. Die Zeit des Terrors war vorüber.

1.23 Das Direktorium

Der Sturz Robespierres bedeutete nahezu das Ende der Französischen Revolution. Die neuen Machthaber, bürgerliche Notabeln, bezeichneten sich als »Thermidorianer«, die auf den Drang der Revolution nach außen setzten.

Bevor sie sich der Außenpolitik zuwendeten, galt es zunächst, die Lage im Inneren zu stabilisieren. Dazu mussten vor allem die *Sansculotten* geschlagen werden. Dies gelang, nachdem radikale Jakobinerinnen am 20. Mai 1795 den Nationalkonvent gestürmt hatten. Der Aufstand fand ein blutiges Ende. Danach spielte die Pariser Kommune keine politische Rolle mehr.

Am 23. September 1795 wurde eine neue Verfassung verkündet. Die Legislative bestand aus dem »Rat der Alten« (250 Mitglieder, über 40 Jahre alt) und dem »Rat der Fünfhundert« (Mindestalter 30 Jahre). Die Regierung bildeten fünf Direktoren; ihre bekanntesten Mitglieder waren Paul de Barras und Lazare Carnot. Der Wahlmodus war indirekt: Alle Steuerzahler besaßen das aktive Wahlrecht, das sie an Wahlmänner für die Abgeordneten der beiden Kammern delegierten; das passive Wahlrecht stand nur wenigen Höchstbesteuerten zu. Zwei Drittel der Abgeordneten des neuen Parlaments mussten aus dem Nationalkonvent von 1792 kommen.

Die neue Verfassung legte die jährliche Neuwahl von einem Drittel der Legislative und einem Fünftel der Exekutive fest. Diese Bestimmung erklärte sich aus den Erfahrungen mit dem Terror des Wohlfahrtsausschusses und bescherte Frankreich vier Jahre lang einen Wahlmarathon ohnegleichen.

Die Direktorialverfassung wies zwei schwere Fehler auf: Zum einen brauchten sich die Direktoren vor keiner der beiden Kammern zu verantworten. Zum anderen bekämpften Linksradikale wie Royalisten die Beschränkung der Wahlfreiheit durch das Zweidritteldekret. Sie schreckten selbst vor dem Staatsstreich nicht zurück. So schlug das Direktorium am 4. September 1797 mithilfe des Generals Napoléon Bonaparte (▶ 1.24) eine royalistische Verschwörung nieder und musste sich im gleichen

Zeitraum gegen neojakobinische Kräfte wehren, bevor Napoleon am 9. November 1799 (18. Brumaire VIII) selbst gegen das Direktorium putschte. Das Militär war die entscheidende politische Kraft geworden.

1.24 Napoléon Bonaparte: General, Konsul, Kaiser

Seinen grandiosen Aufstieg verdankte Napoléon Bonaparte der Revolution, aber sie hinterließ ihm auch ihre Probleme und den Krieg. Der »Retter Frankreichs« kam am 15. August 1769 in Ajaccio (Korsika) zur Welt, wurde von 1779 bis 1785 an den Militärschulen von Brienne und Paris zum Artillerieoffizier ausgebildet und schloss sich 1793 der »Bergpartei« im Nationalkonvent an. Nach dem Sturz Robespierres von Paul de Barras, einem der fünf Direktoren, gefördert, erhielt der 26-Jährige den Oberbefehl über die Italienarmee, mit der er dank tollkühner Schlachten (Lodi, Arcole, Rivoli) Österreich aus Italien vertrieb und zum Diktatfrieden von Campoformio (▶ 1.26) zwang. Napoleon gründete in Italien Vasallenstaaten, sog. Schwesterrepubliken wie die Cisalpinische (Mailand) und die Ligurische Republik mit der Hauptstadt Genua. Damit legte er zwar die Basis zur späteren Einigung des Landes, enttäuschte aber die Sehnsucht der Italiener nach Freiheit und nationaler Einheit.

Militärisch weniger erfolgreich verlief sein Feldzug in Ägypten (1798/99), wo er Großbritannien im östlichen Mittelmeerraum schwächen sollte. Er gewann zwar die Schlacht bei den Pyramiden (21. Juli 1798), aber der britische Admiral Horatio Nelson vernichtete am 1. August die französische Flotte bei Abukir. Napoleon ließ sein Heer im Stich und kehrte nach Paris zurück.

Am 9. November 1799 stürzte er das Direktorium (▶ 1.23) und schwang sich zum neuen Herrn Frankreichs auf. Schon einen Monat später lag eine neue Verfassung vor, die Napoleon als ersten von drei Konsuln mit der alleinigen Gesetzesinitiative ausstattete. Sie zählte nur 95 Artikel und enthielt keine Erklärung der Menschen- und Bürgerrechte. Sie ersetzte das Zensuswahlrecht von 1795 durch ein indirektes allgemeines Wahlrecht ab 21 Jahren. Von seinen Mitkonsuln Jean-Jacques Régis de Cambacérès und Charles François Lebrun sowie dem Staatsrat (30 bis 40 Mitglieder) beraten, ernannte Napoleon alle staatlichen Funktionsträger und die 80 nicht absetzbaren Mitglieder des Senats. Die Republik blieb zwar bestehen, aber nur ihrer äußeren Form nach.

Napoleon beendet die Revolution

Schon in seiner ersten öffentlichen Erklärung als Konsul trennte er das neue Staatswesen vom revolutionären Frankreich: »Bürger, die Revolution ist verewigt in ihren Prinzipien […] Sie ist beendet.« Ihm waren die soziale Gleichberechtigung und der Aufbau einer Zentralverwaltung wichtiger, die alle Züge eines autoritären Regimes trug.

In dieser Verwaltung bildete das *Département* unter einem Präfekten die größte verwaltungstechnische Einheit. Der Präfekt vertrat die Regierung und den Staat, eine politische Kompetenz, die in Frankreich bis zur Regionalisierung von 1982 bestand. Ihm unterstellt war

Krönung von Napoleon I. zum Kaiser der Franzosen mit Papst Pius VII.

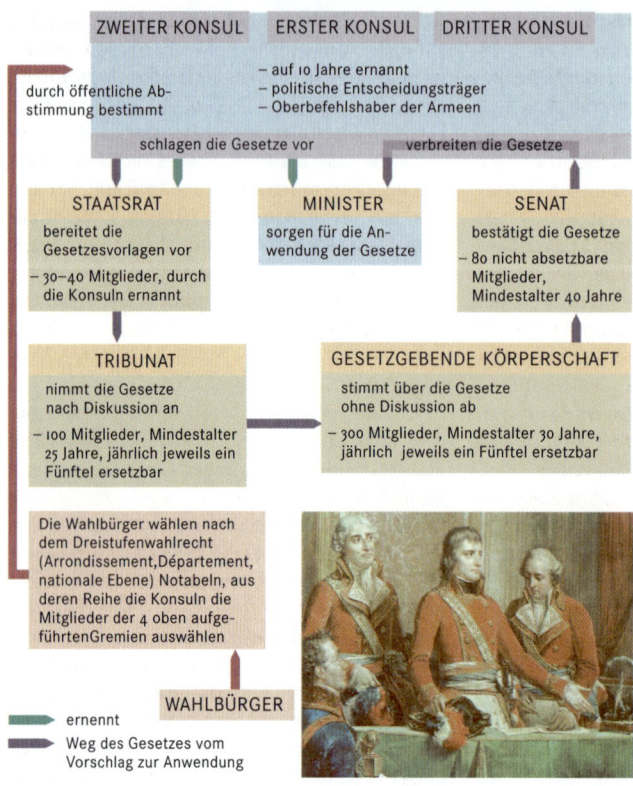

Frankreichs politisches System unter dem Konsulat

der Unterpräfekt, Vorsteher eines Arrondissements und Vorgesetzter der Bürgermeister von dessen Kommunen. Um das Vertrauen der Finanzwelt zu gewinnen, ließ Napoleon das Steuersystem effektiver gestalten und die »Banque de France« gründen; 1803 kam der Franc als neue Währungseinheit in Umlauf.

Auch auf anderen Gebieten wollte Napoleon die Revolutionszeit beenden. Am 15. Juli 1801 schloss er mit Papst Pius VII. ein Konkordat. Darin erkannte der Papst die Rechtmäßigkeit des Nationalgüterverkaufs an und dafür erhielt die katholische Kirche die Garantie der uneingeschränkten Religionsausübung. Napoleon wollte die Katholiken möglichst rasch mit dem neuen Regime versöhnen. Die Trennung von Staat und Kirche seit 1790 wurde in weiten Teilen aufgehoben. Alle Kleriker mussten der Regierung den Treueid leisten und erhielten nunmehr ein festes Gehalt. Ähnliches galt auch für Emigranten, die nach dem Amnestiegesetz von 1802 wieder nach Frankreich zurückkehren konnten, vorausgesetzt, sie erklärten sich mit den zwischenzeitlichen Besitzumschichtungen einverstanden und leisteten ebenfalls den Eid auf die Verfassung. Napoleons bedeutendste Reformleistung bestand in der Herausgeberschaft des *Code civil* (1804), später (1807) *Code Napoléon* genannt (▶ 1.25).

Neben seinen innen- und rechtspolitischen Reformen führte Napoleon den 2. Koalitionskrieg (1798–1801/02) – auch er ein Erbe der Revolution. In Großbritannien, Österreich, Russland, der Türkei, Portugal und Neapel stand ihm eine Koalition mächtiger Feinde gegenüber. Nach anfänglich schweren Niederlagen seiner Generäle gelangen Napoleon 1800 in den Schlachten bei Marengo und Hohenlinden so eindrucksvolle Siege, dass Kaiser Franz II. um Frieden nachsuchte.

Napoleon wird Kaiser

1802 ließ sich Napoleon sein Konsulat durch ein Plebiszit auf Lebenszeit verlängern. Am 18. Mai 1804 stellte er – wiederum durch eine Volksbefragung vorbereitet – seine Herrschaft auf eine neue Legitimationsbasis: Er krönte sich in der Kathedrale *Notre Dame* in Paris im Beisein des Papstes und der höchsten Würdenträger seines Reiches selbst zum erblichen Kaiser (Napoleon I.). Dieser Akt unterstrich seinen Anspruch auf die Oberhoheit in Europa. Sie wiederum sollte seine territorialen Eroberungen und die Sicherheit seines autokratischen Regimes schützen, das mit den Mitteln des Zentralismus und der Bürokratie (Pressezensur, Polizeispitzel) regierte.

Im 3. und 4. Koalitionskrieg (1805–1806/07) unterwarf er in einer Reihe von Blitzkriegen und Entscheidungsschlachten ganz Westeuropa. Seine Heirat mit der österreichischen Erzherzogin Marie Louise 1810 sollte eine eigene Dynastie begründen, aber damit stieß Napoleon die innenpolitisch einflussreichen Thermidorianer vor den Kopf.

Der Friede von Tilsit mit Zar Alexander I. (▶ 1.30) beendete seine Eroberungslust vorläufig. Mit dem militärischen Fiasko seines Russlandfeldzugs (1812/13) und seiner schweren Niederlage in der Völkerschlacht von Leipzig (16./19. Oktober 1813) begann sein Stern zu sinken. Der Einmarsch der Alliierten in Paris zwang ihn am 6. April 1814 in Fontainebleau zur Abdankung.

Der Wiener Kongress (▶ 1.36) verbannte ihn 1814 nach Elba. Von dort kehrte er im März 1815 wieder zurück, errichtete in Frankreich die Herrschaft der »Hundert Tage« und verlor am 18. Juni 1815 seine letzte Schlacht gegen die verbündeten preußisch-britischen Truppen bei Waterloo, südlich von Brüssel. In dieser Niederlage ging das erste französische Kaiserreich zugrunde. Napoleon ergab sich den Briten, die ihn auf die Atlantikinsel St. Helena verbannten, wo er am 5. Mai 1821 starb.

1.25 Der Code civil

Der *Code civil*, das französische Zivilgesetzbuch, wurde auf Veranlassung Napoleons erarbeitet (daher auch *Code Napoléon* genannt) und mit seiner Veröffentlichung am 23. März 1804 in Kraft gesetzt. Er umfasst 2 281 Artikel in den vier Teilen: Einleitung; 1. Buch: Personenrecht; 2. Buch: Sachenrecht; 3. Buch: Erb-, Schuld-, Güter-, Pfand- und Hypothekenrecht.

Aufgrund seiner einfachen, verständlichen Sprache und seiner aus der Revolutionszeit stammenden fortschrittlichen Grundgedanken (Gleichheit vor dem Gesetz, Anerkennung der Freiheit des Einzelnen und des Eigentums, Trennung von Kirche und Staat durch die Einführung der obligatorischen Zivilehe) hat der *Code civil* erheblichen Einfluss auf die europäische Gesetzgebung und Rechtspraxis ausgeübt. Er wurde in Belgien und Luxemburg übernommen; in Baden galt er bis 1899 als Badisches Landrecht und beeinflusste auch das am 1. Januar 1900 für das Deutsche Reich in Kraft gesetzte Bürgerliche Gesetzbuch.

Im Herzogtum Warschau (Polen), einem von Napoleon im Frieden von Tilsit (▶ 1.30) errichteten Satellitenstaat, erwies sich der *Code Napoléon* indes als nicht sehr segensreich. Zusammen mit der nach französischem Muster errichteten Departementseinteilung verhinderte er jegliche Erneuerung der polnischen Staats- und Rechtstraditionen. So verschaffte Napoleon der untertänigen bäuerlichen Bevölkerung zwar die persönliche Freiheit, aber ohne ausreichende Landzuteilung lieferte er sie den adligen Grundbesitzern weitgehend schutzlos als billige Arbeitskräfte aus.

Der *Code civil* ist nur ein Teil der von Napoleon veranlassten grundsätzlichen Gesetzessammlung aus fünf Teilbereichen des französischen Rechts. Die anderen vier Teile sind die französische Zivilprozessordnung *(Code de procédure civile)* von 1806, das französische Handelsgesetzbuch *(Code de commerce)* von 1807, das in wesentlichen Teilen durch zahlreiche Gesetzesnovellen aufgehoben und durch Einzelgesetze ersetzt wurde, die französische Strafprozessordnung *(Code d'instruction criminelle)* von 1808, die 1957/58 allerdings durch den *Code de procédure pénale* abgelöst wurde, und das französische Strafgesetzbuch *(Code pénal),* das 1810 erschien.

1.26 Der Friede von Campoformio

Mit der Hinrichtung Ludwigs XVI. im Januar 1793 hatte sich die französische Revolutionsregierung endgültig vom monarchisch beherrschten Europa getrennt. Der Krieg, den sie 1792 gegen Österreich ausgelöst hatte, weitete sich zum 1. Koalitionskrieg (1792–97) aus, denn dem Kriegsbündnis der Österreicher und Preußen traten fast alle europäischen Staaten bei. Dadurch verschlechterte sich die militärische Situation für Frankreich, die jedoch der Ingenieur Lazare Carnot mit der Einführung der allgemeinen Dienstpflicht (*levée en masse*) und einer Neuorganisation des Heeres überwand. Die jungen Generäle führten die Revolutionsarmeen künftig von Sieg zu Sieg.

Im Sonderfrieden von Basel (24. Oktober 1795) mit Preußen und Spanien errang die französische Revolutionsregierung ihren ersten außenpolitischen Erfolg: Preußen erkannte sie offiziell an und stimmte dem Rhein als natürlicher Ostgrenze Frankreichs zu. Beide Mächte schieden aus dem Krieg aus, dessen Schwerpunkt sich in der Folge nach Oberitalien verlagerte. Dort rangen Österreich und Frankreich um die Vorherrschaft. Den Oberbefehl über die französische Italienarmee erhielt Napoléon Bonaparte.

Der erst 26-jährige General errang glänzende Siege, eroberte Mailand und Mantua und verfolgte den geschlagenen Gegner bis Klagenfurt. Dort erzwang er den Vorfrieden von Leoben (April 1797). Obwohl die Direktorialregierung (▶ 1.23) den Krieg fortsetzen und den Gegner bis zum triumphalen Einzug in Wien demütigen wollte, schloss Napoleon mit den Österreichern am 17. Oktober 1797 eigenmächtig den Diktatfrieden von Campoformio: Österreich verzichtete auf die Niederlande und die Lombardei und erhielt dafür Venetien. Wie Preußen trat es seine linksrheinischen Besitzungen ab und erkannte damit die Rheingrenze an. In diesem Friedensschluss blitzte Napoleons politische Kühnheit zum ersten Mal auf. Er folgte seinen eigenen politischen Vorstellungen über die territoriale Neugestaltung eines besiegten Landes, was er bei der Bildung des Rheinbunds (▶ 1.29) später dann im großen Stil bewies. Seine Rolle als Handlanger des Direktoriums war vorüber.

1.27 Die Friedensschlüsse von Lunéville und Amiens

Der Staatsstreich vom 18. Brumaire VIII (9. November 1799) sicherte Napoleon zwar die Herrschaft über Frankreich (▶ 1.24), aber die außenpolitische Situation blieb für ihn weiterhin bedrohlich. Die 2. Koalition (Großbritannien, Österreich, Russland, die Türkei, Portugal und Neapel) errang 1799 in Süddeutschland, der Schweiz und in der Poebene große militärische Siege gegen die Franzosen. Friedensangebote Napoleons an Großbritannien und Österreich stießen auf Ablehnung, sodass er mit einem neu aufgestellten Heer in Oberitalien eingriff und den Österreichern am 14. Juni 1800 bei Marengo eine schwere Niederlage beibrachte. Nach einem weiteren französischen Sieg bei Hohenlinden am 3. Dezember 1800 kam am 9. Februar 1801 zwischen Österreich und Frankreich der Frieden von Lunéville zustande. Er bestätigte den Frieden von Campoformio (▶ 1.26) weitgehend. Kaiser und Reich erkannten, wie zuvor Preußen (1795), den Rhein von Holland bis zur Schweiz als französische Ostgrenze an.

Um die gleiche Zeit kündigte der russische Zar Paul I. (1796–1801), Großmeister des Malteserordens, Großbritannien wegen der Besetzung Maltas die Zusammenarbeit auf und suchte offen den Ausgleich mit Frankreich. Die russische Außenpolitik erhielt einen klar antibritischen Anstrich. Dazu gehörte zusammen mit den skandinavischen Staaten ein Embargo gegen britische Schiffe und Waren ähnlich der späteren Kontinentalsperre Napoleons (▶ 1.31).

Großbritannien musste den 2. Koalitionskrieg aus innenpolitischen und wirtschaftlichen Gründen beenden und schloss am 27. März 1802 in Amiens mit Napoleon einen Kompromissfrieden: Frankreich räumte den Kirchenstaat und Neapel, und Großbritannien verzichtete auf seine überseeischen Eroberungen bis auf Ceylon und Trinidad. Ägypten wurde dem türkischen Sultan Selim III. (▶ 1.11) und Malta dem Malteserorden zurückgegeben. Beide Seiten erkannten die Selbstständigkeit Portugals an.

Der Frieden von Amiens war kein echter Friedensschluss, sondern eher ein Waffenstillstand. Er hielt nur ein Jahr und wurde von beiden Seiten gebrochen. Großbritannien hielt an seiner Gleichgewichtspolitik in Europa fest, während Napoleon dort eindeutig hegemoniale Ziele verfolgte.

In der »Dreikaiserschlacht« im Dezember 1805 bei Austerlitz in Südmähren gelang Napoleon ein großer Sieg über die Russen und Österreicher

1.28 Austerlitz und Trafalgar

Den Frieden von Amiens betrachtete Napoleon nur als Waffenstillstand. Die endgültige Entscheidung im Kampf um die Vorherrschaft in Europa stand noch bevor. Die Annexion der Insel Elba und die Besetzung des Fürstentums Piemont, die Einmischung in die deutsche Politik und schließlich das erbliche Kaisertum Napoleons 1804 (▶ 1.24) mussten die Briten provozieren.

Während Napoleon eine Invasion auf der Insel plante, verhandelte William Pitt d. J., der nach seiner ersten Amtszeit (1783–1801) wieder zum Premierminister berufen worden war (1804–06), mit Zar Alexander I. (1801–25) über eine neue Koalition gegen Napoleon. Beide schlossen im April 1805 ein Bündnis, dem sich weitere Mächte, zuerst Österreich und dann auch Schweden und Neapel, anschlossen. Preußen verhielt sich weiterhin neutral.

Zu Beginn des 3. Koalitionskriegs (1805) führte Napoleon seine Armeen in Eilmärschen nach Süddeutschland und zwang die Österreicher am 17. Oktober 1805 in Ulm zur Kapitulation. Vier Tage später, am 21. Oktober 1805, wurde die französisch-spanische Flotte im Mittelmeer bei Trafalgar von dem britischen Admiral Horatio Nelson vernichtend geschlagen. Großbritannien beherrschte die Weltmeere weiterhin.

Die Schwere der Niederlage zur See schien Napoleon kaum zu beeindrucken; auf jeden Fall setzte er seine Operationen zu Lande fort. Am 2. Dezember 1805 stellte er sich bei Austerlitz (Südmähren) in Anwesenheit von Zar Alexander I. und Kaiser Franz I. den Russen und Österreichern zum Kampf. Napoleon errang in dieser »Dreikaiserschlacht« einen glänzenden Sieg über die zahlenmäßig weit überlegenen Streitkräfte seiner Gegner. Von 1806 bis 1812 beherrschte Frankreich nunmehr den europäischen Kontinent.

Österreich verlor im Frieden von Pressburg am 26. Dezember 1805 Venetien und Dalmatien an das neue Königreich Italien, Tirol und Vorarlberg an Bayern. Außerdem sah es sich genötigt, Napoleon als Kaiser der Franzosen und König von Italien anzuerkennen. Als unmittelbare Folge dieses Diktatfriedens traten zahlreiche Reichsfürsten aus dem deutschen Reichsverband aus und schlossen sich zum Rheinbund unter französischem Protektorat zusammen.

1.29 Deutschland unter Napoleon

Die Französische Revolution hatte in Deutschland keine revolutionäre Situation geschaffen, erst Napoleon erzwang einen tief greifenden sozialen Wandel sowie die vollständige territoriale und politische Neuorganisation Deutschlands. Seine »Flurbereinigung« erfolgte in zwei Etappen. Bereits im Frieden von Lunéville 1801 (▶ 1.27) hatten Kaiser Franz II. und das Reich auf alle deutschen Territorien links des Rheins verzichtet. Die einstigen Besitzer, zumeist weltliche Fürsten, entschädigte der Reichsdeputationshauptschluss von 1803 mit Gebieten

Kapitel 1

rechts des Rheins. Mit Ausnahme des Erzbistums Mainz wurden alle geistlichen Gebiete (Erzbistümer, Bistümer, Klöster, Fürstbistümer, Reichsabteien) säkularisiert, d. h. aus ihrer kirchlichen Bindung befreit; ihr Besitz wurde verstaatlicht. Parallel dazu löste man 45 der 51 Reichsstädte und sämtliche 350 Reichsritterschaften als politische Einheiten auf und schlug sie zusammen mit kleineren Fürstentümern und Grafschaften größeren Staaten zu (Mediatisierung). Die deutsche Staatenwelt schrumpfte auf weniger als 50 Territorien zusammen. Vor allem in Süddeutschland entstanden leistungsfähige Flächenstaaten. Die Hauptgewinner von Säkularisation und Mediatisierung waren Baden und Preußen mit großem Flächen- und Bevölkerungszuwachs, aber auch Württemberg und Bayern.

Der Rheinbund
Im Frühjahr 1806 verließen sechzehn der neuen Staaten den Verband des Heiligen Römischen Reiches und schlossen sich unter dem Protektorat Napoleons am 12. Juli 1806 zum Rheinbund zusammen. Er vereinigte zwei Jahre später vier Königreiche, fünf Großherzogtümer, elf Herzogtümer und 16 Fürstentümer unter einem politischen Dachverband und wertete sie gegenüber den bisherigen Großmächten Preußen und Österreich auf. Napoleon verlangte von den Rheinbundstaaten die Übernahme der von ihm selbst kurz zuvor in Frankreich durchgeführten Reformen (▶ 1.24) sowie jede nur denkbare militärische Unterstützung. Deshalb bestand die *Grande Armée*, die 1812 unter seiner Führung in Russland einmarschierte (▶ 1.34), größtenteils aus deutschen Regimentern.

Das französische System innerhalb des Rheinbunds bot ein geeignetes Mittel, um die neuen Staaten zu einem Ganzen zu verschmelzen. Dieser Prozess einer umfassenden Erneuerung von Staat und Gesellschaft ging nicht von der Bevölkerung aus, sondern wurde durch eine »Revolution von oben«, d. h. durch Staat und Bürokratie erzwungen. Eine wesentliche Rolle spielte dabei der *Code civil* (▶ 1.25).

Reformen in Preußen
Nach der vernichtenden Niederlage Preußens 1806 in der Doppelschlacht von Jena und Auerstedt und dem Frieden von Tilsit (1807) bestand Preußen nur als Rumpfstaat fort. Es hatte wesentliche Teile im Westen und Osten verloren. Aus ihnen formte Napoleon das Königreich Westfalen, das er seinem Bruder Jérôme Bonaparte übergab, und das Großherzogtum Warschau.

Angesichts dieser verzweifelten Situation setzten sich in Preußen Männer wie der Reichsfreiherr vom und zum Stein und der Fürst von Hardenberg für eine gründliche Staatsreform ein. Deshalb erlebte Preußen von 1807 bis 1816 Umwälzungen auf allen Gebieten, die König Friedrich Wilhelm III. mit dem Oktoberedikt 1807, ebenfalls als »Revolution von oben«, einleitete.

Nach der Reform der Staatsverwaltung regierte der König nicht mehr allein, es wurden verantwortliche Minister für Krieg, Inneres, Äußeres, Finanzen und Justiz ernannt. Die Bauernbefreiung von 1807 ermöglichte jedem bisher erbuntertänigen Bauer die freie Wahl seines Berufs und Wohnorts. Eine neue Städteordnung (1808) bot den wohlhabenden Bürgern bestimmte politische Mitspracherechte. Die Einführung der Gewerbefreiheit (1810/11) hob die Zünfte auf, jedem wurde die freie Berufswahl erlaubt. Eine Bildungsreform setzte die Einführung der allgemeinen Schulpflicht in Preußen in Gang. Am Gymnasium führte man das Abitur ein, das zum Studium berechtigte. Die Heeresreform, durchgeführt von den preußischen Generalen Scharnhorst und Gneisenau, schaffte 1808 zunächst die Prügelstrafe ab und öffnete nach dem Prinzip »Beförderung nach Leistung« auch Bürgerlichen den Weg zum Offiziersstand. Außerdem strebten die Militärreformer die Schaffung eines »Volksheeres« durch die Einführung der allgemeinen Wehrpflicht an. Den Juden, die bisher am Rande der Ständegesellschaft gelebt hatten, garantierte das Emanzipationsgesetz von 1812 die volle bürgerliche und staatsbürgerliche Gleichheit. Alle Reformen zielten auf die Schaffung eines preußischen Nationalbewusstseins ab und bewirkten die Politisierung der Bevölkerung.

Hatte Napoleon mit dem Rheinbund ein von Frankreich abhängiges Deutschland schaffen wollen, so entstand ihm im neuen Preußen, dessen Reformen er indirekt inspirierte, ein Feind, der ihm einige Jahre später den entscheidenden Stoß versetzen sollte (▶ 1.35).

1.30 Der Frieden von Tilsit

Im 3. Koalitionskrieg (1805) hatte sich Preußen neutral verhalten, nicht zuletzt, weil es am 23. Mai 1802 mit Napoleon einen sehr vorteilhaften Frieden geschlossen hatte: Für seinen Verzicht auf alle linksrheinischen Besitzungen (2 750 km² mit 127 000 Einwohnern) wurde es rechtsrheinisch mit 9 350 qkm und 600 000 Bewohnern u. a. mit den Bistümern Paderborn und Hildesheim sowie den Reichsstädten Goslar, Mühlhausen und Nordhausen entschädigt. Dieser Gebietstausch trug schon alle Züge der Säkularisierung und Mediatisierung (▶ 1.29).

In den Jahren danach fühlte sich Preußen sicher. Seine Regierung übersah allerdings, dass sich Napoleon um Verträge nicht kümmerte, wenn sie seine imperialistischen Pläne behinderten. Als Ende Juli 1806 in Berlin bekannt wurde, dass er Großbritannien das von preußischen Truppen besetzte Herzogtum Hannover angeboten hatte, ohne die preußische Regierung auch nur zu fragen, verlor König Friedrich Wilhelm III. die Geduld: Am 9. August 1806 befahl er die Mobilmachung der preußischen Armee. In einem Brief an seinen Bruder Joseph meinte Napoleon dazu: »Preußen macht lächerliche Rüstungen.«

Das Land stand politisch wie militärisch völlig isoliert, lediglich Sachsen stellte ein Hilfskontingent von 20 000 Mann. Das preußische Heer war nur noch ein Schatten der kampferprobten friderizianischen Armee aus dem Siebenjährigen Krieg. Sein Offizierskorps war hoffnungslos überaltert. An der Spitze der preußisch-sächsischen Armee stand bezeichnenderweise der 71-jährige Herzog von Braunschweig, der bei Valmy (▶ 1.20) aufgrund seines unverständlichen Rückzugs den ersten Sieg der französischen Revolutionsarmee ermöglicht hatte.

Die Preußen stellten sich im Raum Gotha–Erfurt–Weimar in zwei Hälften bei Jena und drei Meilen nördlich bei Auerstedt auf, wo sie die Franzosen am 14. Oktober 1806 angriffen. Napoleon siegte wie gewohnt. Das französische Bulletin nach der Schlacht verzeichnete 30 000 bis 40 000 Gefangene und unter ihnen mehr als 20 preußische Generäle; 20 000 Mann der preußischen Armee waren gefallen oder verwundet. Napoleon hatte Preußen so vernichtend geschlagen, dass es militärisch wie moralisch zusammenbrach.

Am 27. Oktober 1806 zog der französische Kaiser in Berlin ein. Friedrich Wilhelm III. war mit seinem Hof nach Ostpreußen geflohen, um den Krieg von dort aus mit russischer Hilfe fortzusetzen. Napoleon hielt sich vier Wochen in Berlin auf, erließ dort das Dekret der Kontinentalsperre (▶ 1.31) und marschierte danach nach Ostpreußen, wo er die russischen Streitkräfte unter Zar Alexander I. 1807 in zwei Schlachten am 7. Februar bei Preußisch-Eylau und am 14. Juni bei Friedland besiegte.

Die Friedensbestimmungen

Am 8. Juli 1807 unterzeichneten Alexander I. und Napoleon auf einem Floß in der Memel bei Tilsit den Friedensvertrag. Beide Herrscher grenzten ihre Interessensphären in Europa ab. Preußen, das nur auf russische Fürsprache hin als Staat noch weiter bestehen durfte, erlebte die bitterste Stunde in seiner Geschichte. Sein Territorium wurde auf ein Viertel beschnitten und sein Heer auf 42 000 Mann begrenzt. Zudem musste das Land hohe Kriegsentschädigungen bezahlen und blieb bis zu deren Ableistung unter französischer Besetzung. Der Friedensschluss veränderte die politische Karte Europas aber auch insofern, als im Osten das Herzogtum Warschau unter der Ägide des Königs von Sachsen und im Westen das Königreich Westfalen unter Napoleons Bruder Jérôme entstand.

1.31 Die Kontinentalsperre

Die Seeschlacht von Trafalgar (▶ 1.28) machte alle Pläne Napoleons, Großbritannien vom Meer her anzugreifen, zur Makulatur; ohne Invasion war England militärisch nicht zu besiegen. Deshalb wollte er es durch einen breit angelegten Wirtschaftskrieg in die Knie zwingen. In Berlin verhängte er am 21. November 1806 gegen die seit 1793 bestehende britische Seeblockade eine Kontinentalsperre. Sie sollte alle europäischen Küsten gegen britische Waren hermetisch abriegeln. Demgemäß hieß es zu Beginn des kaiserlichen Dekrets:

§ 1 Die britischen Inseln sind in Blockadezustand erklärt.

Kapitel 1

Europa unter Napoleons Vorherrschaft

§ 2 Jeder Handel und jeder Briefverkehr mit England ist verboten […].

§ 5 Jedweder Handel mit englischen Waren ist verboten […].

Weder die Besetzung Portugals und Spaniens (1807/08), die Annexion Etruriens und des Kirchenstaates (1808/09) noch die Abschirmung der holländischen und norddeutschen Küsten mit drakonischen Mitteln (1810) unterbanden die Handelskontakte mit englischen Schiffen vollständig. Dafür wurde die Blockade von zu vielen Lizenzvergaben durchbrochen; außerdem herrschte an allen Küsten ein lebhafter Schmuggel. Großbritannien geriet durch die Kontinentalsperre nie in eine bedrohliche Lage, denn der weitaus größte Anteil des britischen Exports ging ohnehin in die überseeischen Kolonien des Landes.

Von der Kontinentalsperre jedoch schwer getroffen wurden dagegen die Mittelmeerhäfen sowie die Hansestädte an der Nord- und Ostseeküste. Selbst in den mit Frankreich befreundeten Ländern weckte sie eine antifranzösische Stimmung, die sich zunächst in lokalen Erhebungen wie 1809 in Spanien und Österreich (▶ 1.33) äußerte. In den sog. Befreiungskriegen ab 1810 steigerte sich die nationale Unzufriedenheit zum Aufstand der Völker Europas gegen die napoleonische Fremdherrschaft.

Als sich in Großbritannien ab 1809 eine Wirtschaftskrise ankündigte, hielt Napoleon den Zeitpunkt des bevorstehenden britischen Zusammenbruchs für gekommen. Ein starker Gegner würde entfallen, sodass die Zeit für einen Angriff auf Russland günstig schien, nachdem Zar Alexander I. im Jahr 1810 aus dem System der Kontinentalsperre ausgeschert war.

1.32 Das Ende des Heiligen Römischen Reiches

Seit dem Westfälischen Frieden (1648) bildete die Institution des Heiligen Römischen Reiches nur noch eine lose Klammer um die deutsche Staatenwelt. Aber erst durch die napoleonischen Siege (▶ 1.24) und wegen der dadurch auf deutscher Seite wachsenden Resignation verlor die Bindung der Fürsten an das Reich endgültig ihren einstigen Sinn.

Doch auch Franz II., der letzte deutsche Kaiser von 1792 bis 1806, trug mit der Niederlegung der Reichskrone am 6. August 1806 zum Ende des Reiches bei. 1803 hatte er zwar gegen den von Frankreich und Russland oktroyierten Reichsdeputationshauptschluss protestiert, aber schon dabei ging es ihm eher um eigene Hausmachtinteressen als um die Würde des Reiches: Napoleon hatte Bayern das Bistum Passau versprochen, das der Wiener Hof gerne für sich beansprucht hätte. Über den wahren Grund für Franz II., vom deutschen Kaisertum zurückzutreten, schreibt das von Th. Schieder herausgegebene »Handbuch der europäischen Geschichte« in Band 5: »Es war bezeichnend, dass der Träger der römischen Kaiserkrone dem usurpierten Kaisertum Napoleons 1804 ein nicht minder eigenmächtiges Kaisertum der unabhängigen Staaten seines habsburgischen Hauses mit dem Titel einer ›Römisch- und Österreichisch Kaiserlichen Majestät‹ gegenüberstellte.« Dieser Akt brachte das zu diesem Zeitpunkt noch bestehende deutsche Kaisertum ebenso nahe an sein Ende wie der Rheinbund (▶ 1.29). Es war auch typisch, dass Franz II. den Wortlaut des Friedens von Pressburg (1805) dem Reich offiziell erst vorlegte, als dieser im französischen »Moniteur universel« als französisches Reichsgesetz verlautbart worden war.

Es wurde in der Geschichtsschreibung schon öfter die Frage gestellt, ob Napoleon die Nachfolge des deutschen Kaisers anstrebte. Sein Ausspruch beantwortet die Frage: »Für den Augenblick bin ich mit dem Titel eines Kaisers der Franzosen und Protektor des Rheinbundes zufrieden.«

1.33 Freiheitskampf in Spanien, Erhebung in Österreich

Am 21. November 1806 erließ Napoleon von Berlin aus die Kontinentalsperre, die alle europäischen Küsten gegen britische Waren abschotten sollte (▶ 1.31). Diese Maßnahme traf insbesondere das mit Großbritannien verbündete Portugal. Unter dem Vorwand einer möglichen Besetzung des Landes durch die Briten schloss Napoleon mit dem spanischen König Karl IV. 1807 einen Vertrag, der dem französischen Heer den Weg durch Spanien erlaubte. Es kam aber nicht zum geplanten Durchmarsch, sondern Napoleon zwang den spanischen König und seinen Sohn Ferdinand VII. in der südfranzösischen Stadt Bayonne zum Thronverzicht. König von Spanien wurde Napoleons Bruder, Joseph Bonaparte.

Am 2. Mai 1808 brach in Madrid ein allgemeiner Volksaufstand gegen die französische Besatzung aus. Er wurde zwar blutig niedergeschlagen, aber er leitete den spanischen Unabhängigkeitskrieg ein, den ein britisches Heer unterstützte. Es wurde angeführt von Sir Arthur Wellesley, dem späteren Herzog von Wellington, Kommandeur der britischen Truppen

Der Madrider Aufstand von 1808 gegen die französische Besetzung forderte zahlreiche Opfer. Goyas berühmtes Gemälde veranschaulicht dies eindrucksvoll.

bei Waterloo (▶ 1.24), die Napoleon die letzte militärische Niederlage beibrachten.

Joseph Bonaparte schrieb am 21. Juli 1808 aus Madrid an seinen Bruder: »Der hier herrschende Geist ist so schlecht als nur möglich. Ihr werdet in Spanien die Grenzen Eurer Macht finden. Die Nation ist einstimmig gegen uns.« Napoleon begriff die Warnung seines Bruders nicht. Erst die Verluste der französischen Truppen durch die Guerillataktik der Spanier und die Kapitulation von 23 000 Franzosen am 19. Juli 1809 in Bailén sowie die Flucht seines Bruders Joseph bewegten ihn zum Einmarsch in Spanien, um seinen Bruder auf den spanischen Thron zurückzuführen.

Napoleon hatte diese Aktion noch nicht beendet, als ihn im Frühjahr 1809 die Nachricht von einer Erhebung in Tirol unter dem Südtiroler Andreas Hofer aus dem Passeiertal erreichte und zur Änderung seiner spanischen Pläne zwang. Seit Napoleon 1805 die Grafschaft Tirol Bayern zugeschlagen hatte, war die Unzufriedenheit der Tiroler wegen der Anmaßungen der bayerischen Staatskanzlei in helle Wut umgeschlagen. Als sie sich aber noch anschickte, Tirol als »Südbayern« zu integrieren, war das Maß voll: Der Aufstand brach los. Nach anfänglichen Erfolgen – Hofer eroberte im Mai 1809 Innsbruck – brach der Aufstand zusammen. Hofer wurde gefangen genommen, von einem Militärgericht zum Tode verurteilt und am 20. Februar 1810 in Mantua hingerichtet. In Spanien schwelte der Guerillakrieg inzwischen so erfolgreich weiter, dass Madrid 1812 und danach ganz Spanien mit britischer Hilfe befreit wurde.

In Österreich erlebte Napoleon seine erste militärische Niederlage. Im Mai 1809 schlug Erzherzog Karl von Österreich bei Aspern das französische Heer, doch Napoleon erholte sich rasch genug, um sich am 5./6. Juli 1809 mit seinem Sieg bei Wagram zu revanchieren. Der Frieden von Schönbrunn im Oktober 1809 zwang Österreich zu erheblichen Gebietsabtretungen, insgesamt 100 000 Quadratkilometer mit etwa 3,5 Millionen Einwohnern.

1.34 Napoleon zieht nach Russland

Der Frieden von Tilsit (▶ 1.30) zwischen Napoleon und Alexander I. hielt nur drei Jahre, denn die Kontinentalsperre benachteiligte den russischen Handel so sehr, dass sich der Zar 1810 gezwungen sah, seine Häfen für britische Waren wieder zu öffnen. Napoleon empfand dies als Friedensbruch und begann zu rüsten. Um Dresden versammelte er ein gewaltiges Heer, die *Grande Armée*, die bei ihrem Aufbruch gen Russland am 29. Mai 1812 612 000 Mann umfasste. Sie bestand nur zu etwa der Hälfte aus französischen Truppen, der Rest kam aus allen von Napoleon unterworfenen europäischen Ländern; allein aus den Rheinbundstaaten stammten 110 000 Soldaten. Er »schleifte« tatsächlich »ganz Europa hinter sich her«, wie er es Joseph Fouché, dem Polizeiminister der Französischen Revolution, prophezeit hatte. Die russische Gegenwehr bestand aus drei Armeen mit insgesamt etwa 200 000 Mann.

Rückzug von Napoleons »Grande Armée« in Russland

Das taktische Prinzip der russischen Heerführung war, Schlachten zu vermeiden und die »Große Armee« immer weiter nach Russland hineinzuziehen. Im August und September 1812 kam es dennoch zu zwei Schlachten bei Smolensk und Borodino, die für Napoleon verlustreich endeten: Er verlor 45 000 Soldaten an Toten und Verwundeten. Am 14. September 1812 zog er in Moskau ein, das die russische Generalität zuvor allerdings hatte räumen und in Brand stecken lassen: Der Eroberer sollte keine Möglichkeit zur Überwinterung finden. Dabei hatte Napoleon geplant, in Moskau »den Barbaren« – wie gewohnt – den Frieden zu diktieren.

Am 17. Oktober 1812 musste er sich zum Rückzug entschließen. In diesem Jahr brach der Winter ungewöhnlich früh ein. Schon am 4. November fiel der erste Schnee und sanken die Temperaturen auf Werte von −10 bis −30°C. Den Rückzug erlebten die hungernden, kranken, frierenden und von ständigen Kosakenangriffen heimgesuchten Truppen als Katastrophe. Nach dem verlustreichen Übergang über die Beresina war die *Grande Armée* auf etwa 30 000 Mann zusammengeschmolzen, die zerlumpt und völlig ungeordnet nach Westen fluteten. Napoleon hatte sich mit wenigen Getreuen abgesetzt, um vor dem Eintreffen der Nachrichten wieder in Paris zu sein. Aber auch dort war sein Stern im Sinken.

1.35 Die Befreiungskriege

Die Auflösung der napoleonischen *Grande Armée* in Russland entflammte den Widerstand der europäischen Völker gegen die französische Fremdherrschaft. Preußen wechselte die Fronten als Erster, als der preußische General Yorck von Wartenburg mit seinem russischen Kollegen, General Diebitsch, eigenmächtig die Konvention von Tauroggen vereinbarte. Damit stand der russischen Armee Ostpreußen und der Marsch in Napoleons Flanke offen. Nach dem Vertrag von Kalisch Ende Februar 1813 zwischen Preußen und Russland erklärte König Friedrich Wilhelm III. Frankreich im März 1813 den Krieg. Sein Aufruf am 17. März »An mein Volk« weckte eine Welle nationaler Begeisterung: Freie Militärverbände wie das Freikorps Lützow entstanden, und die zahlreich eingehenden Geld- und Sachspenden wurden für die rasche Aufstellung von Truppen verwendet. Im Frühjahr trafen die preußisch-russischen Verbündeten bei Großgörschen und Bautzen auf Napoleon, der sie aber nach Schlesien abdrängte. Im Juni 1813 trat Großbritannien der deutsch-russischen Koalition bei. Nach einem Waffenstillstand und ergebnislosen Friedensverhandlungen mit Napoleon in Prag stieß auch Österreich zur Koalition.

Im Herbst 1813 rückten die Verbündeten in drei Kolonnen gegen die im Raum Dresden versammelten Franzosen vor. Die entscheidende Schlacht (»Völkerschlacht«), die über 100 000 Gefallene und Verletzte forderte, fand vom 16. bis 19. Oktober bei Leipzig statt: Napoleon musste sich vor der drohenden Einschließung mit seinen Truppen fluchtartig an den Rhein zurückziehen.

Der Krieg ging in Frankreich weiter, da Napoleon ein Friedensangebot des österreichischen Außenministers Klemens Wenzel Fürst von Metternich (1773–1859) ausschlug. Am 31. März 1814 zogen die Verbündeten in Paris ein, nachdem zuvor auch ein britisches Heer von Spanien aus in Frankreich eingerückt war. Am 6. April 1814 dankte Napoleon in Fontainebleau ab. Der erste Pariser Frieden im Mai 1814 legte Frankreich auf der Basis seines Besitzes von 1792 maßvolle Bedingungen auf. Napoleon wurde auf die Insel Elba verbannt. Das napoleonische System in Europa brach völlig zusammen.

1.36 Bestehendes erhalten oder Vergangenes wiederherstellen – der Wiener Kongress

Der Wiener Kongress vom 3. Oktober 1814 bis zum 9. Juni 1815 zählt neben dem Westfälischen Frieden von 1648 und den Pariser Friedenskonferenzen von 1919 nach dem Ende des Ersten Weltkriegs zu den großen Friedenskongressen der europäischen Neuzeit. An ihm nahm alles teil, was in Europa politisch Rang und Namen hatte: Neben vielen kleineren Körperschaften aus dem Gebiet des ehemaligen Heiligen Römischen Reiches waren dies Mittelstaaten wie Schweden, Spanien und Portugal, aber vor allem die europäischen Großmächte Großbritannien, Österreich, Preußen und Russland. Die französischen Interessen vertrat Außenminister Talleyrand, der sein Land in den Kreis der europäischen Großmächte zurückführen wollte. Das gelang ihm durch den Beitritt zum britisch-österreichischen Geheimabkommen gegen Russland und Preußen im Januar 1815.

Restauration, Legitimität und Solidarität
Die Kongressleitung lag in den Händen des österreichischen Außenministers Klemens Wenzel Fürst von Metternich. Neben den Monarchen Franz I. von Österreich, bis 1806 Kaiser Franz II. des Heiligen Römischen Reichs (▶ 1.32), König Friedrich Wilhelm III. von Preußen und Zar Alexander I. von Russland waren an den Beratungen und Entscheidungen der preußische Staatskanzler Fürst von Hardenberg, der britische Außenminister Viscount Castlereagh und im Verlauf des Kongresses auch Talleyrand maßgeblich beteiligt. Das Hauptanliegen der Kongressteilnehmer bestand in der Wiederherstellung (Restauration) des Gleichgewichts der europäischen Mächte vor 1792. Daneben spielten die beiden anderen Prinzipien »Legitimität«, d. h. die Rechtfertigung der Dynastien des *Ancien Régime*, einschließlich der sich daraus ergebenden Ansprüche, und »Solidarität« eine wichtige Rolle, unter der die gemeinsame Interessenpolitik legitimer Fürsten zur Abwehr revolutionärer Ideen oder Bewegungen verstanden wurde.

Die Umwälzungen der napoleonischen Politik ließen sich nicht in vollem Umfang rückgängig machen; in Deutschland blieben z. B. die Veränderungen der Säkularisation und Mediatisierung größtenteils bestehen. Der russische Anspruch auf Polen und die preußische Kompensationsforderung nach Sachsen stießen auf den entschiedenen Widerstand Metternichs und Castlereaghs. Das Scheitern des Kongresses schien unabwendbar, aber die triumphale Rückkehr Napoleons nach Paris (▶ 1.24) und die Vermittlungskunst Metternichs gegenüber den zerstrittenen Parteien sorgten für die Kompromissfähigkeit des Kongresses: Am 8. Juli 1815 unterzeichneten alle Teilnehmer die Kongressakte. Sie stellte das Gleichgewicht der fünf europäischen Großmächte (»Pentarchie«) wieder her.

Die Folgen des Wiener Kongresses
Großbritannien und Russland durften sich als Gewinner des Kongresses fühlen. Großbritannien wurde als dominierende Seemacht bestätigt und konnte seinen weltweiten Kolonialbesitz mit der Kapkolonie, Ceylon und Malta erheblich ausbauen. Russland erwarb den größten Teil des Herzogtums Warschau (Kongresspolen) und stieg damit zur führenden Kontinentalmacht auf (▶ 1.13).

Frankreich behielt seinen Besitzstand von 1792. Österreich verzichtete auf die habsburgi-

Klemens Wenzel Fürst von Metternich (Mitte) war einer der führenden Diplomaten auf dem Wiener Kongress, der die Weichen für die Neuordnung Europas stellte.

Von der Gründung der USA zum Wiener Kongress

Europa nach dem Wiener Kongress

schen Niederlande und Vorderösterreich und wurde mit Gebieten in Oberitalien (Lombardei, Venetien), mit Dalmatien und Kroatien sowie einer territorialen Abrundung in Galizien entschädigt. Die Habsburgermonarchie war nun ein Vielvölkerstaat und wuchs aus Deutschland heraus. Preußen gewann zwar nur den nördlichen Teil Sachsens, erhielt dafür aber das bisher schwedische Vorpommern sowie die Rheinprovinz und Westfalen: Es wuchs nach Deutschland hinein. Nun unmittelbar an Frankreich angrenzend, übernahm es die »Wacht am Rhein«. Die Neugründungen – das Königreich der Vereinigten Niederlande (mit den ehemals österreichischen Niederlanden und dem Großherzogtum Luxemburg) und das Königreich Sardinien-Piemont – sollten französische Gebietsansprüche zur Scheldemündung hin und in Oberitalien verhindern. Der Schweiz, unter Napoleon die »Helvetische Republik«, wurde »immerwährende Neutralität« garantiert.

An die Stelle des 1806 aufgelösten Heiligen Römischen Reiches deutscher Nation (▶ 1.29) trat ein deutscher Staatenbund mit internationalen Verflechtungen, der Deutsche Bund, dem über Hannover der britische König und über Holstein und Lauenburg auch der dänische König angehörten. Die ersten elf Artikel seiner Bundesakte wurden in die Kongressakte aufgenommen; Artikel 13 versprach allen Bundesstaaten landständische Verfassungen. Die zögerliche Einlösung dieses Versprechens bildete in den Folgejahren den Ausgangspunkt der revolutionären Einheits- und Verfassungsbewegungen in Deutschland, die nach dem Höhepunkt des Hambacher Festes 1832 schließlich in die Revolution 1848/49 (▶ 2.20) mündeten.

1.37 Die Konföderation der Ashanti

Ende des 17. Jahrhunderts entstanden im Hinterland der Goldküste in Afrika drei Hegemonialstaaten – Denkyira, Aowin und Akwamu. Diese Trias wankte bald, weil sich das Ashantireich von Kuwasi, Vasall von Denkyira, gegen dessen exzessive Tributforderungen wehrte und mit Unterstützung von Akwamu aus dem Krieg von 1700 bis 1701 als unabhängiger Staat hervorging. Aufgrund einer erfolgreichen militärischen Expansion dehnte dieser seinen Machtbereich mit Ausnahme der Fante-Staaten in der Küstenregion bis 1750 über das Gebiet des heutigen Ghana aus.

Der Zentralstaat der Ashanti ruhte auf einem konföderativen Staatsmodell, das in gewisser Weise an die griechische Bündniswelt

Kapitel 1

der Antike erinnerte. Der Reichsverfassung lagen die 77 Gesetze des Priesters Okomfo Anokye zugrunde. Sie schrieben die politische Grundstruktur des Ashantireichs fest und teilten es in zwei Bereiche, in das metropolitane Asante, d. h. die Territorien im Umkreis von 50 Kilometern um die Hauptstadt Kumasi, und in Groß-Asante ein, das die eroberten und tributpflichtigen Provinzen umfasste. Die Stammesoberhäupter in den Territorien um Kumasi waren Mitglieder der Ratsversammlung der Ashanti. Diese entschied über Krieg und Frieden, sie schloss Verträge mit den Nachbarstaaten ab, und sie wählte den König *(asantehene)*. Im Kriegsfall kommandierten diese Häuptlinge je ein Regiment innerhalb der in fünf Flügel unterteilten Ashantiarmee. Diese Einbindung in das politische wie militärische Staatsgeschehen sicherte dem Hof von Kumasi die Loyalität seiner Bundesgenossen.

Die Gebiete in Groß-Asante waren politisch benachteiligt. Weder gehörten sie der Ratsversammlung an, noch hatten sie direkten Zugang zum König. Sie waren nur über ein Ratsmitglied mit der Konföderation verbunden. Dieses Klientelsystem barg die Gefahr der politischen Destabilisierung an den Reichsgrenzen. Um ihr vorzubeugen, schickte Kumasi ab 1760 politische Agenten in die nördlichen Provinzen Dagomba, Gonja und Mampusi.

Der Monarch herrschte nicht absolutistisch wie im europäischen *Ancien Regime* derselben Zeit, sondern war auf die Zusammenarbeit mit der Ratsversammlung angewiesen. Er verkörperte die territoriale Einheit des Ashantireichs und galt als Vermittler zwischen Vorfahren und Lebenden sowie als Garant der pflanzlichen und menschlichen Fruchtbarkeit.

Der »Goldene Stuhl« und die »Königinmutter«

Kumasi war nicht nur das Zentrum eines blühenden Handels und Gewerbes von großer kultureller Vielfalt, sondern hier stand auch der »Goldene Stuhl«, der Herrscherthron, der nach der Überlieferung dem ersten *asantehene* Osei Tutu vom Himmel überbracht worden war. Er galt als Sitz der »Seele der Ashantination« und Symbol der politischen Einheit. An ihm leisteten die Bundesgenossen den Eid, mit dem sie die Oberhoheit der Ashanti anerkannten.

Eine ebenfalls wichtige politische Rolle spielten die »Königinmutter« *(asantethemaa)* als oberste Beraterin des Monarchen und laut Verfassung zur Kritik an seinen Fehlentscheidungen berechtigt. Zumeist handelte es sich um die Mutter des Monarchen oder um eine Tante mütterlicherseits. Sie überwachte auch die Thronfolge und schlug dem Rat ihren Kandidaten für »den Stuhl« vor. Daneben besaßen die »weiblichen Herrscher Asantes« auch anderweitig politische Macht: Die *asantethemaa* war stellvertretende Vorsitzende im Rat, der wichtige Staatsangelegenheiten ohne ihr Beisein nicht beschließen konnte. Sie besaß eine eigene Residenz mit Gerichtshof für Frauenangelegenheiten und Rechtsstreitigkeiten innerhalb des königlichen Klans. Aufgrund der Gütertrennung konnte sie wie andere Ashantifrauen als Besitzerin einer großen Farm oder Händlerin von Kautschuk, Gold oder Kolanüssen beträchtlichen Reichtum erwerben.

Die Ashanti-Fante-Kriege

Dieses ausgewogene Staatsgefüge geriet erst in Gefahr, als die Ashanti Anfang des 19. Jahrhunderts den lukrativen Sklavenhandel der Goldküste unter ihre Kontrolle bringen wollten. Darüber gerieten sie in Konflikt mit Großbritannien, das 1807 das Ende des Sklavenhandels verfügt hatte und mit seinen Schiffen vor der Goldküste die Einhaltung des Verbots kontrollierte. Ashantiherrscher eroberten zwischen 1807 und 1816 die Fante-Staaten an der Küste, wurden aber 1826 im ersten Ashanti-Krieg von einer Koalition der Fante und Briten vernichtend geschlagen. 1863 und 1872 drangen die Ashanti erneut in die Küstenregion vor, aber 1874 legten britische Soldaten Kumasi in Schutt und Asche. Sie zwangen den König im Vertrag von Fomena im gleichen Jahr zum Verzicht auf seine territorialen Ansprüche an der Goldküste und zur Zahlung von 50 000 Unzen Gold. 1901 schließlich wurde die Ashantination der britischen Kolonie Goldküste einverleibt.

1.38 Die Briten am Kap der Guten Hoffnung

Nachdem im Winter 1794/95 die Niederlande von einem französischen Revolutionsheer erobert worden und am 3. Februar 1795 in die von Frankreich abhängige »Batavische Republik« umgewandelt worden waren, schickte Großbritannien Truppen nach Südafrika, um sich die bis dahin niederländische Kapkolonie zu sichern, ehe Frankreich sie beanspruchen würde.

Nach dem Frieden von Amiens (▶ 1.27) gaben sie die Kapkolonie 1802 an die »Batavische Republik« zurück, nur um sie im Januar 1806 mit 6 700 Mann erneut zu besetzen. Die endgültige Abtretung an Großbritannien erfolgte im August 1814, als sie offiziell zur britischen Kronkolonie erklärt wurde.

In Besitz genommen worden war das Land ursprünglich von überwiegend niederländischstämmigen, Afrikaans sprechenden weißen Buren, die angestammte Bevölkerung war in Sklaven und »freie Schwarze« unterteilt; die rechtliche Diskriminierung und damit die Rassentrennung war aber bis zum Ende des 18. Jahrhunderts relativ moderat geblieben.

Bereits die ersten beiden britischen Gouverneure, die keiner lokalen Kontrolle unterworfen waren und per Proklamation regierten, nahmen einschneidende Änderungen vor. Sie waren hierarchiebewusster als die Buren und formalisierten die vorgefundenen gesellschaftlichen Schranken; andererseits verboten sie den Sklavenhandel (▶ 3.28) und modernisierten das Arbeitssystem. Außerdem regulierten sie das Landrecht und versuchten, mit Gerichtstagen ihr Rechtssystem auch in den Grenzgebieten zu etablieren.

Teile der Buren lehnten die britische Regierung als Fremdherrschaft ab. Dem steuerte London entgegen, indem systematisch britische Siedler für die Kolonie rekrutiert wurden. Erwartet wurde, dass die angeworbenen Briten Kapital und Leute mitbrachten, es kamen aber auch Abenteurer, Handwerker und Händler, die in Südafrika ihr Glück suchen wollten. Die Folge war, dass die britischen Kolonisten eine relativ gebildete, städtische und geldökonomisch orientierte Schicht formten, die einen deutlichen Gegensatz zu den eher bäuerlich denkenden und handelnden Buren darstellte. Dieser Unterschied der Identitäten und Mentalitäten prägte die Geschichte Südafrikas bis ins 20. Jahrhundert hinein.

Verbrannte Erde
Die britischen Kolonisten sollten aber nicht nur ein Gegengewicht zu den Buren bilden, der Gouverneur erhoffte sich auch, dass eine Kette von neuen Siedlungen parallel zu den vorhandenen Militärstützpunkten die Ostgrenze stabilisieren würde. Dort war es seit 1779 immer wieder zu Kriegen gekommen; Anspruch auf dieses Ende des 18. Jahrhunderts von Buren in Beschlag genommene Land erhoben nämlich auch die Xhosa, ein stolzes und gebildetes einheimisches Volk von Ackerbauern und Viehzüchtern.

Doch die Rechnung der Briten ging nicht auf, die Xhosa versuchten weiterhin sich zurückzuholen, was sie als ihr Eigentum betrachteten. Im vierten Grenzkrieg von 1811/12 boten die Briten erstmals eine stattliche Zahl von Soldaten auf. Der britische General Sir John Francis Cradock, von 1811 bis 1814 Gouverneur der Kapkolonie, befahl, alle Xhosa – etwa 20 000 Personen – westlich des Great Fish River zu vertreiben. Die Stammesführer der Xhosa baten um Aufschub, um noch die Ernte einbringen zu können, aber die Briten verfolgten eine Strategie der verbrannten Erde, zerstörten die Felder, ließen die Gehöfte in Flammen aufgehen. Zum ersten Mal waren Machtbewusstsein und Moral der neuen Kolonialherren in vollem Umfang deutlich geworden.

1.39 Die erste Unabhängigkeitserklärung in Lateinamerika: Haiti

Die Revolutionen in Nordamerika (▶ 1.1) und Frankreich (▶ 1.16) wirkten sich in Lateinamerika zunächst nicht aus, weil die spanische Kolonialmacht das Aufkommen revolutionärer Ideen mit äußerster Gewalt unterdrückte. In Haiti, der französischen Kolonie der seit 1697 zwischen Frankreich und Spanien geteilten Karibikinsel Hispaniola, zündete der Funke der Französischen Revolution indes recht früh. Haiti zählte im ausgehenden 18. Jahrhundert eine halbe Million Einwohner: 88 Prozent davon Schwarze, sechs Prozent Mischlinge und sechs Prozent weiße Oberschicht.

Kapitel 1

Im Lauf des Jahres 1789 gerieten die französischen Zuckerrohrpflanzer rasch in den Sog der revolutionären Ereignisse im Mutterland, ohne dass sie ein Übergreifen der politischen Forderungen auf die Mulatten und die Sklaven verhindern konnten. Namentlich die Mischlinge als Mittelschicht der haitianischen Sklavenhaltergesellschaft verlangten die französischen Menschen- und Bürgerrechte (▶ 1.19) für sich. Diese Forderung stieß beim kleinbürgerlichen Teil der weißen Bevölkerung, bei Kleinhändlern, Gewerbetreibenden und freien weißen Landarbeitern, auf scharfen Widerstand. An diesem Konflikt entzündete sich 1791 ein Mulattenaufstand, und die vom Ort des Geschehens geistig wie geografisch reichlich ferne Konstituante (▶ 1.16) in Paris verfügte die volle rechtliche Gleichstellung der Mulatten und Freigelassenen mit der weißen Bevölkerung. Noch im gleichen Jahr verlangten die schwarzen Sklaven ihre Freilassung und organisierten im Norden Haitis einen Aufstand, der rasch auf die gesamte Insel übergriff.

Auch bei den Farbigen löste die Französische Revolution die Forderung nach Freiheit aus.

Die politischen Richtungskämpfe in Frankreich verunsicherten die Weißen in Haiti immer mehr. Hinzu kam 1793 die Kriegserklärung Großbritanniens und Spaniens an Frankreich während des 1. Koalitionskriegs. Angesichts dieser Situation entließen die jakobinischen Kommissare auf der Insel aus Loyalität gegenüber ihrem Mutterland im Februar 1794 alle Sklaven in die Freiheit.

Die Folgen der Sklavenbefreiung

Im Sonderfrieden von Basel 1795 verließ Spanien zusammen mit Preußen die antifranzösische Koalition und trat die Osthälfte der Insel an Frankreich ab. Dieser Verzicht veränderte die Machtverhältnisse in Haiti grundlegend. Der bisher auf spanischer Seite stehende Rebellenführer François Dominique Toussaint Louverture, der »schwarze Napoleon«, stieg zum Generalgouverneur und zur alles beherrschenden Figur der Insel auf. Für die Masse der ehemaligen Sklavenbevölkerung veränderte sich durch das Schwinden des französischen Einflusses allerdings nichts. Nur wenige Schwarze erhielten eigenen Grundbesitz zugeteilt. Dafür wurde für alle anderen ein harter Arbeitsdienst eingeführt.

In Paris griff Napoleon als Erster Konsul die Interessen der weißen haitianischen Emigranten auf und versuchte die Sklaverei in Haiti mit Waffengewalt wieder einzuführen. Im nachfolgenden Aufstand der schwarzen Bevölkerung wurde nicht nur Toussaint 1802 verhaftet und in Frankreich interniert, sondern die Rebellen unter Jean Jacques Dessalines vertrieben im November 1803 auch die napoleonischen Streitkräfte und mit ihnen alle Weißen. 1804 erklärte Dessalines Haiti für unabhängig und proklamierte sich zum Kaiser.

Aufs Ganze gesehen bewirkten die Vorgänge auf Haiti seit 1791 in Südamerika zwar wenig, aber sie galten der weißen Oberschicht im Osten des Kontinents als warnendes Beispiel dafür, wohin die Verbreitung der Ideen der Französischen Revolution führen konnte.

1.40 Die Briten in Indien

Seit Entdeckung des Seewegs nach Indien durch Vasco da Gama 1498 hatten dort zunächst die Portugiesen, dann die Briten (ab 1612) und schließlich die Franzosen (ab 1674) Stützpunkte errichtet. Die Interessen der Europäer galten den natürlichen Reichtümern des Landes und waren zunächst nicht politischer Natur.

Im 18. Jahrhundert wetteiferten drei Organisationen um die Vorherrschaft im Welthandel: die Britische, die Niederländische und die Französische Ostindienkompanie. Diese Handelsgesellschaften waren von ihren Heimatländern mit weitgehenden Privilegien und Befugnissen ausgestattet und leisteten bei der Kolonisierung wichtige Pionierarbeit. Da juristisch Privatgesellschaften, brauchten sie sich nicht um politische Probleme zu kümmern.

Dies änderte sich 1748, als sich Briten und Franzosen in Südindien in den Zwist um die Nachfolge des Fürsten von Hyderabad einmischten und es zu ersten bewaffneten Auseinandersetzungen zwischen ihnen kam. Dabei erwarb sich der 26-jährige Schreiber Robert Clive 1751 ersten militärischen Ruhm.

Die entscheidende Wende kam mit dem Siebenjährigen Krieg, der außerhalb Europas in erster Linie ein weltweiter Kampf zwischen Großbritannien und Frankreich um die koloniale Vorherrschaft war. Paris entsandte einen General nach Indien, dem jede Kenntnis über das Land und seine Bevölkerung fehlte und der auch von seinem militärischen Handwerk wenig verstand: Trotz großer militärischer Überlegenheit wurde er 1760 bei Madras von britisch-indischen Truppen vernichtend geschlagen. Die Französische Ostindienkompanie zog sich aus Indien zurück.

Inzwischen war Robert Clive nach dem erfolglosen Versuch, einen Sitz im Parlament in London zu erringen, im Rang eines Oberstleutnants nach Indien zurückgekehrt. Der Nawab (Fürst) von Bengalen hatte den Briten befohlen, ihre ohne seine Erlaubnis in Kalkutta errichtete Festung zu schleifen. Doch Clive konnte ihn in der Schlacht von Plassey 1757 dank eines Überläufers schlagen.

Die Ausbeutung eines reichen Landes

Der Sieg eröffnete der Britischen Ostindienkompanie die Möglichkeit, Bengalen auszuplündern. Der indische Großmogul, der seinen Anteil am bengalischen Steueraufkommen schon lange nicht mehr erhalten hatte, versprach sich von den Briten mehr Erfolg und bot ihnen die Verwaltung Bengalens an. Clive meinte, dies sei Sache der Krone und nicht der Kompanie, aber der britische Außenminister Pitt befürchtete, solche Summen könnten die Krone gegenüber dem Parlament zu sehr stärken. Er empfahl der Ostindienkompanie, das Angebot des Großmoguls für sich anzunehmen. Dadurch stieg sie, ein Privatunternehmen, 1765 zur Territorialmacht in Indien auf.

Die Steuern der Bengalen wurden von den Briten abgeschöpft und außer Landes gebracht. Zusätzlich entstand ein profitables Handelsdreieck: Silber wurde von Bengalen nach China verschifft, wo man Tee dafür einkaufte, den die Ostindienkompanie dann in London und sogar in Amerika absetzte. Perfektioniert wurde der Kreislauf, als die Kompanie im 19. Jahrhundert Waren aus der englischen Textilproduktion dorthin verkaufte, von wo man 200 Jahre lang Textilien bezogen hatte.

Die Einziehung des nordindischen Fürstentums Oudh 1856 durch die Briten mündete in die Meuterei der indischen Soldaten der *Bengal Army*. Dieser »Sepoyaufstand« von 1857 (▶ 2.25) dauerte zwar nur einige Monate, aber als eine seiner Folgen wurde die Kompanie aufgelöst und Indien der britischen Krone unterstellt. 1858 ernannte sie den Generalgouverneur zum Vizekönig.

Der Sieg von Plassey legte den Grundstein für die britische Herrschaft in Indien. Sir Robert Clive trifft seinen Verbündeten Mir Jafar.

Kapitel 1

Daten

1762-96	Zarin Katharina II. regiert Russland	
1772	Erste Polnische Teilung	
16. Dez. 1773	Boston Tea Party	
Okt. 1774	Erster Kontinentalkongress in Philadelphia (Nordamerika)	
4. Juli 1776	Unabhängigkeitserklärung der Vereinigten Staaten von Amerika	
3. Sept. 1783	Friede von Paris	
17. Sept. 1787	Die amerikanische Verfassung wird verkündet	
5. Mai 1789	Die Generalstände treten in Versailles zusammen; am 17. Juni 1789 erklärt sich der dritte Stand zur Nationalversammlung	
14. Juli 1789	Sturm auf die Bastille in Paris	
4./5. Aug. 1789	Die Nationalversammlung beschließt die Abschaffung aller Feudalrechte	
26. Aug. 1789	Erklärung der Menschenrechte in Frankreich	
12. Juli 1790	Die Nationalversammlung erlässt das Gesetz zur Reorganisation des Klerus	
3. Sept. 1791	Erste französische Verfassung: Frankreich wird konstitutionelle Monarchie	
1792-97	1. Koalitionskrieg	
1793	Zweite Polnische Teilung	
21. Jan. 1793	Hinrichtung Ludwigs XVI. auf der Place de la Révolution in Paris	
ab 1793	Im Osmanischen Reich setzt die Reformpolitik des »Neuen Regimes« ein	
Juli 1793	Die »Schreckensherrschaft« in Frankreich beginnt	
27. Juli 1794	Maximilien Robespierre wird gestürzt und einen Tag später hingerichtet	
24. Okt. 1795	Sonderfrieden von Basel	
1795	Dritte Polnische Teilung	
17. Okt. 1797	Friede von Campoformio	
1798-1802	2. Koalitionskrieg	
9. Nov. 1799	Staatsstreich Napoleons (18. Brumaire VIII), der das »Direktorium« beseitigt	
24. Dez. 1799	Konsulatsverfassung in Frankreich	
25. Febr. 1803	Reichsdeputationshauptschluss	
2. Dez. 1804	Napoleon krönt sich in Anwesenheit von Papst Pius VII. in Paris selbst zum Kaiser	
1805-07	3. und 4. Koalitionskrieg	
21. Okt. 1805	Admiral Nelson vernichtet die französische Flotte vor Trafalgar	
2. Dez. 1805	Sieg Napoleons in der »Dreikaiserschlacht« von Austerlitz (Böhmen)	
12. Juli 1806	Gründung des Rheinbunds unter dem Protektorat Napoleons	
6. Aug. 1806	Franz II. legt die Krone des Heiligen Römischen Reiches nieder	
21. Nov. 1806	Beginn der Kontinentalsperre	
8. Juli 1807	Frieden von Tilsit zwischen Zar Alexander I. und Napoleon	
1808	Spanienfeldzug Napoleons; Volksaufstand in Tirol unter Andreas Hofer	
1812	Der Russlandfeldzug endet für Napoleon in einer militärischen Katastrophe	
19. Okt. 1813	Napoleon wird in der »Völkerschlacht« von Leipzig geschlagen	
6. April 1814	Napoleon dankt in Fontainebleau ab und wird auf die Insel Elba verbannt	
August 1814	Südafrika wird britische Kronkolonie	
3. Okt. 1814 bis 9. Juni 1815	»Wiener Kongress« (»Restauration«, »Legitimität«, »Solidarität«) zur Wiederherstellung des europäischen Staatensystems von vor 1792	
März 1815	Napoleon landet in Südfrankreich: Herrschaft der »Hundert Tage«	
18. Juni 1815	Napoleon verliert die Schlacht bei Waterloo gegen ein britisch-preußisches Heer. Er wird auf die Atlantikinsel St. Helena verbannt, wo er am 5. Mai 1821 stirbt	

Nationale Befreiung, bürgerliche Freiheit und Industrialisierung (1815–1860)

2

Einführung

Im Zeitalter der Französischen Revolution gehörte die Erfahrung des Krieges zum alltäglichen Leben der Menschen. Die Generationen nach 1815 hingegen blieben bis zum Ersten Weltkrieg von gesamteuropäischen Kriegen verschont. Doch die vor allem auf Deutschland gemünzte beliebte Rede vom »Biedermeier« als einer Ära träge-behaglich gestalteten privaten Lebens verdeckt, wie nervös die Zeit in Wirklichkeit war. Die Menschen in Europa erlebten diese Epoche ganz anders: War sie nicht von raschem politischem und gesellschaftlichem Wandel gekennzeichnet? Genügte nicht ein Funke, um die Gesellschaften zu entzünden, sie erneut zu revolutionieren? Der Damm, den die autokratischen europäischen Monarchien, allen voran Russland, der »Gendarm Europas«, wie es zeitgenössisch hieß, und Österreich-Ungarn, das konservative Gewissen Europas, gegen weitere unkontrollierte politische Veränderungen zu errichten trachteten, hielt nicht stand. Überall brachen Freiheitsbewegungen hervor, sie kulminierten in den europäischen Revolutionen von 1848. Die große Politik war nicht mehr die Angelegenheit von wenigen, sondern die einer sich ausbildenden Massengesellschaft; man hat dieses neuartige Phänomen als eine »Fundamentalpolitisierung des gesellschaftlichen Lebens« bezeichnet. Der Drang nach Unabhängigkeit und Freiheit erfasste auch die lateinamerikanischen Länder, während die nach dem Sieg gegen England erschöpften USA auf innere Konsolidierung und den Aufbau der Infrastruktur setzten; für sie begann eine »Ära des Wohlbefindens«, die 1861 mit dem Amerikanischen Bürgerkrieg jäh zu Ende ging.

Weltweite Freiheitsbewegungen

Nationale Einheit und Freiheit waren im Denken der Zeit zwei Seiten ein und derselben Medaille. Als Emanzipationsbewegung war der Nationalismus in der ersten Hälfte des 19. Jahrhunderts der wichtigste Leitbegriff von gesamteuropäischer Geltung. Im Ideal »Nation« verbanden sich die konstitutionellen Forderungen der Liberalen mit den egalitären Hoffnungen radikaler Demokraten – beide richteten sich gegen die konservativen Monarchien, die ein Bollwerk gegen einen verfassungspolitischen Wandel bildeten, um ihre Herrschaft zu sichern. Die nationalen Bewegungen in Europa unterschieden sich deutlich voneinander: Der deutsche und der italienische Nationalismus zielten auf den Zusammenschluss von bereits bestehenden Staaten zu einer geeinten Nation; für einen Vielvölkerstaat wie Österreich hingegen – in dem zahlreiche ethnische Gruppen lebten, z.B. Magyaren, Tschechen, Slowaken, Kroaten, Serben und Italiener – bedeuteten nationale Forderungen nicht Zusammenschluss, sondern Zergliederung, Auflösung des bestehenden Staates. Bis 1848 kam es überall in Europa zu Protestbewegungen, Aufständen und Revolutionen: Nach einem acht Jahre dauernden Unabhängigkeitskrieg gegen das Osmanische Reich errang beispielsweise die griechische Nationalbewegung 1829 ihren unabhängigen Nationalstaat. Belgien folgte ein Jahr später, hier handelte es sich um eine revolutionäre Loslösung der südlichen Provinzen von den Vereinigten Niederlanden. Die belgische Verfassung, die den Grundsatz der Volkssouveränität verwirklichte, beeinflusste fast alle späteren europäischen Verfassungen. Den Polen und sämtlichen Völkern innerhalb der österreichischen Monarchie blieb der Erfolg versagt; die drei Mächte, die Polen mehrmals geteilt hatten – Russland, Preußen und Österreich – unterdrückten gemeinsam die polnische Nationalbewegung, und die liberalen Vormächte – Großbritannien und Frankreich – nahmen dies hin, weil die autokratischen Staaten sich im Falle Griechenlands und Belgiens zurückgehalten hatten. Aus eigener Kraft, das wird daran deutlich, vermochten die nationalen Bewegungen nirgends ihre nationalstaatlichen Ziele zu erreichen, sondern nur dort, wo sie die Unterstützung von Großmächten erhielten.

Als Fernwirkung der Französischen Revolution verlor Spanien, das von Napoleon erobert worden war, auch sein Kolonialreich. Zwischen 1810 und 1824 erkämpften sich die lateinamerikanischen Kolonien ihre Unabhängigkeit. Für den größten Teil der Menschen bedeutete dies indessen keine Emanzipation, sozialrevolutionäre Veränderungen blieben aus, und die Grundlagen von Herrschaft und Gesellschaft waren die alten. Zentralismus, Hierarchie und autoritäre Regime bestanden fort, nur waren sie von den Europäern auf einheimische »Caudillos« – Diktatoren, die sich auf die Armee stützten – übergegangen. Überlegungen der Europäer, Lateinamerika wieder zurückzugewinnen, schoben die USA einen Riegel vor: In seiner berühmten Rede vom Dezember 1823 machte der amerikanische Präsident Monroe in der nach ihm benannten Doktrin klar, dass die beiden amerikanischen Kontinente nicht mehr bereit waren, eine erneute europäische Kolonisierung hinzunehmen. Solche Versuche würden die Vereinigten Staaten als Bedrohung ihrer Sicherheit auffassen. Das war beides zugleich: eine Abwehr europäischer Ansprüche und eine Offensive der USA in der internationalen Politik.

Der »Völkerfrühling« von 1848 scheitert

Die Revolutionen von 1848 hatten ihre Vorbeben in den erwähnten Freiheitsbewegungen. Als die »Geburtsstunde der deutschen Demokratie« gilt das Hambacher Fest von 1832, zu dem die nationale Opposition über 30 000 Menschen mobilisierte. Zwei Jahre zuvor, 1830, hatte die französische Julirevolution das restaurative System der bourbonischen Dynastie hinweggefegt, die Idee vom Gottesgnadentum als traditionelle Legitimation monarchischer Herrschaft endete in Frankreich. Das Land reformierte sein politisches System, ebenso Großbritannien, das als Musterbeispiel erfolgreicher Anpassung der Herrschaftsordnung an sich verändernde gesellschaftliche Bedingungen gelten kann und deshalb von Revolutionen verschont blieb. Russland, Österreich und Preußen erneuerten 1833 ihren antirevolutionären Interventionspakt – an ihnen sollte der kurze »Völkerfrühling« von 1848 scheitern.

Zwar erfasste die Revolution fast das gesamte Europa, nur Russland blieb gänzlich unberührt, doch die Revolutionsverläufe gestalteten sich höchst unterschiedlich. Dabei waren die Aufgaben in fast allen Staaten durchaus ähnlich: Es ging erstens um die Staatenbildung nach dem Nationalitätenprinzip, zweitens um die Demokratisierung der Herrschaftssysteme und drittens, meist aber nur am Rande, um die soziale Frage im Zeichen der aufkommenden Industrialisierung. Zunächst verschmolzen für eine kurze Zeit die verschiedenen, sich ausbildenden politischen Strömungen – liberale, radikal-demokratische und sozialrevolutionäre –, was die Stoßkraft der Revolutionen erhöhte. Doch bald entbrannten zwischen den Parteigruppen Konflikte über die Ziele, etwa ein Streit um die Staatsform, Republik oder konstitutionelle Monarchie. Außerdem fürchteten viele gemäßigte Liberale, die Revolution könne, wie in Frankreich nach 1792, in Radikalismus abgleiten; sie wurden so zu Revolutionären wider Willen. Diese Uneinigkeit nahm der Revolution in vielen Staaten den Schwung. Besonders in Deutschland machten die Revolutionen vor den Thronen Halt. Hier kam zudem noch der Streit darüber hinzu, welches Deutschland es sein sollte: das großdeutsche unter Einschluss Österreichs oder das kleindeutsche unter preußischer Führung. Die Doppelaufgabe, Einheit und Freiheit zugleich herstellen zu müssen, also einen National- und einen Verfassungsstaat zu gründen, war zu gewaltig, um erfolgreich gelöst werden zu können. In ganz Europa erleichterte es diese Spaltung der Revolutionsbewegung, dass die

Nationale Befreiung und Industrialisierung

Armeen der konservativen Monarchien die Freiheitsbewegungen unterdrücken konnten. Dennoch blieb der Aufbruch zur Freiheit nicht folgenlos: Neue Organisations- und Protestmuster breiteten sich aus, sie waren die Geburtsstunde moderner Parteien. Forderungen nach Verfassungen und Demokratisierung blieben auf der Tagesordnung. Wenngleich die männlichen Zeitgenossen Politik als eine Aufgabe von Männern betrachteten und Wahlrecht für sie Männerwahlrecht bedeutete, läuteten die Revolutionen auch eine neue Etappe auf dem langen Weg zur Frauenemanzipation ein: An allen Aktionsformen waren Frauen beteiligt, auch entstanden demokratische Frauenvereine, die in den kommenden Jahrzehnten für die Rechte der Frauen kämpften.

Politische Strömungen

Von unterschiedlichen Standorten und aus verschiedenen Interessen heraus wurden die neuen politischen, sozialen und ökonomischen Herausforderungen der Zeit gedeutet; dementsprechend heterogen fielen die Lösungsvorschläge aus, welche die entstehenden großen politischen Theorien und Ideologien, die wir heute noch kennen, anboten: Der Konservatismus orientierte sich an der vorrevolutionären Geschichte, verstand die (monarchische) Ordnung zumeist als »gottgewollt« und befürwortete eine gestufte Gesellschaft. Teile des Konservatismus drohten in Reaktion umzuschlagen, doch gab es auch Konservative wie Edmund Burke in England, die ihn für Reformen öffneten. Der Liberalismus stellte die Freiheit des Individuums an oberste Stelle und wandte sich gegen monarchisch-staatliche Bevormundung. Staatsgewalt müsse verfassungsrechtlich beschränkt werden, und besonders aus dem wirtschaftlichen Bereich habe sich der Staat herauszuhalten; daher rührt das Wort vom »Nachtwächterstaat«. Es war dieses Gedankengut, das den Liberalismus zunehmend in Konflikt mit den Interessen und Bedürfnissen der neuen Schicht der Industriearbeiterschaft brachte. Der Gedanke der Revolution ging vom Liberalismus auf die sozialistische Arbeiterschaft über, und die Ideen des Sozialismus bestimmten ganz wesentlich die zweite Hälfte des 19. Jahrhunderts. Das im Februar 1848 in London entstandene »Kommunistische Manifest« aus der Feder von Karl Marx und Friedrich Engels bedeutete für die einen Verheißung einer besseren Zukunft – weil es prognostizierte, dass das Proletariat eine klassenlose Gesellschaft errichten würde –, für die anderen stellte es ein revolutionäres Schreckgespenst dar. Freilich bildete auch der Sozialismus keine Einheit: In der englischen Variante herrschte ein überaus starker Pragmatismus vor, während auf dem Kontinent ideologische Auseinandersetzungen eine viel größere Rolle spielten. Hier stritt man sich ständig über den Weg zum Sozialismus: Reform oder Revolution? Im Gegensatz zu Deutschland war in Frankreich, Spanien und Russland der anarchistisch-syndikalistische Zweig des Sozialismus stark ausgeprägt, der Reformen auf parlamentarischem Weg ablehnte und auf direkte revolutionäre Aktionen setzte.

Krimkrieg, der erste Krieg des Industriezeitalters

Nur mit Mühe konnte 1848 verhindert werden, dass innerstaatliche Unruhen sich zu zwischenstaatlichen Kriegen ausweiteten. Der einzige große Konflikt der Zeit nach 1815, in den alle Großmächte direkt oder indirekt hineingezogen wurden, war der Krimkrieg zwischen 1853 und 1856. Auslöser des Krieges war ein erneuter Vorstoß Russlands gegen das Osmanische Reich mit dem Ziel, Zugang zum Mittelmeer zu erringen, ein alter Traum der russischen Zaren. Vor allem Großbritannien und Frankreich betrachteten die russische Expansion mit großer Unruhe. Zusammen mit Sardinien-Piemont traten sie gegen Russland in den Krieg ein, auch Österreich mobilisierte Truppen gegen den Zaren, ohne jedoch einzugreifen, Preußen blieb neutral. Mit dem Krimkrieg zerfiel das europäische Konzert der Mächte, das 1815 wieder hergestellt worden war. Der Krimkrieg bedeutete noch in anderer Hinsicht eine Zäsur: Er stellte in seinem Ablauf ein merkwürdiges Gemisch aus altem Kabinettskrieg und neuem industriellem Krieg dar. Solche neuen blutigen Massenschlachten zogen humanitäre Konsequenzen nach sich: Der schreckliche Anblick Tausender Schwerverwundeter nach der Schlacht von Solferino im italienischen Einigungskrieg (1859) veranlasste den erschütterten jungen Schweizer Henri Dunant zur Gründung des Roten Kreuzes. Damit rief er eine Organisation zum Schutze der Verwundeten und Kranken im Krieg ins Leben.

2.1 Die Heilige Allianz

Noch während der Wiener Kongress (▶ 1.36) tagte, legte Zar Alexander I. seinen Verbündeten Kaiser Franz I. von Österreich und König Friedrich Wilhelm III. von Preußen ein Manifest vor, das ihnen in eigentümlich religiös-humanitärer und gefühlsbetonter Form vorschlug, ihre künftige Machtpolitik als »Brüder und Landsleute« aufeinander abzustimmen. Der Zar bezweckte damit zunächst eine völlige Neuorientierung der internationalen Beziehungen in Europa auf der Basis von Legitimität und Gleichgewicht.

Im Sinne der »Heiligen Allianz« bedeutete »Legitimität« die Rückgabe aller während der napoleonischen Zeit verlorenen Titel, Rechte und Gebiete an die Herrscher vor 1792. Dagegen verneinte sie den Restaurationsanspruch für die von Napoleon gegründeten »Schwesterrepubliken« und für die Besitztümer der ehemaligen Kirchenfürsten oder alle anderen ehemaligen Stände des Deutschen Reichs; insofern stand sie mit dem Legitimitätsbegriff des »Wiener Kongresses« in Einklang. »Gleichgewicht« bedeutete für die »Heilige Allianz« das verbriefte Interventionsrecht und die jeweilige Unterstützung der Großmächte gegen aufbegehrende Kleinstaaten oder auf nationale Selbstbestimmung drängende Völker.

Nach Korrekturen des österreichischen Außenministers Klemens Wenzel Fürst von Metternich unterzeichneten die drei genannten Herrscher das Dokument am 26. September 1815 in Paris: Aus dem idealistischen Entwurf des Zaren war ein formeller Vertrag zur Verteidigung des sozialkonservativen Systems in Europa geworden. Diesem Bündnis schlossen sich alle europäischen Mächte mit Ausnahme Großbritanniens, des Heiligen Stuhls und – wegen der betont christlichen Ausrichtung der Allianz – des Osmanischen Reichs an.

Da sich die Heilige Allianz als Bollwerk gegen die Liberalen verstand, wurde sie in den Folgejahren zum Inbegriff der politischen Restauration oder der polizeistaatlichen Willkür, die sich unverhüllt in den Karlsbader Beschlüssen (1819) Metternichs zeigte. Unterminiert wurde sie im griechischen Freiheitskampf von 1821 bis 1829. Tatsächlich aber zerbrach sie erst im Krimkrieg von 1853 bis 1856 (▶ 2.28) an den Interessengegensätzen Russlands, Großbritanniens und Frankreichs.

2.2 Das System Metternich

Kurz vor dem Ende des Wiener Kongresses (▶ 1.36) gründeten 39 souveräne deutsche Fürsten ein loses Bündnis, den Deutschen Bund, der ihre neu gewonnene, teils absolutistische Macht dauerhaft sichern sollte. In der Bundesakte, unterzeichnet am 8. Juni 1815 heißt es: »Er [der Deutsche Bund] muß die Stütze der rechtmäßigen Dynastien seyn, weil er weiß, daß ihr Sturz zu Revolutionen führt …«. Nationale Verfassungen, die Anerkennung der Menschen- und Bürgerrechte und demokratischen Freiheiten sah dieser »Bund« nicht vor. Er fühlte sich allein dem monarchischen Prinzip verpflichtet, das die ungeteilte Staatsgewalt in die Hände des herrschenden Monarchen legte. Kurz darauf schlossen sich nahezu alle europäischen Staaten der Heiligen Allianz an. Beide Bündnissysteme folgten den Grundsätzen des österreichischen Außenministers Klemens Wenzel Fürst von Metternich, die er bis zu seinem Sturz 1848 selbst konsequent umsetzte.

Studenten befördern den Fortschritt
Der Wiener Kongress enttäuschte die Freiheitskämpfer gegen Napoleon: Schließlich hatten sie sein Joch nicht abgeschüttelt, um sich gleich darauf im System metternichscher Prägung wiederzufinden. Dieses »System« förderte den Konservatismus in Deutschland. Seine Anhänger setzten jeglicher Form einer liberaleren Politik, d. h. dem Streben nach Volkssouveränität, das Prinzip der Ordnung entgegen: Autorität, Bindung an Gruppennormen und Tradition – das waren konservative Ideale.

Ihnen gegenüber standen die Ideale des bürgerlichen Liberalismus, die Grundrechte der

Glaubens-, Versammlungs- und Pressefreiheit, die Ausweitung des »Deutschen Zollvereins« von 1833/34 auf alle deutsche Staaten und der geeinte deutsche Nationalstaat. Im Gegensatz zu den Demokraten widerstrebten die Liberalen einer generellen Abschaffung der Monarchie und der Einführung einer Republik.

herrlichen Bevollmächtigten« und führten u. a. eine scharfe Pressezensur ein. Sie bedrohten sog. Demagogen – Professoren, Journalisten oder Gymnasiallehrer – mit Berufsverbot. In den folgenden Jahrzehnten setzte eine regelrechte »Demagogenverfolgung« ein, der sich deutsch-nationale Schriftsteller wie Ernst

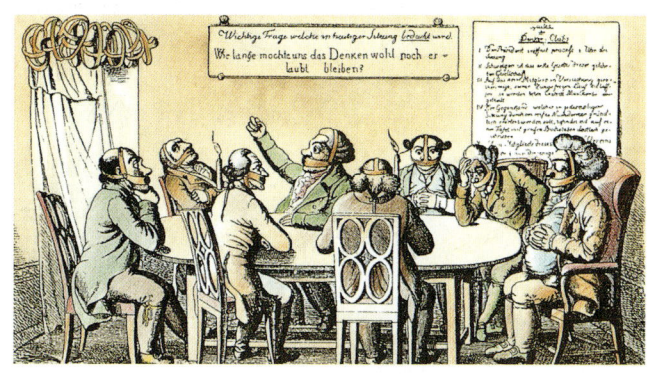

Karikatur auf die Karlsbader Beschlüsse von 1819. Mitglieder eines politischen Klubs tragen Maulkörbe und denken darüber nach, ob nun auch die Gedankenfreiheit zu Ende sei.

Ihre Forderungen entsprachen dem gewachsenen Bildungsstandard der bürgerlichen Öffentlichkeit. Die Einrichtung neuer Gymnasien und Universitäten förderten eine kritische Öffentlichkeit, was sich in zahlreichen Zeitungsgründungen, einer Leserevolution und einem sich explosionsartig entwickelnden Vereinswesen niederschlug. 1815 wurde in Jena die erste deutsche Studentenverbindung (Burschenschaft) gegründet; diese Bewegung griff rasch auf andere Universitäten über. 1817 trafen sich Burschenschaften zum ersten Mal auf der Wartburg bei Eisenach (»Wartburgfest«) und forderten einen deutschen Nationalstaat mit Verfassung und gesetzlicher Anerkennung der Menschenrechte. Im Anschluss verbrannten sie »schlechte, das Vaterland entehrende« Schriften, z. B. ein Exemplar der Bundesakte oder andere Symbole der Fürstenmacht wie einen Korporalsstock oder einen Beamtenzopf.

Hatte schon dieser Vorfall das Misstrauen Metternichs geweckt, so erhielt er durch die Ermordung des russischen Staatsrats August von Kotzebue durch den Studenten Karl Sand die Gelegenheit, gegen die nationalen und liberalen Kräfte in Deutschland einzuschreiten: Seine mit Vertretern aller 39 deutschen Staaten abgestimmten Karlsbader Beschlüsse von 1819 verboten alle Burschenschaften, unterwarfen die Universitäten der Kontrolle eines »landes-

Moritz Arndt und der sozialkritische Georg Büchner sowie literarische Gruppen, z. B. das »Junge Deutschland«, ausgesetzt sahen und die sich in drastischen Strafmaßnahmen wie bei sieben Göttinger Professoren (▶ 2.20) auswirkte. Bekannte Publizisten (Ludwig Börne, Karl Gutzkow) wurden politisch mundtot gemacht oder wie der Dichter Heinrich Heine zur Emigration nach Frankreich gezwungen oder inhaftiert wie der bekannte »Turnvater« Friedrich Ludwig Jahn, dem politische Betätigung verboten wurde.

Vormärz und Revolution

Trotz aller polizeilichen Repressalien – 1834 erließ Metternich die 60 Artikel von Wien – und dem Rückzug vieler Bürger ins Privatleben (Biedermeierzeit) ließen sich die Forderungen des Vormärz nicht dauerhaft unterdrücken. Die Julirevolution in Frankreich 1830 (▶ 2.11), Unruhen in Kurhessen, Hannover und Sachsen oder das Hambacher Fest (▶ 2.20) von 1832 mit etwa 30 000 Teilnehmern stärkten die liberalen und nationalen Kräfte: Die Liberalen wollten den Rechts- und Verfassungsstaat, die jungen Patrioten der Befreiungskriege strebten eher eine deutsche Staatsnation an (»Einheit und Freiheit«). Die sog. Märzforderungen (gleiches Wahlrecht, Versammlungs-, Vereins- und Pressefreiheit, mehr Rechte für Landtage u. a.)

Kapitel 2

radikalisierten die Opposition. Metternich wurde durch die Revolution 1848 gestürzt und floh nach Großbritannien. Sein repressives »System« fand ein Ende.

2.3 Der Siegeszug der Dampfkraft

Bereits in der Antike hatten Gelehrte erkannt, dass Wasserdampf Arbeit zu verrichten vermag, aber das Grundprinzip nicht bis zur Nutzanwendung weiterentwickelt. So baute Heron von Alexandria bereits um 60 v. Chr. ein Gefäß, in dem unter einer drehbar gelagerten Kugel Wasser erhitzt wurde. Der nach oben geleitete heiße Dampf trat durch die an der Kugel rechtwinklig abknickenden Röhrchen aus und versetzte die Kugel in Rotation. Derartige Erfindungen wurden damals allerdings als Spielerei betrachtet, und niemand kam auf die Idee, sie gezielt einzusetzen, z. B. um Waren müheloser und billiger herzustellen – schließlich verrichteten ja Sklaven alle schweren Arbeiten.

Anders war die Situation im England des 18. Jahrhunderts. Für die zunehmend mechanisierten Manufakturen und Bergwerke reichte die Wasserkraft nicht mehr aus; man begann mit Dampf zu experimentieren, wozu es erste – fruchtlose – Überlegungen bereits im 17. Jahrhundert gegeben hatte. Zunächst war die Leistungsausbeute im Verhältnis zum verfeuerten Brennstoff, meist Kohle, zu unwirtschaftlich, weil man anfänglich den Dampf durch Düsen auf Schaufelräder leitete, wobei notwendigerweise ein Großteil der Energie wirkungslos verpuffte.

Geschlossene Systeme
Am dringlichsten wurden künstliche Kraftquellen in den Bergwerken benötigt, die in immer größere Tiefen vorgetrieben wurden, weshalb das eintretende Grundwasser nicht mehr mit Wasserkraft abgepumpt werden konnte. Aus der Pumpentechnik entlehnten die Dampfpioniere dann auch die Komponenten, die den entscheidenden Durchbruch brachten: Kolben und Zylinder. Damit war ein geschlossenes System zur Dampfkraftnutzung erfunden, das wesentlich verlustärmer arbeitete. Die ersten kommerziell erfolgreichen Maschinen dieses Typs baute der Engländer

James Watt entwickelte zwischen 1781 und 1784 eine Dampfmaschine, die die Arbeitswelt revolutionierte.

Thomas Newcomen: Bis zum Jahr 1800 arbeiteten 1500 Newcomen-Dampfmaschinen zur Entwässerung von Bergwerken.

James Watt, Mechaniker der Universität Glasgow, kam bei der Reparatur des Modells einer Newcomen-Maschine die nächste entscheidende Idee: Während bislang der Dampf in ein und demselben Zylinder Arbeit verrichtete und wieder kondensierte, verlegte Watt die beiden Prozesse getrennt in einen abgedichteten und isolierten, heißen Arbeitszylinder und einen gekühlten Kondensator. Dies verringerte die Wärmeverluste erheblich und reduzierte den Brennstoffverbrauch gegenüber der Newcomen-Maschine auf ein Viertel. Eine weitere Effizienzsteigerung gelang ihm mit dem »doppeltwirkenden« Maschinentyp, bei dem der Dampf abwechselnd von beiden Seiten auf den Kolben drückt.

Schon viele Techniker und Ingenieure hatten damals an der Überlegung gearbeitet, das Hin und Her des Kolbens, das bislang über ein Hebelwerk in das Auf und Ab der Entwässerungspumpe umgesetzt wurde, in eine Drehbewegung zu überführen. Auch in diesem Fall gelang Watt als Erstem die technische Realisierung. Um den Rundlauf zu stabilisieren, bestückte Watt seine Maschine mit einem schwergewichtigen Schwungrad, und für die selbsttätige Steuerung der Dampfzufuhr erfand er den drehzahlabhängigen Fliehkraftregler. Auch wenn die Nutzbarmachung der Dampfkraft viele Väter hatte, gilt dank der Summe dieser technischen Neuerungen James Watt landläufig zu Recht als eigentlicher Erfinder der Dampfmaschine.

Motor des Fortschritts

Dank der Umwandlung der Kolben- in eine Drehbewegung war aus der Spezialmaschine zum Pumpenantrieb eine universelle Antriebsquelle geworden, die schon bald überall dort installiert wurde, wo man bislang mit Wind- und Wasserkraft gearbeitet hatte: Mühlen, Sägewerke, mechanische Webereien und Hammerschmieden arbeiteten als erste mit Dampfkraft. Zugleich wurden diese Gewerbe durch die überall verfügbare Dampfkraft standortunabhängig, was die junge Industrie erheblich dynamisierte. Um die Jahrhundertwende liefen in England bereits 5000 Dampfmaschinen.

Ihre stetige Verbesserung stellte an das Gießen, Schmieden und Weiterverarbeiten von Metallen, vor allem Eisen und Stahl (▶ 2.5), immer höhere Anforderungen. Neue Verfahren und Werkzeuge waren nötig, die ihrerseits wieder neue Konstruktionsweisen auf ganz anderen Gebieten ermöglichten. Drehbänke, Bohr- und Hobelmaschinen, Spinn- und eine Fülle von weiteren Maschinen zur Textilerzeugung wurden erfunden und kamen, mit Dampfkraft betrieben, in immer größeren Fabriken zum Einsatz.

Als in den ersten Dekaden des 19. Jahrhunderts dank technischer Weiterentwicklungen die Dampfmaschinen immer kleiner, leichter und zugleich im Verhältnis zum Hubraum immer leistungsfähiger wurden, war eine bis dahin unvorstellbare Mobilität der Menschen möglich geworden: Mit den ersten Schaufelraddampfern (USA 1807, Großbritannien 1812, Deutschland 1816), den ersten schraubengetriebenen Überseedampfern (ab 1837) und der Eröffnung der ersten Eisenbahnlinien (Großbritannien 1830, Deutschland 1835) hatte die Dampfkraft endgültig ihren Siegeszug angetreten.

2.4 Kohleförderung

Kohle war bis zum Spätmittelalter nur in Form von Oberflächenvorkommen genutzt worden. Erst die Erschöpfung solcher Lagerstätten machte es nötig, Schächte und Stollen in die Erde zu graben. Von der Mitte des 14. Jahrhunderts an wurde in England, in Sachsen und an der Ruhr Steinkohle bergmännisch abgebaut, was weitestgehend noch in Handarbeit geschah. Nur zum Betrieb von Winden und Haspeln, Eimerketten oder Wasserpumpen sowie Blasebälgen wurden zunehmend Pferde- und Wasserkraft eingesetzt. Die Tiefe der Gruben war auf rund 100 Meter, ihr Radius auf 150 bis 200 Meter begrenzt; mehr ließen die Techniken der Frischluftzufuhr und des Wasserabpumpens nicht zu.

Im Lauf des 18. Jahrhunderts wurden in Großbritannien die Gruben jedoch immer weiter vorangetrieben, da es auch an Holzkohle mangelte. Das Problem des eindringenden Wassers konnte schließlich mit Hilfe dampfgetriebener Pumpen (▶ 2.3) gelöst werden. Wenig später trieben Dampfmaschinen auch die Winden an, mit denen die Kohle nach oben gebracht wurde. Die Frischluftzufuhr wurde verbessert, als Rotationsventilatoren die Blasebälge ersetzten.

Erfindungen unter Tage

Bis ins 18. Jahrhundert waren deutsche Bergbaufachleute weltweit führend gewesen, mit der Mechanisierung mussten sie diese Rolle an ihre englischen Kollegen abtreten. Die Dampfkraft ermöglichte den Untertagebau im großen Maßstab, und zugleich sorgte sie für eine ungeheure Nachfrage, da man immer mehr Kohle nicht nur zur Dampferzeugung, sondern auch zur Verhüttung des Eisens benötigte, das auch zum Bau sowohl der Dampf- als auch zahlreicher anderer Maschinen und schließlich der Lokomotiven, Waggons und Gleise der Eisenbahnen gebraucht wurde.

Eine drastische Steigerung der Kohleförderung war nur mit weiteren Verbesserungen der Bergbautechnik möglich. Zunächst hatte man Kohle und Abraum mit Muskelkraft auf kleinen Wagen die Förderstrecken entlang bis zum Hauptschacht gebracht, wo man sie dann in Körben nach oben hievte; zur Verringerung des

Rollwiderstands verlegte man für die Wagen Holzbohlen, die im nächsten Schritt mit Eisen beschlagen wurden und schließlich von etwa 1830 an dauerhaften Gleisen wichen. Später wurden die Wagen von Druckluft- und schließlich von elektrischen Lokomotiven gezogen, in Deutschland erstmals 1882.

Eine ständige Gefahr war in den Zechen, dass sich Grubengase an den offenen Flammen entzündeten, die der Beleuchtung dienten. Abhilfe schufen um 1815 die ersten englischen Sicherheitslampen, auch wenn sich bei starkem Luftzug noch immer Gase entzünden konnten; endgültig wurde das Problem mit der Einführung von elektrischen Lampen gegen Ende des 19. Jahrhunderts gelöst.

Der Abbau vor Ort mit Hacke und Schaufel, Bergmannshammer und -eisen blieb zunächst Handarbeit, was bedeutete, dass immer mehr Arbeitskräfte benötigt wurden. Erst die Erfindung der Zündschnur um 1830 brachte auch beim Abbau einen Produktivitätssprung. Zunächst verwendete man das für die Sicherheit der Bergleute heikle Schwarzpulver; mit der Erfindung des Dynamits durch Alfred Nobel im Jahr 1867 wurden Sprengungen unter Tage Routine. In der zweiten Jahrhunderthälfte wurden dann auch die Werkzeuge effizienter; Hand- und Druckluftbohrmaschinen, Schlagbohrhämmer, Schrämm- und Fräsmaschinen und schließlich die Elektrifizierung all dieser Geräte im letzten Viertel des 19. Jahrhunderts bereiteten dem modernen Untertagebau den Weg.

2.5 Die Eisen- und Stahlindustrie

Die stetig wachsende Bevölkerung Europas, die Aufstellung stehender Heere und der Ausbau der Kriegsflotten ließen schon im 17. und 18. Jahrhundert die Nachfrage nach Eisen steil ansteigen. Um 1750 lieferte Schweden, wo ein sehr hochwertiges Eisen gewonnen wurde, ein Drittel des Weltbedarfs. Zu den Hauptabnehmern zählte die aufstrebende englische Wirtschaft, wo es im 18. Jahrhundert zu Engpässen bei der für die Eisengewinnung unverzichtbaren Holzkohle kam.

Anfang des 18. Jahrhunderts versuchten die Engländer Dud Dudley und Abraham Darby d. Ä., Steinkohle für die Eisenproduktion zu verwenden, was sich aber wegen deren chemischer Zusammensetzung als nicht ideal herausstellte. Erst Darbys Sohn, Abraham Darby d. J., kam 1735 auf die Idee, den aus Steinkohle veredelten Koks zu verwenden. Sein Verfahren erwies sich als der traditionellen Eisengewinnung mit Holzkohle ebenbürtig.

Nach weiteren technischen Verbesserungen steigerte sich die englische Eisenproduktion zwischen 1775 und 1805 sprunghaft um das Sechsfache, bis 1849 auf das fast Fünfzigfache. Auch andernorts verzichtete man bald auf die teure Holzkohle. So ging beispielsweise der erste deutsche Kokshochofen 1796 in Oberschlesien in Betrieb.

Optimierte Prozesse
Gleichzeitig lernte man, mit innovativen Verfahren die Qualität der aus dem Roheisen gewonnenen Werkstoffe zu verbessern. Den Anfang machte das Gusseisen, das – obzwar schon seit Jahrhunderten unter dem Namen »Schweineeisen« bekannt – zunächst als nutzlos, weil nicht schmiedbar, verachtet worden war. Da die neuen Hochöfen besseres Gusseisen lieferten, konnte es jetzt nicht nur für Ofenplatten und Kochgeschirre, sondern auch als Konstruktionselement im Brücken- und Maschinenbau verwendet werden.

Mit Henry Corts 1783 patentiertem Puddelverfahren (von engl. *to puddle*, zermatschen) ließ sich schmiedbares Eisen in viel kürzerer Zeit erzeugen als mit dem früheren Verfahren des sog. Frischens, d. h. in ein bis zwei anstatt zehn Tagen. Von 1824 an wurde es auch in Deutschland, erstmals in Neuwied, angewandt.

Die Effizienz der Hochöfen konnte durch die Idee des britischen Ingenieurs Edward Cowper, die zur Schmelze nötige Gebläseluft vorzuheizen, abermals gesteigert werden. Das Ziel, Eisen und Stahl zu erzeugen, die man beide sowohl schmieden als auch gießen konnte, verwirklichte schließlich Henry Bessemer, wie Cowper ein britischer Ingenieur, durch einen birnenförmigen Schmelztiegel, bei dem durch Düsen im Boden Luft durch das Schmelzgut geblasen wurde. Jetzt waren nur noch 20 Minuten notwendig, um so viel Schmiedeeisen zu erzeugen wie mit dem Puddeln in zwei bis drei Tagen.

NATIONALE BEFREIUNG UND INDUSTRIALISIERUNG

Friedrich Harkort richtete 1819 auf Burg Wetter an der Ruhr eine mechanische Werkstatt ein, die eine der größten Maschinenfabriken wurde.

Weiteren Fortschritt brachte das nach dem britischen Metallurgen Sydney Thomas benannte Verfahren: Er kleidete die Bessemerbirne mit Dolomit aus, wodurch es möglich wurde, auch phosphorhaltiges Eisen zu verwenden; zudem konnte das anfallende Phosphat als Düngemittel verwendet werden.

Die Gebrüder Wilhelm und Friedrich Siemens (1823–83 und 1826–1904) sowie der Franzose Pierre Martin entwickelten schließlich das nach ihnen benannte und erstmals 1868 in Deutschland eingesetzte Siemens-Martin-Verfahren, das sich allen anderen Verfahren zur Stahlherstellung als überlegen erwies, weil sich mit ihm auch Eisen- und Stahlschrott wieder verwerten ließ. Binnen 50 Jahren erlangte Stahl nach diesem Verfahren die Spitzenposition in der Weltproduktion.

Ein ungeahnter Technologieschub

Hatte zunächst die einsetzende Mechanisierung die Eisennachfrage steigen lassen, so war es im Gegenzug die junge Hüttenindustrie selbst, die mit den von ihr zur Verfügung gestellten besseren Qualitäten und größeren Quantitäten Ingenieuren und Architekten ganz neue Möglichkeiten eröffnete. Die steigenden Materialanforderungen der Konstrukteure, vor allem im Dampfmaschinenbau, und die innovativen Methoden der Stahl- und Eisenerzeugung befruchteten sich gegenseitig. Spätestens mit dem 1830 einsetzenden Eisenbahnbau schoss der Bedarf an Eisenwerkstoffen in unvergleichliche Höhen: Lokomotiven, Tender, Waggonchassis, Weichen, Masten, Signale, Brücken und vor allem Tausende und Abertausende Kilometer Schienen sorgten dafür, dass in immer mehr Eisen- und Stahlwerken die Hochöfen dauernd in Betrieb waren und immer größer und leistungsfähiger ausgebaut wurden. Die Menge des pro Hochofen in 24 Stunden erzeugten Eisens verdreieinhalbfachte sich zwischen 1800 und 1850; im gleichen Zeitraum ging der Kohleverbrauch auf ein Drittel zurück. Die weltweite Eisenproduktion stieg in denselben fünf Dekaden um das Sechsfache; knapp die Hälfte davon wurde in Großbritannien erzeugt, knapp ein Sechstel in den USA, etwa ein Achtel in Frankreich und gerade mal ein Sechzehntel in Deutschland: Dessen große Zeit in der Eisen- und Stahlerzeugung sollte erst noch kommen.

2.6 Industrieregionen Europas

Da zu Beginn der Industrialisierung der Transport schwerer Güter aufgrund der noch agrarischen Verkehrsinfrastruktur einen erheblichen Kostenfaktor darstellte, mussten zur Erzeugung des wichtigsten Rohstoffs Eisen drei Dinge am selben Standort verfügbar sein: Eisenerz, Kohle und Wasser. Letzteres war nicht nur für die Produktion, sondern in Form natürlicher oder künstlicher Wasserwege auch für den Transport nötig.

Kapitel 2

Ideale Verhältnisse herrschten in England, wo in einem weiten Bogen von Newcastle im Nordosten über Leeds, Sheffield und Birmingham bis hinüber nach Cardiff und Swansea in Südwales sowie im Nordwesten bei Manchester und in Schottland bei Glasgow sowohl Eisen als auch Kohle unweit voneinander vorkommen. Zudem verfügten Newcastle, Cardiff und Swansea über eigene Häfen, Leeds und Sheffield liegen nicht weit von Hull an der Ostküste entfernt. In diesen Landstrichen schritt daher die Industrialisierung am frühesten und schnellsten voran, und Großbritannien sollte seine daraus resultierende Vormachtstellung das gesamte 19. Jahrhundert hindurch nicht wieder abgeben.

Das Ruhrgebiet
Da Eisenerzlagerstätten und Steinkohlenflöze aber häufiger nicht so benachbart vorkommen, brachte man in anderen Ländern das Erz zur Kohle und nicht umgekehrt, da dies die geringeren Kosten verursachte. Zu Beginn des 19. Jahrhunderts mussten bei der Verhüttung pro Tonne Eisen bis zu 18 Tonnen Kohle eingesetzt werden; bis zur Jahrhundertmitte konnte das Verhältnis mit besseren Verfahren zwar stark reduziert werden, lag aber immer noch zwischen 1:3 und 1:6.

Ähnlich günstig wie in den britischen Industrierevieren stellten sich in Deutschland die Verhältnisse nur entlang der Ruhr dar, wo es reiche Steinkohlevorkommen gab, der Weg zu den Erzlagerstätten an Sieg und Lahn nicht weit war und der Rhein als Hauptwasserstraße die drei Regionen miteinander verband.

Das Siegerland hatte in der deutschen Eisenverarbeitung auf der Basis von Holzkohle seit dem Mittelalter eine führende Stellung eingenommen, und an der Ruhr war im gleichen Zeitraum auch schon mit traditionellen Techniken Kohle abgebaut worden, aber mit der Übernahme der englischen Methoden, vor allem der Dampfkraft, entwickelte sich das Ruhrgebiet dank seiner natürlichen Vorzüge im Verlauf des 19. Jahrhunderts von einer landwirtschaftlich genutzten Gegend zum Zentrum der deutschen Schwerindustrie. Dort entstanden das größte zusammenhängende Industrierevier und zugleich der am dichtesten besiedelte Ballungsraum Europas.

In anderen Teilen Deutschlands, vor allem im südöstlichen Niedersachsen mit seinen Eisenerzlagerstätten zwischen Wolfsburg und Salzgitter, in der Oberpfalz, wo bei Sulzbach-Rosenberg und Amberg Eisen vorkommt, sowie in den sächsischen Kohlerevieren um Zwickau und Chemnitz lagen Erz und Kohle weiter voneinander entfernt, sodass es hier erst mit Verzögerungen zu einer vergleichbaren Industrialisierung kam.

Die Geologie kennt keine Grenzen
Die Steinkohlevorkommen des Ruhrgebiets setzen sich jenseits des Rheins fort, hauptsächlich von Aachen aus in einem großen Bogen durch Belgien über Lüttich, Namur und Mons bis nach Lille in Nordfrankreich. In Luxemburg und Lothringen bis hinunter nach Nancy gibt es reiche Eisenerzvorkommen, unweit östlich davon beiderseits der Grenze zwischen dem Saarland und Lothringen wieder Steinkohle.

Analog zu der Entwicklung in Großbritannien und im Ruhrgebiet waren auch diese Regionen Keimzellen der Schwerindustrie Belgiens, Frankreichs und Luxemburgs sowie, im Fall der Saar, abermals Deutschlands. Dabei übernahm anfangs die belgische Eisen- und Kohleindustrie in Kontinentaleuropa die Führungsrolle, weil man hier am raschesten die Verfahren und Maschinen aus Großbritannien übernommen hatte. Vielfach gelangten die englischen Neuerungen erst auf dem Umweg über Belgien ins Ruhrgebiet.

Von der Natur durch benachbarte Kohle- und Eisenvorkommen begünstigt waren im übrigen Europa die baskisch-galicische Nordküste Spaniens, das Böhmerland zwischen Pilsen und Prag, die südwestlichen Karpaten und die Gegend um Kattowitz zwischen den Oberläufen von Weichsel und Oder: allesamt Gegenden, von denen – wenn auch in unterschiedlichem Tempo – die Schwerindustrie der jeweiligen Länder ausging.

Im Verlauf des 19. Jahrhunderts siedelten sich in diesen Industriegebieten immer mehr weiterverarbeitende Unternehmen an, denn vor allem für den Maschinenbau wirkte sich die Nähe zu den Eisen- und Stahlwerken vorteilhaft aus. So prosperierten diese industriellen Reviere auch dann weiter, als mit dem Ausbau dichter Eisenbahnnetze der Kostenfaktor

Nationale Befreiung und Industrialisierung

und damit die Nähe von Erz- und Kohlevorkommen keine größere Rolle mehr spielte.

2.7 Der griechische Freiheitskampf

In den Jahrhunderten der osmanischen Oberherrschaft (seit 1458) konnten die Griechen dank der orthodoxen Kirche und der gemeinsamen Sprache ihre Identität und ein gewisses Nationalgefühl bewahren. Die Wut über Armut, Entrechtung und Ausbeutung durch die türkischen Grundbesitzer und Statthalter förderte zu Beginn des 19. Jahrhunderts die Gründung von Geheimbünden (Hetärien) zur Befreiung des griechischen Volks. Ermutigt fühlten sich die Griechen durch Bestrebungen Russlands und Österreichs, der osmanischen Vorherrschaft in Südosteuropa entgegenzutreten. Zudem unterstanden alle orthodoxen Christen der Balkanhalbinsel seit dem russisch-türkischen Frieden von 1774 dem Schutz des Zaren.

Im März 1821 kam es unter Alexandros Fürst von Ypsilanti d. J. zur ersten Erhebung, die jedoch rasch niedergeschlagen wurde. Weitere blutige Zusammenstöße zwischen griechischen Aufständischen und türkischen Truppen folgten. Am 13. Januar 1822 erklärte die in Epidauros im Nordosten der Peloponnes tagende Nationalversammlung die Unabhängigkeit Griechenlands.

Wiederholt wurden in der Folge nicht zuletzt unter der Mithilfe von Freischärlern aus West- und Mitteleuropa, den »Philhellenen«, die den Freiheitskämpfern zu Hilfe eilten, türkische Truppen von griechischen Aufständischen geschlagen. Überall in Europa hatte, wie das Beispiel des englischen Dichters Lord Byron zeigt, die Begeisterung für die griechische Klassik und alles Griechische zu einer Sympathiewelle mit den Freiheitskämpfern geführt.

Europäische Großmächte greifen ein

Im Februar 1825 landete Ibrahim Pascha, der Sohn des ägyptischen Vizekönigs, mit Hilfstruppen auf der Peloponnes und eroberte gemeinsam mit den von Norden angreifenden türkischen Kräften am 22. April 1826 Mesolongion, das Zentrum des griechischen Widerstands, am nördlichen Golf von Patras.

Diese schwere Niederlage bestimmte das Eingreifen europäischer Mächte. Großbritannien gab seine bislang in dieser Gegend geübte Neutralitätspolitik auf und verabredete mit Russland ein Bündnis, dem sich Frankreich anschloss. Am 26. Juli 1827 wurde in London ein Vertrag zur Unterstützung des griechischen Freiheitskampfes geschlossen.

»Das Massaker von Chios«, Gemälde von Eugène Delacroix (1824), zeigt eine Szene aus dem griechischen Freiheitskampf.

Am 20. Oktober 1827 besiegte eine britisch-russisch-französische Flotte in der Seeschlacht von Navarino (Pylos) die türkisch-ägyptische Flotte. Ein französisches Hilfskontingent vertrieb zusammen mit griechischen Freiheitskämpfern die Türken von der Peloponnes, und im Mai 1829 wurde Mesolongion von den Griechen zurückerobert.

Im Frieden von Adrianopel erkannte das Osmanische Reich am 14. September 1829 die Unabhängigkeit Griechenlands an. Die Londoner Protokolle vom März 1829 und Januar 1830 erklärten Griechenland zum selbstständigen Königreich.

Mit Zustimmung der griechischen Nationalversammlung und der Schutzmächte Russland, Großbritannien und Frankreich wurde Prinz

Otto von Bayern 1832 zum König gewählt. 1844 gab er dem Land eine Verfassung. Trotz seiner Versuche einer wirtschaftlichen und geistigen Wiederbelebung zwang ihn eine Militärrevolte im Oktober 1862 zum Rücktritt. Ihm folgte der dänische Prinz Wilhelm als König Georg I. von Griechenland nach.

Zu den langfristigen Folgen des griechischen Unabhängigkeitskampfes zählte auch das Zerbrechen der Heiligen Allianz (▶ 2.1), denn Russland und Österreich trennten unterschiedliche Interessen. Vor allem Österreich hatte das Eingreifen der Großmächte abgelehnt, weil es ein Ausgreifen freiheitlicher Ideen auf andere Balkanvölker befürchtete.

2.8 Mahmud II.: Der Kampf um den Erhalt des Osmanischen Reiches

Anfang des 19. Jahrhunderts befand sich das Osmanische Reich in einer prekären Situation. Die Zentralregierung in Konstantinopel genoss kaum noch Autorität gegenüber den Statthaltern des riesigen Reiches. Die europäischen Provinzen befanden sich in der Hand von quasi autonomen Provinznotabeln wie Ali Pascha im südlichen Albanien oder Osman Pasvanoglu in Nordbulgarien. Auch die Kontrolle über Nordafrika war so gut wie verloren. Durch Napoleons Ägyptenfeldzug 1798/99 hatte das Osmanische Reich seinen traditionellen Bündnispartner Frankreich zeitweise verloren und ging stattdessen wechselnde Allianzen mit anderen europäischen Großmächten ein. Diese sollten sich jedoch als labil erweisen.

Sultan Selim III. hatte versucht, sein Reich nach westlichem Vorbild zu reformieren (▶ 1.11). Er scheiterte am Widerstand konservativer Kräfte, wurde im Mai 1807 abgesetzt und im Jahr darauf ermordet. Bairaktar Mustafa Pascha, einem weiteren einflussreichen bulgarischen Provinzfürsten, der Selim III. unterstützt hatte, gelang 1808 der Coup, statt Selims konservativen Nachfolgers Mustafa IV. den rechtmäßigen Thronerben Mahmud II. zum Sultan (1808–1839) zu machen und sich selbst als Großwesir einzusetzen. Doch noch im selben Jahr wurde er von den revoltierenden Janitscharen, den traditionsbewussten Kerntruppen der osmanischen Armee, ermordet, die eine Wiederaufnahme des Reformprogramms verhindern wollten.

Erblasten und neue Probleme

Wie schon Selim III. musste sich auch Mahmud II. mit militärischen Abenteuern befassen, die er nicht begonnen hatte. Der Krieg mit Russland – die beiden Länder kämpften in vielen Waffengängen um die Vormachtstellung am Schwarzen Meer und um die Durchfahrt durch die Meerengen (▶ 2.14) – war nach einem Waffenstillstand 1807 zeitweise weitergeführt worden und konnte erst mit dem Frieden von Bukarest am 28. Mai 1812 beendet werden, wobei das Osmanische Reich Bessarabien verlor.

Den Serben war es als ersten christlichen Untertanen 1805 gelungen, eine Teilautonomie zu erringen; mit einem zweiten Aufstand erreichten sie 1815 die faktische Unabhängigkeit.

Ägypten, das nach der Vertreibung der französischen Truppen dank eines Baumwollmonopols als einzige osmanische Provinz über eine eigene, solide Finanzgrundlage verfügte, konnte sich unter seinem Vizekönig faktisch selbstständig machen. In welchem Ausmaß sich das Land zur Ebenbürtigkeit aufschwang, zeigten Mitte der Zwanzigerjahre die militärischen Auseinandersetzungen in Griechenland (▶ 2.7), bei denen sich die türkische Armee zunächst nur dank des Eingreifens gut ausgebildeter ägyptischer Kontingente behaupten konnte. Als Gegenleistung verlangte der ägyptische Vizekönig Syrien und Tarsus; als Mahmud II. ihm dies verweigerte, nahm Ibrahim Pascha, der Sohn des Vizekönigs, Damaskus und Aleppo mit ägyptischen Truppen ein und marschierte in Richtung Konstantinopel. Mahmud II. konnte das Reich nur mithilfe russischer Truppen retten, die er um Unterstützung gebeten hatte.

Der Reformator

Mahmud II. wusste, dass er sein Reich nur erhalten konnte, wenn es ihm gelänge, die Reformpolitik seines gescheiterten Vorgängers fortzusetzen. Kern dieser Bestrebungen war die Reorganisation des Militärs, um es mit Erfolg sowohl gegen europäische Kräfte als auch gegen die Separatisten im Innern einsetzen zu können. Mit der Aufstellung eines modernen Landheeres stieß er wie schon Selim III. auf den entschlossenen Widerstand der Janitscharen. Aber er nutzte die militärischen Niederlagen der jüngsten Zeit, um zu verkünden: »Seit einem Jahrhundert [ist] ihre Disziplin unterminiert und ihr Gehorsam gegenüber ihren Befehlshabern gewichen [...] nur unsere Feinde haben daraus Nutzen gezogen!« Als die Janitscharen am 16. Juni 1826 dennoch gegen die Neuerungen revoltierten, ließ Mahmud II. das Feuer auf sie eröffnen. 6000 von ihnen wurden getötet. Der Sultan verfügte die Abschaffung der Janitscharentruppen, wodurch der einflussreiche Bektaschi-Orden, der seit deren Gründung eng mit ihnen verbunden gewesen war, seine Bedeutung verlor. Die Öffentlichkeit begrüßte den Befreiungsschlag – der Weg zu weiteren Modernisierungen des Militärs wie der Verwaltung war geebnet.

Als militärischen Berater verpflichtete Mahmud II. den späteren preußischen Generalfeldmarschall Helmuth von Moltke, den militärischen Gewinner des Deutsch-Französischen Kriegs. Das Rechtswesen wurde nach französischem Vorbild erneuert sowie die Provinz- und Kommunalverwaltung zentralisiert. Der Sultan ließ das bislang kaum existente Bildungswesen organisieren und schuf mit einem Außen-, Innen- und Finanzministerium moderne politische Ressorts. Doch auf lange Sicht ließ sich der Niedergang des Osmanischen Reiches trotz der Reformen der Tansimatzeit (▶ 3.26) nicht mehr aufhalten.

2.9 Die Monroedoktrin

Als bis 1822 fast alle Länder Lateinamerikas ihre Unabhängigkeit erklärt hatten (▶ 2.16), registrierten die Vereinigten Staaten besorgt, dass Frankreich im Auftrag der Heiligen Allianz (▶ 2.1) die Rückeroberung der von Spanien abgefallenen Kolonien für die spanische Krone vorbereitete und sich daraus Vorteile für die eigene Monarchie versprach. Hinzu kam, dass Russland Territorialansprüche auf das heutige Oregon erhob, das damals noch nicht zu den USA gehörte.

Der amerikanische Präsident James Monroe (1758–1831) erklärte deshalb den Europäern, dass die Vereinigten Staaten jeden Versuch der Rekolonisierung oder der Schaffung neuer Kolonien auf dem Doppelkontinent als Bedrohung ihrer nationalen Sicherheit ansehen würden. Am 2. Dezember 1823 verkündete er vor dem amerikanischen Kongress, an die Adresse Europas gerichtet:

James Monroe, Präsident der USA, 1817-1825

»In die Angelegenheiten der bestehenden Kolonien oder abhängigen Gebiete europäischer Mächte haben wir uns in der Vergangenheit nicht eingemischt und werden uns in Zukunft nicht einmischen. Aber im Falle derjenigen [lateinamerikanischen] Staaten, die ihre Unabhängigkeit erklärt und gewahrt haben und deren Unabhängigkeit wir nach eingehender Prüfung und gerechter Weise anerkannt haben, können wir jedwede Intervention irgendeiner europäischen Macht, die darauf abzielt, jene zu unterdrücken oder ihr Schicksal in irgendeiner anderen Weise zu bestimmen, nur als Ausdruck einer unfreundlichen Haltung gegenüber den Vereinigten Staaten ansehen.«

Gewissermaßen als Gegenleistung versprach er, die Vereinigten Staaten würden sich ihrerseits aus den inneren Angelegenheiten der Europäer heraushalten und die weiter bestehenden europäischen Kolonien in der Karibik und in Südamerika respektieren. Nur ein Jahr später erkannte Großbritannien als erste Kolonialmacht die Unabhängigkeit der ehemals spanischen und portugiesischen Kolonien an.

Die Grundsatzerklärung des Präsidenten, später »Monroedoktrin« genannt, definierte erstmals den ganzen Doppelkontinent als US-amerikanisches Interessengebiet und bildete die Basis für die inneramerikanische Politik der USA bis weit ins 20. Jahrhundert.

2.10 Die Restauration in Frankreich

Napoleon war kaum nach Elba verbannt, da kehrte Ludwig XVIII., der Bruder Ludwigs XVI. (▶ 1.22), aus seinem Genter Exil 1814 wieder nach Paris zurück, als ob es keine Revolution oder kein *Empire* gegeben hätte. Am 4. Juni 1814 erließ er eine Verfassung, die *Charte constitutionelle*, die aber wesentliche Ergebnisse der Revolution und des Kaiserreichs bestätigte, z. B. den Verkauf der Nationalgüter, die Verwaltungsordnung oder den *Code civil*.

Diese *Charte* führte eine konstitutionelle Monarchie ein: Der König verkörperte die Exekutive und besaß das Recht, Gesetze vorzuschlagen. Ihm standen die Deputiertenkammer *(Chambre des députés)* und die *Chambre des pairs* der höchsten Würdenträger in Staat und Kirche gegenüber. Der König war an die Verfassung gebunden, die jedem Bürger Rechtsgleichheit sowie Meinungs-, Presse- und Religionsfreiheit garantierte. Ludwig XVIII. wollte die »beiden Frankreich«, das alte, feudale und das revolutionäre, zusammenführen, entschied sich aber dennoch für eine Herrschaftsform, die eher einem »Bündnis zwischen Thron und Altar« gleichkam. In Südfrankreich tobte der »Weiße Terror«, der hochrangige Vertreter des *Empire* verfolgte.

Die Öffnung zur Mitte

Die Wahlen im August 1815 ergaben eine ultraroyalistische Kammermehrheit, die den Spottnamen »unauffindbare Kammer« erhielt. Der König löste diese *Chambre introuvable* im Herbst 1816 wieder auf, um zu verhindern, dass die Ultraroyalisten seine Ausgleichspolitik gefährden und die Revolution wieder aufflammen würde. Aus den Neuwahlen kristallisierte sich eine Gruppe von Bankiers, Großgrundbesitzern und Notabeln heraus, die die liberalkonstitutionelle Phase der französischen Restauration einleiteten. Sie dauerte von 1816 bis zum Frühjahr 1820. Parteitaktik und Wahlrechtsänderungen spielten in diesen Jahren eine große Rolle. Ministerpräsident Richelieu gelangen aber auch zwei große Erfolge: Er sanierte die Staatsfinanzen und erreichte, dass Frankreich auf dem Kongress von Aachen 1818 wieder in den Kreis der europäischen Großmächte aufgenommen wurde. Trotzdem musste er im gleichen Jahr seinem Nachfolger Élie Herzog von Decazes weichen, der zwar auch eine Politik der Mitte verfolgte, sich aber eher auf die moderaten Royalisten stützte. Haupttheoretiker der liberalen Opposition war Benjamin Constant de Rebeque, der die liberalen Grundsätze nur durch eine parlamentarische Monarchie nach britischem Muster gesichert sah. Die sog. Mittlere Linke in der Kammer bildete die Gruppe der Doktrinäre um Pierre Paul Royer-Collard und François Guizot, die für eine sorgsame Abwägung der jeweiligen politischen Interessen eintrat. Beiden Gruppen standen die straff organisierten Ultras, kompromisslose Royalisten, gegenüber, die, von Joseph de Maistre ideologisch unterstützt, die Ideen der Gegenrevolution vertraten.

Die Rückkehr der Ultramontanen

Ihre Stunde schlug im Februar 1820 nach dem Attentat auf den Herzog von Berry: Die Regierung erließ ein Gesetz zur Verhaftung von Verdächtigen und verschärfte die Pressezensur. Aber erst die Krone schuf durch ihre Annäherung an Ultraroyalisten und Kirche die Voraussetzung für die Wende. Die Jesuiten sorgten in ganz Frankreich für eine Renaissance der Kirche, während die ultramontane (d. h. streng römisch-katholische) Rechte so effizient für eine Steigerung der Machtfülle der französischen Bischöfe eintrat, dass ihnen 1822 und 1824 das gesamte Bildungswesen unterstellt wurde. Als im September 1825 der strikt konservative Karl X., der Vater des ermordeten Herzogs von Berry, in Reims zum König gekrönt wurde, entfaltete sich ein klerikaler Pomp, der an mittelalterliche Krönungszeremonien erinnerte.

Der ebenfalls ultraroyalistische Ministerpräsident Graf de Villèle unterstützte den ultramontanen Kurs natürlich; gleichwohl sanierte er die Staatsfinanzen durch die Einführung des Budgetsystems und die straffe Kontrolle der Regierungsausgaben zwischen 1822 und 1827 so gründlich, dass Frankreich bis 1914 stets ausgeglichene Budgets aufwies – ein Novum in der französischen Geschichte.

Zu ersten Unruhen kam es 1825, als de Villèle für 70 000 Emigranten eine Entschädigung von 30 Millionen Francs bereitstellte. Die Bevölkerung sah darin praktisch eine Rücknahme der Französischen Revolution und somit einen nationalen Tabubruch. Gleichzeitig stellte sich auch heftiger Argwohn gegen die klerikalen Einflüsse in der neuen Regierung ein. Nach Kammerneuwahlen im Winter 1827 musste de Villèle zurücktreten.

2.11 Die Julirevolution von 1830

Im Jahr 1830 entstanden mit Serbien und Belgien zwei neue europäische Nationalstaaten, und in Frankreich fegten die *trois [journées] glorieuses*, d. h. die Tage vom 29. bis zum 31. Juli, das Königtum der Bourbonen beiseite.

Unmittelbar ausgelöst wurde die Revolution, die allein in Paris stattfand, durch die sog. »Juliordonnanzen« Karls X. Mit ihnen beseitigte er die Pressefreiheit, führte die Pressezensur ein, löste die oppositionelle Kammer auf und erhöhte den Wahlzensus drastisch. Dieser Staatsstreich von oben brachte in einer überhitzten politischen Atmosphäre das Fass zum Überlaufen.

Eugène Delacroix schuf sein allegorisches Gemälde »Die Freiheit führt das Volk« unter dem Eindruck der Julirevolution, 1830.

Karl X., der den Umschwung im Land nicht wahrhaben wollte, ersetzte ihn durch seinen Günstling, den Fürsten Jules Auguste Armand Marie von Polignac. Der neue Ministerpräsident, gleichfalls ohne Gespür für die politischen Realitäten, stellte, wie ein Spötter bemerkte, »ein Kabinett mit ausgedienten politischen Nullitäten« zusammen und stärkte durch seinen strikt antiliberalen Kurs ausgerechnet die Opposition. Der Widerstand in der Bevölkerung gegen das ultrakonservative Regime führte schließlich zum Sturz Karls X. im Juli 1830. Nach ihm gelangte kein Bourbone mehr auf den französischen Thron.

Schon seit Monaten hatten die beiden Lager der Ultraroyalisten und der Bonapartisten, Republikaner und Liberalen über die Weiterführung der französischen Restauration gerungen. Der Revolutionsheld von 1790, der Marquis de La Fayette, hatte in Paris Wahlrechtskomitees gegen den König und die Regierung Polignac organisiert. Studenten hatten die republikanische Gesellschaft »La jeune France« gegründet, und aus der von Adolphe Thiers redigierten Zeitung »Le National« war ein schlagkräftiges Presseorgan der Opposition geworden. Die Kammer beherrschten seit 1828 274 oppositionelle gegen 143 Abgeordnete der Regierung.

Unter der Führung des bonapartistischen Generals Cavaignac kämpften die Aufständischen die Regierungstruppen in erbitterten Straßenkämpfen nieder und zwangen Karl X. zur Abdankung und Flucht nach England. Am 7. August 1830 erklärte die Kammer den Thron für vakant und wählte eiligst den Herzog von Orléans zum »Bürgerkönig« der Franzosen. Das sog. Juli-Königtum dauerte von 1830 bis 1848.

Die Revolution richtete sich nicht direkt gegen die Restauration, sondern gegen das anachronistische Auftreten eines Adels, der an die Fortsetzung seiner Privilegien aus der Zeit vor der großen Revolution glaubte, und einer papsttreuen Geistlichkeit, die noch stärker vergangenheitsorientiert zurückschaute, während sich die bürgerlichen Schichten gegen ein Regime auflehnten, in dem der Einfluss der Kirche die Oberhand zu gewinnen drohte.

2.12 Unabhängigkeit Belgiens

Die einstigen habsburgischen Niederlande, das von Napoleon I. geschaffene Königreich Holland und das Fürstbistum Lüttich waren 1815 auf dem Wiener Kongress (▶ 1.36) zum Vereinigten Königreich der Niederlande zusammengefasst worden. Wilhelm VI. von Oranien wurde im März 1815 als Wilhelm I. König der Niederlande. Doch die oktroyierte Vereinigung wurde von der Bevölkerung nicht angenommen. Vor allem die Katholiken in den überwiegend französischsprachigen Südprovinzen und die dort stark vertretenen Liberalen wendeten sich zunehmend gegen die zentralistische Politik des Königs. Hauptstreitpunkte waren die Einführung des Niederländischen als alleiniger Amtssprache, der Versuch, die Kirche unter staatliche Kontrolle zu bringen, sowie die Reorganisation der Zweiten Abgeordnetenkammer, in der die Nord- und Südprovinzen gleich stark vertreten waren, obwohl der Süden den größeren Bevölkerungsanteil hatte.

1828 bildeten die Katholiken und die Liberalen ein Oppositionsbündnis gegen den König. Unter dem Einfluss der Pariser Julirevolution (▶ 2.11) kam es im August 1830 in Brüssel zu Aufständen, die zur so genannten Septemberrevolution eskalierten, die die Franzosen unterstützten.

Die Aufständischen erklärten am 4. Oktober 1830 die Loslösung der südlichen Provinzen vom niederländischen Königreich und verkündeten die Unabhängigkeit ihres Landes. Auf der Londoner Fünfmächtekonferenz von 1830 bis 1831 bestätigten Frankreich, Großbritannien und sogar Russland, der Hüter der Heiligen Allianz, die Unabhängigkeit Belgiens und sicherten dem Land »ewige Neutralität« zu. Die Niederlande erkannten die Unabhängigkeit Belgiens erst mit den Londoner Protokollen vom 19. April 1839 an.

Der Druck der Großmächte erzwang für Belgien die konstitutionelle Monarchie. Deshalb wurde Leopold von Sachsen-Coburg, der Kandidat Frankreichs und Großbritanniens, 1831 als Leopold I. zum König der Belgier ausgerufen. Die belgischen Unabhängigkeitskämpfer entwarfen eine Verfassung, die die Volkssouveränität in den Mittelpunkt stellte und die Rechte des Königs stärker beschnitt als in allen anderen Monarchien. Das machte sie für die Liberalen im übrigen Europa zum Vorbild für die eigenen Verfassungsbestrebungen bis zum Revolutionsjahr 1848.

2.13 Der Opiumkrieg und der Frieden von Nanking

»Ich habe gehört, dass Opiumrauchen in Ihrem Land strengstens verboten ist; das ist so, weil der Schaden, den Opium anrichtet, klar erkannt wird. Da es nicht erlaubt ist, Ihrem Land Schaden zuzufügen, sollten Sie noch weniger anderen Ländern Schaden zufügen – und schon gar nicht China«, schrieb Lin Zexu, der Sonderbevollmächtigte des chinesischen Kaiserhofs im Kampf gegen den Opiumschmuggel, 1839 in einem Brief an Königin Viktoria.

Zu diesem Zeitpunkt hatte die Opiumsucht bereits große Teile der südlichen Küstenprovinzen erfasst und China zudem ein massives Handelsdefizit eingebracht. Um 1800 hatte die Handelsbilanz noch völlig anders ausgesehen. Großbritannien importierte mehr und mehr Tee aus China und musste dafür mit Silber bezahlen, weil die Chinesen wenig Interesse an ausländischen Waren zeigten. Die britische Ostindienkompanie, die das Handelsmonopol besaß, begann deshalb, mithilfe bestochener Hafen- und Provinzbehörden Opium aus Indien nach China zu bringen, um den Tee zu finanzieren. Das Einfuhrverbot der Chinesen 1800 änderte nichts, sondern bewirkte nur eine Verlagerung auf den Schmuggel. Je mehr der Teebedarf stieg, desto stärker wurde die Opiumsucht gefördert, die vor allem die oberen Gesellschaftsschichten und die Armee betraf. Schon bald flossen auch die chinesischen Silberreserven ins Ausland. Als Großbritannien 1834 das Monopol der Ostindienkompanie aufhob, kamen neue Händler hinzu, und der Opiumschmuggel stieg noch mehr an.

Da Worte im Kampf gegen den Rauschgiftschmuggel nichts nützten, riegelte Lin Zexu die Handelsniederlassungen auf der Insel Shamian vor Kanton von der Außenwelt ab und zwang den Vertreter der Krone und Sprecher der britischen Kaufleute zur Herausgabe des dort gelagerten Opiums – 20 000 Kisten mit insgesamt rund 1 200 Tonnen Opium ließ er ins Meer werfen.

Die Klagen der »geschädigten« Händler fanden Gehör: Im Juni 1840 erreichte eine britische Flotte die Mündung des Perlflusses bei Kanton und begann den Opiumkrieg. Weder die traditionellen Holzschiffe noch die – opiumsüchtigen – Soldaten konnten den 16 mit Eisenblech bewehrten britischen Kriegsschiffen etwas entgegensetzen. Nachdem die nur wenige Tausend Mann starken Briten den Jangtsekiang erreicht hatten, Schanghai gefallen war und Nanking unter Beschuss lag, kapitulierte China.

Die ersten der »ungleichen Verträge«

Am 29. August 1842 wurde der Vertrag von Nanking unterzeichnet. China musste eine Entschädigung von 21 Millionen Silberdollar zahlen, Hongkong abtreten und neben Kanton auch noch die Häfen Amoy (Xiamen), Schanghai und Ningbo für Ausländer öffnen. Die Zölle wurden auf ein Minimum gesenkt und das Monopol der *cohong* (▶ 1.12) abgeschafft. *Cohong* waren die wenigen lizenzierten Kaufleute, in deren Händen der Handel auf chinesischer Seite lag und die dieses Privileg mit hohen Summen an den Kaiserhof und die Pro-

vinzbehörden erkaufen mussten. Ein Zusatzvertrag von 1843 legte fest, dass britische Staatsangehörige nicht dem chinesischen Recht unterworfen und nur dem eigenen Konsul unterstellt waren. Außerdem enthielt das Abkommen eine Meistbegünstigungsklausel: Jedes einer anderen Nation erteilte Vorrecht konnte Großbritannien automatisch auch in Anspruch nehmen.

Als 1839 die chinesische Regierung versuchte, die Einfuhr von Opium aus Indien zu unterbinden, besiegten die Briten China in der Schlacht von Kanton im Mai 1841.

Diese beiden Verträge eröffneten die Reihe der von den Chinesen als »ungleiche Verträge« empfundenen Abmachungen, die die Souveränität des Kaiserreichs auf demütigende Weise einschränkten. Kurz darauf folgten weitere Handelsabkommen, unter anderem mit Frankreich und den USA.

2.14 Die Londoner Konventionen von 1840 und 1841

Trotz aller inneren Reformen Mahmuds II. (▶ 2.8) – die außenpolitische Lage des Osmanischen Reiches blieb labil. Der Hauptgrund lag in seiner geopolitisch exponierten Lage am Schnittpunkt der Kontinente. Das Reich wurde unter dem Schlagwort der »orientalischen Frage« zum Spielball konkurrierender europäischer Großmächte, hauptsächlich Großbritanniens und Russlands.

Seit Katharina der Großen hatte Russland rund um das Schwarze Meer und bis in den Kaukasus hinein Expansionspolitik betrieben (▶ 1.13). Mit dem durch Preußen vermittelten Frieden von Adrianopel (Edirne) von 1829 und dem Londoner Protokoll von 1830 (▶ 2.7) war das Osmanische Reich gegenüber Russland weiter geschwächt worden. So hatte es nicht nur die Unabhängigkeit Griechenlands und die Autonomie Serbiens hinnehmen, sondern auch die freie Durchfahrt für russische Schiffe durch die Meerengen gestatten müssen. Diese Schwächung sorgte in London für Besorgnis. Vor allem der Brückenkopf des Zarenreichs im Kaukasus beunruhigte Großbritannien, lag er doch näher an Indien, der reichsten britischen Kolonie, als an Moskau. Am westlichen Ende des Osmanischen Reiches nutzte Frankreich seine Schwäche und besetzte Algerien; zugleich unterstützte es Ägypten, das sich Syrien einverleibt hatte und sich ganz von Konstantinopel lösen wollte.

Ein weiterer Zerfall des Osmanischen Reiches aber lag nicht im Interesse der europäischen Großmächte. Selbst Großbritannien und Russland waren sich in diesem Punkt einig, wenn auch aus genau entgegengesetzten Gründen ihrer jeweiligen Orientpolitik. Folglich verpflichteten sie sich zusammen mit Österreich und Preußen in der Ersten Londoner Konvention (15. Juli 1840) zum Schutz und zur Stabilisierung des Osmanischen Reiches.

Frankreich sah sich isoliert. Hitzige politische Debatten in Paris sorgten in Europa für Kriegsstimmung, aber nachdem die Ägypter von den Osmanen mit britischer Unterstützung geschlagen worden waren, lenkte auch Frankreich ein. In der Zweiten Londoner Konvention (13. Juli 1841) erneuerten die Großmächte, diesmal zusammen mit Frankreich, ihre Garantieerklärung für das Osmanische Reich und vereinbarten zu seiner strategischen Stabilisierung, dass die Dardanellen und der Bosporus in Friedenszeiten für nicht türkische Kriegsschiffe gesperrt bleiben sollten, deshalb auch die Bezeichnung des Abkommens als »Meerengenvertrag«.

Ein ewiger Zankapfel
Der Seeweg vom Schwarzen Meer über den Bosporus, das Marmarameer und die Dardanellen in die Ägäis – und in umgekehrter Richtung – besaß von alters her enorme machtpolitische und ökonomische Bedeutung. Bis zur Verbreitung der Dampfschifffahrt war wegen der vorherrschenden Wind- und Strömungsrichtungen die Einfahrt in die nur 1,4 Kilometer breiten, aber 65 Kilometer langen Dardanellen besonders schwierig. Noch das 1908 erschienene Handbuch »The Black Sea Pilot« berichtet, dass in der »Straße von Tenedos«, also vor den Dardanellen, nicht selten 200 bis 300 Segelschiffe auf günstigen Wind für die heikle Passage warteten.

Im Grunde drehten sich alle »Troianischen Kriege« von der Bronzezeit bis zur Schlacht von Gallipoli (Februar 1915 bis Januar 1916) um nichts anderes als um die Kontrolle über diesen strategisch so wichtigen Seeweg. Der Meerengenvertrag von 1841 war weder der erste noch der letzte, der das Recht auf die Durchfahrt regelte. Das erste Abkommen datiert von 1774, das bislang letzte, das der Türkei bis heute die Hoheit über die Meerengen zuspricht, aus dem Jahre 1938.

2.15 Aufstände in Polen

Auf dem Wiener Kongress 1815 waren die polnischen Teilungen (▶ 1.14) und das von Napoleon geschaffene Herzogtum Warschau bestätigt worden. Der Löwenanteil des Herzogtums fiel an Russland. Deshalb wurden die Wiener Beschlüsse von den Polen auch als 4. Teilung ihres Landes bezeichnet. Zar Alexander I. ließ am 20. Juni 1815 ein Königreich Polen – auch Kongresspolen genannt – in Personalunion mit Russland proklamieren und unterzeichnete am 27. November als polnischer König in Warschau eine Verfassung, in der er den Polen eigene politische Institutionen und Polnisch als Staatssprache zugestand, sich aber die volle Exekutivgewalt, Legislative und ein absolutes Vetorecht vorbehielt.

Ungeachtet der deutlichen Verbesserungen in der Wirtschaft und im Bildungswesen gewannen aber im Lauf der Zwanzigerjahre die radikalen antirussischen Kräfte, vornehmlich Offiziere und Studenten, die Oberhand, die eine gewaltsame Lösung der polnischen Frage anstrebten. Am 29. November 1830 verübten jugendliche Verschwörer einen Anschlag auf den Statthalter des Zaren in Warschau und gaben damit das Zeichen für einen letztendlich unkoordinierten Aufstand. Die polnische Regierung unter Fürst Czartoryski versuchte zu vermitteln, scheiterte aber am Widerstand der aufgeputschten Massen und am Einspruch des Zaren Nikolaus I. Im Januar 1831 erzwangen die Aufständischen im Reichstag einen Beschluss, der den Romanows die polnischen Thronrechte aberkannte. Der Zar verhängte daraufhin den Kriegszustand, und im September 1831 eroberten die zahlenmäßig überlegenen russischen Truppen Warschau. Das Organische Statut nahm Polen 1832 die Reste nationaler Eigenständigkeit, der Reichstag wurde aufgelöst und die Verfassung abgeschafft.

Die unnachsichtige Verfolgung der Aufständischen und die verstärkte Russifizierung zwangen viele Polen in die Emigration nach Westen, wo sie vor allem beim Hambacher Fest (▶ 2.20) auf große Sympathien stießen. Dort wurde ihr Heldenmut mit zahlreichen Polenliedern gefeiert. Deshalb fürchteten auch die Teilungsmächte Österreich und Preußen Rebellionen in den von ihnen annektierten Gebieten und schlossen 1833 mit Russland einen Vertrag zur wechselseitigen Hilfe gegen alle nationalen Bestrebungen ab.

Einen Aufstandsversuch in Krakau, das seit dem Wiener Kongress freie Republik war, erstickten österreichische Truppen 1846 im Keim. Nach dem gemeinsamen Beschluss der Teilungsmächte wurde die Republik Krakau aufgelöst und das Gebiet am 16. November 1846 dem österreichischen Kronland Galizien einverleibt. Kämpfe im zu Preußen gehörenden Großherzogtum Posen wurden im Frühjahr 1848 gleichfalls rasch niedergeschlagen. In der Folge verlor das Großherzogtum seine bisherige Sonderstellung und wurde als Provinz Posen dem preußischen Staat eingegliedert.

2.16   Simón Bolívar

Simón Bolívar wird unter dem Namen »El Libertador« (»Befreier«) in ganz Lateinamerika als Symbolfigur des südamerikanischen Freiheitskampfes und in vielen dortigen Staaten als Nationalheld verehrt.

Geboren wurde er am 24. Juli 1782 in Caracas, der Hauptstadt Venezuelas; die Familie war spanischer Abstammung und zählte zur reichen Oberschicht des Landes. Nach dem frühen Tod seiner Eltern verwaltete ein Onkel sein Erbe und sorgte für seine Erziehung. Er schickte Bolívar im Alter von sechzehn Jahren zur weiteren Ausbildung nach Europa. Drei Jahre lang lebte Bolívar in Spanien, wo er 1801 eine Adlige heiratete. Mit ihr kehrte er nach Caracas heim, doch starb sie bereits ein Jahr später.

Simón Bolívar, der »Libertador« (»Befreier«) Lateinamerikas

Im Jahr 1804, als Napoleon im Zenit seiner Macht stand (▶ 1.24), ging Bolívar nach Europa zurück, wo er in Paris Simón Rodríguez, einen seiner früheren Lehrer, wieder traf; dieser machte ihn mit den Schriften Voltaires, Montesquieus, Rousseaus, Hobbes' und Lockes (▶ 1.9) vertraut. Diese ließen die Idee der Unabhängigkeit Lateinamerikas in ihm reifen. Der Legende nach soll er während einer Romreise auf dem Monte Sacro geschworen haben, seine Heimat zu befreien.

1807 kehrte er nach Venezuela zurück, wo er von 1810 an im Befreiungskampf eine militärische und politische Führungsrolle übernahm. Vor seinem Sieg über die Spanier in der Schlacht von Boyacá am 7. August 1819 wählte ihn ein Kongress in Angostura (heute Ciudad Bolívar) im Februar 1819 zum Präsidenten Venezuelas und stattete ihn mit diktatorischen Vollmachten aus.

Er vereinigte Neugranada (Kolumbien) und Venezuela zur Republik Großkolumbien, der sich 1821 Panama und 1822 Ecuador anschlossen. Nach dem Rückzug General San Martíns aus Peru übernahm er 1823 auch dort die Macht. 1825 bis 1826 war er zugleich Präsident von Oberperu, dem letzten Land Südamerikas, das die Unabhängigkeit erlangte; ihm zu Ehren bekam es den Namen Bolivien.

Seinen größten Traum, aus allen befreiten Ländern die »Vereinigten Staaten von Lateinamerika« zu schmieden, konnte er jedoch nicht verwirklichen, da sich deren Partikularinteressen zu sehr unterschieden. Deshalb dankte er am 27. April 1830 ab. Er starb am 17. Dezember desselben Jahres in der Nähe von Santa Marta in Kolumbien.

2.17 Neue Staaten in Hispanoamerika

Als Napoleon 1808 seinen Bruder Joseph anstelle des rechtmäßigen Thronfolgers, Ferdinand VII., zum König von Spanien erklärte (▶ 1.33), brachen umgehend nicht nur im Land selbst, sondern auch in den spanischen Kolonien Amerikas Aufstände aus. Sie richteten sich zunächst nur gegen die Herrschaft der Franzosen im spanischen Mutterland. Als sich dort aber eine Junta für eine konstitutionelle Monarchie formierte, die zur verfassunggebenden Versammlung nur 30 Abgeordnete aus den Kolonien gegenüber den 75 Delegierten aus Spanien selbst zuließ – die Kolonien zählten 15 Millionen Einwohner und Spanien nur 10 Millionen – schlug der anfangs königstreue Protest in eine Unabhängigkeitsbewegung um, die von 1810 an fast alle spanischsprachigen Länder Südamerikas erfasste.

Allerdings war diese Bewegung in keiner Weise homogen. Von Anfang an prägten sie die Interessengegensätze zwischen Liberalen und Konservativen, republikanisch und royalistisch Gesinnten, Klerus und Laizismus sowie zwischen Oberschicht, Unterschicht und Sklaven. Die ständigen inneren Rivalitäten und wechselnden Bündnisse schwächten die Bewegung so sehr, dass die Spanier trotz der zeitweiligen Unabhängigkeit einiger Provinzen nach dem Sturz Napoleons und der Rückkehr Ferdinands VII. auf seinen Thron in Madrid zunächst problemlos ihre Oberherrschaft in fast allen Kolonien wieder herstellen konnten.

Die zweite Welle

Nur das Gebiet um den Rio de la Plata bewahrte sich die einmal errungene Unabhängigkeit und entwickelte sich zum Zentrum der zweiten Unabhängigkeitsbewegung von 1816 an. Das andere Zentrum blieb Caracas, das sich bereits 1811 und noch einmal 1814 für unabhängig erklärt hatte, wenn auch vergeblich. Caracas war die Heimat von Simón Bolívar (▶ 2.16), der in seinem berühmten »Brief aus Jamaika« zur Loslösung von Madrid aufrief und sich an die Spitze der Bewegung stellte. Mit politischem Weitblick brachte er die bäuerliche Unterschicht der Llaneros und die Sklaven auf seine Seite. Es war ein mutiger Akt, Letzteren die Freiheit zu versprechen: In Haiti, das sich als erste lateinamerikanische Kolonie schon 1804 die Freiheit erkämpft hatte (▶ 1.39), hatte die Freilassung der Sklaven eine soziale Revolte bewirkt, die die weiße Oberschicht entmachtete. Bis 1819 hatte Bolívar die Spanier im gesamten nördlichen Südamerika endgültig besiegt.

Mexiko erlangte seine Unabhängigkeit schließlich 1821 nach blutigen sozialen Revolten in den Jahren 1810 bis 1815, die restlichen Provinzen Zentralamerikas schlossen sich ihm an.

In Buenos Aires, dem zweiten Zentrum der Unabhängigkeitsbewegung, betrachtete man die verbliebenen royalistischen Regierungen als Gefahr für die eigene Sicherheit. Unter General José de San Martín zog daher ein Heer vom Rio de la Plata nach Chile, um dort die Aufständischen zu unterstützen. 1817 konnte es die Spanier bei Chacabuco schlagen. San Martín ging dann die letzte Bastion der Königstreuen an, Peru, wo mithilfe wiederum Bolívars am 9. Dezember 1824 der letzte spanisch-royalistische Widerstand gebrochen wurde.

Neue Namen

Mit der Unabhängigkeit ging die alte Ordnung der Kolonialzeit unter. Die ehemaligen spanischen Vizekönigreiche Neuspanien, Neugranada, Rio de la Plata und Peru sowie das Generalkapitanat Chile verschwanden von der Landkarte, da die geographischen und wirtschaftlichen Besonderheiten und damit die drängendsten politischen und sozialen Probleme der einzelnen Regionen zu sehr divergierten. Überdies herrschte in der Regel keine

NATIONALE BEFREIUNG UND INDUSTRIALISIERUNG

Staatenbildungen in Lateinamerika

Einigkeit, welche Staatsform – Republik oder konstitutionelle Monarchie – zu bevorzugen sei, ob und welchen Einfluss man der Kirche zugestehen sollte und ob zentralistische oder föderative Strukturen dienlicher seien. Hinzu kam die politische Unerfahrenheit der neuen Eliten, die sich vor allem in Unsicherheit gegenüber den etablierten europäischen Mächten niederschlug. Zerwürfnisse und bürgerkriegsähnliche Zustände waren in vielen Provinzen die Folge.

Aus denselben Gründen scheiterte auch Bolívars Versuch, alle unabhängig gewordenen Provinzen in einem Staatenbund zu vereinen. Selbst das von ihm begründete Großkolumbien, dessen Fläche etwa dem früheren Vizekönigreich Neugranada entsprach, ließ sich nicht halten und zerfiel 1830 in die Staaten Ecuador, Venezuela und Kolumbien. In Zentralamerika trennten sich schon in den Zwanzigerjahren Guatemala, Honduras, El Salvador, Nicaragua und Costa Rica von Mexiko. Von Peru spaltete sich Bolivien ab. Aus Rio de la Plata wurde Argentinien, während Paraguay und Uruguay sich von Buenos Aires lossagten. Um 1860 hatte sich die heutige Landkarte Südamerikas konsolidiert.

2.18 Die sozialen Schichten in Lateinamerika

In den unabhängig gewordenen Staaten Südamerikas trat als Relikt der Kolonialzeit ein Konfliktpotenzial zutage, das unter dem absolutistischen Regime nicht hatte zum Ausdruck kommen können: extreme soziale Ungleichheit.

Die Bevölkerung bestand aus unterschiedlichen ethnischen Gruppen, die mit ihren eigenen Sprachen, Religionen, Lebensformen und Werten eher neben- als miteinander lebten. An der Spitze der Gesellschaft standen die »weißen Kreolen«, in Amerika geborene Nachfahren der spanischen Eroberer. Sie stellten die Großgrundbesitzer (»Caudillos«), reichen Kaufleute und die Verwaltungselite. Am unteren Ende der Hierarchie standen die Indios und die »schwarzen Kreolen«, also Nachkommen von Afroamerikanern, die teils Freigelassene, teils noch immer Sklaven waren. Dazwischen rangierten die Mestizen als Nachkommen von Europäern und Indios und die Mulatten, die Nachkommen von Europäern und Afroamerikanern; sie stellten allerdings keine Mittelschicht im heutigen politischen und ökonomischen Sinn dar.

Karikatur einer Gutsverwaltersfamilie.
Die Hautfarbe bestimmt den sozialen Rang.

Je nach Land beziehungsweise Region variierten diese Bevölkerungsanteile stark; Mulatten und Afroamerikaner lebten hauptsächlich auf den Inseln und in den Küstengebieten, wohin ihre Vorfahren als Plantagensklaven verschleppt worden waren. Die Indios und Mestizen konzentrierten sich hauptsächlich im Landesinneren und in den Anden, wo sie in der Landwirtschaft arbeiteten oder als verarmte Kleinbauern darbten. Die überwiegende Mehrheit der Europäer lebte in den Städten, die auch die alten und neuen politischen Machtzentren darstellten.

Zwar hatte man die Rassengrenzen nicht so streng gezogen wie in den Vereinigten Staaten oder in Südafrika, dafür waren die sozialen Schranken und Hemmschwellen auch in Bezug auf Mulatten und Mestizen unterschiedlichen Grades fein gestaffelt: je heller die Haut, und sei es nur eine Nuance, desto höher das gesellschaftliche Ansehen und umgekehrt.

Schwierige Identität
Die Urbevölkerung war von ihren Traditionen und von ihrem regionalen Umfeld geprägt; sie sprach häufig kein Spanisch und lebte eher außerhalb als am unteren Rand der Gesellschaft. Für die politischen Belange interessierte sie sich nur, wenn ihre unmittelbaren Lebensumstände betroffen waren. Dann aber wusste sie sich zu wehren, und sei es durch passiven Widerstand, weshalb sie von der weißen Oberschicht als »faul« oder »stumpfsinnig« diskriminiert wurde.

Problematisch war das Selbstverständnis der Mestizen, die sich weder der indianischen noch der europäischen Kultur zugehörig fühlen konnten. Der Zugang zur Oberschicht blieb ihnen verwehrt, gleichzeitig verachteten sie ihre indianischen Mitbürger als »rückständig«. Nicht viel anders erging es den in ihren Regionen lebenden Mulatten. Für beide Gruppierungen war typisch, dass sie auch ökonomisch in einer Grauzone existierten: Ohne Aussicht auf ein wirklich komfortables Leben ängstigte sie ständig die Aussicht, auf das Armutsniveau der Urbevölkerung und namentlich der »schwarzen Kreolen« herabzusinken.

Diese problematische Gesellschaftsschichtung war mit dafür verantwortlich, dass sich über lange Zeit keine bürgerliche Mittelschicht wie in den europäischen Nationen ausbilden konnte und somit eine wichtige Basis für eine funktionierende demokratische Ordnung fehlte; die jungen Staaten Lateinamerikas blieben lange Zeit, zum Teil bis in die Gegenwart, sowohl für soziale Umsturzversuche von unten als auch für autoritäre Regimes von oben anfällig.

2.19 Go West!
Die Expansion der USA

Ziel des US-amerikanischen Präsidenten Thomas Jefferson (1801–1809), der zu den Vätern der Unabhängigkeitserklärung (▶ 1.3) gezählt hatte, war ein Amerika der fried- und freiheitsliebenden Pflanzer, Farmer, Kaufleute und Handwerker; dafür trieben er und seine Nachfolger die Erschließung des Westens voran. Aber auch weil die Bevölkerung sich rasch vermehrte, brauchten die jungen Vereinigten Staaten dringend mehr Land.

Nationale Befreiung und Industrialisierung

Go West! – die Erschließung des Westens als Vision

Als Napoleon angesichts seines immensen Rüstungsbedarfs den USA die französische Überseebesitzung Louisiana zum Kauf anbot, griff Jefferson daher trotz einiger verfassungsrechtlicher Bedenken zu und erwarb den riesigen Landstrich für ganze fünfzehn Millionen Dollar. Das damalige Louisiana erstreckte sich von New Orleans über alle Ebenen westlich des Mississippi bis zu den Rocky Mountains und hinauf bis an die kanadische Grenze. Die USA hatten auf einen Streich ihr Staatsgebiet verdoppelt. Zusätzlich wurde 1819 Florida von Spanien erworben.

Die Vertreibung der Indianer

Verlierer dieser Landnahme zuvor ungekannten Ausmaßes waren die indianischen Ureinwohner. Schon die ersten Kolonisten hatten gegen die Indianer gekämpft und sie vertrieben. Bezeichnend für diese Epoche der Expansion ist aber, dass nun mit systematischen und umfassenden »Umsiedelungen« – im großen Stil organisierten Vertreibungen – begonnen wurde. Denn die US-Amerikaner betrachteten sich, teils mit religiöser Begründung, als dazu auserwählt (*Manifest destiny*, ▶ 3.34), das ganze Land in Besitz zu nehmen.

Obwohl der Oberste Gerichtshof zum Beispiel dem Stamm der Cherokee 1832 bestätigt hatte, dass sie als Volk einen ähnlichen Status wie ein Bundesstaat hätten, setzten sich Kongress und Präsident über das Urteil hinweg und trieben die Deportationen energisch voran. Traurige Berühmtheit erlangte dabei der »Trail of Tears« (»Zug der Tränen«), bei dem 1838 auf einem Gewaltmarsch in das ihnen zugewiesene Reservat – unter den Augen von US-Soldaten, die die »Umsiedelung« überwachten – 4 000 von 17 000 Cherokee umkamen.

Der Oregon-Konflikt

Weit oben im Norden hatte auf dem später berühmten »Oregon-Trail« im Jahr 1843 ein erster Konvoi von Planwagen das so genannte Oregon-Gebiet erreicht. Fruchtbares Land, reiche Fischgründe und lukrativer Pelzhandel lockten: In den Vereinigten Staaten brach das »Oregon-Fieber« aus. Allerdings stand das Gebiet noch unter gemeinsamer britischer und amerikanischer Verwaltung.

James K. Polk, elfter Präsident der USA (1845–49), hatte sich schon in seinem Wahlkampf als Kandidat der Demokraten für die Annektierung des Oregon-Gebiets ausgesprochen. Nach seinem Wahlsieg 1845 musste er sein Versprechen einlösen und kündigte einseitig die gemeinsame Verwaltung auf. Dabei hatte er richtig spekuliert, dass Großbritannien mit Rücksicht auf Kanada die militärische Auseinandersetzung vermeiden würde und sich auf eben den Kompromiss einließ, der Polk vorgeschwebt hatte: Im Oregon-Vertrag von 1846 wurde der 49. Breitengrad als Grenze zwischen der britischen und der amerikanischen Einflusssphäre festgelegt; die amerikanischen Besitzungen wurden 1853 (Oregon) beziehungsweise 1889 (Washington) Bundesstaaten der USA.

Der Frieden von Guadalupe Hidalgo

Zahllose Einwanderer aus Europa (▶ 2.23) verstärkten das gesamte 19. Jahrhundert hindurch den nicht endenden Zug nach Westen. 1836 erklärte sich das zu Mexiko gehörende Texas nach einem Aufstand europäischstämmiger Siedler zur unabhängigen Republik. Die Vereinigten Staaten erkannten die Republik Texas sofort an, zögerten aber, sie in die Union aufzunehmen, weil internationale Verwicklungen drohten und zudem die Nordstaaten eine Übermacht der »Sklavenstaaten« fürchteten. Erst 1845 wurde Texas Bundesstaat der USA.

Zur Abrundung ihres Territoriums im Südwesten wollten die Vereinigten Staaten schließlich für 30 Millionen Dollar Neumexiko und vor allem Kalifornien, das die gesamte Pazifikküste bis hinauf nach Oregon einnahm, von Mexiko kaufen. Doch die mexikanische Regierung lehnte dies entschieden ab.

Präsident Polk provozierte daraufhin einen Grenzzwischenfall am Rio Grande, der es ihm erlaubte, den Kongress von der Notwendigkeit eines Kriegs zu überzeugen. Am 13. Mai 1846 erging die Kriegserklärung an Mexiko, obwohl Teile der amerikanischen Bevölkerung, vor allem in Neuengland, den Waffengang missbilligten; die meisten ließen sich jedoch vom patriotischen Jubel über rasche Anfangserfolge mitreißen.

Bis Anfang 1847 waren Kalifornien und Neumexiko, wo aufständische Siedler die US-Truppen unterstützten, unter amerikanischer Kontrolle. Kriegsentscheidend war jedoch die Eroberung der Hauptstadt Mexikos im September 1847 durch den amerikanischen General Winfield Scott. Die mexikanische Regierung zeigte sich verhandlungsbereit. Im Friedensvertrag von Guadalupe Hidalgo verzichtete Mexiko am 2. Februar 1848 auf Kalifornien und alle Gebiete nördlich des Rio Grande. Die USA erklärten sich bereit, 15 Millionen Dollar dafür zu bezahlen und weitere rund drei Millionen Dollar mexikanischer Schulden zu übernehmen.

Das Territorium der USA war binnen weniger Jahrzehnte bis fast auf den heutigen Umfang angewachsen. Doch gleichzeitig war damit der Nord-Süd-Gegensatz der USA in eine neue Entwicklungsphase eingetreten, die infolge des Streits um die Abschaffung der Sklaverei schließlich 1861 im Amerikanischen Bürgerkrieg (▶ 3.18) kulminierte.

2.20 1848/49: Revolutionen in Europa

In der ersten Hälfte des 19. Jahrhunderts hatte sich das politische Denken der Menschen von Grund auf verändert. Überall in Europa waren nationale und liberale Bewegungen entstanden, die gegen die restaurative Politik der Monarchen aufbegehrten, wie sie vor allem das »System Metternich« (▶ 2.2) repräsentierte. Die Pariser Julirevolution von 1830 (▶ 2.11) hatte zusätzlich dazu beigetragen, eine junge, politisch bewusste Generation heranwachsen zu lassen, die Demokratie und nationale Verfassungen einforderte.

Der Vormärz

Vom 27. bis zum 30. Mai 1832 trafen sich rund 30 000 national und demokratisch gesinnte Menschen auf dem Hambacher Schloss südlich von Neustadt an der Weinstraße. Redner forderten Volkssouveränität und ein geeintes, freies Deutschland. Der Deutsche Bund reagierte darauf mit rücksichtsloser Unterdrückung der Versammlungs- und Pressefreiheit. Viele der Hambacher Teilnehmer wurden, wenn sie nicht fliehen konnten, zu Gefängnisstrafen verurteilt.

Ein Höhepunkt dieser als Vormärz (d. h. vor der Märzrevolution 1848) bezeichneten Auseinandersetzungen zwischen autoritärer Staatsmacht und liberalen, republikanischen und nationalen Kräften war der Protest gegen die Aufhebung der Verfassung des Königreichs Hannover, den die »Göttinger Sieben« anführten: namhafte Professoren – unter ihnen die Brüder Grimm –, die daraufhin am 14. Dezember 1837 ihrer Ämter enthoben wurden.

Doch auch im übrigen Europa radikalisierten sich die liberalen und nationalen Bewegungen, vor allem in Italien und den slawischen und ungarischen Teilen des Habsburgerreichs. Es waren nicht allein politische Forderungen, die diese Bewegungen antrieben; auch die zunehmende Industrialisierung warf drängende soziale Fragen auf. Der augenfällige Gegensatz zwischen einem sich stetig bereichernden Großbürgertum und einer genauso stetig wachsenden Zahl von entwurzelten, verarmten, oft hungernden Menschen führte zu radikalen Forderungen – zum Beispiel der

Nationale Befreiung und Industrialisierung

Im Mai 1832 forderten Akademiker, Handwerker und Arbeiter auf dem Hambacher Schloss ein freies und geeintes Deutschland.

Frühsozialisten – nach einer gesellschaftlichen Erneuerung, aber auch zu gewaltsamen sozialen Unruhen wie etwa dem Weberaufstand 1844 in Schlesien.

Die Impulse kommen aus Frankreich

Im Februar 1848 brach in Paris nach Protesten gegen die korrupte, orleanistisch-legitimistische Oberschicht und das ungerechte Wahlsystem ein Aufstand aus, weil der Opposition ihre »Reformbankette« genannten Versammlungen verboten worden waren. Die Revolutionäre gewannen binnen weniger Tage die Oberhand und konnten König Louis Philippe (▶ 2.11) zur Abdankung zwingen. Am 25. Februar wurde die Republik ausgerufen; Republikaner und Sozialisten bildeten eine Übergangsregierung und verabschiedeten ein Reformprogramm.

Nach einem Arbeiteraufstand im Juni kam die Reformbewegung jedoch zum Stillstand, da das etablierte Bürgertum Anarchie befürchtete. Die sozialistischen Kräfte wurden blutig bekämpft, und nach der Wahl von Louis Napoléon Bonaparte zum Präsidenten im Dezember 1848 kamen die Konservativen, namentlich die Bonapartisten, wieder an die Macht. Nach seinem Staatsstreich 1851 und seiner – plebiszitär legitimierten – Ernennung zum Kaiser 1852 waren die alten Verhältnisse in vollem Umfang wieder hergestellt. Die Ereignisse von Paris waren für zahlreiche andere Nationalbewegungen in Europa das Startsignal für die »Märzrevolutionen«.

Aufbegehren im Vielvölkerstaat

In Wien erzwangen Aufständische am 13. März 1848 den Rücktritt des verhassten Kanzlers Metternich. In Ungarn forderte die nationale Bewegung Autonomie. Die Tschechen beriefen für den 2. Juni einen »Slawenkongress« nach Prag ein. Am 17./18. März kam es zu Aufständen in Venedig und in Mailand, die sich zu einem nationalen Befreiungskrieg gegen Österreich ausweiteten, als sich König Karl Albert von Sardinien-Piemont an die Spitze der Bewegung stellte.

Doch in Wien wie überall im Habsburgerreich konnten die Aufstände vom Militär niedergeschlagen werden, wenn auch in Ungarn nur mithilfe russischer Truppen. Rom, wo im Zug der nationalen Befreiungsbewegung antiklerikale Aufständische den Papst vertrieben hatten, wurde von französischen Truppen besetzt. Im Ergebnis hatten die italienischen Einheitsbestrebungen einen schweren Rückschlag erlitten (▶ 2.21), ebenso die slawischen und ungarischen Emanzipationsbewegungen.

Die Paulskirchenversammlung

Auch im Deutschen Bund kam es 1848 überall zu Demonstrationen und Kundgebungen, in

Kapitel 2

Europa im Revolutionsjahr 1848/49

Berlin am 18. März sogar zu Barrikadenkämpfen mit dem Militär; in Baden wurde im April 1848 ein Bauernaufstand gegen die Großgrundbesitzer von Truppen des Deutschen Bundes niedergeschlagen.

König Friedrich Wilhelm IV. versuchte, in Preußen die revolutionären Kräfte durch Entgegenkommen zu bremsen. Er berief am 29. März eine liberale Regierung und ließ nach allgemeinem und gleichem Wahlrecht eine preußische Nationalversammlung wählen, die vom 22. Mai an über eine Verfassung beriet.

Auf der übergreifenden Ebene des Deutschen Bundes führten die revolutionären Bewegungen des Jahres zur Einberufung einer Nationalversammlung nach Frankfurt am Main, die am 18. Mai 1848 in der Paulskirche zusammentrat. Sie arbeitete eine Verfassung für ein geeintes Deutsches Reich aus und schuf zur Umsetzung dieses Ziels das Amt des Reichsverwesers und ein Reichsministerium. Doch bereits im Herbst zeichnete sich ab, dass die Nationalversammlung und ihre Institutionen am Gegensatz über die kleindeutsche oder großdeutsche Lösung zwischen Preußen und Österreich scheitern würde. Beide Länder waren nicht bereit, ihre Vormachtstellung im Deutschen Bund aufzugeben.

Im Dezember löste Friedrich Wilhelm IV. die preußische Nationalversammlung wieder auf und oktroyierte dem Land seine eigene Verfassung. Im April 1849 lehnte der preußische König die ihm von der Frankfurter Nationalversammlung angetragene deutsche Kaiserkrone ab und verwarf die so genannte Paulskirchenverfassung, obwohl diese bereits von 28 Mitgliedern des Deutschen Bundes anerkannt worden war. Im Mai 1849 wurden Aufstände radikaler Demokraten, die die Reichsverfassung mit Gewalt durchsetzen wollten, von preußischen Truppen niedergeschlagen. Damit war die Revolution in Deutschland fehlgeschlagen. Die in der Paulskirche verabschiedeten »Grundrechte des deutschen Volkes« wurden 1851 vom Bundestag aufgehoben.

2.21 Einigung Italiens

Nach den fehlgeschlagenen Kämpfen des Revolutionsjahres 1848/49 um die nationale Einheit Italiens stellte sich der Liberale Camillo Benso Graf Cavour (1810–61) an die Spitze der Bewegung, und zwar zum einen ideell mit der von ihm herausgegebenen Zeitschrift *Il Risorgimento* (»Die Wiedererstehung«), die im Nach-

Nationale Befreiung und Industrialisierung

hinein der Bewegung den Namen gab, zum anderen praktisch-politisch als Ministerpräsident (seit 1852) des Königreichs Sardinien-Piemont, des stärksten unabhängigen Staates in Italien.

Nachdem Sardinien-Piemont im Krimkrieg 1854 (▶ 2.28) Frankreich und Großbritannien unterstützt hatte, erklärte sich Kaiser Napoleon III. bereit, gemeinsam mit dem Königreich Piemont-Sardinien und der Unterstützung des Freischarführers Giuseppe Garibaldi die Österreicher aus ihren italienischen Besitzungen zu vertreiben. 1859 wurden die österreichischen Truppen in den verlustreichen Schlachten von Magenta am 4. Juni und Solferino am 24. Juni geschlagen. Die entsetzlichen Kriegsgräuel veranlassten den Genfer Kaufmann und Kriegsberichterstatter Henri Dunant zur Gründung des Roten Kreuzes im Jahre 1864.

Napoleon III., den eine Ausweitung des Krieges in Italien nicht interessierte, schloss daraufhin im Alleingang mit Kaiser Franz Joseph I. von Österreich-Ungarn in Villafranca Frieden (11. Juli). Österreich musste nur die Lombardei abtreten, Venetien blieb habsburgisch. König Viktor Emanuel II. von Sardinien-Piemont blieb nichts übrig, als zuzustimmen; der enttäuschte Cavour trat zurück.

nien-Piemont. Von der Situation überfordert, holte Viktor Emanuel II. den erfahrenen Cavour in sein Amt zurück und übertrug ihm zugleich das Innen- und das Außenministerium. Cavour erreichte von Napoleon III. die Zustimmung zum Anschluss der mittelitalienischen Gebiete, deren Bevölkerung sich in einer Abstimmung zuvor eindeutig dafür ausgesprochen hatte. Im Gegenzug musste Piemont-Sardinien allerdings Savoyen und Nizza an Frankreich abtreten.

Garibaldis Coup

Im Königreich Neapel-Sizilien, auch »Königreich beider Sizilien« genannt, begehrte unterdessen die Bevölkerung gegen die dort absolutistisch herrschenden Bourbonen auf. Am 11. Mai 1860 begann Giuseppe Garibaldi, gerade mit seinen Männern an der Westküste Siziliens gelandet, den berühmt gewordenen »Zug der Tausend«. Nach einem Sieg gegen die weit überlegenen königlichen Truppen bei Calatafimi am 15. Mai zwang er den Kommandeur von Palermo am 27. Mai zur Kapitulation. Die Zahl der Freischärler belief sich danach auf über 10 000 Personen, die im Sommer, jetzt mit der offiziellen Unterstützung piemontesischer Truppen, ganz Sizilien befreiten. Am 19. August setzte Garibaldi mit seinen Truppen auf das

Der Priester und Patriot Ugo Bassi war Anhänger Garibaldis. Er wurde von den Österreichern gefangen genommen und erschossen.

Inzwischen hatte die in der *Società Nazionale* organisierte Befreiungsbewegung in Parma, Modena, der Toskana und der Romagna provisorische Regierungen gebildet und betrieb von dort aus den Anschluss an Sardi-

Festland über und rückte gegen Neapel vor, die Hauptstadt der »beiden Sizilien«. Aufstände in Kalabrien folgten, die Freischärlertruppen erreichten eine Stärke von fast 50 000 Mann, ihr Vorrücken geriet zum Triumphmarsch.

Kapitel 2

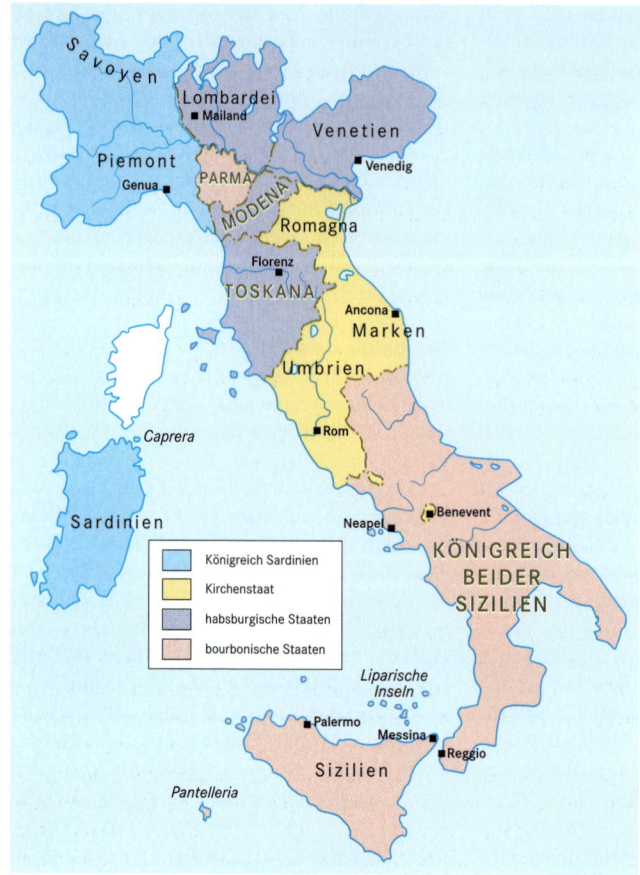

Italien vor seiner staatlichen Einheit

Erst als Garibaldi am 7. September Neapel eingenommen hatte, leistete die Armee Neapel-Siziliens ernsthaft Widerstand, aber sie wurde in der Schlacht am Volturno besiegt, der Bourbonenherrscher Franz II. vertrieben.

Die Vollendung der Einheit

Garibaldi wollte seinen Feldzug weiterführen, bis auch Rom und der restliche Kirchenstaat befreit sein würden. Cavour hingegen hatte sich inzwischen mit Napoleon III. darauf verständigt, dass Umbrien und die Marken an Piemont fielen, während der auf Latium beschränkte Kirchenstaat mit Rom unter dem Schutz französischer Truppen autonom blieb. Um Garibaldi zu stoppen, schickte Cavour ihm piemontesische Verbände entgegen, doch der lenkte schließlich ein und löste seine Freischar am 26. Oktober 1860 auf.

Nach Volksabstimmungen in allen befreiten Gebieten wurde Viktor Emanuel II. am 17. März 1861 König von Italien. Anstelle des besetzten Rom wurde Florenz 1865 Hauptstadt.

1866 führte Italien gemeinsam mit Preußen Krieg gegen Österreich, wiederum mit der Unterstützung Garibaldis. Trotz Niederlagen bei Custoza am 24. Juni und der Seeschlacht von Lissa am 20. Juli gewann Italien dank des preußischen Sieges im Frieden von Wien am 3. Oktober Venetien.

Garibaldi versuchte 1867 erneut, Rom zu befreien, wurde aber im November bei Mentana vernichtend geschlagen. Der Kirchenstaat blieb weiterhin unter französischer Besetzung und wurde schließlich erst im Zuge des Deutsch-Französischen Kriegs am 20. September 1870 befreit – Rom konnte endlich die Hauptstadt Italiens werden.

Nationale Befreiung und Industrialisierung

2.22 Giuseppe Garibaldi

Der Freiheitskämpfer Giuseppe Garibaldi gilt als der größte Volksheld Italiens. Geboren am 4. Juli 1807 in Nizza als Sohn eines Fischers, fuhr er selbst über zehn Jahre zur See, machte 1832 sein Kapitänspatent und diente 1833/34 in der piemontesischen Marine. Unter dem Einfluss des italienischen Nationalrevolutionärs Giuseppe Mazzini beteiligte er sich 1834 an einem republikanischen Aufstand, der jedoch fehlschlug. Er floh nach Südamerika, wo er eine kleine Truppe italienischer Emigranten im Dienst Uruguays führte. Dabei sammelte er Erfahrungen im Guerillakampf, die ihm in Italien später sehr zugute kamen.

Im April 1848 (▶ 2.20) kehrte er mit seiner »italienischen Legion«, die gerade 60 Mann umfasste, heim, um gegen die Österreicher zu kämpfen. Nach anfänglichen Erfolgen musste er im August 1848 vor einer erdrückenden feindlichen Übermacht in die Schweiz fliehen. Im Februar 1849 versuchte er, Rom gegen anrückende französische Truppen zu verteidigen, konnte die Stadt jedoch nicht halten und ging, von den Österreichern verfolgt, abermals ins Exil.

Graf Camillo Cavour, Ministerpräsident des Königreichs Piemont-Sardinien, holte ihn zurück, weil er einerseits die militärischen Fähigkeiten des mittlerweile berühmten Freischärlers schätzte und andererseits ihn dem Einfluss des radikalen Mazzini entziehen wollte. 1859 kämpften Garibaldis *Cacciatori delle Alpi* (»Alpenjäger«), wie er seine Truppe nannte, an der Seite der piemontesischen Armee erfolgreich gegen die Österreicher (▶ 2.21). Als nach diesem Krieg Sardinien-Piemont Garibaldis Heimat Nizza an die Franzosen abtrat, protestierte er voller Wut gegen diesen Verrat am italienischen Nationalgedanken.

Seine größte und populärste Heldentat war der »Zug der Tausend«, der schließlich zur Befreiung Siziliens und ganz Süditaliens führte. Als seine größte persönliche Niederlage betrachtete er es, dass er Rom nicht den französischen Schutztruppen entreißen konnte. Seine letzten Lebensjahre verbrachte er, von vielen Verwundungen gezeichnet, indem er sich mit seinem guten Namen politisch für die Rechte der Arbeiter, die Gleichstellung der Frau, die Abschaffung der Todesstrafe und für die Rassengleichheit einsetzte. Er starb am 2. Juni 1882 in Caprera.

2.23 Einwanderung nach Amerika

Die systematische Erschließung des nordamerikanischen Westens (▶ 2.19) eröffnete den Europäern neue Möglichkeiten, soziale Krisen zu bewältigen, die größtenteils aus der Übervölkerung des alten Kontinents herrührten.

In den Jahren 1816 und 1817 sowie noch einmal 1845 und 1847 erlebte Europa starke Klimaschwankungen. Aus ihnen resultierten Missernten, die zu schweren Hungersnöten führten. Besonders hart traf es Irland, wo sich eine bizarre Monokultur ausgebildet hatte: Die irische Bevölkerung hatte sich zwischen 1760 und 1840 von 1,5 auf 9 Millionen Menschen versechsfacht, die drei Viertel ihres Nahrungsbe-

Den Aufbruch in eine ungewisse Zukunft zeigt dieses Gemälde von 1860: »Abschied der Auswanderer«.

Kapitel 2

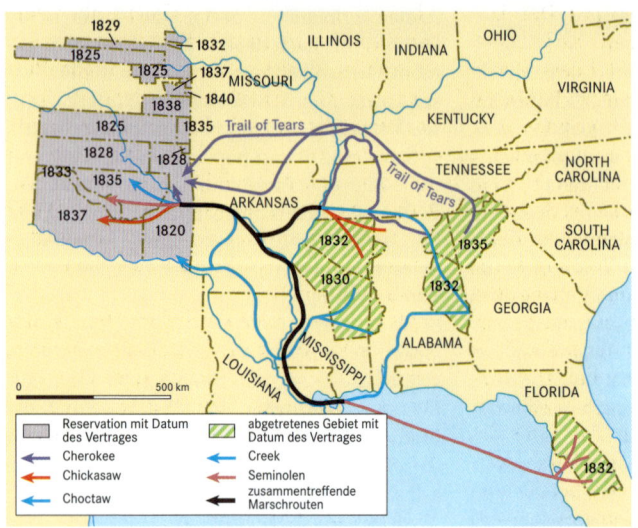

USA: Die Vertreibung der Indianer zwischen 1825 und 1840

darfs mit Kartoffeln deckten. Als zwischen 1797 und 1845 wegen schlechten Wetters und vor allem wegen Schädlingsbefalls (Kartoffelfäule) zwanzigmal die Kartoffelernte ausfiel – der Hungerwinter 1845/46 war der schlimmste –, starben bis zu eine Million Iren, und weitere 1,5 Millionen verließen ihr Land, die meisten in Richtung Vereinigte Staaten.

Sie waren nicht die Einzigen. Zwischen 1850 und 1860 wanderten Deutsche in vergleichbaren Größenordnungen in die USA aus. Zusammen mit den Iren stellten sie über zwei Drittel aller Immigranten; ein knappes Viertel kam aus dem übrigen Europa, überwiegend aus Großbritannien, kaum ein Zehntel aus dem Rest der Welt.

Nicht alle hatten schlechte Ernten vertrieben; auch die einsetzende Industrialisierung führte durch soziale Verwerfungen in vielen Ländern zu einer Verelendung der ärmeren Bevölkerung, was wiederum wesentlich zur Steigerung der Auswanderungen beitrug. Und schließlich verließen nach den Revolutionen und Freiheitskämpfen von 1848 bis 1849 (▶ 2.20) viele Menschen auch aus politischen Gründen ihre Heimat, um Verfolgungen zu entgehen und ein neues, freieres Leben zu beginnen.

Die Einwanderungszahlen stiegen von wenigen zehntausend Personen pro Jahr zu Beginn des 19. Jahrhunderts auf eine Viertelmillion Menschen um die Mitte der Vierzigerjahre und überschritten bereits zehn Jahre später 400 000. Insgesamt wanderten von 1820 bis 1860 über fünf Millionen Menschen in die Vereinigten Staaten ein.

Sie alle wussten aus Briefen, Zeitungen oder vom Hörensagen, dass die Neue Welt ein besseres Leben bot, die Löhne höher und die Chancen vielfältiger waren, auch dass jedermann billig Land kaufen konnte, wenn er sich verpflichtete, es mindestens fünf Jahre lang zu bewirtschaften.

Schließlich lockten im Land der unbegrenzten Möglichkeiten auch sagenhafte Reichtümer: 1848, nach dem Krieg gegen Mexiko, wurde im Tal des Sacramento Gold entdeckt, und schon ein Jahr später begann der große »Gold Rush«, der Schatzsucher nach Kalifornien lockte, dessen Bevölkerung in nur fünf Jahren von 10 000 auf 250 000 Personen hochschnellte.

2.24 Die Expansion Russlands nach Osten

Während sich die westeuropäischen Nationen Portugal, Spanien, Frankreich und die Niederlande vom 16. bis zum 20. Jahrhundert ihre Kolonialreiche in Übersee schufen, breiteten sich die Russen direkt vom eigenen Staatsgebiet nach Osten und Südosten aus. Der Aufbruch russischer Expeditionen nach Asien begann bereits im letzten Viertel des 16. Jahrhunderts. Nach nicht einmal sieben Jahrzehnten waren sie bis zum Pazifik gelangt: 1647 wurde der Stützpunkt Ochotsk angelegt, ein Jahr später war die Ostspitze von Sibirien erreicht. 1652 entstand Irkutsk an der Südwestspitze des Baikalsees als Außenposten russischer Pelzhändler. Die sibirisch-mongolische Grenze wurde dann 1727 im Vertrag von Kjachta festgelegt, der die Interessensphären zwischen Russland und China regelte und bis Mitte des 19. Jahrhunderts bestand. Die treibende Kraft der Kolonialisierung Sibiriens war zunächst der Pelzhandel, den Zar Peter der Große 1697 einem Staatsmonopol unterwarf (▶ 1.13). Unter seiner Devise »Zobel für den Zaren« standen auch die beiden großen Kamtschatka-Expeditionen von 1725 bis 1729 und von 1733 bis 1743 unter der Leitung des Dänen Vitus J. Bering. Gehandelt wurden zunächst Zobel- und Silberfuchspelze, später auch Seeotterfelle. Die intensive Bejagung erschöpfte die jeweiligen Bestände bald, sodass die russischen Händler weiter nach Osten zogen. In den Sechzigerjahren des 18. Jahrhunderts kamen sie nach Alaska, und dort gründete der Kaufmann Grigorij Iwanowitsch Schelichow 1783 die Russisch-Amerikanische Kompanie, die sich zunächst auf den Pelztierfang in Alaska beschränkte. 1799 übertrug ihr Zar Paul I. das Handelsmonopol für Amerika und den nordpazifischen Raum.

Niederlassungen in Kalifornien und auf Hawaii
Als auch im westlichen Alaska der Seeotter nahezu ausgerottet war, dehnte sich der Aktionsraum der Kompanie bis nach Nordkalifornien, wo 1812 in der Nähe von San Francisco Fort Ross, eigentlich Fort Rossija (»Russland«), entstand, und nach Hawaii (1816/17) aus. Diese Aktivitäten deckten sich mit dem Traum des Zarenreichs von einem russisch dominierten Nordpazifik und einem weiten Netz russischer Handelsstützpunkte zwischen Japan und Südamerika.
Doch damit stieß die Kompanie auf britischen und amerikanischen Widerstand. Deshalb stoppte Zar Alexander I. aus außenpolitischen Erwägungen 1819 das Hawaii-Abenteuer und nach 1821 zogen sich die Russen auch aus Kalifornien zurück. 1841 verkaufte die Russisch-Amerikanische Kompanie ihren Besitz in Kalifornien für 30 000 Dollar und konzentrierte sich wieder auf Alaska. Nachdem auch dieser Außenposten wirtschaftlich nicht mehr zu halten war, verkaufte die Kompanie 1867 Alaska für 7,2 Millionen Dollar an die Vereinigten Staaten. Ein Jahr später löste sich die Gesellschaft selbst auf.
Als 1856 der Frieden von Paris (▶ 2.28) das russische Vordringen auf dem Balkan stoppte, wendete sich das Zarenreich dem Kaukasus und verstärkt wieder dem Osten zu, vor allem den Gebieten östlich des Kaspischen Meeres und ab 1860 der Pazifikküste südlich des Amurs.

Ein angeketteter Sträfling in einem Straflager auf der Insel Sachalin, 1890

Schon seit 1747 arbeiteten viele sibirische Bergwerke wie die Eisen- und Kupferminen bei Jekaterinenburg, die Gold- und Silberförderstätten im Altai und die Kohlegruben von Kusnezk unter staatlicher Regie. Kontrolliert und zusammengehalten wurde das riesige, in acht Provinzen aufgeteilte sibirische Kolonialreich durch fast allmächtige Gouverneure und Militärkommandanten, denen häufig die berüchtigten Straflager unterstanden. Deren Zustände wurden kaum verbessert, und auch die wenigen Reformen des russischen Staates im 19. Jahrhundert wirkten sich in Sibirien kaum aus.

2.25 Der Große Aufstand in Indien

Bis zur Mitte des 19. Jahrhunderts blieb der Einfluss der Britischen Ostindienkompanie in Indien ziemlich stabil. Doch dann beging der Generalgouverneur Lord James Andrew Dalhousie einen folgenschweren politischen Fehler: Ihm schien das bisherige Bündnissystem überholt, das den indischen Fürsten zwar nominell die Macht ließ, diese tatsächlich aber von einem britischen Residenten an ihren Höfen ausgeübt wurde. Er bestimmte deshalb, dass, wenn ein Fürst ohne Erbe starb, sein Land als »heimgefallenes Lehen« eingezogen würde. Außerdem enthob Dalhousie kurz vor Ende seiner Amtszeit 1856 den Nawab von Oudh seines Amtes; das reiche Fürstentum Oudh mit der Hauptstadt Lucknow lag in der oberen Gangesebene. Dalhousies Begründung, der Nawab habe »Misswirtschaft« betrieben, war ein Vorwand, um den Briten das Steueraufkommen des Landes zu sichern.

Ein großer Teil des indischen Söldnerheers – von den Briten als »Bengal Army« bezeichnet – stammte aus Oudh, und die Sepoys, die einheimischen Soldaten unter britischem Kommando, fühlten sich durch die Absetzung des Nawabs erheblich gekränkt. Zudem war zuvor ein Gesetz ergangen, das die Sepoys auch zum Dienst in Übersee verpflichtete, obwohl orthodoxen Hindus das Überqueren des Meeres verboten war; diese Regel existierte zwar erst seit dem Mittelalter, wurde aber streng eingehalten. Der Funke, der das Pulverfass schließlich entzündete, kam im Jahr 1857: Die Briten verwendeten ein neues Gewehr, dessen Patronenhülsen mit Tierfett geschmiert waren, die von den Soldaten beim Laden abgebissen werden mussten. Daraufhin zirkulierte das Gerücht, die Sepoys sollten zwangsweise zum Christentum bekehrt werden, weil sie durch das Tierfett verunreinigt und deshalb von ihren Religionsgemeinschaften ausgestoßen würden. Viele Soldaten verweigerten deshalb die Annahme der Patronen.

Die Verweigerung endet im blutigen Aufstand

Als der Kommandant der Garnison von Meerut, einer Stadt nördlich von Delhi, die Verweigerer in Ketten legen ließ, meuterte die gesamte Garnison am nächsten Tag. Einige britische Offiziere wurden ermordet, dann zogen die Aufständischen nach Delhi, wo sie sich dem greisen Großmogul unterstellten, dessen Herrschaft sie wieder errichten wollten. Der Großmogul aber konnte ihnen keinen geeigneten Anführer bieten, sodass der Aufstand letzten Endes auch mangels einer geeigneten Führung scheiterte.

Zulauf fanden die Rebellen nur bei den Grundherren und Bauern Nordindiens, die von den Zwangsverkäufen ihres Landes betroffen waren. So stieß etwa die junge Rani, Witwe des Fürsten von Jhansi zu ihnen, der die Briten die Adoption eines Sohnes verweigert hatten, um ihr Land einziehen zu können.

Spätere Nationalisten haben den Sepoyaufstand als ersten indischen Unabhängigkeitskrieg gefeiert, aber das war er nicht. Er blieb auf einige Gebiete Nordindiens beschränkt und wurde hauptsächlich von meuternden Soldaten getragen.

Die Briten wurden von dem Aufstand zunächst völlig überrascht und waren mit nur 40 000 Soldaten kaum in der Lage, gegen die Aufständischen vorzugehen. Unerwartete Hilfe bekamen sie aber von den Sikhs, die wenige Jahre zuvor von den Sepoys besiegt worden waren und nun die Gelegenheit zur Rache sahen. Zum Dank wurden sie später bevorzugt für die britisch-indische Armee rekrutiert. Trotz der Unterstützung der Sikhs dauerte es fast ein Jahr, bis sich die Briten in Nordindien wieder durchsetzten. Auf der Strecke blieb die Ostindienkompanie. Sie wurde aufgelöst, und Indien kam 1858 unter die Herrschaft der britischen Krone.

2.26 Der Taipingaufstand in China

Die erzwungene Öffnung Chinas in den Verträgen von Nanking (▶ 2.13) und die zunehmende Opiumsucht im Lande stürzten den Süden Chinas in eine soziale Krise, die den Boden für den Taipingaufstand bereitete. Er begann 1850 und weitete sich zum größten Bürgerkrieg des 19. Jahrhunderts aus.

Der bedeutendste Führer des Aufstands war der charismatische Hong Xiuquan, ein früherer Dorfschullehrer, der viermal vergeblich ver-

Nationale Befreiung und Industrialisierung

sucht hatte, die schwierigen Staatsprüfungen zu bestehen, die seit Jahrhunderten für die Bewerbung auf ein Verwaltungsamt vorausgesetzt wurden (▶ 1.12). Er verband Sendungsbewusstsein mit großem Organisationstalent. So hielt er sich für den jüngeren Bruder Jesu und glaubte, Gott habe ihn gesandt, China zu retten. Seine Lehre bestand aus einer Mischung von christlichen Elementen, kollektiver Heilssuche, sozialer Revolution und gegen die Mandschu gerichteter Fremdenfeindlichkeit. Er verurteilte das Opiumrauchen, das Glücksspiel und die Prostitution; eine große Rolle spielte bei ihm auch der Gleichheitsgedanke: Männer und Frauen seien gleichberechtigt, und das Land sollte allen Menschen gemeinsam gehören.

Hong Xiuquan, der charismatische Führer des Taipingaufstands, fand großen Rückhalt in der einfachen Bevölkerung.

Binnen kurzer Zeit scharte Hong Xiuquan in der Provinz Guangxi Zehntausende von Anhängern um sich, die vor allem aus den armen Schichten der großen Städte kamen. Im Januar 1851 erklärte er sich zum König des »Himmlischen Reichs des großen Friedens« *(taiping tianguo)* und rief zum Kampf gegen die Mandschuregierung in Peking auf, in dem er deren Vertreter in den Provinzen sowie die regionalen Oberschichten, von westlichen Historikern als »Gentry« bezeichnet, einschloss. Die Massenheere der Taiping eroberten eine Stadt nach der anderen im Süden Chinas, drangen entlang des Jangtsekiang vor und erreichten 1853 Nanking, das sie zu ihrer Hauptstadt erhoben.

Gegenbewegung und Niedergang

Die kaiserliche Armee war zu schlecht organisiert, um die hoch disziplinierten Taiping zurückzudrängen. Deshalb musste sich die Zentralregierung auf Milizen verlassen, die die Gentry aufstellten und finanzierten. Diese Verbände rekrutierten sich hauptsächlich aus Bauern, die zunächst ihre Dörfer verteidigen wollten, sich aber auch als Bewahrer eines traditionellen Konfuzianismus verstanden und sendungsbewusst wie die Taiping in den Bürgerkrieg zogen.

Die Kämpfe konzentrierten sich auf das Tal des Jangtsekiang, nachdem ein Vorstoß der Taiping Richtung Tientsin, der nach der Eroberung von Nanking begonnen hatte, 1855 fehlgeschlagen war. Der Niedergang der Taiping begann ein Jahr später, als es zu blutigen Machtkämpfen zwischen Hong Xiuquan und mehreren seiner Heerführer kam. Danach traute Hong nur noch seinen – politisch unfähigen – Brüdern und zog sich immer öfter zurück. Neben der internen Schwäche waren die Hingabe an den Luxus, der zunehmend zum Hemmschuh werdende religiöse Fanatismus und vor allem die fehlgeschlagene Umsetzung der Landreform die Hauptgründe für das Scheitern der Taiping.

Ab 1861 drängten die Regierungstruppen die Taiping immer weiter zurück, bis ihnen nur noch Nanking blieb. Hong Xiuquan beging dort am 1. Juni 1864 Selbstmord, und am 19. Juli fiel die Stadt. Beschleunigt wurde die Einnahme von Nanking durch das Eingreifen der Briten und Franzosen. Weil sie fürchteten, die Taiping könnten die ausländischen Kaufleute wieder vertreiben, schlugen sie sich nun auf die Seite des Kaisers und stellten moderne Waffen sowie Militärführer zur Verfügung.

Die Eroberer richteten in Nanking ein schreckliches Blutbad an, bei dem mehr als 100 000 Menschen starben. Insgesamt verloren während des Taipingaufstands rund 20 Millionen Menschen ihr Leben.

2.27 Der Vertrag von Kanagawa

Jahrhundertelang hatte sich Japan vor Fremden verschlossen, und ausländische Schiffe durften nur den Hafen von Nagasaki anlaufen. Der Vertrauensbruch durch einen niederländischen Arzt, der sich in den 1820er-Jahren heimlich Landkarten besorgt hatte, sowie die Nachrichten über den 1. Opiumkrieg in China hatten diese Haltung noch verstärkt: Eine freiwillige Öffnung stand während der Schogunatsherrschaft nicht zur Diskussion, obwohl sich seit dem Frieden von Nanking (▶ 2.13) im Fernen Osten neue Handelsbeziehungen anbahnten.

Im Juni 1853 lief der amerikanische Marineoffizier Matthew Perry mit vier Schiffen in den befestigten Hafen von Uraga auf der Halbinsel Kanagawa am Eingang der Bucht von Edo (heute Tokio) ein. Im Gepäck hatte er ein Schreiben seines Präsidenten Millard Fillmore, in dem dieser die Aufnahme diplomatischer Beziehungen zwischen den Vereinigten Staaten und Japan forderte. Um Zeit zu gewinnen, nahm die japanische Regierung den Brief schließlich an, und es begann eine heftige Debatte zwischen den Gegnern und den Befürwortern einer Öffnung Japans.

Im Frühjahr 1854 kam Perry, diesmal mit neun Schiffen, zurück, um sich die Antwort abzuholen, und erzwang schließlich am 31. März 1854 den Vertrag von Kanagawa: Die Tatsache, dass die japanische Marine und Armee Perrys Kriegsschiffen nichts entgegenzusetzen hatte, bewog Japan schließlich, die Häfen Shimoda und Hakodate für amerikanische Schiffe zu öffnen und einen amerikanischen Konsul zu akzeptieren. Dieser setzte dann das eigentliche Anliegen des Vertrages, ein Handelsabkommen mit Japan, durch, das 1858 unterzeichnet wurde; Perrys Vertrag hatte nur Proviantnahme, Schiffsreparaturen und die Versorgung von Schiffbrüchigen beinhaltet.

Auch dieses zweite Abkommen war umstritten, und der japanische Politiker Ii Naosuke ließ es ohne die Absegnung durch den Kaiserhof unterzeichnen, weil er fürchtete, dass Verzögerungen nur weitergehende Forderungen und militärische Turbulenzen auslösen würden. Zuvor hatte Japan ähnliche Verträge auch mit Großbritannien (1854), Russland (1855) und den Niederlanden (1856) geschlossen; 1861 kamen Frankreich und Preußen hinzu.

Die Niederlassung von Ausländern in den geöffneten Hafenstädten erzeugte in Japan eine Welle von Fremdenfeindlichkeit, die das Land an den Rand eines Bürgerkriegs brachte. Die Westmächte antworteten mit Härte und beschossen 1863 Kagoshima und 1864 Shimonoseki. Mit einer gemeinsamen Flottenparade in der Bucht von Kobe erzwangen sie 1865 die Ratifizierung der Verträge durch den Tenno.

2.28 Der Krimkrieg

Direkter Auslöser dieses Krieges, der seinen Namen wegen des Hauptschauplatzes der Kämpfe trägt, war die Forderung von Zar Nikolaus I., der 1853 die unmittelbare Schutzherrschaft über die orthodoxen Christen im Osmanischen Reich verlangte, nachdem Napoleon III. 1852 für die Katholiken dort Vorteile erwirkt hatte (▶ 3.26). Von Großbritannien unterstützt, lehnte der Sultan das russische Verlangen ab. Daraufhin besetzten russische Truppen im Juli 1853 die Donaufürstentümer Moldau und Walachei, und daraus folgte im Oktober 1853 die Kriegserklärung der Osmanen an Russland.

Nachdem die russische Schwarzmeerflotte ein türkisches Geschwader in Sinop an der Südküste des Schwarzen Meeres zerstört hatte, lief ein britisch-französischer Flottenverband Anfang Januar 1854 zum Schutz der türkischen Schwarzmeerküste aus. Ende März erklärten Großbritannien und Frankreich Russland den Krieg. Um zu verhindern, dass auch Österreich-Ungarn in den Krieg eintrat, räumte Russland die Donaufürstentümer, die Österreich im August besetzte.

Im September 1855 landeten Truppen der Alliierten an der Küste der Halbinsel Krim. Zum ersten Mal seit 1815 führten europäische Großmächte wieder gegeneinander Krieg: Die Heilige Allianz (▶ 2.1) war zerbrochen. Die Verbündeten belagerten im ersten Stellungskrieg der Moderne den Kriegshafen Sewastopol. Unter den Belagerern brachen Typhus, Cholera und Ruhr aus, die unter anderem durch den Einsatz der britischen Krankenschwester Florence Nightingale mit einer verbesserten Verwundeten- und Krankenpflege erfolgreich bekämpft wurden, sodass die Erkrankungen deutlich zurückgingen.

Fast genau ein Jahr nach Beginn der Belagerung gaben die Russen am 10. September 1855 Sewastopol auf, weil sie ohne Eisenbahn keinen ausreichenden Nachschub organisieren konnten. Erfolgreicher waren sie im Südkaukasus, wo sie im November 1855 die türkische Festung Kars eroberten.

Inzwischen war auch das Königreich Sardinien-Piemont mit 10 000 Mann in den Krieg eingetreten. Als Österreich erneut drohte, sich gleichfalls den Alliierten anzuschließen, willigte das Osmanische Reich am 1. Februar 1856 in einen Waffenstillstand ein, der mit dem Frieden von Paris am 30. März 1856 bestätigt wurde.

Die Festung Sewastopol widerstand 1855 fast zwölf Monate lang der Belagerung der Alliierten. Danach erstürmten die Franzosen die Stadt.

Der Friedensvertrag von Paris
In dem Vertrag wurde der Bestand des Osmanischen Reiches gewährleistet; im Gegenzug musste der Sultan Zugeständnisse im Hinblick auf Handelsabkommen und niedrige Einfuhrzölle machen. Russland verzichtete auf das Protektorat über die Donaufürstentümer, trat die Donaumündungen sowie das südliche Bessarabien an Moldawien ab, räumte Kars und erhielt Sewastopol zurück. Das Schwarze Meer wurde entmilitarisiert und die Donauschifffahrt für alle Nationen geöffnet.

Mit rund 500 000 Toten war der Krieg überaus verlustreich gewesen. Für Russland bedeutete er eine diplomatische Niederlage, weil durch ihn feindselige Gefühle zu Österreich-Ungarn entstanden waren, die auf dem Balkan bis zum Ersten Weltkrieg nachwirkten. Die weiteren außenpolitischen Folgen waren: Russland wendete sich Mittelasien zu, die russische Hegemonialmacht in Europa ging auf Frankreich über, und der Ministerpräsident von Sardinien-Piemont, Camillo Cavour, öffnete wegen der Teilnahme seines Landes am Krieg den Weg zur italienischen Einigung.

Die Donaufürstentümer standen als autonome Staaten zunächst unter türkischer Oberhoheit, 1876 wurden sie dann zum Königreich Rumänien vereinigt. Die Interessenkonflikte der europäischen Großmächte bezüglich des Orients, an denen sich der Krieg eigentlich entzündet hatte, wurden nicht gelöst.

2.29 Die Verträge von Tientsin

Der nach dem 1. Opiumkrieg geschlossene Vertrag von Nanking (▶ 2.13) zwang China zur Aufgabe seines Prinzips, den Handel mit dem Ausland nur über Kanton, das weitab von der Hauptstadt Peking ganz im Süden liegt, zuzulassen und den Ausländern selbst den Zutritt ins Land zu verwehren. Nun hatten die Fremden Residenzrecht in fünf *treaty ports* (»offenen Häfen«). Der Handel ins Land erfolgte nach wie vor über einheimische Kaufleute, aber China wurde keineswegs von ausländischen Waren überschwemmt. Im Gegensatz zu britischen Erwartungen nahm der Umfang des Handels nach 1846 sogar ab, und das Opiumproblem blieb ungelöst.

Ein Zwischenfall in Kanton, wo chinesische Polizisten im Oktober 1856 ein britisches Schiff, die »Arrow«, enterten, bot den Anlass für den 2. Opiumkrieg. Da angeblich im Landesinneren ein französischer Missionar hingerichtet worden war, schloss sich jetzt Frankreich den Briten an. Russland und die USA hielten sich zurück, schickten aber diplomatische Beobachter. Im Frühjahr 1858 erreichten Franzosen und Briten Tientsin, sodass der durch den Taipingaufstand (▶ 2.26) geschwächten chinesischen Zentralregierung nichts anderes übrig blieb, als die Verträge mit Großbritannien, Frankreich, Russland und den USA zu unterschreiben.

Neben die früheren Zugeständnisse traten nun die Öffnung weiterer Häfen, das Residenzrecht von westlichen Gesandten in Peking, die freie Schifffahrt auf dem Jangtsekiang, Missions- und Reisefreiheit in ganz China sowie die Legalisierung des Opiumimports; das Rauschgift blieb bis 1880 der größte Importposten.

Parallel dazu sicherte sich Russland im Vertrag von Aigun 1858 von China das Gebiet nördlich des Amur und mit dem Abkommen von Peking 1860 die Küstenprovinz zwischen Ussuri und Pazifik, wo im selben Jahr die Stadt Wladiwostok gegründet wurde. Mit diesem Abkommen zeigte sich China dafür erkenntlich, dass der russische Unterhändler eine Vermittlerrolle gespielt hatte, nachdem China sich geweigert hatte, die Verträge von Tientsin umzusetzen und die Alliierten erneut angriffen – diesmal Peking, wo sie den berühmten Sommerpalast zerstörten –, um die Ratifizierung zu erzwingen.

2.30 Friedrich List und der Deutsche Zollverein

Der Handwerkersohn Friedrich List, geboren am 6. August 1789 in Reutlingen, stieg vom Verwaltungsbeamten zum Professor für Staatswissenschaften (ab 1817) und württembergischen Abgeordneten auf. Als solcher setzte er sich für politische und wirtschaftliche Reformen so entschieden ein, dass er 1820 die Professur sowie 1821 sein Mandat verlor und 1822 wegen »staatsfeindlicher« Umtriebe verurteilt wurde. Ein Teil der Haftstrafe wurde ihm erlassen, als er sich 1825 zur Emigration bereit erklärte.

Unter anderem hatte List als Mitbegründer des Deutschen Handels- und Gewerbevereins (1819) die Abschaffung der innerdeutschen Zölle gefordert, die aufgrund der Kleinstaaterei die wirtschaftliche Entwicklung und damit die im übrigen Europa fortschreitende Industrialisierung (▶ 3.1) behinderten. Während Lists amerikanischem Exil fiel seine Anregung auf fruchtbaren Boden. 1828 gründeten Preußen und Hessen-Darmstadt einen Zollverein, Bayern und Württemberg den Süddeutschen Zollverein, und Hannover, Kurhessen, Sachsen sowie die thüringischen Staaten den Mitteldeutschen Handelsverein. Trotz Bedenken kleinerer Länder, die eine preußische Vormachtstellung befürchteten, schlossen sich die preußische und die süddeutsche Gruppe am 1. Januar 1834 zum Deutschen Zollverein zusammen, dem bis 1854 auch der hannoversche Steuerverein, Nassau, Luxemburg und Baden beitraten.

Versuche von 1848/49, gemeinsam mit Österreich einen »großdeutschen« Handels- und Zollverband einzurichten, scheiterten an dessen wirtschaftlichen Interessen, die eher auf den Süden und Südosten zielten. Damit zeichnete sich handelspolitisch schon früh das »kleindeutsche« Modell ab, das Bismarck spätestens mit der Reichsgründung 1871 realisierte.

Friedrich List kehrte 1832 als amerikanischer Konsul nach Deutschland zurück. In den USA hatte er die enorme wirtschaftliche Bedeutung der Eisenbahn (▶ 3.5) kennen gelernt und setzte sich nun für die Schaffung eines Eisenbahnnetzes im Deutschen Bund ein. Gleichzeitig regte er an, die in Entwicklung befindlichen deutschen Industrien eine Zeit lang durch »Erziehungszölle« vor weiter fortgeschrittenen ausländischen Konkurrenten zu schützen.

1841 erschien sein Hauptwerk, »Das nationale System der politischen Ökonomie«, das unvollendet blieb. Seine wirtschaftstheoretischen Arbeiten, die ihrer Zeit voraus waren, fanden gebührende Beachtung erst nach seinem Tod – am 30. November 1846 nahm er sich in Kufstein das Leben.

Nationale Befreiung und Industrialisierung

Daten

1803–19	Die USA verdoppeln ihr Staatsgebiet durch Zukäufe
1810–25	Unabhängigkeitskriege in Hispanoamerika
8. Juni 1815	Gründung des Deutschen Bundes in Wien
26. Sept. 1815	Österreich, Preußen und Russland gründen die »Heilige Allianz« in Paris
Sept.–Nov. 1818	Aachener Kongress: Frankreich wieder im Kreis der europäischen Großmächte
Aug. 1819	Karlsbader Beschlüsse
1819–30	Simón Bolívar scheitert mit dem Projekt der Vereinigten Staaten von Südamerika
7. Sept. 1822	Unabhängigkeit Brasiliens von Portugal
2. Dez. 1823	US-Präsident James Monroe verkündet die nach ihm benannte Doktrin
14. Sept. 1829	Unabhängigkeit Griechenlands vom Osmanischen Reich
Okt. 1829	George Stephenson präsentiert mit der »Rocket« die erste moderne Dampflokomotive
1830	Beginn systematischer Zwangsumsiedlungen von Indianern in den USA
29.–31. Juli 1830	Julirevolution in Frankreich
7. Aug. 1830	Louis Philippe, Herzog von Orléans, wird »Bürgerkönig« von Frankreich
4. Okt. 1830	Unabhängigkeit Belgiens von den Niederlanden
1830–31	Aufstände in Polen
27.–30. Mai 1832	Hambacher Fest: 30 000 Oppositionelle fordern Demokratie und nationale Einheit
7. Dez. 1835	Die erste deutsche Eisenbahn fährt von Nürnberg nach Fürth
1835–40	Großer Treck der Buren
1837	Erster schraubengetriebener Überseedampfer
1840–1842	1. Opiumkrieg in China
29. Aug. 1842	Vertrag von Nanking
1840–41	Londoner Konventionen: die Großmächte stabilisieren das Osmanische Reich
1844	Weberaufstand in Schlesien
1845–47	USA gewinnen Texas, Oregon, Kalifornien und Neumexiko hinzu
16. Nov. 1846	Die Republik Krakau wird nach einem Aufstand Galizien einverleibt
Febr. 1848	»Kommunistisches Manifest« in London veröffentlicht
1848	Großherzogtum Posen wird Provinz des preußischen Staates
22.–24. Febr. 1848	Februarrevolution in Paris
1848–49	»Märzrevolutionen« in Deutschland, Österreich, Italien, Ungarn, Tschechien; bis 1849 sind alle Aufstände gescheitert
25. Feb. 1848	Zweite Republik in Frankreich ausgerufen
18. Mai 1848	Deutsche Nationalversammlung tritt in der Frankfurter Paulskirche zusammen
April 1849	Friedrich Wilhelm IV. lehnt die Kaiserkrone und die Verfassung der Paulskirche ab
1851	Erste Weltausstellung (London)
2. Dez. 1851	Staatsstreich Louis Napoléon Bonapartes
1850–64	Taipingaufstand in China
1853–56	Krimkrieg
31. März 1854	Vertrag von Kanagawa zwischen Japan und den USA
30. März 1856	Der Frieden von Paris beendet den Krimkrieg
1856–58	2. Opiumkrieg in China
1857–58	Sepoyaufstand in Indien; Indien kommt unter britische Herrschaft
1858	Handelsabkommen zwischen Japan und den USA
1858	Verträge von Tientsin und von Aigun (China und Russland)
1859–61	Befreiungskriege in Italien, am 17. März 1861 ist die Einigung vollendet

Industrielle Revolution und koloniale Expansion (1860–1880)

3

Einführung

Die Menschheit kannte nur vier mit der Industrialisierung vergleichbare Durchbrüche oder Kulturschwellen: die Hominisation, also den Schritt, der den Menschen vom Tier unterscheidet, dann die Sesshaftwerdung der Menschen, anschließend den Übergang zu urbanen Lebensweisen und schließlich, etwa 300 v. Chr., den Übergang vom Mythos zum Logos, d. h. zur rationalen Naturerklärung. Mit all diesen Schritten waren unumkehrbare Veränderungen sämtlicher Lebensbereiche verbunden. Aber die Weltgeschichte kennt kein Ereignis, das in so kurzer Zeit alles – von der individuellen Lebensweise über die Wahrnehmungen der Welt bis hin zu Eingriffen in die Natur – so grundstürzend veränderte wie die Industrialisierung. Der Begriff »industrielle Revolution«, geprägt von Friedrich Engels und Louis Blanqui, wurde Ende des 19. Jahrhunderts populär und gewann seine heutige Bedeutung zur Kennzeichnung beschleunigter technologischer, ökonomischer und sozialer Veränderung im Übergang von der Agrar- zur Industriegesellschaft. Weil die industrielle Revolution umwälzende, überaus komplexe soziale und politische Konsequenzen für die gesamte Menschheit hatte – und hat –, ist der Begriff »Revolution« gerechtfertigt. Kein Teil der Welt konnte sich diesem Prozess auf Dauer entziehen, und mittlerweile wird die industrielle Revolution als eine nie endende Fortsetzungsgeschichte verstanden, man spricht daher von der ersten (Schwerindustrie), zweiten (Chemie- und Elektroindustrie) und dritten (Computer- und Biotechnikindustrie) industriellen Revolution.

Von der Dampfmaschine zum Eisenbahnzeitalter

Warum gerade Großbritannien zum Mutterland der industriellen Revolution, zur »Werkstatt der Erde«, wurde, hat die historische Forschung immer wieder fasziniert und beschäftigt. Verschiedene innerbritische Faktoren waren dafür ausschlaggebend, aber es ist schwierig, sie im Einzelnen zu gewichten, da alles zusammenwirkte. Zunächst waren die Startvoraussetzungen günstig, denn nirgendwo in Europa wuchs die Bevölkerung so rasch wie auf der Insel – Folge eines medizinischen Fortschritts und verbesserter Anbaumethoden in der Landwirtschaft. Somit stand nicht nur ein Reservoir an Arbeitskräften bereit, zugleich stieg auch die Binnennachfrage nach Massenprodukten, die – anders als z. B. in Deutschland – nicht durch Binnenzölle gehemmt wurde. Schrittmacher der Industrialisierung war die Baumwollindustrie, und dabei kamen Großbritannien seine Kolonien zugute. Der Austausch von Grundstoffen und Kolonialwaren gegen britische Industrieerzeugnisse begründete ein weltweites, multilaterales Handelssystem. Ohne Erfindungen und technische Neuerungen wäre dies jedoch unmöglich gewesen. Den entscheidenden Durchbruch brachte die Mechanisierung in der Baumwollindustrie und vor allem die von James Watt erfundene Dampfmaschine – eine neue, revolutionäre Energiequelle, die es ermöglichte, überall Fabriken anzusiedeln. Die Dampfmaschine wurde zum Motor der Industrialisierung. Man hat zu Recht argumentiert, dass die Offenheit der britischen Gesellschaft, ihre Flexibilität und hohe Mobilität so viele Erfinder- und Unternehmertalente hervorgebracht hat wie sonst nirgendwo auf der Welt in der damaligen Zeit.

Nach der Baumwoll- stieg die Schwerindustrie zum zweiten Führungssektor der Industrialisierung auf: Mit der Erfindung des »Puddelverfahrens«, das die Herstellung von schmiedbarem Stabeisen ermöglichte, welches für alle industriellen Zwecke verwendbar war, begann Eisen das Holz als universellen Baustoff zu verdrängen; es wurde zum Symbol der industriellen Zeit. 1825 war in Großbritannien die erste Eisenbahnstrecke der Welt eröffnet worden. Die Eisenbahn versinnbildlichte bald Fortschritt und Modernität, und der Ausbau des Schienennetzes hatte weltweit große Bedeutung für die rasche Entwicklung der entstehenden Industriezweige. Die Eisenbahngeschwindigkeit war für die Zeitgenossen etwas ganz Neues, und ihre Reize und Eindrücke überforderten sie oftmals: Die Lokomotive wurde in der Literatur zum »Dampfross«, zur »Windsbraut«, zum »schnaubenden Stier«. Bereits 1807 hatte der Amerikaner Robert Fulton eine Dampfmaschine in ein Schiff eingebaut, damit war das Dampfschiff erfunden. 1866 erfand Werner von Siemens den Dynamo, mit dessen Hilfe man Strom erzeugen konnte – ein weiterer Durchbruch in der Energieerzeugung. Bald sollte auch der erste Motorwagen von Daimler-Maybach entstehen (1886). Führungssektoren und Führungsregionen der industriellen Revolution lösten sich gegenseitig ab; seit dem letzten Drittel des Jahrhunderts spielten die Chemie- und Elektroindustrie eine zunehmend wichtigere Rolle, und anfängliche Nachzügler wie Deutschland standen nun in der ersten Reihe, wo jetzt auch Senkrechtstarter wie die USA zu finden waren, die in einer beispiellosen Entwicklung zur führenden Industriemacht aufstiegen.

Die soziale Frage und Umweltprobleme entstehen

Die Vermehrung des Wissens und Könnens im 19. Jahrhundert betraf alle menschlichen Daseinsbereiche, aber auch die Probleme wuchsen enorm. Die Industrialisierung schuf eine neue soziale Schicht, die Fabrikarbeiterschaft. Sie arbeitete meist an der Grenze der körperlichen Leistungsfähigkeit und lebte am Rande des Existenzminimums. Arbeit im Bergwerk oder in der Fabrik war gesundheitsgefährdend und nicht selten lebensgefährlich. Es existierten keine verbindlichen Grenzwerte für Lärm, Staub, Gestank oder Hitze; auch an Sicherheitsvorkehrungen mangelte es, Arbeitsunfälle galten als Privatsache. Sechzigstundenwoche und Kinderarbeit blieben noch lange die Regel; Frauen verdingten sich in Sektoren mit Niedriglöhnen. Die industriellen Arbeitsbedingungen waren neu und ungewohnt, denn sie bedeuteten eine zeitliche Disziplinierung: Das Tempo der Maschine bestimmte den Rhythmus der Arbeit. So kam es in den Anfangsjahrzehnten der Industrialisierung auch zu »Maschinenstürmereien«; man versuchte, sich gegen die Bedrohung durch den technischen Fortschritt zur Wehr zu setzen, indem Fabriken gestürmt und Maschinen zerstört wurden, das Militär schlug zahlreiche Protestaktionen nieder.

Da viele Menschen in die rasch wachsenden Städte zogen, um dort Arbeit zu finden, herrschten verheerende hygienische Zustände und eine ständige Seuchengefahr. Wesentlicher Bestandteil der sozialen Frage war daher die Wohnsituation der Arbeiter, die dicht zusammengedrängt in schäbigen Mietskasernen hausten. Wie konnte ein menschenwürdiges Leben der Arbeiter aussehen? Karl Marx prognostizierte eine zunehmende »Verelendung des Proletariats« und die anschließende Revolution; andere Auffassungen entstanden in Gewerkschaften, Parteien und Kirchen und mündeten in die Anfänge einer – noch ganz bescheidenen – Sozialgesetzgebung. Dies galt vor allem für Deutschland und die skandinavischen Länder, wo auf Reformen gesetzt wurde. Hier blieben nationale Massenstreiks wie in Frankreich oder Italien aus, und regelrechte Schlachten zwischen Streikenden, Streikbrechern und Betriebsschutzgruppen, wie sie in den Vereinigten Staaten stattfanden, waren in Deutschland undenkbar.

Mit der Industrialisierung entstand eine Belastung der Umwelt, die in ihrer Intensität völlig neu war. Noch lange Zeit galt die Natur als fast unbegrenzt belastbar und regenerationsfähig, und das Bewusstsein, dass sie um ihrer selbst willen schützenswert sei, bestand nicht, die Menschen sahen in ihr noch keinen

Kapitel 3

Wert an sich. Erst gegen Ende des 19. Jahrhunderts lagen eindeutig medizinische Erkenntnisse vor, die einen direkten Zusammenhang von Vergiftungen des Wassers, der Böden, der Luft und zunehmenden Gesundheitsschäden herstellten.

Bürgerkrieg und Einigungskrieg

Eine der furchtbarsten Katastrophen des 19. Jahrhunderts war der Amerikanische Bürgerkrieg (1861–65): 360 000 Nordstaatler und 260 000 Südstaatler fanden in ihm den Tod. Beide Seiten mobilisierten mehr als fünf Millionen Soldaten. Kaum eine Familie wurde nicht in Mitleidenschaft gezogen, da die Zivilbevölkerung vollständig in die Kriegsanstrengungen eingebunden war. Ursache des Amerikanischen Bürgerkriegs war die Frage der Sklaverei. Während viele im Norden die Sklaverei als einen Verstoß gegen die Prinzipien der Unabhängigkeitserklärung brandmarkten, glaubten die Südstaaten, in ihrer Plantagenwirtschaft auf die billige Arbeitskraft der Sklaven nicht verzichten zu können, und verließen die Union, die Nation spaltete sich. Nach dem Sieg des Nordens galt die Sklaverei zwar als abgeschafft, doch überall im Süden wurden so genannte »Black Codes« erlassen, die die ehemaligen Sklaven weiterhin in Abhängigkeit und Rechtlosigkeit hielten. Rüstungstechnisch wurde im Verlauf des Krieges eine weitere Schwelle überwunden: Maschinengewehre kamen zum Einsatz, ebenso Minen, Panzerschiffe und U-Boote. Das Eisenbahnwesen erlaubte eine ganz neue, effizientere Kriegsführung. Die Industriekraft des Nordens der USA entschied schließlich den Sezessionskrieg. Historiker sehen im Amerikanischen Bürgerkrieg die Vorstufe zu den totalen Kriegen des 20. Jahrhunderts. Viel kürzer, aber in der Tendenz nicht unähnlich, wurde der Deutsch-Französische Krieg 1870/71 geführt, der zur Gründung eines deutschen Nationalstaates durch »Eisen und Blut« führte. Auch hier bildete die systematische, immer brutaler werdende Kriegsführung eines industrialisierten Volkskrieges die Verbindungslinie zu den totalen Kriegen.

Der Griff nach Kolonien

Teile Afrikas waren durch den Sklavenhandel fast ausgeblutet, der Kontinent befand sich im Niedergang. Die alten Reiche am Niger und an der Guinea-Küste leisteten der forcierten Kolonialisierung durch die Europäer zwar Widerstand, zerfielen aber nach und nach. Man darf jedoch nicht vergessen, dass der größte Teil Afrikas bis zur Mitte des 19. Jahrhunderts noch völlig unbeeinflusst von den Europäern blieb und eine eigene Geschichte hatte, die nicht in die europäischen Periodisierungen zu pressen ist. Im Grunde gilt dies für sämtliche Teile der außereuropäischen Welt, die eigene, spezifische Epochengrenzen kennen. Außerdem war die koloniale Expansion der Europäer nur möglich, weil man seit Jahrhunderten Kenntnisse und Techniken des Orients – etwa den Kompass oder Verbesserungen des Schiffbaus – aufgenommen und weiterentwickelt hatte.

Im 19. Jahrhundert setzte die wissenschaftliche Erforschung der Erde ein, z. B. durch Alexander von Humboldt, der Lateinamerika bereiste, durch Charles Darwin, der grundstürzende Entdeckungen auf den Galapagos-Inseln machte, oder durch russische und schwedische Asienforscher. Asien, der größte und reich gegliederte Kontinent, bildete keine geschichtliche Einheit. Das Osmanische Reich schwankte im 19. Jahrhundert zwischen Verfall und zaghaften Reformen. Der Islam erwies sich als einzige große Religion dem Christentum gegenüber als absolut immun, was die Eigenständigkeit der islamischen Länder beförderte. In Indien waren seit dem 16. Jahrhundert die Europäer, vor allem die Briten, eingedrungen und veränderten die politische Struktur des Subkontinents nachhaltig. Der »Sepoy-Aufstand« 1857 war hier das letzte große Aufbäumen gegen die britische Kolonialherrschaft. Zwanzig Jahre danach nahm Königin Viktoria den Titel einer Kaiserin von Indien an, und in diesem »Viktorianischen Zeitalter« erreichte der britische Kolonialimperialismus seinen Höhepunkt, wobei Indien die Basis war für das in der Neuzeit größte und mächtigste Kolonialreich, das britische Weltreich. Zu ihm gehörte auch das kaum besiedelte Australien, das bis zur Mitte des 19. Jahrhunderts den Briten als Strafkolonie diente. Zur gleichen Zeit setzten sich in Indochina die Franzosen fest, und in China erzwangen die europäischen Mächte nach dem »Opiumkrieg« (1840–42) die Öffnung der Häfen für den europäischen Handel. Damit endete eine dreihundertjährige Selbstisolierung des chinesischen Kaiserreichs. Auch Japan, das lange abgeschlossen war, wurde 1854 von den USA gezwungen, seine Häfen zu öffnen. Seit 1868 begannen die »Meiji-Reformen«, die dem Motto folgten »Moral des Ostens, Wissenschaft des Westens«. In einer technisch-wissenschaftlichen Aufholjagd stieg Japan zur Großmacht auf und sollte bald nach China ausgreifen.

3.1 Die industrielle Revolution

Die Anfänge der Industrialisierung gehen ins England des 18. Jahrhunderts zurück, wo zwei entscheidende Voraussetzungen geschaffen wurden: erstens die Mechanisierung der Arbeit durch die Erfindung von Maschinen und zweitens die Neuorganisation der Arbeit in Manufakturen – aus denen später Fabriken entstanden – statt in ständisch-handwerklichen Betrieben. Zwei weitere wichtige Faktoren in Großbritannien bestanden in der Verfügbarkeit von freiem, aus Kolonialwirtschaft und -handel gewonnenem Kapital in den Händen wohlhabender Bürger, die sich damit zu Unternehmern entwickeln konnten, und riesigen neuen Absatzmärkten in den Kolonien.

Die Mechanisierung der Arbeit hatten die Erfindung der Dampfmaschine (▶ 2.3) und, damit einhergehend, die Revolutionierung des Kohlebergbaus (▶ 2.4) und der Eisen- beziehungsweise Stahlerzeugung (▶ 2.5) eröffnet. Die nächsten Erfindungen, die handwerkliche Arbeit unmittelbar durch Maschinen ersetzten, wurden bei der Textilerzeugung gemacht, einer traditionellen Domäne des britischen Manufakturwesens. Mechanische Spinnmaschinen und Webstühle, deren Effizienz und Produktivität in rascher Folge bis zur Mitte des 19. Jahrhunderts immer weiter verbessert wurden, bildeten die Vorreiter einer Entwicklung, die mit einer Vielzahl von dampfgetriebenen Maschinen und Werkzeugen nach und nach die alten Arbeitsweisen ersetzten. An die Stelle der Manufakturen traten im Verlauf dieses Prozesses immer größere Fabrikhallen, in denen statt der traditionellen Handwerker billige ungelernte Arbeitskräfte schufteten – in der Textilindustrie vor allem Frauen und Kinder (▶ 3.7).

Unaufhaltsame Entwicklung

Es konnte nicht ausbleiben, dass Handwerker, die sich um ihr Brot gebracht sahen – so genannte Maschinenstürmer –, immer wieder die neuartigen Apparate zerstörten, doch die Produktivitätsexplosion durch die Mechanisierung ließ sich nicht aufhalten. Großbritannien, das z. B. um 1750 noch kaum Baumwolltextilien exportiert hatte, wandelte sich bis Mitte des 19. Jahrhunderts mit einem Anteil von 50 Prozent Baumwollwaren an seinem Exportvolumen zum weltweit größten Textilexporteur.

Der entscheidende Beschleunigungsfaktor, der aus einem Übergang zu neuen Arbeits- und Wirtschaftsformen tatsächlich eine Revolution

August Borsig gründete 1837 eine Maschinenfabrik mit Eisengießerei in Berlin. Sie wurde zur größten deutschen Lokomotivfabrik.

machte, war die Mechanisierung des Verkehrs- und Transportwesens. Der zügige Ausbau der Eisenbahnnetze (▶ 3.5), bei dem wiederum Großbritannien das Vorbild abgab, und die enorme Effizienzsteigerung in der Binnenschifffahrt durch die Dampfkraft (bis dahin mussten die Lastkähne mühsam getreidelt werden) ermöglichten einen raschen und preiswerten Austausch von Rohstoffen und Fertigprodukten über weite Entfernungen. Das war die entscheidende Voraussetzung für Massenproduktion und massenhafte Distribution.

Der Ausbau der Eisenbahnnetze, der seinerseits wieder einen ungeheuren Bedarf an Rohstoffen, Gütern und Arbeitskräften erzeugte, ist typisch für die sich aufschaukelnden Wechselwirkungen zwischen den für sich allein schon spektakulären Entwicklungen. Diese führten zu einem sich immer schneller vollziehenden, tief greifenden Wandel aller Lebensbereiche, was vor allem soziale Umbrüche bisher unbekannten Ausmaßes nach sich zog (▶ 3.8).

Nachzügler Deutschland
In Frankreich, den Niederlanden und Belgien eiferten Unternehmer und Techniker den britischen Produktions- und Wirtschaftsweisen als Erste nach. Insgesamt aber dauerte es mehrere Jahrzehnte, bis der Prozess der Industrialisierung das gesamte europäische Festland ergriffen hatte.

In Deutschland bremste die Zersplitterung in Kleinstaaten, die erhebliche Handelshindernisse mit sich brachte und auch den Aufbau einer adäquaten Verkehrsinfrastruktur erschwerte (▶ 2.30), die industrielle Entwicklung erheblich. Sie setzte erst in der zweiten Hälfte des 19. Jahrhunderts in einem Umfang ein, dass man von einer »Revolution« sprechen kann, und wirkte sich dann aber umso vehementer aus: Firmen wie Krupp, Klöckner, Mannesmann oder Borsig errangen rasch Weltgeltung, und einst agrarisch geprägte Landstriche wie das Ruhrgebiet verwandelten sich in riesige Industriereviere. Aber auch die Landwirtschaft durchlief eine Revolution, vor allem durch die in der zweiten Jahrhunderthälfte aufkommende Agrarchemie, die eine drastische Ertragssteigerung ermöglichte und so die zu Anfang der Industrialisierung grassierenden Hungersnöte überwinden half: Zwischen 1875 und dem Ersten Weltkrieg stieg der Kunstdüngerverbrauch in Deutschland um den Faktor 15.

Zugleich setzte eine ungeheure Landflucht ein: Um 1830 verdienten noch rund 80 Prozent der Deutschen ihren Lebensunterhalt in der Landwirtschaft, bis zum Ende des Jahrhunderts halbierte sich der Anteil nahezu. Die Industriestandorte schwollen binnen weniger Jahrzehnte zu Großstädten mit ausgeprägten Slumvierteln an, während einst bedeutende Orte, die keinen Anschluss an die neue Zeit fanden, in eine Art Dornröschenschlaf bis weit ins 20. Jahrhundert verfielen.

3.2 Der Unternehmer – Vertreter einer neuen Zeit

Die ersten Unternehmer waren die britischen Manufakturbesitzer. Noch vor der Mechanisierung der Arbeit, die die industrielle Revolution auslöste, bestand ihre innovative Leistung darin, die traditionelle handwerkliche Wirtschaftsweise ganz neu zu organisieren. Sie brachten das Kapital für die Rohstoffe und die Produktionsmittel (Räumlichkeiten, Geräte, später Maschinen) auf und stellten Arbeiter ein, die die Waren für sie herstellten und als Gegenleistung Lohn erhielten. Aus dem Verkauf der Waren zu einem höheren Betrag, als deren Herstellung sie gekostet hatte, zogen sie ihren Gewinn. Alles, was die Herstellung verbilligte, versprach mehr Profit, daher interessierten sie sich – neben niedrigen Löhnen – vor allem für eine Steigerung der Produktivität, wie sie durch Maschinen zu realisieren war. Das machte die Unternehmer zu den Triebkräften der industriellen Revolution.

Zu deren Beginn brauchte man für eine Unternehmensgründung noch relativ wenig Kapital, sodass der Typus des »Handwerker-Unternehmers« noch weit verbreitet war. Oft waren die Firmengründer auch Techniker, die die Produktion und Vermarktung ihrer Konstruktionen selbst in die Hand nahmen, beispielsweise James Watt (Dampfmaschinen) oder George und Robert Stephenson (Lokomotiven).

In Deutschland stammten rund 60 Prozent der Unternehmensgründer aus kleinbürgerlichen oder Arbeiterfamilien, nur rund zehn Prozent kamen – vor allem im oberschlesischen Bergbau – aus dem Adel oder dem Beamtentum, der Rest aus dem Mittelstand. Diese frühen Unternehmer verstanden sich als Generalisten, die sich um alles in ihrem Betrieb kümmerten und bei Bedarf auch selbst mit anpackten. Sie entwickelten zu ihren Arbeitern oft ein patriarchalisches Verhältnis, fühlten sich für sie verantwortlich und lebten selbst relativ bescheiden – eine Haltung, die vor allem in protestantischen und pietistischen Familien religiös motiviert war.

Alfred Krupp, einer der Gründerunternehmer der deutschen Industrie, schuf für seine Stammbelegschaft auch soziale Einrichtungen.

Das Beispiel Krupp

Typisch für die Gründergeneration ist Alfred Krupp: 1847 beschäftigte seine Firma erst 76 Arbeiter. Im Jahr darauf ging es dem kleinen Betrieb so schlecht, dass Krupp das Familiensilber einschmelzen ließ, um die Löhne bezahlen zu können. Erst als die Firma nach 1850 Räder für die Eisenbahn und qualitativ hochwertige Kanonen herzustellen begann, ging es aufwärts. Bis zum Tod Alfred Krupps im Jahr 1887 hatte sich das Unternehmen zu einem Großkonzern mit eigenen Kohle- und Eisenerzbergwerken und 20 000 Mitarbeitern entwickelt.

Zu dieser Zeit hatten sich die Größe und Struktur der Unternehmen schon völlig gewandelt; aus kleinen Betrieben waren riesige Firmen entstanden. Die immer aufwendigeren Produktionsverfahren in der Schwerindustrie und der noch jungen chemischen Industrie erforderten einen so hohen Kapitaleinsatz, dass einzelne Unternehmer kaum noch in der Lage waren, die Summen aufzubringen. Die Lösung des Problems bestand zum einen in der Finanzierung über Kredite, was vor allem gegen Ende des 19. Jahrhunderts den Banken zu großem Aufschwung verhalf, zum anderen zur Verteilung der Lasten auf eine größere Zahl von Kapitalgebern durch Gründung von Kommandit- und Aktiengesellschaften führte – beides Unternehmensformen, die in den 1830er-Jahren Jahren in Frankreich entwickelt worden waren. Damit aber trennte sich in größeren Firmen die Leitungsfunktion vom Besitztitel – der Typus des patriarchalischen Generalisten vom Beginn der industriellen Revolution verschwand aus der Großindustrie.

3.3 Freihandel

Um die Mitte des 19. Jahrhunderts stand Großbritannien an der Spitze der Industrienationen. Das Land förderte zwei Drittel aller Steinkohle, rund die Hälfte allen Eisenerzes, stellte die Hälfte aller Baumwolltextilien und 40 Prozent aller Eisenwaren her. Gleichzeitig musste es Rohstoffe im Volumen von 90 Prozent seiner Nettoimporte einführen; sie kamen nicht nur aus den Kolonien oder den USA, sondern auch vom europäischen Festland. Deutschland beispielsweise lieferte Holz, Getreide und Wolle nach Großbritannien.

Britischen Unternehmern war klar, dass sich das noch aus der Epoche des Merkantilismus herrührende System der Schutzzölle und Handelsmonopole überlebt hatte und dem britischen Außenhandel, der für die Industrie immer wichtiger wurde, schadete. In Manchester und Liverpool hatte sich die liberale *Anti-Corn-Law-League* gebildet, unter deren Druck die britische Regierung 1846 das Kornzollgesetz von 1815 abschaffte, einen Eckpfeiler des britischen Protektionismus. 1849 wurde die Navigationsakte von 1651 aufgehoben, die britischen Schiffen ein Monopol auf den Verkehr mit britischen Häfen verschafft hatte. Bis 1854 waren die meisten Zölle aufgehoben.

Großbritannien importierte nun verstärkt Nahrungsmittel, was im Ausland mehr Kaufkraft für britische Industriewaren schuf. Und der Freihandel, der zunächst der britischen Wirtschaft zugute kam, öffnete auf längere Sicht die internationalen Märkte auch für die übrigen Länder, als deren Industrialisierung an Schwung gewann.

Europaweite Entwicklung
Die meisten Staaten auf dem europäischen Festland folgten dem britischen Beispiel, zunächst die Niederlande und Frankreich, das neben dem Handelsabkommen mit Großbritannien (Cobdenvertrag von 1860) auch mit dem Deutschen Zollverein (▶ 2.30) und anderen Ländern Handelsverträge schloss. Binnen kurzem waren durch ein Netz von Handelsabkommen in ganz Europa die Zölle weitgehend abgeschafft oder, wo sie noch bestanden, stark reduziert worden.

In den Siebzigerjahren des 19. Jahrhunderts erlitt die europäische Wirtschaft einen tiefen Konjunktureinbruch, der eine allgemeine Rückkehr zum Protektionismus auslöste. Europäische Industrielle wie Großagrarier fürchteten angesichts der neuen und billiger produzierenden Konkurrenten aus Übersee um ihren Absatz und verlangten von ihren Regierungen Schutzmaßnahmen. Den Anfang machte das noch junge Deutsche Reich mit Bismarcks Steuer- und Zollgesetz von 1879, das die Konservativen und das Zentrum dringend verlangt hatten. Mit Ausnahme Großbritanniens, der Niederlande und Belgiens, die alle drei bis zum Ersten Weltkrieg am Freihandel festhielten, kehrte bis 1890 ganz Europa zur Schutzzollpolitik zurück.

3.4 Wissenschaft und Technik

Die ersten Maschinenbauer waren Männer der Praxis, die fast stets aus dem Beruf stammten, für den sie Verbesserungen entwickelten; statt auf theoretische Grundlagen stützten sie sich auf Erfahrung, Versuch und Irrtum. Erst allmählich entwickelte sich aus diesen Anfängen und parallel zu den Naturwissenschaften der Beruf des Technikers oder Ingenieurs mit einer entsprechenden Ausbildung.

In Großbritannien, wo die industrielle Revolution ihren Anfang genommen hatte, ignorierten die Universitäten wie die etablierte Politik zunächst die technisch-wissenschaftlichen Anforderungen der neuen Zeit. Die Ingenieure – meist naturwissenschaftliche Autodidakten – organisierten sich in Gesellschaften, die dem dringend notwendigen Wissens- und Erfahrungstausch dienten. Die Kurzsichtigkeit der Briten führte dazu, dass im 19. Jahrhundert Frankreich und Deutschland, die beide systematisch ein technisch-naturwissenschaftliches Bildungssystem aufbauten, die wissenschaftliche Führungsrolle übernahmen.

Pioniere der wissenschaftlich-technischen Ausbildung waren in Deutschland die Bergakademien, deren älteste schon im 18. Jahrhundert eingerichtet worden waren (Clausthal 1775, Freiberg 1776). 1825 wurde in Karlsruhe nach dem Vorbild der Pariser École polytechnique von 1794 die erste deutsche polytechnische Hochschule eröffnet. In der Folge entstanden immer mehr Gewerbeschulen und polytechnische Ausbildungsstätten, die von der Jahrhundertmitte an ihr Ausbildungsniveau stetig verbesserten. Damit waren der Wissenstransfer zwischen Forschung und Praxis sowie die naturwissenschaftlich fundierte Technikerausbildung in großem Stil organisiert und gewährleistet.

Die Rolle des VDI
Als treibende Kraft hinter der Verbesserung der wissenschaftlich-technischen Qualifikation stand der 1856 gegründete Verein Deutscher Ingenieure (VDI), der sich nicht nur als berufliche Interessenvertretung verstand, sondern sich besonders auch für die Aus- und Weiterbildung einsetzte, weil die für das Bildungswesen zuständige Ministerialbürokratie von den Zugangsqualifikationen wie von den Inhalten des Ingenieurstudiums wenig verstand. Hier leistete der VDI Pionierarbeit, indem er die polytechnischen Schulen und später die Technischen Hochschulen nahtlos in das bereits gut organisierte deutsche Bildungswesen einzubinden half.

Die bis weit ins 19. Jahrhundert herrschende deutsche Kleinstaaterei hatte unter anderem auch zur Folge, dass ein undurchdringliches Dickicht der verschiedensten Maßsysteme die wirtschaftliche Weiterentwicklung behinderte; so war es beispielsweise nahezu unmöglich, auf Produkte eines anderen Herstellers auszuweichen, wenn man mit denen des bisherigen Lieferanten nicht mehr zufrieden war. Die zweite bahnbrechende Leistung des VDI bestand daher darin, entscheidend zur Normierung von Maßen und technischen Spezifikationen beigetragen zu haben. Mit der Schaffung der Normenkommission 1869 und der Durchsetzung von Meter und Kilogramm als Standardmaßen war noch vor der Reichsgründung die technische Einheit in Deutschland vorbereitet.

Justus von Liebigs Labor an der Universität Gießen, um 1890

Vorreiter Chemie

Während beispielsweise der Maschinen- und Brückenbau auf den bereits bekannten Gesetzen der Mechanik und Statik beruhten, war für einige neu aufkommende Industriezweige der rasche Wissenstransfer zwischen Forschung und Praxis von überragender Bedeutung. Deutschland hatte mit seiner engen Verzahnung von Wissenschaft und Technik in diesen Branchen bald eine Führungsposition erreicht.

Den Anfang machte die Chemie. Erste Meilensteine waren die Herstellung von Harnstoff aus anorganischen Stoffen durch Friedrich Wöhler 1828, was der Synthese von natürlichen organischen Verbindungen den Weg ebnete. 1824 richtete Justus von Liebig an der Universität Gießen ein Chemielabor ein, dessen Forschungsergebnisse die Landwirtschaft revolutionierten. August Wilhelm Hoffmann, einer seiner Schüler, läutete die Ära der großindustriellen Farbensynthese ein. Deutschen Chemikern gelang es, aus so gut wie allen Bestandteilen des Teers, der in den Kokereien als Abfall anfiel, nützliche und profitable Produkte – etwa Aspirin – zu entwickeln und beispielsweise mit Kunstkautschuk und Stickstoffdünger teure Importe von Chilesalpeter und Naturgummi überflüssig zu machen.

Die zweite Branche, die erheblich vom deutschen Forschungs- und Bildungsniveau profitierte, war die Elektroindustrie. Nachdem Michael Faraday 1832 einen ersten Generator entwickelt hatte und der damit erzeugte Schwachstrom von 1840 an für die Telegrafie verwendet wurde, konstruierte Werner Siemens 1866 eine Dynamomaschine, die so viel Strom erzeugte, dass sie als Kraftquelle sich als ebenso revolutionär wie die ein Jahrhundert zuvor erfundene Dampfmaschine erweisen sollte. Von 1873 an standen kommerziell nutzbare Elektromotoren zur Verfügung; 1879 trieben sie in Berlin die erste elektrische Straßenbahn an. Von 1884 an ermöglichten Transformatoren den Transport von Energie mit Hochspannungskabeln über große Entfernungen. Die Elektrifizierung von Industrie und Verkehr und die flächendeckende Beleuchtung von Städten und Straßen begann. Zur Jahrhundertwende nahm Deutschland in der Stromerzeugung einen Spitzenplatz ein, und seine Industrie lieferte 30 Prozent der elektrotechnischen Weltproduktion.

3.5 Eisenbahnen: Die Revolution des Transportwesens

Schienenwege und dampfgetriebene Zugmaschinen waren zunächst getrennt entwickelt worden. Eisenschienen, auf denen Wagen mit Kohle oder Erz von Pferden gezogen wurden, waren schon vor Erfindung der Dampfkraft in Gebrauch, und die Personenbeförderung mit Pferdebahnen war noch bis in die zweite Hälfte des 19. Jahrhunderts üblich.

Bei Versuchen, Zugtiere durch Dampfkraft zu ersetzen, kamen zunächst stationäre Maschinen zum Einsatz, die über relativ kurze Strecken die Wagen an Seilen zogen. Die Dampfmaschinen selbst auf Räder zu stellen, erwies sich als schwieriger. Sowohl der Franzose Nicolas Cugnot als auch der Engländer Richard Trevithick scheiterten am für die damaligen schlechten Straßen zu hohen Gewicht ihrer schwerfälligen Dampfwagen. Trevithick hatte daraufhin die entscheidende Idee, dass solche Kolosse für stabile Schienenwege wesentlich besser geeignet seien, und baute die ersten funktionierenden Dampflokomotiven. Als alltagstauglich galt jedoch erst die »Puffing Billy« von William Hedley, die von 1813 bis 1862 als Grubenlokomotive Dienst tat.

Wettlauf der Maschinen
Den modernen, relativ leichten und schnell laufenden Lokomotivtyp mit Röhrenkessel konstruierten in den 1820er-Jahren George und Robert Stephenson. Sie hatten bereits für die erste – zum Teil parallel noch mit Pferden betriebene – Überlandstrecke von Stockport nach Darlington eine Lokomotive geliefert und konnten das Direktorium der Bahnstrecke Liverpool–Manchester zu einem Lokomotiv-Wettbewerb überreden, den sie am 8. Oktober 1829 mit ihrer »Rocket« überlegen gewannen. Bald lieferten die Stephensons Lokomotiven in alle Welt.

Die Bahnverbindung Manchester–Liverpool, die die wichtigste Industriestadt mit dem größten Hafen Nordenglands verband, machte binnen eines Jahres klar, welch ungeheures ökonomisches Potenzial in dem neuen, preiswerten Transportmittel schlummerte. Nur fünf Jahre später umfasste das britische Streckennetz bereits 700 Kilometer, und um 1850 waren es bereits über 8000 Kilometer.

Die Lokomotive der ersten deutschen Bahnverbindung von Nürnberg nach Fürth, eröffnet am 7. Dezember 1835, stammte trotz ihres Namens »Adler« ebenfalls aus der Fabrik der Stephensons. Doch schon 1838 konstruierte Johann Andreas Schubert in Dresden mit der »Saxonia« die erste deutsche Vollspurlok; sie erwies sich als den britischen Lokomotiven überlegen und befuhr die Strecke von Leipzig nach Dresden 17 Jahre lang. 1841 begann August Borsig in Berlin mit dem Lokomotivbau, in der Folge entwickelte sich die Firma zum weltweit größten Lokomotivhersteller.

Ein Investitions- und Technologieschub
Der weitere Streckenausbau wurde in Deutschland zunächst durch die Kleinstaatlichkeit

Ausbau der Eisenbahnstrecken in Mittel- und Westeuropa bis 1866

erschwert, entwickelte sich von 1860 an aber zum wichtigsten Wachstumsfaktor der Wirtschaft (zeitweilig bis zu 25 Prozent aller Investitionen). 1838 konnte man mit der Bahn von Berlin nach Potsdam fahren, 1847 nach Aachen. 1850 gab es in Deutschland 6 000 Kilometer Bahnstrecken, 1870 waren es schon 20 000 Kilometer. Als der preußische Generalstab in den Kriegen von 1864, 1866 und 1870/71 die militärische Bedeutung der Eisenbahn erkannte, wurde der Ausbau der Streckennetze zunehmend systematisiert und zentralisiert; Bismarck trieb während der Gründerkrise von 1873 (▶ 3.25) die Verstaatlichung der Eisenbahngesellschaften energisch voran.

In den USA hatte der Eisenbahnbau schon um 1830 eingesetzt. Von 1862 an begann die bahntechnische Erschließung des Westens. Von überragender Bedeutung war dabei, den Getreidegürtel und die Prärieweiden mit den großen Städten und den Ausfuhrhäfen zu verbinden. 1860 betrug das Streckennetz rund 50 000 Kilometer, bis 1880 hatte es sich verdreifacht.

In Frankreich beschleunigte sich der Eisenbahnbau unter Kaiser Napoleon III. 1850 verfügte das Land über 3 000 Kilometer Schienenwege, bis 1870 waren die Hauptstrecken mit einer Gesamtlänge von 17 500 Kilometern fertig gestellt.

In Russland förderte der Eisenbahnbau die Industrialisierung des Donez-Beckens und vor allem die Erschließung Sibiriens; trotzdem setzte er relativ spät ein und kam erst 1904 mit der Fertigstellung der Transsibirischen Eisenbahn zum Abschluss.

Die Eisenbahn hat mit ihrem riesigen Bedarf an Eisen, Stahl, Kohle und Arbeitskraft das Wirtschaftswachstum wesentlich beflügelt. Ihr Ausbau um 1850 verschlang rund ein Drittel der britischen Eisenproduktion und zwischen 1840 und 1880 rund die Hälfte der deutschen Herstellung. Zugleich hat sie den Transport von Rohstoffen und Fertigprodukten so beschleunigt und verbilligt, dass die moderne Massenproduktion und -distribution möglich wurde.

Die Eisenbahn sorgte für einen enormen Technologieschub, indem sie nach bis dahin unbekannter Präzision verlangte und an Materialkunde wie Fertigungstechnik ganz neue Anforderungen stellte – und sie mobilisierte Arbeitskräfte. Zwischen 1840 und 1900 beschäftigte sie in Deutschland etwa 300 000 Personen. Sie nivellierte – zunächst auf den Binnenmärkten, dann auch international – das Preisgefälle für industrielle und vor allem auch für landwirtschaftliche Produkte. Die Eisenbahn beschleunigte technische und wirtschaftliche Neuerungen und trug zu ihrer flächendeckenden Verbreitung bei, sodass erst mit ihr von einer »industriellen Revolution« gesprochen werden kann.

3.6 Massenarmut in Europa, Russland und Japan

»Es gibt kein Bild, dessen Anblick besser geeignet wäre, von den unendlichen Vorteilen der Maschinen einen entsprechenden Begriff zu geben, als ein von zwei Menschen bedientes Dampfboot, das an einem von hundert Arbeitern stromaufwärts gezogenen Schiff vorüberfliegt«, schwärmte Friedrich List, um dann aber die entscheidende Frage anzuschließen, was aus den 98 Männern werden solle, deren Arbeit überflüssig wird, wenn nur zwei Mann dank der Maschine zehn Mal mehr leisten konnten als zuvor das ganze Hundert.

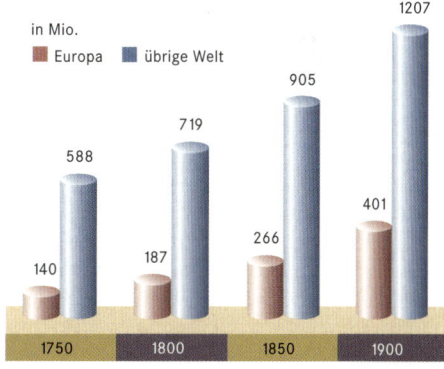

Bevölkerungsentwicklung zwischen 1750 und 1900

Im 19. Jahrhundert nahm die Bevölkerung in Europa in bisher nie gekanntem Ausmaß zu: Bereits zwischen 1750 und 1800 stieg sie um 33 Prozent, zwischen 1800 und 1850 schon um 42 Prozent und in der zweiten Jahrhunderthälfte sogar um 50 Prozent an. Um 1900 lebten

Massennotunterkunft für Arme in London, 1859

in Europa mehr als doppelt so viele Menschen wie 100 Jahre zuvor, und das, obwohl im gleichen Zeitraum viele Millionen, schätzungsweise weit über 15 Millionen allein in die USA, ausgewandert waren.

Konkurrenzdruck und Ausbeutung
Das Bevölkerungswachstum auf der einen und die zunehmende Mechanisierung auf der anderen Seite führten dazu, dass trotz neuer Industriezweige immer mehr Menschen um immer weniger Arbeitsplätze konkurrierten. Eine ungeheure Massenarmut war die Folge, vor allem in den Slums der Städte mit Industriegebieten. In Berlin entstand beispielsweise im Norden der Stadt eine regelrechte Armenkolonie, das so genannte »Vogtland«. Dort gab es »Familienhäuser«, die in winzige Stuben aufgeteilt waren: In 400 Zimmern wohnten 2500 Menschen. Sie lebten von wenigen Talern im Monat, standen aber immer noch nicht am unteren Ende der Skala, denn sie waren weder arbeits- noch obdachlos.

Schlimmer war es in Großbritannien, wo nach vielen Missernten (▶ 2.23) noch eine »industrielle Reservearmee« von 750 000 Iren hinzugekommen war. Ein normaler Arbeitstag dauerte zwischen 15 und 16 Stunden. Am niedrigsten lagen die Löhne in Russland. Hier waren es vor allem Bauern, die sich zusätzlich in den Fabriken als Saisonarbeiter verdingen mussten. Da sie gezwungen waren, unter fast allen Bedingungen Arbeit anzunehmen, waren sie der Willkür der Unternehmer ausgeliefert. Japan durchlief diesen Prozess, der in Westeuropa um die Jahrhundertmitte und in Russland

im letzten Jahrzehnt des 19. Jahrhunderts einsetzte, erst nach 1900. Trotz einer großen Export- und Produktivitätssteigerung und einer Erhöhung des Volksvermögens um 25 Prozent zwischen 1905 und 1913 stieg der Lebensstandard der japanischen Arbeiter vor dem Ersten Weltkrieg nicht, weil die Bevölkerung im gleichen Zeitraum zu stark wuchs. In den großen Städten dürfte er sogar noch gesunken sein.

Etwas anders lagen die Verhältnisse in Frankreich. Hier lebte die Mehrzahl der Menschen nach wie vor auf dem Land. Auch während die großen Industriezentren unter Napoleon III. an Bedeutung gewannen, blieben sie über weite Teile des Landes verstreut, insbesondere die Textilfabriken. Die Betriebe waren mit durchschnittlich weniger als fünf Arbeitern sehr klein und die Produktionsprozesse insgesamt weniger mechanisiert. Die Zahl der französischen Landarbeiter, die sich bereit erklärten, in Industriebetriebe abzuwandern, oder die außerhalb ihres Heimatdepartements im Bergbau oder in der Schwerindustrie arbeiteten, war im Verhältnis zu England und den deutschen Ländern klein. Deshalb wurden vor allem im Hoch- und Tiefbau billige Arbeiter aus dem Ausland eingesetzt. Diese Konkurrenz verschlechterte die Situation der einheimischen Arbeiter zeitweilig erheblich. Die wirtschaftliche Abhängigkeit und das Risiko der Arbeitslosigkeit prägten auch in Frankreich die Lage der Arbeiter. Während der Wirtschaftskrise von 1857 wurde die Hälfte von ihnen arbeitslos. Schnellten bei Missernten die Lebensmittelpreise in die Höhe, standen sie am Rande ihrer Existenz.

3.7 Kinderarbeit in Europa und in den USA

In allen Agrargesellschaften war die Mitarbeit von Kindern selbstverständlich. Doch mit der Industrialisierung setzte ein anderer Prozess ein. Nur die Tätigkeit mehrerer Personen sicherte einer Familie überhaupt das Existenzminimum. Also mussten Frauen und Kinder mitarbeiten und stellten für die Unternehmer zugleich einen willkommenen Zustrom an billigen Arbeitskräften dar. So arbeiteten in der

Industrielle Revolution und koloniale Expansion

britischen Baumwollindustrie hauptsächlich Frauen und Kinder, die oft nur ein Drittel des für Männer üblichen Lohns bekamen.

Ein weiterer Grund, Kinder zu beschäftigen, lag in ihrer Körpergröße. Vor allem in Bergwerken – ob in den USA, in Großbritannien oder in den deutschen Ländern – wurde das ausgenutzt: Stollen, in die Kinder krochen, mussten gar nicht erst groß ausgebaut werden. Damit waren Kinder in doppelter Hinsicht billige Arbeitskräfte: Sie erhielten weniger Lohn und sparten zusätzlich Investitionskosten. Ähnliches galt für Industriezweige, wo es auf Wendigkeit und die Geschicklichkeit kleiner Finger ankam, wie etwa in Spinnereien und Webereien oder bei der – am allerschlechtesten bezahlten – Heimarbeit.

Friedrich Engels, der spätere Mitstreiter von Karl Marx (▶ 3.9), stammte aus einer reichen Fabrikantenfamilie in Barmen und kannte die Verhältnisse aus eigener Anschauung. Er schrieb, dass man von den 2 500 schulpflichtigen Kindern in Elberfeld fast die Hälfte in Fabriken wohnen, essen und schlafen ließ und sie daher keinerlei Schulunterricht bekamen. Eine Erhebung ergab 1824 in Preußen, dass Kinder nachts sowie bei Tage »von 6 Uhr früh bis 8 Uhr abends« ohne Unterbrechung arbeiten mussten.

Erst die Sorge um die Armee führte schließlich 1839 zur ersten Arbeitsschutzmaßnahme in Preußen: Es hatte sich herausgestellt, dass in Fabrikgegenden wegen des schlechten Gesundheitszustands der Jugendlichen nicht genug Rekruten eingezogen werden konnten. Deshalb legte man das Mindestalter für Kinder in Fabriken und Bergwerken auf neun Jahre fest, begrenzte ihren Arbeitstag auf 10 Stunden und verbot ihre Arbeit an Sonn- und Feiertagen sowie nachts.

In der Praxis konnte das Gesetz jedoch leicht unterlaufen werden, weil eine staatliche Fabrikaufsicht fehlte. Erst 1890/91 wurde regelmäßige Arbeit für schulpflichtige Kinder ganz verboten.

In den USA gingen 1880 noch 16,8 Prozent der Kinder zwischen 10 und 15 Jahren einer Arbeit nach. Obwohl die Reformer des *progressive movement* schon Ende des 19. Jahrhunderts das Elend der Kinder öffentlich brandmarkten, ließen sich Kinderschutzgesetze zunächst nur in einzelnen Staaten durchsetzen. 1938 wurde Kinderarbeit dann in fast allen Wirtschaftszweigen verboten.

3.8 Die soziale Frage

Mit der industriellen Revolution (▶ 3.1) gingen gesellschaftliche Verwerfungen einher, die ganze Bevölkerungsschichten aus ihren gewohnten Lebenskreisen und -bindungen rissen, sie entwurzelten und in Not und Armut stürzten. Aus diesem Elend entstand die soziale Frage. Sie stellte die Diskrepanz zwischen ungebremstem Wirtschaftsaufschwung und den krassen sozialen Missständen – Massenarmut, menschenunwürdige Wohnverhältnisse, unmenschliche Arbeitsbedingungen, fehlende Ausbildung, Existenzbedrohung ganzer Familien und politische Benachteiligung der Arbeiterschaft – fest und führte zu Überlegungen und Initiativen, wie den Missständen möglichst wirkungsvoll und rasch zu begegnen sei. Erste Versuche kamen aus den Kirchen, z. B. von Johann Heinrich Wichern, Adolf Kolping, dem Mainzer Erzbischof Ketteler und Papst Leo XIII. mit der Sozialenzyklika *Rerum Novarum* (1891), aber zunehmend auch aus dem liberalen Bürgertum, dem Friedrich Harkort und Hermann Schulze-Delitzsch angehörten.

Gesellschaftskritik und Betroffenheit

Der Begriff der *question sociale* tauchte seit Beginn des 19. Jahrhunderts in öffentlichen Debatten in Frankreich auf. Im europäischen Rahmen setzte die Diskussion über die soziale Frage jedoch erst im Vormärz und während der Revolutionen von 1848/49 ein. Sie kam in den 1870er-Jahren wieder auf, als die europäischen Staaten die erste große Krise der neuen industriellen und kapitalistischen Wirtschaft erlebten (▶ 3.25). Danach stand sie erst wieder in den Jahren von 1890 bis 1910 zur Debatte, angestoßen durch die bis dahin erheblich gewachsene Bedeutung der Arbeiterbewegung und der Gewerkschaften in Europa.

Gestellt wurde die soziale Frage zunächst nicht von den Betroffenen selbst, da diese kaum organisiert waren. Vielmehr wurde sie von einer Schicht aus Intellektuellen, Sozialwissenschaftlern, Beamten und Schriftstellern formuliert, die sich damals in Europa neu formierte und sich gegenüber einer von oben kontrollierten Öffentlichkeit als neue moralische und politische Macht etablierte. Sie griff das Thema teils aus Mitgefühl, teils aus lokalem Verantwortungsbewusstsein oder aus Furcht vor Sozialrevolutionen auf.

Das Ausstellungsplakat schuf Käthe Kollwitz mit großer Sensibilität für die Benachteiligten der Gesellschaft.

Das neue Prinzip der wirtschaftlichen Gewinnmaximierung widersprach oft den Werten dieser Gruppe, deren sozialer Status zwar auf dem hohen Wert von Bildung und der Priorität des Kulturellen beruhte, der sich aber pekuniär nicht auszahlte, weil andere, wirtschaftlich geprägte Standards zählten. Ihre Beschäftigung mit der sozialen Frage entsprang also nicht nur menschlichem Mitleid, sondern auch ihrer Kritik an einer Gesellschaft, die sie oft genug vernachlässigte.

Aus dem sozialen Engagement anderer bürgerlicher Kreise entstanden Hilfswerke wie der »Verein für das Wohl der arbeitenden Klasse« oder das Kolpingwerk. Einzelne Unternehmer strebten eine patriarchalische Lösung an, weil sie sich einen festen Arbeiterstamm erhalten wollten. Alfred Krupp beispielsweise gründete betriebliche Unterstützungskassen für Krankheit und Invalidität, andere bauten Werkswohnungen, Konsumanstalten und Kantinen für ihre Arbeiter.

Erst verzögert erwachten auch in der Arbeiterschaft Kräfte, die den beschriebenen Zuständen begegnen wollten. Auf lokaler Ebene entstanden Handwerkerbünde und Arbeitervereine, aus denen sich ab etwa 1870 die deutsche Arbeiterbewegung entwickelte.

3.9 Karl Marx

Karl Marx kam am 5. Mai 1818 in Trier als Sohn eines angesehenen Rechtsanwalts und Justizrats zur Welt, studierte 1835 in Bonn und ab 1836 in Berlin Jura, Philosophie und Geschichte und promovierte 1841 an der Universität Jena. Nach vergeblichen Bemühungen, in die Hochschullaufbahn übernommen zu werden, arbeitete er bei der liberaldemokratischen »Rheinischen Zeitung« in Köln wieder als Chefredakteur, verlor seinen Posten aber nach dem Verbot der Zeitung wegen seiner kritischen Artikel zur politischen und sozialen Lage bereits im März 1843. Im Juni 1843 emigrierte er nach Paris, wo 1844 seine lebenslange Freundschaft und Zusammenarbeit mit Friedrich Engels begann.

Friedrich Engels war am 28. November 1820 in Barmen als Sohn eines reichen, gemäßigt liberalen Textilfabrikanten geboren worden. Entgegen seinen Neigungen – er sprach 24 Sprachen, schrieb Gedichte und stand den Autoren des »Jungen Deutschland« nahe – hatte er eine kaufmännische Ausbildung absolviert und war in den väterlichen Betrieb eingetreten. Von 1842 bis 1844 arbeitete er im Zweigbetrieb der Familie in Manchester, wo er die sozialen Verhältnisse der englischen Industriearbeiter beobachtete und engen Kontakt zu den Chartisten (▶ 3.13) pflegte. Diese Erfahrungen sind in der Schrift »Die Lage der arbeitenden Klassen in England« festgehalten, die er nach seiner Rückkehr 1845 veröffentlichte.

Marx wurde 1845 auf Betreiben der preußischen Regierung aus Paris ausgewiesen und zog nach Brüssel. Hier verfasste er zusammen mit Engels im Auftrag des »Bundes der Kommunisten« im Winter 1847/48 das »Manifest der Kommunistischen Partei«.

Die Begründer des Marxismus

Während der Revolutionsjahre 1848/49 kehrten Marx und Engels nach Köln zurück und gaben dort die »Neue Rheinische Zeitung« heraus, in der sie für eine einheitliche deutsche Republik und den gemeinsamen Kampf der deutschen Staaten gegen das reaktionäre Russland warben. Nach dem Scheitern der Revolution gingen beide im August 1849 nach London ins Exil. Marx war inzwischen mittellos; die Zeitung hatte sein Vermögen und auch das seiner Frau Jenny von Westphalen aufgezehrt. Um Marx politisch wie materiell zu unterstützen, arbeitete Engels jahrelang im väterlichen Zweigbetrieb in Manchester.

Marx widmete sich in London einer kritischen Darstellung des Kapitalismus und der kapitalistischen Produktionsweise. Der Kern seines wissenschaftlichen Hauptwerks ist die 1849 veröffentlichte »Kritik der politischen Ökonomie«, die 1867 nochmals im ersten Band des »Kapitals« erschien. In ihr analysierte er die Produktionsverhältnisse einer Gesellschaft in ihren Wirkungen auf die allgemeinen gesellschaftlichen Verhältnisse.

Mit ihren zahlreichen Veröffentlichungen rückten Marx und Engels an die Spitze der neuen Sozialismusbewegung. So entwickelte Engels den »dialektischen Materialismus« als allgemeinen Rahmen des von Marx begründeten »historischen Materialismus«. Damit hatten beide eine wissenschaftliche Basis und einen ideologischen Rahmen für die überall entstehenden sozialistischen und sozialdemokratischen Parteien geschaffen. An der am 28. September 1864 in London gegründeten Internationalen Arbeiterassoziation, der »Ersten Sozialistischen Internationale«, war Marx maßgeblich beteiligt, und ab 1870 arbeitete Engels als Sekretär in deren Generalrat.

Marx starb am 14. März 1883 in London. In den folgenden Jahren vollendete Engels nach Marx' Manuskripten und Notizen den zweiten und dritten Band des »Kapitals« und veröffentlichte die Bände 1885 und 1894. Am 5. August 1895 starb Engels gleichfalls in London.

3.10 Das Kommunistische Manifest

In den Dreißiger- und Vierzigerjahren des 19. Jahrhunderts flackerten in den westeuropäischen Industriestaaten soziale Unruhen auf, die brutal unterdrückt wurden. In den meisten Ländern waren wie in Deutschland politische Zusammenschlüsse streng verboten. So entstanden erste politische Vereinigungen mit bewusst sozialistischen Zielvorstellungen nur im benachbarten Ausland, also überall dort, wo sich politische Emigranten zusammenfanden. Einer dieser Zusammenschlüsse war der 1837 gegründete »Bund der Gerechten« in Paris, den Karl Marx und

Beim 2. Kongress des Bundes der Kommunisten 1847 in London wurden Marx und Engels mit der Abfassung des »Kommunistischen Manifests« beauftragt.

Kapitel 3

Friedrich Engels 1847 zum »Bund der Kommunisten« formten.

Als politisches Programm dieses Bundes veröffentlichen Marx und Engels im Februar 1848 in London das »Manifest der Kommunistischen Partei«, das die wesentlichen Grundsätze der politischen Theorie des Marxismus enthielt und die Lehre vom Klassenkampfcharakter der ganzen bisherigen Geschichte verkündete. Den andauernden Kampf zwischen den Besitzenden und den Besitzlosen, den Freien und den Sklaven, den Unterdrückern und den Unterdrückten könne erst der Sieg des Proletariats über die Bourgeoisie in der kommunistischen Revolution beenden. Der Ausbeutung der Massen durch die kleine Schicht der Herrschenden werde dann ein Ende gesetzt. Das »Kommunistische Manifest«, wie es bald genannt wurde, versprach, dass die künftige Diktatur des Proletariats der Bourgeoisie die Produktionsmittel entreißen und in Gemeineigentum überführen würde. Am Ende stehe die klassenlose Gesellschaft, in der die politische Gewalt des Staates überflüssig geworden sei. Der Kampfruf »Proletarier aller Länder, vereinigt euch!« am Ende des Manifests wies auf die internationale Zielrichtung hin. Marx forderte die deutschen Proletarier auf, die bevorstehende Revolution in Deutschland als Vorspiel der absehbaren proletarischen Weltrevolution zu unterstützen. In den bürgerlichen Revolutionen von 1848/49 spielte das Manifest zwar keine wesentliche Rolle; langfristig aber übte es einen außerordentlich starken Einfluss auf die internationale Arbeiterbewegung aus.

3.11 Sozialismus

Die Lehre des Sozialismus verbreitete sich vor allem seit der französischen Julirevolution von 1830 (▶ 2.11) mit dem Einsetzen der industriellen Produktionsweise, mit der Entfaltung des kapitalistischen Wirtschaftssystems sowie mit der immer drängender werdenden sozialen Frage (▶ 3.8). Schon vor dem Entstehen der industriellen Gesellschaft entwickelten der Jakobiner François Babeuf und Etienne Cabet Ende des 18. Jahrhunderts Ideen zur Sozialisierung der Produktionsmittel und zur Diktatur des Proletariats. Sie trugen utopische Züge und werden deshalb in der Geschichtsschreibung als »utopischer Sozialismus« bezeichnet.

Größeren Einfluss gewannen die Frühsozialisten Pierre Joseph Proudhon (1809–65), den der Satz »Eigentum ist Diebstahl« bekannt gemacht hat, Charles Fourier (1772–1837), Louis Blanc (1811–82) und Claude Henri de Rouvroy, Graf von Saint-Simon (1760–1825), der auf den aus der Aufklärung stammenden Entwicklungsgedanken setzte und glaubte, dass der Fortschritt der Wissenschaften in einer technokratischen Gesellschaftsordnung enden werde, die Aristokratie und Klerus durch Unternehmer und Wissenschaftler ersetzen werde. Im Übrigen plädierte er nicht für die generelle Abschaffung des Privateigentums wie Proudhon, sondern für dessen bessere soziale Nutzung. Die Frühsozialisten verband die Einsicht, dass von der bürgerlichen Gesellschaft keine Lösung der sozialen Gegensätze zu erwarten sei, und verlangten deshalb die Überführung der Produktionsmittel an alle Bürger und – wie in Großbritannien Robert Owen – die Gleichberechtigung aller Arbeiter und ihre Beteiligung an dem in den Fabriken erwirtschafteten Mehrprodukt.

Soziale Gleichheit und Gerechtigkeit

Der Sozialismus kritisiert die bestehenden gesellschaftlichen Verhältnisse, aber nicht die Funktionsfähigkeit einer Gesellschaft. Er blickt auf die Interessen der Bevölkerungsschichten, die in dieser Gesellschaft von der Herrschaftsausübung ausgeschlossen oder ihr entfremdet sind. Er klagt die jeweils bestehende Ordnung an, die Armut, Unrecht, Abhängigkeit und Unterdrückung zulässt, und entwickelt als Gegenmodell die Utopie einer besseren Ordnung, die neben sozialer Gleichheit und Gerechtigkeit auch die materielle Bedürfnisbefriedigung für alle verspricht.

Der Sozialismus geht von religiösen über aufklärerische bis hin zu utopistischen Ansätzen aus und will seine gesellschaftlichen Vorstellungen entweder durch grundlegende Reformen der kapitalistischen Wirtschaftsweise oder durch den gewaltsamen Umsturz der auf ihr beruhenden Gesellschaftsordnung verwirklichen.

Der proletarische Sozialismus im Sinn von Karl Marx und Friedrich Engels wies der Arbeiterklasse die führende Rolle im Kampf um die Verwirklichung des Sozialismus zu, der eines Tages in der klassenlosen Gesellschaft – im Kommunismus – enden werde. Im Gegensatz zu Frankreich spielten sozialistische Ideen in Deutschland während der bürgerlichen Revolution von 1848/49 (▶ 2.20) keine wesentliche Rolle. Erst als die Frankfurter Nationalversammlung bereits gescheitert war, verstärkten sich auch in Deutschland sozialistische Tendenzen, die sich in einigen, allerdings erfolglosen Aufständen niederschlugen.

Der Sozialismus strebte von Anfang an eine internationale Dimension an. Die soziale Gleichheit aller Völker, Rassen, Menschen und Klassen über alle Grenzen hinweg wurde zur Grundforderung des Sozialismus, den Marx und Engels im »Kommunistischen Manifest« formuliert hatten.

3.12 Entstehung und Aufstieg der SPD

Der politische Zusammenschluss der Arbeiterbewegung in Deutschland begann am 23. Mai 1863 mit der Gründung des Allgemeinen Deutschen Arbeitervereins durch Ferdinand Lassalle in Leipzig, der die schon vorher regional entstandenen Arbeiterbildungs- und Unterstützungsvereine zusammenfasste. Lassalle, 1825 in Breslau geboren, hatte Philosophie studiert und 1848/49 für die »Neue Rheinische Zeitung« von Karl Marx gearbeitet. Die Ziele seines Programms waren die Gründung einer selbstständigen politischen Partei, die Abschaffung des preußischen Dreiklassenwahlrechts und stattdessen die Einführung des allgemeinen, gleichen und direkten Wahlrechts sowie die Einrichtung von Arbeiter-Produktionsgenossenschaften mit staatlicher Unterstützung. Dazu suchte Lassalle auch das Gespräch mit Bismarck, dessen antiliberale Haltung er teilte, aber eine gemeinsame politische Basis entwickelte sich daraus nicht. Lassalle starb im August 1864 nach einem Duell.

Gleichfalls 1863 entstand in Eisenach der liberal-demokratische Vereinstag deutscher Arbeitervereine, der sich 1868 auf seinem Nürnberger Vereinstag ein sozialistisches Programm gab, das weitgehend mit dem von Karl Marx für die Erste Internationale (▶ 3.14) verfassten Programm übereinstimmte und unter maßgeblicher Beteiligung August Bebels entstanden war. Geboren am 22. Februar 1840 in Köln-Deutz, lebte Bebel nach dem frühen Tod seines Vaters in bitterer Armut. Er erlernte das Drechslerhandwerk und ließ sich 1864 als Meister in Leipzig nieder. 1865 lernte er Wilhelm Liebknecht kennen und gründete ein Jahr später mit ihm die Sächsische Volkspartei, für die beide 1867 als Abgeordnete in den Reichstag des Norddeutschen Bundes gewählt wurden. Im selben Jahr wurde Bebel Vorsitzender des Verbandes Deutscher Arbeitervereine, der den Kern der im August 1869 in Eisenach von Bebel und Liebknecht gegründeten Sozialdemokratischen Arbeiterpartei bildete. Das Programm orientierte sich in wesentlichen Punkten an den in Nürnberg verabschiedeten Prinzipien, enthielt aber auch reformerische Anstöße aus dem Gedankengut von Ferdinand Lassalle.

Wandteller zur Erinnerung an den Gründungskongress der Sozialistischen Arbeiterpartei im Mai 1875 in Gotha mit Bildern von Bebel, Liebknecht, Lassalle und Marx

Die Sozialistische Arbeiterpartei Deutschlands

Der Allgemeine Deutsche Arbeiterverein und die Sozialdemokratische Arbeiterpartei vereinigten sich 1875 in Gotha zur Sozialistischen Arbeiterpartei Deutschlands (SAP). Ihr Programm bildete einen Kompromiss zwischen den Vorstellungen der Eisenacher und der Lassalleaner: Es betonte zwar die Verbesserung der politischen Situation der Arbeiterklasse durch die Überwindung der bestehenden Gesellschaftsordnung, hob aber ebenso deutlich hervor, dass dieses Ziel nur mit gesetzlichen Mitteln erkämpft werden solle. Bereits in dieser frühen Phase der Partei standen somit revolutionäre Strömungen marxscher Prägung neben den eher reformerischen Vorstellungen Lassalles nebeneinander. Karl Marx kritisierte diese Entwicklung in seinen »Randglossen« massiv.

Die »gemeingefährliche« Massenpartei
Im Gegensatz zu den anderen Parteien in Deutschland wurde die Sozialistische Arbeiterpartei schon bald eine Massenpartei mit fester Mitgliedschaft und strafferer, demokratischer Organisation. Sie wurde zur politischen Heimat der Arbeiter und zum Vorbild für marxistisch ausgerichtete sozialdemokratische Parteien in Österreich-Ungarn, in der Schweiz und anderen Ländern Europas, die bis zum Ende des Jahrhunderts entstanden. Bismarck galt die SAP als national unzuverlässig und staatsfeindlich, weshalb er 1878 die »gemeingefährlichen Bestrebungen der Sozialdemokratie« mit dem Sozialistengesetz (▶ 3.23) zu unterbinden versuchte, aber eher das Gegenteil erreichte. Obwohl viele Mitglieder der SAP verfolgt, ausgewiesen oder zu Haftstrafen verurteilt wurden, gelang es ihr, die politische Arbeit in Sport- und Gesellligkeitsvereinen oder als kulturelle Veranstaltungen getarnten Versammlungen fortzusetzen. Die Tätigkeit der Reichstagsfraktion blieb während der Dauer des Sozialistengesetzes (1878–90) ungestört. In dieser Zeit konnte die Partei, die sich 1890 in Sozialdemokratische Partei Deutschlands (SPD) umbenannte, trotz aller Behinderungen ihre Stimmenzahl bei den Reichstagswahlen auf 1,5 Millionen steigern und somit fast verdreifachen: Mit 19,8 Prozent war sie 1890 die stimmstärkste Partei, erhielt aber wegen des Mehrheitswahlrechts nur 35 Mandate. 1912 wurde sie stärkste Fraktion im Reichstag.

Der Erfurter Parteitag 1891 setzte nach den bisherigen Erfahrungen der gesellschaftlichen Ausgrenzung auf ein rein marxistisches Programm. Allerdings rückten noch vor dem Ersten Weltkrieg eher reformistische Tendenzen in den Mittelpunkt. Trotz aller innerparteilichen Gegensätze blieb August Bebel bis zu seinem Tod am 13. August 1913 der anerkannte Führer der SPD.

3.13 Die Arbeiterbewegung

In den Anfängen der Industrialisierung besaßen Arbeiter keine Möglichkeit, sich gegen ihre Rechtlosigkeit, ihre schlechte wirtschaftliche und rechtlich ungesicherte Lage zu wehren. Die seit der Einführung der neuen Maschinen immer wieder vorkommenden Fälle der Zerstörung von Produktionsmitteln (▶ 3.1) hatte die Obrigkeit veranlasst, Arbeiterzusammenschlüsse zu verbieten und das Versammlungsrecht für Arbeiter einzuschränken. Erst nachdem in Großbritannien, wo sich der Kapitalismus besonders unmenschlich darstellte, 1824 gewerkschaftliche Berufsverbände legalisiert und 1829 das Koalitionsverbot für Arbeiter aufgehoben worden waren, entstanden Arbeiterinteressenvertretungen. Robert Owen, ein reicher Textilfabrikant und Vertreter des Produktionsgenossenschaftsgedankens, vereinigte 1834 in seiner Gewerkschaftszentrale *(Grand National Consolidated Union)* die Hälfte aller britischen Gewerkschaftsmitglieder. Doch noch im selben Jahr brach diese Bewegung wieder zusammen, weil die Arbeitgeber Gewerkschafter entließen oder gar nicht erst einstellten.

Auch den Chartisten gelang der Aufstieg zur effektiven sozialpolitischen Kraft nicht. Ihre Führer kamen aus den Reihen des freiberuflichen Bürgertums und der Gewerkschaften. Von ihnen stammte die *People's Charta*, die ihrer Bewegung 1838 den Namen gab, und die eine Wahlrechts- und Parlamentsreform anstrebte. Später verlangten sie auch die Sozialisierung der Produktionsmittel. Die Chartisten lösten um 1840 eine Welle von Streiks und bewaffneten Aufständen aus, z. B. 1839 in Birmingham und in den Gruben in Newport (Wales). Sie scheiterten aber 1848 an ihrem Schwanken zwischen friedlichen Petitionen und gewaltsamem Umsturz.

In Frankreich kamen die sozialen Probleme zum ersten Mal in der Februarrevolution 1848 (▶ 3.17) zum Ausdruck. Für kurze Zeit schien es, als könnte die tief greifende Umgestaltung der Wirtschafts- und Gesellschaftsordnung, wie sie die sozialistischen Theoretiker Charles Fourier, Louis Blanc und Philippe Buchez gefordert hatten, Wirklichkeit werden. Doch der Aufstand wurde blutig niedergeschlagen.

Industrielle Revolution und koloniale Expansion

Mindestens 3000 Menschen starben, es folgten Verhaftungen, Deportationen und Verbote.

Neue Wege
In den 1860er-Jahren formierte sich in Europa eine auf pragmatische Verbesserungen ausgerichtete Gewerkschaftsbewegung. Auch die Erste Internationale (▶ 3.14) löste sich von sozialistischen Utopien. Ihr Ziel war die Befreiung von Arbeitern durch die grenzüberschreitende Unterstützung Streikender, um damit den Druck auf die Arbeitgeber zu erhöhen.

In Preußen entstand erst nach der Aufhebung des Koalitionsverbots in den Sechzigerjahren eine effektive Arbeiterbewegung. Der konservative Sozialpolitiker Viktor Aimé Huber wollte die britische Genossenschaftsidee in Deutschland verbreiten, um die Arbeiter in die bürgerliche Gesellschaft zu integrieren – eine Idee, die später Friedrich Wilhelm Raiffeisen für die Bauern und Hermann Schulze-Delitzsch für die Handwerker aufgriffen. Es entstanden unterschiedlich ausgerichtete Arbeiterorganisationen, Bildungsvereine und Unterstützungskassen. Die entscheidenden sozialpolitischen Änderungen in Deutschland kamen aber erst mit der Entstehung von freien (d.h. sozialistischen), liberalen und christlichen Gewerkschaften ab etwa 1890.

3.14 Die Erste Internationale

1862 besuchte eine Gruppe französischer Arbeiter die Weltausstellung in London und traf sich bei dieser Gelegenheit auch mit britischen Gewerkschaftern. Beide Gruppen vereinbarten eine gemeinsame Arbeiterorganisation. Zwei Jahre später, im Herbst 1864, luden die Londoner Gewerkschaften zu einer Demonstration zugunsten des polnischen Freiheitskampfes (▶ 3.20) ein. Am 28. September 1864 fand eine Kundgebung statt, an der Arbeiter aus Großbritannien, Frankreich, Deutschland, Italien und Polen teilnahmen und bei der die Internationale Arbeiterassoziation (IAA) gegründet wurde. Karl Marx, der an der Versammlung teilnahm, erhielt den Auftrag, das Programm zu formulieren. Darin hieß es, dass die Befreiung der Arbeiterklasse nur durch sie selbst erfolgen könne. Die so genannte Inauguraladresse betonte die Notwendigkeit, sich im jeweiligen nationalen Rahmen zu organisieren, aber gleichzeitig über die Ländergrenzen hinweg gemeinsam zu agieren. Dies entsprach der Überlegung der britischen Gewerkschafter, durch die Unterstützung Streikender auf die Arbeitgeber aller Länder Druck auszuüben. »Ein Element des Erfolges besitzt [die Arbeiterklasse], die Zahl. Aber Zahlen fallen nur in die Waagschale, wenn Kombination sie vereint und Kenntnis sie leitet.« Damit wurde man der vor allem französischen Forderung gerecht, die Befreiung der Arbeiter über ihre politische Bildung anzustreben.

Das Café Concert Excelsior in Den Haag, in dem der Kongress der Ersten Internationale vom 2. bis 7. September 1872 tagte

Die IAA oder Erste Internationale hatte sich den Schlusssatz des Kommunistischen Manifests (▶ 3.10) – Proletarier aller Länder, vereinigt euch! – zum Motto gewählt, was aber nicht bedeutete, dass die beteiligten Arbeiterorganisationen ihre Selbstständigkeit aufgaben. Geleitet wurde die IAA von einem Generalrat, der bei den jährlichen Kongressen gewählt wurde und seinen Sitz in London hatte. Zum Führer und Organisator der Ersten Internationale wurde Karl Marx gewählt.

Bis 1868 hatten sich Arbeitervertretungen aus den meisten europäischen Ländern und den USA in der IAA organisiert – aus Deutschland war das ab 1868 der Verband Deutscher Arbeitervereine unter der Führung von August Bebel.

Beim Kongress 1872 in Den Haag trat der Gegensatz zwischen Marx und den Anarchisten um Michail Bakunin (▶ 3.15) offen zu Tage: Bakunin forderte die Zerschlagung des Staates, während Marx für die Eroberung und Instrumentalisierung der Staatsmacht durch die Arbeiterklasse plädierte. In Abwesenheit wurde Bakunin aus der IAA ausgeschlossen und der Sitz des Organisationsrats nach New York verlegt.

Über diesen Streitigkeiten zerfiel die Erste Internationale immer mehr und löste sich 1876 auf. Die Zweite Internationale, die 1889 entstand, scheiterte, weil sie weder zu den Thesen des Reformismus eine klare Position bezog noch eine Empfehlung darüber aussprach, wie sich die nationalen Arbeiterparteien im Fall eines Krieges verhalten sollten. Deshalb bestand sie zu Beginn des Ersten Weltkriegs praktisch nicht mehr.

3.15 Anarchismus

Die Arbeiterbewegung dominierten in der zweiten Hälfte des 19. Jahrhunderts zwei Flügel: der größere, im Wesentlichen von Karl Marx geprägte, sozialdemokratische Flügel, der auf die Übernahme der Staatsmacht zielte, und die anarchistische Gruppe, die primär den bürgerlichen Staat zerschlagen wollte, sich für die direkte Aktion entschied und den parlamentarischen Weg ablehnte. Letztere fand vor allem in den wirtschaftlich rückständigen Ländern Europas wie Russland, Spanien und Italien mehr Widerhall als der vielen zu abstrakte »wissenschaftliche Sozialismus« von Karl Marx und Friedrich Engels, der zudem von einem langwierigen politischen Prozess ausging und deshalb keine rasche Verbesserung versprach. Der Anarchismus zielte auf die Beseitigung jeder Autorität und jedes rechtlichen Zwangs. Er forderte das größte Ausmaß der persönlichen Freiheit in einem freien und jederzeit lösbaren Zusammenschluss von Individuen.

Einer der wichtigsten Vertreter des individualistisch geprägten Anarchismus war der Franzose Pierre Joseph Proudhon (1809–65). Er forderte die ökonomische Gleichstellung aller, lehnte aber jede Form von Kollektivismus, Zentralismus oder Bürokratie sowie revolutionäre Gewaltanwendung ab. Im Zeichen der Herrschaftslosigkeit sollte ein System freier Bündnisse die gesellschaftlichen Funktionen ohne staatliche Autorität verteilen. Als wirtschaftliche Grundlage war ein wechselseitiger Austausch (Mutualismus) vorgesehen: Eine Tauschbank sollte die erzeugten Waren gegen Tauschbons übernehmen und Kredite zur Verfügung stellen. Am bekanntesten ist Proudhons These »Eigentum ist Diebstahl«. Damit meinte er nicht das private, durch eigene Arbeit verdiente Eigentum, sondern jenes an Produktionsmitteln und das ohne Arbeitsleistung gewonnene Vermögen.

»Propaganda durch die Tat«
Der kollektivistisch-kommunistische Anarchismus erstrebte das klassen- und staatenlose Kollektiv. Sein bedeutendster Repräsentant war der Russe Michail Aleksandrowitsch Bakunin (1814–76), ein in erster Linie impulsiver Agitator, der »die radikale und unerbittliche Zerstörung der gegenwärtigen sozialen Welt in ökonomischer wie in religiöser, metaphysischer, politischer, juristischer und bürgerlicher Hinsicht« in einem einzigen revolutionären Akt anstrebte. Dieses Konzept schloss jede Form von Beteiligung der Arbeitermassen an den politischen Institutionen aus und setzte stattdessen auf die »große Verweigerung«. Die Zerschlagung von Kapitalismus und Staat sollten ihm zufolge in ein und derselben Revolution stattfinden. Damit geriet er in scharfen Widerspruch zu Karl Marx; es kam zum Bruch, der in Bakunins Ausschluss aus der Ersten Internationale gipfelte.

Nachhaltige Wirkung in Europa entfaltete vor allem in den 1880er- und 1890er-Jahren die terroristische Seite des Anarchismus. Aufrufen zu Generalstreiks und Einzelaktionen wie Aktenverbrennungen folgten schon bald Attentate wie Bombenattacken auf Cafés, Theater und andere Orte der bourgeoisen Lebensform und Mordanschläge auf Angehörige der Oberschicht und hohe staatliche Repräsentanten. Zu den Opfern zählten unter anderen der russische Zar Alexander II., Kaiserin Elisabeth von Österreich und der französische Staatspräsident Sadi Carnot.

Die Masse der Arbeiter verweigerte den Anarchisten die Gefolgschaft, spätestens nachdem sich ihr Mythos von der Befreiung durch den Generalstreik zerschlagen hatte. Vor allem

Industrielle Revolution und koloniale Expansion

1848 kam es in Europa zu vielen revolutionären Erhebungen. Diese allegorische Darstellung spiegelt die Begeisterung jener Zeit wider und verweist auch auf die Französische Revolution.

in Mittel- und Westeuropa wollte man das Erreichte nicht durch riskante politische Aktionen gefährden.

3.16 Nationalismus und Liberalismus

Der moderne Nationalgedanke entstand während der Französischen Revolution, als Abgeordnete des dritten Standes sich gegen Adel und Klerus stellten und sich selbst zur Nationalversammlung erklärten (▶ 1.16). Die Identifikation mit der neu formierten französischen Nation befähigte die Revolutionsarmeen im Ersten Koalitionskrieg, sich gegen die Berufsheere der Österreicher, Preußen und Russen zu behaupten.

In den Befreiungskriegen gegen Napoleon entstand auch bei vielen anderen europäischen Völkern ein Nationalgefühl (▶ 1.33), das die vormalige Identifikation mit dem Souverän durch die Identifikation mit dem eigenen Land und Volk ersetzte. Die meist jungen deutschen Patrioten wollten eine deutsche Staatsnation nach englischem und französischem Vorbild. Das neue Gesamtdeutschland sollte wieder ein europäischer Machtfaktor werden. Etwa 50 Jahre später traf der inzwischen eher »völkisch« geprägte deutsche Nations-Begriff in Ost- und Südosteuropa auf den nationalistisch geprägten Panslawismus (▶ 3.31), der alle Slawenvölker auf dem Balkan unter Führung Russlands in einer Föderation zusammenfassen wollte. Dem stand das Vielvölkerreich der Habsburger im Wege, in dem ganze Ethnien unter fremder Oberherrschaft lebten, und wo der Nationalismus das Aufbegehren gegen die Machtverhältnisse und auf lange Sicht die politische Unabhängigkeit bedeutete.

In den vielen deutschen Kleinstaaten äußerte sich das neue Nationalbewusstsein als Sehnsucht nach nationaler Einheit, eben weil es daran mangelte. Die Enttäuschung vieler Deutscher war grenzenlos, als auf dem Wiener Kongress (▶ 1.36) nach dem Grundsatz der Restauration entschieden wurde anstatt nach dem eines geeinten Deutschland. Mehr als ein halbes Jahrhundert lang, bis zur Reichsgründung von 1871 (▶ 3.23), blieb der deutsche Nationalismus eine treibende und zunächst progressive politische Kraft. Erst mit dem Erlangen der Reichseinheit nahm der oft übersteigerte Patriotismus eine konservative Wendung, z. B. in nationalen Interessenverbänden, die, wie der Alldeutsche Verband oder der Deutsche Flottenverein (▶ 4.29), die »Weltgeltung« Deutschlands propagierten. Noch viel radikalere Forderungen vertraten die DNVP unter ihrem Vorsitzenden Alfred Hugenberg von 1928 an und später der Nationalsozialismus (▶ 6.35).

Die Freiheit des Einzelnen

Der Liberalismus bedeutete die zweite für das aufstrebende Bürgertum charakteristische

Kapitel 3

politische Einstellung. Sie rüttelte seit den Befreiungskriegen zunehmend an den Privilegien von Adel und Klerus und verlangte unter Berufung auf die Menschen- und Bürgerrechte der Französischen Revolution von ihren in vielen Ländern noch absolutistischen Herrschern echte Gewaltenteilung, Rechtsstaatlichkeit, Presse- und Gewerbefreiheit sowie Mitwirkung an politischen Entscheidungen.

In Bezug auf das Ausmaß der geforderten politischen Teilhabe boten die verschiedenen liberalen Gruppierungen in Europa kein einheitliches Bild. Die Bandbreite reichte von maßvollen Forderungen nach einer Verfassung, die wenigstens vor fürstlicher Willkür schützte, bis hin zu den radikaleren Vorstellungen eines demokratisch organisierten Staatswesens, die sich vor den Revolutionen von 1848/49 (▶ 2.20) artikuliert hatten und im »System Metternich« konsequent verfolgt worden waren.

Im Liberalismus spiegelten sich von Anfang an auch die politischen Interessen des aufkommenden Unternehmertums. Sie grenzten ihn gegen die Strömungen des Sozialismus und des Anarchismus ab, die in Europa um die Jahrhundertmitte aufkamen und das Spektrum der sich auf die Menschenrechte berufenden Kräfte noch weiter auffächerten. Da in Deutschland die Kleinstaatlichkeit die wirtschaftliche Entwicklung trotz des Deutschen Zollvereins von 1834 (▶ 2.30) weiterhin bremste, überschnitten sich nationale mit nationalistischen und liberalen Gesinnungen jahrzehntelang weitgehend, beispielsweise von 1860 an bei den »Nationalliberalen«, die in der staatlichen Einheit das vorrangige politische Ziel erblickten. Erst mit der Reichsgründung von 1871, d. h. dem Erreichen der nationalen und nationalistischen Ziele, endete diese Parallelität, die ähnlich wie im britischen Liberalismus seit Lord Rosebery in imperialistische Zielsetzungen mündete.

3.17 Das Zweite Kaiserreich in Frankreich

Louis Napoléon Bonaparte (1800–73), ein Neffe Napoleons I., beherrschte Frankreich auf ähnliche Weise, aber bei weitem nicht so erfolgreich wie sein Onkel. Nach einem misslungenen Putschversuch 1846 gegen den Bürgerkönig Louis Philippe (▶ 2.10) zu lebenslanger Haft verurteilt, gelang ihm kurz darauf die Flucht nach England, wo er in mehreren Schriften das politische Programm des Bonapartismus niederlegte.

Die öffentliche Stimmung in Frankreich war dafür empfänglich. Seit dem blutigen Ende der Februarrevolution von 1848 gegen Louis Philippe hatte ein Umdenken stattgefunden. Zwar war die Zweite Republik entstanden, aber nachdem Kriegsminister Louis de Cavaignac einen Arbeiteraufstand blutig niedergeschlagen hatte, standen sich Bürgertum und Arbeiterschaft in offenem Konflikt gegenüber (▶ 3.13).

In dieser Situation kehrte Louis Napoléon nach Paris zurück und gewann 1850, von Orléanisten und Kirche unterstützt, die Präsidentschaftswahlen. Bald übte der *Prince-Président* unter geschickter Ausnutzung des napoleonischen Mythos und der Hoffnungen breiter Bevölkerungsschichten auf einen »starken Mann« eine verschleierte Diktatur aus.

Weil ihm die Verfassung trotz aller Popularität die Wiederwahl verwehrte, setzte er sie 1852 außer Kraft und ließ führende Oppositionspolitiker wie Alphonse de Lamartine und Adolphe Thiers verhaften. Diesen Schritt sicherte er durch ein nachträgliches Plebiszit ebenso ab wie seinen Appell an die Bevölkerung, ihn zum Kaiser zu wählen. Diesen als »plebiszitären Cäsarismus« bekannten Politikstil hatte auch sein Onkel gepflegt (▶ 1.24).

Napoleon III.

Am 2. Dezember 1852 ließ sich Louis Napoléon zum erblichen »Kaiser der Franzosen« – auch hierin ein Nachfolger des älteren Napoleon – ausrufen. Er etablierte ein autoritäres, scheinkonstitutionelles Regime, unterdrückte die Opposition mit polizeistaatlichen Mitteln und reglementierte die öffentliche Meinung durch ein strenges Pressegesetz. Gestützt auf Armee und Kirche nutzte er seine nahezu autokratische Macht für ein als Revolutionsprophylaxe dienendes Bauprogramm. Die materielle Lage der Arbeiter wurde dadurch zwar erleichtert, aber die Teilnahme am politischen Leben des Kaiserreichs blieb ihnen wegen des gleichzeitigen Streikverbots versagt. Die städtebaulichen

Industrielle Revolution und koloniale Expansion

Maßnahmen unter Leitung von Georges Eugène Haussmann schufen aus Paris eine »Welthauptstadt«. Zwei Weltausstellungen (1855 und 1867) präsentierten Frankreich als eine der führenden Industrienationen und verliehen der Herrschaft Napoleons III. einen Glanz, den er sich auch von seiner Außenpolitik erhoffte.

Napoleon III., ein Neffe Napoleons I., wurde 1852 erblicher Kaiser der Franzosen.

Diese liefert, abgesehen vom Aufbau eines Kolonialreichs in Algerien und Hinterindien (Kambodscha und Cochinchina), insgesamt allerdings ein eher mattes Bild. Zwar gewann er zusammen mit Großbritannien den Krimkrieg und erreichte als Vermittler während des Pariser Kongresses von 1856 eine gewisse Umgestaltung der europäischen Landkarte, aber seine Unterstützung der Nationalbewegungen auf dem Balkan, in Polen und in Italien brachten ihm eher Nachteile als Vorteile; die mexikanische Expedition von 1861 bis 1867 (▶ 3.19) erwies sich als Fehlschlag.

Sein Sturz erfolgte schließlich im Verlauf des Deutsch-Französischen Krieges 1870/71. Nach der Kapitulation von Sedan am 2. September 1870 geriet Napoleon III. in preußische Kriegsgefangenschaft. Nach sechs Monaten Inhaftierung in Schloss Wilhelmshöhe bei Kassel ging er nach Chislehurst in England, wo er am 9. Januar 1873 starb.

3.18 Der Amerikanische Bürgerkrieg

Die Vereinigten Staaten prägte von Anfang an ein Widerspruch: Zum einen hatten sie sich bei ihrer Unabhängigkeitserklärung als Erste auf die Menschenrechte berufen und diese in ihrer Verfassung verankert, zum anderen waren sie in Teilen eine Sklavenhaltergesellschaft, die Schwarze als »von Natur aus« den Weißen »untergeordnet« definierte und ihnen die Menschenrechte verweigerte. In den Nordstaaten drängte eine Bevölkerungsmehrheit auf die Abschaffung der Sklaverei, doch ihre Politiker schlossen immer wieder Kompromisse, um die Einheit der Union nicht zu gefährden.

Während der urban geprägte Norden die technischen Neuerungen aus Großbritannien übernahm und sich rasch industrialisierte, neigte der von Großgrundbesitzern (»Pflanzeraristokratie«) beherrschte Süden dazu, an den herkömmlichen Lebens- und Wirtschaftsweisen festzuhalten. Vor allem galt es dort als ausgeschlossen, die riesigen Baumwoll- und Tabakplantagen anders als mit Sklaven zu bewirtschaften.

Im Verlauf der rapiden Expansion der USA (▶ 2.19) entstanden weitere Spannungen zwischen Nord- und Südstaaten, weil Erstere befürchteten, durch die neuen Territorien im Südwesten könnte es zu einer Übermacht der »Sklavenstaaten« kommen. Die Gegner der Sklaverei (»Abolitionisten«) hatten sich 1833 in der *National Anti-Slavery Society* organisiert und verlangten die sofortige und entschädigungslose Abschaffung der Sklaverei.

Abraham Lincoln

1854 entstand im Norden eine neue Partei, die Republikaner, die die Abolitionisten aufnahm. Für die Präsidentschaftswahl von 1860 stellten sie Abraham Lincoln (1809–65) auf. Der Sohn eines einfachen Farmers aus Kentucky hatte es zum Kongressabgeordneten und angesehenen Rechtsanwalt in Illinois gebracht und sich erstmals 1859 bei einer Debatte über die Sklaverei öffentlich so maßvoll geäußert, dass er als aussichtsreicher Kompromisskandidat galt. Er gewann die Wahl, aber knapp.

Noch vor Lincolns Amtseinführung (4. März 1861) erklärte South Carolina am 20. Dezember

Kapitel 3

1860 seinen Austritt aus der Union; bis zum Februar schlossen sich sechs weitere Südstaaten an und gründeten die »Konföderierten Staaten von Amerika«.

Lincoln erklärte die Sezession (Absonderung) für nichtig, weil mit der Verfassung unvereinbar. Er sicherte aber zu, dass die Sklaverei in den Staaten weiterhin toleriert werde, nur in den übrigen Territorien nicht; außerdem müsse die Union über ihren Besitz in den Südstaaten verfügen können. Als daraufhin Soldaten aus South Carolina die in Fort Sumter eingeschlossenen Bundestruppen zur Kapitulation zwangen und Lincoln am 19. April 1861 eine Seeblockade über die Häfen des Südens verhängte, begann der Amerikanische Bürgerkrieg.

Ein verlustreiches Ringen und die Wende

Die Nordstaaten (»Union«) strebten durch die rasche Einnahme der Konföderierten-Hauptstadt Richmond einen schnellen Sieg an, sie scheiterten damit aber 1861 in der Schlacht am Bull Run River. Die Südstaaten hatten auf die Unterstützung Großbritanniens, ihres wichtigsten Handelspartners, gesetzt, wurden aber enttäuscht. Theoretisch waren die 23 Unionsstaaten den mittlerweile 11 konföderierten Staaten an Menschen und Material überlegen, doch wirkte sich dieser Vorteil zunächst nicht aus. Beiden Seiten gelang es nur mühsam, ihre Taktik auf die größere Feuerkraft und Präzision moderner Waffen einzustellen. Die Zahl der Opfer war auf beiden Seiten außerordentlich hoch. Allein im September 1862 fielen an einem Tag 6 000 Soldaten, mehr als im gesamten Unabhängigkeitskrieg. Während die Union im Westen und Süden Fortschritte verzeichnete, gerieten die Kämpfe im Osten, wo sich zwischen Washington und Richmond große Truppenverbände verlustreiche Schlachten lieferten, zum Abnutzungskrieg. Um den zähen Widerstand des Südens zu brechen, verkündete Lincoln, der den Krieg zunächst nur um den Erhalt der Union geführt hatte, zum 1. Januar 1863 die Freiheit für alle Sklaven auf dem Territorium der Konföderierten. Damit war ein neues Kriegsziel definiert: die völlige Abschaffung der Sklaverei.

Nachdem die Konföderierten im Sommer 1863, Washington umgehend, weit nach Norden vorgestoßen waren, kam es bei Gettysburg vom 1. bis 3. Juli 1863 zur verlustreichsten Schlacht des Krieges (51 000 Tote und Verwundete), die Konföderierten mussten sich zurückziehen. Weitere, raumgreifende Vorstöße der

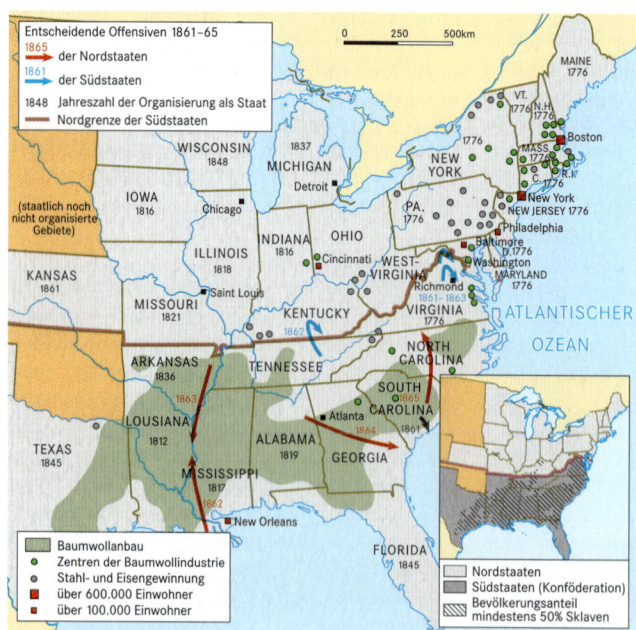

Amerikanischer Bürgerkrieg 1861–1865

Industrielle Revolution und koloniale Expansion

Clara Barton gründete 1884 das Amerikanische Rote Kreuz. Im Amerikanischen Bürgerkrieg wurde sie »Engel der Schlachtfelder« genannt.

Unionstruppen demoralisierten 1864 die Konföderierten so sehr, dass sie Anfang April 1865 Richmond aufgaben und am 9. April kapitulierten.

Einige Tage später, am 14. April 1865, wurde Lincoln im Theater von einem fanatischen Südstaatler erschossen. Doch da hatte der Kongress schon einen Verfassungszusatz auf den Weg gebracht, der die Sklaverei in den gesamten Vereinigten Staaten verbot.

Der Bürgerkrieg kostete 600 000 Amerikaner das Leben, ganze Landstriche waren verwüstet. Zusätzlich hatte er auch tiefe seelische Wunden geschlagen. Mit der *reconstruction period* begann ein mühevoller Wiederaufbau- und Wiederannäherungsprozess, der erst Jahrzehnte später durch eine gleichsam romantische Verklärung des Blutvergießens zur *birth of a nation* abgeschlossen wurde.

3.19 Mexiko: Ausländische Interventionen und Bürgerkrieg

Mexiko litt seit der Unabhängigkeit (▶ 2.17) unter Wirtschaftsproblemen und hoher Staatsverschuldung. Der Krieg gegen die USA verschlimmerte seine desolate Lage. Im Frieden von Guadalupe Hidalgo (▶ 2.19) verlor Mexiko rund die Hälfte seines Territoriums an die Vereinigten Staaten. Als der mexikanische Präsident General Santa Anna 1853 auch noch den Südteil Arizonas an die USA verkaufte, wurde er gestürzt. Liberale unter Führung des späteren Präsidenten Benito Juarez (1806–72) verabschiedeten eine neue Verfassung, die neben anderen Reformen auch die Trennung von Kirche und Staat und die Verstaatlichung des Kirchenvermögens vorsah. Dagegen erhoben sich konservative Kräfte; ein dreijähriger Bürgerkrieg brach aus.

Als Juarez, mittlerweile mit diktatorischen Vollmachten ausgestattet, wegen des durch den Bürgerkrieg zerrütteten Staatshaushalts 1861 die Abzahlung der Auslandsschulden vorübergehend aussetzte, entsandten Großbritannien, Spanien und Frankreich Truppen, um den Schuldendienst zu erzwingen. Aufgrund der Monroedoktrin (▶ 2.9) hätte dies das Eingreifen der USA zur Folge haben müssen, doch dort tobte um die gleiche Zeit der Bürgerkrieg zwischen Union und Konföderierten (▶ 3.18).

Während Spanier und Briten sich 1862 wieder zurückzogen, kämpften die Franzosen weiter und besetzten die Hauptstadt. Napoleon III. erhoffte sich in Mexiko einen Bündnispartner auf dem amerikanischen Kontinent. Auf seine Intervention hin wurde, was die klerikalen und konservativen Gegner Juarez' begrüßten, der österreichische Erzherzog Maximilian 1863 zum Kaiser von Mexiko ausgerufen.

Nach Maximilians Eintreffen 1864 flammte der Bürgerkrieg erneut auf. Den von Frankreich unterstützten kaiserlichen Truppen gelang es nicht, die republikanisch-liberalen Anhänger Juarez' zu schlagen. Als Napoleon III. 1866 unter dem politischen Druck der Vereinigten Staaten seine Truppen aus Mexiko zurückziehen musste, kesselten die Republikaner das kaiserliche Heer ein und zwangen es zur Kapitulation. Kaiser Maximilian wurde gefangen genommen und am 19. Juni 1867 erschossen, während Juarez bis zu seinem Tod im Jahr 1872 wieder als Präsident amtierte.

3.20 Der Januaraufstand in Polen (1863–64)

Nachdem Alexander II. 1855 den Zarenthron bestiegen hatte und somit auch König von Polen geworden war, wurde das strenge russische Regime über Kongresspolen etwas gelockert. Trotzdem blieben die Widerstandsgruppen der »Demokraten« oder »Roten«, die jegliche russische Herrschaft ablehnten, aktiv und gewannen unter den Studenten, im verarmten Adel und im städtischen Kleinbürgertum weitere Anhänger. Am anderen Ende des Spektrums standen der eher kooperationsbereite und reformorientierte Adel und das Bürgertum, die »Weißen«. Ihr Wortführer, Graf Alexander Wielopolski, wurde 1861 Chef der polnischen Zivilverwaltung. Sein evolutionäres Reformprogramm reichte den »Roten« nicht aus, und sie provozierten immer wieder mit Anschlägen und Kundgebungen.

Wielopolski ordnete deshalb an, die radikalen Jugendlichen zwangsweise in die russische Armee einzuziehen. Daraufhin riefen die »Roten« im Januar 1863 zum nationalen Aufstand auf. Doch für einen Schlagabtausch mit der russischen Militärmacht und ihren 300 000 Mann waren die Aufständischen nur unzureichend gerüstet. Sie mussten sich auf lokal begrenzte Partisanentätigkeiten beschränken; im April 1864 wurden die letzten ihrer Anführer verhaftet und im Sommer hingerichtet.

Die erhoffte Unterstützung aus dem Ausland blieb aus: Großbritannien, Frankreich und Österreich reichten zwar Protestnoten ein, unternahmen aber sonst wenig. Preußen hatte sich sogar auf ein militärisches Zusammenwirken mit Russland verständigt.

Der gescheiterte Aufstandsversuch im russischen Teilungsgebiet hatte für die Polen fatale Folgen. Die Sieger übten harte Vergeltung. Sie verhängten Todesurteile und langjährige Zwangsarbeit, verfügten Deportationen und die Beschlagnahme von Gütern. Um Bauernaufständen vorzubeugen, zwangen sie mit der Bodenreform vom 3. März 1864 die adligen Grundbesitzer, ihren Bauern das Nutzungsland als Eigentum zu überlassen und auch gutsabhängige Landarbeiter bei der Zuteilung zu berücksichtigen. Eine konsequente Russifizierungspolitik raubte Kongresspolen die bisherigen zentralen Institutionen und Selbstverwaltungseinrichtungen. Selbst der Name Polen wurde getilgt: Die amtliche Bezeichnung lautete fortan »Weichselgouvernements«.

Otto Fürst von Bismarck, Reichskanzler des 1871 gegründeten Deutschen Reichs, während einer Rede vor dem Bundesrat

3.21 Die Einigung Deutschlands

Der Wiener Kongress und die Heilige Allianz von 1815 hatten Europa bis zum Krimkrieg (1853–56) äußeren Frieden beschert, obwohl es in den Staaten der beteiligten Großmächte gärte. In Preußen sorgten die wirtschaftliche Modernisierung und die aufkommende Industrialisierung für Dynamik, während sich liberale und nationale Strömungen (▶ 3.16) gegen die politische Vorherrschaft des Konservatismus auflehnten. An diesem Konflikt zerbrachen die Altliberalen des Vormärz. Wegen des Verfassungskonflikts um die Reform des preußischen Heeres spalteten sich im Juni 1861 die Linksliberalen ab und gründeten die Deutsche Fortschrittspartei. Der Verfassungsstreit dauerte von 1861 bis 1866. Beendet wurde er durch einen Kompromissvorschlag Bismarcks,

Industrielle Revolution und koloniale Expansion

wonach ein Gesetz den Haushalt der vergangenen Jahre nachträglich legalisieren sollte. Diese Indemnitätsvorlage fand 1866 nach der Schlacht von Königgrätz eine Mehrheit im preußischen Landtag. Unterstützt wurde sie vom rechten Flügel der Fortschrittspartei, der eigene Wege ging und die Partei der Nationalliberalen gründete, die in den folgenden Jahren die Priorität der nationalen Einheit betonten.

Ein Merkmal von Bismarcks Politik war seine Pendeldiplomatie. Sie zeigte sich immer wieder im Prozess der deutschen Einigung, in der es um die Frage der sog. großdeutschen Lösung, also die Einbeziehung von Teilen des habsburgischen Vielvölkerstaats in ein künftiges deutsches Reich, oder die von Bismarck favorisierte kleindeutsche Lösung ohne Österreich ging. Der preußisch-österreichische Dualismus lähmte den Deutschen Bund (▶ 1.36) seit 1850. In der Frage um den Verbleib von Schleswig und Holstein im Bund arbeiteten beide Mächte jedoch zusammen und besiegten 1864 Dänemark, das in der Folge beide Herzogtümer zusammen mit Lauenburg an Preußen und Österreich abtrat.

Bismarck, der Österreich aus Deutschland hinausdrängen wollte, suchte bewusst nach Differenzen in der gemeinsamen Verwaltung der Elbherzogtümer. Das gelang ihm, als Österreich wegen der dauernden preußischen Verstöße gegen die Verwaltungsgrundsätze militärische Sanktionen des Deutschen Bundes gegen das Bundesmitglied Preußen verlangte. Preußen trat deswegen aus dem Deutschen Bund aus.

Die militärische Entscheidung im deutschen Krieg zwischen Österreich und Preußen fiel am 3. Juli 1866 bei Königgrätz: Österreich wurde überlegen geschlagen. Im Frieden von Prag im August 1866 stimmte Wien gegen sehr maßvolle Kompensationsforderungen Bismarcks der Auflösung des Deutschen Bundes und seinem Ausscheiden aus der deutschen Politik zu. Der preußische Ministerpräsident hatte nun freie Hand für die weitere Gestaltung der deutschen Einigung.

Der Norddeutsche Bund

Am 18. August 1866 schloss sich das durch Annexionen vergrößerte Preußen mit anderen Staaten nördlich der Mainlinie zum Norddeut-

Proklamation Wilhelms I. zum Deutschen Kaiser im Spiegelsaal des Versailler Schlosses am 18. Januar 1871, Gemälde von Anton von Werner

schen Bund, dem ersten deutschen Bundesstaat, zusammen, dessen Verfassung Preußen ein erdrückendes Übergewicht gewährte. Die Staaten südlich des Mains blieben souverän, waren aber über den Deutschen Zollverein (1834) wirtschaftlich und über sog. Schutz- und Trutzbündnisse militärisch mit Preußen verbunden. Berlin hatte mit der Entthronung norddeutscher Fürsten den Legitimitätsgedanken des Wiener Kongresses zwar massiv verletzt, aber die anderen europäischen Großmächte akzeptierten die neue Ordnung.

Der Deutsch-Französische Krieg
Nur Frankreich wollte sich mit ihr nicht abfinden, weil sich Kaiser Napoleon III., ein Enkel Napoleons I., um Gebietsansprüche als Ausgleich für seine Vermittlung im »Deutschen Krieg« betrogen fühlte. Als 1870 der vakante Thron Spaniens mit dem katholischen Prinzen Leopold von Hohenzollern-Sigmaringen besetzt werden sollte, protestierte er gegen die »deutsche Zange um Frankreich« und verlangte über seinen Botschafter, Graf Benedetti, vom preußischen König Wilhelm I. in Bad Ems zusätzlich die Bestätigung, dass sich ein solcher Vorgang niemals wiederholen würde. Diese Forderung – als diplomatische Demütigung für Preußen gedacht – deutete Bismarck durch eine geschickte Textredaktion der »Emser Depesche« so um, als hätte Wilhelm I. den französischen Gesandten düpiert, was in dieser Form nicht der Wahrheit entsprach. Daraufhin erklärte Frankreich am 19. Juli 1870 Preußen den Krieg. Die süddeutschen Staaten schlossen sich dem Norddeutschen Bund an, weil sie den Krieg auch durch das geschickte Werben Bismarcks um ihre Herrscherhäuser als nationale Aufgabe betrachteten. Wie schon bei Königgrätz befehligte der preußische Generalstabschef Helmuth Graf von Moltke die deutschen Armeen. Frankreich unterlag in wenigen Monaten. Napoleon III. geriet bei Sedan in deutsche Kriegsgefangenschaft (▶ 3.17). In Frankreich brach das Zweite Kaiserreich zusammen, und am 4. September 1870 erklärte Léon Gambetta Frankreich zur III. Republik; sie bestand von 1870 bis 1940. Am 18. Januar 1871 fand im Spiegelsaal von Versailles die Proklamation des preußischen Königs Wilhelm I. zum Deutschen Kaiser statt.

47 Jahre sollte das neu gegründete deutsche Kaiserreich Bestand haben.

3.22 Otto von Bismarck

Otto Eduard Leopold Graf von Bismarck, seit 1871 Fürst von Bismarck und seit 1890 Herzog von Lauenburg wurde am 1. April 1815 auf Schloss Schönhausen geboren. Seine politische Laufbahn begann er 1847/48 als konservatives Mitglied des Vereinigten Landtags. 1851 wurde er preußischer Gesandter im Frankfurter Bundestag, wo er mit Österreich in der kleindeutsch-großdeutschen Frage um die Vorherrschaft Preußens nördlich des Mains kämpfte. Bismarck vertrat die kleindeutsche Lösung.

Von 1859 bis 1862 arbeitete er als Gesandter in St. Petersburg und als Botschafter in Paris. Von dort berief ihn König Wilhelm I. am 27. September 1862 zum preußischen Ministerpräsidenten und Außenminister. Im preußischen Verfassungskonflikt (▶ 3.21), in dem es um die Frage des Budgetrechts des Parlaments ging, vertrat er hartnäckig die Rechte der Krone. Von 1861 bis 1866 regierte Bismarck ohne parlamentarisch genehmigten Haushalt und beendete den Streit durch die sog. Indemnitätsvorlage.

Kurz zuvor, ebenfalls im Jahr 1866, hatte Preußen die Schlacht von Königgrätz gewonnen. Österreich musste im Frieden von Prag dem Ende des Deutschen Bundes und seinem Ausscheiden aus der deutschen Politik zustimmen – die kleindeutsch-preußische Lösung hatte sich durchgesetzt. 1867 betrieb Bismarck die Gründung des Norddeutschen Bundes, dessen Bundeskanzler und Außenminister er wurde. Nach der Reichsgründung in Versailles ernannte ihn Kaiser Wilhelm I. am 21. März 1871 zum Reichskanzler.

Bismarcks Außenpolitik
Während Bismarck im Innern Gräben aufriss und schließlich an seinen politischen Hauptgegnern, dem katholischen Zentrum und den Sozialdemokraten, scheiterte, vertrat er außenpolitisch ein defensives Konzept. Die Erhaltung des Status quo bildete das oberste Ziel seiner Außenpolitik. Im sog. Kissinger Diktat von

1877 beschrieb er es als »eine politische Gesamtsituation [in Europa], in welcher alle Mächte außer Frankreich unser bedürfen und von Koalitionen gegen uns durch ihre Beziehungen zueinander nach Möglichkeit abgehalten werden«. Auf dieser Basis baute er sein Bündnissystem auf. 1878 setzte er dieses Konzept »als ehrlicher Makler« auf dem Berliner Kongress (▶ 3.30) um, wo er in der Orientkrise eine Friedenslösung vermittelte, die jedoch Russland enttäuschte.

Gegen dessen möglichen Angriff schloss er 1882 mit Österreich-Ungarn den defensiv orientierten »Zweibund«, den er 1882 durch den Beitritt Italiens zum »Dreibund« ausweitete. Den Ausgleich mit Russland suchte er 1883 durch die Erneuerung des Dreikaiserbündnisses von 1872 und durch den geheimen Rückversicherungsvertrag von 1887 (▶ 4.7). Auch er war ein reines Defensivbündnis, weil er im Fall eines Verteidigungskriegs die wechselseitige Neutralität der beiden Vertragspartner vorsah. Bismarck förderte auch das Mittelmeerabkommen (1887) zwischen Großbritannien, Italien und Österreich-Ungarn, das den Status quo im Mittelmeerraum schützte.

1890 wurde Bismarck von Kaiser Wilhelm II. entlassen, und sein kunstvoll geknüpftes Bündnissystem brach rasch unter dem »Neuen Kurs« des Kaisers zusammen, sodass Deutschland kurz vor dem Ersten Weltkrieg, abgesehen vom »Zweibund«, außenpolitisch isoliert dastand (▶ 4.31). Der alte Reichskanzler zog sich auf sein Gut Friedrichsruh, heute Aumühle bei Hamburg, zurück, wo er am 30. Juli 1898 starb.

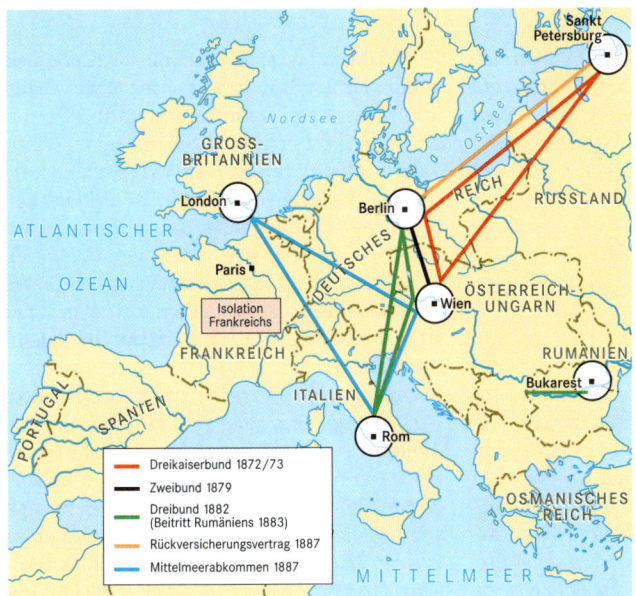

Bismarcks Bündnissystem

3.23 Das zweite Deutsche Reich

Das Kaiserreich, das Bismarck gewollt hatte, feierte seine Gründung im Spiegelsaal von Versailles, wo am 18. Januar 1871 der preußische König Wilhelm I. zum Deutschen Kaiser proklamiert wurde. Anton von Werners Gemälde von der Feier (Seite 123) zeigte schon alle Merkmale, die das Kaiserreich später prägen sollten: Fahnen, Uniformen, gezogene Degen und Hochrufe – es wurde »von oben« gegründet.

Das neue Reich war ein Macht- und Militärstaat, dessen Gesellschaft bald in den Sog eines deutlichen Militarismus geriet. Die Armee wurde »zur Schule der Nation« und bildete einen »Staat im Staate« mit eigenen Wertvorstellungen; Parlamentarismus, Internationalismus und Grundrechte kamen darin nicht vor.

Kapitel 3

Trotzdem konnten sich viele mit ihm identifizieren. Liberal-national gesinnten Kreisen im Bildungs- und Wirtschaftsbürgertum sowie der evangelischen Kirche bot es den ersehnten Rechts- und Verfassungsstaat, in dem Marktwirtschaft und eine straffe Organisation des öffentlichen Lebens herrschte. Die Gründungsfeier sowie die Bedeutung der Bundesstaaten und ihrer Fürsten in der Verfassung überzeugten Militär- und Adelskreise. Die gesellschaftliche Integration der Arbeiterschaft und der Katholiken, politisch vertreten durch SPD (▶ 3.12) und Gewerkschaften bzw. durch das Zentrum gelang erst nach schweren Konflikten Mitte der 1880er- und 1890er-Jahre.

Die Reichsverfassung von 1871

Das Reich umfasste 25 Einzelstaaten (vier Königreiche, sechs Großherzogtümer, fünf Herzogtümer, sieben Fürstentümer und drei freie Städte). Der Kaiser war erblicher Präsident des Bundesstaats und in Personalunion preußischer König. Der Bundesrat war als Fürstenkammer das zentrale Entscheidungsorgan der Reichsverfassung; er konnte sogar den Reichstag auflösen. Der Reichskanzler amtierte in der Regel auch gleichzeitig als preußischer Ministerpräsident.

Der Reichstag, die Volksvertretung, deren Abgeordnete nach gleichem, geheimem und direktem Mehrheitswahlrecht für Männer über 25 Jahren gewählt wurden, während Frauen kein Wahlrecht besaßen, hatte nur eine schwache Stellung innerhalb der Reichsverfassung. Ihm stand nur ein eingeschränktes Budgetrecht zu, vor allem konnte er dem Reichskanzler nicht das Misstrauen aussprechen und ihn damit stürzen. Bismarck regierte immer wieder mit wechselnden Mehrheiten.

»Kulturkampf« und Sozialistengesetz

Der »Kulturkampf« wurde durch die Verkündung des Unfehlbarkeitsdogmas durch Papst Pius IX. ausgelöst. Bismarck hingegen ging es um die Autonomie des Staates gegen jeden geistlichen Einfluss und gegen die Bevormundung der deutschen Katholiken durch Rom. Er reagierte mit dem »Kanzelparagraphen«, 1871 mit dem Verbot der Jesuiten in Preußen und 1875 mit der Einführung der obligatorischen Zivilehe. Die Machtprobe mit der katholischen Kirche misslang gründlich: Der Papst annullierte alle preußischen Kirchengesetze und stärkte die Katholiken im protestantischen Preußen. In der nächsten Wahl zum Reichstag legte die katholische Zentrumspartei deutlich zu; in den Wahlen von 1881 wurde sie sogar zur stärksten Partei im Reichstag. 1886 musste Bismarck alle Kampfgesetze gegen die katholische Kirche zurücknehmen.

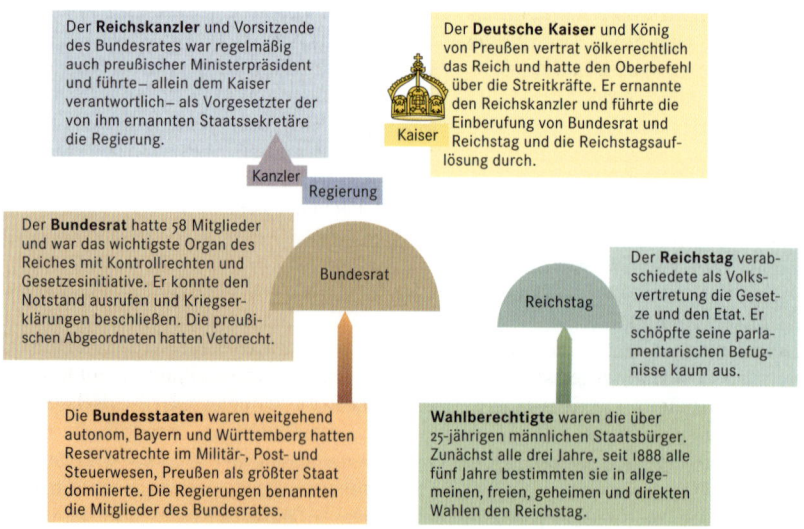

Die Verfassung des Deutschen Reiches von 1871

Industrielle Revolution und koloniale Expansion

Auch die sog. Sozialistenverfolgung schlug fehl: Im Juni 1878 entging Kaiser Wilhelm I. nur knapp zwei Attentaten, die Bismarck den Sozialdemokraten um August Bebel und Wilhelm Liebknecht in die Schuhe schob. Das »Sozialistengesetz« von 1878 verbot ihnen alle Vereine und schriftliche Propaganda und drohte die Ausweisung für alle sozialistischen Agitatoren und verschärfte Polizeikontrollen an. Die Sozialdemokraten jedoch gewannen von Wahl zu Wahl hinzu.

Parallel zum »Sozialistengesetz« schuf Bismarck mit der Kranken- (1883), Unfall- (1884) und der Alters- und Invaliditätsversicherung (1889) ein fortschrittliches Sozialgesetzgebungswerk. Damit wollte er die Arbeiterschaft nach dem verlorenen politischen Kampf durch sozialpolitische Maßnahmen an den Obrigkeitsstaat binden – ebenfalls erfolglos, denn die Sozialdemokraten errangen in den Reichstagswahlen von 1890 die meisten Stimmen.

Als Kaiser Friedrich III., Sohn Wilhelms I., nach nur 99 Tagen Regierungszeit starb, wurde der impulsive Wilhelm II. unverhofft deutscher Kaiser. Er und der alte, erfahrene Kanzler verstanden sich nicht, weil der neue Kaiser einen Wandel der deutschen Innen- und Außenpolitik einleitete. Wilhelm II. wollte den Ausgleich mit der Arbeiterschaft und außenpolitisch ein Bündnis mit Großbritannien statt mit Russland. Bismarck musste deshalb im März 1890 seinen Rücktritt einreichen. Das Reich, das er gegründet hatte, folgte nun dem »Neuen Kurs« des neuen Kaisers, der es letzten Endes in den Weltkrieg trieb.

3.24 Die Pariser Kommune

Der Deutsch-Französische Krieg (▶ 3.21) bewirkte in Frankreich einen totalen Systemwechsel: Das Zweite Kaiserreich Napoleons III. wurde durch die III. Republik, die Léon Gambetta, ein radikaler Republikaner, am 4. September 1870 in Paris ausrief, abgelöst. Einen Tag später bildete Gambetta mit dem bürgerlich gemäßigten Adolphe Thiers die Übergangsregierung der Nationalen Verteidigung. Aus den nachfolgenden, nationalen Wahlen ging eine deutlich monarchistisch geprägte Nationalversammlung hervor.

In Paris hingegen, das am 28. Januar 1871 vor der Belagerung durch deutsche Truppen kapitulierte, entwickelten sich aus Hungersnot und Widerstand gegen den Vorfrieden mit Deutschland rasch schwere Konflikte mit der Regierung Thiers. Die Pariser Nationalgarde putschte am 18. März 1871 gegen sie und zwang sie zur Flucht nach Versailles.

Aus den Wahlen, welche die Nationalgarde im Anschluss organisierte, entstand Ende März ein Stadtparlament, die Kommune von Paris *(Commune de Paris)*, mit 85 Personen, die die unterschiedlichsten demokratisch-egalitären und sozialistischen Richtungen repräsentierten. Sie erließ den Bürgern alle Miet- und Wechselschulden, bot ihnen kostenlosen Schulunterricht an und ergriff einschneidende Arbeitsschutzmaßnahmen. Es gelang den Revolutionären allerdings nicht, eine wirksame politische wie militärische Führung aufzubauen, sodass Regierungschef Thiers Anfang Mai 1871 den Angriff auf Paris anordnete.

Die Regierungstruppen gingen mit äußerster Härte gegen die Aufständischen vor. In der »blutigen Woche« vom 21. bis zum 28. Mai 1871 stürmten sie die Hauptstadt und schreckten vor Massenerschießungen von Männern, Frauen, Kindern und Greisen nicht zurück. Wie viele Menschen in dieser Zeit ihr Leben lassen mussten, ist nicht bekannt. Die Zahlenangaben schwanken zwischen 25000 und 40000 Toten. Auch nach dem Ende der Kommune, die nur zwei Monate, von Ende März bis Ende Mai 1871, dauerte, wütete der Terror der Sieger weiter. Zu Hunderten wurden ehemalige Kommunarden in die französischen Kolonien deportiert oder in die Verbannung abgeschoben. Die französische Arbeiterschaft hatte einen schweren Schlag erlitten.

3.25 Der »Gründerkrach«

Frankreich musste nach dem Krieg von 1870/71 (▶ 3.21) innerhalb von drei Jahren fünf Milliarden Franc Reparationen an das Deutsche Reich zahlen. Dieser Geldstrom versetzte die deutschen Bundesstaaten zwar in die Lage, die Kriegsanleihen zurückzuzahlen, aber er erwies sich auch als Danaergeschenk. Das anlagesuchende Kapital bewirkte eine ungezügelte Spekulation: Von 1871 bis 1873 wurden vier Mal so viele Aktiengesellschaften gegründet wie zwischen 1800 und 1870, aber nur wenige dieser Gesellschaften standen auf soliden Beinen. Im Mai 1873 erlebte die Börse in Wien einen schweren Kurseinbruch, der sich im Oktober an der Berliner Börse fortsetzte.

Der »Gründerkrach« wirkte sich zunächst auf die noch zu zwei Dritteln privat geführten Eisenbahnen aus, weil deren Aktien zu den begehrtesten Spekulationsobjekten gezählt hatten. Von den Eisenbahnen griff die Depression 1874 auf die Montanindustrie über und 1875 von dort aus auf die Textilindustrie, den damals größten deutschen Industriezweig. Verschärft wurde die Situation noch von außen. Die britische Industrie, auf dem Weltmarkt selbst in Absatzschwierigkeiten geraten, überschwemmte den deutschen Binnenmarkt mit ihren billiger produzierten Waren.

Etwa zeitgleich erfasste die Krise auch die deutsche Landwirtschaft, die mit ständig steigenden Kosten zu kämpfen hatte. Die amerikanischen Farmer hingegen konnten Weizen sehr viel billiger produzieren und im Deutschen Reich günstiger als deutsche Landwirte verkaufen.

Es kam zu einschneidenden Maßnahmen, deren wichtigste der Übergang vom Freihandel zum Schutzzoll war. Bismarck nutzte außerdem die Situation der preußischen Eisenbahnen, um sie zu geringen Kosten zu verstaatlichen. Die deutschen Großbanken erwarben große Teile der Montanindustrie.

Die Krise zwang die deutsche Industrie zu einer erheblichen Qualitätsverbesserung: Die Bezeichnung *Made in Germany* entwickelte sich rasch zu einem Gütesiegel. Die wirtschaftliche Erholung setzte ab Mitte der 1880er-Jahre ein und leitete Anfang der 1890er-Jahre zu einem Konjunkturaufschwung über. Mit ihm verschwanden auch die Kartellabsprachen über Mindestpreise und Produktionsmengen der Depressionszeit.

3.26 Die Tansimatedikte im Osmanischen Reich

Als der erst sechzehnjährige Abd ül-Medjid I. seinem Vater Mahmud II. 1839 nachfolgte, stand ihm in dem Großwesir Mustafa Reschid Pascha ein begabter Politiker zur Seite. Von Reschid stammte auch der Text des so genannten Edikts von Gülhane, das am 3. November 1839 in Istanbul erlassen wurde. Die Epoche zwischen diesem Ereignis und der Ersten Konstitution von 1876 wird als Tansimatzeit bezeichnet. Angeregt vom französischen *Code civil* (▶ 1.25) kam es zu Rechtsreformen wie der Kodifizierung des Zivil- und Strafrechts, wurde die Provinz- und Kommunalverwaltung gestrafft und erfuhr das Bildungswesen eine Neuordnung. Die Stellung und Kultfreiheit der Juden und Christen im Osmanischen Reich verbesserte sich; der Sklavenhandel wurde 1847 verboten. Kontakte mit dem europäischen Ausland unterstützten diese Reformbemühungen.

**Der Krimkrieg
und das »Großherrliche Handschreiben«**
Wie schon gezeigt, brach der Krimkrieg (▶ 2.28) nicht wegen der Rückgewinnung dieser Halbinsel im Schwarzen Meer aus, die Katharina II. dem Osmanischen Reich entrissen hatte, sondern weil Russland 1853 die unmittelbare Schutzherrschaft über die orthodoxen Untertanen des Sultans beanspruchte.

Kurz vor dem Frieden von Paris wurde am 18. Februar 1856 das zweite Reformedikt der Tansimatzeit mit dem Titel »Großherrliches Handschreiben« *(Hatt-ı hümâyûn)* erlassen, das den christlichen Minderheiten im Osmanischen Reich weitgehende Rechtssicherheit zugestand. Es sollte mögliche Einmischungen der europäischen Mächte in die inneren Angelegenheiten, z.B. die Kontrolle der direkten Gleichstellung der christlichen mit den muslimischen Untertanen, verhindern; Artikel 9 des Friedensvertrags verbot auch jegliche Einmischung. Der *Hatt* war aber nicht so klar abgefasst, dass sich die Europäer in den folgenden Jahrzehnten nicht doch immer wieder über die garantierte Nichteinmischung hinweggesetzt hätten.

Unter Sultan Abd ül-Asis (1861–76), dem Nachfolger Abd ül-Medjids I., neigte sich die Tansimatzeit ihrem Ende zu, denn die Schulden des Osmanischen Reiches gegenüber seinen Verbündeten waren seit dem Krimkrieg so dramatisch gestiegen, dass es die Zinslast nicht

Industrielle Revolution und koloniale Expansion

Abd ül-Hamid II. war ein umstrittener Herrscher, Autokrat, aber auch Reformer. Diese französische Karikatur kreidet ihm blutige Unterdrückung an.

mehr tragen konnte. Diese bestanden im *Muharrem*-Dekret (November 1881) auf einem direkten Mitspracherecht über die Verwendung wichtiger Reichssteuern. Danach blieben dem Reich nur noch der Zehnte, die Schaf- und eine Militärersatzsteuer.

Trotzdem kam es in den letzten Tansimatjahren noch zu so bemerkenswerten Reformen wie der Einführung des neuen Staatsgrundsetzes *(Kanun-ı esasi)*, d. h. der ersten osmanischen Verfassung, die Abd ül-Hamid II. bei seiner Thronbesteigung am 23. Dezember 1876 unterzeichnete. Ihr Entwurf stammte von dem Großwesir Midhat Pascha, der sich durch seine energische Reformpolitik internationale Anerkennung erworben hatte. Die neue Verfassung verwandelte das Sultanat in eine konstitutionelle Monarchie, schuf ein Zweikammersystem und enthielt einen ausführlichen Katalog moderner rechtsstaatlicher Grundsätze; allerdings fehlte jegliche staatsrechtliche Absicherung dieser Freiheitsrechte. Der absolutistische Einschlag blieb über die Stellung des theokratisch legitimierten Sultans gewahrt; außerdem war die gesamte Staatsorganisation auf ihn zugeschnitten. So berief der Sultan nach dem Jahr 1878 das osmanische Parlament gar nicht mehr ein und regierte bis zu seiner Entmachtung durch die Jungtürken (▶ 3.29) im Jahr 1908 ohne Mitwirkung der Kammern.

3.27 Königin Viktoria und ihre Epoche

Als die junge Prinzessin Viktoria aus dem Haus Hannover 1837 den britischen Thron bestieg, steckte Großbritannien in einer turbulenten Reformperiode, die sich aus dem raschen Fortschritt in allen Industriesektoren erklärte und Großbritannien einen großen technologischen Vorsprung in der Welt bescherte (▶ 2.5); ihn bestätigte auch die erste Weltausstellung 1851 in London.

Die *Reform Bill* von 1832 hatte die Zahl der Wahlberechtigten verdoppelt. 1859 versuchte John Stuart Mill eine neue Gesellschaftslehre zu entwickeln; sein Essay »On Liberty« (1859) ist eines der bleibenden Dokumente dieser Epoche. Die britischen Wähler konnten zwi-

Die Weltausstellung 1851 im Crystal Palace in London mit den Ausstellungsbauten aus Eisen und Glas symbolisierte den freien Weltmarkt und technischen Fortschritt.

Kapitel 3

Die Aufteilung der Welt im 19. Jahrhundert

schen zwei Parteien, den Konservativen *(Tories)* und den Liberalen *(Whigs)* entscheiden. Die prägenden Politiker Großbritanniens im letzten Drittel des 19. Jahrhunderts waren der Liberale William Gladstone, Premierminister in den Jahren 1868, 1880–85, 1886, 1892–1894, und sein Gegenspieler, der Konservative Benjamin Disraeli, Earl of Beaconsfield, Premierminister 1868, 1874–80.

Innen- und Wirtschaftspolitik
In der gesamten Regierungszeit Viktorias (1837–1901) herrschte eine strikt liberale und konstitutionelle Regierungsform. Die Königin besaß wenig politische Macht, denn diese hatte sich während ihrer Zeit allein auf den Premierminister und das Unterhaus verlagert.

Ab Mitte des 19. Jahrhunderts gärte es in der britischen Gesellschaft, wie das Aufkommen der Chartistenbewegung (▶ 3.13) zeigte. 1842 fand der erste Generalstreik statt, der allerdings erfolglos endete. Verschärft wurde die soziale Krise durch eine Hungerskatastrophe in Irland 1845/46, die eine Million Tote kostete. 1846 schaffte das konservative Kabinett von Sir Robert Peel aus freihändlerischen Überlegungen die Getreidezölle mit schwerwiegenden Folgen für die Landwirtschaft ab. 1853 ging Großbritannien insgesamt zum Freihandel über. Fortschritte erreichte die Sozialgesetzgebung 1847 durch die Einführung des Zehnstundentages für Frauen und Jugendliche und ab 1850 für alle Arbeiter. Das steigende Sozialprodukt hob den allgemeinen Lebensstandard, verbürgerlichte die Gesellschaft und milderte die Klassengegensätze – eine Entwicklung, die die weitere Ausdehnung des Wahlrechts in der Reform von 1867 noch föderte. Weitere Reformgesetze in der Armenfürsorge, im staatlichen Gesundheitswesen und für die Fabrikarbeit folgten. 1870 beseitigte das Erziehungsgesetz Gladstones das Schulmonopol der anglikanischen Kirche und sorgte zehn Jahre später für die Einführung der allgemeinen Schulpflicht. Die »Tory-Demokratie« von Premierminister Disraeli führte die alte Aristokratie und das aufsteigende Bürgertum zusammen. 1893 entstand das *Labour Representation Committee,* aus dem 1906 die heutige Labour Party hervorging.

Von 1887 an stieg die Popularität der Königin ständig. Ihre lange Regierungszeit vermittelte der britischen Monarchie eine Stabilität, die ihren Tod 1901 lange überdauerte.

Außenpolitik
Ende des 19. Jahrhunderts stagnierte die britische Industrie und suchte Absatzmärkte in allen Teilen der Welt. Aber erst Disraeli kümmerte sich ernsthaft darum. Durch seine berühmte Rede am 24. Juni 1872 im Londoner *Crystal Palace* eröffnete er das Zeitalter des *British Empire* mit der Absicht, die bestehenden Kolonien in einem Netz britischer Weltherrschaft mit neuen Kolonien und Stützpunkten zu verknüpfen. Um den Seeweg nach Indien zu sichern, kaufte Großbritannien zunächst knapp die Hälfte der Suezkanalaktien (▶ 4.5), drängte Russland auf dem Balkan zurück und gewann auf dem Berliner Kongress 1878 Zypern.

Das *British Empire* stand zu Beginn außen-, wirtschafts- und innenpolitisch auf soliden Grundlagen, vorausgesetzt, der Frieden in Europa blieb gewahrt. Daher kam ihm das Bündnissystem Bismarcks (▶ 3.22) entgegen. Zur totalen Absicherung seiner außenpolitischen Handlungsfreiheit verfolgte Großbritannien jedoch eine Politik der *splendid isolation*.

1874 waren das britische Sozialprodukt und das anlagewillige Investitionskapital genügend gewachsen, sodass sich auch imperiale Großprojekte rechneten. 1880 stellte Großbritannien 46 Prozent der Welthandelstonnage, und seine Handelsflotte stieg bis 1900 auf über acht Millionen Bruttoregistertonnen. Hinzu kamen Strömungen, die machtpolitische Interessen mit der puritanisch beeinflussten Überzeugung verbanden, die Zivilisation in der Welt fördern zu müssen. In diesem Sinn sprach Rudyard Kipling von »der Bürde des Weißen Mannes«, zeichnete 1868 Sir Charles Dilke in »*Greater Britain*« das Bild einer täglich englischer werdenden Welt und begründete Thomas Carlyle die britische Weltmission mit der Auserwähltheit Großbritanniens.

1882 besetzten britische Streitkräfte Ägypten, und in Südafrika träumte Cecil Rhodes von einem Landkorridor zwischen dem Kap und Kairo. In den Jahren 1884 bis 1900 wurden Somaliland (1884), Kenia (1886), Rhodesien (1891), Uganda (1895) und das britisch-ägyptische Kondominium Sudan (1899) dem Empire in Afrika einverleibt. Im gleichen Zeitraum fand 1886 in London die erste Kolonialausstellung statt und begannen 1887 die Kolonialkonferenzen über praktische und verwaltungstechnische Fragen des Empire. Nach dem Sieg im Burenkrieg (1899–1902) gliederte Großbritannien beide Burenrepubliken in seine Kapkolonie ein, überließ ihnen aber die Selbstverwaltung.

1876 war Königin Viktoria Kaiserin Indiens geworden, das seit 1858 der britischen Krone unterstand. Um die Jahrhundertwende reichte der Kernraum der britischen Weltherrschaft von Südamerika über das östliche Mittelmeer und Indien bis Singapur. 1909 betrug der Anteil des *British Empire* an der Weltbevölkerung 23 Prozent und an der Weltfläche ca. 20 Prozent. Ergänzt wurde das System der Kronkolonien durch die Dominions, d. h. durch ehemalige Kolonien, die sich bis zu ihrer Souveränität selbst verwalteten, wie Kanada (1867), Australien (1901), Neuseeland und Neufundland (1907) und die Südafrikanische Union (1910).

3.28 Die Aufhebung des Sklavenhandels

Im 18. Jahrhundert hatte sich zwischen Europa, Afrika, der Karibik und Amerika ein lukrativer Dreieckshandel entwickelt: Europäische Schiffe brachten Metallwaren und Waffen zu den Stützpunkten der europäischen Kolonialmächte Portugal, Spanien, Frankreich, Großbritannien und Holland in Westafrika, tauschten sie gegen von einheimischen Sklavenhändlern gefangene Schwarzafrikaner ein, brachten diese in die Karibik oder in die Südstaaten der USA (▶ 3.18), wo sie auf Sklavenmärkten wie New Orleans verkauft wurden, und segelten, mit Zucker, Tee, Rum, Kakao, Reis, Indigo, Baumwolle und Tabak beladen, nach Europa zurück. Genaue Zahlen über die Verschleppung von Schwarzafrikanern in die Neue Welt existieren nicht, allenfalls Annäherungswerte. So lebten in den Vereinigten Staaten 1790 etwa 700 000 Sklaven; 1860 waren es bereits über vier Millionen.

In Schwarzafrika bestanden drei Regionen mit ausgeprägtem Sklavenhandel. Erstens: die westafrikanische Küste zwischen Guinea-Bissau und Angola mit den Hauptumschlagplätzen Saint-Louis, dem Königreich Dahome (heute Benin), Fort Elima, São Tomé und Luanda. Zweitens: Sansibar an der ostafrikanischen Küste und – drittens – die portugiesische Kolonie Moçambique, von wo ab 1807/08 jährlich zwischen 12 000 und 16 000 Sklaven nach Brasilien transportiert wurden.

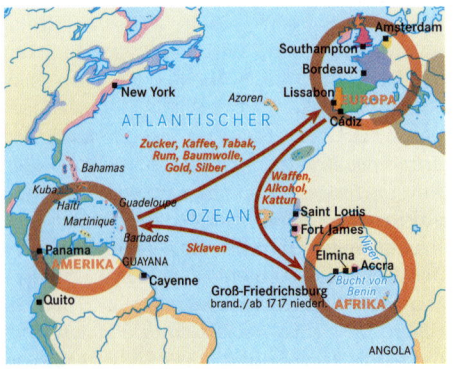

Transatlantischer Dreieckshandel (um 1772)

Die Abschaffung der Sklaverei

Die Bewegung gegen den Sklavenhandel setzte in Großbritannien als einzigem Land Europas in den 1780er-Jahren ein, wo sich die Antisklavereibewegung zu einer gewaltigen Massenbewegung entwickelte. Mit der Gründung des Komitees für die Abschaffung des Sklavenhandels fand der in Presse, Parlament und Schrifttum ausgefochtene Kampf zur Ächtung von Sklaverei und Sklavenhandel seine organisatorische Umsetzung. Philanthropen wie Granville Sharp, Thomas Clarkson und William Wilberforce trugen maßgeblich dazu bei, dass 1807 der britische Sklavenhandel und 1833 die Sklaverei im britischen Herrschaftsbereich abgeschafft wurden.

Die Antisklavereibewegung fiel mit einem großen Missionsaufbruch zusammen. Beides, ein christlich-biblisch fundiertes Auserwähltheitsbewusstsein und eine Mischung aus Kulturoptimismus sowie Fortschrittsgläubigkeit flossen in einem Aktivismus zusammen, der sich neben der Sklavenbefreiung auf die Mission der »armen Schwarzen« richtete. Etwas mehr an Handelsinteressen orientiert war der Interessenverbund *Commerce and Christianity,* der Vertreter der zweiten Generation der Sklavereigegner Thomas Fowell und Baronet Buxton mit dem schottischen Forschungsreisenden und Missionar David Livingstone verband: Man wollte in Afrika »das Königreich Gottes« und eine »wohltätige Zivilisation« errichten. Diese Ziele schweißten die Sklavereigegner und Missionspropagandisten zu vehementen Vertretern eines kulturellen Expansionismus in Afrika zusammen. Auch dass sich nach dem Verlust der amerikanischen Kolonien britische Handelshäuser nach neuen Märkten umsahen, förderte das neue Interesse an Afrika.

Dänemark und Frankreich schafften die Sklaverei 1848 ab. Die niederländischen Kolonien folgten 1863 und die spanischen Besitzungen Kuba und Puerto Rico in den Jahren 1870 und 1873. In Brasilien endete sie hingegen erst 1888. Nur in Haiti gab es schon seit 1794 bzw. 1804 keine Sklaven mehr (▶ 1.39).

Der Norden der Vereinigten Staaten hatte auf Drängen der Abolitionisten (▶ 3.18), darunter viele Quäker, die Sklaverei schon im Jahr 1827 offiziell beendet. Im Süden hingegen wurden Sklaven weiterhin beim Baumwollanbau eingesetzt. Der Kampf zwischen Anhängern der Sklaverei und ihren Gegnern, in dem der 1852 erschienene Roman »Onkel Toms Hütte« von Harriet Beecher-Stowe eine große Rolle spielte, ging weiter. Die Sklavenfrage spielte im 1861 ausgebrochenen Sezessionskrieg, der 1865 mit der Kapitulation des Südens endete, eine zentrale Rolle. Staatsbürgerliche Rechte erhielten die Schwarzen in den USA erst 1868/1870.

3.29 Die Jungtürken

Seit 1860 formierte sich eine Bewegung gegen das autokratische System des Osmanischen Reiches unter Sultan Abd ül-Asis (▶ 3.26) und seine Bevormundung durch das Ausland. Ihr gehörten hauptsächlich Studenten und Offiziere an, die sich für die rechtliche Gleichstellung aller Nationalitäten und Religionen im Osmanischen Reich einsetzten, ohne dabei die Bindung an die islamische

Industrielle Revolution und koloniale Expansion

Osmanische Reich mit zahlreichen Verfassungs- und inneren Reformen gegen den Einfluss der islamischen Amtsträger in das 20. Jahrhundert führten. Ihre prominentesten Vertreter waren Enver Pascha, der deutschfreundliche Vizegeneralissimus und Schwiegersohn des Sultans, Talat Pascha, ein ehemaliger Großwesir, und Kemal Pascha, der spätere Gouverneur von Syrien. Der erste Präsident der Türkischen Republik, Mustafa Kemal Atatürk (▶ 6.16), zählte nicht zum inneren Zirkel der Jungtürken.

Enver Pascha, türkischer General und Staatsmann (1881–1922). Unter den Jungtürken war er prodeutsch eingestellt.

Ordnung aufzugeben. Sie wurden als »Jungosmanen« bezeichnet.

Die eigentliche jungtürkische Bewegung entstand erst 1889 durch eine Vereinigung von Kadetten, Offizieren, Studenten und Beamten, die sich für ähnliche Ziele wie die Jungosmanen einsetzten und sich im »Komitee für Einheit und Freiheit« zusammenfanden. Sie arbeiteten zuerst verdeckt, bis sie von den Spitzeln Abd ül-Hamids II. (▶ 3.26) 1894 entdeckt wurden. Einer ihrer führenden Köpfe, Ahmed Risa, hatte sich schon 1889 nach Paris abgesetzt und dort die »Osmanische Gesellschaft für Einheit und Freiheit« gegründet, die offen für jungtürkische Ideen warb. Die Agitation der Jungtürken in Europa wurde von Paris und Genf aus gesteuert.

Am ersten Kongress der Reformer 1902 in Paris nahmen Vertreter vieler osmanischer Minderheiten teil. Sie alle verbanden neben ihrer Abneigung gegen den Sultan vage Vorstellungen von einem neuen Osmanismus als Leitidee für einen reformierten Staat. 1907 forderte eine Erklärung aller jungtürkischen Gruppen den Sturz des Sultans.

Dessen Entmachtung fand 1908 statt. Ihm folgte sein Bruder Mehmed V., der nicht mehr als Autokrat herrschte, sondern als an die wieder geltende Verfassung von 1876 gebundener Monarch. Die politische Macht ging an die Jungtürken über, die von 1908 bis 1918 das

3.30 Der Berliner Kongress

Seit dem Ende des Krimkriegs (▶ 2.28) versuchte Russland seinen Einfluss auf dem Balkan zu stärken, was ihm die westlichen Großmächte im Frieden von Paris 1856 noch verwehrt hatten. Sogar auf seine Schutzherrschaft über die im Osmanischen Reich lebenden Christen hatte es zugunsten eines »europäischen Protektorats« verzichten müssen, und durch die Neutralisierung des Schwarzen Meeres war ihm die territoriale Erweiterung nach Süden auf Kosten des Osmanischen Reiches unmöglich geworden. Deshalb unterstützte Russland die panslawistischen Ideen der slawischen Freiheitsbewegungen auf dem Balkan, die sich 1875/76 in Unruhen in der Herzegowina, in Bosnien, Bulgarien und Makedonien gegen das Osmanische Reich äußerten. Diese Aufstände wurden von den Türken mit größter Härte unterdrückt, sodass aufgrund dieser »Türkengräuel« Russland dem Osmanischen Reich 1877 erneut den Krieg erklärte und ihn als überlegener Sieger beendete. Um die Einnahme Konstantinopels durch russische Truppen zu verhindern, sah sich der seit 1876 autokratisch herrschende Sultan Abd ül-Hamid II. 1878 zum Vorfrieden von San Stefano gezwungen. Russland erzielte Territorialgewinne in Bessarabien und Armenien und erhielt die Festung Kars zurück, darüber hinaus unterband der Vorfriede jeglichen türkischen Einfluss auf dem Balkan.

Großbritannien und Österreich-Ungarn protestierten gegen den sich abzeichnenden Zuwachs des russischen Einflusses auf dem Balkan so energisch, dass ein weiterer Krieg drohte. Deshalb schlug Österreich-Ungarn vor, einen neutralen Schiedsrichter mit allen Problemen der »orientalischen Frage« zu befassen. Die entsprechende Person war in dem deutschen Reichskanzler rasch gefunden, denn Bismarck hatte schon Anfang Januar 1876 im Reichstag die deutsche Neutralität gegenüber den Vorgängen auf dem Balkan erklärt.

Ergebnisse und Folgen des Kongresses

Die Konferenzteilnehmer tagten im Juni und Juli 1878 unter dem Vorsitz Bismarcks in Berlin, der sich als »ehrlicher Makler« verstand (▶ 3.22). Angesichts der Situation mit ihren widersprüchlichen politischen Interessen konnten die Ergebnisse nur in Kompromissen bestehen: Rumänien, Serbien und Montenegro wurden selbstständig. Bulgarien blieb autonomes Fürstentum, musste aber weiterhin Tribute an das Osmanische Reich zahlen und verlor zusätzlich Ost-Rumelien an die Hohe Pforte. Damit war der Traum Russlands von einem bulgarischen Protektorat ausgeträumt, aber es behielt seine Territorialgewinne aus dem Vorfrieden von San Stefano. Großbritannien bekam die – seit 1571 osmanische – strategisch wichtige Insel Zypern, während Österreich-Ungarn künftig Bosnien und die Herzegowina verwaltete.

Der von Bismarck durchgesetzte Kompromiss enttäuschte vor allem Russland, denn es erlitt auf dem Balkan einen empfindlichen Prestigeverlust. Die deutsch-russischen Beziehungen kühlten sich deutlich ab, wofür Zar Alexander II. Bismarck die alleinige Verantwortung zuschob. Die nationalen Probleme auf dem Balkan wurden nur teilweise gelöst, panslawistische Ideen fielen dort weiterhin auf fruchtbaren Boden. Der Gegensatz zwischen dem Zarenreich und Österreich-Ungarn, das nun selbst zum Balkanstaat geworden war, verschärfte sich dadurch noch mehr.

3.31 Panslawismus

Um 1830 entstand in Russland eine Strömung, die über die Brücke der sprachlichen Gemeinsamkeit die Idee eines kulturellen und politischen Zusammenschlusses aller slawischen Völker entwickelte. Michail P. Pogodin, der Wortführer der noch jungen Bewegung, begründete seine Vorstellungen mit der moralischen Überlegenheit der Slawen gegenüber anderen Völkern und mit Argumenten aus der Geschichte und Religion des Slawentums. Daraus leitete er für Russland als dem bedeutendsten Slawenvolk die Führungsrolle ab und propagierte gleichzeitig für alle »Brudervölker« die Unabhängigkeit. Diese Ideen fielen bei den slawischen Balkanvölkern unter habsburgischer oder osmanischer Oberhoheit auf fruchtbaren Boden, der russische Messianismus allerdings weniger. Zu frisch war noch die Erinnerung an die brutale Niederschlagung des polnischen Aufstands von 1830/31. Auch das autokratische System von Zar Nikolaus I. schreckte die Balkanslawen 1848, dem Jahr des ersten Panslawistenkongresses in Prag, ab. Dort verkündeten die sog. Westler ihr Programm, das die Umwandlung der slawischen Gebiete innerhalb der Donaumonarchie in einen Bund gleichberechtigter Volksgruppen anstrebte.

Dieser Austroslawismus mit friedlichen Mitteln geriet allerdings in deutlich radikaleres Fahrwasser, als der österreichisch-ungarische Ausgleich von 1867 die Belange der Balkanslawen nicht einmal in Betracht zog. Sie wendeten sich deshalb dem Panslawismus russischer Prägung zu, weil sie sich vom Zarenreich als selbst ernannter Schutzmacht aller Slawen die Befreiung vom Joch der Habsburger erhofften. Diese Erwartung kam Russland nach dem unbefriedigenden Ende des Krimkriegs 1856 entgegen, bot sie ihm doch die Gelegenheit, die inneren Spannungen als Folge der schwierigen Reformen der 60er-Jahre nach außen abzulenken. Der zweite Panslawistenkongress fand deshalb auch 1867 in Moskau statt, wo der berühmte russische Schriftsteller Fjodor Michailowitsch Dostojewski deutlich russisch gefärbte allslawische Ideen vertrat.

Der russische Panslawismus auf dem Balkan

1871 erschien das Buch *Rossija i Europa* (»Russland und Europa«) von Nikolaj J. Danielewski, das aus kulturphilosophischen Überlegungen die Zusammenfassung aller slawischen Völker in einem großen Reich propagierte. Diese Denkweise setzte sich in unmittelbares politisches Handeln um, denn als Russland wegen des harten türkischen Vorgehens gegen slawische Aufstände auf dem Balkan 1877 dem Osmanischen Reich den Krieg erklärte, löste es die geforderte Schutzmachtrolle ein, verband mit ihr aber auch deutlich imperialistische Ziele wie die Kontrolle über die Meerengen vom Schwarzen Meer zum Mittelmeer und das Recht der alleinigen Einflussnahme auf dem Balkan. Diese Politik lehnten Großbritannien und Österreich-Ungarn schärfstens ab und setzten ihre Einwände auf dem Berliner Kongress von 1878 (▶ 3.31) auch erfolgreich durch: Das Zarenreich musste in seinem Ehrgeiz zurückstecken, konnte aber seinen Anspruch als Schutzmacht aller slawischen Völker in Europa aufrechterhalten. Trotzdem scheiterte die angestrebte Föderation aller Slawen im 19. Jahrhundert. Das lag zum Teil am Aufkommen des Panrussismus, einer Strömung von Politikern, Militärs und Kaufleuten, die auf die weitere Erschließung Sibiriens durch Russland setzten, zum Teil aber auch am Misstrauen der Balkanvölker gegenüber dem russischen Hegemoniestreben.

3.32 Reformansätze in China

Die traditionelle Gesellschaftsordnung Chinas hatte den Taiping-Aufstand (▶ 2.26) gestärkt überstanden, trotzdem zeigten sich danach einige Veränderungen. So profitierte die sozial bis in die Mitte des 19. Jahrhunderts gering geachtete Schicht der Kaufleute von der steigenden Kommerzialisierung und Integration Chinas in den Welthandel von Schanghai, Hongkong und anderen Handelshäfen aus, weil sie für die Abwicklung des Handels sorgten. Viele unter ihnen gelangten dadurch zu Reichtum. Auf der anderen Seite engagierte sich der Landadel bei Handelsgeschäften, sodass sich die sozialen Gegensätze zwischen beiden Schichten langsam einebneten.

Die Bauern fristeten zwar oft ein karges Dasein, waren aber von Feudallasten frei. Während nördlich des Jangtsekiang die meisten Bauern selbstständig für den eigenen Bedarf produzierten, hatten sich im fruchtbaren Süden ganze Landstriche auf die Erzeugung von Tee und Seide für den Export und innerchinesischen Handel spezialisiert. Das Hauptproblem der Bauern lag in der Überbevölkerung bei stagnierender Agrartechnik.

Trotz aller Vorbehalte gegen westliche Einflüsse planten einige hohe Würdenträger um General Li Hongzhang, der wegen seiner Niederschlagung des Taiping-Aufstands hohes Ansehen genoss, eine begrenzte Modernisierung des Riesenreichs: China strebte nach »Selbststärkung«. Ihr sollten der Bau von Dampfschiffen und Eisenbahnlinien, die Mechanisierung des Bergbaus und die Anfänge einer eigenen Eisen- und Stahlindustrie sowie die Gründung einer Rüstungs- und Werftenindustrie dienen. Diese Pläne wurden nicht nur von konservativen Kreisen strikt abgelehnt, die um die Existenz der chinesischen Zivilisation fürchteten, sondern diese Art der Modernisierung wurde ohne Beteiligung der Bevölkerung oktroyiert. Von einer die gesamte Nation umfassenden Reformpolitik war man weit entfernt. Weder dachte man an eine Verfassung noch an eine Einführung des bürgerlichen Rechts.

Die epochale Wende
1895 wurde das Scheitern der Politik der »Selbststärkung« offenbar: China verlor den Krieg gegen Japan um Korea. Japan annektierte die Provinz Taiwan und verlangte eine hohe Kriegsentschädigung. China musste sich tief verschulden, immer mehr staatliche Einnahmen an ausländische Gläubiger verpfänden oder Gebiete an sie abtreten. Die Arroganz der Großmächte und der internationalen Großfinanz demütigten China, das bei Verträgen stets benachteiligt wurde. Das Gefühl einer tiefen nationalen Krise ergriff das Land.

In dieser Situation verfassten der Gelehrte *(Jinshi)* Kang Youwei und sein Schüler Liang Qichao, zusammen mit den im Frühjahr 1895 in Peking versammelten jungen Gelehrten, die um die Palastprüfungen (▶ 1.12) wetteiferten, ein Manifest, das grundlegende Reformen auf praktisch allen Gebieten forderte. Kang Youwei erhielt direkten Zugang zu Kaiser Guangzu, mit dem er Reformedikte erarbeitete, die zwischen Juli und September 1898 erlassen und deshalb als »Reform der Hundert Tage«

Kapitel 3

General Li Hongzhang. Er verfocht ein Programm der »Selbststärkung Chinas«.

bezeichnet wurden. Erstmals sollte das bisher sakrosankte Erziehungs- und Prüfungswesen für westliches Wissen geöffnet werden, wurde der Korruption innerhalb der Bürokratie der Kampf angesagt und sollte die Wirtschaft nach modernen Grundsätzen gefördert werden. Am 19. September 1898 beendete die Kaiserinwitwe Cixi abrupt sämtliche Reformpläne. Sie ließ den Kaiser unter Hausarrest stellen und sechs seiner Berater sofort hinrichten. Kang Youwei und Liang Qichao blieb nur die Flucht ins Ausland.

3.33 Die Meijizeit in Japan

Am 3. Januar 1868 wurde der letzte Schogun (▶ 1.15) durch den Samurai Saigō Takamori aus Satsuma gestürzt; am 3. April 1868 bestieg der 14-jährige Prinz Mutsuhito den Kaiserthron und legte den »Fünf-Artikel-Schwur« ab, der die grundlegenden Punkte des künftigen Regierungsprogramms enthielt. Seine Devise lautete *Meiji* (»erleuchtete Regierung«), weshalb seine Herrschaft als »Meijizeit« bezeichnet wird.

Bis zum Vertrag von Kanagawa (▶ 2.27) hatte Japan völlig abgeschieden von der westlichen Welt gelebt und Visionen von einem Groß-Japan entwickelt, Vorstellungen, die in Samuraikreisen begierig aufgenommen wurden. Die Kräfte, die nämlich auf die Absetzung des Schogunats drängten, waren die Lehnsfürstentümer Satsuma und Chōsū mitsamt ihren Rittern. Deshalb herrschte nach 1868 kein allmächtiger Kaiser, sondern es kam ein Herrschaftskompromiss zustande: Künftig mussten in der Regierung möglichst viele Vertreter der beiden Flügel vertreten sein, um Rivalitäten in der herrschenden Gruppierung aufzufangen, aber nur ein einziger Samurai, Iwakuma Tomani, gelangte in die Regierung von 1868. Im kaiserlichen Japan entstand ein Regierungssystem, das seine Legitimation nicht aus dem Volkswillen, sondern aus Gruppenkämpfen ableitete.

Nach dem Wechsel hatte die alte Samurai- und Daimyō-Elite das Ruder übernommen. Ihre Tugenden Kampfgeist, unbedingte Loyalität und Selbstaufopferung prägten die jungen Japaner, für die die allgemeine Wehrpflicht in dem neu zu schaffenden Volksheer eingeführt wurde. Aber auch die junge Intelligenz, die an der 1877 gegründeten Reformuniversität Tokio geschult und danach oft im Ausland weiter gebildet wurde, rekrutierte sich in der Meijizeit aus der Samurai-Kaste. Der Nationalismus der neuen Machthaber, der die Bevölkerung auf den Kaiser verpflichtete, geriet zu einer Art Integrationsideologie, die sich auf konfuzianische Vorstellungen stützte, aber nur der Disziplinierung des Volkes diente. Die Meijireformen sollten alle Kräfte bündeln, um Japan gegen die Herausforderungen des Westens zu verteidigen. Somit entpuppten sie sich eher als Verteidigungsprogramm.

Die Verfassung von 1889

Zum Garanten aller Reformen der Meijizeit wurde die Armee unter Führung von Yamagata Arimoto; sie orientierte sich an der preußischen Armee. Das Vorbild Preußen setzte sich auch auf der zivilen Seite fort. Auf Druck des Chōsūflügels formulierte der ehemals mittlere Samurai Itō Hirobumi eine konservative Verfassung, die Kaiser Mutsuhito am 11. Februar 1889 verkündete. Sie bestätigte die Sonderstel-

Industrielle Revolution und koloniale Expansion

lung des Militärs und räumte dem Kaiser erhebliche Vollmachten ein. Trotz ihres ausgeprägt konservativ-militärischen Charakters öffnete sie Japan den Weg in die internationale Staatengemeinschaft.

Der Kaiserkult zeigte sich auch in offiziellen Fotos wie diesem: Kaiser Mutsuhito mit seiner Familie in europäischer Hoftracht, um 1890.

Gesellschaftspolitisch orientierte sich Japan am Vorbild Preußens: Sein Schulwesen wurde dem dreigliedrigen preußischen Bildungssystem angepasst. Die japanische Heeresreform von 1885 trug die Handschrift des preußischen Generalstabsoffiziers Jacob Meckel, dessen Lehren zu den Siegen der japanischen Armee über China (1894/95) und Russland (1904/05) beitrugen.

Das Erziehungsedikt vom 30. Oktober 1890 schloss die Phase der Umgestaltung und Öffnung Japans ab. Es verschmolz die fünf konfuzianischen Tugenden der Ein- und Unterordnung mit der dem Shintōismus entlehnten Ausrichtung des Volkes auf den Kaiser. 1890 wurde auch die Lehre der Besonderheit des Japanertums verkündet: Kaiserkult und Sozialimperialismus waren eine verhängnisvolle Symbiose eingegangen.

3.34 Aufstieg der USA zur Weltmacht

Im Juli 1845 schrieb der amerikanische Journalist John L. O'Sullivan, es sei die »offensichtliche Bestimmung« der Amerikaner, sich »über den Kontinent auszubreiten, den die göttliche Vorsehung [ihnen] zugewiesen« habe. Diese Formulierung stützte sich natürlich auf die Vorstellung vom »auserwählten Volk« und dem ihm von Gott zugesprochenen »gelobten Land« im Alten Testament. Das ursprünglich im religiösen Bereich wurzelnde Schlagwort von der *manifest destiny* (»offensichtliche Bestimmung«) wurde alsbald von Politikern aufgegriffen, um im weiteren Verlauf des 19. Jahrhunderts die rasche Expansion der USA (▶ 2.19) zu rechtfertigen. Zusammen mit der schon 1823 verkündeten Monroedoktrin (▶ 2.9) begründeten sie später auch die Außenpolitik der Vereinigten Staaten in der Karibik und im Pazifik, wo sie seit 1860 Stützpunkte unterhielten.

Mit dem Kauf Alaskas von Russland 1867 fiel den USA ein weiteres wichtiges Territorium zu, auch wenn sich seine strategische Bedeutung erst viel später abzuzeichnen begann. Im selben Jahr zerschlugen sich die Träume von einem Beitritt der kanadischen Provinzen durch die Schaffung des britischen Dominions Kanada. Stimmen, die bereits zu diesem Zeitpunkt Gebietserweiterungen im Pazifik und in der Karibik forderten, fanden wenig Gehör.

Probleme des Wiederaufbaus

Die Vereinigten Staaten befanden sich nach dem verheerenden Bürgerkrieg in einer Phase des Wiederaufbaus. Präsident Andrew Johnson, der Nachfolger Abraham Lincolns

Am Wounded Knee Creek in South Dakota wurden im Dezember 1890 etwa 300 Sioux-Indianer von US-Soldaten getötet.

137

(▶ 3.18), betrieb die Wiedereingliederung der Südstaaten, stieß dabei jedoch auf den Widerstand der Republikanischen Partei. Der Süden blieb bis 1877 von Unionstruppen besetzt. Die Befreiung der Sklaven beschwor soziale und politische Probleme und Unruhen herauf. Die 25 000 Mann starken Streitkräfte waren überwiegend durch den Kampf gegen die Indianer westlich des Mississippi gebunden, während sich die Marine in einem veralteten Zustand befand.

Wegen der immer rascheren Industrialisierung erholten sich die USA wirtschaftlich binnen eines guten Jahrzehnts und konnten es im letzten Viertel des Jahrhunderts aufgrund ihres wirtschaftlichen wie finanziellen Potenzials wagen, von den etablierten imperialistischen Mächten ihren Anteil bei der Aufteilung der Welt zu fordern.

1890 beschwor Admiral Alfred T. Mahan seine Nation mit Erfolg, eine Seemacht zu werden, sodass sich mit dem für die Stahlunternehmer hoch lukrativen Aufbau einer Flotte ein Zweckbündnis von Politik, Militär und Industrie etablierte, das in der Folge immer mehr Einfluss gewann.

Nachdem die seelischen Verwundungen aus dem Bürgerkrieg vernarbt waren, gewann der Glaube an die »offensichtliche Bestimmung« seine alte Kraft zurück. Politische Propagandisten sprachen öffentlich von der »Überlegenheit der angelsächsischen Rasse«, die berufen sei, andere Völker politisch zu »erziehen«. Ein aggressiver Nationalismus brach sich Bahn und bereitete ideologisch den Spanisch-Amerikanischen Krieg von 1898 (▶ 4.14) vor, der den endgültigen Eintritt der USA in die Weltpolitik signalisierte.

Industrielle Revolution und koloniale Expansion

Daten

1833	Verbot der Sklaverei im britischen Herrschaftsbereich
1839–76	Reformen im Osmanischen Reich (Tansimatedikte)
Febr. 1848	Revolution in Paris. Die Zweite Republik wird ausgerufen
1851	Erste Weltausstellung in London
2. Dez. 1852	Staatsstreich Louis Napoléons
1852–70	Zweites Kaiserreich in Frankreich, Kaiser Napoleon III.
6. Nov. 1860	Abraham Lincoln zum Präsidenten der USA gewählt
1860–61	Erste Durchquerung Australiens durch Burke, Wills und King
1861–65	Bürgerkrieg (Sezessionskrieg) in den USA
19. Febr. 1861	Gesetz über die Aufhebung der Leibeigenschaft in Russland
1863–64	Aufstand in Polen
1864	Österreich und Preußen besiegen Dänemark
28. Sept. 1864	Gründung der Ersten Internationale in London
Juni/Juli 1866	Preußisch-Österreichischer (deutscher) Krieg
1867	Gründung des Norddeutschen Bundes
1868	Kaiser Mutsuhito besteigt den japanischen Kaiserthron; Beginn der Meijizeit in Japan (bis 1912)
1870–71	Deutsch-Französischer Krieg
18. Januar 1871	Kaiserproklamation in Versailles (Gründung des Deutschen Reiches)
1874–76	Stanley erforscht im Auftrag des belgischen Königs das Kongobecken
1876	Königin Viktoria von England wird »Kaiserin von Indien«
1876	Großbritannien besitzt weltweit eine Kolonialfläche von 22 476 000 km^2 mit 251 Millionen Einwohnern, Frankreich besitzt 975 000 km^2 mit 6 Millionen Einwohnern
Juni/Juli 1878	Berliner Kongress zur Beilegung der Balkankrise
7. Okt. 1879	Zweibund zwischen dem Deutschen Reich uns Österreich-Ungarn
1882	Großbritannien besetzt Ägypten
15. Nov. 1884	Afrikakonferenz (Kongokonferenz) in Berlin (bis 26. Februar 1885)
1886	Erste Kolonialausstellung in London
1888	Der norwegische Polarforscher Fridtjof Nansen überquert das Inlandeis in Grönland
1884–1900	Somaliland, Kenia, Rhodesien, Uganda, Sudan werden dem *British Empire* einverleibt
11. Febr. 1889	Neue Verfassung in Japan
Juli/Sept. 1898	»Reform der Hundert Tage« in China
1899	Jungtürken gründen »Komitee für Einheit und Freiheit«; Beginn der jungtürkischen Revolution
1899–1902	Burenkrieg
1890	Der britische Kolonialbesitz beträgt weltweit 32 713 000 km^2 mit 368 Millionen Einwohnern und der französische beträgt weltweit 10 928 000 km^2 mit 50 Millionen Einwohnern

Das Zeitalter des Imperialismus (1880–1914) 4

Einführung

Mit dem Imperialismus war die höchste Stufe der Expansion Europas in Übersee erreicht. Er knüpfte an die frühen Kolonialreiche der portugiesischen und spanischen Conquista an, schloss nun aber fast alle europäischen Mächte ein und erreichte eine neue Qualität, als 1881 das französische Protektorat über Tunesien errichtet wurde und die Briten 1882 Ägypten okkupierten. Außer Österreich-Ungarn, das mit großen Problemen innerhalb der Doppelmonarchie zu kämpfen hatte, beteiligten sich alle Mächte an der Aufteilung der Welt; als neue aggressive Mitstreiter traten die jungen europäischen Nationalstaaten Italien und Deutschland in die internationale Politik ein. Der imperialistische Schub demonstrierte noch einmal die politische und wirtschaftliche Macht des alten Kontinents.

Europa befand sich auf dem Höhepunkt seiner Vorherrschaft über die Welt, wenngleich die prosperierenden USA und Japan sich anschickten, eigene Interessensphären abzustecken. Typisch für das Zeitalter des Imperialismus in Europa war, dass sich an der Peripherie – vor allem im Wettlauf um die Aufteilung Afrikas – Konflikte ausbildeten, die immer mehr zu sich verhärtenden Gegensätzen im Zentrum des alten Kontinents führten. Die Zeitgenossen glaubten, auf einem Pulverfass zu sitzen, das jederzeit explodieren könne. Der Erste Weltkrieg, der am Ende der Epoche steht, war jedoch nicht unvermeidlich oder ein zwangsläufiges Resultat des Imperialismus. Mit dem großen Krieg endete ein ganzes Zeitalter: 1914 war der Anfang vom Ende des alten Europa.

Motive und Formen des Imperialismus

Über die Triebkräfte beim Kolonialerwerb sind unter dem Signum »Imperialismustheorien« unzählige Bücher geschrieben und ist viel wissenschaftlicher, auch ideologischer Streit ausgetragen worden. Doch jedes Motiv für sich allein erklärt die Wirklichkeit nicht hinreichend, vieles wirkte zusammen; auch gibt es nationale Besonderheiten im Groß- und Weltmachtstreben. Wirtschaftliche Motive spielten für alle Mächte eine Rolle. Die Rohstoffe aus den Kolonien sollten ausgebeutet werden und die erworbenen Regionen als Absatzmärkte für die Produkte der expandierenden Industrien dienen. Allerdings sind die wirtschaftlichen Gewinne durch die Kolonien, mit Ausnahme der britischen, sehr überschätzt worden. So waren z. B. die deutschen Kolonien in Afrika in erheblichem Maß wirtschaftliche Zuschussgebiete. Beim britischen und französischen Imperialismus fällt ein starkes zivilisatorisches Sendungsbewusstsein auf, das häufig in Überheblichkeit umschlug. Besonders das damals überaus populäre sozialdarwinistische Gedankengut – also die Übertragung des biologischen Prinzips eines »Kampfes ums Dasein«, das Charles Darwin postuliert hatte, auf die menschliche Kultur und Gesellschaft – zog rassistische Vorstellungen nach sich. Nationales Prestigestreben kennzeichnete alle imperialistischen Mächte, doch ist dieses Motiv noch ausgeprägter bei den Mächten zu finden, die glaubten, bisher zu kurz gekommen zu sein, also bei den jungen europäischen Nationalstaaten. Aufs Engste schienen Stärke und Ansehen an den Erfolg imperialistischer Unternehmungen geknüpft. So meldete das deutsche Kaiserreich unter Wilhelm II. 1897 seinen Anspruch an, auch endlich einen »Platz an der Sonne« zu erhalten; ein hektischer Wettlauf war im Gange. Nicht von der Hand zu weisen sind schließlich sozialimperialistische Triebkräfte: Um von innenpolitischen Problemen abzulenken, verwiesen die Staatsführungen auf »glorreiche« äußere Ziele, die Enthusiasmus entfachen sollten.

Die Formen der territorialen Expansion hatten sich gewandelt. Bis zum letzten Viertel des 19. Jahrhunderts waren es meist einzelne Siedler oder Kaufleute gewesen, die – oftmals sogar gegen den Willen der heimatlichen Staatsführung – Länder in Besitz nahmen. Nun ergriffen die Regierungen selbst vehement die Initiative zur zielgerichteten und systematischen Durchdringung, Erschließung und Ausbeutung der Gebiete; man errichtete staatliche Kolonialverwaltungen. Dies wird als Übergang von einem informellen zu einem formellen Imperialismus bezeichnet. Das Eröffnungssignal war das Vorgehen der Franzosen in Tunesien und der Briten in Ägypten. Nun ging es nicht mehr nur um eine indirekte, sondern um eine direkte politische und militärische Kontrolle des Territoriums.

Zum Austragungsort des europäischen Konkurrenzkampfes wurde hauptsächlich Afrika. 1876 waren erst zehn Prozent des Kontinents in europäischen Händen, um 1900 hatte man den Kontinent vollständig aufgeteilt: Den Franzosen und Briten gehörte je ein Drittel des Erdteils, den Rest teilten sich Deutschland, Portugal, Belgien, Spanien und Italien. Die Berliner Afrikakonferenz von 1884/85 legte die Grundsätze der kolonialen Aufteilung fest. »Cape to Cairo« – so lautete das von Cecil Rhodes propagierte britische Interesse, also eine durchgängige Verbindung der südafrikanischen Besitzungen mit Ägypten. Dass dies mit französischen Ansprüchen kollidierte, war absehbar, und in der Faschoda-Krise von 1898 eskalierte der Konflikt bis an die Schwelle eines Krieges. Die Unterwerfung Afrikas durch den europäischen Imperialismus bedeutete den größten Einschnitt in der Geschichte des Kontinents; die lang andauernde Unterdrückung hat die afrikanischen Gesellschaften bis in ihre Grundfesten erschüttert. Einen Respekt vor den Völkern Afrikas oder ihren Interessen gab es nicht; die Kolonisierung war brutal und ihr Erbe desaströs.

Lateinamerika wurde zur Domäne amerikanischer Unternehmer. Seit 1903 dokumentierte der de facto als Kolonialgebiet verwaltete Panamakanal die Bedeutung der USA im Süden Amerikas. Seitdem man in Kalifornien Gold gefunden hatte, was einen Goldrausch und eine große Siedlungsbewegung nach Westen ausgelöst hatte, waren die USA außerdem ein Pazifikstaat geworden. Abenteurer und Missionare durchstreiften von hier aus die Südsee. Japan übernahm nach dem siegreichen Krieg gegen Russland von 1905 – in dessen Gefolge dort eine Revolution ausbrach und der Zar gezwungen wurde, eine gesetzgebende Versammlung, die »Duma«, zuzulassen – die führende Rolle im ostasiatischen Raum. Der russische Imperialismus war ein »Festland-Imperialismus«, der zunächst auf Sibirien gezielt hatte und in der Folgezeit systematisch in das südliche Asien bis nach Afghanistan drängte, somit bis ins unmittelbare Vorfeld des britischen Weltreiches. Eine unmittelbare Bedrohung ihrer vitalen strategischen und politischen Interessen stand den Briten überdies durch deutsche Aktivitäten vor Augen: in Form der deutschen Türkeipolitik, namentlich dem Projekt der Bagdadbahn. Seit 1888 sicherte sich ein Konsortium unter der Führung der Deutschen Bank die Konzession für dieses Unternehmen, das eine Verbindung zwischen Konstantinopel und dem Persischen Golf anvisierte. Aus einem rein wirtschaftlich geplanten Vorhaben wurde ein Politikum. Solche Konflikte und Streitigkeiten hinderten die imperialistischen Mächte jedoch nicht daran, nötigenfalls zusammen einheimische Aufstände gegen die Fremdherrschaft niederzuschlagen, so den chinesischen Boxer-Aufstand 1900.

»Belle Époque« in Europa

Die Jahrzehnte des Imperialismus fielen zusammen mit einer neuen gewaltigen Welle der Industrialisierung. London galt als mächtigste und reichste Metropole der Welt. Mit sieben Millionen Einwohnern war es die größte Stadt Europas. Demographisches Wachstum gab es überall, so stieg die deutsche Bevölkerung von der Gründung des Kaiserreichs 1871 bis 1900 von 41 auf 56 Millionen; hatte es 1871 nur acht deutsche Großstädte mit mehr als 100 000 Einwohnern gegeben, so waren es um die Jahrhundertwende bereits 33. Nur Russland hinkte diesen Entwicklungen hinterher. Für die Gesellschaften warf die beschleunigte Industrialisierung gewaltige Probleme auf, und nicht zufällig entwickelte sich eine neue wissenschaftliche Disziplin, die Soziologie, deren herausragende Vertreter Emile Durkheim, Herbert Spencer und Max Weber waren. Selbstbewusst demonstrierten die Europäer in den Weltausstellungen den technischen Fortschritt, so wurde zu diesem Anlass 1889 in Paris der Eiffelturm errichtet. Im gleichen Jahr fand dort die erste Automobilausstellung statt. Zwei Jahre später gelang dem Flugpionier Otto Lilienthal der erste Gleitflug. Gustav Albin Weißkopf (1901) und die Gebrüder Wright (1903) erprobten erfolgreich den Motorflug. Neue Techniken revolutionierten die Kommunikation: Um 1900 existierten in den USA schon mehr als eine Million Telefonanschlüsse. Doch in die Fortschrittsgläubigkeit brachen auch tragische Katastrophen ein, besonders der Untergang der »Titanic« im April 1912.

Wenngleich im Zuge der Industrialisierung auch eine Demokratisierung vieler Gesellschaften voranschritt, waren im Europa der Jahrhundertwende die Mehrzahl der Bürger nicht wahlberechtigt. Das Männerwahlrecht schränkten verschiedene nationale Bestimmungen erheblich ein, Ausnahmen bildeten lediglich die Republiken Frankreich und Schweiz sowie das Deutsche Kaiserreich. Nur in zwei europäischen Staaten ist schon vor dem Ersten Weltkrieg das Frauenwahlrecht eingeführt worden: in Finnland und Norwegen. In den USA besaßen Frauen vor dem Krieg immerhin in zwölf Bundesstaaten ein Stimmrecht.

Paris, Wien und Berlin waren am *fin de siècle* (»Ende des Jahrhunderts«) führende Kulturstädte. Überhaupt erlebte die Kultur eine Blütezeit: In den bildenden Künsten und in der Architektur ging man vom Klassizismus zum leichteren Jugendstil über. Die Farbe an sich wurde als künstlerisches Element entdeckt, und der Impressionismus revolutionierte die Ateliermalerei. Wegbereiter der Malerei des 20. Jahrhunderts waren u. a. Paul Cézanne, Paul Gauguin und Vincent van Gogh. Dominierte am Anfang des Jahrhunderts in der Musik Ludwig van Beethoven, so hatte sich an seinem Ende eine große nationale Vielfalt herausgebildet. Eine wichtige Epoche bedeutete das ausgehende 19. Jahrhundert in der Literatur: Soziale Dramen und der realistische Roman beschrieben den Menschen in seinem existenziellen Bedrohtsein. Die großen russischen Autoren ragen heraus, Tolstoj, Dostojewskij, in Westeuropa waren es Émile Zola, Gerhart Hauptmann und Thomas Mann, im Norden Henrik Ibsen und August Strindberg.

Am Vorabend des Ersten Weltkrieges

Die letzten Jahre vor dem Ersten Weltkrieg erscheinen in schillerndem Licht. Europa befand sich auf dem Gipfel seiner Vorrangstellung in der Welt, trug aber den Keim der Selbstzerstörung bereits in sich. Nachdem Kaiser Wilhelm II. den Thron bestiegen hatte, wurde das bismarcksche Bündnissystem nicht mehr erneuert, es kam zu einer französisch-russischen Allianz, die der alte Reichskanzler immer hatte verhindern wollen. Auch Großbritannien »versöhnte« sich mit seinem weltpolitischen Rivalen Frankreich – dies ebenfalls infolge einer missratenen deutschen Außenpolitik seit der Jahrhundertwende. Das forsche »Alles-oder-nichts« des deutschen Kaisers führte das Reich in die Isolation. Nicht eine Einkreisung durch die anderen Mächte geschah, vielmehr eine Art von Selbstauskreisung Deutschlands, das sich umso stärker an Österreich-Ungarn band. Die Jahre vor dem Ersten Weltkrieg prägte ein ausgesprochener Rüstungswettlauf; dazu gehörten der forcierte Aufbau der britischen und der deutschen Flotte wie die Heeresvermehrungen in Russland, Frankreich und Österreich-Ungarn 1911. Südosteuropa entwickelte sich immer stärker zum Krisenherd, und 1912 brach der erste, 1913 der zweite Balkankrieg aus. Die Aufteilung der europäischen Türkei unter die Balkanslawen bedrohte auch den Vielvölkerstaat Österreich-Ungarn.

4.1 Imperialismus

Die Zeit zwischen 1882 und 1914 wird als klassische Epoche des Imperialismus bezeichnet,

Das Zeitalter des Imperialismus

denn in diesem Zeitraum breiteten sich die westlichen, militär-, industrie- und kapitalstarken Staaten innerhalb weniger Jahrzehnte über die weniger entwickelten Regionen fast ganz Afrikas und Ozeaniens aus und konsolidierten gleichzeitig ihre teilweise ältere Herrschaft in Asien. Imperialistische Politik wurde nunmehr als nationale und wirtschaftliche Notwendigkeit zielbewusst verfolgt. Sie wurde auch als »letzte Chance« begriffen, bei dem territorialen Verteilungskampf um die letzten »freien Gebiete nicht zu kurz oder zu spät zu kommen«. In diesen Wettstreit griffen gegen Ende des Jahrhunderts auch die USA und Japan ein. In Europa bewirkte dieses Streben nach Weltmacht eine Konkurrenzsituation, aus der nicht zuletzt der Erste Weltkrieg entstand.

Voraussetzungen des Imperialismus
Die Ausgangslage für den europäischen Expansionismus dieser Zeit schien günstig: In allen europäischen Ländern hatten gewaltige technisch-wissenschaftliche Fortschritte stattgefunden, und es schienen überall genügend finanzielle Mittel vorhanden, um Kolonien zu »erwerben«. Die Entwicklung der zivilen und militärischen Dampfschifffahrt (▶ 2.3), der Eisenbahnbau, die Eröffnung wichtiger Kanäle wie des Suezkanals (▶ 4.5), die gewaltig gewachsene Feuerkraft europäischer Waffen und schließlich die Suche des Finanzkapitals nach profitablen Anlagemöglichkeiten für überschüssiges Kapital, aber auch die Chininprophylaxe seit den Dreißigerjahren des 19. Jahrhunderts, die Europäern überhaupt erst das Überleben in Tropengebieten ermöglichte, förderten die expansionistischen Prozesse in den europäischen Staaten erheblich. Hinzu trat die Bedeutung militaristischer, kolonialistischer und maritimer Vereine und Gesellschaften (▶ 4.29), die von ihren Regierungen lautstark einen »Platz an der Sonne« forderten, bevor ihn andere, ebenfalls nach Weltmacht strebende Konkurrenten besetzten.

Daraus entstanden nationale Rivalitäten. Sie drückten sich in einem aggressiv geprägten Kraft- und Sendungsbewusstsein aus und erzeugten ein Lebensgefühl, das – wiederum typisch für die Zeit des Imperialismus – auf die Darstellung von politischer und militärischer Macht Wert legte. Dieses Konkurrenzmotiv verband sich mit sozialdarwinistischen Ideologien, die naturgesetzliche Prinzipien, z. B. der natürlichen Auslese oder des Überlebenskampfes, auf Nationen und Staaten übertrugen. In diesem Sinn schrieb der britische Kolonialpolitiker Cecil Rhodes in seinem politischen Testament: »Ich behaupte, dass wir [Briten] die erste Rasse in der Welt sind, und dass es für die Menschheit umso besser ist, je größere Teile der Welt wir bewohnen.« Vor dem Ausbruch des Ersten Weltkriegs verfügte Großbritannien über insgesamt 22,3 Prozent der Weltfläche – der größte Auslandsbesitz eines imperialistischen Landes überhaupt.

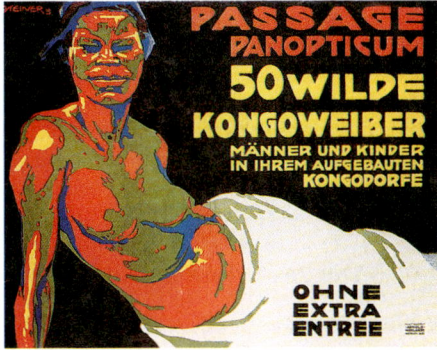

Menschen werden wie Ausstellungstücke vorgeführt. Diese Werbung von 1913 dokumentiert das Überlegenheitsgefühl der Kolonialherren.

Rhodes stand mit seiner Meinung nicht allein. Auch in Frankreich, Deutschland, Russland, in den USA und Japan vertraten manche die Ansichten vom »Überleben des Stärkeren« und von der Einteilung der Welt in niedergehende und aufsteigende Nationen. Damit erzeugten sie in ihren Ländern eine Welle von Nationalismus und militärischer Konfliktbereitschaft. Im Deutschen Reich wurden diese Einstellungen vom Großbürgertum – und an der Spitze von Kaiser Wilhelm II. – ebenso geteilt wie vom »kleinen Mann«. Weder der organisierte Pazifismus noch die Haager Friedenskonferenzen von 1899 und 1907 vermochten mäßigend auf die deutsche Macht- und Kriegspolitik einzuwirken. Nur die Sozialdemokratie und mit ihr die Arbeiterbewegung hielten sich von ihr fern, für Rosa Luxemburg bedeutete der Imperialismus nur noch eine

Kapitel 4

vorübergehende Lebensverlängerung der kapitalistischen Vergesellschaftung.

Folgen des Imperialismus
Bei den Kolonialvölkern wurden neue Bedürfnisse, aber auch Ressentiments und Hassgefühle geweckt, die zu oft religiös betonten Erneuerungsbewegungen, zur Entdeckung der eigenen Geschichte und damit zu den Emanzipationskämpfen um die Mitte des 20. Jahrhunderts führten.

Für Deutschland gestaltete sich das Streben, Weltmacht zu werden, fatal, denn es erlebte im ersten Jahrzehnt des 20. Jahrhunderts eine diplomatische Niederlage nach der anderen. Auch im Wettrüsten zur See zog es gegen Großbritannien den Kürzeren. Bei Ausbruch des Ersten Weltkriegs stand es zusammen mit Österreich-Ungarn und Italien gegen das Bündnis Frankreich-Großbritannien-Russland (▶ 4.27): Bismarcks Alptraum der feindlichen Koalitionen war Wirklichkeit geworden.

4.2 Die Pax Britannica in Indien

Viele Briten waren im 19. Jahrhundert von der Überlegenheit ihrer Zivilisation überzeugt und wie Cecil Rhodes (▶ 4.1) von dem Sendungsbewusstsein geprägt, dass eine britisch dominierte Weltordnung – die *Pax Britannica* – der beste Garant für Frieden, Stabilität und Gerechtigkeit auf Erden sei.

Der wichtigste Baustein der britischen Weltordnung war seit der Unabhängigkeit der USA Indien, und dieses »Kronjuwel« galt es zu sichern, als die Briten angesichts der veränderten politischen Konstellation in Europa von 1871 an ihre Vormachtstellung in der Welt gefährdet sahen. Indien war nach dem Aufstand von 1857 (▶ 2.27) unter die direkte Herrschaft der Krone gekommen; seither hatten die Briten zielstrebig ihre Macht auf dem Subkontinent gefestigt, und sie sicherten auch die Seewege dorthin ab, unter anderem 1882 durch den Erwerb der Mehrheit der Suezkanal-Aktien (▶ 4.5).

Die Königin wird Kaiserin
Den offiziellen Höhepunkt der Installierung der »*Pax Britannica*« auf dem indischen Subkontinent bildete 1876 die Krönung Königin Viktorias zur Kaiserin von Indien. Die Herrscherin reiste aus diesem Anlass zwar nicht persönlich an, nahm ihre neue Aufgabe aber doch so ernst, dass sie Hindi lernte, einen indischen Privatsekretär einstellte und einen deutschen Indologen zu

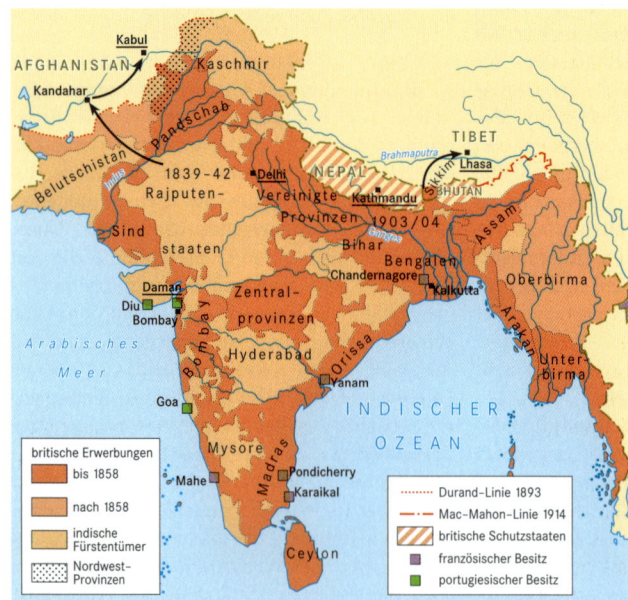

Indien unter britischer Herrschaft (um 1914)

Das Zeitalter des Imperialismus

Privatvorlesungen in den Buckinghampalast kommen ließ.

Viktoria versprach ihren indischen Untertanen in einer Begrüßungsproklamation, ihnen seien die gleichen Rechte und Chancen wie ihren anderen Untertanen garantiert, aber in der Praxis war dies nahezu bedeutungslos. Die Hürden für die Aufnahme in den britisch-indischen Beamtendienst lagen derart hoch, dass sie nur wenige Inder überwinden konnten, Die entscheidenden Positionen im Staatsdienst blieben also Briten vorbehalten.

An der Spitze der straff organisierten Verwaltung stand der Generalgouverneur, der als Vertreter der Krone den Titel »Vizekönig« führte. Ihm zur Seite stand, was neu war, der *Imperial Legislative Council*, in dem vom Vizekönig ausgewählte indische Honoratioren an der Gesetzgebung mitwirken durften. In Bombay, Kalkutta und Madras wurden Universitäten gegründet, an denen eine neue, gebildete und selbstbewusste Generation von Indern heranwuchs.

Im gesamten Land wurden systematisch Grundsteuern erhoben, was dazu führte, dass Landbesitzer ihre Pächter ausbeuteten und die Bauern sich zunehmend verschuldeten. Davon profitierten indische Geldverleiher, denen das gläubigerfreundliche britische Recht zugute kam. Für weitere Staatseinkünfte sorgten – neben der Salzsteuer und dem Opiummonopol (▶ 2.13) – die überall präsenten britischen Gerichte, die hohe Gebühren kassierten. Zugleich aber förderten sie eine neue Schicht indischer Rechtsanwälte, die die Reihen der gebildeten und redegewandten Einheimischen stärkten.

Dank Eisenbahn- und Telegrafenverbindungen konnten die riesigen Entfernungen schneller überwunden werden, und die Dampfschifffahrt verhalf mit niedrigen Frachtkosten beim Import britischer Industriegüter wie beim Export einheimischer Landwirtschaftsprodukte zu erheblichen Einnahmen. Wirtschaftlich war Indien nun Teil des Weltmarkts, faktisch aber blieb es eine abhängige, ausgebeutete Kolonie: Selbst wenn Hungersnöte im Land grassierten, wurde noch Getreide exportiert. Indien hatte schon seine Kolonisierung mit eigenen Reichtümern bezahlt; nun blutete es weiter aus. Es musste sogar das Indienministerium in London finanzieren und schließlich auch noch Mittel für britische Eroberungszüge in Südasien bereitstellen.

Expansionspläne

Unter dem Vorwand der »Grenzsicherung« gegenüber dem russischen Vordringen nach Mittelasien versuchte London zunächst, sich Afghanistan als abhängigen Pufferstaat zu unterwerfen. Doch Großbritannien scheiterte an den topographisch-klimatischen Besonderheiten des Landes und am entschlossenen Widerstand seiner Bevölkerung. Nach einer schweren Niederlage im zweiten afghanischen Krieg 1880 mussten sich die Briten zurückziehen.

Die Paschtunen (afghanischer Volksstamm) wehrten sich erfolgreich gegen die Briten.

Mehr Glück hatten sie östlich des britisch-indischen Reichs, wo in zwei Schritten Birma (heute: Myanmar) annektiert wurde. Nach vergeblichen Vorstößen von 1824 bis 1826 hatten die Briten 1852 die fruchtbaren Ebenen im Süden Birmas besetzen können, die daraufhin zum größten Reislieferanten Asiens aufstiegen. Grundsteuer, Kopfsteuer und Reisexportsteuer flossen in die britisch-indische Staatskasse. Mit dem noch selbstständigen Norden Birmas machte Großbritannien durch das Abholzen der Teakwälder gute Geschäfte.

Als Frankreich von Indochina her weiter nach Westen vordrang, eroberten die Briten in einem Blitzkrieg 1885/86 auch noch das restliche Birma – allerdings zu einen hohen Preis: Die britisch-indische Regierung sah sich gezwungen, die Hungernotreserven aufzulösen und die Salzsteuer zu erhöhen.

Weitere Militärausgaben belasteten die indischen Steuerzahler ebenso, beispielsweise die Einsätze indischer Truppen bei der Eroberung Ägyptens und des Sudan oder die Niederschlagung kriegerischer Stämme an den Nordwestgrenzen des Reichs. Den Höhepunkt und Abschluss der britischen, von Indien finanzierten Expansion in Südasien bildete die Expedition von 1903/04, die auch noch Tibet dem britischen Einfluss unterwarf. Danach beanspruchten die europäischen Spannungen wieder die Aufmerksamkeit Londons, und mit dem Ersten Weltkrieg endete das Ordnungsmodell der Pax Britannica.

4.3 Der Indische Nationalkongress

Obwohl auf dem indischen Subkontinent zahlreiche Ethnien mit 15 Hauptsprachen, 11 Schriftsystemen und über 700 Dialekten sowie sieben Hauptreligionen lebten, entwickelte sich gegen Ende des 19. Jahrhunderts unter den europäisch gebildeten Indern ein Nationalbewusstsein und ein gewisser kultureller Nationalstolz.

Die Vertreter dieses indischen Nationalismus wandten sich – nicht zuletzt aufgrund ihres an britischen Universitäten erworbenen Wissens – zunehmend gegen die Kolonialherrschaft, und die Briten mussten sich mit den Maßstäben ihres eigenen Liberalismus messen lassen. Charakteristisch dafür war ein Buch von Dadabhai Naoroji, dem ersten Inder im Londoner Parlament, das sein Fazit schon im Titel zog: »Armut und un-britische Herrschaft in Indien« (1901). Es kritisierte vor allem die Auszehrung des Landes durch das Abschöpfen seiner Reichtümer.

Zum Sprachrohr des neuen Nationalismus wurde der *Indian National Congress*, der erstmals 1885 in Bombay (heute: Mumbai) zusammentrat. Die rund hundert Delegierten kritisierten unter anderem die Annexion Birmas und erklärten, die indische Nation wolle mit ihren Nachbarn in Frieden leben und billige den britischen Expansionismus nicht.

Obwohl der Vizekönig daraufhin Indern in britischen Diensten die Teilnahme verbot, erfreute sich die nächste Sitzung in Kalkutta weit größerer Beteiligung. Der Nationalkongress trat in den folgenden Jahren reihum in allen größeren Städten zusammen. Seine Forderungen blieben in einem maßvollen, liberalen Rahmen: Verfassungsreformen, Erweiterung der gesetzgebenden Gremien unter Beteiligung gewählter indischer Abgeordneter und leichterer Zugang zum Staatsdienst. Zum Teil wurden diese Forderungen mit der britisch-indischen Verfassungsreform von 1892 erfüllt. Führende Liberale bekamen Sitze im *Imperial Legislative Council* und den entsprechenden Provinzgremien. Der Nationalkongress schien zunächst an Bedeutung zu verlieren.

Ungewollte Wiederbelebung

Als der konservative Vizekönig Lord Curzon kurz vor der Jahrhundertwende sein Amt antrat, glaubte er den Nationalkongress am Ende. Doch wider Willen belebte er die Bewegung, als er 1905 gegen den erbitterten Widerstand Einheimischer die Provinz Bengalen teilte. Bei der Tagung des Nationalkongresses 1905 blieben die Proteste dagegen noch maßvoll, auch wenn sich bereits eine Aufteilung in einen liberal-gemäßigten und einen nationalrevolutionären Flügel abzeichnete. Die Sitzung von 1906 verlief schon turbulenter, aber unter dem Vorsitz des aus London herbeigeeilten Dadabhai Naoroji konnte eine Spaltung noch vermieden werden. 1907 ließ sie sich nicht mehr verhindern, doch die Radikalen gerieten ins politische Hintertreffen, während die Gemäßigten den Kongress reorganisierten und auf eine weitere Verfassungsreform hinarbeiteten. Diese trug allerdings, als sie 1909 schließlich kam, wieder einmal nicht ihre Handschrift, sondern die des konservativen Vizekönigs Lord Minto. Zudem begünstigte sie die neu gegründete Muslimliga, indem sie für die Muslime, die stets das Übergewicht der Hindus fürchteten, separate Wählerschaften vorsah, was die spätere Teilung Indiens (▶ 8.14) vorbereitete.

4.4 Lateinamerika – abhängig von Europa und den USA

In den Staaten Lateinamerikas stabilisierte sich von 1880 an die innenpolitische Lage. Mit der Hinrichtung Kaiser Maximilians in Mexiko 1867 (▶ 3.19) und der Abdankung Peters II. von Brasilien waren die letzten Monarchien verschwunden. Die Konservativen arrangierten sich mit den Liberalen und stimmten nach der Säkularisierung von Kirchenbesitz partiellen Landreformen zu.

Die politischen Führer konnten sich nun länger an der Macht halten als in den turbulenten Jahren nach der Erlangung der Souveränität. Die meisten folgten einem wirtschaftlichen Liberalismus, aber innenpolitisch handelten viele eher autokratisch, wenn nicht gar diktatorisch. Nach wie vor trugen diese Staaten oligarchische Züge.

Die Gewinne aus dem Kautschukhandel machten die brasilianische Hafenstadt Manaus reich. 1896 wurde ein prächtiges Opernhaus gebaut, in dem sogar Caruso auftrat.

Wesentlichen Anteil an ihrer Stabilisierung hatte die Öffnung für den Weltmarkt. Hauptsächlich exportierten sie Rohstoffe aus Bergbau und Landwirtschaft in die Industrieländer: Brasilien, Kolumbien und Zentralamerika lieferten Kaffee, das Amazonasgebiet Kautschuk, Mexiko und Venezuela Erdöl. Argentinien brachte Weizen und Rindfleisch auf den Weltmarkt, Chile Kupfer und Salpeter, Bolivien Zinn. Man hoffte, mit den Exporterlösen die eigene wirtschaftliche Entwicklung voranbringen zu können. Tatsächlich konnte sich in gewissem Umfang eine Leichtgüterindustrie ausbilden, vor allem Textilien und Nahrungsmittel, doch Schlüsselindustrien wie Chemie oder Elektrotechnik fehlten bis zur Weltwirtschaftskrise von 1929 (▶ 6.23) vollständig.

Deutliches Gefälle
Faktisch blieben die lateinamerikanischen Länder aufgrund dieses Ungleichgewichts und der Kapital- und Handelsverflechtungen von den Industrienationen Europas und von den USA abhängig. Um 1900 stammte knapp die Hälfte aller Investitionen in Lateinamerika aus Großbritannien, dem noch immer wichtigsten Außenhandelspartner, ein Fünftel aus den USA, ein Siebtel aus Frankreich und ein Zehntel aus Deutschland – in etwa so viel wie alle lateinamerikanischen Investitionen zusammen.

Im ersten Jahrzehnt des 20. Jahrhunderts begann die europäische Vorherrschaft allerdings zu schwinden und endete mit dem Ersten Weltkrieg. Die Vereinigten Staaten schickten sich an, die Kontrolle über »ihren« Kontinent zu übernehmen. 1898 sorgten sie für die Loslösung von Kuba und Puerto Rico, den letzten Kolonien Spaniens. Mit dem *Platt Amendment* von 1901, das 1902 Teil der kubanischen Verfassung wurde, sicherten sich die USA die politische Bevormundung Kubas (▶ 4.14). 1903 setzten sie die Abtrennung Panamas von Kolumbien durch, um den Panamakanal zu vollenden und unter ihrer Kontrolle halten zu können (▶ 4.37). Von 1912 bis 1932 stand Nicaragua unter amerikanischem Protektorat. Mit solchen Maßnahmen begannen die USA in Mittelamerika eine Interventionspolitik, die ihren Höhepunkt Jahrzehnte später zur Zeit des Kalten Kriegs erreichen sollte (▶ 9.12).

4.5 Die Eröffnung des Suezkanals

Mit einer feierlichen Flottenparade eröffneten die französische Kaiserin Eugénie und der ägyptische Vizekönig Ismail Pascha vor Gästen aus aller Welt am 17. November 1869 den Suezkanal. Die 164 km lange schleusenlose Wasserstraße von Port Said nach Suez verbindet das Mittelmeer mit dem Roten Meer und verkürzte den Seeweg nach Asien erheblich, so etwa die Strecke von Marseille nach Bombay um gut die Hälfte.

Die endgültige Lizenz für den Bau hatte 1856 der französische Diplomat und Ingenieur Ferdinand de Lesseps vom ägyptischen Vizekönig Said Pascha erhalten und daraufhin mit fran-

Kapitel 4

zösischem Kapital die »Compagnie universelle du Canal de Suez« gegründet. Die wichtigste Stütze des Kanalbaus war der französische Kaiser Napoleon III. Finanziert wurde das 19 Millionen Pfund Sterling teure Projekt schließlich zu zwei Dritteln durch europäische Anleger, den Rest steuerten der Vizekönig und die ägyptische Regierung bei. Großbritannien beteiligte sich hingegen nicht, weil man in London glaubte, der ehrgeizige Plan werde ohnehin scheitern. Doch Lesseps gelang es, den lange gehegten Traum des kurzen Seewegs nach Asien in nur zehn Jahren Bauzeit von 1859 bis 1869 zu verwirklichen. Den Bauentwurf lieferte der Österreicher Alois Negrelli; die »Compagnie universelle du Canal de Suez« wurde für 99 Jahre Eigentümerin des Kanals.

Sechs Jahre nach der Eröffnung erkannte Großbritannien die Bedeutung des Kanals und sah sich zum Handeln gezwungen. Unter Premierminister Benjamin Disraeli erwarb die britische Regierung 1875 das Aktienpaket des bankrotten ägyptischen Vizekönigs für vier Millionen Pfund (▶ 3.27). Damit hielten die Briten 44 Prozent der Anteile und waren fast im gleichen Umfang an der damals wichtigsten künstlichen Wasserstraße der Welt beteiligt wie Frankreich.

In der Folge verstärkte die britische Afrikapolitik die Kontrolle über Ägypten. 1882 bombardierten britische Marineeinheiten Alexandria und besetzten Ägypten. Bereits im selben Jahr fuhren 80 Prozent der Schiffe, die den Suezkanal passierten, unter britischer Flagge. Erst seit der Suezkrise des Jahres 1956 (▶ 9.2) verwaltet Ägypten den Kanal selbst.

4.6 Die Berliner Afrikakonferenz

In den Siebzigerjahren des 19. Jahrhunderts hatte sich die Haltung der europäischen Industrieländer in Bezug auf Kolonien entscheidend geändert: Der neue Nationalismus veranlasste die Regierungen zunehmend zum Erwerb von Kolonialbesitz, um die Stellung des eigenen Landes im Konkurrenzkampf mit den anderen Mächten zu stärken und um weitere

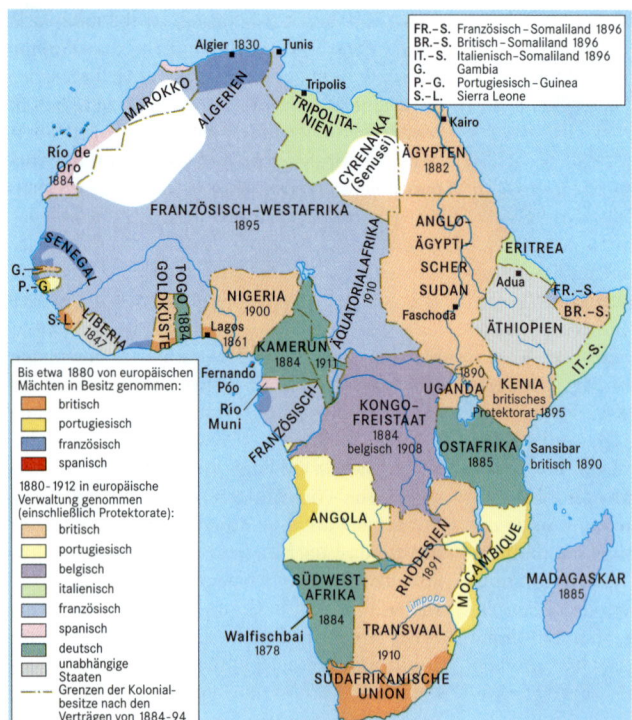

Die koloniale Aufteilung Afrikas

Das Zeitalter des Imperialismus

Die Afrikakonferenz tagte 1884/85 unter dem Vorsitz von Bismarck in Berlin.

Absatzmärkte für die heimische Industrie zu schaffen.

Das verstärkte nicht nur die Bestrebungen der bisherigen Kolonialmächte Großbritannien, Frankreich, Spanien und Portugal. Es rief auch neue Mitspieler wie den belgischen König Leopold II. auf den Plan, der aus Gründen der internationalen Anerkennung und Mehrung seines persönlichen Reichtums nach Kolonien Ausschau hielt und deshalb den Forscher Sir Morton Stanley in das Kongobecken geschickt hatte. Was zunächst als geographisch-wissenschaftliches Interesse verbrämt war, endete im Januar 1884 in der Gründung des belgischen Kongo-Freistaats. Großbritannien und Portugal schlossen umgehend einen Vertrag, um portugiesische Ansprüche am unteren Kongo gegen Belgien und Frankreich, dessen Afrikaforscher Pierre Savorgnan de Brazza das Kongobecken gleichfalls bereist hatte, durchzusetzen und den Kongo-Freistaat vom Mündungsgebiet des Flusses abzuschneiden. Dagegen protestierte das Deutsche Reich, das 1884 Deutsch-Südwestafrika, Togo und Kamerun unter seinen »Schutz« gestellt hatte, zusammen mit Frankreich. Auch die Vereinigten Staaten meldeten sich zu Wort, die über Liberia, das 1847 von ehemaligen amerikanischen Sklaven als unabhängige Republik gegründet worden war, zwar eine politische Verbindung zu Afrika besaßen, aber in erster Linie an freiem Handel und freier Mission interessiert waren.

Weit reichende Konsequenzen

Die vertragliche Festlegung des freien Zugangs für Handel und Mission in Afrika war dann auch das offizielle Ziel der Afrikakonferenz – bisher auch als »Kongokonferenz« bezeichnet – die vom 15. November 1884 bis zum 26. Februar 1885 in Berlin stattfand. Unter dem Vorsitz von Reichskanzler Otto von Bismarck tagten Vertreter von 13 europäischen Staaten, der USA und des Osmanischen Reichs. Mit der Erklärung der freien Schifffahrt auf Kongo und Niger für alle Nationen, der Schaffung einer Freihandelszone im Kongogebiet und der Missionsfreiheit in ganz Afrika wurde die politische Zielsetzung auch erreicht. Die hehren Absichten des Zivilisationsauftrags und der Verbesserung der »sittlichen und materiellen Wohlfahrt der eingeborenen Völkerschaften«, die in der Kongoakte ebenfalls festgehalten wurden, bestanden nur auf dem Papier. Die Souveränitätsrechte der afrikanischen Staatswesen, deren Vertreter man gar nicht erst zur Konferenz eingeladen hatte, wurden schlicht übergangen.

Tatsächlich bedeutete die Konferenz letztendlich die koloniale Aufteilung Afrikas. Der »unabhängige« Kongo-Freistaat wurde als persönlicher Besitz des belgischen Königs bestätigt und in seinen Grenzen bestimmt. Gleichzeitig wurden die Kriterien der »effektiven Besetzung« eines Gebietes als Voraussetzung der völkerrechtlichen Anerkennung von Kolonialbesitz festgelegt. Damit begann der Wettlauf der europäischen Mächte in Afrika um die noch nicht besetzten Gebiete und die endgültige Abgrenzung der bisherigen Besitzungen.

Binnen weniger Jahre war der Kontinent bis auf Liberia und Äthiopien unter den europäischen Mächten aufgeteilt (▶ 4.36), deren kolonialistische Willkür die Lebensräume einheimischer Völker zerschnitt.

4.7 Rückversicherungsvertrag und Orientdreibund

Die Bündnispolitik des deutschen Reichskanzlers Otto von Bismarck (▶ 3.22) wurde grundsätzlich vom deutsch-französischen Gegensatz nach 1871 bestimmt: Frankreich sollte keine Gelegenheit bekommen, Bündnisse gegen das Deutsche Reich zu schließen, um sich dadurch für seine Niederlage zu rächen. An dieser Absicht Bismarcks änderte auch die kurzfristige »Annäherung« von 1884/85 zwischen beiden Ländern nichts, denn sie diente allein den Zielen der deutschen Kolonialpolitik.

Bismarck ging es bei seinem Bündnissystem um mehr – er wollte in Europa Kriege vermeiden, in die Deutschland hineingezogen werden konnte. Deshalb musste er die gegensätzlichen Machtinteressen in Europa durch ein System von Gewichten und Gegengewichten bändigen. Im Prinzip machte er die europäischen Mächte unmittelbar oder mittelbar vom Deutschen Reich abhängig. In dieses kunstvolle Geflecht fügten sich auch die letzten großen Bündnisabschlüsse seiner Amtszeit ein.

Deutschland, Russland und der Mittelmeerraum

1887 scheiterte die Fortführung des Dreikaiserbündnisses (▶ 2.1) am österreichisch-russischen Gegensatz auf dem Balkan, und Bismarck handelte mit dem russischen Botschafter in Berlin, Graf Paul von Schuwaloff, ein Bündnis aus, das – mit dem Einverständnis Wiens – am 18. Juni 1889 die seit dem »Berliner Kongress« von 1878 frostigen Beziehungen beider Länder beendete; Bismarck bezeichnete es als »Rückversicherungsvertrag«. Er verpflichtete beide Länder zu drei Jahren wohlwollender Neutralität, ausgenommen ein deutscher Angriffskrieg gegen Frankreich und ein russischer gegen Österreich-Ungarn. Das Deutsche Reich erkannte den Einfluss des Zarenreichs auf dem Balkan an und sicherte ihm in einem streng geheimen Zusatzprotokoll zu Art. 3 des Vertrages die moralische und diplomatische Unterstützung für den Fall zu, dass sich Russland zur Schließung der Meerengen gezwungen sähe.

Mit dem Rückversicherungsvertrag verhinderte Bismarck ein durchaus mögliches Zusammengehen zwischen Frankreich und Russland, eine Vorstellung, die seine gesamte bisherige Außenpolitik wertlos gemacht hätte. Als sein Nachfolger Leo von Caprivi den Rückversicherungsvertrag 1890 nicht erneuerte, setzte tatsächlich die Isolierung des Deutschen Reiches im europäischen Bündnissystem ein.

Ende 1887 schlossen Großbritannien, Italien und Österreich-Ungarn gegen Frankreich und Russland das so genannte Mittelmeerabkommen. Es verpflichtete die drei Mächte zu gemeinsamen Maßnahmen für die Aufrechterhaltung der Unabhängigkeit des Osmanischen Reiches und zur Wahrung seiner Rechte auf dem Balkan. Bismarck unterstützte diesen Orientdreibund, obwohl er dem geheimen Zusatzprotokoll des Rückversicherungsvertrags in entscheidenden Punkten zuwiderlief. Ihm ging es letzten Endes nur um die Beherrschung der österreichisch-russischen Spannungen auf dem Balkan. Sie hätten den europäischen Frieden ernsthaft bedroht, und es war ja der Grundgedanke der gesamten bismarckschen Außenpolitik, Bündnisverpflichtungen so effektiv aufzubauen, dass der Bündnisfall gar nicht erst eintrat. Der Gedanke, Russland im Notfall auf die Meerengen zugreifen zu lassen (geheimes Zusatzprotokoll), zielte darauf, sofort britischen Gegendruck (Orientdreibund) zu provozieren. Diesen Gedanken teilte er dem britischen Premierminister Lord Salisbury in einem Brief am 22. November 1887 mit. Er erreichte, dass Großbritannien seine »splendid isolation« verließ und auf dem Kontinent eine vertragliche Bindung einging – der Frieden in Europa blieb gewahrt.

4.8 Äthiopien unter Menelik II.

Am 9. März 1889 bestieg der einzige afrikanische Herrscher den Thron, der im 19. Jahrhundert sein Land erfolgreich gegen europäische Kolonialbestrebungen verteidigte: der Negus Negesti Menelik II., Kaiser von Äthiopien. Im 18. Jahrhundert war Äthiopien in weitgehend unabhängige Fürstentümer zerfallen. Mitte des 19. Jahrhunderts eroberte einer dieser Fürsten, der Ras (Herzog) von Schoa, Teile des Landes, aber sein Sohn Menelik wurde von Kaiser Theodorus II. als Geisel festgehalten. 1865 nahm Menelik den väterlichen, aus der salomonischen Dynastie stammenden Titel an und bekämpfte Kaiser Johannes IV. (1872–1889), der Menelik von Schoa nach langem Streit schließlich als Kronprinz anerkannte. 1889 fiel Johannes IV. im Kampf gegen die aus Ägypten eindringenden Madhisten.

Die Eröffnung des Suezkanals 1869 (▶ 4.5) hatte der Region einen wirtschaftlichen Aufschwung beschert und sie ins Blickfeld der Europäer gerückt. Die Briten ließen sich in Aden nieder und die Franzosen bauten Obok, den späteren Kern von Französisch-Somaliland, am Ausgang des Roten Meeres aus. Um ein weiteres französisches Vordringen zu verhindern, unterstützte Großbritannien die italienische Präsenz am Horn von Afrika. Italien wollte mit Eritrea, Somaliland und Äthiopien die gesamte Ostspitze Afrikas unter seine Kontrolle bringen und hoffte dabei auf den neuen Kaiser, der schon als Kronprinz freundschaftliche Beziehungen zu Italien unterhalten hatte. Zwei Monate nach seiner Thronbesteigung schloss der neue Kaiser in Uccialli einen Handels- und Freundschaftsvertrag mit Italien. Dessen Artikel 17 kam in der italienischen Fassung einem Protektionsvertrag gleich, während sich die äthiopische Fassung ganz anders las. Im September 1890 wies Menelik den italienischen Anspruch zurück und kündigte 1893 den gesamten Vertrag.

Äthiopien widersetzt sich der Kolonialisierung

Italien gab nicht auf und besetzte 1894/95 den Nordosten des Landes. Im Februar 1896 zog Menelik mit einer Armee von rund 100 000 Mann nach Adua. Die Italiener glaubten sich überlegen und griffen Adua am 1. März mit nur 14 500 Soldaten an. Bereits am Mittag mussten sie das Signal zum Rückzug blasen. Fast 70 Prozent der schlecht vorbereiteten italienischen Soldaten, die nicht einmal brauchbare Karten hatten, wurden getötet, verwundet oder gefangen genommen.

Im Oktober 1896 wurde der Vertrag von Addis Abeba unterzeichnet, der Äthiopien die uneingeschränkte Souveränität garantierte und den Vertrag von Uccialli aufhob. Italien behielt zwar Eritrea, aber das Gebiet wurde 1900 vertraglich auf 200 000 Quadratkilometer begrenzt. 1896/97 schrieben mehrere Verträge mit Italien, Frankreich und Großbritannien die Grenzen zwischen Äthiopien und den europäischen Kolonien fest.

Kaiser Menelik II. verhinderte die koloniale Abhängigkeit Äthiopiens von Italien.

Die vernichtende Niederlage einer europäischen Armee in Afrika verschaffte Menelik, der schon zuvor als glänzender Diplomat beeindruckt hatte, internationales Ansehen, was ihm half, sein Land der Beherrschung durch eine europäische Macht zu entziehen. In seiner weiteren Regierungszeit festigte Menelik II. das Land und weitete es zu seiner heutigen Größe aus. Ab 1907 regierte er mit einem Kabinett aus Fachministern, schuf ein modernes Bildungswesen, ließ ein Telefon- und Telegrafennetz installieren und mit französischer Hilfe eine für ganz Ostafrika wichtige Eisenbahnlinie zwischen Djibouti und Addis Abeba, der neuen Landeshauptstadt, bauen. Der Kaiser starb, seit 1909 durch mehrere Schlaganfälle behindert, 1913 in Addis Abeba.

4.9 Die Dreyfusaffäre

Am 13. Januar 1898 veröffentlichte der hoch angesehene Schriftsteller Émile Zola auf der Titelseite der Tageszeitung »L'Aurore« einen offenen Brief an den Präsidenten der Französischen Republik unter der Überschrift »J'accuse« (»Ich klage an«). Dies war einer der Höhepunkte in einer Affäre, die Frankreich seit 1894 beschäftigte und zur schwersten politischen Krise der Dritten Republik führte.

Im Dezember 1894 war der Artilleriehauptmann Alfred Dreyfus wegen Landesverrats zu lebenslanger Haft auf der berüchtigten Teufelsinsel vor der Küste von Französisch-Guayana verurteilt worden. Der Schuldspruch löste eine Welle des Antisemitismus aus und diente als Beweis für eine jüdische Verschwörung gegen die nationalen Interessen Frankreichs.

Doch Dreyfus, der 1859 im elsässischen Mülhausen als Sohn eines wohlhabenden jüdischen Textilfabrikanten geboren worden war, beteuerte, er habe keine militärischen Geheimnisse an die deutsche Botschaft verkauft. Als auch danach Geheimnisse an die Deutschen weitergegeben wurden, wuchsen die Zweifel an Dreyfus' Schuld, und der Geheimdienstermittler Georges Picquart kam zu dem Schluss, dass die Handschrift auf dem Brief, der Dreyfus belasten sollte, nicht von ihm, sondern von einem hoch verschuldeten Major namens Ferdinand Esterhazy stammte. Doch die Militärführung verhinderte eine Wiederaufnahme des Verfahrens: Die Interessen der Armee wurden über das Wohl eines einzelnen, noch dazu jüdischen Offiziers gestellt.

Der Fall spaltet die Nation
Eine Debatte begann, in deren Verlauf immer mehr Menschen, vor allem Intellektuelle und Linke, Dreyfus' Partei ergriffen. Gegen ihn stellten sich mehrheitlich Nationalisten und katholische Zeitschriften. Es tobte eine heftige

Émile Zola setzte sich 1898 mit einem offenen Brief »J'accuse« für Dreyfus ein.

Presseschlacht, die die Nation regelrecht spaltete.

Schließlich wurde auch Esterhazy vor ein Kriegsgericht gestellt – und am 11. Januar 1898 freigesprochen, während Picquart verhaftet wurde.

Am übernächsten Tag erschien Zolas flammende Anklage gegen Regierung und Militär. Bis zum Abend waren über 200 000 Exemplare von »L'Aurore« verkauft. In der Provinz brachen antisemitische Unruhen aus. Die Nationalisten erzwangen, dass Zola vor Gericht gestellt wurde. Er wurde wegen Verleumdung angeklagt und zu einem Jahr Gefängnis sowie einer Geldstrafe von 3 000 Francs verurteilt. Seiner Verhaftung entzog er sich durch die Flucht nach England, wo er von Juli 1898 bis Juni 1899 im Exil lebte. Als er im September 1902 wegen eines verstopften Schornsteins an Rauchgasen erstickte, wurde das zwar als tragischer Unfall erklärt, aber die Gerüchte, Dreyfus-Gegner hätten den Kamin blockiert, halten sich bis heute.

Der Sieg der Nationalisten und Antisemiten war insgesamt jedoch nur von kurzer Dauer. Die Kontroverse führte dazu, dass sich die

Das Zeitalter des Imperialismus

Radikalen und Sozialisten zu Parteien formierten, die das politische Geschehen in Frankreich bis zum Ende der Dritten Republik bestimmten.

Im Juni 1899 löste der sozialistische »Bloc républicain« unter René Waldeck-Rousseau, einem Fürsprecher von Dreyfus, die bisherige republikanische Mehrheit an der Regierung ab. Kurz darauf wurde das Verfahren gegen Dreyfus wieder aufgerollt. Doch er wurde erneut für schuldig befunden, nun aber nur zu zehn Jahren Haft verurteilt; eine Begnadigung durch den Präsidenten verhinderte einen weiteren Gefängnisaufenthalt. Erst 1906 wurde Dreyfus von einem Kassationsgericht endgültig freigesprochen, voll rehabilitiert und in die Ehrenlegion aufgenommen.

Die neue sozialistische Regierungsmehrheit sorgte nicht nur für eine stärkere zivile Kontrolle des Militärs, sondern entmachtete auch das seit der Gründung der III. Republik bestehende politische Honoratiorensystem.

4.10 Der Chinesisch-Japanische Krieg 1894/95

Korea, das immer wieder Eroberungsversuchen von chinesischer wie japanischer Seite ausgesetzt war, stand seit dem 17. Jahrhundert unter der Oberhoheit Chinas und verfolgte eine strenge Abschottungspolitik. Als einziger Hafen war in dieser Zeit Pusan im Südosten der Halbinsel geöffnet. 1876 erzwang Japan nach dem Vorbild der ungleichen Verträge, die es mit dem Westen abschließen musste (▶ 2.27), für sich Exterritorialität und Zollvergünstigungen in Pusan und weiteren koreanischen Häfen. In der Folge musste das »Land der Morgenstille«, wie Korea sich selbst bezeichnete, auch Handelsverträge mit westlichen Mächten eingehen; wirtschaftlich wurde es ab 1876 aber mehr und mehr von Japan dominiert.

Als sich dagegen innenpolitischer Widerstand erhob und die gegen alles Fremde gerichtete Tong-Hak-Rebellion (»Östliche Lehre«) im Frühjahr 1894 den Königshof in Seoul bedrohte, entsandten Japan und China gleichzeitig Truppen, um ihre Interessen wahrzunehmen. China wollte die alte Ordnung in Korea wiederhergestellt sehen, während Japan das Land aus der chinesischen Vormundschaft befreien wollte. Damit war der militärische Konflikt zwischen China und Japan nicht mehr aufzuhalten.

Von den westlichen Großmächten unterstützte Großbritannien Japan, um das russische Vordringen in Asien aufzuhalten. Am 16. Juli 1894 verzichtete Großbritannien auf seine aus früheren Verträgen stammenden Sonderrechte und erklärte Japan zum souveränen Partner innerhalb der Völkerfamilie. Wenige Tage später versenkten japanische Kriegsschiffe chinesische Truppentransporter, und am 1. August 1894 erklärte Japan China den Krieg.

Obwohl die japanischen Verbände in einzelnen Kämpfen zahlenmäßig meist unterlegen waren und China hoch modernes Kriegsmaterial besaß, erwiesen sich die schlecht geführten chinesischen Truppen für die disziplinierte und kampfbereite japanische Armee als keine ernsthaften Gegner. Japan gewann den Krieg

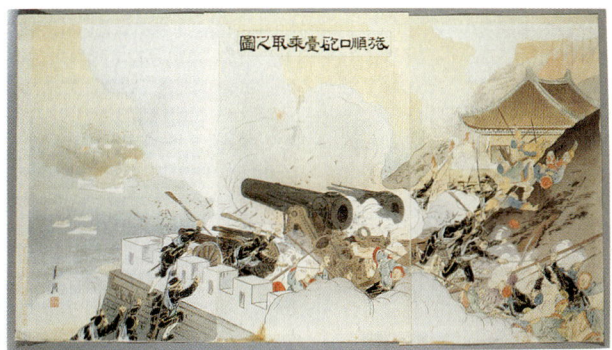

Japanische Soldaten erstürmen eine chinesische Stellung in Korea (japanischer Farbholzschnitt, um 1900).

auch dank der Lehren des preußischen Instrukteurs der kaiserlichen Armee, Jacob Meckel (▶ 3.33): Der Weg nach Peking stand Japan offen; China musste in Friedensverhandlungen einwilligen.

Der Frieden von Shimonoseki
Der Friedensvertrag wurde am 17. April 1895 in Shimonoseki, an der äußersten Südwestspitze der Insel Honshu, abgeschlossen. In Artikel I hieß es:»China erkennt definitiv die völlige Unabhängigkeit und Autonomie von Korea an und folglich sollen die Zahlungen des Tributs durch Korea an China (...) gänzlich aufhören.« Ferner wurde festgelegt, dass China den südlichen Teil der Provinz Fengtien (die Halbinsel Liaodong), die Insel Formosa (Taiwan) und die Pescadores, eine Inselgruppe westlich von Taiwan, an Japan abtreten, den Japanern in chinesischen Häfen denselben exterritorialen Status wie den »Westlern« einräumen und zudem 200 Millionen Tael als Kriegsentschädigung zahlen musste. Japan hatte das große China nicht nur militärisch besiegt, sondern auch tief gedemütigt.

Auf Betreiben von Frankreich, Russland und Deutschland, die den Frieden in Ostasien durch Japans Expansionspolitik gefährdet sahen, verzichtete Japan aber Anfang Mai 1895 wieder auf die Halbinsel Liaodong und verlangte dafür weitere 30 Millionen Tael von China. Korea jedoch stand jetzt de facto unter japanischer Herrschaft. 1910 wurde es von Japan annektiert, und es begann eine aggressive Assimilations- und Ausbeutungspolitik.

4.11 Antisemitismus

Das Wort »Antisemitismus« steht seit dem Ende des 19. Jahrhunderts für eine neue, nicht christlich, sondern sich pseudowissenschaftlich mit Rassemerkmalen artikulierende Form der Judenfeindschaft.

Während der Aufklärung propagierten Gotthold Ephraim Lessing in seinem Drama »Nathan der Weise« und der jüdische Philosoph Moses Mendelssohn die politische und soziale Gleichstellung von Juden und Christen. Der damals noch nicht geläufige Begriff der »Judenemanzipation« war in einer langen Debatte von etwa 1800 bis in die Mitte des 19. Jahrhunderts entstanden. Allerdings wurde die Emanzipation immer wieder durch Ausschreitungen unterbrochen.

Das Aufkommen antisemitischer Theorien
Das vierbändige Werk des Franzosen Arthur de Gobineau »Versuch über die Ungleichheit der Menschenrassen« (1853–55) leitete eine neue Art der Judenfeindschaft ein, die unter dem Deckmantel scheinbar wissenschaftlicher, tatsächlich aber rassistisch und sozialdarwinistisch geprägter Argumente den modernen Antisemitismus begründete. Man stimmte überein, dass jede »Rasseeigenschaft« der Juden negativ besetzt war. Zur Begründung wurde festgestellt, dass diese Eigenschaften unveränderbar seien. In der Diskussion über die »Judenfrage« spielte die auf dem Sozialneid von Nichtjuden beruhende Parasitenmetaphorik bald eine unselige Rolle. Damit war dem Erscheinen antijüdischer Schriften Tür und Tor geöffnet. So erschien im Februar 1879 das Pamphlet »Der Sieg des Judenthums über das Germanenthum« von Wilhelm Dörr, das im Herbst des gleichen Jahres die 12. Auflage erreichte. Hier wurde zum ersten Mal der Begriff »Antisemitismus« geprägt.

Im Gefolge des Berliner Antisemitismusstreits zwischen den angesehenen Historikern Heinrich von Treitschke und Theodor Mommsen im Jahr 1880 über die Judenfrage – Treitschke hatte eine antisemitisch getönte Position bezogen, die Mommsen entschieden bekämpfte – erschien die Schrift des Privatgelehrten Karl Eugen Dühring mit dem Titel »Die Judenfrage als Rassen-, Sitten- und Kulturfrage«, in der der Autor die Tötung und Ausrottung der Juden empfahl. 1886 entstand der erste eingetragene judenfeindliche Verein in Deutschland, die »Deutsche Antisemitische Vereinigung« in Kassel, und ab Juli 1890 die »Antisemitische Volkspartei«.

Der Schriftsteller Houston Stewart Chamberlain, ein naturalisierter Deutscher, beeindruckte mit seiner 1899 veröffentlichten Schrift »Die Grundlagen des 19. Jahrhunderts« Kaiser Wilhelm II. wie später Adolf Hitler. Auf den Gegensatz zwischen der »jüdischen« und der »arischen« Rasse fixiert, arbeitete der Schwiegersohn Richard Wagners mit griffigen Stereotypen, wenn er z. B. den übermäßigen Einfluss der Juden in der Welt geißelte. Aufs Ganze gesehen aber hatte der Antisemitismus im Kaiserreich begrenzten politischen Einfluss: Im Reichstag von 1893 waren nur 16 Vertreter antisemitischer Gruppierungen vertreten.

In der Weimarer Republik erlebten die deutschen Juden zwar den Höhepunkt ihrer kulturellen Assimilierung, zugleich aber auch den Beginn ihrer sozialen Dissimilation. Vor allem die NSDAP und die Deutschnationale Volkspartei schürten die Existenzängste der Bevölkerung und richteten sie auf ihre jüdischen Mitbürger. Mit der Ernennung Hitlers zum Reichskanzler begann der öffentliche Terror gegen Juden. Am Anfang stand mit dem »Gesetz zur Wiederherstellung des Berufsbeamtentums« (1933) ihre politische Diskriminierung und mit den »Nürnberger Gesetzen« (1935) ihre politische Entrechtung auf dem Programm. Mit dem Novemberpogrom (▶ 6.45) von 1938 wurde ihre physische Vernichtung eingeleitet, die sich ab 1942 (»Wannseekonferenz«) an den Juden Europas in vielen Konzentrations- und Vernichtungslagern (▶ 7.19) auf entsetzliche Weise vollendete.

Der Antisemitismus in Europa
Der Antisemitismus im Kaiserreich war freilich kein deutsches Charakteristikum, denn in Österreich entwickelte er sich seit den 1880er-Jahren als eine vom Kleinbürgertum geprägte politische Bewegung. Als Haupt des österreichischen Antisemitismus agierten der deutschnationale Abgeordnete im Reichsrat, Georg Ritter von Schönerer, und der Wiener Bürgermeister Karl Lueger.

In Frankreich ging der Antisemitismus z. T. von den Sozialisten aus, wie sich in der 1886 von Édouard A. Drumont verfassten Schrift »La France Juive« zeigte, und ab 1894 erschütterte die Dreyfusaffäre (▶ 4.9) das politische Leben des Landes. Der Antisemitismus als geistig-nationale Strömung erlitt in Frankreich Schiffbruch, ohne jedoch ganz zu verschwinden.

In Russland wurden die Juden im Westrayon Ende des 19. Jahrhunderts regelmäßig von Pogromen heimgesucht, vor allem nach der Ermordung Zar Alexanders II. 1881. Der russische Antisemitismus wies jedoch die für Westeuropa typischen rassistischen und nationalistischen Konsequenzen nicht auf, sondern diente vor allem als Instrument fortschrittsfeindlicher Kräfte.

4.12 Zionismus

Der Begriff »Zionismus« wurde von dem Wiener Schriftsteller Nathan Birnbaum 1893 in einer Abhandlung über »Die nationale Wiedergeburt des jüdischen Volkes in seinem Land« geprägt. Birnbaum bezeichnete mit ihm die im ursprünglich religiösen Verständnis innerhalb des Judentums verankerte Ausrichtung auf Jerusalem, den »Zion«, und Palästina, das »Land Israel«. Die Anfänge des Zionismus liegen im Aufkommen eines auch von jüdischer Seite getragenen Nationalismus in Europa (▶ 3.16) und den Erfahrungen der Juden mit dem modernen Antisemitismus in Mittel- und Osteuropa gegen Ende des 19. Jahrhunderts. Die geistigen Grundlagen des modernen Zionismus schufen der Arzt und Schriftsteller Leon Pinsker aus Odessa, der unter dem Eindruck der Judenpogrome von 1881 in Russland seine Schrift »Autoemanzipation« verfasste, sowie Moses Moss, ebenfalls Schriftsteller und deutscher Sozialist. Zum Begründer der zionistischen Weltbewegung aber wurde der österreichische Journalist und Politiker Theodor Herzl (1860–1904) mit seinem Buch »Der Judenstaat« (1896). In ihm verarbeitete er die

Theodor Herzl, hier mit seiner Mutter, gelang es trotz vieler Anfeindungen, eine zionistische Massenbewegung zu organisieren.

Kapitel 4

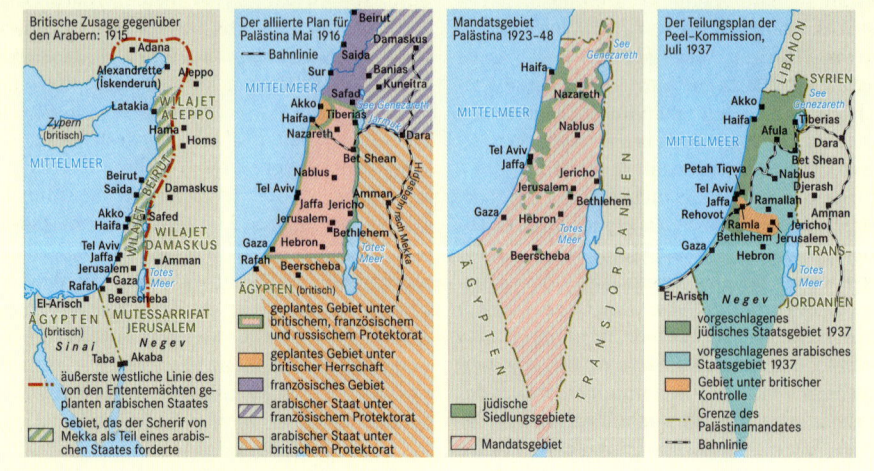

Palästina zwischen 1915 und 1948

Eindrücke, die der Dreyfus-Prozess (▶ 4.9) bei ihm hinterlassen hatte. Sie vermittelten ihm – auch vor dem Hintergrund des deutschen und österreichischen Antisemitismus – die Einsicht, dass auch die Juden eine Nation seien, die Anspruch auf einen eigenen Staat hätte. Der Weg dorthin durfte nach Herzl aber nicht mit revolutionären, sondern nur mit politisch-evolutionären Mitteln beschritten werden.

Die Gründung der zionistischen Weltbewegung

Sie fand auf dem 1. Zionistischen Weltkongress vom 29. bis 31. August 1897 in Basel statt, auf dem die rund 200 Delegierten ein Programm zur »Schaffung einer öffentlich-rechtlich gesicherten Heimstätte für das jüdische Volk in Palästina« verabschiedeten. Sie stimmten auch der von Herzl vorgeschlagenen »Zionistischen Weltorganisation« zu. Darüber hinaus wurde beschlossen, dass Zionistische Weltkongresse in regelmäßigen Abständen stattfinden sollten, die Herzl als eine Art »parlamentarische Zentralgewalt« und Plattform seiner politischen Ziele betrachtete.

Endgültig geklärt wurde die Palästina-Orientierung des internationalen Zionismus auf dem 7. Zionistischen Weltkongress 1905 in Basel. Von großer Wichtigkeit für den weiteren Weg war die Gründung des *Jewish National Fund*, der in der Folgezeit die finanziellen Mittel für den Landerwerb in Palästina verwaltete und bereitstellte, und des *Palestine Office* als zentralem Organ der zionistischen Siedlungsangelegenheiten. Aber erst die Balfour-Deklaration (▶ 5.10) von 1917 bot Rechtssicherheit für eine ungehinderte, von den zionistischen Juden zunächst nur zögerlich, dann aber in den Zwanzigerjahren lebhaft wahrgenommene Möglichkeit der Einwanderung nach Palästina. Beide Organe förderten den Ausbau einer effektiven quasistaatlichen Organisation der jüdischen Bevölkerung bis zur Gründung der *Jewish Agency for Palestine* (»Jüdische Vertretung für Palästina«) 1922. Sie bestand bis 1947 und wurde im Mandatsvertrag vom 24. Juli 1922 zwischen Großbritannien und dem Völkerbund verankert. Sie beriet in diesem Zeitraum die britische Mandatsregierung und das jüdische Nationalkomitee. Ihr Ziel erreichte die zionistische Weltbewegung am 14. Mai 1948 mit der Ausrufung des Staates Israel. Die meisten Aufgaben der *Jewish Agency for Palestine* gingen danach auf israelische Staatsorgane über. Die Forderung der »Baseler Erklärung« von 1897 hatte sich erfüllt.

4.13 Die Faschodakrise

Während die britischen Kolonialpläne in Afrika eine Bahnlinie vom Kap der Guten Hoffnung bis nach Kairo vorsahen, um die Besitzungen zu verbinden, träumten die Franzosen von einer zusammenhängenden Zone in West-Ost-Ausrichtung. Im Schnittpunkt dieser Interessensphären lag Faschoda (ab 1905 Kodok), ein Handelsort am Weißen Nil und im 16. Jahrhundert Zentrum eines lokalen Königreichs. Im Sommer 1898 kam es hier zu einer Krise, die Frankreich und Großbritannien an den Rand eines Krieges brachte.

Nach längeren Vorbereitungen hatte sich im Januar 1897 ein 150 Mann starkes Expeditionskorps unter Leitung des Majors und Entdeckungsreisenden Jean-Baptiste Marchand von Brazzaville am Kongo in Richtung Nil in Marsch gesetzt – angeblich, um die Möglichkeiten eines Dammbaus zu erkunden, der Ägypten vom Nilwasser abschneiden würde. Um den Franzosen zuvorzukommen, beschlossen die Briten, im Sudan einzumarschieren, wo Al Mahdi Mohammed Ahmed wenige Jahre zuvor die ägyptische Oberherrschaft abgeschüttelt und auch den Briten eine empfindliche Schlappe beigebracht hatte. Unter dem Kommando von General Horatio Herbert Kitchener zog eine britisch-ägyptische Armee nilaufwärts, errang im April 1898 am Atbara einen wichtigen Sieg und drang langsam weiter in Richtung Khartum vor.

Marchand erreichte Faschoda am 10. Juli und hisste dort die Trikolore. Kitcheners Truppe musste sich erst noch einmal den sudanesischen Mahdisten stellen, die sie am 2. September dank ihrer Schnellfeuergewehre und Kanonenboote bei Omdurman, vor den Toren Khartums, vernichtend schlug. Am 18. September kam Kitchener schließlich mit einer kleinen Flotte in Faschoda an und verlangte den Abzug der Franzosen.

Marchand weigerte sich. Nach den »Spielregeln«, die bei der Afrikakonferenz (▶ 4.6) festgelegt worden waren, gebührte das Gebiet Frankreich. Doch General Kitchener gab nicht nach. Um einen sofortigen Waffengang zu vermeiden, einigte man sich zunächst darauf, über Faschoda neben der französischen auch die ägyptische und die britische Flagge wehen zu lassen.

Die Wasserscheide wird zur Grenze

Die britische Regierung drohte Frankreich mit Krieg. Da weder die französische Armee noch die Flotte wirklich in der Lage waren, einen Krieg zu führen und zudem eine britisch-deutsche Allianz befürchtet wurde, befahl der französische Außenminister trotz öffentlicher Proteste Marchand am 4. November den Rückzug, hielt aber an den Ansprüchen auf eine Reihe kleinerer Posten am Tschadsee fest, die Frankreich einen Korridor zum Weißen Nil offen lassen würden. Der britische Premierminister lehnte das ab, aber die Verhandlungen gingen weiter. Am 21. März 1899 kamen die beiden Regierungen schließlich überein, die Wasserscheide zwischen Kongo und Nil als Grenze ihrer jeweiligen Interessensphären anzuerkennen.

Das französische Rotkäppchen überlässt dem britischen Wolf das obere Niltal bei Faschoda, Großbritannien anerkennt dafür den westlichen Sudan als französisches Interessengebiet (deutsche Karikatur).

Frankreich bekam die westlichen Bereiche, in denen es in der Folge seine Besitzungen festigte, und verzichtete auf das obere Niltal. Der Sudan wurde als angloägyptisches Kondominium eingerichtet, in dem nominell Großbritannien und Ägypten gemeinsam die Gebietshoheit ausübten; faktisch war er jedoch bis 1953 britische Kolonie.

Während der Faschodakrise deutete die britische Regierung dem Deutschen Reich überraschend die Möglichkeit von Bündnisverhandlungen an. Doch Kaiser Wilhelm II. meinte, sich Zeit lassen zu können und reagierte nicht entsprechend. Frankreich hatte die demütigende Niederlage in Afrika rasch vergessen und näherte sich Großbritannien wieder schrittweise an, sodass wenige Jahre später die

Entente cordiale (▶ 4.21) zwischen Großbritannien und Frankreich zustande kam.

4.14 Der Spanisch-Amerikanische Krieg 1898

Am 15. Februar 1898 zerstörte eine Explosion das amerikanische Kriegsschiff »Maine« im Hafen von Havanna und riss 260 Matrosen in den Tod. Obwohl die Ursache für die Katastrophe nie endgültig geklärt wurde, gaben amerikanische Boulevardzeitungen Spanien die Schuld und drängten mit dem Slogan »Denkt an die ›Maine‹, zur Hölle mit Spanien!« zum Krieg. Eine regelrechte Kriegshysterie brach aus.

Kuba gehörte seit der ersten Reise von Kolumbus 1492 zum spanischen Interessengebiet. Neben der strategischen Bedeutung des Hafens Havanna zog ab dem 18. Jahrhundert der Zuckerrohranbau Kolonisatoren an. Zwischen 1838 und 1880 entwickelte sich die kubanische Zuckerindustrie zu der weltweit modernsten und am stärksten mechanisierten. Aber es wuchs auch die Unzufriedenheit mit der korrupten und ineffektiven spanischen Kolonialverwaltung; ein erster Unabhängigkeitskrieg (1868–78) endete ergebnislos. 1895 spitzte sich die politisch-wirtschaftliche Krise zu, und ein neuer Unabhängigkeitskrieg gegen »das spanische Joch« brach aus. Die Aufständischen wurden von den USA unterstützt, die mehrfach vergeblich versucht hatten, die Insel zu kaufen. 1898 kam die kubanische Wirtschaft zum Erliegen. Um amerikanische Bürger und ihren Besitz zu schützen – die Investitionen beliefen sich mittlerweile auf 50 Millionen Dollar, das jährliche Handelsvolumen auf 100 Millionen Dollar –, wurde der Kreuzer »Maine« nach Havanna entsandt.

Eine historische Wende

In der zweiten Aprilhälfte 1898 erklärten die USA Spanien den Krieg. Am 1. Mai zerstörten die Amerikaner die spanische Pazifikflotte, die in der Bucht von Manila (Philippinen) ankerte, und wenige Wochen später auch die spanische Karibikflotte vor Santiago de Cuba. Santiago ergab sich nach der Schlacht auf der Höhe San Juan am 17. Juli; im August war – mit philippinischer Unterstützung – auch Manila besetzt worden. Im Friedensvertrag vom 10. Dezember 1898 in Paris verzichtete Spanien auf alle Ansprüche in Kuba und trat Puerto Rico, die Marianeninsel Guam und die Philippinen an die USA ab, Letztere gegen eine Ausgleichszahlung von 20 Millionen Dollar.

Für beide Kriegsparteien markierte dieser Friedensvertrag eine Wende in ihrer Geschichte: Für Spanien bedeutete er das Ende seiner Kolonialpolitik und eine Konzentration auf die bisher verdrängten innenpolitischen Probleme der Restaurationszeit, die letztendlich zu einer Renaissance der spanischen Literatur und Kultur sowie zu einer wirtschaftlichen Erholung führten. Die Vereinigten Staaten dagegen gingen aus dem Krieg als Kolonialmacht mit Besitzungen im Pazifik und in der Karibik hervor.

Königin Lilioukalani stürzte 1893 über dem Versuch, den amerikanischen Einfluss auf Hawaii einzudämmen. Die USA annektierten die Inseln 1898.

Diese Hinwendung zum Imperialismus, zu der auch die Annexion der Hawaii-Inseln während des Krieges gehörte, stieß in den USA auf heftige Kritik, und der Friedensvertrag wurde 1899 im Senat mit nur einer Stimme Mehrheit angenommen. Zu diesem Zeitpunkt hatten auf den Philippinen bereits Aufstände gegen die amerikanische Verwaltung begonnen; der Guerillakrieg dort dauerte über drei Jahre und wurde schließlich von einer 70 000 Mann starken Truppe schonungslos unterdrückt. Kuba,

DAS ZEITALTER DES IMPERIALISMUS

dem der Friedensvertrag die Unabhängigkeit garantierte, blieb amerikanisch besetzt. 1901 wurde es Republik, aber die Vereinigten Staaten erhielten das Interventionsrecht hinsichtlich Wirtschaft und internationaler Beziehungen (bis 1934) sowie einen Flottenstützpunkt in Guantánamo.

4.15 Haager Friedenskonferenzen

Nach der Berliner Afrikakonferenz (▶ 4.6) begannen die europäischen Großmächte und auch die USA im letzten Viertel des 19. Jahrhunderts einen Wettlauf um Kolonialbesitz und namentlich das Deutsche Reich und Großbritannien rüsteten ihre Flotten auf. Den Zeitraum bis zum Beginn des Ersten Weltkriegs kennzeichneten internationale Spannungen, sodass auf der einen Seite die Furcht vor einem Krieg unaufhaltsam wuchs und auf der anderen Seite die Einsicht, ihn mit allen friedlichen Mitteln verhindern zu müssen. Der Drang zu imperialistischer Politik ließ sich dadurch allerdings nicht bremsen.

Friedensbewegungen
Diesseits und jenseits des Atlantiks propagierte der organisierte Pazifismus die Friedensvermittlung durch das Prinzip der Schiedsgerichtsbarkeit: in Frankreich 1887 die *Société Française de la Paix par le droit* (»Französische Gesellschaft für rechtliche Friedenssicherung«), in Großbritannien die 1876 von William Randall Cremer gegründete *International Arbitration League* (»Internationale Liga für Konfliktschlichtung«) und in den Vereinigten Staaten seit 1882 die *National Arbitration League* (»Nationale Liga für Konfliktschlichtung«). Vergleichbare Friedensorganisationen entstanden 1871 in den Niederlanden, 1883 in Schweden und 1889 in Belgien, weil in diesen Staaten die Überzeugung gewachsen war, dass es angesichts der Spannungen zwischen den Großmächten völkerrechtlicher Sicherungen zum Schutz der Neutralität bedürfe.

1892 wurde das »Internationale Friedensbüro« in Bern eröffnet, das sich als Koordinierungsstelle für alle internationalen Friedensorganisationen verstand. Im gleichen Jahr gründete der österreichische Pazifist Alfred Hermann Fried mit Unterstützung der streitbaren und weithin bekannten Bertha von Suttner (▶ 4.17) in Berlin die »Deutsche Friedensgesellschaft«. Dort, im Brennpunkt aller nationalen sich mitunter aggressiv gebärdenden Groß- und Weltmachtbestrebungen, z. B. des »Deutschen Flottenvereins« und des »Alldeutschen Verbandes«, versandete die Friedensinitiative Frieds, sodass sich ihr Schwerpunkt in das Königreich Württemberg verlagerte, wo sie neben der Deutschen Volkspartei zur stärksten Partei des Landes heranwuchs.

Die Konferenzen von 1899 und 1907
In Hamburg fand 1897 ein Weltfriedenskongress statt, der es trotz aller Beachtung allein aber nicht vermocht hätte, eine größere internationale Öffentlichkeit für die aktive Friedenssicherung zu interessieren. Dies blieb dem Friedensmanifest des letzten russischen Zaren Nikolaus II. vorbehalten, das er im August 1898 an alle Völker der Welt richtete. Obwohl dieses Manifest bei fast allen europäischen Regierungen auf Misstrauen stieß, veranlasste es doch die Einberufung der ersten Friedenskonferenz in Den Haag. Dort diskutierten die Delegierten von 24 Staaten – neben allen europäischen auch China, Japan, Siam, Mexiko und die USA – vom 18. Mai bis 29. Juli 1899 Regeln zur friedlichen internationalen Konfliktbeilegung, zur Begrenzung oder gar Verhütung von Kriegen, zum Verhalten der Beteiligten im Kriegsfall, zur Einrichtung eines ständigen internationalen Schiedsgerichtshofs und vor allem über Fragen der Abrüstung.

Gemessen an den hohen Erwartungen im Vorfeld der Konferenz fiel ihr Ergebnis enttäuschend aus, weil keine der beteiligten Großmächte – und schon gar nicht das Deutsche Reich – ihre Souveränität durch eine neutrale Schiedsstelle beschränken lassen wollte. Trotzdem wurden drei Abkommen verabschiedet: 1. das Abkommen zur friedlichen Beilegung internationaler Streitfälle, 2. das Abkommen über Gesetze und Gebräuche des Landkriegs, das später in die so genannte Haager Landkriegsordnung mündete, und 3. das Abkommen über die Anwendung der Grundsätze der Genfer Rotkreuz-Konventionen von 1864 im Seekrieg, das die medizinische Versorgung von verletzten Matrosen regelte.

159

Diese drei Abkommen wurden auf der 2. Haager Friedenskonferenz vom 15. Juni bis 18. Oktober 1907 ergänzt. Für sie hatte der amerikanische Präsident Theodore Roosevelt so erfolgreich geworben, dass Delegierte aus 44 Staaten der Erde zusammenkamen. Die 2. Friedenskonferenz verabschiedete insgesamt zwar 13 Abkommen, aber kein praktikables und endgültiges Verfahren zur Abwendung von Kriegen.

Dennoch kommt den Haager Friedenskonferenzen historische Bedeutung zu. Die Fragen und Probleme der Rüstungsbeschränkung und Friedenssicherung wurden zum ersten Mal ernsthaft angesprochen und sind seither nicht mehr verstummt. Im Gegenteil: Sie sind heute aktueller denn je. Darüber hinaus verliehen die Vorstellungen der beiden Friedenskonferenzen bezüglich einer neutralen internationalen Schiedsgerichtsbarkeit dem Aufbau von Völkerbund und UNO die entscheidenden Impulse.

4.16 Der Große Treck der Buren und der Burenkrieg

Die Zurückdrängung der Xhosa durch britische Truppen (▶ 1.38) war nicht von Dauer, es kam zu weiteren Grenzkriegen im Osten der südafrikanischen Kapprovinz. 1834 schlossen sich die Stammesführer zusammen und vertrieben viele der burischen Farmer, deren extensive Weidewirtschaft sich kaum von der der Xhosa unterschied.

Eine britische Übermacht zwang die Xhosa zwar ein Jahr später zur Kapitulation, aber zur selben Zeit kursierten auch Gerüchte, dass große Teile des Landes weiter nördlich entvölkert und leicht zu erobern seien. Dies, die Abschaffung der Sklaverei durch Großbritannien (▶ 3.28) und die Differenzen mit der britischen Kolonialverwaltung am Kap dürften der Auslöser für den Großen Treck gewesen sein, zu dem sich die Buren 1835 in Richtung Natal und Transvaal aufmachten.

Bis 1840 verließen ungefähr 6000 »Voortrekker«, wie sie sich selbst nannten, die Kapprovinz. Die Kolonialverwaltung hielt sie nicht zurück, sicherte sich aber den juristischen Zugriff auf die Siedler mit einem Gesetz, nach dem britische Untertanen (als die die Buren galten) auch dann britischem Recht unterstanden, wenn sie das britische Territorium verlassen hatten. In Wirklichkeit waren diese Buren jedoch weitgehend unbehelligt von staatlichen Eingriffen und damit auch ohne staatlichen Schutz. Sich selbst verstanden sie als autonome, gegen die Kolonialverwaltung rebellierende Bewegung mit dem Ziel wirtschaftlicher, kultureller und politischer Unabhängigkeit.

Widerstand gegen die Voortrekker

Die meisten Buren kamen aus dem Osten und zogen in verschiedenen Gruppen über den Oranje nach Norden. Diese Route galt als besonders geeignet, weil sie mit Ochsenkarren passierbar war und in das angeblich entvölkerte Gebiet führte. Doch menschenleer war das Land nach den umfassenden Wanderungsbewegungen zwischen 1817 und 1828 nicht, wie die zahlreichen kriegerischen Auseinandersetzungen, aber auch Abkommen zwischen den Voortrekkern und Stammesführern zeigen. Auf ernsthaften Widerstand stießen die Buren bei den Ndebele unter ihrem Herrscher Msilikasi. Diese wurden 1837 von den Voortrekkern unter Andries Hendrik Potgieter vernichtend geschlagen und zogen sich in das Gebiet des heutigen Simbabwe zurück, wo sie das Matabelereich gründeten.

Damit standen den Buren zwei Wege offen: nach Norden in das Hochland und nach Osten über die Berge nach Natal. Die meisten wählten Letzteren, so auch die Gruppen von Gertit Maritz und Peter Retief. Dort trafen sie auf das Zulureich des Königs Dingane. Zunächst kooperierte man, denn Msilikasi war auch der Gegner der Zulu gewesen. Die Buren wurden für ihre militärische Hilfe mit Landabtretungen belohnt. Doch Dingane fürchtete die Trekker und tötete Pieter Retief und seine Männer im Februar 1838 anlässlich einer Vertragsunterzeichnung. Bei der anschließenden Schlacht am Blood River fielen 3000 Zulu, während die Buren nur wenige Verwundete zu beklagen hatten. Sie erklärten das Gebiet zur Republik Natalia. 1842 verlegten die Briten eine größere Garnison nach Port Natal (dem späteren Durban), und 1845 annektierten sie Natal als Teil der Kapkolonie. Viele Voortrekker verließen daraufhin Natal wieder.

Das Zeitalter des Imperialismus

Burentreck und Burenkrieg

Potgieter und andere zogen weiter nach Norden und ließen sich in Transvaal nieder. Hier wie im Oranje-Freistaat blieben die Buren zunächst weitgehend unabhängig von den Briten. In beiden Ländern waren alle Nichtweißen von den Bürgerrechten ausgeschlossen.

Bodenschätze wecken Begehrlichkeiten
Mit den Gold- und Diamantenfunden in den Burenstaaten änderte sich die britische Politik. Zunächst annektierte die Kapkolonie das Gebiet um Kimberley, danach Betschuanaland (das heutige Botswana) und später für kurze Zeit auch Transvaal. Diese Konflikte konnten noch mit Ausgleichszahlungen und Nichteinmischungsvereinbarungen beigelegt werden. Doch dann begann 1886 der Goldabbau in Witwatersrand bei Johannesburg. Die Folge war ein enormer Wirtschaftsaufschwung, der die Kapkolonie in wirtschaftliche Abhängigkeit von Transvaal zu bringen drohte. Die britische Krone beauftragte daraufhin Cecil Rhodes, auch das Gebiet nördlich von Transvaal zu sichern, das nach ihm Rhodesien genannt wurde. Ein erster britischer Einfall in Transvaal (»Jameson-Raid«) schlug noch fehl, aber im Oktober 1899 scheiterten Verhandlungen zwischen Briten und Transvaal – der Burenkrieg brach aus, dem sich der Oranje-Freistaat anschloss. Die Armee der Buren hatte keine Chancen gegen die britische Übermacht. Nach einem erbitterten Guerillakrieg erkannten beide Burenrepubliken im Frieden von Vereeniging 1902 die Eingliederung ins britische *Empire* an. 1910 folgte die Gründung der Südafrikanischen Union, in die neben Kapprovinz, Natal, Transvaal und Oranje-Freistaat auch Betschuana-, Swasi- und Basutoland (heute Lesotho) eingegliedert wurden.

4.17 Bertha von Suttner

Die ältere Dame auf den österreichischen 2-Euro-Münzen blickt streng, trägt ein hochgeschlossenes Kleid und wirkt bieder. Doch der Eindruck trügt: Bertha von Suttner stritt gegen Militarismus und Antisemitismus und für Frieden und Gleichberechtigung. Das Foto, das als Vorlage für die Münze diente, entstand 1905, als sie als erste Frau den Friedensnobelpreis erhielt – zu einem Zeitpunkt, als Frauen in Europa weder das Wahlrecht besaßen noch politischen Parteien beitreten durften.

Sie wurde als Bertha Gräfin von Kinsky von Chinic und Tettau am 9. Juni 1843 in Prag geboren. Ihre Familie gehörte zum altböhmischen Adel. Ihr Vater, Kämmerer und Feldmarschall-Leutnant, starb 75-jährig kurz vor ihrer Geburt; ihre Mutter verlor fast das gesamte Familienvermögen im Glücksspiel. Politik interessierte sie nicht, sie las keine Tageszeitung.

Bertha Freifrau von Suttner

Im Sommer 1873 nahm sie, mittlerweile 30 Jahre alt, eine Stellung als Erzieherin bei der reichen Familie von Suttner in Wien an. Dort verliebte sie sich in den sieben Jahre jüngeren Sohn Arthur Gundaccar. Seine Familie war strikt gegen die Verbindung, und deshalb reagierte Bertha 1876 auf die Anzeige von Alfred Nobel, der eine Sekretärin und Hausdame für seine Pariser Wohnung suchte. Nach nur einer Woche kehrte sie zurück nach Wien und heiratete im Juni heimlich Arthur von Suttner. Das Paar ging nach Tiflis, wo es neun Jahre lang bei einer befreundeten Gräfin lebte und sich mühsam von Arthurs schriftstellerischer Tätigkeit ernährte. Nach der Aussöhnung mit der Familie zogen die beiden 1885 auf das suttnersche Schloss Harmannsdorf in Niederösterreich und widmeten sich der Schriftstellerei.

Unermüdlich für den Frieden
Im Winter 1886/87 hörte sie von der Friedensbewegung und schrieb den Roman »Die Waffen nieder!«, in dem sie anhand des persönlichen Schicksals einer Frau die Schrecken des Krieges schilderte. Er erschien 1889, wurde in fast alle europäischen Sprachen übersetzt, machte sie berühmt und sorgte für die weite Verbreitung des Pazifismus. 1891 wurde auf Bertha von Suttners Initiative hin die »Österreichische Friedensgesellschaft« gegründet, deren Leiterin sie bis zu ihrem Tod blieb. Ab Januar 1892 fungierte sie als Herausgeberin der Monatszeitschrift »Die Waffen nieder!« (bis 1899) und wurde im selben Jahr Vizepräsidentin des neuen »Internationalen Friedensbüros« in Bern (▶ 4.15).

In den folgenden Jahren besuchte Bertha von Suttner, die in dem Glauben aufgewachsen war, »dass Kriege Dinge sind, die sich ebenso notwendig und regelmäßig und außer aller menschlichen Einflusssphäre abspielen wie Vorgänge im Erdinnern und am Firmament«, fast alle internationalen Friedenskonferenzen, unterstützte zusammen mit ihrem Mann, der 1902 starb, überall auf der Welt pazifistische Initiativen und hielt in zahllosen Städten Vorträge. Zu ihren Bewunderern gehörte auch der amerikanische Präsident Theodore Roosevelt, der sie 1904 im Weißen Haus empfing.

Mit Alfred Nobel war sie Zeit seines Lebens befreundet, obwohl sie sich nur zweimal persönlich trafen. Sie standen in ständigem Briefkontakt und sie brachte ihn auf die Idee, auch einen Preis für Völkerverständigung auszusetzen; vielleicht hatte er auch sie als erste Preisträgerin im Sinn. Doch den Friedensnobelpreis erhielt Bertha von Suttner nicht 1901, sondern im Jahr 1905. Ihre Dankesrede bei der Überreichung am 18. April 1906 in Christiania (Oslo) schloss sie mit dem Wunsch Roosevelts, »die Zeit herbeizuführen, wo der Schiedsrichter zwischen den Völkern nicht mehr das Schwert sein wird«. Am 21. Juni 1914, eine Woche vor dem Attentat von Sarajevo (▶ 5.1), starb Bertha von Suttner in Wien.

4.18 Militarismus

Der Begriff »Militarismus« entstand um 1860 in Frankreich, als Napoleon III. (▶ 3.17) die Einführung einer Berufsarmee betrieb. Er wurde in Deutschland südlich der Mainlinie rasch übernommen und sollte das wachsende Übergewicht Preußens und den gesellschaftlichen Rang seiner militärischen Kreise brandmarken. Grundsätzlich steht Militarismus für die Überbewertung des militärischen Denkens auch im bürgerlichen Lebensbereich, die mit einer Überbetonung militärischer Formen in nahezu allen Gebieten des gesellschaftlichen Lebens, vor allem auch in der Erziehung und Ausbildung der jungen Generationen einhergeht. Weiterhin bezeichnet »Militarismus« die Vorherrschaft des Soldatentums und militärähnlicher Institutionen in einem Staatswesen, während in einer parlamentarisch verfassten Demokratie dem militärischen Bereich eine begrenzte und verfassungsrechtlich verankerte Funktion zugewiesen ist.

Im zweiten Deutschen Reich hatte das Militär in langer preußischer Tradition eine bevorzugte Stellung erlangt, die es weitgehend außerhalb der parlamentarischen Kontrolle stellte. Auch in anderen europäischen Staaten, die im Zeitalter eines ausgeprägten Nationalismus und Imperialismus um Weltgeltung rangen (▶ 4.35), spielte die Wertschätzung von Uniformen und Paraden in allen gesellschaftlichen Schichten eine große Rolle. Aber erst Kaiser Wilhelm II. verhalf durch militärische Umgangsformen und durch sein Auftreten in der Öffentlichkeit in immer neuen Uniformen einfachen Soldaten wie Unteroffizieren und Offizieren zu einer Position in der Rangordnung der Nation, die ihresgleichen in der Welt nicht hatte. Seine Schwäche für Prunk und militärisches Gepränge, für Paraden und

Manöver verleitete die Deutschen zu einer krassen Überschätzung alles Soldatischen. Dadurch erschien ihr Reich als Hochburg des Militarismus. Zu dieser Einschätzung trugen öffentliche Reden Wilhelms II. (▶ 4.29) bei, deren säbelrasselnder Ton Europa immer wieder unangenehm überraschte.

Der Militärdienst erhielt den Rang einer »Schule der Nation«. Wer gedient hatte, galt mehr in der Gesellschaft. Wer insbesondere im Staatsdienst vorankommen wollte, musste unbedingt ein Zeugnis als Reserveoffizier und möglichst noch einen adligen Stammbaum vorweisen können. Für das gebildete Bürgertum wurde – zunächst in Österreich, 1871 auch im Deutschen Reich – die Einrichtung des »Einjährig-Freiwilligen« geschaffen: Wer die Sekunda-Reife erlangt hatte, brauchte nur ein Jahr zu dienen, von daher auch die Bezeichnung »Einjähriges« für diesen Abschluss; nach wiederholter Teilnahme an militärischen Übungen konnte er zum Reserveoffizier aufsteigen. Diese Einrichtung und die gymnasiale Ausbildung boten eine ideale Handhabe, den Verhaltenskodex des Offizierskorps auch weiten Teilen des gehobenen Bürgertums einzuimpfen.

Des Kaisers »liebstes Kind«

Keine geringe Rolle für die Bewunderung des Militärs im Deutschen Reich spielte die Leidenschaft des Kaisers für die Kriegsmarine, sein »liebstes Kind« (▶ 4.33). Sie wurde vom Deutschen Flottenverein, einem mächtigen Agitationsverband, der seine Hinweise oft direkt aus dem Reichsmarineamt erhielt, an die Bevölkerung vermittelt und wurde von ihrer überwiegenden Mehrheit mitgetragen. Diese Begeisterung äußerte sich nicht zuletzt in der Übernahme militärischer Verhaltensmuster in das Alltagsleben, die bis zum Ende ein prägender Charakterzug des Kaiserreichs war. So stellten beispielsweise Matrosenanzüge für kleine Jungen im Bürgertum um die Jahrhundertwende einen oft befolgten Zwang dar. Gravierender war aber, wie stark Grundzüge des militärischen Denkens den Schulunterricht beeinflussten. Bereits die Fibeln der Erstklässler kamen ohne militärische Stereotypen nicht aus, sie sangen das Loblied des Soldatischen und predigten »Ordentlichkeit«.

Widerstand gegen den Militarismus

Auch wenn der Militarismus auf breiter Front in die deutsche Bevölkerung eingedrungen war, erhoben sich doch eine Reihe von Gegenstimmen, vornehmlich aus dem Lager der Intellektuellen. In diesem Sinn ragten beispielsweise die Zeichnungen von Th. Th. Heine in der satirischen Wochenschrift »Simplicissimus«, die Militarismus-Parodie »Caligula« des Historikers (und Friedensnobelpreisträgers von 1927) Ludwig Quidde und vor allem Heinrich Manns Roman »Der Untertan« heraus. Der größte Widerstand gegen den Militarismus wilhelminischer Prägung, gegen den von bürgerlicher Seite »Kriegervereine« gegründet wurden, um ihn zu bekämpfen, kam allerdings von der Sozialdemokratie. August Bebel hatte hellsichtig schon 1897 vor dem Krieg gewarnt, in den der Militarismus münden würde: »Der nächste Krieg, der aus allen diesen Zuständen endlich hervorgehen muss, wird von einer Furchtbarkeit sein wie noch kein Krieg, den die Menschheit erlebt hat ... [er] wird von einer Dauer und einer Blutigkeit sein, wie keiner seiner Vorgänger es entfernt war.«

»Unsere Soldaten in Kiautschou«. Farblithographie von Richard Knötel, um 1900

4.19 »Unsere Soldaten in Kiautschou«

Als in China zwei deutsche Missionare von der »Gesellschaft der großen Messer« ermordet wurden, befahl Kaiser Wilhelm II. Admiral O. Diederichs im November 1897, Tsingtau zu besetzen.

Die Hafenstadt Tsingtau liegt auf der Halbinsel Shandong am Eingang zur Bucht von Kiautschou, einem der besten natürlichen

Häfen Nordchinas, der zudem das gesamte Jahr über für große Schiffe befahrbar ist. Seine strategische Bedeutung ist und war erheblich – er bot einen idealen Ausgangspunkt für die Ambitionen der deutschen »Weltpolitik« in Asien.

Diederichs nahm Tsingtau im Handstreich, und Bernhard von Bülow, Staatssekretär des Auswärtigen Amtes, erklärte am 6. Dezember 1897 in einer Sitzung des Reichstags: »Wir verlangen unseren Platz an der Sonne.« Diese Rede stellte einen Wendepunkt in der deutschen Außenpolitik dar, denn Bülow drückte mit ihr einprägsam die in Deutschland weit verbreitete Ansicht aus, dass Großmachtpolitik – oder »Weltpolitik« – nur denkbar sei, wenn sich das Reich außerhalb Europas engagiere. Und diesem Wunsch entsprach eine Besitzung in China hervorragend.

Das Deutsche Reich pachtete die Bucht von Kiautschou samt Hinterland 1898 für 99 Jahre von China. Eingeschlossen waren Bergbaurechte und die Genehmigung für den Bau einer Eisenbahn. Tsingtau, ab 1899 Freihafen, wurde im Stil einer modernen europäischen Großstadt ausgebaut. Mehrere Industriezweige und eine Außenstelle des kaiserlichen Meereszollamts, die den Seehandel bis hinunter zur Provinz Kiangsu kontrollieren sollte, wurden angesiedelt. Hinzu kamen moderne Hafenanlagen und eine Bahnlinie nach Jinan. Und natürlich wurden Truppen stationiert, um die deutschen Interessen zu schützen.

Das deutsche Beispiel machte Schule. Obwohl sie gegen die deutsche »Weltpolitik« opponierten, pachteten noch 1898 auch Russland, Großbritannien und Frankreich Besitzungen in China. Der deutsche Pachtvertrag hielt allerdings nicht die vereinbarten 99 Jahre: Japan erklärte 1914 Deutschland den Krieg, um Tsingtau an sich zu bringen. Vom November 1914 bis 1922 hielt es den Hafen besetzt, dann erhielt ihn China zurück.

4.20 Der Boxeraufstand in China

Eine Serie von Flut- und Dürrekatastrophen löste im Sommer 1898 Not und Unruhen unter der bäuerlichen Bevölkerung in Nordchina aus. Die Spannungen stiegen, als nach der deutschen Besetzung von Tsingtau und seines Hinterlandes in der Provinz Shandong (▶ 4.19) Missionare Auftrieb bekamen, die eine aggressive Christianisierung betrieben. Schon länger hatten sie sich nicht gescheut, Dorfgemeinschaften zu spalten und unter dem Schutz der Exterritorialitätsrechte mit den Neugetauften eine Art Staat im Staat zu bilden. Die Ankunft europäischer Truppen ermutigte sie nun aber zu noch willkürlicherem Vorgehen. Hinzu kam die Unzufriedenheit mit der autoritären Regierung nach dem Ende der Reformpläne (▶ 3.32).

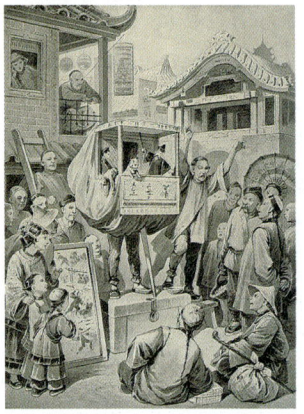

Die Boxer warben mit Bildrollen und Puppenspielen für ihre Sache

Viele, vor allem Bauern, schlossen sich deshalb der gegen die Fremden gerichteten »Vereinigung für Recht und Freiheit« an. Dabei handelte es sich um den religiösen Geheimbund *yi hetuan*, der um 1770 entstanden war. Da zu den Ritualen eine spezielle Tradition des Faustkampfs gehörte, wurden dessen Mitglieder von den Europäern geringschätzig als »Boxer« bezeichnet. Zunächst verfolgten die Boxer nur chinesische Christen. Nachdem ein britischer Missionar als erster Ausländer von den Boxern getötet worden war, verlangten die Großmächte Anfang 1900 vom Kaiserhof die Unterdrückung der Bewegung, die binnen kurzem ganz Nordchina erfasst hatte. Mit der Parole »Unterstützt die Qingdynastie, vertreibt die Ausländer!« hatten die aufständischen Boxer jedoch mittlerweile die heimliche Unterstützung der Kaiserinwitwe Cixi gewonnen, sodass der Kaiserhof de facto neutral blieb.

67,5 Millionen Pfund Strafe
Im Mai 1900 unterbrachen die Aufständischen die Eisenbahnverbindung zwischen Peking und der Küste. Damit waren die Ausländer in der Hauptstadt isoliert. Der Kaiserhof stellte sich nun offen hinter die Boxer und erklärte den ausländischen Mächten am 21. Juni 1900 den Krieg, nachdem der deutsche Gesandte in Peking, Klemens von Ketteler, erschossen worden war. Gleichzeitig belagerten die Aufständischen das Diplomatenviertel. Die in China stationierten ausländischen Truppen konnten nicht bis Peking vordringen, erst am 14. August brach das über 19 000 Mann starke Expeditionskorps unter Admiral Edward H. Seymour die Belagerung auf und befreite die rund 1 000 eingeschlossenen Ausländer. Peking wurde im großen Stil geplündert, die Kaiserinwitwe Cixi floh mit ihrem Sohn, Kaiser Guangzu, aus der Hauptstadt.

Am 7. September 1901 wurde China gezwungen, das so genannte Boxerprotokoll zu unterzeichnen, das neue Demütigungen für das Land vorsah: Chinesen durften das Gesandtenviertel nicht mehr betreten, und zwischen Peking und dem Meer bedingten sich die Ausländer das Recht aus, strategisch wichtige Punkte zu besetzen. Am gravierendsten war aber die »Boxerentschädigung« in Höhe von 67,5 Millionen Pfund Sterling (450 Millionen Tael) für insgesamt 229 getötete Ausländer, die über 39 Jahre hinweg zu zahlen war. Sie wurde nach einem Schlüssel auf die acht beteiligten Mächte (Deutschland, Frankreich, Großbritannien, Italien, Japan, Österreich-Ungarn, Russland, USA) umgelegt. Die Folgen für die chinesische Wirtschaft waren katastrophal, denn die Zahlungen verschlangen alljährlich etwa die Hälfte des Regierungsbudgets. Ab 1905 begann Cixi mit einem wesentlich radikaleren Reformprogramm als jenem, das sie 1898 unterbunden hatte.

Eine Aufteilung in Interessensphären der acht Mächte verhinderten die USA, die auf der bereits im Herbst 1899 verkündeten »Politik der offenen Tür« insistierten, die allen Nationen die gleichen Handelschancen in ganz China garantierte.

4.21 Entente cordiale

Die Faschodakrise (▶ 4.13) hatte Frankreich und Großbritannien an den Rand eines Krieges geführt, aber in Frankreich verblasste die Erinnerung an die Demütigung relativ rasch. Es suchte die Annäherung an Großbritannien, weil andere europäische Großmächte als Bündnispartner nicht zur Verfügung standen. Außerdem hatten beide Länder Grund zur Annäherung, denn die deutsch-britischen Bündnisverhandlungen (1898–1901) waren im Sande verlaufen, und Großbritannien sorgte sich um den Aufbau der deutschen Hochseeflotte und deren Konzentration in der Nordsee. Für Frankreich hingegen stand nach wie vor die Rückgewinnung von Elsass und Lothringen im Vordergrund. Und beide Länder fürchteten aus verschiedenen Gründen Russlands kriegerische Verwicklungen mit Japan.

Begonnen hatten die Verhandlungen 1902, als Frankreich verstärkt um die britische Freundschaft warb. Im Mai 1903 besuchte der britische König Eduard VII. Paris, danach folgten langwierige Konferenzen, und Anfang 1904 waren die Differenzen so weit ausgeräumt, dass am 8. April ein Abkommen unterzeichnet werden konnte. Dem Text nach ging es bei dieser *Entente cordiale* (»herzliches Einvernehmen«) nur um die Beilegung von Kolonialstreitigkeiten: Sie beendete die britisch-französischen Reibungen in Siam (heute Thailand) sowie Neufundland und zog einen Schlussstrich unter offene Fragen in Afrika. Paris erkannte endgültig die britische Herrschaft am Nil an, während London Paris in Marokko freie Bahn ließ (▶ 4.26).

In der deutschen Hauptstadt war man überzeugt gewesen, ein Einvernehmen zwischen London und Paris sei ausgeschlossen, einzig und allein Deutschland käme als Bündnispartner für Großbritannien infrage. Tatsächlich hatte der Vertrag weit reichende Folgen, insbesondere für Deutschland. Er stellte zwar kein förmliches Bündnis dar und war auch nicht direkt gegen das Deutsche Reich gerichtet, aber die einvernehmliche Lösung der Kolonialfragen bot die Basis für eine Zusammenarbeit zwischen Frankreich und Großbritannien, die in den folgenden Jahren auch Europa einschloss und neue Perspektiven für die Kooperation und die Bündnispolitik eröffnete.

4.22 Der Hereroaufstand 1904

»Die Herero sind nicht mehr deutsche Untertanen ... Das Volk der Herero muss das Land verlassen. Wenn das Volk dies nicht tut, so werde ich es mit dem Groot Rohr dazu zwingen«, schrieb der Oberbefehlshaber der deutschen Schutztruppe, Generalleutnant Lothar von Trotha, 1904 an den Oberhäuptling der Herero, Samuel Maherero. 1907 lebten über 75 Prozent des Volkes der Herero nicht mehr.

Am 24. April 1884 hatte das Deutsche Reich die Erwerbungen des Bremer Kaufmanns Franz Adolf Eduard Lüderitz zum Schutzgebiet Deutsch-Südwestafrika erklärt. 1890 umfasste die Kolonie dann das Gebiet des heutigen Namibia. Zunächst gab es nur eine kleine Kolonialverwaltung in dem unruhigen Vielvölkerland, in dem sich im 19. Jahrhundert vor allem die Herero und die Nama erbitterte Kämpfe lieferten. Ab 1892 kamen dann nicht mehr nur deutsche Händler, sondern vermehrt auch Landwirte. Sie besetzten Weideland und Wasserstellen und verdrängten die Einheimischen immer weiter nach Osten. Wucherzinsen der Händler und schwere Misshandlungen (Auspeitschungen und die Vergewaltigung von Frauen und Kindern; ▶ 4.35) kennzeichneten ihre Herrschaft.

Gefangene Herero in Deutsch-Südwestafrika

Am 12. Januar 1904 erhoben sich die Herero, überfielen Farmen und töteten 123 deutsche Händler, Siedler und Soldaten; Frauen, Kinder und Missionare wurden verschont. Gouverneur Theodor Leutwein, der den Konflikt friedlich lösen wollte, wurde durch Lothar von Trotha ersetzt, der mit 10 000 Soldaten, Maschinengewehren und Feldhaubitzen nach Deutsch-Südwestafrika kam. Trotha kesselte die Herero am 11. August 1904 am Waterberg ein, doch viele von ihnen entkamen. Daraufhin befahl er, keine Gefangenen zu machen. Neueren Erkenntnissen zufolge bezog sich Trothas Schießbefehl nicht auf Frauen und Kinder, aber letzten Endes bedeutete der Krieg die physische Vernichtung der Herero, weil sie in die wasserlose Wüste Kalahari getrieben wurden, wo sie verdursteten oder in Konzentrationslagern umkamen. Von geschätzten 80 000 Herero starben zwischen 75 und 80 Prozent. Von den etwa 20 000 Nama, die sich im Oktober 1904 dem Aufstand anschlossen, kam über die Hälfte um, obwohl heftige Proteste in Deutschland noch im selben Jahr zur Rücknahme von Trothas Vernichtungsstrategie führten.

4.23 Der Russisch-Japanische Krieg 1904/05

Nach der Niederlage im Krieg gegen Japan (▶ 4.10) rückte China enger an Russland und nahm dafür auch dessen Expansionsbestrebungen in Ostasien hin. Während der Krönungsfeierlichkeiten von Zar Nikolaus I. schloss der chinesische Großkanzler Li Hongzhang am 22. Mai 1896 in Sankt Petersburg einen geheimen Bündnisvertrag. Darin erhielt Russland die Erlaubnis, eine Eisenbahn durch die Mandschurei nach Wladiwostok zu bauen. Die Bahn wurde 1897 begonnen und 1901 fertig gestellt. Die Bahnlinien nach Osten bildeten ein wesentliches Moment für die Konsolidierung der russischen Besitzungen in Asien. 1898 pachtete Russland von China die Südspitze der Halbinsel Liaodong, die Japan kurz zuvor auf internationalen Druck hin geräumt hatte, und verband sie mit der Mandschurei-Bahnlinie. Hauptort auf Liaodong war der ganzjährig eisfreie Hafen Port Arthur, der zum größten russischen Flottenstützpunkt in Ostasien ausgebaut wurde.

Parallel dazu schlossen Russland und Japan 1896 und 1898 Abkommen, in denen sie ihre Interessensphären abgrenzten. Der Vertrag

Das Zeitalter des Imperialismus

Russlands und Japans Expansion in Ostasien

von 1898 bestätigte den japanischen Anspruch auf Korea. Seit dem Boxeraufstand (▶ 4.20), bei dem Russland und Japan aufseiten der Westmächte eingegriffen hatten, standen jedoch russische Verbände in der Mandschurei. Als die zaristische Regierung den in den Boxerprotokollen vereinbarten Abzug hinauszögerte, schlossen Großbritannien und Japan 1902 ein Bündnis, um dem russischen Vormachtstreben Einhalt zu gebieten. Verhandlungen zwischen Japan und Russland sollten eine Einigung hinsichtlich der Mandschurei und Koreas erreichen, doch diese kam nicht zustande. Japan brach die Gespräche ab, überfiel wenige Tage später, am 9. Februar 1904, die russische Flotte in Port Arthur und erklärte Russland am folgenden Tag den Krieg.

Große Verluste auf beiden Seiten

Neunzehn Monate lang lieferten sich Russen und Japaner erbitterte, für beide Seiten äußerst blutige Kämpfe zu Wasser und zu Lande. Port Arthur kapitulierte am 15. Januar 1905. Dieser Sieg wurde trotz der immensen Verluste in Japan bejubelt. Im Februar trafen das je 200 000 Mann starke russische und japanische Heer bei Mukden in der Mandschurei aufeinander, wobei rund die Hälfte der Kämpfer fiel. Der Zar wollte das Blatt mit dem Einsatz der Ostseeflotte wenden. Doch die 34 russischen Schiffe wurden nach einer Fahrt um die halbe Welt von der wesentlich kleineren japanischen Flotte unter Admiral Togo bei Tsushima in der Koreastraße versenkt. Wenige Tage später nahm Russland das Vermittlungsangebot des amerikanischen Präsidenten Theodore Roosevelt an. Auch Japan war trotz der Siege am Ende seiner Kräfte.

Im Frieden von Portsmouth (New Hampshire, USA) wurden Port Arthur samt Hinterland und die Südhälfte von Sachalin Japan zugesprochen und Korea eindeutig der japanischen Interessenssphäre zugeordnet. Die Mandschurei wurde inoffiziell in ein nördliches, Russland zugehöriges und ein südliches, japanisches Interessengebiet geteilt. Die Grenze verlief südlich der Bahntrasse nach Wladiwostok. Auf Kriegsentschädigungen, von denen sich Japan eine rasche wirtschaftliche Gesundung versprochen hatte, musste es auf Druck von Roosevelt verzichten, weil die Amerikaner fürchteten, dass ein zu stark geschwächtes Zarenreich zusammenbrechen und einer sozialistischen Revolution erliegen würde.

4.24 Die erste Revolution in Russland

Der mühsame Reformprozess in Russland kam nach der Ermordung Alexanders II. am 13. März 1881 (▶ 3.15) vollends zum Erliegen, und die inneren Spannungen stiegen in den folgenden Jahrzehnten immer weiter. Seine Nachfolger Alexander III. und seit 1894 Nikolaus II. suchten mit außenpolitischen Aktionen davon abzulenken, doch in den 1890er-Jahren nahmen Streiks und Unruhen zu. In den Randgebieten Polen und Finnland fungierten Agenten aus Japan als Aufwiegler unter den Nationalisten, um die Zarenherrschaft zu schwächen; finanziert wurden sie von jüdischen Bankhäusern in den USA, die damit Reformen und Rechte für die russischen Juden erzwingen wollten. Zur selben Zeit nahm die Aktivität revolutionärer und sozialdemokratischer Zirkel zu. Sie wurden zwar immer sofort wieder verboten und ihre Führer verhaftet oder ins Exil getrieben, wo sich aber ihre Organisationen wieder formierten und an Stärke gewannen. Nicht nur unter den Bauern und Arbeitern, auch in der liberalen Intelligenz nahm die Unzufriedenheit zu.

Der Krieg gegen Japan kam deshalb als willkommenes Ablenkungsmanöver. »Wir brauchen einen kleinen, siegreichen Krieg, um die Flutwelle der Revolution aufzuhalten«, hatte der russische Innenminister Nikolai Maklakow kurz zuvor erklärt. Doch dieser Krieg war weder kurz noch siegreich, er zeigte vor allem, auf welch tönernen Füßen der Zarenthron stand. Die patriotische Hochstimmung, die noch zu Kriegsbeginn herrschte, wich einer wachsenden Bereitschaft zur Revolution.

Der Newskij Prospekt in Sankt Petersburg war das Zentrum der Oktoberunruhen von 1905.

Der »Blutsonntag«

Rund 140 000 Arbeiter zogen am 22. Januar 1905 vor das Winterpalais in Sankt Petersburg, um Zar Nikolaus II. eine Bittschrift zu überreichen, in der sie Verbesserungen der Arbeitsbedingungen, den Acht-Stunden-Tag und die Wiedereinstellung entlassener Arbeiter sowie die Einberufung einer verfassunggebenden Versammlung forderten. Obwohl der Aufmarsch friedlich verlief, gerieten die Wachmannschaften vor dem Palais in Panik, schossen ziellos in die Menge und töteten mehrere hundert Teilnehmer. Dieser »Blutsonntag« von Sankt Petersburg löste eine landesweite Protestwelle aus und stürzte das Zarenregime in eine schwere Krise.

Die Unruhen ergriffen auch die Marine: Im Juni 1905 meuterte die Besatzung des Panzerkreuzers *Potemkin* im Hafen von Odessa, um die revolutionären Arbeiter in der Stadt zu unterstützen. Ein Generalstreik im Herbst 1905 und die Bildung eines ersten *Sowjets* (»Rats«) durch die vor allem aus Sozialdemokraten und Sozialrevolutionären bestehende Linke in Sankt Petersburg zwangen Zar Nikolaus II. schließlich zum Einlenken. Im so genannten Oktobermanifest vom 30. Oktober 1905 gestand er eine Abkehr vom autokratischen Herrschaftssystem und die Wahl einer Volksvertretung zu.

Während diese Verbesserungen die Liberalen zufrieden stellten, wollte die Linke ihren Erfolg weiter ausbauen. Da es ihr aber nicht gelang, die Arbeiterbewegung und die Bauern zu vereinen, fehlte es den Revolutionären an Durchschlagskraft, zumal das Zarenregime nach der Abspaltung der Bourgeoisie auch die Armee wieder auf seine Seite ziehen konnte. Ein bewaffneter Aufstand im Dezember 1905 in Moskau wurde blutig niedergeschlagen, die Vergeltungsmaßnahmen hielten bis 1907 an.

Die gegängelte Duma

Die versprochene Volksvertretung, die Duma, trat am 10. Mai 1906 zusammen. Um ihren Beschlüssen zuvorzukommen, erließ Nikolaus II. vier Tage vorher ein »Grundgesetz«. Darin wurde als Gegengewicht zur Reichsduma ein Reichsrat geschaffen, der praktisch die gleichen Befugnisse besaß wie die Duma und dessen Mitglieder zum Teil vom Zaren ernannt wurden. Alle von der Duma erlassenen Gesetze mussten vom Zaren und vom Reichsrat genehmigt werden. Diese erste Duma, in der die »Konstitutionellen Demokraten« (abgekürzt KD, deshalb als »Kadetten« bezeichnet) die stärkste Gruppe bildeten, wurde nach gut zwei Monaten wieder aufgelöst. Nach Streitigkeiten um eine verfassunggebende Versammlung ordnete der Zar Neuwahlen an. In der zweiten Duma vom 20. Februar bis 2. Juli 1907 dominierte der sozialistische Einfluss. Deshalb sorgte Nikolaus mit einer Wahlrechtsreform dafür, dass in der nächsten Duma vom November 1907 bis Juni 1912 die Konservativen, insbesondere die monarchistischen Oktobristen, die Mehrheit hatten.

Nicht zur Wahl stellten sich *Bolschewiki* (»Mehrheitler«) und *Menschewiki* (»Minderheitler«) der Sozialdemokratischen Arbeiterpartei Russlands, die 1898 in Minsk gegründet worden war und zu deren führenden Köpfen mittlerweile Wladimir Iljitsch Lenin (*Bolschewiki*) sowie Julij O. Martow, Georgij W. Plechanow und Leo Trotzkij (*Menschewiki*) aufgestiegen waren, also die Repräsentanten jener Kräfte, die nach der Oktoberrevolution von 1917 die Hauptrolle in Russland spielen sollten.

4.25 Der französische Imperialismus und seine Motive

Die Hochphase des französischen Imperialismus setzte nach der Berliner Afrikakonferenz (▶ 4.6) ein, aber seine Grundlagen waren schon früher, nach dem Deutsch-Französischen Krieg, entstanden. Frankreich hatte damals eine Niederlage hinnehmen müssen, die sein Großmachtbewusstsein empfindlich getroffen hatte. Man fühlte sich in Europa außenpolitisch entscheidend geschwächt und vom Deutschen Reich trotz der gegenteiligen Friedensbeteuerungen Bismarcks potenziell bedroht. Diese Situation bot nur zwei Auswege. Entweder suchte sich Frankreich in Europa neue Verbündete, was aber an Bismarcks Bündnissystem (▶ 3.22) scheiterte – nur Großbritannien blieb als möglicher Partner übrig –, oder es vergrößerte seinen außereuropäischen Einfluss, indem es in der Welt »lauter neue Frankreichs« gründete, wie es der spätere Außenminister Gabriel Hanotaux 1886 formulierte. Bis 1870 besaß Frankreich nur wenige Kolonien. Im Londoner Vertrag von 1816 hatte es im Norden Lateinamerikas Französisch-Guayana erhalten. In Nordafrika eroberte es 1830 Algerien und Marokko, dessen Sultan Mulai Hafid 1848 abdankte und sein Land unter französische Schutzherrschaft stellte. 1862/63 erklärte Napoleon III. Cochinchina im heutigen Vietnam und Kambodscha zu französischen Kolonien; weitere französische Kolonien lagen in Ozeanien und in der Karibik.

Neben das Motiv des bedrohten Großmachtstatus trat die Furcht vor den Folgen des geringeren Bevölkerungswachstums – verglichen mit den USA und dem Deutschen Reich. Der französische Ministerpräsident Jules Ferry, ein wortgewandter Verfechter der neuen französischen Kolonialpolitik, führte in einer Rede vor der Abgeordnetenkammer am 28. Juli 1884 aus: »Wenn Frankreich den breiten Weg zur Dekadenz einschlägt, dankt es als Großmacht in kürzerer Zeit ab als Sie zu glauben vermögen, und wenn sich Frankreich seiner zivilisatorischen Aufgabe gegenüber den mehr oder weniger barbarischen Völkern entzieht, werden andere seinen Platz einnehmen, und während Frankreich auf den dritten oder vierten Platz herabfallen wird, werden sie auf den ersten gelangen.«

Diese Rede enthüllte die Hauptmotive des französischen Imperialismus, der in der neueren Geschichtsschreibung auch als »Rehabilitationsimperialismus« bezeichnet wird: Unter dem Deckmantel einer Zivilisationsideologie ging es seinen führenden Kreisen zwar um Prestigegewinn, aber wie bei den anderen imperialistischen Nationen auch, letzten Endes um Macht. Die sozialdarwinistischen Vorstellungen eines Cecil Rhodes spielten in Frankreich jedoch nicht die Rolle wie in Großbritannien. Handelspolitische Erwägungen boten angesichts der strukturschwachen und rückständigen französischen Wirtschaft vielleicht Hoffnungen auf Absatzmärkte in den neuen Kolonien, aber sie erfüllten sich nicht. Selbst die gesellschaftspolitischen Verheißungen des französischen Imperialismus blieben eher Propaganda.

Die neuen französischen Kolonien
Nachdem sich Frankreich zum weltweiten Erwerb von Kolonien entschlossen hatte, trieb es diesen Plan energisch voran. 1881/82 wurde Tunesien französisches Protektorat. Von 1885 bis 1902 entstanden die riesigen Gebiete von Französisch-Westafrika und Französisch-Äquatorial-Afrika, und es kam Madagaskar zunächst als Protektorat und später als Kolonie an Frankreich. Französisch-Somaliland am Ausgang des Roten Meeres wurde zur Kolonie ausgebaut. In Ostasien schließlich entstand aus der Erweiterung des bestehenden Kolonialbesitzes 1887 Französisch-Indochina, das Cochinchina, Kambodscha, Annam und Tongking, ab 1893 auch Laos umfasste. Kurz vor Ausbruch des Ersten Weltkriegs umfasste der französische Kolonialbesitz sieben Prozent der Weltlandfläche.

4.26 Die Erste Marokkokrise

Nach der Faschodakrise (▶ 4.13) bereinigten Großbritannien und Frankreich ihre Kolonialdifferenzen in Afrika 1904 durch die *Entente cordiale* (▶ 4.21). Sie stellte kein reguläres Bündnis dar, sondern eher eine Absichtserklärung, dass man auch in anderen Regionen wie Siam (heute Thailand) und Neufundland bestehende Grenzkonflikte »im herzlichen Einvernehmen« lösen wolle. In Nordafrika einigten sich beide darauf, dass Frankreich die britische Herrschaft in Ägypten und Großbritannien die französischen Interessen in Marokko anerkannte. Die Brisanz dieser Einigung, insbesondere für das Deutsche Reich, zeigte sich erst in den folgenden Jahren. Das britisch-französische Abkommen eröffnete nämlich Perspektiven für Kooperationen in allen anderen europäischen Fragen.

In Berlin erkannte man diesen grundsätzlichen Unterschied zu Bismarcks Bündnispolitik zunächst noch nicht, da man sich bisher stets in der trügerischen Sicherheit gewiegt hatte, dass man Abkommen anderer Staaten, solange sie die eigene Sicherheit nicht berührten, durch eine »Politik der freien Hand« (Kaiser Wilhelm II.) behandelte.

Hatte Bismarck Europa durch sein Bündnissystem noch zum Frieden gezwungen und versucht, alle innereuropäischen Spannungen durch eine aktive Kolonialpolitik der Großmächte nach außen abzulenken, so hatten die weltpolitischen Ambitionen Deutschlands, die deutsche Flottenrüstung und der allgemeine Wettlauf um Kolonien dazu beigetragen, dass »Weltpolitik« wieder nach Europa und zu den Konflikten seiner Großmächte zurückkehrte.

Die Konferenz von Algeciras
Am 31. März 1905 stattete Kaiser Wilhelm II. dem Sultan von Marokko einen offiziellen Besuch ab – angeblich, um über die Wahrung deutscher Handelsinteressen zu sprechen. Dabei ließ er es sich nicht nehmen, die volle Souveränität des Landes zu betonen. Das eigentliche Ziel aber war, öffentlich die Wertlosigkeit der *Entente cordiale* vor Augen zu führen und dem russisch-britischen Zweibund von 1894 die Spitze zu nehmen. Letzten Endes ging es gar nicht um Marokko, sondern um eine Provokation der Briten und Franzosen. Der Besuch brachte – oberflächlich gesehen – auch den gewünschten Erfolg: Er erregte großes Aufsehen. In Frankreich fürchtete man, dass Deutschland, die günstige Situation ausnutzend – Russland, der französische Bündnispartner seit 1894, war in einen Krieg mit Japan verwickelt –, zu kriegerischen Handlungen bereit sei. Alle Versuche, sich mit Deutschland über einen Interessenausgleich zu arrangieren, lehnte Reichskanzler Bernhard von Bülow ab und setzte eine internationale Konferenz durch, um Frankreichs Ausdehnungsdrang zu ächten. Was als Demütigung gedacht war, ent-

puppte sich auf der Konferenz von Algeciras im Sommer 1906 als diplomatischer Sieg Frankreichs. Die deutsche Delegation stand völlig allein. Paris blieben in Marokko bestehende Vorrechte, die deutschen Handels- und Wirtschaftsrechte erkannte Frankreich im Februar 1909 ausdrücklich an.

Aus deutscher Sicht scheiterte die Konferenz am französischen Widerstandswillen und an dem für die französische Politik seit 1871 grundsätzlichen Ziel der Rückgewinnung von Elsass und Lothringen. Der britische Außenminister Sir Edward Grey hingegen hegte schon längere Zeit die Überzeugung, dass Deutschland die Vorherrschaft in Europa anstrebte. Aus diesen Positionen erklärte sich der Beschluss der beiden Nationen, in Algeciras entschlossen aufzutreten. Das Resultat der Konferenz war ein sich immer fester fügendes Bündnissystem gegen das Deutsche Reich, das sich im Rahmen der *Entente cordiale* allenfalls in Konturen abgezeichnet hatte.

Deutscher Spott noch vor Beginn der Konferenz: »Bei näherer Untersuchung wird sich herausstellen, dass der Kuchen gar keine Rosinen enthält, also auch keine herausgeklaubt werden können. Und deshalb Mord und Totschlag« (1905).

4.27 Die Tripelentente

Die Konferenz von Algeciras (1906) hatte gezeigt, wie isoliert Deutschland in Europa stand. Es sah sich einer Tripelentente gegenüber, die nichts mehr mit dem Dreibund von 1882 verband. Diesem neuen Dreibund, bestehend aus Großbritannien, Frankreich und Russland, hatten die Zweibund-Mächte Deutschland und Österreich-Ungarn nichts entgegenzusetzen, zumal Letzteres um diese Zeit schon viel tiefer in die unübersichtliche und gefährliche Lage auf dem Balkan hineingezogen worden war, als man in Berlin wahrhaben wollte.

Es war also die paradoxe Situation entstanden, dass die militärisch stärkste und in ihrer Selbsteinschätzung dynamischste Kontinentalmacht auch gleichzeitig die anfälligste und bündnispolitisch am wenigsten geschützte Macht war, weil sich kein europäischer Staat mehr bereit fand, mit Deutschland enger zusammenzuarbeiten. Die Fehlentwicklung der deutschen Diplomatie in den Jahren des »Neuen Kurses« seit 1890 – Weltmachtstreben, Flottenbau, Fahrlässigkeit gegenüber den einstigen Bündnispartnern, z. B. Russland, politische Sprunghaftigkeit, Großsprecherei wie in jenem Interview des Kaisers mit dem »Daily Telegraph« (▶ 4.29) oder die fehlgeschlagenen Bündnisverhandlungen 1898 bis 1901 mit Großbritannien – rächten sich nun. Deutschland war ins Abseits geraten, obwohl die Tripelentente weder ein vertraglich fixiertes noch durch gemeinsame Absprachen verklammertes Staatenverhältnis bildete, sondern nur auf einer gemeinsamen Interessenlage, eben der Kontrolle der unruhigen Macht im Herzen Europas, beruhte. Die Bestandteile der Tripelentente waren die französisch-russische Allianz von 1894, der französisch-britische Ausgleich von 1904 und das britisch-russische Abkommen über Persien von 1907.

In Europa war eine gefährliche Dauerkrise entstanden: Die Staaten verstärkten aus Furcht vor einem europäischen Krieg ihre Rüstungsanstrengungen, ihre Regierungen verschlossen sich aus Misstrauen gegenüber potenziellen militärischen Gegnern allen Friedensvorschlägen pazifistischer Organisationen (▶ 4.15) und sie waren, abgesehen von Großbritannien, alle geprägt von der militaristischen Strömung im eigenen Land. Die Verfestigung der Bündnisgruppen machte das früher wirksame Mittel einer allgemeinen Konferenz immer untauglicher, keiner wusste so recht, was der andere plante. Ein Funke genügte, um den Krieg, den alle europäischen Regierungen fürchteten, ausbrechen zu lassen.

4.28 Die Bosnienkrise 1908/09

Der Berliner Kongress von 1878 (▶ 3.30) hatte versucht, die Situation auf dem Balkan zu stabilisieren: Er erklärte Rumänien, Serbien und Montenegro zu souveränen Staaten und versuchte, den Einfluss des von Russland gesteuerten Panslawismus (▶ 3.31) in Südosteuropa einzudämmen; vor allem aber hatte er die europäischen Großmächte in die Pflicht genommen, den Status quo auf dem Balkan aufrechtzuerhalten. Die nationalen Probleme auf dem Balkan hat der Kongress aber nicht gelöst.

Der brodelnde Kessel Balkan. Karikatur aus dem Londoner »Punch«

Gleichzeitig machte der Verfall des Osmanischen Reiches gegen Ende des 19. Jahrhunderts auf dem Balkan eine vielfältige ethnische Gemengelage deutlich. Bevölkerungsagglomerationen, Volkstums-, Kultur-, Sprach- und Religionsgrenzen entsprachen vielfach nicht den Staatsgrenzen; Fragen wie die der »unerlösten Brüder« Serbiens in der Donaumonarchie erzeugten ein »Pulverfass Balkan«, das die europäischen Mächte kaum mehr zu beherrschen wussten. Als auch noch die »Jungtürken« (▶ 3.29) die Sultansherrschaft 1908 beseitigten und die türkische Verfassung von 1876 wieder in Kraft setzten, die allen Minderheiten im Osmanischen Reich die Gleichberechtigung versprach, verschärften sich die nationalen Probleme auf dem Balkan noch mehr. Der österreichisch-ungarische Staatsminister Alois von Aehrental zog daraus die Konsequenzen und verleibte der Donaumonarchie die türkischen Provinzen Bosnien und Herzegowina, die Österreich-Ungarn seit 1878 verwaltete, am 7. Oktober 1908 endgültig ein. Er hatte nicht erkannt, welchen Entrüstungssturm er damit heraufbeschwor.

Folgen der Annexion

Die Balkanstaaten protestierten umgehend und verlangten, von Russland offen unterstützt, die Rückkehr zum Status quo ante. Vor allem in Serbien, dessen Großreichspläne von der Annexion durchkreuzt wurden, und in Montenegro stellte sich eine Stimmung ein, die im Winter 1908/09 einen Krieg der beiden Staaten gegen Österreich-Ungarn in den Bereich des Möglichen rückte. Zar Nikolaus II. fühlte sich von Österreich getäuscht, weil die russische Regierung mit Wien noch einige Monate zuvor über ein Tauschgeschäft verhandelt hatte: Russland wollte der Annexion zustimmen, wenn die Habsburgermonarchie im Gegenzug die russischen Interessen in der Meerengenfrage unterstützen würde. Diese Gespräche waren aber zum Zeitpunkt der Eingliederung Bosnien-Herzegowinas noch nicht abgeschlossen.

In dieser Situation ermunterte der deutsche Reichskanzler von Bülow unter Bezugnahme auf den Zweibund Österreich zu einem Ultimatum an Serbien, das die sofortige Einstellung der Agitation und die Anerkennung der Annexion verlangte. Gleichzeitig vermittelte er im Februar 1909 einen österreichisch-ungarisch-türkischen Ausgleich, in dem das Osmanische Reich der Eingliederung gegen die Zahlung von 52 Millionen Kronen zustimmte. Im März 1909 verzichtete Serbien auf Rat der russischen Regierung – den wiederum der deutsche Reichskanzler mit seiner Warnung an Russland initiiert hatte, sich aktiv in den Konflikt einzumischen – auf weitere Aktionen. Ende März 1909 gab Serbien angesichts der militärischen Unmöglichkeit eines Krieges gegen den übermächtigen Nachbarn endgültig nach und erhielt dafür die Versicherung, dass seine

Unabhängigkeit und staatliche Integrität garantiert würden. Montenegro erreichte die Aufhebung von Art. 29 des Berliner (Kongress-)Vertrags, der seine Souveränität bisher eingeschränkt hatte.

4.29 Die Daily-Telegraph-Affäre

Im März 1890 hatte Otto von Bismarck das Regierungsschiff im Streit um den »Neuen Kurs« Kaiser Wilhelms II. verlassen müssen, der ein Bündnis mit Großbritannien anstrebte und deshalb den Rückversicherungsvertrag mit Russland nicht verlängerte.

Der »Neue Kurs« bedeutete aber noch mehr. Das Deutsche Reich sollte zur Weltmacht mit den Attributen aufsteigen, die dazugehörten: Kolonien in aller Welt und eine starke Hochseeflotte. Man wollte nach dem Vorbild Frankreichs und Großbritanniens »einen Platz an der Sonne«. Schärfer lässt sich der Kontrast zu Bismarcks Politik nicht denken.

Diese Ziele mussten in Großbritannien Argwohn wecken. Das ehrgeizige und – wie sich zu Beginn des Ersten Weltkriegs zeigen sollte – militärisch letztlich nutzlose Flottenbauprogramm des seit 1898 amtierenden Staatssekretärs im Reichsmarineamt, Admiral Alfred von Tirpitz, zwang Großbritannien zu kostspieligen Flottennachrüstungen, wollte es seinen Vorsprung zur See wahren. Ein maritimes Wettrüsten setzte ein.

Auch der Wunsch der deutschen Reichsführung, aktiv Welt- und Kolonialpolitik zu betreiben, weckte in London Misstrauen, da man Konkurrenz bei der Aufteilung der noch verbliebenen »freien Gebiete« in Afrika, Asien oder im Pazifik befürchtete, denn seit der Berliner Afrikakonferenz (▶ 4.6) von 1884/85 hatte in Paris, London und Sankt Petersburg der koloniale Wettlauf begonnen.

Zur Vorgeschichte des Artikels, den die britische Zeitung »Daily Telegraph« am 28. Oktober 1908 veröffentlichte, gehört auch die verbale Großmannssucht des deutschen Kaisers in der Öffentlichkeit. Sie konnte übertriebener und widersprüchlicher nicht sein, wie sein Telegramm im Januar 1896 an den Burenpräsidenten Paul Krüger nach dem *Jameson-Raid* (▶ 4.16) zeigte. Darin beglückwünschte er Krüger, dass es ihm gelungen sei, »gegen die bewaffneten Scharen, die als Friedensstörer in Ihr Land eingedrungen sind, den Frieden wieder herzustellen«. Diese »Friedensstörer« waren Kolonialtruppen des Landes, mit dem Wilhelm II. ein Bündnis schließen wollte. Im Januar 1900 gar bekräftigte er öffentlich, dass »ohne Deutschland und den deutschen Kaiser auf dem Ozean keine Entscheidung mehr fallen darf«.

Inhalt und Folgen des Artikels

Zunächst betonte der Kaiser sein ständiges Bemühen um ein freundschaftliches Verhältnis zu Großbritannien und empfand es »als persönliche Kränkung«, dass die Briten seinem Werben mit Argwohn begegneten. Ferner führte er u. a. aus, er habe seiner Großmutter, der Königin Viktoria, einen von ihm selbst erarbeiteten Feldzugplan geschickt, der dem britischen General Roberts offenbar zum Sieg über die Buren verholfen hätte. Zum Bau der deutschen Hochseeflotte äußerte er, sie richte sich nicht gegen Großbritannien, sie diene nur dem Schutz des deutschen Welthandels.

Der Artikel weckte in Großbritannien und Deutschland große Empörung. In London warf man Wilhelm die naive und anmaßende Behauptung in Bezug auf den erwähnten Feldzugplan vor und bezeichnete sein Werben um die britische Sympathie als unaufrichtig, schließlich sei Großbritannien wegen der forcierten deutschen Flottenrüstung zu hohen Rüstungsausgaben gezwungen.

In der Reichstagsdebatte im November 1908 kritisierten fast alle Redner die Selbstherrlichkeit des Kaisers, die Deutschland Schaden zugefügt habe; den Reichskanzler von Bülow bezichtigten sie der Schlamperei, weil er den Text des Interviews ungelesen zur Veröffentlichung freigegeben hatte. Allerdings sprachen ihm die Parlamentarier nicht das Misstrauen aus und verpassten so die Chance einer Kompetenzerweiterung des Reichstages.

Die Debatte enthüllte auch die Agitation von Interessenverbänden, z. B. dem Deutschen Flottenverein, dem Alldeutschen Verband und der Gesellschaft für deutsche Kolonisation, die alle eine dynamische Außen-, Flotten- und Kolonialpolitik forderten.

4.30 Revolution in Mexiko (1910 bis 1917)

Die Stabilität und sozioökonomische Entwicklung in Lateinamerika hingen seit 1880 von der Integration dieser Länder in den Weltmarkt ab, sodass die konjunkturelle Abschwächung in den Vereinigten Staaten 1905 in Mexiko eine schwere Krise auslöste; sie mündete schließlich in die mexikanische Revolution. Die nachlassenden Exporte in die USA erzeugten in Mexiko Einkommensverluste und Arbeitskämpfe. Dem Regime des greisen Porfirio Díaz gelang es nicht, die sozialen Spannungen zu entschärfen, sondern es trug im Gegenteil zu deren Verschärfung bei.

Emiliano Zapata (mit Sombrero) und Francisco Villa (auf dem Präsidentenstuhl) nach dem Einzug der Revolutionäre in die Hauptstadt Mexiko-Stadt 1913

Aber auch die mächtige Schicht der reichen Agrarunternehmer, der auch der nordmexikanische Haziendabesitzer Francisco Indalecio Madero angehörte, sah sich von der hitzigen Diskussion zwischen Liberalen und Regierung der Jahre 1910/11 um den Kurs der künftigen Wirtschaftspolitik ausgeschlossen. In Madero erhielt die Opposition einen mächtigen Mann aus der Oberschicht, der die Beachtung liberaler Wirtschaftsgrundsätze mit aller Schärfe einforderte und 1911 zum Widerstand gegen das Regime von Díaz aufrief. Die Kontrolle über die Aufständischen entglitt ihm und seiner Schicht allerdings rasch, denn im Grunde ging es den Liberalen allein um die grundsätzliche politische Mitwirkung in der Regierung, nicht aber um die wirkliche Demokratisierung der Gesellschaft.

Der Aufstand der Bauern

Der Aufruf zum Widerstand hatte Arbeiter wie Bauern ermutigt, ihre Forderungen vorzutragen. Vor allem bei den Bauern in Südmexiko hatte der Funke des Aufstands gezündet, denn gerade sie waren im Zuge der Kommerzialisierung und Kapitalisierung der Landwirtschaft einem erheblichen Verdrängungswettbewerb ausgesetzt. Im Bundesstaat Morelos, südlich von Mexiko-Stadt, wählten sie den jungen Gemeindevorsteher und Kleinbauern Emiliano Zapata zum Führer. Unter ihm formierte sich eine Bauernguerilla, die ihre sozialpolitischen Forderungen auch mit bewaffneten Mitteln durchzusetzen versuchte. Madero versuchte vergeblich, die soziale Bewegung niederzuhalten. Er geriet dabei zwischen die Fronten der kämpfenden Bauern und des mit der Niederschlagung des Aufstands beauftragten Militärs. Am 22. Februar 1913 wurden er und sein Vizepräsident Pino Suarez von Offizieren ermordet, aber auch General Victoriano Huerta gelang die Niederwerfung der Bauern nicht. 1913 unterlagen seine Truppen den vereinigten Bauernheeren aus Süd- und Nordmexiko, die von Zapata und Francisco Villa, der vor allem selbst Großgrundbesitzer werden wollte, angeführt wurden. Nach dem Sieg zogen die Revolutionäre in Mexiko-Stadt ein.

Erst die so genannten Konstitutionalisten unter Álvaro Obregón und dem späteren Präsidenten Venustiano Carranza bewegten die revolutionären Parteien in der Verfassung von Querétaro von 1917 zum Ausgleich. Diese Verfassung ist die bisher langlebigste in Lateinamerika, denn sie gilt noch heute.

Die liberale Oberschicht hatte ihr Anfangsziel in der mexikanischen Revolution nicht erreicht. Obwohl wirtschaftlich und sozial weiterhin mächtig, verlor sie ihren politischen Einfluss, für den sie in den Krieg gezogen war. Auch das Militär schied aus der Politik aus, während der dörfliche Gemeindebesitz und das Kleinbauerntum geschützt blieben. Landverteilungen unter Präsident Álvaro Obregón (ab 1920) setzten diesen Grundsatz in die politische Praxis um. In den Dreißigerjahren sicherte Präsident Lázaro Cárdenas den Bauern schließlich fast die Hälfte des bebauten Bodens zur genossenschaftlichen Bewirtschaftung zu.

4.31 Die zweite Marokkokrise

Am 2. November 1911 erschien auf der Titelseite der »Rheinisch-Westfälischen Zeitung« die Überschrift: »Hurrah! Eine Tat«. Dann folgte ein Bericht über die am 1. Juli erfolgte Entsendung des deutschen Kanonenboots »Panther« zur marokkanischen Küste vor Agadir, die der Staatssekretär des Auswärtigen Amtes, Alfred von Kiderlen-Waechter, veranlasst hatte. Die ausländischen Diplomaten standen vor einem Rätsel. Reichskanzler Bernhard von Bülow hatte nach dem russisch-britischen Abkommen von 1907 die deutsche »Weltpolitik« heimlich begraben, denn sie bot nichts mehr, was zu Hoffnungen auf den Status einer anerkannten Weltmacht oder auf einen Gewinn bringenden Ausgleich mit anderen Mächten berechtigte. Fortan galt als Richtlinie der deutschen Außenpolitik, die gegnerischen Allianzen (▶ 4.27) daraufhin zu prüfen, ob sie alle Belastungen würden ertragen können.

Die Möglichkeit einer Überprüfung ergab sich im Frühjahr 1911, als die französische Regierung wegen Unruhen in der Stadt Fes und zum Schutz der dort lebenden Ausländer Truppen schickte – so die offizielle Lesart. Es konnte aber auch das andere Motiv zutreffen, dass Frankreich diese Unruhen zum Vorwand nahm, um mit der militärischen Besetzung Marokkos zu beginnen. Welcher der beiden Gründe für die Maßnahme nun auch zutreffen sollte – er war durch das Abkommen von Algeciras (▶ 4.26) nicht gedeckt. Diese Situation wollte Kiderlen-Waechter nutzen.

Der »Panthersprung« und seine Folgen
Der Staatssekretär hatte Nordafrika als Terrain für den Ausbau wirtschaftlicher Interessen des Reiches zwar innerlich schon abgeschrieben, aber nur um den Preis von Kompensationen, beispielsweise den französischen Teil des Kongo. Kaiser Wilhelm II., über den Plan informiert, stimmte der Entsendung des deutschen Kriegsschiffs nach Agadir zu, obwohl sich diese Aktion hart am Rande eines Krieges bewegte. Frankreich, seit der *Entente cordiale* von Großbritannien gestützt, trat lediglich einen Teil seiner äquatorialafrikanischen Besitzungen ab, die umgehend als Neukamerun an die bestehende deutsche Kolonie Kamerun angegliedert wurden. Wieder einmal hatte sich eine der deutschen Provokationen nicht ausgezahlt: Die Demonstration militärischer Macht hatte sich als ebenso überheblich wie gefährlich erwiesen.

Die Entsendung des deutschen Kanonenboots »Panther« an die marokkanische Küste vor Agadir löste im Juli 1911 beinahe Krieg aus.

Sie verschlechterte das ohnehin schon gespannte Verhältnis zwischen Deutschland und den Ententemächten. Die Rüstungsspirale wurde überall wieder angezogen, und es kamen zusätzlich Zweifel auf, ob die Dauerkrise noch mit friedlichen Mitteln zu meistern sei. Viel zu viele Kräfte zogen in unterschiedliche Richtungen. Parteien und Verbände schienen sich in nationalistischen Tönen übertrumpfen zu wollen. Im Deutschen Reich wurde der Ausgang des »Panthersprungs« als schwere diplomatische Niederlage betrachtet; der Kanzler musste sich im Reichstag sogar Feigheit vorwerfen lassen.

Niemand wollte offenbar erkennen, dass der politische Manövrierraum der Regierungen – vor allem der deutschen – immer enger wurde.

Kapitel 4

Es geschah genau das, was die deutsche Regierung hatte verhindern wollen: Großbritannien und Frankreich schlossen eine Marinekonvention.

4.32 Die Gründung der Republik China

Die Reformen von 1905 brachten für China wesentliche Veränderungen im Handel, in der Verwaltung und der Armee. Sie ermöglichten Tausenden von jungen Chinesen ein Studium im Ausland, brachen Verkrustungen auf und stärkten das Nationalgefühl, aber sie kamen zu spät. Die Qing- oder Mandschudynastie wurde zunehmend als Fremdherrschaft empfunden. Hinzu kamen Hunger und hohe Steuern, mit denen die Reparationszahlungen nach dem Boxeraufstand (▶ 4.20) finanziert werden sollten, und die Verzögerung der versprochenen Verfassung. In dieser Situation traf die Forderung »Vertreibt die Mandschus, restauriert die Herrschaft der Chinesen, errichtet die Republik, gleicht die Grundbesitzrechte aus!« auf offene Ohren.

Aufgestellt wurde sie vom *Tung-meng-hui*, dem »Schwurbund«, den Sun Yatsen 1905 aus mehreren Geheimbünden und Gruppen in Tokio gegründet hatte und der sich als erste chinesische Organisation zu revolutionären Zielen bekannte und sich nicht nur für einzelne Provinzen zuständig fühlte.

Sun Yatsen wanderte nach Honolulu aus. Dort trat er zum Christentum über. 1886 ging er nach Kanton, später nach Hongkong.

Die neue Kraft in China

Sun Yatsen wurde 1866 in der Provinz Kwangtung geboren und ging mit 13 Jahren nach Honolulu, wo er eine Missionsschule der Kirche von England besuchte. Anschließend studierte er in Hongkong Medizin. 1895 unternahm er in Kanton einen erfolglosen Aufstandsversuch und musste nach Japan fliehen.

Dort, vor allem in Tokio und Yokohama, sammelten sich die Gegner der Mandschuherrschaft und entwickelten die Grundideen des chinesischen Nationalismus und Republikanismus. Sun Yatsen war ihr unbestrittener Führer. Er schmiedete Bündnisse zwischen auslandschinesischen Finanziers und antimandschurischen Geheimgesellschaften und agitierte heimlich unter den Offizieren der Armee, die Yuan Shikai, General und starker Mann unter der Kaiserwitwe Cixi, reformiert hatte.

1908 starben der bis zu seinem Tod unter Hausarrest stehende Kaiser Guangzu und Cixi. Nachfolger wurde das fünfjährige Kind Puyi, das als Kaiser Xuantong auf den Thron kam. Sein Vater übernahm die Regentschaft und entließ Yuan Shikai. Mitte 1911 standen große Teile der Armee unter dem Einfluss des *Tung-meng-hui* und auch die politische und gesellschaftliche Elite in den Provinzen hatte dem Kaiserhof die Gefolgschaft aufgekündigt. Sie war zwar die Nutznießerin der 1906 von Cixi verordneten Parlamentarisierung gewesen, hatte aber in den Zentralisierungstendenzen einer reformbereiten kaiserlichen Regierung Gefahren für ihre eigenen provinzialen Interessen gesehen. Das revolutionäre Potenzial wuchs also und die revolutionären Anschläge häuften sich.

Die ungeplante Revolution

Am 9. Oktober 1911 enttarnte die Explosion einer heimlich gebauten Bombe in der zentralchinesischen Metropole Hankou die Revolutionäre, die daraufhin die Flucht nach vorn antraten. Eine Soldatenmeuterei brachte zunächst die Provinz Hubei in die Hand der Aufständischen. In einer von niemandem gesteuerten Kettenreaktion rebellierten nun auch die Truppen in mehreren Provinzen Mittel- und Südchinas. Eine Provinz nach der anderen fiel von der Hauptstadt ab. Bereits am 8. November wählte eine provisorische Nationalversammlung in Peking Yuan Shikai zum Premierminister, am 1. Januar 1912 erfolgte die Wahl Sun Yatsens zum Präsidenten, am 12. Februar dankte die Qingdynastie offiziell ab. China wurde Republik.

Nach nur sechs Wochen zeigte sich, dass Sun Yatsens Basis im Lande für eine effektive

Das Zeitalter des Imperialismus

Regierung nicht ausreichte, sodass er sein Amt zugunsten von Yuan Shikai aufgab. Die wahren Machtverhältnisse zeigten sich allerdings erst, als Yuan Shikai den wichtigsten Mitarbeiter Sun Yatsens ermorden ließ, Ende 1913 die von Sun Yatsen als Nachfolgepartei des *Tung-meng-hui* gegründete *Kuo-min-tang* (»Nationale Volkspartei«) verbieten ließ und kurz danach das Parlament auflöste, um anschließend eine Militärdiktatur zu errichten.

Mit dem Staatsstreich war der Traum einer parlamentarischen Entwicklung nach westlichem Muster ausgeträumt, aber Yuan Shikais Diktatur einigte China von 1913 bis 1915 in einem Maße, das es bis zur Gründung der Volksrepublik China im Jahr 1949 (▶ 8.15) nicht mehr erreichen sollte. Dem Diktator fehlte aber die militärische Stärke und das administrative Geschick, um das Land auf Dauer zusammenzuhalten. Wichtige Randgebiete des Imperiums der Qingdynastie, z. B. Tibet und die Mongolei, erklärten ihre Unabhängigkeit. Die internationalen Großbanken nutzten die Wirren des Machtwechsels, um China wieder einmal unvorteilhafte Anleihen anzudienen. Zudem zeigte sich Japan nach dem Ausbruch des Ersten Weltkriegs wieder als aggressive Imperialmacht und entriss China 1914 das deutsche Pachtgebiet Kiautschou (▶ 4.19). Als Yuan Shikai 1915 auch noch daran ging, eine eigene Dynastie zu begründen, zwangen ihn seine Militärführer zur Abdankung. Nach seinem Tod 1916 blieb China nominell zwar als Gesamtnation bestehen, zerfiel aber in die Herrschaftsgebiete zahlreicher lokaler Militärmachthaber, der *warlords*.

4.33 Die deutsch-britische Flottenrüstung

Um die Jahrhundertwende spaltete die »Weltpolitik« die europäischen Großmächte in zwei große Koalitionen, die Tripelentente (▶ 4.27) auf der einen und den deutsch-österreichischen Zweibund auf der anderen Seite. Die Wurzeln für diese nach Bismarck erfolgte Umkehr der europäischen Diplomatie lagen in Deutschland. Bismarcks politische Nachfolger, der Kaiser, Reichskanzler von Bülow und der Vortragende Rat im Auswärtigen Amt, Friedrich von Holstein, erwiesen sich als unwillig oder unfähig für eine ähnlich erfolgreiche Außenpolitik. Um ihre Selbstständigkeit zu beweisen, stellten sie sie auf ein anderes Fundament. Statt Weitsicht herrschte künftig Machtpolitik, die auf der Konferenz von Algeciras (▶ 4.26) und auch bei anderen Gelegenheiten so ernüchternd auf den Boden der Realität zurückgeholt wurde. Es begann damit, dass Kaiser Wilhelm II. den Rückversicherungsvertrag mit Russland, den Grundpfeiler der bismarckschen Außenpolitik, der Deutschland vor einem Zweifrontenkrieg schützte, trotz russischen Drängens nicht mehr

»Wem wohl zuerst die Puste ausgeht?«, fragte das sozialdemokratische Wochenblatt »Der wahre Jacob« 1908 angesichts des Wettrüstens zur See.

177

erneuerte und auch kein Äquivalent dafür schuf. Sein »Neuer Kurs« richtete sich nach anderen Zielen (▶ 4.29).

Deutsch-britische Kontroversen
Die deutsche Flottenhochrüstung ist ohne den Namen Alfred von Tirpitz, seit 1897 Admiral und später Staatssekretär im Reichsmarineamt, nicht zu denken. Er verfolgte die Idee, eine starke Flotte als sichtbares Zeichen deutscher Weltmacht aufzubauen und war überzeugt, dass nur Großbritannien den Aufstieg Deutschlands zur Weltmacht verhindern konnte. Tirpitz legte dem Reichstag zwischen 1898 und 1906 drei Flottengesetze vor, die enorme Mittel verschlangen. Das Ergebnis: Großbritannien besaß bei Kriegsausbruch 29 Großkampfschiffe der Dreadnought-Klasse (Gesamttonnage: 621360 t) und Deutschland 17 Schiffe dieser Größenordnung mit einer Gesamttonnage von 380700 t. Andere Seemächte, z. B. die USA, Frankreich und Italien, folgten in weitem Abstand (je zehn vergleichbar große Schiffe).

Großbritannien fühlte sich in seiner Stellung als erste Seemacht auf der Welt bedroht und suchte auf Deutschland mäßigend einzuwirken, aber die ersten deutsch-britischen Flottengespräche kurz nach der Jahrhundertwende scheiterten an der Unnachgiebigkeit der deutschen Delegation. In den Folgejahren verschärfte sich der Ton zwischen den beiden Mächten durch politische Ungeschicklichkeiten und gegenseitige Unterstellungen. So erklärte der britische Außenminister Grey am 27. November 1911 im Unterhaus: »Wenn eine Nation die größte Armee in der Welt besitzt und wenn sie eine sehr große Flotte hat und fortfährt, eine noch größere zu bauen, dann muss sie alles [...] tun, um bei anderen Nationen den natürlichen Befürchtungen vorzubeugen, dass [...] jene Macht mit ihrer Armee und Flotte aggressive Absichten gegen sie hege.« Das deutsche Reichsmarineamt schrieb im Sommer 1914 rückblickend: »Um von Großbritannien als gleichberechtigt anerkannt zu werden, den Platz an der Sonne zugestanden zu erhalten, war eine starke Flotte unumgänglich. [...] Im Übrigen hat Deutschland keinen Anlass, um die britische Freundschaft zu buhlen.«

Trotzdem versuchten beide Parteien, den Rüstungswettlauf zu beenden. Auf deutscher Seite war es der Nachfolger Bülows als Reichskanzler, Theobald von Bethmann Hollweg, der außenpolitisch einen Ausgleich mit Großbritannien suchte und deshalb seine Flottenbegrenzungspläne durchsetzen wollte. Doch aufgrund der Verfassungsstruktur des Reichs, die dem Kanzler keinen Einfluss auf die militärische Führung gab und diese allein dem Kaiser unterstellte, blieb Bethmann Hollweg ohne Erfolg. Auf britischer Seite reiste der kompromissbereite Kriegsminister Lord Richard Haldane 1912 mit dem gleichen Ziel nach Berlin – vergeblich. Auch diese letzte Chance scheiterte am gegenseitigen Misstrauen, aber vor allem, weil es der Kaiser strikt ablehnte, über »seine Flotte« überhaupt zu verhandeln.

4.34 Die Balkankriege von 1912 und 1913

Den Kern des bismarckschen Bündnissystems bildete der Zweibund zwischen dem Deutschen Reich und Österreich-Ungarn von 1879 (▶ 3.22), obwohl der Reichskanzler die Schwierigkeiten seines Bündnispartners auf dem Balkan sehr deutlich erkannte. Um sich vor einem Übergreifen der Nationalitätenprobleme der Balkanländer zu schützen, hatte er mit Russland, Italien und Rumänien weitere Abkommen geschlossen, die unter seinen Amtsnachfolgern Leo von Caprivi und Bernhard von Bülow allerdings wieder zerfielen. Deutschland blieb auf die Weltmachtpolitik Kaiser Wilhelms II. fixiert. Angesichts der sich abzeichnenden Ausgrenzung Deutschlands (▶ 4.26) zu Beginn des 20. Jahrhunderts war Österreich-Ungarn der einzige verlässliche Bündnispartner geblieben.

Hatte der Berliner Kongress von 1878 (▶ 3.30) dem Habsburgerreich noch das Recht zuerkannt, Bosnien und Herzegowina unter seine Verwaltung zu stellen, so verstrickte es sich immer tiefer in die nationalen Probleme auf dem Balkan und sah sich dort, weil Russland nach seinem Scheitern im Fernen Osten 1905 die allslawische Strömung auf dem Balkan wieder verstärkt zu schüren begann, mit einem aggressiven Panslawismus konfrontiert. Die größten Schwierigkeiten bereitete der Wiener Regierung aber die südslawische Sammlungsbewegung des russischen Verbündeten Serbien, das zur Adria drängte.

Der unerwartete Sieg
Am 8. Oktober 1912 erklärte Montenegro, unterstützt von Bulgarien, Serbien sowie Griechenland und nicht ohne Vorwissen der russischen Diplomatie, dem Osmanischen Reich den Krieg. Sultan Mehmed V. wurde an allen Fronten geschlagen und musste sich am 30. Mai 1913 im Friedensvertrag von London den Bedingungen der Sieger beugen. Er bekam auf der Balkanhalbinsel nur noch einen schmalen Gebietsstreifen im unmittelbaren Vorfeld Istanbuls zugestanden.

Dieser Sieg der christlichen Balkanstaaten, den sie in dieser Deutlichkeit nicht erwartet hatten, beendete den Nationalitätenkonflikt noch nicht. Serbien fühlte sich durch die Entstehung eines unabhängigen Fürstentums Albanien im Londoner Friedensvertrag um den ungehinderten Zugang zur Adriaküste betrogen, und Bulgarien stellte weitere Gebietsansprüche. Beide Mächte gerieten über die Aufteilung Makedoniens so sehr in Streit, dass am 29. Juni 1913 der Zweite Balkankrieg ausbrach. Die Fronten hatten sich gegenüber dem Ersten Balkankrieg verschoben, denn nun stritt man nicht gegen einen gemeinsamen äußeren Feind, sondern Bulgarien kämpfte in Überschätzung seiner Kräfte gegen Serbien und Griechenland, die von Montenegro, vom Osmanischen Reich und von Rumänien unterstützt wurden. Der Krieg dauerte nur kurz, und Bulgarien verlor ihn. Im Frieden von Bukarest am 10. August 1913 behielt es mit dem Piringebiet nur noch ein Zehntel des makedonischen Territoriums. Der größte Brocken fiel mit den Städten Ohrid, Skopje und Bitola sowie dem umliegenden Wardadistrikt an Serbien und vor allem an Griechenland. Die Griechen gewannen die gesamte Küstenzone sowie die beiden wichtigsten Ausfuhrhäfen an der ägäischen Küste Makedoniens, Kavala und Saloniki, hinzu.

Das Ergebnis beider Kriege war eine allgemeine Verhärtung der Lage auf dem Balkan. Die bisherigen Freundschafts- und Bündnisbeziehungen verfestigten sich, der Balkan glich einem Pulverfass. Es wurde in der Julikrise 1914 (▶ 5.2) entzündet und löste den Ersten Weltkrieg aus. (Karte S. 180)

4.35 Kolonialalltag in Schwarzafrika

Die Umsetzung des europäischen »Zivilisationsauftrags«, während der Berliner Afrikakonferenz (▶ 4.6) beschlossen, fiel in den schwarzafrikanischen Kolonien der Europäer sehr unterschiedlich aus. Gemeinsam aber war allen Kolonialregimes, dass »wir erst lernen müssen, den Neger richtig als Menschen zu behandeln und nicht als Vieh«, wie ein Angestellter der deutschen Diskonto-Gesellschaft während des Maij-Maij-Aufstands von 1905 bis 1907 in Ostafrika notierte. Die zweite Gemeinsamkeit bestand darin, dass die einheimische Bevölkerung den Europäern in vielen Belangen überlegen war, was die Europäer als weiße Herren nicht zeigen durften – mit der Folge, dass sie die Kenntnisse und Fähigkeiten der Schwarzafrikaner nicht nutzten.

Unterricht in einer deutschen Missionsschule

Der entscheidende Unterschied bestand jedoch in den Bildungsvoraussetzungen von Schwarz und Weiß: Die Europäer konnten rechnen, lesen und schreiben, was in Schwarzafrika bis auf ganz geringe Ausnahmen niemand beherrschte – wiewohl es starke, nichtschriftliche Kulturen und Traditionen gab. Deshalb waren Schwarzafrikaner auch kaum in der Lage, die am eigenen Leibe erlittenen

Kapitel 4

Auswirkungen der europäischen Zivilisation angemessen zu artikulieren, die von harter Zwangsarbeit, brutaler Unterdrückung bis zu körperlicher Verstümmelung aus geringstem Anlass reichten – wie im Kongo des belgischen Königs Leopold II., wo um die Jahrhundertwende Einheimischen bei Nichterfüllung der geforderten Kautschukquoten die Hände abgehackt wurden. Auch Wucher, Krankheiten, Alkoholismus und die Vergewaltigung von Frauen und Mädchen zählten dazu. Wer sich über den Kolonialalltag in Afrika informieren wollte, musste entweder die kritischen Berichte christlicher Missionare oder die schönfärberischen Erzählungen lesen, die Europäer vor Ort an ihre Zentralen oder Regierungen sandten.

Beispiel Großbritannien
Der englische Afrikanist John Iliffe führte in einer Schrift über Afrika aus: »Die Mehrheit der Schwarzafrikaner betrachtete die Steuerlast wahrscheinlich weniger drückend als die Fronarbeit. So betrugen im Kongo-Freistaat die Fronleistungen nach dem Gesetz von 1903 vierzig Stunden pro Monat; in der Realität wurde diese Vorschrift jedoch äußerst willkürlich gehandhabt. (...) Großen Gefallen fanden Kolonialbeamte an der Rechtsprechung: Sie vergrößerte ihre Macht und bot ihnen die Möglichkeit, ihre Vorstellungen von Recht und Gerechtigkeit durchzusetzen. Viele frühe Beamte waren äußerst brutal und wurden nur deshalb eingesetzt, weil keine anderen zur Verfügung standen. Sie wurden mit einer großen Macht an Feuerwaffen ausgestattet und unterstanden nicht der Kontrolle ihrer Vorgesetzten oder waren der Öffentlichkeit entzogen.«

Beispiel Deutsches Reich
Weite Teile Deutsch-Ostafrikas wurden zu Beginn des 20. Jahrhunderts von einem Aufstand erfasst. Über dessen Hintergründe schreibt ein Deutscher: »Die Hauptursache liegt in der so genannten Kopf- und Hüttensteuer. ... Die Neger haben keinen lohnenden Absatz für die Produkte ihrer Felder, (...) ihre

Balkanstaaten 1878–1915

Das Zeitalter des Imperialismus

Rinder und Ziegen haben dieselben bis auf einen geringen Bestand zur Aufbringung der Steuer hergegeben, und nur noch wenige haben etwas Vieh. Wer die Steuer nicht bezahlen kann, muss (...) fern von den Seinigen arbeiten und ist der Willkür preisgegeben. (...) Diese so genannte Tributarbeit hasst der Neger bis aufs Tiefste. (...) Wir werden nach dem bestehenden System Gefahr laufen, diese schöne Kolonie durch unsere eigene Schuld zu verlieren.«

Nach dem Ende des Hereroaufstands gegen die deutsche Kolonialmacht 1904 (▶ 4.22) analysierte ein Herero die Ursachen: »Der Krieg ist von ganz kleinen Dingen gekommen. (...) Einmal waren es die Kaufleute mit ihrem schrecklichen Wucher und gewaltsamen Eintreiben. (...) Dann ist es der Branntwein gewesen, der die Leute schlecht und gewissenlos gemacht hat. (...) Aber das schlimmste Übel ist die Vergewaltigung unserer Frauen durch Weiße gewesen. Manche Männer, die sich weigerten, ihre Frauen und Töchter preiszugeben, sind totgeschossen worden wie tolle Hunde. Wären solche Dinge nicht geschehen, wäre kein Krieg gekommen, aber er ist bei solchen Vergewaltigungen ausgebrochen. Er war mit einem Male da (...) und es war, als sei kein Verstand mehr unter den Massen.«

Beispiel Frankreich
Von einem typischen Fall europäischer Arroganz im Umgang mit Schwarzafrikanern berichtet Amadou Hampâté Bâ (1900–91), einer der bedeutendsten westafrikanischen Schriftsteller und Kenner der französischen Kolonialverwaltung, aus dem heutigen Burkina Faso. Ein französischer Kommandant hatte zwei Dörfer zum gemeinsamen Arbeitseinsatz beordert, ohne zu beachten, dass die Bewohner des einen Dorfes in vorkolonialistischer Zeit die Sklaven des anderen gewesen waren. Auch hier bezahlten Schwarzafrikaner mit ihrem Leben: »Der Chefbrigadier ließ die siebzig bis neunzig Gefangenen (...) in vier fensterlose Zellen mit niedrigen Decken sperren, die lediglich für vier bis sechs Personen vorgesehen waren, wo sie den ganzen Abend und die ganze Nacht wie in einem Backofen zubrachten. Als der Chefbrigadier am nächsten Morgen die Tore öffnete (...) bot sich ihm ein entsetzlicher

»Kolonialgräuel« in Belgisch-Kongo

Anblick! Dem Ersticken nahe türmten sich die Gefangenen übereinander.« Bei diesem Drama von Dori kamen neun Menschen um, 15 weitere Personen erlitten schwere Verletzungen. Der erwähnte Offizier wurde degradiert und strafversetzt.

4.36 Europäischer Kolonialismus in Afrika

Die Aufteilung Afrikas gegen Ende des 19. Jahrhunderts zählt zu den spektakulärsten Ereignissen der europäischen Expansionsgeschichte. Mehr als 16 Millionen Quadratkilometer afrikanischen Bodens mit über 100 Millionen Afrikanern gelangten in etwas mehr als zwei Jahrzehnten unter europäische Herrschaft. Diesen Vorgang bezeichnete die britische Tageszeitung »The Times« am 15. September 1884 als »Wettlauf um Afrika«.

Die Berliner Afrikakonferenz (▶ 4.6) hatte die Richtlinien für die staatsrechtliche Anerkennung neu erworbener Kolonien samt Pflichten und Rechten der Kolonialmächte festgelegt – bezeichnenderweise ohne die Anwesenheit afrikanischer Vertreter. Die Territorien der Afrikaner galten als »herrenloses Land« und ihre Bewohner als »koloniale Untertanen«.

Koloniale Herrschaft

Die erste Umsetzung dieser Politik bildete die Einführung der Kopf- und Hüttensteuer, die anfangs als Naturalien, später in Geld oder Arbeit erbracht werden konnten. Nahezu alle europäischen Kolonialherren bedienten sich dieses indirekten Zwangs. In den meisten Kolo-

Kapitel 4

Europäische Reisende ließen sich und ihr Gepäck meist durch die tropischen Wälder tragen, Schwerstarbeit für die einheimischen Träger. Holzplastik vom unteren Kongo Ende des 19. Jahrhunderts.

nien wurden Afrikaner allerdings zu direkter Zwangsarbeit in Form von öffentlichen Arbeiten wie Wege- und Eisenbahnbau oder für private Arbeitgeber als Sklaven auf den Plantagen und Farmen herangezogen. Es bestanden jedoch regionale Unterschiede entsprechend dem Status der Kolonie als Kronkolonie, Protektorat oder Schutzgebiet. Die von Großbritannien bevorzugte indirekt-formelle Herrschaft öffnete den einheimischen Regenten beträchtlichen Spielraum, solange sie die weiße Oberherrschaft und die Zahlung festgelegter Abgaben anerkannten. In den Gebieten mit direkt-formeller Herrschaft hingegen waren die kolonialen Untertanen dem ständigen repressiven Zugriff der Kolonialverwaltung ausgesetzt.

Beträchtliche Unterschiede wiesen auch Handels- und Siedlungskolonien auf. In Togo, wo der Wohlstand der Kolonie auf einheimische Produzenten zurückging, kamen Aufstände selten vor. In den südafrikanischen Siedlungskolonien oder im französischen Algerien herrschte dagegen ein besonders aggressiv-rassistischer Kolonialismus, und deshalb brachen dort wegen der menschenverachtenden Behandlung der einheimischen »Arbeitssklaven« durch Europäer häufig Aufstände aus. Eine reine Beutewirtschaft betrieben auch die anfangs mit hoheitlichen Rechten ausgestatteten Kolonialgesellschaften, z. B. im Kongo des belgischen Königs Leopold II.

Auch die christliche Mission gehörte untrennbar zum Kolonialsystem in Afrika. Ihre kulturimperialistischen Vorstellungen, z. B. das Verbot der Mehrehe, und ihre Sanktionierung der weißen Kolonialideologie stellten die wohl größte Revolution in den Lebensgewohnheiten und Wertvorstellungen der Afrikaner dar. Andererseits boten die Missionsschulen jungen Afrikanern soziale Mobilität.

4.37 Der Bau des Panamakanals

Neben dem Suezkanal (▶ 4.5) ist der Kanal durch den Isthmus von Panama weltweit eine der wichtigsten Wasserstraßen. Er beginnt auf der Seite des Pazifiks bei Bilbao in der Nähe der Hauptstadt Panama und endet bei Cristóbal an der Küste des Atlantiks. Die Entfernung von Küste zu Küste beträgt ca. 60 Kilometer. Der Kanal ist 81,6 km lang, seine Sohlenbreite liegt zwischen 70 und 300 m und die Mindesttiefe

Der Bau des Panamakanals – der »Kuss der Ozeane«

beträgt 12,4 Meter. Drei große Schleusenanlagen ermöglichen die Überwindung eines Höhenunterschieds von 24 Meter. In der mittleren Kanalroute sorgen zwei künstliche, zum Teil bereits während der Bauzeit von 1879 bis 1904 angelegte Seen, der Gatunsee und der Maddensee mit Maddendamm, für gleichmäßige Wasserführung in der mittleren Kanalroute. Der 13 km lange Gaillard Cut führt durch die kontinentale Wasserscheide bis zur Schleuse von Pedro Miguel, die den Abstieg einleitet, der in der Doppelschleuse von Mira Flores endet. Für die Durchfahrt benötigt ein Schiff etwa 24 Stunden. Fünfzig Schiffe können den Kanal täglich durchqueren, d. h. etwa 15 000 Schiffe pro Jahr, die in Fahrtrichtung Atlantik–Pazifik Erdöl, Steinkohle, Agrarprodukte, Erze und Phosphate sowie in umgekehrter Richtung Erze, Häute, Zucker, Erdöl, Bananen, Metalle, Fischmehl und Konserven transportieren.

Der Kanal verkürzt den Seeweg von der amerikanischen Ost- zur Westküste um 8 000 Seemeilen, was nicht nur wirtschaftliche, sondern auch strategische Vorteile bringt. Deshalb ist der Panamakanal für die Vereinigten Staaten bis heute von höchster politischer Bedeutung.

Die Geschichte des Kanals

Schon im 16. Jahrhundert bestanden Überlegungen der Spanier, den Isthmus von Panama zu durchstechen, aber erst zu Beginn des 19. Jahrhunderts lebten sie wieder auf. Am 12. Dezember 1846 schlossen die Vereinigten Staaten mit Neugranada (seit 1861 Kolumbien) einen Vertrag, dass der künftige Kanal Bürgern der USA ebenso offen zu stehen habe wie den Einwohnern Neugranadas. Gleichzeitig garantierten sie die dauernde Neutralität der Landenge.

Im Clayton-Bulwer-Vertrag von 1850 legten die USA und Großbritannien fest, dass der künftige Kanal nicht unter alleiniger Kontrolle irgendeiner Macht stehen dürfe und im Kriegsfall neutral bleibe.

1879 begann der französische Ingenieur Ferdinand de Lesseps mit dem Bau. Das notwendige Kapital kam von der von ihm geleiteten Panama-Gesellschaft. Nach etwa zehn Jahren scheiterte das Bauvorhaben in der 1 432 km² großen Zone mit 712 km² Wasserflächen an klimatischen Schwierigkeiten – die Arbeiter starben zu Tausenden an Gelbfieber – sowie an finanziellen Problemen. Die Bauarbeiten wurden eingestellt. 1890 erklärte die Panama-Gesellschaft ihren Bankrott. Es schloss sich in Frankreich der sog. Panama-Skandal an, ein Vorläufer der Dreyfusaffäre, der hohe Politiker wie Georges Clemenceau in den Vorwurf der Bestechlichkeit verwickelte. Lesseps selbst wurde zu fünf Jahren Gefängnis verurteilt, später aber rehabilitiert.

1903 erzwang US-Präsident Theodore Roosevelt ohne Rücksicht auf das Völkerrecht die Loslösung Panamas von Kolumbien. Am 3. November 1903 wurde der neue Staat Panama gegründet und trat im gleichen Monat die 32 km breite Kanalzone gegen eine einmalige Zahlung von 10 Millionen US-Dollar und eine Jahrespacht von 250 000 US-Dollar an die USA ab. Amerikanische Firmen nahmen die Bauarbeiten wieder auf. Nach neun Jahren Bauzeit wurde der Kanal fertig gestellt und von Präsident Woodrow Wilson im Sommer 1914 feierlich eingeweiht.

Kapitel 4

Daten

1882	Britische Marine bombardiert Alexandria und besetzt Ägypten
1882	Robert Koch entdeckt den Tuberkelbazillus
1883	Erweiterung des Dreibunds Deutschland–Österreich-Ungarn–Italien um Rumänien
1884–1885	Berliner Afrikakonferenz
1885/1886	Erste Automobile von G. Daimler und C. F. Benz
1887	Mittelmeerentente Österreich-Ungarn, Italien, Großbritannien
18. Jun. 1887	Rückversicherungsvertrag Deutschland–Russland
1889–1896	Menelik II. verteidigt die Unabhängigkeit Äthiopiens
12. Apr. 1895	Der Frieden von Shimonoseki beendet den Chinesisch-Japanischen Krieg
1894–1906	Dreyfus-Affäre in Frankreich
1895	W. C. Röntgen entdeckt die später nach ihm benannten »X-Strahlen«
Dez. 1897	Die deutsche Marine besetzt Tsingtau als Stützpunkt in China
29.–31. Aug. 1897	Erster Zionistischer Weltkongress in Basel
Apr.–Dez. 1898	Spanisch-Amerikanischer Krieg
Sept. 1898	Faschodakrise zwischen Frankreich und Großbritannien
18. Mai–29. Juli 1899	1. Haager Friedenskonferenz mit Delegierten aus 24 Staaten
1899–1902	Burenkrieg
1900	Boxeraufstand in China gegen die europäischen Großmächte
1. Jan. 1900	Das Bürgerliche Gesetzbuch tritt in Kraft
1901	*Platt Amendment* sichert den USA außen- wie innenpolitischen Einfluss in Kuba
17. Dez. 1903	Erster Motorflug von O. und W. Wright
1903	Marie Curie erhält als erste Frau den Nobelpreis für Physik
1904	Hereroaufstand in Deutsch-Südwestafrika (Namibia)
1904–1905	Russisch-Japanischer Krieg, 5. Sept. 1905 Frieden von Portsmouth
8. Apr. 1904	*Entente cordiale* zwischen Frankreich und Großbritannien
1905	A. Einstein veröffentlicht die »Spezielle Relativitätstheorie«
22. Jan. 1905	»Blutsonntag« in St. Petersburg
31. März 1905	Wilhelm II. besucht den Sultan von Marokko, 1. Marokkokrise
18. Apr. 1906	Bertha von Suttner erhält als erste Frau den Friedensnobelpreis (für 1905)
Sommer 1906	Konferenz von Algeciras; Deutschland isoliert
1907	Spaltung des Indischen Nationalkongresses
15. Jun.–18. Okt. 1907	2. Haager Friedenskonferenz mit Delegierten aus 44 Staaten
31. Aug. 1907	Britisch-russischer Ausgleich
7. Okt. 1908	Österreich-Ungarn annektiert Bosnien und Herzegowina
28. Okt. 1908	Interview Wilhelms II. im *Daily Telegraph* löst Proteststürme aus
6. Apr. 1909	R. Peary erreicht als Erster den Nordpol
1909	Physik-Nobelpreise an G. Marconi und K. F. Braun für drahtlose Telegraphie
1910	Gründung der Südafrikanischen Union
1911/1912	Amundsen (Dez. 1911) und Scott (Jan. 1912) erreichen als erste Menschen den Südpol
1. Juli 1911	Der »Panthersprung« nach Agadir löst die 2. Marokkokrise aus
12. Jan. 1912	SPD erstmals stärkste Fraktion des Reichstages
8.–11. Febr. 1912	Haldane-Mission zur Beendigung der deutsch-britischen Flottenrüstung
12. Feb. 1912	Die Chingdynastie dankt ab, China wird Republik
14./15. April 1912	Untergang des Passagierschiffs »Titanic«
15. Aug. 1914	Präsident Woodrow Wilson weiht den Panamakanal ein

Der Erste Weltkrieg (1914–1918)

5

Einführung

Der Erste Weltkrieg steht am Schnittpunkt mehrerer historischer Entwicklungen: Er begann als Auseinandersetzung innerhalb des alten, noch im 18. Jahrhundert verwurzelten europäischen Staatensystems; zugleich enthielt er mit seinem Auslöser – dem Nationalismus der Völker auf dem Balkan – ein modernes, dem 19. Jahrhundert entstammendes Element; und schließlich wies er mit der emotionalen Mobilisierung, der Ideologisierung und seinen Tendenzen zum totalen Krieg bereits auf den Zweiten Weltkrieg hin. Der Erste Weltkrieg war *die* große Urkatastrophe des 20. Jahrhunderts. Er zerstörte die alte Ordnung und die traditionelle weltpolitische Vormachtstellung Europas, ließ Monarchien untergehen und zwei neue Großmächte mit antagonistischen Gesellschaftssystemen entstehen – die USA und die Sowjetunion nach der kommunistischen Oktoberrevolution –, löste einen politischen und ideologischen Sturm aus sowie einschneidende territoriale Veränderungen vor allem im Südosten Europas, die bis 1989 die Landkarte bestimmten. Der Weltkrieg war Inkubationszeit eines aggressiven Nationalismus und radikalen Antisemitismus. Der Nationalsozialismus und die faschistischen Bewegungen wären ohne ihn nicht zu erklären. Nicht erklärbar wären ohne ihn auch der Niedergang des Bürgertums als führender gesellschaftlicher Schicht und der Prozess der Dekolonisation, der nach dem Ersten Weltkrieg begann und sich nach dem Zweiten beschleunigt fortsetzte.

Die Bezeichnung »Erster Weltkrieg« wurde 1921 von einem britischen Journalisten geprägt, doch die meisten beteiligten Nationen nannten und nennen ihn bis heute »The Great War«, »La Grande Guerre«, »La Grande Guerra«; nur die Deutschen bezeichneten ihn nicht als den »Großen Krieg«, sondern von Anfang an als den »Weltkrieg«, was möglicherweise etwas über die Bestrebungen der deutschen Führung im Jahr 1914 aussagt.

Wer trägt die Kriegsschuld?

Eine lange und erbittert geführte wissenschaftliche Kontroverse, die auch heute noch nicht abgeschlossen ist, widmete sich der Frage, wer die Schuld am Ausbruch des Ersten Weltkrieges trägt. Der spezielle Verlauf der »Julikrise« von 1914 stellte eine Mischung aus diplomatischer Eskalation und militärischer Eigendynamik dar, die noch nicht viel über die Kriegsschuld aussagt: Die dem Attentat von Sarajevo auf den österreichischen Thronfolger und seine Gemahlin folgenden, vom Deutschen Reich in einer Art Nibelungentreue bedingungslos gedeckten Schritte Österreich-Ungarns, das Ultimatum (23. Juli) und die Kriegserklärung (28. Juli) an Serbien, hatten mit geradezu mechanischer Logik die russische Teil- (29. Juli) und Generalmobilmachung (30. Juli) zur Folge. Diese wiederum führte am 1. August zur deutschen Generalmobilmachung und zur Kriegserklärung des Deutschen Reiches an Russland und an das mit ihm verbündete Frankreich (3. August).

Indem die deutschen Truppen gemäß der Grundidee des Schlieffenplans – der bereits 1905 entworfen, dann jedoch vom Nachfolger Schlieffens als Chef des Generalstabs, Moltke,

Kapitel 5

modifiziert worden war – den Angriff auf Frankreich mit dem Einmarsch in das neutrale Belgien eröffneten, ließ die deutsche Regierung am 4. August auch ihr altes Ziel, die britische Neutralität im Falle eines Krieges mit Frankreich und Russland sicherzustellen, endgültig fallen. Anders als von Schlieffen geplant, konnte Frankreich allerdings nicht schnell niedergeworfen werden. So endete das Jahr 1914 für das Kaiserreich mit Schlieffens strategischem Albtraum, denn es stand genau vor jenem langen Zweifrontenkrieg, den die militärischen Führer hatten verhindern wollen. Die Vorstellung vom einem kurzen Krieg erwies sich nach wenigen Wochen bereits als eine Illusion; was folgte, war ein langer Stellungs- und Zermürbungskrieg, waren mörderische Materialschlachten, die ganze Generationen dezimierten.

In Deutschland ist man nach dem Krieg davon ausgegangen, dass es sich um einen deutschen Verteidigungskrieg angesichts einer feindlichen Einkreisung gehandelt habe. Der britische Staatsmann Lloyd George schrieb 1933 in seinen »Kriegserinnerungen«, alle Mächte seien aufgrund verhängnisvoller Verkettungen in den Krieg »hineingeschlittert«. In den 1960er-Jahren stellte der westdeutsche Historiker Fritz Fischer die These auf, dass die deutsche Reichsregierung auf den Weltkrieg hingearbeitet, ja einen Angriffskrieg von langer Hand geplant habe. Deutschland, so Fischer, wollte nach der Weltmacht greifen; es trage die Hauptverantwortung für den Ersten Weltkrieg. Das erschien wie eine nachträgliche Bestätigung des Kriegschuld-Artikels aus dem Versailler Vertrag von 1919, der seinerzeit in Deutschland Empörung ausgelöst hatte. Mittlerweile sind sowohl die Unschuld-These wie auch die Angriffskrieg-These als der komplexen Wirklichkeit nicht angemessen zurückgewiesen worden. Alle Mächte, so kann man bilanzieren, handelten mit einem kalkulierten Risiko, das sich am Ende jedoch als unkalkulierbar herausstellte. Kriegsmentalität und Weltmachtstreben scheinen indessen innerhalb der deutschen politischen und militärischen Führung am stärksten gewesen zu sein.

Die Schlachten des Jahres 1914, im Osten bei Tannenberg, im Westen an der Marne, dann der Kampf um Verdun 1916 und schließlich der uneingeschränkte U-Boot-Krieg des Kaiserreichs, in dessen Folge die USA in den Krieg eintraten, bilden »Eckpunkte« der globalen Auseinandersetzung. Mit dem Kriegseintritt der USA 1917 war der Krieg für die Mittelmächte nicht mehr zu gewinnen. Daran änderte auch die Niederlage Russlands nichts, das nach der Oktoberrevolution den deutschen Diktatfrieden von Brest-Litowsk akzeptieren musste. Die Gewichte der wirtschaftlichen Macht, der industriellen Produktivität und der mobilisierbaren Truppenstärke der USA waren viel stärker als alles, was Deutschland und Österreich in die Waagschale werfen konnten.

Kriegsalltag an der Front und in der Heimat

Die Fronterfahrung vor allem im Westen übertraf in ihrer Schrecklichkeit jegliche Vorstellungskraft und hatte mit den bis dahin tradierten Ansichten vom Soldatendasein nichts mehr zu tun. Unter den Bedingungen des mörderischen Stellungskrieges waren Tapferkeit und individuelle »Heldentaten« nicht mehr gefragt, hingegen die Leidensfähigkeit und das Durchhaltevermögen von »Menschenmaterial«. Für das Grauen gibt es keine angemessene Beschreibung. Nicht allein an den Materialschlachten lässt sich ablesen, wie weit eine Totalisierung des Krieges vorangetrieben wurde. Auch alle produktiven Kräfte sämtlicher Kriegsgesellschaften mussten sich den massiven Anforderungen des industriellen Krieges anpassen. Die Ernährungslage spitzte sich außer in den USA überall zu, und mit Blick auf die Psychologie und die Moral der Menschen an der »Heimatfront« kam es oft zu Repressionen gegenüber »Abweichlern«. Streiks und revolutionäre Situationen aus Kriegsmüdigkeit drohten vor allem in Deutschland, weniger in Frankreich, da es hier um die Abwehr eines im eigenen Lande stehenden Feindes ging. Der Krieg bedeutete überall auch einen Epocheneinschnitt hinsichtlich der Arbeitswelt und des sozialen Wandels: Arbeitern wurden bisher undenkbare Mitbestimmungsrechte zugestanden, und Frauen arbeiteten in der (Rüstungs-)Industrie, was freilich eine temporäre Erscheinung darstellte. Nach dem Krieg sollten die Familien wieder stabilisiert werden, und so wurde die Arbeit von Frauen von einer öffentlichen wieder zu einer privaten Angelegenheit.

Der Erste Weltkrieg

Problematische Friedensschlüsse von 1919

Immer schon in der Weltgeschichte war der Übergang vom Krieg zum Frieden ein schwieriges Problem. Doch 1918 war eine neue Qualität erreicht, denn der Totalität des alliierten Sieges entsprach die Totalität der deutschen Niederlage. Konnte auf einen totalen Krieg überhaupt ein versöhnlicher Frieden folgen? Der Versailler Friedensvertrag war Gegenstand leidenschaftlicher Diskussionen.

Man muss sich einige grundlegende Dimensionen bewusst machen, die zeigen, wie extrem schwierig es war, wenn schon nicht zufrieden stellende, so doch zumindest einigermaßen haltbare Lösungen zu finden: Es war hier ein Weltkrieg zu liquidieren. Dieser hatte fast sämtliche Gesellschaften bis an den Rand ihrer Mobilisierungs- und Leidensfähigkeit gebracht. Man schätzt, dass ca. neun Millionen Soldaten und sechs Millionen Zivilisten getötet wurden. Die Folgen des massenhaften Kriegstodes hinterließen in breiten Schichten der Bevölkerung traumatische Wirkungen und Hass. Dieser Krieg hatte die Emotionen wie noch kein anderer vor ihm hochkochen lassen, bzw. die Emotionen wurden durch eine auf Hochtouren laufende Propaganda geschürt und wirkten über den Krieg hinaus fort. Der Krieg endete nicht 1918, er setzte sich in den Köpfen der Menschen fort.

Weiterhin: Mächtige neutrale Staaten, die vermittelnd hätten wirken können, gab es nach 1918 nicht mehr. Eine Vielzahl territorialer Fragen, vor allem in Ostmitteleuropa nach dem Untergang der Donaumonarchie, waren zu lösen. Das proklamierte »Selbstbestimmungsrecht der Völker« führte überdies in vielen Teilen der Welt, etwa in Indien, zu blutigen Aufständen gegen die Kolonialherrschaft. Auf der Friedenskonferenz waren 32 Staaten vertreten, deren Vollversammlung umfasste über tausend Beteiligte. Deutschland war nicht dabei, was einen verhängnisvollen Bruch mit den bewährten Maximen und Traditionen früherer europäischer Friedensschlüsse bedeutete, auf denen auch die Besiegten immer vertreten waren. 1919 wurden die besiegten Mittelmächte nicht an den Verhandlungstisch geholt, sie verfügten lediglich über die Möglichkeit, zu den zuvor von den Siegern intern beratenen und beschlossenen Vertragsentwürfen schriftlich Stellung zu nehmen. Die letzte Verlautbarung der Alliierten hatte dann aber die Form eines Ultimatums.

Die großen Auseinandersetzungen bezüglich des Vertragsinhalts verliefen nicht zwischen Siegern und Besiegten, sondern fanden im Lager der Sieger statt: Frankreichs Ziele gegenüber Deutschland entsprangen seiner Sicherheitsdoktrin; Frankreich wollte eine hegemoniale Stellung auf dem Kontinent erringen. Großbritannien strebte danach, weiterhin ein gewisses Gleichgewicht auf dem Kontinent zu bewahren, es lehnte deshalb eine zu weitgehende Schwächung Deutschlands ab. Die USA, besonders Präsident Woodrow Wilson, wollten den Grundstein für eine universale Friedensordnung legen. Ein erstmals zu schaffender Völkerbund schien der Schlüssel zum Frieden zu sein. Doch die Vereinigten Staaten nahmen daran nicht teil, sie verfolgten nach dem Krieg ihren Isolationismus, zogen sich auf die Innenpolitik zurück und hielten sich aus europäischen Belangen weitgehend heraus. Und die Besiegten blieben aus der Völkerfamilie zunächst ausgeschlossen; der Völkerbund wurde so eine Zeit lang zum Konservator von Frankreichs Machtpolitik.

Der Versailler Vertrag war entweder zu hart oder zu milde, je nachdem, von welcher Seite aus man ihn betrachtete: zu hart, weil er den Deutschen von Beginn an kaum andere Möglichkeiten ließ als zu versuchen, ihn zu revidieren, und zu milde, weil die Belastungen – die Gebietsabtretungen und Reparationen – wiederum nicht so groß waren, als dass sie die Hoffnung genommen hätten, den Vertrag revidieren zu können. Unzweifelhaft stellte er eine extreme Hypothek für den Aufbau einer Demokratie in Deutschland dar, die nach der Revolution von 1918 erstmals möglich war. Dennoch behielt – das darf nicht vergessen werden – das Deutsche Reich den Status einer europäischen Großmacht. Für die Deutschen des Jahres 1919 war der Artikel 231 des Vertrages, der eine Klausel über Deutschlands Kriegsschuld und über die »Kriegsverbrecher« enthielt, das Schlimmste, was ihnen passieren konnte. So wurde in den besiegten Staaten »Versailles« zur wirksamsten Waffe der Republikgegner.

Kapitel 5

5.1 Attentat in Sarajevo

Am 28. Juni 1914 besuchten der österreichische Thronfolger, Erzherzog Franz Ferdinand, und seine Gemahlin die bosnische Hauptstadt Sarajevo. Bosnien gehörte seit 1908 zum habsburgischen Reich (▶ 4.28) und stand unter ungarischer Verwaltung. Kurz nach Ankunft der hohen Besucher scheiterte ein Bombenanschlag, weil sie die fragliche Stelle bereits passiert hatten. Unter den Zuschauern gab es elf Verletzte.

Als nach dem Empfang im Rathaus der Erzherzog und seine Frau die Verletzten besuchen wollten und im offenen Kraftwagen durch die Stadt fuhren, sprang plötzlich ein junger Mann aus der Menge hervor und feuerte Schüsse auf sie ab. Beide starben binnen zehn Minuten.

Titelseite der Wiener »Kronen-Zeitung« vom 29. Juni 1914

Der Schütze, der neunzehnjährige Gymnasiast Gavrilo Princip, gab zu Protokoll, er habe die Unterdrückung der Serben rächen wollen. Die Drahtzieher beider Attentate wurden später tatsächlich in Serbien ausgemacht; das Land war seit 1878 unabhängig und mit Ausnahme des mit ihm verbündeten Russland international isoliert. Zugleich war es die Heimat der anti-habsburgischen panslawistischen Bewegung, die ein selbstständiges südslawisches Großreich unter Einbeziehung Bosniens und Kroatiens anstrebte.

Im Gegensatz zu dem betagten Kaiser Franz Joseph befürwortete Erzherzog Franz Ferdinand die Autonomie der slawischen Völker innerhalb der Doppelmonarchie nach dem Vorbild des Ausgleichs mit Ungarn. Hätte er nach seiner Thronbesteigung, mit der in nicht allzu ferner Zeit zu rechnen gewesen war, diese Pläne verwirklichen können, wäre damit der panslawistischen Bewegung vermutlich die Basis entzogen worden.

Doch auch in Wien gab es politische Kräfte, denen das Attentat letztlich zugute kam. Schon seit einiger Zeit drängten dort die Verfechter eines »Präventivkriegs« auf ein militärisches Vorgehen gegen die Serben, die mit ihrem panslawistischen Nationalismus einen ständigen Unruheherd auf dem Balkan darstellten und dadurch das ohnehin nicht mehr stabile Habsburgerreich gefährdeten. Nun gewann die Kriegspartei unter dem Generalstabschef Franz Graf Conrad von Hötzendorf die Oberhand und drängte auf ein rasches, entschlossenes Vorgehen gegen Serbien.

5.2 Julikrise und Kriegsbeginn

Das Habsburgerreich wollte auf die Ermordung seines Thronfolgers Erzherzog Franz Ferdinand in Sarajevo mit unnachsichtigem Vorgehen gegen Serbien reagieren, weil man die Drahtzieher des Attentats in serbischen Militär- und Geheimdienstkreisen vermutete. Da Serbien jedoch mit Russland verbündet war, brauchte Österreich-Ungarn die Rückendeckung des Deutschen Reichs. In Berlin ging man davon aus, dass man den Konflikt lokal begrenzt halten könnte und folglich keinen größeren Waffengang provozieren würde. Ausschließen konnte man einen solchen allerdings nicht, da sich die beiden Bündnissysteme Großbritannien–Frankreich–Russland und Deutschland–Österreich-Ungarn seit längerem feindlich gegenüberstanden. Aber man glaubte, dass Russland sich von der energischen Unterstützung des österreichischen Vorgehens seitens des Deutschen Reichs abschrecken ließe und dass Frankreich wie Großbritannien nicht bereit wären, wegen Serbien Krieg zu führen.

Der »Blankoscheck«

Am 6. Juli 1914 sagten Kaiser Wilhelm II. und die Reichsregierung den Österreichern ihre

Der Erste Weltkrieg

uneingeschränkte Unterstützung zu. Diese an keinerlei Bedingungen geknüpfte Zusage wurde später als »Blankoscheck« kritisiert und für die folgende Eskalation der Ereignisse – wenigstens teilweise – verantwortlich gemacht.

Am 23. Juli verlangte Österreich in einem auf 48 Stunden befristeten Ultimatum von Serbien die Einstellung aller gegen die Doppelmonarchie gerichteten Unternehmungen und die Strafverfolgung der am Attentat Beteiligten unter Hinzuziehung österreichischer Behörden. Allgemein rechnete man mit einer Ablehnung durch Serbien und der darauf folgenden Kriegserklärung. Doch trotz der fast unannehmbaren Forderungen willigte Belgrad weitgehend ein. Wilhelm II. sah – wie der Rest der Welt erleichtert – keinen Grund für einen Krieg mehr. Doch er wurde enttäuscht. Wien erklärte die Antwort aus Belgrad trotzdem für unzureichend, brach am 25. Juli die diplomatischen Beziehungen zu Serbien ab und mobilisierte seine Streitkräfte. Am 28. Juli wurde Serbien der Krieg erklärt und tags darauf mit der Beschießung Belgrads begonnen.

Großbritannien, das bislang versucht hatte, den Konflikt von einem internationalen Schiedsgericht bereinigen zu lassen, reagierte noch am selben Tag mit der Warnung, es werde im Fall eines kontinentalen Kriegs Frankreich beistehen. Reichskanzler Bethmann Hollweg versuchte einerseits die Briten zur Neutralität zu bewegen und andererseits in der Nacht vom 29. auf den 30. Juli die Österreicher zu Verhandlungen mit Russland zu überreden, scheiterte damit aber. Schon am 30. Juli wurden die russischen Streitkräfte mobilisiert, ein letzter Appell Wilhelms II. an Zar Nikolaus II. war vergebens.

Am 31. Juli forderte das Deutsche Reich Frankreich auf, sich neutral zu verhalten, aber der französische Ministerrat beschloss ebenfalls die Mobilmachung. Auf allen Seiten waren jetzt die Kriegsvorbereitungen in vollem Gang. Am 1. August erklärte das Deutsche Reich Russland und am 3. August Frankreich den Krieg. Die deutschen Militärs wollten nach dem so genannten Schlieffenplan mit einem Überraschungsschlag gegen Frankreich eine rasche Entscheidung im Westen herbeiführen, um dann den Großteil ihrer Streitmacht gegen

Abfahrt eines Truppentransportzugs von einem Berliner Bahnhof im August 1914: »Auf zum Preisschießen nach Paris«

Russland einsetzen zu können. Da die Franzosen ihre Grenze zu Deutschland massiv befestigt hatten, marschierten deutsche Truppen in das neutrale Belgien ein, um den Franzosen in die Flanke zu fallen und, so hofften sie, binnen weniger Wochen den Sieg zu erringen. Diesen völkerrechtswidrigen Überfall auf Belgien nahm wiederum Großbritannien zum Anlass, am 4. August dem Deutschen Reich den Krieg zu erklären und seinen Bündnisverpflichtungen nachzukommen.

Der »Burgfrieden«

Der lang erwartete Krieg zwischen den großen Bündnissystemen löste die aufgestaute Spannung und führte in vielen Schichten der Bevölkerung zu Kriegsbegeisterung. Der Militarismus (▶ 4.18) hatte im Deutschen Reich einen übersteigerten Patriotismus genährt, der Freiwillige zu Tausenden zu den Waffen greifen ließ. Die Deutschen, die sich de facto einem militärisch aussichtslosen Zweifrontenkrieg konfrontiert sahen, gaben sich grenzenloser Siegesgewissheit hin.

Im Reichstag stimmten alle Fraktionen, auch die sozialdemokratische, den beantragten Kriegskrediten in voller Höhe zu. Für die Dauer des Kriegs schlossen alle Parteien einen innenpolitischen »Burgfrieden«. Der Kaiser verkündete seinerseits: »Ich kenne keine Parteien mehr, ich kenne nur noch Deutsche!« Doch je länger der Krieg sich hinzog, desto brüchiger wurde der »Burgfrieden«, der schon 1916 mit einer öffentlichen Debatte über die Kriegsziele endete.

5.3 »Im Westen nichts Neues«

Bei Kriegsbeginn drangen die deutschen Truppen nach dem Schlieffenplan, erstellt 1905 von dem preußischen Generalstabschef Alfred Graf von Schlieffen, durch das neutrale Belgien nach Nordfrankreich vor und erreichten schon Anfang September 1914 die Marne. Hier wurde ihr Vormarsch von zahlenmäßig überlegenen französisch-britischen Streitkräften gestoppt, die zur Verteidigung von Paris aufgestellt worden waren. Als sich nach heftigen Kämpfen vom 5. bis 9. September abzeichnete, dass die Gegner durch eine Lücke zwischen den deutschen Armeen vorstoßen könnten, nahm Generalstabschef Helmuth von Moltke alle Streitkräfte des rechten Flügels bis hinter die Aisne zurück. Dieses in französischen Augen »Wunder an der Marne« wurde anfangs aber nur zögerlich genutzt.

Das zerschossene Verdun am Ufer der Meuse (Maas)

Um den britischen Nachschub zu stoppen, versuchten die Deutschen danach, bis zu den Häfen an der Kanalküste vorzudringen; doch dieser »Wettlauf zum Meer« kam mit den Herbstschlachten von Langemarck und Ypern 1914 ebenfalls zum Stillstand. Der geplante Bewegungskrieg geriet zum Stellungskrieg. Über 700 Kilometer erstreckte sich von der belgischen Nordseeküste bis zur schweizerischen Grenze die Front, deren Verlauf sich die nächsten vier Jahren nicht mehr wesentlich ändern sollte.

Auf beiden Seiten entstanden weit verzweigte Systeme von Schützengräben und Unterständen aus Balken und Erde. Diese Provisorien wurden nun zu ständigen Aufenthaltsorten der Soldaten. »Im Westen nichts Neues« nannte Erich Maria Remarque seinen 1929 erschienenen Antikriegsroman, der die ausweglose Situation der deutschen Frontsoldaten beschreibt.

Sinnlose Materialschlachten

Als besonders verheerend erwiesen sich die gerade erfundenen Maschinengewehre, mit denen die herkömmlich kämpfende Infanterie buchstäblich reihenweise niedergestreckt wurde. Noch mehr Schrecken verbreiteten die Giftgaskampfstoffe, die erstmals von den Deutschen bei Ypern im April 1915 eingesetzt wurden, 5 000 Menschen töteten und 20 000 feindliche Verteidiger kampfunfähig machten. Bald wurde Giftgas auch von den Alliierten verwendet. Bis Kriegsende gab es 500 000 bis eine Million Giftgasverletzte. Die Feuerkraft der Artillerie stieg auf beiden Seiten ständig. Erstmals wurden auch Flugzeuge eingesetzt, Fesselballone spionierten die feindlichen Linien aus der Luft aus.

Beide Seiten steigerten den Materialeinsatz ins kaum Vorstellbare und nahmen zuvor ungekannte Opferzahlen in Kauf, um Bewegung in die Pattsituation zu bringen. Immer wieder versuchten im Verlauf des Jahres 1915 die Alliierten vergeblich, mit massivem Artilleriefeuer die deutschen Linien sturmreif zu schießen. Ein französischer Soldat beschrieb die Sinnlosigkeit dieser Grabenkämpfe mit den Worten: »ungefähr ein Menschenleben für jeden Quadratmeter«. Im Frühjahr 1916 begannen die deutschen Streitkräfte eine Großoffensive auf die Festung Verdun. Die viermonatigen Kämpfe brachten kaum Geländegewinne, kosteten aber rund 700 000 Soldaten das Leben. Ebenso scheiterten die Alliierten mit ihrer hauptsächlich von Briten vorgetragenen Gegenoffensive an der Somme von Juli bis November 1916. Erst allmählich ging den Oberbefehlshabern beider Seiten auf, dass die Strategie, den Gegner in Abnutzungsschlachten »auszubluten«, nicht aufgehen konnte und dass in diesem ersten »modernen« Krieg die technischen, industriellen und wirtschaftlichen Ressourcen der Krieg führenden Nationen den Ausschlag geben würden. Tatsächlich war es dann eine weitere neuartige Waffe, die eine Entscheidung herbeiführte (▶ 5.12).

5.4 Kriegsziele

Nach den Kriegserklärungen Deutschlands und Österreich-Ungarns 1914 war klar, dass der künftige Krieg eine Strafaktion gegen Serbien weit überschreiten würde. Die imperialen Denkmuster hatten sich so verfestigt, dass – gepaart mit übermütiger Siegeszuversicht – allseits über Pläne für eine Neuaufteilung Europas und Annexionen nachgedacht wurde. Die Kriegszieldiskussion nahm zu, als Japan (1914), das Osmanische Reich (1914), Bulgarien und Italien (1915), Rumänien (1916), die USA und Griechenland (1917) in den Krieg eintraten.

Die Kriegsziele

Österreich-Ungarn versprach sich vom Krieg die Lösung seiner Nationalitätenkonflikte sowie die Annexion Serbiens, Montenegros und Rumäniens.

Großbritannien, Frankreich und Russland wollten in erster Linie die Stellung Deutschlands als dominierender Macht Mitteleuropas schwächen. Die Franzosen verlangten nicht nur die Rückgabe Elsass-Lothringens und, wie Großbritannien, die Wiederherstellung der belgischen Souveränität, sondern auch das Saarland, Luxemburg und weitere linksrheinische Gebiete, teilweise sogar Brückenköpfe rechts des Rheins.

Großbritannien nannte als Kriegsziel die Zerstörung der deutschen Kriegsflotte, um dadurch die Vorherrschaft zur See zu wahren; zudem wollte es die deutschen Kolonien übernehmen. Im Einklang mit den Franzosen wollte es das Habsburgerreich in Einzelstaaten aufteilen. Der Status quo Deutschlands auf dem Kontinent interessierte die Briten weniger, sie setzten auf ihre traditionelle Politik der Machtbalance.

Russland befand sich in einer weit schwierigeren Lage als seine Verbündeten; das Zarenreich steuerte nicht zuletzt wegen der Entwicklungen an der Ostfront (▶ 5.5) auf sein baldiges Ende zu. Trotzdem plante Nikolaus II. nach der zeitweiligen Eroberung Galiziens ein russisches Imperium bis an die Karpaten, also die Annexion weiter Teile des Habsburgerreichs, und wollte auch die russische Vorherrschaft über die Meerengen zwischen Schwarzem Meer und Ägäis sowie die Vorherrschaft auf dem Balkan gewinnen. Großbritannien wie Frankreich stimmten seinen Plänen zu und teilten im geheimen Sykes-Picot-Abkommen von 1916 vorab den asiatischen Teil des Osmanischen Reichs untereinander auf. Die USA definierten ihre Kriegsziele hauptsächlich über die »14 Punkte« ihres Präsidenten Wilson (▶ 5.11).

Die deutschen Kriegsziele und das Ende des »Burgfriedens«

In Deutschland diskutierte man die Kriegsziele zunächst nicht öffentlich, um den zwischenparteilichen Konsens zu Kriegsbeginn (▶ 5.2) nicht zu gefährden. Damit war es spätestens 1916 vorbei, als sich abzeichnete, dass der verlustreiche Stellungskrieg nicht zu gewinnen war. Vor allem die Sozialdemokraten setzten sich öffentlich für einen »Remisfrieden« ohne Annexionen und Reparationen ein und stellten sich damit den einflussreichen Verfechtern eines »Siegfriedens« in Politik, Militär und Wirtschaft entgegen. Diese dachten sich Belgien als Vasallenstaat, um dadurch besseren Zugang zur Kanalküste zu erlangen; Frankreich sollte die Bergbauregion von Briey, die Küste von Dünkirchen bis Boulogne sowie die westlichen Vogesen abtreten. Große Teile Polens sollten als Agrarland annektiert werden, und der Alldeutsche Verband wollte sogar die baltischen Staaten und Galizien dem Deutschen Reich einverleiben.

Diese Kriegsziele hätten zwar mit dem Zweibundpartner abgestimmt werden müssen, doch dazu kam es nie; die Habsburger gerieten militärisch schon 1914 in deutsche Abhängigkeit, sodass man in Berlin entsprechende Rücksichtnahmen für überflüssig hielt. Deutsche und Österreicher erwogen einen Separatfrieden mit Russland, verbauten sich aber diese Möglichkeit, als sie im November 1916 ein selbstständiges Königreich Polen proklamierten, um die unter russischer Flagge kämpfenden Polen zur Desertion zu veranlassen.

Friedensversuche

Reichskanzler von Bethmann Hollweg zählte zu den wenigen politisch Verantwortlichen in Deutschland, die die Aussichtslosigkeit eines »Siegfriedens« erkannten. Gegen den Willen der Obersten Heeresleitung unter Hindenburg und Ludendorff bot er den Gegnern, namentlich Frankreich und Großbritannien, im Dezember 1916 Friedensverhandlungen an und hoffte auf die Unterstützung der zu dieser Zeit

Reichskanzler von Bethmann Hollweg bot den Alliierten in einer Rede im Reichstag am 12. Dezember 1916 Friedensverhandlungen an.

noch neutralen USA. Dieser Vorstoß war allerdings ebenso vergeblich wie die Friedensresolution des Deutschen Reichstags vom Juli 1917, bei der sich der Papst als Vermittler anbot. In beiden Fällen setzten sich im Lager der Entente die »Falken« durch, obwohl es auch dort mit Politikern wie dem französischen Sozialisten Aristide Briand oder dem britischen liberalen Premier Herbert H. Asquith Befürworter eines »Remisfriedens« gab. Über der Friedensfrage zerstritt sich schließlich auch die SPD, deren linker Flügel den sofortigen Frieden forderte und sich im April 1917 als Unabhängige Sozialdemokratische Partei (USPD) abspaltete. Die bisherige SPD bestand als MSPD, häufig als »Mehrheitssozialdemokraten« bezeichnet, weiter.

5.5 Ostfront

Im Osten stand bei Kriegsbeginn 1914 lediglich eine einzige deutsche Armee zum Schutz Ostpreußens bereit. Sie sollte den russischen Vormarsch aufhalten, bis sich nach dem geplanten Überraschungssieg über Frankreich die dort frei gewordenen Truppen zum Großangriff auf Russland versammelt hätten.

Diese Rechnung ging nicht auf, weil der Schlieffenplan im Westen scheiterte (▶ 5.3).

Doch auch im Osten wurden die Deutschen von unerwarteten Entwicklungen überrascht. Die russischen Streitkräfte waren wesentlich schneller kampfbereit, als der deutsche Generalstab geglaubt hatte, und griffen sofort an. Die deutschen Truppen mussten sich der 1. russischen Armee erwehren und sich unter Aufgabe weiter Teile Ostpreußens bis an die Weichsel zurückziehen, um nicht von der aus Süden nach Ostpreußen vorrückenden 2. russischen Armee eingekesselt zu werden.

Angesichts dieser Situation wurde der schon im Ruhestand lebende General Paul von Hindenburg als Oberbefehlshaber reaktiviert. Ihm und seinem Generalstabschef Generalleutnant Erich Ludendorff gelang es, in der fünftägigen Schlacht von Tannenberg Ende August 1914 das Blatt noch einmal zu wenden und die 2. russische Armee einzuschließen und vernichtend zu schlagen. Zwei Wochen später siegten sie in der Schlacht an den Masurischen Seen auch über die 1. Armee. 137 000 russische Soldaten gerieten in Gefangenschaft. Diese militärtaktischen Erfolge begründeten den Hindenburg-Mythos (▶ 5.12).

Für das Habsburgerreich verlief der Kriegsauftakt weniger glücklich (▶ 5.14). Die »Strafexpedition« gegen Serbien geriet zum Desaster. In Galizien mussten sich die österreichisch-ungarischen Truppen nach schweren Gefechten bei Lemberg bis an die Karpaten zurückziehen. Einen weiteren Vorstoß der Russen von Warschau aus nach Westen konnten Deutsche und Österreicher gemeinsam abwehren.

Auch im Osten ein Patt

Vorübergehend herrschte an der Ostfront Stillstand. Diese zog sich noch länger hin als die Westfront und war wesentlich durchlässiger. Im Mai 1915 gelang Deutschen und Österreichern gemeinsam bei Gorlice südlich von Krakau der größte Durchbruch des Ersten Weltkriegs: Galizien, Polen, Litauen und Kurland wurden besetzt. Aber der weitere Vormarsch gestaltete sich verlustreich, und bis zum Jahresende hatten die russischen Verbände wieder eine Grabenstellung von der Düna bis zur Bukowina gebaut.

Dabei war die Lage Russlands prekär: Es hatte mittlerweile die Hälfte seiner Truppen verloren, und die Türkei, die seit 1914 an der

Der Erste Weltkrieg

Seite Österreichs und Deutschlands kämpfte, hatte die Dardanellen abgeriegelt. Briten und Franzosen versuchten zwar in der Schlacht von Gallipoli (Gelibolu) 1915 die Meerenge einzunehmen, scheiterten aber am entschlossenen türkischen Widerstand. Das Zarenreich war von seinen Verbündeten abgeschnitten, da die deutsche Kriegsmarine gleichzeitig den Weg durch die Ostsee blockierte.

Trotzdem gelang ihm durch General Brussilow von Juni bis August 1916 noch einmal ein großer Sieg über die Österreicher, deren multinationale Armee unter Auflösungserscheinungen litt. Doch das Ziel dieser Offensive, Österreich-Ungarn zur Aufgabe zu zwingen, wurde trotz großer Geländegewinne nicht erreicht, da österreichische Truppen aus Norditalien und deutsche von der Somme rasch als Verstärkung an die Ostfront geschickt wurden. Die Russen waren von ihrem letzten Kraftakt erschöpft und hatten inzwischen über eine Million Soldaten verloren. Deshalb scheiterten weitere Offensiven an der Demoralisierung des russischen Heeres.

5.6 Wladimir Iljitsch Lenin

Dass in Russland die Revolution begonnen hatte, las Lenin in der Zeitung: Noch im März 1917 befand er sich in der Schweiz im Exil. Da sich General Ludendorff von Lenins Anwesenheit in Russland eine Schwächung des Gegners versprach, sorgte die Oberste Heeresleitung in Zusammenarbeit mit dem Auswärtigen Amt dafür, dass Lenin zusammen mit anderen Exilrussen Deutschland durchqueren und über Finnland nach Petrograd, wie Sankt Petersburg seit Kriegsbeginn hieß, fahren konnte, wo er am 16. April eintraf.

Lenin wurde am 22. April 1870 als Sohn des Volksschulinspektors Ilja Uljanow in Simbirsk am Mittellauf der Wolga geboren. Die Familie lebte in gutbürgerlichen Verhältnissen, die Mutter war Arzttochter, der Vater wurde später in den erblichen Beamtenadel erhoben. Mit der Politik kam Wladimir Iljitsch Uljanow erst in Berührung, als sein älterer Bruder Alexander wegen der Beteiligung an einem Attentatsversuch auf Zar Alexander III. im März 1887 hingerichtet wurde. Im Herbst desselben Jahres wurde Lenin, der gerade mit einem Jurastudium in Kasan begonnen hatte, bei Studentenunruhen verhaftet und der Universität verwiesen. Erst 1890 konnte er sein Studium fortsetzen. Nach dem Examen erhielt er 1892 eine Zulassung als Rechtsanwalt in Samara an der Wolga, wo er einige Prozesse führte. Im folgenden Jahr ging er nach Sankt Petersburg, nahm Kontakt zur revolutionären Bewegung auf, verfasste erste Schriften und hielt Schulungen ab. Dabei lernte er auch seine spätere Frau und enge Mitarbeiterin Nadeschda Krupskaja kennen.

Lenin hält eine Rede in Petrograd.

1895 traf er bei einer Reise durch Westeuropa Georgij Plechanow, den Begründer der russischen Sozialdemokratie, und initiierte im November zusammen mit Julij Martow in Sankt Petersburg den »Kampfbund zur Befreiung der Arbeit«, der sofort verboten wurde. Lenin wurde verhaftet und 1897 für drei Jahre nach Sibirien in die Verbannung geschickt. Im Sommer 1900 ging er ins Exil. Dort nahm er den Decknamen Lenin an. 1902 erschien seine Schrift »Was tun?«, in der er die Grundzüge des späteren Leninismus darlegte.

Die Sozialdemokratische Partei Russlands spaltete sich bei ihrem II. Parteitag 1903 in London. Lenin vertrat die These, in Russland könne die Sozialdemokratie nur als straff organisierte Kaderpartei von Berufsrevolutionären überleben. Die Mehrheit, die sich ihm anschloss, nannte sich von da an *Bolschewiki;* die Minderheit, die von einer losen Massenbewegung ausging, *Menschewiki.* Beide Gruppen arbeiteten zwar 1906 wieder zusammen, doch die endgültige Trennung erfolgte 1912. Während der Revolution von 1905 (▶ 4.24) kehrte Lenin nach Russland zurück, musste aber bald

Kapitel 5

wieder fliehen und lebte bis 1914 in Genf, Paris und Krakau, danach wieder in der Schweiz. Während dieser Zeit verfasste er weitere politische Schriften und redigierte ab 1912 die neue Parteizeitung »Prawda«.

»Alle Macht den Räten!«
Am 17. April 1917, einen Tag nach seiner Rückkehr nach Petrograd, formulierte er die »Aprilthesen«, ein Aktionsprogramm unter dem Motto »Alle Macht den Räten!«, in dem er die Zusammenarbeit mit der Provisorischen Regierung Lwow ablehnte. Ein erster Putschversuch der *Bolschewiki* im Juli 1917 schlug fehl, und Lenin musste nach Finnland fliehen. Dort verfasste er »Staat und Revolution«, eine grundsätzliche Schrift über die Zerschlagung und Aneignung des Staatsapparats durch das Proletariat. Im November 1917 wurde er Vorsitzender des »Rats der Volkskommissare« und beherrschte ab da die Revolution in Russland.

Im Februar 1922 erlitt er einen Schlaganfall und zog sich zur Genesung nach Gorki zurück. Im Dezember folgte ein zweiter Schlaganfall, der ihn rechtsseitig lähmte. Deshalb diktierte er einer Sekretärin sein politisches »Testament« und weitere Texte. Ein dritter Schlaganfall im März 1923 raubte ihm die Sprache und trübte sein Bewusstsein. Am 21. Januar 1924 starb Lenin in Gorki.

5.7 Die Revolutionen in Russland 1917

Am Internationalen Frauentag am 8. März 1917 begannen Textilarbeiterinnen in Petrograd mit einem Streik, dem sich Metallarbeiter anschlossen. Nach zweieinhalb Jahren Krieg und einer sich stetig verschlechternden Lebensmittelversorgung war die Lage angespannt. Seit dem 22. Januar, dem Jahrestag des »Blutsonntags« von 1905 (▶ 4.24), flackerten immer wieder Unruhen auf, es brachen sich Wut und Verzweiflung Bahn. Am nächsten Tag, Freitag, dem 9. März – nach dem bis 1918 in Russland gültigen Julianischen Kalender dem 24. Februar –, streikten 200 000 Arbeiter in der Hauptstadt, und zwei Tage später gab Zar Nikolaus II., der um den Nachschub für die Front fürchtete, den Schießbefehl. Doch selbst Garderegimenter weigerten sich, »auf das Volk zu schießen« und schlossen sich den Demonstranten an. Am 15. März 1917 dankte der Zar ab.

Eine Provisorische Regierung unter Fürst Georgij Lwow sollte bis zur Wahl einer verfassunggebenden Versammlung amtieren. In ihr dominierten die Liberalen der Konstitutionellen Partei, kurz »Kadetten« genannt. Die Sozialdemokraten und die Sozialrevolutionäre unterstützten deren Programm zwar, traten der Regierung aber nicht bei. Parallel dazu bildete sich mit dem »Provisorischen Exekutivkomitee des Arbeiterdeputiertenrats« eine Art Gegenregierung. Es folgte eine Zeit der »Doppelherrschaft«, in der die Macht zwischen der Provisorischen Regierung und den revolutionären Sowjets geteilt wurde.

Ein misslungener Aufstand
Als Lenin Mitte April nach Petrograd kam, wurde er von *Bolschewiki* wie *Menschewiki* begeistert empfangen. Er sagte der Provisorischen Regierung sogleich den Kampf an und forderte die alleinige Machtübernahme durch die Sowjets sowie die sofortige Beendigung des Krieges. Einer seiner wichtigsten Mitstreiter war Leo Trotzkij, der Mitte Mai aus den USA kommend in Petrograd eintraf.

Trotzkij (eigentlich Leib Bronschtein; den Decknamen Trotzkij trug er seit 1902) wurde am 7. November 1879 in der Ukraine geboren und gründete 1897 den revolutionären »Südrussischen Arbeiterbund«. 1898 wurde er verhaftet und 1899 nach Sibirien verbannt. 1902 konnte er nach Westeuropa fliehen, wo er Lenin traf. 1904 entwickelte er die These von der permanenten Revolution und spielte im Herbst 1905 eine wichtige Rolle im Petersburger Sowjet, ehe er im Dezember 1905 verhaftet wurde. Erneut gelang ihm die Flucht ins Ausland, und ab 1914 wandte er sich wieder stärker Lenin zu. Im Juli 1917 schloss er sich endgültig den *Bolschewiki* an.

Die Provisorische Regierung war entgegen den Hoffnungen der Massen nicht bereit, den Krieg zu beenden. Die Talfahrt der Wirtschaft und die Inflation spitzten die Situation immer weiter zu, versprochene Reformen blieben aus. Auch eine Koalition aus *Menschewiki* und Sozialisten Mitte Mai 1917 änderte nichts. Die letze russische Großoffensive von Kriegsminister Aleksandr Kerenskij geriet im Juni zum Debakel. Auch der Versuch Lenins, seine »Aprilthesen« am 16. Juli in Petrograd mit Gewalt durchzusetzen, scheiterte. Er sah sich, nachdem Kerenskij Ministerpräsident geworden war, wieder zur Flucht nach Finnland gezwungen; Trotzkij wurde vorübergehend verhaftet.

Wer den *Bolschewiki* ein baldiges Scheitern vorhergesagt hatte, sah sich bald getäuscht. Sie sicherten ihre Macht mit der Einlösung ihrer Versprechen an Arbeiter, Bauern und Soldaten: Sie gaben den Bauern freie Hand für den Zugriff auf das Land von Gutsbesitzern, Kirche und Klöstern, führten in den Fabriken die Arbeiterkontrolle ein und entmachteten den alten Staatsapparat mit der Übertragung

Am 25. Oktober 1917 (alter Zeitrechnung) eröffnete der Panzerkreuzer »Aurora« mit einer blinden Salve den Sturm auf das Winterpalais.

Die Oktoberrevolution

Die Unruhen hielten an, besonders nach einer Revolte konservativer Offiziere. Nicht zuletzt dank Trotzkijs Agitationstalent gewannen die *Bolschewiki* im Herbst die Mehrheit in den Sowjets in Petrograd und Moskau. Am 23. Oktober setzte Lenin, aus Finnland wieder zurück in Petrograd, im Zentralkomitee den Beschluss zur bewaffneten Machtergreifung durch, und das von Trotzkij organisierte Militärrevolutionäre Komitee der Sowjets übernahm am 4. November die militärische Befehlsgewalt in der Stadt. Im Verlauf des 6. November und in der Nacht vom 6./7. November besetzten Rote Garden (Arbeitermilizen) die Brücken und alle wichtigen Gebäude in Petrograd. Am Abend des 7. November (dem 25. Oktober nach dem Julianischen Kalender, deshalb die Bezeichnung »Oktoberrevolution«) eröffnete eine Salve des Panzerkreuzers »Aurora« den Sturm auf das Winterpalais. Die Mitglieder der Provisorischen Regierung wurden verhaftet, nur Kerenskij gelang die Flucht. In Petrograd übernahm das Militärrevolutionäre Komitee die staatliche Gewalt.

aller Befugnisse an die Sowjets – und sie beendeten den Krieg. Der mit den Mitteln des Terrors geführte »Kampf gegen Konterrevolution und Sabotage« setzte sofort ein: Bereits Anfang Dezember 1917 wurde die berüchtigte »Außerordentliche Kommission« gegründet, bekannt unter ihrer russischen Abkürzung »Tscheka«.

5.8 Der Frieden von Brest-Litowsk

Die erste Maßnahme des am 8. November 1917 gegründeten »Sowjets der Volkskommissare« war ein Dekret, in dem Russland allen Ländern »sofortigen Frieden ohne Annexionen und Kontributionen« anbot. Knapp zwei Wochen später schlug Leo Trotzkij, der Volkskommissar für Äußeres, der Entente wie den Mittelmächten Friedensverhandlungen vor. Aber nur Letztere willigten in einen vorläufigen Waffenstillstand entlang der gesamten russischen und ukrainischen Front ein. Die Verhandlungen begannen am 22. Dezember 1917 in der weißrussischen Stadt Brest-Litowsk.

Die deutschen Bedingungen waren, nachdem die Ukraine einen Separatfrieden geschlossen hatte, fast unannehmbar. Deshalb wollte die Mehrheit im Zentralkomitee den Krieg in der Hoffnung fortsetzen, dass die Revolution den Soldaten neue Kräfte verliehen habe. Doch die ausgelaugten Männer wollten nur noch aus ihren Schützengräben heraus oder hatten sie zum Teil schon verlassen. Deshalb bestand Lenin auf der Unterzeichnung.

Die russische Delegation bei der Anreise zu den Friedensverhandlungen in Brest-Litowsk

Trotzkij versuchte es mit der Taktik »Weder Krieg noch Frieden«. Er unterschrieb nicht, erklärte aber gleichzeitig den Kriegszustand für beendet, weil er darauf setzte, dass es auch ohne Vertrag beim Waffenstillstand bleiben würde. Doch die deutschen Streitkräfte nahmen den Kampf umgehend wieder auf und drangen weit in Richtung Petrograd vor. Daher erzwang Lenin, der Russland eine Atempause in der Revolution verschaffen wollte, im Zentralkomitee die Zustimmung zum Friedensvertrag.

Die Bedingungen, die Trotzkij am 3. März 1918 in Brest-Litowsk unterschrieb, fielen hart aus: Russland erkannte die Unabhängigkeit von Finnland und der Ukraine an und verzichtete auf seine Ansprüche im Baltikum, in Polen, Georgien und Armenien. Insgesamt verlor es ein Gebiet von 1,42 Millionen Quadratkilometer mit über 60 Millionen Menschen und rund 75 Prozent seiner bisherigen Stahl- und Eisenindustrie sowie die Kornkammer Ukraine.

Diesen »Gewaltfrieden« empfanden die Ententemächte als ungerecht, und er diente später bei der Formulierung des Versailler Vertrags als Begründung für die harte Haltung der Alliierten gegenüber Deutschland (▶ 5.17). Aber da bestand der Vertrag von Brest-Litowsk schon nicht mehr, denn er war am 11. November 1918 bei der Unterzeichnung des Waffenstillstands (▶ 5.16) annulliert worden.

5.9 Seekrieg und Kriegseintritt der USA

Großbritannien erklärte Deutschland am 4. August 1914 den Krieg, weil deutsche Truppen gemäß dem Schlieffenplan in Belgien eingedrungen waren, um möglichst rasch in den Norden Frankreichs vorzustoßen. Mit dem britischen Eingreifen stellte sich die Frage, wie die beiden größten Schlachtflotten der Welt einzusetzen seien. Großbritannien besaß die stärkere der beiden, und angesichts ihrer Überlegenheit scheuten sich sowohl der Kaiser als auch die Reichsregierung und die oberste Marineleitung, die deutschen Seestreitkräfte einzusetzen; nicht einmal zur Unterbindung britischer Truppentransporte im Ärmelkanal konnten sie eingreifen. Damit stellte sich die mit enormem Aufwand betriebene deutsche Flottenrüstung seit 1897 (▶ 4.33) als grandiose Fehlinvestition heraus.

Die Blockade zur See

Anfang November 1914 erklärte die britische Kriegsleitung die Nordsee aus mehreren Gründen zum Kriegsgebiet. Der wichtigste zielte auf die Unterbrechung des deutschen Seehandels, eine für das Reich harte Entscheidung, denn sie behinderte die Versorgung mit lebenswichtigen Gütern. Diese Form des Handelskriegs hatten die beiden Haager Friedenskonferenzen von 1899 und 1907 zwar geächtet; Großbritannien hielt sich jedoch nicht daran, obwohl die bei Kriegsausbruch neutralen Staaten, z. B. die USA, umgehend dagegen protestierten.

Die Deutschen setzten Unterseeboote als neue und wirkungsvolle Waffen gegen die Blockade ein. Am 22. Februar 1915 erteilte die deutsche Marineleitung den Befehl zum unein-

Der Erste Weltkrieg

Der »Lusitania«-Zwischenfall – ein deutsches U-Boot versenkte den britischen Passagierdampfer.

geschränkten U-Boot-Krieg und verstieß damit ebenfalls gegen die Haager Friedensordnung. Dem amerikanischen Präsidenten Woodrow Wilson waren die Hände gebunden, wusste er aufgrund der großen Friedensdemonstrationen in den Vereinigten Staaten doch, dass sich die amerikanische Bevölkerung nicht in den Kampf gegen »imperialistische« Mächte hineinziehen lassen wollte.

Die USA treten in den Krieg ein
In diese Situation platzte die Nachricht von der Versenkung des britischen Passagierschiffes »Lusitania« durch ein deutsches U-Boot vor der irischen Küste am 7. Mai 1915. 1200 Personen, darunter 128 US-Bürger, ertranken. Der U-Boot-Kommandant hatte angenommen, dass der von New York zurückfahrende Dampfer Munition und Waffen schmuggelte, eine Vermutung, deren Gegenteil nie schlüssig nachgewiesen wurde. Der Untergang der »Lusitania« belastete die deutsch-amerikanischen Beziehungen so schwer, dass Deutschland sich aus Furcht vor weiteren Spannungen offiziell entschuldigte und den U-Boot-Krieg vorerst einstellte. Die Beziehungen zwischen Berlin und Washington schienen sich wieder zu bessern.

Auf der anderen Seite verschlechterte die weiter anhaltende britische Seeblockade die deutsche Versorgungslage immer mehr, sodass Deutschland den Krieg mit seiner Unterseeflotte wieder aufnahm. Daraufhin brach Präsident Wilson die diplomatischen Beziehungen zu Berlin ab, scheute angesichts der mächtigen Antikriegsdemonstrationen vor dem offiziellen Kriegseintritt aber immer noch zurück.

Für den Umschwung der amerikanischen Haltung sorgte die Veröffentlichung eines vom britischen Geheimdienst entschlüsselten Telegramms am 1. März 1917, in dem der Staatssekretär des Äußeren, Arthur Zimmermann, Mexiko ein Kriegsbündnis vorschlug und versprach, das Reich werde Mexiko im Fall eines deutschen Sieges helfen, die im Frieden von Guadalupe Hidalgo 1848 verlorenen Gebiete Texas, New Mexico und Arizona (▶ 2.19) zurückzugewinnen. Die allgemeine Empörung in den USA steigerte sich noch, als Nachrichten von der Versenkung amerikanischer Schiffe durch deutsche U-Boote eintrafen.

Am 2. April 1917 forderte Präsident Wilson den Kongress auf, dem Deutschen Reich den Krieg zu erklären: »Die Welt muss für die Demokratie sicher gemacht werden. (...) Wir verlangen nach keiner Eroberung, keiner Herrschaft (...) Wir sind lediglich einer der Vorkämpfer für die Rechte der Menschen, (...) für eine allgemeine Herrschaft des Rechts durch ein Konzept der freien Völker, (...) das die Welt endlich frei machen wird.« Am 6. April 1917 stimmte der Kongress bei insgesamt 56 Gegenstimmen der Kriegserklärung zu.

Wilson und seine Berater waren zu der Überzeugung gelangt, dass ein deutscher Sieg unbedingt verhindert werden müsse und die USA die künftige Friedensordnung nur im Fall ihrer aktiven Kriegsbeteiligung würden mitprägen können. Ohne die Fehlkalkulationen und die diplomatischen Missgriffe der deutschen Führung wäre es Wilson jedoch sehr viel schwerer gefallen, die amerikanische Bevölkerung und den Kongress von der Notwendigkeit der Kriegserklärung zu überzeugen. Der Kriegseintritt der Vereinigten Staaten hat den Ersten Weltkrieg schließlich entschieden.

5.10 Die Balfour-Deklaration

Schon der erste zionistische Weltkongress in Basel 1897 hatte für Juden eine gesicherte Heimat in Palästina verlangt (▶ 4.12), aber nur wenige, namentlich osteuropäische Juden konnten sich entschließen, dorthin auszuwandern. Ihr Anteil an der Gesamtbevölkerung in Palästina betrug zu Beginn des Ersten Weltkriegs nur etwa zehn Prozent. 1909 gründete die vorstaatliche jüdische Gemeinschaft (Jischuw) Tel Aviv als erste jüdische Stadt der Neuzeit.

Im Ersten Weltkrieg gerieten die Juden im Osmanischen Reich unter starken Druck, denn dem Oberbefehlshaber der osmanischen Armee in Palästina, Jamal Pascha, war der Zionismus verhasst. Er drangsalierte die palästinensischen Juden in jeder nur möglichen Form oder ließ sie nach Ägypten abschieben.

Arthur James Balfour war Führer der Konservativen Partei und 1902–05 britischer Premierminister sowie von 1916–19 Außenminister.

Im Oktober 1917 eroberte der britische General Henry Hynman Allenby Beerscheba und den Negev, am 9. Dezember 1917 rückte er in Jerusalem ein. Der nördliche Teil Palästinas blieb bis zur Kapitulation des Osmanischen Reiches im Oktober 1918 jedoch osmanisch.

Etwa parallel dazu bemühte sich Großbritannien um die arabische Nationalbewegung und versprach den Arabern politische Selbstständigkeit, mit dem Ziel, sie gegen das Osmanische Reich aufzubringen, das an der Seite der Mittelmächte kämpfte. In einem Briefwechsel zwischen dem britischen Hochkommissar in Ägypten Henry McMahon und Husain I., Scherif von Mekka, stellten die Briten in vager Form die Gründung eines arabischen Staates in Aussicht, der auch Teile von Palästina umfassen sollte. Gleichzeitig aber führten die Briten Geheimverhandlungen mit den Vertretern der zionistischen Bewegung in London, Chaijim Weizmann und Lord Rothschild. Auf der Basis dieser Gespräche gab der britische Außenminister Lord Arthur James Balfour in einem Brief an Lord Rothschild vom 2. November 1917 eine Erklärung ab, die politische Berühmtheit erlangen sollte: »Die Regierung Seiner Majestät betrachtet die Schaffung einer nationalen Heimstätte für das jüdische Volk mit Wohlwollen und wird die größten Anstrengungen machen, um die Erreichung dieses Zieles zu erleichtern.« Er fügte aber hinzu: »[...] wobei klar verstanden wird, dass nichts getan werden soll, was die bürgerlichen und religiösen Rechte bestehender nicht jüdischer Gemeinschaften in Palästina [...] beeinträchtigen könnte«. Trotz dieser als Beruhigung für die arabische Bewegung gedachten Einschränkung löste der Brief dort Befürchtungen aus.

Die Hintergründe

Nicht nur die Araber stellten sich die Frage, was die britische Regierung zu dieser Erklärung bewogen haben mochte. Es waren vor allem realpolitische Gründe: Russland fiel im Zuge der Oktoberrevolution als Verbündeter gegen Deutschland aus, und die Briten nahmen an, dass die Balfour-Deklaration russische Juden anspornen würde, auf eine Fortführung des Krieges hinzuwirken. Schließlich bot erst die Niederlage der Osmanen die Voraussetzung für die Realisierung der Erklärung. Deshalb wurde sie durch Massenflugblätter in den jüdischen Zentren Osteuropas verbreitet.

Außerdem hatte die britische Regierung die Auswirkung dieser Erklärung auf lange Sicht weder erkannt noch bedacht, sondern angenommen, sie werde in den Wirren der Kriegszeiten bald vergessen. Für die zionistische Bewegung besaß sie aber überwältigende Bedeutung: Eine der führenden Weltmächte der damaligen Zeit erkannte die Bindung des jüdischen Volkes an Palästina an und fühlte sich zur Errichtung einer Heimat für die Juden verpflichtet.

DER ERSTE WELTKRIEG

5.11 Woodrow Wilson

Thomas Woodrow Wilson, der 28. Präsident der Vereinigten Staaten, wurde am 28. Dezember 1856 als Sohn eines presbyterianischen Pfarrers in Stounton (Virgina) geboren. Er studierte Geschichte, Rechts- und politische Wissenschaften und lehrte von 1890 bis 1910 dieselben Fächer als Professor an der Universität von Princeton in New Jersey, deren Präsident er von 1902 bis 1910 war. 1910 bewarb er sich als Demokrat erfolgreich um den Posten des Gouverneurs von New Jersey. Im neuen Amt bewies er die gleichen Eigenschaften wie im vorherigen: Er verband die moralische Strenge seiner presbyterianischen Erziehung mit wissenschaftlicher Disziplin und war trotz seines äußerlich steifen Auftretens ein mitreißender Redner. Wie ein Prediger benutzte er häufig biblische Bilder, die eine baldige Erfüllung der demokratischen Prinzipien verhießen. Sein Eintreten für Reformmaßnahmen wie das Antitrustgesetz machte ihn zum Hoffnungsträger des *Progressive Movement*.

Als Bewerber der Demokraten gewann er 1912 die Präsidentschaftswahlen gegen die Republikaner William Taft und Theodore Roosevelt. Während seiner ersten Amtszeit löste er den Großteil seines Programms *New Freedom* (»neue Freiheit«) ein, das die amerikanische Wirtschaft durch den *Federal Reserve Act* (1913), eine Reorganisation des Banken- und Kreditwesens, und den *Federal Trade Commission Act* (1914) von lähmenden Zwängen befreite. 1916 folgten soziale Reformen, z. B. das Verbot der Kinderarbeit und die Einführung des Achtstundentags für Eisenbahner.

Die Vierzehn Punkte
Diese progressive Ära ging im Schatten des Ersten Weltkriegs zu Ende. 1914 proklamierte Wilson die Neutralität der Vereinigten Staaten, denn er wollte die amerikanische Einwanderungsgesellschaft vor einer Zerreißprobe bewahren. Er stand den Westmächten näher als dem Deutschen Reich, das in seinen Augen Autokratie und Militarismus verkörperte. Außerdem kaufte Großbritannien – über amerikanische Banken finanziert – während des Krieges für 5,05 Milliarden Dollar Lebensmittel, Waffen und Munition ein. Demgegenüber sanken die Exporte nach Deutschland auf 29 Millionen Dollar.

Außerdem wusste er, dass die Bevölkerung der USA nicht in einen europäischen Krieg hineingezogen werden wollte. Deshalb verurteilte er die britische Blockade gegen Deutschland ebenso wie den deutschen U-Boot-Krieg. Nach seiner knappen Wiederwahl 1916 schickte Wilson seinen Vertrauten Edward House nach Europa, um die Möglichkeiten für einen »Frieden ohne Sieg« auszuloten; House kehrte allerdings mit enttäuschenden Nachrichten zurück.

Deshalb und aus verschiedenen anderen Gründen (▶ 5.9) traten die USA am 6. April 1917 in den Krieg ein. Als Kriegsziele veröffentliche Wilson am 8. Januar 1918 im Kongress seine »Vierzehn Punkte«, deren vierter und vierzehnter, die für die künftige Wahrung des Weltfriedens wohl wichtigsten Punkte, lauteten: internationale Abrüstung und allgemeiner Zusammenschluss der Nationen zur gegenseitigen Garantie von politischer Unabhängigkeit und territorialer Integrität (Völkerbund). In anderen Punkten wurde Wilson während der Friedensverhandlungen in Versailles zu Kompromissen gezwungen, um die Verankerung des Völkerbunds im Versailler Vertrag (▶ 5.17) zu erreichen. Dies gelang ihm zwar, aber die Ratifizierung des Vertrags durch die USA im März 1920 und damit ihr Beitritt zum Völkerbund scheiterte am Widerstand isolationistischer Kräfte im amerikanischen Senat.

Wilson erhielt 1920 den Friedensnobelpreis für 1919; seine angegriffene Gesundheit zwang ihn nach achtjähriger Amtszeit (1913–21) zum Rückzug aus der Politik. Er starb am 3. Februar 1924 in Washington (D. C.).

5.12 Entscheidung an der Westfront

Der Erste Weltkrieg wurde 1918 an der deutschen Westfront in Nordfrankreich entschieden. Nachdem die Kämpfe an der Ostfront mit dem inzwischen bolschewistischen Russland durch den »Siegfrieden« von Brest-Litowsk 1918 (▶ 5.8) aufgehört hatten, plante die Oberste Heeresleitung um den fast mythisch verehrten Generalfeldmarschall Paul von Hindenburg und General Erich Ludendorff einen strategischen Durchbruch in Form einer Großoffensive. Die Westfront war inzwischen in einem Stellungskrieg erstarrt, wo alle Mittel des Grabenkampfs wie Maschinengewehr, Handgranaten, Flammenwerfer, Flugzeuge und fast täglich Artillerieduelle eingesetzt wurden. Aber keiner Seite gelang der Durchbruch.

Die Frühjahrsoffensive
Die Oberste Heeresleitung wusste, dass ihr nach dem Kriegseintritt der Vereinigten Staaten im April 1917 nicht mehr viel Zeit blieb, ehe die Hauptmacht der ausgeruhten amerikanischen Truppen auf die ausgelaugten deutschen Verbände treffen würde; außerdem hatte sich die U-Boot-Waffe als nicht kriegsentscheidend erwiesen.

Der deutsche Großangriff begann am 21. März 1918 an einem 70 Kilometer breiten Frontabschnitt südlich von Saint-Quentin, an der Nahtstelle zwischen den französischen und britischen Streitkräften. 70 Divisionen mehr oder weniger erschöpfter deutscher Soldaten stießen vor und erzielten in dem von den Briten – die sich von früheren Schlachten noch nicht erholt hatten – besetzten Abschnitt einen beachtlichen Geländegewinn von 60 Kilometer Tiefe. Das Ziel der Offensive war, einen Keil zwischen die französischen und britischen Truppen zu treiben und Letztere an die Küste zurückzudrängen. Dieses Ziel wurde im ersten Anlauf nicht erreicht, sodass Ludendorff zwei weitere, riskante Offensiven am 9. April und 27. Mai 1918 anordnete. Auch sie erzielten – nun gegen französische Truppen – zwar beträchtliche Geländegewinne, erreichten aber die vorgegebenen Ziele ebenfalls nicht. Damit waren die militärischen Kräfte Deutschlands erschöpft, es fehlte überall an frischen und beweglichen Reserven.

Jetzt zeigten sich die deutschen Versäumnisse aus den Jahren des Stellungskriegs. Man hatte wegen des U-Boot-Baus die Motorisierung der Artillerieeinheiten nicht vorangetrieben und auch keine schlagkräftige Panzerwaffe entwickelt.

Ab 18. Juli 1918 setzte der alliierte Gegenangriff unter dem Oberfehl des französischen Generals Ferdinand Foch ein, bei dem den Deutschen das gewonnene Gelände wieder verloren ging. Vor allem der britische Tankangriff (Panzer) auf Amiens am 8. August, der die deutschen Linien durchbrach, zeigte, dass der Widerstandswille bei vielen Heereseinheiten gebrochen war.

Britische Tanks vom Typ »Willie I.« und »Willie II.« beim Vormarsch auf die deutsche Verteidigungsfront (»Hindenburg-Linie«) im September 1918

Mitte September geriet die gesamte Westfront in Bewegung. Als sich der Zusammenbruch der verbündeten Mächte abzeichnete, weil Bulgarien im September 1918 zur Kapitulation gezwungen worden und damit die Südflanke der Front der Mittelmächte aufgerissen war, musste Ludendorff die militärische Niederlage eingestehen und verlangte am 28. September 1918 von der Reichsführung ultimativ den sofortigen Abschluss eines Waffenstillstandsvertrags mit damals noch nicht absehbaren, aber weit reichenden Folgen für die deutsche Innenpolitik (▶ 6.1). Am 26. Oktober 1918 wurde er entlassen.

Letzten Endes hatten das rechtzeitige Eintreffen der amerikanischen Truppen, ihre große Materialüberlegenheit und die bei den Deutschen fehlende Panzerbewaffnung den Ersten Weltkrieg entschieden.

5.13 Kriegsindustrie und Arbeiterschaft

Je länger der Erste Weltkrieg dauerte, umso schwieriger wurde die militärische wie zivile Versorgung in Europa. Die Rüstungsindustrien expandierten angesichts des unersättlichen Bedarfs an Kriegsgütern, dennoch sanken die

Der Erste Weltkrieg

Produktionsziffern in den Rüstungsbetrieben, weil mit zunehmendem Kriegverlauf die Arbeiter, die als Soldaten an die Front geschickt wurden, und die Rohstoffe für die teuren Waffen fehlten.

Der Produktionsrückgang in der Konsumgüterindustrie fiel, weil der internationale Handel durch die britische See- und Wirtschaftsblockade zusammenbrach, besonders krass aus – im Deutschen Reich sank er um 70 Prozent. Das Gleichgewicht von Angebot und Nachfrage und damit das Preisgefüge waren gestört. Die Folgen schlugen sich in staatlicher Regulierung mit Lebensmittelkarten, rasch steigender Inflation, Wucher, Schwarzmarktpreisen und Hunger, vor allem in dem berüchtigten »Kohlrübenwinter« von 1916/17, nieder. Aber es gab auch sog. Kriegsgewinnler, die der allgemeinen Tendenz zum Trotz an kriegsbedingten Geschäften glänzend verdienten und auch nicht zum Militärdienst eingezogen wurden. Auf sie richtete sich der Volkszorn im Kriegsverlauf immer mehr.

Arbeiterschaft, SPD und Gewerkschaften

In Frankreich, Deutschland und Großbritannien bestand der gleiche Teufelskreis: Die Materialschlachten an der Westfront verschlangen teure Rüstungsprodukte, und die Soldaten fehlten in den heimischen Rüstungsbetrieben. In Deutschland wurden immer mehr Frauen und Jugendliche als Ersatz herangezogen, und das Durchschnittsalter der einberufenen Soldaten ging immer weiter nach unten.

Von dieser Situation profitierten die Gewerkschaften, nicht aber die Sozialistische Internationale, die am Krieg zerbrach. In Deutschland erfüllten die Gewerkschaften für die Regierung eine wichtige Aufgabe. Sie vermittelten ihren Anhängern gemeinsam mit der SPD die Notwendigkeit des nationalen Zusammenhalts eindrücklicher, als es konservative Kreise je hätten leisten können.

Auf der anderen Seite setzte sich in der deutschen Führung die Auffassung durch, dass der Krieg in Gegnerschaft zur organisierten Arbeiterbewegung nicht zu gewinnen sei. Die gewiss nicht arbeiterfreundliche oder gar parlamentarisch gesinnte Oberste Heeresleitung setzte zum Entsetzen der Schwerindustrie 1916 im Reichstag ein »Vaterländisches Hilfsdienstgesetz« durch, das den Arbeitern lang ersehnte Rechte zubilligte. Der Krieg machte möglich, was die im Kaiserreich ausgegrenzten Gewerkschaften und mit ihnen die SPD zu Friedenszeiten nicht erreicht hatten, nämlich ein fortschrittliches Arbeitsrecht mit Streikrecht und Schlichtungsverfahren, Arbeitslosen-, Kurzarbeiter- und Kindergeld, Arbeitsvermittlung und einen Mindestlohn.

Trotzdem brachen im April 1917 ein Streik der Rüstungsarbeiter und im Januar 1918 eine Hungerrevolte aus, die allerdings auf andere Motive zurückgingen. Sie wurzelten in der materiellen Not und seelischen Überforderung der Menschen; so kamen im Lauf des Krieges in Deutschland 750 000 Personen an Hunger und Entbehrungen um. Alle wollten ein Ende des Krieges und Brot. Um ein Umsichgreifen der Aufstände zu verhindern, exponierten sich auch Parteiführer der SPD wie Friedrich Ebert.

Ein amerikanischer Feldgeistlicher kümmert sich um einen blutjungen deutschen Gefangenen, 1918

Aus dem Matrosenaufstand am 9. November 1918 entwickelte sich ein Streik mit Arbeiter- und Soldatenräten, der das kaiserliche Regime beseitigte. Schließlich fand sich eine Mehrheit von Reformpolitikern zusammen, die mit der Unterstützung weiter Teile der Arbeiterschaft die erste Regierung der Weimarer Republik trug (▶ 5.15).

5.14 Das Ende der Donaumonarchie

Das Habsburgerreich erzielte im Ersten Weltkrieg kaum militärische Erfolge aus eigener Kraft. Bereits 1914 waren seine in Galizien eingedrungenen Armeen von der Vernichtung durch fünf russische Armeen bedroht und mussten vom deutschen Verbündeten entsetzt werden. Dies und das gemeinsame Vorschieben der Ostfront bis weit ins Zarenreich hinein führten in die militärische Abhängigkeit vom Deutschen Reich.

Zeitlich parallel dazu setzte ab Juni 1915 innerhalb der Habsburgermonarchie ein Zerstörungsprozess ein, der nicht mehr aufzuhalten war. Die Situation spitzte sich zu, als im Oktober 1916 der österreichische Ministerpräsident Karl Graf von Stürgkh ermordet wurde und die Integrationsfigur der Doppelmonarchie, Kaiser Franz Joseph, im November 1916 starb.

Kaiser Franz Joseph I. von Österreich und König von Ungarn im Todesjahr seiner Frau Elisabeth, 1898.

Bis 1917 besaß in Österreich die Exekutive die alleinige politische Macht, trotzdem verlor die Regierung kontinuierlich an Autorität. Der Staat ging im Gegensatz zum Zarenreich nicht an Rückfällen in eine autokratische Regierungsform oder an fehlenden Demokratisierungsbestrebungen zugrunde, sondern an dem Nationalitätenproblem auf dem Balkan. Zwar hatten sich die Slawen der Donaumonarchie im Krieg auch deshalb erstaunlich lange loyal verhalten, weil Österreich über Ansätze für eine ausbaufähige multinationale Ordnung in einer großen europäischen Region verfügte. Aber das fehlende militärische Glück und die Versprechungen der Alliierten an die militärischen Gegner beschleunigten den Zerfallsprozess immer weiter.

»Finis Austriae«

Da seit dem Waffenstillstandsgesuch des Verbündeten Bulgarien am 28. September 1918 die Alliierten aus ihrem Brückenkopf Saloniki weiter auf dem Balkan vorrückten, keimten bei den verschiedenen Nationalitäten Österreichs Hoffnungen auf Eigenständigkeit. Außerdem drohten massive Gebietsverluste in den Alpen sowie im Raum Triest und Dalmatien von Seiten Italiens, das mit dementsprechenden Versprechungen von den Ententemächten zum Kriegseintritt 1915 bewogen worden war.

Die Donaumonarchie durfte im Grunde nur auf eine Erweiterung Österreichisch-Polens hoffen, aber hier verfolgte der deutsche Verbündete eigene Pläne. In letzter Minute sondierte der neue Kaiser Karl I. noch bestehende Friedensmöglichkeiten für sein Land. Er verzichtete zugunsten des Deutschen Reichs auf Österreichisch-Polen, um dieses zur Herausgabe von Elsass-Lothringen zu bewegen und durch dieses Signal allgemeine Friedensverhandlungen einzuleiten. Der Vorstoß scheiterte aber daran, dass Frankreich inzwischen mehr wollte als nur die »blaue Linie der Vogesen« und auch Italien sich nicht mehr von seinen Maximalforderungen abbringen ließ.

Karls I. Manifest »An meine Völker«, die Einberufung des Reichsrats und eine politische Amnestie sollten die Monarchie retten. Doch auch dies misslang. Die slawischen Völker suchten ihre Zukunft nicht mehr in der ausgelaugten und reformunfähigen Donaumonarchie. Die drohende militärische Niederlage und die eingetretene innere Entfremdung ließen als Resultat nur noch das Ende des Habsburgerreiches zu. Nach dem Regierungsverzicht Karls I. und dem Rücktritt der Regierung Lammasch am 11. November 1918 proklamierte die Provisorische Nationalversammlung am 12. November 1918 die Republik Deutschösterreich.

Der Erste Weltkrieg

5.15 Deutschland wird Republik

Die Kriegslage im August 1918 (▶ 5.12) und die Verhältnisse in der Heimat (▶ 5.13) erzwangen tief greifende Veränderungen. Die Oberste Heeresleitung forderte im September 1918 ultimativ einen Waffenstillstand auf der Basis der »14 Punkte« Wilsons (▶ 5.11). Da diese eine Demokratisierung der Reichsverfassung einschlossen, sollte die Verfassungsreform im Herbst 1918 den Weg zum Frieden öffnen. Diese »Oktoberreformen« brachten den Übergang von der konstitutionellen zur parlamentarischen Monarchie, da die Reichsregierung nun dem Vertrauen des Reichstags und nicht mehr des Kaisers unterstand. Dessen militärische Kommandogewalt erhielt ein Minister. Kriegserklärungen und Friedensschlüsse benötigten von nun an die Bestätigung von Reichstag und Bundesrat.

Dieser »Reform von oben« folgte kurz darauf die Revolution von unten. Am 29. Oktober 1918 verweigerten Matrosen in Kiel den Befehl zum Auslaufen der Kriegsflotte für die Entscheidungsschlacht gegen Großbritannien. Die Meuterei verbreitete sich unter der kriegsmüden Bevölkerung in Windeseile über das gesamte Reichsgebiet. Die regierenden Fürsten wurden vertrieben oder dankten von selbst ab. Arbeiter- und Soldatenräte übernahmen die Macht. Massenkundgebungen verlangten den sofortigen Frieden und die Abdankung des Kaisers.

Die Novemberrevolution

Die Revolutionswoge hatte inzwischen Berlin erreicht, wo der erst seit dem 3. Oktober 1918 amtierende Reichskanzler Max von Baden eigenmächtig die Abdankung des Kaisers verkündete und sein Amt auf Antrag der MSPD (▶ 5.4) am 9. November deren Vorsitzendem Friedrich Ebert zur Verfügung stellte. Ebert empfand zwar Skrupel über diesen verfassungsrechtlich anfechtbaren Machtwechsel, nahm aber angesichts der drohenden Volksmassen vor dem Reichstag an, auch, um zu verhindern, dass Deutschland in eine Räterepublik nach bolschewistischem Muster verwandelt wurde. Aber nicht er, sondern Philipp Scheidemann aus dem Vorstand der MSPD rief am gleichen Tag von einem Balkon des Reichstags die Republik aus. Wenige Stunden später tat es ihm der Spartakistenführer Karl Liebknecht vor dem Berliner Schloss nach und forderte: »Alle Macht den Arbeiter- und Soldatenräten!« Tags darauf floh Wilhelm II. in die Niederlande ins Exil, und wiederum einen Tag später unterzeichnete Matthias Erzberger den Waffenstillstand in Compiègne (▶ 5.16).

Der Sozialdemokrat Friedrich Ebert wurde 1919 der erste Reichspräsident der jungen Republik.

Rätesystem und Parlamentarismus

Am Nachmittag des 10. November bildete sich die neue Regierung, der »Rat der Volksbeauftragten«, der aus je drei Vertretern der MSPD und des gemäßigten Flügels der USPD bestand und umgehend von den Berliner Arbeiter- und Soldatenräten bestätigt wurde. Das neue Kabinett stand vor einer Herkulesaufgabe: Ein Millionenheer musste in kurzer Zeit zurückgeführt und demobilisiert, die Kriegsindustrie wieder auf Friedenswirtschaft umgestellt und die Lebensmittelversorgung der Bevölkerung organisiert werden. Dabei übte der von Rosa Luxemburg und Karl Liebknecht geführte sozialistische Spartakusbund großen Druck aus. Am 12. November verabschiedete der Rat der Volksbeauftragten ein Neunpunkteprogramm, das die bürgerlichen Freiheitsrechte wieder herstellte, den Achtstundentag und das Verhältniswahlrecht einführte und das Frauenwahlrecht versprach. Das »Stinnes-Legien-Abkommen« zwischen den Gewerkschaften und den Unternehmerverbänden setzte die arbeitsrechtliche Seite des Programms rasch um.

Mitte Dezember 1918 tagte in Berlin der erste Rätekongress mit 514 Delegierten aus ganz Deutschland; von ihm hingen entscheidende Beschlüsse ab. Nach teilweise erbitterten Debatten lehnte er ein Rätesystem als Grundlage der späteren Verfassung ab, und mehr noch: Nicht ein Nationalkongress der Arbeiter- und Soldatenräte sollte über die Neuordnung Deutschlands entscheiden, sondern eine aus allgemeinen Wahlen hervorgegangene Nationalversammlung. Als Wahltermin wurde der 19. Januar 1919 festgesetzt. Bis dahin würde der »Rat der Volksbeauftragten«, den die USPD-Vertreter allerdings am 28. Dezember verließen, provisorisch weiterregieren.

Der Spartakusbund unter Karl Liebknecht und Rosa Luxemburg bildete zusammen mit den Bremer Linksradikalen am 1. Januar 1919 die Kommunistische Partei Deutschlands (KPD). Die angestauten Spannungen entluden sich Mitte Januar im sog. Spartakusaufstand, der auf Veranlassung Friedrich Eberts und des späteren Reichswehrministers Gustav Noske von der Reichswehr und von Freikorps brutal niedergeschlagen wurde. Die heftigen Streikaktionen und Putschversuche der Linken in ganz Deutschland verhinderten die Wahlen zur Nationalversammlung zwar nicht, aber trotzdem tobte von März bis Mai ein erbitterter Bürgerkrieg, den die Linke schließlich verlor. Die deutsche Revolution war vorüber.

5.16 Waffenstillstand in Compiègne

Der Erste Weltkrieg neigte sich seit der Kapitulation Bulgariens Ende September 1918 (▶ 5.14) seinem Ende zu. Anfang Oktober 1918 reichte Österreich-Ungarn sein Waffenstillstandsgesuch beim amerikanischen Präsidenten Wilson ein, und die Türkei ergab sich Mitte Oktober, nachdem die britische Palästinaarmee nicht mehr aufzuhalten war.

Nur Deutschland führte weiterhin Krieg, obwohl sich die Westfront mehr oder weniger auflöste. Diese Situation erlaubte es den Alliierten, sich auf eine rasche militärische Entscheidung zu konzentrieren. Deshalb waren weder Lloyd George noch Clemenceau geneigt, sich mit einem bloßen Waffenstillstand zu begnügen. Sie drängten auf eine Kapitulation und verlangten von Deutschland den vollständigen Rückzug seiner Armee aus Westeuropa – z. T. auch aus Osteuropa –, die Herausgabe aller Waffen und die Internierung seiner Kriegsflotte. Politisch vorrangig waren die Rückkehr Elsass-Lothringens (▶ 5.4), die Annullierung des Friedensvertrages von Brest-Litowsk und die Anerkennung von Reparationszahlungen.

Verhandelt wurde über diese Bedingungen in dem Eisenbahnwaggon im Wald von Compiègne, in dem sich die deutsche Waffenstill-

Matthias Erzberger in der Schlusssitzung der Waffenstillstandsverhandlungen, ihm gegenüber (in Uniform) Marschall Foch

DER ERSTE WELTKRIEG

standsdelegation, geleitet von dem Zentrumspolitiker Matthias Erzberger, am 11. November 1918 mit der alliierten Kommission unter Marschall Foch traf, nicht mehr – Erzberger konnte nur noch unterschreiben. Die Umstände der Kapitulation ließen einen harten Friedensschluss erwarten.

Nach 51 Monaten schwiegen die Waffen, die so unsägliches Leid angerichtet hatten. Bei insgesamt 74 Millionen mobilisierten Soldaten zählte man 8,5 Millionen Gefallene, mehr als 21 Millionen Verwundete und knapp acht Millionen Kriegsgefangene und Vermisste. Während in Frankreich Genugtuung bestand, eine gerechte Sache siegreich durchgefochten zu haben, herrschte in Deutschland zwar Erleichterung über das faktische Kriegsende, aber in sie mischte sich auch Angst vor der Zukunft.

ein halbes Jahrhundert zurückliegende Niederlage von 1870/71 zu revidieren.

Der amerikanische Präsident Wilson verfolgte hingegen ein ganz anderes Konzept. Er, dessen »14 Punkte«-Programm (▶ 5.11) den Waffenstillstand ermöglicht hatte, hatte ja schon 1916 eine neue Weltordnung vorgeschlagen, die auf dem Selbstbestimmungsrecht der Völker und – als Kern – auf der *League of Nations*, dem »Völkerbund« fußen sollte. Diese Vorstellungen teilte Staatssekretär Robert Lansing Deutschland in einer Note mit.

5.17 Der Vertrag von Versailles

Am 11. November 1918 hatte das Deutsche Reich den Waffenstillstand unterzeichnet, und am 18. Januar 1919 begannen in Paris die Friedensverhandlungen der eingeladenen 23 Staaten; Vertreter der ehemaligen Feindmächte und Sowjetrusslands waren ausgeschlossen. Sie durften zu den Vertragsentwürfen nur schriftlich Stellung nehmen. Die politischen Entscheidungen fielen unter den »großen Drei« Clemenceau, Wilson und Lloyd George.

Unterschiedliche Konzepte

Frankreich betrachtete sich als Hauptleidtragender des Krieges. Deshalb forderte die öffentliche französische Meinung harte Friedensbedingungen für Deutschland. Der Rhein sollte künftig wie so oft in der deutsch-französischen Geschichte als strategische Grenze gelten. Das Prinzip Clemenceaus der größtmöglichen Sicherheit gegenüber Deutschland, seine »Garantie physischer Art«, verlangte territoriale Abtretungen, wirtschaftliche Sanktionen und die radikale Entwaffnung Deutschlands. Außerdem sollte es für sämtliche Schäden in Frankreich bezahlen und die alleinige Kriegsschuld übernehmen. Für Clemenceau mochte noch das Motiv eine Rolle gespielt haben, die

»Die Unterzeichnung des Friedens« im Spiegelsaal von Versailles. Gemälde von William Orpen, um 1925

Der britische Premierminister Lloyd George unterstützte zwar die französische Sicherheitspolitik, wandte sich aber gegen die hegemonialen Bestrebungen Frankreichs auf dem Kontinent, die hinter seinem Bedürfnis nach Sicherheit standen. Er wollte Europa zusammen mit Wilson vor den Einflüssen des Bolschewismus abschirmen und brauchte dafür Deutschland als starke Mittelmacht. Deshalb warnte er vor einem für Deutschland unannehmbaren Frieden. Aus britischer Perspektive stellte sich die Frage der europäischen Sicherheit zuerst gegenüber Sowjetrussland und danach erst gegenüber Deutschland.

Die Kernpunkte des Versailler Vertrages

Am Ende setzte sich das französische Interesse an einer klaren Schwächung Deutschlands weitgehend durch – dies vor allem im territorialen und im militärischen Bereich. Einige Artikel waren über das Prinzip der Selbstbestimmung an Volksabstimmungen gekoppelt, die erst nach der Unterzeichnung des Vertrages stattfinden konnten. Bezieht man diese Veränderungen ein, so verlor das Deutsche Reich 13 Prozent seines Staatsgebiets: Dabei machten die Gebietsabtretungen an Polen den größten Anteil aus; Elsass-Lothringen musste ohnehin an Frankreich zurückgegeben werden.

Der Verlust an Rohstoffen beeinträchtigte die deutsche Wirtschaftskraft erheblich: 15 Prozent der landwirtschaftlichen Anbaufläche gingen verloren, 75 Prozent der Eisenerzlagerstätten, 68 Prozent der Zinkvorkommen und 26 Prozent der Steinkohleförderung.

Außerdem musste Deutschland seine Kolonien abgeben. Es benötigte in britischen Augen also auch keine Kriegsmarine mehr, damit hatte sich für die Briten ein wesentlicher Grund für ihre Flottenrüstung (▶ 4.33) erledigt. Die in Scapa Flow, einer Bucht der Orkney-Inseln, internierten 74 Schiffe der deutschen Hochseeflotte wurden im Juni 1919 auf Befehl des deutschen Kommandeurs versenkt. Deutschland musste ferner alle schweren Landkriegswaffen, seine gesamte Luftwaffe sowie 90 Prozent seiner Handelsflotte ausliefern oder vernichten. Die Armee durfte künftig die Obergrenze von 100 000 Mann nicht überschreiten und war nur noch ein

Europa nach dem Versailler Vertrag

Freiwilligenheer. Die westliche Rheinseite wurde entmilitarisiert. Artikel 231 des Vertrags stellte Deutschlands alleinige Kriegsschuld fest und bildete die Grundlage für später festgelegte Reparationen, die namentlich Frankreich rigoros eintrieb (▶ 6.3).

Die deutsche Öffentlichkeit lehnte den Vertrag empört ab – nicht so sehr wegen der Entschädigungen und Gebietsverluste, sondern wegen der Umstände der Vertragsverhandlungen, der Missachtung der wilsonschen Prinzipien, auf die man in Deutschland vertraut hatte, und wegen der Androhung einer Fortsetzung des Krieges, wenn der Vertrag nicht unterzeichnet werde. Der Leiter der deutschen Delegation, Ulrich Graf von Brockdorff-Rantzau, lehnte deshalb die Unterzeichnung des Vertrags ab. Als ihn am 28. Juni 1919 die deutschen Minister Hermann Müller und Johannes Bell im Spiegelsaal von Versailles unterschrieben, war ein »Diktatfrieden« geschlossen, dessen fehlende Akzeptanz – neben anderem – zum Scheitern der Weimarer Republik beitragen sollte (▶ 6.34).

5.18 Die Pariser Vorortverträge

Die Friedensverträge mit den Kriegsverbündeten Deutschlands wurden in Saint-Germain-en-Laye (Österreich), Neuilly-sur-Seine (Bulgarien), Trianon (Ungarn) und Sèvres (Türkei) abgeschlossen, daher ihre Bezeichnung als »Vorortverträge«. Nach der Unterzeichnung des Hauptvertrages in Versailles Ende Juni 1919 unterschrieben auch Österreich und Bulgarien ihre Friedensabkommen am 10. September und am 27. November 1919.

Auch sie mussten schmerzhafte Gebietsabtretungen, Souveränitätsbeschränkungen und Abrüstungsmaßnahmen hinnehmen. So verlor Österreich Südtirol bis zum Brenner, Triest, Istrien, Teile von Kärnten und Krain sowie Dalmatien samt Inseln an Italien. Der Vielvölkerstaat der Habsburger löste sich auf, weil Österreich die Tschechoslowakei, Polen, Ungarn und Jugoslawien als souveräne Staaten anerkennen musste. Der angestrebte Anschluss an Deutschland wurde der Republik Deutsch-Österreich untersagt, das Heer auf 30 000 Mann begrenzt. Die Gebietsverluste und die Trennung von Ungarn ließen Österreich zum Kleinstaat schrumpfen, obwohl es von Ungarn das Burgenland erhielt.

Bulgarien musste auf seine thrakischen Gebietsteile verzichten. Strumitza (Makedonien) fiel an Jugoslawien, und die bulgarische Küste an der Ägäis bis zur Maritza kam an Griechenland. Darüber hinaus musste es Entschädigungen in bar oder in Kohelieferungen zahlen. Alle Bestrebungen, ein Großbulgarien zu schaffen, waren verbaut.

Hart traf es auch Ungarn, das im Friedensvertrag vom 4. Juni 1920 zwei Drittel seines ehemaligen Territoriums an seine Nachbarn abgeben musste: die Slowakei an die Tschechoslowakei, Kroatien-Slowenien an Jugoslawien, das Banat an Rumänien und Jugoslawien. Seine Streitkräfte wurden auf 35 000 Mann begrenzt.

Der Rechtsnachfolger des Osmanischen Reiches war die Türkei unter Führung von Mustafa Kemal Atatürk (▶ 6.16). Sie musste nächst Deutschland die härtesten Bedingungen hinnehmen. Sie verlor alle nichttürkischen Gebiete; die Meerengen – über Jahrhunderte internationaler Zankapfel – und auch Istanbul wurden unter internationale Kontrolle gestellt. Frankreich erhielt in Form eines Völkerbundsmandats Syrien und Kilikien, Großbritannien erhielt Palästina und den Irak.

Die Grundlage der Veränderungen

All diese staatlichen Neugründungen erfolgten nach dem Nationalitätenprinzip. Natürlich spielte auch die Macht der Sieger eine gewisse Rolle, wie sich am französisch-britischen Beispiel in Nah- und Mittelost zeigte. Zudem sorgten die gewachsenen ethnischen Strukturen in Südosteuropa – oft Grundlage der panslawistischen Agitation vor dem Krieg – dafür, dass wiederum multinationale Staaten entstanden, die schon den Keim schwerer künftiger Auseinandersetzungen zwischen den Volksgruppen und Nachbarvölkern in sich trugen. Zwischen Polen und Litauern kam es zu Kämpfen um Wilna, zwischen Deutschen und Polen um wichtige Industrieregionen in Schlesien, die Polen entgegen Volksabstimmungsergebnissen und damit gegen die Vorstellungen Wilsons erhielt.

Kapitel 5

5.19 Die Folgen des Ersten Weltkriegs

Der Erste Weltkrieg beendete abrupt das stabile Welthandelssystem, das bis dahin für Wohlstand gesorgt und politische Spannungen klein gehalten hatte. Da in Europa die nationalen Währungen und in der Folge auch das internationale Währungssystem, auf dem die fast unvorstellbare Summe von 956 Milliarden Goldmark an direkten Kriegskosten lastete, angeschlagen waren, bestand wenig Hoffnung auf eine rasche Erholung des Welthandels.

Der scheinbar reuevolle Kaiser Wilhelm II. war selbst einer der entschiedensten Kriegstreiber gewesen.

Das Habsburgerreich existierte nicht mehr. Deutschland hatte 13 Prozent seiner Fläche samt zehn Prozent seiner Bevölkerung sowie alle Kolonien abtreten müssen und schwere Reparationslasten zu tragen (▶ 6.3). Sowjetrussland fiel als Rohstofflieferant und Absatzmarkt für die Industrien West- und Mitteleuropas aus. In den neuen Staaten Ost- und Südosteuropas herrschte blanke Not, weil einst zusammenhängende Wirtschaftsräume zersplittert waren.

Diese Rahmenbedingungen erschwerten es überall, von der Kriegs- auf die Friedenswirtschaft umzustellen. Dabei hätten die im Krieg erreichten technologischen Fortschritte, beispielsweise im Automobil- und Flugzeugbau oder im Nachrichtenwesen, durchaus neue ökonomische Impulse vermitteln können. Aber für ihre praktische Umsetzung fehlten die Mittel, genau wie für den Wohnungsbau und den Nachholbedarf an Konsumgütern. Anhaltende Arbeitslosigkeit und der daraus resultierende weitere Rückgang der Nachfrage waren die Folge. Besonders Deutschland war davon betroffen, weil dem nun fast völlig entmilitarisierten Land (▶ 5.17) auch die Rüstungsindustrie als Wirtschaftsfaktor weggebrochen war und es zusätzlich Millionen ehemaliger Frontsoldaten beschäftigen musste. Daran änderte auch der Umstand nichts, dass Deutschland – im Gegensatz zu 1945 – weitgehend intakt geblieben war, es weder besetzt wurde noch seine Städte und Fabriken ausgebombt oder seine Dörfer und Felder verwüstet waren.

Verheerende Folgen hatte der Krieg in den Köpfen der Menschen angerichtet. Viele Frontsoldaten waren nicht nur körperlich verstümmelt heimgekehrt, sondern auch seelisch verwundet, manche buchstäblich dem Wahnsinn verfallen. Aber auch andere hatten jede Orientierung verloren, waren demoralisiert und ihr Weltbild zutiefst erschüttert. Wie traumatisch sich die Kriegserfahrungen in mentaler Hinsicht äußerten, zeigt die Kunst der ersten Nachkriegszeit: Ein drastischerer Gegensatz als der zwischen der heiteren Lebensbejahung des Impressionismus und der düsteren Verzweiflung an der Welt im Expressionismus ist kaum vorstellbar.

Politische Instabilität

Viele Europäer trösteten sich mit dem Gedanken, dass sich in Europa – wenigstens bis an die russische Grenze – nun überall der liberale, demokratische Verfassungsstaat durchgesetzt hatte. Doch diese Zuversicht war trügerisch:

Der Erste Weltkrieg

Militär, Adel und andere konservative Eliten hatten zwar Macht eingebüßt, aber bei weitem nicht allen Einfluss verloren, schon gar nicht, wie der Ebert-Groener-Pakt zeigte (▶ 6.1), auf militärischem, politischem und wirtschaftlichem Gebiet. Ihr traditioneller Gegenspieler, das liberale Bürgertum, war aus dem Weltkrieg geschwächt hervorgegangen und erholte sich nur langsam, da mit dem Niedergang der Wirtschaft seine Basis darniederlag. Besser mit der neuen Zeit kamen Sozialisten und Gewerkschaften zurecht, denen schon im Krieg und kurz nach der Ausrufung der Republik (▶ 5.15) wichtige Führungsrollen zugefallen waren. Doch eine langfristige, auf wechselseitige Akzeptanz gegründete Zusammenarbeit von Liberalen und Linken, die die junge Demokratie hätte stabilisieren können, wurde immer wieder durch die ökonomische Schieflage verhindert, die einen wirtschaftlichen Interessenausgleich und damit sozialen Frieden unmöglich machte. Der Weg in die fortschreitende politische Polarisierung war vorgezeichnet.

Auf den zwischenstaatlichen Beziehungen Europas lastete vor allem das Erbe des erneuerten deutsch-französischen Gegensatzes. Verschärft wurde dieser durch die harten Bedingungen des Versailler Vertrags, die dem deutschen Revisionismus und Revanchismus Auftrieb gaben. Darüber hinaus sahen die bürgerlichen Demokratien in der kommunistischen Sowjetunion eine neue Gefahr. Wie Deutschland innenpolitisch, so sollte ganz Europa außenpolitisch die nächsten Jahrzehnte nicht zur Ruhe kommen.

Kapitel 5

Daten

28. Juni 1914	Attentat auf den österreichischen Thronfolger Franz Ferdinand in Sarajewo
6. Juli 1914	Deutschland sichert Österreich uneingeschränkte Unterstützung zu (»Blankoscheck«)
28. Juli 1914	Österreich erklärt Serbien den Krieg
1. Aug. 1914	Deutschland erklärt Russland den Krieg
3. Aug. 1914	Deutschland erklärt Frankreich den Krieg
4. Aug. 1914	Großbritannien erklärt Deutschland den Krieg
7. Aug. 1914	Montenegro tritt der Entente (Großbritannien, Frankreich, Russland) bei
23. Aug. 1914	Japan erklärt Deutschland den Krieg
26.–30. Aug. 1914	Schlacht bei Tannenberg (Ostpreußen)
5.–9. Sept. 1914	Schlacht an der Marne (Frankreich)
2.–5. Nov. 1914	Türkei schließt sich den Mittelmächten (Deutschland, Österreich-Ungarn) an
22. Febr. 1915	Der uneingeschränkte U-Boot-Krieg beginnt
Mai 1915	Mittelmächte besetzen Galizien, Polen, Litauen, Kurland
7. Mai 1915	Die »Lusitania« wird von einem deutschen U-Boot versenkt
23. Mai 1915	Italien schließt sich der Entente an
6. Sept. 1915	Bulgarien tritt den Mittelmächten bei
26. Febr.–Juli 1916	Kämpfe um Verdun
24. Juni–26. Nov. 1916	Somme-Offensive der Alliierten
Juni 1916	Russische Brussilow-Offensive
27. Aug. 1916	Rumänien schließt sich der Entente an
Dez. 1916	Entente lehnt das Friedensangebot von Reichskanzler Bethmann Hollweg ab
8. März 1917	Februarrevolution in Russland (russischer Kalender: 23. Febr.)
15. März 1917	Zar Nikolaus II. dankt ab; Provisorische Regierung unter Fürst Georgij Lwow
6. April 1917	Kriegseintritt der USA aufseiten der Entente
16. April 1917	Lenin kehrt nach Russland zurück
April 1917	Die Unabhängige Sozialdemokratische Partei (USPD) trennt sich von der SPD
Juli 1917	Friedensresolution des Deutschen Reichstags stößt auf Ablehnung der Entente
14. Aug. 1917	China erklärt Deutschland den Krieg
2. Nov. 1917	Balfour-Erklärung
7. Nov. 1917	Oktoberrevolution in Russland (russischer Kalender: 25. Okt.)
8. Nov. 1917	Sowjet der Volkskommissare übernimmt die Macht in Russland
1917/1918	Zweiter Hungerwinter in Deutschland
8. Jan. 1918	US-Präsident Wilson verkündet sein »14 Punkte«-Programm im Kongress
3. März 1918	Friedensvertrag von Brest-Litowsk zwischen Russland und den Mittelmächten
März–Juni 1918	Die deutsche Frühjahrsoffensive an der Westfront scheitert
28. Sept. 1918	Die deutsche Oberste Heeresleitung verlangt sofortigen Waffenstillstand
9. Nov. 1918	Matrosenaufstand in Kiel
11. Nov. 1918	Matthias Erzberger unterzeichnet Waffenstillstand im Wald von Compiègne
12. Nov. 1918	Die Provisorische Nationalversammlung erklärt Österreich zur Republik
18. Jan. 1919	Eröffnung der Friedenskonferenz in Paris
7. Mai 1919	Übergabe der Friedensbedingungen an die deutsche Delegation
28. Juni 1919	Deutschland unterschreibt den Vertrag von Versailles
10. Sept. 1919–10. Aug. 1920	Unterzeichnung der Pariser Vorortverträge mit Österreich, Bulgarien, Ungarn und der Türkei

Die Zeit zwischen den Weltkriegen (1919–1939) 6

Einführung

Am Ende gab es nur Verlierer. Die Vernichtung von Volksvermögen und die immensen Schulden, die der Große Krieg hinterließ, gehörten nicht zu seinen schlimmsten Folgen, aber sie waren eine enorme Belastung. Auch für die Sieger: Frankreich und Großbritannien etwa hatten den Krieg größtenteils mit amerikanischen Krediten finanziert. Jetzt mussten diese zurückgezahlt werden. Da aber die eigenen Kassen leer waren, da überdies die Sowjets mit der Machtübernahme in Russland erklärt hatten, die Schulden aus der Zarenzeit nicht an die westlichen Gläubiger zurückzahlen zu wollen, hatten diese nur eine Möglichkeit, ihren eigenen Zahlungsverpflichtungen gegenüber Amerika nachzukommen: Die Besiegten, allen voran das Deutsche Reich, mussten Reparationen leisten. Dabei konnten sich die Betroffenen erst 1929 mit dem so genannten Youngplan endgültig auf die Höhe der von Deutschland zu zahlenden Summe einigen.

Der Vorgang zeigt, wie unzureichend die Ordnung war, über die seit Januar 1919 von den Vertretern aus 32 Staaten in Paris beraten wurde. Allerdings waren die Emissäre der Besiegten – also des Deutschen Reiches, Österreichs, Ungarns, Bulgariens und der Türkei – nicht zu den Verhandlungen zugelassen. Gar nicht vertreten war das von Bürgerkrieg, alliierter Intervention und nationalen Unabhängigkeitsbestrebungen erschütterte Russland. Die Forderungen und Wünsche der kleineren und mittleren Staaten fanden in der Regel nur dann Eingang in die Vertragswerke, wenn sie mit den Forderungen der vier Hauptsiegermächte harmonierten. Die deutsche Delegation nahm am 7. Mai 1919 in Versailles die harten Friedensbedingungen entgegen; die Unterzeichnung der Verträge durch die ehemaligen Verbündeten des Deutschen Reichs erfolgte in verschiedenen Pariser Vororten.

Die Staats- bzw. Regierungschefs Frankreichs, Großbritanniens, Italiens und der Vereinigten Staaten waren überwiegend damit beschäftigt, ihre nicht selten gegenläufigen Interessen in wenig tragfähigen Kompromissen auszugleichen. Dass der amerikanische Präsident seine Vorstellungen in Paris nur zum Teil durchsetzen konnte, erwies sich als schwerwiegende Hypothek für die Konferenz und die ihr folgende Epoche. Immerhin hatte Woodrow Wilson mit seinen Vierzehn Punkten die Grundlage für die Waffenstillstands- und die Friedensverhandlungen geliefert. Weil aber der politisch und gesundheitlich schwer angeschlagene Präsident das Vertragswerk nicht durch den amerikanischen Senat bringen konnte, zogen sich die USA von 1919 an militärisch und politisch aus Europa zurück, traten nicht einmal dem in Paris gegründeten Völkerbund bei und überließen Europa wieder sich selbst.

Europas Geschichte wurde während der Zwanziger- und Dreißigerjahre entscheidend durch die Frage bestimmt, ob sich die Staaten und Völker des alten Kontinents mit der neuen Ordnung arrangieren konnten. Sie konnten es nicht. Das lag an den Verhältnissen, die der Weltkrieg geschaffen hatte, und es lag an den Rahmenbedingungen, die ihnen durch die Pariser Friedenskonferenz gesetzt wurden.

Kapitel 6

Großreiche gehen unter – neue Staaten entstehen

Die neuen Verhältnisse waren äußerst ungewohnt. Immerhin gingen vier Großreiche mit beachtlicher Tradition im Inferno des Weltkriegs unter – das Deutsche Reich, Österreich-Ungarn, Russland und das Osmanische Reich. Mit ihnen kam zugleich ein politisches, soziales oder auch weltanschauliches Ordnungsprinzip der europäischen Politik abhanden: die Monarchie. Am längsten konnte sich noch der türkische Sultan halten, aber Ende Oktober 1923 setzten sich unter Führung Kemal Atatürks auch in der Türkei die republikanischen – und in diesem Falle vor allem auch die laizistischen – Kräfte durch.

Die Kehrseite von Auflösung und Demontage war die Neu- oder Wiederbegründung einer Reihe von Staaten bzw. ihre zum Teil beträchtliche territoriale Vergrößerung. Auf der Landkarte Europas erschienen nun Finnland, die drei baltischen Staaten Estland, Lettland und Litauen, Polen, die Tschechoslowakei und der Staat der Serben, Kroaten und Slowenen, der sich seit 1929 Jugoslawien nannte. Einen bedeutenden Zuwachs erfuhren Griechenland und vor allem Rumänien, dessen Territorium durch vormals bulgarisches und insbesondere ungarisches Territorium mehr als verdoppelt wurde.

Für die meisten dieser Staaten erwiesen sich die Unabhängigkeit beziehungsweise der Zuwachs mittel- und langfristig als Danaergeschenk. Keiner von ihnen blieb unbeschädigt. Die Tschechoslowakei, Rumänien, Finnland, Griechenland und Jugoslawien konnten bis 1941 ihre staatliche Integrität nicht oder nur bedingt wahren; die baltischen Staaten und Polen wurden vollständig annektiert. Dieser dramatische Prozess hatte vor allem zwei Ursachen. Einmal lebten in fast allen Staaten Ostmittel- und Südosteuropas ethnische Gruppierungen, die sich durch die Titularnationen unterdrückt fühlten. Das Problem war zwar schon in Paris erkannt worden, konnte dort aber nicht gelöst werden, weil man mit dem neuen Minderheitenschutzsystem keinerlei Erfahrung hatte, weil es am Willen zur Sanktion fehlte und weil Außenstehende häufig die Minderheitenfrage instrumentalisierten, um eigene Interessen durchzusetzen.

Auch deshalb erwuchs aus ihr – teils direkt, teils indirekt – ein Folgedrama, das mit dem russisch-polnischen, vor allem aber mit dem griechisch-türkischen Krieg der Jahre 1920/21 begann und das im Zweiten Weltkrieg und danach seine Höhepunkte erreichte: die gewaltigen Vertreibungen. Sie sollten erst mit den erstarrenden Fronten des Kalten Krieges ein Ende finden.

Das Minderheitenproblem war eine Ursache für den Prozess der Zerschlagung und Annexion; der Revisionismus war die andere. Wenn es einen Grundzug der internationalen Politik der Zwischenkriegszeit gab, dann war es dieser Wille zur Umkehr der in Paris beschlossenen und im Versailler Vertrag und in den Vorortverträgen kodifizierten Ordnung. Er bestimmte nicht nur die Politik der fünf Besiegten, sondern er war auch für die außenpolitischen Zielsetzungen einer Reihe von Siegerstaaten verantwortlich, darunter die der außereuropäischen Großmacht Japan.

Revisionismus auf Seiten der Sieger

Nachdem das aufstrebende ostasiatische Kaiserreich an der Jahreswende 1921/22 auf der Washingtoner Konferenz durch eine europäisch-amerikanische Koalition faktisch zur Aufgabe seiner Kriegsbeute in China gezwungen worden war, nutzte Japan die schwere internationale Krise seit Beginn der Dreißigerjahre, um die Lage in der Region zunächst zu revidieren und dann zur großräumigen Expansion überzugehen: Mit der Besetzung der Mandschurei 1931/32 und dem Beginn des Krieges gegen China im Juli 1937 begann dort der Weg in den Zweiten Weltkrieg.

Vergleichbares ließ sich in Europa beobachten. Auch hier zählten einige Staaten in den Reihen der Gewinner des Ersten Weltkrieges zu den revisionistischen Mächten. Italien hatte zwar unter anderem das vormals österreichische Südtirol bis zum Brenner erhalten, nicht aber, wie erhofft und durch die Alliierten in Aussicht gestellt, die dalmatinische Küste. Die Besetzung Albaniens im April 1939 war nach italienischer Lesart auch eine Begleichung dieser offenen Rechnung – wie übrigens auch die Annexion Abessiniens im Mai 1936.

Ein besonderes Problem mit der Friedensordnung hatten die Franzosen, die Gastgeber der Konferenz. Gewiss, auf den ersten Blick hatten sie gegenüber dem deutschen »Erbfeind« vieles erreicht – aber eben nicht alles, vor allem nicht das Maß an Sicherheit, das sie für unabdingbar hielten. Besonders bitter war, dass der Nachbar zwar einer Entmilitarisierung des Rheinlandes und seiner vorübergehenden Besetzung durch fremde Truppen zustimmen, dass er dieses Gebiet aber dank amerikanischer und britischer Hartnäckigkeit nicht an Frankreich abtreten musste. Also schlug Paris – vor allem während der frühen Zwanzigerjahre mit wiederholten Interventionen an Rhein und Ruhr – einen Kurs ein, der zu einer weit reichenden Revision des Status quo geführt hätte, wären nicht andere, allen voran die Briten, dagegen gewesen.

Die Revisionspolitik der Besiegten
Großbritannien entwickelte zunehmend Verständnis für die Revisionsansprüche der vormaligen Kriegsgegner. Das lag zum einen an den wachsenden Schwierigkeiten, die Großbritannien mit seinem durch den Krieg noch einmal vergrößerten Kolonialreich hatte und die ihm kaum eine Möglichkeit zur Intervention in Europa ließen. Es lag aber auch an der Erkenntnis, dass die so genannten Pariser Vorortverträge den Frieden und die Ordnung Europas auf Dauer gerade nicht zu sichern vermochten. Das galt für die 1919/20 geschlossenen Verträge mit Österreich, Ungarn, Bulgarien und der Türkei. Letzterer musste schon 1923 revidiert werden.

Es galt aber vor allem für den Vertrag, den das Deutsche Reich am 28. Juni 1919 in Versailles unterzeichnen musste. Seine Bestimmungen waren demütigend, etwa der so genannte Kriegsschuldartikel 231, mit dem die enormen Reparationsforderungen der Alliierten legitimiert wurden. Weitere Bestimmungen sahen die Aufhebung der allgemeinen Wehrpflicht vor, den Verlust sämtlicher Kolonien und zum Teil beträchtliche Gebietsabtretungen an Dänemark, Belgien, Frankreich, die Tschechoslowakei, Litauen und vor allem an Polen, ohne dass die deutsche Bevölkerung in diesen Gebieten, von wenigen Ausnahmen abgesehen, über ihr künftiges Schicksal hätte mitentscheiden können.

Die Großmachtsubstanz des Deutschen Reiches blieb jedoch erhalten, schon weil die Alliierten an einem Bollwerk gegen die weltrevolutionären Bestrebungen Sowjetrusslands interessiert waren. Die Bestimmungen des Vertrages und die Art und Weise, wie er oktroyiert wurde, lieferten immer wieder den Anlass für eine offensive deutsche Politik – vor allem in solchen Zeiten, in denen es Deutschland schlecht ging. Ab 1923 erlebten die Deutschen eine Phase relativer innerer und äußerer Stabilität. Sie verbindet sich mit dem Namen Gustav Stresemanns, der zunächst als Reichskanzler die Finanzen sanierte, dann als Außenminister auf dem Weg des Ausgleichs mit den Nachbarn auch einige Erfolge bei der Revision des Versailler Vertrages verbuchen konnte.

Aufstieg des Nationalsozialismus.
Der Weg in den Krieg
Als Deutschland nach dem Oktober 1929 von der Weltwirtschaftskrise erfasst wurde, als die Arbeitslosenzahl 1932 die Sechsmillionengrenze überschritt, wurde die Schwäche der noch jungen Demokratie deutlich. Die Unterstützung des Bürgertums für die erste deutsche Republik ließ in dem Maße nach, in dem sich ihre Repräsentanten gegenseitig zu paralysieren schienen und so dazu beitrugen, dass insbesondere die wirtschaftliche Krise dem jungen parlamentarischen System angelastet werden konnte. Das Phänomen radikaler, antidemokratischer Bewegungen von rechts und links war in Europa verbreitet. Am Vorabend des Zweiten Weltkrieges sollte es auf dem Kontinent kaum ein Land ohne eine starke totalitäre oder autoritäre Bewegung geben. Sie waren Antworten auf die tief greifenden Prozesse der Auflösung und des Umbruchs, auf die allgemeine Orientierungslosigkeit der Zwischenkriegszeit.

Das hatte schon für die Bolschewiki in Russland gegolten, und es galt auch für die deutschen Nationalsozialisten. Mit der Ernennung zum Reichskanzler am 30. Januar 1933 schlug der Führer der NSDAP, Adolf Hitler, den Weg zur gewaltsamen Revision des Versailler Vertrages ein. Er schaltete unter aktiver, zustimmender, zumindest duldender Mitwirkung breiter gesellschaftlicher Gruppen und Institutionen z. T. mit terroristischen Mitteln jede Opposition in Deutschland aus und leitete die

Entrechtung und Verfolgung der jüdischen Deutschen und anderer Minderheiten ein. Von der so hergestellten innenpolitischen Basis aus schuf er mit einem gewaltigen Aufrüstungsprogramm die Voraussetzungen für die Expansion und für den rassenideologischen Vernichtungskrieg.

6.1 Die Weimarer Republik

Über vier Jahre Krieg hatten die deutsche Gesellschaft in ihren Grundfesten erschüttert. Die erste deutsche Demokratie, die nach dem Tagungsort der verfassunggebenden Nationalversammlung benannte Weimarer Republik, hatte von Beginn an mit schwersten Problemen zu kämpfen. In Deutschland herrschte Hunger, ein Millionenheer musste in die Heimat zurückgeführt und die Soldaten in das zivile Leben integriert werden. Die Wirtschaft war durch den Krieg völlig ruiniert, die Staatsfinanzen waren zerrüttet. Hinzu kamen die Belastungen durch die harten Bedingungen des Versailler Vertrages und die mentalen Folgen einer von weiten Teilen der Bevölkerung nicht erwarteten Niederlage. Das Kaiserreich existierte nicht mehr.

Nachdem der SPD-Politiker Philipp Scheidemann am 9. November 1918, am Tag, an dem die Abdankung Kaiser Wilhelms II. verkündet worden war, die »Deutsche Republik« ausgerufen hatte, übernahm zunächst ein »Rat der Volksbeauftragten« aus je drei Vertretern von SPD und Unabhängigen Sozialdemokraten (USPD) die Regierungsgeschäfte. Gut zwei Monate später, am 19. Januar 1919, fanden die Wahlen zur verfassunggebenden Nationalversammlung statt, und am 14. August 1919 trat die neue Verfassung in Kraft. Deutschland war eine parlamentarische Republik geworden. Als erster Reichspräsident amtierte seit Februar 1919 der Sozialdemokrat Friedrich Ebert.

Die Weimarer Koalition

Bei den Wahlen zur Nationalversammlung hatten SPD, Zentrum und die linksliberale Deutsche Demokratische Partei (DDP) einen überwältigenden Wahlsieg errungen. Gemeinsam kamen sie auf 76,1 Prozent der Stimmen. Doch angesichts der wirtschaftlichen und sozialen Lage, der Anfeindungen, der die Republik von

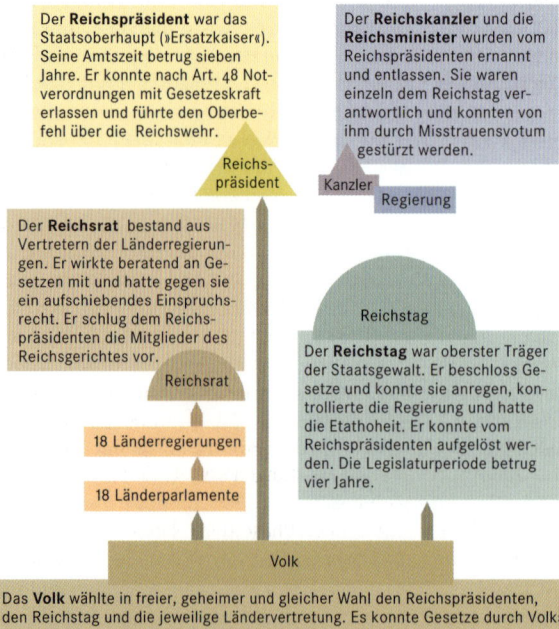

Die politischen Institutionen der Weimarer Republik

links wie rechts ausgesetzt war, sowie der außenpolitischen Belastungen war dieser Erfolg nicht zu wiederholen. Schon bei der ersten Wahl zum neuen Reichstag vom 6. Juni 1920 erlitten die Parteien der so genannten Weimarer Koalition eine schwere Niederlage. Sie erreichten nur noch rund 48 Prozent der Stimmen. Die beiden republikfeindlichen Lager von links und rechts erzielten dagegen hohe Zugewinne. Stabile Koalitionen ließen sich von nun an kaum noch bilden, die für die Weimarer Republik so typischen häufigen Regierungswechsel waren die Folge.

Zu den Schwierigkeiten der Regierungsbildung traten bis 1923 eine Serie von gewalttätigen Unruhen und Umsturzversuche in verschiedenen Teilen des Reichs. Im Januar 1919 kam es im Zuge des kommunistischen »Spartakusaufstandes« zu Straßenkämpfen in Berlin. Im März des folgenden Jahres setzten der dem Hauptvorstand der Deutschnationalen Volkspartei (DNVP) angehörende Wolfgang Kapp und der Chef des Reichswehrgruppenkommandos I, General von Lüttwitz, in Berlin einen Aufstand der Rechten in Szene. Die Reichsregierung floh aus der Hauptstadt; ein Generalstreik sowie die Ablehnung durch die Ministerialbürokratie führten nach wenigen Tagen zum Zusammenbruch des Putsches. Ebenfalls im März 1920 kam es im Ruhrgebiet sowie in Thüringen und Sachsen zu Kämpfen zwischen sozialistischen und kommunistischen Einheiten auf der einen Seite und rechten Freikorps beziehungsweise der Reichswehr auf der anderen.

Krisenjahr 1923
Einen Höhepunkt erreichten die Unruhen im Herbst 1923. Von Sachsen aus plante die KPD einen reichsweiten kommunistischen Umsturz. Zu Kämpfen kam es allerdings nur in Hamburg. Am 9. November 1923 versuchten Adolf Hitler und Erich Ludendorff in München von der äußersten Rechten aus einen Umsturz zu erzwingen. Zur Allgegenwart von Gewalt in der politischen Auseinandersetzung der frühen Weimarer Republik trugen außerdem zahlreiche politische Morde bei. Am 26. August 1921 wurde der frühere Finanzminister Matthias Erzberger ermordet, am 24. Juni 1922 der amtierende Reichsaußenminister Walther

Philipp Scheidemann, SPD, von Februar bis Juni 1919 Ministerpräsident eines Kabinetts der »Weimarer Koalition«

Rathenau. Beide fielen rechtsradikalen Attentätern zum Opfer.

Dass sich die Unruhen nicht zum Bürgerkrieg ausweiteten oder das Reich nicht auseinanderbrach, lag nicht zuletzt daran, dass sich schon in der Anfangsphase der Republik in wichtigen Bereichen gemäßigte Kräfte durchsetzen konnten und die neue Regierung manchen Kompromiss mit den Repräsentanten des alten Deutschland einging. So waren in den ersten Monaten nach dem Krieg diejenigen, die das Ziel einer parlamentarischen Republik verfochten, gegenüber den Kräften, die eine Räterepublik nach dem Vorbild der Sowjetunion anstrebten, eindeutig in der Überzahl. Darüber hinaus war Friedrich Ebert noch am 10. November 1918 eine Vereinbarung mit der alten Armeeführung eingegangen. Im Gegenzug zu einer Loyalitätsbekundung gegenüber der neuen Regierung hatte er die Unterstützung bei der Aufrechterhaltung der militärischen Disziplin und die Zusammenarbeit bei der Bekämpfung des »Bolschewismus« zugesagt. Am 15. November 1918 war es zudem zu einer Vereinbarung zwischen Großindustrie und Gewerkschaften gekommen. In der »Zentralarbeitsgemeinschaft« wurden u. a. wichtige Arbeitnehmerrechte festgeschrieben. Eine soziale Konfrontation im Zuge der revolutionären Entwicklungen konnte dadurch verhindert werden.

Zu einer Phase der relativen Stabilisierung der Republik kam es erst in den Jahren nach 1923. Wie ab 1929 deutlich wurde, konnte von einer wirklichen Konsolidierung jedoch keine Rede sein. Vor allem zeigte sich, dass die Zahl

Kapitel 6

jener klein geblieben war, die den neuen Staat und seine Staatsform ehrlich bejahten, ihm die Lösung der anstehenden Probleme zutrauten und auch bereit waren, ihn aktiv zu verteidigen.

6.2 Die wirtschaftliche Lage der Weimarer Republik

Das Deutsche Reich war zwischen seiner Gründung 1871 und dem Ersten Weltkrieg zu einem der drei führenden Industriestaaten der Welt aufgestiegen. Grundsätzlich änderten Krieg und Kriegsfolgen an diesem großen wirtschaftlichen Potenzial nichts. Sie führten allerdings zu erheblichen ökonomischen Belastungen, die die Weimarer Republik als schwere Hypothek zu übernehmen hatte.

Die Inflation galoppierte, Geld wurde einfach umgestempelt, wie diese 1 000-Mark-Note vom 15. Dezember 1922, die wenig später »Eine Milliarde« wert war.

Mit der Abtretung des oberschlesischen Industriegebiets, Elsass-Lothringens und der vorübergehenden Abtrennung des Saargebiets infolge des Versailler Vertrages verlor das Reich wichtige schwerindustrielle Kernräume. Die Umstellung von Kriegs- auf Friedenswirtschaft, die ökonomische Wiedereingliederung der Soldaten sowie die Unterstützung der großen Zahl an Kriegsgeschädigten, Verwundeten und Hinterbliebenen stellten weitere Belastungen dar.
Eines der größten Probleme der ersten Jahre der Weimarer Republik bestand in der galoppierenden Inflation. Deren Anfänge lagen im Krieg. Um die Zustimmung der Bevölkerung nicht zu gefährden, hatte die kaiserliche Regierung die Kriegskosten nur zu einem geringen Teil über Steuererhöhungen finanziert, der Hauptteil wurde über Verschuldung durch immer neue Staatsanleihen aufgebracht. Schon im Krieg war die Geldmenge um ein Fünffaches gewachsen, die Inflation aber durch die staatliche Festsetzung der Preise verdeckt worden. Am Ende hatte sich das Reich im Innern mit rund 150 Milliarden Mark verschuldet. Das ursprüngliche Kalkül, das Defizit nach dem Krieg durch den Besiegten aufzubürdende Reparationszahlungen auszugleichen, war durch die Niederlage obsolet geworden. Stattdessen forderten die Siegermächte nun vom Deutschen Reich Reparationen. Steuerausfälle, der Wegfall wichtiger Zolleinnahmen durch die Besetzung des Rheinlandes, die notwendigen Aufwendungen für die Kriegsopferfürsorge sowie der »Ruhrkampf« (▶ 6.3) führten zu weiteren enormen Defiziten im Reichshaushalt, die über Kreditaufnahmen und schließlich mit Hilfe der Notenpresse gedeckt wurden. Im Frühjahr 1923 begann die Hyperinflation. Hatte der Wert des Dollar im Dezember 1922 noch 8 000 Mark betragen, lag er im August 1923 bei 1 Million Mark. Bevor im November die Rentenmark eingeführt und die Inflation beendet wurde, war der Kurs des Dollar auf 4,2 Billionen Mark gestiegen.

Die Inflation von 1923
Die Inflation zerstörte nicht nur zahllose Geld- und Anleihevermögen, sie hatte auch beträchtliche sozialpsychologische Folgen. Vor allem in den besonders betroffenen Teilen der Mittelschicht führte sie zu raschem sozialem Abstieg bzw. Abstiegsängsten sowie zur Verarmung. Da sie dem neuen Staat angelastet wurde, erschütterte die rapide Geldentwertung die Loyalität zum politischen System der Weimarer Republik. Auf der anderen Seite machte die Inflation aber auch die Belastung, die die Reparationszahlungen für das Reich darstellten, deutlich und erzwang bei den Alliierten Überlegungen zu ihrer Neuregelung. Volkswirtschaftlich steigerte sie die Investitionsbereitschaft und verbesserte die Exportchancen der deutschen Industrie. Die Inflation trug daher indirekt zum Wiedererstarken der deutschen Wirtschaft auf dem Weltmarkt und zur Senkung der Arbeitslosigkeit in den Folgejahren bei.

Zwischen den Weltkriegen

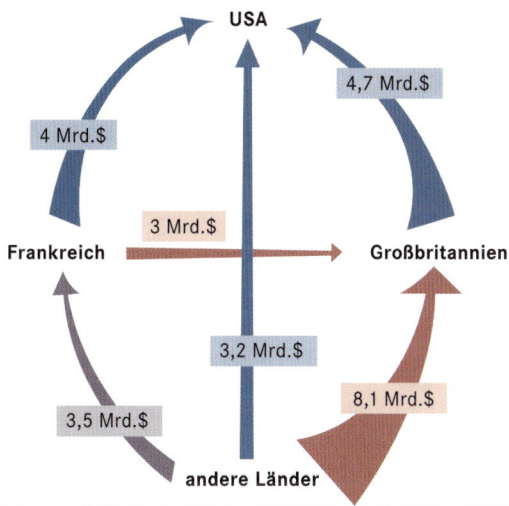

Am Ende des Ersten Weltkrieges hatte die gegenseitige Verschuldung der Alliierten ein kritisches Ausmaß erreicht. Allein Finnland erfüllte schließlich seine Verbindlichkeiten gegenüber dem Hauptgläubiger USA.

Schulden der Alliierten bei Kriegsende

Mit der Einführung der Rentenmark, der 1924 die Reichsmark folgte, und den gleichzeitig eingeleiteten Sparmaßnahmen sowie Steuererhöhungen erholte sich der Staatshaushalt wieder. 1927 erreichte das Bruttosozialprodukt kurzzeitig wieder den Stand von 1913. Faktoren wie eine starke Abhängigkeit vom Export bei eher mäßiger Binnenkonjunktur, eine im Vergleich zu den Vorkriegsjahren relativ hohe Arbeitslosigkeit, hohe Produktionskosten und die Abhängigkeit von Kapitalimporten belasteten die deutsche Wirtschaft aber auch in den Jahren zwischen Währungsreform und Weltwirtschaftskrise.

6.3 Reparationen und Ruhrkampf

Gemäß dem Versailler Vertrag von 1919 war Deutschland verpflichtet, Wiedergutmachung für die durch den Krieg entstandenen Schäden zu leisten. Da sich die Siegerstaaten zunächst weder auf die Höhe noch die Verteilung der Reparationsleistungen einigen konnten, kam es erst zwei Jahre später zu einer ersten Festsetzung der Summe. Auf der Pariser Konferenz vom Januar 1921 wurde eine Gesamtforderung von 269 Milliarden Goldmark, zahlbar in 42 Jahresraten, erhoben. Ende April reduzierte die zur Feststellung, Durchführung und Überwachung der Reparationsleistungen eingesetzte Kommission die Summe auf 132 Milliarden.

In Deutschland stießen die Reparationsforderungen, die im Versailler Vertrag mit der Verantwortung Deutschlands und seiner Verbündeten für den Kriegsausbruch begründet worden waren, auf einhellige Ablehnung. Reichskanzler Konstantin Fehrenbach und Außenminister Walter Simons weigerten sich, die Forderungen zu akzeptieren. Nachdem bereits im März 1921 alliierte Truppen Duisburg, Düsseldorf und Ruhrort besetzt hatten, stellten die Siegermächte Anfang Mai ein Ultimatum: Die deutsche Regierung habe die Bestimmungen innerhalb von sechs Tagen zu akzeptieren, ansonsten drohten Sanktionen bis hin zur Besetzung des Ruhrgebiets und weiteren militärischen Maßnahmen. Das Kabinett Fehrenbach trat zurück, die neue Regierung unter dem Zentrumspolitiker Joseph Wirth verfolgte in Fragen der Reparationsleistungen eine kooperationsbereite Politik.

Die grundlegenden Probleme der Reparationsfrage blieben jedoch bestehen. Die Höhe der Forderungen überstieg ganz offensichtlich die deutsche Leistungsfähigkeit. Getrieben von den Erwartungen der eigenen Bevölkerung und unter dem Druck der eigenen finanziellen Nöte, waren aber die Alliierten kaum zu einer weiteren Reduzierung der deutschen Schuldenlast bereit. Vor allem die französische Regierung sah in den deutschen Reparationen auch ein Instrument zur anhaltenden Schwächung Deutschlands. Die Reparationsfrage wurde zur Dauerbelastung des politischen und wirtschaftlichen Wiederaufbaus in Europa.

Ruhrkampf 1923
Die Entwicklungen kulminierten im so genannten Ruhrkampf des Jahres 1923. Mit dem Verweis auf Rückstände in den deutschen Holz- und Kohlelieferungen und gegen das britische Votum in der Reparationskommission begannen französische und belgische Truppen am 11. Januar mit der Besetzung des Ruhrgebiets. Die staatliche sowie die industrielle Verwaltung wurden unter französische Kontrolle gestellt, der Belagerungszustand ausgerufen sowie eine Kommission aus Ingenieuren eingesetzt, welche die Durchführung der Reparationsmaßnahmen überwachen sollte.

Die Regierung in Berlin reagierte mit dem Stopp der Reparationslieferungen und rief zum »passiven Widerstand« auf. Arbeiter, Angestellte und Beamte sollten die Arbeit einstellen bzw. keine Befehle der Besatzungsmächte befolgen. Frankreich und Belgien, die schließlich etwa 100 000 Mann einsetzten, reagierten mit der Ausweitung der Besatzung, zahlreichen Verhaftungen und Abschiebungen aus dem Ruhrgebiet, schließlich mit dem Einsatz eigener Arbeitskräfte in Verkehr und Kohlebergbau. Mehr als 130 Menschen kamen bei Zusammenstößen zwischen Besatzungstruppen und deutscher Bevölkerung ums Leben.

Der »Ruhrkampf« belastete das Deutsche Reich aufs Äußerste. Ausbleibende Kohlelieferungen aus dem Ruhrgebiet, die notwendigen Unterstützungsleistungen für die streikenden Arbeiter und politische Turbulenzen in allen Teilen des Landes ließen die wirtschaftlichen und politischen Folgen unkontrollierbar werden. Die Inflation erreichte immer neue Höchststände. Da die französische Politik hart blieb, hatte die seit August 1923 amtierende deutsche Regierung unter Gustav Stresemann am 26. September schließlich keine Alternative. Sie brach den längst aussichtslos gewordenen Widerstand ab.

6.4 Neue Staaten in Mittel- und Südosteuropa

Der Erste Weltkrieg hatte mit dem Untergang des zaristischen Russland, des Osmanischen Reichs sowie der Habsburgermonarchie nicht nur den Zerfall dreier großer Reiche zur Folge. Als Kehrseite dieser Entwicklung entstand eine Reihe neuer Staaten. Noch im Dezember 1917 hatte Finnland seine Unabhängigkeit von Russland erklärt, 1918 folgten Litauen, Estland und Lettland. Aus zuvor deutschen, österreichisch-ungarischen sowie russischen Gebieten entstand ein neues Polen.

Einzug des ersten Staatspräsidenten der Tschechoslowakei, Tamáš Masaryk in Prag, 1918.

Einschneidende territoriale Veränderungen ergaben sich nicht zuletzt in Mittel- und Südosteuropa. Sie begannen im Oktober 1918 mit der Proklamation der Tschechoslowakischen Republik sowie der Loslösung Kroatiens und Bosnien-Herzegowinas aus dem Staatsverband der Habsburgermonarchie und wurden im Wesentlichen in den Friedensverträgen mit Österreich, Ungarn und Bulgarien von St. Germain, Trianon und Neuilly-sur-Seine völkerrechtlich vereinbart. Mit Österreich, der Tschechoslowakei und Ungarn bildeten sich drei neue Staaten. Aus der Vereinigung der Königreiche Serbien und Montenegro sowie aus den vorwiegend von Südslawen bewohnten Gebieten Österreich-Ungarns entstand das König-

Zwischen den Weltkriegen

reich der Serben, Kroaten und Slowenen, das sich seit 1929 Jugoslawien nannte. Rumänien gewann unter anderem Bessarabien, die Bukowina und Siebenbürgen. Griechenland konnte den Erwerb Westthrakiens dauerhaft sichern.

Die Habsburgermonarchie war nicht zuletzt an ihren Nationalitätenkonflikten zerbrochen. Doch diese konnten auch durch die Nachfolgestaaten nicht gelöst werden. Insbesondere in Jugoslawien, Rumänien und der Tschechoslowakei blieben erhebliche Minderheitenprobleme bestehen. So waren in der Tschechoslowakei neben den gut 40 Prozent Tschechen jeweils über 20 Prozent der Bevölkerung Deutsche beziehungsweise Slowaken. Ungarn und Ukrainer stellten weitere Minderheiten von einigem Gewicht. In Jugoslawien kam es vor allem zu Konflikten zwischen Kroaten und Serben, die mit knapp 50 Prozent nicht nur die größte Volksgruppe darstellten, sondern auch insgesamt das neue Staatswesen dominierten. In Rumänien, dessen Bevölkerung zu ungefähr einem Viertel ethnischen Minderheiten angehörte, sorgte die Integration der neu erworbenen Gebiete ebenfalls für sozialen und politischen Zündstoff. Insgesamt hatte die Neuordnung des Balkans statt einer Lösung der nationalen Fragen, wie sie in dem Prinzip des Selbstbestimmungsrechts der Völker etwa vom amerikanischen Präsidenten Wilson (▶ 5.11) angestrebt worden war, eher eine Intensivierung der Nationalitätenkonflikte bewirkt.

Das schlug sich auch in der Außenpolitik nieder. Während Jugoslawien, Rumänien und die Tschechoslowakei eine auf die Sicherung des Status quo bedachte Politik verfolgten und sich 1920/21 in mehreren Verträgen zur so genannten Kleinen Entente zusammenschlossen, betrieb vor allem Ungarn eine mehr oder weniger offene Revisionspolitik. Unter den Großmächten bemühte sich vor allem Frankreich um eine Absicherung der nach dem Ersten Weltkrieg gefundenen Neuordnung. Schon an der Entstehung der Kleinen Entente war die französische Diplomatie beteiligt. 1924 kam es zu einem französisch-tschechoslowakischen Bündnis- und Freundschaftsvertrag. Demgegenüber förderte das faschistische Italien mehr und mehr die ungarische Revisionspolitik. 1927 schlossen beide Länder einen Freundschafts- und Schiedsvertrag.

6.5 Völkerbund

In dem aus rivalisierenden Allianzen bestehenden europäischen Staatensystem der Vorkriegsjahre wurde schon bald nach 1914 einer der wesentlichen Gründe für die Katastrophe des Ersten Weltkriegs gesehen. Der nach Kriegsende gegründete Völkerbund war der Versuch, die Staatenbeziehungen auf eine neue, friedliche, von allgemein akzeptierten Rechtsprinzipien sowie internationaler Kooperation geprägte Grundlage zu stellen. Dem Gedanken der »kollektiven Sicherheit« verpflichtet, leitete der Völkerbund eine neue Epoche des Völkerrechts ein und wurde zum Vor-

Die erste Sitzung der Vollversammlung des Völkerbundes im Reformationssaal in Genf am 15. November 1920

läufer der 1945 gegründeten Vereinten Nationen.

Die von der Vollversammlung der Pariser Friedenskonferenzen am 28. April 1919 verabschiedete Völkerbundsatzung nannte die Förderung der internationalen Zusammenarbeit und die Gewährleistung des internationalen Friedens als Hauptziele. Die Satzung bestimmte aber auch humanitäre, soziale und wirtschaftliche Fragen zu Aufgaben des Bundes. Im Einzelnen bekannten sich die Teilnehmerstaaten zur Abrüstung und verpflichteten sich, schwerwiegende Streitfragen zunächst einem internationalen Schiedsgericht bzw. der Prüfung durch den Völkerbund zu unterwerfen. Griff ein Mitglied zu militärischer Gewalt, betrachtete die Satzung dies als Kriegshandlung gegen alle anderen Mitglieder und sah eine Reihe vor allem wirtschaftlicher Sanktionen vor. Organisatorisch bestand der Völkerbund aus der jährlich tagenden Vollversammlung, dem Völkerbundsrat, der sich aus ständigen Mitgliedern und weiteren auf jeweils drei Jahre gewählten nicht ständigen Mitgliedern zusammensetzte, sowie einem Sekretariat unter Leitung eines Generalsekretärs. Die Völkerbundsatzung war Bestandteil aller Pariser Vorortverträge.

Als die Völkerbundsatzung nach der Ratifikation des Versailler Vertrages vom 10. Januar 1920 in Kraft trat und der Bund wenig später seine Arbeit aufnahm, gehörten ihm neben den Siegermächten (außer den USA) auch eine Reihe von neutralen Staaten an. Frankreich, Großbritannien, Italien und Japan bildeten die vier ständigen Mitglieder des Rates. Neu in den Bund aufgenommen wurden unter anderem 1920 Österreich und Bulgarien sowie 1932 die Türkei. Deutschland, das 1926 dem Völkerbund beigetreten war, trat 1933 unter Hitler wieder aus. Im gleichen Jahr verließ das Gründungsmitglied Japan den Völkerbund, 1937 folgte Italien. Die UdSSR, seit 1934 Mitglied, wurde Ende 1939 nach dem Angriff auf Finnland ausgeschlossen.

Der Völkerbund entfaltete in der Zwischenkriegszeit eine rege Tätigkeit. Neben zahlreichen Aktivitäten auf humanitärem und wirtschaftlichem Gebiet gelang es ihm, in einer Reihe von Fällen bei Konflikten zwischen Klein- und Mittelstaaten erfolgreich zu vermitteln. An der selbst gestellten Aufgabe, auch die Beziehungen der Großmächte friedlich zu regeln, scheiterte der Völkerbund jedoch. Während kleinere Staaten den Bund durchaus als Chance sahen, ihren Einfluss auf die internationalen Beziehungen zu vergrößern, kam es unter den wichtigsten Staaten bald zu Spannungen über Aufgaben und Ziele des Völkerbundes. Weder die 1931 beginnende japanische Expansion in China noch den italienischen Einfall in Abessinien von 1935 noch die deutsche Expansionspolitik in Europa vermochte er zu verhindern oder auch nur einzudämmen. Zu dieser Schwäche hatte nicht zuletzt beigetragen, dass die USA, auf deren Initiative der Völkerbund unter anderem zustande gekommen war, zwar den Versailler Vertrag unterschrieben, ihn aber nie ratifizierten und so auch nicht Mitglied des Völkerbundes geworden waren.

6.6 Briten, Juden und Araber in Palästina

Als australische und neuseeländische Truppen 1917 Jerusalem erreichten und mit anderen Teilen der britischen Armee im Verlauf des Jahres 1918 ganz Palästina von der osmanischen Herrschaft befreiten, wurden sie vom jüdischen Bevölkerungsteil mit Jubel begrüßt. Doch noch vor Kriegsende wurden die Probleme sichtbar, die nach dem Ersten Weltkrieg die Situation im Nahen Osten bestimmen sollten: der Zusammenstoß zwischen jüdischem und arabischem Nationalismus sowie die imperialen Interessen insbesondere Großbritanniens und Frankreichs.

Im Zuge der militärischen Auseinandersetzung mit der Türkei hatte die britische Regierung sowohl arabischen Vertretern als auch der zionistischen Bewegung weit reichende Hoffnungen auf die Erfüllung ihrer nationalen Wünsche gemacht. In der »Balfour-Deklaration« vom November 1917 sicherte der britische Außenminister Arthur Balfour der zionistischen Bewegung die Unterstützung Großbritanniens bei der Schaffung einer »nationalen Heimstätte« in Palästina zu. Nachdem die französische und die britische Regierung sich bereits 1916 im Sykes-Picot-Abkommen auf eine Aufteilung der Interessensphären im

Nahen und Mittleren Osten verständigt hatten, einigten sich die Siegermächte auf der Konferenz von San Remo im April 1920 endgültig über die Aufteilung der arabischen Provinzen des Osmanischen Reiches. Sie schufen ein System von Völkerbundsmandaten, in dessen Rahmen Frankreich die Verwaltung über Syrien und den größten Teil des Libanon erhielt, Großbritannien die über den Irak und Palästina.

Die britische Mandatsregierung suchte so viele Befugnisse wie möglich an Juden und Araber abzutreten, die gemeinsam ihre Selbstständigkeit erlangen sollten. Doch die Spannungen zwischen den jüdischen und den arabischen Bevölkerungsteilen konnten dadurch nicht beseitigt werden. Sie entzündeten sich vor allem an der Einwanderungsfrage. Nach den ersten beiden Einwanderungswellen vor dem Ersten Weltkrieg, die 1882 und 1904 eingesetzt hatten, kam es zwischen 1919 und 1923 zu einer dritten, in deren Verlauf etwa 35 000 Juden das Land besiedelten. Ein weiterer Schub folgte zwischen 1924 und 1928.

War es in den Zwanzigerjahren auch wegen der Politik der britischen Mandatsverwaltung trotz allem noch verhältnismäßig ruhig geblieben, so änderte sich das in der ersten Hälfte der Dreißigerjahre. Unter anderem ausgelöst durch die Vertreibung der jüdischen Bevölkerung im Zuge der nationalsozialistischen Gewaltpolitik in Deutschland kam es zu einer neuen Einwanderungswelle. Zehntausende Juden ließen sich jedes Jahr in Palästina nieder. Juden und Araber begannen sich zu bewaffnen, immer mehr radikale Gruppierungen entstanden.

Der arabische Aufstand 1936–1938

Mit dem Mord an zwei Juden, die sich auf dem Weg nach Tel Aviv befanden, begann am 15. April 1936 unter Führung des Muftis von Jerusalem, Muhammad Amin Al Husaini, ein arabischer Aufstand. Allein zwischen September 1937 und Oktober 1938 fielen etwa 400 Juden arabischen Terroraktionen zum Opfer. Gleichwohl erreichten die Araber ihr Ziel nicht. Die Haganah, die jüdische »Selbstschutz«-Einheit, ging von der passiven Abwehr arabischer Angriffe ab und griff besonders die arabischen Orte an, in denen sie die Drahtzieher des Aufstandes vermutete, Schutzmauern und Wachtürme sollten die jüdischen Siedlungen zusätzlich sichern.

Die internationale Lage begünstigte allerdings eher das Anliegen der Araber. Der britische Premierminister Arthur Neville Chamberlain fürchtete einen deutschen Angriff im Nahen Osten. Er wusste, dass der Suezkanal nur zu verteidigen war, wenn die Bevölkerung dort Großbritannien wohl gesonnen blieb. Nachdem der Aufstand im Oktober/November 1938 militärisch im Wesentlichen eingedämmt worden war, begann die britische Regierung damit, der arabischen Seite Zugeständnisse zu machen. In einem im Mai 1939 veröffentlichten Weißbuch verfügte sie die Begrenzung der Einwanderung für die kommenden fünf Jahre auf 75 000 Personen. Danach sollte sie nur mit Zustimmung der Araber erfolgen; der Bodenerwerb wurde praktisch unmöglich gemacht. Die Juden sollten sich mit der Situation abfinden, in Palästina eine Minderheit von etwa einem Drittel der Bevölkerung zu bleiben. Zahlreiche europäische Juden, die sich in Palästina vor dem Holocaust in Sicherheit bringen wollten, wurden abgewiesen.

Jüdische Einwanderer beschleunigten die landwirtschaftliche Erschließung Palästinas durch das Anpflanzen von Bäumen wie hier in Qiryat Anavim.

Die restriktive Einwanderungspolitik wurde seitens der Regierung Großbritanniens auch nach 1945 zunächst fortgesetzt. Jüdische Widerstandsorganisationen wie die Haganah und die Irgun Zwai Leumi (»Nationale Militärorganisation«) unterstützten die illegale Einwanderung. Als der Sieg der Alliierten im Zweiten Weltkrieg feststand (▶ 8.16), waren

221

sie bereits zum bewaffneten Kampf gegen die Briten übergegangen.

6.7 Russischer Bürgerkrieg 1918–1920

Nach der Revolution von 1917 und dem Abschluss des Waffenstillstands zwischen der Sowjetregierung und den Mittelmächten im Dezember 1917 ging der Erste Weltkrieg im ehemaligen Zarenreich in neue militärische Auseinandersetzungen über, die erst 1920 abebbten. Dabei überlagerten sich mehrere Konfliktlinien: Noch im Zuge der Friedensverhandlungen von Brest-Litowsk (▶ 5.8) drangen seit Februar 1918 deutsche Truppen wieder vor und bedrohten im März sogar Petrograd (Sankt Petersburg). Im Süden und Norden des westlichen Russland sowie in Ostasien intervenierten britische, französische und amerikanische bzw. japanische Truppen. Den Anfang hatten im März 1918 britische Landungsunternehmen in Murmansk und Archangelsk gemacht. An der Westgrenze gingen die Auseinandersetzungen 1920 in den polnisch-russischen Krieg über (▶ 6.8). Vor allem im Norden des alten russischen Reichs, in der Ukraine, auf der Krim und in der transkaukasischen Region ging der Konflikt zwischen kommunistischen »roten« Truppen auf der einen Seite und antibolschewistischen Einheiten auf der anderen Seite mit nationalen Unabhängigkeitsbestrebungen einher. In verschiedenen Regionen schlossen sich zudem Bauern zu eigenen Verbänden zusammen, die je nach Lage gegen »weiße« wie »rote« Truppen kämpften.

Der eigentliche Bürgerkrieg lässt sich in drei Phasen einteilen. Im Frühjahr und Sommer 1918 stießen antirevolutionäre Truppen von Osten und Süden auf einen kommunistisch kontrollierten Kernraum um Petrograd, Moskau und das Wolgagebiet vor. Im Osten wurden sie dabei von der »Tschechischen Legion« unterstützt, die ursprünglich Russland gegen die Mittelmächte hatte unterstützen sollen. Nachdem es der von Leo Trotzkij organisierten Roten Armee im Herbst gelungen war, die Angriffe zurückzuschlagen, folgte im Frühjahr der nächste Vorstoß der »Weißen«. Neben dem Süden Russlands und der Ukraine wurde nun auch der Norden zum Kampfgebiet. Vom Baltikum aus stieß eine Freiwilligenarmee auf Petrograd vor. Die dritte Phase des Bürgerkriegs war eng mit dem beginnenden polnisch-russischen Krieg verknüpft. Als im April 1920 polnische Truppen in die Ukraine vorstießen, nutzte die antirevolutionäre Südarmee die Lage zu einem weiteren Angriff auf den von den Bolschewiki beherrschten russischen Kernraum. Mit dem Ende des polnisch-russischen Krieges scheiterte aber auch dieser Vorstoß. Die geschlagenen Reste der »weißen« Armee flohen über die Krim und das Schwarze Meer.

Ergebnis und Folgen des Bürgerkriegs

Die Niederlage der »Weißen« im Bürgerkrieg lässt sich vor allem auf die Uneinigkeit der antibolschewistischen Einheiten zurückführen. Die aus Teilen der alten Armee, aus Freiwilligenverbänden, Kosaken, gemäßigten Sozialisten, Liberalen, Nationalisten oder Anhängern des Zaren bestehenden Kräfte fanden nie zu einer politischen Einheit, geschweige denn zu einem überzeugenden Programm. Unter diesen Umständen blieb der Rückhalt in der russischen Bevölkerung gering. Man fürchtete eine Rückkehr zum zaristischen System; die westliche Intervention stärkte die Bolschewiki und ließ diese in den Augen vieler zu den Verteidigern Russlands werden.

Bürgerkrieg und Dürre lösten in Russland eine schwere Hungersnot aus. »Hilf« bittet dieses Plakat (1921).

Eine Bilanz des auf beiden Seiten mit großer Brutalität geführten Krieges ist nur schwer zu ziehen. Die Zahl der Todesopfer unter Militärs wie Zivilisten lässt sich kaum ermitteln, zumal die Unterscheidung zwischen denjenigen, die Kriegshandlungen, dem Hunger oder aber der Politik des neuen kommunistischen Regimes zum Opfer fielen, nur sehr schwer möglich ist. Schätzungen reichen von einigen Hunderttausend zivilen wie militärischen Opfern bis hin zu einer Opferzahl von insgesamt mehreren Millionen Toten. Sicher ist, dass es sich um einen der verlustreichsten Bürgerkriege der neueren Geschichte handelte.

Für die Entwicklung des kommunistischen Systems war der Verlauf des russischen Bürgerkriegs in dreierlei Hinsicht von großer Bedeutung. Zunächst war die Tatsache bemerkenswert, dass sich die Bolschewiki überhaupt gegen den Ansturm ihrer Feinde hatten behaupten können. Dann gelang es ihnen im Zuge der Auseinandersetzung, die Herrschaft über bereits verlorene Gebiete wie die Ukraine und Weißrussland wieder auszudehnen. Bis 1922 konnten schließlich auch Georgien, Armenien und Aserbaidschan sowie abgefallene Gebiete Sibiriens und Mittelasiens in die entstehende Sowjetunion integriert werden. Schließlich wurde der Bürgerkrieg für die Organisation des Regimes wichtig. Bereits im Vorfeld des Bürgerkriegs wurde die berüchtigte Tscheka, die »Außerordentliche Kommission zum Kampf gegen Konterrevolution und Sabotage« unter Feliks Dserschinskij gegründet. Sie war der Vorläufer der späteren sowjetischen Sicherheits- und Geheimdienste.

Unter dem Druck der militärischen Bedrohung erfolgten im so genannten Kriegskommunismus Maßnahmen zur Zentralisierung von Politik und Wirtschaft. Die Großunternehmen wurden verstaatlicht, ein »Oberster Volkswirtschaftsrat« übernahm die Gesamtorganisation von Wirtschaft und Finanzen, auf dem Land wurden von den Bauern bestimmte Getreidequoten eingefordert. An der Spitze des Staates bündelte ein aus sechs Personen bestehender »Rat der Arbeiter- und Bauernverteidigung« die wichtigsten staatlichen Kompetenzen. Auch wenn Unruhen und Aufstände bald zu einer Modifikation dieses Kurses führten (▶ 6.14), prägte der Kriegskommunismus doch die weitere Entwicklung des sowjetischen Systems.

6.8 Polnisch-russischer Krieg und Curzon-Linie

Das nach dem Ersten Weltkrieg aus Gebieten Russlands, Österreich-Ungarns und Deutschlands – den Nachfolgern der Teilungsmächte des 18. Jahrhunderts (▶ 1.14) – wieder erstandene Polen war vor allem das Werk Józef Klemens Piłsudskis. Am 11. November 1918 ernannte der polnische Regentschaftsrat den 1867 geborenen Adligen und früheren Befehlshaber polnischer Einheiten im österreichischen Heer zum Oberbefehlshaber und vorläufigen Staatschef. 1923 vom Amt des Staatschefs zurückgetreten, errichtete Piłsudski nach einem von ihm angeführten Putsch 1926 ein diktatorisches Regime, an dessen Spitze er bis zu seinem Tod im Jahre 1935 stand, obwohl er formal in der überwiegenden Zeit lediglich das Amt des Kriegsministers innehatte.

Polen warb 1920 Freiwillige für den Krieg. Plakate propagierten die Vertreibung der Russen.

Piłsudski war es auch, der in der Gründungsphase des neuen Staates insbesondere eine Erweiterung des polnischen Territoriums im Osten nach dem Vorbild des früheren Jagiellonenreiches anstrebte. Während im Westen des Landes die neuen Grenzen im Wesentlichen durch den Versailler Vertrag geregelt wurden, einigte sich Piłsudski am 21. April 1920 mit den Führern der antibolschewistischen Ukrainischen Volksrepublik auf ein Angriffsbündnis gegen die Bolschewiki. Schon am 7. Mai 1920

Kapitel 6

zogen polnische Truppen in Kiew ein. Der überraschende Gegenstoß der Roten Armee zwang sie jedoch zur Aufgabe aller weißrussischen und ukrainischen Eroberungen. Der sowjetische Vormarsch konnte erst in der Schlacht vor Warschau vom 16. bis 25. August 1920 mithilfe Frankreichs, das den polnischen Staat als Bollwerk sowohl gegen Sowjetrussland als auch gegen Deutschland militärisch unterstützte, zum Stehen gebracht werden.

Den endgültigen Grenzverlauf zur Russischen Sozialistischen Föderativen Sowjetrepublik sowie zur Weißrussischen und Ukrainischen Sowjetrepublik legte schließlich der Friedensvertrag von Riga am 18. März 1921 fest. Die neue polnische Ostgrenze befand sich nun über 150 km östlich der Linie, die im Dezember 1919 von den Alliierten Siegermächten entlang der Linie Grodno-Brest-Przemyśl als zukünftige Grenze vorgeschlagen worden war und die nach dem britischen Außenminister George N. Curzon bald als »Curzon-Linie« bekannt wurde. Polen erhielt damit neben einer starken deutschen Minderheit unter anderem auch große ukrainisch und weißrussisch besiedelte Regionen. In den Außenbeziehungen bedeuteten die polnischen Gebietsgewinne, dass zusätzlich zu den Dauerkonflikten mit Litauen, der Tschechoslowakei und Deutschland auch das Verhältnis zur Sowjetunion von Beginn an getrübt war.

6.9 Griechisch-türkischer Krieg

Der griechisch-türkische Krieg der Jahre 1920 bis 1922 steht in einer Reihe von Auseinandersetzungen, die vom griechischen Freiheitskampf der 1820er-Jahre bis zum Konflikt der NATO-Staaten Griechenland und Türkei um Zypern nach dem Zweiten Weltkrieg reicht.

Nach dem Ersten Weltkrieg musste die Türkei im Friedensvertrag von Sèvres nicht nur den Verlust der arabischen Besitzungen und die Besetzung Istanbuls und der Meerengen durch die Alliierten hinnehmen, sie verlor auch Thrakien bis zu einer 40 Kilometer vor Istanbul liegenden Linie sowie alle Ägäisinseln an Griechenland mit Ausnahme des von Italien besetzten Dodekanes mit Rhodos. Zusätzlich wurde das Gebiet um das kleinasiatische Izmir (Smyrna) unter griechische Verwaltung gestellt, über dessen Zugehörigkeit nach fünf Jahren ein Plebiszit entscheiden sollte.

Die Weigerung der von General Mustafa Kemal Pascha (ab 1934 Kemal Atatürk genannt) gegen die Regierung in Stellung gebrachten türkischen Nationalversammlung

Mustafa Kemal Pascha. Sein Kampf gegen die Briten 1915 machte ihn zum Nationalhelden.

in Ankara, den Frieden von Sèvres zu akzeptieren, sowie Athener Bestrebungen nach einem großgriechischen Reich unter Einschluss kleinasiatischer Gebiete führten 1920/21 zum griechisch-türkischen Krieg. Von Großbritannien ermuntert, rückten griechische Truppen von Smyrna aus vor. Nach einer Reihe von Niederlagen mussten sie sich jedoch bald zurückziehen, im September 1922 fiel auch Smyrna in türkische Hände. Im Lausanner Frieden vom 24. Juli 1923, in dem unter anderem auch Großbritannien, Frankreich und Italien Vertragspartner waren, verlor Griechenland alle kleinasiatischen Besitzungen. Auf dem europäischen Festland fiel Ostthrakien an die Türkei zurück. Griechenland bekam die meisten Inseln der Ostägäis zugesprochen, während der Dodekanes bei Italien blieb. Als eine weitere Folge des Krieges kam es zu umfangreichen Vertreibungen. Fast 1,5 Millionen kleinasiatische Griechen wurden nach Griechenland umgesiedelt. Mehrere Hunderttausend Türken mussten ihre griechische Heimat in Richtung Türkei verlassen.

In beiden Ländern wurde der Krieg von inneren Unruhen begleitet. Während in Griechen-

ZWISCHEN DEN WELTKRIEGEN

land auch infolge des verlorenen Krieges 1924 die Monarchie stürzte, gelang es Mustafa Kemal in der Türkei, die Herrschaft des Sultans zu beseitigen. Die Türkei wurde Republik, Mustafa Kemal Staatspräsident (▶ 6.16).

6.10 Der indische Freiheitskampf

Während Kanada, Australien, Neuseeland und die Südafrikanische Union bereits im 19. oder zumindest im beginnenden 20. Jahrhundert mit dem Dominion-Status das Recht auf Selbstregierung erhalten hatten, betrieben die Briten in Indien die Übertragung politischer Rechte an einheimische Kräfte nur sehr zögerlich. Dem stand spätestens seit dem letzten Drittel des 19. Jahrhunderts eine stetig wachsende indische Nationalbewegung gegenüber, die das Recht Indiens auf Selbstverwaltung und schließlich auf Unabhängigkeit einforderte (▶ 4.3). Nach dem Ersten Weltkrieg, in dessen Verlauf der Subkontinent weit mehr als eine Million Soldaten und Arbeitskräfte gestellt hatte, nahm der Druck weiter zu. Die britische Politik oszillierte jedoch nach wie vor zwischen Repression und schrittweisen Konzessionen. Der *Government of India Act* führte 1919 in bestimmten Bereichen eine indische Selbstverwaltung ein, die Zentralregierung des Subkontinents blieb jedoch trotz einheimischer Beteiligung der Regierung und dem Parlament in London untergeordnet. 1931 wurde Indien im Statut von Westminster der Dominion-Status zum wiederholten Male verwehrt; gleichzeitig in London stattfindende Gespräche über eine indische Verfassungsreform blieben ergebnislos. Ein neuer *Government of India Act* führte 1935 in allen Provinzen verantwortliche Regierungen ein. Die Schlüsselressorts (Verteidigung, Finanzen und Außenbeziehungen) blieben allerdings in der Hand der Briten, und der Vizekönig sowie die Gouverneure hatten das formelle Vetorecht gegen Entscheidungen der Provinzparlamente.

Die wachsende Enttäuschung der Nationalbewegung über das langsame Tempo der britischen Indienpolitik führte zu einer Vielzahl von Revolten, Verhaftungen und blutigen Zusammenstößen zwischen der einheimischen Bevölkerung und den Truppen der britischen Verwaltung. So ließ 1919 ein britischer General in Amritsar in eine auf einem Platz versammelte Menge schießen. 400 Inder wurden getötet. Anfang der Dreißigerjahre kam es zu einer Bauernrevolte in Birma, die erst nach einiger Zeit vom Militär niedergeschlagen werden konnte. Zu einem allgemeinen, ganz Indien umfassenden Aufstand führten solche Ereignisse jedoch nicht.

Erst der Zweite Weltkrieg ließ die britische Politik eindeutig auf das Ziel einer schnellen indischen Unabhängigkeit einschwenken. Nun wurde endgültig deutlich, dass das Potenzial eines Landes wie Großbritannien eine auf das Militär gestützte Kolonialpolitik nicht mehr erlaubte. 1942 bot die britische Regierung für die Zeit nach dem Krieg Indien den Dominion-Status und die Unabhängigkeit an. Die Führer der indischen Nationalbewegung wollten sich zu diesem Zeitpunkt allerdings nicht mehr auf Kompromisse und Vertröstungen einlassen.

Nach der Regierungsübernahme durch die Labour Party im Jahr 1945 kam der Abbau der britischen Herrschaft über Indien schnell voran. Das Ziel, ein unabhängiges, geeintes Indien zu schaffen, ließ sich allerdings nicht

Bei den Einsätzen britischer Truppen gegen die aufständische indische Zivilbevölkerung kam es häufig zu erbitterten Straßenschlachten.

Kapitel 6

verwirklichen. Was sich in den zunehmenden Spannungen innerhalb der Unabhängigkeitsbewegung schon seit längerem angedeutet hatte, wurde 1947 Wirklichkeit: Mit dem *India Independence Act* wurden zwei Staaten in die Freiheit entlassen, neben der hinduistisch geprägten Indischen Union das islamische Pakistan, zu dem bis 1971 auch das heutige Bangladesh gehörte.

Innerhalb der indischen Freiheitsbewegung nahm seit dem ausgehenden 19. Jahrhundert der Indische Nationalkongress einen überragenden Platz ein (▶ 4.3). Bei den Wahlen von 1936 gewann die Kongresspartei in sieben von neun Provinzen. Seit 1923 spielte der spätere indische Premierminister Jawaharlal Nehru als Generalsekretär in der Partei eine wichtige Rolle. Die unbestrittene Führungsfigur der indischen Nationalbewegung in der Zwischenkriegszeit bis zur Unabhängigkeit des Landes 1947 war jedoch Mahatma Gandhi (▶ 6.11).

Gegen das Salzmonopol der Briten organisierte Mahatma Gandhi den »Salzmarsch« (ca. 388 km), der 26 Tage dauerte.

6.11 Mahatma Gandhi

Mohandas Karamchand (seit 1915: Mahatma) Gandhi wurde am 2. Oktober 1869 in Porbandar im westlichen Indien geboren. Nachdem er in London Jura studiert hatte, wurde er 1893 von einem indischen Geschäftsmann in einem Rechtsstreit nach Südafrika entsandt. Nach Beendigung seiner Aufgabe hätte er nach Indien zurückkehren können, doch die diskriminierenden Gesetze, die den Indern in Südafrika auferlegt wurden, forderten ihn zum Bleiben heraus. Er engagierte sich für die Anerkennung der bürgerlichen Rechte seiner Landsleute und entwickelte die Methode des gewaltlosen Kampfes, die er *Satyagraha*, »Festhalten an der Wahrheit«, nannte.

1914 nach Indien zurückgekehrt, war ihm während des Ersten Weltkriegs eine umfassendere politische Betätigung nicht möglich. Er musste sich mit kleineren Aktionen begnügen. So setzte er sich für die von britischen Indigopflanzern im Bezirk Champaran, Bihar, ausgebeuteten Bauern ein, organisierte eine erfolgreiche Grundsteuerverweigerung in einem Bezirk Gujarats und einen Textilarbeiterstreik in Ahmadabad.

Nach dem Krieg begann Gandhi als Führer des Indischen Nationalkongresses, dessen Präsident er von 1920 bis 1934 war, eine Vielzahl von Kampagnen mit nationaler Bedeutung zu organisieren, in denen er im Sinne des gewaltlosen Kampfes zur Nichtbeteiligung an der britischen Verwaltung, zum bürgerlichen Ungehorsam oder zum Boykott britischer Waren aufrief. So verkündete er 1920 einen Boykott der Gerichte, Universitäten und Schulen und schließlich auch der bevorstehenden Wahlen in den Provinzen. Zwei Jahre später rief er in einem Unterbezirk Gujarats zur Steuerverweigerung auf, brach die Aktion jedoch ab, als es zu Gewalttätigkeiten kam. Mit dem »Salzmarsch« von 1930 protestierte er gegen die Monopolbestimmungen der Regierung, die privates Salzsieden selbst für den Hausgebrauch unter Strafe stellte. Als Gandhi mit einer Schar seiner Getreuen zu seinem langen Marsch an die Küste Gujarats aufbrach, stieg die Spannung von Tag zu Tag. Schließlich las Gandhi Anfang April 1930 am Strand von Dandi ein Bröckchen Salz auf und machte sich damit strafbar. Überall in Indien taten es ihm seine Anhänger nach. Bald waren die Gefängnisse bis zum Bersten gefüllt.

Zwischen den Weltkriegen

In Verhandlungen mit den Briten sah Gandhi schon frühzeitig kein geeignetes Mittel zur Erlangung der indischen Unabhängigkeit mehr. In Gesprächen über eine indische Verwaltungs- und Regierungsreform verfolgte er dementsprechend stets eine kompromisslose Verhandlungsstrategie. Als die britische Regierung im Zweiten Weltkrieg mit der Entsendung eines Kabinettmitglieds, des Lordsiegelbewahrers Sir Stafford Cripps, neue Angebote auf dem Weg zu einer indischen Selbstregierung unterbreitete, forderte Gandhi die Briten im Gegenzug zum sofortigen Verlassen Indiens auf.

Mehrmals von der britischen Regierung verhaftet, setzte sich Gandhi auch für Rechte der Kaste der »Unberührbaren« ein. Im Prozess der indischen Unabhängigkeit nach 1945 (▶ 8.14) war sein Ziel ein einiges Indien, das hinduistische wie muslimische Landesteile umfassen sollte. Am 30. Januar 1948 wurde Mahatma Gandhi in Neu-Delhi von einem radikalen Hindu ermordet.

6.12 Wirtschaftsentwicklung und Expansion Japans

Die rasche Industrialisierung der zurückliegenden Jahrzehnte hatte im ausgehenden 19. Jahrhundert auch in Japan zu schweren sozialen Spannungen geführt. Weite Teile der ländlichen Bevölkerung blieben vom Wirtschaftsaufschwung ausgeschlossen, Industriearbeiter protestierten gegen die ungleiche Verteilung ökonomischer Gewinne, die Angst vor einem Übermaß an westlichen Einflüssen war weit verbreitet. Hinzu kam, dass der Aufstieg Japans zu einer der führenden Wirtschaftsmächte der Welt im neuen Jahrhundert keineswegs ungebrochen voranschritt. Der Erste Weltkrieg und seine Folgen hatten zu einem Zusammenbruch wichtiger Außenmärkte geführt, 1920 bis 1922 wurde Japan von einer schweren Wirtschaftskrise heimgesucht, und auch die Weltwirtschaftskrise von 1929 traf das vom Export seiner Waren abhängige Japan mit besonderer Wucht. Mit den USA fiel der Hauptabnehmer japanischer Güter aus. Vor allem die Textilindustrie, die 1929 die Hälfte aller Fabrikarbeiter beschäftigte, war extrem vom Export nach Nordamerika abhängig. Aber auch der zweite wichtige Markt für Japans Wirtschaft, China, bereitete Probleme. Nach dem Sieg der nationalrevolutionären Kuomintang-Partei setzte China der wirtschaftlichen Durchdringung Widerstand entgegen.

Durchbruch zur Weltmacht

Außenpolitisch brachte der Erste Weltkrieg den endgültigen Durchbruch Japans zur Weltmacht. Während des russischen Bürgerkriegs standen japanische Truppen von beträchtlicher Zahl tief auf russischem Territorium, von Deutschland hatte Japan das chinesische Kiautschou und die pazifischen Inseln nördlich des Äquators übernommen. Japan war die drittgrößte Seemacht der Welt geworden. Mit Ende des Ersten Weltkriegs rückten aber auch für Großbritannien und die USA pazifische und ostasiatische Interessen wieder stärker in den Mittelpunkt, und so sah sich Japan in seinen imperialistischen Ambitionen mehr und mehr gebremst. Auf nationalistische Kreise hatte vor allem die Washingtoner Konferenz 1921/22 eine ähnliche Wirkung wie Versailles auf viele Menschen in Deutschland. Auf der Konferenz, die zur Regelung der vor allem zwischen Großbritannien, Japan und den USA im pazifisch-asiatischen Raum bestehenden Differenzen

Mit den USA unterhielt Japan enge wirtschaftliche Beziehungen. In dieser Seidenspinnerei in Kiryû wurde um 1925 an amerikanischen Webstühlen gearbeitet.

einberufen worden war, wurden die Flottenstärken zwischen Großbritannien, den USA und Japan auf ein Verhältnis 5-5-3 festgelegt. Ein unter Einschluss Frankreichs zustande gekommenes Viermächteabkommen garantierte den Status quo im Pazifik. Für den chinesischen Markt wurde der Grundsatz der »Offenen Tür« bestätigt. Als besonders demütigend wurde in Japan empfunden, dass es das 1914 eroberte Kiautschou an China zurückgeben musste.

Die sozialen und außenpolitischen Spannungen gingen mit innenpolitischen Konflikten einher, die sich immer stärker auf die Rivalität zwischen liberal-gemäßigten Kräften, welche die Kooperation mit Großbritannien und insbesondere den USA nicht aufgeben wollten, und Teilen von Armee und Marine zuspitzten. Die der politischen Kontrolle weitgehend entzogene militärische Führung setzte dabei mehr und mehr auf Expansion.

In dieser Situation extremer Anspannung rief das Londoner Flottenabkommen vom April 1930, mit dem sich die liberal-gemäßigte Minseito-Regierung von Hamaguchi Yuko noch einmal in das Washingtoner System einbinden ließ, wütende Proteste der nationalistischen Opposition und der die Interessen der Marine artikulierenden Seiyukai-Partei hervor. Japan hatte sich verpflichtet, bestimmte Obergrenzen im Flottenbau nicht zu überschreiten. Ähnlich wie in Deutschland war daraufhin auch in Japan von nationaler Demütigung, Gefährdung der nationalen Sicherheit und Kapitulation vor den westlichen Großmächten die Rede.

Die weitere Entwicklung der japanischen Innen- und Außenpolitik sollte von dem steigenden Gewicht der Armee geprägt werden. In ihr verbanden sich der Protest gegen die Korruption der Parteiführer und Großunternehmer, denen das Unverständnis für das Elend der breiten Massen zum Vorwurf gemacht wurde, mit der Bereitschaft zur militärischen Expansion auf dem chinesischen Festland (▶ 6.29).

6.13 Komintern

Im Jahr 1917 hoffte die bolschewistische Parteiführung, Russland werde mit seiner Revolution nicht allein bleiben, der Funke rasch auf Westeuropa überspringen. Schon das von Lenin formulierte »Dekret über den Frieden« vom November 1917 wandte sich nicht nur an die Regierungen, sondern ausdrücklich ebenso an die Völker, forderte auch sie auf, »unverzüglich« Frieden zu schließen, und verband dies mit dem unmissverständlichen Appell »an die klassenbewusstesten Arbeiter der drei fortgeschrittensten Nationen der Menschheit« (Deutschland, Großbritannien, Frankreich), mitzuhelfen, »die Sache der Befreiung der werktätigen und ausgebeuteten Volksmassen von jedweder Sklaverei und Ausbeutung erfolgreich zu Ende zu führen«. Die im März 1919 gegründete Dritte, die »Kommunistische Internationale« (Komintern), der zahlreiche kommunistische und sozialistische Parteien angehörten, drückte so auch die Hoffnung auf eine bevorstehende Weltrevolution aus.

Am 2. März 1919 eröffnete Lenin den Ersten Kongress der Kommunistischen Internationale.

Hatte 1919 der Gründungskongress der Komintern die »Proletarier aller Länder« aufgerufen, sich »im Kampfe gegen die imperialistische Barbarei, gegen die Monarchien, gegen die privilegierten Stände, gegen das bürgerliche Eigentum, gegen alle Formen der sozialen oder nationalen Bedrückung« zu vereinen, so legte 1920 der 2. Kongress in 21 Punkten die Bedingungen für die Aufnahme fest. Dazu gehörten das aktive Eintreten für die Revolution und die Diktatur des Proletariats, der vollständige

ZWISCHEN DEN WELTKRIEGEN

Bruch mit »reformistischen« und »sozialpatriotischen« Kräften, eine entsprechende »Säuberung« des Personalbestandes in den eigenen Reihen und der Aufbau eines »revolutionären Apparates« auch in den »Massenorganisationen«, wobei vor allem an die Gewerkschaften gedacht war.

Im Dienst der sowjetischen Außenpolitik
Jede kommunistische Partei, die der Internationale als »Sektion« beitrat und damit gleichsam Teil einer kommunistischen Weltpartei wurde, verpflichtete sich, der »Sowjetrepublik in ihrem Kampf gegen die konterrevolutionären Kräfte bedingungslos Beistand« zu leisten, und erkannte alle Entscheidungen des in Moskau residierenden Exekutivkomitees als »bindend« an. Diese Bestimmungen schufen die Voraussetzung dafür, dass der Apparat der Komintern und seine »Sektionen«, die kommunistischen Parteien der einzelnen Länder, in den Zwanziger- und Dreißigerjahren zu Instrumenten der Moskauer Außenpolitik werden konnten. Dabei sah sich das revolutionäre Russland zu einer »Doppelstrategie« gezwungen: Dem Volkskommissariat des Äußeren fiel es zu, sich um die diplomatische Anerkennung durch die Staatenwelt zu bemühen, die zugleich die Absicherung des Erreichten bedeutete. Währenddessen sollten über die Komintern insgeheim und wohl dosiert die weltrevolutionären Zielsetzungen weiterverfolgt werden, ohne die diplomatische Anerkennung zu gefährden.

1927 war es dann Lenins Nachfolger Stalin, der das Verhältnis von nationaler, sowjetischer und internationaler sowie weltrevolutionärer Zielsetzung auf die neue Formel brachte: Nur derjenige sei ein wahrer »Internationalist«, der »vorbehaltlos, ohne zu schwanken, ohne Bedingungen zu stellen« bereit sei, im Interesse der Sowjetunion zu wirken und sie zu verteidigen. Die weltrevolutionäre Zielsetzung war endgültig hinter die Unterstützung der Sowjetunion zurückgetreten.

Unter den Beschlüssen der Komintern wurde vor allem die Brandmarkung des »Sozialfaschismus« bedeutsam. Sie ging auf den 6. Weltkongress der Kommunistischen Internationale von 1928 zurück und richtete sich gegen die reformorientierte Politik der Sozialdemokraten.

Im Mai 1943 löste Stalin, als Geste an die Adresse seiner Partner in der Anti-Hitler-Koalition, die Komintern auf.

6.14 »Neue Ökonomische Politik« in der Sowjetunion

Die Euphorie von Staats- und Parteiführung, durch den »Kriegskommunismus« (▶ 6.7) und mithilfe eines groß angelegten Elektrifizierungsprogramms mehrere »Entwicklungsstufen« überspringen und die kriegswirtschaftliche Produktions- und Distributionssteuerung unmittelbar zum kommunistischen Wirtschafts- und Gesellschaftssystem ausbauen zu können, überlebte den Winter 1920/21 nicht. Der massive Widerstand der Bevölkerung machte solche Pläne zur Illusion. Hauptstädtische Arbeiter demonstrierten gegen die miserable Versorgungssituation, Bauern wehrten sich – teils in blutigen Gefechten – verzweifelt gegen die Beschlagnahmung des Getreides. Vor allem aber erschütterte der Aufstand der Kronstädter Matrosen im März 1921 die Selbstgefälligkeit der Machthaber: Die Inselfestung Kronstadt, Petrograd vorgelagert, war 1917 eine bolschewistische Bastion gewesen. Bei ihren Zukunftsplanungen hatte die Führung der Bolschewiki die Realität aus den Augen verloren. Der Widerstand der Bevölkerung brachte der politischen Führung diese Realität wieder zu Bewusstsein. Obwohl sie den Kronstädter Aufstand als »konterrevolutionär« verurteilte und ihn blutig niederschlagen ließ, sah sie ein, dass die Fortführung der »kriegskommunistischen« Planungen ein politischer Fehler war.

Abkehr vom »Kriegskommunismus«
Auf dem 10. Parteitag kündigte im März 1921 Lenin eine Änderung der bisherigen Agrarpolitik an, mit der sich Partei und Regierung die Bauern zum Feind gemacht hatten. Anstelle der Getreiderequisitionen sollte eine »Naturalsteuer« eingeführt werden; ihre Höhe war so bemessen, dass sie den Bauern erlaubte, Überschüsse zu erzielen, die sie veräußern durften. Für viele Bauern, vor allem an der mittleren und unteren Wolga, kam dieser Kurswechsel allerdings zu spät. Im Sommer 1921 suchte eine Dürreperiode den Südosten heim und vernich-

Kapitel 6

Trotz gelockerter Zügel nach dem Bürgerkrieg kontrollierte die Partei weiterhin alle Lebensbereiche (»Der Bolschewik«, Ölgemälde von Boris Kustodijew, 1920).

tete große Teile der Ernte. Millionen von Menschen verhungerten. Diese Katastrophe war ein Grund mehr, den neuen Weg fortzusetzen. Auch im gewerblichen Bereich sollten Reglementierungen abgeschafft werden, die kleinen Gewerbetreibenden wieder frei über die Produkte ihrer Arbeit verfügen können. Hatte die Regierung noch im November 1920 Klein- und Kleinstbetriebe verstaatlicht, so ließ sie nur ein halbes Jahr später ihre Neugründung zu.

Auch die Allmacht des Obersten Volkswirtschaftsrates sollte eingeschränkt, sein wuchernder Apparat beschnitten, als neue Koordinierungsinstanz eine »Staatliche Plankommission« eingerichtet und der Entscheidungsspielraum der Einzelbetriebe erweitert werden; selbst die Neuverpachtung von Unternehmen fasste man im Sommer 1921 ins Auge, wobei als Pächter auch Privatpersonen infrage kommen sollten. Die Betriebe wurden auf das Prinzip der Kostendeckung verpflichtet und zugleich von allen Obliegenheiten befreit, die in den Bereich staatlicher Sozialfürsorge fielen. Am Leitungsprinzip wurde festgehalten; die kommunistische Zelle und die Belegschaftsvertretung sollten den Direktor nur kontrollieren, nicht dominieren. Die neuen Grundsätze der Tarifpolitik setzten sich von der »Gleichmacherei« früherer Jahre ab und verlangten Bezahlung nach Qualifikation und Leistung. Davon erhoffte man sich eine Dynamisierung des Arbeitsmarktes.

So gewannen diese Tendenzen 1921 allmählich konzeptionelle Züge und prägten als »Neue Ökonomische Politik« die Zwanzigerjahre: Der Staat versuchte, die wirtschaftlichen »Kommandohöhen« wie Währung, Banken, größere und mittlere Industrie, Außenhandel, Transport und Verkehr in der Hand zu behalten; dagegen gewährte man nun kleineren Gewerbe- und Agrarbetrieben mehr Freiheit, wodurch die Eigeninitiative geweckt und die Produktion gesteigert werden sollte.

Der wirtschaftliche Wiederaufstieg war nicht leicht und auch nicht frei von Rückschlägen. Immerhin wurden in der Großindustrie 1925/26 bei der Bruttoproduktion wieder die Werte von 1913 erreicht. Ähnliches galt für die Landwirtschaft, deren Bruttoproduktion – 1921 auf 60 Prozent gesunken – 1925 erstmals wieder das Vorkriegsniveau erreichte und teilweise sogar übertraf. Doch in einer erneuten Wirtschaftskrise Ende der Zwanzigerjahre schlug das Pendel wieder zurück. Es begann die Zeit verschärfter Kollektivierung und Industrialisierung, nicht zuletzt im Zusammenhang des Aufstiegs Stalins zum unangefochtenen Führer der Sowjetunion zu sehen sind (▶ 6.26, ▶ 6.27).

6.15 Vertrag von Rapallo

Am Rande einer internationalen Wirtschaftskonferenz in Genua, die auf eine Initiative der britischen Regierung zurückging, schlossen Deutschland und die Sowjetunion am 16. April 1922 einen Vertrag zur Regelung der beiderseitigen Beziehungen. Die beiden Länder vereinbarten die Aufnahme diplomatischer Beziehungen, den Grundsatz der Meistbegünstigung in den Handels- und Wirtschaftsbeziehungen und den beiderseitigen Verzicht auf Ersatzleistungen für Kriegskosten und Kriegsschäden sowie auf Ansprüche aus der Vorkriegszeit.

Gespräche zu einem entsprechenden Vertrag hatte es schon im Vorfeld der Konferenz von Genua zur Regelung internationaler Wirtschafts- und Reparationsprobleme gegeben. Um die Kooperation mit den Westmächten nicht zu gefährden, hatte aber vor allem Reichsaußenminister Walther Rathenau gezögert. Erst als es in Genua aufgrund der französischen Haltung weder zu der von der deutschen Seite gewünschten Besprechung der Reparationsfrage kam, noch Ergebnisse bei der Bildung eines internationalen Konsortiums zum Wiederaufbau der Sowjetunion erzielt wurden, gleichzeitig aber Gerüchte über eine in inoffiziellen Verhandlungen erzielte Einigung zwischen der Sowjetunion und den Westmächten die Runde machten, stimmte auch Rathenau zu.

Mit den in Rapallo getroffenen Vereinbarungen stellten die beiden Außenseiter im Nachkriegseuropa ihre Beziehungen auf eine vertragliche Grundlage und verschafften sich international neue Bewegungsfreiheit. Zudem erkannte mit dem Deutschen Reich die erste Großmacht die junge Sowjetunion an und half ihr aus dem diplomatischen Abseits. In der Folgezeit kam es zu einer Vertiefung der bilateralen Zusammenarbeit. Wenige Monate nach Rapallo wurde auch eine geheime Militärkooperation vertraglich vereinbart, und 1926 schlossen Deutschland und die Sowjetunion einen Freundschafts- und Neutralitätsvertrag.

In London und Paris reagierte man empört auf die Nachricht vom Abschluss eines deutsch-sowjetischen Vertrages. Vor allem die französische Regierung sah sich in ihrer harten Haltung gegenüber Deutschland bestärkt. Der Vertrag von Rapallo trug so auch zu den Entscheidungen der französischen Politik bei, die im Januar 1923 zur Besetzung des Ruhrgebiets und zum »Ruhrkampf« führten (▶ 6.3).

6.16 Die neue Türkei. Kemal Atatürk

Der Vertrag von Sèvres zwischen den Siegern des Ersten Weltkriegs und Vertretern der Istanbuler Sultanatsregierung bedeutete faktisch das Ende des Osmanischen Reichs, die Türkei wurde auf einen anatolischen Kernstaat reduziert. Es war im Wesentlichen auf das Wirken Mustafa Kemal Paschas (seit 1934: Kemal Atatürk) zurückzuführen, dass sich aus dem geschlagenen Reststaat des Osmanischen Reiches bald ein neuer Nationalstaat formte. Es gelang ihm, wichtige Bestimmungen des Vertrags von Sèvres zu revidieren und die Türkei in die internationale Gemeinschaft zurückzuführen. Umfassende Reformmaßnahmen im Innern schufen die Grundlage der modernen Türkei.

Von Sultan Mehmed VI. zur Wiederherstellung der Ordnung ins Landesinnere entsandt, begann der 1881 geborene General Mustafa Kemal Pascha, mit anderen Offizieren sowie hohen Verwaltungsbeamten in Anatolien eine nationale Opposition gegen das alte Regime und die Politik der Alliierten aufzubauen. Auf einem Kongress in Sivas konstituierte sich eine »Nationale Versammlung«, »Nationale Streitkräfte« wurden eingerichtet. Im April 1920 trat in Ankara unter der Präsidentschaft Kemal Paschas die »Große Türkische Nationalversammlung« zusammen, aus der eine Gegenre-

Reichskanzler Joseph Wirth (2. von links) führte die deutsch-sowjetischen Verhandlungen zum Rapallovertrag.

Kapitel 6

gierung gegen das alte Regime in Istanbul hervorging. Militärische Erfolge im Grenzgebiet zu Syrien, gegen die Armenische Republik und vor allem gegen den von Smyrna (Izmir) aus vorgetragenen griechischen Vorstoß ließen das Prestige der Regierung in Ankara rasch anwachsen. Am 16. März 1921 schloss sie einen ersten internationalen Vertrag mit der Sowjetunion, in dem vor allem die beiderseitige Grenze in Armenien festgelegt wurde. Der Frieden von Lausanne zwischen der kemalistischen Türkei und den Siegermächten des Ersten Weltkriegs ersetzte im Juli 1923 die Bestimmungen von Sèvres und sicherte der Türkei neben Ostthrakien und der kleinasiatischen Küste u. a. das westliche Armenien. Von einer kurdischen Autonomie war nun nicht mehr die Rede, und auch die wirtschaftliche Unabhängigkeit wurde wieder hergestellt. Sultan Mehmed VI. war bereits im November 1922 ins Exil gegangen. Im Oktober des folgenden Jahres wurde Ankara zur neuen Hauptstadt des Landes erklärt und am 29. Oktober die Republik ausgerufen.

Kurdisches Siedlungsgebiet heute

Atatürks revolutionäre Reformpolitik

In den folgenden Jahren initiierte Kemal Pascha, der seit 1923 als Staatspräsident amtierte, eine umfassende Neustrukturierung von Politik und Gesellschaft. Gestützt auf die Republikanische Volkspartei, die bald die einzige Partei in der Türkei bildete, wurde die Trennung von Religion und Politik zum Grundpfeiler der Umgestaltung. 1924 wurde das Kalifat aufgehoben, geistliche Gerichte und Ausbildungsstätten für islamische Gelehrte wurden aufgelöst. 1925 folgte die Aufhebung der Derwischorden, der Fes wurde als Kopfbedeckung verboten. Weitere Maßnahmen bestanden in der Ersetzung des islamischen Rechts durch europäische Rechtsnormen und der Abschaffung der arabischen Schrift zugunsten lateinischer Buchstaben. Bis 1934 erhielten Frauen das aktive und passive Wahlrecht.

Der Kemalismus prägt bis heute das Bild der Türkei. In alle jüngeren türkischen Verfassungen sind die Reformen Atatürks als unveränderliche Bestandteile aufgenommen worden. Unter der Präsidentschaft des 1938 verstorbenen Atatürk zeigten sich aber auch die Kehrseiten des ehrgeizigen Reformprogramms. Gegen innenpolitische Gegner wurde hart durchgegriffen, und das Projekt eines modernen Nationalstaates nahm wenig Rücksicht auf die Minderheiten in der Türkei. Diese Seite der neuen Türkei unter Atatürk, die kurdische und armenische Hoffnungen auf einen eigenen Staat zunichte machte, zeigte sich etwa, als im Februar 1925 im Herzland der Zaza-Kurden ein Aufstand ausbrach, der sowohl die Merkmale einer religiös motivierten Rebellion als auch einer kurdisch-nationalistischen Erhebung trug. Die Aufständischen wurden nach kurzer Zeit besiegt. Scheich Sait, die treibende Kraft des Aufstandes, wurde gefasst und hingerichtet; zahlreiche Kurden wurden in westliche Landesteile deportiert. Mustafa Kemal nutzte die Lage, um sich ein Gesetz zur »Wiederherstellung von Ruhe und Ordnung« genehmigen zu lassen. Es erlaubte der Regierung nicht nur ein hartes Vorgehen gegen Kurden und religiöse Amtsträger, sondern auch eine verschärfte Zensur der unliebsamen Istanbuler Presse. Ein Attentatsversuch in Izmir vom 15. Juni 1926 auf Mustafa Kemal lieferte einen weiteren Vorwand, mit prominenten Gegnern abzurechnen.

6.17 Dawesplan und Youngplan

Mit dem Ende des »Ruhrkampfes« (▶ 6.3) und der Einführung der Rentenmark (▶ 6.2) in Deutschland war der Weg zu einer Neuregelung der Reparationsfrage offen. Während in London und – nach einem Regierungswechsel – auch in Paris die Konzessionsbereitschaft wuchs, bestimmte dabei mehr und mehr die amerikanische Position den Fortgang der Verhandlungen.

Im Januar 1924 nahm unter Vorsitz des amerikanischen Bankiers Charles Dawes eine von der Reparationskommission ernannte Sachverständigenkommission zur Untersuchung und Stabilisierung der deutschen Finanzen die Arbeit auf. Im April legte sie ihren Bericht vor, dem die deutsche Regierung bald darauf zustimmte und der die Basis des Londoner Reparationsabkommens vom August 1924 bildete. Grundlage der als »Dawesplan« bekannt gewordenen Vorschläge waren weniger politische Erwägungen als der Versuch, die deutschen Leistungen – und damit auch die Rückzahlungen der europäischen Schulden an die USA – durch wirtschaftliche und finanzpolitische Überlegungen sicherzustellen. Die Gesundung der deutschen Wirtschaft wurde als Voraussetzung anerkannt. Strafmaßnahmen wie die Ruhrbesetzung wurden abgelehnt.

Im Einzelnen wurde eine jährliche Belastung von 2,5 Milliarden Mark festgesetzt. In den ersten fünf Jahren sollte ein reduzierter Satz gelten. Zur Sicherung der Forderungen wurden u. a. die Reichsbahn belastet und Zolleinnahmen des Reichs verpfändet. Umfassende alliierte Kontrollorgane mit einem Reparationsagenten an der Spitze bekamen weitgehende Eingriffsrechte in die deutsche Wirtschafts- und Finanzpolitik. Gleichzeitig sah der Dawesplan zur Stützung der deutschen Währung die Gewährung einer Anleihe für Deutschland vor.

Über Dauer und endgültigen Umfang der deutschen Zahlungen wurde noch keine Entscheidung gefällt. Dies geschah erst fünf Jahre später im »Youngplan«. Die Notwendigkeit zu einer Neuregelung ergab sich unter anderem aus der Tatsache, dass das Deutsche Reich seit 1924 deutlich mehr Gelder aus ausländischen, vor allem amerikanischen Krediten erhielt, als es Reparationsleistungen ans Ausland zahlte. Die von einer neuen Sachverständigenkommission unter dem amerikanischen Bankier Owen D. Young ausgearbeiteten Vorschläge brachten eine Minderung der Forderungen, vor allem

Die amerikanischen Bankiers Charles G. Dawes (rechts) und Owen D. Young (links), nach denen die Reparationspläne von 1924 und 1929 benannt sind

aber erreichte die deutsche Regierung im Zuge der Verhandlungen auf der ersten Haager Konferenz 1929 auch politische Zugeständnisse. Die neuen Regelungen sahen ein Ende der alliierten Wirtschafts- und Finanzkontrolle und die vorzeitige Räumung des Rheinlandes bis zum Juni 1930 vor.

Der Youngplan, der für 59 Jahre Zahlungen von durchschnittlich zwei Milliarden Reichsmark vorsah, war innenpolitisch heftig umstritten. Ein von den nationalen Rechten angestrengtes Volksbegehren gegen die Annahme des Zahlungsplans scheiterte zwar deutlich, trug aber wesentlich zur Radikalisierung der deutschen Innenpolitik bei. Außenpolitisch waren die Regelungen des Youngplans nur von kurzer Dauer. Die Weltwirtschaftskrise führte Anfang der Dreißigerjahre zu einem schnellen Ende der Reparationsleistungen. Der Vertrag von Lausanne vom 9. Juli 1932 setzte den Zahlungen mit einer – nie beglichenen – Restschuld von drei Milliarden Reichsmark ein Ende. Die Höhe der vom Deutschen Reich tatsächlich geleisteten Reparationen ist umstritten. Schätzungen gehen heute von Sach- und Barleistungen im Wert von etwa 25 Milliarden Reichsmark aus. Die Zahlungen lagen damit auf jeden Fall erheblich unterhalb der Summe, die von den Reichsbehörden seinerzeit immer wieder angegeben worden war.

6.18 Verträge von Locarno

Das umfassende Vertragswerk, auf das sich Vertreter von sieben europäischen Staaten im Oktober 1925 auf der Konferenz von Locarno einigten, bestand aus insgesamt sechs Einzelvereinbarungen sowie einem Schlussprotokoll. Der britische Außenminister Austen Chamberlain bezeichnete es als den eigentlichen Beginn des Friedens in Europa.

Im Mittelpunkt stand der so genannte Sicherheitspakt, auch Rhein- oder Westpakt genannt, in dem Deutschland, Belgien, Frankreich, Großbritannien und Italien die Unverletzlichkeit der in Versailles festgeschriebenen deutschen Westgrenzen sowie die Bestimmungen über die Demilitarisierung des Rheinlandes garantierten. Deutschland und Belgien bzw. Deutschland und Frankreich gingen zudem eine Nichtangriffs- und Beistandsverpflichtung ein. In vier bilateralen Schiedsabkommen zwischen Deutschland auf der einen Seite, Belgien, Frankreich, Polen und der Tschechoslowakei auf der anderen wurde darüber hinaus die friedliche Beilegung von Streitfragen vereinbart. Während in dem deutsch-belgischen sowie dem deutsch-französischen Vertrag auf den Sicherheitspakt verwiesen wurde, der im Westen den Status quo garantierte, fehlten in den beiden anderen Abkommen ähnlich eindeutige Bestimmungen. Die Präambeln des deutsch-polnischen und des deutsch-tschechoslowakischen Vertrages enthielten vielmehr die eher unbestimmte Formulierung, wonach die »aufrichtige Beobachtung des Verfahrens zur friedlichen Regelung der internationalen Streitigkeiten die Möglichkeit« gebe, »ohne Anwendung von Gewalt die Fragen zu lösen, die die Staaten entzweien könnten«. Die letzte Vereinbarung regelte Fragen, die sich aus einem deutschen Beitritt zum Völkerbund ergaben (▶ 6.20).

Für Westeuropa bedeuteten die Verträge von Locarno die Anerkennung der nach dem Ersten Weltkrieg geschaffenen Ordnung. Nach der unter alliiertem Druck erfolgten Unterschrift unter den Vertrag von Versailles erkannte Deutschland den Status quo nun auch freiwillig an. Vor allem der von 1923 bis zu seinem Tod im Oktober 1929 amtierende deutsche Außenminister Gustav Stresemann sah in einer versöhnlichen Politik gegenüber den Westmächten den Schlüssel für die Revision wichtiger Bestimmungen von Versailles wie dem Ende der Reparationen oder der baldigen Aufhebung der alliierten Besetzung des Rhein-

In der Konferenz von Locarno vom 5. bis 16. Oktober 1925 ging es vor allem um europäische Sicherheitsfragen.

landes. Die Konferenz von Locarno bedeutete zudem einen wichtigen Schritt zu dem erklärten Ziel, Deutschland wieder zu einem gleichberechtigten Mitglied der internationalen Staatenwelt zu machen.

Vor allem Paris und Brüssel versprachen sich von dem Vertragswerk von Locarno eine erhebliche Verbesserung ihrer Sicherheitslage. So erklärt sich auch, dass die Westmächte während der Verhandlungen nicht auf einer ähnlich bindenden deutschen Verpflichtung im Osten beharrten. Für alle Fälle schloss Frankreich am Rande von Locarno aber auch Beistandsverträge mit der Tschechoslowakei und Polen ab. Bei aller Entspannung, die Locarno Europa brachte, machte das Vertragswerk damit auch deutlich, wo die Grenzen der deutschen Bereitschaft lagen, die Ordnung von Versailles anzuerkennen.

rechtlich nicht mehr gedeckt war – und dass zum anderen die wirtschaftliche Erholung Deutschlands auch im Interesse des von ökonomischen Krisen geschüttelten eigenen Landes lag. So kam es vor allem in den Jahren nach 1923 zu einer politischen, wirtschaftlichen und z. T. auch gesellschaftlichen Annäherung zwischen beiden Ländern.

Gustav Stresemann, Austen Chamberlain und Aristide Briand bei den Verhandlungen über den Locarnovertrag

6.19 Das deutsch-französische Verhältnis. Briand und Stresemann

Die Ausgangslage hätte nicht unterschiedlicher sein können. Während das im Ersten Weltkrieg siegreiche Frankreich an der Spitze derjenigen Staaten stand, die das geschlagene Deutsche Reich möglichst umfassend und lang anhaltend geschwächt sehen wollten, und regelmäßig darüber mit Großbritannien und den USA in Konflikt geriet, verhielt es sich mit Deutschland gerade entgegengesetzt. Fast alle politischen Akteure waren der Meinung, dass das vorrangige Ziel der deutschen Außenpolitik in der Revision von Versailles und der Rückkehr Deutschlands in den Kreis der Großmächte liegen müsse. Wenn es dennoch in einer Reihe von Bereichen zu einer deutsch-französischen Entspannung kam, lag dem auf deutscher Seite die Einsicht zugrunde, dass außenpolitische Erfolge nach Lage der Dinge nur in Kooperation mit den Siegermächten und also auch mit Frankreich zu erreichen waren. Die französische Außenpolitik musste dagegen einsehen, dass zum einen eine offensive Sicherheitspolitik im Stil der Ruhrbesetzung von 1923 das Land zu isolieren drohte – die überdies mit dem Dawesplan und nach Locarno völker-

Die politische Entspannung zwischen Deutschland und Frankreich ist dabei eng mit Aristide Briand und Gustav Stresemann verknüpft. Ursprünglich Sozialist, gehörte der 1862 in Nantes geborene Rechtsanwalt Briand zwischen 1906 und seinem Tod im Jahr 1932 vor allem als Außenminister, mehrfach aber auch als Ministerpräsident zahlreichen Regierungen wechselnder politischer Richtungen an. Seitdem er 1922 als Ministerpräsident auch deswegen zurückgetreten war, weil er in dem kompromisslosen Kurs der französischen Außenpolitik gegenüber Deutschland keine Erfolg versprechende Alternative mehr sah, bemühte sich Briand, die französischen Sicherheitsinteressen durch eine Annäherung an Deutschland und die Einbindung des wieder erstarkenden Deutschen Reichs in kollektive Strukturen zu wahren. Berühmt wurde sein »Europaplan« vom Mai 1930, ein Memorandum, in dem die französische Regierung den anderen europäischen Mitgliedstaaten des Völkerbunds Vorschläge für die Bildung einer europäischen Union machte.

Der am 10. Mai 1878 in Berlin geborene Gustav Stresemann begann seine politische Karriere 1907 als Reichstagsabgeordneter der Nationalliberalen Partei. Im Ersten Weltkrieg trat er für weit reichende deutsche Kriegsziele ein. Nach dem Ende des Krieges gründete Stresemann die rechtsliberale Deutsche Volkspartei. Nachdem er sich Anfang der Zwanzigerjahre zu einem Befürworter der Weimarer Republik gewandelt hatte, wurde er 1923 während des »Ruhrkampfes« in einer der schwersten Krisen des Reiches Reichskanzler und Außenminister. Das Amt des Reichskanzlers gab er nach drei Monaten ab, Außenminister blieb er bis zu seinem überraschenden Tod am 3. Oktober 1929. Innen- wie außenpolitisch auf Ausgleich der divergierenden Interessen bedacht, suchte er als Außenminister die Verständigung mit den Westmächten mit dem Ziel einer einvernehmlichen Revision des Versailler Vertrages.

Erbitterte Widerstände in Deutschland und Frankreich

Sowohl Aristide Briand als auch Gustav Stresemann mussten ihre Politik des Ausgleichs zum Teil gegen erbitterte Widerstände im Innern durchsetzen. Neben der Durchsetzung des Dawesplans und neben den Verträgen von Locarno beruhte auch der Briand-Kellogg-Pakt von 1928 (▶ 6.21) u. a. auf dem guten Zusammenwirken beider Politiker. Bei einer Unterredung in Thoiry im September 1926 entwickelten Briand und Stresemann zudem den Plan einer wirtschaftlichen wie politischen Gesamtlösung der deutsch-französischen Meinungsverschiedenheiten, der dann allerdings wegen zahlreicher Widerstände in Frankreich, aber auch in Großbritannien und den USA im Sande verlief. Beiden wurde für ihre Rolle in Locarno 1926 der Friedensnobelpreis verliehen.

Als Aristide Briand 1932 drei Jahre nach Gustav Stresemann starb, befanden sich die deutsch-französischen Beziehungen bereits wieder in einer schwierigeren Phase. Die seit 1930 amtierenden Präsidialregierungen in Deutschland (▶ 6.34) waren zusehends weniger bereit, das Ziel einer schrittweisen deutschen Gleichberechtigung in Kompromisslösungen zu verfolgen. In Frankreich bildete sich nach dem Tauwetter der zweiten Hälfte der Zwanzigerjahre angesichts des deutschen Wiederaufstiegs, ein Defensivdenken aus, das das französische Konfliktverhalten bis in den Zweiten Weltkrieg hinein prägen sollte. Nachdem man die Rheinlinie mit ihren Brückenköpfen eingebüßt hatte, begab man sich in den trügerischen Schutz der Maginotlinie, einer Festungs- und Verteidigungsanlage, die einem deutschen Angriff standhalten sollte.

6.20 Deutschland tritt dem Völkerbund bei

Neben dem Fernbleiben der USA gehörte die Tatsache, dass den besiegten Ländern zunächst der Beitritt verwehrt worden war, zu den Geburtsfehlern des Völkerbunds. In Deutschland wurde das Gremium in den ersten Jahren so auch weitgehend als Instrument der Siegermächte und weniger als universale, der Sicherheit und dem allgemeinen Frieden dienende Organisation betrachtet. Nachdem sich die Reichsregierung 1919 im Zuge der Verhandlungen über den Versailler Vertrag kurzzeitig vergeblich um die Aufnahme Deutschlands bemüht hatte, kam die Frage eines deutschen Beitritts erst nach 1923 mit der einsetzenden Entspannung wieder auf die internationale Tagesordnung. Der Dawesplan (▶ 6.17) und die Konferenz von Locarno (▶ 6.18) stellten wichtige Schritte auf dem Weg zu einer deutschen Mitgliedschaft dar.

Die Aufnahme des Deutschen Reichs in den Völkerbund am 8. September 1926 demons-

In seiner letzten Rede forderte Gustav Stresemann am 9. September 1929 vor dem Völkerbund in Genf Abrüstung und ein Paneuropa mit enger wirtschaftlicher Zusammenarbeit.

Zwischen den Weltkriegen

Der Briand-Kellogg-Pakt zur Ächtung des Krieges wurde 1928 unterschrieben.

trierte weithin sichtbar die Erfolge, die das Land in den zurückliegenden Jahren auf dem Weg zu einem gleichberechtigten Mitglied der Staatengemeinschaft erzielt hatte. Der ständige Sitz im Völkerbundsrat, der dem Reich von Anfang an zugestanden wurde, bedeutete zudem die Hinnahme des deutschen Großmachtanspruchs. Frankreich und Großbritannien versprachen sich mit dem Schritt, Deutschland an internationale Verpflichtungen zu binden. Für die Sowjetunion bedeutete die Aufnahme Deutschlands in den Völkerbund dagegen eine weitere Isolation. Der auf sowjetische Initiative hin im April 1926 geschlossene Freundschafts- und Neutralitätsvertrag bildete so auch einen Ausgleich für die durch Locarno und den bevorstehenden Beitritt zum Völkerbund markierte Annäherung Deutschlands an den Westen.

Dass es der Reichsregierung nicht nur um die Demonstration deutscher Gleichberechtigung und um internationale Zusammenarbeit ging, sie vielmehr mit Hilfe des Völkerbunds auch weitere Revisionserfolge anstrebte, sprach Gustav Stresemann in seiner ersten Rede vor der Völkerbundsversammlung offen an. »Der Völkerbund«, so Stresemann im September 1926, »ist vielmehr in mancher Beziehung auch Erbe und Vollstrecker der Verträge von 1919. Daraus haben sich (...) in der Vergangenheit vielfach Gegensätze zwischen dem Völkerbund und Deutschland ergeben. Ich hoffe, dass sich die Behandlung der hierbei in Betracht kommenden Fragen infolge unserer künftigen Mitarbeit im Völkerbund leichter gestalten wird.«

6.21 Abrüstung und Kriegsächtung. Briand-Kellogg-Pakt

Die Völkerbundsatzung von 1919 sah eine umfassende Verrechtlichung der internationalen Beziehungen vor (▶ 6.5). In wichtigen Bereichen stellte der Völkerbund jedoch nur einen Ausgangspunkt dar, der aus Sicht seiner Verfechter der weiteren Ausgestaltung bedurfte. Zu den Feldern, die noch entwickelt werden sollten, gehörten insbesondere Fragen der Abrüstung sowie der völkerrechtlichen Ächtung des Krieges.

Zwar erkannte die Völkerbundsatzung die Notwendigkeit von nationaler Abrüstung für »die Aufrechterhaltung des Friedens« ausdrücklich an, doch folgten der Forderung vorerst keine Taten, im Gegenteil: Zahlreiche Staaten, unter ihnen Frankreich, hielten an ihrem Rüstungsniveau fest oder erhöhten es gar noch; andere, allen voran Deutschland, klagten unter diesen Umständen das Recht auf Gleichberechtigung in der Rüstungsfrage ein. Dass dieses Ende 1932 – ausgerechnet am Rande der Genfer Abrüstungskonferenz – durch die Großmächte zugestanden wurde, ließ wenig Gutes erahnen.

Kapitel 6

Brachten die Bemühungen um Abrüstung keinerlei vertragliche Ergebnisse, so stellte der Briand-Kellogg-Pakt doch eine Weiterentwicklung der Bestimmungen der Völkerbundsatzung dar. Der Vertrag, der auf eine Initiative des französischen Außenministers Aristide Briand zurückging, die von seinem amerikanischen Kollegen Frank B. Kellogg aufgenommen und modifiziert worden war, wurde im August 1928 in Paris von 15 Staaten, darunter alle Großmächte mit Ausnahme der Sowjetunion, unterschrieben. Beim Zustandekommen hatte auch die deutsche Außenpolitik eine nicht unwichtige Rolle gespielt. In dem auch Kriegsächtungspakt genannten Abkommen erklärten die Unterzeichnerstaaten ihren Verzicht auf Krieg als Mittel der Politik und kamen überein, die Lösung aller Streitigkeiten und Konflikte »niemals anders als durch friedliche Mittel« anzustreben. Bis 1939 schlossen sich weitere 48 Staaten dem Vertrag an, darunter 1929 auch die Sowjetunion.

In der Sache ging der im Briand-Kellogg-Pakt erklärte Kriegsverzicht weit über die Bestimmungen der Völkerbundakte hinaus, in der vor allem der Einsatz und die Modalitäten von Schiedsgerichtsverfahren geregelt worden waren. Der Vertrag war deshalb auch für die Entwicklung des Völkerrechts nach 1945 von Bedeutung. In der Praxis konnte aber auch der Kriegsächtungspakt in der Zwischenkriegszeit kein wirksames Instrumentarium zur Sicherung des Friedens bereitstellen. Zum einen bezog er sich nur auf den Fall eines Angriffskrieges, ohne aber diesen überhaupt zu definieren. Zum anderen stellte er weder Garantien noch Sanktionsmechanismen zur Verfügung, sollte einer der Unterzeichnerstaaten den Vertrag unterlaufen. Den Zusammenbruch des Systems kollektiver Sicherheit im Laufe der Dreißigerjahre konnte der Briand-Kellogg-Pakt nicht verhindern.

In australischen Städten, wie hier in Sydney, stand der »Empire Day« 1932 unter dem Motto: »Briten, kauft britische Waren«.

6.22 Commonwealth of Nations. Westminster-Statut

Das britische Weltreich, das nach dem Ersten Weltkrieg die größte Ausdehnung seiner Geschichte erreichte und durch die Übernahme des früheren Deutsch-Ostafrika sogar die im 19. Jahrhundert viel beschworene Kap-Kairo-Linie verwirklichen konnte, hatte sich schon vor dem Krieg in einer Phase der Umgestaltung befunden. Neben die direkt von London abhängigen Kolonien waren seit 1867, als Kanada die innere Selbstverwaltung zugestanden wurde, die von Weißen beherrschten und in der Regel überwiegend von ihnen besiedelten Dominions getreten. Der Erste Weltkrieg beschleunigte diesen Prozess, indem die Dominions zu souveränen Staaten im Rahmen des britischen Commonwealth wurden. Dieser Begriff kam im Ersten Weltkrieg immer mehr in Gebrauch, als in London das Kriegskabinett mit Vertretern aus den Dominions tagte. »Wir treffen uns auf der Basis völliger Gleichheit«, beschrieb der kanadische Premierminister Robert Borden im Juni 1918 die Situation. Der neue internationale Status der Dominions Kanada, Australien, Neuseeland und Südafrika wurde 1919 sichtbar, als sie an der Pariser Friedenskonferenz teilnahmen und danach Mitglieder des Völkerbunds wurden.

Dem Herzstück des britischen Weltreichs, Indien, blieb der Dominion-Status in der Zwischenkriegszeit allerdings versagt (▶ 6.10). In Irland erlangte dagegen nach der Teilung der Insel (1920) der Irische Freistaat seine Unabhängigkeit (1922). Als Dominion blieb er dem Commonwealth zunächst noch erhalten, aber mit der Verfassungsänderung von 1937 kehrte er ihm praktisch – formell erst im Jahre 1949 – den Rücken.

Zwischen den Weltkriegen

Die Dominions trafen in unregelmäßigen Abständen auf den Empirekonferenzen mit Großbritannien zusammen. Zu den wichtigsten Fragen gehörten Probleme der Weltpolitik und nicht zuletzt die Erwartung der Dominions, ihren Status im britischen Weltreich möglichst genau zu bestimmen. Man musste eine Formel finden, die der bereits gehandhabten Praxis entsprach. Dies gelang dem ehemaligen britischen Außenminister Lord Balfour, der 1926 die nach ihm benannte Formel vom Commonwealth als »Gruppe sich selbst regierender Gemeinschaften« fand, die »von Großbritannien und den Dominions gebildet« werde und die aus »autonomen Gemeinschaften innerhalb des britischen Empire, gleich im Status, in keiner Weise einander in inneren oder äußeren Angelegenheiten untergeordnet«, bestehe. Es dauerte noch bis 1931, bis alle verfassungsrechtlichen Fragen geklärt waren und mit dem »Statut von Westminster« eine formelle gesetzliche Grundlage für das Commonwealth gefunden war.

Von Anfang an stand neben der Unabhängigkeit der Mitglieder des Commonwealth ihr Zusammengehörigkeitsgefühl. Dieses zeitigte erstmals 1932 Wirkung, als auf der Empirekonferenz von Ottawa ein System wechselseitiger Zollvergünstigungen für die Staaten des Commonwealth festgelegt wurde. Auch wenn die Handelsinteressen einzelner Dominions unterschiedlich gelagert waren, so wurde damit dennoch versucht, in der Weltwirtschaftskrise, die im Oktober 1929 durch den Börsenkrach an der New Yorker Börse ausgelöst worden war (▶ 6.23), gemeinsame Instrumente einer Gegensteuerung zu entwickeln.

Zusammenhalt im Zweiten Weltkrieg

Die Bindekraft des Commonwealth bewährte sich auch 1939, als seine Mitgliedsländer die britische Kriegserklärung an Deutschland mittrugen. Sie taten dies, weil es um Fragen der europäischen Politik ging, bei denen die nationale Sicherheit Großbritanniens berührt zu sein schien. Ein britischer Kriegseintritt allein zur Aufrechterhaltung des territorialen Status quo in Europa, etwa zur Verteidigung der Unabhängigkeit Österreichs oder der Integrität der Tschechoslowakei, hätte sicherlich nicht ausgereicht, die geschlossene Unterstützung der Dominions zu erwirken. Noch im März 1939 fragte sich der kanadische Premierminister William Mackenzie King, ob sein Land alle 20 Jahre an einem Krieg für Demokratie und Selbstbestimmung kleinerer Nationen teilnehmen wolle und sich dazu berufen fühle, das zur Regelung seiner Angelegenheiten unfähige Europa zu retten. Allein die Linksregierung in Neuseeland befürwortete vor 1939 eine strikte Politik zur Verteidigung der Ordnung von Versailles, nicht zuletzt auch unter Einbeziehung der Sowjetunion. Für Kanada dagegen, das einem möglichen Bündnis mit der Sowjetunion 1939 sehr skeptisch gegenüberstand, war das Scheitern der britisch-französisch-sowjetischen Verhandlungen im August desselben Jahres (▶ 6.47) geradezu eine Voraussetzung für Solidarität mit Großbritannien.

6.23 Die Weltwirtschaftskrise in Europa, USA und Lateinamerika

Dramatische Kursstürze an der New Yorker Börse am 24. Oktober 1929, dem »Schwarzen Donnerstag«, und am 29. Oktober, dem »Schwarzen Dienstag«, wurden zum Ausgangspunkt einer Krise, die alle bisherigen Rezessionen und Depressionen der Wirtschaftsgeschichte in den Schatten stellte. Panikverkäufe von Anlegern, die den Wert ihrer Aktien bis November um mehr als die Hälfte fallen sahen, verursachten zahllose Banken- und Firmenzusammenbrüche, die rasch das gesamte amerikanische Wirtschaftsleben zu lähmen begannen.

Bruttosozialprodukt, private Einkommen und der Außenhandel der USA schrumpften bis 1933 auf die Hälfte zusammen. Die Investitionen sanken von zehn Milliarden Dollar 1929 auf eine Milliarde 1932, und die Bautätigkeit kam 1932/33 fast vollständig zum Erliegen. Die Agrarpreise fielen im Schnitt um 60 Prozent, die landwirtschaftliche Produktion ging um sechs Prozent zurück. Von Arbeitslosigkeit betroffen waren auf dem Höhepunkt der Krise etwa 15 Millionen Amerikaner, mithin ein Viertel der arbeitsfähigen Bevölkerung. Diese Menschen besaßen keinerlei Unterstützungsan-

239

Kapitel 6

spruch, sondern waren auf die Armenhilfe der Gemeinden und auf private Wohltätigkeit angewiesen.

Bei der überragenden Stellung, welche die USA in der Weltwirtschaft der Zwischenkriegszeit einnahmen, ließen die Auswirkungen auf die anderen Teile der Welt nicht lange auf sich warten. Neben Japan, dessen Exporte ganz überwiegend in die USA gingen, traf es vor allem Südamerika und Europa. In beiden Regionen hatte die ökonomische Krise auch einschneidende politische Folgen. In Lateinamerika, wo die USA seit dem Ersten Weltkrieg Großbritannien als wichtigsten Wirtschaftspartner abgelöst hatten, setzte die Weltwirtschaftskrise den seit dem ausgehenden 19. Jahrhundert beginnenden Entwicklungs- und Modernisierungsprozessen ein jähes Ende. Streikwellen und soziale Aufstände erfassten seit 1929 die einzelnen Staaten und ihre Nationalökonomien. In zahlreichen Ländern, deren Wirtschaftsstruktur bei hohen ausländischen Kapitalzuflüssen vom Export von Rohstoffen und landwirtschaftlichen Gütern sowie dem Import von Industriewaren geprägt waren, etablierten sich Diktaturen oder griff das Militär in die Politik ein.

»Wann endet die Krise?«, fragt jeder Arbeitslose, der vom Broterwerb ausgeschlossen ist.

In Europa waren Großbritannien und Deutschland am stärksten betroffen. In Großbritannien stieg die Arbeitslosigkeit 1932 auf einen Höchststand von rund drei Millionen, was einer Quote von 22,5 Prozent der Erwerbstätigen entsprach. In Deutschland waren im Februar 1932 über 6,1 Millionen Menschen arbeitslos. Damit war ein Drittel der erwerbstätigen Bevölkerung ohne Arbeit und auch weitgehend ohne jede soziale Sicherung. Die industrielle Produktion sank im Vergleich zur zweiten Hälfte der Zwanzigerjahre in Deutschland um über 40 Prozent. Ähnliche Zahlen wurden in Polen, Österreich oder den Niederlanden erreicht.

Ursachen und politische Folgen

Zu den langfristigen Ursachen der Großen Depression gehörte in den USA die Überproduktion im Agrarsektor. Sinkende Erzeugerpreise bedingten, dass viele Farmer ihre Hypothekenzinsen nicht mehr zahlen konnten. Im industriellen Sektor trat bis 1929 eine Sättigung des Markts ein, zu der in der Übermacht der Großkonzerne gründende Wettbewerbsverzerrungen und die unzureichende Massenkaufkraft maßgeblich beitrugen. International ist neben strukturellen Defiziten der Volkswirtschaften, die in zahlreichen Ländern schon in den Zwanzigerjahren zu hohen Arbeitslosenquoten geführt hatten, unter anderem die asymmetrische Struktur der Weltwirtschaft zu nennen, die viele Regionen der Erde von der Konjunkturentwicklung in den USA abhängig machte. Als im Zuge der dortigen Krise die Exportmöglichkeiten nachließen und amerikanisches Kapital abgezogen wurde, kollabierten auch die Volkswirtschaften. In Deutschland zum Beispiel standen zu Beginn der Weltwirtschaftskrise etwa 20 Millionen Reichsmark gezahlter Reparationen über 40 Millionen Reichsmark amerikanischer Kredite gegenüber. Nicht nur finanzielle Engpässe in der Wirtschaft und beim Staat, sondern auch zahlreiche Bankenzusammenbrüche waren die Folge.

Die Politik antwortete mit einer Reihe von tief greifenden Maßnahmen. In den USA gelang es Präsident Franklin D. Roosevelt schließlich, mit dem *New Deal* einen erfolgreichen Gegenkurs zu steuern (▶ 6.33). Zahlreiche Staaten, darunter Großbritannien und Frankreich, leiteten einen protektionistischen Kurs ein oder reagierten mit der Aufgabe des Goldstandards. Nicht nur in Lateinamerika,

ZWISCHEN DEN WELTKRIEGEN

Der New Yorker Börsenkrach vom Oktober 1929 löste eine Weltwirtschaftskrise aus. In Panik strömten die Menschen zur Börse in der Wall Street in New York.

sondern auch in vielen Staaten Europas führte die Weltwirtschaftskrise zu schweren innenpolitischen Krisen, die im Deutschen Reich und in einer Reihe von anderen Ländern zur Abwendung von der Demokratie führten. In der Außenpolitik brachte die Krise bei vielen Regierungen eine Verminderung ihrer Kooperationsbereitschaft mit sich. Weltwirtschaftskrise und Zuspitzung der internationalen Lage standen seit dem Ende der Zwanzigerjahre in enger Wechselwirkung.

6.24 Die Kuomintang in China

Außenpolitisch bedeutete der Erste Weltkrieg für China einen weniger tiefen Einschnitt als für viele andere Staaten. Nach Kriegsende sahen besonders die USA und Großbritannien keinen Anlass, das alte System der »ungleichen Verträge« (▶ 2.13, ▶ 2.29) zu korrigieren. Japan dagegen baute in den Zwanzigerjahren in den Vertragshäfen, den *treaty ports*, nicht nur eine umfangreiche Industrie auf, sondern entwickelte sich auch politisch und militärisch zu einer Bedrohung Chinas.

Innenpolitisch wurde China seit der Gründung der Republik im Jahr 1912 von Machtkämpfen verschiedener regionaler *warlords* (Kriegsherren) erschüttert, die um die Vorherrschaft in Teilen des Landes kämpften. Schau-

platz dramatischer Ereignisse war vor allem Schanghai. Die in der Vierter-Mai-Bewegung 1919 entstandene Protestdynamik, als Studenten gegen die Benachteiligung Chinas bei den Pariser Friedensverhandlungen demonstrierten, erlahmte nicht. Im Mai 1925 löste die Erschießung einiger chinesischer Demonstranten eine neue, gewaltige Welle antiimperialistischer Streiks und Boykotts aus. Die junge Kommunistische Partei Chinas (KPCh) konnte sich nun durch geschickte Organisationsarbeit erstmals eine Massenanhängerschaft unter den Arbeitern verschaffen. Mittlerweile hatte auch Sun Yatsens Kuomintang-Partei im südchinesischen Kanton eine eigene Machtbasis errichtet. Von dort aus brach 1926 Sun Yatsens Nachfolger, der junge General Chiang Kai-shek, zu seinem »Nordfeldzug« gegen die Kriegsherren auf. Sein Ziel war es, China im Sinne des verstorbenen »Vaters der Nation«, so Sun Yatsens Beiname, wieder zu vereinigen. Mit Chiang Kai-sheks Elitearmee zogen die Politkommissare der KPCh, die auf Druck Stalins ein Bündnis mit der Kuomintang eingegangen war.

Doch Agrarrevolten, die der KPCh angelastet wurden, trugen bald zur Entfremdung zwischen den Bündnispartnern bei. Am 12. April 1927 kündigte Chiang Kai-shek die Allianz mit der KPCh und entfesselte einen antikommunistischen Terror, der in Schanghai seinen Anfang nahm und sich auf ganz China auswei-

Kapitel 6

tete. In China begann ein Bürgerkrieg, der erst 1949 ein Ende fand.

Von Schanghai aus setzte Chiang Kai-shek seinen »Nordfeldzug« fort. Peking wurde im Juni 1928 eingenommen. Als der *warlord* der Mandschurei Ende Dezember seine Loyalität gegenüber Chiang Kai-shek erklärte, war die Einigung Chinas formal zwar abgeschlossen, in Wirklichkeit jedoch konnte von einer Wiedervereinigung keine Rede sein. Die »Nationalregierung«, eine Einparteienherrschaft der Kuomintang, die Chiang Kai-shek bereits im April 1927 in Nanking errichtet hatte, kontrollierte anfangs gerade einmal ein Drittel des Landes. Erst durch mehrjähriges nahezu pausenloses Kriegführen gelang es Chiang Kai-shek, bis 1936 seine Autorität im Süden und im Westen Chinas durchzusetzen.

Selbstverständnis und Ziele der Kuomintang
Das Regime Chiang Kai-sheks hatte die Modernisierung Chinas auf seine Fahnen geschrieben und knüpfte dort an, wo die Qingdynastie ihre Reformbemühungen schon vor der Abdankung des letzten Kaisers 1911 abbrechen musste. Zur Demokratisierung des Landes trug das Regime nichts bei, verstand es sich doch als »Erziehungsdiktatur« im Sinne Sun Yatsens. Die Meinungs- und Pressefreiheit wurde noch stärker eingeschränkt, die Universitäten wurden schärfer überwacht als unter den Kriegsherren, denen ein wohl organisierter Staatsapparat für solche Zwecke gefehlt hatte. Das innenpolitische Hauptziel der Kuomintang-Regierung in Nanking war die Stärkung von Staat und Militär. Dazu orientierte man sich an einer Reihe recht unterschiedlicher Vorbilder: an Japan, dem faschistischen Italien, der stalinistischen Sowjetunion und am nationalsozialistischen Deutschland.

Der Spielraum für privates Unternehmertum wurde im Vergleich zu den Zwanzigerjahren stark eingeschränkt. Der Lage auf dem Land schenkte man im Machtbereich der Nankingregierung wenig Aufmerksamkeit, Missbräuche des Pachtwesens wurden allenfalls auf dem Papier korrigiert; an eine Bodenreform wurde nicht gedacht. Chiang Kai-shek verließ sich vorwiegend auf seine militärische Macht und kümmerte sich wenig um die Popularität seines Regimes. Die Kommunisten bekämpfte er gewaltsam, ohne nach den Ursachen für ihren Rückhalt in Teilen der Bevölkerung zu fragen. Erst unter dem Eindruck der japanischen Bedrohung kam es in der zweiten Hälfte der Dreißigerjahre zu einer Wiederannäherung und zu einem Zweckbündnis von Kuomintang und KPCh (▶ 6.25, ▶ 6.29).

6.25 Mao Zedong, die KPCh und der Lange Marsch

Der Aufstieg der 1921 gegründeten Kommunistischen Partei Chinas (KPCh) ist untrennbar mit der Person Mao Zedongs verbunden. Der 1893 geborene Mao war bereits an der Gründung der Partei beteiligt. 1923 wurde er Mitglied des Zentralkomitees und des Politbüros der KPCh. Als sich die KPCh 1922 zum Zusammenschluss mit der Kuomintang entschloss, übernahm er auch in dieser Partei führende Funktionen. In den folgenden Jahren organisierte Mao Zedong auf dem Land revolutionäre Bauernbewegungen. Mit seinem Bericht »Über die Lage der Bauern in Hunan« (1927) stellte er sich gegen die offizielle Parteilinie. Während diese im städtischen Proletariat den Motor der Revolution sah, betrachtete Mao Zedong das ländliche Proletariat als deren Träger.

Nach dem Bruch zwischen der Kuomintang und der KPCh 1927 und der blutigen Unterdrückung der Kommunisten durch die von

Chiang Kai-shek (links) am Beginn seiner Karriere mit Sun Yatsen 1923 in Kanton

Zwischen den Weltkriegen

Mao Zedong unterwegs auf dem »Langen Marsch« im Gespräch mit Bauern

Chiang Kai-shek geführten Kuomintang-Truppen führten Auseinandersetzungen zwischen Mao Zedong und seinen innerparteilichen Gegnern über den politisch-militärischen Kurs der KPCh zu einem vorübergehenden Ausschluss Mao Zedongs aus Zentralkomitee und Politbüro. Mit Zhu De, der aus kommunistischen Guerillaverbänden eine chinesische Rote Armee schuf, baute er nach sowjetischem Vorbild und nach Durchsetzung einer Agrarrevolution in der ostchinesischen Provinz Jiangxi eine Räterepublik auf.

Chiang Kai-shek konnte auf Dauer keine rebellische Enklave mitten in China dulden. Dank eines riesigen Truppenaufgebots und einer neuen Umzingelungstaktik nahm er 1934 das kommunistische Basisgebiet in den Würgegriff. Die Kapitulation der ausgehungerten Bewohner war nur eine Frage der Zeit. Im Morgengrauen des 16. Oktober 1934 verließen Zehntausende das schon erheblich geschrumpfte Restgebiet. Der größte Teil davon waren Soldaten, die übrigen hohe Parteifunktionäre und Lastenträger. Der später legendäre »Lange Marsch« hatte begonnen. Die Sieger hielten ein blutiges Strafgericht über die Zurückgebliebenen.

370 Tage nach dem Aufbruch erreichten Mao Zedong und 8 000 Überlebende nach großen Strapazen den Norden der Provinz Shaanxi. Nach über 9 000 Kilometern Fußmarsch über Berge und Flüsse, durch Sümpfe und die Gebiete feindseliger Minderheitenvölker waren sie vorerst in Sicherheit. Ende Dezember verlegte die Parteiführung ihren Sitz in das Städtchen Yan'an. Chiang Kai-shek verfolgte sie jedoch weiter und zog bereits hoch überlegene Verbände zusammen. Doch Chiang Kai-sheks Übermacht nutzte ihm wenig, denn mittlerweile war die antijapanische Stimmung in China derart gewachsen, dass selbst einige unter Chiang Kai-sheks Truppenführern die Politik, erst die Kommunisten zu vernichten und dann den Japanern Widerstand zu leisten, missbilligten. Im Xi'an-Zwischenfall vom Dezember 1936, als eigene Truppenteile meuterten, wurde Chiang Kai-shek unter Druck gesetzt und dazu gezwungen, die Aktionen gegen die KPCh abzubrechen. Im Juli 1937 entschloss er sich dazu, den seit 1931 auf dem Festland vorstoßenden Japanern (▶ 6.29) militärisch entgegenzutreten. Der acht Jahre dauernde chinesisch-japanische Krieg, in China »Antijapanischer Widerstandskrieg« genannt, begann. Angesichts der Invasion der japanischen Armee wurde der Bürgerkrieg zwischen Kuomintang und KPCh zugunsten einer nationalen Einheitsfront vorerst eingestellt.

6.26 Stalin und der Stalinismus

Dem Tod Lenins im Januar 1924 folgte in der Sowjetunion eine Phase neuer interner Machtkämpfe, die mit inhaltlichen Auseinandersetzungen um den Kurs der »Neuen Ökonomischen Politik« (▶ 6.14) und die Neuordnung der Parteistruktur einhergingen. Aus dem Ringen um die Führung von Staat und Partei ging schließlich Stalin als Sieger hervor.

Stalin als Vaterfigur und Symbol für den Aufbau und Fortschritt der Sowjetunion. Gemälde von V. Fjodor Schurpin

Jossif Wissarionowitsch Stalin, eigentlich J. W. Dschugaschwili, wurde 1879 im georgischen Gori geboren. Nachdem er sich 1903 den Bolschewiki angeschlossen hatte, begann er bereits vor dem Ersten Weltkrieg seinen Aufstieg in der Parteihierarchie, der ihn 1922 auf den neu geschaffenen Posten eines Generalsekretärs der Partei führte. In den Jahren nach 1919 war Stalin entscheidend an der Neuordnung der Kommunistischen Partei beteiligt. Die Führungsspitze wurde durch die Errichtung des Politbüros sowie des für den Parteiaufbau zuständigen Organisationsbüros gestrafft. »Demokratischer Zentralismus« wurde zum Organisationsprinzip der Partei erklärt. Nach Ende des Bürgerkriegs inszenierte Stalin eine erste »Säuberungswelle«, bei der 1921 ein Viertel der Mitglieder – 160 000 – ihr Parteibuch verloren oder es freiwillig zurückgaben. Anschließend begann eine gezielte Werbekampagne um neue Mitglieder, die vor allem die regionale und soziale Basis der Partei stärken sollte. Als 1926 die Zahl von einer Million Mitgliedern überschritten wurde, hatte sich die Struktur der Partei vollständig gewandelt.

Während der Zwanzigerjahre gelang es Stalin, im Kampf um die Partei- und Staatsführung mithilfe wechselnder Koalitionen seine innerparteilichen Kontrahenten auszuschalten. Altgediente Kommunisten wie Lew Trotzkij, Grigorij Sinowjew, Lew Kamenew, Nikolaj Bucharin und Aleksej Rykow verloren ihre Ämter, wurden aus der Partei ausgeschlossen und schließlich – in den Dreißigerjahren – hingerichtet oder wie Trotzkij im Exil ermordet. 1929 hatte Stalin die unbestrittene Führungsrolle erreicht, die bis zu seinem Tod im März 1953 nicht mehr ernsthaft angefochten werden sollte. Die Sowjetunion unter Stalin stand im Zeichen des »Aufbaus des Sozialismus in einem Lande«. Weltrevolutionäre Zielsetzungen wurden zurückgestellt, stattdessen sollten die mit der Revolution von 1917 begonnenen Umgestaltungen von Staat, Wirtschaft und Gesellschaft zu einem »nationalbolschewistischen« Abschluss gebracht werden.

Repression und Terror

Die Ende der Zwanzigerjahre propagierte »Verschärfung des Klassenkampfes« führte in wirtschaftspolitischer Hinsicht zur Zwangskollektivierung und forcierten Industrialisierung (▶ 6.27), auf gesellschaftlicher Ebene zur massiven Bekämpfung angeblich »antisozialistischer Elemente«. Die Massenrepressionen gegen die Bevölkerung gingen mit dem Versuch einher, die revolutionäre Unsicherheit zu beseitigen und den Sowjetstaat zu konsolidieren.

Seit Mitte der Dreißigerjahre galt der Klassenkampf als erfolgreich abgeschlossen, man erließ eine kampagnenartig vorbereitete neue Verfassung (1936) und veranstaltete »demokratische« Wahlen zu den Obersten Sowjets, die jedoch völlig vom Machtmonopol der Kommunistischen Partei bestimmt wurden. In Gesellschaft und Kultur fand unter Beibehaltung sozialistischer Revolutionsrhetorik ein konservativer Wertewandel statt. Hierarchische Kommandostrukturen und populistische Massenmobilisierung vereinigten sich zur Umsetzung der unumschränkten Herrschaft der Kommunistischen Partei, deren Führer Stalin zum allmächtigen, in der Öffentlichkeit kultisch verehrten Diktator aufgestiegen war.

Das charakteristische Merkmal stalinistischer Herrschaft war repressive Gewalt: Vermeintliche oder tatsächliche Gegner wurden brutal verfolgt. Anfang der Dreißigerjahre wurden vermutlich jährlich zwischen 250 000 und

350 000 Verhaftungen vorgenommen. Die Zahl der Exekutionen belief sich auf 20 000. 1937/38, auf dem Höhepunkt der in der zweiten Hälfte der Dreißigerjahre betriebenen »Großen Säuberungen«, wurden mindestens 2,5 Millionen Verhaftungen vorgenommen und über 680 000 Menschen hingerichtet. In großen Schauprozessen wurden führende Parteimitglieder – aktuelle oder ehemalige – abgeurteilt. Schließlich wurde auch die Rote Armee erfasst: Mehr als die Hälfte der Marschälle, Armee- und Korpskommandeure wurde verhaftet und zum großen Teil hingerichtet.

Zum Inbegriff des Terrorsystems wurde die sich ständig erweiternde Organisation der Gefängnisse, Straf- und Arbeitslager, in denen Hunderttausende, zuweilen Millionen Menschen in Haft saßen. Die Dokumentation von Alexander Issajewitsch Solschenizyn hat die Aufmerksamkeit besonders auf die über 50 »Besserungsarbeitslager« gelenkt, die in den Dreißigerjahren nach und nach der Lagerhauptverwaltung, die russische Abkürzung dafür ist GULAG, unterstellt wurden. Auf über 100 Standorte verteilt, überzogen sie schließlich wie eine riesige, zusammenhängende Inselgruppe – ein Archipel – das ganze Land. Hier inhaftierte der Staat neben Schwerverbrechern auch politische Gegner, die in der Regel zu einer Strafe von über drei Jahren verurteilt waren. Schon seit Anfang der Dreißigerjahre erfolgte ihr systematischer Einsatz zur Zwangsarbeit: in der Holzindustrie, in Bergwerken, bei der Kohle- und Zink-, Phosphat- und Bleigewinnung, im Straßen-, Eisenbahn- und Kanalbau.

Was die Gesamtzahl der Opfer der »Großen Säuberungen« betrifft, so gehen die Angaben weit auseinander. Eine Auswertung der Volkszählungsunterlagen hat für den Zeitraum von 1927 bis 1939 die Bevölkerungsverluste auf zehn bis zwölf Millionen Hungertote, Repressionsopfer und Geburtenausfälle beziffert.

6.27 Industrialisierung und Zwangskollektivierung in der Sowjetunion

Mit dem Weg Stalins zur uneingeschränkten Herrschaft über Staat und Partei (▶ 6.26) ging seit Ende der Zwanzigerjahre die Abwendung von der nach dem Bürgerkrieg in Gang gesetzten »Neuen Ökonomischen Politik« einher, mit der eine flexiblere Wirtschaftspolitik eingeleitet worden war (▶ 6.14). Im industriellen Sektor wurden staatliche Planung und Zentralisierung sowie der Aufbau der Schwerindustrie drastisch verstärkt, auf dem Land wurde die Kollektivierung massiv vorangetrieben.

In der Industriepolitik stand seit 1928 eindeutig die Schwerindustrie im Mittelpunkt aller Überlegungen. Die Zielsetzungen der Gremien, die einen ersten Fünfjahrplan erstellten, waren kühn. Die politische Führung überbot deren Eifer noch, indem sie die nur unter bestimmten, besonders günstigen Bedingun-

»Kollektivierung. Die Ankunft der Kommunisten im Dorf« – das Ölbild von Sergej Gerassimow entstand in den frühen Dreißigerjahren.

gen erreichbare »Optimalvariante« zur Planvorgabe erklärte. 1929 gab sie schließlich die Parole aus, diese Ziele seien nicht erst in fünf, sondern bereits in vier Jahren zu erreichen. Gigantisch waren nicht nur die vorgesehenen Wachstumsraten, sondern auch Einzelprojekte. So sollte z. B. am Dnjepr das »größte Wasserkraftwerk der Welt« entstehen, in Westsibirien ein neues, zweites schwerindustrielles Zentrum aus dem Boden gestampft werden und eine zweieinhalbtausend Kilometer lange Eisenbahnstrecke Sibirien mit Turkestan verbinden. Die bald veröffentlichten Erfolgszahlen des neuen Wirtschaftsprogramms waren nicht nur Propaganda, denn tatsächlich wurden – im Energiesektor und bei Investitionsgütern – beeindruckende Produktionszuwächse erzielt.

Doch daran kann der »Erfolg« der neuen Wirtschaftspolitik kaum gemessen werden. Die Reduktion der ökonomischen Bilanz auf die Erfolge der sozialistischen Großindustrie verdeckten, welche Schäden und Verluste die Zerschlagung des Handwerks und der privaten Kleinindustrie für die Volkswirtschaft mit sich brachte. Sie blendeten erst recht die enormen sozialen Kosten aus, mit denen die schwerindustriellen Erfolge erkauft wurden. Die Statistiken verschwiegen, dass die Ergebnisse mitunter erheblich hinter den Planvorgaben zurückblieben, und sagten nichts über die Engpässe, die das ungleiche Wachstum selbst im Bereich der Schwerindustrie verursachte.

»Liquidierung der Kulaken als Klasse«

Beendet wurde auch die relative Freiheit der Bauern auf dem Land. Als 1927/28 Engpässe in der staatlichen Getreidebeschaffung auftraten, kündigte Stalin »außerordentliche Maßnahmen« an. Mit aller Schärfe sollte gegen die »getreidehortenden Kulaken«, gegen das »Spekulantentum« privater Zwischenhändler und gegen »Kulakenfreunde« im lokalen und regionalen Sowjetapparat vorgegangen werden. Die Bauern antworteten mit massivem Widerstand. Binnen weniger Wochen waren bürgerkriegsähnliche Zustände zurückgekehrt. Die mühsam hergestellte Vertrauensbasis des Regimes war zerstört. Zwar kündigte das Zentralkomitee im Juli 1928 offiziell die Aufhebung der Maßnahmen an, aber nach einer nur mäßigen Ernte kehrte man im nächsten Winter 1928/29 zu »Sondermaßnahmen« zurück.

Mitte des Jahres 1929 ging Stalin von der »Liquidierung der Kulaken als Klasse« zur forcierten Kollektivierung, der Zusammenfassung der bäuerlichen Höfe zu großen Produktionsgenossenschaften, über. Nach Lesart der Parteipresse traten die Bauern den Genossenschaften freiwillig bei, meist blieb ihnen aber keine andere Wahl. Wer sich sträubte, geriet rasch in den Verdacht, zu »kulakischen Elementen« im Dorf zu gehören. Auf sie wartete die Deportation. Zur Unterstützung der lokalen und regionalen Sowjetorgane wurden bewaffnete Kräfte, darunter auch Soldaten der Roten Armee, in die Dörfer geschickt.

Von einem »planmäßigen Übergang« konnte allerdings längst nicht mehr die Rede sein, die Lage in den Dörfern war nur noch als chaotisch zu bezeichnen. Unter diesen Umständen war die Aussaat im Frühjahr höchst gefährdet. Die Folgen sollten nicht ausbleiben: Die politische Führung manövrierte das Land in eine Hungerkatastrophe, der mehrere Millionen Menschen zum Opfer fielen.

Doch auch dieses Desaster vermochte die politische Führung nicht zu einem Kurswechsel zu bewegen. Bis Mitte der Dreißigerjahre waren über 80 Prozent, am Ende des Jahrzehnts weit über 90 Prozent der Bauernhöfe kollektiviert und die Dorfversammlungen entmachtet. Nun bestimmte die Führung, was laut »Plan« im Dorf produziert und an den Staat abgeliefert werden musste.

6.28 Autoritäre und diktatorische Bewegungen in Europa

In ganz Europa war die Zwischenkriegszeit eine Phase innenpolitischer Instabilität. Die Folgen des Krieges, soziale und wirtschaftliche Umwälzungen, Verlusterfahrungen, die eine für die Zeitgenossen immer komplizierter erscheinende moderne Welt mit sich brachte, führten zu ernsten politischen und gesellschaftlichen Konflikten. Die Krise der Demokratie erfasste nach und nach fast alle Staaten; je nach Schwere der Probleme, nach Tradition der politischen Institutionen oder der politischen Kultur hatte sie in den einzelnen Gesellschaften ganz unterschiedliche Konsequenzen. Innerhalb der bestehenden politischen Ordnung vermochten vor allem die beiden großen, traditionellen Demokratien Frankreich und Großbritannien die Krisen der Zwischenkriegszeit zu bewältigen. In Russland, einem Land fast ohne demokratische Tradition, waren die Bolschewiki schon seit 1917 völlig neue Wege gegangen. In einer dritten Gruppe von Staaten, die bald die Mehrzahl der europäischen Länder umfasste, etablierten sich nach und nach autoritäre Regime unterschiedlicher Prägungen.

In Ungarn führte Admiral Miklós Horthy 1919 einen antirevolutionären Gegenschlag gegen die unter Béla Kun entstandene Räteregierung. Ein Jahr später wählte ihn die Nationalversammlung zum ungarischen »Reichsverweser«. In Polen errichtete Józef Piłsudski 1926 nach einem Staatsstreich ein autoritäres Regime. Im selben Jahr putschten sich in Litauen die Nationalisten an die Macht und schalteten das Parlament aus. 1934 beseitigten die beiden anderen baltischen Staaten die liberalen Verfassungsordnungen.

Autoritäre Regierungsformen bildeten sich auch in Griechenland, Rumänien, Portugal und Spanien (▶ 6.39). In Jugoslawien versuchte König Alexander I. 1929 durch Errichtung einer »Königsdiktatur« der rechtsradikalen und antisemitischen Ustascha, die eine Loslösung Kroatiens anstrebte, Herr zu werden. In Österreich kämpfte die Regierung unter Engelbert Dollfuß seit 1932 im so genannten Christlichen Ständestaat gleichermaßen gegen liberale Demokratie, Nationalsozialismus und Kommunismus. Gestützt auf die paramilitärischen Heimwehren setzte Dollfuß 1933 die parlamentarische Verfassung außer Kraft und errichtete einen auf die »Vaterländische Front« gegründeten Einparteienstaat. Als er 1934 bei einem nationalsozialistischen Putschversuch ermordet wurde, folgte ihm Kurt Schuschnigg bis zum Einmarsch deutscher Truppen im März 1938 als neuer Führer des Ständestaates nach.

Gemeinsamkeiten und Unterschiede
Den autoritären Regimen war die Ablehnung des westlichen Liberalismus und der Kampf gegen den Kommunismus bzw. Marxismus gemeinsam. Vielen Regierungen waren im oder nach dem Ersten Weltkrieg entstandene nationalistische und militante Bewegungen vorausgegangen. Zivilen oder parlamentarischen Regierungsformen traute man die Lösung der anstehenden Probleme nicht (mehr) zu, und antisemitische Vorstellungen waren weit verbreitet.

Drastische Parteipolemik in der Endphase der Weimarer Republik: Wahlplakat der SPD im Kampf gegen die Nationalsozialisten

Trotz vielerlei Gemeinsamkeiten: Von diesen autoritären oder diktatorischen Regimen sind der italienische Faschismus (▶ 6.40) und insbesondere der deutsche Nationalsozialismus aufgrund ihrer Radikalität und des Ausmaßes ihres innen- wie außenpolitischen Machtanspruchs zu unterscheiden. Vor allem die Dimension der Verbrechen des Nationalsozialismus ist ohne historische Parallele. Hinsichtlich des Herrschaftssystems wird der Nationalsozialismus allenfalls mit der Sowjetunion unter Stalin verglichen. Beide Systeme werden häufig unter dem Begriff des »Totalitarismus« zusammengefasst (▶ 6.36, ▶ 6.26).

6.29 Japanisch-chinesischer Krieg. Mandschukuo-Regime

Das militärische Vorgehen Japans in der Mandschurei war der erste Fall, bei dem die Großmächte zwar gegen die Expansion einer anderen Großmacht protestierten, jedoch keine unmittelbaren Gegenmaßnahmen ergriffen. Insofern beschrieb der Verlauf der Mandschureikrise das Muster sehr genau, das in den Dreißigerjahren in der europäischen und internationalen Politik galt. Japan verletzte mit seiner Expansion die bestehenden Verträge von

Kapitel 6

Ein Anschlag auf die Südmandschurische Eisenbahn in der Nacht vom 18. zum 19. September 1931 leitete die japanischen Eroberungszüge in China ein.

Washington (▶ 6.12), darüber hinaus die Satzung des Völkerbunds und den Briand-Kellogg-Pakt, zu dessen Unterzeichnern es gehört hatte. Der von China angerufene Völkerbund befasste sich mit der Angelegenheit, blieb aber machtlos und musste schließlich auch den Austritt Japans im März 1933 hinnehmen.

Der Konflikt war ursprünglich von einer Eigenmächtigkeit der Militärs ausgegangen. Ohne Weisung aus Tokio überrannten japanische Einheiten die chinesische Garnison in Mukden, dem heutigen Shenyang, nachdem am 18. September 1931 ein Zwischenfall in der Nähe Mukdens an der Südmandschurischen Eisenbahn inszeniert worden war. In der Folgezeit wurde die ganze Mandschurei besetzt. Anfang 1932 installierte Japan den Marionettenstaat Mandschukuo. Pu Yi, der letzte Kaiser Chinas, wurde 1934 zum Kaiser von Mandschukuo ernannt.

Der japanische Vernichtungskrieg in China
In den Folgejahren kam es immer wieder zu Scharmützeln zwischen chinesischen und japanischen Truppen. Dass sich 1937 eine nächtliche Schießerei zwischen chinesischen und japanischen Soldaten an der Marco-Polo-Brücke in Peking zum japanisch-chinesischen Krieg ausweitete, lag an den veränderten politischen Rahmenbedingungen. Der militärische und politische Führer Chinas, Marschall Chiang Kai-shek, stand ebenso wie die vom Militär beherrschte japanische Oligarchie unter dem massiven Druck der jeweiligen Basis, die Überlegenheit eines durch Reformen geeinten neuen Nationalstaates gegenüber dem historischen Rivalen zu demonstrieren. Obgleich der Krieg zwischen beiden Ländern formell nie erklärt wurde und die Japaner bis zu dessen Ende im September 1945 verharmlosend von einem »Konflikt« sprachen, nahm das Vorgehen der japanischen Armee zeitweise den Charakter eines Vernichtungsfeldzuges an. China sollte in seiner ethnischen Substanz getroffen, seine Kultur zerschlagen und seine Wirtschaftskraft ausgebeutet werden. Die genaue Zahl der Opfer dieses neben dem deutschen Krieg gegen Polen und die Sowjetunion größten Vernichtungskrieges im 20. Jahrhundert ist unbekannt. Schätzungen gehen von 20 Millionen Toten, überwiegend Zivilisten, aus.

Nach raschen Anfangserfolgen in Nordchina verlagerten die Japaner die Kampfhandlungen südwärts auf das wirtschaftspolitische Zentrum des Riesenreiches. Im Raum Schanghai–Nanking hatte die chinesische Nationalregierung ihre mit modernsten deutschen Waffen versehenen Eliteverbände konzentriert, um den Japanern die entscheidende Schlacht zu liefern. Die Kämpfe um Schanghai zogen sich drei Monate lang hin und endeten schließlich mit einem unter großen Opfern errungenen japanischen Sieg. Die Reste des geschlagenen chinesischen Heers flüchteten in die Hauptstadt Nanking. Obwohl die Stadt am 12. Dezember 1937 von den japanischen Truppen kampflos besetzt werden konnte, kam es seitens der Eroberer zu schweren Exzessen gegen die Zivilbevölkerung.

Der »Raub Nankings«, eines der schlimmsten Kriegsverbrechen, forderte etwa 200 000 Opfer unter der chinesischen Bevölkerung.

Ab 1939 fanden kaum noch größere Kampfhandlungen statt, weil sich Japan auf die Kriegführung im Pazifik konzentrierte. Die Verbände der chinesischen Nationalregierung beschränkten sich auf Partisanenaktionen gegen die Invasoren, konnten indes in der chinesischen Bevölkerung nie das Vertrauen erlangen, das die in Nordchina diszipliniert vorgehenden und politische Reformen begünstigenden kommunistischen Einheiten erreichten. Die Rote Armee kontrollierte bald den gesamten Norden Chinas, die japanische Präsenz blieb auf die Großstädte und die Eisenbahnlinien beschränkt. Auch eine äußerst brutal durchgeführte Taktik der »verbrannten Erde« konnte die kommunistischen Partisanen nicht ausschalten, reduzierte jedoch die chinesische Bevölkerung in Nordchina in den Jahren 1940/41 durch Flucht und Vertreibung von 44 auf 25 Millionen.

6.30 Die »Goldenen Zwanziger« in den USA

Die wirtschaftliche Mobilisierung war den USA nach dem Kriegseintritt im April 1917 relativ leicht gefallen, weil die Volkswirtschaft über genügend Produktionsreserven verfügte, um sowohl den militärischen Bedarf als auch den zivilen Konsum zu befriedigen. Von einer Zwangs- und Mangelwirtschaft, wie sie die meisten Europäer erlebten, war man in den USA weit entfernt.

Der Wahlsieg des Republikaners Warren G. Harding im November 1920 markierte dennoch das Ende einer Epoche. Der Reformgeist der Ära Wilson und die Kreuzzugsstimmung des Kriegs wichen dem Verlangen nach Ruhe und Ordnung. Harding stellte seine Präsidentschaft unter das Motto: *normalcy, prosperity, stability* (Normalität, Wohlstand, Stabilität) und kam der traditionellen Abneigung seiner Mitbürger gegen staatliche Bevormundung und Bürokratie entgegen. Die meisten der 1917/18 zu Mobilisierungszwecken eingerichteten Behörden wurden aufgelöst und die Verteidigungsausgaben drastisch reduziert.

In dem nüchternen Klima der Nachkriegszeit gewann das Wirtschaftsleben überragende Bedeutung. Auch wenn die Realeinkommen der Arbeitnehmer nicht mit Kapitalerträgen und Unternehmensgewinnen mithalten konnten und dasjenige der Farmer sogar bestenfalls stagnierte: Die Dynamik des riesigen Binnenmarkts brachte die erste moderne Konsumgesellschaft hervor, die auf Massenproduktion und Massenverbrauch basierte. Die Hauptstütze der Nachkriegskonjunktur war die Automobilindustrie, die andere Wirtschaftszweige wie die Elektro-, Stahl-, Gummi-, Chemie- und Mineralölindustrie mitzog. Zwischen 1920 und 1930 stieg die Zahl der Automobile in

Der Ford-Konzern führte Fließband- und Akkordarbeit ein, hier entstand die »Tin Lizzy«, ein populäres Automodell.

den USA von acht auf über 20 Millionen; allein 1929 wurden fünf Millionen Wagen verkauft. Dieser phänomenale Erfolg basierte auf Fließbandproduktion und Akkordarbeit, die der Ford-Konzern eingeführt hatte. Günstige Preise ab 300 Dollar, Verbraucherkredite und das Angebot der Ratenzahlung ermöglichten auch Arbeitern und Farmern den Kauf eines Pkw. Die Werbung erklärte das Automobil nicht nur zum unerlässlichen Gebrauchsgegenstand, sondern stilisierte es auch zum Kultobjekt und Statussymbol.

Siegeszug von Radio und Film
Das Zeitalter der Massenkommunikation begann mit dem Siegeszug neuer Medien: 1920 nahm in Philadelphia die erste kommerzielle Radiostation ihre Sendungen auf, 1926 gab es ein landesweites Rundfunknetz der National Broadcasting Corporation (NBC), und 1927 zeigten die Warner Brothers Pictures den ersten abendfüllenden Tonfilm. Finanziert von New Yorker Banken bauten Filmstudios wie United Artists, Paramount Pictures und Metro-Goldwyn-Mayer im kalifornischen Hollywood eine Unterhaltungsindustrie auf, die Modetrends setzte und schnell das Verhalten breiter Schichten beeinflusste. Bei einer Gesamtbevölkerung von 120 Millionen besuchten 1930 durchschnittlich 100 Millionen Amerikaner pro Woche die Kinos, die damit den Kirchen, die etwa 60 Millionen Kirchgänger zählten, den Rang abgelaufen hatten.

Der allgemeinen Liberalisierung fiel auch die Prohibition zum Opfer, die 1919 mit dem gesetzlichen Verbot der Herstellung, des Transports und des Verkaufs von alkoholischen Getränken begonnen hatte. Es zeigte sich, dass derart strenge Vorschriften in einer freiheitlichen Gesellschaft nicht mit Polizeigewalt durchgesetzt werden konnten: Die Verbote wurden nach allen Regeln der Kunst umgangen. Neben der Prostitution und dem Glücksspiel kontrollierte die Mafia nun auch das Alkoholgeschäft. Da die Prohibition offenkundig ein Klima der Gesetzlosigkeit und Gewalt erzeugte, setzten mehrere Einzelstaaten schon in den Zwanzigerjahren ihre Durchführungsbestimmungen außer Kraft. Nach langer öffentlicher Debatte wurde sie 1933 völlig aufgehoben.

Das Bild einer Gesellschaft mit geradezu überbordender Energie wurde geprägt von rasch wachsenden Großstädten. Sie nahmen sechs Millionen Zuwanderer aus den ländlichen Regionen auf, darunter waren knapp ein Drittel Schwarze. Zugleich begann mit dem Umzug vieler Mittelschichtfamilien in die ruhigen, komfortablen Vororte die für das moderne Amerika charakteristische »Suburbanisierung«. Die Gruppe der besser verdienenden Angestellten, die 1930 schon 14 Millionen zählte, erkannte den Wert der Bildung und sorgte dafür, dass sich die Zahl der Highschool-Absolventen gegenüber der Jahrhundertwende vervierfachte. Immer mehr Jugendliche besuchten ein College oder eine Universität, und der Anteil der Frauen am akademischen Leben nahm deutlich zu.

Freizeit und Unterhaltung spielten nun eine viel wichtigere Rolle als vor dem Krieg. Erstmals verfügte eine größere Zahl von Amerikanern über genügend Muße und Geld, um Urlaub zu machen oder sich regelmäßig den Besuch von Kinos, Theatern, Musicals oder Sportveranstaltungen leisten zu können. Die Verehrung der Hollywoodstars war auch eine Antwort auf die Anonymisierung des Einzelnen in der Massengesellschaft. Die gleichen psychologischen Bedürfnisse befriedigte die Filmindustrie mit dem Mythos des Cowboys, der als Kämpfer für Recht und Ordnung dem Guten zum Sieg verhilft. Im täglichen Leben identifizierte man sich mit Sportidolen wie den Boxern Jack Dempsey und Gene Tunney, deren Schwergewichtstitelkämpfe im Radio übertragen wurden, oder mit dem Baseballstar der New York Yankees, George H. »Babe« Ruth, der es allein 1927 auf sechzig *home runs* brachte.

6.31 Religiöser Fundamentalismus und Rassentrennung in den USA

Neben dem Amerika der Liberalisierung, der Massenkultur und der Kommerzialisierung, neben dem Amerika der »Goldenen Zwanziger« (▶ 6.30) existierte zur gleichen Zeit auch ein »anderes« Amerika, das den gesellschaftlichen Wandel als Sünde und moralischen Nie-

Zwischen den Weltkriegen

Ku-Klux-Klan: Demonstration von Mitgliedern 1926 in der Park Avenue, Washington (D.C.).

dergang begriff. Auf dem Lande und in den Kleinstädten misstraute man den Versprechungen von permanentem Fortschritt, Befreiung aus alten Zwängen und Genuss ohne Reue und hielt stattdessen die Tugenden der Frömmigkeit, Nüchternheit und Selbstbeherrschung hoch. Die Antimodernisten predigten harte Arbeit und Sparsamkeit statt Luxussucht und Verschwendung, lokale Selbstverwaltung statt staatlicher Aufsicht und Kontrolle, enge Bindung in kleinen Gemeinschaften und buchstabengetreuen Bibelglauben statt Individualismus und säkularer Wissenschaft.

Der Protest gegen die Moderne manifestierte sich im religiösen Fundamentalismus und im Wiederaufleben des »Nativismus«, der sich nun unter anderem gegen Einwanderung aus Süd- und Osteuropa richtete. Dem 1915 gegründeten Ku-Klux-Klan, der im Süden und Westen Hass gegen Schwarze, Juden und Katholiken säte, gehörten schließlich mehr als vier Millionen Amerikaner an. Die Verfechter von Einwanderungsbeschränkungen konnten sogar einen nationalen Konsens erzielen: Ihrem Drängen folgend, verabschiedete der Kongress Quotengesetze, die neben der Benachteiligung von Ost- und Südosteuropäern Asiaten völlig ausschlossen.

Religiöse Fundamentalisten kämpften unter anderem gegen die Versuche liberaler Theologen, die neuen wissenschaftlichen Erkenntnisse mit dem christlichen Glauben zu vereinbaren. Einen symbolischen Höhepunkt erreichte dieser Streit 1925 im Prozess gegen den Lehrer John T. Scopes, der in Dayton, Tennessee, die Darwin'sche Evolutionslehre statt der vorgeschriebenen biblischen Schöpfungsgeschichte gelehrt hatte. Scopes wurde verurteilt, und der Bann gegen die Evolutionslehre blieb an den öffentlichen Schulen vieler Südstaaten noch jahrzehntelang bestehen. Aus Sicht der urbanen Elite war das ein hoffnungsloses Rückzugsgefecht; tatsächlich blieb der Einfluss des traditionellen Christentums aber noch lange ungebrochen.

Die Lage der Afroamerikaner

Die Schwarzen in den Ghettos der Großstädte, von denen Harlem in New York mit über 150 000 Einwohnern das größte war, bewegten sich zwischen Anpassung und Protest. In Harlem trat der Jamaikaner Marcus M. Garvey auf, eine neue, aggressive Führungspersönlichkeit. Seine Organisation *Universal Negro Improvement Association* veranstaltete Massenaufmärsche und propagierte die Rückkehr der Schwarzen nach Afrika. Materiell hatte die schwarze Mittelschicht einen bescheidenen Anteil am Aufschwung in den »Goldenen Zwanzigern«. Die Masse der Afroamerikaner aber musste sich weiterhin mit den niedrigsten und schlechtest bezahlten Arbeiten begnügen. Kriminalität, Drogenmissbrauch und mangelnde Gesundheitsfürsorge trugen dazu bei, dass die Kindersterblichkeit in Harlem um fast die Hälfte über derjenigen der Gesamtbevölkerung

Kapitel 6

lag. Abgesehen vom Sport, einem Bereich, in dem einige Schwarze wie Joe Louis und Jesse Owens zu internationaler Berühmtheit gelangen sollten, bot nur die Kunst eine Möglichkeit, die Rassenschranken zu überwinden.

Die literarische Szene stand im Zeichen der *Harlem Renaissance* (auch »New Negro Movement« genannt), deren Protagonisten das Ideal des selbstbewussten, unabhängigen »neuen Schwarzen« proklamierten. Die authentische Auseinandersetzung mit dem »schwarzen Leben« im von Weißen dominierten Amerika stärkte das Selbstbewusstsein der Schwarzen nachhaltig. Eine der Hauptfiguren der *Harlem Renaissance* war James Weldon Johnson, dessen Roman »The Autobiography of an Ex-Colored Man« bereits 1912 erschienen war.

Aus New Orleans gelangte der Jazz in die Metropolen des Nordens. Zusammen mit dem Blues inspirierte er auch weiße Komponisten wie George Gershwin, beeinflusste die Countrymusic und fand weltweit begeisterte Freunde, aber auch erbitterte Gegner, die den Jazz als »Negermusik« verdammten.

6.32 Die Rolle der USA in Asien, Lateinamerika und im Nahen Osten

Anders als nach dem Zweiten Weltkrieg hatten die USA nach 1918 ihr politisches Engagement in Europa bald wieder reduziert. Sichtbarster Ausdruck war im März 1920 die Ablehnung von Völkerbund und Versailler Vertrag durch den amerikanischen Senat. In der Erosionsphase der europäischen Sicherheit in den Dreißigerjahren stellten die USA allenfalls durch ihren wirtschaftlichen und finanziellen Einsatz einen nennenswerten Faktor dar. Dennoch wurde nach dem Ersten Weltkrieg immer deutlicher, dass die USA längst nicht mehr nur die wichtigste Wirtschaftsmacht der Erde waren. Sie stiegen auch zur stärksten weltpolitischen Kraft auf. In Europa offenbarte sich dieses Potenzial, als Mitte der Zwanzigerjahre die Reparationsverhandlungen zwischen Deutschland und den Siegermächten in eine neue Phase eintraten (▶ 6.17).

In anderen Teilen der Welt, vor allem in Ostasien und Lateinamerika, konnte über die dominierende Rolle der USA schon zuvor kein Zweifel mehr bestehen. Doch auch hier war die amerikanische Außenpolitik von der für die Zwischenkriegszeit charakteristischen Mischung aus Einsicht in die Notwendigkeit eines Engagements und dem Wunsch, möglichst nicht in neue Auseinandersetzungen hineingezogen zu werden, gekennzeichnet.

Sorge vor Japans Expansionismus

Das Hauptaugenmerk des 1920 gewählten republikanischen Präsidenten Warren G. Harding galt zunächst der Lage im Pazifik, die durch das Wettrüsten der Großmächte instabil zu werden drohte. Die Washingtoner Konferenz 1921/22 zeitigte aus amerikanischer Sicht positive Ergebnisse: Ein Nichtangriffspakt zwischen den USA, Großbritannien, Japan und

In der Zwischenkriegszeit wurde Venezuela der größte Öllieferant der USA: Förderanlagen von La Rosa im Golf von Maracaibo 1931

ZWISCHEN DEN WELTKRIEGEN

Frankreich löste die bisherige britisch-japanische Allianz ab; Vereinbarungen über Obergrenzen und Paritäten beim Schlachtschiffbau dämpften die Sorge vor dem japanischen Expansionismus; und durch die offizielle Anerkennung des Prinzips der »offenen Tür« schienen Souveränität und territoriale Integrität Chinas ebenso wie die amerikanischen Wirtschaftsinteressen in diesem Raum gesichert. Tatsächlich verloren die USA aber allmählich an Einfluss, weil sie – anders als Großbritannien und Japan – die Rüstungsobergrenzen gar nicht erreichten und weil die chinesischen Nationalisten einer friedlichen ökonomischen Durchdringung immer größere Hindernisse in den Weg legten. Das Vordringen der Japaner auf dem chinesischen Festland (▶ 6.29) konnte die amerikanische Asienpolitik nicht verhindern.

In Lateinamerika suchten die USA politische Kontrolle und ökonomische Vorteile durch eine engere Zusammenarbeit mit den lokalen Eliten zu erlangen. Die Hauptinstrumente der Einflussnahme waren Kredite und Militärhilfen, die an befreundete Regierungen vergeben wurden, sowie die Unterstützung amerikanischer Konzerne in der Region. Parallel dazu liefen Versuche, die panamerikanische Bewegung unter Führung der USA wieder zu beleben. Hauptziel blieb jedoch stets, Lateinamerika und die Karibik im Sinne der Monroedoktrin (▶ 2.9) als exklusive Interessensphäre der USA gegen andere Großmächte abzuschirmen.

Neben Lateinamerika und Ostasien rückte in der Zwischenkriegszeit auch der Nahe und Mittlere Osten ins amerikanische Interesse. Obwohl die USA über reiche eigene Reserven und eine leistungsfähige Erdölindustrie verfügten, spielte die wachsende Nachfrage nach Öl bereits eine wichtige Rolle bei der Gestaltung der Außenbeziehungen. Im Nahen und Mittleren Osten, der als das Fördergebiet der Zukunft galt, besaßen allerdings europäische Unternehmen wie die Royal Dutch/Shell-Gruppe und die Anglo Iranian Oil Company praktisch das Monopol. Mit tatkräftiger Hilfe des Außenministeriums gelang es den großen amerikanischen Konzernen immerhin, als Juniorpartner in das europäische Erdölkartell aufgenommen zu werden.

6.33 Der »New Deal«. Franklin Delano Roosevelt

Nach dem Beginn der Weltwirtschaftskrise, die die USA besonders hart traf (▶ 6.23), erwuchs der Demokratischen Partei in Franklin D. Roosevelt wieder eine charismatische Führerpersönlichkeit. Anders als sein Vorgänger Herbert C. Hoover bekundete der 1882 in Hyde Park (New York) geborene Roosevelt Mitgefühl für den »vergessenen kleinen Mann« und strahlte Tatkraft und Zuversicht aus. Die Parole vom *New Deal*, einer gerechten Neuverteilung der gesellschaftlichen Chancen, die Roosevelt auf dem Nominierungskonvent der Demokraten in Chicago Ende Juli 1932 ausgab, erwies sich als werbewirksam und mitreißend. Der Kandidat propagierte keinen fertigen Rettungsplan, sondern wies die Richtung: Die Bundesregierung müsse die Verantwortung für das wirtschaftliche Wohlergehen der Amerikaner übernehmen und die Krise ebenso entschlossen wie eine militärische Invasion bekämpfen. Mit über sieben Millionen Stimmen Vorsprung vor Hoover gaben ihm die Wähler im November 1932 ein klares Mandat und einen großen Vertrauensvorschuss.

Die Reformen des *New Deal* erfassten jeden Wirtschaftsbereich. Hohe Priorität beanspruchte zunächst die Bankenkrise, weitere Schwerpunkte waren die Stützung der Landwirtschaft und Maßnahmen auf dem Gebiet der Arbeitsbeschaffung. Das Kernstück des ersten *New Deal* bildete das Bundesgesetz über den industriellen Wiederaufbau vom Juni 1933 (*National Industrial Recovery Act*, NIRA). Unter der Aufsicht der *National Recovery Administration* konnte jede Branche Regeln, die *codes of fair business*, aufstellen, die durch Preis- und Produktionsabsprachen ruinösen Wettbewerb verhindern sollten. Als Zugeständnis an die Gewerkschaften wurden Vereinbarungen über Mindestlöhne und Höchstarbeitszeiten, das Verbot der Kinderarbeit und das Recht auf freie Tarifverhandlungen in die *codes* aufgenommen.

Das Ergebnis der Zwischenwahlen vom November 1934 bewies, dass die Mehrheit der Bevölkerung hinter Roosevelt stand. Allerdings wurde auch Kritik laut. Als der Oberste Gerichtshof im Mai 1935 eine Klage gegen den

253

Kapitel 6

Familie eines Wanderarbeiters während der Depression, 1935

für die Geflügelindustrie geltenden *code* behandelte, erklärten die Richter den NIRA einstimmig für verfassungswidrig. Sie bemängelten, dass der Kongress zu viele Vollmachten an die Exekutive delegiert und die Bundesregierung auf unzulässige Weise in die Belange der Einzelstaaten eingegriffen habe. Weitere, ähnliche Urteile stellten den gesamten *New Deal* infrage.

Verschärfung des Reformkurses ab 1935
Präsident Roosevelt beantwortete die Rückschläge mit einer Verschärfung seines Reformkurses. Hatte sich die Regierung bislang um eine Harmonisierung der Interessen von Unternehmern, Gewerkschaften und Farmern bemüht, so waren die Gesetze des zweiten *New Deal* ab 1935 weiter links auf der politisch-ideologischen Skala angesiedelt. Als Ersatz für den NIRA unterzeichnete der Präsident im August 1935 den *Wagner Act (National Labor Relations Act)* über die Neuordnung der Arbeitsbeziehungen, der in erster Linie die Rechte der Gewerkschaften absicherte. Einen ersten Schritt zum modernen Sozialstaat unternahm eine Koalition aus Demokraten und gemäßigten Republikanern mit dem *Social Security Act* vom August 1935. Auch die Arbeitsbeschaffung

wurde noch einmal intensiviert; der *Banking Act* hob die Verantwortung für die Geldpolitik endgültig von der regionalen auf die nationale Ebene und entlastete durch Steuerreformen die unteren Einkommensschichten.

Trotz seines überwältigenden Wahlerfolgs von 1936 stand Roosevelts zweite Amtszeit innenpolitisch unter einem schlechten Stern. Die Zwischenwahlen von 1938 brachten den Republikanern Zugewinne und stärkten die konservativen Kräfte in der Demokratischen Partei. Obwohl die Folgen der Großen Depression noch lange nicht beseitigt waren, ging das Reformwerk des *New Deal* damit zu Ende. Die Aufmerksamkeit der Öffentlichkeit wandte sich jetzt immer stärker dem außenpolitischen Geschehen und der Kriegsgefahr in Asien und Europa zu.

Die Bilanz des *New Deal* weist Licht- und Schattenseiten auf: Der Abbau der Arbeitslosigkeit verlief langsamer als in den meisten europäischen Industriestaaten; für eine durchgreifende Wirtschaftserholung sorgte erst der Rüstungsboom im Zweiten Weltkrieg. Minderheiten und Frauen, immerhin die Mehrheit der Bevölkerung, profitierten weniger von den Reformen als die – männliche – weiße Mittel- und Unterschicht. Dennoch fällt eine Gesamtbewertung positiv aus.

Die Administration Roosevelt wollte das bestehende liberal-kapitalistische System nicht abschaffen, sondern stabilisieren und verbessern. Dabei befand sie sich im Einklang mit der großen Mehrheit der Amerikaner, die trotz der Depression an den vertrauten Werten von Individualismus, Eigeninitiative und Mobilität festhielten. Entscheidend war, dass der *New Deal* den Amerikanern das Gefühl nahm, einem schicksalhaften Verhängnis hilflos ausgeliefert zu sein, und dass er ihnen eine Alternative zu den autoritären und totalitären Versuchungen bot, denen zahlreiche europäische und asiatische Völker erlagen.

6.34 Die Spätzeit der Weimarer Republik

Als im März 1930 die seit fast zwei Jahren bestehende große Koalition unter Reichskanzler Hermann Müller zerbrach, hatte das letzte

Kapitel der Weimarer Republik begonnen. Vordergründig scheiterte die aus SPD, katholischem Zentrum, linksliberaler DDP sowie rechtsliberaler DVP bestehende Regierung an einer Detailfrage der Arbeitslosenversicherung sowie an der Rüstungspolitik. Im Hintergrund standen grundsätzliche Differenzen über den finanz- und sozialpolitischen Kurs im Zeichen der beginnenden Weltwirtschaftskrise.

Zum Nachfolger des SPD-Politikers Müller ernannte Reichspräsident Paul von Hindenburg Heinrich Brüning vom Zentrum. Gestützt auf die besonderen Rechte, welche die Weimarer Verfassung dem Reichspräsidenten in Notzeiten verlieh, regierte Brüning ohne Mehrheit im Reichstag. Als das Parlament im Juli 1930 eine der dazu erforderlichen »Notverordnungen« zu Fall brachte, wurde der Reichstag aufgelöst. Die folgenden Wahlen erbrachten keine arbeitsfähige Mehrheit, stattdessen wurden die radikalen Parteien gestärkt. Die KPD konnte die Zahl ihrer Mandate von 54 auf 77 steigern. Vor allem aber profitierten die Nationalsozialisten. Waren sie 1928 auf 12 Sitze gekommen, so zogen sie nun mit 107 Mandaten als nach der SPD zweitstärkste Fraktion in den neuen Reichstag ein. Statt wie zwei Jahre zuvor gut 800 000 hatten nun fast 6,5 Millionen Deutsche Hitler und seine Partei gewählt. Die SPD-Fraktion reagierte auf die radikale Herausforderung mit einem Tolerierungskurs gegenüber der Regierung, und so konnte Brüning seine Arbeit an der Spitze eines Präsidialkabinetts zunächst fortsetzen. Bis zum Ende der Weimarer Republik im Jahr 1933 sollte es keine auf eine parlamentarische Mehrheit gestützte Regierung mehr geben.

Die Zeit der Präsidialkabinette ab 1930 war auch außerhalb des Parlaments von einer politischen Radikalisierung geprägt. Nach einer Phase relativer Ruhe während der späten Zwanzigerjahre hielt die Gewalt wieder Einzug in die politische Auseinandersetzung. Höhepunkt der gewalttätigen Zusammenstöße zwischen Schlägertrupps und paramilitärischen Formationen der verschiedenen Parteien war das Jahr 1932. Allein in Preußen kamen im Vorfeld der Reichstagswahlen vom 31. Juli rund hundert Menschen ums Leben, über tausend wurden verletzt.

Autoritäre Lösungen der Krise

Die Regierung Brüning verfolgte seit 1930 einen strikten Deflationskurs. Durch massive Einsparungen bei Gehältern und Sozialausgaben bei gleichzeitiger Erhöhung von Steuern und Abgaben hoffte Brüning die Wirtschaftskrise allmählich in den Griff zu bekommen. Vor allem zielte diese Politik auf das Ausland. Die deutsche Finanzpolitik sollte den Siegerstaaten des Ersten Weltkriegs verdeutlichen, dass Deutschland keine weiteren Reparationszahlungen mehr verkraften konnte. Ganz auf dieses Ziel konzentriert, nahm der Reichskanzler (vorübergehende) Massenarbeitslosigkeit und Verelendung in Kauf. Neben außen- und wirtschaftspolitischen Aufgaben strebte die Regierung Brüning aber auch eine Veränderung der innenpolitischen Kräfteverhältnisse an. Deutlich mit antiparlamentarischen Zügen behaftet, suchte sie die Sozialdemokraten von der Macht fern zu halten und betrieb eine Stärkung der traditionellen Führungsschichten in Verwaltung, Militär und Wirtschaft. In Übereinstimmung mit einem politischen Kreis im Umgebung des Reichspräsidenten von Hindenburg erschienen mit den Präsidialkabinetten bereits autoritäre Lösungen der wirtschaftlichen und gesellschaftlichen Krise am Horizont.

Als Brüning 1932 das Vertrauen des Reichspräsidenten verlor, wurden die Nationalsozialisten in den darauf folgenden Wahlen im Juli mit 230 Sitzen (13,7 Millionen Stimmen; 37,3 Prozent) bei weitem größte Fraktion und endgültig zu einem der wichtigsten Machtfaktoren in Deutschland. Noch lehnte es Hitler aber ab, in die Regierung einzutreten. Bei der Neuwahl zum Reichstag im November 1932 verlor die NSDAP über vier Prozentpunkte der Stimmen, blieb zwar stärkste Partei, schien jedoch ihren Zenit überschritten zu haben. Hatten die Konservativen zuvor die NSDAP vornehmlich als politischen Gegner betrachtet, verfiel in dieser Situation vor allem der von Mai bis November 1932 als Reichskanzler amtierende Franz von Papen auf die Idee, das nationalsozialistische Wählerpotenzial für die eigenen Ziele zu nutzen. Nach einer weiteren Präsidialregierung unter dem einflussreichen General Kurt von Schleicher wurde am 30. Januar 1933 Adolf Hitler von Reichspräsident von Hindenburg als Reichskanzler zum Chef eines weiteren Präsidialkabinetts ernannt, dem neben nationalsozialistischen Mitgliedern eine Mehrheit von konservativ-deutschnationalen Ministern, darunter von Papen, angehörte (▶ 6.36).

Die Weimarer Republik scheiterte nur zum Teil an der Uneinigkeit der sie tragenden Kräfte und deren Unfähigkeit zum Kompromiss. Entscheidend war, dass es in der kurzen Zeit ihres Bestehens angesichts der Vielzahl schwerer Probleme, die die Zwischenkriegszeit in ganz Europa brachte, nicht gelang, allgemein akzeptierte Lösungen zur Bewältigung der Krisen zu entwickeln. Die Weltwirtschaftskrise, die nie verwundene Niederlage des Ersten Weltkriegs, den weit verbreiteten Wunsch nach außenpolitischem Wiederaufstieg und Revision des Versailler Vertrages, den fehlenden Konsens über die Funktionsweise der politischen Institutionen und die mangelnden demokratischen Traditionen nutzten zahlreiche entschlossene, gut organisierte Gegner der Republik für ihre Zwecke aus. Unter ihnen gelang schließlich der NSDAP der Durchbruch zur Massenbewegung.

6.35 Nationalsozialismus

In der Gründungsphase der Partei war der Nationalsozialismus zunächst eine von zahlreichen deutsch-völkischen Gruppierungen, die im und nach dem Ersten Weltkrieg im natio-

Ab 1939 war die Mitgliedschaft in der Hitler-Jugend Pflicht für Zehn- bis Achtzehnjährige.

nalkonservativen Lager entstanden waren. Das Programm der »Deutschen Arbeiterpartei« bzw. der »Nationalsozialistischen Deutschen Arbeiterpartei« (NSDAP), wie diese sich seit Februar 1920 nannte, unterschied sich nicht wesentlich von dem ähnlicher Vereinigungen. Neben antimarxistischen Vorstellungen enthielt es das außenpolitische Ziel einer Wiederherstellung der deutschen Großmacht und des Kampfes gegen den Versailler Vertrag. Hinzu kamen antikapitalistische und antisemitische Forderungen. Während der Zwanzigerjahre begann sich die Partei allmählich aus dem rechtsextremen Milieu Münchens und Bayerns herauszuheben, bis sie nach manchen Rückschlägen und Neuorientierungen am Ende des Jahrzehnts den Durchbruch zu einem reichsweit agierenden politischen Faktor mit erheblicher Massenbasis schaffte.

Erste größere Aufmerksamkeit erregte die NSDAP während des Putschversuchs 1923 (▶ 6.3). Nach dem Vorbild des faschistischen »Marsches auf Rom« versuchte Adolf Hitler, seit Juli 1921 die unbestrittene Führerfigur der NSDAP, zusammen mit anderen im »Deutschen Kampfbund« zusammengeschlossenen Wehrverbänden von München aus gewaltsam die Macht an sich zu reißen. Der Putsch vom 8. und 9. November scheiterte kläglich, die NSDAP wurde verboten, Hitler verhaftet und im April 1924 zu fünf Jahren Festungshaft verurteilt. Nach seiner vorzeitigen Entlassung bereits im Dezember desselben Jahres begann der Neuaufbau der Partei. Statt der gewaltsamen Machtübernahme strebte Hitler nun die legale Übernahme der Regierungsgewalt an. Bei den Reichstagswahlen vom Mai 1928 erreichte die Partei mit 2,6 Prozent der Stimmen aber gerade einmal zwölf Sitze. Nach den Wahlen vom 14. September 1930 hatte sich die Lage vollkommen geändert: Mit 107 Abgeordneten war die NSDAP nun nach den Sozialdemokraten die zweitstärkste Fraktion. Aus der auf München und einige andere bayerische Städte begrenzten Partei war eine national agierende Organisation mit zahlreichen lokalen Untergliederungen überall im Reich und einer Hitler weitgehend ergebenen Funktionärsschicht geworden. Neben den 1920/21 entstandenen Sturmabteilungen (SA) existierten eine Reihe weiterer Parteiorganisationen, wie die 1925 gegründete

»Schutzstaffel« (SS), außerdem eine Jugendorganisation, die seit 1926 unter dem Namen »Hitler-Jugend« firmierte, der »Bund Nationalsozialistischer Deutscher Juristen« oder der »Nationalsozialistische Deutsche Studentenbund«. Die Mitgliederzahl der Partei war von etwa 27 000 im Jahr 1925 auf über 130 000 1930 und eine Million im Jahr 1932 gestiegen. In den Juliwahlen von 1932 wurde die NSDAP mit 230 Abgeordneten und 37,3 Prozent der Wählerstimmen die größte Fraktion im Reichstag.

Durchbruch zur Massenpartei

Für den Erfolg der NSDAP und den Durchbruch zur Massenpartei zu Beginn der Dreißigerjahre können eine Reihe von Faktoren verantwortlich gemacht werden. Da waren zum einen die schweren wirtschaftlichen und sozialen Erschütterungen, die die 1929 einsetzende Weltwirtschaftskrise mit sich brachte und die den radikalen Parteien – neben der NSDAP vor allem der KPD – Wähler zutrieben. Der Aufschwung war daneben ohne Zweifel auch auf die Person Adolf Hitlers zurückzuführen, der als »Führer« der Partei die Sehnsüchte vieler Menschen nach einer einfachen und klaren Lösung der vielen Probleme, mit denen Deutschland in der Zwischenkriegszeit zu kämpfen hatte, zu erfüllen schien. Von Bedeutung war auch das äußere Erscheinungsbild der Partei. Der NSDAP haftete ganz offenbar bei vielen das Image einer neuen, unverbrauchten, auch »jungen« Partei an, die sich aus der Sicht der Zeitgenossen von dem etablierten, zur Lösung der Probleme anscheinend unfähigen politischen System mit seinen »alten« Parteien abhob und der man so am ehesten die Beseitigung der Schwierigkeiten zutraute. Nicht zu unterschätzen ist schließlich auch die nationalsozialistische Programmatik. Diese war zwar diffus und wenig stringent, insgesamt reichlich verworren, sie bot aber gerade dadurch zahlreiche Anknüpfungspunkte. Auch wenn es einen Schwerpunkt in Teilen der Mittelschichten, auf dem Land und in kleineren Städten sowie in protestantischen Regionen gab, beschränkte sich die Anhänger- und Wählerschaft der NSDAP keineswegs auf einen bestimmten Teil der deutschen Gesellschaft, sondern umfasste durchaus ganz unterschiedliche Gruppen der Bevölkerung.

6.36 Auf dem Weg zum totalen Staat. Machtsicherung und Machtausbau der NSDAP

Die Regierung vom 30. Januar 1933 war ein Präsidialkabinett, wie man es in Deutschland seit 1930 gewohnt war. Neben Hitler als Reichskanzler wurden nur noch zwei Nationalsozialisten mit Ministerämtern betraut: Wilhelm Frick wurde Innenminister und Hermann Göring Minister ohne Geschäftsbereich. Göring fiel aber insofern eine Schlüsselstellung zu, als er kommissarischer Innenminister in Preußen wurde und somit Zugriff auf die preußische Polizei erhielt. Vizekanzler und Reichskommissar für Preußen wurde der 1932 aus dem Zentrum ausgetretene und damit parteilose Franz von Papen, der im Vorfeld der Ernennung Hitlers hinter den Kulissen die Fäden gezogen hatte. Parteilos waren auch die meisten übrigen Minister, von denen einige schon den beiden letzten Präsidialkabinetten angehört hatten. Ebenfalls weiterhin im Kabinett vertreten war die DNVP mit zwei Ministern, darunter ihrem Vorsitzenden, dem Pressekonzernchef Alfred Hugenberg, als Wirtschaftsminister.

Die eigentliche »Machtergreifung« vollzog sich unter diesen Bedingungen nicht am 30. Januar 1933, sondern in den Wochen und Monaten danach. Mit Hilfe von Notverordnungen und Terrormaßnahmen gegen innenpolitische Gegner, bei denen nun auch staatliche Machtmittel eingesetzt wurden, setzten die Nationalsozialisten alles daran, ihre Macht zu festigen und auszubauen. Sie begannen aber auch bereits damit, den Staat in ihrem Sinne umzugestalten. Programmatischer und ideologischer Zielpunkt war die Herstellung einer einheitlichen »Volksgemeinschaft«, in der alle politischen, sozialen und »rassischen« Unterschiede verschwunden waren. Zu den Maßnahmen der Machtsicherung traten so die Schaffung neuer Institutionen sowie die Verfolgung all jener, die – aus welchen Gründen auch immer – der Vorstellung einer homogenen Gemeinschaft aller Deutschen nicht entsprachen.

Eine Verordnung vom 4. Februar erlaubte unter anderem Eingriffe in die Presse- und Versammlungsfreiheit. Die einen Tag nach dem

Kapitel 6

Ernst Röhm, 1931–1934 Stabschef der SA, wurde wegen angeblicher Putschpläne auf Hitlers Befehl ermordet.

Reichstagsbrand vom 27. Februar 1933 erlassene Verordnung »Zum Schutz von Volk und Reich« setzte Grundrechte außer Kraft und ließ zeitlich unbegrenzte Verhaftungen zu. Nachdem die Neuwahlen vom 5. März unter Einsatz aller Machtmittel zwar nicht der NSDAP allein, doch immerhin der Regierung insgesamt eine absolute Mehrheit von 51,9 Prozent der Stimmen beschert hatten, ging diese mit dem »Ermächtigungsgesetz« vom 24. März noch einen Schritt weiter. Nun konnte die Regierung Hitler nicht nur ohne das Parlament, sondern auch ohne den Reichspräsidenten Gesetze erlassen. Allein die SPD stimmte gegen das Gesetz, das unter dem Titel »Gesetz zur Behebung der Not von Volk und Reich« geführt wurde. Die kommunistischen Abgeordneten waren schon zuvor an der Ausübung ihres Mandats gehindert worden.

»Gleichschaltung« und Machtsicherung

Mit der Ausschaltung des Parlaments im Rücken und gestützt auf die in Kraft bleibenden sowie auf neu erlassene Notverordnungen leitete die Regierung eine Politik der »Gleichschaltung« ein. Das galt für die Länder ebenso wie für die politischen Parteien und die Gewerkschaften. In großer Zahl gelangten NS-Parteifunktionäre in staatliche und kommunale Ämter. Parallel zur Ausschaltung bestehender Einrichtungen und Verbände verlief der Aufbau neuer Zwangsorganisationen. Die »Deutsche Arbeitsfront« ersetzte alle gewerkschaftlichen Organisationen, im »Reichsnährstand« sowie der »Reichskulturkammer« wurden alle in der Landwirtschaft bzw. die im kulturellen Bereich Tätigen zusammengefasst. Ähnliche Organisationen entstanden auch für die einzelnen Zweige der deutschen Industrie.

Mitte 1934 endete die erste Phase der nationalsozialistischen Herrschaft. Angebliche Putschpläne des SA-Führers Ernst Röhm dienten als Vorwand, am 30. Juni 1934 die SA-Führung zu liquidieren. Forderungen in der SA nach einer zweiten, einer »sozialen« Revolution und vor allem nach der Umwandlung der SA in eine bewaffnete Miliz hatten die Organisation zu einem Unsicherheitsfaktor für Hitler gemacht und insbesondere das für seine Pläne so notwendige Bündnis mit den Militärs bedroht. Die Reichswehr war nicht nur in die Morde eingeweiht, sie nahm es auch hin, dass bei dieser Gelegenheit zugleich konservative Kritiker des Regimes wie General Kurt von Schleicher beseitigt wurden. Als am 2. August 1934, nach dem Tod des Reichspräsidenten Paul von Hindenburg, Hitler die Ämter des Reichspräsidenten und des Reichskanzlers als »Führer und Reichskanzler« in seiner Person vereinigte und die Reichswehr nach einer Anordnung von Reichswehrminister Werner von Blomberg auf Hitler persönlich vereidigt wurde, war die Phase von Machtsicherung und Machtausbau beendet.

Die Umgestaltung von Staat und Partei hörte damit freilich nicht auf. Die Errichtung von immer neuen Ämtern, Dienststellen und Behörden blieb auch nach 1934 ein Charakteristikum nationalsozialistischer Herrschaft. Dies führte oft zu einer Konkurrenz von Kompetenzen, die noch einmal dadurch gesteigert wurde, dass viele Instanzen keineswegs unter dem Aspekt übersichtlicher Arbeitsteilung geschaffen wurden, sondern oft momentanen Bedürfnissen entsprangen und in der Praxis häufig aneinander vorbei oder auch gegeneinander operierten. Wenn Hitler auch im Zentrum des Herrschaftssystems stand und keine

Entscheidung von Tragweite gegen ihn getroffen werden konnte, so war die NS-Diktatur in der Praxis doch keine monolithische, zentralistisch straff gelenkte Diktatur.

6.37 Rassenideologie

Lebensraumdoktrin (▶ 7.10) und Rassismus standen im Zentrum der nationalsozialistischen Ideologie – und nach dem 30. Januar 1933 zögerten die neuen Machthaber nicht lange, mit der Umsetzung ihrer Pläne zu beginnen. Vier Tage nachdem er Reichskanzler geworden war, gab Hitler in einer Besprechung mit den Spitzen der Reichswehr die »Eroberung neuen Lebensraums im Osten« als das bevorzugte Ziel seiner Herrschaft an und bezog alle seiner Ansicht nach notwendigen innen- wie außenpolitischen Maßnahmen auf dieses Vorhaben. Zwei Monate später, am 1. April 1933, begann ein dreitägiger Boykott jüdischer Geschäfte. SA und SS bezogen vor den Geschäften Posten und hinderten Passanten am Eintritt. Die nationalsozialistische Judenverfolgung hatte begonnen.

Der nationalsozialistische Antisemitismus wurzelte in einem in den letzten Jahrzehnten des 19. Jahrhunderts entstandenen »völkischen« Denken, das die Kategorie der »Rasse« zum Ausgangspunkt einer neuen Art von Nationalismus machte. Weltgeschichte wurde als die Auseinandersetzung zwischen verschiedenen Rassen gedeutet, in der der Wert und die Stärke des Einzelnen wie ganzer Völker von der »Reinheit des Blutes« abhing. In diesem biologistischen, pseudowissenschaftlichen Denken betrachteten die Nationalsozialisten die Juden als die Hauptfeinde des deutschen Volkes, ihre Bekämpfung erklärten sie zu einem ihrer wichtigsten Programmpunkte.

Die Judenverfolgung in den Dreißigerjahren
Während der Dreißigerjahre bedeutete die Verfolgung der Juden im Dritten Reich vor allem Entrechtung, gesellschaftliche Isolation sowie Enteignung. Dabei kam es bis Mitte des Jahrzehnts zu einer Vielzahl von allerdings noch eher unsystematischen Maßnahmen. Wenige Tage nach dem Boykott Anfang April 1933

wurde durch das »Gesetz zur Wiederherstellung des Berufsbeamtentums« u. a. die Entfernung von jüdischen Beamten aus ihren Positionen eingeleitet. In der Folge schlossen eine Reihe von weiteren Bestimmungen Juden von bestimmten Berufen oder Studiengängen an Universitäten aus. Mit den auf dem »Reichsparteitag der Freiheit« im September 1935 beschlossenen »Nürnberger Gesetzen« wurde die Verfolgung der Juden konsequent verschärft. Das »Reichsbürgergesetz« schloss Juden von den vollen politischen Rechten aus. In einem zweiten Gesetz wurden Ehen und Geschlechtsverkehr zwischen Juden und »Staatsangehörigen deutschen und artverwandten Blutes« unter Strafe verboten. Die Folge war eine weitere gesellschaftliche Isolierung; Kontakte zu Juden wurden potenziell kriminalisiert. Die Justiz verhängte Tausende von Urteilen wegen »Rassenschande«. Auf dem Reichsbürgergesetz basierten zahllose Verordnungen, die Juden aus dem wirtschaftlichen, aber auch sozialen Leben ausschlossen. Juden durften nicht mehr als Ärzte, Apotheker oder Juristen praktizieren, keine Betriebe und Geschäfte besitzen oder öffentliche Verkehrsmittel benutzen.

Ab 1938 wurden Pässe von Juden in Deutschland mit einem »J« gekennzeichnet; sie mussten zusätzlich den Vornamen »Sara« oder »Israel« führen.

Juden waren nicht die einzigen, die aus rassistischen Motiven verfolgt wurden. So waren Sinti, Roma und andere, von den Nationalsozialisten abwertend als »Zigeuner« bezeichnete Volksgruppen bereits in den Dreißigerjahren von schweren Verfolgungsmaßnahmen betroffen. Eine weitere Opfergruppe stellten Behinderte und psychisch kranke Menschen dar. Das Gesetz »Zur Verhütung erbkranken Nachwuchses« vom Juli 1933 »legalisierte« bei bestimmten Diagnosen die Zwangssterilisation. Insgesamt wurde bei Hunderttausenden von Menschen dieser Eingriff durchgeführt, wobei oft auch soziale Gründe den Ausschlag gaben. Mitte 1939 begann die »Euthanasie«, d.h. die Tötung schwer psychisch kranker oder behinderter Menschen. Der 1941 nach Protesten aus Kirchen und der Bevölkerung offiziell eingestellten, aber verdeckt weitergeführten Aktion fielen rund 200 000 Menschen zum Opfer.

6.38 Allgemeine Wehrpflicht. Besetzung des Rheinlandes

Intern ließ Hitler nach der »Machtergreifung« von Anfang an keinen Zweifel daran, dass sein eigentliches außenpolitisches Ziel in einem neuen Krieg lag. Doch von außen war das weniger klar zu erkennen, hier nahmen sich die ersten außenpolitischen Maßnahmen der Regierung eher wie eine Fortsetzung der Revisionspolitik der vergangenen Jahre aus. Im Mai 1933 wurde die Verlängerung des deutsch-sowjetischen Vertrages von 1926 ratifiziert und damit scheinbar die Weimarer Politik gegenüber der Sowjetunion weitergeführt. Auch das Verlassen der Genfer Abrüstungskonferenz am 14. Oktober 1933 knüpfte an Entscheidungen früherer Regierungen an. Deutschland hatte sich 1932 schon einmal von der Konferenz zurückgezogen, war dann allerdings nach Erfüllung seiner Forderungen an den Verhandlungstisch zurückgekehrt. Schon auffallender war der gleichzeitig verkündete Austritt aus dem Völkerbund. Hier deutete sich zumindest eine neue Qualität der Nichtkooperation an. Die Begründung klang allerdings wieder bekannt: Deutschland forderte als Bedingung für die Rückkehr in das System kollektiver Sicherheit die volle internationale Gleichberechtigung.

Auch in den folgenden Jahren schien die nationalsozialistische Außenpolitik von dem Ziel nach Revision der Nachkriegsordnung geleitet, das auch schon die Politik der Weimarer Republik bestimmt hatte. Die tatsächlich ergriffenen Maßnahmen waren allerdings von wesentlich feindseligerem Charakter: Im März 1935 wurde unter Bruch des Versailler Vertrages die allgemeine Wehrpflicht wieder eingeführt, ein Jahr später, am 7. März 1936, marschierten deutsche Truppen in das entmilitarisierte Rheinland ein. Damit brach das Reich nicht nur den Friedensvertrag von Versailles, sondern auch den in Locarno geschlossenen »Westpakt«, den die Reichsregierung gleichzeitig mit der Wiederbesetzung des Rheinlands für nichtig erklärte.

Weder im März 1935 noch im gleichen Monat des darauf folgenden Jahres war sich Hitler sicher gewesen, wie die Westmächte reagieren würden. Einem militärischen Eingreifen oder auch nur einer massiven militärischen Drohung hätte Deutschland zu diesem Zeitpunkt kaum etwas entgegensetzen können. Doch die Reaktionen beschränkten sich im Wesentlichen auf die verbale Verurteilung der einseitigen und vertragswidrigen deutschen Maßnahmen. Dabei kam dem nationalsozialistischen Deutschland zugute, dass sich das System kollektiver Sicherheit Mitte der Dreißigerjahre bereits in Auflösung befand. Das hatte mit der japanischen Expansion in Ostasien zu tun (▶ 6.29) und nicht zuletzt damit, dass das faschistische Italien mehr und mehr aus der Solidarität der Sieger des Ersten Weltkriegs ausscherte. Im Oktober 1935 war Italien im ostafrikanischen Abessinien eingefallen, wenige Monate nach dem Einmarsch deutscher Truppen in das Rheinland griff Italien – wie dann auch Deutschland – in den Spanischen Bürgerkrieg ein (▶ 6.39).

6.39 Spanischer Bürgerkrieg

Nach dem Zusammenbruch der Diktatur Miguel Primo de Riveras im Jahr 1930 war Spanien 1931 Republik geworden. Zunächst versuchte eine Koalition aus Liberalen und Sozialisten die wirtschaftlichen und sozialen Probleme des Landes in den Griff zu bekommen. Mit Maßnahmen wie der Einführung der Zivilehe und der Nationalisierung des Kirchenbesitzes stieß sie aber bald den erbitterten Widerstand konservativer und katholischer Kreise, die sich in der *Confederación Española de Derechas Autónomas* zusammenschlossen.

Zwischen den Weltkriegen

Nachdem die Rechtsparteien bei den Wahlen von 1933 den Sieg davongetragen und große Teile der eingeleiteten Reformen zurückgenommen hatten, verschärften sich die innenpolitischen Auseinandersetzungen zunehmend. Nach einer weiteren Parlamentswahl im Februar 1936, bei der eine aus republikanischen und verschiedenen linken Gruppen bestehende »Volksfront« siegte, herrschten bürgerkriegsähnliche Zustände.

Der eigentliche spanische Bürgerkrieg begann im Juli 1936 mit einer Militärrevolte unter General Francisco Franco, die von Nordafrika aus rasch auf das spanische Mutterland übergriff. Ende Juli bildete sich in Burgos eine nationale Gegenregierung. Konservative, Monarchisten, die katholische Kirche und die autoritäre Falangebewegung schlossen sich den Putschisten an. Die Kämpfe der nationalistisch-faschistischen und konservativ-traditionalistischen Kräfte auf der einen und republikanischen Truppen auf der anderen Seite endeten nach wechselnden Erfolgen 1939 mit dem Sieg Francos und dem Einzug seiner Truppen in Madrid.

Im Europa der Dreißigerjahre wurde der Spanische Bürgerkrieg zum Testfall für den spannungsgeladenen Zustand der internationalen Beziehungen. Obwohl sich in London ein Nichtinterventionskomitee der Großmächte bildete, griffen gleich mehrere Staaten in den Konflikt ein. Auf Seiten der Republik kämpften ca. 60000 Mann der »Internationalen Brigaden«, Freiwillige aus zahlreichen Ländern Europas und Amerikas. Aus der Sowjetunion trafen seit 1936 umfangreiche Waffenlieferungen ein. Den Einheiten Francos kam vor allem der massive italienische Kriegseinsatz zugute, aber auch das nationalsozialistische Deutschland stellte materielle und personelle Hilfe zur Verfügung. Das Reich intervenierte aus ideologischen und militärischen, insbesondere aber aus macht- und bündnispolitischen Gründen. Traurige Berühmtheit erlangte die »Legion Condor«, eine Luftwaffeneinheit, mit der Deutschland die Truppen Francos unterstützte. Am 26. April 1937 zerstörten deutsche Flugzeuge in einem dreistündigen Bombenangriff die nordspanische Kleinstadt Guernica y Luno. Bei dem verheerenden Angriff starben etwa 2000 Menschen.

6.40 Der Faschismus in Italien

Italien war nach erheblichen Versprechungen auf territoriale Gewinne und finanzielle Vorteile 1915 aufseiten der Alliierten in den Krieg eingetreten und gehörte 1918 zu den Siegermächten. Der Preis dafür bestand allerdings im wirtschaftlichen und finanziellen Ruin des Landes, dem nur als äußerst unzureichend erachtete Gewinne in der Friedensregelung von 1919 gegenüberstanden. Die nationalistische Rechte mobilisierte dagegen einen massenhaft organisierten Protest. Der bekannte Dichter Gabriele D'Annunzio sprach von einem »verstümmelten Sieg« und traf damit die Stimmung seiner Zeitgenossen. Noch brisanter waren im Italien der Nachkriegszeit die sozialen Konflikte, die aus der Verarmung der Agrargebiete in der Poebene und in Süditalien sowie aus der tiefen Wirtschaftskrise in den Industriegebieten mit einer großen Zahl von Firmenzusammenbrüchen resultierten. Wie in Deutschland lief die politische Auseinandersetzung auch in Italien nach dem Ersten Weltkrieg von Anfang an in gewaltsamen Formen ab, doch wurde das parlamentarische System in Italien wesentlich früher als in Deutschland gestürzt. Die Macht übernahmen die italienischen Faschisten, die unter Führung des 1883 geborenen Benito Mussolini stehenden so genannten »Schwarzhemden«.

Als Mussolini, der ursprünglich der Linken entstammte, 1922 u.a. nach einem faschistischen »Marsch auf Rom« zum Ministerpräsidenten ernannt wurde, stellte seine 1921 gegründete Partito Nazionale Fascista noch nicht die spätere Einheitspartei, sondern eine Bewegung mit regionalen Schwerpunkten dar. Ebenso trug der italienische Staat noch traditionelle Züge, bevor die Regimephase des Faschismus Ende der Zwanzigerjahre erreicht war, in der Partei und Staat verschmolzen waren. Eine wichtige Etappe auf diesem Weg waren die Wahlen 1924, die den Faschisten nach der Einführung eines neuen Wahlgesetzes 365 Mandate brachten. Ihnen standen 147 Abgeordnete anderer Parteien gegenüber. Eine wenig später einsetzende innenpolitische Krise nutzte Mussolini, um Anfang Januar 1925 staatsstreichartig weitere Befugnisse an sich zu reißen, antifaschistische Organisationen auf-

Kapitel 6

Der „Marsch auf Rom" wurde sorgfältig inszeniert. Mussolini nahm allerdings nicht daran teil, er fuhr mit dem Zug nach Rom.

zulösen und die Meinungsfreiheit einzuschränken. Bis Ende 1926 war der Ausbau der faschistischen Diktatur abgeschlossen. Wahlen wurden zu Plebisziten, aus denen der Einparteienstaat mit hohen Zustimmungsraten seine Legitimation bezog. Bemerkenswert am italienischen Faschismus ist, dass der totale Machtanspruch des Systems nicht so konsequent umgesetzt wurde wie im nationalsozialistischen Deutschland oder in der stalinistischen Sowjetunion. Die Monarchie blieb in Italien ebenso erhalten wie die relativ starke Stellung des Militärs. Auch die nach wie vor wichtige Rolle der Kirche deutete auf das Weiterleben traditioneller Elemente im Rahmen der faschistischen Diktatur hin.

Die italienische Expansionspolitik

Die Gewalt in der Innenpolitik hatte ihre Entsprechung in der Machtpolitik nach außen, mit der an das römische Weltreich angeknüpft werden sollte. Der gesamte Mittelmeerraum wurde zum italienischen Interessengebiet erklärt, was Italien mit Frankreich, aber auch mit Großbritannien in Konflikt brachte. Dasselbe galt für Südosteuropa. Vorerst waren Mussolinis Ambitionen allerdings enge Grenzen gesetzt. Der misslungene Versuch, Korfu zu besetzen, wurde 1923 durch den Beginn einer systematischen Italianisierung Südtirols ausgeglichen. Das symbolträchtige Fiume (Istrien) fiel 1924 gegen eine definitive Grenzregelung für Jugoslawien an Italien. Bis 1928 wurde Libyen wieder unter italienische Kontrolle gebracht. In den Dreißigerjahren verschärfte sich dann der italienische Expansionskurs zunehmend. Im Oktober 1935 fielen italienische Truppen in Äthiopien (Abessinien) ein, ein Jahr später wurde das Land annektiert. Nachdem sich das faschistische Italien seit Mitte 1936 im Spanischen Bürgerkrieg engagiert hatte (▶ 6.39), besetzte es im April 1939, noch vor Beginn des Zweiten Weltkriegs, Albanien. Mit der territorialen Expansion ging eine immer engere Bindung an das nationalsozialistische Deutschland einher (▶ 6.41).

6.41 Die Achse Berlin-Rom

Seit dem Machtantritt Hitlers wurde die europäische Politik mehr und mehr vom Aufeinandertreffen dreier rivalisierender Lager bestimmt. Den expansionistischen Staaten Deutschland und Italien setzten Frankreich und Großbritannien eine so weit wie möglich am Status quo orientierte Politik der Friedenswahrung entgegen. Den dritten Faktor stellte die Politik der Sowjetunion dar. Argwöhnisch von den Westmächten beäugt und von Berlin und Rom offen zum Hauptfeind erklärt, versuchte sie ihrerseits von den Spannungen zwischen den beiden anderen Lagern zu profitieren und so zumindest das befürchtete Bündnis aller kapitalistischen Staaten gegen das eigene Land zu verhindern.

Zunächst konnte allerdings keine Rede davon sein, dass Italien und Deutschland einen faschistischen Block bildeten. Vielmehr waren die deutsch-italienischen Beziehungen einst-

Zwischen den Weltkriegen

weilen von Interessengegensätzen im Donauraum bestimmt. Als die österreichischen Nationalsozialisten im Juli 1934 einen Putschversuch unternahmen, ließ Mussolini an der Brennergrenze Truppen aufmarschieren. In London wurde diese Maßnahme begrüßt, ließ sie doch darauf hoffen, Italien für eine Machtbalance gegenüber Deutschland einplanen zu können. Auch im März 1935, als die allgemeine Wehrpflicht entgegen den militärischen Bestimmungen des Versailler Vertrags in Deutschland wieder eingeführt wurde, bezog Italien zusammen mit Großbritannien und Frankreich in der – allerdings sehr kurzlebigen – »Stresafront« eine antideutsche Position.

Die weitgehende methodische Parallelität führte erst 1936 zu einer außenpolitischen deutsch-italienischen Annäherung. Mit dem im Oktober 1935 begonnenen Krieg gegen Äthiopien (Abessinien), das zwischen den beiden italienischen Kolonien Somaliland und Eritrea lag, brachte sich Italien in einen Gegensatz zu Großbritannien und Frankreich. Die gleichzeitige Unterstützung durch Deutschland führte Mussolini an die Seite Hitlers und sorgte dafür, dass sich Italien bei der Besetzung des Rheinlandes (▶ 6.38) zurückhielt. Sichtbaren Ausdruck fand die Annäherung zwischen Deutschland und Italien schließlich im Herbst 1936. Nachdem bei einem Besuch des italienischen Außenministers Graf Ciano in Berlin ein deutsch-italienisches Protokoll über die wirtschaftliche und politische Zusammenarbeit unterzeichnet worden war, verkündete Mussolini bei einer Rede in Rom am 1. November 1936 die »Achse Berlin-Rom«. Ebenfalls im November 1936 schlossen sich Deutschland und Japan im so genannten Antikominternpakt zusammen, dem ein Jahr später auch Italien beitrat.

6.42 Der »Anschluss« Österreichs

Außenpolitisch konnte Hitler ab 1935 beinahe alle seine Ziele in die Tat umsetzen. Nach der im Versailler Vertrag vorgesehenen Volksabstimmung vom Januar 1935, bei der sich über 90 Prozent für eine Rückgliederung an Deutschland entschieden hatten, wurde das Saarland wieder dem Reich angegliedert. Wenig später überrumpelte das NS-Regime mit der Verkündung der allgemeinen Wehrpflicht die Westmächte ebenso wie ein Jahr später mit dem Einmarsch deutscher Truppen in das entmilitarisierte Rheinland (▶ 6.38). Alle drei Ereignisse stärkten die nationalsozialistische Position nach innen und außen erheblich. Außenpolitisch zeigte sich, dass die anderen Mächte – in der trügerischen Hoffnung, dass die Nationalsozialisten danach keine weitere Expansion anstreben würden – selbst eindeutige Vertragsbrüche des Reichs ohne entschiedene Intervention hinnahmen. Im Innern

Deutsch-italienischer Schulterschluss: Hitler und Mussolini 1937.

waren vor allem die Rückkehr des Saarlands und die Maßnahmen vom März 1936 auf Begeisterung gestoßen.

Im März 1938 unternahm Hitler den nächsten Schritt: Das Ziel, Österreich – auf welche Weise auch immer – für das Deutsche Reich zu gewinnen, hatte er auch nach dem gescheiterten Putsch österreichischer Nationalsozialisten Mitte 1934 nicht aufgegeben; nach der Annäherung an Italien seit 1936 und dem Verhalten Frankreichs und Großbritanniens in den vorangegangen Krisen schien auch außenpolitisch der Weg bereitet. Anfang des Jahres 1938 setzte Hitler den Führer des österreichischen Ständestaates, Bundeskanzler Kurt Schuschnigg, massiv unter Druck und zwang diesen schließlich bei einem Treffen in Berchtesgaden, der Beteiligung der österreichischen Nationalsozialisten an der Wiener Regierung zuzustimmen. Als Schuschnigg Anfang März eine Volksabstimmung über die österreichische Unabhängigkeit ankündigte, nahm Hitler das zum Vorwand und gab der Wehrmacht den Marschbefehl. Am 12. März rückten deutsche Truppen in Österreich ein.

Hitler ließ am 12. März 1938 deutsche Truppen in Österreich einmarschieren. Ein Großteil der Bevölkerung begrüßte den »Anschluss« begeistert.

Der »Anschluss« Österreichs an Deutschland im März 1938 war sowohl das Resultat einer deutschen Aggression als auch das einer innerösterreichischen Bewegung. Die Nationalsozialisten verzeichneten auch in Österreich seit Jahren großen Zulauf. Dem Einmarsch der Wehrmacht war in Wien und anderen Teilen Österreichs ein nationalsozialistischer Putsch vorausgegangen. Ebenso wie in Deutschland stieß die Eingliederung des Landes auch in Österreich auf große Zustimmung. Als Hitler am 15. März in Wien eintraf und auf dem Heldenplatz »den Eintritt« seiner »Heimat in das Deutsche Reich« verkündete, jubelten ihm weite Teile der Bevölkerung zu. Wichtiger als nationaler Überschwang war für die Nationalsozialisten allerdings der Zugewinn an wirtschaftlichem und militärischem Potenzial, den die Eingliederung Österreichs in das Deutsche Reich bedeutete.

6.43 Nationalsozialistischer Verfolgungs- und Terrorapparat. Die Gestapo

An dem nationalsozialistischen Terrorsystem waren ganz unterschiedliche Institutionen und Personengruppen beteiligt. Die Beseitigung politischer Gegner geschah mit Hilfe der regulären Polizei oder parteieigener Organisationen wie der SA. Bei der Deportation der Juden aus ganz Europa spielte das Auswärtige Amt eine wichtige Rolle. Die Ermordung der Juden in Osteuropa geschah unter Beteiligung von Einheiten der Wehrmacht. Zwangssterilisationen als »rassisch minderwertig« eingestufter Personen wurden von Juristen und Ärzten beschlossen und durchgeführt.

Hauptträger der Verfolgungs- und Vernichtungsmaßnahmen im NS-Staat war der so genannte SS- und Polizei-Komplex, der im Wesentlichen während der Dreißigerjahre errichtet worden war und in dem die staatlichen und parteilichen Sicherheitsapparate schließlich zu einer kaum entwirrbaren Einheit verschmolzen. Schritt für Schritt waren Polizeibefugnisse aus den normalen Zuständigkeiten, etwa aus den Innenministerien oder der Aufsicht durch die Justizbehörden, herausgelöst und vor allem in das Machtimperium des seit 1929 als »Reichsführer SS« amtierenden Heinrich Himmler eingefügt worden. 1933/34 wurde Himmler die politische Polizei der einzelnen Länder unterstellt, darunter im April 1934 auch die Preußens. Zwei Jahre später, im Juni 1936, leitete Himmler neben der SS die gesamte Polizei, also auch die Ordnungspolizei. Als Chef der Polizei formal ins Innenministerium eingeord-

ZWISCHEN DEN WELTKRIEGEN

net, hatte er als Führer der SS direkten Zugang zu Hitler und war so auch in Polizeiangelegenheiten mühelos in der Lage, Innenminister Frick zu überspielen. Einen weiteren wichtigen Schritt in der Organisation des Terrorapparats stellte das im September 1939 gebildete »Reichssicherheitshauptamt« (RSHA) dar. In so genannten Ämtern wurden die verschiedenen Sicherheitsorgane zusammengefasst. Leiter des RSHA wurde der »Chef der Sicherheitspolizei und des SD« Reinhard Heydrich.

Die Geheime Staatspolizei (Gestapo) sollte innerhalb dieses Terrorapparats »die wirksame Bekämpfung aller gegen den Bestand und die Sicherheit des Reiches gerichteten Bestrebungen« sicherstellen. Zu den Aufgaben gehörte die Beobachtung und Verfolgung von Kommunisten und Sozialisten, aber auch von kirchlichen Gruppen, Sekten und nicht zuletzt der jüdischen Bürger. Die Gestapo verhängte »Schutzhaft« und wies Gegner des Regimes in Konzentrationslager ein. Sie überwachte die Bevölkerung und folterte und ermordete Gefangene in eigenen Gefängnissen. In den Jahren nach 1939 stellte sie Personal für die »Einsatzgruppen« zur Verfügung und war maßgeblich an der Deportation von Juden in die Vernichtungslager beteiligt.

Die Geheime Staatspolizei war zunächst auf Länderebene entstanden. 1936, im Zuge der Ernennung Himmlers zum »Chef der deutschen Polizei«, wurde sie eine Reichsbehörde. Im 1939 gebildeten Reichssicherheitshauptamt firmierte sie als Amt IV »Gegner-Erforschung und Bekämpfung«, bei dem auch die Verantwortung für die Organisation des Holocaust lag. Angesichts der Zahl ihrer Aufgaben und ihrer Bedeutung für die Herrschaft des Regimes war der Personalstand der Gestapo relativ gering. 1943 lag er bei etwas über 31 000 Beamten. Die Überwachung im Deutschen Reich blieb unter diesen Bedingungen höchst lückenhaft. Die Gestapo war im hohen Maße auf die Denunziationsbereitschaft der Bevölkerung angewiesen.

6.44 Die SS

Die 1925 gegründete SS, die »Schutzstaffel« der NSDAP, ging aus einer persönlichen Leibwache Hitlers hervor. Sie schützte zunächst führende Parteifunktionäre und Veranstaltungen der NSDAP. Mit der Ernennung Heinrich Himmlers zum »Reichsführer SS« begann ihr Aufstieg zu einer der mächtigsten Organisationen im nationalsozialistischen Deutschland. Zählte die SS im Jahr 1929 nur 200 Mann, so waren es 1932 schon rund 50 000. Im Zweiten Weltkrieg wurde Heinrich Himmler – neben Martin Bormann, dem Leiter der Parteikanzlei und »Sekretär des Führers« – zum zeitweise einflussreichsten Mann nach Hitler.

Ursprünglich als Untergliederung der SA gegründet, trat die SS im Zuge des »Röhm-Putsches« (▶ 6.36) aus dem Schatten der weit größeren Konkurrenzorganisation heraus: Neben der Gestapo hatten vor allem SS-Männer die Morde zwischen dem 30. Juni und dem 2. Juli 1934 verübt. Nun wurde die SS als selbstständige Gliederung innerhalb der NSDAP Hitler direkt unterstellt. Erste Erfolge hatten zu diesem Zeitpunkt auch schon Himmlers Bemühungen um die politische Polizei zu verzeichnen. Nachdem der Führer der SS bereits im März 1933 zum kommissarischen Münchener Polizeipräsidenten ernannt worden war, stieg er bis 1936 zum Chef der gesamten deutschen Polizei auf (▶ 6.43). Himmler verfügte nun über ein Imperium aus parteilichen wie staatlichen Sicherheitsorganisationen, das er bis Kriegsende weiter ausbaute.

Seit 1934 auch für die Konzentrationslager verantwortlich, wurden Himmler und sein SS-Polizei-Komplex zur Schaltzentrale der nationalsozialistischen Verfolgungs- und Vernichtungspolitik (▶ 7.19). Daneben verstand sich die SS als eine den nationalsozialistischen Ideologie besonders verbundene Führungselite. SS-Unterführer und SS-Führer mussten ihre »arische« Abstammung bis zum Jahr 1800 bzw. 1750 nachweisen. Alle SS-Männer unterlagen bestimmten Heiratsregeln. Besondere Rituale und Kulte drückten das elitäre Selbstverständnis der SS aus.

Neben der Allgemeinen SS, die 1939 etwa 250 000 Mitglieder umfasste, entstand nach Kriegsbeginn aus einer schon zuvor bestehenden Unterabteilung die »Waffen-SS«, die Mitte 1944 aus rund 600 000 Mann bestand. Zur Bewachung der Konzentrations- und Vernichtungslager wurden die so genannten SS-Totenkopfverbände eingesetzt. Ebenso wie die Gestapo wurde die SS vom Nürnberger Hauptkriegsverbrechertribunal 1946 zur verbrecherischen Organisation erklärt.

6.45 Pogromnacht 9./10. November 1938

In der Nacht vom 9. auf den 10. November 1938 wurden in Deutschland Synagogen, jüdische Wohnungen und Geschäfte in Brand gesetzt und geplündert. Die Ermordung des deutschen Botschaftssekretärs Ernst Eduard vom Rath in Paris am 7. November 1938 durch den 17-jährigen Herschel Grynszpan nahmen die Nationalsozialisten zum Anlass, um reichsweit antisemitische Pogrome zu inszenieren. Weil er sich in Paris aufhielt, war Grynszpan als einziges Mitglied seiner Familie nicht deportiert worden, als im Oktober 1938 rund 17 000 Juden polnischer Nationalität, die in Deutschland gelebt hatten, zum Verlassen des Reichs gezwungen worden waren. Das NS-Regime machte aus der Verzweiflungstat Grynszpans eine »Verschwörung des Weltjudentums« und benutzte die Gelegenheit, Judenfeindschaft brutal und öffentlich zu demonstrieren.

Die staatlich verordneten Ausschreitungen leiteten die offene Verfolgung der Juden in Deutschland und wenig später in Europa ein. Der Sachschaden betrug einige Hundert Millionen Reichsmark, die Zahl der Todesopfer durch Mord und Misshandlung ging in die Hunderte. Zehntausende wurden in »Schutzhaft« genommen. Am 12. November wurde den Juden eine »Sühneabgabe«, die eine Milliarde Reichsmark betrug, auferlegt; mit Gewalt drängte das Regime Juden zur Auswanderung; unmittelbar im Anschluss an den 9. November wurde die Liquidierung aller Geschäfte und Unternehmen sowie die »Arisierung« auch des Grund- und Immobilienbesitzes von Juden forciert. An vielen Orten durften Juden nicht mehr in ihre Häuser zurückkehren und mussten ab Frühjahr 1939 in so genannten Judenhäusern leben.

Die Reaktion der Deutschen auf die Pogromnacht war zwiespältig. Viele lehnten die pöbelhaften Exzesse, die rohe Gewalt gegen Menschen und deren Eigentum, ab. Sie fanden ihre Vorstellungen von Ordnung und Vernunft ins Gegenteil verkehrt, wenn sie beobachteten, wie die Feuerwehr brennende Synagogen nicht löschte, sondern sich darauf beschränkte, die Nachbargebäude zu schützen, wie die Polizei befehlsgemäß zusah oder sich abwandte, wenn Juden misshandelt wurden. Viele Bürger, die Gewaltakte missbilligten, waren aber nur mit den Methoden unzufrieden, die das nationalsozialistische Regime anwandte. Mit dem Ziel, die Juden zu vertreiben, sie bei passender Gelegenheit ihres Eigentums zu berauben, waren wohl große Teile der deutschen Bevölkerung einverstanden.

Die zeitgenössisch verharmlosend »Reichskristallnacht« genannten Ausschreitungen gegen Juden in Deutschland blieben außenpolitisch nicht ohne Folgen. Sie machten die verbrecherischen Methoden des Regimes überdeutlich und trugen mit dazu bei, dass die Regierungen der Westmächte ihre Appeasementpolitik mehr und mehr aufgaben.

Brennende Synagoge in Bielefeld – zerstört in der Pogromnacht vom 9. auf den 10. November 1938

6.46 Sudetenkrise und Münchener Abkommen

In einer geheimen Besprechung, bei der neben den Spitzen der Wehrmacht auch Reichsaußenminister Konstantin von Neurath anwesend war, hatte Hitler Anfang November 1937 ein militärisches Vorgehen gegen Österreich und die Tschechoslowakei als seine nächsten außenpolitischen Ziele genannt. Am 30. Mai 1938, gut zwei Monate nach der Angliederung Österreichs, wies er die Wehrmacht an, Vorbereitungen für einen Angriff auf die Tschechoslowakei zu treffen. Als Angriffstermin wurde der 1. Oktober genannt.

Zum Zeitpunkt der militärischen Weisung hatte die politische Vorbereitung für einen deutsch-tschechoslowakischen Konflikt längst begonnen. Mit Hilfe der politischen Vertreter der deutschen Minderheit und mit direkten Drohungen erhöhte Hitler seit Frühjahr 1938 nach und nach den Druck auf das östliche Nachbarland. Von Hitler angewiesen, stets mehr zu verlangen, als die Prager Regierung zugestehen konnte, forderte Konrad Henlein, der Führer der Sudetendeutschen Partei, im April u. a. die Gleichberechtigung der Sudetendeutschen innerhalb der Tschechoslowakei und Mitte September schließlich das Selbstbestimmungsrecht und damit faktisch die Angliederung des »Sudetenlandes« an Deutschland. Kurze Zeit später drohte Hitler in einer Rede im Berliner Sportpalast der tschechoslowakischen Regierung offen mit Krieg.

Doch die Westmächte lenkten ein letztes Mal ein. Frankreich und Großbritannien übten Druck auf die Regierung der Tschechoslowakei aus, den deutschen Forderungen entgegenzukommen. Allein der britische Premierminister Neville Chamberlain reiste insgesamt dreimal zu Verhandlungen nach Deutschland. Am 29. September 1938 begann die Münchener Konferenz. Die Regierungschefs Deutschlands, Frankreichs, Großbritannien und Italiens einigten sich im Münchener Abkommen auf Modalitäten für die Abtretung der sudetendeutschen Gebiete an Deutschland. Auf Kosten der Tschechoslowakei schien der Frieden Europas noch einmal gerettet.

Das Münchener Abkommen bedeutete den Höhepunkt der britisch-französischen Appeasementpolitik. Unter dem Druck einer pazifistischen Stimmung im eigenen Land und unter dem Eindruck der beschränkten eigenen Eingriffsmöglichkeiten hatte vor allem die britische Politik versucht, durch gezielte Zugeständnisse der deutschen Revisions- und Expansionspolitik allmählich die Spitze zu nehmen. Frieden um jeden Preis bedeutet dies jedoch nicht. Auch die Appeasementpolitik enthielt in letzter Konsequenz eine Kriegsoption; seit Mitte der Dreißigerjahre rüstete Großbritannien wieder auf. Diese zweite Dimension der britischen Politik trat spätestens in den Vordergrund, als deutsche Truppen im März 1939 in den verbliebenen Teil der Tschechoslowakei einrückten und Hitler damit das in München gegebene Versprechen brach, die Besetzung des Sudetenlandes sei sein letztes außenpolitisches Ziel.

6.47 Deutsch-sowjetischer Nichtangriffspakt

Der »Hitler-Stalin-Pakt« vom 23. August 1939 war auf der einen Seite das Ergebnis der schon seit einiger Zeit neu aufgenommenen deutsch-sowjetischen Kontakte. Auf der anderen Seite stand er im Zusammenhang ebenfalls laufender Gespräche zwischen den Westmächten und der Sowjetunion, die im Frühjahr und Sommer 1939 mit dem Ziel eines gegenseitigen Beistandspaktes geführt worden waren. Bereits im März 1939 hatte Stalin allerdings signalisiert, man werde für niemanden die »Kastanien aus dem Feuer« holen, und man sei nach allen Seiten hin offen. Der im Frühjahr 1939 gereifte britische Entschluss, bisherige Barrieren gegenüber der Sowjetunion abzubauen, traf damit in Moskau auf nur bedingt offene Ohren. Als die Verhandlungen zwischen den Westmächten und der Sowjetunion stockten, ergriff Berlin die Initiative. Am 14. August 1939 schlug Außenminister Joachim von Ribbentrop der sowjetischen Regierung einen »kurzen Besuch« in Moskau vor, um »das Fundament für eine endgültige Bereinigung der deutsch-russischen Beziehungen zu legen«.

Das nationalsozialistische Deutschland ging somit mit »verkehrter Schlachtordnung« in den Zweiten Weltkrieg. Statt der Verbindung

Kapitel 6

So grüßen sich Todfeinde! Karikatur der Londoner Zeitung »Evening Standard« zum Hitler-Stalin-Pakt.

mit Großbritannien, die Hitler immer angestrebt hatte, war das »Dritte Reich« seit dem 23. August 1939 mit seinem erklärten Hauptfeind, der kommunistischen Sowjetunion, verbündet. Der von Ribbentrop und dem sowjetischen Außenminister Molotow in Moskau unterzeichnete Vertrag enthielt neben einer Nichtangriffserklärung eine Neutralitätsverpflichtung, sollte einer der beiden Staaten in einen Krieg mit einem dritten Land geraten. In einem geheimen Zusatzprotokoll wurden die gegenseitigen Interessensphären für den Fall einer »territorial-politischen Umgestaltung« im Baltikum, in Finnland, Polen sowie Rumänien voneinander abgegrenzt. Die Sowjetunion beanspruchte Finnland, Estland und Lettland sowie Bessarabien für sich, Deutschland forderte Litauen für sein Interessengebiet ein. Polen sollte am Rande einer Linie der Flüsse Narew, Weichsel und San geteilt werden.

Motive der Vertragspartner

Die Gründe für den Abschluss eines Vertrages, der in frappierendem Widerspruch zu Ideologie und langfristigen Zielen des NS-Regimes stand, sind auf deutscher Seite in einem ganzen Bündel von Motiven zu suchen. Dazu gehörte der Versuch, die Gespräche zwischen den Westmächten und der Sowjetunion zu stören, ebenso wie der Wunsch, einen Zweifrontenkrieg zu verhindern. Hinzu kamen gescheiterte Bemühungen, Italien und Japan auf den deutschen Kriegskurs einzuschwören, aber auch der große Rohstoffbedarf Deutschlands. Schließlich ließ sich der Pakt innenpolitisch gegen Kritiker der Kriegspolitik verwenden. Für Stalin zählte – neben der Hoffnung auf Beute in dem erwarteten deutsch-polnischen Konflikt – die Aussicht, dass ein solcher Vertrag den von ihm stets befürchteten Block aller kapitalistischen Staaten verhindern musste und stattdessen einen Krieg zwischen Deutschland und den Westmächten wahrscheinlich machte.

Die Nachricht vom Hitler-Stalin-Pakt wurde international mit Überraschung und Erschütterung aufgenommen. In London hatte man einen Rückzug der Sowjetunion in die Isolation für möglich gehalten, nicht aber mit einer deutsch-sowjetischen Annäherung gerechnet. Für Deutschland war mit dem Vertrag der Weg zum Krieg gegen Polen frei.

Zwischen den Weltkriegen

Daten

28. April 1919	Verabschiedung der Völkerbundsatzung
28. Juni 1919	Unterzeichnung des Versailler Vertrages
14. Aug. 1919	Inkrafttreten der Weimarer Verfassung
April 1920	Beginn des russisch-polnischen Krieges
Juli–Aug. 1920	2. Kongress der Kommunistischen Internationale
6. Febr. 1922	Washingtoner Flottenabkommen
3. April 1922	Stalin Generalsekretär des ZK der Kommunistischen Partei Sowjetrusslands
27./31. Okt. 1922	»Marsch auf Rom« der italienischen Faschisten
30. Dez. 1922	Gründung der Union der Sozialistischen Sowjet-Republiken (UdSSR)
11. Jan. 1923	Einmarsch französischer und belgischer Truppen in das Ruhrgebiet
24. Juli 1923	Frieden von Lausanne zwischen der Türkei und den Alliierten
29. Okt. 1923	Die Türkei wird Republik, Kemal Atatürk Präsident
8./9. Nov. 1923	Hitlerputsch in München
21. Jan. 1924	Tod Lenins
5.–16. Okt. 1925	Konferenz von Locarno
12. Mai 1926	Staatsstreich Piłsudskis in Polen
Dez. 1927	15. Parteitag der KPdSU. Forcierte Industrialisierung in der Sowjetunion
27. Aug. 1928	Briand-Kellogg-Pakt zur Ächtung des Krieges
Ende Okt. 1929	Kursstürze an der New Yorker Börse. Beginn der Weltwirtschaftskrise
29. März 1930	Erstes Präsidialkabinett in Deutschland unter Heinrich Brüning
18. Sept. 1931	Japan marschiert in der Mandschurei ein
16. Juni – 9. Juli 1932	Konferenz von Lausanne. Ende der deutschen Reparationszahlungen
30. Jan. 1933	Ernennung Adolf Hitlers zum deutschen Reichskanzler
4. März 1933	Der neue US-Präsident Franklin D. Roosevelt verkündet den »New Deal«
16. März 1935	Wiedereinführung der allgemeinen Wehrpflicht in Deutschland
15. Sept. 1935	»Nürnberger Gesetze«. Entrechtung der deutschen Juden
3. Okt. 1935	Überfall Italiens auf Abessinien
7. März 1936	Einmarsch deutscher Truppen in das entmilitarisierte Rheinland
17. Juli 1936	Beginn des Spanischen Bürgerkriegs
25. Okt. 1936	Begründung der »Achse Berlin-Rom«
25. Nov. 1936	Antikominternpakt zwischen Deutschland und Japan
7. Juli 1937	Beginn des japanisch-chinesischen Krieges
12. März 1938	Einmarsch deutscher Truppen in Österreich
29./30. Sept. 1938	Münchener Abkommen
9./10. Nov. 1938	Pogromnacht in Deutschland
15. März 1939	Einmarsch deutscher Truppen in die Tschechoslowakei
31. März 1939	Garantieerklärung Großbritanniens und Frankreichs für Polen
7. April 1939	Besetzung Albaniens durch Italien
23. Aug. 1939	»Hitler-Stalin-Pakt« zwischen Deutschland und der Sowjetunion
1. Sept. 1939	Deutscher Überfall auf Polen

Der Zweite Weltkrieg (1939–1945)

7

Einführung

Als mit dem deutschen Überfall auf Polen am 1. September 1939 der Zweite Weltkrieg begann, war der Weltfrieden schon längst verloren. In Ostasien hatte Japan seinen im ausgehenden 19. Jahrhundert begonnenen, in den Zwanzigerjahren angesichts des amerikanisch-europäischen Drucks vorübergehend eingestellten Expansionskurs wieder aufgenommen. Im September 1931 hatte Japan die Mandschurei erobert, am 7. Juli 1937 eröffnete es von hier aus den Krieg gegen China.

Zu diesem Zeitpunkt war das zunehmend von den Militärs dominierte Kaiserreich mit dem nationalsozialistischen Deutschland verbündet: Der so genannte Antikominternpakt vom 25. November 1936, dem das faschistische Italien ein knappes Jahr später beitrat, richtete sich zwar formal gegen die Sowjetunion bzw. die Kommunistische Internationale, war aber in erster Linie eine Zweckgemeinschaft expandierender, Krieg führender Staaten. Den allgemeinen, durch die Weltwirtschaftskrise ausgelösten Schwächezustand des internationalen Systems nutzten die drei Staaten, um ihren jeweiligen Einflussbereich zu erweitern.

Italien, das schon 1935/36 einen brutalen Eroberungsfeldzug gegen Abessinien geführt hatte, konzentrierte sich auf den Balkan und auf Nordafrika: Im April 1939 wurde Albanien besetzt, Ende Oktober 1940 begann der Feldzug gegen Griechenland, und schon Mitte September hatten italienische Truppen von Libyen aus zum Angriff auf das britisch kontrollierte Ägypten angesetzt.

Mussolinis Feldzüge waren nicht zuletzt Reaktionen auf die aggressive Großmachtpolitik des Deutschen Reiches, das sich zum dominierenden Akteur der im Oktober 1936 gebildeten »Achse« Berlin–Rom entwickelt hatte. Im März 1938 hatte Adolf Hitler – Führer der NSDAP und Kanzler des Deutschen Reiches, seit August 1934 auch Staatsoberhaupt und seit Februar 1938 Oberbefehlshaber der Wehrmacht – mit den unmittelbaren Vorbereitungen auf den rassenideologischen Vernichtungsfeldzug im Osten, insbesondere gegen die Sowjetunion und das europäische Judentum, begonnen.

Diesem Ziel seiner Politik war alles andere untergeordnet und diente der Vorbereitung zum Krieg – so der »Anschluss« Österreichs am 13. März 1938 und die etappenweise »Zerschlagung« der Tschechoslowakei, die zwischen dem 29. September 1938 und dem 16. März 1939 erfolgte. Gerade dieses Kapitel der deutschen Expansionspolitik zeigt, dass Hitler für die Realisierung seiner Pläne auf die aktive Unterstützung seiner Verbündeten und die Duldung der anderen europäischen Staaten angewiesen war. Bei der Annexion der sudetendeutschen Gebiete der Tschechoslowakei, deren Modalitäten auf der Münchener Konferenz 1938 geregelt wurden, stand ihm sein Partner Mussolini zur Seite, und das Entgegenkommen des britischen Premierministers Chamberlain und des französischen Ministerpräsidenten Daladier legte Hitler als Schwäche der westlichen Demokratien aus.

Hitler-Stalin-Pakt und Angriff auf Polen

Beim Angriff auf Polen war es ausgerechnet die Sowjetunion, der erklärte ideologische Tod-

Zweiter Weltkrieg

feind, der Deutschland unterstützte. Die Kooperation kam überraschend, hatten Hitler wie Stalin doch eine Zusammenarbeit mit Großbritannien vorgezogen. Da diese aber nicht zu haben war, schlossen die beiden Außenminister Ribbentrop und Molotow im Sommer 1939 ein Bündnis, das die Weltöffentlichkeit zutiefst überraschte.

Der so genannte Hitler-Stalin-Pakt vom 23. August 1939, ein Neutralitäts- und Nichtangriffsvertrag, brachte Stalin im Westen die Entlastung, die er benötigte, um im Osten das expandierende Japan zum Stillhalten zu zwingen. Hitler wiederum konnte davon ausgehen, dass dem Reich nun ein Zweifrontenkrieg erspart blieb, wenn er gegen Polen vorging. Zwar hielten Großbritannien und Frankreich ihre Garantieerklärung für Polen aufrecht und erklärten dem Deutschen Reich am 3. September 1939 den Krieg, doch bis ins Jahr 1940 hinein kam es im Westen nicht zu offenen Kampfhandlungen.

Am 17. September waren sowjetische Truppen von Osten her nach Polen eingedrungen. Das Land kapitulierte nach drei Wochen. Am 28. September legten Deutsche und Sowjets in einem Grenz- und Freundschaftsvertrag die gemeinsame Grenzlinie fest. Ostpolen bis zum Bug wurde der Sowjetunion eingegliedert. Die Deutschen besetzten den westlichen und den zentralen Teil Polens. Dort, im so genannten Generalgouvernement, begannen SS, Sicherheitspolizei und Sicherheitsdienst mit jener »Ordnung«, die Hitler am 6. Oktober 1939 vor dem Reichstag angekündigt hatte: Sie ermordeten Tausende polnischer Zivilisten und Juden.

In geheimen Zusatzprotokollen zu beiden Abkommen hatten Hitler und Stalin ihre Interessensphären in Europa abgesteckt. Die baltischen Staaten und Finnland waren dem sowjetischen Interessenbereich zugeschlagen worden. Nach Beendigung des Krieges in Polen wurden Litauen, Lettland und Estland gezwungen, mit der Sowjetunion »Beistandspakte« abzuschließen. Im Juli/August 1940 folgte der Anschluss der Staaten als »Sozialistische Sowjetrepubliken« an die Sowjetunion. Der Winterkrieg gegen Finnland – der sowjetische Überfall begann am 30. November 1939 – endete mit einem Waffenstillstand; Finnland behielt seine Selbstständigkeit, musste aber Karelien an die Sowjetunion abtreten und die Einrichtung sowjetischer Stützpunkte akzeptieren.

Die »Blitzkriege« im Westen

Um sich der Sowjetunion zuwenden zu können – geheime Vorbereitungen für den Überfall begannen bereits im Frühjahr 1940 –, benötigte Hitler die direkte oder indirekte Kontrolle über den Rest Europas. Daher eröffneten seine Armeen am 9. April 1940 den Angriff auf Dänemark und Norwegen und am 10. Mai den Feldzug gegen Belgien, die Niederlande, Luxemburg und Frankreich. In nicht einmal sechs Wochen erreichte Hitlers Wehrmacht, was den Armeen des Kaisers in mehr als vier Jahren nicht gelungen war: Am 22. Juni 1940 nahmen die Franzosen die Waffenstillstandsbedingungen der Sieger entgegen.

Mit allen Mitteln versuchte Hitler im Sommer 1940, die Briten an die Seite Deutschlands zu zwingen. Aber weder die so genannte Luftschlacht um England, die eine deutsche Landung mit Bodentruppen vorbereiten sollte, noch die systematische Bombardierung britischer Städte führten zum Erfolg. Die neue Regierung unter Winston Churchill blieb standhaft. Der deutsche Überfall auf die Sowjetunion, der am 22. Juni 1941 begann, sollte den Briten ihre völlige Isolierung vor Augen führen und sie doch noch zu einer Annäherung an Deutschland bewegen. Aber dieser Versuch scheiterte; der deutsche Russlandfeldzug führte Briten und Sowjets sowie wenig später auch die USA zusammen.

Der Krieg gegen die Sowjetunion und die Vernichtung des europäischen Judentums

Der Feldzug gegen die Sowjetunion, der wegen der militärischen Intervention Deutschlands in Nordafrika und auf dem Balkan später als geplant begann, gehört zu den verlustreichsten der Geschichte überhaupt. Das lag auch an der zunehmenden Brutalisierung der Kriegführung. Die Deutschen führten einen rassenideologischen Vernichtungskrieg gegen die Völker Osteuropas und insbesondere gegen das europäische Judentum. Auf der Wannseekonferenz vom 20. Januar 1942 wurde die Organisation der so genannten Endlösung verabredet. Ihr fielen allein sechs Millionen Juden zum Opfer – die meisten in den sechs Vernichtungslagern,

Kapitel 7

die im besetzten Zentralpolen eingerichtet worden waren.

Der Krieg gegen die Sowjetunion schien aus deutscher Sicht rasch beendet werden zu können, blieb dann aber im Winter 1941 vor Moskau stecken. Dass die Sowjets am 5. Dezember 1941 zur Gegenoffensive antreten konnten, lag vor allem an der Entwicklung in Ostasien. Denn hier eröffneten die Japaner nicht, wie von Hitler erhofft, eine weitere Front gegen die Sowjetunion, sondern sie griffen die USA an. Von diesen unter anderem bei der Rohstoffzufuhr unter Druck gesetzt, überfielen sie am 7. Dezember 1941 die amerikanische Pazifikflotte in Pearl Harbor auf Hawaii und provozierten die Kriegserklärung der USA.

Kriegseintritt der USA

Die Rückwirkungen auf den europäischen Krieg waren enorm: Damit die deutschen Truppen vor Moskau wieder die Initiative ergreifen konnten, war es für Hitler wichtig, dass die Sowjetunion in Asien durch Japan gebunden blieb. Hitler erklärte am 11. Dezember 1941 den USA den Krieg. Diese Flucht nach vorn sollte die Amerikaner in Europa binden, sie von den Japanern ablenken und diese entlasten.

Damit waren der ostasiatisch-pazifische und der europäische Krieg zur globalen Auseinandersetzung zusammengewachsen, und nach den Erfahrungen aus dem Ersten Weltkrieg konnte kaum ein Zweifel daran bestehen, wer diese letztlich entscheiden würde. Dass es bis Juli 1943 bzw. bis Juni 1944, also bis zur Landung der Alliierten auf Sizilien und in der Normandie dauerte, bis die USA auf dem europäischen Kriegsschauplatz erschienen, hatte vor allem einen Grund: Der Krieg gegen Japan band vorerst fast alle amerikanischen Ressourcen.

Obwohl Präsident Franklin D. Roosevelt alles Mögliche getan hatte, um das Land auf den Krieg einzustimmen, waren die Vereinigten Staaten im Juni 1941 nicht auf ihn vorbereitet. Der Überraschungsangriff der Japaner tat ein Übriges, um die Amerikaner und ihre Verbündeten in die Defensive zu drängen. Schließlich kämpften sie sich im Pazifik Insel für Insel, Atoll für Atoll nach Japan vor, und je mehr sie sich den Heimatinseln des Gegners näherten, desto größer wurden die Verluste. Die Abwürfe zweier Atombomben am 6. und 9. August 1945 auf Hiroshima und auf Nagasaki führten zur japanischen Kapitulation am 2. September.

Die Endphase des europäischen Krieges

Zu diesem Zeitpunkt war der Krieg in Europa seit fast vier Monaten beendet, waren in Potsdam schon die Weichen für die künftige Entwicklung gestellt worden. Der Weg zum Sieg über Hitler-Deutschland war von ungeheuren Verlusten begleitet, allen voran auf sowjetischer Seite. Beginnend mit der Entscheidung des Winters 1942/43, die Front auf die Kaukasus auszudehnen und bis Stalingrad vorzurücken, befand sich die Wehrmacht in der Defensive. Als die Heeresgruppe Mitte im Juli 1944 zusammenbrach, war das Schicksal der deutschen Truppen besiegelt.

Wenige Wochen zuvor, am 6. Juni 1944, war mit der alliierten Landung in der Normandie jene zweite Front in Europa errichtet worden, die Stalin bereits im Juli 1941 gefordert hatte. Es dauerte noch ein knappes Jahr, bis Deutschland am 7. beziehungsweise 8./9. Mai 1945 bedingungslos kapitulierte. In dieser Zeit fielen an der Ostfront und im Bombenkrieg mehr deutsche Soldaten und Zivilisten den Kriegshandlungen zum Opfer als im gesamten bisherigen Verlauf des Krieges.

Lange bevor die ersten alliierten Soldaten die Grenzen überschritten, hatten ihre Bomber die uneingeschränkte Lufthoheit über Deutschland errungen und damit begonnen, mehr als tausend Ortschaften und Städte in Schutt und Asche zu legen. Ihr Ziel, die Deutschen zum Aufstand gegen Hitler und sein Regime zu bringen, haben sie ebenso wenig erreicht wie der deutsche Widerstand. Der Staatsstreich des 20. Juli 1944, eine späte Aktion aus den Reihen des Militärs, war eine ebenso mutige wie verzweifelte Tat. Die Befreiung Deutschlands und Europas kam jedoch von außen, mit den alliierten Truppen.

Am Ende des Krieges lagen weite Teile Europas und Asiens in Trümmern. Die Verluste, Kosten und Schäden, die der Zweite Weltkrieg verursacht hatte, waren bis dahin unvorstellbar gewesen. Mehr als 55 Millionen Menschen sind ihm zum Opfer gefallen. Doch in seinem Verlauf waren bereits die Weichen für die nächste globale Auseinandersetzung, den Kalten Krieg, gestellt worden.

Zweiter Weltkrieg

7.1 Adolf Hitler

Adolf Hitler wurde am 20. April 1889 im österreichischen Braunau am Inn geboren. Nach Jahren in und um Linz, wohin sein Vater, ein Zollbeamter, versetzt worden war, ging er im September 1908 nach Wien und bewarb sich – erfolglos – um die Aufnahme an der Akademie der Bildenden Künste. In Wien schlug er sich als Kunstmaler durch. Im Herbst 1909 obdachlos, lebte er seit Anfang 1910 für drei Jahre in einem Männerheim in Wien-Brigittenau. Vermutlich vor allem um dem österreichischen Militärdienst zu entgehen, machte sich Hitler im Mai 1913 auf den Weg nach München. Nach Beginn des Ersten Weltkrieges meldete er sich noch im August 1914 freiwillig und wurde Soldat. Mehrfach verwundet, erlebte er das Kriegsende im November 1918 im Lazarett.

Ende November 1918 kehrte Hitler nach München zurück. Im September des folgenden Jahres kam er mit der rechtsradikalen Deutschen Arbeiterpartei in Berührung und trat dieser wenig später bei. Bereits wenige Monate danach zog Hitler als Redner immer mehr Zuhörer an und wurde für die Partei, die sich seit Februar 1920 Nationalsozialistische Deutsche Arbeiterpartei (NSDAP) nannte, zunehmend unentbehrlich. Im Juli 1921 wurde Hitler von Mehrheitsbeschlüssen des Vorstands unabhängiger Vorsitzender der Partei. Diesen Führungsanspruch konnte Hitler auch über die neunmonatige Festungshaft behaupten, die er nach dem fehlgeschlagenen »Hitler-Putsch« vom November 1923 absitzen musste. Als er am 30. Januar 1933 zum Reichskanzler ernannt wurde, war er bereits seit Jahren der unumschränkte »Führer« der NSDAP.

Hitlers Weltanschauung beruhte auf einer strikten Einteilung in »gut« und »böse«, »gut« und »schlecht«, »minder-« und »höherwertig«. Im Mittelpunkt standen Rassismus, Antisemitismus, Antibolschewismus und Lebensraumideologie; Ansatzpunkt war die Revision des Versailler Vertrages. Krieg und Kampf waren für Hitler nicht mit allen Mitteln zu verhindernde Ausnahmen, sondern Inhalt, Sinn und Zweck aller menschlichen Geschichte. Bereits in Linz, aber vor allem in Wien war Hitler mit rechtskonservativen, rassistischen und antisemitischen Vorstellungen in Berührung gekommen. Über Hitlers politische Einstellungen vor und während des Ersten Weltkrieges lassen sich nur wenige verlässliche Aussagen treffen. Wahrscheinlich ist, dass auf Hitlers späteres Weltbild die Erfahrungen und Vorstellungen, die er vor 1914 gemacht bzw. entwickelt hatte, maßgeblich einwirkten, auch wenn diese durch den Krieg und die als katastrophisch empfundene Niederlage verstärkt und radikalisiert wurden. In der Festungshaft in Landsberg begann Hitler mit der Niederschrift seines mit autobiografischen Zügen versehenen programmatischen Hauptwerks »Mein Kampf«, das 1925/1926 in zwei Bänden erschien.

Adolf Hitler beim Nürnberger Reichsparteitag der NSDAP 1938

Die Geschichte des Nationalsozialismus und des »Dritten Reichs« ist von der Person Adolf Hitler nicht zu trennen. Weder der Aufstieg der NSDAP zur Macht noch das Ausmaß der nationalsozialistischen Verbrechen vor und im Zweiten Weltkrieg sind ohne Hitler denkbar. Obwohl er als »Führer und Reichskanzler« so unbestritten im Zentrum des nationalsozialistischen Deutschland stand, überließ Hitler die Ausgestaltung und Umsetzung der ideologischen und politischen Ziele einer Vielzahl oft rivalisierender Institutionen von Partei und Staat sowie einer Reihe ihm besonders ergebener Vertrauter. Die Herrschaftsstruktur des »Dritten Reichs« zeichnete sich weniger durch eine straffe, zentral geordnete Organisation aus als vielmehr durch ein Geflecht von oftmals gegeneinander arbeitenden Institutionen und Personengruppen, die jedoch alle auf Hitler bezogen blieben.

Bereits während des Aufstiegs der NSDAP in den Zwanzigerjahren wurde um Hitler ein »Führermythos« erschaffen, der aus einer nach bürgerlichen Maßstäben gescheiterten Existenz einen politischen Visionär mit umfassenden Fähigkeiten machte. Im »Dritten Reich« wurde Hitler ebenso zum genialen Staatsmann stilisiert wie zum begnadeten Feldherrn oder Architekten. Gestützt auf einen ausgeprägten Personenkult wirkte dieser Führermythos bis in weite Teile der Gesellschaft hinein. Er sorgte dafür, dass viele Deutsche Hitler bis in die letzten Kriegstage und bis zu seinem Selbstmord im Bunker unter der Reichskanzlei am 30. April 1945 vertrauten und verehrten, selbst wenn der Glaube an den »Endsieg« zu diesem Zeitpunkt längst erschüttert war.

7.2 Deutscher Überfall auf Polen. Beginn des Zweiten Weltkriegs

Am Morgen des 1. September 1939 überfiel die Wehrmacht ohne Kriegserklärung Polen. Das Deutsche Reich löste damit einen Konflikt aus, der zu einem europäischen Krieg und schließlich zum Weltkrieg eskalieren sollte. Hitler riskierte das militärische »Vabanquespiel« im Bewusstsein eines möglicherweise langen und verlustreichen Ringens und setzte dennoch immer wieder darauf, einen Gegner nach dem anderen isolieren und ausschalten zu können.

Die Weisung zur Vorbereitung eines Angriffs auf Polen hatte Hitler Anfang April 1939, rund drei Wochen nach dem deutschen Einmarsch in die Tschechoslowakei, erteilt und damit seit Herbst 1938 vorgetragene diplomatische (Schein-)Vorstöße beendet, in denen Polen u. a. eine Generalbereinigung der deutsch-polnischen Beziehungen und ein Anschluss an den Antikominternpakt angeboten worden war. Die Situation in Danzig – die Stadt war nach dem Ersten Weltkrieg unter Völkerbundverwaltung gestellt worden –, der so genannte polnische Korridor, durch den der Zugang nach Ostpreußen geregelt werden sollte, sowie Fragen der deutschen Minderheit lieferten das Material für die Inszenierung einer Krise, durch die der Angriff gerechtfertigt werden sollte. Der Hitler-Stalin-Pakt vom 23. August 1939 (▶ 6.47) gab die notwendige Rückendeckung gegenüber Großbritannien und Frankreich, die Ende März 1939 die »Unabhängigkeit« (allerdings nicht die bestehenden Grenzen) Polens garantiert hatten. Ein Zweifrontenkrieg wie im Ersten Weltkrieg war damit zunächst verhindert. Am 31. August gab Hitler für den folgenden Tag die Weisung für den Überfall auf Polen. Frankreich und Großbritannien erklärten Deutschland am 3. September den Krieg, blieben aber vorerst militärisch passiv.

Dem deutschen Zangenangriff von Ostpreußen und Pommern sowie von Schlesien und der Slowakei aus, der von zwei starken Luftflotten (1538 Flugzeuge) unterstützt wurde, vermochten die Polen nur wenige Wochen zu widerstehen. Endgültig besiegelt war das Schicksal Polens, als am 17. September die polnische Regierung auf rumänisches Gebiet floh und am selben Tag die Rote Armee, wie mit Berlin abgesprochen, nach Ostpolen einrückte. Nach schweren deutschen Luftangriffen kapitulierte am 27. September die seit zehn Tagen eingeschlossene polnische Hauptstadt. Am 6. Oktober erlosch der letzte Widerstand.

Korrektur des Hitler-Stalin-Pakts
Am 28. September 1939 vereinbarten der deutsche Außenminister von Ribbentrop und sein sowjetischer Kollege Molotow in einem geheimen Zusatzabkommen zum deutsch-sowjetischen Grenz- und Freundschaftsvertrag die Korrektur der im Hitler-Stalin-Pakt vom 23. August ebenfalls geheim festgelegten beiderseitigen Interessensphären: Die deutsche Interessenzone wurde von der Weichsel bis an den Bug ausgeweitet, dafür wurde das bis dahin zum deutschen Einflussgebiet gehörende Litauen dem sowjetischen Machtbereich zugeschlagen, zu dem bereits Finnland, Estland, Lettland, Ostpolen und Bessarabien gehören sollten.

Bereits gegenüber Polen entfaltete der deutsche Ostkrieg seinen brutalen rassenideologischen Vernichtungscharakter gegen Juden und »slawische Untermenschen«. Der polnische

ZWEITER WELTKRIEG

Staat wurde ausgelöscht, polnische Gebiete wurden über Westpreußen und Posen hinaus dem »Großdeutschen Reich« in den neuen Reichsgauen Danzig-Westpreußen und Wartheland angegliedert und »Restpolen« als »Generalgouvernement« und koloniales Nebenland des Reichs zur kriegswirtschaftlichen Ausbeutung freigegeben. Bevölkerungsverschiebungen zur Germanisierung der neuen Reichsgebiete, die gezielt einsetzende Ausrottung der polnischen Führungsschicht sowie die Konzentration der Juden in Großgettos nahmen vorweg, was zwei Jahre später mit dem Überfall auf die UdSSR zu einem europäischen Vernichtungsfeldzug werden sollte. Bereits beim Überfall auf Polen folgten die berüchtigten »Einsatzgruppen« den vorrückenden Verbänden der Wehrmacht und setzten die von Hitler angeordnete »restlose Zertrümmerung Polens« um. Sie ermordeten Tausende Intellektuelle, Angehörige des Klerus und Juden.

7.3 Krieg im Norden

Nachdem ein »Friedensappell« an die Westmächte vom 6. Oktober 1939 mit der Forderung nach Anerkennung des Status quo in Ostmitteleuropa ergebnislos geblieben war, versuchte Hitler, »blitzartig« neue Fronten zu eröffnen. Die unerhörte Belastung der personellen und materiellen Ressourcen des Reichs musste bald an ihre Grenzen stoßen, wenn es nicht innerhalb kurzer Zeit gelang, den Kontinent in den Dienst der deutschen Kriegführung zu stellen. Doch der von der Zeitnot diktierte Plan Hitlers, noch im Herbst 1939 zur Offensive gegen Frankreich überzugehen, scheiterte an Bedenken des Militärs.

Im Dezember 1939 überzeugte das Oberkommando der Marine unter Großadmiral Erich Raeder Hitler davon, dem nunmehr für das Frühjahr 1940 anvisierten Westfeldzug die Besetzung Norwegens und Dänemarks vorzuschalten. Es galt, die bereits durch den finnisch-sowjetischen Winterkrieg und durch das Eingreifen der Westalliierten gefährdete Zufuhr des schwedischen Erzes über den norwegischen Hafen Narvik sicherzustellen. Außerdem sollte die Nordflanke mit den Ostseezugängen gesichert und von Norwegen aus eine operative Basis für die Atlantikkriegführung gegen Großbritannien geschaffen werden. Aufgrund seiner strategischen und wirtschaftlichen Bedeutung für die Rohstoffversorgung war das neutrale Norwegen aber auch schon in die militärischen Überlegungen der Westmächte einbezogen. Am 8. April 1940 begannen die Alliierten mit der Verminung norwegischer Häfen. Die einen Tag später eingeleiteten deutschen Landungsoperationen trafen auf erbitterten Widerstand, der von britischen und französischen Truppen unterstützt wurde. Die deutsche Kriegsmarine erlitt schwere Verluste.

In Kopenhagen ergaben sich König Christian X. und die Regierung dagegen weitgehend kampflos und sicherten so ihrem Staat für kurze Zeit eine geduldete »Souveränität«. Der

Vidkun Quisling (Mitte), dessen Name zum Synonym für »Landesverräter, Kollaborateur« wurde, gründete 1933 in Norwegen die »Nasjonal Samling« und war Chef des Kollaborationsregimes (hier im Gespräch mit Heinrich Himmler, links, und einem Mitglied seines Regimes in Berlin, Februar 1942).

275

Rückzug der Alliierten nach dem deutschen Angriff auf Frankreich (▶ 7.4) zwang am 10. Juni 1940 auch die Norweger zur Kapitulation. Norwegen wurde bis zur finnischen Grenze von Deutschland besetzt. König Håkon VII. floh mit der norwegischen Regierung nach London.

7.4 »Blitzkrieg« im Westen

Frankreich und Großbritannien hatten dem Deutschen Reich nach dessen Überfall auf Polen zwar den Krieg erklärt, zu größeren Kampfhandlungen war es an der deutschen Westgrenze jedoch zunächst nicht gekommen; von August 1939 bis Frühjahr 1940 herrschte dort der so genannte Sitzkrieg (frz. »drôle de guerre«, engl. »phoney war«). Während die Westmächte glaubten, die Zeit für die weitere Aufrüstung zu benötigen, und deshalb in der Defensive verharrten, liefen nach dem erfolgreichen Feldzug gegen Polen die deutschen Planungen für den Angriff auf Frankreich auf Hochtouren.

Nachdem der Angriffstermin mehrmals verlegt worden war, begann am 10. Mai 1940 unter Verletzung der niederländischen, belgischen und luxemburgischen Neutralität die Offensive gegen Frankreich. Hitler hoffte, nach der französischen Niederlage doch noch ein Arrangement mit den Briten herbeizuzwingen, um den Rücken für den Lebensraumkrieg im Osten freizuhaben. Die lange Winterpause hatte nicht nur zur Verbesserung der Ausrüstung des Heeres geführt, sondern vor allem auch General Erich von Manstein die Möglichkeit eröffnet, Hitler von seinem Operationsplan »Sichelschnitt« zu überzeugen. Während die Heeresgruppe B im Norden in die Niederlande und nach Belgien einrückte und die Heeresgruppe C im Süden am Oberrhein verharrte, trug die Heeresgruppe A mit dem massierten Einsatz von Panzer- und motorisierten Verbänden, unterstützt von einer überlegenen Luftwaffe, den Hauptangriff durch die Ardennen.

Das »Wunder von Dünkirchen«

Unter Ausnutzung des Überraschungsmoments erreichten die Panzerspitzen bereits am 20. Mai bei Abbéville die Kanalküste und konnten dadurch die nördlich stehenden französischen, britischen und belgischen Kräfte in Flandern von ihren Verbindungen nach Frankreich abschneiden. Der Befehl Hitlers, vor Dünkirchen zu halten, um die Panzerverbände für die bevorstehende Schlacht in Frankreich zu schonen, ermöglichte es den Briten, in einer improvisierten Aktion bis zum 4. Juni ihr Expeditionskorps und einen Teil der eingeschlossenen französischen Truppen, insgesamt über 300 000 Mann, unter Zurücklassung ihrer Ausrüstung aus Dünkirchen zu evakuieren. Am 15. Mai kapitulierten die Niederlande, die anschließend einem Reichskommissar (Arthur Seyß-Inquart) unterstellt wurden, am 28. Mai Belgien, das fortan zusammen mit den beiden nordfranzösischen Départements Nord und Pas-de-Calais dem Militärbefehlshaber Alexander von Falkenhausen unterstand.

Der Angriff auf die nach dem neuen französischen Oberbefehlshaber Maxime Weygand benannte improvisierte Abwehrlinie entlang der Somme und der Aisne am 5. Juni leitete die zweite Phase des Westfeldzugs ein. Am 14. Juni wurde Paris kampflos besetzt. Am 22. Juni unterzeichnete Frankreich auf Betreiben des neu ernannten Regierungschefs Marschall Philippe Pétain einen Waffenstillstand im Wald von Compiègne in eben jenem Salonwagen, in dem die deutsche Kapitulation am 11. November 1918 unterzeichnet worden war. Elsass, Lothringen und Luxemburg wurden faktisch annektiert, die französische Flotte und Luftwaffe demobilisiert und der unbesetzte

Deutsche JU-52-Flugzeuge setzten während der Westoffensive im Mai 1940 Fallschirmjäger über den Niederlanden ab

Zweiter Weltkrieg

Bombenangriff auf Coventry durch die deutsche Luftwaffe am 15. November 1940. Die englische Stadt wurde fast vollständig zerstört.

Süden der Regierung Pétain mit Sitz in Vichy zum Aufbau eines autoritären Regimes, des »État Français«, zugewiesen.

7.5 Luftschlacht über England

Der militärische Triumph Hitlers vom Nordkap bis zur Biskaya konnte kaum darüber hinwegtäuschen, dass Deutschland dem »Endsieg« und der erhofften unumschränkten Kontinentalhegemonie nicht näher gekommen war. Vor allem in Großbritannien, seit dem 10. Mai 1940 von Premierminister Winston Churchill (▶ 7.6) regiert, wuchs der Wille zum Widerstand. Darüber hinaus traten die USA immer offener an die Seite der Briten.

Unter diesen Umständen wurden im Sommer 1940 in der deutschen Führung alle Möglichkeiten durchgespielt, Großbritannien niederzuringen: Dazu gehörte vor allem der Luftkrieg. Das systematische Bombardement gegen Industrieanlagen und Städte sollte die britische Kriegswirtschaft schwächen und die Bevölkerung demoralisieren; gleichzeitig sollte die strategische Lufthoheit über Großbritannien erkämpft und somit die Landung von Bodentruppen (Operation »Seelöwe«) vorbereitet werden. Als sich abzeichnete, dass dieses Ziel nicht erreicht werden würde, rückte die von Außenminister Joachim von Ribbentrop favorisierte Alternative in den Vordergrund: Mit Italien, Spanien und Japan und unter Einbeziehung der Sowjetunion sollte durch einen so genannten Kontinentalblock die britische Weltmachtstellung zum Einsturz gebracht und in Nordwestafrika und auf den Kanarischen Inseln sollten Stützpunkte für den Atlantikkrieg gegen die beiden angelsächsischen Seemächte gewonnen werden.

Die Deutschen begannen im Sommer 1940 mit dem Luftkrieg gegen Großbritannien. Doch die »Luftschlacht um England« ging verloren. Der Luftwaffe gelang es bei schweren Verlusten auf beiden Seiten nicht, die Luftabwehr der Briten in Südengland und ihre Rüstungsindustrie entscheidend zu schwächen und die Luftherrschaft über dem Kanal und dem geplanten südenglischen Invasionsraum zu sichern. Am 17. September 1940 wurde die Landung auf unbestimmte Zeit verschoben. Die Luftkämpfe dauerten jedoch an.

Nun standen verstärkt Angriffe auf Industrieanlagen und Wohngebiete in britischen Städten im Vordergrund. Bis Januar 1941 wurde London in rund 60 aufeinander folgenden Nächten bombardiert; insgesamt starben während der deutschen Luftangriffe (von den Londonern bald »the blitz« genannt) der Jahre 1940/41 allein in der Hauptstadt über 20000 Menschen. Doch diese Angriffe sowie Bombardierungen auf andere britische Städte wie Coventry (▶ 7.23) führten nicht zum Erfolg. Die Schäden und Opfer unter der Zivilbevölkerung waren zwar beträchtlich, doch das Ziel, die britische Regierung zum Einlenken zu bewegen, wurde nicht erreicht. Stattdessen hatte die Luftwaffe im Verlauf des Krieges kaum mehr auszugleichende Verluste erlitten. Auch der parallele Versuch, mithilfe von

Kapitel 7

U-Booten und Überwasserstreitkräften in der zweiten Phase der »Atlantikschlacht«, die von Juni/Juli 1940 bis März 1941 andauerte, Großbritannien von seinen Nachschubverbindungen abzuschneiden, misslang. Im Mai 1941 wurden die Bombardierungen eingestellt. Die Luftwaffe wurde nun für den geplanten Angriff auf die Sowjetunion benötigt (▶ 7.9).

7.6 Winston Churchill

Winston Leonhard Spencer Churchill (seit 1953 Sir Winston), wurde am 30. November 1874 geboren. Der wichtigste Gegenspieler Hitlers in den ersten Jahren des Zweiten Weltkriegs entstammte der berühmten Familie der Herzöge von Marlborough. Wie sein Vater begann auch Winston Churchill seine politische Karriere in der Konservativen Partei. Seit 1900 Mitglied des Parlaments, wechselte er aus Protest gegen die konservative Zollpolitik vier Jahre später zu den Liberalen. Vor und im Ersten Weltkrieg gehörte Churchill mehreren britischen Regierungen an, u. a. 1910/11 als Innenminister und danach als Erster Lord der Admiralität. Als 1915 ein maßgeblich von ihm vorangetriebener Vorstoß der Alliierten gegen die Dardanellen scheiterte, verlor Churchill sein Amt. Nach Kriegsende bekleidete er die Position des Heeres- und Luftfahrtministers sowie des Kolonialministers, ehe er wieder zu den Konservativen übertrat und von 1924 bis 1929 in der Regierung Baldwin als Schatzkanzler fungierte.

Während der Dreißigerjahre entwickelte sich Churchill zum schärfsten und prominentesten Kritiker der britischen Appeasementpolitik. Selbst in der eigenen Partei fast vollständig isoliert, forderte er eine massive Aufrüstung. Er kritisierte die Verständigungspolitik, die der seit 1937 als Premierminister amtierende Neville Chamberlain praktizierte. Als die Appeasementpolitik im Winter 1938/39 für jedermann offensichtlich gescheitert war und Großbritannien nach dem deutschen Einfall in Polen dem Reich am 3. September 1939 den Krieg erklärte, schien Churchill der logische Kandidat für einen Ministerposten und sogar für das Amt des Premierministers. Noch am 3. September 1939 holte Chamberlain Churchill als Ersten Lord der Admiralität in seine Regierung, ein knappes Jahr später, am 10. Mai 1940, nach der britischen Niederlage in Norwegen und mit Beginn der deutschen Offensive im Westen, trat Churchill als Premierminister an die Spitze einer Koalitionsregierung.

»Nichts als Mühsal, Blut, Schweiß und Tränen«

Drei Tage später gab er in seiner ersten Regierungserklärung das Ziel vor: »Krieg gegen eine monströse Tyrannei« und »Sieg um jeden Preis«. Churchill bereitete seine Landsleute darauf vor, dass er nichts anzubieten habe als »Mühsal, Blut, Schweiß und Tränen«. Sein großes Verdienst lag darin, nach der vollständigen Niederlage Frankreichs in den Jahren 1940/41 den britischen Widerstand aufrechterhalten zu haben, obgleich Großbritannien sich als einzige größere Macht gegen ein übermächtig scheinendes Deutschland im Krieg befand. Er warb beharrlich um den Kriegseintritt der USA und war nach dem deutschen Angriff auf die Sowjetunion entscheidend am Aufbau der Anti-Hitler-Koalition beteiligt. Sein Ziel, nach Kriegsende den sowjetischen Einfluss in Europa zurückzudrängen, konnte er jedoch nicht erreichen. Bei den Unterhauswahlen im Juli 1945 als Premierminister abgewählt, stand

Winston Churchill

Zweiter Weltkrieg

Churchill zwischen 1951 und 1955 noch einmal an der Spitze einer konservativen Regierung. Am 24. Januar 1965 starb er im Alter von 90 Jahren. Neben seiner politischen Tätigkeit war er zeitlebens auch als Journalist und Autor von historischen und autobiografischen Werken tätig. 1953 erhielt er »für seine Meisterschaft in der historischen und biografischen Darstellung sowie für die glänzende Redekunst, mit welcher er als Verteidiger von höchsten menschlichen Werten hervortritt«, den Nobelpreis für Literatur.

heraus Griechenland an. Die griechische Gegenoffensive, die Italien an den Rand einer schweren Niederlage brachte, löste den deutschen »Balkanfeldzug« aus (▶ 7.8).

Deutsche Falschirm- und Gebirgsjäger beim Sturm auf die Insel Kreta.

7.7 Krieg im Mittelmeerraum und in Nordafrika

Das Mittelmeer und Nordafrika spielten in den deutschen Kriegsplanungen zunächst keine herausragende Rolle. Zwar war im Sommer 1940 bei der Suche nach einer Möglichkeit, Großbritannien zur Aufgabe zu zwingen, auch eine »Kriegführung an der Peripherie« erwogen worden, um die britische Machtstellung im Mittelmeerraum von Gibraltar bis nach Ägypten und zum Suezkanal zu erschüttern (▶ 7.5). Hitler wandte sich aber auch im Sommer und Herbst 1940 nicht von seinem Hauptziel, dem Krieg gegen die Sowjetunion, ab. Zudem war es nicht gelungen, weitere Unterstützung gegen Großbritannien im Mittelmeer zu bekommen. So scheiterte Hitlers Versuch, den spanischen Diktator Franco bei einem Treffen im Oktober 1940 zum Kriegseintritt zu bewegen. Spanien, das im April 1939 dem Antikominternpakt beigetreten war, blieb bis Kriegsende formal neutral. Franco entsandte neben Arbeitskräften lediglich eine Freiwilligeneinheit, die »Blaue Division«, die zwischen 1941 und 1944 an der Ostfront kämpfte.

Unter diesen Umständen ging die Initiative im Mittelmeerraum von Italien aus. Der italienische Diktator Mussolini verfolgte dabei eigene Ziele: Das Mittelmeer sollte zum exklusiven italienischen Einflussgebiet werden. Andere Mächte – auch Deutschland – sollten verdrängt werden. Nachdem Italien bereits im April 1939 Albanien besetzt hatte und am 10. Juni 1940 gegen Frankreich in den Krieg eingetreten war, griff die italienische Armee im Oktober 1940 aus ihren albanischen Stellungen

Auch in Nordafrika war es Italien, das den Anstoß für die deutsche Intervention gab. Im September 1940 setzten die italienischen Truppen von Libyen aus zum Angriff auf Ägypten an. Nachdem sie von britischen Einheiten zurückgeschlagen worden waren und selbst Libyen verloren zu gehen drohte, bat Mussolini Hitler um Hilfe. Im Frühjahr 1941 ging das deutsche »Afrika-Korps« unter Erwin Rommel zusammen mit italienischen Verbänden zum Gegenangriff über. Nach wechselnden Kämpfen überschritten die deutschen Truppen im Juni des folgenden Jahres die libysch-ägyptische Grenze und rückten bis El-Alamein, rund 100 Kilometer westlich von Alexandria, vor.

Die Intervention in Afrika war aus Sicht des NS-Regimes notwendig geworden, weil dem verbündeten Italien nach dem Fiasko auf dem Balkan der zweite schwere Rückschlag drohte. Die weitere Teilnahme Italiens am Krieg war gefährdet, überdies war der Ausbau der britischen Stellung im Mittelmeer zu einer ernsthaften Gefahr für die deutschen Kriegspläne geworden. Doch auch das deutsche Eingreifen führte zu keinem nachhaltigen Erfolg der Achsenmächte in Nordafrika und im Mittelmeerraum. Ihre Lage konnte zwar stabilisiert und phasenweise deutlich verbessert werden, Großbritannien behauptete aber seine wichtigsten Stützpunkte, von Gibraltar über Malta bis Ägypten, den Suezkanal und Zypern. Mit der deutschen Niederlage bei El-Alamein und der alliierten Landung in Marokko und Algerien ging im Herbst 1942 auch in Nordafrika die Initiative auf die Gegner der Achsenmächte über (▶ 7.14).

7.8 Krieg auf dem Balkan

Letztendlich war es der erfolglose, nicht mit Deutschland abgestimmte Angriff Italiens auf Griechenland (▶ 7.7), der Hitler zur Intervention auf dem Balkan veranlasste. Untätig war die deutsche Politik aber auch zuvor nicht geblieben, dazu war die strategische und wirtschaftliche Bedeutung Südosteuropas für das Reich zu groß: In Rumänien befanden sich für die deutsche Kriegführung unentbehrliche Erdölfelder, für den geplanten Feldzug gegen die Sowjetunion galt es, die Südflanke zu sichern. Als Stalin Mitte 1940 Rumänien zur Abtretung Bessarabiens und von Teilen der Bukowina zwang und sowohl Ungarn als auch Bulgarien eigene Ansprüche erhoben, griff Hitler ein. Rumänien musste sich einem deutsch-italienischen Schiedsspruch beugen, infolge dessen es große Teile Siebenbürgens an Ungarn sowie kleinere Gebiete an Bulgarien abzutreten hatte. Im Gegenzug erhielt es eine deutsch-italienische Garantie für sein restliches Staatsgebiet, im Oktober wurden zudem deutsche Truppen in Rumänien stationiert. Im November trat das Land dem am 27. September 1940 geschlossenen deutsch-italienisch-japanischen Dreimächtepakt bei, dem sich nach und nach auch Ungarn, die Slowakei, Bulgarien und Jugoslawien anschlossen.

Angriff auf Griechenland ...
Als am 6. April 1941 deutsche Truppen von Bulgarien aus nach Griechenland vorstießen, ging es vor allem darum, die Gefahr einer neuen Front auf dem Balkan abzuwenden. Der italienische Angriff vom 28. Oktober 1940 hatte die Landung größerer britischer Streitkräfte heraufbeschworen und so auch zu einer Bedrohung der rumänischen Erdölfelder bei Ploiesti geführt. Die griechischen Einheiten und das britische Expeditionsheer hatten den deutschen Truppen wenig entgegenzusetzen. Bereits am 21. April kapitulierte die griechische Albanien-Armee, drei Wochen nach Beginn des Angriffs rückten deutsche Truppen in Athen ein. Die britischen Einheiten wurden evakuiert. Auf harten Widerstand trafen die deutschen Verbände Ende Mai bei der Eroberung Kretas, vor allem die eingesetzten Fallschirmjägereinheiten, die brutal gegen die einheimische Bevölkerung vorgingen, verzeichneten große Verluste.

... und auf Jugoslawien
Gleichzeitig mit dem Angriff auf Griechenland begann auch der deutsche Einmarsch nach Jugoslawien. Dort war Ende März die deutschfreundliche Regierung des Prinzregenten Paul durch einen Militärputsch gestürzt worden: Der kurz zuvor erklärte Beitritt zum Dreimächtepakt wurde widerrufen. Der mit Unterstützung italienischer und ungarischer Einheiten geführte Angriff kam schnell voran. Die Luftwaffe legte Belgrad mit schweren Bombardements in Schutt und Asche. Am 17. April kapitulierte die jugoslawische Armee.

Der Krieg auf dem Balkan war aus Sicht des NS-Regimes zunächst ein weiterer Erfolg für die Wehrmacht. Durch den Feldzug konnten die britischen Truppen aus Südosteuropa vertrieben werden, und auch die Zeitverzögerung, die der Einmarsch in Griechenland und Jugoslawien für den deutschen Angriff auf die Sowjetunion bedeutete, sollte nicht überschätzt werden. Jugoslawien wurde durch

Ortschaft in Serbien beim Einmarsch deutscher Truppen im April 1941.

ZWEITER WELTKRIEG

erhebliche Gebietsabtretungen an Deutschland, Italien, Ungarn, Bulgarien und Albanien und nach Gründung des deutsch-italienischen Satellitenstaats Kroatien, der unter der Führung der faschistischen Ustascha-Bewegung stand, auf »Altserbien« in den Grenzen von 1912 reduziert und unter deutsche Besatzungsverwaltung gestellt. Griechenland erhielt teilweise eine deutsche, teilweise eine italienische Besatzung. Als problematisch für die weitere Kriegführung erwies sich, dass der Balkanfeldzug starke Truppenkontingente als Besatzung und zur Bekämpfung der jugoslawischen Partisanen band, die sich bald nach dem deutschen Angriff u. a. unter Josip Broz Tito gebildet hatten. Die deutschen Besatzer gingen mit aller Härte gegen die Partisanen vor; unter dem Deckmantel der Partisanenbekämpfung kam es zu systematischen Übergriffen gegen die Zivilbevölkerung, insbesondere gegen den jüdischen Bevölkerungsteil.

Die Ermordung von Geiseln und von zu Partisanen erklärten Zivilisten war in den besetzen Gebieten an der Tagesordnung und wurde teilweise auch von Truppenteilen der Wehrmacht ausgeführt. Das Bild zeigt die öffentliche Ermordung von zwei Männern und einer Frau im Oktober 1941 in Minsk.

7.9 Vernichtungskrieg gegen die Sowjetunion

Am 18. Dezember 1940 erging Hitlers Weisung an die Wehrmacht, »auch vor Beendigung des Krieges gegen England Sowjetrussland in einem schnellen Feldzug niederzuwerfen (Unternehmen Barbarossa)«. Hitler nutzte die scheinbare Gunst der Stunde: Noch schien die Wehrmacht im Nimbus ihrer »Blitzsiege« der gerade in der Reorganisation und Modernisierung befindlichen Roten Armee überlegen. Das günstige »strategische Fenster« drohte sich aber über kurz oder lang zu schließen. Der für 1942 angenommene Kriegseintritt der USA ließ es geraten erscheinen, rechtzeitig den längst anvisierten »Lebensraum im Osten« (▶ 7.10) zu erobern und dadurch die deutsche Stellung auf dem Kontinent unangreifbar zu machen.

Am 22. Juni 1941 begann der Angriff auf die Sowjetunion. Rumänien, Italien, die Slowakei, Finnland und Ungarn schlossen sich dem deutschen Überfall an. Hitler ließ von Anfang an keinen Zweifel daran, dass es sich für ihn um einen »Kampf zweier Weltanschauungen gegeneinander« handelte. Sein Ziel: die »Vernichtung der bolschewistischen Kommissare und der kommunistischen Intelligenz« und die »Ausrottung des europäischen Judentums« (▶ 7.18, ▶ 7.19). Er wollte diesen ideologisch-rassistischen Krieg »ohne Schonung und völkerrechtliche Rücksichtnahme« auch gegenüber der Zivilbevölkerung führen. Konkretisiert wurde das u. a. in einem Erlass vom 13. Mai 1941, der die Kriegsgerichtsbarkeit für den Umgang mit »feindlichen Zivilpersonen« faktisch außer Kraft setzte. Der so genannte Kommissarbefehl vom 6. Juni 1941 bestimmte, dass die Politoffiziere der Roten Armee nach ihrer Gefangennahme zu »erledigen« seien. Obwohl dieser Befehl nicht überall ausgeführt wurde, fielen ihm Tausende »Kommissare« zum Opfer. Um ein Vielfaches höher waren die Zahlen der Opfer unter den sowjetischen Kriegsgefangenen. Insgesamt starben durch Mordaktionen sowie aufgrund mangelnder Ernährung und Unterbringung oder ungenügender medizinischer Versorgung vermutlich über drei Millionen der rund 5,5 Millionen sowjetischen Soldaten, die während des Russlandfeldzuges in deutsche Kriegsgefangenschaft gerieten (▶ 7.33).

Die ausführenden Organe

Ausführende Organe des Vernichtungsfeldzugs besonders gegen die jüdische Bevölkerung im Osten waren in der Hauptsache vier hinter der Front operierende Einsatzgruppen der

Kapitel 7

Sicherheitspolizei und des SD (Sicherheitsdienst), dazu SS, Polizeibataillone, einheimische Milizen und Hilfswillige. In enger Absprache mit den Einsatzgruppen leisteten Einheiten der Wehrmacht nicht nur logistische Unterstützung, sondern beteiligten sich auch aktiv an Mordaktionen. Das völkerrechtswidrige Vorgehen der deutschen Besatzungsmacht half mit, einen Partisanenkampf hinter der Front zu entfesseln, der auf beiden Seiten mit großer Erbitterung und Grausamkeit geführt wurde und häufig barbarische Vergeltungsmaßnahmen gegen die Zivilbevölkerung auslöste. Die von den Deutschen in Gang gesetzte Spirale von Gewalt und Gegengewalt sollte bis in die letzten Kriegstage 1945 hinein eskalieren und schließlich auf die deutsche Bevölkerung zurückschlagen. Militärisch bedeutete nach anfänglichen großen Geländegewinnen die deutsche Niederlage vor Moskau im Dezember 1941 eine Wende des Krieges (▶ 7.11).

7.10 Lebensraumideologie

Die Doktrin vom Lebensraum war eine der zentralen Kategorien der nationalsozialistischen »Weltanschauung«. Sie bildete die Grundlage für Hitlers Außenpolitik und prägte in enger Verzahnung mit dem nationalsozialistischen Rassismus und Antisemitismus (▶ 6.37) die Kriegführung gegen Polen und gegen die Sowjetunion.

Im ausgehenden 19. Jahrhundert entstanden und popularisiert durch Bücher wie den 1926 erschienenen Kolonialroman »Volk ohne Raum« von Hans Grimm, ging die Lebensraumideologie vom ewigen Kampf der Völker um Land und Siedlungsgebiet – und damit um die Möglichkeit zur biologischen Expansion – aus. Vor allem für die Deutschen mit einer relativ hohen Bevölkerungsdichte im Reich und angesichts der nach 1918 verloren gegangenen Kolonien schien aus dieser Sicht die territoriale Expansion geradezu lebensnotwendig.

Die Lebensraumideologie Hitlers zielte bereits in seiner 1925/26 erschienenen Schrift »Mein Kampf« auf Osteuropa und die Sowjetunion. Sie verband sich so auch mit der Vorstellung eines jahrhundertealten »deutschen Drangs nach Osten«. Ziel war ein von Deutschland beherrschtes, wirtschaftlich autarkes kontinentales Imperium, das letztendlich den Kampf um die weltweite Vormachtstellung aufnehmen konnte.

Programmatischen Ausdruck fand die Lebensraumideologie unter anderem in dem so genannten Generalplan Ost. Der in zwei Fassungen 1941 und 1942 vorgelegte Plan sah die »Germanisierung« Polens und der westlichen Sowjetunion vor. Die einheimische Bevölkerung sollte versklavt, umgesiedelt oder getötet werden.

Ziele und Methoden der Besatzungspolitik

Obwohl der Generalplan Ost nicht umgesetzt werden konnte, beschreibt er zutreffend die Ziele der nationalsozialistischen Besatzungspolitik in Osteuropa und der Sowjetunion. Im Zuge der geforderten »Neuordnung« Europas bestand die zentrale Absicht in der von Hitler in zahllosen Erklärungen geforderten Gewinnung von angeblich dringend benötigtem Land zur Ansiedlung und zur Ausbeutung der Bodenschätze und anderer Ressourcen. Die Hauptverantwortung für die Germanisierung der eroberten Gebiete lag bei Himmler als »Reichskommissar für die Festigung deutschen Volkstums«. Mit dieser Institution verband sich ein personalintensiver, mit Weisungsbefugnissen großzügig ausgestatteter Apparat, der fortan Rassen-, Bevölkerungs- und Siedlungspolitik im großen Stil betrieb.

Himmlers erste Maßnahme war die Verschleppung von etwa 365 000 Polen und etwa 500 000 Juden aus den annektierten Gauen Wartheland und Danzig-Westpreußen in das künstlich geschaffene Gebilde des »Generalgouvernements«. Mit der Konzentration der Juden in großstädtischen Gettos vollzog sich der erste Akt ihrer seit dem Frühsommer 1942 systematisch betriebenen Deportation in die Vernichtungslager. In den eingegliederten »Ostgebieten«, also dem westlichen Teil Polens, wurden anschließend etwa 370 000 Reichsdeutsche und 350 000 Volksdeutsche angesiedelt, die überwiegend aus dem Baltikum, aus Bessarabien und der Bukowina stammten.

Mit dem Überfall auf die Sowjetunion im Sommer 1941 und der Errichtung der Reichskommissariate Ostland und Ukraine eröffne-

Zweiter Weltkrieg

ten sich weitere Möglichkeiten der aggressiven Siedlungspolitik. Bereits innerhalb der ersten neun Monate des Russlandfeldzugs ermordeten die vier unmittelbar hinter der Front operierenden Einsatzgruppen der Sicherheitspolizei und des SD (Sicherheitsdienst) systematisch mehr als eine Million Juden, ferner Sinti, Roma und andere als »Zigeuner« diffamierte Bevölkerungsgruppen sowie ganz generell »unerwünschte Elemente«. Die anfänglichen Sympathien mancher Einwohner der Ukraine und anderer Gebiete der westlichen Sowjetunion für die Deutschen, von denen sie sich die Befreiung vom Stalinismus erhofft hatten, verflüchtigten sich angesichts des Auftretens der Besatzer und ihrer Ausbeutungspolitik rasch.

Die wirtschaftliche Ausbeutung der besetzten Länder Europas für die Bedürfnisse der deutschen Kriegswirtschaft lief 1941 auf Hochtouren und sicherte insbesondere der »Heimatfront« einen trotz kriegsbedingter Entbehrungen beachtlichen Lebensstandard. Zwar wurden bereits zu Kriegsbeginn Lebensmittelkarten für Fett, Fleisch, Milchprodukte, Zucker und Marmelade ausgegeben, Mitte Oktober wurde eine »Reichskleiderkarte« eingeführt, und 1942 wurde die Rationierung verschärft. Trotzdem gelang es den Machthabern, nicht zuletzt mithilfe der rücksichtslosen Ausbeutung der besetzten Gebiete, bis zum Kriegsende ernsthafte Ernährungsprobleme für die deutsche Bevölkerung zu vermeiden.

7.11 Die Niederlage vor Moskau

Die deutsche Wehrmacht marschierte am 22. Juni 1941 mit 153 Divisionen, etwa drei Millionen Soldaten, die 75 Prozent des Feldheers ausmachten, in drei Heeresgruppen in die Sowjetunion ein. Die Verbündeten stellten 600 000 Mann. Die Rote Armee verfügte damals über eine Gesamtstärke von fünf Millionen Soldaten, von denen allerdings rund die Hälfte im Ostteil des Landes gebunden waren. Hitlers strategisches Ziel war es, in einem schnellen Vorstoß bis zum Herbst die Rote Armee möglichst in Kesselschlachten westlich von Düna und Dnjepr vernichtend zu schlagen und die UdSSR ihrer wichtigsten Rüstungs- und Industriezentren, Rohstoffvorkommen

und agrarischen Überschussgebiete vor allem in der Ukraine und im Donezbecken zu berauben. Wieder waren es die Ausnutzung des Überraschungsmoments, die technisch überlegene Luftwaffe, die selbstständig operierenden und beweglichen Panzerverbände sowie die Schnelligkeit und Durchschlagskraft der weiträumigen Umfassungsoperationen, aber auch die ungünstige frontnahe Konzentration der Sowjetverbände, die in den ersten Wochen zu gewaltigen Geländegewinnen und hohen Gefangenenzahlen führten. Die Heeresgruppe Nord eroberte das Baltikum und schnitt am 8. September 1941 Leningrad von allen Landverbindungen ab. Die Heeresgruppe Mitte erreichte bereits am 16. Juli Smolensk. Die Heeresgruppe Süd nahm im Zusammenwirken mit der Heeresgruppe Mitte am 19. September Kiew ein und besetzte bis Oktober das Donezbecken und die Krim (außer Sewastopol).

Ein Infanterist ohne Winterausrüstung an der Ostfront im Januar 1942

Zäher sowjetischer Widerstand

Der deutsche Überfall war für den Machthaber im Kreml ein Schock; bis zuletzt hatte Stalin Spionageberichte über den gewaltigen deutschen Truppenaufmarsch an der Westgrenze für einen Bluff gehalten und die Verpflichtungen aus dem Pakt vom Sommer 1939 peinlich genau erfüllt. Der zähe Widerstandswille der Sowjetsoldaten in dem bald von Stalin proklamierten »Großen Vaterländischen Krieg«, die pausenlose Auffüllung der sowjetischen Verluste durch die Mobilisierung immer neuer Reserven, Schwierigkeiten bei der Kontrolle des Hinterlandes und ein hoher Materialverschleiß und Ausfall bei Panzern und Fahrzeugen führten bereits Ende Juli zu dem Eingeständnis des Generalstabschefs Franz Halder, dass es sich in diesem Krieg keineswegs um einen schnellen Feldzug handeln werde. Die Einnahme Leningrads gelang trotz hohen Einsatzes nicht. Die Stadt wurde einer 900 Tage dauernden Belagerung ausgesetzt, die starke Zerstörungen und schreckliche Verluste bei der Zivilbevölkerung mit sich brachte. Die einsetzende Partisanenbewegung, die abgesehen vom Balkan nirgendwo so aktiv war wie in der westlichen Sowjetunion, begann den Nachschub zu gefährden. Zum militärischen Problem wurde der Partisanenkrieg in der Sowjetunion vor allem im Verlauf des Jahres 1942 und nach der deutschen Niederlage von Stalingrad Anfang 1943. Die deutschen Angreifer führten unter dem Vorwand der Bekämpfung von Partisanen den rassenideologischen Vernichtungskrieg und trieben den Völkermord an den Juden voran.

Entscheidend für das Scheitern der »Blitzkrieg«-Strategie gegen die Sowjetunion wurde die deutsche Niederlage vor Moskau. Die am 2. Oktober 1941 durch die Heeresgruppe Mitte gestartete Offensive gegen die sowjetische Hauptstadt lief sich zunächst im herbstlichen Schlamm und dann endgültig Anfang Dezember im winterlichen Kälteeinbruch etwa 30 Kilometer vor Moskau fest. Das Gros der Verbände war auf den Winter nicht vorbereitet. Tiefere Fronteinbrüche im Zuge der am 5. Dezember einsetzenden sowjetischen Gegenoffensive konnten nur mit Mühe verhindert werden. Am 16. Dezember 1941 gab Hitler den »Haltebefehl« und forderte »fanatischen Widerstand«. Am 19. Dezember entließ der Diktator den Oberbefehlshaber des Heeres, Walther von Brauchitsch, und übernahm selbst diese Funktion.

Bis Herbst 1941 hatte die Wehrmacht mit 831 000 Gefallenen, Vermissten, Verwundeten und Kranken mehr als ein Viertel ihrer Anfangsstärke vom Juni verloren. Bis zum Frühjahr 1942 kamen noch einmal Verluste von 900 000 Mann hinzu. Demgegenüber arbeiteten die jenseits des Urals verlagerten sowjetischen Rüstungsfabriken weiter auf Hochtouren, und der Nachschub an Menschen, Waffen und Ausrüstung für die Rote Armee war offenbar unbegrenzt. Manche Anzeichen sprechen dafür, dass sich im Dezember 1941 auch Hitler der Einsicht nicht verschloss, dass der Krieg kaum mehr zu gewinnen sei. Sein auf die radikale Alternative »Sieg oder Untergang« reduziertes Weltbild verbot ihm jedoch jeden Gedanken an einen Friedensschluss mit den Sowjets. Die knapp bemessene Frist für die schnelle Erringung einer auch wirtschaftlich unangefochtenen Vormachtstellung auf dem eurasischen Kontinent vor Kriegseintritt der USA war mit der Niederlage vor Moskau Anfang Dezember 1941 abgelaufen. Es war nur noch eine Frage von Wochen, bis die Amerikaner, die der Sowjetunion seit August 1941 Kriegsmaterial lieferten, ihr übermächtiges Kriegspotenzial mobilisieren würden.

7.12 Stalingrad

Nachdem der deutsche Vormarsch im Dezember 1941 vor Moskau zum Stehen gekommen war und die Front nur mühsam stabilisiert werden konnte, ging die Wehrmacht im Sommer 1942 erneut in die Offensive. Während im Norden die Einnahme Leningrads erzwungen wer-

Nach der Kapitulation von Stalingrad Ende Januar/Anfang Februar 1943: Deutsche Soldaten auf dem Marsch in die Kriegsgefangenenlager

den sollte, zielte der Angriff im Süden auf die Kohle- und Erzlager im Dongebiet, die Industriemetropole Stalingrad sowie die Erdölvorkommen im Kaukasus. Im Zuge eines am 28. Juni 1942 aus dem Raum Kursk und Charkow eingeleiteten breit angelegten Vorstoßes eroberten deutsche Truppen bis Ende Juli Woronesch, Rostow am Don und die Krim und schoben die Front an den Donbogen nach Osten vor. Am 23. Juli befahl Hitler den gleichzeitigen Vorstoß gegen Stalingrad (Heeresgruppe B) und ins Kaukasusgebiet (Heeresgruppe A). Die 6. Armee unter Generaloberst Friedrich Paulus eroberte bis Ende Oktober in harten Kämpfen den größten Teil des völlig zerstörten Stadtgebiets von Stalingrad, während die südlich operierende Heeresgruppe A in das unbrauchbar gemachte Erdölfeld von Maikop einrückte und am 21. August auf dem Elbrus im Kaukasus die Reichskriegsflagge hisste, ohne aber die Südgrenze Russlands zu erreichen und damit den amerikanischen Nachschub unterbrechen zu können. Diese gleichzeitigen Vorstöße führten zu einer Ausdehnung der Südfront auf etwa 2000 km Länge.

Der Gegenangriff der Roten Armee
Im November 1942 ging die Rote Armee zum Gegenangriff über. Am 19./20. November durchstießen die Sowjets in einer Großoffensive die deutsche Front nordwestlich und südlich von Stalingrad. Am 22. November schloss sich bei Kalatsch am Don der Kessel für die deutsche 6. Armee mit etwa 250 000 Mann sowie zwei rumänische Divisionen. Hitler verbot jeden Ausbruchsversuch. Ein deutscher Entsatzvorstoß scheiterte am 21. Dezember rund 50 Kilometer vor dem Einschließungsring. Am 31. Januar 1943 ergab sich Paulus mit einem Teil der 6. Armee im Südkessel, zwei Tage später die Restgruppe im Nordkessel von Stalingrad. Von 250 000 Soldaten wurden 34 000 Verwundete und Spezialeinheiten ausgeflogen, 91 000 gerieten in Gefangenschaft, von denen nur etwa 6 000 nach dem Kriege zurückkehrten. Nach der Aufgabe von Rostow standen die deutschen Truppen im Frühjahr 1943 wieder auf der Linie, von der aus sie im Vorjahr zur Offensive angetreten waren.

Schwer wogen die psychologischen Folgen der Niederlage von Stalingrad. Um den Durchhaltewillen der »Heimatfront« zu stärken, verkündete Goebbels am 18. Februar 1943 im Berliner Sportpalast den »totalen Krieg« (▶ 7.15).

Um die militärische Initiative wiederzugewinnen, befahl Hitler im Sommer 1943 noch einmal einen Großangriff. Von Norden und Süden sollte der sowjetische Frontbogen bei Kursk durchbrochen werden. Der Vorstoß führte zur größten Panzerschlacht des Zweiten Weltkriegs, musste aber am 13. Juli nach einer erfolgreichen sowjetischen Gegenoffensive – und weil die alliierte Landung auf Sizilien eine Abgabe von Kräften nach Italien erzwang – abgebrochen werden. Die Gegenoffensive der Roten Armee führte die sowjetischen Truppen bis Ende September 1943 an den improvisiert befohlenen »Ostwall« (»Pantherstellung«).

7.13 Alliierte Kriegskoalition. Die Atlantikcharta

Mit dem Ausgreifen der Achsenmächte nach Nordafrika, dem deutschen Überfall auf die Sowjetunion und dem japanischen Angriff auf Pearl Harbor am 7. Dezember 1941, dem vier Tage später die deutsche und italienische Kriegserklärung an die USA folgte, wuchsen die Kriegsschauplätze in Europa und Asien (▶ 7.20) zum Weltkrieg zusammen. Während Deutschland, Italien und Japan im Dezember 1941 ein Abkommen über die gemeinsame Kriegführung schlossen, das aber keine konkreten Auswirkungen hatte, formierte sich auf der Gegenseite die Anti-Hitler-Koalition. In ihr fanden sich trotz zahlreicher Spannungen Großbritannien, die Sowjetunion und die USA mit dem gemeinsamen Ziel zusammen, die Aggressoren in Asien und Europa niederzuringen.

Noch am Tag des deutschen Überfalls auf die Sowjetunion bot der britische Premierminister Winston Churchill in einer Rundfunkansprache Stalin die Hilfe Großbritanniens an, und am 12. Juli 1941 trafen beide Staaten eine erste Übereinkunft über ein gemeinsames Vorgehen gegen Deutschland. Neben materieller Unterstützung wurde vereinbart, keine separaten Waffenstillstands- und Friedensverhandlungen mit Deutschland zu führen. Ein knappes Jahr später, im Mai 1942, folgte ein förmlicher britisch-sowjetischer Bündnisvertrag.

Franklin D. Roosevelt und Winston Churchill stellten an Bord der »Prince of Wales« die Atlantikcharta vor.

Die amerikanische Außenpolitik hatte zunächst zurückhaltend auf die deutsche, italienische, aber auch die japanische Revisions- bzw. Expansionspolitik reagiert. Das änderte sich erst an der Jahreswende 1938/39. Vor allem Präsident Franklin D. Roosevelt begann nun in der deutschen Politik zunehmend auch eine Bedrohung für das eigene Land zu sehen. In den folgenden Jahren bereitete er die USA gegen starke isolationistische Strömungen in Kongress und Öffentlichkeit nach und nach auf einen Krieg vor. Noch 1939 wurde die Mitte der Dreißigerjahre geschaffene strikte Neutralitätsgesetzgebung revidiert. Nun durften in bestimmtem Maße wieder Kredite an Krieg führende Staaten vergeben und auch Waffen geliefert werden. Im September 1940 überließen die USA Großbritannien im so genannten *destroyer-for-bases*-Geschäft 50 ältere Zerstörer. Im Gegenzug erhielten sie von den Briten sechs Flottenstützpunkte in der Karibik und in Kanada. Im September 1940 wurde die Wehrpflicht eingeführt – zum ersten Mal in Friedenszeiten. Mit dem *Lend-Lease Act* durfte der Präsident seit März 1941 in eigener Verantwortung Waffen an andere Staaten verkaufen, verleihen oder verpachten. Auf dieser Grundlage erhielt nicht nur Großbritannien, sondern seit Sommer 1941 auch die Sowjetunion Waffenlieferungen.

Bei einem Treffen auf zwei Kriegsschiffen vor Neufundland stellten Churchill und Roosevelt die Zusammenarbeit Mitte 1941 auf eine breite politische Grundlage. Am 14. August verständigten sie sich über die so genannte Atlantikcharta, die vor allem ein Programm für eine friedliche Weltordnung nach dem Krieg enthielt. So wurde in Punkt 2 der Erklärung vereinbart, dass territoriale Veränderungen nur mit Zustimmung der betreffenden Völker zustande kommen könnten. Punkt 3 betonte das Recht auf Selbstbestimmung der Regierungsform, Punkt 4 das Recht auf gleichen Zugang zu Welthandel und Rohstoffen. Zusätzlich wurden wirtschaftliche und soziale Zusammenarbeit aller Nationen (Punkt 5), die Freiheit von »Furcht und Not« (Punkt 6) und die Freiheit der Meere (Punkt 7) als gemeinsame Ziele verkündet. Der abschließende Punkt 8 betraf den Verzicht auf Gewalt und die Entwaffnung von Aggressoren. Die Grundsätze der Atlantikcharta, der die Sowjetunion im September 1941 zustimmte, prägten auch die Diskussionen um die Charta der Vereinten Nationen mit (▶ 8.6).

7.14 El-Alamein und Tunis

Die Wende des Kriegs in Nordafrika, das ab September 1940 in den Krieg einbezogen war (▶ 7.7), vollzog sich 1942/43. Hitler hatte nie einen Zweifel daran gelassen, dass Afrika für ihn lediglich einen Nebenkriegsschauplatz darstellte, und hielt trotz des Drängens des Oberbefehlshabers Erwin Rommel den Nachschub in engen Grenzen. Die Konsequenz war nicht nur die Niederlage in Nordafrika bis Mai 1943, sondern die akute Bedrohung der europäischen Südflanke in Italien.

Eine am 26. Mai 1942 eingeleitete Großoffensive hatte die deutsch-italienischen Verbände Ende Juni bis El-Alamein, 100 Kilometer westlich von Alexandria, geführt. Am 23. Oktober begann die britische 8. Armee unter Bernard Law Montgomery mit weit überlegenen

Kräften einen Gegenangriff, der Rommel am 4. November gegen Hitlers Befehl »Halten um jeden Preis« zum Rückzug nach Libyen zwang. Die amerikanisch-britische Landung in Marokko und Algerien unter Dwight D. Eisenhower am 7./8. November 1942 – es war der erste Einsatz amerikanischer Truppen auf dem westlichen Kriegsschauplatz – verschärfte die Lage des Afrikakorps, das nun von zwei Seiten bedroht war. Die Deutschen antworteten mit der Errichtung eines Brückenkopfes in Tunesien und versuchten, die französische Kollaborationsregierung in Vichy zu einem gemeinsamen Vorgehen gegen die Alliierten in Nordafrika zu bewegen. Als dies scheiterte, marschierten deutsche Truppen auch in die bisher unbesetzt gebliebenen Teile Südfrankreichs ein; die französischen Einheiten in Nordafrika aber wechselten auf die Seite der amerikanischen und britischen Truppen.

Obwohl Hitler eigentlich an der Ostfront benötigte Reserven – zeitgleich mit der Landung der Alliierten in Marokko und Algerien tobte die Schlacht um Stalingrad – nach Afrika umgeleitet hatte, war das Afrikakorps dem Ansturm von zwei Seiten nicht gewachsen. Im Januar 1943 ging Tripolis verloren, bald darauf wurden die deutsch-italienischen Verbände auf die Region um Tunis zusammengedrängt. Als Rommel ein Halten des »Brückenkopfs Tunesien« durch die nunmehr organisatorisch zusammengefasste Heeresgruppe Afrika bezweifelte und eine Evakuierung forderte, wurde er am 9. März von Hitler seines Kommandos enthoben. Am 13. Mai 1943, kapitulierten die deutsch-italienischen Truppen in Nordafrika; über 250 000 Soldaten gingen in alliierte Kriegsgefangenschaft.

7.15 Der »totale Krieg«

Spätestens mit der Verkündung des zweiten »Vierjahresplans« Mitte 1936 sollte die deutsche Wirtschaft auf den Krieg vorbereitet werden. Ziel war eine massive Ausweitung des Rüstungspotenzials sowie eine weitgehende wirtschaftliche Autarkie. Unter der Leitung Hermann Görings, der als »Beauftragter für den Vierjahresplan« über umfassende Vollmachten verfügte entstand eine zentrale Behörde, die u. a. die Zuteilung von Devisen und Rohstoffen regelte. Der Erfolg blieb jedoch bescheiden. Bei Kriegsbeginn war weder die angestrebte »Blockadesicherheit« bei Rohstoffen noch die ausreichende landwirtschaftliche Produktion garantiert. Die Eingriffe des Staates bedeuteten zwar eine beträchtliche Einschränkung unternehmerischer Freiheit, die Interventionen hielten sich aber zunächst trotz allem in Grenzen. Auf der einen Seite blieb die privatwirtschaftliche Eigentumsordnung unangetastet, auf der anderen Seite gelang es vor allem der Großindustrie, erheblichen Einfluss auf die staatlichen Lenkungsorgane auszuüben.

Mit Beginn des Krieges änderte sich an der nationalsozialistischen Wirtschaftspolitik zunächst überraschend wenig. Erst die militärische Wende an allen Fronten 1942/43 erzwang im Innern des Deutschen Reichs den Übergang zur vollen Kriegswirtschaft, die durch eine grundlegende Reorganisation der Rüstungsproduktion sowie eine Mobilisierungskampagne unter dem Schlagwort des »totalen Krieges« alle Bereiche der Gesellschaft durchdringen sollte. Mithilfe einer strikten Zentralisierung, der Steigerung der wirtschaftlichen Effizienz sowie der rücksichtslosen Aus-

Auf der Seite der Briten kämpften auch libysch-arabische Truppen in Nordafrika.

Kapitel 7

Joseph Goebbels in seiner Rede im Berliner Sportpalast am 18. Februar 1943: »Wollt ihr den totalen Krieg?«. Frenetischer Beifall war die Antwort.

beutung aller materiellen und menschlichen Ressourcen sollte noch einmal eine Wende erzwungen werden.

Albert Speer – Hitlers Rüstungsminister
Vor allem dem seit Februar 1942 amtierenden Reichsminister für Bewaffnung und Munition Albert Speer (seit September 1943: Reichsminister für Rüstung und Kriegsproduktion) gelang es, bis Herbst 1943 eine zentrale Lenkungsorganisation aufzubauen, die schließlich Institutionen wie Görings Vierjahresplanbehörde oder die entsprechenden Organe der Wehrmacht überflügelte. Unter Speers Ägide standen so genannte Reichsvereinigungen, Ausschüsse oder Ringe, in denen im Rahmen einer »industriellen Selbstverantwortung« nach Branchen Produktion und Entwicklung von Kriegsmaterialien gesteuert wurden. Ein unmenschliches System von Fremd- und Zwangsarbeit führte der deutschen Kriegswirtschaft weitere Ressourcen zu (▶ 7.17).

Die Verdreifachung des Volumens der Rüstungsendfertigung zwischen 1942 und einem Höhepunkt im Juli 1944 konnte nicht darüber hinwegtäuschen, dass der Abstand zu den Gegnermächten immer größer wurde und der Treibstoff für Waffen und Gerät unter den Angriffen der alliierten Luftwaffe und nach Einnahme der rumänischen Erdölfelder bei Ploiesti durch die Rote Armee zur Neige gingen.

Goebbels – »Generalbevollmächtigter für den totalen Kriegseinsatz«
Die gesellschaftlichen Mobilisierungskampagnen für den »totalen Krieg« erfolgten in Schüben: nach den Niederlagen vor Moskau im Winter 1941/42 und in Stalingrad Anfang 1943 sowie nach den Bombenangriffen auf die Schlüsselindustrien im Frühjahr 1944. Zur psychologischen Vorbereitung der Bevölkerung auf den »totalen Krieg« hielt Joseph Goebbels am 18. Februar 1943 eine Propagandarede im Berliner Sportpalast. Unter dem Beifall seiner Zuhörer sprach Hitlers Propagandaminister von einem »totalen Krieg«, »wenn nötig, totaler und radikaler, als wir ihn uns heute überhaupt noch vorstellen können«. Im Juli 1944 wurde Goebbels zum »Generalbevollmächtigten für den totalen Kriegseinsatz« ernannt. Zu den Maßnahmen des letzten Kriegsjahres gehörten die Aufstellung des »Volkssturms«, der alle bisher nicht eingezogenen Männer zwischen 16 und 60 Jahren erfasste, die Errichtung von so genannten fliegenden Standgerichten, die in den letzten Kriegswochen gegen »Wehrkraftzersetzer« vorgingen, der Versuch, unter der Bezeichnung »Werwolf« eine Widerstandsbewegung gegen die ins Reich einrückenden Alliierten aufzubauen, aber auch Bemühungen, den Widerstandswillen der deutschen Bevölkerung durch das Versprechen immer neuer Wunderwaffen propagandistisch zu fördern.

7.16 Die Frauen und der Krieg

Ähnlich wie der Erste stellte auch der Zweite Weltkrieg die traditionelle soziale Rollenverteilung zwischen Männern und Frauen infrage. Mobilisierungsmaßnahmen sorgten für einen Mangel an Arbeitskräften, der u. a. durch den Einsatz von Frauen ausgeglichen werden musste. Weil ihre Ehemänner Kriegsdienst leisten mussten, gefallen oder verwundet waren, hatten nun auch zuvor nicht berufstätige

Zweiter Weltkrieg

Frauen für den Lebensunterhalt der Familie aufzukommen. Grundsätzlich zeigten sich solche Entwicklungen in allen Krieg führenden Staaten, es gab jedoch auch erhebliche Unterschiede.

So führte zum Beispiel Großbritannien 1941 eine allgemeine Dienstpflicht für Frauen ein. Unversehens fand sich damit manche Vertreterin der *upper classes* ohne Berufserfahrung an den Fließbändern der Rüstungsindustrie wieder. Dorthin trieb die materielle Not auch viele Mütter, deren Ehemänner zum Kriegsdienst eingezogen worden waren. Ihnen wurde lediglich ein reichliches Drittel des bisherigen Familieneinkommens als Unterhalt gewährt. Die Frauenerwerbsquote schnellte in Großbritannien auf über 60 Prozent empor. Unter schwierigen Bedingungen trugen so die britischen Frauen entscheidend dazu bei, die Heimatfront vor dem Kollaps zu bewahren.

In Deutschland stellte sich Lage trotz »totalen Kriegseinsatzes« anders dar. Die Frauenerwerbsquote lag weit unter den Vergleichszahlen der Jahre 1914 bis 1918. Gingen im Mai 1939 14,6 Millionen Frauen einer außerfamiliären Beschäftigung nach, waren es 1944 lediglich 300 000 mehr. Zwar waren die anfänglichen Versuche des nationalsozialistischen Regimes, die Zahl der berufstätigen Frauen wieder zu reduzieren, bereits in der zweiten Hälfte der Dreißigerjahre im Zuge der forcierten Aufrüstung und dann erst recht mit Kriegsbeginn aufgegeben worden, der Arbeitskräftemangel in der Rüstungsindustrie wurde dennoch eher durch Einsatz von Fremd- und Zwangsarbeit sowie durch die Verlagerung von bereits erwerbstätigen Frauen aus anderen Wirtschaftsbereichen bekämpft. Die Nationalsozialisten waren davon überzeugt, dass die Frauenarbeit im Ersten Weltkrieg ihren Teil zum deutschen Zusammenbruch im November 1918 beigetragen hatte. In ihrem Weltbild war der deutschen Frau die Rolle der Mutter und der Hüterin der Familie vorbehalten. So erhielten die Familien einberufener Soldaten eine großzügig bemessene Unterhaltshilfe in Höhe von 75 Prozent des bisherigen Familieneinkommens.

Frauen, die einer Beschäftigung nachgingen, stützten außerhalb der Industriebetriebe vornehmlich in Gewerbe und Landwirtschaft die deutsche Kriegswirtschaft entscheidend mit. Und auch die Hauptlast bei der Bewältigung des Bombenkrieges wurde von Frauen getragen. Schließlich lag es zu einem erheblichen Teil an der regimetreuen Haltung der überwiegenden Zahl von Frauen, dass die »Heimatfront« bis zum Ende des Krieges hielt.

7.17 Zwangsarbeiter

Schon seit Mitte der Dreißigerjahre hatte die mehr und mehr auf die Erfordernisse eines Krieges umgestellte deutsche Wirtschaft mit einem erheblichen Arbeitskräftemangel zu kämpfen. Mit dem Beginn des Zweiten Weltkrieges im September 1939 verschärfte sich das Problem. Die Einberufungen für den Russlandfeldzug und die zunehmende Dauer des Krieges führten schließlich zu immer radikaleren und brutaleren Maßnahmen, um Arbeitskräfte zu rekrutieren.

Anwerbungskampagnen hatte es bereits vor dem Beginn des Krieges gegeben. Seit 1939 wurden dann in großer Zahl auf vertraglicher Basis polnische, belgische oder französische Kriegsgefangene in der deutschen Wirtschaft eingesetzt. Parallel dazu liefen große Anwerbungskampagnen in den besetzten Gebieten an. Als diese wenig Erfolg zeigten, wurden Zwangsrekrutierungen und groß angelegte Razzien durchgeführt. Vor allem unter der Ägide des von Hitler im März 1942 zum »Generalbevollmächtigten für den Arbeitseinsatz« berufenen Fritz Sauckel wurden Arbeitskräfte aus dem

Werbeplakat für den Arbeitseinsatz von Frauen in der Industrie, um 1941

Kapitel 7

Abtransport russischer Frauen aus dem besetzten Kiew zur Zwangsarbeit nach Deutschland

Generalgouvernement Polen und aus den okkupierten Teilen der Sowjetunion deportiert und zur Arbeit gezwungen.

Die Zahl der rekrutierten Fremd- und Zwangsarbeiter stieg von rund drei Prozent aller Beschäftigten im Jahre 1940 auf über 26 Prozent im Sommer 1944. In absoluten Zahlen bedeutete das, dass im Herbst 1944 fast acht Millionen Fremd- und Zwangsarbeiter für die deutsche Kriegführung arbeiteten. Besonders Nahrungsmittelversorgung und Rüstungsproduktion, in denen der Anteil am höchsten war, hingen in entscheidendem Maße vom Einsatz eines Millionenheeres von Zwangsarbeitern ab. Ihre umfassende Überwachung ließ den Unterdrückungsapparat des Staates weiter wachsen.

Diskriminierung und Unterdrückung

Die Fremdarbeiter wurden einem drakonischen Regime abgestufter Diskriminierungen und Unterdrückungsmaßnahmen unterworfen. Am unteren Ende der streng von der deutschen Bevölkerung isolierten Arbeitskräfte standen die rassisch herabgewürdigten »Ostarbeiter« aus Russland. Kaum besser war die Lage ihrer polnischen und – nach dem »Abfall« Roms Mitte 1943 – ihrer italienischen Kollegen. Noch schlechter erging es jenen Millionen sowjetischer Kriegsgefangener, die sich für den deutschen »Endsieg« zu Tode arbeiten mussten. Zumindest in ihrem Fall ging Zwangsarbeit oft in planmäßige »Vernichtung durch Arbeit« über. Erst recht galt das für die Insassen der Konzentrationslager, mit denen die SS die deutsche Industrie versorgte. In einer großen Zahl lokaler Außenlager wurden sie gefangen gehalten, bis sie ihre Arbeitskraft restlos verbraucht hatten und den Hunger- oder Kältetorturen erlagen, sofern sie nicht zuvor vom Lagerpersonal ermordet oder in die Vernichtungslager abtransportiert worden waren.

Über den Umgang der in den Betrieben verbliebenen deutschen Arbeiter mit Ausländern und Gefangenen liegen widersprüchliche Zeugnisse vor. Es gab Schikanen und Übergriffe, doch nicht überall waren sie an der Tagesordnung. Manche deutsche Arbeitskräfte fühlten sich in ihrer Funktion als Vorarbeiter und Aufseher aber tatsächlich jener »Herrenrasse« zugehörig, deren Überlegenheit in der Propaganda unablässig beschworen wurde. Auch die Haltung der Unternehmen blieb ambivalent. Zum einen gaben Motivation und Ausbildung der unter unmenschlichen Bedingungen zur Arbeit Gezwungenen immer wieder Anlass zur Klage. Zum anderen stellte das Millionenheer der Zwangsarbeiter eine bereitwillig und ausgiebig genutzte Möglichkeit dar, Arbeitskräfte zu erhalten. Die meisten Betriebe in Industrie und Landwirtschaft, aber auch Kirchen und Kommunen fügten sich nahtlos in das System der Zwangsarbeit ein. Sein menschenverachtender Charakter wurde hingenommen.

7.18 Die Wannseekonferenz

Unter der Bezeichnung »Endlösung der Judenfrage« wurde seit Frühjahr 1941 die Vernichtung der Juden im gesamten deutschen Herr-

Zweiter Weltkrieg

schaftsgebiet vorbereitet. Die Verfolgungen der Dreißigerjahre (▶ 6.37, ▶ 6.45) gingen damit in die systematische Ermordung der Juden Europas über. Am 31. Juli 1941 beauftragte Reichsmarschall Hermann Göring den Chef der Sicherheitspolizei und des Sicherheitsdienstes Reinhard Heydrich unter Berufung auf Hitler, »einen Gesamtentwurf über die organisatorischen, sachlichen und materiellen Vorausmaßnahmen zur Durchführung der angestrebten Endlösung der Judenfrage vorzulegen«. Ein schriftlicher Auftrag Hitlers existierte nicht, er war auch nicht erforderlich, um die Vernichtung in Gang zu setzen.

Das Reichssicherheitshauptamt als Zentrale von Gestapo, Sicherheitsdienst und Kriminalpolizei war die Schaltstelle, von der aus die Judenpolitik von den Deportationen bis zum Völkermord organisiert wurde. Die entscheidenden Akteure waren Heinrich Himmler, der als »Reichsführer SS« die oberste Instanz des Terrorapparats einschließlich der Konzentrations- und Vernichtungslager sowie der Einsatzgruppen war, die SS-Offiziere im Generalsrang wie Reinhard Heydrich und sein Nachfolger Heinrich Müller an der Spitze des Reichssicherheitshauptamts (RSHA), die »Höheren SS- und Polizeiführer« in den besetzten Gebieten, die Befehlsempfänger in der SS-Bürokratie, die KZ-Kommandanten und ihre Wachmannschaften sowie die Männer der Einsatzgruppen.

Adolf Eichmann führt das Protokoll
Um die beteiligten Reichsbehörden zu informieren und ihre Mitwirkung zu sichern, lud Heydrich deren Vertreter zum 20. Januar 1942 in eine SS-eigene Villa am Großen Wannsee in Berlin ein. Die Teilnehmer im Rang von Staatssekretären und hohen SS-Offizieren vertraten Reichsministerien und zentrale SS-Dienststellen sowie weitere Reichs- und Okkupationsbehörden. Das Protokoll führte Adolf Eichmann, ein SS-Offizier im Range eines Obersturmbannführers, der seit Ende 1939 das Referat »Judenangelegenheiten« im RSHA leitete. Er hatte seit 1940 Erfahrungen mit Massentransporten und mit der Gettoisierung von Menschen, er organisierte die Deportation von Juden (und Polen) erst in den besetzten polnischen Gebieten, dann auch aus Deutschland und schließlich aus ganz Europa.

Heydrich eröffnete die Besprechung am Wannsee mit der Feststellung, dass die Kompetenz in der Judenpolitik ausschließlich und ohne geografische Begrenzung beim Reichsführer SS Heinrich Himmler oder bei ihm selbst als dem von diesem dazu Bevollmächtigten lag. Das Schicksal, das mindestens elf Millionen Juden zugedacht war, war im Protokoll der Konferenz unmissverständlich prognostiziert: »Unter entsprechender Leitung sollen nun im Zuge der Endlösung die Juden in geeigneter Weise im Osten zum Arbeitseinsatz kommen. In großen Arbeitskolonnen, unter Trennung der Geschlechter, werden die arbeitsfähigen Juden Straßen bauend in diese Gebiete geführt, wobei zweifellos ein Großteil durch natürliche Verminderung ausfallen wird. Der allfällig endlich verbleibende Restbestand wird, da es sich bei diesem zweifellos um den widerstandsfähigsten Teil handelt, entsprechend behandelt werden müssen, da dieser, eine natürliche Aus-

Selektion auf der Rampe von Auschwitz-Birkenau nach Ankunft eines Zuges mit ungarischen Juden

Kapitel 7

lese darstellend, bei Freilassung als Keimzelle eines neuen jüdischen Aufbaues anzusprechen ist.«

Das Treffen am 20. Januar 1942 wird immer wieder als die Gelegenheit missverstanden, bei der der Holocaust »beschlossen« worden sei. Tatsächlich waren die Mordkommandos jedoch längst an der Arbeit (▶ 7.19). Das Protokoll der Wannseekonferenz ist dennoch ein Schlüsseldokument des Genozids. Mit der Wannseekonferenz wurde der Völkermord zum Staatsziel des Deutschen Reiches. Heydrich sicherte sich nicht nur die Zustimmung der Ministerien für die Durchführung des Völkermordes, sondern er machte die Staatssekretäre durch das Protokoll mitverantwortlich. Der gesamte Staatsapparat war nun mitverantwortlich für ein bis dato undenkbares Staatsverbrechen.

7.19 Auschwitz. Die Ermordung der europäischen Juden

Die nationalsozialistische Judenverfolgung begann bereits wenige Wochen, nachdem Hitler im Januar 1933 zum Reichskanzler ernannt worden war. Ihre Entrechtung und Ausgrenzung nahm im Verlauf der Dreißigerjahre systematische Formen an (▶ 6.37, ▶ 6.45). Der Kriegsbeginn brachte weitere Schikanen für die deutschen Juden. Juden unterlagen Ausgangsbeschränkungen oder durften die knapp zugeteilten Lebensmittel nur in bestimmten Läden zu besonderen Zeiten kaufen. Seit dem September 1941 zwang eine Polizeiverordnung Juden vom vollendeten 6. Lebensjahr an zum Tragen des Judensterns. Mit Wirkung vom 1. Juli 1943 wurden die Juden in Deutschland unter Polizeirecht gestellt; damit existierten für sie auch formal keine Rechtsinstanzen mehr.

Mit der deutschen Besetzung Polens begann im Herbst 1939 auch dort die Verfolgung der Juden. Zwangsarbeit und Ausgangssperren waren erste offizielle Maßnahmen. Es folgten der Ausschluss aus der Wirtschaft, die Sperrung der Bankkonten und willkürliche Verhaftungen. Ab November 1939 mussten alle Juden ein Kennzeichen tragen, zunächst eine gelbe Armbinde, dann einen Stern. Als Orte des Zwangsaufenthalts zur Demütigung und Ausbeutung der Juden wurden in größeren Städten Gettos errichtet. Sie dienten durch die örtliche Konzentrierung der jüdischen Bevölkerung als Zwischenstationen eines riesigen Bevölkerungstransfers. Zu den Gettos in Warschau, Lodz und Krakau, Tschenstochau, Radom, Kielce und in vielen anderen Orten auf polnischem Boden kamen ab Juni 1941 mit dem Überfall auf die Sowjetunion die Gettos in Ostpolen, Litauen, Estland und Lettland, Weißrussland und in der Ukraine hinzu.

Im Frühjahr und Sommer 1941 ging das NS-Regime von der Verfolgung zur systematischen

Konzentrationslager und Vernichtungslager im nationalsozialistischen Herrschaftsbereich.

Zweiter Weltkrieg

Ermordung und damit zur »Endlösung der Judenfrage« über, wie sie auf der Wannseekonferenz im Januar 1942 organisatorisch besprochen wurde (▶ 7.18). Im Herbst 1941 begann, die systematische Deportation der deutschen Juden. Ziel waren erst die Gettos, später die Vernichtungslager im besetzten Polen. Seit 1942 rollten auch Deportationstransporte aus den meisten anderen europäischen Ländern im deutschen Machtbereich nach Osten.

Die massenhafte Ermordung der Juden geschah auf unterschiedliche Weise. Mitte 1942 lief die »Aktion Reinhardt« an. Die Aktion hatte die Ermordung jener Juden zum Ziel, die in den Gettos auf polnischem Boden lebten und Zwangsarbeit für die deutsche Rüstungsindustrie leisten mussten. Drei spezielle Vernichtungslager, Belzec, Sobibór und Treblinka, wurden als Mordstätten errichtet. In ihnen endeten die meisten Gettobewohner.

Hinter der Front in der Sowjetunion wüteten seit Juni 1941 die »Einsatzgruppen der Sicherheitspolizei und des SD«. Zwischen Juni 1941 und April 1942 brachten SS und Polizei im Baltikum, in Weißrussland, in der Ukraine und auf der Krim fast 560 000 Menschen um – zumeist durch Erschießungen, später auch durch so genannte Gaswagen. Juden bildeten bei weitem die größte Opfergruppe.

Der Massenmord in industriellen Formen

Der Befehl Himmlers an den Kommandanten des KZ Auschwitz Rudolf Höß im Sommer 1941, eine industrielle Tötungsmethode zu finden, leitete die letzte Phase des Massenmordes ein. Auschwitz war im Mai 1940 als KZ auf einem Kasernengelände errichtet worden und hatte sich zum größten Ausbeutungs- und Vernichtungskomplex überhaupt entwickelt. An drei Hauptstandorten (Stammlager, Birkenau, Monowitz) und in 38 Nebenlagern wurde Sklavenarbeit organisiert und Leben vernichtet. Im September 1941 fand im Stammlager (Auschwitz I) ein erster Versuch statt, Menschen mit Zyklon B zu ermorden. Der an Kieselgur gebundene blausäurehaltige gasförmige Giftstoff ließ sich leicht und für die Mörder gefahrlos transportieren und handhaben. Ab Frühjahr 1942 setzte das NS-Regime in Birkenau (Auschwitz II) in eigens errichteten – dann mehrfach umgebauten und vergrößerten – Gaskammern den geräuschlosen und schnellen Massenmord in die Tat um. Aus ganz Europa kommend, endeten die Eisenbahntransporte auf der Rampe, wo die Arbeitsfähigen bei der Selektion zurückbehalten, alle anderen – meist 90 Prozent der Ankommenden – direkt in die Gaskammern getrieben wurden.

Gaskammer im Stammlager Auschwitz

Die Gesamtzahl der Opfer des Holocaust exakt zu ermitteln, bereitet beträchtliche Schwierigkeiten, da ein Teil der Ermordeten nur pauschal registriert wurde. Eine der wichtigsten statistischen Quellen ist einem Bericht des in Diensten der SS stehenden »Inspekteurs für Statistik«, Richard Korherr, zu entnehmen. Danach hatte die nationalsozialistische Judenpolitik bis zum 31. März 1943 schon mehr als zwei Millionen Opfer gefordert. In den auf polnischem Territorium errichteten Vernichtungslagern sind drei Millionen Juden ermordet worden: in Chelmno (Culm) 152 000, in Belzec 600 000, in Sobibór 250 000, in Auschwitz-Birkenau 1 000 000, in Treblinka 974 000 und in Majdanek 60 000 bis 80 000. Die Gesamtbilanz aufgrund neuester Forschungsergebnisse kommt auf mindestens sechs Millionen Holocaustopfer.

7.20 Kriegseintritt der USA

Davon überzeugt, dass ein Eingreifen letztendlich unausweichlich sein würde, bereitete US-Präsident Roosevelt seine zögernden Landsleute schon seit 1939 auf den Kriegseintritt vor (▶ 7.13). Als im Herbst 1941 amerikanische Kriegsschiffe den Schießbefehl gegen deutsche

Kapitel 7

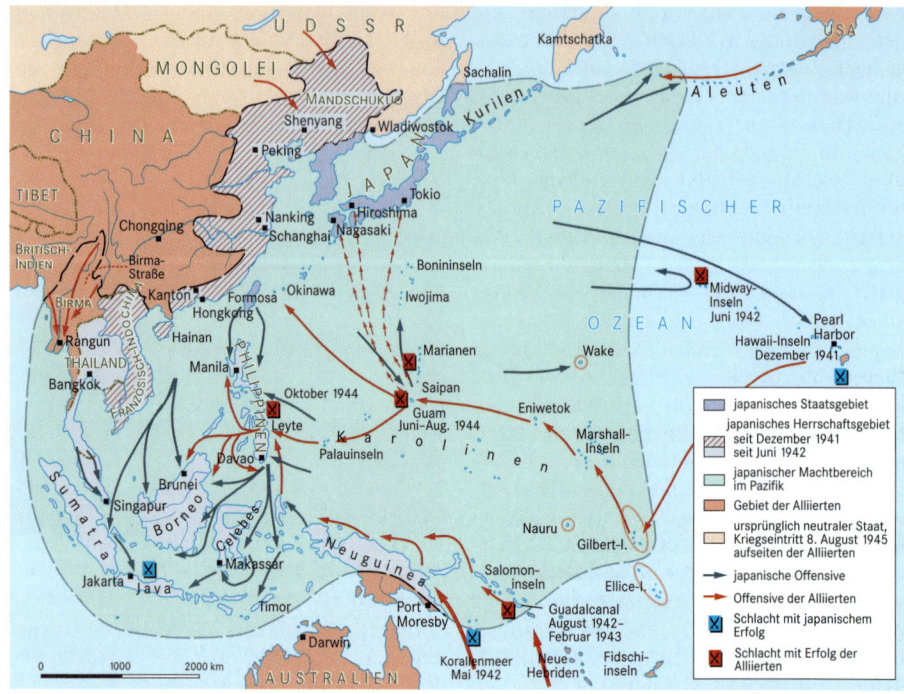

Krieg im Pazifik 1941–1945.

U-Boote erhielten, wurden kriegerische Verwicklungen bewusst in Kauf genommen. Der Krieg begann für die USA jedoch nicht im Atlantik, sondern am 7. Dezember 1941 mit dem japanischen Überfall auf Pearl Harbor.

In Ostasien hatten sich seit der militärischen Expansion Japans in der Mandschurei und in China (▶ 6.29) sowie seit dem Kriegsbeginn in Europa die Spannungen weiter verschärft. Der deutsche Sieg über die Niederlande und Frankreich im Sommer 1940 lieferte deren asiatische Kolonien schutzlos einem japanischen Zugriff aus. Im September 1940 rückten japanische Truppen in den Norden Französisch-Indochinas ein, im Juli des folgenden Jahres standen sie in Saigon. Die USA und Großbritannien reagierten mit Wirtschaftssanktionen auf die neuerliche Expansion des Inselstaates, die sich nach und nach zu einem völligen Boykott Japans ausweiteten. Vor allem das im Sommer 1941 verhängte Ölembargo zeigte Wirkung. Nachdem Verhandlungen gescheitert waren, beschloss die kaiserliche Regierung im Herbst 1941 den Krieg.

Japanischer Überfall auf Pearl Harbor

Am 7. Dezember 1941 griffen japanische Verbände ohne Kriegserklärung den Stützpunkt der amerikanischen Pazifikflotte auf Hawaii an. Unter anderem wurden acht Schlachtschiffe versenkt oder schwer beschädigt, mehr als 2400 Amerikaner kamen ums Leben. Zeitgleich mit dem Schlag gegen Pearl Harbor landeten die Japaner in Malaysia und auf den Philippinen, die seit 1898 den USA unterstanden. Wenige Tage später, am 10. Dezember 1941, versenkten japanische Torpedoflugzeuge die zwei zum Schutz Singapurs beorderten britischen Schlachtschiffe. Nach dem Fall der Stadt im Februar 1942 schien den Japanern der Indische Ozean und somit eine Seeverbindung zu den in Nordafrika in Richtung Suezkanal vorrückenden Deutschen offen zu stehen.

Auch die zweite Phase der japanischen Expansion war schnell abgeschlossen. Nach einem Sieg in der Javasee gegen einen britisch-niederländischen Verband wurden Java und Sumatra ohne größeren Widerstand besetzt. Es folgten Landungsunternehmen im Norden

Neuguineas, sodass der Norden Australiens in den Aktionsradius japanischer Flugzeuge geriet. Mit der Besetzung Birmas und dem Vorrücken japanischer Verbände bis an die Grenze Indiens erreichte Japan Ende März 1942 den Zenit seiner Macht im Pazifikkrieg. Als Herren über 450 Millionen Menschen und die größten Rohstoffvorkommen der Welt – Öl, Kautschuk, Erze und das Grundnahrungsmittel Reis – gingen die Japaner daran, die propagierte »Großostasiatische Wohlstandssphäre« zu verwirklichen.

Kämpfe im Pazifik
Der Überraschungsangriff auf Pearl Harbor hatte indes die Amerikaner keineswegs demoralisiert, zumal die Flugzeugträger sich zum Zeitpunkt des Angriffs nicht im Hafen befanden und der Zerstörung entgangen waren. In fester Kampfentschlossenheit standen die meisten Amerikaner nun hinter der Regierung Roosevelt. Im Juni 1942 stellte sich die instand gesetzte amerikanische Pazifikflotte zusammen mit den Flugzeugträgern in voller Stärke den auf die Midwayinseln vorrückenden japanischen Einheiten. In der größten See-Luft-Schlacht des Pazifikkrieges vom 3. bis 7. Juni 1942 verloren die Japaner vier Flugzeugträger und 275 Trägerflugzeuge samt der erfahrensten Piloten der Marineluftwaffe. Diese Verluste vermochte die japanische Marine nicht wieder auszugleichen. Technische Überlegenheit und geschickt improvisiertes Taktieren gaben den Ausschlag für den Sieg der numerisch unterlegenen Amerikaner. Ihre Marine hatte die Initiative zurückgewonnen und bestimmte nach einem halben Jahr Kriegführung den weiteren Fortgang des Krieges. Auch in der Landkriegführung bahnte sich mit der amerikanischen Besetzung von Guadalcanal (Salomonen) am 7. August 1942 eine Wende an.

Mit dem Kriegseintritt der USA wuchsen die Kriegsschauplätze in Europa und Asien zum Weltkrieg zusammen. Hitler, der ursprünglich einen Krieg mit den Vereinigten Staaten erst für die Zeit nach dem Sieg über die Sowjetunion ins Auge gefasst hatte, erklärte zusammen mit Italien den USA am 11. Dezember 1941 den Krieg. Damit hoffte er unter anderem, das amerikanische militärische Potential möglichst lange auf zwei Kriegsschauplätzen binden zu können und Zeit für den Abschluss des Krieges gegen die Sowjetunion zu gewinnen.

7.21 Konferenz von Casablanca

Nachdem sie sich bereits im August 1941 vor Neufundland (▶ 7.13) und an der Jahreswende 1941/42 in Washington getroffen hatten, kamen Roosevelt und Churchill vom 14. bis zum 26. Januar 1943 im marokkanischen Casablanca zu einer weiteren Gipfelkonferenz zusammen. Im Mittelpunkt der Gespräche stand das militärische Vorgehen nach den erfolgreichen alliierten Gegenschlägen im Pazifik und Nordafrika seit Frühjahr bzw. Herbst 1942 (▶ 7.20, ▶ 7.14). Roosevelt und Churchill vereinbarten für den Sommer 1943 eine Landung in Sizilien. Zudem wurde von Deutschland und seinen Verbündeten die »bedingungslose Kapitulation« als einzige Basis für Friedensgespräche verlangt. Das bedeutet, so der amerikanische Präsident am 24. Januar auf einer Pressekonferenz, auf der er die Forderung nach *unconditional surrender* öffentlich verkündete, nicht »die Ausrottung der Bevölkerung, aber es bedeutet die Ausrottung der Ideologien dieser Länder, die auf Eroberung und Unterjochung anderer Völker begründet sind«.

Die Konferenz von Casablanca war eine wichtige Station bei der Entwicklung der Anti-Hitler-Koalition, die nach dem Kriegseintritt der USA im Dezember 1941 schnell ausgebaut worden war. Ende 1941 hatten sich Roosevelt und Churchill auf die »Germany-First«-Strate-

Winston Churchill, Charles de Gaulle, Franklin D. Roosevelt und der französische General Henri Giraud (von rechts nach links) in Casablanca, Januar 1943

Kapitel 7

gie geeinigt. Fortan spielte die mögliche Eröffnung einer zweiten Front im Westen eine zentrale Rolle in den strategischen Überlegungen der Westmächte.

Bereits Anfang Januar 1942 unterzeichneten die USA, Großbritannien, die Sowjetunion sowie China in Washington eine Erklärung, in der sie die Ziele der Atlantikcharta (▶ 7.13) bestätigten und sich neben der politischen Zusammenarbeit dazu verpflichteten, alle Mittel, »militärische oder wirtschaftliche«, gegen die Staaten der Achsenmächte, mit denen sie sich im Krieg befanden, einzusetzen. Zusätzlich wurden 22 Regierungen eingeladen, den Pakt (»Pakt der Vereinten Nationen« oder »Washington-Pakt«) mit zu unterzeichnen. Bis Kriegsende schlossen sich weitere 21 Staaten an. Nach dem sowjetisch-britischen Bündnisvertrag vom Mai 1942 vereinbarten im Juni 1942 auch die USA und die Sowjetunion ein bilaterales Abkommen über die gegenseitige Hilfeleistung bei der Kriegführung.

Spannungen zwischen den Alliierten
Gerade die Konferenz von Casablanca machte aber auch die Spannungen zwischen den Alliierten deutlich. Das begann damit, dass Stalin, der ebenfalls in die marokkanische Küstenstadt eingeladen worden war, mit dem Hinweis auf die Lage in Stalingrad abgesagt hatte. Er forderte vor allem die sofortige Errichtung einer zweiten Front in Frankreich, mit der die Rote Armee entlastet werden konnte. Die Westmächte dagegen fürchteten eine sowjetische Expansion in Ost- und Mitteleuropa sowie auf dem Balkan, nachdem Stalin im Dezember 1941 zum ersten Mal zu erkennen gegeben hatte, dass er die Anerkennung der bis zum deutschen Überfall im Juni 1941 erreichten Westgrenze forderte.

Mit dem Beschluss von Casablanca, zunächst auf Sizilien zu landen, setzte sich Churchill gegen Überlegungen in der amerikanischen Militärführung durch, die als nächsten Schritt die alliierte Landung in Frankreich ins Auge gefasst hatte. Die Errichtung einer zweiten Front wurde erneut verschoben. Ein Angriff im Westen wurde im Mai 1943 auf einer weiteren Konferenz der Westmächte in Washington erst für das Jahr 1944 in Aussicht genommen. Stalin reagierte misstrauisch. Zwar schloss er sich im selben Monat der Forderung nach bedingungsloser Kapitulation Deutschlands an, doch die Beziehungen zwischen den Westmächten und der Sowjetunion waren gestört.

7.22 Die Alliierten landen in Sizilien

Mit der Kapitulation der deutschen und italienischen Truppen in Nordafrika Mitte Mai 1943 befand sich die gesamte Südküste des Mittelmeers in alliierter Hand. Der Weg für einen Angriff auf die »weiche Südflanke« der Achsenmächte, wie ihn Churchill und Roosevelt in Casablanca ins Auge gefasst hatten, war frei. Im Juli 1943 setzten britische und amerikanische Streitkräfte nach Sizilien über und fassten dort schnell Fuß. Nach vierzig Tagen war die Insel in alliierter Hand. Die italienischen Truppen hatten kaum Widerstand geleistet, die beiden auf Sizilien stationierten deutschen Divisionen waren Mitte August auf das italienische Festland evakuiert worden. Als britische und amerikanische Einheiten Anfang September in Kalabrien bzw. Salerno auf das Festland übersetzten, brach das Regime Mussolinis rasch zusammen.

Am 4. Juni 1944 wurde Rom befreit: amerikanische Soldaten vor dem Nationaldenkmal für König Viktor Emanuel II.

Zweiter Weltkrieg

Der Faschistische Großrat entzog dem italienischen Diktator am 24. Juli das Vertrauen. Einen Tag später ließ König Viktor Emanuel III. Mussolini verhaften. Zwar erklärte der neue Ministerpräsident Marschall Pietro Badoglio, den Kampf an der Seite Deutschlands fortsetzen zu wollen, knüpfte jedoch gleichzeitig vor dem Hintergrund der allgemeinen Kriegsmüdigkeit in Italien und des Zusammenbruchs des faschistischen Systems Kontakte zu den Alliierten, die am 3. September zum Abschluss eines Waffenstillstands führten. Als Konsequenz besetzten deutsche Truppen strategische Punkte in Italien – am 10. September Rom – und entwaffneten die italienischen Verbände im Mutterland, in Frankreich und auf dem Balkan. Am 15. September wurde der drei Tage zuvor von deutschen Sondereinheiten befreite Mussolini als Chef der Marionettenregierung einer faschistischen *Repubblica Sociale Italiana* mit Sitz in Salò am Gardasee eingesetzt (Republik von Salò).

Nachdem die Wehrmacht zunächst in Süditalien eine durchgehende Front gegen die alliierte Invasion aufgebaut hatte, konnten die Alliierten am 18. Mai 1944 die deutschen Stellungen nördlich von Neapel durchbrechen und am 4. Juni das kampflos geräumte Rom besetzen. Sie stießen bis zur ausgebauten »Apeninstellung« (Pisa–Florenz–Rimini) vor, bis ihre Offensive im November infolge der Witterungsbedingungen noch vor Erreichen der Poebene vorerst eingestellt werden musste.

7.23 Bombenkrieg

Bombenabwürfe aus Flugzeugen hatte es bereits im Ersten Weltkrieg gegeben. Im Zweiten Weltkrieg entfaltete der Luftkrieg jedoch zum ersten Mal seine ganze zerstörerische Kraft.

Bereits in der ersten Kriegsphase hatte die deutsche Luftwaffe große Teile Warschaus und Rotterdams zerstört. Während der »Luftschlacht um England« (◄ 7.5) hatte Hitler dann damit gedroht, englische Städte »auszuradieren«. Im Herbst 1940 wurden fast ununterbrochen Angriffe auf London geflogen, die mittelenglische Industriestadt Coventry wurde im November durch deutsche Luftangriffe fast vollständig zerstört. Seit Mai 1940 flog aber auch die britische Bomberflotte regelmäßig Angriffe auf Ziele innerhalb des Deutschen Reiches. Ein erster Bombenangriff auf Berlin fand am 25. August 1940 statt.

Seit 1942 gingen die Alliierten zu Flächenbombardements deutscher Städte über. Ein erster »1000-Maschinen-Angriff« traf in der Nacht vom 30. auf den 31. Mai 1942 Köln. Anfang 1943 wurde der Luftkrieg noch einmal intensiviert. Auf der Konferenz von Casablanca im Januar 1943, auf der zugleich die Forderung nach bedingungsloser Kapitulation für Deutschland beschlossen wurde (▶ 7.21), einigten sich die Combined Chiefs of Staff (Vereinigten Generalstabschefs) auf die »ständig zunehmende Zerstörung und Lähmung des deutschen militärischen, industriellen und wirtschaftlichen Systems und auf die Unterminierung der Kampfbereitschaft des deutschen Volkes bis zur entscheidenden Schwächung der Fähigkeit zum bewaffneten Widerstand«.

Flächenbombardements auf deutsche Städte
Die Offensive im Luftkrieg sah vor, dass die Britische Royal Air Force nachts Flächenangriffe flog, während die US-Air-Force am Tag zum Angriff auf Einzelziele ansetzte. So kamen allein beim Bombardement Hamburgs im Juli 1943 mehr als 30 000 Menschen ums Leben. Zum Symbol für das Leid und die Verwüstungen, die der Luftkrieg auf die seit Mitte 1944 beinahe unverteidigten deutschen Städte brachte, wurde die Zerstörung Dresdens. Den von britischen und amerikanischen Einheiten zwischen dem 13. und dem 15. Februar 1945 am Tag und in der Nacht geflogenen Angriffen fielen vermutlich rund 30 000 Menschen zum Opfer.

Bis in den Mai 1945 hinein prägten britisch-amerikanische Flächenbombardements den Kriegsalltag in Deutschland. Am Ende hatten sie 600 000 Tote und fast 900 000 Verletzte gefordert. Über die Hälfte des städtischen Wohnraums war bis zum Frühjahr 1945 völlig oder weitgehend zerstört. Fast 14 Millionen Deutsche hatten kein eigenes Dach mehr über dem Kopf. Die alliierten Luftkriegsstrategen hofften, unter dem Eindruck des Bombenhagels *(moral bombing)* werde die Bevölkerung von Hitler abfallen. Doch selbst angesichts der

Kapitel 7

Über 200 Luftangriffe der Alliierten auf Hamburg zerstörten fast 300 000 Wohnungen

totalen Niederlage blieb die Loyalität der deutschen Bevölkerung im Wesentlichen ungebrochen.

Kriegsentscheidend war der Luftkrieg nicht. Aber die erdrückende materielle Überlegenheit der Briten und Amerikaner und die uneingeschränkte Lufthoheit über dem Reichsgebiet hatten Konsequenzen: Sie schwächten die deutsche Luftwaffe ab Ende 1943 entscheidend, und sie schufen im Sommer 1944 zusammen mit der Marine die Voraussetzung dafür, dass der von den Westalliierten in Aussicht genommene Landungsraum in der Normandie unangefochten unter alliierter Kontrolle stand. Schließlich zeitigten die Präzisionsangriffe auf Flugzeug-, Motoren- und Kugellagerfabriken, auf Ölraffinerien und Hydrierwerke und vor allem auf die Verkehrswege insofern Wirkung, als sie im Sommer 1944 die Treibstoffzufuhr unter das Minimum des Notwendigen drückten. Das bereits 1944 strategisch unsinnige Festhalten der deutschen Führung an Entwicklung und Einsatz der als »Wunderwaffen« geltenden Raketen V1 und V2 hatte für den Kriegsverlauf keine Bedeutung mehr.

7.24 Aufstand im Warschauer Getto

Mit dem deutschen Einmarsch im September 1939 begann auch in Polen die Verfolgung der Juden. Die jüdische Bevölkerung wurde entrechtet, aus dem Wirtschaftsleben ausgeschlossen, als Zwangsarbeiter ausgebeutet; es kam zu Massenerschießungen. Besonders brutal wütete der Terror im Generalgouvernement, das im Oktober 1939 aus jenen polnischen Gebieten gebildet worden war, die nicht in das Deutsche Reich eingegliedert wurden. Dort übten neben der deutschen Zivilverwaltung unter dem Generalgouverneur Hans Frank vor allem die Heinrich Himmler direkt unterstehenden »Höheren SS- und Polizeiführer« die Herrschaft aus.

Im Frühjahr 1940 begannen die deutschen Besatzer, Juden in Gettos zusammenzutreiben. Beginnend mit Lodz im April 1940 wurden die jüdischen Wohnviertel abgeriegelt und die Juden auf engstem Raum zusammengedrängt. In Warschau lebten seit November 1940 bis zu 500 000 Menschen auf vier Quadratkilometern unter katastrophalen Bedingungen. Die Versorgung wurde systematisch auf ein Minimum reduziert, Zwangsarbeit, Razzien und willkürliche Erschießungen prägten die Schreckensherrschaft. Zehntausende starben an Unterversorgung, Krankheiten und Seuchen oder wurden ermordet.

Im Juli 1942 begann im Rahmen der »Aktion Reinhardt« (▶ 7.19) die systematische Deportation der Juden aus dem Warschauer Getto in das Vernichtungslager Treblinka, wo sie seit dem 23. Juli in Gaskammern umgebracht wurden. Bis September 1942 wurden rund 250 000 Menschen aus dem Warschauer Getto auf diese Weise ermordet. Zurück blieben vor allem arbeitsfähige Männer und Frauen, die insbesondere in Rüstungsbetrieben Zwangsarbeit leisteten. Seit Beginn der Deportationen, deren Zweck bald kein Geheimnis mehr war, hatte sich im Getto eine Untergrundbewegung gebildet.

Am 19. April 1943 brach der Aufstand aus. Mit völlig ungenügender Bewaffnung wehrten sich die Männer und Frauen des jüdischen Widerstandes rund vier Wochen lang gegen die deutschen Einheiten, die vor allem aus SS sowie Trupps der Polizei und der Wehrmacht bestanden. Erst am 16. Mai gelang es den mit größter Brutalität vorgehenden Deutschen, den Aufstand vollständig niederzuschlagen. Der von dem Befehlshaber der deutschen Einheiten verfasste Bericht sprach von 12 000 bis 15 000 getöteten Aufständischen bei 15 eigenen Gefallenen. Das Warschauer Getto wurde vollständig zerstört, seine letzten Bewohner fast alle ermordet. Bei Ende des Krieges hatten nur einige Tausend der ehemals mehreren Hunderttausend Juden des Warschauer Gettos überlebt.

Der Aufstand in Warschau war nicht das einzige Beispiel für jüdischen Widerstand. Auch in anderen Gettos, so in Bialystok, und selbst in den Vernichtungslagern wehrten sich Juden, zum Teil mit Waffengewalt. Andere, denen es gelungen war, während der Transporte zu entkommen oder sich rechtzeitig vor dem Zugriff der Deutschen zu verstecken, schlossen sich Partisanengruppen an. Zu größeren, organisierten Widerstandsaktionen fehlten jedoch die Mittel, und auch die Unterstützung durch die einheimische, nichtjüdische Bevölkerung blieb in fast allen Ländern gering.

7.25 Die Landung der Alliierten in der Normandie

Nachdem im Sommer 1943 die Landung auf Sizilien und in Italien gelungen war und die Wehrmacht im Mai 1943 wegen der großen Verluste auch den U-Bootkrieg im Atlantik faktisch abbrechen musste, begann Mitte 1944 die oft verschobene, von Stalin seit Jahren geforderte und von den westlichen Alliierten immer wieder versprochene Errichtung einer zweiten Front im Westen. Am 6. Juni 1944 landeten alliierte Truppen in einer ersten Welle an den Stränden der Normandie. Vorbereitet durch systematische Luftangriffe auf die Infrastruktur Nordfrankreichs und im Schutz eines überlegenen »Feuerschirms« von sieben Schlachtschiffen, 23 Kreuzern und 105 Zerstörern sowie der Luftstreitkräfte gingen die Truppen in fünf Brückenköpfen zwischen der Ostküste der Halbinsel Cotentin und der Ornemündung an Land. Insgesamt waren in Südengland etwa 3,5 Millionen Mann – neben Briten und Amerikanern auch Soldaten aus Gebieten des Empire sowie belgische, französische, niederländische, polnische und tschechische Einheiten sowie eine Luftflotte von rund 11 000 Maschinen zusammengezogen worden.

Schon am Abend des ersten Tages zeichnete sich trotz schwerer Verluste das Gelingen der alliierten Landung ab. Vieles stand einer effektiven Gegenwehr der Deutschen entgegen: die Materialüberlegenheit der Alliierten zu Wasser und in der Luft, das Überraschungsmoment durch den funktelegrafisch simulierten Aufmarsch einer starken amerikanischen (Phantom-)Heeresgruppe gegenüber von Calais, die Zerstörung der Verkehrswege, die schnelle Sicherung des Nachschubs durch künstliche Häfen, die frontferne Stationierung der deut-

Die letzten Überlebenden des Aufstands im Warschauer Getto wurden in die Vernichtungslager abtransportiert.

Kapitel 7

Am 6. Juni 1944 landeten die alliierten Truppen an der französischen Atlantikküste in der Normandie.

schen Panzerverbände sowie chaotische Kommandostrukturen auf deutscher Seite.

Nach der Herstellung eines zusammenhängenden Brückenkopfes von 100 Kilometern Breite und 30 Kilometern Tiefe am 12. Juni leitete der entscheidende Durchbruch der Amerikaner bei Saint-Lô am 25. Juli und bei Avranches am 31. Juli das Vorrücken der Alliierten in das Landesinnere ein. Bis zum Herbst des Jahres 1944 konnte keine geschlossene deutsche Abwehrfront mehr hergestellt werden. Der amerikanisch-französischen Landung in Südfrankreich zwischen Cannes und Toulon Mitte August folgten schnelle Vorstöße an die französisch-italienische Alpengrenze und rhôneaufwärts Richtung Lyon-Dijon. Am 25. August fiel Paris unzerstört in die Hände der Amerikaner und Franzosen; die französische provisorische Regierung unter Charles de Gaulle zog in die Stadt ein. Am 21. Oktober wurde mit Aachen die erste deutsche Großstadt erobert.

Die deutsche Ardennenoffensive scheitert
Noch im Bann des erfolgreichen »Sichelschnitts« von 1940 setzte Hitler mit der Ardennenoffensive im Dezember 1944 alles auf eine Karte. Doch das Unternehmen scheiterte nach nur geringem Raumgewinn bereits Ende des Monats. Nachdem den alliierten Streitkräften im März die Überquerung des Rheins gelungen war, stießen sie schnell gegen den immer schlechter organisierten Widerstand deutscher Einheiten ins Reichsinnere vor. Am 18. April 1945 erfolgte die Übergabe des Ruhrkessels, und bei Magdeburg wurde die Elbe erreicht. Am 19. April wurde Leipzig eingenommen, sechs Tage später kam es bei Torgau an der Elbe zum Zusammentreffen mit der Roten Armee. Anfang Mai erfolgte die Besetzung Münchens, am 3. Mai die Vereinigung mit den am 19. April bei Bologna an der Italienfront durchgebrochenen amerikanischen Truppen. Am 5. Mai kapitulierten die deutschen Truppen in den Niederlanden.

7.26 Widerstand in Deutschland

Der Widerstand gegen das nationalsozialistische Regime in Deutschland lässt sich grob in drei Phasen einteilen. Nachdem in den ersten Jahren vor allem sozialistische und kommunistische Gruppen in die Opposition fanden, folgte seit Mitte der Dreißigerjahre eine Phase, in der es nur sehr vereinzelt zu Widerstandsaktivitäten kam. Erst mit dem Angriff auf die Sowjetunion im Juni 1941 und dann vor allem mit der Kriegswende der Jahre 1942/43 wurde die Opposition gegen das Regime stärker. Widerstand kam dabei aus allen Teilen der Bevölkerung, aus den Kirchen ebenso wie aus den früheren politischen Parteien, den alten Eliten in

Zweiter Weltkrieg

Militär, Verwaltung und Wirtschaft und von Einzelpersonen. Insgesamt blieb der Kreis derjenigen, die Widerstand leisteten, äußerst klein. Die zahlenmäßig größte Widerstandsgruppe kam aus der Arbeiterbewegung. In den ersten Jahren des »Dritten Reichs« bemühten sich die Ersatzorganisationen von KPD und SPD schlagkräftige Strukturen im Untergrund aufzubauen. Daneben existierten kleinere sozialistische Widerstandsgruppen aus der Arbeiterbewegung, etwa im Umfeld der »Sozialistischen Arbeiterpartei« (SAP). Der Gestapo gelang es jedoch bis 1936, fast alle diese Gruppierungen zu zerschlagen.

Während die Aktionen des Widerstandes danach insgesamt deutlich abebbten, zeichnete sich in der zweiten Hälfte der Dreißigerjahre die Bildung neuer Oppositionsgruppen ab. Hauptantrieb war zunächst die Sorge vor den Folgen von Hitlers Kriegskurs – jedenfalls soweit er eine neue Auseinandersetzung mit den Siegermächten des Ersten Weltkriegs befürchten ließ. Seit dem Einmarsch in Polen kamen auch Kritik und Abscheu vor der deutschen Vernichtungspolitik im Osten hinzu. Der ehemalige Leipziger Oberbürgermeister Carl Goerdeler begann Kontakte zu Militärs, Vertretern der Wirtschaft oder Diplomaten zu knüpfen.

Um Adolf Harnack und Harro Schulze-Boysen bildeten sich jene Freundeskreise, die Anfang der Vierzigerjahre in die kommunistisch orientierte »Rote Kapelle« übergingen. Höhepunkt der zweiten Phase des Widerstandes in Deutschland war jedoch eine Einzelaktion: Am 8. November 1939 verübte der Schreiner Georg Elser im Münchener Bürgerbräukeller einen Sprengstoffanschlag, dem Hitler nur durch einen Zufall entging.

Abgesehen von den Schwierigkeiten, die das Informationsmonopol des Regimes sowie der hohe Verfolgungsdruck für die Bildung größerer Widerstandsgruppen bedeutete, lag die Schwäche der Opposition seit der Mitte der Dreißigerjahre auch an dem großen Rückhalt, den die nationalsozialistische Herrschaft gerade in dieser Phase in allen Kreisen der Bevölkerung genoss. Erfolge wie die Besetzung des entmilitarisierten Rheinlandes 1936 oder die Angliederung Österreichs 1938 ließen die meisten Deutschen über den verbrecherischen Kern der NS-Politik hinwegsehen.

Ähnlich hoch war die Zustimmung noch einmal während der schnellen Siege der Jahre 1939/40. Mit dem Angriff auf die Sowjetunion begann die Stimmung im Reich langsam umzuschlagen. Systembedrohende Ausmaße erreichte der zunehmende Unmut allerdings nie. Den Gewalt- und Unterdrückungsmaßnahmen des Regimes gegen die Juden und andere Minderheiten stand die Mehrheit weitgehend teilnahmslos gegenüber.

Die »Weiße Rose«

Unter diesen Bedingungen blieb der Widerstand auch während des Krieges insgesamt schwach. Darüber können auch die Aktionen der »Weißen Rose« in München (1942/43) nicht hinwegtäuschen. Zum Kern der »Weißen Rose« gehörten u. a. Hans und Sophie Scholl,

Mitglieder der »Weißen Rose«: Hans Scholl, Sophie Scholl und Christoph Probst (von links) wurden am 22. Februar 1943 zum Tode verurteilt und hingerichtet.

Kapitel 7

Alexander Schmorell und Professor Kurt Huber. Die insgesamt sechs von der Gruppe entworfenen und verteilten Flugschriften gegen das NS-Regime tauchten in mehreren Städten Süddeutschlands und in Österreich auf. Ab Februar 1943 beschriftete die Gruppe in nächtlichen Aktionen in München Gebäude mit Parolen wie »Nieder mit Hitler«, »Hitler Massenmörder« und »Freiheit«. Im Februar 1943 wurden die Geschwister Scholl in der Münchner Universität bei der Verteilung des sechsten Flugblattes beobachtet und verhaftet. Am 22. Februar zum Tode verurteilt, wurden sie noch am selben Tag hingerichtet.

Das Attentat vom 20. Juli 1944

Unter machtpolitischen Gesichtspunkten aussichtsreich war allein der militärische Widerstand, der sich ebenfalls Ende der Dreißigerjahre und dann vor allem seit 1941 zu bilden begann. Bereits während der »Sudetenkrise« des Jahres 1938 (▶ 6.46) hatte eine Widerstandsgruppe um den Generalstabschef Ludwig Beck für den Fall, dass es zum Krieg kommen würde, einen Putsch vorbereitet, der dann allerdings durch das Münchener Abkommen hinfällig wurde.

Höhepunkt des militärischen Widerstandes war das Attentat vom 20. Juli 1944. Der Sprengsatz, den Oberst Claus Schenk Graf von Stauffenberg in der Besprechungsbaracke von Hitlers ostpreußischem Hauptquartier »Wolfschanze« platzierte, verletzte den Diktator jedoch nur leicht. Der eingeleitete Staatsstreich brach nach wenigen Stunden zusammen. Stauffenberg und viele seiner Mitverschwörer wurden hingerichtet.

Bis zum militärischen Zusammenbruch konnte sich das nationalsozialistische Regime der »Heimatfront« sicher sein, zumal das alliierte Bombardement und das Vorrücken der gefürchteten Roten Armee eher zur Folge hatten, dass die Reihen im Innern weiter geschlossen blieben.

7.27 Die erste Atombombe wird gezündet

Am 16. Juli 1945 begann ein neues Zeitalter: Amerikanische Wissenschaftler zündeten bei Almogordo im US-Bundesstaat New Mexico die erste Atombombe. Die Detonation war das Ergebnis einer beispiellosen wissenschaftlichen Kraftanstrengung. Von führenden, in die USA emigrierten Wissenschaftlern wie Albert Einstein vor der Entwicklung einer deutschen Atomwaffe gewarnt, hatte Präsident Roosevelt 1939 mit der Bildung eines »Advisory Committee on Uranium« die Entwicklung einer amerikanischen Atombombe eingeleitet.

Als im Dezember 1942 an der Universität von Chicago in einem Versuchsreaktor die erste kontrollierte Kernspaltungs-Kettenreaktion gelang, war das streng geheime »Manhattan Project« bereits im Gange. In zahlreichen Forschungseinrichtungen arbeiteten zeitweise mehr als hunderttausend Menschen an der Entwicklung der Bombe. Von besonderer Bedeutung waren drei Anlagen: In Oak Ridge (Tennessee) wurde Uran angereichert, in Hanford im Bundesstaat Washington produzierten die Amerikaner kernwaffenfähiges Plutonium. In Los Alamos (New Mexico) wurde unter der wissenschaftlichen Leitung von Jacob Robert

Detonationswolke (Atompilz) einer Atombombe

Oppenheimer die Atombombe konstruiert und zusammengesetzt. Insgesamt verschlang das Projekt über zwei Milliarden Dollar.

Als die USA im Sommer 1945 genügend kernwaffenfähiges Material besaßen, zündeten sie in der Wüste von New Mexico die erste Bombe. Von der Zerstörungskraft der neuen Waffe waren die beteiligten Wissenschaftler selbst überrascht. Während sie von einer Sprengkraft von 5000 Tonnen TNT ausgingen, war die der ersten Atombombe mit 20000 Tonnen TNT viermal so stark.

Ein Atomwaffenprogramm verfolgte während des Zweiten Weltkriegs neben Japan auch die Sowjetunion. Es führte allerdings erst 1949 zum Erfolg. In Deutschland, wo Otto Hahn und Friedrich Straßmann 1938 die erste künstliche Kernspaltung gelungen war, sorgten Rivalitäten, fehlende politische Unterstützung sowie mangelnde wissenschaftliche und finanzielle Ressourcen dafür, dass die Entwicklung einer Atombombe nicht vorankam. Ob Werner Heisenberg als Direktor des Berliner Kaiser-Wilhelm-Instituts das deutsche Programm aus moralischen Gründen bewusst verzögerte, ist umstritten. So waren jedenfalls die USA die einzige Macht, die in der Endphase des Krieges über eine – wenn auch sehr begrenzte – Anzahl von Atombomben verfügte. Am 6. und 9. August 1945 setzten sie zwei davon gegen die japanischen Städte Hiroshima und Nagasaki ein (▶ 7.32).

7.28 Konferenzen von Teheran und Jalta

Je länger der Krieg dauerte und je deutlicher sich die Niederlage der Achsenmächte abzeichnete, desto stärker rückten in den Verhandlungen innerhalb der Anti-Hitler-Koalition Fragen der Nachkriegsordnung in den Vordergrund. Auf einem Treffen der Außenminister Großbritanniens, der USA und der Sowjetunion war in Moskau im Oktober 1943 die Bildung einer »Europäischen Beratenden Kommission« (*European Advisory Commission,* EAC) in London beschlossen worden, die Vorschläge für die politische Neuordnung Europas nach dem Krieg erarbeiten sollte. Die EAC tagte bis zum 26. Juli 1945 rund 120-mal. Wichtigste Ergebnisse waren der Entwurf der Kapitulationsurkunde sowie das Londoner Protokoll vom 12. September 1944, das die Aufteilung Deutschlands in Besatzungszonen und die Einrichtung einer Alliierten Militärkommandantur für Berlin vorsah.

Zu einem ersten Treffen der »Großen Drei« – Roosevelt, Stalin und Churchill – kam es vom 28. November bis zum 1. Dezember 1943 in Teheran. Auch hier ging es neben Fragen der weiteren militärischen Strategie vor allem um Probleme einer zukünftigen europäischen Ordnung. Churchill und Roosevelt sagten eine Landung in Frankreich fest zu und gaben den Mai 1944 als möglichen Zeitpunkt an. Stalin versprach im Gegenzug, gleichzeitig mit der alliierten Landung im Westen an der Ostfront eine Offensive zu starten. Überdies erklärte er sich bereit, nach dem Ende der Konfrontation in Europa in den Krieg gegen Japan einzutreten. Grundsätzliche Übereinstimmung erzielte man ferner in der Frage einer Westverschiebung Polens, wobei in etwa die Curzon-Linie (▶ 6.8) – die auch der im deutsch-sowjetischen Vertrag vom 28. September 1939 vorgesehenen Westgrenze der Sowjetunion entsprach – die polnische Ostgrenze bilden sollte. Auch die Aufteilung Deutschlands in Besatzungszonen traf auf die Zustimmung aller Beteiligten. Wie hinsichtlich der polnischen Frage sollten Einzelheiten auch hier in der EAC ausgearbeitet werden.

Angesichts der Tatsache, dass sowjetische Truppen in Richtung Mitteleuropa vorstießen, die Westalliierten dagegen immer noch nicht zum Sturm auf die »Festung Europa« angesetzt hatten, erschien London und Washington die schließlich erzielte Festlegung der Grenze zwischen sowjetischer und westlichen Besatzungszonen entlang der Linie Lübeck-Helmstedt-Hof als Erfolg. Sie ging auf einen britischen Vorschlag vom Januar 1944 zurück. Intern erwartete man die Rote Armee bei Kriegsende am Rhein.

Streit um Einflusszonen

Anlass zu Streitigkeiten bot in der Folgezeit vor allem das Problem der jeweiligen Einflusszonen nach Ende des Krieges. Hierin lag der Keim für künftige Auseinandersetzungen nach dem Sieg über Deutschland. Der Vormarsch der Roten

Kapitel 7

Churchill, Roosevelt und Stalin (von links) während der Konferenz von Jalta

Armee drohte aus Sicht der Westalliierten in Ost-, Mittel- und Südosteuropa vollendete Tatsachen zu schaffen, und Stalin tat nichts, um diesem Eindruck entgegenzuwirken. Er machte im Gegenteil seine Ansprüche unverblümt deutlich. Im Herbst 1944 verständigte er sich mit Churchill auf eine Aufteilung der Interessensphären. In Bulgarien und Ungarn sollte der sowjetische Einfluss 80 Prozent, in Rumänien 90 Prozent betragen. Jugoslawien sollte zu je 50 Prozent als Einflusssphäre zwischen der Sowjetunion und Großbritannien geteilt werden. Griechenland wurde mit 90 Prozent Großbritannien zugesprochen. Hauptstreitpunkt blieb aber Polen, weil die Westmächte weiterhin die polnische Exilregierung in London unterstützten, während Stalin mit der Bildung des Lubliner Komitees im Juli 1944 eine moskautreue polnische Vertretung schuf.

Die Konferenz in Jalta

Als die »Großen Drei« im Februar 1945 in Jalta auf der Krim zu ihrem zweiten Treffen zusammenkamen, hatte sich die militärische Situation wiederum entscheidend verändert. Während in Europa mit dem Vordringen der amerikanisch-britischen Truppen bis zur westlichen Reichsgrenze und dem Angriff der Roten Armee auf Schlesien und Ostpreußen das Kriegsende bevorstand, schien gegen Japan noch eine lange, verlustreiche Auseinandersetzung bevorzustehen. Entsprechend konzessionsbereit zeigten sich die Westmächte. In der Ausgestaltung der geplanten »Vereinten Nationen« setzte sich Stalin mit seiner Forderung nach einem starken Vetorecht der ständigen Sicherheitsratsmächte durch. Auch in Ostasien gelang es der Sowjetunion, gegen die verbindliche Zusage eines Kriegseintritts wichtige Ansprüche anerkennen zu lassen.

Hinsichtlich der Situation in Europa bestätigten Roosevelt, Stalin und Churchill die Beschlüsse der »Europäischen Beratenden Kommission« vom 12. September bzw. 14. November 1944 zur Aufteilung Deutschlands in Besatzungszonen und zur Bildung eines alliierten Kontrollrats. Zudem wurden Frankreich nach Kriegsende eine eigene Besatzungszone und ein Sitz im Kontrollrat zugestanden und eine grundsätzliche Einigung über die Entmilitarisierung und Entnazifizierung sowie über die Erhebung von Reparationen erreicht. Ein endgültiges Einverständnis über die Regierung Polens sowie die Grenzen des Landes wurde auch in Jalta nicht erzielt.

7.29 Warschauer Aufstand

Mit der Eroberung Polens durch deutsche und sowjetische Truppen im September 1939 hatte sich zunächst in Paris eine polnische Exilregierung gebildet. Nach der Niederlage Frankreichs wich sie nach London aus. Gleichzeitig entstand eine polnische Exilarmee, die Seite an Seite mit den Alliierten kämpfte. Im Land selbst schlossen sich im Februar 1942 verschiedene Untergrundverbände zur »Heimatarmee« (*Armia Krajowa*, AK) zusammen. Sie war in allen Teilen Polens aktiv und politisch eng an die westlich orientierte Exilregierung in London gebunden. Die Heimatarmee, die 1944 einige Hunderttausend Mann umfasste, sollte dafür sorgen, dass Polen nach dem Ende des Krieges und der deutschen Besatzungsherrschaft sein Schicksal würde selbst in die Hände nehmen können.

Als die Spitzen der Roten Armee im Sommer 1944 die Außenbezirke Warschaus erreichten, beschloss die Führung der Heimatarmee in Absprache mit der Londoner Exilregierung, den Aufstand gegen die Deutschen zu wagen. Ziel war, die Hauptstadt vor dem Eintreffen der Sowjets aus eigener Kraft zu befreien und so die polnische Position gegenüber Moskau zu stärken. Den Verbänden unter General Tadeusz Graf (»Bór«-)Komorowski gelang es nach Beginn des Aufstands am 1. August 1944, zunächst die SS- und Polizeieinheiten, die sich in Warschau befanden, in die Defensive zu drängen. Der am 4. August einsetzenden deutschen Gegenoffensive waren sie aber nicht gewachsen. In wochenlangen Häuserkämpfen eroberten die deutschen Truppen die Stadt zurück. Am 2. Oktober kapitulierte General Bór-Komorowski mit den Resten seiner Truppen.

Ausschlaggebend für die Niederlage der Heimatarmee wurde, dass Stalin, der im Juli 1944 die Beziehungen zur polnischen Exilregierung abgebrochen und wenige Tage später das »Lubliner Komitee« aus kommunistischen und sozialistischen Kräften als Vertretung Polens ins Leben gerufen hatte, die Rote Armee nicht zur Unterstützung des Warschauer Aufstandes einsetzte. Die sowjetischen Truppen blieben auf dem rechten Weichselufer stehen, die Weichselbrücken befanden sich in deutscher Hand. Lediglich einige polnische Einheiten, die mit der Roten Armee kämpften, durften eingreifen, während die britische Luftwaffe versuchte, der Heimatarmee zumindest aus der Luft Hilfe zu leisten.

Nach Beendigung der Kämpfe, denen rund 150 000 polnische Zivilisten und rund 15 000 Mitglieder der Heimatarmee zum Opfer fielen, gingen die Deutschen daran, Warschau systematisch zu zerstören.

7.30 Die Rote Armee erobert Berlin

Im Schatten der Invasion in Frankreich erlitt im Sommer 1944 die Heeresgruppe Mitte an der Ostfront eine katastrophale Niederlage. Nachdem die Rote Armee in mehreren Offensiven zwischen Sommer 1943 und Frühjahr 1944 die deutsche Front im Norden an den Peipussee und im Süden an die rumänische Grenze und nach Ostgalizien (Lemberg) zurückgedrängt hatte, führte eine Großoffensive der Roten Armee, die am 22. Juni 1944, dem Jahrestag des deutschen Überfalls auf die Sowjetunion, begann, in wenigen Tagen zum Verlust von 28 Divisionen der Heeresgruppe Mitte mit 350 000 Gefallenen und Kriegsgefangenen. Auf sowjetischer Seite waren die Verluste doppelt so hoch.

Weitere Offensiven führten die sowjetischen Streitkräfte bis Jahresende an die Ostsee bei Memel, an die Grenze Ostpreußens, an die mittlere und obere Weichsel bei Warschau und im Süden durch Rumänien nach Bulgarien und Ungarn bis Budapest. Der Frontwechsel Rumäniens und Bulgariens und das Vordringen der Sowjets entlang der Donau erzwangen einen überstürzten Rückzug der Heeresgruppe E aus

Soldaten der Roten Armee hissten am 30. April 1945 die Sowjetflagge auf der Ruine des Reichstagsgebäudes in Berlin.

Griechenland und Jugoslawien zunächst bis an die Drinalinie.

Eine am 12. Januar 1945 aus dem Baranów-Brückenkopf heraus begonnene neue sowjetische Offensive dehnte sich schnell auf den gesamten Frontabschnitt zwischen Memel und den Karpaten aus. Am 26. Januar 1945 erreichte die Rote Armee das Frische Haff bei Elbing und schnitt damit Tausenden von Flüchtlingstrecks den Weg aus Ostpreußen ins Reich ab. Im mittleren Frontabschnitt kämpften sich die sowjetischen Verbände nach der Eroberung von Warschau am 17. Januar 1945 bis Mitte März auf eine Linie vor, die vom nördlichen Rand der Sudeten entlang der Görlitzer Neiße und der Oder bis Stettin verlief. Am 27. Januar befreite die Rote Armee die rund 7500 verbliebenen Häftlinge im Vernichtungslager Auschwitz.

Mitte April 1945 traten zwei sowjetische Heeresgruppen unter Georgi Schukow aus dem Raum Küstrin (Schlacht bei den Seelower Höhen) und unter Iwan Konjew von der Neiße aus zum Angriff gegen Berlin an und leiteten den endgültigen Untergang des »Dritten Reiches« ein. Am 25. April schlossen die beiden sowjetischen Armeen den Ring um Berlin. Als Adolf Hitler am 30. April im Bunker unter der Reichskanzlei Selbstmord beging, standen die sowjetischen Truppen nur noch einige Hundert Meter von seinem Hauptquartier entfernt. Zwei Tage später, am 2. Mai 1945, kapitulierte Berlin.

7.31 Bedingungslose Kapitulation der deutschen Wehrmacht

Politisch wurde Deutschlands Zusammenbruch dadurch vorangetrieben, dass das auf deutsche Hegemonie gegründete Bündnissystem – das unter der Parole eines gemeinsamen »Kreuzzuges Europas gegen den Bolschewismus« stand – in dem Augenblick wie ein Kartenhaus zusammenbrach, als die Führungsmacht 1943/44 einen militärischen Rückschlag nach dem anderen einstecken musste: Dem Waffenstillstand Italiens am 3. September 1943 folgten der »Abfall« Rumäniens am 23. August 1944, Bulgariens am 9. September und Finnlands am 19. September 1944.

Das am 19. März 1944 von Truppen des deutschen Verbündeten besetzte Ungarn konnte nur dadurch im Krieg gehalten werden, dass der Reichsverweser Miklós Horthy am 16. Oktober 1944 ein bereits an die UdSSR ergangenes Waffenstillstandsangebot öffentlich zurückziehen musste und durch seinen Rücktritt einer faschistischen Satellitenregierung unter dem Vorsitzenden der Pfeilkreuzler-Partei, Ferenc Szálasi, als »Staatsführer« und Ministerpräsident Platz machte. Ende des Jahres schied auch Ungarn aus dem Krieg an der Seite Deutschlands aus.

Während die Alliierten von Ost und West immer weiter in das Reich vorstießen (▶ 7.25, ▶ 7.30), spann sich Hitler in seinem Führerhauptquartier in die illusionäre Traumwelt seiner Hoffnungen auf den »Endsieg« ein. Er operierte am Kartentisch mit Phantommarmeen und sprach von seiner »felsenfesten« Überzeugung, dass die militärische Wende nur eine Sache des »eisernen« Willens und persönlicher Führungsqualitäten sei. Offenbar bis zuletzt im Banne des »Führermythos«, rafften sich enge Gefolgsleute wie etwa Rüstungsminister Albert Speer erst zum Widerspruch auf, als Hitler mit seinem »Nero-Befehl« vom 19. März 1945 zu erkennen gab, dass er »sein Volk« mit in den eigenen Untergang hineinreißen und die schon in der Sowjetunion beim Rückzug praktizierte

Amerikanische und sowjetische Truppen trafen auf der Elbe-Brücke in Torgau am 25. April 1945 erstmals aufeinander.

Taktik der »verbrannten Erde« nun auch im eigenen Lande anwenden wolle.

Seit April 1945 bemühte sich die Wehrmachtführung um separate Waffenstillstandsabschlüsse im Westen zur Rettung der aus dem Osten zurückströmenden Truppen vor der sowjetischen Gefangenschaft. Nach Teilkapitulationen in Italien am 29. April und den Kapitulationen der deutschen Streitkräfte in den Niederlanden, Nordwestdeutschland und Dänemark am 4. Mai erzwang Stalin die bedingungslose Gesamtkapitulation in doppelter Ausfertigung: am 7. Mai in Reims vor Vertretern der Westalliierten und in der Nacht vom 8. auf den 9. Mai vor dem sowjetischen Oberkommandierenden in Berlin-Karlshorst.

Der europäische Krieg war beendet. Nach der Verhaftung der nach Hitlers Tod gebildeten Regierung Dönitz am 23. Mai in Flensburg-Mürwick übernahmen die Militärbefehlshaber der vier Alliierten mit der Berliner Deklaration am 5. Juni 1945 die oberste Regierungsgewalt in Deutschland.

Das Stadtzentrum von Hiroshima nach dem Abwurf der Atombombe am 6. August 1945

7.32 Hiroshima und Nagasaki. Die Kapitulation Japans

Militärische Selbstüberschätzung Japans, ungenutzte Möglichkeiten einer globalen Kriegführung im Bunde mit Deutschland, eine brutale und selbstherrliche Besatzungspolitik sowie vollständige politische Untätigkeit sind als Hauptfaktoren für die rasche Wende im Pazifik seit Mitte 1942 (▶ 7.20) anzuführen. Von Inselgruppe zu Inselgruppe kämpften sich die Alliierten nach Japan vor.

Mit dem Fall der zu den Marianen gehörenden Insel Saipan Anfang Juli 1944 geriet Japan selbst in den Aktionsradius amerikanischer Fernbomber. Trotz erbitterten Widerstandes der Inselgarnison – von 30 000 Verteidigern überlebten nur 2 000 – waren die Amerikaner in die innere Verteidigungszone Japans eingedrungen. Während die Marine nun erstmals die Möglichkeiten eines Friedensschlusses sondierte, setzte die Armee die totale Mobilmachung durch, zog ganze Jahrgänge zum Kriegsdienst ein und startete auf dem asiatischen Festland zwei groß angelegte Landoffensiven. Der von Birma aus gegen Indien gerichtete Angriff blieb an der Grenze stecken und wurde zum ersten militärischen Desaster für die kaiserliche Armee. Dagegen schlossen die Heeresverbände in China die Landbrücke zwischen Hankou (Wuhan) und Kanton und schalteten die dortigen amerikanischen Flugbasen aus. Politisch setzte die Armee nunmehr auf die Sowjetunion als möglichen Verbündeten im Rahmen einer asiatischen Blockpolitik und offerierte Moskau erstmals Zugeständnisse wie die Rückgabe der 1906 erworbenen Südhälfte der Insel Sachalin.

Die japanische Marine wurde nach der geglückten amerikanischen Landung auf den Philippinen am 20. Oktober 1944 in der Seeschlacht bei Leyte praktisch aufgerieben. Auch die bei den Philippinen erstmals zum Einsatz kommenden japanischen Selbstopfer-Fliegerverbände, die Kamikaze, vermochten den amerikanischen Landungseinheiten zwar schwere Schäden zuzufügen, die Wiedereroberung der Inseln aber nicht zu vereiteln.

Einsatz der Atombombe durch die USA
Der erbitterte Kampf auf der zum Mutterland gerechneten Insel Okinawa vom 1. April bis 21. Juni 1945 verleitete die amerikanische Führung zur Überschätzung des japanischen Widerstandspotenzials. Aus amerikanischer Sicht sollte der fanatische Widerstand ohne übermäßige eigene Verluste durch eine sowjetische Kriegsbeteiligung und den Einsatz von

Atombomben gebrochen werden. Als sich die neue amerikanische Regierung unter Präsident Harry S. Truman zum Einsatz der neuen Waffe entschloss, lag dem aber bereits auch das Kalkül zugrunde, mit dem Einsatz der Atombombe ein Zeichen ihrer militärischen Überlegenheit gegenüber einem auf der Potsdamer Konferenz immer selbstbewusster auftretenden Stalin zu setzen. Beim Abwurf der beiden Atombomben auf Hiroshima am 6. August und Nagasaki am 9. August starben insgesamt bis zu 150 000 Menschen. Fast ebenso viele wurden verletzt. Die bis heute eingetretenen Folgeschäden lassen sich nur schwer schätzen. Durch den Einsatz der beiden Atombomben wurde eine neue Dimension der Kriegführung eröffnet, deren Schrecken den Konflikt der ehemaligen Verbündeten der Anti-Hitler-Koalition im »Kalten Krieg« bestimmen sollte (▶ 8.27).

Nach den beiden Angriffen entschied auf den Kaiserlichen Konferenzen am 10. und 14. August der Tenno, sich in das Unvorstellbare zu schicken. Am 15. August sprach der »gottgleiche« japanische Kaiser erstmals über den Rundfunk zu seinen Untertanen und verkündete den Waffenstillstand. Die förmliche Kapitulation wurde am 2. September 1945 an Bord des amerikanischen Schlachtschiffes »Missouri« in der Bucht von Tokio unterzeichnet.

7.33 Kriegsgefangenschaft

In Kriegsgefangenschaft zu geraten, konnte im Zweiten Weltkrieg völlig unterschiedliche Schicksale nach sich ziehen. Während britische und amerikanische Soldaten in deutschem oder Deutsche in britischem und amerikanischem Gewahrsam im Allgemeinen nach den Regeln der Haager Landkriegsordnung von 1907 und der Genfer Konvention zum Schutz der Kriegsgefangenen von 1929 behandelt wurden, bedeutete in anderen Fällen die Gefangennahme unsägliches Leid, Strapazen und millionenfachen Tod.

In japanischem und deutschem Gewahrsam
Auf dem asiatisch-pazifischen Kriegsschauplatz litten vor allem chinesische, seit dem Beginn des Krieges gegen die USA aber auch westliche Kriegsgefangene unter der – vielfach rassisch motivierten – brutalen Behandlung durch die japanische Armee. So kamen nach der Eroberung der Philippinen im Frühjahr 1942 Hunderte amerikanische Soldaten auf dem Marsch in die Gefangenschaft ums Leben. In Europa hatten in den ersten beiden Jahren des Krieges vor allem die deutschen Truppen eine große Zahl von Kriegsgefangenen gemacht. Dabei wurden zum Beispiel norwegische und niederländische Soldaten nach dem Ende der Kampfhandlungen meist rasch entlassen. Von den Millionen französischen Gefangenen wurde nur ein Teil freigelassen. Die meisten der Übrigen wurden zur Zwangsarbeit ins Reich gebracht. Nach und nach erhielten viele von ihnen dort den Zivilstand.

Ein um vieles schwereres Los stand den Millionen von polnischen und insbesondere sowjetischen Kriegsgefangenen bevor. Vom nationalsozialistischen Regime als minderwertig betrachtet, wurden viele von ihnen unter härtesten Bedingungen zur Arbeit gezwungen. Andere waren bereits nach der Gefangennahme unter politischen oder rassischen Gesichtspunkten ausgesondert und erschossen worden. Zahllose Kriegsgefangene starben im Zuge des rassenideologischen Vernichtungskrieges (▶ 7.9) des nationalsozialistischen Deutschland zudem an mangelnder Versorgung und ungenügender Unterbringung. Insgesamt starben mehr als drei Millionen der rund 5,5 Millionen in deutsche Gefangenschaft geratenen Rotarmisten, d. h. über die Hälfte der sowjetischen Kriegsgefangenen. Harten Bedingungen und Misshandlungen waren auch serbische sowie – seit Sommer 1943 – italienische Kriegsgefangene ausgesetzt.

In alliiertem Gewahrsam
Zu einem Anstieg von Todesfällen unter deutschen Soldaten, die in westliche Kriegsgefangenschaft geraten waren, kam es vor allem gegen Ende des Krieges, als die hohe Zahl von Gefangenen die Versorgung schwierig machte. Insgesamt war die Todesrate jedoch relativ gering. Anders im Osten: Von den gut 3,1 Millionen deutschen Soldaten, die in sowjetische Gefangenschaft kamen, starben etwa 1,1 Millionen, die meisten von ihnen an mangelnder Ver-

Zweiter Weltkrieg

sorgung oder auf den langen Märschen in die Lager. Eine vergleichbare Todesrate unter deutschen Kriegsgefangenen gab es in Jugoslawien, wo der Partisanenkampf besonders unerbittlich geführt worden war.

Bei Kriegsende befanden sich Millionen von deutschen Soldaten in alliiertem Gewahrsam. Vor allem Briten und Amerikaner entließen viele ihrer Kriegsgefangenen relativ rasch. Andere wurden an verbündete Staaten, vor allem an Frankreich übergeben, wo sie zum Teil über Jahre zum Arbeitseinsatz herangezogen wurden. Auf der Moskauer Außenministerkonferenz im März und April 1947 einigten sich die Siegermächte auf die Entlassung der deutschen Kriegsgefangenen bis Ende 1948. Vor allem die UdSSR hielt zahlreiche deutsche Soldaten aber auch noch danach fest. Die letzten knapp 10 000 von ihnen kamen erst 1955 nach dem Besuch Adenauers in Moskau frei.

7.34 Die Bilanz des Zweiten Weltkriegs

Der größte Krieg der Weltgeschichte forderte Opfer, die alles Bisherige übertrafen. Nach Schätzungen, die freilich erheblich voneinander abweichen, lag die Zahl der Toten und Vermissten des Zweiten Weltkriegs bei insgesamt rund 55 Millionen. Im Verhältnis viel höher als in bisherigen Kriegen war in diesem »totalen Krieg« der Anteil der getöteten Zivilisten: Durch Luftangriffe, Partisanenkämpfe, Massenvernichtungen, Arbeits- und Konzentrationslager, Erschießungen, Racheakte, unmittelbare Kriegseinwirkungen, Besatzungsherrschaft, Flucht, Deportation und Vertreibung kamen mehr als 25 Millionen Zivilisten um, darin eingeschlossen die mindestens sechs Millionen jüdischen Opfer des nationalsozialistischen Rassenwahns, die das Regime außerhalb von Kampfhandlungen ermorden ließ. Hinzu kamen Millionen von Kriegsversehrten, deren Leben durch den Krieg zerstört war. Bei der Aufgliederung nach Nationalitäten wird deutlich, dass der Anteil der getöteten Zivilpersonen dort besonders hoch war, wo die deutsche und japanische Besatzungsherrschaft und die im Osten vorrückenden Sowjetarmeen ihre Spuren hinterlassen haben.

Der Zweite Weltkrieg hat in Europa Millionen Menschen jeden Alters meist unter Zwang und Terror und unter unsagbarem persönlichen Leid in Bewegung gesetzt. Schon in der ersten Kriegsphase wurden rund neun Millionen Menschen in dem von Hitler beherrschten Europa »zurückgesiedelt«, »umgesiedelt«, »eingedeutscht«, »umgevolkt« oder einfach verschleppt. Das »Jahrhundert der Flüchtlinge« war geprägt durch die Umsiedlung Volksdeutscher »heim ins Reich« von 1939 bis 1944, die Zwangsumsiedlung von Polen 1939/41 ins Generalgouvernement und durch die Sowjets nach Nordrussland, die Deportation von Volksdeutschen und »unzuverlässigen« Völkern 1941 durch Stalin nach Sibirien, die Zwangsrekrutierung von Millionen von Fremd- und Zwangsarbeitern für die deutsche Kriegswirtschaft und am Ende von etwa 12 Millionen deutschen Flüchtlingen und Vertriebenen aus dem Osten und Südosten Europas. Etwa 30 Millionen Europäer, darunter 60 Prozent Deutsche, haben durch den Krieg ihre Heimat verloren. Der Krieg riss Familien auseinander , zerstörte über Jahrhunderte gewachsene Siedlungsgemeinschaften und Sozialmilieus und entwurzelte viele Millionen Menschen. .

Politische Konsequenzen

Folgenschwer war auch die politische Bilanz dieses Kriegs. Deutschland schied als Großmacht aus dem europäischen Mächtekonzert aus und verlor seine Einheit als Nationalstaat – für die kommenden 45 Jahre. Der Schwerpunkt des internationalen Geschehens verlagerte sich von Europa auf die USA und die Sowjetunion. Mitten durch Europa zog sich ebenso wie quer durch Korea ein »Eiserner Vorhang«. In den blutigen Exzessen des Zweiten Weltkriegs erreichte die im Europa des 19. Jahrhunderts entstandene Nationalstaatsidee ihre äußerste Perversion. Auf der anderen Seite waren die Atlantikcharta vom 14. August 1941, die Gründung der Vereinten Nationen (UNO) in San Francisco am 26. Juni 1945 und die Entwürfe für ein vereintes Europa entscheidende Impulse, um den Nationalstaat allmählich zu überwinden, alte Gräben zwischen den Nationen – etwa zwischen Deutschland und Frankreich – zuzuschütten und eine globale Friedensordnung zu errichten.

Kapitel 7

Daten

1. Sept. 1939	Deutscher Überfall auf Polen
3. Sept. 1939	Kriegserklärung Frankreichs und Großbritanniens an das Deutsche Reich
27. Sept. 1939	Kapitulation Polens
9. April 1940	Deutscher Angriff auf Dänemark und Norwegen
30. April 1940	Errichtung eines ersten Gettos in Lodz
10. Mai 1940	Deutscher Angriff auf Belgien, die Niederlande, Luxemburg und Frankreich
10. Juni 1940	Kriegserklärung Italiens an Frankreich
22. Juni 1940	Abschluss des deutsch-französischen Waffenstillstands in Compiègne
13. Aug. 1940	Beginn der »Luftschlacht um England«
13. Sept. 1940	Italienischer Angriff auf Ägypten, am 28. Oktober auf Griehenland
27. Sept. 1940	Dreimächtepakt zwischen Deutschland, Italien und Japan
Febr. 1941	Entsendung deutscher Truppen nach Nordafrika
6. April 1941	Deutscher Überfall auf Griechenland und Jugoslawien
22. Juni 1941	Deutscher Angriff auf die Sowjetunion
14. Aug. 1941	»Atlantikcharta« von Winston Churchill und Franklin D. Roosevelt
5. Dez. 1941	Beginn der sowjetischen Gegenoffensive vor Moskau
7. Dez. 1941	Japanischer Angriff auf die amerikanische Pazifikflotte in Pearl Harbor
11. Dez. 1941	Kriegserklärung Deutschland und Italiens an die USA
20. Jan. 1942	Wannseekonferenz zur Organisation des Völkermords an den Juden Europas
Frühjahr 1942	Beginn der systematischen Ermordung der Juden durch Giftgas
26. Mai 1942	Britisch-sowjetischer Bündnisvertrag
3.-7. Juni 1942	Amerikanischer Sieg in der Schlacht bei den Midway-Inseln
7. Nov. 1942	Landung alliierter Truppen in Nordafrika
14.-26. Jan. 1943	Konferenz von Casablanca zwischen Roosevelt und Churchill
31. Jan./ 2. Febr. 1943	Kapitulation der 6. deutschen Armee in Stalingrad
Febr. 1943	Verhaftung der Mitglieder der Münchner Widerstandsgruppe »Weiße Rose«
19. April– 16. Mai 1943	Warschauer Gettoaufstand
13. Mai 1943	Kapitulation der deutsch-italienischen Truppen in Nordafrika
10. Juli 1943	Alliierte Landung auf Sizilien; am 25. Juli 1943 Sturz Mussolinis
28. Nov.– 1. Dez. 1943	Konferenz von Teheran zwischen Roosevelt, Churchill und Stalin
6. Juni 1944	Landung der Alliierten in Nordfrankreich
Juni/Juli 1944	Sowjetische Großoffensive. Zerschlagung der deutschen Heeresgruppe Mitte
20. Juli 1944	Fehlgeschlagenes Attentat Oberst von Stauffenbergs auf Hitler
1. Aug.-2. Okt. 1944	Warschauer Aufstand
27. Jan. 1945	Befreiung der letzten Häftlinge von Auschwitz durch die Rote Armee
4.-11. Febr. 1945	Konferenz von Jalta zwischen Roosevelt, Churchill und Stalin
30. April 1945	Selbstmord Hitlers in Berlin
7.-8./9. Mai 1945	Deutsche Kapitulation in Reims und Berlin-Karlshorst
6./9. Aug. 1945	Amerikanische Atombombenabwürfe auf Hiroshima und Nagasaki
2. Sept. 1945	Förmliche Kapitulation Japans

Neuordnung der Welt und Kalter Krieg (1945–1955)

8

Einführung

War es eine Revolution der internationalen Politik oder nur eine konsequente Fortschreibung der 1945 eingeleiteten Entwicklung? Jedenfalls gingen nach der bedingungslosen Kapitulation der deutschen Wehrmacht gerade zehn Jahre ins Land, bis sich die Verbündeten im Kampf gegen Hitler in zwei Militärblöcken gegenüberstanden. Ganz überraschend kam diese Entwicklung nicht. Genau genommen war sie bereits in der Anti-Hitler-Koalition angelegt. Denn ohne die deutsche Politik und Kriegführung hätten die kommunistische Sowjetunion und die Führungsmächte der westlichen, der kapitalistischen Welt kaum zusammengefunden.

So aber kämpften Großbritannien und die Vereinigten Staaten von Amerika seit Juni beziehungsweise Dezember 1941 an der Seite der Sowjets für die endgültige Niederwerfung Hitlers und der Deutschen: Niemals mehr sollten diese die Chance erhalten, sich zu erheben und Europa und die Welt mit Krieg zu überziehen – darin waren sich US-Präsident Roosevelt, der britische Premierminister Churchill und der Vorsitzende des sowjetischen Rates der Volkskommissare Stalin einig. Doch in der Frage, wie man mit dem besiegten Deutschland auf Dauer verfahren wollte, bestand keine Einigkeit. So erklärt sich, dass es in der Zeit des Ost-West-Konflikts nie zu einem Friedensvertrag zwischen Deutschland und den alliierten Siegern des Zweiten Weltkrieges gekommen ist und eine entsprechende Regelung, der Zwei-plus-Vier-Vertrag, erst 1990 zustande kam, als die Sowjetunion, ihr Militärpakt und ihr Imperium vor dem Untergang standen.

Potsdam: Nachkriegsordnung nach sowjetischen Vorstellungen

Die neue Ordnung Europas, auf die sich die drei Alliierten in Grundzügen bereits während des Zweiten Weltkrieges verständigt hatten, folgte im Wesentlichen sowjetischen Vorstellungen. Das lag zum einen daran, dass Roosevelt Stalins Zusage brauchte, acht Wochen nach dem Ende der Kampfhandlungen in Europa in den Krieg gegen Japan einzutreten. Zum anderen hielten sowjetische Truppen zum Zeitpunkt der deutschen Kapitulation nicht nur einen großen Teil des Deutschen Reiches einschließlich der Hauptstadt Berlin besetzt, sondern auch Polen, Rumänien, Ungarn, Bulgarien, das östliche Österreich sowie Teile der Tschechoslowakei mit der Hauptstadt Prag. Der Nordosten Jugoslawiens mit Belgrad wurde aufgrund eines Abkommens mit Tito bereits wieder geräumt.

Das war der Hintergrund für die Konzessionen, die Harry S. Truman und Clement Attlee, die Nachfolger Roosevelts und Churchills, auf der Potsdamer Konferenz im Sommer 1945 Stalin machten. Faktisch überließen sie ihm, von Griechenland abgesehen, fast ganz Ostmittel- und Südosteuropa als Einflusssphäre. Sie bestätigten – mit Ausnahme des Gebietes von Białystok – jene sowjetisch-polnische Grenze, die Hitler am 28. September 1939 Stalin zugestanden hatte, stimmten der Überlassung Nordostpreußens mit Königsberg an die Sowjetunion sowie der Westverschiebung Polens bis Oder und Neiße zu und wurden sich mit Stalin auch in der Verwaltung Deutschlands einig. Das Gebiet westlich von Oder und Neiße sollte von ihnen

311

Kapitel 8

sowie von Frankreich, das allerdings auf keiner der großen Konferenzen vertreten war, über einen Kontrollrat gemeinsam verwaltet werden; gleichzeitig sollten die vier Mächte in ihren eigenen Besatzungszonen das Sagen haben. Eine vergleichbare Lösung wurde für Groß-Berlin gefunden, das in vier Sektoren geteilt und durch eine Alliierte Kommandantur verwaltet wurde. Berlin gehörte nicht zur sowjetischen Besatzungszone, aber es lag mitten in ihr. Der spätere Konflikt war absehbar.

Die USA reagieren: Truman-Doktrin

Ausgelöst wurde er durch das Vorgehen der Sowjets beziehungsweise ihrer Gefolgsleute an anderer Stelle. Alarmiert reagierten die Amerikaner und ihre Verbündeten insbesondere auf sowjetische Expansionspolitik in der Türkei und Griechenland, auf die Truman Mitte März 1947 mit der nach ihm benannten Doktrin und mit einem umfassenden Hilfsprogramm antwortete. Die Sowjetunion konzentrierte sich danach vor allem auf den eigenen Machtbereich – freilich mit Methoden der Einschüchterung und der Repression und ohne sich an gegebene Zusagen zu halten. Hinsichtlich Polens hatte Stalin bei der Konferenz in Jalta im Februar 1945 das Zugeständnis gemacht, dort so bald wie möglich freie und unbehinderte Wahlen durchführen zu lassen. Diese wurden nun bis Januar 1947 hinausgeschoben – mit dem Ergebnis, dass 90 Prozent der Stimmen an den kommunistisch beherrschten Block gingen. Den letzten Anstoß für eine grundlegende Kurskorrektur der amerikanischen Europapolitik bildeten die Vorgänge in der Tschechoslowakei. Nachdem die Kommunisten in ersten freien Wahlen Ende Mai 1946 zwar 37,9 Prozent, aber nicht die Mehrheit der Stimmen auf sich vereinigen konnten, setzten sie auf Druck und Diffamierung, um ihre Machtbasis zu erweitern und Ende Februar 1948 eine von ihnen dominierte Regierung durchzusetzen.

Angesichts dieser Entwicklung wurden im Westen die Weichen neu gestellt. Gleichsam über Nacht rückte die Sowjetunion an die Stelle des gefährlichsten Gegners. Sicher gab es in Griechenland und in der Türkei, in Polen und in der Tschechoslowakei, zudem in Iran und in Finnland schwere Krisen; doch nirgends in Europa oder an seinen Rändern prallten die Gegensätze so unmittelbar aufeinander wie auf dem Territorium des vormaligen gemeinsamen Gegners. Deutschland wurde zum Hauptschauplatz des Kalten Krieges. Dass beide Seiten der Auffassung waren, lediglich auf Vorgaben, auf vollendete Tatsachen der jeweils anderen zu reagieren, erleichterte die Auseinandersetzung nicht.

Entwicklungen in Asien prägen Deutschlands Zukunft

Zwei komplexe Entwicklungsstränge haben die Zukunft Deutschlands von der Gründung zweier Teilstaaten 1949 bis zu ihrer Aufnahme in die Militärblöcke sechs Jahre später geprägt: die geschilderten Verwerfungen in Europa und die dramatischen Vorgänge in Ostasien. Dass der Westen China seinem Schicksal überließ, dass er dem Sieg der von Mao Zedong geführten Kommunisten und der Proklamation der Volksrepublik am 1. Oktober 1949 tatenlos zusehen musste, war Warnung und Lehre zugleich. Entsprechend kompromisslos reagierten die Amerikaner, als wenig später, am 25. Juni 1950, das kommunistische Nordkorea den Süden des Landes überfiel. Davon überzeugt, dass Stalin und Mao die Urheber waren, und ermächtigt von den Vereinten Nationen, zogen die USA und ihre Verbündeten in einen Krieg, der nach drei Jahren und enormen Verlusten in etwa den alten Zustand wieder herstellte. Immerhin hatte Washington demonstriert, dass man sich fortan gegen die kommunistische Offensive zur Wehr setzen werde – jedenfalls dort, wo man eine Chance auf den Sieg sah.

In Vietnam, wo sich eine mit dem Koreakrieg vergleichbare Auseinandersetzung abspielte, sah man diese Chance nicht. Also finanzierten die USA zwar den Versuch der Franzosen, nach dem Zweiten Weltkrieg wieder in Indochina einzurücken, ließen sie aber militärisch im Stich. Deren Kapitulation bei Dien Bien Phu im Mai 1954 war nicht nur ein unübersehbares Signal, dass mit dem Ende des Zweiten Weltkrieges das Ende des Kolonialismus begonnen hatte, sie hatte auch unmittelbare Rückwirkungen auf die Blockbildung in Europa und damit auf das Schicksal des inzwischen zweigeteilten Deutschland.

Neuordnung der Welt und Kalter Krieg

Gründung von zwei deutschen Staaten

Die Teilung Deutschlands war besiegelt, als im Mai 1949 auf dem Territorium der drei westlichen Besatzungsmächte die Bundesrepublik Deutschland und im Oktober 1949 auf dem Gebiet der sowjetisch besetzten Zone die Deutsche Demokratische Republik gegründet wurden. Die Reihenfolge deutet an, dass Amerikaner, Briten und Franzosen – auf das Vorgehen der Sowjets und ihrer Verbündeten in Europa und Asien reagierend – in Deutschland die treibenden Kräfte waren. Beginnend mit dem Zusammenschluss der amerikanischen und der britischen Zone (Bizone) und später auch der französischen Zone (Trizone) über die Durchführung einer Währungsreform bis hin zum Auftrag an die Ministerpräsidenten der Westzonen, einen Staat einzurichten, ergriffen sie die Initiative.

Die Sowjets antworteten postwendend – mit dem Rückzug ihrer Vertreter zunächst aus dem Alliierten Kontrollrat für Deutschland, dann aus der Alliierten Kommandantur für Berlin, mit einer eigenen Währungsreform in ihrer Zone sowie in Groß-Berlin und schließlich mit einer fast einjährigen Blockade West-Berlins. Die Luftbrücke, mit der die Westmächte während der Blockade das Überleben West-Berlins sicherten, ließ aus Besatzern und Besetzten zusehends Partner und schließlich Verbündete werden.

Der letzte Anstoß kam aus Asien. Denn der kommunistische Überfall auf Süd-Korea warf sogleich die Frage auf, ob sich Ähnliches nicht auch an anderen Brennpunkten der Blockkonfrontation, insbesondere in Deutschland, wiederholen könnte. Damit war in Washington der Gedanke einer Beteiligung der eben gegründeten Bundesrepublik an der Verteidigung des Westens geboren. Ihn griff Konrad Adenauer, der erste Bundeskanzler, im August 1950 auf und verband ihn mit der Forderung, dass die junge Republik zeitgleich mit ihrer Bewaffnung auch die äußere Souveränität erlangen müsse.

Deutsche Wiederbewaffnung und Souveränität

Adenauer erreichte sein Ziel, wenngleich mit einer Verzögerung von beinahe vier Jahren. Denn die Aufrüstung des westdeutschen Teilstaates hatte zahlreiche Gegner, allen voran die Sowjetunion, die mit einer Serie von Warnungen und Angeboten versuchte, die Westintegration der Bundesrepublik zu verhindern. Alarmiert reagierten auch die Franzosen, die seit 1870 dreimal auf ihrem Territorium gegen deutsche Armeen hatten kämpfen müssen. Sie ergriffen die Flucht nach vorn und versuchten den Aufstieg Deutschlands mit der Gründung eines europäischen, maßgeblich von Paris aus kontrollierten Verbundes aufzufangen. Im Falle der Schwerindustrie waren sie erfolgreich: Im Frühjahr 1951 wurde die Montanunion, die Keimzelle des integrierten Europas, gegründet. Weniger Erfolg hatte Paris bei der militärischen Integration. Aus einer Reihe von Gründen, die nicht zuletzt in der französischen Niederlage in Indochina zu sehen sind, scheiterte das von Frankreich angeregte Projekt einer Europäischen Verteidigungsgemeinschaft (EVG) nach vierjährigen Verhandlungen 1954 in der französischen Nationalversammlung.

Damit war klar, dass der Aufbau der Bundeswehr im Rahmen des Nordatlantikpaktes (NATO) erfolgen würde. Die Nordatlantische Allianz war Anfang April 1949 aus der Taufe gehoben worden, und mit ihr hatten die Vereinigten Staaten, erstmals in ihrer Geschichte, klargestellt, dass sie sich auf absehbare Zeit außerhalb des amerikanischen Kontinents binden und engagieren wollten. Am 9. Mai 1955 erfolgte die Aufnahme der Bundesrepublik in die NATO; zwei Tage zuvor war sie der Westeuropäischen Union (WEU) beigetreten, einem Verteidigungsbündnis, dem damals vor allem Frankreich als eine Art Ersatz für die EVG einige Bedeutung beimaß. Im Gegenzug hatten die Westmächte der Bundesrepublik am 5. Mai 1955 die äußere Souveränität zugestanden, sich allerdings die alliierten Rechte bezüglich Deutschlands als Ganzem und Berlins ausdrücklich vorbehalten.

Ganz ähnlich verfuhren die Sowjets mit der DDR. Auch sie erhielt eine eingeschränkte äußere Souveränität und wurde in das östliche Militärsystem integriert, das am 14. Mai 1955, in unmittelbarer Reaktion auf die militärische Integration der Bundesrepublik in die WEU und die NATO, durch die Sowjetunion und ihre Verbündeten unter dem Namen Warschauer Pakt gegründet worden war. Deutschland, Europa und die Welt waren auf unabsehbare Zeit geteilt.

Kapitel 8

8.1 Flucht und Vertreibung

Noch während des Zweiten Weltkrieges hatte unter der deutschen Bevölkerung eine Fluchtbewegung vor der aus dem Osten anrückenden Roten Armee eingesetzt. Mit der Niederlage Deutschlands ging die überstürzte Flucht in die planmäßige, von den Siegermächten sanktionierte, in der Realität freilich nicht weniger chaotische Vertreibung der deutschen Bevölkerung aus den östlichen Landesteilen jenseits von Oder und Neiße sowie aus Polen, der Tschechoslowakei, Ungarn und Jugoslawien über. Fast 17 Millionen Menschen deutscher Abstammung mussten zwischen 1944 und 1949 im Zuge der Neuordnung Europas ihre Heimat in Ostmittel- und Südosteuropa verlassen (davon über neun Millionen aus den deutschen Ostgebieten und dreieinhalb Millionen aus der Tschechoslowakei). Anders als in dem auf der Konferenz von Potsdam (▶ 8.2) beschlossenen Aussiedlungsplan vorgesehen, lief die »Überführung der deutschen Bevölkerung« nicht »in ordnungsgemäßer und humaner Weise« ab, sondern geriet durch das rücksichtslose Vorgehen vieler lokaler und nationaler Behörden zu einer Tragödie großen Ausmaßes. Die Vertriebenen mussten in den oft überstürzt erfolgenden Aussiedlungsaktionen nahezu ihre gesamte Habe zurücklassen und sich unter unmenschlichen Bedingungen auf den Weg nach Westen machen. Mindestens zwei Millionen Menschen verloren dabei ihr Leben.

Für die neuen Machthaber und weite Teile der Bevölkerung in Ostmitteleuropa waren die Deutschen Repräsentanten, zumindest aber Sympathisanten des nationalsozialistischen Regimes, weshalb man sich von der Vorstellung leiten ließ, den Deutschen die Gräuel der nationalsozialistischen Besatzungsherrschaft mit gleicher Münze heimzuzahlen: Hass, Brutalität, Gnadenlosigkeit und das Verlangen nach Rache bestimmten nicht selten den Verlauf der Umsiedlungen. Von den Vertriebenen fanden etwa acht Millionen unter beschwerlichen Umständen ihre neue Heimat in der späteren Bundesrepublik, ca. vier Millionen in der späteren DDR. In den folgenden Jahren siedelten noch etwa zwei Millionen weitere, zunächst in Polen verbliebene Deutsche um; für einen zusätzlichen Migrationsschub sorgte die

Flüchtlinge in Südpommern auf ihrem Weg in eine ungewisse Zukunft.

Flucht von ca. dreieinhalb Millionen Menschen aus der sowjetischen Besatzungszone bzw. der DDR nach Westen.

Die Flüchtlingsströme stellten insbesondere die junge Bundesrepublik vor eine gewaltige demographische Herausforderung, die diese durch eine eindrucksvolle Integrationsleistung bestand. Zugleich wirkte – und wirkt – die Vertreibungsproblematik lange nach: als Belastung insbesondere des deutsch-tschechischen und des deutsch-polnischen Verhältnisses. Neben den Deutschen im östlichen Europa waren nach dem Zweiten Weltkrieg auch andere Bevölkerungsgruppen Vertreibung, Umsiedlung und Flucht ausgesetzt. So mussten knapp zwei Millionen Polen ihre Heimat in Ostpolen, das der Sowjetunion einverleibt worden war, verlassen und sich in den ehemals deutschen Gebieten im Westen des neuen polnischen Staates ansiedeln.

Außerhalb Europas stellen die Flucht von ca. drei Millionen Chinesen aus der 1949 gegründeten Volksrepublik (▶ 8.15) nach Taiwan und Hongkong sowie etwa der gleichen Zahl von Koreanern aus Nord- nach Südkorea die größten Migrationsbewegungen im Kontext der »Neuordnung der Welt« dar.

8.2 Konferenz von Potsdam

Die Konferenz von Potsdam (17. Juli bis 2. August 1945) war nach den Kriegskonferenzen von Teheran und Jalta (▶ 7.28) das letzte Gipfeltreffen der drei Siegermächte der Anti-Hitler-Koalition UdSSR, USA und Großbritannien. Wie die beiden vorherigen Zusammenkünfte stand auch das Potsdamer Treffen im Spannungsverhältnis von grundsätzlich übereinstimmenden Haltungen und sich abzeichnenden schweren Differenzen zwischen der Sowjetunion und den Westmächten. Letztere sahen sich durch personelle Revirements gegenüber Stalin geschwächt: Anstelle des im April 1945 verstorbenen US-Präsidenten Roosevelt nahm der außenpolitisch unerfahrene Harry Truman teil, und während der Konferenz löste Clement Attlee nach dem Wahlsieg der Labour Party den Konservativen Winston Churchill als Vertreter Großbritanniens ab.

Neben der deutschen Frage sorgte in Potsdam das sowjetische Vorgehen in Osteuropa für heftige Auseinandersetzungen. So hatte die Sowjetunion allzu deutlich prokommunistische Regierungen in den von der Roten Armee besetzten Ländern gefördert und insbesondere bei der Neugestaltung Polens eine Politik der vollendeten Tatsachen betrieben, indem die ostdeutschen Gebiete der polnischen Regierung als Entschädigung für die an die Sowjetunion abzutretenden ostpolnischen Gebiete übergeben worden waren. Nach heftigen Meinungsverschiedenheiten, die die Konferenz an den Rand des Scheiterns brachten, mussten die Westmächte in der polnischen Frage einen Kompromiss eingehen, der die von Stalin bereits eingeleitete Westverschiebung Polens unter der Auflage akzeptierte, dass die betreffenden deutschen Gebiete zunächst unter polnischer bzw. sowjetischer Verwaltung stehen und die endgültige Regelung der Angelegenheit einem künftigen Friedensvertrag vorbehalten sein sollte. Stalin kam im Gegenzug der Forderung nach, dass der provisorischen polnischen Regierung, dem so genannten Lubliner Komitee, auch einige nichtkommunistische Mitglieder angehören sollten. Mit der nicht de jure, aber de facto erfolgten Anerkennung der Abtretung der deutschen Ostgebiete an Polen bzw. die Sowjetunion (Gebiet um Königsberg) war auch der Weg frei für die Sanktionierung der – längst stattfindenden – Vertreibung (▶ 8.1) der deutschen Bevölkerung jenseits von Oder und Neiße (▶ 8.4) sowie aus Polen, der Tschechoslowakei und Ungarn. Zwar wurde im Kommuniqué festgehalten, dass diese »Überführung« der Bevölkerung in »ordnungsgemäßer und humaner Weise« zu geschehen habe, auf die Realität der Vertreibungen hatte dies jedoch keinen Einfluss.

Die Formel von den fünf »D«

Hinsichtlich der deutschen Frage präzisierte das Kommuniqué (das sog. Potsdamer Abkommen) grundsätzliche vorherige Positionen und brachte sie auf die Formel von den vier bzw. fünf

Die »Großen Drei« der Potsdamer Konferenz: Winston Churchill, Harry Truman und Josef Stalin (Juli 1945).

Kapitel 8

Der Alliierte Kontrollrat am 11. Februar 1948 bei einer seiner letzten Sitzungen.

»D«: Demilitarisierung, Demontage der Industrie, Dezentralisierung von Wirtschaft und Verwaltung sowie Demokratisierung, verbunden mit Denazifizierung. Zwar orientierte man sich grundsätzlich an der Vorstellung eines in wirtschaftlicher Hinsicht einheitlichen Deutschland; der mangels Konsensfindung gleichzeitig getroffene Beschluss, dass jede Besatzungsmacht Reparationen aus ihrer eigenen Zone nach Gutdünken entnehmen sollte, öffnete der ökonomischen Teilung jedoch Tür und Tor. Auf politischem Sektor verhielt es sich kaum anders: Zwar wurde für gesamtdeutsche Angelegenheiten ein Alliierter Kontrollrat eingesetzt, die faktische Entscheidungskompetenz lag aber bei den Militärbefehlshabern der jeweiligen Besatzungszone. Das Kommuniqué der Potsdamer Konferenz stellte – da der beabsichtigte Friedensvertrag ausblieb – den letzten gemeinsamen Beschluss der Siegermächte über die deutsche Frage bis 1990 dar. Obgleich man noch um Konsens bemüht war, verweist Potsdam bereits auf Unvereinbarkeiten der westlichen und sowjetischen Positionen, zumal viele der Kompromissformeln des Kommuniqués in Ost und West in der Folge ganz unterschiedlich ausgelegt wurden.

8.3 Die Siegermächte in Deutschland

Die Siegermächte der Anti-Hitler-Koalition (UdSSR, USA, Großbritannien sowie – nach einer Übereinkunft in Jalta – Frankreich) waren in ihrem Selbstverständnis nicht als Befreier nach Deutschland gekommen, sondern als Besatzungsmächte in ein besiegtes Feindesland. Ihre Politik in Deutschland wurde von zwei Leitvorstellungen geprägt: Deutschland war für die von ihm ausgelöste Katastrophe des Zweiten Weltkrieges zu bestrafen, wobei die Tatsache, dass Deutschland zugleich als Hauptverantwortlicher für den Ersten Weltkrieg galt, die Schuld noch erschwerte. Außerdem war durch politische, wirtschaftliche und kulturelle Umgestaltungen Vorsorge zu treffen, dass Deutschland künftig eine friedliche Rolle spielen würde. Während die Sühne Deutschlands durch Gebietsabtretungen und Entschädigungen geleistet werden sollte, erforderte die Konzeption eines demokratischen und friedliebenden Deutschland einschneidende innere Umgestaltungen.

Im Juni 1945 teilten die Siegermächte Deutschland in vier Besatzungszonen auf: Die britische Zone umfasste Nordwestdeutschland (die 1946 gebildeten Länder Schleswig-Holstein, Hamburg, Niedersachsen und Nordrhein-Westfalen), die amerikanische Bremen (mit Bremerhaven) und Süddeutschland (die 1945 proklamierten Länder Hessen und Bayern sowie den nördlichen Teil des heutigen Baden-Württemberg). Frankreich wurde der Südteil des späteren Baden-Württemberg sowie das 1946 geschaffene Rheinland-Pfalz und das Saarland zugestanden, während die sowjetische Besatzungszone die spätere DDR umfasste. Die

Gebiete östlich von Oder und Neiße (▶ 8.4) waren auf der Potsdamer Konferenz (▶ 8.2) nicht de jure, aber de facto an Polen bzw. die Sowjetunion abgetreten worden. Die Besatzungszonen wurden dabei zum Teil bewusst entgegen gewachsener Grenzen gebildet, da die dauerhafte Zerstückelung des als »Hort deutschen Militarismus« angesehenen Preußen zum Programm der Siegermächte gehörte. Die bisherige Reichshauptstadt Berlin wurde in vier Sektoren aufgeteilt, die jeweils einer der vier Siegermächte zugewiesen waren.

Als oberstes provisorisches Regierungsorgan wurde der Alliierte Kontrollrat mit Sitz in Berlin eingerichtet, dem die militärischen Oberbefehlshaber der vier Zonen angehörten: Eisenhower für die USA, Montgomery für Großbritannien, Schukow für die UdSSR, Koenig für Frankreich. Er sollte für »Deutschland als Ganzes betreffende Fragen« zuständig sein und die Umsetzung der grundlegenden Vereinbarungen des Potsdamer Kommuniqués (▶ 8.2) initiieren. Da der Kontrollrat nicht über eigene Exekutivgewalten verfügte, war er darauf angewiesen, dass seine Entscheidungen und Beschlüsse durch die militärischen Oberbefehlshaber der vier Zonen realisiert wurden. Diese Konstellation führte zur Verlagerung des politischen Handelns auf die Zonenebene. Die zentrifugale Tendenz wurde zudem durch die vorgeschriebene, im Zeichen zunehmender Spannungen zwischen Ost und West oft schwer zu erreichende Einstimmigkeit der Kontrollratsbeschlüsse begünstigt. Die schleichende Lähmung des Kontrollrates fand ihren Kulminationspunkt im Auszug der sowjetischen Vertreter im März 1948.

Unterschiedliche Vorstellungen der Besatzungsmächte
Obgleich mit unterschiedlichen Vorstellungen verknüpft, war die Demokratisierung Deutschlands das wichtigste politische Anliegen der Siegermächte. Hierzu gehörten die Etablierung einer lokalen Selbstverwaltung, die Bildung demokratischer Parteien und die Förderung neuer, unbelasteter deutscher politischer Kader (zum Teil aus Emigrantenkreisen, insbesondere in der sowjetischen Besatzungszone). Untrennbar verknüpft mit der Gestaltung eines neuen, demokratischen Deutschland war eine groß angelegte »Entnazifizierung«, die in den einzelnen Zonen recht unterschiedlich gehandhabt wurde. Während wichtige Repräsentanten des Nationalsozialismus in den Nürnberger Prozessen (▶ 8.5) zur Rechenschaft gezogen wurden, ging es in der »Massenentnazifizierung« sowohl um das Fernhalten belasteter Personen von verantwortlichen Positionen als auch um die Umerziehung der deutschen Bevölkerung, allerdings im unterschiedlichen Sinne eines westlichen oder aber sowjetischen Verständnisses von Demokratie. Die grundsätzlichen Schwierigkeiten bei der Feststellung und Bemessung individueller Schuld sorgten gemeinsam mit der Erkenntnis, dass eine aktive und überzeugte Mitwirkung der deutschen Bevölkerung am Neuaufbau notwendig war, für eine Vielzahl von Kompromissen und Abschwächungen bei der Entnazifizierung. Milde und Pragmatismus im Umgang mit begrenzt belasteten Personen fanden ihre Begründung auch im zunehmenden Auseinanderdriften der Anti-Hitler-Koalition im Zeichen des beginnenden Kalten Krieges. Für beide Seiten schien es wichtiger, sich im entstehenden Ost-West-Konflikt der Loyalität der deutschen Bevölkerung zu versichern als auf ideeller, aber oft unpragmatischer Konsequenz zu beharren. Auch auf wirtschaftlichem Gebiet ersetzte zonenspezifisches Vorgehen bald die proklamierte Einigkeit: So »bediente« sich jede Besatzungsmacht bei den Reparationen de facto nach Gutdünken in der ihr unterstellten Zone, wobei die Sowjetunion – wie auch bei der Entnazifizierung, in der Bildungspolitik oder bei der Neubildung von Parteien – das rigoroseste Vorgehen an den Tag legte.

8.4 Oder-Neiße-Linie

Die Linie entlang der Flüsse Oder und Görlitzer bzw. Lausitzer Neiße markiert die Westgrenze des nach dem Zweiten Weltkrieg neu entstandenen polnischen Staates. Infolge des deutsch-sowjetischen Nichtangriffspaktes (▶ 6.47) hatten das nationalsozialistische Deutschland und die Sowjetunion Polen unter sich aufgeteilt; 1945 erhob Stalin weiterhin Anspruch auf die ehemals ostpolnischen, 1939 von der Roten Armee besetzten Gebiete, in denen starke weißrussische und ukrainische Bevölkerungsteile lebten. Als Entschädigung für die bei der Sowjetunion zu verbleibenden Gebiete im Osten war bereits auf der Konferenz von Teheran eine Abtretung deutscher Territorien an Polen ins Auge gefasst und auf der Konferenz von Jalta erstmals die Oder-Neiße-Linie erwähnt worden (▶ 7.28).

Nach Kriegsende schuf Stalin vollendete Tatsachen, indem er die Gebiete jenseits von Oder und Neiße (Schlesien, Pommern, Ostbrandenburg, Ostpreußen) der Verantwortung der polnischen Regierung übergab bzw. das nördliche Ostpreußen mit Königsberg sowjetischer Verwaltung unterstellte. Die Westmächte beharrten zwar auf der Konferenz von Potsdam (▶ 8.2) darauf, dass diese Regelung bis zur Unterzeichnung eines Friedensvertrages nur als vorläufig zu gelten habe, de facto aber war damit die Westverschiebung Polens auf Kosten deutscher Gebietsabtretungen realisiert. Im Jahre 1950 sowie erneut im Friedensvertrag mit Polen von 1967 erkannte die DDR die Oder-Neiße-Linie als ihre östliche Staatsgrenze an, während die Bundesrepublik diesen Schritt erst im Warschauer Vertrag (▶ 10.16) von 1970 unternahm. 1990 hat das vereinigte Deutschland im Vertrag mit Polen die »zwischen ihnen bestehende Grenze« bestätigt.

Plakat zum Ausgang des Nürnberger Prozesses (1946).

8.5 Nürnberger Prozesse

In den Nürnberger Prozessen realisierten die Siegermächte der Anti-Hitler-Koalition ihre bereits 1943 gefasste Absicht, führende Repräsentanten des nationalsozialistischen Deutschlands für die NS-Verbrechen zur Rechenschaft zu ziehen. Am 8. August 1945 schuf das von 23 Staaten unterzeichnete Londoner »Abkommen über die Bestrafung der Hauptkriegsverbrecher der europäischen Achse« die juristische Grundlage für die Einrichtung eines Internationalen Militärgerichtshofes. Am 20. November 1945 begann in Nürnberg, der Stadt der nationalsozialistischen Reichsparteitage, das Verfahren gegen die Hauptkriegsverbrecher, das am 1. Oktober 1946 abgeschlossen wurde. Hitler, Goebbels und Himmler hatten sich ihrer Verantwortung durch Selbstmord entzogen, die verbleibende Führungsriege des Nationalsozialismus fand sich auf der Anklagebank wieder. Zum Tode verurteilt und hingerichtet wurden Außenminister Ribbentrop, Innenminister Frick, Reichsminister Seyss-Inquart, der Chef des Oberkommandos der Wehrmacht Keitel, der Chef des Wehrmachtsführungsstabes Jodl, der Chef des Reichssicherheitshauptamtes Kaltenbrunner, der Minister für die besetzten Ostgebiete Rosenberg, der Generalgouverneur von Polen Frank, der Gauleiter von Franken und Herausgeber des »Stürmer« Streicher sowie der Generalbevollmächtigte für den Arbeitseinsatz Sauckel. Reichsmarschall Göring konnte sich der Hinrichtung durch Selbstmord entziehen, der Chef der Arbeitsfront Ley beging bereits vor Beginn des Prozesses Selbstmord. Bormann, der »Sekretär des Führers«, wurde in Abwesenheit zum Tode verurteilt. Hitlers Stellvertreter Hess, der Oberbefehlshaber der Kriegsmarine Dönitz, Wirtschaftsminister Funk, der frühere Außenminister und SS-Funktionär Neurath, Großadmiral Raeder, Reichsjugendführer Schirach und Rüstungsminister Speer wurden zu Haftstrafen von zehn Jahren bis lebenslänglich verurteilt. Reichsbankpräsident Schacht, Goebbels' enger Mitarbeiter Fritzsche sowie der ehemalige Reichskanzler von Papen wurden freigesprochen; der Industrielle Krupp von Bohlen und Halbach war verhandlungsunfähig.

Juristische und politische Bedeutung

Seit 1943 hatte sich die *United Nations War Crimes Commission* in London mit der Vorbereitung einer juristischen Aufarbeitung nationalsozialistischer Verbrechen befasst. Vier Anklagepunkte wurden in Nürnberg verhandelt: Verbrechen gegen den Frieden, Kriegsverbrechen, Verbrechen gegen die Menschlichkeit und gemeinsame Planung oder Verschwörung zur Ausführung dieser Verbrechen. Der Nürnberger Prozess sorgte aufgrund der Neuheit seines Anliegens, aufgrund seiner Dimension, aber auch aufgrund der gründlichen Aufdeckung des Ausmaßes der nationalsozialistischen Verbrechen für enorme Aufmerksamkeit und für Entsetzen in der Öffentlichkeit, insbesondere im Ausland. Die Meinung der deutschen Bevölkerung war gespalten: Weite Teile betrachteten den Prozess als Akt willkürlicher, politischer Siegerjustiz, weshalb seine mentale Wirkung im Rahmen der Entnazifizierung begrenzt blieb. Ungeachtet problematischer juristischer Vorgehensfragen ist die Leistung des Prozesses bei der konsequenten Aburteilung der nationalsozialistischen Hauptverbrecher sowie der Entwicklung eines internationalen Völkerstrafrechts unstrittig. Von Oktober 1946 bis April 1949 wurden in Nürnberg zwölf Nachfolgeprozesse durchgeführt, in denen gegen weitere politische, militärische, wirtschaftliche, juristische, medizinische und andere Eliten des »Dritten Reiches« wegen Völkermordes, ethnischer und politischer Verfolgung, Zwangsarbeit, Verbrechen in den Konzentrationslagern sowie in den besetzten Gebieten und zahlreicher anderer Straftatbestände Anklage erhoben wurde. Neben 24 Todesurteilen, von denen zwölf vollstreckt wurden, und 35 Freisprüchen wurden Haftstrafen zwischen 18 Monaten und lebenslänglich verhängt, die allerdings bis 1956 aufgehoben wurden.

8.6 Die Vereinten Nationen

Unter dem Eindruck des Zweiten Weltkrieges war in den USA und Großbritannien die Vorstellung von einer neuen weltumspannenden Organisation entstanden, die – effektiver als der ohnmächtige Völkerbund (▶ 6.5) – alle Völker vereinigen und zur Sicherung des Friedens beitragen sollte. Nachdem diese Absicht von Roosevelt und Churchill bereits in der Atlantikcharta vom 14. August 1941 verkündet und am 1. Januar 1942 durch 26 Nationen, darunter die UdSSR, bekräftigt worden war, wurden die Prinzipien der neuen Organisation auf der Konferenz von Dumbarton Oaks (nahe Washington) im Jahre 1944 ausgearbeitet. Bereits zuvor waren auf Initiative der USA Sonderorganisationen der noch nicht existierenden Vereinten Nationen ins Leben gerufen worden: Im Mai 1943 trat eine *United Nations Conference on Food and Agriculture* zusammen, im November des gleichen Jahres die *United Nations Relief and Rehabilitation Administration*, der Hilfsbemühungen für die von der NS-Herrschaft zu befreienden Länder obliegen sollten. Dazu gehörte auch die Gründung des Internationalen Währungsfonds und der Internationalen Bank für Wiederaufbau und Entwicklung (Weltbank) im Jahr 1944, deren Aufgabe es sein sollte, nach Kriegsende die Weltwirtschaft neu zu ordnen und den Freihandel zu fördern.

Am 25. April 1945 begann in San Francisco die Gründungskonferenz der Vereinten Nationen, die am 26. Juni die Charta der *United Nations Organization* (UNO) verabschiedete. Sie trat am 24. Oktober 1945 mit der ersten Vollversammlung der Organisation in Kraft, nachdem sie von den fünf definierten Großmächten (USA, UdSSR, Großbritannien, China, Frankreich) und der Mehrzahl der 46 weiteren Teilnehmerstaaten ratifiziert worden war. Diejenigen Staaten, die sich im Krieg gegen die Alliierten gestellt hatten, blieben zunächst von der Organisation ausgeschlossen.

Artikel 1 der Charta definiert die grundlegenden Ziele der UNO: Wahrung des Weltfriedens und der internationalen Sicherheit; Beilegung internationaler Streitigkeiten nach den Grundsätzen von Gerechtigkeit und Völkerrecht; Entwicklung freundschaftlicher Beziehungen zwischen den Nationen auf dem Grundsatz der Gleichberechtigung und der Selbstbestimmung; Förderung der Zusammenarbeit bei wirtschaftlichen, sozialen, kulturellen und humanitären Problemen; Festigung der Achtung der Menschenrechte und Grundfreiheiten für alle ohne Unterschied der Rasse, des Geschlechts, der Sprache oder der Religion.

Kapitel 8

Die Organe der Vereinten Nationen

Als Exekutivorgan der UNO fungiert der Sicherheitsrat. Ihm gehören fünf ständige (USA, UdSSR bzw. seit 1991 Russland, Großbritannien, Frankreich, China), mit Vetorecht ausgestattete und seit 1963 zehn (vorher sechs) nichtständige, jeweils für zwei Jahre gewählte Mitglieder an. Dem Sicherheitsrat obliegt die Hauptverantwortung für die Aufrechterhaltung des Weltfriedens und der Sicherheit, seine Beschlüsse sind für alle UN-Mitglieder bindend. Er ist mit der Kompetenz ausgestattet, internationale Streitfälle nach der Ausschöpfung friedlicher Mittel auch durch den Einsatz von militärischer Gewalt beizulegen. Die UN-Mitglieder sind verpflichtet, zur Friedenswahrung Truppenkontingente in Bereitschaft zu halten.

Die Generalversammlung (Vollversammlung) tritt mindestens einmal jährlich zusammen. Sie beschließt Aufnahme und Ausschluss von Mitgliedern, wählt die nichtständigen Mitglieder des Sicherheitsrates, besitzt das Budgetrecht und kann alle von der Charta der UNO erfassten Angelegenheiten verhandeln. Ihre Beschlusskompetenzen sind freilich gegenüber denen des Sicherheitsrates eingeschränkt.

An der Spitze der UNO-Verwaltung steht das Sekretariat mit seinem Generalsekretär, der von der Generalversammlung auf fünf Jahre gewählt wird (Wiederwahl möglich). Der Generalsekretär hat neben seiner administrativen Funktion durch sein Recht, die »Aufmerksamkeit des Sicherheitsrates auf jede Angelegenheit (zu) lenken, die ... geeignet ist, die Wahrung des Weltfriedens ... zu gefährden«, enorme weltpolitische Kompetenz. Weitere Hauptorgane der UNO sind der Internationale Gerichtshof in Den Haag sowie der Wirtschafts- und Sozialrat (ECOSOC). Hauptsitz der Vereinten Nationen ist New York, die Mitgliederzahl beträgt (im Jahr 2004) 191 Staaten.

Während des Kalten Krieges waren die Auseinandersetzungen innerhalb der UNO insbesondere durch den Ost-West-Konflikt geprägt, ein weiteres zentrales Diskussions- und Aktionsfeld war der Prozess der Entkolonisierung. Die UNO hat sich bei zahlreichen Konflikten in der Welt des 20. Jahrhunderts um Vermittlung bemüht. Seit den weltpolitischen Veränderungen ab 1989 und der damit einhergehenden Annäherung früherer Gegner scheint die UNO einen neuen Aufschwung an Aktivität in ihrem friedenswahrenden Auftrag zu erleben. Angesichts der gegen

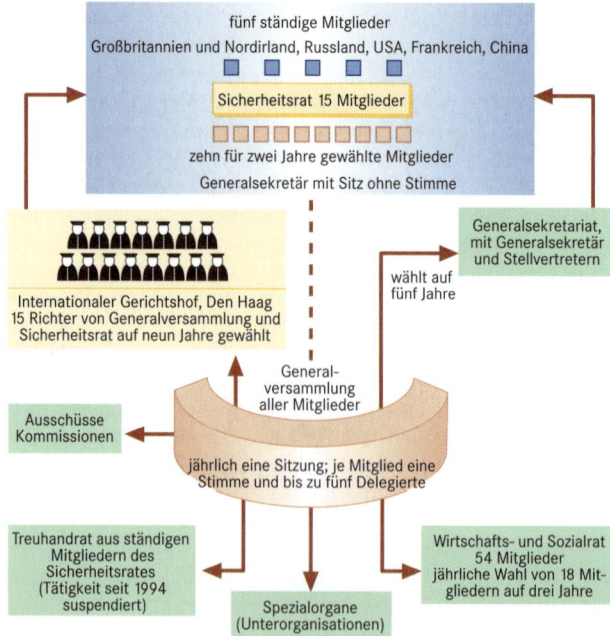

*Vereinte Nationen
Organisationsschema*

die UN-Charta vollzogenen militärischen Aktionen im Kosovo und im Irak muss die Rolle der UNO nach dem Ende der bipolaren Weltordnung jedoch neu definiert werden.

8.7 Politischer Neuaufbau in Westeuropa

Nach der Besetzung Frankreichs durch das nationalsozialistische Deutschland im Zweiten Weltkrieg war General Charles de Gaulle zum Symbol für den Widerstandswillen der Franzosen geworden. Nachdem er im Londoner Exil militärische und politische Organisationen des »Freien Frankreich« gegründet hatte, zog er an der Spitze der im Juni 1944 gebildeten »provisorischen Regierung der französischen Republik« am 25. August 1944 in das befreite Paris ein. De Gaulle bemühte sich intensiv und nicht ohne Erfolg um die (Wieder-)Anerkennung Frankreichs als Groß- und Kolonialmacht. Im Innern dagegen scheiterte seine Konzeption eines starken Präsidialsystems mit den Wahlen zur verfassunggebenden Nationalversammlung am 21.Oktober 1945. Als sich die drei stärksten Parteien (Kommunisten, Republikanische Volkspartei und Sozialisten) mit ihren Vorstellungen für eine Vierte Republik, in der das Parlament die Schlüsselrolle einnehmen sollte, durchsetzten, trat de Gaulle im Januar 1946 vom Amt des Ministerpräsidenten und vorläufigen Staatspräsidenten zurück. Dennoch blieb de Gaulle mittelfristig die prägendste Gestalt der französischen Politik, in die er 1958 zurückkehren sollte.

Während die Nachkriegsjahre in Frankreich in außenpolitischer Hinsicht von einem gesteigerten Streben nach weltpolitischem Prestige geprägt waren, gerieten im Innern die Abrechnung mit der Kollaboration und der Vichy-Regierung, die wirtschaftliche Neugestaltung (Verstaatlichungswelle, staatliche Wirtschaftsplanung, Inflationsbekämpfung) und die Neuformierung der Parteienlandschaft zu den großen Themen der von politischen Krisen dominierten Vierten Republik. Ihre Verfassung, welche die Macht des Parlaments betonte, war erst nach langen Diskussionen im Oktober 1946 durch eine Volksabstimmung angenommen worden.

General Charles de Gaulle, Sprecher des »Freien Frankreich« – die Abbildung zeigt einen seiner Aufrufe zum Widerstand gegen die deutsche Besetzung – konnte nach Kriegsende seine politischen Vorstellungen in Frankreich nicht durchsetzen.

Belgien, Niederlande, Luxemburg

Auch in anderen westeuropäischen Ländern kehrten nach der Befreiung vom Nationalsozialismus die Exilregierungen in die Heimatländer zurück. Bereits 1943 hatten sich die Vertreter Belgiens, der Niederlande und Luxemburgs darauf verständigt, künftig eine Wirtschaftsunion zu bilden, um gegenüber größeren Ländern konkurrenzfähig zu bleiben. Die unterschiedliche Situation in den drei Ländern nach Kriegsende verzögerte freilich die Realisierung dieser Pläne bis 1948/49. Neben der wirtschaftspolitischen Einheit stand auch eine gemeinschaftliche bündnispolitische Orientierung der Beneluxstaaten: 1945 traten sie den Vereinten Nationen bei, 1948 dem Brüsseler Fünfmächtepakt und 1949 dem Nordatlantikpakt.

In Belgien war die Innenpolitik dominiert vom Wiederaufbrechen der alten Auseinandersetzungen zwischen den Niederländisch sprechenden, katholischen, agrarisch geprägten und lange gesellschaftlich benachteiligten Flamen und den französischsprachigen, eher antiklerikalen Wallonen. Der kulturell-politische Streit, der sich in der Parteienlandschaft institutionalisierte (Hochburgen der Christlich-Sozialen in Flandern, der Sozialisten in Wallonien) führte das Land an den Rand einer Spal-

Kapitel 8

tung. Auch die zentrale Frage der belgischen Politik, das Für und Wider der Rückkehr von König Leopold III., war geprägt von dieser Auseinandersetzung. Insbesondere die Wallonen stempelten den Monarchen nach seiner raschen Kapitulation vor Hitler zum »Kollaborateur«, während sich die königstreuen Flamen hinter ihn stellten. Die Königsfrage löste in Belgien bürgerkriegsähnliche Zustände aus. Zwar kehrte Leopold 1950 auf den Thron zurück, dankte aber ein Jahr später zugunsten seines Sohnes Baudouin ab.

Derlei Auseinandersetzungen um die Monarchie blieben den Niederlanden erspart: Königin Wilhelmina kehrte nach der Befreiung 1945 auf den Thron zurück, dankte aber drei Jahre später zugunsten ihrer Tochter Juliana ab. Das größte Problem für die Niederlande war der Wiederaufbau der unter der Besatzungsherrschaft völlig zerschlagenen Wirtschaft, der mit amerikanischer Hilfe und gezielten Staatseingriffen recht erfolgreich gelang. Auch die widerwillig in Angriff genommene Entkolonialisierung zeitigte kaum negative Auswirkungen auf die niederländische Wirtschaft. In politischer Hinsicht sorgte die langjährige Koalition von Katholischer Volkspartei und Sozialisten für beachtliche Stabilität, obgleich auch in den Niederlanden die unterschiedlichen gesellschaftlichen Milieus überdeutlich ausgeprägt waren.

Ähnlich wie in den Niederlanden stand auch in Luxemburg der wirtschaftliche Wiederaufbau im Vordergrund der Bemühungen nach dem Krieg. Trotz krisenhafter Erscheinungen in der Montanindustrie gelang es der Koalitionsregierung der »Nationalen Union«, für wirtschaftlichen Aufschwung im Herzogtum zu sorgen, dessen Großherzogin Charlotte 1945 aus dem Londoner Exil auf den Thron zurückgekehrt war.

8.8 Italien nach dem Krieg

Unter dem Faschisten Mussolini hatte das Land im Zweiten Weltkrieg auf deutscher Seite gekämpft, doch hatte König Vittorio Emmanuele III. 1943 den Schwenk zu den Alliierten vollzogen, Mussolini verhaften lassen und Marschall Badoglio mit der Bildung einer neuen

Vor der Volksabstimmung über die künftige Staatsform Italiens 1946: Demonstration in Rom für die Einführung der Republik.

Regierung beauftragt. Italien wurde daraufhin bis 1945 zum Schauplatz heftiger militärischer Auseinandersetzungen: Während im Süden Badoglio unter Aufsicht einer britisch-amerikanischen Militärregierung den Ton angab, tobte in Mittelitalien der Krieg zwischen Alliierten und Deutschen. Diese hatten im Norden des Landes mit dem inzwischen befreiten Mussolini eine kollaborierende *Repubblica Sociale Italiana* ins Leben gerufen, gegen die die Partisanen des Nationalen Befreiungskomitees heftigen Widerstand leisteten.

Noch während des Krieges wurde der Gegensatz zwischen den im Befreiungskomitee vereinigten antifaschistischen Parteien und Badoglios restaurativer, königstreuer Militärregierung deutlich. Nach der Befreiung Roms und der Abdankung des Königs zugunsten seines Sohnes musste Badoglio zurücktreten, und die demokratischen Parteien – Christdemokraten, Liberale, Liberalsozialisten, Sozialisten, Kommunisten – bildeten eine breite Koalitionsregierung, die mit dem Amtsantritt von Ministerpräsident de Gasperi im Dezember 1945 unter die klare Dominanz der Christdemokraten geriet. Trotz des antifaschistischen Konsenses stritten die Parteien heftig über die künftige politische Gestaltung Italiens. Dass dabei die konservativen Kräfte die Oberhand behielten, lag zum einen an der unverhohlenen Protektion durch die Alliierten, zum anderen an der breiten Unterstützung durch die süd- und mittelitalienische Bevölkerung, während Sozialisten und Kommunisten ihre Anhängerschaft vor allem unter den norditalienischen Arbei-

322

Neuordnung der Welt und Kalter Krieg

tern fanden. Trotz des konservativen Übergewichtes fiel der Volksentscheid über die Staatsform im Jahr 1946 knapp zugunsten der Republik aus.

Dominanz der Democrazia Cristiana
De Gasperis Regierung (bis 1953) versuchte, Italien politisch und wirtschaftlich zu stabilisieren. Obwohl die hohe Arbeitslosigkeit ebenso wenig abgebaut werden konnte wie das traditionelle Gefälle zwischen industrialisiertem Norden und agrarischem Süden, erreichte das italienische »Wirtschaftswunder« auch dank amerikanischer Hilfe beachtliche Erfolge. In politischer Hinsicht verfestigte sich, stark beeinflusst durch den Kalten Krieg, eine Polarisierung der linken und rechten Lager, wobei sich die *Democrazia Cristiana* (DC) – gerade auch vor dem Hintergrund der zu beobachtenden Sowjetisierung Osteuropas – für lange Zeit als stärkste Kraft etablieren konnte. Außenpolitisch entschied sich Italien nach dem Friedensvertrag von 1947, der dem Land Reparationen und Gebietsabtretungen auferlegte, ihm jedoch Südtirol beließ, für eine konsequente Westintegration.

In den Fünfzigerjahren fuhr sich das polarisierte italienische Parteiensystem fest: Die zerstrittene, korruptionsverdächtige DC geriet in der Öffentlichkeit zunehmend in die Kritik. Im Parlament war sie nahezu handlungsunfähig, da sie stets nur vor den Optionen einer Minderheitsregierung oder einer instabilen Koalition stand. Eine vergleichbare Hilflosigkeit im linken Lager sorgte schließlich für den langsamen Prozess einer Öffnung für Koalitionen über die Lagergrenzen hinweg, die sich erst 1963 in einer Koalition der DC mit der nichtkommunistischen Linken institutionalisierte. Die Führungsstellung der DC, eine starke Gegenposition der Kommunisten sowie häufige Regierungskrisen durch instabile und rasch wechselnde Koalitionen prägten das politische Geschehen in Italien fast bis zum Ende des 20. Jahrhunderts, während in sozioökonomischer Hinsicht die Staatsverschuldung und das Nord-Süd-Gefälle die entscheidenden Probleme geblieben sind.

8.9 Die Arabische Liga

Die Gründung der Arabischen Liga am Ende des Zweiten Weltkriegs entsprang dem Wunsch nach (Wieder-)Herstellung von Einheit unter den arabischen Völkern. Ausgangspunkt war die mit dem »nationalen Erwachen« im späten 19. Jahrhundert entstehende Annahme einer grundsätzlichen Homogenität der Araber, die sich in Sprache, Religion, Kultur, Lebensweise sowie in einer antijüdischen, später antiisraelischen Haltung manifestiere.

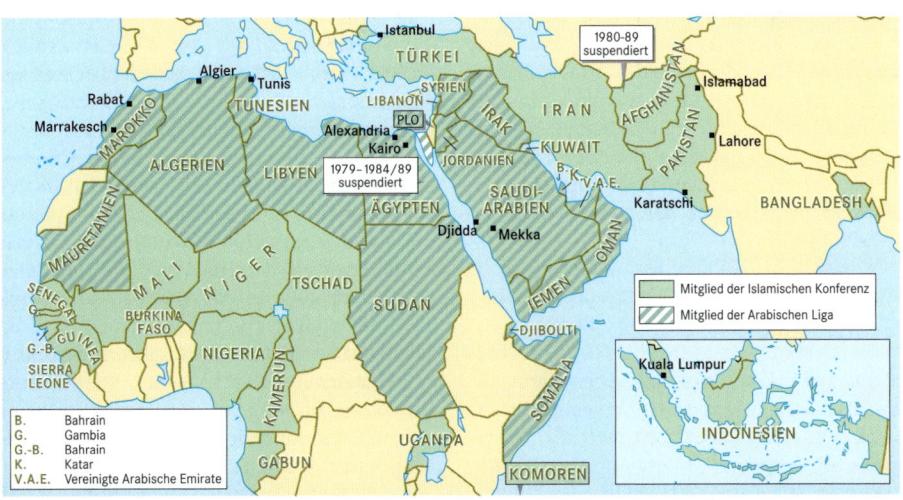

Arabische Liga und Islamische Konferenz

Kapitel 8

Ägypten war die treibende Kraft, und so versammelten sich im Oktober 1944 Vertreter der unabhängigen arabischen Staaten zu ihrer Gründungskonferenz in Alexandria. Am 22. März 1945 unterzeichneten Ägypten, Saudi-Arabien, Syrien, der Libanon, Jordanien, Nord-Jemen und der Irak den Vertrag der Arabischen Liga; später stießen hinzu: Libyen 1953, der Sudan 1956, Marokko 1958, Tunesien 1958, Kuwait 1961, Algerien 1962, Süd-Jemen 1967, die Vereinigten Arabischen Emirate, Bahrain, Katar und Oman 1971, Mauretanien 1973, Somalia 1974 und Djibouti 1977. 1965 erhielt die Palästinensische Befreiungsorganisation (PLO) Beobachterstatus, 1976 wurde sie als Mitglied aufgenommen.

Ziele der Arabischen Liga waren und sind laut Gründungscharta die Förderung der Beziehungen der Mitgliedstaaten in politischer, kultureller, sozialer und wirtschaftlicher Hinsicht; die Wahrung der arabischen Außeninteressen sowie der Unabhängigkeit und Souveränität der Mitgliedstaaten; die Beilegung von Streitfällen unter den Mitgliedern sowie die Anerkennung Palästinas als unabhängigen Staat. Höchstes Organ ist der Ligarat, der bindende Entscheidungen nur einstimmig treffen kann; Mehrheitsentscheidungen sind nur für die zustimmenden Länder verpflichtend. In unregelmäßigen Abständen und bei besonderen Konstellationen kommt es zu Gipfeltreffen der Staats- und Regierungschefs. Darunter sind der Verteidigungsrat, der Wirtschafts- und Sozialrat sowie weitere Fachräte und Ausschüsse angesiedelt. An der Spitze der Administration steht ein Sekretariat mit Generalsekretär. Der Sitz der Arabischen Liga war zunächst Kairo, seit 1979 Tunis, da die ägyptische Mitgliedschaft bis 1989 wegen des Friedensvertrages mit Israel suspendiert war. Seit 1990 hat die Liga ihren Sitz wieder in Kairo.

Trotz ihrer Bedeutung insbesondere im Außenverhältnis zum Westen und zu Europa sowie in der gemeinsamen Front gegen den Staat Israel konnte die Arabische Liga Konflikte zwischen Mitgliedern oft nicht verhindern oder lösen. Zwar wurde ideell die Homogenität der Araber postuliert, in der Realität aber trafen große Gegensätze aufeinander: reiche Ölstaaten und ärmere Wüstenländer, traditionell-konservative und progressiv-revolutionäre Haltungen, althergebrachter Adel und neue politische und militärische Eliten. Erfolge hat die Arabische Liga vor allem auf wirtschaftlichem Gebiet aufzuweisen: Hier markieren die Einrichtung einer Freihandelszone, die Entstehung der OPEC und OAPEC (Organisation [arabischer] Erdöl exportierender Länder), die Union Arabischer Banken und andere Institutionen dauerhafte Erfolge des Zusammenschlusses.

8.10 Eiserner Vorhang

Am 5. März 1946 beschrieb Großbritanniens damaliger Oppositionsführer, der frühere Premierminister Winston Churchill, in einer Rede in den USA die Situation in Europa: »Von Stettin an der Ostsee bis nach Triest an der Adria hat sich ein Eiserner Vorhang quer durch den Kontinent gelegt. Hinter dieser Linie liegen alle Hauptstädte Mittel- und Osteuropas. Warschau, Berlin, Prag, Wien, Budapest, Belgrad, Bukarest und Sofia – alle diese Städte und die umliegenden Gebiete sind in der sowjetischen Einflusssphäre und sind ... in einem hohen und wachsenden Maße der Kontrolle durch Moskau unterworfen.«

Nachdem man das gemeinsame Ziel, die Niederringung des nationalsozialistischen Deutschland erreicht hatte, war das Einvernehmen der ehemaligen Anti-Hitler-Koalition einer scharfen politischen Konfrontation gewichen. Zwar waren sich die USA, Großbritannien und die UdSSR grundsätzlich über die Etablierung von Einflussspähren im Nachkriegseuropa im stabilisierenden und friedenssichernden Interesse einig, bei der Umsetzung dieser Idee in die Praxis entstanden jedoch erhebliche Meinungsverschiedenheiten. Der Sowjetunion war viel an einer Sicherheitszone aus ihr wohlgesinnten Staaten gelegen und sie fürchtete, dass amerikanische Wirtschaftshilfe (▶ 8.12) und die Implementierung parlamentarischer Demokratien in Osteuropa »kapitalistische« Feindstaaten entstehen lassen würden. Im Westen befürchtete man dagegen die Realisierung weltrevolutionärer Zielsetzungen durch die UdSSR in Europa.

Indem beide Seiten versuchten, ihre politischen Vorstellungen im Nachkriegseuropa

Neuordnung der Welt und Kalter Krieg

Der Eiserne Vorhang senkt sich. Amerikanische Soldaten an der Grenze zum sowjetischen Sektor in Berlin

durchzusetzen, förderten sie letztlich die Spaltung. Zum sowjetischen Verständnis gehörte, dass die westlichen Großmächte Westeuropa politisch nach ihrem Gutdünken gestalten konnten, die osteuropäischen Staaten jedoch sowjetfreundlich, d. h. kommunistisch, ausgerichtet sein sollten. Dabei dominierte zunächst die Vorstellung, dass diesen Ländern nicht ein sowjetisches System überzustülpen sei, sondern dass sie selbst – unter aktiver Beteiligung der lokalen Kommunisten – ihren Weg zur sozialistischen Staats-, Wirtschafts- und Gesellschaftsform finden sollten. Als rasch deutlich wurde, dass aufgrund von unterschiedlich ausgeprägten Vorbehalten gegen Russland und den Kommunismus in den Ländern Osteuropas sowie materieller Unterlegenheit gegenüber dem Westen die Erreichung dieses Ziels durch die freie Entscheidungsmöglichkeit der Bevölkerung nicht gewährleistet war, schritt man zur repressiven Durchsetzung der kommunistischen Herrschaft in denjenigen Ländern, die von der Roten Armee befreit und besetzt worden waren. Mit militärischem Machtpotenzial ausgestattet und von Moskau in jeder Hinsicht bevorzugt und gestützt, gingen die Kommunisten in Osteuropa daran, die nichtkommunistischen Partner in den »Block-« oder »Front«-Regierungen an den Rand zu drängen und auszuschalten.

Die Voraussetzungen und die Vorgehensweisen waren in den einzelnen osteuropäischen Ländern recht unterschiedlich, das zu erreichende Ziel aber war überall gleich: die Herrschaft der jeweiligen nationalen kommunistischen Partei in enger Abstimmung mit Moskau. Sonderfälle bildeten Jugoslawien und Albanien, wo die Durchsetzung der Kommunisten weitestgehend unabhängig von Moskau gelungen war, was in der Folge auch zu erheblichen Spannungen mit der Sowjetunion führen sollte. Während es zwischen Moskau und Belgrad 1948 zum Bruch kam, war es der Sowjetunion in den anderen osteuropäischen Ländern bis zum Ende des Jahres gelungen, die politischen Weichenstellungen in ihrem Sinne vorzunehmen.

8.11 Kominform

Im September 1947 wurde auf einer Konferenz europäischer kommunistischer Parteien in Polen das »Kommunistische Informationsbüro« (Kominform) gegründet. Im Unterschied zur Kommunistischen Internationale (Komintern, ▶ 6.13), die 1943 aus Rücksicht auf die Zusammenarbeit mit den Westmächten in der Anti-Hitler-Koalition aufgelöst worden war, handelte es sich beim Kominform um eine rein europäische Organisation, als deren Ziel die gegenseitige Information und Koordinierung unter den kommunistischen Parteien Ost-, aber auch Westeuropas definiert wurde.

Die Gründung des Kominform entsprang Moskaus Wunsch, unter den kommunistischen Parteien der osteuropäischen Volksdemokratien eine stärkere ideologische Einheit unter sowjetischer Führung herzustellen. Auf der Gründungskonferenz erläuterte der hochrangige sowjetische Parteifunktionär Andrei Schdanow die von Moskau verbindlich vorgegebene Auffassung, dass sich die Welt in zwei unversöhnliche Lager gespalten habe (▶ 8.12).

Das Kominform sollte in dieser angespannten Situation die Geschlossenheit der kommunistischen Länder und Parteien gewährleisten und somit diese in ihrem Fundamentalkonflikt mit dem westlichen Lager stärken.

Obwohl es sich beim Kominform offiziell um einen Zusammenschluss gleichberechtigter Mitglieder handelte, gab die KPdSU eindeutig die Richtung vor: Moskau war und blieb die kommunistische Kommandozentrale. In der Praxis entfaltete das Kominform keine große Bedeutung: Bereits 1948 demonstrierte das Ausscheren Jugoslawiens die Hilflosigkeit der Institution. Auch in den folgenden Jahren konnte die Etablierung eigener Wege zum Sozialismus in den osteuropäischen Staaten nicht verhindert werden. Das Kominform sank weitgehend zu einer zweitrangigen Publikationsstelle der Zeitschrift »Für dauerhaften Frieden, für Volksdemokratie« herab und wurde bereits 1956 aufgelöst.

8.12 Truman-Doktrin und Marshallplan

Truman-Doktrin und Marshallplan stellen die wesentlichen Artikulations- und Aktionsformen der »Eindämmungsstrategie« *(Containment)* gegenüber dem Kommunismus dar, welche die USA unter dem Eindruck des resoluten Vorgehens der Sowjetunion in den osteuropäischen Ländern seit 1947 verfolgten. An die Stelle der längst brüchig gewordenen Zusammenarbeit der ehemaligen Anti-Hitler-Koalition war in Ost und West die gezielte Verfolgung von stark abweichenden politischen Eigeninteressen getreten. Der Übergang zum *Containment* markierte den amerikanischen Willen, sich dem wahrgenommenen sowjetischen Expansionsstreben und aktiv entgegenzustellen. In einer Rede vor dem amerikanischen Kongress am 12. März 1947 rief Präsident Harry S. Truman dazu auf, »alle freien Völker zu unterstützen, die sich der Unterwerfung durch bewaffnete Minderheiten oder durch Druck von außen widersetzen«. Das war auf kommunistische Parteien und Gruppierungen sowie auf die UdSSR gemünzt. Wie der Stalin-Vertraute Andrei Schdanow ein halbes Jahr später (▶ 8.11) teilte Truman die Welt in zwei Lager: ein freiheitlich-demokratisches und ein kommunistisch-totalitäres. Verpflichtung der USA als Vormacht der freien Welt sei es, den Völkern Europas gegen die aggressiven Absichten des Kommunismus beizustehen. Trumans pointierte Ausführungen zielten auf den widerstrebenden Kongress, um wirtschaftliche und militärische Unterstützung für Griechenland und die Türkei zu erreichen. Beide Länder besaßen enorme strategische Bedeutung im östlichen Mittelmeerraum und grenzten unmittelbar an Staaten, die bereits unter dem Einfluss der Sowjetunion standen; in Griechenland tobte darüber hinaus ein Bürgerkrieg.

Drei Monate nach der Verkündung der Truman-Doktrin stellte US-Außenminister George C. Marshall das *European Recovery Program* (Europäisches Wiederaufbauprogramm) als Umsetzung der *Containment*-Strategie vor. Dieses Programm, auch »Marshallplan« genannt, sah umfassende wirtschaftliche Hilfsmaßnahmen für die vom Krieg beeinträchtigten europäischen Länder vor. Sozioökonomische und außen- bzw. militärpolitische Anliegen verschmolzen dabei, denn in politischer Hinsicht lag dem Marshallplan die Vorstellung zugrunde, dass die rasche Überwindung von Wirtschaftsproblemen und die Heranbildung

Marshallplanhilfe: Die Verteilung der Gelder

Neuordnung der Welt und Kalter Krieg

von Wohlstand das beste Gegenmittel gegen kommunistische Ideen und Absichten sei. Aus diesem Grunde bezog Marshall ausdrücklich die osteuropäischen Länder, die bereits dem zunehmenden Einfluss Moskaus unterworfen waren, in das Programm mit ein. Dort stieß das amerikanische Hilfsprogramm auch auf großes Interesse. Selbst der Sowjetunion wäre finanzielle Unterstützung durch die USA nicht ungelegen gekommen, freilich nur zu ihren eigenen Bedingungen.

Ablehnung des Marshallplans durch Moskau
Als auf einer Konferenz in Paris Ende 1947 rasch klar wurde, dass amerikanische und sowjetische Vorstellungen nicht in Einklang zu bringen waren, änderte die UdSSR ihre Haltung. Sie verurteilte das Programm als Einmischung in die inneren Angelegenheiten der europäischen Staaten. Polen, die Tschechoslowakei und Ungarn mussten auf sowjetischen Druck hin ihre bereits zugesagte Teilnahme am Wiederaufbauprogramm zurückziehen. Als Reaktion auf die amerikanische Offensive suchte man in Moskau den ideologischen Zusammenschluss Osteuropas durch die Gründung des Kominform (▶ 8.11).

In den westeuropäischen Ländern dagegen trug der im März 1948 als Auslandshilfeplan verabschiedete Marshallplan entscheidend zum Wiederaufbau der im Krieg zerstörten Volkswirtschaften und zu einer überaus raschen ökonomischen Gesundung bei. Charakteristisch für das Programm war seine europäische Verzahnung, es verband sich so auch mit Ideen einer politischen Integration des Kontinents. Insgesamt erhielten die teilnehmenden Länder Hilfestellung von etwa 13 Milliarden Dollar in Form von Lebensmitteln, Düngemitteln, Rohstoffen, Treibstoffen, Maschinen etc. Koordiniert wurde die Vergabe der Güter durch die im April 1948 gegründete, in Paris ansässige Organisation für Europäische Wirtschaftliche Zusammenarbeit (OEEC). Der Marshallplan ist in seiner Bedeutung für die ökonomische und politische Stabilisierung Westeuropas nicht hoch genug einzuschätzen. Für die USA erfüllten sich damit nicht nur ihre Erwartungen einer Immunisierung der teilnehmenden Länder gegen kommunistische Konzeptionen, die europäischen Volkswirtschaften boten sich auch als Absatzmarkt für die unter Überproduktion leidende amerikanische Wirtschaft an. Zugleich beschleunigten der Marshallplan und die sowjetische Ablehnung die Spaltung Europas in ökonomischer, aber auch ideologisch-politischer Hinsicht.

8.13 Londoner Sechsmächtekonferenz

Auf der in zwei Sitzungsperioden vom 23. Februar bis 6. März und vom 20. April bis 2. Juni 1948 abgehaltenen Konferenz einigten sich Großbritannien, die USA, Frankreich und die Beneluxstaaten in harten Verhandlungen auf die Schaffung eines westdeutschen Teilstaates durch den Zusammenschluss der französischen mit der amerikanischen und britischen Besatzungszone, die bereits seit 1947 in der »Bizone« zusammengefasst waren. Die Londoner Empfehlungen vom 7. Juni 1948 sahen eine internationale Kontrolle für das Ruhrgebiet, die Einbeziehung Westdeutschlands in den Marshallplan (▶ 8.12) sowie den Aufbau eines demokratischen Verfassungssystems im westlichen Teilstaat vor. Die Prinzipien einer neuen Verfassung wurden am 1. Juli 1948 in den Frankfurter Dokumenten den Ministerpräsidenten der westdeutschen Länder überreicht. Demnach sollte bis zum 1. September 1948 eine von den elf Landtagen gewählte verfassunggebende Versammlung einberufen werden, die eine föderale Ordnung bei »angemessener Zentralgewalt« zu entwerfen hatte. Am 1. September wurde in Bonn der Parlamentarische Rat einberufen, der das am 23. Mai 1949 verkündete Grundgesetz ausarbeitete (▶ 8.18).

Um die Grundlagen für eine wirtschaftliche Konsolidierung auf der Basis der Hilfsmittel des Marshallplans zu schaffen, wurde am 21. Juni 1948 in den Westzonen unter amerikanischer Federführung eine Währungsreform durchgeführt. Die Sowjetunion reagierte mit einer eigenen Währungsreform in ihrer Besatzungszone sowie mit der Blockade West-Berlins (▶ 8.17). Bereits zwischen den Sitzungsperioden der Londoner Konferenz hatte Sowjetmarschall Wassili Sokolowski den Alliierten Kontrollrat verlassen und damit einen symbolischen Schlusspunkt unter die Vier-Mächte-Verwal-

Kapitel 8

tung Deutschlands gesetzt. Zum Anlass dafür hatte einerseits die Entscheidung der Westmächte gedient, die Sowjetunion nicht über die Londoner Konferenzergebnisse zu unterrichten. Andererseits reagierte Moskau damit auf den Zusammenschluss der fünf europäischen Konferenzteilnehmer zur »Westunion« im Brüsseler Vertrag vom 17. März 1948. Diese war nach der kommunistischen Machtübernahme in Prag (Februar 1948) als Verteidigungsbündnis Westeuropas gegenüber eventuellen Aggressionen von sowjetischer oder deutscher Seite gegründet worden. So markierten die Ergebnisse der Londoner Sechsmächtekonferenz einen wichtigen Schritt zur Teilung Deutschlands.

8.14 Die Teilung Indiens

Seit den Dreißigerjahren hatte die muslimische Intelligenz in Indien Forderungen nach einer Teilung des Landes artikuliert. Rahmat Ali, einer der Führer der muslimischen Nationalbewegung in Indien, schuf 1933 das Akronym »Pakistan« aus den Anfangsbuchstaben der im Norden gelegenen, mehrheitlich muslimisch bewohnten Provinzen Punjab, Afghanistan, Kaschmir, Sind sowie aus dem Namensende von Belutschistan. Zur entscheidenden politischen Persönlichkeit der indischen Muslime wurde Mohammed Ali Jinnah. Er bezog auch die in den hinduistisch dominierten Provinzen lebende muslimische Minderheit in seine Pläne ein und stand einem Separatstaat im Norden zunächst ablehnend gegenüber. Erst als Jinnah bei den Minderheiten keinen politischen Erfolg verzeichnen konnte, konzentrierte er sich in der zweiten Hälfte der Dreißigerjahre auf die muslimischen Nordprovinzen. Zur Legitimation der Forderung nach unabhängigen Muslimstaaten im Nordwesten und Nordosten Indiens kreierte er die »Zweinationentheorie«, nach der Hindus und Muslime zwei unterschiedliche Nationen seien.

Nach dem Jahrzehnte andauernden indischen Kampf um die Freiheit hatte sich in Großbritannien im Zweiten Weltkrieg die Einsicht durchgesetzt, dass Indien die Unabhängigkeit nicht länger verweigert werden könne. Angesichts der heftigen Auseinandersetzungen zwischen Hindus und Muslimen stellte sich aber immer drängender die Frage, auf welche Art und Weise die Entlassung Indiens in die Unabhängigkeit erfolgen sollte. Eine Teilung des Landes wurde bald als unvermeidlich angesehen. Die Kolonialmacht erblickte in Jinnah ein nützliches Gegengewicht zum selbstbewussten, oppositionellen hinduistischen Indischen Nationalkongress (INC). Bei den Wahlen 1946 stimmte eine große Mehrheit der muslimischen Bevölkerung für Jinnahs Muslimliga, was dessen Position ebenso stärkte wie die Tatsache, dass die im Sommer 1945 neu gewählte Labour-Regierung in Großbritannien der indischen Frage recht hilflos gegenüberstand. Als

Jawaharlal Nehru und Mahatma Gandhi während der Eröffnungssitzung des indischen Kongresskomitees in Bombay am 6. Juli 1946.

der britische Vizekönig im August 1946 den Hindu Jawaharlal Nehru zum Interims-Premier machte, versuchten die Muslime zunächst, die neue Regierung zu Fall zu bringen. Das scheiterte, sodass Jinnah als Finanzminister in die indische Regierung eintrat und auf diesem Posten bewusst destruktiv operierte – mit dem Resultat, dass die Koalitionsregierung zusammenbrach.

Der britische Plan, allen Provinzen einzeln die Unabhängigkeit zu gewähren und sie damit in den Auseinandersetzungen ihrem Schicksal zu überlassen, war – auch dank Nehrus Überzeugungsarbeit gegenüber dem neuen und letzten Vizekönig Lord Mountbatten – fallen gelassen worden. Die Briten mussten die Verantwortung für die Teilung des Landes übernehmen und führten sie aufgrund eines richterlichen Schiedsspruchs durch. Am 11. Juni 1947 wurde in Großbritannien der »Independence of India Act« verabschiedet, der dem Land am 15. August 1947 die Unabhängigkeit brachte. Neben dem hinduistischen Indien entstand im Norden das mehrheitlich muslimisch bevölkerte Pakistan, dessen Staatsgebiet aus zwei nicht zusammenhängenden Territorien bestand.

Die Folgen der Teilung
Zu den Folgen der Teilung Indiens gehörten Flüchtlingsströme, Wut und Enttäuschung auf beiden Seiten. Obwohl die politischen Führer versucht hatten, mäßigend auf die aufgebrachten Volksmassen einzuwirken, konnten sie gewalttätige Ausschreitungen nicht verhindern. Im Fürstentum Kaschmir, dessen Bevölkerung zwar mehrheitlich muslimisch war, dessen Fürst jedoch Indien zuneigte, kam es sogar zu kriegerischen Auseinandersetzungen. Das Gebiet wurde entlang einer Waffenstillstandslinie der UNO geteilt, dennoch kam es immer wieder zu bewaffneten Zusammenstößen. Bis heute ist die Kaschmirfrage ungeklärt. Das Scheitern der pakistanischen Absichten, 1965/66 erneut eine militärische Lösung des Kaschmirproblems zu eigenen Gunsten zu erreichen, führte zu einer Destabilisierung des geteilten Staates. Ostpakistan erhob Selbstständigkeitsforderungen, denen nach blutigen Auseinandersetzungen im Jahre 1971 mit der Gründung Bangladeshs entsprochen wurde.

Von Anfang an verfolgten Indien und Pakistan völlig entgegengesetzte außenpolitische Ausrichtungen. Während Indien sich zur Bündnisfreiheit bekannte, suchte Pakistan den Schutz der USA, was Indien wiederum zu einer partiellen Annäherung an die UdSSR bewog.

Auch im Innern liefen gegensätzliche Entwicklungen ab: Indien wurde durch die Verfassung von 1950 zu einer föderativen Republik auf der Basis parlamentarischer Demokratie; die Kongresspartei spielte lange die dominierende Rolle (▶ 9.16). In Pakistan dagegen wechselten sich bis in die heutige Zeit demokratische Konzeptionen mit autoritären Regimen bzw. einer allenfalls »gelenkten Demokratie« ab; nach einer mehrjährigen demokratischen Phase putschte sich 1999 General Pervez Musharraf an die Spitze der (seit 1956) »Islamischen Republik« Pakistan.

8.15 Die Gründung der Volksrepublik China

Am 1. Oktober 1949 proklamierte Mao Zedong am »Tor des himmlischen Friedens« in Peking die Volksrepublik China und beendete damit die von heftigen inneren Auseinandersetzungen geprägte Ära der 1912 entstandenen Republik China (▶ 4.32, ▶ 6.24, ▶ 6.25). Nach anfänglicher Zusammenarbeit der regierenden *Kuomintang* (Nationale Volkspartei, KMT) unter ihrem Führer Chiang Kai-shek mit der von Mao Zedong geführten Kommunistischen Partei Chinas (KPCh) in den Zwanzigerjahren war es zwischen den beiden Lagern bereits seit 1927 zum Bürgerkrieg gekommen. Die Solidarisierung gegen den gemeinsamen Feind während des Chinesisch-Japanischen Krieges (1937–45) hatte die fundamentalen Differenzen nur vorübergehend überdeckt. Nach der Kapitulation der japanischen Armee brach der Konflikt zwischen *Kuomintang* und KPCh wieder offen aus und mündete in den Chinesischen Bürgerkrieg (bis 1949). Chiang Kai-sheks *Kuomintang* war nach Kriegsende nach wie vor die stärkere Macht, doch kontrollierte sie nur die südwestliche Provinz Sichuan sowie Teile Zentral- und Südchinas. Die KPCh hingegen hatte ihre Zentren in nördlichen Gebieten und stieß von dort aus zur Erweiterung ihrer Machtbasis

Kapitel 8

Das Propagandaplakat zeigt den triumphierenden Mao Zedong, den Sieger im Chinesischen Bürgerkrieg.

gezielt in die Mandschurei im Nordosten vor. Mitte 1946 begann ein offener Bürgerkrieg.

Sieg der Kommunisten im Bürgerkrieg

Dass dabei die zahlenmäßig überlegenen Kräfte der *Kuomintang* bald ins Hintertreffen gerieten, lag nicht nur am disziplinierten und überlegten Vorgehen der Kommunisten, sondern vor allem auch an selbst verschuldeten Problemen der *Kuomintang*. So hatte sie durch eine verfehlte Politik die Mehrheit der chinesischen Bevölkerung gegen sich aufgebracht: Den Bauern hatte die *Kuomintang* wenig zu bieten, ganz im Gegensatz zur KPCh, die eine tief greifende Veränderung der überkommenen Sozialverhältnisse versprach und in den von ihr kontrollierten Landesteilen bereits in Angriff genommen hatte. Auch die Nöte der Arbeiter wurden von der *Kuomintang* nicht ernst genommen; Korruption, rücksichtslose Bereicherungen und zahlreiche Schikanen entfremdeten die Unternehmer; Intellektuelle und Staatsbedienstete wurden durch repressive Politik und wirtschaftspolitisches Versagen verprellt, das zu einer raschen Verarmung der Mittelschichten führte. Als schließlich auch größere Teile von Chiang Kai-sheks Armee zu den Kommunisten überliefen, war deren Sieg im Bürgerkrieg absehbar. Anfang 1949 nahm die KPCh die entscheidenden Großstädte ein, Ende des Jahres setzte sich Chiang Kai-shek mit seinen Getreuen sowie dem gesamten Parlament und der Staatskasse nach Taiwan ab und rief dort 1950 die Republik China aus.

Nach der Ausrufung der Volksrepublik begann die KPCh unter Mao Zedong mit der konsequenten Umgestaltung des Landes in Anlehnung an das sowjetische Vorbild: Enteignungen, Übergang zur Planwirtschaft, Forcierung der Schwerindustrie, Reorganisation der Landwirtschaft nach dem Kollektivprinzip, rigoroses Vorgehen gegen »Volksfeinde« sowie die Etablierung des Machtmonopols der KPCh unter ihrem Führer prägten die innere Entwicklung Chinas in den Fünfzigerjahren. Auch in der Außenpolitik verfolgte Peking in dieser Zeit noch eine enge Anlehnung an die Sowjetunion. 1950 wurde ein Freundschafts- und Beistandsvertrag geschlossen. Erst die politischen Veränderungen, die in der UdSSR nach dem Tod Stalins erfolgten, leiteten den Bruch zwischen den beiden sozialistischen Vormächten ein (▶ 9.13). Die Ignorierung mancher sowjetischer Erfahrungen und der hartnäckig vertretene Wille zur radikalen Realisierung der kommunistischen Utopie sollten erst in den folgenden Jahrzehnten ihre zum Teil katastrophalen Konsequenzen für China offenbaren.

8.16 Ben Gurion und die Gründung des Staates Israel

Am 14. Mai 1948 proklamierte David Ben Gurion, die führende Persönlichkeit der zionistischen Bewegung, in Tel Aviv den Staat Israel. Forderungen nach einer »gesicherten Heimstätte« für das jüdische Volk in Palästina hatte bereits der erste Zionistenkongress von 1897 erhoben. Nachdem Großbritannien 1917 in der Balfour-Deklaration (▶ 5.10) die Gründung jüdischer Siedlungen in Palästina unterstützt hatte, setzte in den Zwanzigerjahren eine beachtliche Einwanderung von Juden in das seit 1920 von den Briten als Mandat des Völkerbundes verwaltete Palästina ein. Als Folge der nationalsozialistischen Politik (▶ 6.35, ▶ 6.37) stieg die Immigration in den Dreißigerjahren ebenso an wie der Protest der in Palästina lebenden arabischen Bevölkerung, die ihre Majorisierung sowie die Gründung eines jüdischen Staates befürchtete. Nach dem arabischen Aufstand (1936–38) schränkte Großbritannien seit 1939 die jüdische Einwanderung nach Palästina erheblich ein, mit dem Ziel, die Araber nicht als Verbündete in die Arme Hitlers zu treiben (▶ 6.6).

Während des Zweiten Weltkriegs wurden angesichts der Nachrichten über den Völkermord an den europäischen Juden die Forderungen nach Gründung eines jüdischen Staates in Palästina lauter. David Ben Gurion (geb. 16. Oktober 1886 in Płońsk bei Warschau, gest. 1. Dezember 1973 in Tel Aviv-Jaffa) war inzwischen zur politischen Führerfigur in Palästina geworden. Der zionistische Sozialist hatte bereits 1919 die *Ahdut Haavoda* (Einheit der Arbeit) und 1920 die Gewerkschaft *Histadrut* gegründet sowie 1930 die Arbeiterpartei *Mapai* ins Leben gerufen, deren Vorsitz er bis 1965 innehatte.

Die militärischen Organisationen der *Mapai* (*Haganah*, *Palmach*) betrieben entgegen den britischen Vorstellungen die rechtlich nicht sanktionierte Einwanderung von Juden nach Palästina. 1942 forderten Delegierte zionistischer Organisationen aus Palästina, den USA und Europa im New Yorker »Biltmore-Programm« explizit die Schaffung eines jüdischen Staates. Obgleich der nationalsozialistische Judenmord (▶ 7.18, ▶ 7.19) die Stimmung unter Juden wie Nichtjuden zugunsten eines eigenen Staates in Palästina beeinflusste, hielt Großbritannien als Mandatsmacht nach 1945 an seiner restriktiven Immigrationspolitik fest. Während die Arabische Liga (▶ 8.9) forderte, den arabischen Charakter Palästinas zu bewahren und die jüdische Einwanderung zu beenden, versuchten sowohl *Haganah* und *Palmach* als auch die oppositionelle, von Menachem Begin geführte *Irgun Zwai Leumi*, die Briten durch terroristische Akte zur Änderung ihrer Politik zu bewegen. Großbritannien übergab nun das Palästinaproblem den Vereinten Nationen.

Der Teilungsplan der Vereinten Nationen
Nach einem Beschluss der UN-Vollversammlung vom November 1947 sollten ein jüdischer Staat mit 14 100 Quadratkilometern und ein arabischer Staat mit 11 100 Quadratkilometern entstehen. Von den Juden wurde das Vorhaben begrüßt, die Palästinenser dagegen antworteten mit einem Generalstreik. Es kam zu heftigen Kämpfen zwischen Juden und Arabern, die bis Mai 1948 zu einem großen Teil aus den für die jüdischen Bevölkerung vorgesehenen Gebieten vertrieben wurden. Einen Tag vor Ablauf des britischen Mandats war in Tel Aviv am 14. Mai der jüdische Nationalrat zur Bildung

Am 14. Mai 1948 proklamierte David Ben Gurion in Tel Aviv den Staat Israel.

einer provisorischen Regierung zusammengetreten. Ben Gurion wurde erster Ministerpräsident und verlas die Unabhängigkeitserklärung des Staates Israel. Chaijim Weizman, 1935–46 Präsident der Zionistischen Weltorganisation, wurde erster Staatspräsident. Zwar wurde Israel umgehend von den Weltmächten USA und UdSSR anerkannt, doch sah es sich von Anfang an mit der militärischen Reaktion der Araber konfrontiert: Noch in der Nacht vom 14. auf den 15. Mai 1948 marschierten ägyptische, transjordanische, syrische, libanesische und irakische Truppen in Palästina ein. Dank großzügiger finanzieller Hilfe vor allem der USA und Waffenlieferungen, etwa aus der Tschechoslowakei, konnten die ins Hintertreffen geratenen Israelis ab Sommer 1948 das militärische Blatt zu ihren Gunsten wenden. Im Januar 1949 stand der israelische Sieg fest, es folgten Waffenstillstandsverträge mit den arabischen Ländern (außer mit dem Irak).

Als Folge des ersten arabisch-israelischen Krieges wurde das Gebiet des jüdischen Staates auf 20 700 Quadratkilometer vergrößert, zugleich stellten die große Zahl arabischer Flüchtlinge, die Besetzung palästinensischer Siedlungsgebiete, die jordanische Besetzung des Westjordanlandes sowie die Unterstellung des Gazastreifens unter ägyptische Verwaltung Keimzellen für langwierige, bis heute andauernde Auseinandersetzungen im Nahen Osten dar. Im Innern wurde Israel zu einem demokratisch-parlamentarischen Staat, dessen bestimmende politische Kraft lange Zeit die Arbeiterpartei blieb. Kennzeichnend für die folgenden Jahrzehnte war eine starke Zuwanderung von Juden aus Europa, der Türkei, dem Iran, arabischen und afrikanischen Staaten sowie ein rascher industrieller, landwirtschaftlicher und militärischer Aufbau.

8.17 Die Teilung Deutschlands und die Berlin-Blockade

Der Zerfall der Anti-Hitler-Koalition in zwei entgegengesetzte weltpolitische Lager (▶ 8.10, ▶ 8.12) hatte eine Entwicklung in Gang gesetzt, an deren Ende die Gründung zweier deutscher Staaten stand (▶ 8.18). Die ursprünglich verfolgte Idee eines einheitlichen, demokratischen Deutschland war in der Realität binnen kurzer Zeit der Einbindung der jeweiligen Besatzungszonen in das eigene Lager gewichen (▶ 8.3). Während die Westmächte unter dem Eindruck des zielgerichteten und repressiven Vorgehens der Sowjetunion in Osteuropa eine weitere Ausdehnung des kommunistischen Systems auf ganz Deutschland befürchteten, fühlte sich die UdSSR durch die politischen und wirtschaftlichen Maßnahmen der Westalliierten bedroht. Beide Seiten unterstellten sich gegenseitig, ganz Deutschland dem eigenen Machtbereich eingliedern zu wollen.

Mit der Londoner Sechsmächtekonferenz (▶ 8.13) unternahmen die Westmächte einen ersten entscheidenden Schritt zur Gründung eines deutschen Teilstaates, der in den westlichen Machtbereich eingegliedert sein sollte. Die Sowjetunion verließ im März 1948 (nach der Gründung der »Westunion«) den Alliierten Kontrollrat, beendete de facto die Viermächteadministration und zog ab Juni 1948 mit vergleichbaren politischen und wirtschaftlichen Maßnahmen in ihrer Besatzungszone nach. Zugleich versuchte die UdSSR, die Westalliierten mit der Blockade West-Berlins unter Druck zu setzen und entweder die in Angriff genommene Schaffung eines westdeutschen Teilstaates zu verhindern oder die Westmächte zum Verlassen Berlins zu zwingen. Die ehemalige Hauptstadt war seit Kriegsende in vier den Siegermächten zugeordnete Sektoren eingeteilt und besaß als Ganzes einen Viermächtestatus.

Diese Grundlagen waren für die Sowjetunion mit den Londoner Beschlüssen der Westalliierten und der Einstellung der Aktivität des Alliierten Kontrolrates entfallen, und man betrachtete Groß-Berlin nun als Teil der sowjetischen Besatzungszone. Am 24. Juni 1948 ließ Moskau sämtliche Land- und Wasserwege von Berlin in die Westzonen sperren sowie die Versorgung der Berliner Westsektoren mit Elektrizität, Kohle und Lebensmitteln unterbrechen. Auf diese Weise sollten die Westmächte zum Einlenken in der Deutschlandpolitik oder aber zum Rückzug aus Berlin gezwungen werden. Diese aber richteten auf Initiative des amerikanischen Militärgouverneurs Lucius D. Clay eine Luftbrücke ein, mittels derer die West-Berliner Zivilbevölkerung und die dort stationierten westalliierten Truppen fast elf Monate lang ver-

Neuordnung der Welt und Kalter Krieg

25 »Rosinenbomber« pro Stunde landeten und starteten rund um die Uhr in Berlin-Tempelhof, um die Versorgung der Bevölkerung in West-Berlin sicherzustellen.

sorgt wurden. Rund 195 000 Flüge brachten knapp 1,5 Millionen Tonnen an Hilfsgütern in die eingeschlossene Stadt.

Die organisatorisch-logistische Leistung der amerikanisch-britischen Luftbrücke demonstrierte die Entschlossenheit der Westmächte, sowohl an ihrer Deutschlandpolitik als auch an ihrer Präsenz in Berlin festzuhalten. Die Sowjetunion musste im Frühjahr 1949 das Scheitern der Blockade eingestehen und beendete diese unter dem Eindruck des neu gegründeten Nordatlantikpaktes (▶ 8.21) nach Verhandlungen mit den USA am 12. Mai 1949. Der Fehlschlag der Blockade verkehrte die sowjetische Minimalabsicht der Eingliederung West-Berlins in den eigenen Machtbereich in das Gegenteil: Einerseits wurde die Zugehörigkeit West-Berlins zum westalliierten Einflussbereich zementiert, andererseits wuchs die Identifikation der West-Berliner Bevölkerung mit den sie unterstützenden Mächten.

8.18 Die Gründung der Bundesrepublik und der DDR

Mit den Londoner Empfehlungen (▶ 8.13) hatten die Westmächte angesichts des Vorgehens der UdSSR in Osteuropa Weichenstellungen für die Gründung eines westdeutschen Teilstaates aus der amerikanischen, der britischen und der französischen Besatzungszone getroffen. In wirtschaftlicher Hinsicht markierte die in den Westzonen durchgeführte Währungsreform vom 21. Juni 1948, die von der Sowjetunion mit einer Währungsreform in ihrer Zone beantwortet wurde, die beginnende Teilung. In politischer Hinsicht war es der Auftrag an die Ministerpräsidenten der elf westlichen deutschen Länder zur Einberufung einer verfassunggebenden Versammlung (Frankfurter Dokumente vom 1. Juli 1948, ▶ 8.13). Die sowjetische Reaktion auf die Londoner Sechsmächtekonferenz in Form der Berlin-Blockade (▶ 8.17) wirkte sich entgegen ihrer Absicht deutlich zugunsten einer Teilstaatsgründung aus – sowohl bei den Alliierten, die im aggressiven sowjetischen Vorgehen eine Bestätigung ihrer Befürchtungen fanden, als auch bei den meisten westdeutschen Politikern. Diese sahen nur noch wenig Chancen für eine gesamtdeutsche Lösung, da ein weiteres Festhalten daran den westalliierten Schutz vor der Sowjetunion infrage stellen konnte.

Am 26. Juli 1948 einigten sich die Ministerpräsidenten der westdeutschen Länder mit den drei alliierten Militärgouverneuren auf die »Organisation der drei Zonen auf der Basis der Londoner Übereinkommen«. Man verständigte sich darauf, den provisorischen Charakter der verfassunggebenden Maßnahmen dadurch zu unterstreichen, dass man einen »Parlamentarischen Rat« (und keine »verfassunggebende Versammlung«) einberufen würde, der ein

Theodor Heuss, der erste Bundespräsident der Bundesrepublik Deutschland

»Grundgesetz« (und keine »Verfassung«) erarbeiten sollte.

Parlamentarischer Rat und Grundgesetz
Am 1. September 1948 trat in Bonn unter Vorsitz von Konrad Adenauer (▶ 8.19) der Parlamentarische Rat zusammen. Seine Mitglieder waren von den elf Landtagen gewählt worden, 27 Abgeordnete gehörten der CDU/CSU an, 27 der SPD, fünf der FDP, zwei dem Zentrum, zwei der Deutschen Partei und zwei der KPD; fünf Berliner Delegierte waren nicht stimmberechtigt. Die Abgeordneten arbeiteten in den folgenden Monaten unter Kontrolle der Alliierten einen Entwurf für ein Grundgesetz aus, der am 8. Mai 1949 mit den Stimmen von CDU, SPD und FDP verabschiedet und am 12. Mai, am Tag der Aufhebung der Berlin-Blockade, von den alliierten Militärgouverneuren zugelassen wurde. Zwischen dem 18. und 21. Mai wurde das Grundgesetz von allen Landtagen außer dem bayerischen, der aber die Rechtsverbindlichkeit des Grundgesetzes für Bayern anerkannte, ratifiziert. Die Unterzeichnung und Verkündung folgten am 23. Mai 1949.

Das Grundgesetz enthielt einen ausdrücklichen Provisoriumsvorbehalt bis zum In-Kraft-Treten einer gesamtdeutschen Verfassung. Besonders geschützter Kern des Grundgesetzes sind die Grundrechte, die freiheitlich-demokratische Grundordnung, der Föderalismus sowie das Sozialstaatsprinzip. Trotz mancher Kontinuitäten weist das Grundgesetz gegenüber der Weimarer Verfassung wichtige Unterschiede auf: So wurde die Position des Bundespräsidenten im Vergleich zu der des Reichspräsidenten erheblich geschwächt, die Stellung des vom Bundestag gewählten Kanzlers dagegen gestärkt. Eine umfassende Rechtskontrolle sollte das Verfassungsgericht gewährleisten, plebiszitäre Elemente wurden nicht aufgenommen, stattdessen wurde das Parlament zum bestimmenden Träger der politischen Verantwortung. Die erste Wahl zum Deutschen Bundestag vom August 1949 brachte CDU/CSU, SPD und FDP mit zusammen mehr als 70 Prozent die meisten Stimmen. Der Bundestag konstituierte sich ebenso wie die Länderkammer, der Bundesrat, am 7. September 1949 in Bonn. Am 12. September wurde Theodor Heuss von der Bundesversammlung zum Bundespräsidenten gewählt, am 15. September Konrad Adenauer vom Bundestag zum Bundeskanzler.

Der Weg zur Gründung der DDR
In der SBZ begannen bereits 1946 Beratungen über eine künftige (gesamtdeutsch gedachte) »Deutsche Demokratische Republik«. Als in den Westzonen auf eine Teilstaatsgründung hingearbeitet wurde, begann im Osten ein analoger Prozess. Am 19. März 1949 beschloss der Deutsche Volksrat – ein von der SED dominiertes, quasiparlamentarisches Organ – den am 22. Oktober 1948 fertig gestellten Verfassungsentwurf. Seine Verabschiedung erfolgte am 29. Mai 1949 durch den Deutschen Volkskongress, der nach Einheitsliste gewählt und ebenfalls von der SED dominiert wurde. Am 7. Okto-

Die DDR bestand seit Oktober 1949. Wilhelm Pieck (links) wurde Staatspräsident, Otto Grotewohl Ministerpräsident.

Neuordnung der Welt und Kalter Krieg

ber 1949 konstituierte sich der 2. Deutsche Volksrat als provisorische Volkskammer und proklamierte die Gründung der Deutschen Demokratischen Republik mit Berlin als Hauptstadt.

Auch die Verfassung der DDR hielt an der Einheit Deutschlands fest und garantierte die Grundrechte sowie die »allgemeine, gleiche, unmittelbare und geheime Wahl«. Zahlreiche Bestimmungen jedoch legten eine »sozialistische« Entwicklung sowie die führende Rolle der SED fest. Höchstes Staatsorgan war die Volkskammer, die gemeinsam mit der Länderkammer Wilhelm Pieck zum Präsidenten wählte. Erster Ministerpräsident wurde der ehemalige Sozialdemokrat Otto Grotewohl. Die bestimmende politische Figur war der Generalsekretär des Zentralkomitees (ZK) der SED, Walter Ulbricht. Die politische Macht in der DDR wurde nicht durch den Staat und seine Organe, sondern durch die Leitungsgremien der SED ausgeübt. Das Politbüro der SED war das Machtzentrum, das ZK übte eine weit reichende Kontrolle der Staatstätigkeit aus.

8.19 Konrad Adenauer

Konrad Adenauer (geb. 5. Januar 1876 in Köln, gest. 19. April 1967 in Bad Honnef-Rhöndorf) war einer der Gründerväter der Bundesrepublik und einer ihrer herausragenden Staatsmänner. Adenauer, von Beruf Rechtsanwalt, war seit 1906 Mitglied der Zentrumspartei und von 1917 bis 1933 Oberbürgermeister von Köln, von 1920 bis 1933 auch Mitglied und Präsident des Preußischen Staatsrates.

Mit der nationalsozialistischen Machtübernahme 1933 verlor Adenauer als republikanisch gesinnter Vertreter der Weimarer Demokratie alle politischen Ämter, nach dem Attentat des 20. Juli 1944 war er kurzzeitig inhaftiert. Nach Kriegsende wurde er von den Amerikanern erneut als Oberbürgermeister von Köln eingesetzt, von den Briten jedoch wenige Monate später wieder entlassen.

Adenauer engagierte sich in der neu gegründeten CDU. 1946 wurde er ihr Vorsitzender in der britischen Besatzungszone sowie Vorsitzender der nordrhein-westfälischen Landtagsfraktion; von 1950 bis 1966 war er Bundesvorsitzender der CDU. Im politischen Leben Deutschlands in der Nachkriegszeit spielte Adenauer bald eine herausragende Rolle: Er wurde Präsident des Parlamentarischen Rates und war als solcher maßgeblich an der Ausarbeitung des Grundgesetzes für die Bundesrepublik Deutschland beteiligt (▶ 8.18).

Der erste Bundeskanzler
Am 15. September 1949 wählte ihn der Deutsche Bundestag – mit nur einer Stimme Mehrheit, seiner eigenen – zum ersten Bundeskanzler der Bundesrepublik Deutschland, ein Amt, das er bis 1963 innehaben sollte. 1951–55 war er zugleich der erste Bundesaußenminister.

1949–56 regierte er mit einer Koalition aus CDU/CSU, FDP und Deutscher Partei. In scharfen Auseinandersetzungen grenzte Adenauer seine Politik gegen die Opposition der SPD ab. Unter seiner Führung errang die CDU/CSU 1957 die absolute Mehrheit im Bundestag und stellte 1957–61 eine Alleinregierung.

Grundkonstanten seiner auf einer katholisch-konservativen Weltsicht basierenden politischen Haltung waren das Bekenntnis zu Rechtsstaatlichkeit, parlamentarischer Demokratie und sozialer Marktwirtschaft, das Bestreben nach Wiedergewinnung der Souveränität für das besetzte Deutschland und die Integration der Bundesrepublik in das westliche Bündnissystem.

Konrad Adenauer, Bundeskanzler der Bundesrepublik Deutschland von 1949 bis 1963.

Damit sind gleichzeitig wesentliche Leistungen der Ära Adenauer benannt. In der Außenpolitik gelang es, die Versöhnung mit den Westmächten einzuleiten und die Bundesrepublik zu einem weitgehend gleichberechtigten Partner werden zu lassen. Zu seinen Leistungen gehören vor allem die Erlangung der äußeren Souveränität für die junge Bundesrepublik im Mai 1955 und ihre damit einhergehende feste Einbindung in die Westeuropäische Union (▶ 8.32) und die NATO (▶ 8.21). Dazu zählt aber auch die Integration des westdeutschen Teilstaates in die Montanunion (▶ 8.28), in die Europäische Wirtschaftsgemeinschaft (EWG, ▶ 9.4) sowie nicht zuletzt die Aussöhnung mit Frankreich, die er mit Charles de Gaulle im Elysée-Vertrag auf ein solides Fundament stellte.

Die innere Entwicklung der Bundesrepublik in der Zeit Adenauers war geprägt vom »Wirtschaftswunder«, von der Eingliederung der Vertriebenen, der Beseitigung der Kriegsfolgelasten, vom Aufbau der Bundeswehr sowie von der Herausbildung eines stabilen Dreiparteiensystems. Adenauer erreichte im Innern wie im Äußeren als integrer, wertkonservativer Vertreter des geläuterten Deutschland Autorität und Anerkennung. Innenpolitische Konflikte leiteten Ende der Fünfzigerjahre das Sinken seines politischen Sterns ein. Sein Rückzug von der Präsidentschaftskandidatur 1959, seine als ungenügend empfundene Reaktion auf den Mauerbau 1961 (▶ 9.10) oder die »Spiegelaffäre« 1962 um den angeblichen Landesverrat durch das Hamburger Nachrichtenmagazin markierten politische Krisen des unter wachsenden Druck geratenen Kanzlers, die seinem Rücktritt im Oktober 1963 vorangingen.

8.20 RGW

Der Rat für gegenseitige Wirtschaftshilfe (RGW, auch COMECON, *Council for Mutual Economic Assistance*), der wirtschaftspolitische Zusammenschluss sozialistischer Länder unter Führung der Sowjetunion mit Sitz in Moskau, wurde am 25. Januar 1949 gegründet. Zu den Gründungsmitgliedern gehörten die UdSSR, Polen, die Tschechoslowakei, Ungarn, Rumänien und Bulgarien. 1949 trat Albanien bei, 1950 die DDR, 1962 die Mongolische Volksrepublik,
1972 Kuba und 1978 Vietnam. Zahlreiche andere, dem sozialistischen Lager freundschaftlich verbundene Staaten hatten Beobachterstatus. Der RGW verfolgte neben seinem Anliegen, der Förderung des ökonomischen Zusammenwirkens unter den sozialistischen Staaten, auch das politische Ziel einer sozialistischen Blockbildung in Osteuropa. Auf wirtschaftlichem Sektor sollte eine koordinierte Zusammenarbeit für die Konsolidierung der durch die Kriegsfolgen zerrütteten Volkswirtschaften sorgen, die den osteuropäischen Staaten durch die von der UdSSR erzwungene Ablehnung des Marshallplanes (▶ 8.12) versagt blieb.

Der RGW diente als Gegenstück zur Organisation für Europäische Wirtschaftliche Zusammenarbeit (OEEC) (▶ 8.12). Sein Ziel war das Ein- und Überholen des kapitalistischen Westens durch die überlegene Planwirtschaft. Die Abstimmung der einzelnen, in Ausrichtung und Leistungsfähigkeit sehr heterogenen Volkswirtschaften der Mitgliedsländer sollte zu raschen Produktions- und Qualitätssteigerungen, zu einem Ausbau – vor allem – der Schwerindustrie, zu einer optimalen Ressourcennutzung sowie zur Ausschaltung von Versorgungsengpässen führen. Tatsächlich entwickelte sich der RGW zu einer weit verzweigten, hochbürokratischen Organisation, deren wirtschaftliche Planungsvorhaben im Laufe der Zeit immer komplexer wurden.

Alle Institutionen des RGW waren in Moskau ansässig: sowohl der als höchstes Organ gegründete Ratskongress als auch das Exekutivkomitee, das 1962 ins Leben gerufen wurde; das die Administration leitende Sekretariat; vier Komitees sowie Ständige Kommissionen, die im Lauf der Jahre auf über 20 anwuchsen. In einer ersten Phase etwa bis 1958 versuchte der RGW, eine grundlegende Vertiefung der Handelsbeziehungen der Mitgliedsstaaten untereinander zu erreichen. Eine zweite Phase stand u. a. im Zeichen der gezielten Spezialisierung in der Produktion, im Ausbau der gegenseitigen Versorgung mit Rohstoffen und Produktionsmitteln sowie in Koproduktionsprojekten. Seit Mitte der Sechzigerjahre wurde immer wieder versucht, Versorgungsengpässe und Produktionsdefizite durch rhetorisch ausgeschmückte Initiativen wie dem »Komplexprogramm« von 1971 anzugehen. Dabei stieß man jedoch an die

Neuordnung der Welt und Kalter Krieg

systemimmanenten Grenzen der Planwirtschaft. Erschwerend kam hinzu, dass die Entscheidungen im RGW einstimmig gefällt werden mussten und der Rat nur über Empfehlungskompetenzen verfügte, sodass in der Praxis oft in bilateraler Abstimmung über Kooperationsformen entschieden wurde. Trotz etlicher Dysfunktionalitäten und Meinungsverschiedenheiten leistete der RGW vor allem auf den Gebieten der Produktionsspezialisierung und des »Intrablockhandels« einen nachhaltigen Beitrag zur ökonomischen Integration des Ostblocks. Am 28. Juni 1991 wurde der RGW im Zuge des demokratisch-marktwirtschaftlichen Wandels in Osteuropa aufgelöst.

8.21 NATO

Am 4. April 1949 schlossen sich in Washington (D. C.) Belgien, Dänemark, Frankreich, Großbritannien, Island, Italien, Kanada, Luxemburg, die Niederlande, Norwegen, Portugal und die USA zur *North Atlantic Treaty Organization* (Nordatlantikpakt) zusammen. 1952 traten Griechenland und die Türkei bei, 1955 die Bundesrepublik Deutschland, 1982 Spanien. Die Mitglieder des Paktes bekannten sich zu den Grundsätzen der Vereinten Nationen sowie zu Demokratie, Rechtsstaatlichkeit und Freiheit der Person; sie verpflichteten sich, »jeden internationalen Streitfall, an dem sie beteiligt sind, auf friedlichem Wege [...] zu regeln [...] und sich [...] jeder Gewaltanwendung zu enthalten, die mit den Zielen der Vereinten Nationen nicht vereinbar [ist]«. Für den Fall eines bewaffneten Angriffs auf eines der Mitgliedsländer vereinbarten die Unterzeichnerstaaten gegenseitigen militärischen Beistand.

Das entschiedene Vorgehen der Sowjetunion in Osteuropa (▶ 8.10), der Zusammenschluss der osteuropäischen kommunistischen Parteien im Kominform (▶ 8.11) sowie das Schlüsselerlebnis der Berlin-Blockade (▶ 8.17) schienen die im Westen gehegten Befürchtungen über den aggressiven, weltrevolutionären Charakter der sowjetischen Außenpolitik zu bestätigen und erzwangen aus westlicher Sicht den Zusammenschluss zu einem Kooperations- und Verteidigungsbündnis, das in der Lage sein sollte, einer eventuellen sowjetischen Aggression mit vereinten Kräften wirkungsvoll entgegenzutreten. Großbritannien, Frankreich und die Beneluxstaaten waren bereits im März 1948 im Brüsseler Vertrag ein Verteidigungsbündnis eingegangen (▶ 8.13), sie zählten auch gemeinsam mit den USA und Kanada zu den Initiatoren der NATO. Sitz der Organisation wurde Brüssel, wo bis heute unter Vorsitz des Generalsekretärs ihr oberstes Organ, der NATO-Rat, zusammentritt. Während der NATO-Rat für Entscheidungen auf der politischen Ebene zuständig ist, stellt der Militärausschuss mit den Stabschefs der Mitgliedsstaaten das höchste militärische Gremium des Paktes dar. Frankreich schied 1966 aus der militärischen Struktur der NATO aus, ebenso zeitweise Griechenland (1974–80) und Spanien (1986–98).

Strategische Konzepte

Das Ziel, durch ein gemeinsames Verteidigungspotenzial abschreckend gegenüber möglichen Angriffen zu wirken, bestimmte im Lauf der Jahrzehnte die sich wandelnden strategischen Grundkonzepte der NATO. Die 1950 in der Situation einer enormen quantitativen Unterlegenheit der in Europa stationierten Truppen gegenüber der Sowjetunion formulierte »Vorwärtsstrategie« sah vor, den Angreifer so weit östlich wie möglich abzuwehren. Von 1957 an galt die »Schwert-Schild-Strategie« der NATO, die konventionelle Streitkräfte (»Schild«) zur Abwehr überschaubarer Angriffe einplante, für größer dimensionierte Attacken jedoch mit dem Einsatz nuklearer Waffen (»Schwert«) kalkulierte. Diese Konzeption wurde in den späten Sechzigerjahren angesichts des waffentechnologischen Fortschritts der UdSSR zugunsten der »flexiblen Reaktion« aufgegeben. Insgesamt bestand innerhalb der NATO weitgehender Konsens, dass Dialog und Kooperation mit dem Gegner vor dem Hintergrund des militärischen Gleichgewichts zu internationaler Stabilität führen sollten. Die drohende Veränderung dieses Gleichgewichts durch die sowjetische Aufrüstung führte 1979 zum NATO-Doppelbeschluss (▶ 10.30), der neben Abrüstungsverhandlungen auch die Stationierung von nuklearen Mittelstreckenraketen vorsah. Seit dem Ende des Kalten Krieges (▶ 11.04), in dessen Folge seit 1999 zahlreiche osteuropäische Staaten der Allianz beigetreten sind, hat die NATO ihren Einsatzradius weit über das Gebiet der Bündnispartner ausgedehnt, um den neuen globalen Herausforderungen des 21. Jahrhunderts begegnen zu können.

8.22 Eindämmen oder zurückdrängen?

1952 gewann vor allem in der amerikanischen öffentlich-politischen Diskussion das Konzept des Zurückdrängens *(Roll back)* des Kommunismus in Ostmitteleuropa an Bedeutung. Es stellte einen Gegenentwurf zur bislang verfolgten Eindämmungspolitik *(Containment)* des Westens gegenüber den wahrgenommenen sowjetischen Expansionsabsichten dar. Bereits 1948 waren im Zuge der Berlin-Blockade (▶ 8.17) im Westen Stimmen laut geworden, die forderten, eine direkte Auseinandersetzung mit der Sowjetunion zu suchen. In den USA wurden Konzeptionen einer nuklearen Reaktion auf mögliche weiter gehende Aggressionen von sowjetischer Seite entworfen, während der damalige britische Oppositionsführer Churchill dafür eintrat, die UdSSR mit Gewalt zum Rückzug aus Ostmitteleuropa zu zwingen. Die friedliche Beilegung der ersten Berlin-Krise 1948/49 ermöglichte eine Fortsetzung des *Containment*-Kurses, der in der Politik des westlichen Zusammenschlusses (▶ 8.21), aber auch in den Waffenstillstandsverhandlungen während des Koreakrieges (▶ 8.25) seinen Ausdruck fand.

Im amerikanischen Präsidentschaftswahlkampf von 1952 stellten die Republikaner die Option einer offensiveren Haltung gegenüber der Sowjetunion wieder zur Diskussion. Mit der Propagierung des *Roll back* zogen sie mit ihrem Präsidentschaftskandidaten Eisenhower gegen jene vermeintlich zu nachgiebige Eindämmungspolitik zu Felde, die dem Kommunismus halb Europa überlassen habe. Die Vorstellung einer Politik der Stärke bis hin zur Befreiung der osteuropäischen Völker von der sowjetisch-kommunistischen Herrschaft, für die der schließlich gewählte Eisenhower und sein Außenminister John Foster Dulles eintraten, kam jedoch über die Ebene des Wahlkampfgetöses nicht hinaus.

Zwar warf Stalins Tod im März 1953 noch einmal die Frage auf, ob die Situation der Unsi-

John Foster Dulles vertrat als amerikanischer Außenminister (1953–59) im Kalten Krieg die Politik der Stärke.

cherheit in der Sowjetunion zu einem offensiven Vorgehen im Sinne des Zurückdrängens ausgenutzt werden sollte. Doch das westliche Verhalten angesichts des Volksaufstandes in der DDR vom Juni 1953 (▶ 8.30) ließ erkennen, dass es keine konkreten Konzeptionen gab, um die Theorie in die Tat umzusetzen. So verfolgte auch die Regierung Eisenhower die Status-quo-Politik des *Containment* weiter. Mit den sowjetischen Fortschritten bei der Herstellung von Nuklearwaffen schied schließlich die Vorstellung eines *Roll back* aus den realistischen Optionen einer Auseinandersetzung mit dem Kommunismus aus.

8.23 Jugoslawien bricht mit Moskau

Jugoslawien hatte die Befreiung von der nationalsozialistischen Besatzung im Wesentlichen durch eigene Anstrengungen erreicht, was zur Folge hatte, dass das Land nicht wie die anderen osteuropäischen Staaten von der Roten Armee besetzt wurde. Unter den jugoslawischen Kommunisten verstärkte dieser Umstand die Abneigung, sich dem Führungsanspruch von Stalins Sowjetunion unterzuordnen, woraufhin es 1948 zum Bruch Jugoslawiens mit der UdSSR kam.

Neuordnung der Welt und Kalter Krieg

Josip Broz, genannt Tito, war unbestrittener Führer unter den kommunistisch gesinnten Partisanen Jugoslawiens. Der 1892 geborene, aus Kroatien stammende Tito war seit 1920 am Aufbau der jugoslawischen kommunistischen Partei beteiligt, wurde in den Zwanzigerjahren mehrmals verhaftet, arbeitete im Untergrund weiter, war Mitglied im Zentralkomitee und im Politbüro der Partei und wurde 1937 zu ihrem Generalsekretär. Im Zweiten Weltkrieg organisierte Tito den Widerstand gegen die deutschen und italienischen Besatzer, wobei er sich mit den Kommunisten an die Spitze der Partisanengruppen setzte. Am 29. November 1943 wurde in Jajce eine provisorische Regierung unter Tito gebildet, welche die Anerkennung Großbritanniens und der Sowjetunion fand. Nach dem Einmarsch der Roten Armee in Belgrad – die bald wieder abzog – übersiedelte die Regierung 1944 in die Hauptstadt. Die von Großbritannien geforderte Einbeziehung von Mitgliedern der jugoslawischen Exilregierung blieb Episode. Sie wurden im Zuge einer »Volksfront«-Taktik rasch marginalisiert. Am 29. November 1945 wurde die Föderative Volksrepublik Jugoslawien ausgerufen, die die multiethnische südslawische Region in sechs Teilrepubliken – Serbien, Kroatien, Slowenien, Montenegro, Makedonien, Bosnien-Herzegowina – und zwei autonomen Gebieten, Wojwodina und Kosovo, vereinigte. Tito hatte bis 1953 das Amt des Ministerpräsidenten inne, danach wurde er Staatspräsident, seit 1963 auf Lebenszeit.

Jugoslawiens »eigener Weg« zum Sozialismus
Bald nach der Staatsgründung begann die Umgestaltung von Politik, Wirtschaft und Gesellschaft: Ausschaltung der politischen Gegner, Verstaatlichungen, Enteignungen und Kollektivierungen folgten zunächst den sowjetischen Vorstellungen. Seit dem Winter 1947/48 kam es jedoch zu wachsenden Spannungen mit Stalin. Zwar hatte Moskau Jugoslawiens Stellenwert unter den osteuropäischen Volksdemokratien durchaus anerkannt, wie etwa bei der Entscheidung, Belgrad im September 1947 zum Sitz des neu gegründeten Kominform (▶ 8.11) zu machen, deutlich wurde. Tito wollte sich jedoch nicht bevormunden lassen und verfolgte seinen Plan einer Balkanföderation mit Bulgarien und Albanien gegen sowjetische Bedenken weiter. Die UdSSR konnte zwar die in ihren Augen unpassende Föderation verhindern, als Tito jedoch einer Einladung nach Moskau nicht Folge leistete, war der Bruch offenkundig: Titos zur Schau getragenes Selbstbewusstsein war für Stalin unerträglich. Die sowjetischen Berater und Experten verließen das Land, Moskau warf der jugoslawischen Bruderpartei Überheblichkeit, Nationalismus, Opportunismus, Revisionismus und Abweichung vom Marxismus-Leninismus vor, und am 28. Juni 1948 wurde Jugoslawien aus dem Kominform ausgeschlossen. Im Gegenzug begann in Jugoslawien die Verfolgung »moskautreuer« Parteimitglieder, und der KPdSU wurde vorgeworfen, die marxistisch-leninistischen Prinzipien verraten zu haben.

In der Folge wurden alle Freundschafts- und Beistandsabkommen Jugoslawiens mit den osteuropäischen Volksdemokratien gekündigt, und auch der RGW (▶ 8.20) konstituierte sich ohne den südslawischen Staat. Der Begriff »Titoist« galt in den osteuropäischen Ländern

Tito, hier als Kommandeur der Nationalen Freiheitsfront während des Zweiten Weltkriegs

fortan als Brandmarkung von unliebsamen Parteifunktionären. Angesichts des sowjetischen Wirtschaftsboykotts begann Jugoslawien, sich vorsichtig dem Westen zuzuwenden, dessen Kredite man dringend benötigte. Tito versuchte einen eigenen Weg zum Sozialismus zu praktizieren, der unter anderem in der Arbeiterselbstverwaltung seine Ausprägung fand. International engagierte sich Jugoslawien für das Konzept der Blockfreiheit (▶ 8.35). Nach dem Tod Stalins kam es von 1955 an zu einer vorsichtigen Verbesserung des jugoslawisch-sowjetischen Verhältnisses, und Moskau erkannte die unabhängige Rolle Jugoslawiens an.

Winston Churchill bei seiner Rede in Zürich im September 1946, in der er die Gründung der Vereinigten Staaten von Europa vorschlug.

8.24 Europarat

Vorstellungen zu einer politischen Vereinigung Europas hatte der frühere britische Premierminister Winston Churchill bereits 1946 artikuliert. Er sah in »einer Art von Vereinigten Staaten von Europa« ein mögliches Mittel zur Lösung für gemeineuropäische, aus dem Triumph des Nationalismus und den zerstörerischen Kriegsaggressionen resultierende Probleme. Der freundschaftliche, kooperative und gleichberechtigte Zusammenschluss der freien europäischen Länder sollte – in enger Abstimmung mit den Vereinten Nationen – für die Zukunft Frieden und Prosperität, aber auch den weltpolitischen Einfluss des Kontinents gewährleisten.

Im Zuge des Europäischen Wiederaufbauprogramms (▶ 8.12) war die Kooperationsnotwendigkeit bereits festgehalten und in der Gründung der Organisation für Europäische Wirtschaftliche Zusammenarbeit (OEEC) auf wirtschaftspolitischem Sektor 1947 institutionalisiert worden. In verteidigungspolitischer Hinsicht war im kleineren Kreis mit dem Brüsseler Vertrag vom März 1948 ebenfalls der – später zur NATO erweiterte – Zusammenschluss erfolgt. Die osteuropäischen Zusammenschlüsse des Kominform (▶ 8.11) und des RGW (▶ 8.20) beförderten ebenso wie das Vorgehen der Sowjetunion in Ostmitteleuropa und in der Sowjetischen Besatzungszone Deutschlands den politischen Schulterschluss in Westeuropa. Frankreich forderte, unterstützt von Belgien, die Gründung einer Europäischen Versammlung.

Schutz der Menschenrechte

Am 5. Mai 1949 wurde in London von Belgien, Dänemark, Frankreich, Großbritannien, Irland, Italien, Luxemburg, den Niederlanden, Norwegen und Schweden der Vertrag zur Bildung des Europarates unterzeichnet. Sein Ziel sollte es sein, »einen engeren Zusammenschluss unter seinen Mitgliedern zu verwirklichen, um die Ideale und Grundsätze, die ihr gemeinsames Erbe sind, zu schützen und zu fördern und um ihren wirtschaftlichen und sozialen Fortschritt zu begünstigen«. Erreicht werden sollte dies durch »die Prüfung von Fragen gemeinsamen Interesses, durch den Abschluss von Abkommen und durch gemeinsames Handeln auf den Gebieten der Wirtschaft, des sozialen Lebens, der Kultur, der Wissenschaft, der Rechtspflege und der Verwaltung sowie durch Schutz und Weiterentwicklung der Menschenrechte und Grundfreiheiten«. Die letztgenannte Thematik gewann für den Europarat eine besondere Bedeutung in seiner »Konvention zum Schutz der Menschenrechte und der Grundfreiheiten« vom 4. November 1950. Weitere wichtige Stationen der Arbeit des Europarates waren 1954 die Europäische Kulturkonvention, 1957 die Gründung der Ständigen Konferenz der Gemeinden und Regionen Europas und 1959 die Gründung des Europäischen Gerichtshofs für Menschenrechte.

Die Mitgliederzahl des Rates hat sich seit dem Beitritt der Bundesrepublik im Jahre 1950 beständig erweitert und umfasst heute 46 Staaten. Vertreten sind sämtliche Länder Europas mit Ausnahme Weißrusslands und des Vatikans, der Beobachterstatus hat. Der Rat hat seinen Sitz in Straßburg, wo sein oberstes Organ, das Ministerkomitee aus den Außenministern der Mitgliedsländer, sowie die beratende Parlamentarische Versammlung aus Abgeordneten der nationalen Parlamente tagen. Die Institutionen des Europarates existieren unabhängig von denen der Europäischen Union und sind nicht zu verwechseln mit dem Europäischen Rat, in dem die Staats- und Regierungschefs der Europäischen Union zu Beratungen zusammenkommen.

8.25 Koreakrieg

Der Koreakrieg zwischen der kommunistischen Nord- und der prowestlichen Südhälfte des Landes von 1950 bis 1953 stellte eine überaus große Gefahr für den Weltfrieden dar: Erstmals hatte sich der zwischen den beiden weltpolitischen Lagern ausgebrochene »Kalte Krieg« im zeitlich wie räumlich begrenzten Rahmen in einen heißen Krieg verwandelt. Die Furcht vor einer unkontrollierbaren Ausweitung des Konflikts sorgte schließlich für die Beendigung des Koreakriegs auf der Basis des Status quo ante.

Nach der Niederlage Japans im Zweiten Weltkrieg garantierten die Siegermächte Korea, das 1910 japanisches Protektorat und 1929 japanische Provinz geworden war, seine Unabhängigkeit. Mit dem Zweiten Weltkrieg war ähnlich wie in Deutschland ein Teil des Landes von sowjetischen, der andere von amerikanischen Truppen besetzt worden. Freie Wahlen in Gesamtkorea scheiterten. Nach der Durchführung von Wahlen im amerikanisch besetzten Süden des Landes wurde am 15. August 1948 dort die Republik Korea ausgerufen, der sowjetisch besetzte Nordteil des Landes zog am 9. September mit der Proklamation der Demokratischen Volksrepublik Korea nach. Nach Abzug der Besatzungstruppen und gezielt betriebener Aufrüstung auf beiden Seiten war es zu etlichen Zwischenfällen gekommen, bevor am 25. Juni 1950 nordkoreanische Truppen die Demarkationslinie am 38. Breitengrad überschritten. Ihr Einmarsch und rasches Vordringen in den Süden bedrohte nicht nur die Existenz Südkoreas, sondern auch das weltpolitische Gleichgewicht. Aufgrund eines Beschlusses des UN-Sicherheitsrates – er kam zustande, als die sowjetischen Vertreter abwesend waren – wurde eine UN-Streitmacht unter Führung der USA beauftragt, die nordkoreanische Aggression zurückzuschlagen.

Rasch drangen die UN-Truppen in der Gegenoffensive nach Norden bis zur Grenze der Volksrepublik China vor, die nun mit starken Truppenkontingenten in die Kämpfe eingriff.

Ein amerikanischer Truppentransporter wird in Korea durch US-Marines mit den Flaggen Koreas, der USA und der UNO empfangen (1950).

Kapitel 8

Der amerikanische Präsident Truman war an einer weiteren, womöglich folgenreichen Eskalation des Konfliktes nicht interessiert und löste General Douglas MacArthur ab, der weiter gehende militärische Pläne gegen China entworfen hatte. Am 10. Juli 1951 wurden Waffenstillstandsverhandlungen aufgenommen, die nach mehrfachen Unterbrechungen und wieder aufflammenden Kämpfen am 27. Juli 1953 zum Abschluss gebracht wurden. Die Teilung des Landes anhand der bisherigen Grenze wurde damit bestätigt.

Der Koreakrieg hat seine Hintergründe einerseits in der weltpolitischen Konfrontation des sozialistischen und westlichen Lagers, andererseits aber auch in den unterschiedlichen Traditionen der koreanischen Unabhängigkeitsbewegung, deren Flügel sich mithilfe der jeweiligen Besatzungstruppen im Norden und Süden auf ganzer Linie durchgesetzt und autoritäre Regime errichtet hatten. Auch wenn sie nicht direkt in die Kampfhandlungen eingriff, war die stalinistische Sowjetunion am Ausbruch des Krieges maßgeblich beteiligt. Ebenso wie die – an ihrer prägenden Präsenz im asiatischen Raum durchaus interessierten – Amerikaner erkannten jedoch auch die Sowjets die Unkalkulierbarkeit einer Ausweitung der Auseinandersetzungen. Die chinesischen Kommunisten dagegen schienen zu einem offensiven, zu starken Verlusten führenden Vorgehen bereit. Für Korea brachte der Krieg die bis heute andauernde Festschreibung der Teilung in einen kommunistischen Norden und einen lange Zeit ebenfalls diktatorisch regierten, jedoch dem Westen zugeneigten Süden. Bis heute existiert zwischen den beiden koreanischen Teilstaaten kein Friedensvertrag; die gemeinsame Grenze entspricht der Waffenstillstandslinie von 1953.

Mao Zedong 1956 zwischen den beiden wichtigsten geistlichen Führern Tibets, dem Dalai-Lama (rechts) und dem Pantschen-Lama.

8.26 China annektiert Tibet

China hatte seit dem 14. Jahrhundert Anspruch auf Tibet erhoben. Die faktische Oberhoheit der Chinesen über das unter der politischen und religiösen Führung des Dalai-Lama stehenden Land war 1720 durch ein Protektorat institutionalisiert worden. Mit dem Sturz der chinesischen Qing-Dynastie 1911/12 wurde Tibet de facto unabhängig, obgleich auch die Republik China den Anspruch auf die »Provinz« aufrechterhielt. Nach der Gründung der Volksrepublik China (▶ 8.15) verkündete die Große Versammlung aus Vertretern der tibetischen Regierung und der Klöster die Unabhängigkeit Tibets. Dieser Schritt wurde von den kommunistischen Machthabern in China als »separatistisch« verurteilt. Als die Tibeter die Aufforderung, Vertreter zu Verhandlungen für eine »friedliche Beilegung« des Problems nach Peking zu entsenden, ablehnten, marschierte die Volksbefreiungsarmee im Oktober 1950 in Tibet ein. Der geballten militärischen Macht hatte Tibet wenig entgegenzusetzen, zumal die Großmächte sich nicht in den Konflikt hineinziehen lassen wollten. Am 23. Mai 1951 mussten Vertreter der tibetischen Regierung in Peking die »Vereinbarung über Maßnahmen zur friedlichen Befreiung Tibets« unterzeichnen, mittels deren Tibet als »autonome Region« in die Volksrepublik eingegliedert wurde.

Bald darauf begannen die Kommunisten, die Sozialstruktur Tibets nach ihren Anschauungen zu reformieren und insbesondere Grund und Boden nicht zuletzt der buddhistischen Klöster zugunsten der Bauern neu zu verteilen. Die chinesischen Besatzer hatten in den folgenden Jahren immer wieder mit Aufständen der tibetischen Bevölkerung zu kämpfen. Im Jahr 1959 floh der 14. Dalai-Lama – und mit ihm

Neuordnung der Welt und Kalter Krieg

Zehntausende Tibeter – ins Exil nach Indien. Von den Sechzigerjahren an erfolgte in Tibet die sozioökonomische Umgestaltung nach sozialistischem Muster, in deren Verlauf verschärft gegen die buddhistische Religion vorgegangen wurde. Während der von den Kommunisten versprochene Wohlstand der Landbevölkerung weitgehend ausblieb, sorgte das repressive chinesische Regime für andauernde Unzufriedenheit unter der tibetischen Bevölkerung. Bis heute ist die Besetzung Tibets ein ungelöstes Problem, das Peking nach wie vor mit harten militärischen Mitteln kontrolliert.

8.27 Ost-West-Konflikt und Kalter Krieg

Der Ost-West-Konflikt ging aus dem ideologisch-politischen Gegensatz zwischen den Siegermächten des Zweiten Weltkriegs – USA und Großbritannien auf der einen, UdSSR auf der anderen Seite – hervor und wurde zur bestimmenden weltpolitischen Konstellation in der zweiten Hälfte des 20. Jahrhunderts. Die erste Phase dieser Konfrontation zwischen kommunistischem und demokratisch-kapitalistischem System vom Ende der Vierziger- bis in die Sechzigerjahre hinein wird als »Kalter Krieg« bezeichnet, da sich die beiden Lager zwar feindselig gegenüberstanden, eine direkte militärische Auseinandersetzung jedoch vermieden.

Während des Zweiten Weltkriegs hatten Großbritannien, die USA und die UdSSR sich in der Anti-Hitler-Koalition zusammengefunden. Die fundamental unterschiedlichen politischen Interessen jedoch wurden gegen Ende des Krieges zunehmend deutlich. Zwar hatte man sich grundsätzlich darauf geeinigt, die jeweiligen Interessensphären im Nachkriegseuropa anzuerkennen. Das sowjetische Vorgehen in den von der Roten Armee besetzten Ländern war jedoch nicht mit der westlichen Auffassung eines befreiten Europa in Einklang zu bringen.

In Deutschland prallten die entgegengesetzten Vorstellungen unmittelbar aufeinander. Zwar propagierten beide Seiten ein gemeinsames Vorgehen, legten diesem aber ihre jeweils eigenen Vorstellungen zugrunde. Unter dem Eindruck des sowjetischen Vorgehens in Osteuropa suchte man im Westen den Schulterschluss. In diese Pläne einer verstärkten Integration des westlichen Europa wurden bald auch die westlichen Besatzungszonen Deutschlands einbezogen. Dass die Sowjetunion auf derlei Bemühungen mit dem Aufbau eines Bedrohungsszenarios (Berlin-Blockade, ▶ 8.17) reagierte, beschleunigte die Realisierung einer (west-)deutschen Teilstaatsgründung, woraufhin die UdSSR in ihrer Zone auf analoge Weise nachzog.

Eine Eskalation des »kalten« Krieges zwischen den Blöcken drohte mit dem Koreakrieg (▶ 8.25), der jedoch auf der Basis des Status quo ante beendet wurde und zeitlich wie räumlich begrenzt blieb. Amerikanische Konzeptionen einer aktiven Zurückdrängung des Kommunismus in Europa, die ebenfalls einen »hei-

Mitten im Kalten Krieg einigten sich 1955 die Siegermächte des Zweiten Weltkriegs mit Österreich auf den Abschluss des Staatsvertrages: die Außenminister (von links) Dulles, Macmillan, Molotow und Pinay nach der Unterzeichnung am 15. Mai in Wien.

ßen« Krieg zur Folge gehabt hätten, blieben Theorie; die stattdessen verfolgte Strategie der Eindämmung trug ihren Teil zur Verstetigung des »kalten« Krieges bei (▶ 8.22).

Unvereinbare Gesellschaftsentwürfe
Kern des Ost-West-Konfliktes war die Unvereinbarkeit von kommunistischem und kapitalistisch-liberalem Staats- und Gesellschaftsentwurf. Ausschlaggebend für die Zuspitzung des Konfliktes war ein stark ausgeprägtes gegenseitiges Misstrauen: Jede Seite unterstellte der anderen, es auf die Vernichtung des gegnerischen Entwurfs abgesehen zu haben. Hinzu kam eine Verkettung von Missverständnissen und überspitzten Fehlwahrnehmungen. Während Stalin der Ansicht war, in dem vom Nationalsozialismus befreiten Europa sollte jede Seite in ihrer Einflusssphäre die eigenen Vorstellungen realisieren können, hatte für die Westmächte die Gewährleistung freier Entscheidungsmöglichkeiten in den betroffenen Ländern Priorität. Als die Sowjetunion das ablehnte und die osteuropäischen Länder nach ihren Vorstellungen umgestalten ließ, legte man dies im Westen als weltrevolutionären Expansionsdrang aus, den es zurückzudrängen gelte. Die Sowjetunion wiederum empfand derlei Bemühungen der Westmächte als Einmischung in ihre Angelegenheiten und als Ausdruck einer kapitalistischen Expansionspolitik.

Auf diese Weise wuchsen die gegenseitigen Vorbehalte, bis das Gleichgewicht zweier unversöhnlicher, abwehrbereiter Blöcke – institutionalisiert in NATO (▶ 8.21) und Warschauer Pakt (▶ 8.33) – als einzige Option der Nachkriegsordnung verblieb. Vorstellungen von einer »friedlichen Koexistenz« halfen seit Mitte der Fünfzigerjahre, die Entspannungspolitik der Siebzigerjahre vorzubereiten, obwohl manche weltpolitische Krise die Labilität jenes Gleichgewichts und die prinzipielle Unversöhnlichkeit der Systeme stets erneut vor Augen führte.

Von den Sechzigerjahren an herrschte grundsätzlich die Einsicht in die Notwendigkeit der Entspannung zwischen den weltpolitischen Blöcken vor, obgleich es auch in dieser Zeit unterschiedliche Phasen von Annäherung und Verhärtung gab. Sein Ende fand der Ost-West-Konflikt erst mit der sowjetischen *Perestrojka* (▶ 11.1), die den zweiten Kalten Krieg Mitte der Achtzigerjahre beendete, und dem folgenden politischen Wandel in Osteuropa (▶ 11.4).

8.28 Montanunion

Das deutsch-französische Verhältnis war immer wieder schweren Belastungen ausgesetzt gewesen. Der Krieg von 1870/71, der Erste Weltkrieg sowie die nationalsozialistische Okkupation Frankreichs im Zweiten Weltkrieg markierten Scheitelpunkte der Konfrontation zwischen den Nachbarn. Von den Protagonisten der Anti-Hitler-Koalition (▶ 7.13) in den Kreis der Sieger aufgenommen, verfolgte Frankreich vor dem Hintergrund vergangener deutscher Aggressionen eine Politik, die darauf ausgelegt war, den Wiederaufstieg Deutschlands zu einer europäischen Großmacht auf Dauer zu unterbinden. Eines der Schlüsselprobleme in diesem Zusammenhang war das Ruhrgebiet: Als größte und leistungsstärkste Industriekonzentration in Europa betrachteten es nicht nur die Franzosen als möglichen Ausgangspunkt einer neuen deutschen Dominanz auf dem Kontinent. In Paris waren daher Forderungen nach einer Internationalisierung des Ruhrgebiets, ja nach seiner Herauslösung aus Deutschland besonders stark vertreten.

Großbritannien, in dessen Besatzungszone das Ruhrgebiet lag, und die USA lehnten derlei Ansinnen zwar ab, einigten sich jedoch mit Rücksicht auf die französischen Sicherheitsbedürfnisse auf die Einrichtung der »Internationalen Ruhrbehörde« als Kontrollinstanz, die im April 1949 auf der Londoner Sechsmächtekonferenz (▶ 8.13) mit dem von Großbritannien, den USA, Frankreich und den Beneluxstaaten unterzeichneten Ruhrstatut geschaffen wurde. Aufgabe der Ruhrbehörde war es, die Produktion und Distribution von Kohle und Stahl zu kontrollieren. Die Bundesrepublik trat dem Ruhrstatut nach heftigen internen Auseinandersetzungen im November 1949 bei. Fünf Monate später schlug Bundeskanzler Adenauer zur Verbesserung des deutsch-französischen Verhältnisses eine Wirtschaftsunion zwischen den beiden Ländern vor – eine Idee, die bei dem französischen Politiker Robert Schuman auf fruchtbaren Boden fiel. Der einer lothringischen Familie entstammende Rechtsanwalt hatte 1919 im *Parti Démocrate Populaire* eine politische Laufbahn eingeschlagen, war 1940 verhaftet und nach Deutschland deportiert worden, von wo aus ihm 1942 die Flucht gelang. Schuman wirkte in der *Résistance*, war von 1946 bis 1962 Abgeordneter im französischen Parlament und hatte von 1946 bis 1956 mehrere Regierungsposten inne, unter anderem den des Außenministers von 1948 bis 1956.

In einer Erklärung vom 9. Mai 1950 trat Schuman für ein »organisiertes und lebendiges Europa« ein, dessen Grundlage die Ausräumung des jahrhundertealten deutsch-französischen Gegensatzes sein müsse. Dazu sollte eine gemeinsame Behörde geschaffen werden, die die deutsche und französische Kohle- und Stahlproduktion kontrollieren und der Welt zur Verfügung stellen sollte, um »zur Hebung des Lebensstandards und zur Förderung der Werke des Friedens beizutragen«. Sie sollte Eigentumsfragen in keiner Weise tangieren, jedoch die Modernisierung der Produktion und ihre adäquate Verteilung auf dem Markt verantworten.

Robert Schuman

Die erste der drei Europäischen Gemeinschaften

Am 18. April 1951 unterzeichneten Frankreich, die Bundesrepublik Deutschland, Italien und die Beneluxstaaten den Vertrag über die Europäische Gemeinschaft für Kohle und Stahl (EGKS, auch Montanunion genannt), die am 23. Juli 1952 für die Dauer von 50 Jahren errichtet wurde. Sitz der EGKS wurde Luxemburg, ihre Organe waren die Hohe Behörde, der Ministerrat sowie die Gemeinsame Versammlung. Die EGKS schuf eine Zollunion und machte sich als supranationaler Zusammenschluss die prosperierende Montanherstellung und -vermarktung im europäischen Interesse zur Aufgabe. Seit dem Eintreten krisenhafter Situationen auf diesem Wirtschaftssektor war die EGKS mit Stabilisierungs- und Umstrukturierungsmaßnahmen befasst. Der Vertrag endete vereinbarungsgemäß im Jahre 2002, seine grundsätzlichen Anliegen fanden ihre Integration im fortgeschrittenen europäischen Einigungsprozess (Gründung der Europäischen Union mit dem Vertrag von Maastricht 1992/93, ▶ 11.12).

Der von Jean Monnet wesentlich mitausgearbeitete Schumanplan zur Errichtung der Montanunion sollte zum einen die französische Sicherheit im Nachkriegseuropa gewährleisten, zum anderen einen Beitrag zur friedenssichernden Integration Europas leisten. Beiden Anliegen wurde die Union gerecht. Insbesondere für die europäische Einigung hatte die EGKS Vorreiter- und Vorbildcharakter: Sie stellte nicht nur den ersten Schritt zum gemeinschaftlichen Handeln und damit die erste der drei Europäischen Gemeinschaften dar, sondern lieferte im Grundsätzlichen bereits das autonome, supranationale Organisationsmodell, auf dem heute die Europäische Union fußt.

8.29 Europäische Verteidigungsgemeinschaft und Deutschlandvertrag

Der im Juni 1950 begonnene Koreakrieg ließ im Westen Befürchtungen entstehen, dass der zwischen den weltpolitischen Lagern ausgebildete Kalte Krieg (▶ 8.27) zu einem heißen Krieg eskalieren könnte. Vor diesem Hintergrund wurden in Westeuropa Pläne für eine gemeinsame Verteidigungsunion unter Beteiligung der Bundesrepublik entworfen. Voraussetzung war die Wiederherstellung der Souveränität Deutschlands, weshalb die Frage nach einem europäischen Verteidigungsbündnis untrennbar verknüpft war mit einem Vertrag, der den völkerrechtlichen Status der Bundesrepublik regelte.

Am 24. Oktober 1950 legte der französische Ministerpräsident René Pleven einen Plan zur Bildung einer supranationalen Armee in Europa vor. Der Plevenplan folgte dem Muster des Schumanplans (▶ 8.28) und sollte sowohl die europäische Integration voranbringen als auch die Einbindung der Bundesrepublik in europäische Strukturen gewährleisten. Im Grunde handelte es sich beim Plevenplan um eine Flucht nach vorn: Die nach Ausbruch des Koreakrieges (▶ 8.25) von Amerikanern und Briten geforderte Beteiligung der Bundesrepublik an der Verteidigung des Westens musste Paris alarmieren. Um sicherzustellen, dass der deutsche Wehrbeitrag nicht durch die NATO und damit vor allem von den USA kontrolliert wurde, ergriffen die Franzosen die Initiative. Mit der Bildung einer Europäischen Verteidigungsgemeinschaft (EVG) sollte der Beitritt der Bundesrepublik zur NATO verhindert werden. Die nationalen Truppen sollten unter einem gemeinsamen Oberbefehl stehen, wobei die Grundeinheiten national, die höheren Ebenen dagegen supranational organisiert sein sollten. Der Plan sah als ausführendes Organ ein gemeinsames Kommissariat vor, das die Beschlüsse des Ministerrats und der Parlamentarischen Versammlung umsetzen sollte.

Das Scheitern der EVG in der französischen Nationalversammlung

Der am 27. Mai 1952 unterzeichnete Vertrag wurde nach heftigen Debatten in der französischen Nationalversammlung am 30. August 1954 jedoch von den Gaullisten, den Kommunisten und der Hälfte der Sozialisten abgelehnt. Die Mehrheit der Abgeordneten fürchtete das Aufgehen der französischen Streitkräfte in einer supranationalen Organisation und damit den Verlust des nationalen Großmachtstatus. Dass Großbritannien dem Vorhaben ablehnend gegenüberstand, verstärkte die französischen Sorgen.

Der Deutschlandvertrag: Souveränität für die Bundesrepublik

Das Scheitern des Plevenplans hatte Rückwirkungen auf das Problem der deutschen Souveränität. Am 26. Mai 1952 war in Bonn der Deutschlandvertrag unterzeichnet worden, der die Voraussetzungen für den geplanten Beitritt der Bundesrepublik zur EVG schaffen sollte. Er trat nach dem Nichtzustandekommen der EVG erst in der zweiten Fassung vom 23. Oktober 1954 am 5. Mai 1955 in Kraft, nachdem der Bundestag im Februar 1955 (gegen die Stimmen der Opposition) zugestimmt hatte. Der Deutschlandvertrag regelte die Beziehungen der Bundesrepublik zu den Westmächten: Das Besatzungsstatut vom 8. April 1949, das den Siegermächten Machtbefugnisse in Deutschland garantiert hatte, wurde aufgehoben. Die Bundesrepublik erhielt ihre Souveränität – vorbehaltlich einiger Sonderrechte der Westalliierten. Diese betrafen Berlin und Deutschland als Ganzes sowie die Sicherheit der alliierten Streitkräfte auf dem Territorium der Bundesrepublik.

Der »Vertrag über den Aufenthalt ausländischer Streitkräfte in der Bundesrepublik Deutschland« regelte die Präsenz amerikanischer, britischer und französischer Einheiten in Deutschland, die das Sicherheitsbedürfnis der Westalliierten gegenüber der Bundesrepublik befriedigen, vor allem aber die Sicherheit der Bundesrepublik im Zeichen des Kalten Krieges

Das vereinigte Westeuropa segelt mit voller Kraft in die Zukunft, Plakat 1950.

Neuordnung der Welt und Kalter Krieg

gewährleisten sollte. Im Zuge der Wiedererlangung der deutschen Souveränität wandelte sich der Status der Truppen von Besatzern zu Verbündeten. Der deutsche Verteidigungsbeitrag wurde nach dem Scheitern der EVG durch den Beitritt der Bundesrepublik zur Westeuropäischen Union am 7. Mai und zur NATO am 9. Mai 1955 geregelt. Grundlage für diese Entwicklung waren die Pariser Verträge vom Oktober 1954. Durch sie wurde die Westunion von 1948 in die um Italien und die Bundesrepublik Deutschland erweiterte Westeuropäische Union überführt (▶ 8.32). Der deutsche Eintritt in diese Union war mit Rüstungsbeschränkungen und dem Verzicht auf die Herstellung nuklearer, chemischer und biologischer Waffen auf eigenem Territorium verknüpft. Neben der Regelung der deutschen Souveränität durch den Deutschlandvertrag enthielten die Pariser Verträge das Saarstatut, welches eine Europäisierung das Saarlandes vorsah, die jedoch in einer Volksabstimmung am 23. Oktober 1955 abgelehnt wurde.

Der Deutschlandvertrag und seine begleitenden Schritte legten die Westbindung der souverän gewordenen Bundesrepublik fest. Damit wurde gleichzeitig die Teilung Deutschlands im gespaltenen Europa auf Jahrzehnte zementiert. Die Sowjetunion hatte diese Entwicklung durch die Offerte eines neutralen, wiedervereinigten Deutschland zu verhindern versucht. Die Ernsthaftigkeit des Angebots in der so genannten Stalin-Note ist bis heute umstritten, zumal die Sowjetunion zugleich die innen- und außenpolitische Konsolidierung der DDR in ihrem Sinne betrieb. Als Reaktion auf die verstärkte Integration des Westbündnisses einschließlich der Bundesrepublik erfolgte im Mai 1955 die Gründung des Warschauer Paktes.

8.30 Volksaufstand in der DDR

Am 17. Juni 1953 weitete sich die Unzufriedenheit Ost-Berliner Bauarbeiter zu einem große Teile der DDR erfassenden Generalstreik aus, in dem neben wirtschaftlichen auch politische Forderungen laut wurden. Die sowjetischen Besatzungstruppen schlugen den Aufstand nieder.

Im Juli 1952 hatte der Generalsekretär der SED, Walter Ulbricht, den Beschluss des Zentralkomitees verkündet, in der DDR den Sozialismus nunmehr »planmäßig« aufzubauen. In enger Anlehnung an die stalinistische Sowjetunion bedeutete dies u. a. den Ausbau der volkseigenen Betriebe, die Konzentration auf schwerindustrielle Produktion, Reformen des Bildungswesens, die Ersetzung der Länder durch Bezirke (und damit die Beseitigung föderaler Elemente) sowie verstärkte Repressionen gegen »feindliche Elemente« sowie nicht zuletzt die Inszenierung eines gigantischen Stalin-Kults. Entgegen den vollmundigen Losungen der SED-Führung hielt sich die Begeisterung weiter Bevölkerungsteile über den intensivierten sozialistischen Kurs in Grenzen, zumal der Blick in den nahen Westen die Leistungsdefizite des im Osten propagierten Wirtschaftssystems allzu deutlich vor Augen führte. Nach wie vor kehrten viele Menschen der DDR den Rücken, und die Wirtschaftslage verschlechterte sich ständig. Die DDR-Führung hatte keine adäquaten Rezepte, um in der krisenhaften Lage Abhilfe zu schaffen, und erhöhte noch im Mai 1953 die Arbeitsnormen.

Nach dem Tod Stalins am 5. März 1953 war die SED-Spitze sowohl innerparteilich als auch aus Moskau unter Druck geraten. Die neue sowjetische Führung forderte ein klügeres und angemesseneres Vorgehen bei der Sowjetisierung des deutschen Teilstaates, sodass Ende Mai der »Neue Kurs« verkündet werden musste, der eine Rücknahme der Preissteigerungen, eine stärkere Konsumgüterproduktion und den Versuch einer Annäherung von Führung und Gesellschaft vorsah. Als fatale Fehlkalkulation erwies sich jedoch, der ureigenen sozialistischen Klientel, den Arbeitern, die geforderte Erleichterung zu verweigern und an den erhöhten Normen für Industrie und Bau festzuhalten.

Gegen Normenerhöhung – für freie Wahlen
Ausgerechnet unter den Arbeitern am Prestigeprojekt der Stalin-Allee in Ost-Berlin formierte sich am 16. Juni der Widerstand: Zu dem Anliegen der Rücknahme der Normenerhöhung gesellten sich bald auch weiter gehende politische Forderungen: nach dem Rücktritt Ulbrichts, nach freien Wahlen und nach der Einheit Deutschlands. Die Protestbewegung weitete sich bald flächendeckend auf

347

Kapitel 8

Am Mittag des 17. Juni 1953 rückten sowjetische Panzer in Berlin ein, Aufständische bewarfen sie mit Steinen, wie hier am Potsdamer Platz.

alle Bezirke der DDR aus, und für den 17. Juni wurde ein Generalstreik ausgerufen. In über 700 Städten und Gemeinden beteiligten sich etwa eine Million Menschen an den Protesten. Die Westmächte und die Bundesrepublik wurden von der Wucht des Aufstandes überrascht.

Anders als die Staats- und Parteiführung der DDR, die ohnmächtig und hilflos schien, war die sowjetische Militärverwaltung nicht gewillt, den Ereignissen tatenlos zuzusehen, zog starke Armeeverbände in Berlin zusammen, verhängte den Ausnahmezustand und ließ den Aufstand mit geballtem Truppeneinsatz niederschlagen.

Der Einsatz forderte Tote und Verletzte, Tausende von Beteiligten wurden verhaftet, mindestens 20 von ihnen hingerichtet. Obgleich sich der Westen auf offizieller Ebene jeder Einmischung enthielt und bestrebt war, die kaum für möglich gehaltene Entwicklung nicht außer Kontrolle geraten zu lassen, brandmarkte die DDR-Führung den Aufstand als »faschistischen«, von außen gesteuerten Putschversuch. Die Erhebung und ihr Scheitern demonstrierten den Riss zwischen Bevölkerung und Führung, zugleich aber auch die Aussichtslosigkeit jedweder systemverändernder Hoffnungen. Innerhalb der SED wurde die Stellung des angeschlagenen Ulbricht gefestigt, der in den folgenden Monaten eine groß angelegte »Säuberung« der Partei von »feindlichen Elementen« durchführen ließ. In der Bundesrepublik wurde der 17. Juni zum gesetzlichen Feiertag, dessen sinnstiftende Funktion freilich im Lauf der Jahrzehnte stark abnahm.

8.31 Der Indochinakrieg

Als Indochinakrieg bezeichnet man die erste, von 1946 bis 1954 dauernde Phase des Kriegs um die Unabhängigkeit, Einheit und politische Ausrichtung von Vietnam (1946–75). Zwischen 1862 und 1887 hatte Frankreich seine Kolonial- bzw. Protektoratsherrschaft über Indochina etabliert, die in der Endphase des Zweiten Weltkriegs verloren ging. Nach der Kapitulation Japans, dessen Truppen Indochina besetzt gehalten hatten, war Frankreich bestrebt, sich erneut als Kolonialmacht in Vietnam zu behaupten. Im Norden des Landes hatte bereits Ho Chi Minh, der Führer der kommunistisch dominierten Unabhängigkeitsbewegung Vietminh, am 2. September 1945 die Demokratische Republik Vietnam (DRV) ausgerufen. Frankreich besetzte den Süden des Landes und bot am 6. März 1946 der DRV einen unabhängigen Status innerhalb der Französischen Union an, die Frankreich und seine überseeischen Besitzungen zusammenfassen sollte. Das französische Ansinnen stieß auf den Widerstand der

Kommunisten; noch 1946 mündeten die unvereinbaren Positionen in einen Guerillakrieg der Vietminh gegen die französischen Kolonialtruppen. Sie wurden dabei insbesondere nach 1949 vom kommunistischen China massiv unterstützt und stellten mit ihrer Guerillataktik die Franzosen vor unüberwindbare Probleme.

Französische Niederlage bei Dien Bien Phu
Nach einem verlustreichen achtjährigen Krieg musste Frankreich nach dem Ausbleiben aktiven amerikanischen Eingreifens und seiner Niederlage in der Schlacht bei Dien Bien Phu am 7. Mai 1954 kapitulieren. Auf einer Waffenstillstandskonferenz in Genf, an der neben Frankreich und der DVR auch die Nachbarn Laos, Kambodscha und China sowie die Großmächte USA, UdSSR und Großbritannien teilnahmen, wurde vereinbart, das Land provisorisch entlang des 17. Breitengrads zu teilen; Laos und Kambodscha erhielten ihre Unabhängigkeit. Der kommunistisch regierte Norden und der an Frankreich angelehnte Süden, in dem Ngo Dinh Diem nach der Absetzung von Kaiser Bao Dai ein autoritäres Regime errichtete, wurden verpflichtet, gesamtvietnamesische Wahlen abzuhalten – und die Wiedervereinigung herbeizuführen. Frankreich zog sich aus Indochina zurück, der Süden geriet unter den Einfluss der USA, die Frankreich bereits während des Indochinakrieges finanziell massiv unterstützt hatten.

Ho Chi Minh, Gründer und Führer der Vietminh, Präsident der »Demokratischen Republik Vietnam«.

Die Mehrheit der ländlichen Bevölkerung stand hinter Ho Chi Minh, der im Norden seine Macht durch sozialistische Umgestaltungen festigen konnte und auch im Süden, der durch die Gewaltherrschaft Ngo Dinh Diems zusehends ins Chaos gestürzt wurde, immer mehr Anhänger fand. Gesamtvietnamesische Wahlen auf der Grundlage der Genfer Konferenz lehnte Ngo Dinh Diem ab: Er verstand seine Republik als Bollwerk im Kampf gegen die Kommunisten und befürchtete nicht zu Unrecht ihren Sieg; die geplante Vereinigung wurde somit verhindert. Der von den kommunistischen Kämpfern, dem »Vietcong«, im Süden des Landes ab 1957 initiierte Guerillakrieg weitete sich in den Sechzigerjahren, als die USA immer massiver zugunsten des antikommunistischen Südens eingriffen, zum Vietnamkrieg (▶ 10.3) aus, der 1975 mit einem Fiasko für die USA und Südvietnam sowie der Wiedervereinigung der beiden Landesteile in der Sozialistischen Republik Vietnam endete.

8.32 Westeuropäische Union

Die im Oktober mit den Pariser Verträgen ins Leben gerufene Westeuropäische Union (WEU) ist in Zusammenhang mit ihrem Vorläufer, der 1948 im Brüsseler Vertrag gegründeten Westunion, zu betrachten. Letztere war im März 1948 vor allem als Reaktion auf das als bedrohlich empfundene Vorgehen der Sowjetunion in den von der Roten Armee besetzten osteuropäischen Ländern als vertraglicher Zusammenschluss Frankreichs, Großbritanniens und der Beneluxstaaten entstanden. Nach dem Scheitern des Plans einer Europäischen Verteidigungsgemeinschaft (▶ 8.29) wurde im Herbst 1954 die Suche nach einer alternativen westlichen Bündnislösung auf breiterer Basis intensiviert. Auf der Londoner Neunmächtekonferenz (28. September bis 3. Oktober 1954) und der Pariser Folgekonferenz (19. bis 23. Oktober 1954) wurde der Weg für die Erweiterung der alten Westunion durch Deutschland und Italien frei gemacht.

Die Pariser Verträge ermöglichten nicht nur das In-Kraft-Treten des revidierten Deutschlandvertrages, mit dem die Bundesrepublik ihre weit gehende Souveränität erhielt (▶ 8.29),

Kapitel 8

Westintegration und Wiederbewaffnung waren in der Bundesrepublik heftig umstritten: Junge Gewerkschafter bei einer Protestkundgebung in München (Februar 1955).

immer mehr ein gleichberechtigter Partner im gemeinsamen Anliegen von kollektiver Sicherheit in einem freiheitlichen Europa. Zugleich war die Aufnahme Westdeutschlands in das westeuropäische Verteidigungsbündnis, die mit Verzichtserklärungen der Bundesrepublik hinsichtlich der Herstellung nuklearer, biologischer und chemischer Waffen auf eigenem Territorium verknüpft war, ein wichtiges Zugeständnis, vor allem an die französischen Sicherheitsbedürfnisse. Entgegen den Wünschen der Sowjetunion, die noch 1954 versuchte, die Westintegration der Bundesrepublik durch Konzeptionen eines neutralen vereinten Deutschland zu verhindern, wurde damit die Westbindung des deutschen Teilstaates festgeschrieben. Die UdSSR reagierte mit der Festigung des Ostblocks im Warschauer Pakt (▶ 8.33). Innerhalb Deutschlands waren die Pariser Verträge heftig umstritten, da die deutsche Teilung durch die eindeutige Entscheidung für das Westbündnis zementiert schien.

sondern auch die Integration des ehemaligen Gegners in das westliche Bündnissystem. Der Brüsseler Vertrag, dessen grundsätzliche Bestimmungen 1954 bei der Gründung der WEU bestätigt wurden, setzte sich zum Ziel, »die Prinzipien von Demokratie, persönlicher und politischer Freiheit, die Verfassungstraditionen und die Rechtsstaatlichkeit« zu bewahren. Darauf aufbauend sollten »die wirtschaftlichen, gesellschaftlichen und kulturellen Bindungen« unter den Mitgliedsländern verstärkt und somit die Integration Europas vorangetrieben werden. Beim europäischen Wiederaufbau wollte man kooperieren und im Falle jedweder Aggression gegen einen der Unterzeichnerstaaten sich gegenseitig beistehen.

Die Aufnahme Deutschlands in die WEU markierte – zusammen mit der gleichzeitig durch den Deutschlandvertrag erfolgenden Aufhebung des Besatzungsstatuts – einen entscheidenden Wandel in den Beziehungen der Bundesrepublik zu den westeuropäischen Staaten: Aus dem besiegten Kriegsgegner wurde

Integration der WEU in die Europäische Union

Nachdem die Konstituierung der WEU enormen Einfluss auf die künftige Entwicklung Deutschlands und Europas ausgeübt hatte, schwand in den Sechziger- und Siebzigerjahren ihre Bedeutung im politischen Geschehen. Erst in den Achtzigern wurde sie als selbstständiges europäisches Artikulationsforum »wiederentdeckt«. 1988 wurden Portugal und Spanien in die WEU aufgenommen, 1995 Griechenland. 13 assoziierte Mitglieder kamen 1992 und 1995 hinzu, fünf Länder erhielten Beobachterstatus (1992). Im EU-Vertrag von Amsterdam, der am 1. Mai 1999 in Kraft trat, wurde ihre schrittweise Integration in die Europäische Union und die Übergabe ihrer Kompetenzen unter Beibehaltung der WEU-Organe (Außenministerrat, Parlamentarische Versammlung, Generalsekretariat) – bis spätestens 2003 festgeschrieben.

8.33 Warschauer Pakt

Als Reaktion auf die mit den Pariser Verträgen beschlossene verstärkte politische und militärische Integration Westeuropas unter Einschluss der Bundesrepublik Deutschland (▶ 8.32)

wurde am 14. Mai 1955 in Warschau der »Vertrag über Freundschaft, Zusammenarbeit und gegenseitigen Beistand« von der UdSSR, Polen, der Tschechoslowakei, Ungarn, Rumänien, Bulgarien, Albanien und der DDR unterzeichnet. Der Warschauer Pakt stellte nach dem Kommunistischen Informationsbüro (1947; ▶ 8.11) und dem Rat für gegenseitige Wirtschaftshilfe (1949; ▶ 8.20) den dritten Zusammenschluss zur Festigung der Einheit des sozialistischen Lagers in Europa dar. Nachdem die sowjetischen Versuche, die Westbindung der Bundesrepublik durch die Option eines neutralen, vereinten Deutschland 1954/55 zu verhindern, mit dem Deutschlandvertrag (▶ 8.29) und der Aufnahme der Bundesrepublik in die Westeuropäische Union (▶ 8.32) und die NATO (▶ 8.21) gescheitert waren, verfestigte auch die UdSSR die Teilung Europas und der Welt durch den Abschluss des Warschauer Paktes, der auch die Eingliederung der Nationalen Volksarmee der DDR in das osteuropäische Militärbündnis nach sich zog.

Die Mitgliedsländer verpflichteten sich – auf der Basis »souveräner Gleichheit« – zu Beratungen im Krisenfall und zu militärischem Beistand bei Angriff auf einen der Vertragspartner. Der Vertrag wurde für die Dauer von 20 Jahren abgeschlossen und sollte sich um jeweils zehn Jahre verlängern. Der Beitritt zu anderen Bündnissystemen war den Unterzeichnerstaaten verwehrt, eine Austrittsmöglichkeit aus dem Pakt war nicht vorgesehen. Gemeinsame Organe des Bündnisses waren der »Politisch beratende Ausschuss« und das »Vereinte Kommando der Streitkräfte« mit Sitz in Moskau und einem Sowjetmarschall an der Spitze. Ergänzt wurde der Warschauer Pakt durch bilaterale Truppenstationierungsverträge der Sowjetunion mit Polen (1956), Ungarn, Rumänien, der DDR (alle 1957) und der Tschechoslowakei (Oktober 1968). Trotz formaler Gleichheit und Souveränität der Unterzeichnerstaaten wurde das osteuropäische Paktsystem von der Sowjetunion dominiert; die übrigen Mitgliedsländer verfügten nur über geringfügige Mitspracheeimöglichkeiten. Das Bündnis fungierte damit nicht nur als militärisches Gegengewicht zur NATO, sondern auch als Disziplinierungsinstrument der UdSSR gegenüber ihren europäischen Verbündeten.

Breschnew-Doktrin
Diese Konstellation wurde erstmals 1956 in Ungarn genutzt, als die Sowjetunion den Aufstand (▶ 9.1), in dessen Verlauf Ungarns Austritt aus dem Warschauer Pakt verkündet wurde, niederschlug. 1968 marschierten Truppen der Warschauer-Pakt-Staaten (mit Ausnahme Rumäniens) in die ČSSR ein, um die für den Zusammenhalt des sozialistischen Lagers als bedrohlich erachteten Reformbestrebungen des »Prager Frühlings« (▶ 10.11) zu beenden. Mit der Breschnew-Doktrin (benannt nach Leonid Breschnew, seit 1964 sowjetischer Parteichef und seit 1977 Staatsoberhaupt) wurde die Souveränität der osteuropäischen Verbündeten der UdSSR de facto eingeschränkt. Seit

Am 1. Juli 1991 wurde der Warschauer Pakt aufgelöst: Unterzeichnung des Beschlusses durch den sowjetischen Vertreter.

Kapitel 8

der Perestroika erodierte das System des Warschauer Paktes in den Mitgliedsländern. Der politische Wandel in Osteuropa führte zur Auflösung des Bündnisses am 1. Juli 1991, nachdem bereits am 1. April 1991 die militärische Beistandsverpflichtung aufgehoben worden war. Wie die NATO institutionalisierte auch der Warschauer Pakt das Mächtegleichgewicht der beiden weltpolitischen Lager im Ost-West-Konflikt.

8.34 XX. Parteitag der KPdSU. Nikita Chruschtschow

Der XX. Parteitag der Kommunistischen Partei der Sowjetunion (KPdSU) vom Februar 1956 markierte den Höhepunkt der so genannten »Entstalinisierung«, die nach dem Tod Stalins von der neuen sowjetischen Führung initiiert wurde. Herausragendes Ereignis des Parteitags war die »Geheimrede« Nikita Chruschtschows, in der er mit den Verbrechen des Diktators abrechnete.

Am 5. März 1953 war Josef Stalin gestorben. Er hatte seine Stellung als Generalsekretär der Kommunistischen Partei seit dem Tod Lenins 1924 dazu benutzt, sich als unangefochtener Führer von Partei und Staat durchzusetzen. In der Zeit seiner quasidiktatorischen Herrschaft hatte die Sowjetunion einen umfassenden Wandel in Politik, Wirtschaft, Gesellschaft und Kultur durchgemacht. Begleitet von Gewaltexzessen, hatte Stalin versucht, unter weit gehender Abkehr vom revolutionären Internationalismus den »Sozialismus in einem Lande« aufzubauen. Zwangskollektivierung der Landwirtschaft, forcierte Industrialisierung, Annäherung an russisch-imperiale Traditionen, ein konservativer Wertewandel in Gesellschaft und Kultur, größtmögliche Mobilisierung der Bevölkerung sowie die Ausschaltung jeder inneren Opposition kennzeichnen jene Epoche, die nach ihrer prägenden Gestalt als Stalinismus bezeichnet wird (▶ 6.26). Der Sieg der UdSSR im »Großen Vaterländischen Krieg« schien der brutalen und gnadenlosen Politik Stalins und seiner Klientel nachträglich Recht zu geben; die Fortsetzung des repressiven Kurses nach dem Krieg führte jedoch zu Lähmung und Erstarrung der Gesellschaft.

Mit dem Tod des Diktators brach in der Sowjetunion eine neue Zeit an. Stalins Nachfolger, die sich nach einem kurzen Interregnum unter Lawrentii Berija in einer »kollektiven Führung« vereinigt hatten, begannen den vorsichtigen Versuch der Wiederannäherung von Staat und Gesellschaft durch den »Neuen Kurs«: Amnestien und Rehabilitierungen sowie Ansätze gesellschaftlicher Liberalisierung wurden zugestanden, und die schlechte Versorgung der Bevölkerung sollte durch eine erhöhte Konsumgüterproduktion verbessert werden. Doch schon bald brachen innerhalb der neuen Führung heftige Differenzen aus. Durchsetzen konnte sich dabei Nikita Sergejewitsch Chruschtschow.

Aus der Ukraine stammend, während des Bürgerkrieges in die Partei eingetreten, hatte Chruschtschow in der Stalin-Zeit eine steile politische Karriere durchlaufen: Mitglied des Zentralkomitees (ZK), später Kandidat und Mitglied des Politbüros, Parteichef von Moskau und der Ukraine waren die wichtigsten Stationen seiner Biografie. Nach Stalins Tod wurde Chruschtschow Erster Sekretär des ZK, ein Posten, den man aufgrund der reduzierten Rolle der Partei unter Stalins zunehmend personal geprägter Herrschaft geringer einschätzte als Ämter in der Staatshierarchie. Chruschtschow gelang es, die Rolle der Partei wieder so zu stärken, dass er als deren Chef zum de facto mächtigsten Mann in der UdSSR aufstieg.

Abrechnung mit dem Stalinismus

Obwohl – oder gerade weil – er selbst unmittelbar in die Repressionen der Stalin-Zeit verstrickt war, erkannte Chruschtschow die Notwendigkeit einer wohl dosierten Distanzierung von der Herrschaft des bis dahin als gottgleich verehrten Diktators: einmal, um das Vertrauen der Bevölkerung in den sozialistischen Weg wieder herzustellen, aber auch, um die Flucht nach vorne anzutreten und sich gegenüber seinen gleichfalls belasteten Konkurrenten durchzusetzen. Vor diesem Hintergrund hob Chruschtschow zu seiner spektakulären »Geheimrede« auf dem XX. Parteitag an, in der er – aufbauend auf die Untersuchungen einer eingesetzten Kommission – Verbrechen und Fehlentwicklungen unter Stalin thematisierte und verurteilte. Dabei distanzierte sich Chruschtschow weder vom Sozialismus noch von den politischen Grundsatzentscheidungen Stalins, sondern prangerte dessen Massenterror und den Personenkult als verbrecherische Abweichung vom sozialistischen Weg an.

In den folgenden Jahren wurde eine Reihe von Maßnahmen initiiert, die die Beziehungen von Staat und Gesellschaft entspannen und zugleich die Bevölkerung aktivieren sollten: Dazu gehörte die Wiederherstellung der »sozialistischen Gesetzlichkeit« ebenso wie oft unausgereifte wirtschaftspolitische Großvorhaben. Rasch wurde freilich deutlich, dass die unter Chruschtschow begonnene Liberalisierung, etwa auf kulturellem Sektor, enge Grenzen hatte.

Chruschtschows Politik – seit 1958 hatte er auch das Amt des Ministerpräsidenten inne – war vom Widerspruch zwischen dem starren Festhalten an gewaltstaatlichen Mechanismen und sozialistisch-ideologischen Prämissen einerseits und einem hektischen und unausgegorenen Reformaktivismus andererseits gekennzeichnet. Letzterer war schließlich verantwortlich für den von der Gruppe um Leonid Breschnew betriebenen Sturz Chruschtschows im Oktober 1964. Die folgenden Jahre brachten der Sowjetunion eine konsolidierende Stabilität, die sich aber in den Siebzigerjahren in Stagnation und Erstarrung verwandelte.

8.35 Die Konferenz von Bandung. Die Blockfreien

Nach dem Zweiten Weltkrieg stand die Weltpolitik im Zeichen des Ost-West-Konflikts (▶ 8.27) zweier entgegengesetzter Blöcke. Angesichts der »Teilung der Welt« in feindliche Systeme erkannten Vertreter von Staaten, die außerhalb der beiden Blöcke standen, die Notwendigkeit, sich weltpolitisch zu artikulieren. Auf Initiative des indischen Ministerpräsidenten Jawaharlal Nehru fand vom 18. bis 24. April 1955 im indonesischen Bandung eine Konferenz »blockfreier« Staaten statt. Delegierte aus 23 asiatischen und sechs afrikanischen Staaten trafen hier zusammen, um zu einer gemeinsamen Stimme in der von den Supermächten dominierten Weltpolitik zu finden.

Die zum Teil völlig unterschiedlichen ideologisch-politischen Ausrichtungen traten gegenüber dem gemeinsamen Anliegen der Gleichberechtigung der »Dritten Welt« in den Hintergrund. Hauptsächliche Anliegen der Blockfreien waren das Ende jeglicher europäischer Kolonialherrschaft, die Verwirklichung des Selbstbestimmungsrechts der Völker und die Nichteinmischung in innere Angelegenheiten anderer Länder, das Ende von Rassendiskriminierung sowie die Etablierung allgemeiner friedlicher Zusammenarbeit in der Welt bei gleichzeitiger Entspannung und Abrüstung. Neben dem Inder Nehru nahm auch der ägyptische Staatspräsident Gamal Abd el Nasser (▶ 9.3) eine Führungsrolle unter den blockfreien Staats- und Regierungschefs ein. Als einziges europäisches Land schloss sich das ebenfalls zwischen den Lagern stehende Jugoslawien, das mit Josip Tito gleichfalls über eine charismatische Führungspersönlichkeit verfügte, den Bandung-Staaten an. So erörterte Tito mit Nasser und Nehru 1956 in Jugoslawien die Prinzipien der blockfreien Staaten, und 1961 fand deren erste Konferenz in Belgrad statt. Die Leistung des »Geistes von Bandung« bestand insbesondere in der Sensibilisierung für die Probleme, Erwartungen und Forderungen der Länder der »Dritten Welt«, die sich mit der Bewegung der Blockfreien ein Artikulationsforum für ihre jenseits des Ost-West-Konfliktes stehenden Anliegen schufen.

Treffen der führenden Staatsmänner der blockfreien Staaten (von links): Jawaharlal Nehru, Kwame Nkrumah, Gamal Abd el-Nasser, Achmed Sukarno und Josip Tito (September 1960 in New York).

Kapitel 8

Daten

22. März 1945	Gründung der Arabischen Liga
26. Juni 1945	Gründung der Vereinten Nationen
30. Juli 1945	Alliierter Kontrollrat nimmt in Berlin seine Tätigkeit auf
17. Juli–2. Aug. 1945	Konferenz von Potsdam (Truman, Churchill/Attlee, Stalin)
20. Nov. 1945–1. Okt. 1946	Nürnberger Hauptkriegsverbrecherprozess
12. März 1947	Truman-Doktrin
5. Juni 1947	Verkündung des Europäischen Wiederaufbauprogramms (Marshallplan)
15. Aug. 1947	Unabhängigkeit Indiens und Pakistans
22.–27. Sept. 1947	Gründungskonferenz des Kominform
23. Febr.–6. März, 20. April–2. Juni 1948	Londoner Sechsmächtekonferenz
17. März 1948	Brüsseler Pakt, Gründung der Westunion
20. März 1948	Sowjetunion beendet Tätigkeit des Alliierten Kontrollrats
16. April 1948	Gründung der Organisation für Europäische Wirtschaftliche Zusammenarbeit (OEEC)
14. Mai 1948	Gründung des Staates Israel, Beginn des 1. arabisch-israelischen Kriegs
24. Juni 1948–12. Mai 1949	Berliner Blockade
28. Juni 1948	Jugoslawien bricht mit der Sowjetunion
1. Sept. 1948	Erste Sitzung des Parlamentarischen Rates in Bonn
25. Jan. 1949	Gründung des Rates für gegenseitige Wirtschaftshilfe (RGW)
4. April 1949	Gründung des Nordatlantikpakts (NATO)
5. Mai 1949	Gründung des Europarates
23. Mai 1949	Verkündung des Grundgesetzes für die Bundesrepublik Deutschland
15. Sept. 1949	Konrad Adenauer wird erster Kanzler des Bundesrepublik Deutschland
1. Okt. 1949	Mao Zedong proklamiert die Volksrepublik China
7. Okt. 1949	Gründung der DDR
25. Juni 1950–27. Juli 1953	Koreakrieg
18. April 1951	Vertrag über die Montanunion (EGKS), in Kraft getreten 23. Juli 1952
23. Mai 1951	China annektiert Tibet
26. Mai 1952	Unterzeichnung des Deutschlandvertrages
27. Mai 1952	Unterzeichnung des EVG-Vertrages (von der französischen Nationalversammlung am 30. August 1954 abgelehnt)
5. März 1953	Tod Stalins
17. Juni 1953	Volksaufstand in der DDR
26. April bis 21. Juli 1954	Indochinakonferenz in Genf
23. Okt. 1954	Pariser Verträge, Westeuropäische Union
18.–24. April 1955	Konferenz der Blockfreien in Bandung
5. Mai 1955	In-Kraft-Treten der revidierten Fassung des Deutschlandvertrages
9. Mai 1955	Beitritt der Bundesrepublik Deutschland zur NATO
14. Mai 1955	Gründung des Warschauer Pakts
14.–25. Febr. 1956	XX. Parteitag der KPdSU

Im Zeichen der Militärblöcke (1955–1963)

9

Einführung

Die Welt stand am Abgrund. Zu Beginn der Sechzigerjahre fehlte nicht viel, und es wäre zur dritten Katastrophe des 20. Jahrhunderts gekommen. Das lag vor allem an der Atomwaffe, die das Gesicht des Kalten Krieges geprägt hat. Vier Jahre nach den Atombombenabwürfen der USA auf Hiroshima und Nagasaki führten die Sowjets Ende August 1949 ihre ersten erfolgreichen Tests durch. 1952 bzw. 1953, also in deutlich kürzer werdenden Abständen, zündeten beide ihre erste Wasserstoffbombe. Großbritannien stieß 1952 zum exklusiven Kreis der Atommächte hinzu, Frankreich 1960, und 1964 folgte die Volksrepublik China.

Sowjetischer Vorsprung im Weltraum
Nicht allein der Besitz von Nuklearwaffen war entscheidend, sondern auch die Fähigkeit, Ziele über große Distanzen hinweg erreichen zu können. Hier spielten zunächst strategische Bomber, bald aber auch Raketen die entscheidende Rolle. In der Frühphase des Kalten Krieges konnte man davon ausgehen, dass die Amerikaner ihrem weltpolitischen Rivalen technologisch überlegen waren. Umso größer war der Schock, als es den Sowjets am 4. Oktober 1957 als Ersten gelang, einen Satelliten, den *Sputnik*, in eine Erdumlaufbahn zu bringen. Damit war die Sowjetunion zwar noch nicht in der Lage, die USA direkt mit einem Atomschlag zu bedrohen, doch hatten sich die Bedingungen im nuklearen Wettlauf verändert.

Die Sowjetunion besaß nun auf einem prestigeträchtigen Gebiet mit großer Zukunft, der Weltraumfahrt, einen Vorsprung, und für einige Jahre blieb es dabei: Juri Gagarin, ein Russe, war der erste Mensch, der am 12. April 1961 in einer Kapsel die Erde umkreiste; erst zehn Monate später folgte ihm der Amerikaner John Glenn. Das nächste große Ziel beim Wettlauf im All war der Mond. Im Dezember 1968 gelang den USA mit Apollo 8 die erste bemannte Mondumkreisung, und am 21. Juli 1969 setzte Neil Armstrong, der Kommandant der Apollo-11-Mission, als erster Mensch seinen Fuß auf den Mond.

Strategiewechsel der Supermächte: Sicherung des Machtbereichs
Mit dem nuklearen Wettrüsten hatte die Raumfahrt nur bedingt zu tun. Berührungspunkte gab es bei der Raketentechnologie und bei der Frage einer weltraumgestützten Raketenabwehr, die während der Achtzigerjahre die internationale Diskussion beherrschen sollte. Anfang der Sechzigerjahre standen nukleare Abrüstung und Rüstungsbegrenzung auf der Tagesordnung der Supermächte. Der Anfang war mit dem Atomteststoppabkommen gemacht worden, das am 5. August 1963 durch die Außenminister der Sowjetunion, der USA und Großbritanniens unterzeichnet wurde und fortan Kernwaffenversuche in der Atmosphäre, im Weltraum und unter Wasser verbot.

Das Teststoppabkommen zog zum einen die Konsequenz aus einer inzwischen außer Kontrolle geratenen Entwicklung; immerhin waren allein im Jahr 1962 insgesamt 143 Atomversuche durchgeführt worden. Zum anderen war das Abkommen auch eine Reaktion auf die beispiellose Eskalation des Kalten Krieges zu

355

Kapitel 9

Beginn der Sechzigerjahre, durch die sich die Welt mindestens einmal, im Oktober 1962, am Rande eines Atomkrieges befand. Die schweren Krisen um Berlin und vor allem um Kuba trugen dazu bei, dass sich die beiden Führungsmächte der Welt und mit ihnen die Militärblöcke auf die Sicherung des eigenen Machtbereiches zu konzentrieren begannen.

Die USA gaben ihre Absicht auf, den Kommunismus »zurückdrängen« zu wollen *(roll back)* und einen konventionellen Angriff des Warschauer Pakts gegebenenfalls nuklear mit »massiver Vergeltung« *(massive retaliation)* zu beantworten. Die Doktrinen des *Roll back* und der massiven Vergeltung, die mit den Namen Präsident Eisenhowers und seines Außenministers John F. Dulles verbunden sind, kamen nie zur Anwendung, auch dann nicht, als das Vorgehen der Sowjets in der DDR, in Ungarn und in Polen das nach dieser Logik vielleicht nahe gelegt hätte. Die USA wussten, dass eine westliche Intervention die Gefahr eines dritten, eines auch nuklear geführten Weltkrieges heraufbeschworen hätte.

So sahen die USA und ihre Verbündeten tatenlos zu, als die Sowjets und ihre ostdeutschen Statthalter am 17. Juni 1953 den Volksaufstand in der DDR für größere wirtschaftliche und politische Freiheiten mit Waffengewalt niederschlugen. In Polen konnte sich die Vereinigte Arbeiterpartei – im Oktober 1956 und gewissermaßen im Windschatten der dramatischen Verwerfungen in Ungarn und Ägypten – behaupten und die nach Warschau gereiste sowjetische Führung nach heftigen Auseinandersetzungen zum Rückzug der bereits in Marsch gesetzten sowjetischen Panzer bewegen. Auch als die sowjetische Armee im November 1956 den Volksaufstand in Ungarn niederwalzte, griff Washington angesichts unabsehbarer Folgen nicht ein.

Zur gleichen Zeit erteilten die USA ihren Verbündeten Großbritannien und Frankreich eine bittere machtpolitische Lektion: Die beiden hatten gerade zur militärischen Intervention in Ägypten angesetzt und in den zweiten Nahostkrieg zwischen Israel und seinen arabischen Nachbarn eingegriffen, als sie ihre Aktion nach wenigen Tagen abbrechen mussten. Ausschlaggebend für diesen schweren Gesichtsverlust der beiden traditionsreichen Großmächte war weniger die Gefahr eines Raketenangriffs auf London und Paris, den Nikita Chruschtschow, der neue starke Mann in Moskau, angedroht hatte; entscheidend war vielmehr die Haltung der USA, die sich für ein Eingreifen der Vereinten Nationen ausgesprochen hatten.

Die beiden atomar gerüsteten Führungsmächte der Welt kamen zusehends zu der Erkenntnis, dass man alles tun müsse, um Eskalationen zu vermeiden, um zu verhindern, dass aus lokalen Konflikten globale Krisen wurden. Daraus folgte der nicht ausgesprochene, aber kompromisslos demonstrierte Anspruch Washingtons und Moskaus, auch für die Mitglieder ihrer jeweiligen Militärblöcke zu handeln. Im Falle des Warschauer Paktes wurde dieser Anspruch mit brutaler Gewalt durchgesetzt; im Falle der NATO lagen die Dinge komplizierter, weil die Anwendung militärischer Gewalt ausschied. Damit stellte sich für die Verbündeten der USA in London, in Paris und nicht zuletzt in Bonn die Frage, wie sie mit diesem Führungsanspruch umgehen wollten. Während die Deutschen angesichts der einseitigen und vollständigen Abhängigkeit von den USA bedingungslos deren Vorgaben folgten, setzten die Briten auf eine enge Kooperation mit den Amerikanern und gaben ihr eigenes Atomprogramm weitgehend auf.

Frankreichs eigene Wege unter de Gaulle

Frankreich ging eigene Wege. Vor allem in der Ära Charles de Gaulles, des ersten Präsidenten der Fünften Republik, setzte Paris nicht nur auf eine eigene Atomstreitmacht, es löste sich bis März 1966 auch schrittweise aus der militärisch integrierten Struktur der NATO. Um dies durchhalten zu können, brauchte de Gaulle Unterstützung. Das integrierte Europa, das 1957 mit der Unterzeichnung des EWG- und des EURATOM-Vertrages einen beachtlichen Fortschritt gemacht hatte, kam dafür nur bedingt infrage, weil es politisch zunehmend eigenständiger agierte und sich nicht von einem Mitgliedstaat instrumentalisieren ließ.

Also suchte der französische Präsident nach Partnern, die ihm bei seinem Versuch, Frankreich als führende Großmacht Europas zu positionieren, von Nutzen sein konnten. Dabei hielt er sich vor allem an seinen Nachbarn, die

Im Zeichen der Militärblöcke

Bundesrepublik Deutschland – schon wegen deren wirtschaftlichen und zunehmend auch politischen und militärischen Gewichts. Die westdeutsche Politik ihrerseits, vor allem Bundeskanzler Konrad Adenauer, suchte Unterstützung für ihre Außen- und Deutschlandpolitik.

So gesehen war der Vertrag über die deutsch-französische Zusammenarbeit (feierlich unterzeichnet am 22. Januar 1963 in Paris) ein nahe liegender Schritt. Im Lichte der neueren Geschichte, die innerhalb von sieben Jahrzehnten immerhin drei deutsch-französische Kriege gesehen hatte, war der so genannte Elysée-Vertrag ein spektakulärer Erfolg; gemessen an den unmittelbaren Erwartungen beider Seiten war er eine Enttäuschung. De Gaulle, der fast gleichzeitig dem britischen Gesuch um einen EWG-Beitritt eine Abfuhr erteilte, bekam aus Bonn nicht jene Verstärkung in seinem Konkurrenzkampf mit Washington und London, die er sich durch den Vertragsabschluss erhofft hatte.

Krise um Berlin

Adenauer, der das Kanzleramt Mitte Oktober 1963 für seinen Nachfolger Ludwig Erhard räumen musste, hatte längst erkannt, dass auch sein Partner de Gaulle den Prozess nicht aufhalten konnte oder auch nur wollte, der auf die scheinbar endgültige Teilung Deutschlands und Berlins hinauslief: In der Nacht vom 12. auf den 13. August 1961 hatten Angehörige der Nationalen Volksarmee der DDR mit der Schließung der Grenze zwischen Ost- und West-Berlin und mit dem Bau einer Mauer quer durch die Stadt begonnen. In den folgenden Wochen, Monaten und Jahren wurde das Territorium der DDR durch Stacheldraht, Betonmauern, Minenfelder und Selbstschussanlagen gegen die Bundesrepublik und West-Berlin abgeschottet.

Ausgerechnet der junge, seit Januar amtierende amerikanische Präsident hatte dazu das Signal gegeben. Am 25. Juli 1961 hatte John F. Kennedy das Berlinproblem auf eine Stufe mit den Konflikten in Südostasien oder auf Kuba gestellt und es damit relativiert. Zugleich hatte er drei Bedingungen genannt, darunter die Überlebensfähigkeit West-Berlins, die von der Sowjetunion beachtet werden müssten. Das tat sie, und so wurde die Teilung Deutschlands für alle sichtbar zementiert. Mit dem Bau der Mauer durch Berlin wurde einer der brisantesten weltpolitischen Konflikte ruhig gestellt. Hielten sich beide Seiten an die Spielregeln, würde in Zukunft von hier keine große Krise und mithin auch keine akute Kriegsgefahr mehr ausgehen.

Kubakrise

Ein Jahr später führte die Krise um die Karibikinsel Kuba die Welt an den Rand eines atomaren Krieges. Kuba orientierte sich unter Fidel Castro zunehmend an der Sowjetunion. Das war nicht zuletzt eine Reaktion auf die amerikanische Kubapolitik, die eine neue Dimension bekam, als Chruschtschow mit der Aufrüstung der Insel begann. Seit Mitte September 1962 verdichteten sich Vermutungen in Washington zur Gewissheit, dass die Sowjets mit der Installation atomarer Trägerwaffen auf Kuba begonnen hatten. Damit schienen die Vereinigten Staaten unmittelbar bedroht. Offenbar wollten die Sowjets durch eine erfolgreiche Stationierung von Systemen mittlerer Reichweite gewissermaßen vor der amerikanischen Haustür ihre Unterlegenheit im nuklearen und hier insbesondere im strategischen Bereich ausgleichen.

Am 22. Oktober forderte Kennedy in einer Fernsehansprache den bedingungslosen Abzug der sowjetischen Raketen und verhängte eine Seeblockade über die Insel; gleichzeitig wurden den – zum ersten und einzigen Mal in der Geschichte des Kalten Krieges – die strategischen Luftstreitkräfte der USA in die höchste Alarmbereitschaft versetzt. Am 27. Oktober 1962 gab Chruschtschow nach und schlug Kennedy geheim einen Handel vor: Er würde die sowjetischen Raketen von Kuba abziehen, wenn die USA ihre Raketen in der Türkei abbauen würden. Die Krise war entschärft, der unmittelbar drohende Atomkrieg war abgewendet. Die Verantwortlichen auf beiden Seiten hatten gelernt: Zu einer Politik der Entspannung gab es keine Alternative mehr.

9.1 Aufstand in Ungarn

Nach dem Tod Stalins 1953 wurde der kommunistische Block im östlichen Europa durch

Unruhen erschüttert. Nach dem Aufstand in der DDR am 17. Juni 1953 kam es 1956 zu antikommunistischen Massenbewegungen in Polen und Ungarn. Im Februar 1956 hatte der sowjetische Parteichef Nikita Chruschtschow auf dem XX. Parteitag der KPdSU scharfe Kritik an den Verbrechen der Stalinzeit geübt (▶ 8.34). Dies war ein Signal zur »Entstalinisierung« im gesamten Ostblock, das zum Aufstieg neuer Eliten in Staat und Partei führte. Die Veränderungen innerhalb des Herrschaftssystems gaben in den Staaten Osteuropas zugleich der reformkommunistischen Opposition Auftrieb.

Aufständische Ungarn auf einem erbeuteten sowjetischen Panzer (Oktober 1956).

Am 23. Oktober 1956 kam es in Budapest im Anschluss an eine Großdemonstration von Studenten, der sich auch Arbeiter anschlossen, zu einem Volksaufstand, der den bei der Bevölkerung beliebten Reformkommunisten Imre Nagy an die Spitze der Regierung brachte. Als Ministerpräsident kündigte Nagy durchgreifende Reformen an. Sein »neuer Kurs« wurde von starken stalinistischen Kräften innerhalb der kommunistischen Partei abgelehnt, die darin eine »Konterrevolution« mit der Rückkehr zum Mehrparteiensystem und zur kapitalistischen Wirtschaftsweise sahen, auch wenn der Ministerpräsident erklärte, dass Ungarn selbst mit einem demokratisch gewählten Parlament und einer freien Marktwirtschaft ein »sozialistisches Land« bleiben werde. Parteichef János Kádár, der als Gefolgsmann Nagys galt, suchte zwischen dem neuen Kurs und den reformfeindlichen Kräften zu vermitteln, stellte sich schließlich aber auf die Seite der sowjetischen Intervention.

Nagy wurde durch einen eskalierenden Generalstreik am 30./31. Oktober 1956 weiter unter Druck gesetzt. Er sah ein, dass er seine Ziele nur durch den völligen Bruch mit den prosowjetischen Kräften im eigenen Land durchsetzen konnte. So erhob er die Forderung nach sofortigem Abzug der seit Kriegsende 1945 in Ungarn stationierten sowjetischen Truppen, trat für die Neutralität Ungarns zwischen den Blöcken ein und kündigte freie Wahlen an. Nun sah der Kreml die Gefahr eines Zerfalls des sowjetischen Blocks im östlichen Europa, wie er in Polen während des Arbeiteraufstands im Sommer noch soeben hatte vermieden werden können. Die Gelegenheit für ein hartes Durchgreifen schien günstig, da die Westmächte wegen der Krise um den Suezkanal (▶ 9.2) zerstritten waren. Nach dem Beginn des sowjetischen Einmarsches erklärte Ministerpräsident Nagy am 2. November 1956 den sofortigen Austritt Ungarns aus dem Warschauer Pakt und bat den Westen vergeblich um Hilfe.

Die Niederschlagung des Aufstands und die Folgen

Die Besetzung Budapests bis zum 10. November 1956 gelang den sowjetischen Truppen erst nach blutigen Straßenkämpfen. Große Teile der ungarischen Streitkräfte standen zur Regierung Nagy, außerdem hatten viele Zivilisten zu den Waffen gegriffen. Bei der mehrtägigen Schlacht um die Hauptstadt gab es mehrere Tausend Tote. Ganze Straßenzüge wurden zerstört. Eine Viertelmillion Ungarn floh über Österreich ins westliche Ausland. Zehntausende wurden nach der Niederschlagung des Aufstandes inhaftiert. Zu den über 2000 Hingerichteten gehörte auch der ehemalige Ministerpräsident Nagy. Seine Verurteilung in einem Schauprozess 1958 bildete den Abschluss der von der Sowjetunion angeordneten »Normalisierung« in Ungarn, für die János Kádár als Regierungschef verantwortlich war. Er betrieb die Neugründung der kommunistischen Partei, an deren Spitze er dann für Jahrzehnte selbst trat.

Bei unbedingter außenpolitischer Loyalität zur UdSSR gelang es Kádár in der Folgezeit, mit vorsichtigen Reformmaßnahmen einige Ziele der Reformer von 1956 zu verwirklichen. Nach dem Ende der Repressionsperiode 1958 begann eine bedächtige Liberalisierung, die den Ungarn größere Freiräume eröffnete als den Bürgern anderer kommunistischer Staaten. In der Wirtschaftspolitik kam es auch nach und nach zu marktwirtschaftlichen Korrekturen zugunsten einer besseren Versorgung der Bevölkerung mit Konsumgütern. Von diesem spöttisch so bezeichneten »Gulaschkommunismus« profitierten alle Ungarn. Damit wurde auch der Übergang des Landes zur Marktwirtschaft in den Neunzigerjahren wesentlich erleichtert.

9.2 Die Suezkrise

Während die Weltöffentlichkeit gebannt auf die Vorgänge in Budapest schaute, verstrickten sich Frankreich und Großbritannien auf der Sinaihalbinsel in ein spätes koloniales Abenteuer. Ägyptens Präsident Gamal Abd el-Nasser, die Symbolfigur des neuen arabischen Nationalismus, hatte die beiden europäischen Kolonialmächte herausgefordert, indem er im Juli 1956 die französisch-britische Suezkanalgesellschaft verstaatlichte. Diese Aktiengesellschaft betrieb den für die Ölversorgung Europas zunehmend wichtigen Kanal seit dessen Fertigstellung im Jahre 1869. Nasser war entschlossen, die Souveränität Ägyptens in der Kanalzone zur Geltung zu bringen, aus der sich die letzten britischen Soldaten erst wenige Tage zuvor auf Drängen Kairos hin zurückgezogen hatten. Außerdem wollte er den Kanal als Druckmittel gegen den Westen benutzen, von dem sein Land Kredite zur Realisierung von Großprojekten wie dem Assuanstaudamm benötigte (▶ 9.3).

Zunächst suchten London und Paris die Rechte der Betreibergesellschaft mit politischem Druck durchzusetzen und Nasser zum Einlenken zu bewegen. Wegen dessen Unnachgiebigkeit entschieden sich beide westlichen Mächte für die militärische Intervention. Für Großbritannien, das noch immer politische und wirtschaftliche Interessen in Asien zu verteidigen hatte, ging es dabei um die Kontrolle über den strategisch bedeutenden Schifffahrtsweg. Die Franzosen bekämpften in der Person Nassers eine Symbolfigur des arabischen Nationalismus und des Unabhängigkeitsstrebens auf dem afrikanischen Kontinent. Kairo hatte bereits die Unabhängigkeitsbewegungen in Tunesien und Marokko gegen Frankreich unterstützt und ließ der algerischen Befreiungsfront, gegen die Frankreich seit 1954 erbittert Krieg führte, Waffen und finanzielle Unterstützung zukommen (▶ 9.6). Mit Israel gewannen die beiden Mächte einen Verbündeten im Nahen Osten. Die Regierung in Tel Aviv hoffte, mit einer Besetzung der Sinaihalbinsel die eigene Sicherheitslage entscheidend zu verbessern. Zudem wollte man den von Nasser angefachten Rückeroberungsversuchen der Palästinenser im Gazastreifen ein Ende bereiten.

Die internationale Konferenz zur Suezfrage tagte im August 1956 in London.

USA und Sowjetunion greifen ein

Am 29. Oktober 1956 begann der israelische Angriff auf die ägyptischen Stellungen an der Grenze, die mit britischer und französischer Unterstützung rasch durchbrochen werden konnten. Die europäischen Mächte griffen mit eigenen Verbänden in die Kampfhandlungen ein, wobei sie vorgaben, den Suezkanal mit ihren Soldaten sichern zu müssen. Tatsächlich ging es ihnen um die Kontrolle des Kanals und um den Sturz Nassers. Der Schlagkraft der drei verbündeten Armeen hatten die Ägypter wenig entgegenzusetzen, doch fanden sie unerwartet Unterstützung bei den Supermächten. Die Sowjetregierung wollte von dem eigenen blutigen Vorgehen in Ungarn ablenken und suchte Sympathien bei den antikolonialen Bewegungen zu gewinnen. Moskau drohte Großbritannien und Frankreich offen mit dem Einsatz von Atomwaffen in Europa. Angesichts dessen stellten die britische und die französische Regierung die Angriffe ein. Moskau hatte einen erheblichen Prestigegewinn in der arabischen Welt erzielt.

Die US-Regierung übte ihrerseits Druck auf die Angreifer aus, indem sie zwar die Verstaatlichung der Suezkanalgesellschaft verurteilte, die Militäraktion auf dem Sinai jedoch entschieden ablehnte. Washington drängte auf den Einsatz von UN-Friedenstruppen, um die Gegner zu trennen. London und Paris mussten sich mit der von den USA forcierten UN-Intervention abfinden und die eroberten Positionen in der Kanalzone bis Jahresende 1956 zugunsten der Blauhelme räumen. Auch Israel zog nach internationalem Druck seine Truppen im März 1957 gegen eine ägyptische Garantie der freien Schifffahrt im Golf von Akaba wieder zurück.

Damit hatte sich für Nasser die militärische Niederlage in einen politischen Sieg verwandelt. Der Öffentlichkeit in den arabischen Ländern erschien er fortan als Befreier vom kolonialen Joch des Westens. Die Sowjets verstärkten ihren Einfluss in Nahost und erschienen den nationalistischen Regimen der arabischen Welt als natürlicher Verbündeter gegen den westlichen Kolonialismus. In Paris musste nach dem Debakel die Regierung zurücktreten. In London stürzte Premierminister Anthony Eden, der als Hauptverantwortlicher für das gescheiterte Suezunternehmen galt. Die Begleitumstände der Krise hatten gezeigt, wie stark das Mutterland des Empire mittlerweile von den USA abhängig geworden war.

9.3 Gamal Abd el-Nasser

Nasser, Präsident Ägyptens von 1954 bis zu seinem Tod 1970, wurde zur Symbolfigur für die Erfolge wie für das letztendliche Scheitern des arabischen Nationalismus. Der junge Offizier einfacher Herkunft hatte sich im Krieg von 1948 gegen Israel ausgezeichnet. Er gehörte dem »Komitee der Freien Offiziere« an, das im Juli 1952 König Faruk von Ägypten stürzte. In den Machtkämpfen nach dem Ende der Monarchie setzte sich Nasser gegen seinen Rivalen, General Nagib, durch und wurde im April 1954 Vorsitzender des Revolutionsrates, Oberkommandierender der Armee und Regierungschef, im November 1954 auch Staatspräsident. Diese Machtfülle nutzte er zunächst dazu, Ägypten von den Resten britischer Kolonialherrschaft zu befreien. Im Juli 1956 zog London die letzten Soldaten aus der Suezkanalzone ab. Mit der Übernahme des Kanals unter ägyptische Kontrolle löste Nasser im Herbst 1956 die Suezkrise aus (▶ 9.2), aus der er trotz militärischer Niederlage als politischer Sieger über die Kolonialmächte Großbritannien und Frankreich sowie als Idol der arabischen Massen hervorging.

Im Innern entschied sich Nasser 1955 für den Kurs eines »arabischen Sozialismus«, der marktwirtschaftliche Elemente beibehielt, jedoch eine gerechtere Verteilung des Volksvermögens anstrebte. In mehreren Verstaatlichungswellen wurden zunächst alle ausländischen Unternehmen nationalisiert, später waren auch ägyptische Kapitaleigner von den Enteignungen betroffen, sodass sich nach 1962 beispielsweise alle Banken und Versicherungen des Landes in der Hand des Staates befanden. Eine Reihe von Bodenreformgesetzen zerschlug den bis zum Ende der Monarchie 1952 vorherrschenden Großgrundbesitz. Nassers Landwirtschaftspolitik förderte die Entstehung bäuerlicher Genossenschaften. Mit der Subventionierung der Grundnahrungsmittel hielt er sich die städtischen Massen gewogen. In der Außenpolitik trat Ägypten seit der Ban-

Im Zeichen der Militärblöcke

Anlässlich der Beerdigung Gamal Abd el-Nassers im September 1970 kamen zehn Millionen Ägypter nach Kairo. Bei Tumulten wurden 46 Menschen getötet.

dung-Konferenz 1955 (▶ 8.35) als Hauptakteur in der Blockfreien-Bewegung hervor. Neben Jugoslawiens Tito und Indonesiens Sukarno galt Nasser als einer der Anführer der blockfreien Staaten, die auf die sich formierende »Dritte Welt« eine starke Anziehungskraft ausübten. Seine Unabhängigkeit zwischen den Blöcken demonstrierte Ägypten durch gute Kontakte zum Waffenlieferanten Sowjetunion, ohne darüber die Beziehungen zum Westen zu vernachlässigen, von denen das Land wirtschaftlich profitierte.

Die Bildung der VAR

Im Widerstreit zwischen Panarabismus und ägyptischem Nationalismus gab Nasser stets den Interessen seines Staates den Vorzug. Dies zeigt das ernüchternde Ende der Union mit Syrien. Die in Damaskus regierende sozialistische Baath-Partei wünschte die Vereinigung mit Ägypten. Nasser stimmte der Bildung einer Vereinigten Arabischen Republik (VAR) zum 1. Februar 1958 zu. Allerdings kam diese nicht als die von den Syrern gewünschte Konföderation gleichberechtigter Partner zustande, sondern lediglich in der Form eines Anschlusses Syriens an Ägypten. Was als Kern der künftigen politischen Union aller Araber gedacht war, wurde bald zum Zankapfel, weil Nasser innerhalb der VAR konsequent ägyptische Interessen durchsetzte. Aus den führenden Positionen in Verwaltung und Wirtschaft wurden die Syrer nach und nach hinausgedrängt. Wegen der fortwährenden Bevormundung erklärte Syrien nach einem Putsch im September 1961 seinen Austritt aus der VAR, die somit zur leeren Hülle wurde, auch wenn Ägypten diesen Staatsnamen beibehielt und ihne erst nach dem Tod Nassers in »Arabische Republik Ägypten« änderte.

Seinen panarabischen Zielen suchte der ägyptische Präsident dann durch eine verschärfte Konfrontation mit Israel näher zu kommen. Um eine gemeinsame Identität im arabischen Raum zu schaffen, schürte er die Emotionen gegen den jüdischen Staat. Dabei ging es ihm auch darum, von wachsenden innenpolitischen Problemen abzulenken. So stellte das rasche Bevölkerungswachstum eine zunehmende Belastung dar, die auch durch Maßnahmen zur wirtschaftlichen Entwicklung wie den Bau des Assuanstaudammes in Oberägypten nicht aufgefangen werden konnte.

Dieses Prestigeprojekt des Präsidenten hatte schwerwiegende Folgen: Der Assuandamm staute die Wassermassen des Nil zum »Nassersee« auf. Mithilfe der Wasserkraft sollte Elektrizität erzeugt und Industrie in Oberägypten angesiedelt werden. Die Industrieansiedlung scheiterte jedoch, sodass sich das Vorhaben als weitgehend nutzlos erwies. Es führte überdies zu ökologischen Schwierigkeiten, weil fortan die Überschwemmungen ausblieben, welche die nährstoffhaltigen Nilschlämme zum unteren Nil transportiert und das Land fruchtbar gemacht hatten. Im Nassersee verdunstete unterdessen das am Unterlauf des Stromes so dringend benötigte Wasser. Die Nilbauern mussten fortan verstärkt Mineraldünger als Nährstoff für Nutzpflanzen einsetzen. Die Verantwortung für das Planungsdebakel trug der Präsident.

Nasser war auch der Beginn des Sechstagekrieges mit Israel im Jahre 1967 zuzuschreiben, weil er die UN-Truppen auf dem Sinai zum Abzug veranlasst und Blockademaßnahmen gegen die Israelis verhängt hatte. Nach der katastrophalen Niederlage der arabischen Staaten erklärte Präsident Nasser seinen Rücktritt, entschied sich aber nach Massendemonstrationen zum Verbleib im Amt. Der Höhepunkt seiner Bedeutung als Repräsentant der arabischen Welt war jedoch überschritten, noch ehe er 1970 als Folge eines Herzinfarktes starb. Sein Nachfolger Anwar as-Sadat beendete die sozialistischen Experimente, vollzog die Annäherung an den Westen und nahm Friedensgespräche mit Israel auf.

9.4 Römische Verträge: EWG und EURATOM

Der europäische Integrationsprozess, der 1951 mit der Gründung der Montanunion (▶ 8.28) einen vielversprechenden Anfang genommen hatte, kam mit dem Scheitern des EVG-Vertrages im französischen Parlament 1954 nur vorübergehend ins Stocken (▶ 8.29). Die Erfahrung zweier verheerender Weltkriege, die Herausforderung des westlichen Europa durch den sich formierenden kommunistischen Block im Osten und die Überlegenheit der USA ließen einen weiteren Zusammenschluss im westlichen Europa geraten erscheinen. Zu den Vordenkern der weiteren Integration wurden der Franzose Jean Monnet und der Belgier Paul-Henri Spaak. Sie traten für eine Koordinierung der Atomforschung und für die Abschaffung der Zollgrenzen zwischen den europäischen Ländern ein. Anders als auf dem umstrittenen

Feld der Verteidigung konnten die Europäer durch einen Zusammenschluss in den Bereichen von Wirtschaft und Forschung leichter die Vereinigung des alten Kontinents vorantreiben. Bereits auf einer Konferenz in Messina im Juni 1955 beschlossen die sechs Mitgliedstaaten der Montanunion (Frankreich, Bundesrepublik Deutschland, Italien, die Niederlande, Belgien, Luxemburg), einen vertraglichen Rahmen für die weitere wirtschaftliche Integration zu schaffen. Das Ergebnis stellten die nach zähen Verhandlungen zustande gekommenen Verträge über die Europäische Wirtschaftsgemeinschaft (EWG) und die Europäische Atomgemeinschaft (EURATOM) dar, die am 25. März 1957 in Rom unterzeichnet wurden. Ziele der EWG waren die Entstehung eines einheitlichen europäischen Binnenmarktes unter Wegfall aller Zollschranken und die wirtschaftspolitische Koordinierung der Mitgliedstaaten innerhalb von zwölf Jahren. Der steigende Wohlstand sollte zu größerer politischer Stabilität in Westeuropa führen. Artikel 2 des Vertrages formulierte den Daseinszweck der Gemeinschaft: Schaffung eines gemeinsamen Marktes, beständige und gleichmäßige wirtschaftliche Expansion, höhere Stabilität,

Am 25. März 1957 wurden die Römischen Verträge unterzeichnet.

beschleunigte Anhebung des Lebensstandards und enge Zusammenarbeit der Staaten in allen Bereichen. Schließlich wurde in den Römischen Verträgen bereits eine europäische Währungsunion angestrebt, die über die Vorstufe fester Wechselkurse erreicht werden sollte. Die EURATOM erhielt die Aufgabe, die Kräfte der sechs Staaten bei der Kernforschung und der friedlichen Nutzung der Kernenergie zu bündeln. Dies entsprach damals den Interessen Frankreichs, das gerade ein ehrgeiziges Nuklearprogramm vorbereitete.

Als geschäftsführendes Organ der Europäischen Gemeinschaften wurde die EWG-Kommission in Brüssel errichtet, die über die Erfüllung der Verträge wachen und weitere Integrationsschritte vorbereiten sollte. Ihr erster Präsident wurde Walter Hallstein, zuletzt Staatssekretär des Auswärtigen Amtes in Bonn. Er sicherte der Kommission weit gehende supranationale Zuständigkeiten in den Bereichen der Landwirtschaftspolitik, des Wettbewerbsrechtes und des Außenhandels. Entscheidungsorgan innerhalb der EWG blieb der Ministerrat, der sich aus den zuständigen Ressortchefs der Mitgliedsländer zusammensetzte. Daneben wurde ein Europäischer Gerichtshof in Luxemburg geschaffen sowie ein Europäisches Parlament mit Sitz in Brüssel, das aus delegierten Vertretern nationaler Parlamente bestand und als Beratungsgremium fungieren sollte.

Eines der wichtigsten Probleme in den Anfangsjahren der EWG stellte das Verhältnis zu Großbritannien dar, das wegen seiner engen Bindungen an das Commonwealth und die USA 1957 jede Form der europäischen Integration ablehnte. London verfolgte einen eigenen Ansatz mit der Gründung der EFTA im Jahre 1960 (▶ 9.8). Die Versuche der britischen Regierung, in den Sechzigerjahren zu einer engeren Anbindung an die EWG zu gelangen, scheiterten am Einspruch des französischen Staatspräsidenten Charles de Gaulle. Mit Wirkung vom 1. Juli 1967 wurden die Montanunion von 1951, die Wirtschaftsgemeinschaft von 1957 und die EURATOM zu den Europäischen Gemeinschaften (EG) verschmolzen. Mit der Erweiterung ihrer Zuständigkeiten nahm sie zum 1. November 1993 die Bezeichnung Europäische Union (EU) an.

9.5 Rapacki-Plan

Die seit 1956 in Polen regierenden Nationalkommunisten um Władysław Gomułka wollten auch in der Außenpolitik die Initiative ergreifen. Um die hohen Rüstungsausgaben zu begrenzen, sollte es in Mitteleuropa zu einer »konstruktiven Koexistenz« der Systeme und zur weit gehenden Abrüstung der Waffenarsenale kommen. In einer Rede vor der UNO in New York am 2. Oktober 1957 erläuterte der polnische Außenminister Adam Rapacki die Vorstellungen seiner Regierung. Nach dem am 14. Februar 1958 vorgelegten revidierten Plan sollte als Auftakt für weitere Abrüstungsschritte eine atomwaffenfreie Zone in Mitteleuropa geschaffen werden, der aufseiten der NATO die Bundesrepublik, aufseiten des Warschauer Paktes Polen, die DDR und die Tschechoslowakei angehören sollten. Später hätten noch weitere Länder in West- und Osteuropa beitreten können. Der Plan Rapackis sah mehrere Etappen vor, um zum Ziel allgemeiner Abrüstung in Europa zu gelangen: Einfrieren der atomaren Rüstung, Abzug aller bereits stationierten Atomwaffen, Abbau der konventionellen Waffenarsenale. Die Herstellung und Lagerung von atomaren Sprengkörpern und für diese geeigneten Transportvorrichtungen sollten geächtet werden.

Der Vorschlag aus Warschau stieß im Westen auf Misstrauen, in Moskau löste er die Befürchtung weiterer polnischer Alleingänge aus. Besonders die Bundesregierung in Bonn reagierte skeptisch, schienen die polnischen Vorschläge doch vor allem gegen die geplante Ausrüstung der Bundeswehr mit Nuklearwaffen gerichtet. Dennoch verstärkte die Warschauer Diplomatie ihre Bemühungen, indem sie Vorschläge für die wechselseitige Kontrolle der Abrüstungsschritte entwickelte. Dieses erste Konzept für eine Entspannungspolitik und für die friedliche Koexistenz der Systeme in Europa scheiterte nicht zuletzt an der verschärften Gangart des Kreml während der Berlinkrise im November 1958 (▶ 9.10). Aufgrund außenpolitischer und technologischer Erfolge scheute die Sowjetunion vor Zugeständnissen an den Westen und an den eigenen polnischen Verbündeten zurück. Erst in den Sechzigerjahren verbesserte sich das Klima für ernsthafte

Abrüstungsschritte (▶ 9.22). Bei den Verhandlungen der Supermächte über eine effiziente Rüstungskontrolle wurde wiederholt auf die früheren Vorschläge aus Warschau zurückgegriffen.

9.6 Nationalbewegungen in Nordafrika

Nach dem Ersten Weltkrieg hatte es unter den Eliten der Länder Nordafrikas Nationalbewegungen gegeben, die für das Selbstbestimmungsrecht ihrer Völker gegen die Kolonialmächte und teils auch für die kulturelle Emanzipation von Europa eintraten.

Tunesien

Im französischen Protektorat Tunesien war 1920/22 die *Destour*-Bewegung entstanden (arab. *Dustur* = Verfassung). Von dieser eher religiös-islamisch und traditionalistisch bestimmten Strömung spaltete sich 1934 die *Neo-Destour*-Partei unter Habib Bourguiba ab, die für einen unabhängigen und säkularen tunesischen Nationalstaat eintrat. Bourguiba, der von der französischen Kolonialmacht wiederholt inhaftiert wurde, profilierte sich immer mehr als Anführer des Unabhängigkeitskampfes, der ab 1952 auch mit Gewalt ausgefochten wurde. Angesichts der beginnenden Unruhen in Algerien sah sich die französische Regierung unter Pierre Mendès-France 1955 veranlasst, Tunesien die Unabhängigkeit zuzugestehen. Bourguiba trat für mehrere Jahrzehnte an die Spitze des jungen Staates, dem er eine westliche und moderne Prägung verlieh. Er sah sich selbst als Vorkämpfer einer »arabischen Moderne«.

Marokko

Seit dem Ende des Zweiten Weltkrieges hatte auch in Marokko eine Unabhängigkeitsbewegung großen Zulauf. Sie wandte sich gegen die beiden Kolonialmächte Frankreich und Spanien, von denen das Land aufgeteilt worden war. Im Zentrum der Bewegung stand die Nationalpartei, die am 11. Januar 1944 ein Unabhängigkeitsmanifest erlassen hatte und sich seither *Istiklal*-Partei (arab. *Istiqlal* = Unabhängigkeit) nannte. Der marokkanische König Mohammed V. sympathisierte offen mit der *Istiklal*-Partei und wurde daher 1953 mit seiner Familie von den französischen Kolonialherren zunächst nach Korsika, dann nach Madagaskar deportiert. Angesichts zunehmenden Widerstandes erklärten Frankreich und Spanien ihre Bereitschaft zum Rückzug. Am 16. November 1955 kehrte der König in sein Land zurück, ein Jahr später erhielt Marokko die völkerrechtlich anerkannte Souveränität.

Algerien

Die Vorgänge in den Nachbarländern und auch die ägyptische Revolution von 1952 (▶ 9.3) gaben der algerischen Befreiungsbewegung einen starken Aufschwung. Bereits 1937 war von nordafrikanischen Arbeitern und Studenten in Frankreich die »algerische Volkspartei« gegründet worden, die sich die Emanzipation der unterdrückten Arabisch sprechenden Massen auf die Fahnen geschrieben hatte. Nach der blutigen Niederschlagung eines von der »Volkspartei« organisierten Aufstandes in Sétif 1945 entstand zudem die von Ferhat Abbas geleitete »Union des algerischen Manifests«, die für eine völlige Gleichberechtigung der arabisch-islamischen Bevölkerung innerhalb des französischen Staatsverbandes eintrat.

Eine algerische Familie auf der Flucht vor den Kämpfen zwischen französischer Armee und FLN.

Der Weg zur Selbstbestimmung gestaltete sich für die Algerier besonders schwierig, weil das Land nach der 1946 in Kraft getretenen Verfassung der französischen IV. Republik als Teil Frankreichs galt. Nach dem Beginn der kolonialen Eroberung 1830 hatte es als einziges Gebiet im französischen Kolonialreich europäische Siedler in größerer Zahl angezogen. Deren Nachkommen besaßen in den Fünfzigerjahren die besten landwirtschaftlichen Nutzflächen Algeriens, in den Städten hatten sie alle führenden Positionen in Verwaltung, Wirtschaft und Bildungswesen inne. Einer Million privilegierter Siedler standen neun Millionen Muslime gegenüber, die vom politischen Einfluss und von der Teilhabe am Wohlstand ihres Landes ausgeschlossen blieben.

Der Algerienkrieg

Unter Führung der islamisch-algerischen Befreiungsfront FLN *(Front de Libération nationale)* begann im November 1954 ein Aufstand gegen die Kolonialherrschaft, der sich zum offenen Krieg ausweitete und den beide Seiten mit großer Brutalität führten. Nach der Unabhängigkeit Marokkos und Tunesiens wurde der algerischen Befreiungsbewegung die Unterstützung dieser Länder zuteil. Sie kontrollierte den ländlichen Raum und konnte den französischen Streitkräften und deren algerischen Verbündeten *(Harkis)* erhebliche Verluste zufügen.

Der Kampf gipfelte 1957 in der »Schlacht um Algier«, in der General Jacques Massu der FLN schwere Schläge versetzte, sie jedoch nicht besiegen konnte. Der Algerienkrieg führte zum Zusammenbruch des politischen Systems in Frankreich, an dessen Stelle 1958 die V. Republik unter Charles de Gaulle als Staatspräsident trat. De Gaulle kam unter dem Eindruck der fortschreitenden Entkolonisierung Afrikas (▶ 9.19) zu dem Schluss, dass der Algerienkrieg beendet werden und sich Frankreich von seinem Restbesitz in Nordafrika trennen musste. Er setzte diese Auffassung gegen heftigen Widerstand in Teilen des Militärs und unter den Siedlern durch. Verhandlungen mit dem politischen Arm der FLN führten im März 1962 zum Abkommen von Evian-les-Bains, mit dem Frankreich die Souveränität Algeriens anerkannte und die ehemalige Kolonie bald darauf in die Unabhängigkeit entließ.

Dies führte zur Massenflucht der europäischstämmigen Bevölkerung. Französische Siedler, die erbittert gegen den Abzug aus Algerien kämpften, sammelten sich in der Terrororganisation OAS. Sie verübte schwere Anschläge im Mutterland und trachtete Präsident de Gaulle nach dem Leben. Ähnlich wie Ägypten steuerte Algerien nach der Unabhängigkeit 1962 einen sozialistischen Kurs unter offener Anlehnung an die Sowjetunion und die Staaten des Ostblocks.

9.7 Kongokrise

Die internationale Kongokrise seit 1960 ist ein Beleg für die gescheiterte Entkolonisierung in Afrika. Der Kongo wurde zu einem Schlachtfeld des Kalten Krieges, und die wirtschaftlichen Interessen des Westens standen einer wirklichen Befreiung von kolonialen Abhängigkeiten im Weg.

Belgisch-Kongo war am Ende des 19. Jahrhunderts aufgrund persönlicher Ambitionen des belgischen Königs Leopold II. entstanden (▶ 4.6). Das riesige Gebiet war nur dünn besiedelt, seine Bevölkerung wies keinerlei ethnischen Zusammenhalt auf. Es wurde von den Kolonialherren paternalistisch regiert, die jede Formierung einer einheimischen Elite unterbanden. Faktisch kontrollierten internationale Konzerne den Kongo, die dessen reichhaltige Rohstoffvorkommen ausbeuteten. Nachdem es 1959 in der Hauptstadt Léopoldville (Kinshasa) zu Unruhen gekommen war, fürchteten die belgischen Kolonialherren ein ähnliches Szenario wie in Algerien (▶ 9.6) und entließen die Kolonie zum 30. Juni 1960 überstürzt in die Unabhängigkeit. (Das kleinere Gebiet nördlich der Kongomündung war 1885 als französische Kolonie bestätigt worden und wurde am 15. August 1960 als Kongo [Brazzaville] unabhängige Republik.)

Im ehemaligen Belgisch-Kongo setzte ein politischer Zerfallsprozess ein, der wegen des Reichtums an Bodenschätzen die beiden Supermächte auf den Plan rief, wobei die USA ihre Interessen weitgehend durchsetzen konnten. Die von der Bergwerksgesellschaft *Union Minière* beherrschte Provinz Katanga sagte sich bereits im Juli 1960 unter ihrem Gouverneur Moïse Tshombé von der Zentralregierung in Léopoldville los. Tshombé vertrat die Interessen Belgiens, das ihn mit Geld und Truppen unterstützte. Sein Gegenspieler in der Hauptstadt war der junge Ministerpräsident Patrice Lumumba, ein Anhänger panafrikanischer Ideen, der dem

Kapitel 9

UN-Generalsekretär Dag Hammarskjöld (Mitte) und Moïse Tshombé (links), der Gouverneur der abtrünnigen Provinz Katanga.

Kolonialismus einen kompromisslosen Kampf ansagte und der bereit war, die Hilfe der Sowjetunion anzunehmen, um die Einheit seines Landes zu erhalten. Eine wichtige Rolle spielte auch General Joseph Désiré Mobutu (seit 1972: Mobutu Sese-Seko), der an die Spitze der kongolesischen Armee trat und sich der Unterstützung der Amerikaner erfreute.

Nach einer Äußerung des US-Botschafters in Léopoldville kam es darauf an, den »sowjetischen Bär vom kongolesischen Kaviar« fern zu halten. Auf Betreiben der USA intervenierten daher Truppen der Vereinten Nationen, um eine weitere Destabilisierung zu verhindern. Der schwedische UN-Generalsekretär Dag Hammarskjöld engagierte sich nachdrücklich für eine Lösung der Krise, kam jedoch bei einem – bis heute ungeklärten – Flugzeugabsturz im Kongo ums Leben. Im September 1960 erzwangen Belgien und die USA den Rücktritt des als prosowjetisch eingestuften Lumumba vom Amt des Regierungschefs. Da dieser sich jedoch eines großen Rückhaltes in der Bevölkerung erfreute, kam es zu einem Aufstand im ganzen Land. Lumumbas Anhänger kontrollierten um die Jahreswende 1960/61 den größten Teil des nach der Sezession Katangas verbleibenden Staatsgebietes. Doch Armeechef Mobutu ließ den früheren Regierungschef gefangen nehmen. Anfang 1961 wurde Lumumba ermordet.

Nach dem Tod Lumumbas setzten die USA auf Armeechef Mobutu, der zum starken Mann des Kongo aufstieg. Die Abspaltung der Provinzen im Süden konnte nach heftigen Kämpfen in einem mehrjährigen Bürgerkrieg beendet werden, der zahllose Opfer forderte. Mit Rückendeckung Washingtons putschte sich Mobutu im November 1965 an die Macht. Vorübergehend gelang ihm die Stabilisierung des erschütterten Landes, dem er den afrikanischen Namen Zaïre gab. Mit der Zeit erwies sich Mobutu indes als gewalttätiger Despot, der bis zu seinem Sturz 1997 ein Vermögen von 20 Milliarden US-Dollar anhäufte, während das Land im Chaos versank.

Über die Verantwortung des belgischen Staates für Sturz und Ermordung Lumumbas informierte erstmals 1999 ein Buch des Journalisten Ludo de Witte, das zur Einsetzung eines Untersuchungsausschusses im belgischen Parlament führte.

9.8 Europäische Freihandelszone (EFTA)

Großbritannien stand der mit den Römischen Verträgen von 1957 (▶ 9.4) verstärkten europäischen Integration schon wegen seiner engen Bindungen an das Commonwealth und an die USA skeptisch gegenüber. Es wünschte zwar möglichst weit gehenden Freihandel in Europa, lehnte jedoch das Wirken einer supranationalen Behörde wie der Brüsseler EWG-Kommission ab, weil es zu Einbußen an Souveränität bei den Mitgliedstaaten führte. Nachdem Verhandlungen mit den EWG-Ländern über die Abschaffung der Binnenzölle und der Mengenbeschränkungen im Handel gescheitert waren, rief London die europäische Freihandelszone EFTA *(European Free Trade Association)* ins Leben, in der sich die Europavorstellungen der britischen Politik verkörperten. Ihre Gründungsmitglieder, die am 4. Januar 1960 in Stockholm den EFTA-Vertrag unterzeichneten, waren neben Großbritannien Schweden, Dänemark, Norwegen, Portugal, Österreich und die Schweiz. Später traten noch Island (1970), Finnland (1985) und Liechtenstein (1991) bei. Das Abkommen sah keine weiter gehende wirtschaftliche oder politische Integration der Mitglieder vor, es verzichtete auf die Errichtung supranationaler Institutionen und hatte nur eine begrenzte Zielsetzung. Mit der Abschaffung aller Zölle auf Industrieerzeugnisse, die bis 1969 zum Abschluss gebracht wurde, erreichte die EFTA ihren wesentlichen Gründungszweck. Da keine Wirtschaftsgemeinschaft angestrebt wurde, blieben die Mitgliedsländer anders als in der EWG in den Fragen der Handelspolitik souverän. In der EFTA fehlt somit die Dynamik der Europäischen Gemeinschaften, die auf ein – vage umrissenes – Integrationsziel hin angelegt sind. Anders als die EWG betrieb die EFTA auch keine gemeinsame Agrarpolitik, landwirtschaftliche Produkte waren von Anfang an von der Übereinkunft ausgenommen worden.

Wegen zunehmender handelspolitischer Verflechtungen mit Kontinentaleuropa stellte die Regierung in London dann doch einen Antrag auf Mitgliedschaft in den Europäischen Gemeinschaften, der aber ab 1963 vom französischen Staatspräsidenten de Gaulle blockiert wurde. Erst dessen Rücktritt 1969 machte den Weg für den Beitritt der Briten, Iren und Dänen zur EWG frei, der mit dem 1. Januar 1973 wirksam wurde. Norwegen entschied sich in einer Volksabstimmung gegen die Europäische Gemeinschaft. Mit den verbleibenden EFTA-Ländern schloss Brüssel im Laufe des Jahres 1972 Handelsabkommen, die eine einheitliche westeuropäische Freihandelszone zum Ziel hatten. Das zukunftsoffene Integrationsmodell der Römischen Verträge schien sich gegen das der liberalen Freihandelsideologie des 19. Jahrhunderts verpflichtete EFTA-Konzept durchzusetzen. Dennoch besteht die Assoziation noch heute. Die verbleibenden Mitgliedstaaten sind Island, Liechtenstein, Norwegen und die Schweiz, die bisher den Weg in die EU nicht gefunden haben. Alle EFTA-Länder mit Ausnahme der Schweiz bilden seit dem 1. Januar 1993 mit den Staaten der EU den Europäischen Wirtschaftsraum (EWR).

9.9 Wirtschaftsboom in Japan

Anders als das ebenfalls besiegte und besetzte Deutschland war Japan nach seiner vollständigen militärischen Niederlage 1945 lediglich der Kontrolle einer einzigen Besatzungsmacht unterworfen. Die USA stellten allein die Weichen für die Nachkriegsentwicklung des Inselreiches, wobei sie spätestens seit den Anfängen des Kalten Krieges 1947 in Japan einen aus strategischen Gründen unverzichtbaren Stützpunkt gegen die Sowjetunion und das seit dem Sieg Mao Zedongs im Bürgerkrieg gleichfalls kommunistische China sahen. Als Symbol der Kontinuität blieb Kaiser Hirohito über die japanische Kapitulation hinweg auf dem Thron. Anders als führenden Vertretern der politischen und militärischen Elite, die bei den Tokioter Kriegsverbrecherprozessen 1946 bis 1948 für ihre Verantwortung in den Angriffskriegen Japans zur Rechenschaft gezogen wurden, blieb dem Tenno eine Anklage und Verurteilung erspart. Umso konsequenter betrieben die Amerikaner die Demilitarisierung Japans, dem erst 1954 wieder eine kleine »Selbstverteidigungsarmee« zugestanden wurde. Alle nationalistischen Organisationen wurden aufgelöst.

Auf dem wirtschaftlichen Sektor scheiterte die von der Besatzungsmacht geplante Umgestaltung dagegen weitgehend. Die *Zaibatsu* genannten Riesenkonzerne der Vorkriegszeit, denen ein wesentlicher Anteil an der aggressiven Kriegs- und Eroberungspolitik Japans zugeschrieben wurde (Mitsubishi, Sumitomo, Yasuda, Fuji), sollten aufgelöst werden. Da die USA mit dem Beginn des Kalten Krieges andere Prioritäten setzten, blieben die Großkonzerne zumeist bestehen und bildeten das Rückgrat der bald wieder aufblühenden japanischen Industrie. Wirkungsvoller waren die von den Amerikanern initiierten Reformen in der Landwirtschaft. Hier kam es zu einer umfangreichen Umverteilung von Grund und Boden. An die Stelle des bis 1945 üblichen Großgrundbesitzes traten kleine landwirtschaftliche Familienbetriebe mit bescheidenen Hofgrößen, die oft nur einen Hektar Landes intensiv bewirtschafteten. Die freigesetzten ehemaligen Landarbeiter wanderten zahlreich in die Städte ab, wo sie der expandierenden Industrie als billige Arbeitskräfte zur Verfügung standen. Zudem entstand in den Nachkriegsjahren ein nach US-Vorbild umgestaltetes Ausbildungssystem, das aber an einem traditionellen japanischen Grundsatz festhielt: Leistung durch unerbittlichen Wettbewerb. Die Prüfungsbelastung der Schüler

Kapitel 9

Der Schnellzug »Shinkansen«, ein Vorzeigeprojekt japanischer Technologie.

und Studenten in Japan war ungeheuer hoch, und sie ist es noch heute. So stellte das Bildungssystem den aufstrebenden Unternehmen Massen gut ausgebildeter und belastbarer Mitarbeiter zur Verfügung, die durch eine lebenslange Zugehörigkeit zum Betrieb dem Arbeitgeber gegenüber eine besondere Loyalität und Einsatzfreude entwickelten.

1961 bis 1967: Verdoppelung des Volkseinkommens
Den größten wirtschaftlichen Fortschritt verbuchte Japan in der Dekade zwischen 1961 und 1970, für die sich die Regierung eine Verdoppelung des Volkseinkommens zum Ziel gesetzt hatte. Dieses Ziel ist bereits 1967 erreicht worden. Unter dem amerikanischen Atomschirm außenpolitisch abgesichert, konzentrierten sich die Japaner ganz auf die Entwicklung der Wirtschaft. Hinter hohen protektionistischen Mauern aus Zöllen und Abgaben erlangte erst die Leichtindustrie (Textil, optische Geräte), dann auch die Schwerindustrie (Stahl, Schiffbau) internationale Konkurrenzfähigkeit. Seit 1965 konnte Japans Schwerindustrie mühelos mit den westeuropäischen Konkurrenten Bundesrepublik Deutschland und Großbritannien mithalten. Um 1970 erfolgte dann endgültig der Durchbruch an die Weltspitze. Besonders auf dem Markt für elektronische Geräte konnte das Land dank hoher Stückzahlen, niedriger Lohnkosten und guter Produktqualität Erfolge ernten.

Auch in technologischer Hinsicht arbeitete sich Japan, das anfangs auf ausländisches Know-how angewiesen blieb, mit eigenständigen Konzepten zur Spitze vor. Als erstes glänzendes Symbol für die Leistungsbereitschaft japanischer Industrieforschung wurde 1964 der Hochgeschwindigkeitszug *Shinkansen* gefeiert, der anlässlich der Olympischen Spiele die Städte Tokio und Osaka miteinander verband. Die Basis für die gewaltigen Investitionen der Industrie in Forschung und Entwicklung bildeten die seit Kriegsende angehäuften Sparguthaben der Japaner, die es den Banken ermöglichten, der Wirtschaft das benötigte Kapital zu günstigsten Konditionen anzubieten.

Die ökonomische Aufwärtsentwicklung sollte bis 1985/87 andauern. Erst dann führten die immensen Kurssteigerungen des Yen gegenüber dem US-Dollar zu einer Verteuerung der japanischen Exportgüter. Mit der verheerenden Bankenkrise brach zudem eine wesentliche Stütze des bis dahin so robusten Wachstums weg.

9.10 Berlinkrise und Mauerbau

Nach dem Aufstand in Ungarn 1956 (▶ 9.1) suchte die Sowjetunion ihren Machtbereich in Mitteleuropa zu konsolidieren. Als das schwächste Glied in der Kette ihrer Satellitenstaaten erwies sich dabei zunehmend die DDR.

Im Zeichen der Militärblöcke

Das kommunistische Regime in Ost-Berlin wurde durch eine anschwellende Fluchtbewegung unter der Bevölkerung erschüttert. Allein in den Jahren 1956 und 1957 kehrte mehr als eine halbe Million Menschen dem SED-Staat den Rücken, verlockt von den wirtschaftlichen Erfolgen in der Bundesrepublik und abgestoßen vom Ausmaß staatlicher Gängelung in ihrer Heimat. Die Abwanderung nach Westen gefährdete den 1952 von der SED proklamierten »planmäßigen Aufbau des Sozialismus« in der DDR. International war Ost-Berlin durch den deutschlandpolitischen Alleinvertretungsanspruch der Bundesrepublik isoliert. Gemäß der 1955 formulierten Hallsteindoktrin unterhielt Bonn keine diplomatischen Beziehungen zu Staaten, die ihrerseits die DDR völkerrechtlich anerkannten, mit der einzigen Ausnahme der Sowjetunion. Dagegen suchte die Kremlführung die Existenz der DDR nach innen und außen abzusichern. Als Ansatzpunkt diente dafür in der Sicht des Partei- und Regierungschefs Chruschtschow die Berlinfrage. Als Insel der Freiheit, als Schaufenster westlicher Lebensformen und als Schlupfloch für Flüchtlinge mitten im eigenen Herrschaftsbereich war West-Berlin in den Augen der SED-Politiker immer mehr zum eigentlichen Problem und zum Haupthindernis bei der »Errichtung des Sozialismus« geworden.

Am 10. November 1958 ging Chruschtschow mit einer in Moskau gehaltenen Rede in die diplomatische Offensive und eröffnete eine lang andauernde Berlinkrise, die schließlich zum Bau der Mauer 1961 führte. Er stellte den Status quo in der ehemaligen Hauptstadt des Deutschen Reiches infrage, wie er sich nach der Blockade von 1948/49 ergeben hatte (▶ 8.17). Chruschtschow kündigte die Rechte der drei westlichen Siegermächte in Berlin auf, von denen auch der freie Zugang von der Bundesrepublik in die Vier-Sektoren-Stadt abhing. Der Westteil der Metropole sollte nach dem Abzug aller alliierten Truppen zu einer entmilitarisierten »Freien Stadt West-Berlin« werden, die keinerlei besondere Beziehungen zur Bundesrepublik mehr unterhalten sollte. Das Berlin-Ultimatum wurde mit einer Frist von sechs Monaten versehen. Nach deren Ablauf sollte die Kontrolle der alliierten Zufahrtswege in die Stadt an die Behörden der DDR übergehen. Im Januar 1959 veröffentlichte der Kreml zudem den Entwurf eines Friedensvertrages mit Deutschland, welches demnach aus drei eigenständigen politischen Einheiten bestehen sollte: Bundesrepublik, DDR und West-Berlin (»Dreistaatentheorie«).

Kennedys »Three Essentials« und der 13. August 1961

Im Verlauf einer mehrfach unterbrochenen Außenministerkonferenz in Genf im Sommer 1959, an der neben den Repräsentanten der Siegermächte auch Vertreter beider deutscher Staaten teilnahmen, konnte keine Lösung der Berlinkrise erzielt werden. Daher erneuerte die

Ein Bautrupp, bewacht von Grenzsoldaten, beim Errichten der Berliner Mauer im August 1961.

Sowjetunion immer wieder ihre Drohung, einen separaten Friedensvertrag mit der DDR abzuschließen. Als dessen Folge hätten die Westalliierten mit dem SED-Regime über den Zugang nach Berlin verhandeln müssen. Den stets wiederholten Forderungen Chruschtschows stellte der neue US-Präsident John F. Kennedy die *Three Essentials* entgegen: die amerikanische Anwesenheit in West-Berlin, das Recht auf Zugang dorthin durch die DDR und die Garantie für die zwei Millionen West-Berliner, ihre Zukunft und ihre Lebensform frei zu bestimmen.

Angesichts der fortwährenden Krise nahm die Massenflucht aus der DDR im Sommer 1961 immer dramatischere Ausmaße an. Im Juli kamen pro Tag mehr als 1000 Flüchtlinge aus dem Ostteil nach West-Berlin. Daher entschloss sich die DDR-Führung, mit Rückendeckung der Verbündeten, zur Abriegelung der Sektorengrenze zwischen den beiden Teilen der Stadt. In der Nacht zum 13. August 1961 begann, begleitet von einer gewaltigen Propagandaaktion der SED um die Errichtung eines »antifaschistischen Schutzwalles«, der Bau der Mauer quer durch Berlin, von der die Metropole über 28 Jahre lang brutal geteilt werden sollte. Gegen die hermetische Abschließung des Ostteils von den Westsektoren reagierten die westlichen Regierungen nur mit verbalen Protesten. Schließlich wurde weder ihre Präsenz in Berlin noch der freie Zugang in die Stadt, noch das Selbstbestimmungsrecht der West-Berliner beeinträchtigt. Der Osten hatte die *Three Essentials* respektiert. Auch die Grenze zur Bundesrepublik wurde gesichert und militärisch bewacht. Wer aus der DDR in den Westen fliehen wollte, musste nun damit rechnen, dabei sein Leben zu verlieren.

Der Mauerbau beendete die Massenflucht aus der DDR in die Bundesrepublik und führte so mittelfristig zu einer Stabilisierung des SED-Regimes und des sozialistischen Wirtschaftssystems in der DDR. In der Bundesrepublik kam es, nicht zuletzt wegen der lauen Reaktionen des Westens auf den Bau der Berliner Mauer, zu heftigen Diskussionen über den künftigen deutschlandpolitischen Kurs, die die Formulierung einer »neuen Ostpolitik« einleiteten (▶ 10.16). Die brutale Trennung Berlins wurde für die folgenden drei Jahrzehnte zum Sinnbild der Teilung Deutschlands und der Spaltung der Welt.

9.11 Die kubanische Revolution

Nach einem Staatsstreich im Jahre 1952 verschlechterten sich unter dem Diktator Fulgencio Batista y Zaldívar die Lebensbedingungen für die große Mehrheit der kubanischen Bevölkerung weiter. Von der unterentwickelten Wirtschaftsstruktur profitierte lediglich eine schmale Schicht von Grundbesitzern und Unternehmern. Darüber hinaus stand das Land unter dem starken Einfluss amerikanischer Konzerne und galt als billiges Urlaubsparadies für Touristen aus den USA.

Um den jungen Rechtsanwalt Fidel Castro Ruz sammelte sich eine sozialrevolutionäre Bewegung zum Sturz Batistas. Castro war nach einem gescheiterten Aufstandsversuch 1953 verhaftet worden, konnte jedoch nach Mexiko entkommen. Von dort aus bereitete er eine neue Erhebung auf Kuba vor. Im November 1956 kehrte er mit einer kleinen Schar von Anhängern auf die Insel zurück, um den Kampf gegen den Diktator aufzunehmen. Zahlreiche verarmte Landarbeiter schlossen sich der revolutionären Streitmacht Castros an. Zu dessen Gefährten der ersten Stunde gehörte auch der argentinische Arzt Ernesto »Che« Guevara Serna. Dieser stammte aus einer wohlhabenden bürgerlichen Familie, hatte sich jedoch der Sache der Revolution verschrieben. In Mexiko war er zu den Exilkubanern um Fidel Castro gestoßen.

Anders als der landfremde Argentinier Che Guevara wusste der charismatische Castro, der *Líder Máximo* (Oberster Führer), die kubanischen Massen für die Revolution zu gewinnen. Seine Guerilleros konnten sich der weit gehenden Unterstützung der Landbevölkerung sicher sein. Zudem gelang es dank einer geschickten Medienkampagne in den USA, die Einstellung der amerikanischen Hilfe für den Diktator Batista zu erwirken. Nach einer Reihe militärischer Erfolge zogen die Revolutionäre am 8. Januar 1959 siegreich in der Hauptstadt Havanna ein und beendeten den Bürgerkrieg. Castro wurde Regierungschef, Che Guevara Präsident der kubanischen Nationalbank

Im Zeichen der Militärblöcke

Fidel Castro und Nikita Chruschtschow am 6. Juni 1963 in Moskau

(1959–61), später Industrieminister (1961–65). Sogleich führte die sozialistische Regierung umfassende Enteignungen durch, die vor allem die auf Kuba vorherrschenden US-Konzerne betrafen. Die Folge war ein sich verschärfender Konflikt mit der Regierung in Washington, die bald eine harte Embargo- und Sanktionspolitik gegen Kuba einleitete. Seit 1903 besitzen die USA in Guantanamo Bay einen Militärstützpunkt auf Kuba (▶ 4.14).

Mächtiger Verbündeter in Moskau
Der US-Geheimdienst CIA suchte Castro zu beseitigen oder zu stürzen. Ein in den USA vorbereiteter Landungsversuch bewaffneter Exilkubaner an der Südküste der Insel, die »Invasion in der Schweinebucht«, scheiterte im April 1961 jedoch kläglich. Die erfolgreiche Selbstbehauptung stärkte das Prestige Castros, der nun in der Sowjetunion einen mächtigen Verbündeten fand. Fortan hatte der Kalte Krieg auch vor der südlichen Küste der Vereinigten Staaten einen seiner Schauplätze. Hier erreichte er seinen Höhepunkt in der Kubakrise von 1962 (▶ 9.12), mit der die Gefahr eines atomar geführten dritten Weltkrieges heraufbeschworen wurde. Kuba konnte sich dank sowjetischer Wirtschafts- und Militärhilfe gegen den Druck der USA behaupten. Es erhielt günstige sowjetische Kredite, Öllieferungen unter Weltmarktpreisen, eine Abnahmegarantie für kubanischen Zucker und viele weitere Handelsvergünstigungen. Erst das Ende des Kalten Krieges und der Zusammenbruch der UdSSR 1991 sollten die Fortdauer des sozialistischen Experimentes auf Kuba nachdrücklich infrage stellen, weil die Insel seitdem den harten Bedingungen des Weltmarktes ausgesetzt ist.

9.12 Die Kubakrise

Mit dem Mauerbau in Berlin 1961 hatte die Sowjetunion ihren Machtbereich in Mitteleuropa stabilisiert. Die Massenflucht aus der DDR war beendet und damit das weitere Ausbluten dieses Moskauer Verbündeten verhindert worden. Vor der Südküste der USA gewann Moskau mit dem Regime Fidel Castros einen neuen Alliierten in unmittelbarer Nachbarschaft des Rivalen. Nach der kubanischen Revolution 1959 waren zahlreiche US-amerikanische Kapitaleigner von den Verstaatlichungen der sozialistischen Regierung betroffen. Der US-Geheimdienst CIA hatte daraufhin ver-

Der kubanische Guerillakrieg

371

Kapitel 9

Kubakrise: Erbittertes Ringen zwischen Kennedy und Chruschtschow

schiedene Maßnahmen eingeleitet, um Castro auszuschalten. Im April 1961 scheiterte der von der CIA vorbereitete Landungsversuch bewaffneter Exilkubaner an der Südküste der Insel. Damit wurde das revolutionäre Regime in Havanna ungewollt gestärkt und in die Arme der Sowjetunion getrieben. Die Insel in der Karibik wurde zum sowjetischen Stützpunkt im Kalten Krieg. Angesichts der krassen sowjetischen Unterlegenheit bei den Interkontinentalraketen ließ der Kreml ab 1961 Raketenstellungen auf Kuba installieren, von denen aus die meisten Metropolen Nordamerikas ins Visier genommen werden konnten.

Am Abgrund eines atomaren Weltkrieges
Nachdem Washington im Herbst 1962 Klarheit über das Ausmaß der sowjetischen Rüstungen auf Kuba gewonnen hatte, entschloss sich Präsident Kennedy am 22. Oktober 1962 zu einem Ultimatum an Chruschtschow, mit dem er den Abbau der Stellungen und den Rücktransport der Raketen in die Sowjetunion forderte. Im Weißen Haus wurde die Bombardierung oder gar die Invasion Kubas erwogen. Damit schien der Ausbruch eines auf beiden Seiten mit gewaltigen atomaren Vernichtungspotenzialen geführten dritten Weltkrieges bevorzustehen. Angesichts der großen Gefahren für den Weltfrieden steuerte Kennedy jedoch einen maßvollen Kurs, indem er sich auf die Verhängung einer Seeblockade beschränkte, die den Druck auf Moskau verstärken sollte. Ein geglücktes Krisenmanagement Kennedys und Chruschtschows, die miteinander in einem geheimen Briefwechsel standen, verhinderte die Eskalation.

Am 28. Oktober 1962 ordnete Moskau den Abzug der Raketen aus Kuba an. Als Kennedy im Frühjahr 1963 im Gegenzug die US-Raketenstellungen in der Türkei, die gegen Südrussland gerichtet waren, demontieren ließ, erkannte die Weltöffentlichkeit, dass die Katastrophe eines atomaren Krieges durch eine Absprache der Supermächte abgewendet worden war. In Washington wie in Moskau sah man daraufhin die Notwendigkeit einer verbesserten Kommunikation ein, durch die die Entstehung ähnlicher Konfliktsituationen von vornherein vermieden werden sollte. Kennedy befürwortete als Lehre aus der Kubakrise gemeinsame Schritte zur Rüstungskontrolle und eine Einschränkung der Atomwaffenversuche als vertrauensbildende Maßnahme. So standen die Zeichen nach dem Höhepunkt des Kalten Krieges zunehmend auf Entspannung.

9.13 Chinesisch-sowjetischer Konflikt

Nach dem Sieg der Kommunisten unter Mao Zedong im Bürgerkrieg und der Proklamation der Volksrepublik China 1949 (▶ 8.15) lehnte sich die neue Pekinger Führung zunächst eng an die Sowjetunion an. Das Nachbarland galt als großes Vorbild für die Umgestaltung Chinas. Sowjetische Berater begannen in Peking eine entscheidende Rolle zu spielen. Die Prinzipien der Planwirtschaft Moskauer Prägung wurden mit dem ersten Fünfjahrplan (1953–57) auch in China eingeführt.

Zu einer ersten Distanzierung kam es allerdings in den Jahren 1956/57: Zum einen war die Führung der Kommunistischen Partei Chinas (KPCh) schockiert von der heftigen Kritik des sowjetischen Parteichefs Chruschtschow an der Person und der Herrschaftspraxis Stalins, wie sie nach dem XX. Parteitag der KPdSU auch in China publik wurde (▶ 8.34). Die Pekinger Genossen hielten dagegen an der ideologischen Verbindlichkeit stalinscher Dogmen fest und lehnten die Kritik Chruschtschows als unhaltbar ab. Zum anderen erfüllte das sowjetische Wirtschaftsmodell in keiner Weise die Erwartungen der Chinesen. Die Bevölkerung durfte während einer kurzen Phase der Liberalisierung, der »Hundert-Blu-

Im Zeichen der Militärblöcke

men-Kampagne« von 1957, Einwände gegen die Praxis des sozialistischen Systems sogar offen vorbringen. Mao Zedong entschloss sich daraufhin zu einer Kehrtwende. Er formulierte ein ehrgeiziges Ziel: In China sollte bereits das von Karl Marx prophezeite Ende aller Menschheitsentwicklung erreicht werden, das die Sowjetunion in eine ferne Zukunft verschoben hatte: der Kommunismus.

Chinas »Großer Sprung nach vorn« scheitert
Daher proklamierte Mao 1958 den »Großen Sprung nach vorn«, der China auf dem Weg zum Kommunismus entscheidend voranbringen sollte. Die KPCh setzte gemäß den maoistischen Maximen an der Basis der Gesellschaft an und initiierte die Gründung von Volkskommunen, in denen das Privateigentum bereits vollständig abgeschafft war und die an die Stelle der als historisch überholt angesehenen Familie als sozialer Grundbaustein treten sollten. Nach einigen Monaten waren 127 Millionen chinesische Bauernhaushalte in 26 600 Volkskommunen überführt. Dieser überhastete Übergang zum Kommunismus führte jedoch zu einem weit gehenden wirtschaftlichen Zusammenbruch des Riesenlandes, verbunden mit einer katastrophalen Hungersnot. Die Folge war auch ein ideologisch motivierter Bruch mit Moskau, der sich in den kommenden Jahren immer mehr vertiefte und der zu einer Spaltung der kommunistischen Weltbewegung in eine Moskauer und eine Pekinger Richtung führte. Mao beanspruchte für die KPCh und für sich die Führung aller kommunistischen Parteien.

Der Riss im kommunistischen Lager wurde noch tiefer, als Chruschtschow die Chinesen von der Entwicklung einer eigenen Atombombe abzuhalten versuchte. Mao sah dies als Versuch an, China zu demütigen. 1960 erkannte die Weltöffentlichkeit, wie tief beide Staaten mittlerweile verfeindet waren, als Moskau nach den Atomwaffenexperten alle Techniker und Berater aus dem Nachbarland abberief und so die dortige Wirtschaftskatastrophe verschlimmerte.

Die beiden kommunistischen Großmächte standen sich am Grenzfluss Ussuri gegenüber. Beide Seiten konzentrierten an der Grenze starke Truppenkontingente. Im März 1969 drohten Schießereien zwischen sowjetischen und chinesischen Soldaten am Ussuri in einen offenen Krieg zu münden, die Eskalation blieb jedoch aus.

9.14 Atomares Patt und Rüstungsdynamik

Nach dem Ende des Zweiten Weltkrieges hatte die Hoffnung bestanden, dass die Siegermächte USA und Sowjetunion gemeinsam an der Errichtung einer neuen, friedlichen Weltordnung arbeiten würden. Doch schon bald begann der Kalte Krieg und damit die Konfrontation der beiden Führungsmächte in West und Ost. Dabei befanden sich die Vereinigten Staaten zunächst in einer Position der Überlegenheit, weil sie als einzige Macht in der Welt über die Atombombe verfügten. Von Stützpunkten in Europa, Kleinasien und Japan aus konnten amerikanische Flugzeuge fast jeden Punkt in der Sowjetunion mit Atomwaffen erreichen. Diese amerikanische Übermacht bestand jedoch nicht lange: Ab 1949 verfügte auch die UdSSR über die Atombombe, ab 1953 auch über die Wasserstoffbombe. Damit begann sich das atomare Patt abzuzeichnen, das die Strukturen der Weltpolitik auf Jahrzehnte hinaus bestimmen sollte.

Allerdings konnten die beiden Supermächte das angestrebte Monopol bei den nuklearen Waffen nicht lange behaupten. Seit 1952 gehört auch Großbritannien, seit 1960 Frankreich und

Sowjetische Soldaten auf Wache am Grenzfluss Ussuri.

Kapitel 9

Marschflugkörper vom Typ »Air-launched cruise missile« (ALCM), der von Langstreckenbombern aus gestartet werden konnte.

ab 1964 die Volksrepublik China zu den Mächten, die über die furchtbarste aller Waffen verfügen. Die Überlegenheit der USA war endgültig dahin, als Moskau 1956 mit neu entwickelten Langstreckenbombern in der Lage war, die Metropolen an der West- und an der Ostküste Nordamerikas zu bedrohen.

1957 erlebte der Westen den »*Sputnik-Schock*«, und mit ihm verflog die Illusion von der technologischen Überlegenheit gegenüber dem Osten. Den sowjetischen Ingenieuren war es gelungen, mit der Weltraumsonde *Sputnik* einen künstlichen Trabanten in die Erdumlaufbahn zu befördern. Der geglückte Vorstoß ins All veränderte die militärstrategische Situation grundlegend. Mit ihren Raketen, die beim Transport des *Sputnik* ihre Leistungsfähigkeit bewiesen hatten, konnte die UdSSR den Gegner USA zu jeder Zeit an jedem beliebigen Ort treffen. Mit einer Reichweite von bis zu 16 000 Kilometern konnten die Interkontinentalraketen jede Stadt in Nordamerika in ein Inferno verwandeln. Damit war ein Patt entstanden, in dem jede Seite die andere vernichten konnte – jedoch nur um den Preis des eigenen Untergangs.

Während die Sowjetunion die Aufrüstung mit Interkontinentalraketen forcierte, sah sich Washington verpflichtet, politische Schlüsse aus der veränderten Weltlage zu ziehen. Man bekannte sich mit allen Konsequenzen zur Realität der wechselseitigen Vernichtung, der *Mutual Assured Destruction* (MAD), die paradoxerweise aus dem bedrohlichen atomaren Patt heraus zu Stabilität und Sicherheit führen konnte. Wenn es gegen den nuklearen Erstschlag der Gegenseite keine sichere Abwehr gab, so konnte Abschreckung und damit Kriegsverhinderung nur dank der Bereitstellung einer unzerstörbaren Zweitschlagskapazität erfolgen. Die Logik gegenseitiger Auslöschung sicherte für einige Jahrzehnte den Frieden in der Welt. Allerdings zeigte die dramatische Zuspitzung der Kubakrise 1962 (▶ 9.12), wie groß die Gefahr eines mit atomaren Waffen geführten Konfliktes zwischen den Supermächten trotz wechselseitig garantierter Zerstörung blieb. Daher lag es auch in der Konsequenz des MAD-Konzeptes, nach Chancen für die Rüstungskontrolle oder sogar für nukleare wie konventionelle Abrüstung zu suchen.

9.15 Paktsysteme der Welt

Im Ost-West-Gegensatz, der sich nach 1945 im global geführten Kalten Krieg entlud, spiegelten sich unvereinbare Auffassungen von staatlicher Ordnung und menschlichem Zusammenleben wider. Neben ideologischen Differenzen und den sich ausschließenden Lebensweisen führten freilich auch handfeste Machtkonflikte um Einfluss und Ressourcen zum Ausbruch und zur Verschärfung des Kalten Krieges. Dabei agierte die Sowjetunion aus einer Position der Schwäche: Sie war in der

Im Zeichen der Militärblöcke

Entwicklung ihrer Wirtschaftskraft unterlegen und befand sich in der atomaren Rüstung gegenüber den USA im Rückstand. Außerdem erschien ihr politisches und soziales Modell vielen Menschen in West wie Ost als unattraktiv, weshalb der Sozialismus Moskauer Prägung nur mit Mitteln des Zwanges und der Meinungslenkung in den Staaten Mittel- und Osteuropas, die seit 1945 im sowjetischen Machtbereich lagen, durchgesetzt werden konnte.

In der Wahrnehmung führender Außenpolitiker in den Vereinigten Staaten verfolgte die UdSSR einen aggressiven und expansiven Kurs, dem nur durch *Containment*, also einer Strategie der diplomatischen und wirtschaftlichen Eindämmung, begegnet werden konnte. Das Konzept des *Containment* stammte von dem Diplomaten George F. Kennan, der es in seinem »langen Telegramm« aus Moskau vom Februar 1946 formuliert und unter Pseudonym in der Zeitschrift *Foreign Affairs* im Sommer 1947 begründet hatte. Kennan beschrieb die UdSSR als einen von totalitärer Ideologie und paranoiden Ängsten zu grenzenloser Expansion angetriebenen Staat. Um diesen Expansionsdrang einzudämmen, müsse der Westen den Sowjets überall in der Welt entschlossen entgegentreten. Kennan behauptete, dass politischer Druck und die Demonstration von Stärke ausreichen würden, um den Erfolg des *Containment* zu gewährleisten, ohne dass es zum Krieg kommen müsse. Die USA sollten mit einem globalen Bündnissystem versuchen, gemeinsam mit ihren Partnern zu einer aktiven Eindämmung des Gegners zu gelangen. Die Vision der einen Welt, in der politische Freiheit und wirtschaftlicher Wohlstand herrschten, sollte durch die Weltführerschaft der USA erreicht werden.

NATO

Die Eindämmungsstrategie fand ihren Ausdruck in einem System sich ergänzender Bündnisse, durch die die Sowjetunion an weiterer Expansion gehindert werden sollte. Von Europa nahm der Kalte Krieg seinen Ausgang, hier fand das Paktsystem seine früheste Ausprägung. 1949 war in Washington der Nordatlantikpakt (NATO) gegründet worden, der ein gemeinsames Verteidigungsbündnis der USA und Kanadas mit den europäischen Staaten

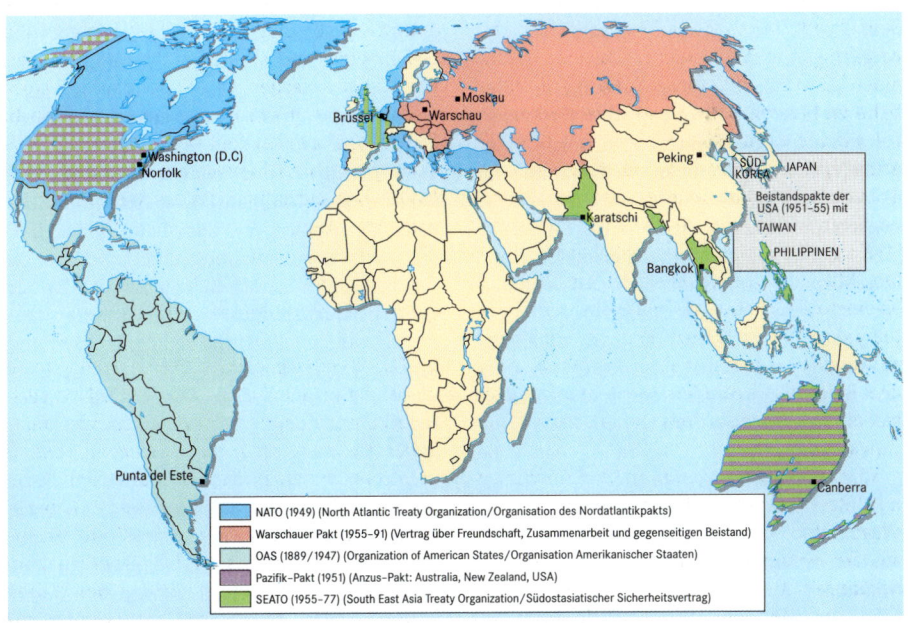

Paktsysteme der Welt 1945 bis 1965

Großbritannien, Frankreich, Niederlande, Belgien, Luxemburg, Dänemark, Island, Italien, Norwegen und Portugal darstellte (▶ 8.21). 1952 wurde die NATO durch den Beitritt Griechenlands und der Türkei um eine strategisch bedeutsame Südostflanke erweitert.

RGW und Warschauer Pakt
Parallel schlossen sich im Osten die unter dem Einfluss Moskaus stehenden Staaten im Januar 1949 zunächst zum Rat für gegenseitige Wirtschaftshilfe (RGW) zusammen, dem neben der UdSSR auch Rumänien, Bulgarien, Ungarn, Polen und die Tschechoslowakei angehörten. Bis 1950 traten Albanien und die DDR dem RGW bei, der die sozialistische Planwirtschaft in den Mitgliedsländern koordinieren sollte (▶ 8.20). Damit zeichneten sich die Konturen des bipolaren Paktsystems in Europa bereits im Jahre 1949 ab. Als Reaktion auf die Integration der Bundesrepublik Deutschland in die westlichen Bündnisstrukturen 1952/55 entstand als Parallelorganisation zur NATO der Warschauer Pakt, dem die europäischen Alliierten Moskaus beitraten (▶ 8.33). Unter dem globalen Vorzeichen des Kalten Krieges griff die Paktbildung von Europa aus auch auf die anderen Weltteile über.

ANZUS
Nach dem Sieg der Kommunisten in China 1949 dachten die Außenpolitiker im Weißen Haus an einen Pakt für den pazifischen Raum, der ein weiteres Ausgreifen des Kommunismus in Asien verhindern sollte. Diese Überlegungen konkretisierten sich angesichts der Konflikte in Korea und Indochina, in denen die US-Diplomatie den Kommunismus auf dem Vormarsch sah. So wurde am 1. September 1951 in San Francisco der ANZUS-Pakt (*Australia, New Zealand, United States*) geschlossen, der unter dem Eindruck heftiger Kämpfe in Korea die drei Staaten in einem pazifischen Bündnis vereinigte und dem sich weitere Staaten der Region anschließen konnten.

CENTO
Nach dem Vorbild von ANZUS initiierte die Diplomatie Washingtons auch den Bagdadpakt, um ein befürchtetes Vordringen der Sowjets im Mittleren Osten abzuwehren. Dem am 24. Februar 1955 in Bagdad geschlossenen Bündnis gehörten zunächst nur die Türkei und der Irak an, bald traten aber auch Großbritannien, Pakistan und der Iran bei. Andere Staaten des Mittleren Ostens wie Syrien, Libanon oder Jordanien wurden von den USA gleichfalls zum Beitritt gedrängt, verweigerten sich jedoch den Avancen. Nach der Revolution in Bagdad und dem Sturz der Monarchie 1958 schied der Irak aus dem Bündnis aus, dessen Name daraufhin in CENTO *(Central Treaty Organization)* geändert wurde. Pakistan ging 1965 auf Distanz, da die CENTO-Partner dem Land Unterstützung in dessen Krieg gegen Indien verweigert hatten. Aufgelöst wurde der Pakt erst 1979, nachdem der Iran infolge der Islamischen Revolution formell ausgetreten war.

SEATO
In Südostasien wurde 1954 die SEATO *(South East Asian Treaty Organization)* geschaffen. Ihr gehörten Australien, Frankreich, Großbritannien, Neuseeland, Pakistan, die Philippinen, Thailand und die USA an. Die Gründung der SEATO erfolgte in Reaktion auf den französischen Rückzug aus Indochina, um eine weitere Ausbreitung des Kommunismus in dieser Weltregion abzuwehren. Nach dem Vorbild der NATO erhielt die SEATO ein ständiges Sekretariat und ein gemeinsames militärisches Kommando mit Sitz in Bangkok. Die Organisation diente nach 1963 nicht zuletzt als Legitimationsbasis für die US-Intervention in Vietnam. Allerdings bestritten mit Frankreich und Pakistan zwei Mitgliedsländer der SEATO das Recht der Amerikaner zum bewaffneten Eingreifen in den vietnamesischen Konflikt. Da sich der Pakt nur noch in begrenztem Maß für die Politik Washingtons in Indochina instrumentalisieren ließ, wurde er 1973 faktisch und 1977 auch offiziell aufgelöst.

9.16 Indira Gandhi

Indira Gandhi war die erste Frau, die nach freien Wahlen Regierungschefin eines demokratischen Landes wurde. Sie kam am 19. November 1917 als Tochter von Jawaharlal Nehru zur Welt, der neben Mahatma Gandhi zu den Anführern der indischen Unabhängigkeitsbewegung zählte. Wegen seiner Forderung nach nationaler Selbstbestimmung war Nehru in Konflikt mit der britischen Kolonialmacht geraten und wiederholt inhaftiert worden. Nach Aufenthalten in der Schweiz und in Oxford wurde die junge Indira Gandhi immer mehr zur rechten Hand ihres Vaters, der Vorsitzender der indischen Kongresspartei war. 1942 heiratete sie den Rechtsanwalt Feroze Gandhi; 1942/43 wurde das Ehepaar von den Briten in Haft gehalten. Mit der Unabhängigkeit Indiens 1947 wurde Nehru Premierminister. Seine Tochter unterstützte ihn, seit 1959 als Präsidentin der regierenden Kongresspartei. Nach dem Tod Nehrus 1964 wechselte sie ins Kabinett und wurde Informationsministerin. Nach dem Tod Premierminister Lal Bahadur Shastris 1966 entbrannte innerhalb der Kongresspartei ein heftiger Kampf um die Nachfolge, schließlich wurde Indira Gandhi Regierungschefin. Sie galt als Kompromiss- und Übergangslösung. Allerdings gelang es ihr mit Geschick und Zähigkeit, sich im Amt zu behaupten und die indische Politik für fast zwei Jahrzehnte zu prägen. Mehrmals führte Gandhi die Kongresspartei zu Wahlerfolgen in der größten Demokratie der Erde. 1971 gelang ihr ein beeindruckender Wahlerfolg. Im selben Jahr setzte sie im indisch-pakistanischen Krieg die Unabhängigkeit Ostpakistans (seitdem Bangladesh) durch. Gandhi hatte den Gipfel ihrer Popularität erreicht.

Dann zeigten freilich die wirtschaftlichen Indikatoren für einige Jahre nach unten, und die Kritik an ihrer autoritären Amtsführung nahm zu. Als das Oberste Gericht 1975 Gandhi für schuldig befand, 1971 Beamte für Wahlkampfzwecke gesetzwidrig eingesetzt zu haben und die Opposition daraufhin ihren Rücktritt forderte, verhängte sie den Ausnahmezustand: Grundrechte wurden außer Kraft gesetzt und politische Gegner verhaftet. Für zusätzlichen Missmut sorgte ihre Neigung zum Nepotismus: Ihre beiden Söhne Sanjay, der 1980 bei einem Flugzeugunglück ums Leben kam, und Rajiv baute sie als ihre Nachfolger auf. Die Quittung für das selbstherrliche Regiment erhielten die Gandhis bei den Wahlen 1977, die für die Kongresspartei zum Fiasko wurden. Indira Gandhi wurde Oppositionsführerin.

Die Neuwahlen 1980 gewann die Kongresspartei haushoch. Zum Hauptproblem in der letzten Amtszeit der Premierministerin Indira Gandhi entwickelte sich immer mehr der Separatismus der Sikh-Bevölkerung in der Provinz Punjab. Als sich eine Gruppe von Terroristen im Heiligtum der Sikhs, dem Goldenen Tempel von Amritsar, verschanzt hatte, befahl die Premierministerin im Juni 1984 den Sturm der Streitkräfte auf das Heiligtum, das bei den anschließenden Kampfhandlungen schwer beschädigt wurde. Fortan galt den Gandhis der unversöhnliche Hass gläubiger Sikhs. Am 31. Oktober 1984 wurde die Premierministerin von zwei Leibwächtern erschossen, die beide aus dem Punjab stammten. Der Mord galt als Rache für den Tempelsturm von Amritsar. Rajiv Gandhi folgte der Mutter im Amt des Regierungschefs nach. Er sollte im Jahre 1991 ebenfalls einem Attentat zum Opfer fallen.

Indira Gandhi, begrüßt zum Staatsbesuch in der Sowjetunion von Leonid Breschnew (Juni 1976)

Die Jahre, in denen Indira Gandhi in Indien regierte (1964–77, 1980–84) waren insgesamt gekennzeichnet von rascher ökonomischer Expansion, die allerdings nicht zu einer gerechteren Verteilung des wachsenden Wohlstandes führte. Technologisch konnte das riesige Land Fortschritte machen. 1974 rückte es in den Rang einer Atommacht auf. Ebenso wie ihr Vater Nehru konnte Indira Gandhi den Anspruch Indiens auf Blockfreiheit mit Leben erfüllen. Sie setzte auf gute Beziehungen zum Waffenlieferanten Sowjetunion, bemühte sich wirtschaftlich aber um die Kooperation mit dem Westen.

KAPITEL 9

9.17 Die Ära Eisenhower

Dwight D. Eisenhower, der 34. Präsident der USA (1953–61) wurde am 14. Oktober 1890 geboren; er stammte aus einer einfachen Farmerfamilie in Texas. Er entschied sich als junger Mann für die militärische Laufbahn und stieg im Lauf seiner Karriere in die höchsten Ränge auf. Zum Jahresende 1943 wurde er Oberbefehlshaber der US-Truppen auf dem europäischen Kriegsschauplatz. Unter seiner Verantwortung erfolgte im Juni 1944 die Landung der Alliierten in der Normandie. 1945–48 Generalstabschef der Armee, dann Präsident der *Columbia University,* diente er 1950–52 als erster Oberkommandierender der NATO. Im November 1952 wurde Eisenhower als Kandidat der Republikaner zum Präsidenten der Vereinigten Staaten gewählt. Als integres und volkstümliches Staatsoberhaupt verkörperte er das Amerika des strebsamen und fleißigen Mittelstandes, das in den Fünfzigerjahren das Erscheinungsbild der Nation bestimmte. In dieser Zeit kam die mit dem Beginn der Großen Depression 1929 jäh unterbrochene Entwicklung der USA zu einer Konsum- und Wohlstandsgesellschaft zum Abschluss. Früher als im kriegsgeschädigten Westeuropa gehörten in den USA das Eigenheim mit Vorgarten, das Auto, die Waschmaschine, der Fernseher, das Telefon und der Geschirrspüler zum Standard der Durchschnittsfamilie.

Ende des McCarthyismus

Bei allen sichtbaren Vorzügen des *American Way of Life* mit seiner in der Welt beneideten Konsumkultur litt die amerikanische Gesellschaft als Folge des Koreakrieges (1950–53) unter den inneren Folgen der weltweiten Konfrontation mit dem Kommunismus. Im Land breitete sich hysterische Furcht vor kommunistischen Umtrieben, vor Sabotage und Spionage durch die »fünfte Kolonne« des sowjetischen Kommunismus aus. In dieser Atmosphäre des Misstrauens und der Gesinnungsschnüffelei konnte Senator Joseph McCarthy aus Wisconsin einen demagogischen Kreuzzug gegen alle Abweichler führen, die er »unamerikanischer Machenschaften« verdächtigte. Die aggressiven Kampagnen McCarthys richteten sich insbesondere gegen Künstler, Intellektuelle und Journalisten. Es war das Verdienst Eisenhowers, dem Treiben McCarthys 1954 ein Ende zu bereiten, als dieser sich anschickte, mit Untersuchungen bei den Streitkräften Unruhe in die Armee zu tragen. Mit dem Abflauen des McCarthyismus gingen die innenpolitischen Spannungen zurück.

Ein als Kommunist beschuldigter Arbeiter wird während der McCarthy-Ära aus einer amerikanischen Fabrik verwiesen (1954).

Im Zeichen der Militärblöcke

US-Präsident John F. Kennedy 1963 bei einer Rede in Washington, D. C.

Idole der neuen Jugendkultur waren Sänger und Schauspieler wie James Dean, Elvis Presley und Marilyn Monroe, die als attraktive Gegenentwürfe zu den gängigen bürgerlichen Konventionen erschienen. Hinter der Fassade der auf Harmonie bedachten Wohlstandsgesellschaft zeichneten sich Konflikte ab, die ein Jahrzehnt später mit großer Heftigkeit ausbrechen sollten. Bisher benachteiligte Gruppen forderten immer deutlicher ihre Rechte ein. Dies gilt nicht zuletzt für die Schwarzen, die in der Gestalt des Baptistenpredigers Martin Luther King eine charismatische Führerfigur fanden. Durch ein Urteil des Obersten Gerichtshofs von 1954 gestärkt, das die bis dahin praktizierte Rassentrennung im Unterrichtswesen verwarf, organisierte sich eine schwarze Bürgerrechtsbewegung, die mit spektakulären Aktionen in den Städten des Südens von sich reden machte.

Unter dem seit seinem Amtsantritt durchweg populären Präsidenten »Ike« Eisenhower konzentrierte sich Amerika auf den wirtschaftlichen Fortschritt, auf die weitere Steigerung des Lebensstandards und um bessere Bildungschancen für die weiße Mittelklasse. Zwischen 1945 und 1960 verdreifachte sich der Anteil der jungen Amerikaner, die eine Hochschule besuchten, von 15 auf 45 Prozent eines Jahrganges. Bei aller Dynamik in den Sektoren von Wirtschaft und Bildung blieb die amerikanische Gesellschaft der Fünfzigerjahre doch stark von konservativen, mittelständischen Werten geprägt. Die Frauen kümmerten sich zumeist um Heim und Kinder. Der Babyboom hielt ungebrochen an, sodass die Bevölkerung der USA von Kriegsende bis 1960 in erster Linie wegen des starken Geburtenüberschusses um mehr als 40 Millionen auf rund 180 Millionen Einwohner anwuchs.

Von dieser optimistischen Grundstimmung wusste Eisenhower zu profitieren, der 1956 eine triumphale Wiederwahl erzielte. In seiner zweiten Amtszeit bis 1961 traten allerdings die Schattenseiten einer vorwiegend konsumorientierten Mittelstandskultur zutage: Die Jugendlichen fühlten sich von den starren gesellschaftlichen Normen zunehmend eingeengt und liebäugelten mit der Rebellion. Die

9.18 Die Ära Kennedy

John Fitzgerald Kennedy, der jüngste Präsident der USA und der erste Katholik in diesem Amt, wurde am 29. Mai 1917 als Sohn eines Unternehmers und späteren Diplomaten geboren. Nach dem Studium in Harvard und dem Dienst in der Marine während des Zweiten Weltkrieges wurde Kennedy 1947 Kongressabgeordneter der Demokratischen Partei und 1953 für den Staat Massachusetts Mitglied des US-Senats. Im November 1960 wurde er mit knapper Mehrheit zum Präsidenten der USA gewählt. Sein republikanischer Gegenkandidat war der bisherige Vizepräsident Richard Nixon. Seit 1953 war Kennedy mit Jacqueline (»Jackie«) Lee Bouvier verheiratet, die nach dem Einzug ins Weiße Haus für gesellschaftlichen Glanz und künstlerische Ausstrahlung sorgte. Beide Kennedys wurden zu Lieblingen der Medien, die mit unablässiger Berichterstattung einen allgegenwärtigen »Kennedy-Mythos« produzierten.

Im Wahlkampf von 1960 hatte der jugendlich und dynamisch wirkende Kennedy für den Aufbruch Amerikas zu »neuen Grenzen« *(New Frontier)* plädiert. Er traf damit das Lebensgefühl einer ganzen Generation junger Amerikaner, die sich von der Apathie und der Erstarrung abgestoßen fühlten, die am Ende der

379

Eisenhower-Ära von ihrem Land Besitz ergriffen hatte. Zu der von vielen erhofften und vom Wahlsieger versprochenen Erneuerung Amerikas von innen heraus sollte es aber nicht kommen. Getragen von einem soliden wirtschaftlichen Aufschwung, vernachlässigte der neue Präsident die innenpolitischen Probleme, um sich ganz der in dieser Zeit besonders krisengeschüttelten Außenpolitik zu widmen.

Die wichtigste gesellschaftliche Frage in der Regierungszeit Eisenhowers blieb auch unter Kennedy unbeantwortet: Erst im Sommer 1963 brachte der Präsident ein Bürgerrechtsgesetz in den Kongress ein, mit dem die Diskriminierung der nichtweißen Bevölkerung im öffentlichen Raum verboten und der Bundesregierung weit gehende Befugnisse zur Durchsetzung der Rechtsgleichheit aller US-Bürger verschafft werden sollten. Am 28. August 1963 machte die schwarze Bürgerrechtsbewegung mit dem »Marsch auf Washington« von sich reden. Vor 250 000 Teilnehmern hielt Martin Luther King (▶ 10.5) eine ergreifende Rede: »Ich habe einen Traum ...«. Der Präsident erwiderte in einer Fernsehansprache, dass die amerikanische Nation erst dann wirklich frei sein werde, wenn alle ihre Bürger es seien. Der Kampf gegen die Rassendiskriminierung sollte die Amtszeit von Kennedys Nachfolger Lyndon B. Johnson prägen, der die Bürgerrechtsgesetze ab 1964/65 gegen heftigen Widerstand aus dem Süden der USA durchsetzte. Kennedy selbst hatte seine Versprechen noch nicht einlösen können, als er im November 1963 ermordet wurde.

**Berlin – Kuba – Vietnam:
Kennedys Außenpolitik**
Umso mehr blieb Kennedy als Präsident in Erinnerung, der die Führungsrolle Amerikas in der westlichen Welt entschieden wahrgenommen und die Sowjetunion in den zahlreichen Krisen seiner kurzen Amtszeit mit Entschlossenheit in die Schranken gewiesen hatte. Während der Berlinkrise, die im Mauerbau vom August 1961 gipfelte, hatte er die Rechte der Westalliierten auf Präsenz in der Stadt und auf freie Zugangswege nach Berlin verfochten (▶ 9.10). In der Kubakrise im Oktober 1962 hatten die USA, hart am Rande eines atomar geführten Weltkrieges lavierend, den Abzug der sowjetischen Raketen von der Karibikinsel erreicht (▶ 9.12). Um mit Moskau aus einer Position der Stärke verhandeln zu können, hatte Kennedy sogleich nach seinem Amtsantritt ein kostspieliges Aufrüstungsprogramm aufgelegt. Mit der Entsendung von zunächst 2 000 Militärberatern begann 1961 das Engagement der USA in Vietnam (▶ 10.3). Seine Verheißung, der amerikanischen Nation neue Grenzen zu eröffnen, machte Kennedy mit ehrgeizigen Raumfahrtprojekten wahr, die bis zum Jahre 1969 amerikanische Astronauten zum Mond bringen sollten. Damit trug er selbst zu seinem Weiterleben als mythische Figur Amerikas bei. Entscheidend für die Legendenbildung um seine Person waren schließlich die Umstände seiner Ermordung im texanischen Dallas am 22. November 1963.

9.19 Entkolonisierung Afrikas

In der ersten Hälfte des 20. Jahrhunderts unterstanden fast alle afrikanischen Gebiete der Kolonialherrschaft europäischer Mächte. Ausnahmen bildeten lediglich Liberia, das im 19. Jahrhundert als Heimstatt für befreite Sklaven aus Nordamerika geschaffen worden war, und Äthiopien, das seine Unabhängigkeit bis auf eine kurze Phase italienischer Fremdherrschaft (1936–41) stets behauptet hatte. Nach dem Zweiten Weltkrieg kam die Entkolonisierung Afrikas zunächst schleppend in Gang, um dann im »afrikanischen Jahr« 1960 ihren Höhepunkt zu erreichen. Der Rückzug der Kolonialherren setzte zuerst in den arabisch geprägten Ländern Nordafrikas ein. Ägypten hatten die Briten bereits 1922 die eingeschränkte Souveränität zugestanden, 1956 erreichte Kairo den Abzug der letzten britischen Soldaten von seinem Territorium. Libyen, bis 1943 von den Italienern kolonisiert, wurde 1951 souveränes Königreich. 1956 folgten Sudan, Tunesien und Marokko. 1957 ertrotzte sich Ghana, die vormals britische Goldküste, unter seinem charismatischen Führer Kwame Nkrumah als erstes Land Schwarzafrikas die Unabhängigkeit.

Das Freiheitsstreben der Völker fand seine völkerrechtliche Begründung in der Charta der Vereinten Nationen, die in den Artikeln 1 und 73 das Selbstbestimmungsrecht für alle Völker proklamierte. Probleme ergaben sich im Entko-

Im Zeichen der Militärblöcke

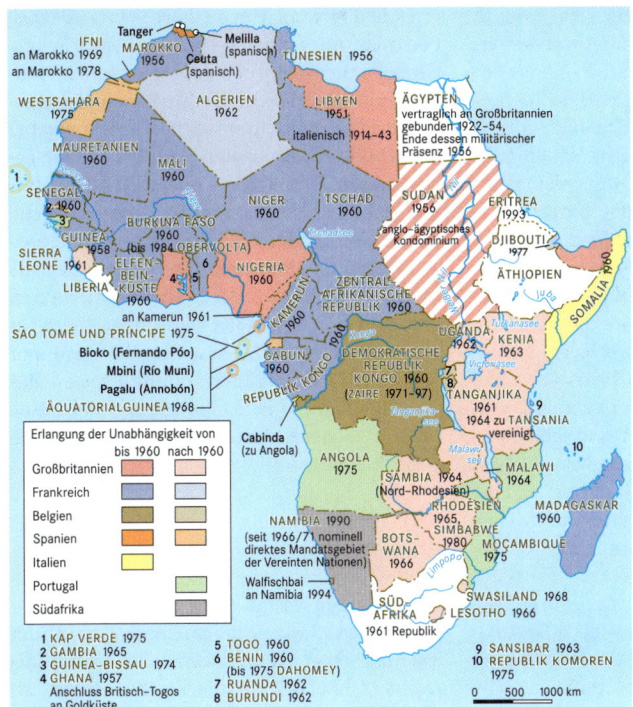

Die Entkolonisierung Afrikas

lonisierungsprozess jedoch wegen der ethnischen Gemengelage der neuen Staaten, deren Grenzen zumeist am grünen Tisch in Europa gezogen worden waren, sodass sie erst nach eigenen Formen staatlicher Identität suchen mussten. Verzögerungen bei der Entkolonisierung Afrikas stellten sich dann ein, wenn europäische Länder ihre überseeischen Gebiete als integralen Bestandteil des Mutterlandes betrachteten – wie Frankreich mit Algerien oder Portugal mit Moçambique, Angola und Guinea-Bissau. So erlangte Algerien erst nach einem langen blutigen Befreiungskrieg (1954–62) seine Unabhängigkeit (▶ 9.6). Portugal, die älteste europäische Kolonialmacht, klammerte sich am längsten an seine Besitzungen in Afrika, die nach 1961 nur noch dank eines hohen militärischen Einsatzes behauptet werden konnten. Erst der Sturz des autoritären Regimes in Lissabon während der »Nelkenrevolution« 1974 (▶ 10.23) brachte die Entkolonisierung zum Abschluss. Der entgegengesetzte Fall eines überhasteten Rückzuges der Kolonialherren, der zu Chaos und Anarchie in dem neu entstandenen Staatswesen führte, ließ sich nach 1960 im vormaligen Belgisch-Kongo beobachten (▶ 9.7).

Das »afrikanische Jahr« 1960

Hingegen glückte der Übergang vom Kolonialstatus zur Unabhängigkeit bei den ehemaligen britischen Kolonien, die ab 1960 zügig, aber gut vorbereitet in die staatliche Souveränität entlassen wurden: Nigeria 1960, Kenia 1963, Sambia 1964. Das Jahr 1960 gilt als das »afrikanische Jahr«, weil in seinem Verlauf siebzehn neue Staaten auf der Landkarte des schwarzen Kontinents erschienen. Dies war eine Folge des Scheiterns der Communauté Française, in der die gewaltigen kolonialen Besitzungen Frankreichs in Westafrika nach dem Vorbild des britischen Commonwealth neu organisiert werden sollten. Da sich diese Alternative zur vollen Unabhängigkeit als nicht praktikabel erwies, erhielten alle Gebiete zwischen Mauretanien und Zentralafrika 1960 die formelle Souveränität.

Zwei Problemfälle der Entkolonisierung traten im südlichen Afrika in jenen Ländern hervor, die einen vergleichsweise hohen Anteil an weißer Bevölkerung aufwiesen: (Süd-)Rhodesien und Südafrika. In Rhodesien proklamierte ein von der weißen Bevölkerung getragenes Regime 1965 die Unabhängigkeit, die indes von der Kolonialmacht Großbritannien nicht anerkannt wurde, weil der schwarzen Bevölkerungsmehrheit die Bürgerrechte vorenthalten würden. Erst nach der Machtübergabe an die Schwarzen bekam das Land 1980 unter dem Namen Simbabwe die völkerrechtlich anerkannte Selbstständigkeit.

Der Weg zur Gleichberechtigung der schwarzen Mehrheit in Südafrika und damit zur Abschaffung der Apartheid kann nicht als Prozess der Entkolonisierung beschrieben werden, da es in diesem Fall eine von der seit vielen Generationen im Land ansässigen weißen Bevölkerung getragene Regierung war, die sich mit ihrer Politik der Rassendiskriminierung in die internationale Isolation steuerte (▶ 11.21). Allerdings hat Südafrika im vormaligen Deutsch-Südwestafrika selbst eine quasikoloniale Herrschaft errichtet, die erst 1990 mit der Ausrufung des unabhängigen Namibia endete.

9.20 Organisation für afrikanische Einheit (OAU)

Mit der Entkolonisierung ihres Kontinents hielten einige afrikanische Politiker auch die Stunde der Einheit Afrikas für gekommen. Besonders stark wurden die panafrikanischen Visionen von Kwame Nkrumah artikuliert, der 1957 die Unabhängigkeit der früheren Goldküste von Großbritannien ertrotzte und erster Staats- und Regierungschef Ghanas wurde. Seine Anregungen fielen im Kaiserreich Äthiopien auf fruchtbaren Boden, das seine nationale Unabhängigkeit bis auf eine kurze Periode italienischer Fremdherrschaft (1936–41) bewahrt hatte und daher eine symbolische Führungsrolle bei den Bemühungen um eine Einheit Afrikas beanspruchte.

Die Gründung der OAU *(Organization of African Unity)* wurde daher auch von dem äthiopischen Außenminister Ketema Yifru vorbereitet, der die Hauptstädte der seit 1960 unabhängigen afrikanischen Staaten bereiste. Am 25. Mai 1963 trafen sich auf seine Initiative hin die Vertreter von 32 Ländern des Kontinents im äthiopischen Addis Abeba, um die Organisation zu gründen. Diese verschrieb sich zunächst der Befreiung, später auch der ökonomischen Integration Afrikas. Im Artikel II der OAU-Charta waren die Prinzipien der Gemeinschaft festgeschrieben: Schaffung der Einheit des Kontinents, Verbesserung der Lebensverhältnisse, staatliche Unabhängigkeit, Antikolonialismus und internationale Zusammenarbeit. In der Folge engagierte sich die OAU vor allem gegen den von der Kolonialmacht Portugal in Angola, Moçambique und Guinea-Bissau geführten Krieg, gegen das Apartheidsystem in Südafrika und die weiße Minderheitsregierung in Rhodesien. Bei Grenzkonflikten zwischen afrikanischen Staaten oder bei Bürgerkriegen wie in Nigeria ab 1967 suchte sie jeweils zu vermitteln. Die in der Gründungscharta vorgesehenen Organe der OAU waren die jährlich stattfindende Generalversammlung der Staats- und Regierungschefs, die regelmäßigen Ministerkonferenzen und das ständige Generalsekretariat in Addis Abeba. Zu bestimmten Sachfragen konnte die OAU international zusammengesetzte Kommissionen einberufen. Als Verhandlungssprachen dienten Arabisch, Englisch, Französisch und Portugiesisch.

Angesichts der drückenden Probleme Afrikas geriet das nur halbherzig beschworene Ziel der politischen Einheit des Kontinents immer mehr aus dem Blick. Symptomatisch für das

Die Staats- und Regierungschefs der OAU bei ihrem Treffen in Lomé (Juli 2000).

Im Zeichen der Militärblöcke

Scheitern panafrikanischer Visionen ist das Schicksal des ghanaischen Staatsführers Nkrumah, der sich in seinen Reden und Schriften wiederholt als Führer auf dem Weg zur Einheit empfohlen hatte. Wegen seiner Neigung zum Personenkult und einer verfehlten Wirtschaftspolitik wurde er 1966 bei einem Militärputsch gestürzt. Er starb 1972 im Exil in Bukarest und wurde in Rumänien beigesetzt. 1999 beschlossen die afrikanischen Staats- und Regierungschefs in einem neuen Anlauf die Gründung der Afrikanischen Union, die an die Stelle der OAU trat und einer beschleunigten wirtschaftlichen und politischen Integration des Kontinents dienen soll.

9.21 Deutsch-französischer Vertrag

Die Fortschritte der europäischen Integration, die in den Römischen Verträgen und der Gründung der EWG gipfelten (▶ 9.4), schienen mit der französischen Staatskrise im Jahre 1958 wieder infrage gestellt. In Paris kehrte Charles de Gaulle an die Macht zurück, weil man ihm allein die Fähigkeit zutraute, das drängende Algerienproblem zu lösen (▶ 9.6). De Gaulle hatte bereits wiederholt seine Ablehnung supranationaler Institutionen wie der Brüsseler EWG-Kommission bekundet und wollte erklärtermaßen am Primat des Nationalstaates in der künftigen Entwicklung Europas festhalten. Er setzte daher auf traditionelle Formen der Zusammenarbeit zwischen den Nationen des Kontinents. Dies verdeutlichte er auch dem besorgten deutschen Bundeskanzler Konrad Adenauer bei einem Treffen im September 1958. Zugleich bekannte sich de Gaulle aber zum Ziel der deutsch-französischen Aussöhnung und zur engen Kooperation der beiden einstmals verfeindeten Länder.

Dabei dachte der französische Staatspräsident an eine politische Union der sechs EWG-Länder (Frankreich, Bundesrepublik, Italien, Niederlande, Belgien, Luxemburg) mit gemeinsamer Außen- und Verteidigungspolitik (Fouchet-Plan). Nachdem dieses Unionsprojekt 1962 am niederländischen und belgischen Widerstand gescheitert war, setzte de Gaulle verstärkt auf die bilaterale Kooperation mit der

Konrad Adenauer (links) bei seinem Abschiedsbesuch in Paris am 21. September 1963 mit Charles de Gaulle.

Bundesrepublik, in der er auch ein Mittel sah, um den Status Frankreichs in der Welt und in Europa zu verbessern. So kam es bei einem Besuch Adenauers in Paris am 22. Januar 1963 zur Unterzeichnung des deutsch-französischen Vertrages (Elysée-Vertrag), der die beiden Partner auf eine gemeinsame Außen- und Verteidigungspolitik verpflichtete. Dazu sollten mindestens zweimal pro Jahr Gipfeltreffen der Staats- und Regierungschefs stattfinden, die Außenminister sollten sich alle drei Monate zu Konsultationen begegnen, die nachgeordneten Beamten noch häufiger. Um die Verständigung beider Völker auf eine dauerhafte Grundlage zu stellen, wurde außerdem das Deutsch-Französische Jugendwerk ins Leben gerufen, das den Austausch von Schülern und Studenten fördern soll.

Der Vertrag verdeckte indessen nur kurzfristig die grundlegenden Differenzen zwischen der deutschen und der französischen Regierung über Fragen der europäischen und der atlantischen Politik. Während de Gaulle den globalen Führungsanspruch der

USA und ihre massive Präsenz in Europa infrage stellte, wollten die wenigsten deutschen Politiker auf den atomaren Schutzschirm Amerikas verzichten. Bei der Ratifizierung des Elysée-Vertrages fügte der Bundestag dem Abkommen eine Präambel hinzu, die es in der Sicht de Gaulles weitgehend entwertete, weil darin unter anderem die engen Bindungen der Bundesrepublik an die USA und die NATO bekräftigt wurden. Es sollte sich außerdem zeigen, dass mit dem Rücktritt Adenauers vom Amt des Bundeskanzlers im Oktober 1963 vorerst die Voraussetzungen wegfielen, um den Vertrag tatsächlich mit Leben zu erfüllen. Erst mehr als ein Jahrzehnt später begannen sich die deutsch-französischen Beziehungen so eng und freundschaftlich zu gestalten, wie dies der Vertrag von 1963 bereits vorgesehen hatte.

9.22 Atomteststoppabkommen 1963

Nachdem die Welt während der Kubakrise im Oktober 1962 nur knapp einem Atomkrieg entgangen war (▶ 9.12), fanden erstmals Verhandlungen zwischen den Nuklearmächten über die Kontrolle und die Begrenzung des atomaren Vernichtungspotenzials statt. Auf Initiative der UN begaben sich die USA, die Sowjetunion und Großbritannien im Sommer 1963 in mehreren Verhandlungsrunden auf die gemeinsame Suche nach verlässlichen Methoden zur Rüstungskontrolle. Angesichts der horrenden Kosten des Rüstungswettlaufes und der Drohung des nuklearen »Overkills« (▶ 9.14) sprach alles dafür, ernsthafte Abrüstungsschritte einzuleiten.

Am 5. August 1963 machten Amerikaner, Briten und Sowjets einen Anfang, indem sie den Moskauer Vertrag über die teilweise Einstellung von Atomwaffenexperimenten in der Atmosphäre, im Weltraum und unter Wasser schlossen. Dieses Atomteststoppabkommen würde, so die Erwartung der Weltöffentlichkeit, eine Serie weiterer Verträge zur Abrüstung einleiten und eine Phase der Entspannung im Verhältnis zwischen den verfeindeten Blöcken einläuten. Indirekt zielte der Vertrag auch auf die Nichtverbreitung von Nuklearwaffen über den exklusiven Kreis der Staaten hinaus, die bereits über solche Waffen verfügten. Daher traten die jüngeren Atommächte Frankreich (ab 1960) und China (ab 1964) dem Moskauer Vertrag auch nicht bei. Es wurden lange Verhandlungen über den Atomwaffensperrvertrag eingeleitet, der allerdings erst 1968 ratifiziert wurde, um 1970 in Kraft zu treten (▶ 10.12). Erst danach konnten Gespräche über Rüstungskontrolle und Abrüstung beginnen.

Die Bedeutung des Abkommens von 1963, das die mit ihm verbundenen hochfliegenden Hoffnungen nicht erfüllte, liegt vor allem in seinem symbolischen Wert und in der Tatsache, dass es nur wenige Monate nach der gefährlichsten Krise in der Zeit des Kalten Krieges geschlossen wurde.

Der sowjetische Partei- und Regierungschef Nikita Chruschtschow bei einer Ansprache anlässlich der Unterzeichnung des Atomteststoppabkommens.

Im Zeichen der Militärblöcke

Daten

23. Okt. 1956	Beginn des antikommunistischen Volksaufstandes in Ungarn
Okt./Nov. 1956	Suezkrise und 2. israelisch-arabischer Krieg
25. März 1957	Römische Verträge: Gründung der Europäischen Wirtschaftsgemeinschaft (EWG) und der Europäischen Atomgemeinschaft (EURATOM)
27. Nov. 1958	Berlin-Ultimatum des sowjetischen Partei- und Regierungschefs Chruschtschow
8. Jan. 1959	Sieg der kubanischen Revolutionäre um Fidel Castro
4. Jan. 1960	Gründung der Europäischen Freihandelszone (EFTA) in Stockholm
30. Juni 1960	Unabhängigkeit des Kongo von Belgien. 11 Tage später beginnt mit der Unabhängigkeitserklärung der Provinz Katanga die internationale Kongokrise
13. Aug. 1961	Mauerbau in Berlin
18. März 1962	Beendigung des Algerienkrieges durch das Abkommen von Evian-les-Bains. Algerien wird unabhängig
22.–28. Okt. 1962	Kubakrise: US-Präsident Kennedy fordert ultimativ den Abzug der sowjetischen Raketenstellungen von Kuba und verhängt eine Seeblockade; die Sowjetunion lenkt ein. Die Gefahr eines atomaren Weltkrieges ist abgewendet.
22. Jan. 1963	Deutsch-französischer Vertrag (Elysée-Vertrag)
5. Aug. 1963	Erstes Atomteststoppabkommen
22. Nov. 1963	Ermordung des US-Präsidenten John F. Kennedy

Zwischen Spannung und Entspannung (1963–1989)

10

Einführung

Aus deutscher Sicht war es eine friedliche Revolution. Aus globaler Perspektive war der Fall der Berliner Mauer am 9. November 1989 die Begleiterscheinung eines tief greifenden europäischen, ja weltweiten Prozesses. In seinem Zentrum stand die schrittweise, offenbar unaufhaltsame Auflösung der Sowjetunion und ihres Imperiums. Wann sie begonnen hat, lässt sich nicht genau bestimmen. Sicher ist, dass bereits die großen Krisen der frühen Sechzigerjahre eine beträchtliche Schwäche erkennen ließen, auch wenn die sowjetischen Waffenarsenale und Chruschtschows wilde Drohungen ein anderes Bild vermittelten.

Tatsächlich endete sowohl die Berlin- als auch die Kuba-Krise mit einer Niederlage für die Sowjets. Denn im einen Fall zogen sich die Westmächte nicht, wie von Chruschtschow gefordert, aus Berlin zurück; im anderen waren es die Sowjets, die unter großem Gesichtsverlust den militärischen Rückzug aus Kuba antreten mussten. Kein Wunder, dass der dafür, aber auch für die Krisen im Innern Verantwortliche wenig später, im Oktober 1964, einer neuen Garde sowjetischer Politiker unter Führung Leonid Breschnews weichen musste. Mit dessen beinahe zwanzigjähriger Amtszeit verbindet sich sowohl die Phase der Entspannung als auch, seit 1979, die Rückkehr in die Eiszeit des Kalten Krieges.

Vietnam wird zum Hauptproblem der USA
Mit fünf amerikanischen Präsidenten hatte es Breschnew bis zu seinem Tod Ende 1982 zu tun. Lyndon B. Johnson, Richard Nixon, Gerald Ford, Jimmy Carter und Ronald Reagan ihrerseits hatten, so unterschiedlich ihre Amtszeiten geprägt waren, vor allem mit einem Problem zu kämpfen: dem Krieg in Vietnam, seiner Beendigung und seiner Bewältigung. Amerikas Krieg in und gegen Vietnam war in jeder Hinsicht ein Debakel, und er war Ausdruck einer verfehlten Politik Washingtons gegenüber der »Dritten Welt«. Diese bildete sich in dem Maße heraus, in dem die vormaligen Kolonien der Europäer, Amerikaner oder auch Japaner – in der Folge des Zweiten Weltkrieges, teils im Einvernehmen mit den Kolonialherren, teils im Kampf gegen sie – ihre Unabhängigkeit erlangten. Die jungen Staaten zeigten wenig Neigung, sich in einer in zwei Blöcke geteilten Welt auf die eine oder andere Seite zu schlagen und damit wieder einen Teil ihrer gerade gewonnenen Unabhängigkeit aufzugeben.

Vor allem die USA verfolgten offensiv die Strategie, dass diejenigen, die nicht eindeutig ihrer Seite beitraten, zwangsläufig der Gegenseite, also dem sowjetischen beziehungsweise chinesischen, in jedem Falle aber dem kommunistischen Lager zuzurechnen seien, und quittierten diese Haltung mit einer Serie von Sanktionen. Diese reichten von der Verweigerung oder der Einstellung der Wirtschaftshilfe bis zur massiven militärischen Intervention. So auch in Vietnam.

Als hätte es die vernichtende Niederlage der Franzosen in Indochina nie gegeben, ließen sich die Amerikaner, vor allem seit der Ära Kennedy, Schritt für Schritt in einen aussichtslosen Dschungelkrieg verwickeln. Anfang März 1965 gingen die ersten amerikanischen Marineinfanteristen in Da Nang an Land. 1966 standen

386

Zwischen Spannung und Entspannung

fast 400 000 amerikanische Soldaten in Vietnam, Anfang 1969 waren es schließlich über 540 000, ohne dass eine Entscheidung in Sicht gewesen wäre. Dabei führten die Vereinigten Staaten in Vietnam einen beispiellos brutalen Krieg, nicht zuletzt gegen die Zivilbevölkerung; die eigenen Verluste, am Ende 58 000 gefallene Soldaten, waren enorm.

Vor diesem Hintergrund betrieb die Regierung Nixon seit Januar 1969 den »ehrenvollen« Rückzug aus Vietnam, der den Süden des Landes seinem Schicksal überließ. Der Rückzug wurde möglich, weil die beiden wichtigsten Stützen Nord-Vietnams und des Vietcong, die Sowjetunion und die Volksrepublik China, stillhielten, also die amerikanische Schwäche nicht zum eigenen Vorteil nutzten. Dass sie sich zurückhielten, hatte neben anderen einen einfachen Grund: Der Konflikt, in dem sich die beiden Führungsmächte der kommunistischen Welt ihrerseits seit den Fünfzigerjahren befanden, war 1969 zu einer militärischen Auseinandersetzung eskaliert, die an der gemeinsamen Grenze, in der Hauptsache entlang des Flusses Ussuri, ausgetragen wurde.

Diese Situation nutzten Richard Nixon und sein Sicherheitsberater und späterer Außenminister Henry Kissinger dazu, um zum einen den Rückzug aus Vietnam abzuwickeln und um zum anderen die Beziehungen zur Sowjetunion zu verbessern und zur Volksrepublik China anzubahnen. Das geschah während Nixons spektakulärem Besuch in der Volksrepublik im Februar 1972. Von unmittelbar weiter reichender Bedeutung war allerdings seine Visite in Moskau drei Monate darauf, schon weil es sich – abgesehen von der Kriegskonferenz von Jalta – um den ersten Besuch eines amerikanischen Präsidenten in der Sowjetunion seit deren Bestehen handelte.

Beginn der Rüstungskontrollabkommen

In Moskau setzte Nixon am 26. Mai 1972 seine Unterschrift nicht nur unter ein militärisches, sondern auch unter ein politisches Abkommen. Damit attestierten die Amerikaner den Sowjets, was diese immer angestrebt hatten: die Gleichrangigkeit als Supermacht neben den USA. Dafür ließ sich der Kreml auf das erste amerikanisch-sowjetische Abkommen über eine Begrenzung der strategischen Atomwaffen ein. SALT I sah zwar noch keinen Abbau der Raketen mit einer Reichweite von mindestens 5500 Kilometern und ihrer nuklearen Last vor, wohl aber innerhalb der kommenden fünf Jahre den kontrollierten, verlangsamten Aufbau bis zu einer bestimmten Obergrenze. Keiner zeitlichen Begrenzung unterlag der zweite Teil dieser Absprachen, der ABM-Vertrag über die Raketenabwehr. Er stellte sicher, dass beide Seiten ihre Zweitschlagsfähigkeit behielten, dass also weder die eine noch die andere Seite in die Versuchung kommen konnte, als erste loszuschlagen.

Die neue Ostpolitik Bonns und der KSZE-Prozess

Die Sowjets ließen sich auch deshalb auf den Raketenvertrag ein, weil ihnen die Amerikaner in der Berlinfrage entgegenkamen. Am 3. September 1971 war im »früher vom Alliierten Kontrollrat in Berlin benutzten Gebäude« ein Abkommen unterzeichnet worden, mit dem die vier Siegermächte des Zweiten Weltkriegs einen der ungelösten Konflikte des Kalten Krieges, die Berlinfrage, langfristig zu schlichten gedachten. Die Festschreibung der gegebenen Lage entsprach einer alten sowjetischen Forderung, und weil sie auf menschliche Erleichterungen für die Berliner hinauslief, kam das Viermächteabkommen auch der deutschen Bundesregierung entgegen.

Diese wurde seit Oktober 1969, erstmals in der Geschichte, nicht von Christdemokraten, sondern von Sozialdemokraten geführt. An der Spitze der sozialliberalen Regierung stand Willy Brandt. Der Bundeskanzler hatte sich zum Ziel gesetzt, die Gegebenheiten in Europa, also auch die Teilung Deutschlands, faktisch anzuerkennen. Damit verband er kurzfristig die Erwartung auf menschliche Erleichterungen und den Zusammenhalt der Nation im geteilten Deutschland, langfristig die vage Hoffnung auf Überwindung der Teilung Deutschlands und Europas.

Zwischen 1970 und 1973 schloss Bonn entsprechende Verträge mit der Sowjetunion, mit Polen, der Tschechoslowakei und nicht zuletzt mit der DDR. Alle Abkommen enthielten ein Bekenntnis zum Gewaltverzicht und zur Unverletzlichkeit der bestehenden Grenzen. Das Viermächteabkommen war eine willkommene Ergänzung dieser deutschen Ostpolitik und zugleich ein Hinweis darauf, dass sie sowohl Moskau als auch Washington gelegen kam, denn die Bonner Variante der Entspannungspolitik flankierte den amerikanischen Rückzug aus Vietnam und förderte das alte sowjetische Bemühen um ein gesamteuropäisches Sicherheitssystem, das ihre Grenzen garantierte.

Als die Konferenz über Sicherheit und Zusammenarbeit in Europa (KSZE) am 1. August 1975 mit der Unterschrift von mehr als 30 Staats- und Regierungschefs, unter ihnen der amerikanische und der kanadische, zu Ende ging, hatten die Sowjets zwar – etwa in der Frage der Menschenrechte – Konzessionen machen müssen. Aber sie hatten auch wichtige Ziele erreicht, insbesondere die Anerkennung der durch den Zweiten Weltkrieg geschaffenen territorialen Verhältnisse in Europa.

Der radikale Kurswechsel Moskaus in der zweiten Hälfte der Siebzigerjahre führte binnen kurzem zu einer Rückkehr in die schlimmsten Zeiten des Kalten Krieges. Das sowjetische Engagement in Angola und im äthiopisch-somalischen Konflikt um den Ogaden war schon deswegen alarmierend, weil hier mit Unterstützung des Kreml kubanische Einheiten direkt in die Kämpfe eingriffen. Bedenklich war auch, dass sich die Sowjets auf die Seite Vietnams schlugen, das seit 1975 vereinigt war und eine kommunistische Regierung aufwies. 1979 führte Vietnam einen erfolgreichen Feldzug gegen die Roten Khmer in Kambodscha und wehrte wenig später einen Angriff der Volksrepublik China ab.

Krisenregion Afghanistan, Naher und Mittlerer Osten
Seit dem 24. Dezember 1979 stießen sowjetische Verbände nach Afghanistan vor. Aus westlicher Sicht verschärfte die Invasion die schwere Krise in der Region, die wenig zuvor durch den Sturz des Schah-Regimes und die Übernahme der Macht durch Ayatollah Khomeini im Iran ausgelöst worden war. In Verbindung mit dem Dauerkonflikt in Nahost, der zuletzt im Oktober 1973, im so genannten Jom-Kippur-Krieg, eskaliert war, drohte die Region zu einem riesigen Konfliktherd zu werden. Die Ölkrisen der Jahre 1973 und 1979 machten deutlich, was das für den Westen bedeuten konnte.

Nachrüstung und Abrüstung
Die westlichen Länder standen nicht nur in dieser Beziehung mit dem Rücken zur Wand. Eine neue Runde im Rüstungswettlauf drohte, seit die Sowjets mit der Stationierung eines neuen Typs von nuklearen Mittelstreckenraketen in Europa begonnen hatten. Da der Westen diesen mit Mehrfachsprengköpfen ausgestatteten, mobilen SS 20 nichts Vergleichbares entgegenzusetzen hatte und Gefahr lief, erpressbar zu werden, bezog die NATO Mitte Dezember 1979 eine klare Position. Auf maßgebliches Betreiben von Bundeskanzler Helmut Schmidt schlug sie in ihrem so genannten Doppelbeschluss Verhandlungen über den Abbau der sowjetischen Raketen vor und drohte andernfalls mit einer eigenen »Nachrüstung«.

Diese wurde schließlich realisiert, aber niemand hat es im Herbst 1983, als der Deutsche Bundestag die Stationierung beschloss, für möglich gehalten, dass der Rüstungswettlauf gerade in diesem Bereich nur wenige Jahre später beendet werden könnte. Dass sich die Vereinigten Staaten und die Sowjetunion im Dezember 1987 vertraglich auf die vollständige Vernichtung aller landgestützten Mittelstreckenraketen in Europa einigten, lag vor allem am Führungswechsel in Moskau und an der desolaten wirtschaftlichen Lage der Sowjetunion. In den USA wiederum geriet Präsident Reagan durch das Repräsentantenhaus mit seiner oppositionellen demokratischen Mehrheit, aber auch durch die zwielichtige Iran-Contra-Affäre während seiner zweiten Amtszeit derart unter Druck, dass er die Abrüstung konsequent verfolgte.

Gorbatschows neue Politik
In Michail Gorbatschow fand der amerikanische Präsident den Partner, den er für diese Politik benötigte. Der nach dem Tod Breschnews dritte Generalsekretär der Kommunistischen Partei der Sowjetunion hatte sein Amt Mitte März 1985 in der Absicht angetreten, die Partei und den Staatsapparat einer gründlichen Reform zu unterziehen. Eine Voraussetzung dafür war die Entlastung der maroden Staatsfinanzen, und dazu konnte die Beendi-

Zwischen Spannung und Entspannung

gung des ruinösen Rüstungswettlaufs beitragen.

Die Reform war bitter nötig, wenn Gorbatschow sein Ziel erreichen wollte – nämlich den Beweis zu erbringen, dass das kommunistische, das sowjetisch geprägte System letztlich dem westlichen, amerikanisch geprägten überlegen war. Dass der Reformprozess, den der letzte Repräsentant des Weltkommunismus angestoßen hatte, im Untergang der Sowjetunion und der kommunistischen Ideologie enden würde, war kaum vorauszusehen. Das Imperium erwies sich als nicht reformierbar.

10.1 Ende der britischen Weltherrschaft

Der Versuch, das britische Weltreich neu zu organisieren, führte Anfang des 20. Jahrhunderts zur Festschreibung der nur mehr lockeren Bindung Kanadas, Australiens, Neuseelands und Südafrikas an das Mutterland. Für diese ehemaligen Kolonien, die zwar die politische Selbstverwaltung inzwischen zur nationalen Selbstbestimmung ausgebaut hatten, aber durch Tradition und politische Kultur sich nach wie vor mit dem *Empire* und der Krone verbunden fühlten, bürgerte sich der Begriff *Dominions* ein. Das *Empire* begann sich in ein *Commonwealth of Nations* zu verwandeln.

Bereits 1931 war der Entwicklung im Statut von Westminister (▶ 6.22) Rechnung getragen worden.

Der Zweite Weltkrieg beschleunigte den Verfall der britischen Weltherrschaft. 1947 musste Britisch-Indien in die Unabhängigkeit entlassen werden (▶ 8.14). Indien und Pakistan blieben aber als *Dominions* im *Commonwealth*, das sich mehr und mehr zur Auffangstation ehemaliger Kolonien entwickelte. Ende der Neunzigerjahre gehörten ihm 53 unabhängige Staaten an, darunter bis auf Birma (Myanmar) und die Republik Irland sämtliche Kolonien und *Dominions* des zweiten *Empire* sowie mit Moçambique, Kamerun und Namibia auch Staaten, die nie zum britischen Weltreich gehört hatten.

Den entscheidenden Anstoß zur endgültigen Auflösung des *Empire* lieferte die Suezkrise 1956 (▶ 9.2). Angesichts der unter amerikanischem und sowjetischem Druck gescheiterten Intervention an der zentralen Verkehrsverbindung im britischen Weltreich und der Auflösung des französischen wie des belgischen Kolonialreiches trat Großbritannien die Flucht nach vorne an: Zwischen 1960 und 1964 wurden Nigeria, Sierra Leone, Uganda, Kenia, Tansania und Nord-Rhodesien (Sambia) in die Unabhängigkeit entlassen (▶ 9.19). Das war das Ende der britischen Kolonialherrschaft in Afrika.

Staats- und Regierungschefs der Commonwealth-Länder; in der Mitte die britische Königin Elisabeth II. (London 1977).

Der Rückzug aus Afrika sollte die britische Position *East of Suez*, also in Asien, stärken. Doch die Kraft des Mutterlandes reichte nicht mehr aus, und die Militäreinsätze gegen Unabhängigkeitsbewegungen wie z. B. in Malaysia wurden London zu kostspielig. Schließlich verkündete die Labour-Regierung unter Harold Wilson im Januar 1968 den militärischen Rückzug aus allen Gebieten östlich des Suezkanals, namentlich aus Malaysia und Singapur. Bis Mitte der Siebzigerjahre war er vollzogen. Großbritannien gab auch seine direkte Herrschaft in Aden und am Persischen Golf auf. Was blieb, waren einige Stützpunkte wie die Kronkolonie Hongkong, die 1997 nach einhundertjähriger Pacht an China zurückgegeben wurde. Einziges politisch relevantes Relikt des *Empire* ist heute Gibraltar, um das die EU- und NATO-Mitglieder Großbritannien und Spanien immer wieder in Konflikt geraten.

10.2 Die Gruppe der 77

Der Prozess der Entkolonialisierung führte eine Reihe neuer staatlicher Akteure auf die Weltbühne. Angesichts der teilweise unzureichenden Entwicklung dieser Länder riefen die Vereinten Nationen Ende der Fünfzigerjahre eine erste Entwicklungsdekade (1960–1970) aus. Gleichzeitig forderten die so genannten Entwicklungsländer eine Konferenz für Handel und Entwicklung, um die Weltwirtschaftsordnung zu ihren Gunsten umzugestalten. Diese 1964 nach Genf einberufene *United Nations Conference on Trade and Development* (UNCTAD, Welthandels- und Entwicklungskonferenz) sollte neben dem mit Fragen des internationalen Handels befassten Allgemeinen Zoll- und Handelsabkommen (*General Agreement on Tariffs and Trade*, GATT) eine breiter angelegte internationale Handelsorganisation etablieren. Durch die Institutionalisierung der UNCTAD als Organ der Vollversammlung der Vereinten Nationen nahm sie Gestalt an.

Auf den alle vier Jahre stattfindenden UNCTAD-Konferenzen organisierten sich die Teilnehmer in vier Gruppen: Gruppe A umfasste die afro-asiatischen Staaten, Gruppe B die Länder mit marktwirtschaftlichem System, Gruppe C die lateinamerikanischen Staaten und Gruppe D die Länder mit planwirtschaftlichem System. Aus den Gruppen A und C schlossen sich die Entwicklungsländer zur »Gruppe der 77« zusammen, der inzwischen rund 130 Staaten angehören. Der Zusammenschluss verstand sich als »Gewerkschaft der Entwicklungsländer« und dominierte die UNCTAD, die von Verhandlungen zwischen dieser Gruppe und der B- und D-Gruppe bestimmt wurde.

Der Genfer Gründungskonferenz folgten bis 1983 fünf weitere Konferenzen, die eine Vielzahl von Empfehlungen verabschiedeten. Hervorzuheben sind die Allgemeinen Grundsätze für die internationalen Handelsbeziehungen (UNCTAD I). UNCTAD II empfahl den Industrieländern, die Entwicklungshilfe auf ein Prozent des Bruttosozialprodukts des Landes zu erhöhen, und seit 1972 wird versucht, ein »integriertes Rohstoffprogramm« zu verabschieden. Trotz der bescheidenen Erfolge hat sich die UNCTAD als Instrument einer entwicklungspolitischen Bewusstseinsbildung in mehrfacher Hinsicht bewährt: Allein ihre Existenz hat die Aufmerksamkeit anderer internationaler Institutionen, wie z. B. des GATT, für die Interessen der Entwicklungsländer erhöht. Außerdem hat die Gruppe der 77 die Solidarität der Entwicklungsländer gestärkt und ihnen ein Sprachrohr verliehen, das ihnen Aufmerksamkeit in der Welt des Kalten Krieges verschaffte.

10.3 Der Vietnamkrieg

Das militärische Eingreifen der USA in die Auseinandersetzung zwischen Nord- und Südvietnam setzte den Konflikt fort, der nach dem Zweiten Weltkrieg begann und als Indochinakrieg in die Geschichte eingegangen ist (▶ 8.31). Der nach der französischen Niederlage in Dien Bien Phu am 7. Mai 1954 auf der Genfer Indochinakonferenz ausgehandelte Waffenstillstand vom 21. Juli 1954 sah u. a. den Rückzug der Vietminh nach Norden und der französischen Truppen nach Süden vor. Nahe des 17. Breitengrads wurde eine Demarkationslinie festgelegt, die aber keinesfalls als politische oder territoriale Grenze angesehen werden sollte. Dementsprechend sah die Schlusserklärung für 1956 freie Wahlen in ganz Vietnam vor. Allerdings wurde die Erklärung nur zur Kenntnis genommen, aber nicht unterzeichnet.

Während der Genfer Indochina-Konferenz wurde Ngo Dinh Diem zum Ministerpräsidenten des südlichen Teils von Vietnam ernannt. Nach einer manipulierten Volksabstimmung setzte er im Oktober 1955 den Staatschef des Südens, Ex-Kaiser Bao Dai, ab und rief die Republik (Süd-)Vietnam aus. Als überzeugter Antikommunist weigerte er sich, mit der Demokratischen Republik Vietnam (DRV) des Nordens für die vorgesehenen gesamtvietnamesischen Wahlen zusammenzuarbeiten. Diem versuchte, den Süden zu einem antikommunistischen Bollwerk auszubauen. Seine Bemühungen trafen sich mit den amerikanischen Ängsten, dass bei einer kommunistischen Machtübernahme in einem Staat in einer Art Kettenreaktion weitere Staaten dem Kommunismus zum Opfer fallen würden.

Um einen solchen von Südostasien ausgehenden Dominoeffekt zu verhindern, griffen

Der Ho-Chi-Minh-Pfad nach der Entlaubung durch das Gift Agent Orange.

die Vereinigten Staaten von Amerika immer stärker in die Auseinandersetzung zwischen Nord- und Süd-Vietnam ein. US-Präsident John F. Kennedy schickte Ende 1960 zunächst 2000 Militärberater nach Süd-Vietnam. Dennoch verlor die Regierung in Saigon mehr und mehr die Kontrolle über die Dörfer an die südvietnamesische Befreiungsfront (*Front National de Libération du Viêt-nam Sud,* FNL). Washington erhöhte die Zahl seiner Berater in Süd-Vietnam und förderte den Austausch der politischen Führung des Landes. Nach einer Reihe von Militärputschen und der Hinrichtung Diems setzte sich 1965 Nguyen Van Thieu (1923–2001) als Staatsoberhaupt an die Spitze des Landes. Währenddessen hatte sich die amerikanische Administration die Möglichkeit zum direkten Eingreifen verschafft. Einen militärischen Zwischenfall im Golf von Tonking. Anfang August 1964 nutzte Lyndon B. Johnson, US-Präsident von 1963 bis 1969, um von beiden Häusern des Kongresses eine entsprechende Ermächtigung zu erreichen. Gleichzeitig setzten die ersten amerikanischen Bombenangriffe auf Nord-Vietnam ein. Anfang März 1965 landeten die ersten Marineinfanteristen in Vietnam.

Tet-Offensive und Verhandlungen

Trotz ungeheurer Zerstörungen und erheblicher Verluste unter der Zivilbevölkerung ging der nordvietnamesische Oberbefehlshaber, General Vo Nguyen Giap, Anfang 1968 im Süden zum Angriff über. Die so genannte »Tet-Offensive« scheiterte zwar militärisch, zeigte

Vietnam und Nachbarstaaten während des Vietnamkrieges

aber den gewünschten politischen Erfolg. Die öffentliche Meinung in den USA und in der westlichen Welt reagierte schockiert. Washington blies zum Rückzug, stellte die Bombardements Nord-Vietnams ein und erfüllte damit die Voraussetzungen für Verhandlungen, die ab Mai 1968 in Paris stattfanden. Die Bemühungen der USA, durch kontinuierlichen Truppenabzug und gleichzeitige Aufrüstung der südvietnamesischen Streitkräfte ihr militärisches Engagement in Südostasien zu beenden, führten am 27. Januar 1973 in Paris zu einem Waffenstillstandsabkommen, das die amerikanische Phase des Vietnamkrieges beendete.

Die letzte, die vietnamesische Phase des Krieges begann wiederum am Verhandlungstisch. Da die Verhandlungen zwischen den Kriegsparteien in Süd-Vietnam über den im Waffenstillstandsabkommen vorgesehenen Nationalen Versöhnungsrat scheiterten, suchten beide Konfliktparteien eine militärische Entscheidung. Trotz zahlenmäßiger Überlegenheit brach die Armee des Südens im Frühjahr 1975 völlig zusammen. Nachdem die führenden Kräfte der südvietnamesischen Regierung und eine große Zahl von Flüchtlingen mit amerikanischer Hilfe außer Landes gebracht worden waren, besetzten am 30. April 1975 FNL-Truppen die südvietnamesische Hauptstadt Saigon. Ein Jahr später wurden gesamtvietnamesische Wahlen abgehalten und Nord- und Süd-Vietnam unter dem Namen Sozialistische Republik Vietnam wieder vereint.

Der Vietnamkrieg hat mehr als drei Millionen Opfer gefordert. Allein der Norden hatte über eine Million Gefallene zu beklagen. 58 000 amerikanische Soldaten kamen ums Leben. Schon wegen der ökologischen Schäden durch den Einsatz chemischer Kampfmittel *(Agent Orange)* durch die amerikanischen Bomber zur Entlaubung der Wälder sind die Kosten des Krieges kaum abzuschätzen. Der politische Schaden für die Vereinigten Staaten von Amerika war – nicht nur wegen der begangenen Kriegsverbrechen wie z. B. des Massakers von My Lai – enorm.

10.4 Rassenkonflikte in den USA

Obwohl die Verfassungsväter der Vereinigten Staaten von Amerika davon ausgingen, dass alle Menschen gleich und frei geschaffen sind, galt dieser Grundsatz nicht für die seit dem 17. Jahrhundert nach Nordamerika verschleppten Schwarzafrikaner. Als Sklaven lebten sie in den Südstaaten wie Menschen zweiter Klasse mit minderen Rechten. Den Sezessionskrieg (1861–65, ▶ 3.18) führten die Nordstaaten als Sklavenbefreiungskrieg, nachdem Präsident Lincoln Anfang 1863 alle Sklaven im Gebiet der Konföderierten für frei erklärt hatte. Im Frühjahr 1865 mussten die konföderierten Südstaaten gegenüber dem Norden kapitulieren. Der 13. Verfassungszusatz beseitigte 1865 die Sklaverei, der 14. sicherte 1866 den ehemaligen

Der Marsch auf Washington 1963

Zwischen Spannung und Entspannung

Sklaven die Bürgerrechte zu und der 15. verbot seit 1869 Wahlrechtsbeschränkungen aufgrund von Rasse, Hautfarbe oder anderen Kriterien.

Allerdings wurden die so genannten *Civil-War-Amendments* während des Wiederaufbaus im Süden und bei der Wiederherstellung der Einheit der Nation nur unzureichend umgesetzt und durch eine rassistische Sondergesetzgebung des Südens unterlaufen. Die vom Obersten Gerichtshof 1896 geprägte Formel *separate but equal* (»getrennt aber gleich«) führte zu einer generellen Rechtfertigung der Rassentrennung *(segregation)* in den USA. Angesichts der bedrückenden Lebensbedingungen im Süden zogen immer mehr Schwarze in die Industriestädte des Nordens.

Nach dem Zweiten Weltkrieg blieben politische Bemühungen, wie der Versuch Trumans, im Rahmen seines *Fair Deal* die Diskriminierung afroamerikanischer Wähler zu beseitigen, ohne Erfolg. Einen Fortschritt leitete der Oberste Gerichtshof ein: Im Mai 1954 erklärte er die Rassentrennung an Schulen für verfassungswidrig. Mit diesem Urteil hob der *Supreme Court* die Entscheidung von 1896 und damit die Rechtfertigung der Rassentrennung auf. Gleichzeitig entwickelte sich in den Südstaaten eine Bürgerrechtsbewegung, die bis heute mit dem Namen Martin Luther King verbunden ist.

Martin Luther King organisierte zahlreiche Demonstrationen der Bürgerrechtsbewegung und führte sie selbst an.

10.5 Martin Luther King

Der charismatische Anführer der Schwarzen wurde am 15. Januar 1929 als Michael King jun. in Atlanta (Georgia) geboren. Aus Bewunderung für den deutschen Reformator ließ sein Vater, ein Baptistenprediger, sowohl seinen eigenen Vornamen als auch den seines Sohnes in Martin Luther umwandeln. Nach dem Besuch der Volksschule und des College in Atlanta studierte King jun. am *Grozer Theological Seminary* in Chester. Mit einem Graduiertenstipendium ging er 1951 nach Boston, wo er auch Vorlesungen an der *Harvard University* hörte. 1955 schloss King sein Studium mit der Doktorprüfung ab und ging zurück in den Süden der USA.

In Montgomery (Alabama) übernahm er eine Pfarrstelle an der *Dexter Avenue Baptist Church*. Dort organisierte King mit einem Boykott der öffentlichen Transportmittel auch den ersten großen Protest gegen die Rassentrennung. Nach einem 382-tägigen Streik und einem Urteil des Obersten Gerichtshofes wurde im Dezember 1956 zumindest die Rassentrennung in Bussen aufgehoben. Zur Durchsetzung ihrer Rechte und Aufhebung der Rassentrennung folgten zahlreiche gewaltfreie Demonstrationen und friedliche Ungehorsamkeitskampagnen der Schwarzen in den Städten des Südens, später auch in Chicago und in den Städten des Ostens der USA. Der Höhepunkt der Bürgerrechtsbewegung war im August 1963 erreicht, als sich eine Viertelmillion Menschen aller Hautfarben zu einem Protestmarsch in Washington (D. C.) versammelten. Seit 1964 untersagt der *Civil Rights Act* die Diskriminierung u. a. aufgrund der Rasse. King, der auch verschiedene Vereinigungen zur Förderung der Rassenintegration wie die *Southern Christian Leadership Conference* gegründet hatte, erhielt im gleichen Jahr den Friedensnobelpreis.

Als Vorkämpfer der Bürgerrechtsbewegung geriet Martin Luther King immer mehr ins Visier weißer Rassisten. Gefahr drohte ihm aber auch aus den eigenen Reihen. Militante Schwarze bemächtigten sich der Bewegung, wie die Unruhen und Plünderungen des Jahres 1964 in New York, Rochester und Philadelphia zeigten. Die *Black-Power*-Bewegung und andere Abspaltungen traten in den Vordergrund. Unruhen in Watts, einem Stadtteil von Los Angeles, forderten im Sommer 1965 über 30 Menschenleben. Auch in den folgenden Jahren hielten diese Unruhen in den Ghettos an, bis sie ihren Höhepunkt 1967 in Newark (New Jersey) und Detroit erreichten.

Nach mehreren Mordanschlägen fiel Martin Luther King am 4. April 1968 in Memphis (Tennessee) einem Attentat zum Opfer. Der Mord löste in über 100 Städten der USA schwere Unruhen aus. Der mutmaßliche Mörder Kings, James Earl Ray, wurde nach 65 Tagen in London festgenommen und am 10. März 1969 in den USA zu 99 Jahren Haft verurteilt.

10.6 Die Ära Nixon/Kissinger

Richard M. Nixon wurde am 20. Januar 1969 als 37. Präsident der Vereinigten Staaten von Amerika vereidigt. Aus bescheidenen Verhältnissen stammend, legte er ein juristisches Prädikatsexamen ab. Den freiwilligen Kriegsdienst in der Marine nutzte Nixon als Sprungbrett für eine politische Karriere, die ihn 1946 zunächst in das Repräsentantenhaus und 1950 in den Senat führte. Von 1953 bis 1961 unter Dwight D. Eisenhower Vizepräsident, unterlag er 1960 in den Präsidentschaftswahlen knapp John F. Kennedy. Bei den Präsidentschaftswahlen 1968 setzte er sich gegen Lyndon B. Johnsons Vize Hubert H. Humphrey durch. Der Amtsinhaber war angesichts des sich abzeichnenden Vietnamdebakels nicht mehr zur Wahl angetreten. Nixon hatte sich als konservative Alternative und Mann der »schweigenden Mehrheit« präsentiert. Außerdem versprach er, den Konflikt in Südostasien zu beenden und einen Rückzug der USA ohne Gesichtsverlust zustande zu bringen, und das, obwohl das amerikanische Engagement auf seinem Höhepunkt war: Weit über eine halbe Million amerikanische Soldaten standen bei der Amtsübernahme Nixons in Vietnam. Ein »ehrenvoller« Abzug war angesichts der Lage nur im Einverständnis mit Moskau und Peking möglich, sodass die Vietnampolitik Washingtons nun mit einer Annäherung an China und einer Verstärkung der Entspannungsbemühungen mit der Sowjetunion einherging.

Beendigung des Vietnamkrieges
Nixons Mann für diese heiklen Aufgaben war der 1923 im fränkischen Fürth geborene Henry A. Kissinger. Er übernahm zunächst das Amt des Nationalen Sicherheitsberaters, 1973 das des Außenministers. Kissinger war ein in der Gleichgewichtspolitik des 19. Jahrhunderts, aber auch in deren Geheimdiplomatie geschulter Historiker. In Südostasien wollte er eine »Vietnamisierung« des Krieges erreichen. Süd-Vietnam sollte sich aus eigener Kraft gegen Nord-Vietnam und den Vietcong behaupten. Während die Nixon-Administration einerseits schnell Truppen abzog – bis Ende 1970 war ihre Zahl halbiert worden –, verschärfte sie andererseits den Konflikt: Gemeinsam mit südvietnamesischen Truppen wurden im Frühjahr Basen des Vietcong in Kambodscha zerstört und Ende 1970 die schweren Bombardements von Städten im Norden wieder aufgenommen. Die Proteste in den USA ebbten jedoch nicht ab. Schon Ende 1969 hatten sie einen Höhepunkt erreicht: Am 15. November demonstrierten über 250 000 Menschen in Washington gegen das amerikanische Engagement in Vietnam.

Mit ihrer Eskalationsstrategie hofften Nixon und Kissinger, die Führung Nord-Vietnams zu einem Waffenstillstand zu zwingen. Kissinger traf sich in Paris mehrfach mit dem vietnamesischen Verhandlungsführer Le Duc Tho und erreichte im Oktober 1972 einen Waffenstillstand; beide erhielten 1973 den Friedensnobelpreis, den Le Duc Tho allerdings nicht annahm. Zwei Monate nach der Unterzeichnung des Waffenstillstandsabkommens verließen am 29. März 1973 die letzten amerikanischen Einheiten den südostasiatischen Kriegsschauplatz. Gemessen an dem Versprechen Nixons, war das ein Erfolg, der auch bei den Präsidentschaftswahlen am 7. November 1972 honoriert wurde. Gemessen an dem Anspruch, mit dem die USA in den Sechzigerjahren in Vietnam angetreten waren, war das eine Niederlage, die die westliche Vormacht lange Zeit traumatisieren sollte.

Neue Chinapolitik
Im Zusammenhang mit dem Rückzug aus Vietnam erfolgte auch eine Neuorientierung der amerikanischen Chinapolitik. Traditionell pflegten die USA bereits seit dem 19. Jahrhundert gute Beziehungen zum »Reich der Mitte«, die aber seit dem chinesischen Bürgerkrieg und dem Koreakrieg (▶ 8.25) abgebrochen waren. Mit dem Sieg der Kommunisten 1949 standen

die USA vor der Frage, welche der beiden chinesischen Regierungen sie als offizielle Vertretung Chinas akzeptieren sollten. Die Entscheidung war zugunsten von Formosa (Taiwan) gefallen. Über zwei Jahrzehnte waren Peking und Washington verfeindet, und diplomatische Beziehungen existierten nicht.

Wieder war Henry Kissinger der Wegbereiter, der in geheimen Verhandlungen mit Ministerpräsident Zhou Enlai einen Besuch des US-Präsidenten vorbereitete. Die spektakuläre Reise Nixons Ende Februar 1972 nach Peking brachte bis auf die Anbahnung diplomatischer Beziehungen (die zum 1. Januar 1979 aufgenommen wurden) kaum greifbare Ergebnisse, öffnete aber die Tür – nicht nur für amerikanische Konzerne, sondern auch für zahlreiche westliche Besucher.

Richard M. Nixon besuchte 1972 als erster amerikanischer Präsident die Volksrepublik China.

Die sowjetische Führung war angesichts der amerikanisch-chinesischen Annäherung konsterniert, markierte sie doch eine neue strategische Lage in Asien. Doch auch gegenüber Moskau setzte Nixon auf Entspannung. Mit der Sowjetunion wurde über die Begrenzung strategischer Atomraketen verhandelt (▶ 10.19). Zur Unterzeichnung des Abkommens reiste er als erster amerikanischer Präsident Ende Mai 1972 in die Sowjetunion.

Watergate
Auch innenpolitisch hatte Nixon Erfolge vorzuweisen, etwa in der Frauenpolitik (▶ 10.33) und in der Umweltschutzpolitik (▶ 10.34). Angesichts dieser Bilanz hätte Nixon als bedeutender Präsident in die amerikanische Geschichte eingehen können, wenn er und seine nächste Umgebung nicht die kriminellen Machenschaften seiner Wahlkämpfer angeleitet bzw. gedeckt hätten. Als die »Washington Post« den Einbruch in die Parteizentrale der Demokraten im Washingtoner Watergate-Hotel publik machte, löste sie einen Skandal aus. Einem Amtsenthebungsverfahren kam Nixon zuvor, als er am 9. August 1974 als erster Präsident der USA – freiwillig, aber ohne Schuldeingeständnis – von seinem Amt zurücktrat. Sein Nachfolger, Vizepräsident Gerald R. Ford, ersparte ihm eine Strafverfolgung.

10.7 Bürgerkriege in Afrika

Nach der Entkolonialisierung (▶ 9.19) brachen in zahlreichen der vormaligen Kolonien in Afrika Konflikte aus, die nicht selten in Bürgerkriege mündeten. Die Ursachen lagen in den von den Kolonialherren im 19. Jahrhundert willkürlich gezogenen Grenzen, in der ungleichen Verteilung der politischen Macht unter den Staatsvölkern und in den zum Teil noch ungelösten Konflikten aus der vorkolonialen Zeit.

Nigeria
In dem 1960 von Großbritannien in die Unabhängigkeit entlassenen Nigeria entbrannte 1967 ein Krieg zwischen der Zentralregierung und der unter dem Namen »Biafra« abgefallenen Ostregion des Landes. In ihm entluden sich vorkoloniale Spannungen, die durch die britische Herrschaft noch verstärkt worden waren. Im Norden des Landes hatten die Fulbe und Hausa ihre islamisch bestimmte, aristokratisch strukturierte Gesellschaftsordnung bewahrt, während im südlichen Nigeria vor allem die christlichen Ibo unter der Kolonialherrschaft gesellschaftliche Strukturen, Arbeits- und Lebensweisen entwickelt hatten, die sich stärker an europäischen Vorbildern orientierten. Dieser Gegensatz entlud sich 1966 in zwei Militärputschen. Die Gewalt gegen im Norden lebende Ibo und die Erschließung von Ölquellen im Südosten Nigerias veranlassten General Odumegwu Ojukwu, den Militärgouverneur der von Ibo bewohnten Ostregion, diese am 30. Mai 1967 zur unabhängigen Republik »Bia-

fra« zu erklären. In einem von Hungersnot und Flüchtlingselend begleiteten Bürgerkrieg machten die Truppen der Zentralregierung unter General Jakubu Gowon die Sezession bis 1970 rückgängig.

Sudan

Einen ähnlichen Konflikt erlebte der Sudan, der seit dem Ende der Faschoda-Krise (▶ 4.13) ein britisch-ägyptisches Kondominium gewesen war. Der britisch-ägyptische Vertrag von 1953 sah für 1955 eine Volksabstimmung über die Unabhängigkeit oder den Anschluss an Ägypten vor. Der Erklärung der Unabhängigkeit am 1. Januar 1956 folgte ein Aufstand des christlich geprägten schwarzafrikanischen Südens, der seine Autonomie gegenüber dem arabisch-muslimisch dominierten Norden sichern und einen Anschluss an Ägypten verhindern wollte. Den blutigen Bürgerkrieg konnte erst Anfang der Siebzigerjahre Oberst Jafar Mohammed an-Numeiri, der sich 1969 an die Macht geputscht hatte, beenden, indem er dem Südsudan den gewünschten Autonomiestatus gewährte sowie eine Amnestie und ein Aufbauprogramm versprach. Nach Numeiris Sturz Mitte der Achtzigerjahre brach der Konflikt angesichts fundamentalistisch-islamistischer Bestrebungen im Norden wieder aus: Seither wird das Land von Krisen und Kriegen erschüttert.

Äthiopien

In Äthiopien konnte Kaiser Haile Selassie nach der Besetzung durch Italien (1935–1941) an die Macht zurückkehren. Nach einem 1950 von den Vereinten Nationen verabschiedeten Plan sollte die italienische Kolonie Eritrea zwar an Äthiopien angeschlossen werden, aber ihre Autonomie behalten. Als das Land sich jedoch die Provinz am 14. November 1962 einverleibte, brach in der überwiegend muslimisch geprägten Ex-Kolonie ein Aufstand aus. Der von der *Eritrean Liberation Front* (ELF, Eritreischen Befreiungsfront) getragene Guerillakrieg führte bis Ende der Achtzigerjahre zum faktischen Ausscheiden Eritreas aus dem äthiopischen Staatsverband. Seit Mitte der Siebzigerjahre kämpfte zudem ein Großteil der Tigray gegen die Zentralregierung, die in den Neunzigerjahren die Kontrolle über die im Norden gelegene Provinz verlor. Gleichzeitig wandte sich auch die Bevölkerungsmehrheit der Oromo gegen die Zentralregierung, von der sie mehr Autonomie forderte. Seit Anfang der Sechzigerjahre stritt sich Äthiopien zudem mit Somalia über das Grenzland Ogaden. 1978 mussten sich die Somalis nach heftigen Gefechten mit äthiopischen Truppen aus dem Gebiet zurückziehen. Die mit sowjetisch-kubanischer Unterstützung erzwungene Niederlage war eine der Ursachen für den Stillstand in den Entspannungsbemühungen zwischen West und Ost (▶ 10.31).

Ruanda und Burundi

Das Gebiet um die großen Seen in Zentralafrika ist seit Jahrzehnten von einem ethnischen Konflikt zwischen Hutu und Tutsi gezeichnet. In Ruanda war es nach der so genannten Bauernrevolution von 1959 bis weit in die Sechzigerjahre hinein zu bürgerkriegsähnlichen Unruhen gekommen. Die in die Nachbarländer geflohenen Tutsi versuchten wiederholt gewaltsam zurückzukehren, zumal sie u. a. auch in Uganda verfolgt wurden. Nach dem 1973 gescheiterten Aufstand der Hutu-Milizen in Burundi, den die von Tutsi dominierte Armee mit einer an einen Völkermord grenzenden Vernichtung der Hutu-Intelligenz beantwortete, schien sich der Konflikt zwischen diesen Bevölkerungsgruppen zu beruhigen. Er flammte jedoch Anfang der Neunzigerjahre wieder auf, als Uganda unter Präsident Museveni die Rückkehr der etwa 250 000 Exil-Ruander unterstützte. Der sich anschließende Bürgerkrieg stürzte Ruanda nicht nur in eine Versorgungskrise, sondern gipfelte auch in einem Völkermord, dem Hunderttausende

Hutu-Flüchtlinge aus Ruanda auf dem Weg nach Tansania

zum Opfer fielen. Diese Eskalation erfolgte im Frühjahr 1994 nach dem Abschuss eines Flugzeugs, bei dem der ruandische und der burundische Präsident ums Leben kamen. Die Vereinten Nationen und die internationale Staatengemeinschaft versäumten es, rechtzeitig in den Konflikt einzugreifen.

Obwohl die Tutsi die Macht in Ruanda übernehmen konnten, ist der Konflikt weiterhin ungelöst. Viele Hutu warten in den Nachbarländern auf ihre Rückkehr. Vor allem Zaire, die heutige Demokratische Republik Kongo, litt unter dem Zustrom von Flüchtlingen, der nicht nur zum Sturz von Präsident Mobutu, sondern auch zu einer ruandischen Intervention in der Grenzregion führte. Der ethnische Konflikt schwelt weiter.

10.8 Apartheid

Apartheid, afrikaans für »Gesondertheit«, bezeichnet eine in der Südafrikanischen Union wenige Jahre nach dem Zweiten Weltkrieg eingeführte und bis zu Beginn der Neunzigerjahre praktizierte Politik, die die Einwohner bestimmten Rassen zuordnete und sie zugunsten einer Vorherrschaft der Weißen trennte. Die burische *National Party* trat 1948 mit diesem Programm bei den Parlamentswahlen an und gewann. In den folgenden Jahren erließ die Regierung unter Daniel F. Malan eine umfangreiche *Apartheid*-Gesetzgebung, welche der Bevölkerungsmehrheit diskriminierte und die Vorrangstellung der weißen Minderheit in allen Lebensbereichen sowie ihren politischen Führungsanspruch garantierte.

Die gut zehn Prozent Weißen verstanden sich als eigene Nation, während die schwarze Bevölkerung nach vorkolonialer Geschichte und Sprache in neun »Bantunationen« eingeteilt wurde. Ihnen wurden aus den 1936 abgegrenzten Reservaten »Homelands« zugewiesen. Die zumeist kargen Gebiete waren wirtschaftlich nicht lebensfähig. Ihre Bewohner mussten in den großen Industriezentren arbeiten. Passgesetze stellten jedoch sicher, dass sich keine Nichtweißen – außer zur Arbeit – außerhalb der Reservate aufhielten. Die schwarzen Wanderarbeiter mussten an den Rändern der Großstädte wohnen, wo slum-

Auch öffentliche Plätze wurden vom Apartheid-Regime in Bereiche für Weiße und Nichtweiße aufgeteilt.

artige *Townships* entstanden, etwa Soweto – »South Western Township« – in der Nähe von Johannesburg. Aufgrund der – international nicht anerkannten – Homeland-Staatsbürgerschaft wurden die Schwarzen zu Ausländern im eigenen Land.

Widerstand der Schwarzen

Der *Mixed Marriages Act* verbot »gemischtrassige« Ehen und intime Beziehungen zwischen Weißen und Nichtweißen; der *Bantu Education Act* stellte sicher, dass nur Weiße höhere Schulbildung erlangten. Eine Vielzahl von Gesetzen führte in allen öffentlichen Einrichtungen die Rassentrennung ein. Stabilisiert wurde das System durch den *Suppression of Communism Act*, der in den Sechzigerjahren durch den *Internal Security Act* verschärft wurde: In den folgenden Jahren gerieten all jene liberalen und emanzipatorischen Bewegungen unter »Kommunismus-Verdacht«, die wie der Afrikanische Nationalkongress (ANC, *African National Congress*) oder der Panafrikanische Kongress (PAC,

Pan African Congress) zum Widerstand gegen das *Apartheid*-Regime aufriefen.

Der gewaltfreie Widerstand dieser Bewegungen endete im März 1960, als die Polizei eine Demonstration in Sharpeville gewaltsam beendete. Über 60 Teilnehmer wurden getötet. Die Regierung verhängte das Notstandsrecht und verbot den ANC und den PAC. Vom benachbarten Ausland aus organisierten die Widerstandsbewegungen Guerillaaktionen zum Sturz der weißen Minderheitenherrschaft, die Südafrika immer wieder einen Vorwand für Interventionen in den Nachbarländern boten, wie zum Beispiel in Angola. Mitte März 1961 musste Südafrika das *Commonwealth* verlassen. Südafrika wurde Republik. Die OAU (*Organization of African Unity*, ▶ 9.20) erkannte ANC und PAC 1963 als Befreiungsbewegungen an.

Trotz einer Politik der Gesprächsbereitschaft unter Premierminister John Vorster gegenüber den afrikanischen Nachbarstaaten wuchs die internationale Isolierung Südafrikas in den Sechzigerjahren. Der Sicherheitsapparat wurde massiv ausgebaut. Bei einem Massaker der Polizeikräfte gegen eine Studentendemonstration in Soweto kamen 176 schwarze Studenten ums Leben.

Die außenpolitische Offensive Pretorias – verbunden mit technischen und finanziellen Hilfen – scheiterte spätestens Ende 1977, als die UN erstmals ein Waffenembargo verhängten. Gleichzeitig hielt die Weltgemeinschaft fest, dass Südafrika nicht nur durch die wiederholten Interventionen in die Nachbarstaaten, sondern auch durch die fortdauernde rassistische Diskriminierung der Bevölkerungsmehrheit den Weltfrieden bedrohe. Trotz wiederholter Verurteilungen, verschärfter Sanktionen und innenpolitischer Unruhen wurde die Politik der Rassentrennung noch bis Ende der Achtzigerjahre fortgesetzt (▶ 11.21).

10.9 Großer Sprung und Kulturrevolution in China

Vier Jahre nach Gründung der Volksrepublik China erklärte die Führung die Konsolidierung für beendet und leitete mit dem 1. Fünfjahresplan (1953–1957) den wirtschaftlichen Aufbau ein. Nach sowjetischem Vorbild sollte eine sozialistische Umgestaltung des »Reiches der Mitte« erfolgen: Die Landwirtschaft wurde kollektiviert und die verbliebene Privatwirtschaft verstaatlicht. Auf Drängen von Mao Zedong wurde die Kollektivierung durch die Einrichtung landwirtschaftlicher Produktionsgenossenschaften »höheren Typs« beschleunigt und vertieft. Trotz erheblicher Erfolge dieser Wirtschaftspolitik zeigten sich auch in China schnell die Grenzen der Planwirtschaft: Bürokratisierung und Ineffizienz verhinderten ein dauerhaftes Wachstum. Hinzu kam ein parteiinterner Streit über die Ausrichtung der Wirtschaftspolitik.

Im Mai 1958 beschloss das Zentralkomitee der Kommunistischen Partei (KPCh) das Programm des »Großen Sprungs«: Die Kollektivierungen wurde in so genannten Volkskommunen – gebildet aus landwirtschaftlichen Produktionsgenossenschaften – weiter vorangetrieben. Revolutionärer Elan und maoistisches Bewusstsein sollten die Massen mobilisieren. »Produktionsschlachten« in der Landwirtschaft und in der Stahlerzeugung führten nach anfänglich beeindruckenden Zuwachsraten – über 40 Prozent in der Industrieproduktion und 20 Prozent in der Landwirtschaft – mittelfristig zu einem Produktionsrückgang. Hinzu kamen Planungsfehler, aber auch Naturkatastrophen. In den »drei bitteren Jahren« (1960–1962) forderten Unterversorgung und Hunger bis zu 30 Millionen Opfer. Angesichts der verheerenden Wirtschaftskrise musste das Zentralkomitee 1961 das Scheitern des »Großen Sprungs« eingestehen. Die folgende Politik der »Readjustierung« räumte der Landwirtschaft und der Leichtindustrie wieder einen höheren Stellenwert ein. Die totale Kollektivierung wurde aufgegeben, die Bauern erhielten Privatparzellen zurück und konnten wieder eine Nebenwirtschaft betreiben.

Die »Große Proletarische Kulturrevolution«
Allerdings setzte die Kulturrevolution dem von Liu Shaoqi initiierten Wirtschaftsliberalismus ein Ende. Mao hatte sie im Frühsommer 1966 ausgerufen, um seine Position gegenüber der Partei zu stärken. Diese erhob die »Große Proletarische Kulturrevolution« im August des Jahres zum Programm. Schulen und Universi-

Zwischen Spannung und Entspannung

Wandzeitungen wie diese in Peking 1966 prägten das Bild der Kulturrevolution.

täten wurden geschlossen, China vom Ausland abgeschottet. Parteiinterne Gegner wie Deng Xiaoping (1904–1997) – seit Mitte der Fünfzigerjahre Vize-Ministerpräsident, Mitglied des Politbüros und als »Revisionist« diskreditiert – wurden entmachtet.

Schnell entglitt Mao die Bewegung, Anarchie und Chaos bestimmten das öffentliche Leben. Anfang 1967 wurde die Armee aufgefordert, an der Kulturrevolution teilzunehmen. Sie sollte die »Roten Garden«, junge radikalisierte Studenten, unter Kontrolle bringen. Die Gründung so genannter Revolutionskomitees scheiterte jedoch am Widerstand der Arbeiter. Mao schickte die Gardisten aufs Land. Die Jugend sollte von den Massen lernen und in der Landwirtschaft arbeiten. Schätzungsweise 15 Millionen Jugendliche folgten diesem Aufruf. Schließlich enthob im Oktober 1968 das Zentralkomitee Liu Shaoqi vom Amt des Staatspräsidenten. Das war der Höhepunkt der Kulturrevolution, die ein halbes Jahr später vom IX. Parteitag der KPCh für beendet erklärt wurde.

Mit dem Ende der »Großen Proletarischen Kulturrevolution« begann Peking die selbst gewählte Isolation aufzugeben und sich – vor dem Hintergrund der chinesisch-russischen Spannungen mit bewaffneten Zwischenfällen am Grenzfluss Ussuri am 2. und 15. März 1969 – Washington zuzuwenden. Innenpolitisch litt das Land bis zum Tod Maos im September 1976

weiter unter dem Richtungsstreit und Machtkampf in der KPCh. Erst sein Ableben ermöglichte die Verhaftung der so genannten »Viererbande«, darunter Maos Witwe Jiang Qing, sowie dreißig weiterer hochrangiger Parteimitglieder, die für viele Maßnahmen während der Kulturrevolution verantwortlich gemacht wurden. Nachdem er schon dem im Januar verstorbenen Ministerpräsident Zhou Enlai gefolgt war, übernahm Hua Guofeng nun auch den Parteivorsitz. Da er strikt auf Maos Kurs blieb, wandten sich die reform- und modernisierungsbereiten Kräfte bald ab. Viele Parteimitglieder, unter ihnen Deng Xiaoping, wurden rehabilitiert. Das war eine Voraussetzung für die Reformen nach 1979 (▶ 11.15).

10.10 Sechstagekrieg

Nach der internationalen Krise um den Suezkanal (▶ 9.2) war die Situation im Nahen Osten angespannt. Der Staat Israel blieb – umringt von feindlich gesinnten arabischen Nachbarn – in einer prekären Lage, abhängig von der Hilfe des Westens, insbesondere der Vereinigten Staaten von Amerika.

Ägyptens Präsident Gamal Abd el-Nasser konnte die militärische Niederlage in einen politischen Sieg über zwei Großmächte ummünzen und zum unbestrittenen Führer der arabischen Welt aufsteigen. Zwar hatte

Kapitel 10

Der Nahostkonflikt: Israel und seine Nachbarn

Ende September 1961 Syrien die Union mit Ägypten (»Vereinigte Arabische Republik«) wieder gelöst, doch seit Februar 1966 stand Nasser Hafis al-Assad zur Seite, der auch vor einem erneuten Angriff auf Israel nicht zurückschreckte. Der Luftwaffenkommandeur hatte sich in Syrien an die Macht geputscht und sogleich die Nähe und Unterstützung der Sowjetunion gesucht. Anfang November schlossen Syrien und Ägypten einen Beistandspakt.

Israel entnahm seit 1963 große Mengen Wasser aus dem Oberlauf des Jordans und förderte so den arabischen Schulterschluss. Nicht nur Syrien, sondern auch die erste arabische Gipfelkonferenz im Januar 1964 sahen in dem Vorgehen einen Kriegsgrund. Ägyptens Präsident Abd el-Nasser initiierte auf dem Gipfel die Gründung der Palästinensischen Befreiungsorganisation (PLO), die mit verschiedenen Gruppierungen den Kampf gegen Israel aufnahm (▶ 10.26). Die *Fedajin*, palästinensische Freischärler, operierten u. a. von Syrien aus, das zum Ziel israelischer Vergeltungsangriffe wurde.

Nachdem die Zwischenfälle an der syrisch-israelischen Grenze seit 1966 immer mehr zugenommen und sich die Armeen beider Länder Artillerie-, Panzer- und Luftgefechte geliefert hatten, drohte Israel Syrien mehrfach mit Invasion, sollten die Anschläge der PLO weitergehen. Nasser schickte daraufhin ägyptische Verbände auf die Sinai-Halbinsel und forderte die UN auf, ihre Friedenstruppen abzuziehen. Nach dem Einzug in Scharm esch-Scheich sperrte der ägyptische Präsident die Meerenge von Tiran für israelische Schiffe. Elat, der israelische Hafen im Norden des Golfs von Akaba, war blockiert.

Als Ende Mai und Anfang Juni 1967 auch Jordanien und der Irak dem ägyptisch-syrischen Beistandspakt beitraten, holte Israel am 5. Juni 1967 zu einem Präventivschlag aus und zerstörte in den ersten Stunden des dritten Nahost-Krieges die Luftwaffen Ägyptens, Jordaniens,

Zwischen Spannung und Entspannung

Iraks und Syriens. Die israelische Armee rückte bis zum Suezkanal und auf die Golanhöhen vor. Nach sechs Tagen ruhten an allen Fronten die Waffen, die arabischen Armeen waren besiegt. Israel hatte seinen Nachbarn eine schwere Niederlage beigebracht und ihr Selbstwertgefühl nachhaltig erschüttert. Außer dem Golan und der Sinai-Halbinsel einschließlich des Gazastreifens wurden auch Westjordanien (die Westbank) und Ost-Jerusalem besetzt.

Weltweite Proteste waren die Folge. Die Vereinigten Staaten sorgten dafür, dass in der Resolution 242 des Sicherheitsrates der Vereinten Nationen vom 22. November 1967 das Prinzip des Rückzugs aus den besetzten Gebieten mit dem Existenzrecht Israels verbunden wurde. Die Kompromissformel konnte indes den Konflikt nicht entschärfen, wie der Jom-Kippur-Krieg zeigen sollte (▶ 10.21).

10.11 Prager Frühling

Der »Prager Frühling« begann im Januar 1968, als der slowakische Parteisekretär Alexander Dubček zum Ersten Sekretär der Kommunistischen Partei der ČSSR gewählt wurde. Mit ihm begann der Versuch, das kommunistische System der Tschechoslowakei durch eine umfassende Liberalisierung zu reformieren. An einen Umsturz dachte Dubček ebenso wenig wie an einen Austritt aus dem Warschauer Pakt, wie ihn Ungarn 1956 erklärt hatte. Trotz des vorsichtigen Vorgehens Prags reagierte Moskau gereizt, weil sich im Windschatten Chinas auch Albanien und Rumänien aus dem sozialistischen Lager zu lösen begannen. Vor diesem Hintergrund waren weitere Verselbstständigungstendenzen in ihrem unmittelbaren Einflussbereich aus Sicht der Sowjetunion nicht hinnehmbar. Leonid Breschnew, der nach dem Sturz Chruschtschows im Oktober 1964 das Amt des Ersten bzw., wie es seit 1966 hieß, des Generalsekretärs der KPdSU übernommen hatte, verschärfte im Sommer 1968 den Führungsanspruch und machte den Mitgliedstaaten des Warschauer Paktes klar, dass sie nur über eine beschränkte Souveränität verfügten und nicht vom sozialistischen Weg abweichen durften. Die im Westen nach ihrem Urheber bezeichnete »Breschnew-Doktrin« bezog sich zu diesem Zeitpunkt eindeutig auf die Tschechoslowakei und kündigte den bevorstehenden Einmarsch an.

Schon im Mai fanden erste Truppenbewegungen der in Südpolen stationierten Einheiten der sowjetischen Armee statt. Ein Mitte Juni abgehaltenes Manöver in der ČSSR wurde benutzt, um weitere Truppen ins Land zu bringen. In der Nacht vom 20. auf den 21. August 1968 marschierten schließlich Verbände des Warschauer Pakts in die Tschechoslowakei ein; Prag wurde von Luftlandetruppen eingenommen. Der Invasion ging ein fingierter »Hilferuf«

Ein Symbolbild des Prager Frühlings: Demonstrant mit entblößter Brust vor einem sowjetischen Panzer.

des Opfers voraus, das sich dann auch schnell in Moskau mit »Maßnahmen« einverstanden erklärte, die nichts anderes als die Rücknahme der Reformen bedeuteten. Mitte Oktober musste die tschechoslowakische Führung einen Stationierungsvertrag unterschreiben, der die dauernde Anwesenheit sowjetischer Truppen vorsah. Bis 1991 blieben knapp 80 000 Soldaten im Land. Als Gustav Husák am 17. April 1969 Alexander Dubček ablöste, war der »Prager Frühling« beendet. Doch die Ereignisse hatten tiefe Auswirkungen auf die Nachbarländer Polen, Ungarn und die DDR. Viele Menschen ließen nun alle Hoffnungen auf einen reformierten Sowjetkommunismus endgültig fahren.

10.12 Atomwaffensperrvertrag

Die Kuba-Krise (▶ 9.12) brachte die Welt im Oktober 1962 an den Rand einer nuklearen Konfrontation zwischen der Sowjetunion und den USA. Beide Mächte zogen aus dieser Erfahrung Konsequenzen und trafen Vereinbarungen, die eine direkte Konfrontation verhindern sollten. Schon am 20. Juni 1963 wurde die Einrichtung eines »Heißen Drahtes«, einer direkten Fernschreibverbindung zwischen Weißem Haus und Kreml vereinbart, um die technischen Möglichkeiten der Kommunikation zwischen den beiden Weltmächten zu verbessern und die Gefahr von Missverständnissen zu verringern. Wenig später, am 5. August 1963, wurde von den USA, der Sowjetunion und Großbritannien ein Abkommen über die teilweise Beendigung der Kernwaffenversuche in der Atmosphäre, im Weltraum und unter Wasser unterzeichnet (▶ 9.22). Es sollte die Umwelt vor einer radioaktiven Verschmutzung schützen und gleichzeitig verhindern, dass Nichtkernwaffenstaaten durch entsprechende Versuche zu Atommächten aufsteigen konnten. Der Vertrag war der erste Schritt hin zu einer Nichtverbreitungspolitik der Nuklearmächte, die verhindern wollten, dass weitere Staaten in den Besitz von Kernwaffen kommen.

Der nächste Schritt auf diesem Weg war der am 1. Juli 1968 von den USA, Großbritannien und der Sowjetunion geschlossene »Vertrag über die Nichtverbreitung von Kernwaffen«, auch Atomwaffensperrvertrag genannt. Der Vertrag untersagte den Kernwaffenstaaten die Weitergabe von Kernwaffen an Dritte und verpflichtete sie zu nuklearer Abrüstung; gleichzeitig verbot er den Nichtkernwaffenstaaten die Annahme oder Herstellung und den Besitz von Kernwaffen, garantierte aber den ungehinderten Zugang zu nuklearen Materialien, Anlagen und Technologien zum Zweck der friedlichen Nutzung der Kernenergie unter internationaler Kontrolle. Trotz des Verzichts auf Kernwaffen waren die Nuklearmächte nicht bereit, den beitretenden Staaten eine Garantie gegen atomare Bedrohung zu geben. Eine UN-Entschließung sicherte ihnen lediglich das sofortige Eingreifen des Sicherheitsrates zu.

Der Atomwaffensperrvertrag war eines der wichtigsten Abkommen während des Kalten Krieges. Ihm schlossen sich fast alle Länder der Erde an, bis Mitte 2000 waren das 187 Staaten, darunter alle Nachfolgestaaten der Sowjetunion. Lange nach den Erstunterzeichnern USA, Großbritannien und Sowjetunion traten auch die Kernwaffenstaaten China (1991) und Frankreich (1992) dem Vertrag bei sowie mehrere kernwaffenfähige »Schwellenländer« wie Nord- und Süd-Korea, Südafrika und Argentinien. Ferngeblieben sind ihm wenige Staaten, darunter Israel und einige wichtige Länder der »Dritten Welt« (Indien, Pakistan, Brasilien); Nordkorea ist 2003 vom Vertrag zurückgetreten. Mittlerweile gelten auch Indien, Pakistan und Israel als Atommächte.

Nicht nur aus diesem Grund ist die Bilanz des Abkommens zwiespältig. Der Atomwaffensperrvertrag konnte nicht verhindern, dass die Unterzeichnerstaaten zivile Nukleartechnologie militärisch missbrauchten. Die Aufdeckung eines geheimen Kernwaffenprogramms im Irak – eines langjährigen Mitgliedes des Atomwaffensperrvertrages – nach dem Ende des Zweiten Golfkrieges 1991 und der Streit um das iranische Atomprogramm in jüngster Zeit haben gezeigt, dass der Vertrag unterlaufen werden kann.

10.13 Die Studentenbewegung

Die antiautoritäre Protestbewegung der Fünfzigerjahre wandelte sich in den Sechzigerjah-

Zwischen Spannung und Entspannung

ren zu einer politisch-ideologischen Studentenbewegung. Sie ging von den USA aus und griff bald auf Westeuropa und andere Teile der Welt über. Richtete sich der Protest zunächst gegen traditionelle Lebensweisen, überkommene Bildungseinrichtungen und die gängige politische Praxis, verband er sich zu einer allgemeinen Kritik am gesellschaftlichen System, das grundlegend verändert werden müsse.

In den USA unterstützte die studentische Opposition von Anfang an die Bürgerrechtsbewegung unter Martin Luther King (▶ 10.5). Gleichzeitig übte sie heftige Kritik an dem Krieg, den die USA in Vietnam führten (▶ 10.3). Gegen diesen demonstrierten auch die Studenten in Europa. Sie kritisierten überdies, dass ihre Länder aus ideologischen Gründen politische und wirtschaftliche Beziehungen zu Diktaturen unterhielten. Die Niederschlagung des »Prager Frühlings« (▶ 10.11) gab den Protesten einen zusätzlichen Impuls, da mit ihm die Hoffnungen auf eine Reform der sozialistischen Regime in den Ländern des Ostblocks starben.

In der Bundesrepublik Deutschland richtete sich der Protest gegen die verkrusteten Strukturen der Ordinarien-Universität (Motto: »Unter den Talaren der Muff von tausend Jahren«), gegen überkommene Autoritäten in Elternhaus, Schule und Kirche und gegen die nach dem Zweiten Weltkrieg entstandene Wohlstandsgesellschaft, die ihre nationalsozialistische Vergangenheit nie angemessen aufgearbeitet habe. Die Kanzlerschaft Kurt Georg Kiesingers bestätigte den Vorwurf, da der Regierungschef der NSDAP angehört hatte. Die von ihm geführte Große Koalition schien in den Augen der Protestierenden die junge Demokratie in Deutschland auch deswegen zu schwächen, weil sich die parlamentarische Opposition im Bundestag nun auf die 50 Abgeordneten der FDP beschränkte. Weiteren Zulauf erhielt die außerparlamentarische Opposition, kurz APO genannt, als im Mai 1968 die so genannten Notstandsgesetze verabschiedet wurden.

Die Jahre 1967 und 1968
Als bei einer Demonstration gegen den Besuch des Schahs von Persien in Berlin der Student Benno Ohnesorg am 2. Juni 1967 von einem Polizisten erschossen wurde, eskalierten die Proteste in der Bundesrepublik zu einem bisher nicht gekannten Ausmaß. Zielscheibe des studentischen Unmuts war vor allem die »Springer-Presse«, die mit ihren Boulevardblättern, allen voran der »Bild«-Zeitung, die Stimmung anheizte. Als am 11. April 1968, Gründonnerstag, auf Rudi Dutschke, den führenden Kopf der Studentenbewegung, ein Attentat verübt wurde, eskalierte die Lage. Über die Osterfeiertage 1968 erlebte die Bundesrepublik und West-Berlin gewalttätige Unruhen, die erneut zwei Menschenleben forderten.

Demonstration gegen die Verabschiedung der Notstandsgesetze 1968.

Die breite Bevölkerung konnte sich allerdings nicht mit der studentischen Protestbewegung solidarisieren. Die Gewalttätigkeit der Proteste schreckte ebenso ab wie die Bewunderung für die Befreiungsbewegungen in der »Dritten Welt«, etwa die südamerikanischen Revolutionäre Che Guevara und Fidel Castro. Außerdem konnten die Studenten ihre linke Gesellschaftstheorie kaum Außenstehenden vermitteln. So schlossen sich nur in Ausnahmefällen Arbeiter den Studenten an. In Spanien vereinte sie zum Beispiel 1967 der Protest gegen die Franco-Diktatur. Der Schulterschluss gelang im Mai 1968 vorübergehend auch in Frankreich, wo Staatspräsident de Gaulle ein Jahr später zurücktrat. Zusammenstöße zwischen der Polizei und der Protestbewegung fanden auch in Japan und Mexiko, in der Türkei und in Griechenland statt.

Anfang der Siebzigerjahre ließen die Studentenunruhen nach. Ohne die gesellschaftlichen und politischen Systeme in der Welt unmittelbar verändert zu haben, trug die Studentenbewegung doch wesentlich zur Bewusstseinsbildung und Emanzipation bei und lieferte theoretische und praktische Ansätze für die sozialen Bewegungen, die in den Siebziger- und Achtzigerjahren entstanden (▶ 10.32, ▶ 10.33, ▶ 10.34). Sie hat die politische Kultur der westlichen Staaten durch die Steigerung der Partizipationsmöglichkeiten der Bürger geprägt, aber auch das Lebensgefühl der Menschen etwa durch eine sexuelle Liberalisierung verändert. Vereinzelt führten Splittergruppen den »Kampf« gegen den Staat mit Mitteln des Terrorismus weiter (▶ 10.25).

10.14 Wettlauf im All

Der *Sputnik* war ein Schock für den Westen. Mit dem Start des Satelliten am 4. Oktober 1957 löste die Sowjetunion nicht nur Bedrohungsängste aus, sondern auch einen Wettlauf ins Weltraum, der die Welt bis Ende der Sechzigerjahre in Atem halten sollte. Vor dem Hintergrund des Ost-West-Konflikts war mit den Weltraumprogrammen der östlichen bzw. westlichen Vormacht viel politisches Prestige verbunden. Schließlich standen meist die Vereinigten Staaten von Amerika und der Westen an der Spitze des technischen Fortschritts – bis

Der sowjetische Kosmonaut Juri Gagarin umkreiste am 12. April 1961 in der Raumkapsel Wostok als erster Mensch die Erde.

auf die Weltraumforschung. Diese Ausnahme war im Zeitalter der atomaren Abschreckung nicht unerheblich, konnte doch eine Weltraumrakete auch einen nuklearen Sprengkopf auf einen anderen Kontinent tragen. Jedenfalls eröffnete die Sowjetunion mit dem Start des *Sputnik 1*, der die Erde in gut eineinhalb Stunden umkreiste, das Weltraumzeitalter. Noch im November des selben Jahres schickte die UdSSR ein erstes Lebewesen ins All, die Hündin Laika.

Die USA reagierten schnell: Mit *Explorer I* entsandten sie am 31. Januar 1958 ihren ersten Erdsatelliten in den Weltraum. Die im Sommer des Jahres gegründete nationale Luft- und Raumfahrtbehörde NASA *(National Aeronautics and Space Administration)* sollte das nun ausgerichtete und beschleunigte Raketenbauprogramm der USA in die Tat umsetzen. Trotz der amerikanischen Anstrengungen waren die Sowjets schon bald wieder einen Schritt voraus: Am 12. April 1961 gelang ihnen der erste bemannte Raumflug. Juri A. Gagarin umkreiste in dem Raumschiff *Wostok I* in eindreiviertel Stunden einmal die Erde. Die Amerikaner konnten mit der dreimaligen Erdumkreisung John H. Glenns in einer *Mercury*-Kapsel erst am 20. Februar 1962 nachziehen. Ziel ihres im Frühsommer 1961 von Präsident Kennedy verkündeten *Apollo*-Raumfahrtprogramms war aber, einen Menschen auf dem Mond landen zu lassen und wieder sicher zur Erde zurückzubringen.

Die Mondlandung

Nachdem Sowjets wie Amerikaner mit mehreren Flügen »Weltraumspaziergänge« geprobt und mit Sonden die Oberfläche des Erdtrabanten inspiziert hatten, wagten sich die US-Astronauten Ende 1968 in die Nähe des Mondes: Landeplätze wurden erkundet, die Landefähre getestet und die Rückkehr in die Erdumlaufbahn geübt. Nach diesen Vorbereitungen landeten Neil A. Armstrong und Edwin E. Aldrin am 20. Juli 1969 auf dem Mond, während ihr Kollege Michael Collins mit der Kommandokapsel den Erdtrabanten umkreiste. Der Ausstieg am folgenden Tag (europäischer Zeit) wurde auf der ganzen Welt live im Fernsehen verfolgt. Nach dem Erfolg von *Apollo 11* unternahmen die USA bis Ende 1972 noch sechs weitere Mondflüge, von denen einer vorzeitig abgebrochen werden musste.

Der Weltraum gilt – wie die Weltmeere und die Antarktis – als gemeinsamer Besitz der Menschheit. Infolgedessen fühlten sich die Vereinten Nationen seit Ende der Fünfzigerjahre berufen, wissenschaftliche, technische und rechtliche Standards für die Raumfahrt zu setzen und Grundsätze für die Erforschung des Weltraums zu entwickeln. Im Zentrum dieser Bemühungen standen die Beschränkung der Raketenrüstung der Supermächte und die Kanalisierung des Wettrüstens im Weltraum, da die zivilen Weltraumprogramme immer hinter den militärischen zurückstanden. Auf Drängen der UN schlossen am 27. Januar 1967 die USA, die Sowjetunion und Großbritannien den so genannten Weltraumvertrag. Er verbot den Gebietserwerb im Weltraum und die Verbringung von Kern- und anderen Massenvernichtungswaffen in eine Umlaufbahn. Der in Zusammenhang mit SALT I geschlossene ABM-Vertrag von 1972 (▶ 10.19) untersagte darüber hinaus u. a. die Nutzung weltraumgestützter Komponenten zur Abwehr von Interkontinentalraketen.

Bis zum Ende des Kalten Krieges erfolgten über 3000 Starts in den Weltraum, zumeist durch die USA und die Sowjetunion. In den Achtzigerjahren entwickelte auch Europa mit der von der Europäischen Weltraumagentur (ESA, *European Space Agency*) entwickelten *Ariane*-Trägerrakete eigene Weltraumaktivitäten. Nach der Auflösung der Sowjetunion konnte Russland die zivile Weltraumfahrt kaum mehr aufrechterhalten. Gleichzeitig verzögerte sich das amerikanische Weltraumprogramm, nachdem im Januar 1986 die Raumfähre *Challenger* beim Start explodiert war.

Einen neuen Schub erhielt die bemannte Raumfahrt durch die Internationale Raumstation (*International Space Station*, ISS), die die führenden Weltraummächte gemeinsam einrichten. Allerdings schreitet die Einrichtung angesichts knapper Kassen nur langsam voran und wurde durch die Katastrophe der Raumfähre *Columbia*, die am 1. Februar 2003 bei der Rückkehr zum US-Weltraumbahnhof Cape Canaveral nach sechzehntägigem Forschungsaufenthalt im All beim Landeanflug zerbrach, weiter verzögert. Alle sieben Astronauten kamen ums Leben. Die Zukunft der Raumfahrt scheint bis auf Weiteres in unbemannten Raumsonden zu liegen.

10.15 Der Nordirlandkonflikt

Irland, die westlichste der Britischen Inseln, wurde im 17. Jahrhundert durch England rücksichtslos kolonisiert. Die alte, katholische Oberschicht wurde von ihrem Land vertrieben und durch eine neue, protestantische ersetzt. Nach der Französischen Revolution entwickelte sich – wie in anderen europäischen Ländern – auch in Irland ein Nationalismus, der sich nicht nur an der Religionsfrage, sondern auch an den sozialen Unterschieden entzündete. 1798 ging ein Aufstand der katholischen Mehrheit durch das Land, der zwar niedergeschlagen werden konnte, aber die protestantische Herrschaft erschütterte. Nicht zuletzt deshalb trieb London die Politik einer Union beider Länder voran, die 1800 beschlossen und am 1. Januar 1801 umgesetzt wurde. Da der Zusammenschluss – u. a. der Parlamente – nicht mit einer Emanzipation der Katholiken einherging, wurde er in Irland von der Mehrheit der damals 4,5 Millionen Katholiken abgelehnt, zumal der Landbesitz und die Verwaltung des Landes fest in der Hand der halben Million Protestanten blieb.

Die Emanzipation der Katholiken in Irland und die Unabhängigkeit des Landes von England blieben im 19. Jahrhundert die zentralen Forderungen des irischen Nationalismus, die mit dem *Government of Irland Act* 1920 zum Teil in Erfüllung gingen. Allerdings wurden sechs Grafschaften im Norden des Landes (Ulster), vom Irischen Freistaat abgetrennt und blieben bei Großbritannien. Die Verfassung vom 29. Dezember 1937 schuf dann den unabhängigen Staat Eire, ohne dass das Problem um die bei Großbritannien verbliebenen nordirischen Grafschaften gelöst worden wäre. Die Situation verschärfte sich noch, als Irland 1948 aus dem *Commonwealth* austrat und sich im Jahr darauf zur Republik erklärte.

Bürgerkrieg ab 1969

Während sich die katholische Minderheit im Norden nach der Einheit sehnte, lehnte die pro-

Kapitel 10

testantische Mehrheit diese ebenso ab wie Forderungen nach politischer Gleichberechtigung und sozialer Besserung. Seit Mitte der Sechzigerjahre versuchte eine Bürgerrechtsbewegung mit Protestkundgebungen auf die politische und soziale Benachteiligung der katholischen Bevölkerung aufmerksam zu machen. Diese Bewegung gipfelte am 5. Oktober 1968 in einer blutigen Straßenschlacht mit Protestanten. Da die häufig parteiische Polizei der bürgerkriegsähnlichen Auseinandersetzungen nicht Herr wurde, schickte London im August 1969 die britische Armee nach Nordirland. Diese Militarisierung des Konflikts belebte die katholische Untergrundarmee IRA *(Irish Republican Army)*, die den Kampf gegen die britischen Truppen aufnahm und ihre Terroraktionen auch nach Großbritannien und auf das europäische Festland ausweitete. Über 3000 Tote forderte der Konflikt zwischen britischer Armee und protestantisch-unionistischen Gruppen wie der *Ulster Defence Association* (UDA) oder der *Ulster Volunteer Force* (UVF) einerseits und der IRA andererseits in den Jahren 1969 bis 1994.

Friedensbemühungen

Dennoch versuchten britische und irische Politiker immer wieder, einen Dialog zwischen den verfeindeten Gruppen anzubahnen. 1992/93 wurde erstmals der politische Arm der IRA, die *Sinn Féin*, in den Friedensprozess einbezogen. Die Partei schien bereit, zwischen dem Fernziel einer irischen Einheit und dem Zwischenziel eines Kompromisses mit den Unionisten zu unterscheiden und sich auf einen friedlichen und demokratischen Weg einzulassen. Den ebnete die IRA am 31. August 1994 mit einem einseitig verkündeten Waffenstillstand. Die Gespräche scheiterten jedoch, weil die britische Regierung eine Beteiligung der *Sinn Féin* an Friedensverhandlungen von der Entwaffnung der IRA abhängig machte. Diese erklärte darauf am 9. Februar 1996 den Waffenstillstand für beendet.

Einen neuen Anlauf unternahm die britische Regierung unter Premierminister Tony Blair, der im Mai 1997 *Sinn Féin* zu Verhandlungen unter der Bedingung einlud, dass die IRA einen Waffenstillstand erklärte. Das geschah am 19. Juli des Jahres. Mit Ausnahme der strittigen Frage der Entwaffnung der paramilitärischen Gruppen auf beiden Seiten, die einer internationalen Kommission übertragen wurde, konnten die Friedensverhandlungen am 10. April 1998 erfolgreich abgeschlossen werden. Das so genannte Karfreitagsabkommen *(Good Friday Agreement)* räumte die Möglichkeit einer irischen staatlichen Einheit ein, die aber auf demokratischem Wege erreicht werden muss. Nordirland erhielt ein Regionalparlament, indem alle Entscheidungen von einer »doppelten Mehrheit«, d. h. nicht nur der aller Abgeordneten, sondern auch von der der Unionisten und Nationalisten, akzeptiert werden müssen. Die Nordiren haben das Abkommen am 22. Mai 1998 mehrheitlich angenommen und am 25. Juni 1998 ein Regionalparlament gewählt, in dem die Befürworter des Abkommens eine klare Mehrheit haben.

Die „Irisch-Republikanische Armee", der militärische Zweig der katholischen Partei Sinn Féin, ist in Nordirland allgegenwärtig.

Trotz aller Schwierigkeiten und Rückschläge bei der Umsetzung des Nordirland-Abkommens schweigen seit dem Karfreitagsabkommen die Waffen. Der Konflikt entzündet sich jedoch immer wieder aufs Neue an der Frage der Entwaffnung der IRA und der Rolle von Sinn Féin. Nachdem diese sich geweigert hat, Abrüstungsvereinbarungen nachprüfbar einzuhalten, hat London die Arbeit der Provinzregierung Belfasts einstellen lassen und übt seit Oktober 2002 wieder volle Befehlsgewalt über Nordirland aus.

10.16 Die Ostverträge der Bundesrepublik Deutschland

Bundeskanzler Brandt mit DDR-Ministerpräsident Stoph, in Kassel

Die Entspannung der Beziehungen zwischen den USA und der Sowjetunion nach dem Höhepunkt des Kalten Krieges (▶ 9.12) brachte die Außenpolitik der Bundesrepublik in Zugzwang. Die nach wie vor auf die Veränderung des europäischen *Status quo* gerichtete Politik hatte insbesondere um Berlin immer wieder für Spannungen gesorgt. Schon die seit 1966 in Bonn regierende große Koalition hatte die Notwendigkeit einer außenpolitischen Neuorientierung erkannt, ohne dass die Regierung Kiesinger sie in die Tat umsetzen konnte. Eine neue Ostpolitik scheiterte nicht zuletzt am Widerstand der UdSSR, die auf der Anerkennung des Status quo beharrte.

Erst die im Herbst 1969 von Willy Brandt gebildete sozialliberale Koalition konnte der westdeutschen Ostpolitik neuen Schwung geben, indem sie sich von Anfang an auf den Boden der Realitäten stellte, den in der Hallstein-Doktrin seit den Fünfzigerjahren erhobenen Alleinvertretungsanspruch aufgab, die Existenz der DDR anerkannte und auf dieser Grundlage Ost-Berlin Verhandlungen anbot. Die mit der DDR-Führung aufgenommenen Gespräche, die 1970 in zwei Treffen von Bundeskanzler Brandt mit dem DDR-Ministerpräsidenten Willi Stoph in Erfurt und in Kassel gipfelten, führten zu keinem greifbaren Ergebnis. Der Weg nach Berlin führte für Bonn über Moskau.

Moskauer Vertrag

Schon im Dezember 1969 hatte der deutsche Botschafter Gespräche mit dem sowjetischen Außenminister über ein Gewaltverzichtsabkommen aufgenommen. Moskau ging auf die Verhandlungen ein, und Bundeskanzler Brandt schickte daher im Januar 1970 Egon Bahr, den Protagonisten der neuen Ostpolitik und Staatssekretär im Bundeskanzleramt, nach Moskau, wo dieser bis Mai des Jahres einen Vertragsentwurf aushandelte, der als »Bahr-Papier« bekannt wurde. Der erste Punkt erkannte den *Status quo* in Europa an, der zweite legte den Gewaltverzicht fest und der dritte die Unantastbarkeit der bestehenden Grenzen in Europa, auch der innerdeutschen und der deutsch-polnischen. Außerdem enthielt das Papier die Grundlinien der Verträge, die die Bundesrepublik Deutschland mit Polen, der Tschechoslowakei und der DDR zu schließen beabsichtigte. Nach diesen Vorarbeiten reisten Bundeskanzler Brandt und Außenminister Walter Scheel in die Sowjetunion und unterzeichneten am 12. August 1970 den Moskauer Vertrag. Bei der Unterzeichnung übergaben sie den Sowjets einen Brief, in dem sie das Ziel einer deutschen Wiedervereinigung in freier Selbstbestimmung bekräftigten.

Warschauer Vertrag

Vier Monate später, am 7. Dezember 1970, unterzeichneten Brandt und Scheel in der polnischen Hauptstadt den Warschauer Vertrag, der in erster Linie ein Grenz- und in zweiter Linie ein Gewaltverzichtsabkommen war. Die Bundesregierung erkannte die von den Alliierten in Potsdam 1945 vereinbarte Oder-Neiße-Linie (▶ 8.4) als unverletzlich an und verzichtete damit faktisch auf jegliche Gebietsansprüche, d. h. auf die nach dem Zweiten Weltkrieg verlorenen deutschen Ostgebiete. Als Willy Brandt bei der Kranzniederlegung am Mahnmal des Warschauer Gettos spontan niederkniete, stand er – obgleich selbst in der Zeit des »Dritten Reiches« verfolgt – für Schuld und Verantwortung der Deutschen ein.

Grundvertrag mit der DDR
Während die Bundesrepublik Deutschland in Moskau, Warschau und Prag verhandelte, arbeiteten die für Deutschland als Ganzes Verantwortung tragenden vier Mächte an einem Abkommen über Berlin (▶ 10.17). Nachdem im September 1971 im Viermächteabkommen ein *Modus vivendi* für die geteilte Stadt erreicht war, konnte auch zwischen der Bundesrepublik und der DDR der Gesprächsfaden wieder aufgenommen werden. Egon Bahr verhandelte seit November 1970 mit DDR-Staatssekretär Michael Kohl. Ergebnis der Gespräche waren Ausfüllungsvereinbarungen zum Viermächteabkommen, d. h. ein Postprotokoll, ein Transitabkommen, eine Besuchs- und eine Gebietsaustauschvereinbarung sowie ein Verkehrsvertrag – und der so genannte Grundlagenvertrag. Dieser am 8. November abgeschlossene und am 21. Dezember 1972 unterzeichnete Vertrag bildete den Höhepunkt der Annäherung zwischen Bonn und Ost-Berlin. Der »Vertrag über die Grundlagen der Beziehungen zwischen der Bundesrepublik Deutschland und der Deutschen Demokratischen Republik« brachte der DDR nach mehr als zwei Jahrzehnten zwar nicht die völkerrechtliche, aber doch die faktische Anerkennung durch Bonn, die förmliche Gleichberechtigung und damit den internationalen Durchbruch: Noch im Dezember 1972 nahmen 21 Staaten diplomatische Beziehungen zur DDR auf, im nächsten Jahr weitere 47, unter ihnen Großbritannien und Frankreich; die USA folgten 1974. Bonn und Ost-Berlin tauschten »Ständige Vertreter« aus, die mit Rücksicht auf die besondere Situation nicht Botschafter genannt wurden. Beide deutsche Staaten wurden am 18. September 1973 in die UN aufgenommen.

Prager Vertrag
Abgeschlossen wurde die neue Ostpolitik der Bundesrepublik am 11. Dezember 1973 mit einem dritten Gewaltverzichts- und Grenzanerkennungsabkommen. In dem mit der Tschechoslowakei ausgehandelten Prager Vertrag wurde das Münchener Abkommen von 1938 (▶ 6.46) »nach Maßgabe dieses Vertrages als nichtig« erklärt.

10.17 Viermächteabkommen über Berlin

Mit der Teilung Deutschlands durch die Gründung der Bundesrepublik Deutschland und der Deutschen Demokratischen Republik (▶ 8.17, ▶ 8.18) war auch Berlin faktisch geteilt worden. Die Alliierten hatten im Ersten Londoner Protokoll vom 12. September 1944 für »Groß-Berlin« einen besonderen Status vorgesehen: Alle Besatzungsmächte sollten über einen Sektor in der Stadt verfügen. Allerdings lagen diese mitten in der sowjetischen Besatzungszone bzw. waren ab 1949 vom Hoheitsgebiet der DDR umschlossen. Der Zugang der Westalliierten nach Berlin war im September 1944 nur unzureichend definiert worden. Mit der Blockade Berlins 1948/49 und mit dem Ultimatum Chruschtschows von 1958 hatte die Sowjetunion wiederholt versucht, die Rechte Frankreichs, Großbritanniens und der USA auszuhöhlen. Auch nach dem Bau der Berliner Mauer 1961 fand die DDR-Regierung immer wieder Anlässe, den Transitverkehr zwischen der Bundesrepublik und West-Berlin zu stören. Während die DDR-Führung den sowjetischen Sektor als Hauptstadt der DDR betrachtete, bestritt sie die Zugehörigkeit West-Berlins zum Geltungsbereich des Grundgesetzes, d.h. zur Bundesrepublik Deutschland.

Bonn war anderer Ansicht und hielt aus diesem Grund zum Beispiel auch die Wahl der Bundespräsidenten zwischen 1954 und 1969 in West-Berlin ab. Die DDR behinderte die Wahlgänge durch Durchreiseverbot für Angehörige der Bundesversammlung und scharfe Kontrollen auf den Transitwegen. Bei der Wahl Gustav Heinemanns im Frühjahr 1969 donnerten sowjetische Düsenjäger im Tiefflug über den Reichstag. Diese Ereignisse störten jedes Mal aufs Neue die Entspannung, um die sich die Vereinigten Staaten von Amerika und die Sowjetunion seit der Kuba-Krise Anfang der Sechzigerjahre bemühten.

Vor diesem Hintergrund signalisierten die drei Westmächte – im Einvernehmen mit der deutschen Bundesregierung – Anfang August

Zwischen Spannung und Entspannung

1969 ihr Interesse an Gesprächen über eine Verbesserung u. a. der Lage Berlins und seiner Zufahrtswege. Nach einigem Zögern nahmen die in Bonn akkreditierten Botschafter der Westmächte und ihr in Ost-Berlin akkreditierter sowjetischer Kollege im Frühjahr 1970 Verhandlungen auf. Sie drehten sich im Kern um die Zuordnung West-Berlins zur Bundesrepublik, deren Zugang nach West-Berlin und die Einreise der West-Berliner in den Ostteil der Stadt sowie in die DDR. Trotz des allseitigen Interesses an den Gesprächen kamen sie nur langsam voran. Umstritten war vor allem der Geltungsbereich des zu schließenden Abkommens, der Ende 1970 mit der nichts sagenden Formulierung »das betreffendes Gebiet« umschrieben wurde. Auch danach zogen sich die Verhandlungen hin. Erst am 3. September 1971 konnten die vier Botschafter das »Vierseitige Abkommen« – so die korrekte Übersetzung des *Quadripartite Agreement* durch die DDR – unterzeichnen.

Während die Sowjetunion den Transitverkehr zwischen West-Berlin und dem Bundesgebiet garantierte und damit wieder in die Verantwortung trat, die sie nach der zweiten Berlin-Krise in die Hände der DDR gelegt hatte, bestätigten die Westmächte, dass die Westsektoren kein konstitutiver Teil der Bundesrepublik Deutschland seien, mithin Bonn keine Staatsakte mehr in West-Berlin durchführen dürfe. Für das Zugeständnis wurden Regelungen getroffen, nach denen Bürger West-Berlins wieder in den Ostteil der Stadt und auch in die DDR reisen durften.

Insgesamt schrieb das Viermächteabkommen den Zustand Berlins mit einigen Verbesserungen für den Westteil der Stadt fest. Die Lage in und um Berlin stabilisierte sich, die Wartezeiten an den Grenzübergängen reduzierten sich und die oft langwierigen und entwürdigenden Kontrollen wurden verringert. Alles in allem war ein *Modus vivendi*, aber keine endgültige Lösung gefunden worden.

10.18 Willy Brandt

Willy Brandt war der erste Bundeskanzler aus den Reihen der SPD. Seine Amtsübernahme im Oktober 1969 markiert für die zweite Republik auf deutschen Boden sowohl nach innen als auch nach außen einen Neubeginn. In seiner viel beachteten ersten Regierungserklärung erkannte er die Existenz zweier Staaten in Deutschland an, die allerdings füreinander »nicht Ausland« seien. Seine Innenpolitik stellte er unter das Motto: »Mehr Demokratie wagen«.

Brandt wurde am 18. Dezember 1913 als Herbert Ernst Karl Frahm in Lübeck geboren. Als unehelicher Sohn einer Verkäuferin schaffte es der begabte Schüler auf das Gymnasium: 1932 legte er am Johanneum das Abitur ab. Noch als Schüler trat der Junge unter dem Einfluss seines Großvaters Ludwig Frahm der Sozialistischen Arbeiterjugend bei und schrieb erste Artikel für den »Lübecker Volksboten«, die lokale SPD-Zeitung. 1930 trat er der SPD bei, wechselte aber 1931 zu den Linkssozialisten der neu gegründeten Sozialistischen Arbeiterpartei (SAP).

Nach der nationalsozialistischen Machtübernahme (▶ 6.36) emigrierte Willy Brandt, wie sich der sozialdemokratische Aktivist inzwischen nannte, nach Norwegen. Im Exil setzte er seine politische Arbeit fort, knüpfte Kontakte und unterstützte die sozialistische Bewegung in Europa. Mit journalistischen Arbeiten – er berichtete u. a. als Korrespondent vom Spanischen Bürgerkrieg – verdiente Brandt seinen Lebensunterhalt. Anfang September 1938 von den deutschen Behörden ausgebürgert, nahm er die norwegische Staatsbürgerschaft an, musste jedoch 1940, als die Wehrmacht Norwegen besetzte (▶ 7.3), nach Schweden fliehen. In Stockholm nahm er bald wieder seine politische und journalistische Arbeit auf.

Nach dem Zweiten Weltkrieg kehrte Willy Brandt nach Deutschland zurück: zunächst als Korrespondent skandinavischer Zeitungen, ab Ende 1946 als Presseattaché bei der norwegischen Militärmission in Berlin. Im Jahr darauf trat er in die Dienste der SPD: Der Parteivorstand ließ sich von ihm in Berlin vertreten. Brandt erhielt seinen deutschen Pass zurück, blieb aber bei seinen angenommenen Namen. Schnell machte er in der SPD Karriere: Von 1949 bis 1957, im Jahr 1961 sowie seit 1969 war er Mitglied des Deutschen Bundestages. Seit 1950 saß er im Berliner Abgeordnetenhaus, dessen Präsident er 1955 bis 1957 war. Als Regierender

Kapitel 10

Am 27. April 1972 stimmten die Abgeordneten des Bundestags über ein konstruktives Misstrauensvotum gegen Bundeskanzler Brandt ab.

Bürgermeister von Berlin (1957–1966) wurde Brandt – nicht zuletzt durch seine intensive Reisetätigkeit und wegen seiner Haltung in der von Chruschtschow ausgelösten Berlin-Krise, die mit dem Mauerbau 1961 endete – in Deutschland und der Welt bekannt. 1961 und 1965 als SPD-Kanzlerkandidat zuerst gegen Adenauer, dann gegen Erhard unterlegen, wurde er 1966 Vizekanzler und Außenminister der Großen Koalition unter Kurt Georg Kiesinger.

Kanzler der sozialliberalen Koalition
Nach der Bundestagswahl 1969 bildete Brandt, seit 1964 SPD-Vorsitzender, mit dem FDP-Vorsitzenden Walter Scheel eine sozialliberale Regierung, der er als Bundeskanzler vorstand. Gemeinsam mit Außenminister Scheel und Staatssekretär Bahr trieb er eine Ostpolitik voran, mit der sich die Bundesregierung den nach dem Zweiten Weltkrieg in Europa geschaffenen Realitäten stellte. Sie führte zu bilateralen Verträgen mit Moskau, Warschau und Prag (▶ 10.16). Höhe- und Schlusspunkt dieser Vertragspolitik war der so genannte Grundlagenvertrag, der die Beziehungen zwischen der Bundesrepublik Deutschland und der DDR regelte und das Zusammenleben im geteilten Deutschland erleichterte. Für seinen Beitrag zur weltweiten Entspannung ist Brandt 1971 mit dem Friedensnobelpreis ausgezeichnet worden.

Innenpolitisch musste er seine Politik gegen harten Widerstand der CDU/CSU-Opposition durchsetzen. Ein gegen ihn im April 1972 angestrengtes konstruktives Misstrauensvotum im Bundestag scheiterte jedoch. Die vorgezogene Bundestagswahl im November 1972 gewann Brandt für seine Partei mit 45,8 Prozent, sodass die SPD erstmals stärkste Fraktion im Bundestag war. Brandt trat am 7. Mai 1974 als Bundeskanzler zurück, nachdem sein Referent Günter Guillaume als Spion der DDR-Staatssicherheit enttarnt worden war.

Brandt blieb als Parteivorsitzender bis 1987 die Integrationsfigur der SPD. Gleichzeitig nutzte er sein Prestige für ein internationales Engagement. Seit 1976 Vorsitzender der Sozialistischen Internationale, war er von 1977 bis 1980 auch Vorsitzender der Nord-Süd-Kommission (▶ 10.39). Mit der deutschen Teilung fand er sich nie ab. Am Tag nach dem Mauerfall in Berlin prägte er den Satz: »Jetzt wächst zusammen, was zusammengehört.«

Willy Brandt starb am 8. Oktober 1992 in seinem Privathaus in Unkel am Rhein.

10.19 SALT und MBFR

Die nach der Kubakrise einsetzende Entspannung zwischen Ost und West führte 1963 zum Atomteststoppabkommen, dem ersten Vertrag zur atomaren Rüstungsbegrenzung (▶ 9.22). Fünf Jahre später konnte der Nichtverbreitungsvertrag (▶ 10.12) unterzeichnet werden. 1967 hatten die USA zudem Gespräche über die Begrenzung strategischer Waffen (*Strategic Arms Limitation Talks*, SALT) initiiert. Die Interkontinentalraketen hatten eine Reichweite von mindestens 5500 Kilometern, also die Fähigkeit, die Entfernung vom eurasischen zum amerikanischen Kontinent überbrücken zu können. Sie bedrohten die Territorien der westlichen und östlichen Supermacht direkt mit einer nuklearen Vernichtung.

Nach komplizierten Verhandlungen konnte das erste SALT-Abkommen am 26. Mai 1972 in Moskau unterzeichnet werden: Ein Interimsvertrag fror auf fünf Jahre die Zahl der land- und seegestützten Interkontinentalraketen ein.

Eine Modernisierung der vorhandenen Raketen – vor allem mit Mehrfachsprengköpfen – wurde indes nicht ausgeschlossen, sodass sich beide Seiten im Grunde eine qualitative Aufrüstung zugestanden und weitere Verhandlungen notwendig waren (▶ 10.42). Da der gleichzeitig geschlossene Raketenabwehr-Vertrag (*Anti-Ballistic-Missile-*, kurz ABM-Vertrag) die Zahl der Abschussvorrichtungen gegen anfliegende Raketen beschränkte, wurde die Möglichkeit eines nuklearen Zweitschlages und damit das Abschreckungsprinzip festgeschrieben.

Das nuklearstrategische Patt zwischen den Supermächten rückte nicht nur die Frage nach den substrategischen, also den Mittelstreckenraketen in den Vordergrund (▶ 10.30), sondern auch die nach dem konventionellen Gleichgewicht insbesondere in Europa. Die Verhandlungen über beiderseitig ausgewogene Truppenreduzierungen (*Mutual Balanced Force Reductions*, MBFR) gingen auf das »Signal von Reykjavik« der NATO vom Juni 1968 zurück. Während der Westen, namentlich die Bundesrepublik, auf die Abrüstungsgespräche drängte, wünschte der Osten, insbesondere die Sowjetunion, in erster Linie Verhandlungen über ein kollektives Sicherheitssystem. Schließlich wurden diese parallel geführt. Seit dem 31. Januar 1973 liefen MBFR-Explorationen in Wien, und bereits im November 1972 hatten die multilateralen Vorbereitungen einer Konferenz über Sicherheit und Zusammenarbeit (KSZE) in der finnischen Hauptstadt Helsinki begonnen, die am 8. Juni 1973 erfolgreich abgeschlossen werden konnten (▶ 10.24).

Die eigentlichen MBFR-Verhandlungen wurden am 30. Dezember 1973 in der österreichischen Hauptstadt eröffnet, sieben NATO-Staaten (Belgien, Kanada, Luxemburg, die Niederlande, Großbritannien, die USA und die Bundesrepublik) und vier Mitglieder des Warschauer Paktes (Polen, die DDR, die ČSSR und die Sowjetunion) nahmen daran teil. Bis Anfang 1989 fanden etwa 500 Plenarsitzungen statt, ohne dass Ergebnisse erzielt worden wären. Haupthindernis war die Bestimmung der tatsächlichen Truppenstärke. Moskau weigerte sich, den westlichen Zahlen und damit einer ungleichmäßigen Verringerung der Streitkräfte zuzustimmen. Die Vertreter des Warschauer Paktes bezogen das »ausgewogen« im Namen der Konferenz nicht auf die Truppenstärke, sondern auf deren »Reduzierung«, was das Ungleichgewicht auf niedrigerem Niveau festgeschrieben hätte.

Erst als sich die geostrategische Situation durch die Veränderungen im Ostblock zu wandeln begann, hatten die Abrüstungsverhandlungen Erfolg: Bis zum 18. November 1990 handelten alle NATO- und Warschauer-Pakt-Mitglieder einen Vertrag über die Konventionellen Streitkräfte in Europa (VKSE) aus, der die in den MBFR-Verhandlungen nie erreichte ausgewogene Reduzierung zwischen Ost und West ermöglichte.

10.20 Militärputsch in Chile

Seit dem Ersten Weltkrieg konnte sich in Chile langfristig kein politisches System behaupten. Konservative und sozialistische Präsidenten wechselten mit Militärdiktaturen ab. Die 1936 gebildete Volksfront konnte sich bis nach dem Zweiten Weltkrieg an der Macht halten, als sie an dem Verbot der chilenischen KP zerbrach. Dem Rechtsruck folgte von 1952 bis 1958 eine Präsidentschaft des ehemaligen Militärdiktators Carlos Ibáñez, gegen den sich 1956 eine neue Volksfront, mit einer re-legalisierten KP, formierte. Sie unterlag zwar 1958 dem Christdemokraten Eduardo Frei, setzte sich aber 1970 mit anderen Parteien in der *Unidad Popular*

Am 11. September 1973 putschte das Militär gegen Chiles gewählten Präsidenten Salvador Allende Gossens.

durch, als der Sozialist Salvador Allende Gossens die Präsidentschaft gewann. Da ein Zusammengehen mit den Christdemokraten nicht zustande kam, verfügte Allende über keine parlamentarische Mehrheit. Seinem umfassenden Sozialisierungsprogramm fehlte so die demokratische Legitimation. Gravierende wirtschaftliche Probleme und bürgerkriegsähnliche Auseinandersetzungen zwischen rechts- und linksradikalen Gruppen endeten 1972 in einer Staatskrise. Es kam zum Militärputsch, der vom amerikanischen Geheimdienst CIA unterstützt wurde.

General Augusto Pinochet Ugarte, von Allende erst im August 1973 zum Oberbefehlshaber der Streitkräfte ernannt, stürzte am 11. September 1973 in einem blutigen Militärputsch den ersten aus freien Präsidentschaftswahlen hervorgegangenen marxistischen Staatschef der Welt. Beim Sturm auf den Präsidentschaftspalast in Santiago de Chile kam Allende ums Leben. Die neuen Militärmachthaber gingen mit einer weltweit Aufsehen erregenden Brutalität vor: Hetzjagden wurden auf die Anhänger Allendes veranstaltet, die zu Tausenden im Nationalstadion von Santiago zusammen getrieben wurden. Massenerschießungen und systematische Folter waren an der Tagesordnung.

Die Militärs unter General Pinochet setzten ihre Ziele mittels Ausnahmerecht durch: Abschaffung der demokratischen Institutionen, Zerschlagung der Linken im Interesse der »nationalen Sicherheit« und kapitalistische Neuordnung der Wirtschaft. Der Putsch richtete sich nicht nur gegen die Regierung Allende, sondern auch gegen die politische Entwicklung seit der Volksfront, die die neuen Machthaber als »dekadent« und »gescheitert« diskreditierten. Die am siebten Jahrestag des Putsches in einem fragwürdigen Referendum angenommene Verfassung trat zwar formal am 11. März 1981 in Kraft, wurde aber sogleich durch Übergangsbestimmungen in wesentlichen Teilen suspendiert.

Ende der Achtzigerjahre läuteten die Militärmachthaber selbst das Ende ihrer Herrschaft ein. Pinochet wollte sich in einer Präsidentschaftswahl bestätigen lassen. Doch verlor er am 5. Oktober 1988 die sicher geglaubte Abstimmung über eine weitere Amtszeit, weil sich die demokratische Opposition auf ein gemeinsames Nein einigen konnte. Die Rückkehr zur Demokratie gestaltete sich als schwieriger Übergangsprozess, der mit den Präsidentschafts- und Parlamentswahlen vom Dezember 1989 eine erste Etappe bewältigte. Die Regierung Patricio Aylwin konnte den Übergang abschließen und die Demokratie konsolidieren. Die Pinochet-Ära wird nun auch mit den Mitteln des Strafrechts aufgearbeitet.

10.21 Jom-Kippur-Krieg

Nach den strategisch wichtigen Eroberungen im Sechstagekrieg (▶ 10.10) hielt die israelische Führung unter Ministerpräsidentin Golda Meir und Verteidigungsminister Moshe Dayan das Land wenn nicht für unverwundbar, so doch für unbesiegbar. Dementsprechend unnachgiebig zeigte sich Jerusalem gegenüber dem UN-Vermittler Gunnar Jarring, aber auch 1969 gegenüber den Vorschlägen von William Rogers, Nixons Außenminister bis 1973.

Angesichts der ausweglosen Situation eröffnete Ägypten mit zahlreichen militärischen Provokationen eine Art Zermürbungskrieg gegen Israel, das mit gezielten Luftschlägen reagierte. Die Sowjetunion installierte 1970 Luftabwehrraketen westlich des Suezkanals, unterstützte aber auch die Vermittlungsversuche der USA. Nach einem Waffenstillstand sollten die Nahostverhandlungen auf der Grundlage der Resolution 242 des Weltsicherheitsrats wieder aufgenommen werden. Die Bemühungen Jarrings scheiterten jedoch erneut an der Weigerung Israels, einen Rückzug hinter die Grenzen von 1967 zu erwägen.

Während der Verhandlungen verlagerten sich die Scharmützel in das israelisch-libanesische Grenzgebiet. Die PLO hatte sich in den Libanon zurückziehen müssen, nachdem sie von König Husain II. aus Jordanien vertrieben worden war (»Schwarzer September«, 1970). Vom 25. bis 28. Februar 1972 marschierte die israelische Armee in den Südlibanon ein. Trotzdem gingen die palästinensischen Terroraktionen weiter, die Israel mit militärischen Vergeltungsschlägen beantwortete.

In dieser verfahrenen Lage holten Ägypten und Syrien am 6. Oktober 1973 zu einem Über-

Zwischen Spannung und Entspannung

Israelische Panzer rücken auf den Golanhöhen an der Grenze zu Syrien vor.

und die ägyptischen bzw. syrischen und israelischen Truppen »entflochten« werden. Entsprechendes sahen die Abkommen vom 18. Januar 1974 mit Ägypten und vom 31. Mai 1974 mit Syrien vor. Die israelisch-ägyptischen Verhandlungen führten nicht nur zu einem weiteren Truppenentflechtungsabkommen, sondern bis 1979 auch zu einem Friedensvertrag zwischen beiden Ländern (▶ 10.27).

10.22 Die OPEC und die erste Ölkrise

raschungsangriff aus: Am jüdischen Versöhnungsfest *Jom Kippur* durchbrachen ägyptische Truppen die israelischen Linien am Suezkanal und stießen auf die Sinaihalbinsel vor; gleichzeitig griffen syrische Einheiten die Golanhöhen an. Nach zweitägigen Abwehrkämpfen gingen israelische Einheiten zum Gegenangriff über und setzten Mitte Oktober über den Suezkanal.

Die regionale Auseinandersetzung verursachte globale Auswirkungen: Vertreter der Erdöl exportierenden arabischen Staaten beschlossen am 16./17. Oktober 1973 in Kuwait, das schwarze Gold als politische Waffe einzusetzen. Preiserhöhungen sowie Produktions- und Lieferbeschränkungen sollten die westlichen Staaten, insbesondere die USA, zwingen, ihre israelfreundliche Haltung aufzugeben. Dieser Beschluss löste die erste Ölkrise aus (▶ 10.22). Wenig später drohte der militärische Konflikt die jeweiligen Schutzmächte mit einzubeziehen. Nachdem Israel die Stadt Suez und die 3. ägyptische Armee eingekreist hatte, eskalierte die Lage: Die Sowjetunion drohte am 24. Oktober mit einer Intervention, und die USA versetzten ihre Truppen weltweit in erhöhte Alarmbereitschaft. Gleichzeitig verstärkte Washington den Druck auf Jerusalem. Am 26. Oktober trat schließlich eine Waffenruhe ein, die von einer UN-Friedenstruppe (*United Nations Emergency Force II*, UNEF II) überwacht wurde.

US-Außenminister Henry Kissinger unternahm anschließend mehrere Reisen in das Konfliktgebiet. Dank seiner »Pendeldiplomatie« konnten der Waffenstillstand konsolidiert

Die Organisation Erdöl exportierender Länder (*Organization of Petroleum Exporting Countries*, OPEC) wurde im September 1960 in Bagdad durch den Irak, den Iran, Kuwait, Saudi-Arabien und Venezuela gegründet. Anlass war eine zweimalige Preissenkung durch die internationalen Ölkonzerne in den Vorjahren gewesen. Ziel der Organisation war und ist es, die Erdölförderpolitik der Mitglieder zu koordinieren und dadurch die Erlöse aus dem Erdölexport zu stabilisieren. Bis heute schlossen sich der OPEC als weitere Mitglieder Algerien, Ecuador (bis 1992), Gabun (bis 1996), Indonesien, Katar, Libyen, Nigeria und die Vereinigten Arabischen Emirate an. Die arabischen OPEC-Mitglieder bildeten 1968 eine Sonderorganisation, die *Organization of the Arab Petroleum Exporting Countries* (OAPEC), der sich später Ägypten, Bahrain und Syrien anschlossen.

Ausgelöst durch den *Jom-Kippur*-Krieg (▶ 10.21) übten die Erdöl exportierenden Länder Arabiens mit ihrer Erdölpolitik Druck auf jene westlichen Staaten aus, die Israel unterstützten. Gegen die USA, die Niederlande und Südafrika wurde im Oktober 1973 ein Embargo verhängt, das sich auch auf andere westliche Staaten auswirkte. Der OPEC-Richtpreis für ein Barrel (= 159 Liter) Rohöl schnellte von drei (1973) auf zwölf Dollar (1974) in die Höhe. Gleichzeitig forcierten die OAPEC-Länder die Verstaatlichung der (westlichen) Ölfördergesellschaften.

Die drastischen Ölpreiserhöhungen, die in den Abnehmerländern zu einem starken Preisanstieg in vielen Bereichen und zu großen Handelsbilanzdefiziten führten, lösten eine weltweite Wirtschaftskrise aus. Die Regierungen in den westlichen Industriestaaten verordneten kurzfristig Energiesparmaßnahmen wie das viermalige Sonntagsfahrverbot in der Bundesrepublik Deutschland und die Geschwindigkeitsbegrenzung auf 55 Meilen pro Stunde in den USA. Mittel- und langfristig wurde in die Erforschung »alternativer« Energieträger investiert und die Erschließung OPEC-unabhängiger Ölquellen forciert. Funde in der Nordsee und in Nordamerika sowie sparsamer Verbrauch höhlten die Macht der OPEC aus, die in den Achtzigerjahren mehrfach ihre Preisvorstellungen nach unten korrigieren musste, allerdings auf einem deutlich höheren Niveau als nach der ersten Ölpreiskrise.

Die neuerliche Verteuerung ist auf die zweite Ölpreiskrise 1979/81 zurückzuführen, die den Preis pro Barrel zeitweise auf über 40 Dollar trieb. Anlass war die Revolution im Iran (▶ 10.35) und der sich anschließende Erste Golfkrieg, der die iranischen Ölquellen versiegen und die Preise steigen ließ. Nach dem Dritten Golfkrieg gegen den Irak schnellte 2004 der Preis pro Barrel sogar auf über 50 Dollar nach oben.

Am 4. November 1973 wurde in der Bundesrepublik wegen der Ölkrise ein »autofreier Sonntag« ausgerufen. Die Autobahn war frei für Radfahrer.

10.23 Ende der Diktaturen in Südeuropa

Bis Mitte der Siebzigerjahre standen die diktatorischen Regime in Griechenland, Spanien und Portugal im europäischen Abseits, während sich im Zentrum die parlamentarischen Demokratien in der Europäischen Gemeinschaft zusammenschlossen. Erst das Ende der südeuropäischen Diktaturen erlaubte den Beitritt.

Griechenland

Nach dem Zweiten Weltkrieg war in Griechenland ein dreijähriger Bürgerkrieg ausgebrochen, der dem Land nach der deutschen Besatzung weitere Verluste und Zerstörungen brachte. Erst unter dem Schutz der Truman-Doktrin – der US-Präsident hatte vom Kongress großzügige Hilfen für die antikommunistischen Kräfte insbesondere in der Türkei und Griechenland gefordert – und mithilfe des Marshallplans konnte der Wiederaufbau beginnen (▶ 8.12). Das politische System der konstitutionellen Monarchie litt in der Nachkriegszeit nicht nur unter zahlreichen Kabinettswechseln, sondern auch unter den häufigen Eingriffen des Königs in die Regierungspolitik, die dadurch oft lahm gelegt wurde. 1967 nutzte eine Gruppe ehrgeiziger Obristen eine solche Phase der politischen Paralyse zum Putsch und errichtete eine Militärdiktatur.

Im Sommer 1974 inszenierten die griechischen Militärs einen Putsch auf Zypern, mit dem die Insel Griechenland einverleibt werden sollte: Grund genug für die Türkei, auf der Insel militärisch zu intervenieren. Auf internationalen Druck – beide Kontrahenten waren und sind NATO-Mitglieder – schwiegen zwar nach zwei Tagen die Waffen, doch ist Zypern bis heute in einen griechischen und türkischen Teil geteilt. Nach dem gescheiterten Annexionsversuch standen die griechischen Militärs vor dem Aus: Sie mussten im November des Jahres Wahlen anberaumen und die Macht abgeben. Seit 1975 ist Griechenland parlamentarische Republik. Es trat 1981 der Europäischen Gemeinschaft bei.

Portugal

In Portugal ermöglichte ein Militärputsch den Beitritt zur Europäischen Gemeinschaft. Seit

Zwischen Spannung und Entspannung

Portugiesische Marinesoldaten unterstützen den Putsch 1974.

Anfang der Dreißigerjahre hatte Antonio Salazar das Land beherrscht. Seinen Tod 1970 überlebte die Diktatur nur um wenige Jahre. Bemühungen seines seit 1968 amtierenden Nachfolgers Caetano um Reformen scheiterten an den wirtschaftlichen Problemen des Landes, das sich mit teuren Kriegen zur Sicherung der verbliebenen Kolonien (Moçambique, Angola und Guinea) übernahm. In der portugiesischen Armee bildete sich eine Oppositionsgruppe unter General Antonio de Spinola. Am 25. April 1974 putschten sich die linken Militärs an die Macht (»Nelkenrevolution«). Die Übergangsregierung beendete die Kolonialkriege in Afrika und entließ die Gebiete in die Unabhängigkeit. Aus den ersten Parlamentswahlen gingen 1976 die Sozialisten unter Mario Soares als Sieger hervor. Der Beitritt zur Europäischen Gemeinschaft erfolgte 1986.

Spanien

Spanien wurde nicht zuletzt durch König Juan Carlos I. nach Europa geführt. Der Enkel des letzten spanischen Bourbonenherrschers übernahm am 22. November 1975 die Macht, nachdem Francisco Franco gestorben war. Der seit 1936/39 herrschende Diktator hatte sich – gestützt auf die Armee, die katholische Kirche und die besitzenden Schichten – bis zu seinem Lebensende an der Macht gehalten, aber noch selbst die Rückkehr zur Monarchie eingeleitet. Schon in seiner Thronrede versprach der König den Spaniern eine Demokratisierung des Landes, die er – zusammen mit Ministerpräsident Adolfo Suarez – nach und nach durchsetzte. Den Übergang zur Demokratie konnten auch die politischen Gegner von rechts nicht mehr aufhalten. Ein Putschversuch von Angehörigen des Militärs und der *Guardia Civil* scheiterte im Februar 1981 am verfassungstreuen Verhalten des Königs. Ein Jahr später wurde Spanien 16. Mitglied der NATO, 1986 trat es der Europäischen Gemeinschaft bei.

10.24 Die KSZE-Schlussakte

Die Staats- und Regierungschefs von 32 europäischen Staaten sowie Kanadas, der Vereinigten Staaten von Amerika und der Sowjetunion unterschrieben am 1. August 1975 die Schlussakte der Konferenz über Sicherheit und Zusammenarbeit in Europa (KSZE). Die Konferenz war nach einer komplizierten Vorbereitung (▶ 10.19) im Sommer 1973 in Helsinki eröffnet worden. Sie tagte in Genf, bis sie im Sommer 1975 wieder in der finnischen Hauptstadt abgeschlossen wurde. Das auch in deutscher Sprache abgefasste 50-seitige Schlussdokument war kein völkerrechtlicher Vertrag, sondern eine politische Absichtserklärung. Inhaltlich lassen sich die Abmachungen in drei Bereiche gliedern, die gemeinhin als »Körbe« bezeichnet werden.

Korb I betraf die Sicherheit in Europa, die im Wesentlichen von den Militärbündnissen NATO und Warschauer Pakt bestimmt wurde. Gleichwohl enthielt die Schlussakte eine Neuigkeit, die das Verhältnis zwischen den Blöcken zu entspannen half. Der Schlüssel waren »vertrauensbildende Maßnahmen« wie die Ankündigung von Manövern und anderen Truppenbewegungen. Die in Korb I ebenfalls enthaltene »Erklärung über die Prinzipien, die die Beziehungen der Teilnehmerstaaten leiten« beschwor die »Unverletzlichkeit« der bestehenden Grenzen. Insofern wurde der Status quo in Europa festgeschrieben, wie das die Sowjetunion verlangte, aber auch die Möglichkeit der Veränderung offen gelassen, wie das insbesondere die Bundesrepublik wünschte. Gleichzeitig wurde die Einmischung in die »inneren Angelegenheiten« anderer Staaten untersagt und die »Achtung der Menschenrechte und Grundfreiheiten, einschließlich der Gedanken-, Gewissens-, Religions- oder Überzeugungsfreiheit« festgeschrieben. Da auch das Selbstbestimmungsrecht der Völker sowohl in politischer als auch wirtschaftlicher Hinsicht in den Prinzipienkatalog aufgenommen wurde, war der Sowjetunion die Möglichkeit genommen, sich gemäß der »Breschnew-Doktrin« jederzeit in die Angelegenheiten ihrer Bündnispartner einzumischen, wie das noch 1968 in der Tschechoslowakei geschehen war (▶ 10.11).

Korb II betraf die wirtschaftliche Zusammenarbeit. Der Handel sollte ausgebaut, die Kooperation verstärkt und der Technologietransfer beschleunigt werden. Die detaillierten Regelungen der wirtschaftlichen Zusammenarbeit interessierten in erster Linie den Ostblock, der dem Westen in dieser Hinsicht unterlegen und auf Technologietransfer angewiesen war.

Korb III galt der »Zusammenarbeit in humanitären und anderen Bereichen«. Erleichtert wurden menschliche Kontakte und die Familienzusammenführung. Außerdem sollte die kulturelle und wissenschaftliche Zusammenarbeit gestärkt werden. Vereinbart wurde auch eine Kooperation im Bereich »Information«. Sie zwang die Ostblockstaaten nicht nur zur Öffnung gegenüber westlicher Kultur, sondern bot ihren Bürgern auch die Möglichkeit, sich selbst ein Bild von der Wirklichkeit zu machen. Oppositionsgruppen konnten sich nun auf die Menschenrechtsgarantien der Schlussakte berufen.

Die Folgekonferenzen

Abschließend wurde vereinbart, dass die KSZE kein einmaliges Ereignis bleiben sollte. Die erste KSZE-Folgekonferenz in Belgrad vom Oktober 1977 bis März 1978 wurde allerdings von einem Streit um Menschenrechte überschattet. Der sowjetische Einmarsch in Afghanistan (▶ 10.31) und die Verhängung des Kriegsrechts in Polen (▶ 10.38) erschwerten die Verhandlungen auf der zweiten Nachfolgekonferenz in Madrid (November 1980 bis September 1983). Dennoch konnte eine »Konfe-

Helmut Schmidt (Bundesrepublik), Erich Honecker (DDR), Gerald Ford (USA) und Bruno Kreisky (Österreich) bei den Verhandlungen der KSZE im Juli 1975 in Helsinki

renz über vertrauens- und sicherheitsbildende Maßnahmen und Abrüstung in Europa« (KVAE) vereinbart werden, die bis September 1986 bedeutende Fortschritte bei den vertrauensbildenden Maßnahmen und der Rüstungskontrolle erreichte. Die Einberufung von »Verhandlungen über konventionelle Streitkräfte in Europa« (VKSE) durch die dritte KSZE-Folgekonferenz in Wien (November 1986 bis Januar 1989) erhöhte die sicherheitspolitische Bedeutung der KSZE.

Die in der Schlussakte von Helsinki vereinbarten politischen Prinzipien haben nicht nur beim Zusammenbruch der kommunistischen Staaten in Mittel- und Osteuropa eine Rolle gespielt, sondern auch dazu beigetragen, dass die folgenden Transformationsprozesse, insbesondere die deutsch-deutsche Vereinigung, in geregelte Bahnen gelenkt wurden. Die auf dem Pariser Gipfeltreffen im November 1990 verkündete »Charta von Paris für ein neues Europa« krönte diese Leistung, indem sie erste Schritte zur Institutionalisierung der KSZE festlegte.

Auf einem weiteren Gipfeltreffen in Budapest benannte sich die KSZE zum 1. Januar 1995 in »Organisation für die Sicherheit und Zusammenarbeit in Europa« (OSZE) um. Als Zusammenschluss von 55 Teilnehmerstaaten Europas, Nordamerikas und der ehemaligen Sowjetrepubliken dient sie als Regionalorganisation der Erhaltung von Frieden und Sicherheit. Sie war seit ihrer Gründung insbesondere in Südosteuropa (Nachfolgestaaten Jugoslawiens), im Kaukasus und in Zentralasien tätig.

10.25 Der Terrorismus in Europa

Mit Terrorismus werden unterschiedliche Formen der politisch motivierten Gewaltanwendung durch Gruppen, aber auch durch Einzelpersonen bezeichnet. Der Begriff ist unscharf und problematisch, da er seit der Französischen Revolution immer wieder in den verschiedensten Bedeutungen verwendet wird. Seit Ende der Sechzigerjahre gab es politisch motivierte Terroranschläge in mehreren Ländern Europas, namentlich in der Bundesrepublik Deutschland, in Italien und Frankreich. Eine seiner Wurzeln ist in den Studentenbewegungen (▶ 10.13) zu suchen, von denen sich linksterroristische Gruppen abspalteten. Italien sah sich auch mit einem organisierten Terrorismus von rechts konfrontiert.

Bundesrepublik Deutschland

In der Bundesrepublik begann der politisch-linksextremistische Terrorismus mit einem Brandanschlag, den Andreas Baader und Gudrun Ensslin in der Nacht vom 2. zum 3. April 1968 in einem Frankfurter Kaufhaus verübten. Das Duo bildete mit dem Anwalt Horst Mahler und der Journalistin Ulrike Meinhof die »Baader-Meinhof-Gruppe«, die seit Anfang der Siebzigerjahre unter dem Namen »Rote Armee Fraktion« (RAF) agierte. Bis zu ihrer Verhaftung im Juni 1972 trat die Gruppe durch Brand- und Sprengstoffanschläge sowie durch Banküberfälle hervor.

Die »zweite Generation« der RAF versuchte von 1974 bis 1977, die inhaftierten Mitglieder zu befreien. Vorbild war die »Bewegung 2. Juni«, die 1975 mit der Entführung des Berliner CDU-Vorsitzenden Peter Lorenz (1922–1987) fünf Gesinnungsgenossen freigepresst hatte. Die Besetzung der deutschen Botschaft in Stockholm im gleichen Jahr führte indes nicht zum gewünschten Erfolg, sondern – nach der Ermordung zweier Diplomaten und der Sprengung des Gebäudes – zur Festnahme der Terroristen durch die schwedische Polizei.

Ihren Höhepunkt erreichte die Welle terroristischer Gewalt 1977: Am 7. April wurden Generalbundesanwalt Siegfried Buback, sein Fahrer und ein Justizwachtmeister erschossen, am 30. Juli der Vorstandsvorsitzende der Dresdner Bank, Jürgen Ponto. Am 5. September 1977 wurde der Präsident der Bundesvereinigung der Deutschen Arbeitgeberverbände und des Bundesverbandes der Deutschen Industrie Hanns Martin Schleyer entführt. Dabei wurden vier Begleiter Schleyers erschossen. Seine Entführer forderten die Freilassung der inhaftierten RAF-Anführer. Die Bundesregierung weigerte sich, diese Forderung zu erfüllen, obwohl am 13. Oktober 1977 zusätzlich eine Lufthansa-Maschine mit über 90 deutschen Urlaubern auf dem Weg von Mallorca nach Frankfurt von einem palästinensischen Kommando entführt wurde. Nach einem Irrflug über Rom und andere Flughäfen landete die Maschine schließ-

Kapitel 10

Im März 1978 entführten die italienischen »Roten Brigaden« den ehemaligen Ministerpräsidenten Aldo Moro; am 9. Mai wurde er tot aufgefunden.

lich in Mogadischu. Mit Zustimmung der somalischen Regierung gelang einer Spezialeinheit des Bundesgrenzschutzes (GSG 9) in der Nacht vom 17. zum 18. Oktober die Befreiung aller Geiseln. Am nächsten Morgen verübten die führenden Köpfe der RAF in ihren Zellen in Stuttgart-Stammheim Selbstmord; Hanns Martin Schleyer wurde am 19. Oktober 1977 im Kofferraum eines Pkw tot aufgefunden.

Nach diesem »deutschen Herbst« ebbte der Terrorismus in Deutschland ab, wenngleich er in den Achtzigerjahren durch eine Reihe von Anschlägen erneut in Erscheinung trat. Ihnen fiel am 30. November 1989 der Vorstandssprecher der Deutschen Bank Alfred Herrhausen, einer der einflussreichsten Manager der Bundesrepublik, zum Opfer.

Ende der Neunzigerjahre verkündete die »dritte Generation« der RAF die Selbstauflösung der Terrorgruppe.

Italien

Anders als die Bundesrepublik Deutschland sah sich Italien auch einem Terrorismus von rechts ausgesetzt. Der »schwarze Terror« trat am 12. Dezember 1969 mit einem Bombenanschlag auf der Piazza Fontana in Mailand hervor. Mehr als ein Dutzend Tote waren zu beklagen. Gegen den Terror von rechts bildeten sich aus einem studentischen Ordnungsdienst die »Roten Brigaden«, die am 18. April 1974 Mario Sossi entführten. Der Richter kam nach 35 Tagen wieder frei, ohne dass die *Brigate rosse* einen Austausch inhaftierter Mitglieder erreicht hätten. Danach wurden nicht nur Personen aus der Führungsebene, sondern auch Sympathisanten aus dem Umfeld festgenommen.

Mitte der Siebzigerjahre formierten sich die linksextremistischen Gruppen in Italien neu und verübten von 1977 bis 1979 über 1500 Attentate mit über 50 Opfern. Eines von ihnen war Aldo Moro, der frühere Ministerpräsident Italiens und Vorsitzende der *Democrazia Cristiana*, der christdemokratischen Partei Italiens. Er wurde am 16. März 1978 auf dem Weg ins Parlament nach einer wilden Schießerei entführt, 55 Tage gefangen gehalten und schließlich ermordet. Am 9. Mai 1978 wurde er erschossen aufgefunden. Die Entführer Moros wurden zwar gefasst und verurteilt, die politischen Hintergründe der Affäre blieben aber im Dunkeln. Sie hat Italien nachhaltiger erschüttert als der Anschlag rechter Attentäter auf den Bahnhof von Bologna, bei dem am 2. August 1980 über achtzig Menschen starben. Danach ebbte der politische Terrorismus in Italien ab.

Frankreich

Der französische Terrorismus trat erst in den Achtzigerjahren geschlossen auf. 1979 hatten sich verschiedene Terrorgruppen in der *Action directe* zusammengeschlossen, die 1980 zahlreiche Anschläge verübte. Im Präsidentschafts-

Zwischen Spannung und Entspannung

wahlkampf 1981 unterbrach die *Action directe* den »bewaffneten Kampf«, worauf der Wahlsieger François Mitterrand mit der Freilassung ihrer »politischen Gefangenen« reagierte. Ein Teil der Terrorgruppe stellte die Aktivitäten ein, ein anderer nahm sie 1982 wieder auf und schloss sich 1985 mit der RAF zu einer gemeinsamen Front zusammen. Zwei Jahre später wurden die führenden Köpfe der *Action directe* verhaftet, die seitdem nicht mehr vernehmbar in Erscheinung getreten ist.

10.26 Palästina und die PLO

Um Palästina, das zwischen Mittelmeer und Jordan liegende Gebiet, das nach dem Ersten Weltkrieg unter britisches Mandat gestellt worden war, stritten sich seit den Zwanzigerjahren des 20. Jahrhunderts Araber und Zionisten. Da die Briten Mitte der Vierzigerjahre der Lage nicht mehr Herr wurden, legten sie die Lösung des Konflikts in die Hände der neu gegründeten Vereinten Nationen (▶ 8.4), die sich am 29. November 1947 für eine Teilung des Landes entschieden. Die in dem Gebiet lebenden bzw. vor dem Holocaust aus Europa geflohenen Juden riefen auf dieser Grundlage am 14. Mai 1948 den Staat Israel aus (▶ 8.16), der sogleich von seinen Nachbarn angegriffen wurde. In diesem ersten Nahostkrieg konnte sich Israel 1948/49 nicht nur behaupten, sondern auch Gebiete erobern, die in dem UN-Teilungsplan den Arabern vorbehalten worden waren. Viele arabische Palästinenser flohen oder wurden vertrieben. Sie wichen nach Jordanien aus, das den westlich des Jordans gelegenen Teil des arabischen Gebietes erobert (und 1950 annektiert) hatte, oder aber nach Ägypten, das den Gazastreifen am Mittelmeer verwaltete.

Gegen diese Vertreibung kämpften arabische Guerillagruppen, die sich im Wesentlichen aus den palästinensischen Flüchtlingslagern rekrutierten. 1964 schlossen sie sich auf dem ersten Palästinensischen Nationalkongress zur *Palestine Liberation Organisation* (PLO, Palästinensische Befreiungsorganisation) zusammen. Neben der seit Ende der Fünfzigerjahre bestehenden *Fatah*-Bewegung wurde eine Palästinensische Befreiungsarmee aufgestellt, die mit weiteren Freischärlerorganisationen *(Fedajin)* in den nächsten Jahren vor allem von Jordanien und vom Libanon aus Sabotageakte und Überfälle auf israelisches Gebiet unternahm. Israel reagierte mit Vergeltungsschlägen, die an Häufigkeit und Heftigkeit zunahmen. 1967 spitzte sich die Lage in der Region so zu, dass Israel im Juni zu einem Präventivschlag gegen seine Nachbarn ausholte.

Der Sechstagekrieg (▶ 10.10) hatte weit reichende Folgen: Israel besetzte nicht nur den Golan, die Sinaihalbinsel und West-Jordanien, sondern versetzte auch der Palästinensischen Befreiungsbewegung einen schweren Schlag. Diese reorganisierte sich 1968 unter Jasir Arafat, der auf dem 5. Nationalkongress der Paläs-

Ständige Demonstrationen und Kleinattacken mit Steinwürfen und Molotowcocktails waren die Kennzeichen der ersten Intifada.

tinenser zum zweiten Präsidenten der PLO gewählt wurde. Unter seiner Ägide weiteten sie ihre Aktivitäten nicht nur auf soziale Belange aus, sondern auch geographisch auf die ganze, insbesondere westliche Welt, die mit Terroranschlägen und Flugzeugentführungen auf die Lage der Palästinenser aufmerksam gemacht und zu einer Lösung des Problems gedrängt werden sollte.

Jordanien – Beirut – Tunis
Währenddessen schrumpfte die Operationsbasis der PLO: Nach dem Tod Nassers im September 1970 schwand ihr Rückhalt in Ägypten. Gleichzeitig wurde sie aus Jordanien vertrieben. Dort hatte die PLO eine Art »Staat im Staate« gebildet, gegen den König Husain II. in der zweiten Septemberhälfte gewaltsam vorging. Nach diesem »Schwarzen September« mussten sich Arafat und seine PLO in den Libanon zurückziehen. Dieses Manöver wiederum lenkte die Aufmerksamkeit Israels auf das nördliche Nachbarland, das in den folgenden Jahren Ziel israelischer Antiterroroperationen war. Ende Februar 1972 griff Israel den südlichen Libanon an, was den israelisch-arabischen Konflikt zusätzlich verstärkte. Dieser eskalierte im Herbst 1973 nach dem ägyptisch-syrischen Überfall auf Israel zum vierten Nahostkrieg (▶ 10.21), der die erste Ölkrise (▶ 10.22) auslöste.

Unter Vermittlung der USA, namentlich des Außenministers Henry Kissinger, setzte Anfang 1974 ein ägyptisch-israelischer Entspannungsprozess ein, der 1979 in einem Friedensvertrag gipfelte (▶ 10.27). Der Vertrag löste zwar den ägyptisch-israelischen Konflikt, nicht aber das Palästinenser-Problem. Die PLO terrorisierte vom Libanon aus weiter Israel, das im Juni 1982 erneut in das nördliche Nachbarland einmarschierte. Ziel war es, die PLO ein für allemal aus der Region zu vertreiben. Die »Schlacht um Beirut« im Sommer 1982 forderte 30.000 Tote und Verwundete. Eine multinationale Friedensstreitmacht evakuierte die PLO aus Beirut. Zunächst nach Griechenland eingeschifft, schlug Jasir Arafat das PLO-Hauptquartier in Tunis auf. Zerstreut in der arabischen Welt konnte sich die Palästinensische Befreiungsorganisation lange nicht von diesem Schlag erholen.

Mit der *Intifada* fanden die Palästinenser in den besetzten Gebieten Anfang Dezember 1987 zu einer neuen Form des Widerstandes (▶ 11.19).

10.27 Camp David

In den Siebzigerjahren nahm der Nahostkonflikt eine neue Wendung, die zu einem ägyptisch-israelischen Friedensabkommen führte. Voraussetzung war die außenpolitische Neuorientierung dreier Hauptbeteiligter: Unter Anwar as-Sadat, der im Herbst 1970 Staatspräsident Nasser nachgefolgt war, wandte sich Ägypten von der Sowjetunion ab und wieder den USA zu. Gleichzeitig suchte es Unterstützung bei den Golfstaaten, von denen sich Sadat Hilfe für die daniederliegende Wirtschaft seines Landes erhoffte. Auf diese Staaten richtete – insbesondere seit der Ölkrise (▶ 10.22) – auch die amerikanische Außenpolitik ihr Augenmerk, sodass sie von der unbedingten Unterstützung Israels abrückte. In Israel wiederum gelangte im Mai 1977 Menachem Begin an die Macht, der sich zwar der PLO verschloss, aber den Annäherungsbemühungen Sadats öffnete.

Dreh- und Angelpunkt der Entwicklung war der Jom-Kippur-Krieg vom Herbst 1973 (▶ 10.21). Unter sowjetisch-amerikanischem Druck verstanden sich die Konfliktparteien nach zwei Wochen zu einem Waffenstillstand, den US-Außenminister Henry Kissinger mit seiner »Pendeldiplomatie« konsolidieren konnte. Außerdem erreichte er, dass unter dem Patronat der USA und der Sowjetunion am 21. Dezember 1973 eine Nahost-Friedenskonferenz in Genf eröffnet wurde, an der aber nur Ägypten, Jordanien und Israel teilnahmen. Die Teilnehmer beriefen sich zwar auf die UN-Resolution 242 von 1967, konnten aber keine Einigung erzielen. Die Konferenz verlief ohne Ergebnis.

Währenddessen handelte Kissinger Truppenentflechtungsabkommen aus: Mitte Januar 1974 wurde ein entsprechendes Abkommen zwischen Ägypten und Israel, Ende Mai eines zwischen Syrien und Israel unterzeichnet. Auf dem Golan sowie dem Sinai rückten die Gegner auseinander. UN-Truppen besetzten die ent-

Zwischen Spannung und Entspannung

Anwar as-Sadat, Jimmy Carter und Menachem Begin besiegeln das Abkommen von Camp David mit einem freundschaftlichen Händedruck.

stehenden »Pufferzonen«. Im Spätsommer 1975 erreichte Kissinger ein zweites ägyptisch-israelisches Truppenentflechtungsabkommen: Für die Räumung weiterer Positionen auf dem Sinai erhielt Israel ein elektronisches Frühwarnsystem gegen Überraschungsangriffe. Außerdem erlaubte Ägypten auf dem wieder eröffneten Suezkanal den Transport von Gütern von und nach Israel. Beide Seiten kamen überein, den Nahostkonflikt nur mit friedlichen Mitteln lösen zu wollen.

Auf dieser Grundlage ergriff US-Präsident James E. Carter die Initiative: Kaum im Amt, schickte der neue Präsident im Februar 1977 Außenminister Cyrus Vance auf Nahost-Mission. Gleichzeitig lud er Sadat und den israelischen Ministerpräsidenten Itzhak Rabin nach Washington ein. Die »Carter-Initiative« blieb zunächst ohne Erfolg, weil der im Mai 1977 zum Ministerpräsidenten gewählte Menachem Begin – erstmals bildete der rechtsgerichtete *Likud*-Block die israelische Regierung – Verhandlungen mit der PLO ablehnte. Auf das Verhandlungsangebot des ägyptischen Präsidenten hingegen ging er ein. Sadat hatte am 9. November 1977 erklärt, dass er selbst nach Jerusalem reisen werde, um den Frieden herbeizuführen.

Sadats Reise nach Israel

Sadats spektakuläre Israel-Reise vom 19. bis 21. November 1977 gipfelte in einem dramatischen Friedensappell in der *Knesset*, dem israelischen Parlament: Ägypten sei bereit, mit Israel auf der Grundlage einer gerechten und dauerhaften Gesamtlösung in Frieden zu leben. Voraussetzung sei, dass sich Israel aus den 1967 besetzten Gebieten zurückziehe, einen palästinensischen Staat ermögliche, Sicherheitsgarantien gewähre und auf Gewalt verzichte. Zur Wiedereröffnung der Genfer Nahostkonferenz regte der ägyptische Präsident ein Treffen in Kairo an, das nur bei Israel, den USA und den Vereinten Nationen Resonanz fand. Die ebenfalls eingeladene PLO schlug die Chance aus, mit Israel am Verhandlungstisch zu sitzen.

Die nach einem Gipfeltreffen zwischen Ministerpräsident Begin und Staatspräsident Sadat (25./26. Dezember 1977) aufgenommenen ägyptisch-israelischen Verhandlungen scheiterten jedoch bald an der starren Haltung Jerusalems. Die USA erhöhten den Druck auf Israel, sodass die Gespräche fortgesetzt werden konnten. Zunächst verhandelten die Außenminister in Schloss Leeds (England). Als auch diese Verhandlungen ergebnislos blieben, lud Carter Sadat und Begin nach Camp David, dem Landsitz des amerikanischen Präsidenten, ein. Dort einigten sich Ägypten und Israel am 17. September 1978 auf zwei Rahmenabkommen für eine Nahost-Friedenslösung: Die Vereinbarungen sahen einen ägyptisch-israelischen Friedensvertrag vor, der spätestens nach 90 Tagen zu unterzeichnen war. Dieser wurde am 26. März 1979 von Sadat und Begin unter Anwesenheit von US-Präsident Carter in Washington unterzeichnet. Der ägyptisch-israelische Friedensvertrag sah einen stufenweisen Rückzug Israels vom Sinai hinter die Grenzen des UN-Mandats, die Aufgabe aller israelischen Siedlungen auf der Halbinsel und die Aufnahme diplomatischer Beziehungen vor.

Seit dem Friedensvertrag unterhalten Ägypten und Israel »normale« Beziehungen – trotz aller Belastungen durch die israelische Annexion Jerusalems am 30. Juli 1980 sowie der Golanhöhen im Dezember 1981 und trotz des israelischen Einmarsches in den Libanon im Sommer 1982. Menachem Begin und Anwar as-Sadat erhielten für ihr Engagement 1978 den Friedensnobelpreis. Drei Jahre später ermordeten islamistische Fundamentalisten den ägyptischen Präsidenten. Sein Nachfolger, Hosni Mubarak, führt die Friedenspolitik gegenüber Israel bis heute fort.

Irlands Premierminister Jack Lynch spricht vor Vertretern der Europäischen Gemeinschaft nach der Unterzeichnung der Beitrittsurkunden (Brüssel 1972).

10.28 Großbritannien, Dänemark und Irland in der EG

Großbritannien hatte wegen seiner engen Bindungen zum *Commonwealth* und zu den USA eine Beteiligung an der europäischen Integration lange abgelehnt. Nach dem Inkrafttreten der Römischen Verträge am 1. Januar 1958 (▶ 9.4) versuchte London, eine die EWG einschließende (west)europäische Freihandelszone zu gründen, scheiterte aber am Widerstand von Paris. Infolgedessen gründete Großbritannien im Januar 1960 mit sechs weiteren Staaten die Europäische Freihandelszone (EFTA, ▶ 9.8).

Wegen des intensiven Handels mit den EWG-Staaten schadete diese handelspolitische Abgrenzung Großbritannien aber mehr, als sie nutzte. Im Sommer 1961 zog London die Konsequenz und stellte erstmals einen Antrag zur Aufnahme in die EWG. Dagegen sprach sich vor allem Frankreichs Staatspräsident Charles de Gaulle aus. Das nicht nur militärtechnologisch von den USA abhängige Großbritannien vertrug sich nicht mit seiner Vision eines starken Europas zwischen den Blöcken. Aus diesem Grund vereitelte er den Brückenschlag zwischen EWG und EFTA, und der britische Antrag scheiterte 1963.

1967 stellte Großbritannien erneut einen Antrag auf Beitrittsverhandlungen. Dem Begehren schlossen sich mit Dänemark, Irland und Norwegen weitere EFTA-Staaten an. Die Verhandlungen konnten erst Ende Juni 1970 aufgenommen werden, nachdem der Rücktritt de Gaulles im April 1969 den Weg frei gemacht hatte. Nach schwierigen, aber relativ kurzen Verhandlungen wurde der Beitritt der vier Staaten am 22. Januar 1972 beschlossen. Die Norweger lehnten indes in einem Volksentscheid mehrheitlich (53,9 Prozent) die Mitgliedschaft in der EG ab. Der Beitritt Großbritanniens, Dänemarks und Irlands erfolgte am 1. Januar 1973, und die EG hatte nun neun Mitglieder.

Die britischen Beitrittsbedingungen mussten nach einem Regierungswechsel in London 1974 neu verhandelt werden. Premierminister Harold Wilson wünschte, wie spätere britische Regierungschefs auch, den Beitrag zum EG-Haushalt zu senken und günstigere Einfuhrbedingungen für Produkte aus dem *Commonwealth* zu erhalten. Die Verhandlungen dauerten bis zum März 1975. Im Juni wurden die Ergebnisse der Bevölkerung in einem Referendum vorgelegt. Mit 67,3 Prozent der Stimmen sprachen sich die Briten für einen Verbleib in der Europäischen Gemeinschaft aus.

ZWISCHEN SPANNUNG UND ENTSPANNUNG

10.29 Europäisches Parlament

Die Europäischen Gemeinschaften entstanden aus der Zusammenarbeit der Regierungen von Frankreich, Italien, Belgien, Luxemburg, den Niederlanden und der Bundesrepublik: Die sechs gründeten 1951 die Europäische Gemeinschaft für Kohle und Stahl (EGKS, ▶ 8.28) und 1957 in Rom die Europäische Wirtschaftsgemeinschaft (EWG) sowie die Europäische Atomgemeinschaft (EURATOM, ▶ 9.4). Anfang 1967 fusionierten die Exekutiven der Organisationen: Die Europäische Gemeinschaft (EG) entstand.

Den europäischen Institutionen fehlte von Anfang an eine direkte demokratische Legitimation. Die nationalen Parlamente entsandten Delegierte in die »parlamentarische Versammlung«, die sich seit 1958 »Europäisches Parlament« nannte. Das Legitimationsdefizit wurde 1979 teilweise ausgeglichen, als die Bevölkerungen der EG-Mitgliedstaaten vom 7. bis 10. Juni zum ersten Mal Abgeordnete für das Europäische Parlament direkt wählten. Die Entscheidung für die Direktwahl war im Dezember 1974 im Europäischen Rat gefallen. Diese Versammlung der Staats- und Regierungschefs ist das höchste Entscheidungsgremium der Gemeinschaft.

Direktwahl seit 1979

Der Ministerrat erließ im September 1976 eine Akte über die allgemeine und unmittelbare Wahl des Europäischen Parlaments, die anschließend von den nationalen Parlamenten der Mitgliedstaaten ratifiziert wurde. Sie legte die Rahmenbedingungen für die Wahl fest, insbesondere die Anzahl und Aufteilung der Abgeordnetensitze, die Rechte und Pflichten der Gewählten, den Wahltermin und die fünfjährige Wahlperiode. Den nationalen Gepflogenheiten entsprechend finden die Wahlen an mehreren Tagen statt.

Dem direkt gewählten Europaparlament gehörten nach der so genannten Süderweiterung 518 Abgeordnete an. Die bevölkerungsreichsten Mitgliedsländer, die Bundesrepublik Deutschland, Frankreich, Großbritannien und Italien, stellten je 81 Abgeordnete, Spanien 60, Niederlande 25, Belgien, Griechenland und Portugal je 24, Dänemark 16, Irland 15 und Luxemburg sechs. Seit der Wiedervereinigung schickt Deutschland 99 Abgeordnete nach Straßburg. Die Zahl der Parlamentarier wurde im Zusammenhang mit der so genannten EFTA-Erweiterung um Finnland, Österreich und Schweden Anfang 1995 auf 626 erhöht. Seit der EU-Erweiterung 2004 sitzen 732 Abgeordnete aus 25 Ländern im Europäischen Parlament. Die Anzahl der Abgeordneten stellt eine Obergrenze dar, die auch durch spätere Beitritte weiterer Staaten nicht geändert werden wird.

Die Befugnisse des 1979 erstmals direkt gewählten Parlaments hatten gegenüber der bisherigen Versammlung kaum zugenommen. Diese besaß lediglich das Recht zur Stellungnahme, musste also nur angehört werden. 1975

Blick in den Plenarsaal des Europäischen Parlaments in Straßburg 1994

wurde ihr ein Mitspracherecht im Haushaltsverfahren eingeräumt. Das schon 1977 dem Europäischen Parlament grundsätzlich zugestandene Budgetrecht wurde von der Kommission häufig missachtet, führte aber 1982 erstmals zur Ablehnung eines Etats.

Das Europäische Parlament konnte zwar in den Achtzigerjahren eine Verbesserung seiner Stellung erreichen, das demokratische Defizit in der Gemeinschaft aber nicht vollends beseitigen. Den Ausbau zu einer echten Legislative verhinderten die Regierungen der Mitgliedstaaten. Die 1987 in Kraft getretene Einheitliche Europäische Akte (EEA, ▶ 10.37) brachte dem Europäischen Parlament weitere Mitwirkungsrechte, beschränkte diese jedoch auf die Verwirklichung des Binnenmarktes und auf Teile der Struktur-, Sozial- und Forschungspolitik. Allein beim Beitritt weiterer Staaten bzw. bei der Assoziierung hat das Europäische Parlament ein echtes Mitentscheidungsrecht.

Mit den Verträgen über die Europäische Union von Maastricht (1992), Amsterdam (1997) und Nizza (2001) wurden die Rechte des Parlaments deutlich erweitert. Im Mitentscheidungsverfahren wurde ihm ein Vetorecht gegenüber dem Rat zugestanden, wenn die Entscheidungen Bereiche des Binnenmarktes, der Forschung und Technologie, der Kultur, Bildung, Gesundheit, Verbraucher oder Umweltprogramme betreffen. Seit 1993 unterliegt die vom Rat berufene Kommission der Billigung durch das Parlament.

Die amerikanische Mittelstreckenrakete Pershing II in der Startphase

10.30 NATO-Doppelbeschluss

Mit dem Abschluss des SALT-I-Vertrages (▶ 10.19) wuchs im militärischen Kräfteverhältnis zwischen Ost und West die Bedeutung der substrategischen Nuklearwaffen, insbesondere jener sowjetischen Raketen, die zwar nicht den amerikanischen Kontinent, sehr wohl aber Westeuropa treffen konnten. Angesichts der nuklearstrategischen Parität, die die Amerikaner den Sowjets eingeräumt hatten, und der infolgedessen relativ erhöhten Verwundbarkeit der Vereinigten Staaten von Amerika fragten sich die Europäer, allen voran die Deutschen, ob Washington im Ernstfall bereit bzw. in der Lage wäre, einen konventionellen sowjetischen Angriff auf Westeuropa mit einem nuklearen Schlag gegen die Sowjetunion zu beantworten. In Europa war die NATO den Truppen des Warschauer Paktes nicht nur zahlenmäßig unterlegen, sie war auch im Bereich der nuklearen Mittelstreckenraketen ins Hintertreffen geraten, weil die Sowjetunion in den Siebzigerjahren ihre Raketen durch modernere, d. h. zielgenauere Systeme vom Typ SS-20 ersetzt hatte, die nicht nur mobil waren, sondern auch noch über drei unabhängig steuerbare Sprengköpfe verfügten. Dem hatte die NATO nichts Vergleichbares entgegenzusetzen.

Anstoß durch Bundeskanzler Helmut Schmidt

Auf diese Problematik machte Bundeskanzler Helmut Schmidt im Herbst 1977 in einer Rede vor dem *International Institute for Strategic*

Studies (Internationales Institut für strategische Studien) in London aufmerksam. Er forderte, Mittelstreckenraketen wie die SS-20 in die laufenden SALT-Verhandlungen zwischen den Vereinigten Staaten von Amerika und der Sowjetunion einzubeziehen. Das gelang nicht. Anfang 1979 trafen sich die Staats- und Regierungschefs der Vereinigten Staaten, Großbritanniens, Frankreichs und der Bundesrepublik auf der französischen Karibikinsel Guadeloupe, wo sie sich auf eine gemeinsame Haltung in dieser Frage einigten. Diese wurde Ende des Jahres als NATO-Doppelbeschluss verkündet. Die in Brüssel versammelten Außen- und Verteidigungsminister der integrierten Verteidigungsstruktur der NATO beschlossen, die in Europa stationierten Mittelstreckenraketen zu modernisieren, d. h. die Raketen vom Typ *Pershing Ia* durch modernere des Typs II zu ersetzen und um Marschflugkörper *(Cruise Missiles)* zu ergänzen, wenn die Moskau angebotenen Verhandlungen über die Reduzierung der beiderseitigen Mittelstreckenraketen nicht bis Ende 1983 zu einem erfolgreichen Abschluss kämen. Dieser Nachrüstungsbeschluss gab der europäischen Friedensbewegung (▶ 10.32) einen entscheidenden Impuls zum massenhaften Protest, insbesondere in der Bundesrepublik Deutschland, in Großbritannien und Italien sowie in den Niederlanden und Belgien. In diesen Ländern sollten 108 *Pershings* und 464 *Cruise Missiles* stationiert werden.

Die Verhandlungen zwischen den USA und der Sowjetunion über die nuklearen Mittelstreckenwaffen *(Intermediate Nuclear Forces*, INF) wurden erst im November 1981 in Genf aufgenommen, weil das weltpolitische Klima nach dem sowjetischen Einmarsch in Afghanistan (▶ 10.31) erkaltet war und die amerikanische Außenpolitik bis zur Amtseinführung Ronald Reagans im Januar 1981 gelähmt schien. Die unvereinbaren Positionen verhinderten jeden Verhandlungsfortschritt in Genf. Nachdem die Verhandlungen im Sommer 1982 so gut wie gescheitert waren, wurden Mitte Oktober 1983 die ersten amerikanischen Marschflugkörper in Großbritannien stationiert. Einen Monat später wurden *Pershing-II*-Raketen auf dem Kontinent aufgestellt. Daraufhin brach die Sowjetunion die Verhandlungen über die Mittelstreckenraketen ab, die erst 1985 wieder aufgenommen wurden (▶ 10.41).

10.31 Sowjetischer Einmarsch in Afghanistan

Die Entspannungspolitik der Siebzigerjahre verlor Ende des Jahrzehnts an Kraft. Zwar unterzeichneten der amerikanische Präsident Jimmy Carter und der sowjetische Staats- und Parteichef Leonid Breschnew am 18. Juni 1979 in Wien ein zweites Abkommen zur Begrenzung strategischer Waffen (SALT II, ▶ 10.42), dennoch hatte die Entspannung ihren Höhepunkt überschritten. Auslöser für die Abkühlung waren die sowjetische Hochrüstung im konventionellen Bereich, zur See sowie bei den nuklearen Mittelstreckenraketen in Europa und nicht zuletzt Moskaus verstärktes Engagement in der »Dritten Welt«.

Insbesondere in Afrika nutzte die Sowjetunion die letzte Phase der Entkolonialisierung, um ihren Einfluss auszubauen. Kaum hatte Portugal Angola und Moçambique 1975 in die Unabhängigkeit entlassen, entbrannte in den Ländern ein Bürgerkrieg, den die Sowjetunion direkt oder indirekt über Kuba schürte, indem sie die kommunistisch orientierten Befreiungsbewegungen unterstützte. Gleiches gilt für das strategisch wichtige Horn von Afrika: In Äthiopien unterstützte die Sowjetunion nach dem Sturz von Kaiser Haile Selassie I. (1974) die linken Militärs unter Mengistu Haile Mariam, die im Februar 1977 an die Macht gekommen waren. Dank der Rüstungshilfe aus Moskau und Tausender kubanischer Soldaten konnte

Sowjetische Truppen auf dem Flughafen von Kabul.

sich Äthiopien 1977/78 im Krieg um den Ogaden, den an Somalia grenzenden Landesteil, durchsetzen.

Höhepunkt der sowjetischen Einmischung in der »Dritten Welt« stellte der Einmarsch in Afghanistan dar, der am 24. Dezember 1979 begann. Nach offizieller Version eilte die Sowjetunion dem Nachbarland zur Hilfe: Die sowjetische Armee sollte Ruhe und Ordnung in dem von einem Bürgerkrieg zerrissenen Land wieder herstellen. Ministerpräsident Hafisollah Amin wurde am 27. Dezember 1979 abgesetzt und am gleichen Tag hingerichtet. Sein Amt übernahm Babrak Karmal, der aus dem sowjetischen Exil zurückgekehrt war.

Zweite Hochphase des Kalten Krieges
Der sowjetische Einmarsch in Afghanistan überraschte die westlichen Regierungen. Lange wurde über die Gründe für die Intervention gerätselt: Suchte Moskau einen direkten Zugang zum Persischen Golf, also zum eisfreien Meer, oder versuchte die Sowjetunion, die revolutionären Wirren im Iran (▶ 10.35) auszunutzen? Offenbar wollte Moskau verhindern, dass sich der politische Islamismus in den südlichen Teilrepubliken der Sowjetunion ausbreiten konnte.

Die Sowjetunion beendete mit ihrer Invasion die Entspannungspolitik der Siebzigerjahre, und eine zweite Hochphase des Kalten Krieges begann. Die USA unterbrachen im Januar 1980 nicht nur den Ratifizierungsprozess des SALT-II-Abkommens, sondern verhängten auch ein Weizenembargo gegen die Sowjetunion. Zudem zog Washington im Laufe des Jahres seinen Botschafter aus Moskau ab und organisierte einen Boykott der Olympischen Spiele in Moskau (1980), dem sich – unter mehr oder minder sanftem Druck – viele Verbündete der USA anschlossen. Nicht zuletzt aber leitete Carter eine Wende in der amerikanischen Rüstungspolitik ein, die unter seinem Nachfolger Reagan (Präsident 1981–89) zu einem regelrechten Programm entwickelt wurde.

Trotz militärischer Überlegenheit konnte die sowjetische Armee gegen den wachsenden Widerstand der afghanischen Stämme und islamischer Gruppen *(Mudjahedin)* das Land weder ganz besetzen noch befrieden, zumal diese durch den Westen massiv unterstützt wurden. Über Jahre wogte der Kampf, in dem die Regierung die großen Städte und der Widerstand das übrige Land, insbesondere die Gebirgstäler, kontrollierte. Mehrfach kündigte die sowjetische Führung den Rückzug aus Afghanistan an, falls die Unterstützung der Rebellen durch ausländische Regierungen eingestellt werden würde. Ende der Achtzigerjahre ermöglichten die Vereinten Nationen durch Verhandlungen zwischen der Sowjetunion, den USA, Pakistan und Afghanistan den Rückzug der sowjetischen Armee, der ab dem 15. Mai 1988 erfolgte und bis zum 15. Februar 1989 abgeschlossen war.

Das Land am Hindukusch kam aber nicht zur Ruhe. Die *Mudjahedin* waren an den internationalen Verhandlungen nicht beteiligt gewesen und führten ihren Kampf gegen das von den Sowjets installierte Regime Mohammed Najibollahs weiter. Schließlich wurde der Präsident im Frühjahr 1992 von Putschisten gestürzt. Mit Sibghatullah Mojaddedis übernahmen die *Mudjahedin* die Macht in Afghanistan. Gleichzeitig brach ein neuer Bürgerkrieg aus, der bis in die Mitte der Neunzigerjahre anhielt. 1996 setzten sich radikal-islamische Milizen durch: Am 27. September besetzten die *Taliban* die Hauptstadt Kabul und riefen einen islamischen Gottesstaat aus (▶ 11.33).

10.32 Friedensbewegung

Der NATO-Doppelbeschluss vom Dezember 1979 (▶ 10.30) löste eine militärkritische Massenbewegung aus, die als »Friedensbewegung« in die Geschichte eingegangen ist. Während sich die sowjetisch-amerikanischen Verhandlungen in Genf in die Länge zogen und schließlich erfolglos abgebrochen wurden, erregten Nachrüstungsdebatten nicht nur die Parlamente der von einer Stationierung betroffenen Länder, sondern auch die Bevölkerung in fast allen Staaten Westeuropas, insbesondere große Teile der politisch aufgeschlossenen Jugend in den Niederlanden und in Belgien sowie in den skandinavischen Ländern.

In der Bundesrepublik Deutschland konnte die Friedensbewegung an Vorläufer aus den Fünfziger- und Sechzigerjahren anknüpfen. Damals hatte sich der Protest zunächst gegen

Die Nachrüstungsdebatte und die nachfolgende Stationierung der Mittelstreckenwaffen ab 1983 wurde von massenhaften Protesten der Friedensbewegung begleitet, hier eine Sitzblockade vor dem amerikanischen Pershing-II-Stützpunkt in Mutlangen.

eine Wiederbewaffnung, später gegen eine atomare Aufrüstung der Bundeswehr gerichtet und war dann mehr oder minder nahtlos in die »Ostermarsch«-Bewegung übergegangen. Neuen Schwung erhielt die Friedensbewegung durch die Demonstrationen gegen den Vietnamkrieg. Sie wurden im Folgenden stark von der Studentenbewegung beeinflusst.

Erst mit der Diskussion über die so genannte Neutronenbombe und vor allem der NATO-Doppelbeschluss gaben Ende der Siebzigerjahre der Friedensbewegung neue Impulse. Ein breites Spektrum von Gruppen aus dem kirchlichen und gewerkschaftlichen Umfeld, Initiativen von Wissenschaftlern, Ärzten und Juristen sowie die Grünen, die DKP, Teile der SPD und auch Gruppen der CDU formierten eine locker organisierte Massenbewegung, die sich überwiegend in lokalen Einzelaktionen ausdrückte, aber ihren Forderungen – in erster Linie den Verzicht auf die Nachrüstung – auch auf Großkundgebungen wie am 10. Oktober 1981 in Bonn mit 250 000 Teilnehmern Ausdruck verlieh.

Auch wenn die Friedensbewegung keinen Erfolg hatte und ihr Hauptziel mit dem ergebnislosen Abbruch der Genfer Abrüstungsverhandlungen und mit der Stationierung der amerikanischen Mittelstreckenraketen seit November 1983 nicht erreichte, war ihre politische Wirkung beträchtlich. Aus bescheidenen Anfängen war eine Massenbewegung entstanden, die die öffentliche Diskussion über die Sicherheitspolitik bis zum Ende des Ost-West-Konfliktes prägte.

10.33 Frauenbewegung

Die (neue) Frauenbewegung formierte sich Ende der Sechzigerjahre. Auslöser waren einerseits die gesellschaftlichen Protestbewegungen – in Europa der Studenten, in Nordamerika die Bürgerrechtsbewegung – sowie andererseits medizinische Fortschritte wie die »Pille« (zur Empfängnisverhütung), die Frauen von traditionellen Zwängen befreiten. Nun eröffneten sich auch neue Bildungschancen, die die Gleichberechtigung von Frauen beförderten, aber auch weiter gehende Forderungen verursachten und neue Aktionsfelder eröffneten.

Betty Friedan räumte mit ihrem 1963 in den USA erschienenen Bestseller »The Feminine Mystique« (deutsch »Der Weiblichkeitswahn«) mit dem traditionellen Frauenbild in den USA auf, das sich nach 1945 mit dem Ende der kriegsbedingten Rüstungswirtschaft und mit der Heimkehr der Soldaten wieder durchgesetzt hatte. Die Autorin stellte fest, dass ihre Geschlechtsgenossinnen mit ihrer Rolle als Ehe- und Hausfrau sowie Mutter unzufrieden waren und sich eine außerhäusliche, eigenverantwortliche Berufstätigkeit wünschten.

Um die Emanzipation politisch durchzusetzen, gründeten politische Aktivistinnen 1966 eine nationale Interessenvertretung, die *Natio-*

nal Organization for Women (NOW, Nationale Frauenorganisation). Sie suchte in Washington die Bundesgesetzgebung und die Berichterstattung in den Medien zu beeinflussen. In Musterprozessen wurde für die Verbesserung der Chancengleichheit von Frauen als sozialer Gruppe bzw. für eine größere Entscheidungsfreiheit der einzelnen Frau geklagt.

Durch eine verstärkte Förderung der Frauen, insbesondere im öffentlichen Sektor *(affirmative action),* erreichte die Frauenbewegung in den USA eine allgemeine Verbesserung der Situation. Allerdings scheiterte sie 1982 bei der Durchsetzung einer 1972 vom Kongress auf den Weg gebrachten Verfassungsänderung, die die Gleichheit der Rechte von Männern und Frauen zur nationalen Norm erhoben hätte. Die Gegner beschworen einen Zusammenbruch von Sitte und Ordnung, wenn künftig weder beim Militär noch andernorts nach Geschlecht unterschieden werde.

Kämpferisch tritt eine Frau auf der 4. Weltfrauenkonferenz der UNO in Peking auf.

Die Frauenbewegung in der Bundesrepublik
Die neue Frauenbewegung in der Bundesrepublik Deutschland, die zum Teil an bürgerliche Vorläuferinnen aus der Mitte des 19. Jahrhunderts und an die proletarische Frauenbewegung des späten 19. und frühen 20. Jahrhunderts anknüpfte, spaltete sich bald in einen sozialistischen und einen feministischen Flügel. Letzterer bekämpfte in erster Linie die historisch überkommene Vorherrschaft der Männer in Staat und Gesellschaft. Diese Flügelbildung wurde allerdings bald überdeckt durch den gemeinsamen Kampf für die Abschaffung des § 218 des Strafgesetzbuches, der Schwangerschaftsabbruch unter Strafe stellte.

Die sozialliberale Koalition legalisierte Anfang der Siebzigerjahre eine Abtreibung in den ersten drei Monaten der Schwangerschaft, diese »Fristenlösung« wurde jedoch vom Bundesverfassungsgericht für verfassungswidrig erklärt und aufgehoben. Die 1976 verabschiedete »Indikationslösung«, die einen Schwangerschaftsabbruch aus medizinischen oder sozialen Gründen erlaubte, stellte die Frauenbewegung nicht zufrieden.

Dennoch zog sie sich anschließend weitgehend aus der politischen Auseinandersetzung zurück und konzentrierte sich auf Selbstverwirklichung, Selbstbestimmung und Selbsthilfe von Frauen: Frauenzentren, Frauencafés und Frauenhäuser entstanden. Alice Schwarzer gründete 1976/77 mit der Zeitschrift »Emma« das publizistische Sprachrohr der feministischen Frauenbewegung, die zwar nur einen Bruchteil der Frauen in der Bundesrepublik repräsentierte, aber zunehmenden Einfluss in der Gesellschaft ausübte. Die Frauenbewegung wurde zu einem wichtigen Teil der alternativen Bewegung und hatte Anteil an der Gründung der Partei »Die Grünen«, wirkte aber auch in andere Parteien und in die Gewerkschaften hinein.

10.34 Ökologiebewegung

Die Ökologiebewegung entstand wie die anderen neuen sozialen Bewegungen in den Sechzigerjahren infolge der strukturellen Veränderungen in den westlichen Gesellschaften. Zentrales Thema der Ökologiebewegung war der Schutz der Umwelt bzw. der Schutz des Menschen in einer natürlichen Umwelt.

Initiatorin der Ökologiebewegung war Rachel Carson, die 1962 in ihrem Sachbuch »Silent Spring« (»Der stumme Frühling«) die Verwendung DDT-haltiger Unkraut- und Insektenvernichtungsmittel und die tödlichen Folgen für Menschen und Tiere anprangerte. Präsident Kennedy setzte eine Untersuchungskommission ein, deren Ergebnisse in das erste Luftreinhaltungsgesetz (*Clean Air Act,* 1963) einflossen. Naturschutz war zu einem politisch, aber auch ökonomisch relevanten Thema geworden. Kein Jahr später wurden in den Vereinigten Staaten die verbliebenen Urwälder, Prärien und Wüsten unter Schutz gestellt.

In Westeuropa formierte sich die Ökologiebewegung Anfang der Siebzigerjahre, nachdem die Studentenbewegung an Schwung verloren hatte. Durch den Bericht des *Club of Rome* über die »Grenzen des Wachstums« (1972) wurden sich die Industriegesellschaften spätestens im Zuge der Ölkrise (▶ 10.22) der Ressourcenknappheit bewusst. Das viel gelesene Buch des ökologisch-konservativen CDU-Bundestagsabgeordneten Herbert Gruhl »Ein Planet wird geplündert. Die Schreckensbilanz unserer Politik« (1975) wies auf die Gefahren der fortschreitenden Umweltzerstörungen hin. An die Stelle der Zukunftseuphorie der Sechzigerjahre trat in den späten Siebzigerjahren Zukunftsangst, die diesen Teil der Protestbewegung prägte.

Zunächst lokal in kleinen Gruppen gegen begrenzte Projekte wie Stadtsanierungen organisiert, fand die Ökologiebewegung mit dem Kampf gegen die Atomenergie einen breiten- und massenwirksamen Kristallisationspunkt. Vor allem in der Bundesrepublik Deutschland gründeten sich zahlreiche Bürgerinitiativen. Im südbadischen Wyhl zum Beispiel verhinderten vor allem Bauern und Winzer mit ihrem Protest den Bau eines Atomkraftwerkes.

Die energie- und wirtschaftspolitische Dimension

Über die Einzelfälle hinaus gewann die Bewegung schnell eine allgemeine energie- und wirtschaftspolitische Dimension. Im Zentrum der Kritik an der modernen Industriegesellschaft stand die Kernenergie. 1974 waren in der Bundesrepublik elf Atomkraftwerke in Betrieb, elf im Bau und sechs weitere in der Planung. Angesichts der Abhängigkeit der Bundesrepublik von Ölimporten glaubten die etablierten Parteien auf Atomenergie nicht verzichten zu können. Unterstützt wurden sie von den Gewerkschaften, die die Schaffung und Sicherung von Arbeitsplätzen im Auge hatten. Die Diskussion spitzte sich auf einen Gegensatz zwischen Ökologie und Ökonomie zu. Mehr und mehr richtete sich die Anti-Atomkraft-Bewegung aber grundsätzlich gegen andere technische Großprojekte und gegen ein ungebremstes industrielles Wachstum.

Durch den Anschluss systemoppositioneller und gewaltbereiter Kräfte veränderte die Bewegung in der zweiten Hälfte der Siebzigerjahre ihren Charakter: Aus friedlichen Demonstrationen von Bürgern entwickelten sich »Schlachten« zwischen gewaltbereiten Autonomen und der Polizei, so im schleswig-holsteinischen Brokdorf, im niedersächsischen Gorleben, wo ein Endlager gebaut werden sollte, und am Frankfurter Flughafen, wo eine zusätzliche Startbahn in Planung war.

Gleichzeitig setzte eine Institutionalisierung der Bewegung ein, die zunächst zur Gründung von Wählergruppen im Umfeld ihres konkreten Anliegens führte. 1979 kandidierten sie als »Grüne« bei den Europawahlen, und am

Greenpeace demonstriert vor einem amerikanischen Fischfang- und Fischverarbeitungsschiff im Beringmeer gegen die Überfischung der Meere.

13. Januar 1980 wurde die Bundespartei der »Grünen« gegründet. . Neben die Grundprinzipien »ökologisch – sozial – gewaltfrei – basisdemokratisch« trat eine besondere Berücksichtigung der Geschlechterfrage, die die Frauenbewegung anzog. Drei Jahre später gelang der »Anti-Parteien-Partei« der Einzug in den Bundestag, wo sie sich als vierte Kraft etablieren konnte und sich in Opposition zur christlich-liberalen Regierung von Helmut Kohl profilierte. Zur gleichen Zeit traten die Grünen in den Ländern als Koalitionspartner in sozialdemokratisch geführte Regierungen ein.

10.35 Revolution im Iran

Ayatollah Khomeini, so genannt nach seinem Geburtsort, rief am 1. April 1979 die Islamische Republik Iran aus. Der schiitische Geistliche war am 17. Mai 1900 unter dem Namen Mussawi geboren worden. Sein Vater, ein islamischer Gelehrter, gab ihm den Vornamen Ruhollah, die Seele Gottes. Der Familientradition entsprechend studierte er in Ghom (Kum) Theologie. Seit den Zwanzigerjahren kämpfte er gegen die Säkularisierung des Iran. Die Einführung eines an europäischen Vorbildern orientierten Straf- und Zivilgesetzbuches und andere Reformen lehnte er als »unislamischen Modernismus« ab. Seine Kritik richtete sich insbesondere gegen die autoritär regierende Pahlewi-Dynastie, die in seinen Augen mit ihrem an westlichen Vorbildern orientierten Regierungs- und Lebensstil gegen zentrale Lehren des Islam verstieß.

Khomeinis Kampf radikalisierte sich Anfang der Sechzigerjahre, als Schah Resa Pahlewi in einer »Weißen Revolution« versuchte, das Land weiter zu reformieren. Während sich viele Mullahs vor allem gegen die begrenzte Landreform wandten, kritisierte Khomeini in erster Linie die Emanzipation der Frauen, insbesondere ihr Wahlrecht. Ob ihn die mutmaßliche Ermordung seines ältesten Sohnes durch die iranische Geheimpolizei weiter radikalisierte, ist umstritten. Sicher ist, dass er sich unter den zahlreichen Ayatollahs als der radikalste profilierte und zum Hauptgegner des Schahs avancierte. 1963 wurde Khomeini verhaftet und im folgenden Jahr des Landes ver-

Die Teheraner Bevölkerung bereitet Ayatollah Khomeini einen triumphalen Empfang.

wiesen. Er ging ins irakische Nedjef (Nadschaf), von wo aus er den Widerstand gegen das Schah-Regime organisierte.

Aus dem Exil heraus setzte er sich gegen den Klerus im Lande durch und an die Spitze des Massenprotestes im Iran. Vergeblich versuchte der Schah mit Militär und Geheimpolizei, den Sturz seines Regimes zu verhindern. Mitte Januar 1979 verließ er das Land, am 1. Februar kehrte Ayatollah Khomeini aus dem Exil, zuletzt in Frankreich, zurück. Er bildete unter seinem Vorsitz einen Revolutionsrat, dem die Regierung unterstand. Revolutionsgerichte führten in Verwaltung, Armee und Geheimdienst »Säuberungen« durch, denen zahlreiche Menschen zum Opfer fielen.

Islamische Republik Iran

Nach einer Volksabstimmung am 30. März proklamierte Khomeini am 1. April 1979 die Islamische Republik. Sie wurde durch die schiitische Geistlichkeit und die so genannten Revolutionswächter zunehmend islamisiert:

Das zeigte sich u. a. im Strafrecht, im Schleierzwang und im Alkoholverbot.

Nach der im Dezember 1979 gebilligten Verfassung untersteht der Staat dem Führer der Islamischen Revolution, seit Khomeinis Tod am 3. Juni 1989 Ali Khameini (*1940). Die Exekutive liegt in Händen eines Staatspräsidenten. Die Legislative besteht aus der Islamischen Beratenden Versammlung. Ihre Entscheidungen bedürfen aber der Zustimmung des »Rates der Wächter des Islam«, der zur Hälfte mit islamischen Rechtsgelehrten besetzt ist und darüber wacht, dass die Gesetze mit der Verfassung und mit den Gesetzen des Islam im Einklang stehen.

Die Verdammung der westlich-europäischen Kultur und Politik hatte weit reichende Folgen. Im Lande wurden politische Gegner und religiöse Minderheiten gnadenlos verfolgt. Khomeini rief zum Mord an dem indisch-britischen Schriftsteller Salman Rushdie auf, weil dieser mit seinem Buch »Die Satanischen Verse« »Gotteslästerung« betrieben habe. Außenpolitisch wurden die USA zum Hauptfeind erklärt (»Großer Satan«) und der Irak als direkter Gegner angesehen. Die Beziehungen zu den Vereinigten Staaten sanken auf einen Tiefpunkt, als ein studentisches »Revolutionskomitee« am 4. November 1979 die amerikanische Botschaft in Teheran besetzte und fast 70 Geiseln nahm. Erst nach langwierigen Verhandlungen kamen die Geiseln am 20. Januar 1981, dem Tag der Amtsübernahme von US-Präsident Ronald Reagan, frei.

Ein halbes Jahr später begann mit dem Einmarsch des Irak in den Iran der Erste Golfkrieg, der acht Jahre dauern sollte. Gespeist von Waffenlieferungen aus aller Welt lieferten sich die Nachbarn einen Zermürbungskrieg. Die iranische Revolution löste zudem eine zweite Ölkrise aus, die den Preis pro Barrel zeitweise auf über 40 Dollar trieb (▶ 10.22).

10.36 Die Türkei seit 1980

Am 12. September 1980 gelangte in der Türkei das Militär wieder an die Macht. Der Putsch war seit den Siebzigerjahren abzusehen, weil die Regierungen der »Nationalen Front« des verschärften Terrors von rechts und links nicht Herr wurden. Nach über 1000 politischen Morden sowie mehr als 100 Wahlgängen bei der Neuwahl des Staatspräsidenten machte die militärische Führung der zweiten Republik ein Ende und ersetzte den seit 1973 amtierenden Staatspräsidenten Fahri Korutürk durch General Kenan Evren. Gleichzeitig übernahm dieser den Vorsitz im Nationalen Sicherheitsrat, der in der von den Militärs maßgeblich beeinflussten Verfassung eine zentrale Rolle spielte.

Die kommenden Jahrzehnte zeigten jedoch, dass auch die Militärs das politische System der Türkei auf Dauer nicht stabilisieren konnten. Immerhin verbesserten sich die innere Sicherheit und die wirtschaftliche Lage des Landes. Der Aufschwung war Turgut Özal zu verdanken, der schon im Januar 1980 die vom Internationalen Währungsfonds (IWF) empfohlene Wende in der Wirtschaftspolitik einleitete. In der neuen Regierung – Özal war von 1983 bis 1989 Ministerpräsident – setzte dieser den marktwirtschaftlichen Kurs fort, der bis 1987 ein beachtliches Wirtschaftswachstum auslöste.

Währenddessen entstanden nach einem von der militärischen Führung vorgegebenen Muster neue Parteien, die sich jedoch nicht dauerhaft etablieren konnten. Nur Özals Mutterlandspartei (ANAP) konnte sich bei den Wahlen von 1983 und 1987 halten. 1989 ließ sich Özal als Nachfolger General Evrens zum achten Präsidenten der Republik wählen. Nach seinem Tode 1993 folgte ihm Süleyman Demirel in das höchste Staatsamt. Die Parlamentswahlen von 1995 gewann die islamistisch eingestellte, von Necmettin Erbakan geführte Wohlfahrtspartei. Nach zwei Jahren musste Erbakan unter dem Druck des Militärs als Ministerpräsident zurücktreten, weil dieses die republikanisch-laizistische Tradition der Türkei bedroht sah. Im Januar 1998 verbot das Verfassungsgericht die Wohlfahrtspartei wegen republikfeindlicher Aktivitäten.

Außenpolitisch näherte sich die Türkei seit der Ölkrise von 1973 ihren arabischen Nachbarn an, wobei gute Beziehungen zu Israel unterhalten wurden. Irak und Syrien nahmen jedoch das Südostanatolien-Projekt (GAP) Ankaras, ein gigantisches Bewässerungs- und Energiegewinnungsprogramm, als Bedrohung wahr, obwohl die Türkei den Euphrat-Anrai-

Kapitel 10

Nach dem Militärputsch 1980 war das Militär überall im öffentlichen Leben der Türkei präsent.

nern eine Mindestwassermenge garantierte. Syrien erhob zusätzlich territoriale Ansprüche. Aufgrund des gemeinsamen Kurdenproblems arbeitete der Irak jedoch zeitweilig eng mit der Türkei zusammen. Der Krieg gegen den Irak zwang auch die Islamische Republik Iran zu einer pragmatischen Politik gegenüber der laizistischen Türkei. Danach nahm die Einflussnahme Teherans im Sinne islamischer Kräfte zu.

Der Konflikt mit den Kurden

Ein zentrales Problem der Region sind die kurdischen Minderheiten in den genannten Ländern. Nach dem Militärputsch von 1980 wurde in der Türkei die innenpolitische Repression der Kurden verschärft: So verbot 1983 ein Gesetz die öffentliche Meinungsäußerung in kurdischer Sprache. Die bereits 1978 unter der Führung Abdullah Öcalans gegründete Arbeiterpartei Kurdistans (PKK) begann 1984 den bewaffneten Kampf für einen eigenen Staat. Drei Jahre später verhängte die türkische Regierung in zahlreichen Provinzen Südostanatoliens den Ausnahmezustand: Dem Terror der PKK stand der Terror türkischer Sicherheitskräfte gegenüber.

Während Präsident Özal ab 1991 für eine politische Lösung des Kurdenkonflikts eintrat, setzten sich nach seinem Tod 1993 in dieser Frage wieder die Militärs durch: Kurdische Parteien wurden verboten, kurdische Parlamentarier wegen des Vorwurfs der Unterstützung der PKK zu hohen Haftstrafen verurteilt, Dörfer in den von Kurden besiedelten Gebieten entvölkert. Nach dem Verlust ihres Rückzugsgebietes im Nordirak im September 1998 und der Verhaftung ihres Führers im Februar 1999 ist die PKK militärisch wie politisch geschwächt. Ob auch die türkischen Kurden von der Entwicklung beim südlichen Nachbarn profitieren werden, bleibt abzuwarten. Seit dem Dritten Golfkrieg und dem Sturz Saddam Husains setzen die Kurden im Irak auf eine weitgehende Autonomie.

10.37 Einheitliche Europäische Akte

Bis Mitte der Achtzigerjahre stand die Europäische Gemeinschaft wieder im Zeichen einer Erweiterung. Griechenland trat 1981, Spanien und Portugal traten 1986 der EG bei. Nach Abschluss dieser so genannten Süderweiterung sollte eine institutionelle Vertiefung der Gemeinschaft in Angriff genommen werden. Schon im Oktober 1972 und im Dezember 1974 hatten die Staats- und Regierungschefs beschlossen, die wirtschaftliche Gemeinschaft zu einer politischen Union auszubauen.

Diese politische Integration kam aber zunächst nicht voran. Erst im Juni 1985 setzte der Europäische Rat in Mailand eine Regierungskonferenz ein, die Fortschritte auf dem Weg zu einer Europäischen Union erzielen sollte. Sie konnte sich auf Vorarbeiten eines

1984 eingesetzten Ausschusses für institutionelle Fragen, nach dem Vorsitzenden Dooge-Komitee genannt, aber auch auf Vorschläge der Regierungen wie z. B. die Deklaration zur Europäischen Union von 1983 sowie die Reformvorstellungen des Europäischen Parlaments zur Gründung der Europäischen Union stützen.

Die im Februar 1986 unterzeichnete Einheitliche Europäische Akte (EEA) trat nach der Ratifizierung durch die zwölf Mitgliedstaaten am 1. Juli 1987 in Kraft. Die EEA war die erste durchgreifende Reform der Römischen Verträge, die eine Art Übergangslösung auf dem Weg zu der damals nicht erreichbaren politischen Union darstellte. Immerhin sollte bis Ende 1992 ein Binnenmarkt verwirklicht werden, in dem Personen, Waren, Dienstleistungen und Kapital frei verkehren können. Voraussetzung war, dass die EG-Mitgliedsländer nicht nur ihre nationalen Politiken anglichen, sondern auch in Binnenmarktfragen Kompetenzen an die Gemeinschaft abgaben. Insofern entwickelte sich der Binnenmarkt zum »Motor« der Gemeinschaft, der immer wieder Anstöße für eine weitere Vertiefung gab.

Mit der Europäischen Politischen Zusammenarbeit (EPZ) sah die EEA auch eine Koordination der Außen- und Sicherheitspolitik der Mitgliedsländer vor. So sollte ein geschlosseneres Auftreten auf der Weltbühne möglich werden. Die internationalen Krisen in der Endphase des Kalten Krieges haben jedoch gezeigt, dass von einer europäischen Außenpolitik keine Rede sein konnte. Die im Vertrag von Maastricht 1992 vereinbarte Gemeinsame Außen- und Sicherheitspolitik (GASP) der Europäischen Union sollte hier Abhilfe schaffen – mit begrenztem Erfolg. Vorgeschichte und Verlauf des Irakkrieges von 2003 zeigten erneut, dass die europäischen Regierungen noch immer nicht in der Lage sind, in zentralen Fragen der Außen- und Sicherheitspolitik mit einer Stimme zu sprechen.

10.38 Solidarność und Kriegsrecht in Polen

Das nach dem Zweiten Weltkrieg in Polen installierte kommunistische Regime geriet in den Siebzigerjahren in große wirtschaftliche Schwierigkeiten. Versuche, sie mit Preiserhöhungen, u. a. für Grundnahrungsmittel, in den Griff zu bekommen, lösten Streikbewegungen aus, die das ganze Land überrollten und die Macht der Polnischen Vereinigten Arbeiterpartei (PVAP) erschütterten. Zunächst löste Edward Gierek im Dezember 1970 Władysław Gomułka als Parteiführer ab, weil dieser Arbeiterunruhen in Danzig und Stettin hatte blutig niederschlagen lassen.

Der neue Parteichef nahm zwar im Sommer 1976 nach Streiks eine neuerliche Preiserhöhung zurück, Gierek konnte aber selbst mit harter Unterdrückung die Entstehung einer Bürgerrechtsbewegung nicht verhindern. Das »Komitee zur Verteidigung der Arbeiter« (KOR) und andere Gruppierungen verlangten immer entschlossener die Beachtung der Menschen- und Bürgerrechte in Polen, wie sie in der KSZE-Schlussakte (▶ 10.24) vereinbart worden waren. Die Wahl des Krakauer Erzbischofs Karol Wojtyła zum Papst stärkte der Bürgerrechtsbewegung, insbesondere der katholischen Kirche im Lande, seit Herbst 1978 den Rücken.

Vor diesem Hintergrund wurden während der nächsten Streikwelle gegen Preiserhöhungen im Sommer 1980 mehr und mehr auch politische Forderungen laut. Unter der Führung des Danziger Elektrikers Leszek (Lech) Wałęsa erstritten die Streikenden unabhängige Gewerkschaften, den Zugang zu den Massenmedien und soziale Verbesserungen. Mit der *Solidarność* (»Solidarität«) konstituierte sich am 17. September 1980 die erste unabhängige Gewerkschaft im Ostblock. Innerhalb weniger Wochen schlossen sich ihr über die Hälfte der polnischen Arbeiter an. Zwei Wochen zuvor hatte Stanisław Kania Parteichef Gierek abgelöst. Das Amt des Ministerpräsidenten war im August von Józef Pinkowski übernommen worden. Vergeblich versuchte dieser ein überzeugendes Reformprogramm zu entwickeln. Im Februar 1981 trat General Wojciech Jaruzelski an seine Stelle.

Im Laufe des Jahres 1981 verschärften eine Reihe von Ereignissen die Stimmung in Polen erheblich: Der Mordanschlag auf Papst Johannes Paul II. am 13. Mai 1981 und der Tod des Primas von Polen und Erzbischofs von Warschau-Gnesen Stefan Kardinal Wyszyński zwei

Kapitel 10

Innerhalb weniger Tage wurde der Elektriker Lech Wałęsa zur Symbolfigur der Opposition in Polen.

Wochen später erschütterten das Land. Zudem traf Anfang Juni ein Brandbrief der sowjetischen Parteiführung bei der Polnischen Vereinigten Arbeiterpartei ein. Als im September 1981 der erste Landeskongress der *Solidarność* mit einer Aufsehen erregenden »Botschaft an die Arbeiter Osteuropas« und der Forderung nach freien Parlamentswahlen mit unabhängigen Kandidaten an die Öffentlichkeit trat, drohte die Parteiführung mit einem Streikverbot. Die Gewerkschaft ihrerseits kündigte Protest an, falls sich die Regierung, wie angekündigt, Mitte Dezember vom Sejm, dem Parlament, Sondervollmachten erteilen lassen würde.

Kriegsrecht in Polen
Jaruzelski löste die politische Krise mit militärischen Mitteln: Am 13. Dezember 1981 verhängte er das Kriegsrecht über Polen. Wałęsa und andere Mitglieder der *Solidarność* sowie eine große Zahl von Intellektuellen wurden verhaftet. Ob der General damit einer sowjetischen Invasion zuvorkam, lässt sich nicht mit Sicherheit sagen. Gesichert scheint, dass die sowjetische Armee Ende 1980 zum Einmarsch bereit stand. General Jaruzelski kam der Auseinandersetzung zuvor, indem er das Kriegsrecht verhängte und einen von ihm geleiteten Militärrat einsetzte.

Die Militärs konnten zwar die Bürgerrechtsbewegungen unterdrücken – am 8. Oktober 1982 wurde *Solidarność* verboten –, aber eine wirtschaftliche Gesundung nicht erzwingen. Jaruzelski plädierte deshalb für einen »mittleren Kurs«, den er im Sommer 1986 gegen innerparteiliche Gegner durchsetzen konnte. Der Amtsantritt Michail Gorbatschows in der Sowjetunion dürfte diese Wendung begünstigt haben. Nach der Freilassung der politischen Gefangenen berief Jaruzelski noch im Dezember desselben Jahres einen »Konsultativrat beim Vorsitzenden des Staatsrats« ein, in dem auch von der demokratischen Opposition respektierte Persönlichkeiten saßen. Gleichwohl lehnte die Bevölkerung im November 1987 das von der Regierung vorgestellte Programm wirtschaftlicher und politischer Reformen in einem Referendum ab. Die Vorschläge gingen nicht weit genug. Nach dieser Niederlage und neuen Streiks im Frühjahr und Sommer 1988 erkannte die polnische Führung, dass ohne direkte Einbeziehung der demokratischen Oppositionsbewegung kein Ausweg aus der Krise möglich war (▶ 11.7).

10.39 Der Nord-Süd-Konflikt

Der Nord-Süd-Konflikt entstand nach der Entkolonialisierung durch das wachsende Wohlstandsgefälle zwischen den überwiegend auf der nördlichen Hemisphäre liegenden reichen und hoch entwickelten Industrieländern und den südlich der gemäßigten Zone liegenden armen Entwicklungsländern. Dieses Gefälle verstärkte sich nicht nur wegen des Bevölkerungswachstums, sondern vor allem durch

Zwischen Spannung und Entspannung

die infolge der früheren Abhängigkeiten bestehenden ungerechten Welthandelsbeziehungen. Die Entwicklungsländer versuchten seit Mitte der Sechzigerjahre im Rahmen der Vereinten Nationen ihre Lage zu verbessern. Die Forderung nach einer neuen Weltwirtschaftsordnung wurde laut und in Form eines Aktionsprogramms von der UN-Vollversammlung im Mai 1975 verabschiedet.

Die gestiegene Verhandlungsmacht der »Dritten Welt« zeigte sich auch in der Einrichtung eines »Nord-Süd-Dialogs« in der zweiten Hälfte der Siebzigerjahre. Die 1977 einberufene »Nord-Süd-Kommission« unter der Leitung von Willy Brandt, der Politiker und Wirtschaftsexperten aus aller Welt angehörten, suchte nach Möglichkeiten, das Verhältnis zwischen Industrie- und Entwicklungsländern zu verbessern. Ihr Bericht »Das Überleben sichern« (1980) führte im Oktober 1981 zur ersten Nord-Süd-Gipfelkonferenz im mexikanischen Cancun. Seitdem befassen sich zahlreiche internationale Konferenzen und Experten mit der Suche nach einer Lösung des Konflikts.

Gründe für die weitere Verschärfung des Nord-Süd-Gegensatzes sind unter anderem in der Verschuldungs- und Entwicklungskrise der Achtzigerjahre sowie in der sozioökonomischen Differenzierung und politisch-organisatorischen Schwächung der »Dritten Welt« zu sehen. Während die Mehrheit der Staaten insbesondere in Afrika und Lateinamerika in den Achtzigerjahren eine schwere Rezession erlebte, konnten v. a. die südostasiatischen Länder Wachstumserfolge erzielen und ihren Status als Schwellenländer ausbauen. Gleichzeitig schlug der dramatische Preisverfall für Rohstoffe und die folgende Verschuldungskrise den Entwicklungsländern nicht nur den machtpolitischen Hebel aus der Hand, die internationale Wirtschaftsorganisation im Sinne ihrer politischen und wirtschaftlichen Interessen zu reformieren, sondern steigerte vielmehr den Einfluss der Weltbank und des Internationalen Währungsfonds auf die Wirtschaftspolitik der Länder. Über Umschuldungsverhandlungen verpflichteten diese Organisationen einzelne Schuldnerländer zu »Strukturanpassungen«, die ihre Volkswirtschaften der Weltwirtschaft eingliedern sollten. Vor diesem Hintergrund nahm der Nord-Süd-Konflikt an Intensität ab.

10.40 Neoliberalismus

Die als Neoliberalismus bezeichnete Wirtschaftsordnung überlässt dem Markt, d. h. vor allem dem freien Wettbewerb, die Steuerung der Wirtschaft. Der Staat beschränkt sich in dieser Vorstellung auf die Schaffung und Erhaltung der Rahmenbedingungen für diesen Wett-

Die Kluft zwischen Arm und Reich in den Ländern des Südens verschärft sich weiter. Hier suchen Männer am Rande von Jakarta nach Überbleibseln aus einem eingestürzten Haus.

bewerb. Neoliberale Ordnungsvorstellungen setzten sich in den späten Siebzigerjahren in Großbritannien unter dem Schlagwort *Thatcherismus* und wenig später auch in den USA als *Reaganomics* durch. Wie die Begriffe belegen, werden beide Entwicklungen auf die amtierenden Staats- und Regierungschefs zurückgeführt.

 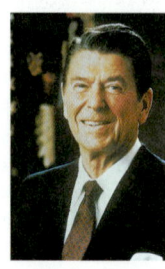

Margaret Thatcher und Ronald Reagan waren die politischen Vorreiter der neoliberalen Wirtschaftspolitik.

Margaret Thatcher übernahm nach dem Sieg der Konservativen Partei im Mai 1979 die Regierungsgewalt in Großbritannien. Als Premierministerin leitete sie eine radikale Wende in der britischen Wirtschafts- und Sozialpolitik ein: Anstelle der nachfrageorientierten Konjunkturpolitik ihrer Labour-Vorgänger setzte sie zur Inflationsbekämpfung auf eine Geld(mengen)politik, um der Wirtschaft möglichst optimale Wettbewerbsbedingungen zu bieten. In diesem Sinne wurden die Staatsausgaben beschränkt, das Steuersystem u. a. zugunsten der Spitzenverdiener geändert und das Investitionsklima verbessert. Zahlreiche Staatsunternehmen wie Post und Bahn wurden privatisiert.

Steigende Arbeitslosigkeit, größere Armut und wachsende Ungleichheit nahm die »Eiserne Lady« genannte Regierungschefin ebenso in Kauf wie die Opposition der Gewerkschaften, die sich in einem erbitterten Kampf gegen die Einschränkung ihrer Aktionsmöglichkeiten wehrten. Trotz der Widerstände gewannen die Konservativen unter Margaret Thatcher 1983 und 1987 die Unterhauswahlen. Das gelang 1992 auch noch einmal John Major, dem die Premierministerin im November 1990 nach innerparteilichen Auseinandersetzungen das Feld überlassen musste. Danach war das Vertrauen der Wähler in die Konservativen erschöpft. Seit seinem Wahlsieg von 1997 versuchte der Labour-Premier Tony Blair mit einem »Dritten Weg« zwischen der liberalistischen Wirtschaftspolitik der Achtziger- und der wohlfahrtsstaatlichen der Siebzigerjahre zu vermitteln.

Auch in den USA war mit dem Amtsantritt eines neuen Präsidenten eine wirtschaftspolitische Wende erfolgt. Nachdem Ronald Reagan im Januar 1981 vereidigt worden war, setzte er ein angebotsorientiertes Wirtschaftsprogramm um, das mit massiven Steuersenkungen und dem Abbau investitionshemmender Vorschriften Wachstum zu schaffen versprach. Die Einnahmeausfälle sollten kurzfristig durch drastische Einsparungen im Sozial- und Bildungsbereich ausgeglichen werden. Langfristig sollten die durch die aufblühende Wirtschaft entstehenden Mehreinnahmen den Haushaltsausgleich erlauben.

Die unter dem Namen *Reagonomics* in die Geschichte eingegangene Wirtschaftspolitik konnte die Inflationsrate bis 1983 auf drei Prozent senken und danach einen kräftigen Wirtschaftsaufschwung mit starkem Wachstum und Rückgang der Arbeitslosigkeit verzeichnen. Allerdings schnellte gleichzeitig nicht nur das Außenhandelsdefizit in die Höhe, sondern auch das Haushaltsdefizit, das 1986 die Rekordhöhe von 221 Milliarden Dollar erreichte. Ursache war, dass sich zwar die Steuersenkungen schnell über den Kongress verwirklichen ließen, die Ausgabenkürzungen jedoch nicht. Zudem trieben die in der zweiten »heißen« Phase des Kalten Krieges gewaltig steigenden Rüstungsausgaben das Haushaltsdefizit in die Höhe.

10.41 INF-Vertrag

Die Genfer Verhandlungen zwischen den USA und der Sowjetunion über die nuklearen Mittelstreckenraketen waren im November 1983 von Moskau abgebrochen worden, als die USA gemäß dem NATO-Doppelbeschluss mit der Stationierung neuer Mittelstreckenraketen in Westeuropa begannen. Unter dem Druck des amerikanischen Kongresses, der europäischen

Zwischen Spannung und Entspannung

Verbündeten und der Iran-Contra-Affäre setzte bei US-Präsident Reagan, der die Sowjetunion als »Reich des Bösen« bezeichnet hatte, 1983/84 ein Umdenkungsprozess ein, der auf eine Verbesserung der Beziehungen zur Sowjetunion und auf einen Erfolg in der Rüstungskontrollpolitik zielte. Ende 1984 vereinbarten Washington und Moskau die Wiederaufnahme der Rüstungskontrollgespräche, die am 12. März 1985 in Genf erfolgte.

Einen Tag zuvor war in Moskau nach dem Tod des greisen Parteichefs Konstantin Tschernenko der erst 54-jährige Michail Gorbatschow (▶ 11.2) in das Amt des Generalsekretärs der KPdSU berufen worden. Zur Entlastung des innenpolitischen Reformprozesses schlug die neue Führung auch außenpolitisch neue Töne an. Trotz weit reichender Angebote Gorbatschows scheiterten die amerikanisch-sowjetischen Gipfeltreffen im November 1985 in Genf und im Oktober 1986 in Reykjavik am amerikanischen Festhalten an der strategischen Verteidigungsinitiative. Präsident Reagan war nicht bereit, SDI für eine Reduzierung der strategischen Offensivwaffen und einen Verzicht auf nukleare Mittelstreckenwaffen zu opfern.

Schließlich gab Gorbatschow im Februar 1987 diese Bedingung auf, sodass im Sommer des Jahres die so genannte »doppelte Null-Lösung« vereinbart werden konnte. Wie von Reagan ursprünglich schon im November 1981 gefordert, sollten alle landgestützten atomaren Mittelstreckenraketen kürzerer und längerer Reichweite in Europa vernichtet werden. Der am 8. Dezember 1987 von Reagan und Gorbatschow in Washington unterzeichnete INF-Vertrag war ein Meilenstein in der Rüstungskontrollpolitik. Dieser sah vor, dass die landgestützten Mittelstreckenraketen kürzerer Reichweite, d. h. von 500 bis 1000 Kilometern, innerhalb anderthalb Jahren, und die längerer Reichweite, d. h. von 1000 bis 5500 Kilometern, innerhalb von drei Jahren zerstört werden sollten. Zum Ende des Kalten Krieges hatten beide Seiten den Vertrag erfüllt; die letzten Raketen wurden im Mai 1991 zerstört.

10.42 SALT II und START, SDI

Die USA und die Sowjetunion hatten am 26. Mai 1972 ein erstes, auf fünf Jahre befristetes Abkommen über die Begrenzung der strategischen Interkontinentalraketen geschlossen (▶ 10.19). Schon im November des Jahres wurden die *Strategic Arms Limitation Talks* (SALT) fortgesetzt, um eine Verlängerung der Vereinbarungen zu erreichen. Die Verhandlungen zogen sich in die Länge, weil der amerikanische Senat bei der Ratifizierung des SALT-I-Abkommens die Regierung verpflichtete, der UdSSR keine zahlenmäßige Überlegenheit mehr zu gewähren. US-Präsident Gerald Ford konnte das Paritätsprinzip bei einem Gipfeltreffen mit dem sowjetischen Generalsekretär Breschnew in Wladiwostok im November 1974 durchsetzen. Gleichzeitig einigten sich beide darauf, dass das SALT-II-Abkommen nach Ablauf des ersten Abkommens bis Ende 1985 gelten sollte. Beiden Seiten sollten höchstens 2400 land- und seegestützte Interkontinentalraketen und strategische Bomber zugestanden werden, von denen maximal 1320 mit Mehrfachsprengköpfen ausgerüstet sein durften.

Trotz der Grundsatzentscheidungen dauerten die Verhandlungen noch fast fünf Jahre, bis am 18. Juni 1979 US-Präsident Carter und Generalsekretär Breschnew in Wien den SALT-II-Vertrag unterzeichnen konnten. Das Abkommen bestätigte die in Wladiwostok vereinbarten Obergrenzen, die aber bis Ende 1981 auf 2250 Raketen gesenkt werden sollten. Zusätzlich wurde die Anzahl der Mehrfachsprengköpfe pro Raketentyp beschränkt. Alles in allem brachte das SALT-II-Abkommen zwar Fortschritte gegenüber seinem Vorgänger, be-

Zerstörung von Pershing-II-Raketen, die in der Bundesrepublik Deutschland stationiert waren.

inhaltete aber nach wie vor erhebliche Mängel wie die unzureichenden Verifikationsmöglichkeiten.

Nach dem sowjetischen Einmarsch in Afghanistan wandten sich die USA von der Rüstungskontrollpolitik ab. Carter ließ nicht nur neue Rüstungsprogramme auflegen, sondern empfahl dem amerikanischen Senat auch, den SALT-II-Vertrag nicht zu ratifizieren. Dennoch haben sich beide Seiten an die Vereinbarungen gehalten.

Neuansatz: Reduzierung der strategischen Waffen (START)

Präsident Reagan setzte die Rüstungsanstrengungen Carters fort, strebte aber gleichzeitig eine Reduzierung der strategischen Waffen an. Im Juni 1982 wurden die Rüstungskontrollgespräche mit der UdSSR als *Strategic Arms Reduction Talks* (START, Gespräche über die Reduzierung Strategischer Waffen) wieder aufgenommen. Über den START-Gesprächen schwebte – wie bei den INF-Verhandlungen – von Anfang an das Damoklesschwert der NATO-Nachrüstung (▶ 10.30), die sie im November 1983 einstweilen beendete.

Die im März 1983 von Reagan verkündete *Strategic Defense Initiative* (SDI, Strategische Verteidigungsinitiative) hatte eine ambivalente Wirkung. Störte das Verteidigungsprogramm 1983 die Abrüstungsgespräche, brachte es Ende 1984 die Sowjetunion an den Verhandlungstisch zurück. Ziel war jetzt, nicht nur über eine Reduzierung des Raketenarsenals die Militärausgaben zu senken, sondern eine Militarisierung des Weltraums, mithin das SDI-Projekt, zu verhindern. Das Forschungs- und Rüstungsprogramm sah vor, Technik und Waffen zu entwickeln, die Nordamerika vor anfliegenden Raketen schützen sollten. Die Initiative Reagans stellte nicht nur den ABM-Vertrag infrage, der die Raketenabwehr der Supermächte beschränkte, sondern auch deren Zweitschlagfähigkeit und damit die Abschreckungslogik der gegenseitigen Vernichtung.

Im Gegenzug für die massiven Abrüstungsschritte, die die Sowjetunion seit dem Frühjahr 1985 vorschlug, sollten die USA auf ihr Raketenabwehrprogramm verzichten. Zwar konnte sich der sowjetische Generalsekretär Gorbatschow mit dieser Forderung nicht durchsetzen. Doch war der innenpolitische Druck auf ihn und auf den amerikanischen Präsidenten Reagan so groß, dass sich beide zunächst auf eine Vernichtung der landgestützten Mittelstreckenraketen in Europa (▶ 10.41), dann auf eine substanzielle Verringerung der strategischen Waffen verständigten. Am 31. Juli 1991 unterzeichneten Gorbatschow und Reagans Nachfolger, US-Präsident George Bush (der Ältere) in Moskau den START-I-Vertrag. Das Abkommen sah nicht nur eine Reduzierung der Trägersysteme (auf 1600 mit höchstens 6000 Sprengköpfen), sondern erstmals auch strenge Verifikationsmöglichkeiten, d.h. Vor-Ort-Inspektionen, vor.

Die bahnbrechende Abrüstungsvereinbarung wurde indes von der Geschichte überholt. Unter dem Eindruck des Moskauer Putschversuches vom August 1991 und der möglichen Gefahren einer unkontrollierten Auflösung der nuklearen Supermacht UdSSR überboten sich Washington und Moskau mit weiteren Abrüstungsvorschlägen. Schließlich einigten sich US-Präsident George Bush (der Ältere) und der russische Präsident Boris Jelzin bei einem Treffen am 17. Juni 1992 auf eine weit über START I hinausgehende Verringerung der strategischen Offensivwaffen, die in dem am 3. Januar 1993 in Moskau unterzeichneten START-II-Vertrag festgeschrieben wurden. Demnach sollten alle Interkontinentalraketen mit Mehrfachsprengköpfen beseitigt und die Anzahl der Sprengköpfe bis 2003 um etwa zwei Drittel reduziert werden.

Das russische Parlament, die »Duma«, zögerte die Ratifizierung des START-Vertrages lange hinaus. 1997 wurde der Abrüstungszeitraum bis 2007 verlängert. Obwohl der START-II-Vertrag seit Mai 2000 von beiden Seiten ratifiziert ist, ist seine Umsetzung ungewiss. Russland hat sich eine Rückzugsmöglichkeit offen gelassen, falls die Vereinigten Staaten von Amerika den ABM-Vertrag kündigen sollten. Die Kündigung hat US-Präsident George W. Bush (der Jüngere) am 13. Dezember 2001 bekannt gegeben. Die Vereinigten Staaten von Amerika wollen ihre inzwischen unter dem Namen *National Missile Defense* (NMD, Nationale Raketenabwehr) firmierenden Raketenabwehrpläne verwirklichen.

Zwischen Spannung und Entspannung

Daten

2. Juli 1964	Bürgerrechtsgesetz in den USA gegen die Diskriminierung der Schwarzen
2./4. Aug. 1964	Zwischenfall im Golf von Tonkin. Eskalation des Vietnamkrieges
30. Dez. 1964	Einrichtung der UNCTAD als ständiges Organ der Vereinten Nationen
8. März 1965	Landung erster US-Bodentruppen in Vietnam
1966–1969	Kulturrevolution in China
1967–1970	Biafrakrieg in Nigeria
5.–10. Juni 1967	Sechstagekrieg im Nahen Osten
1. Juli 1968	Vertrag über die Nichtverbreitung von Kernwaffen
20./21. Aug. 1968	Truppen des Warschauer Paktes beenden in der ČSSR den »Prager Frühling«
21. Juli 1969	Amerikanische Astronauten landen auf dem Mond
12. Aug. 1970	Unterzeichnung des deutsch-sowjetischen Vertrages
3. Sept. 1971	Viermächteabkommen über Berlin
26. Mai 1972	SALT-I-Abkommen zwischen den USA und der Sowjetunion
21. Dez. 1972	Grundlagenvertrag zwischen der Bundesrepublik Deutschland und der DDR
1. Jan. 1973	Beitritt Großbritanniens, Dänemarks und Irlands zur Europäischen Gemeinschaft
27. Jan. 1973	Waffenstillstand für Vietnam. Ende der amerikanischen Phase des Krieges
11. Sept. 1973	Der Militärputsch Pinochets etabliert eine Militärdiktatur in Chile (bis 1989)
6.–26. Okt. 1973	Jom-Kippur-Krieg zwischen Israel und Ägypten/Syrien. Die Erdöl exportierenden arabischen Staaten lösen die erste Ölkrise aus
25. April 1974	Militärputsch in Portugal leitet die Rückkehr zur Demokratie ein
30. April 1975	Besetzung Saigons durch FNL-Truppen. Ende des Vietnam-Krieges
1. Aug. 1975	Unterzeichnung der KSZE-Schlussakte
9. Sept. 1976	Tod Mao Zedongs
Herbst 1977	Höhepunkt der terroristischen Gewalt in der Bundesrepublik Deutschland
17. Sept. 1978	Abschluss des ägyptisch-israelischen Rahmenabkommens von Camp David
26. März 1979	Unterzeichnung des ägyptisch-israelischen Friedensvertrages
1. April 1979	Ausrufung der Islamischen Republik Iran
7.–10. Juni 1979	Erste Direktwahl des Europäischen Parlaments
18. Juni 1979	Unterzeichnung des SALT-II-Vertrages
12. Dez. 1979	NATO-Doppelbeschluss
24. Dez. 1979	Sowjetischer Einmarsch in Afghanistan
12. Sept. 1980	Militärputsch in der Türkei beendet die zweite Republik
13. Dez. 1981	Verhängung des Kriegsrechts in Polen
10. Nov. 1982	Leonid Breschnew stirbt
23. März 1983	US-Präsident Reagan kündigt ein Raketenabwehrprogramm der USA an
11. März 1985	Michail Gorbatschow wird Generalsekretär der KPdSU
26. April 1986	Reaktorunfall in Tschernobyl
1. Juli 1987	Die Einheitliche Europäische Akte tritt in Kraft
8. Dez. 1987	Unterzeichnung des INF-Vertrages (Beseitigung der Mittelstreckenraketen)
8. Dez. 1987	Beginn der ersten Intifada in den von Israel besetzten Palästinensergebieten

Auf dem Weg zur einen Welt? (seit 1989)

11

Einführung

Am Anfang stand der Untergang. Als Michail Gorbatschow am 25. Dezember 1991 als Staatspräsident der Union der Sozialistischen Sowjetrepubliken (UdSSR) zurücktrat, endete nicht nur die Geschichte dieses Staatswesens und seines Imperiums. Vielmehr symbolisierte der Rücktritt auch das Ende der bipolaren Welt, das Ende des Ost-West-Gegensatzes.

Die Sowjetunion und mit ihr der Ostblock waren vor allem am maroden Zustand des planwirtschaftlichen System zugrunde gegangen. Die enormen Rüstungskosten taten ein Übriges, um den Niedergang zu beschleunigen. Hinzu kamen die Entschlossenheit des Westens, sich durch die Hochrüstung Moskaus nicht in die Defensive drängen zu lassen, die imperiale Überforderung, die mit dem direkten und indirekten militärischen Engagement im Mittleren Osten und Afrika offenkundig geworden war, sowie das Aufbegehren der Völker der Sowjetunion und des Warschauer Paktes: Auf Dauer, so die Botschaft, lassen sich das Streben nach nationaler Unabhängigkeit und der Wunsch nach politischer, weltanschaulicher und wirtschaftlicher Freiheit nicht unterdrücken.

Die deutsche Vereinigung und die Großmächte

Das galt auch für die Bevölkerung der DDR, die den massenhaften Protest wagte: Seit dem Sommer 1989 nahmen die Menschen in der DDR ihr Schicksal in die eigenen Hände, setzten sich in Scharen ins Ausland ab oder demonstrierten offen gegen die Einparteienherrschaft. Als die Nachfolger der überalterten, Mitte Oktober zurückgetretenen Führungsriege der SED um Erich Honecker ein neues Reisegesetz in Aussicht stellten und sich die Menschen in den Abendstunden des 9. November 1989 vor Ort, also an der Berliner Mauer, ein Bild von der Lage verschaffen wollten, war es über Nacht um das monströse Bauwerk geschehen.

Nach 40 Jahren der Teilung kam die Entwicklung so unerwartet, dass niemand für diesen Fall Vorbereitungen getroffen hatte – auch die deutsche Bundesregierung nicht. Allerdings ergriff Bundeskanzler Helmut Kohl die Initiative, präsentierte am 28. November dem Bundestag ein Zehn-Punkte-Programm und stellte die Weichen für die Vereinigung der beiden deutschen Staaten. Dass diese binnen nur eines Jahres hergestellt werden konnte, lag an den Vormächten der noch geteilten Welt.

Im Herbst 1989 blieben die sowjetischen Truppen in der DDR – immerhin 350 000 Mann –, anders als im Juni 1953, in den Kasernen. Das lag vor allem an den immensen Problemen, denen sich Gorbatschow im Innern gegenübersah; sie waren auch entscheidend dafür verantwortlich, dass er dann – für die meisten Beobachter überraschend – nicht nur der Vereinigung Deutschlands, sondern auch der Mitgliedschaft des vereinten Deutschland in der NATO zustimmte. Denn der Reformprozess, den er in der Sowjetunion angestoßen hatte, stand auf der Kippe. Vor allem fehlte es an Geld und Krediten.

Anders als die Sowjets und ihr Präsident handelten die Amerikaner, allen voran Präsident George Bush (der Ältere), aus einer Position der Stärke heraus. Zwar sahen die Sieger des Kalten Krieges von Gesten des Triumphs gegenüber

440

dem jahrzehntelangen weltpolitischen Rivalen ab, aber sie ließen keinen Zweifel daran, dass sie die Vereinigung Deutschlands unterstützten. Zu ihren Bedingungen gehörte vor allem die volle Mitgliedschaft des vereinigten Deutschland in der NATO. Damit war die militärische Präsenz der USA in Deutschland und Europa sichergestellt, und diese Aussicht beruhigte viele Europäer, die der deutschen Vereinigung eher skeptisch gegenüberstanden.

Allen voran die britische Premierministerin Margaret Thatcher, aber auch Frankreichs Staatspräsident François Mitterrand machten aus ihrem Widerstand oder doch zumindest ihrer Skepsis keinen Hehl. Aber die entschiedene Haltung der Amerikaner sowie der von Anfang an dokumentierte Wille der Bundesregierung, die Vereinigung Deutschlands an den weiteren Zusammenschluss Europas zu koppeln, machten den Weg frei. So stimmte Kohl Anfang Dezember 1989 der Einberufung einer Regierungskonferenz zu, auf der die zweite und dritte Stufe der Europäischen Wirtschafts- und Währungsunion vorbereitet werden sollte: Die vorgezogene Einführung der europäischen Gemeinschaftswährung und damit der Abschied von der D-Mark waren ein Preis, den die Deutschen für die Einheit ihres Landes zahlten.

**Europäische Integration
und die Erweiterung der EU**
Der Umbruch in Europa und die in ihn eingebettete Vereinigung Deutschlands gaben entscheidende Anstöße für die Intensivierung des europäischen Integrationsprozesses. Das galt für den Euro, der zum 1. Januar 2002 in zwölf Mitgliedstaaten alleiniges Zahlungsmittel wurde; es galt für die Transformation der Gemeinschaft zu einer Europäischen Union, die im Dezember 1991 mit dem Vertrag von Maastricht in Angriff genommen und seither in zahlreichen, mühsamen Schritten weiterverfolgt wurde; und es galt für die Erweiterung der EU seit Mitte der Neunzigerjahre. Der Aufnahme Finnlands, Österreichs und Schwedens zum 1. Januar 1995 folgte knapp zehn Jahre später die so genannte Osterweiterung: Seit dem 1. Mai 2004, seit dem Beitritt Estlands, Lettlands, Litauens, Polens, Ungarns, der Tschechischen Republik, der Slowakei, Sloweniens, Maltas und Zyperns, hat die Europäische Union 25 Mitglieder. Daher überrascht es nicht, dass in einigen Bereichen einzelne Mitglieder sich enger zusammenschlossen, so bei der Währungsunion, so aber auch in der Sicherheits- und Verteidigungspolitik.

**Zusammenbruch der alten Ordnung,
Krisen und Kriege**
Der Zusammenbruch der alten Ordnung hatte der Welt nicht etwa größere Sicherheit, sondern vielmehr eine angespannte Lage beschert, die mitunter an die Zustände während der ersten Hälfte des 20. Jahrhunderts erinnerte. Viele Völker waren nach dem Ende des Ost-West-Konflikts entschlossen, nunmehr – und mitunter erstmals – ihr Schicksal selbst in die Hand zu nehmen. Die Folge waren Prozesse staatlicher Auflösung innerhalb und außerhalb Europas, begleitet von Krisen und Kriegen aller Art und Dimension – auch in Europa. Die Auflösung der Sowjetunion, der Tschechoslowakei und Jugoslawiens zog nicht nur allein in Europa ein Dutzend Staatsgründungen nach sich, sondern in einigen Fällen auch den Krieg, so vor allem im Zuge der Auflösung Jugoslawiens und der Weigerung namentlich Serbiens, diese zu akzeptieren.

Die dramatischen Ereignisse der Neunzigerjahre für die weitere Entwicklung Europas sind kaum hoch genug zu veranschlagen. Weil sich die Europäer nicht in der Lage sahen, Kriege, Vertreibungen und Völkermord mit eigenen politischen und militärischen Mitteln zu beenden, weil sie dafür vielmehr auf die USA angewiesen waren, blieben diese für ein weiteres Jahrzehnt in Europa bestimmend präsent. Insbesondere aber zwangen diese Entwicklungen sowie die sie begleitenden Verwerfungen in der »Dritten Welt« die Europäer, sich Gedanken über ihre künftige Sicherheit zu machen. Vor allem die Krisen im Nahen Osten und am Persischen Golf führten ihnen vor Augen, dass die Grenzen zwischen den mehr oder weniger friedlichen Gegenden und den Krisenregionen fließend waren.

**Die Golfkriege
und die internationale Gemeinschaft**
Die drei Golfkriege seit 1980 hatten zwei Ursachen: einmal die Expansionsgelüste des iraki-

schen Diktators Saddam Husain, die ihn 1980 zum Angriff auf den Iran und 1990 zur Annexion Kuwaits führten, und zum anderen eine verfehlte, opportunistische Politik des Westens, namentlich der USA, gegenüber den Staaten der Region. Unterstützten sie Saddam Husain zunächst in seinem Feldzug gegen das iranische Mullah-Regime, so wurde er mit der Besetzung des ölreichen Kuwait über Nacht zu einem gefährlichen Gegner. Weil aber 1991 der durch die Vereinten Nationen legitimierte Krieg einer Koalition unter amerikanischer Führung nicht bis zur Einnahme Bagdads und zum Sturz des Diktators geführt wurde, sannen die Nachfolger von Präsident George Bush (dem Älteren), Bill Clinton und George W. Bush (der Jüngere), darauf, das Regime Saddam Husains endgültig zu beseitigen.

Die Terroranschläge des 11. September 2001 gegen Ziele in New York und Washington, bei denen Tausende ums Leben kamen, boten George W. Bush im »Krieg gegen den Terror« die Chance, im Frühjahr 2003 Krieg gegen den Irak zu führen, das Land zu besetzen und Saddam Husain zu stürzen. Der kurze Feldzug wurde eröffnet, nachdem jene Taliban weitgehend aus Afghanistan vertrieben worden waren, die dieses Land – auch hier dank amerikanischer Unterstützung – über Jahre unter ihrer Kontrolle gehalten und zugleich dem Terrornetzwerk al-Qaida, dem Verantwortlichen für die Angriffe des 11. September, eine Rückzugs- und Ausbildungsbasis geboten hatten.

Die Rolle Deutschlands und Europas in der Welt
Mit der Frage konfrontiert, wie es sich zu den Konflikten und Krisen seit Beginn der Neunzigerjahre verhalten wolle, tat sich das vereinigte Deutschland zunächst schwer. Das lag an seiner Geschichte, aber auch an der neuen Rolle als europäische Großmacht, auf die das Land nicht vorbereitet war. Kam ein direktes Eingreifen in den Zweiten Golfkrieg nicht infrage, so änderte sich die Erwartungshaltung der Völkergemeinschaft im Zuge des Jugoslawienkonflikts rasant. Deutschland fand hier zu jener Rolle, in die es durch die Revolution der Weltpolitik gebracht worden war. Dass dazu im äußersten Fall, wie 1999 im Kosovo und 2001 in Afghanistan, auch wieder der Einsatz von militärischer Gewalt gehören konnte, zählte zu den bitteren Lektionen dieses Prozesses.

Weil aber die Staatengemeinschaft nicht nur auf dem Balkan, am Persischen Golf oder in Afghanistan gefordert war, sondern seit 1994 im Kaukasus, 1996/97 in Liberia und Kongo-Brazzaville, 1998 im Sudan, 1999 auf Ost-Timor und 2000 in Moçambique, stellte sich für die deutsche Politik die Frage, unter welchen Umständen und an wessen Seite sie künftig an entsprechenden Aktionen teilnehmen wolle. Dass sich die rot-grüne Regierung unter Bundeskanzler Schröder, die zuvor die ersten Kampfeinsätze in der Geschichte der Bundesrepublik verantwortet hatte, 2003 gegen eine Teilnahme am Dritten Golfkrieg entschied, deutete auf ein neues, dem Gewicht Deutschlands entsprechendes Selbstbewusstsein hin.

Doch niemand kam ernsthaft zu dem Schluss, Deutschland knüpfe an alte, verhängnisvolle, 1945 zu den Akten gelegte Traditionen an. Jetzt zahlte sich aus, dass die deutsche Politik auch nach der Vereinigung konsequent auf Europa gesetzt und versucht hatte, in enger Kooperation insbesondere mit Frankreich, aber auch unter Einbeziehung Russlands, eine eigenständige Position zu entwickeln. Dass die Europäer – in welcher Formation auch immer – in einer sich dramatisch verändernden Welt nur gemeinsam eine Zukunft haben, gehört zu den wichtigsten Erkenntnissen der neuen Zeit.

11.1 Perestroika und Glasnost

Der Elan der sowjetischen Reformer, der nach dem Sturz Nikita Chruschtschows im Herbst 1964 (▶ 8.34) zu Reformaktivitäten geführt hatte, erlahmte seit den Siebzigerjahren. Anfang der Achtzigerjahre schien die Sowjetunion erstarrt. Diese Stagnation war auch auf die Überalterung der Führungsriege zurückzuführen. Das Durchschnittsalter der Politbüromitglieder stieg zwischen 1965 und 1985 von 56 auf 67 Jahre. Krankheiten schränkten die Leistungsfähigkeit der Spitzenfunktionäre ein. Das langjährige Siechtum des Generalsekretärs der KPdSU, Leonid Breschnew, der im Juni 1977 zusätzlich das Amt des Vorsitzenden des Obersten Sowjets übernommen hatte, blieb niemandem verborgen.

AUF DEM WEG ZUR EINEN WELT?

Die Folgen waren nicht nur für die Sowjetunion, sondern auch für den gesamten Ostblock verhängnisvoll: Die dritte industrielle Revolution der Computertechnologie wurde weitgehend verschlafen, die Wachstumsraten gingen wieder auf das Niveau der späten Sechzigerjahre zurück. Der Abstand zu den führenden Industrienationen nahm zu. Gleichzeitig stiegen die Auslandsschulden. Die Sowjetunion und ihr Imperium gerieten zusehends in Abhängigkeit vom Westen. Als Breschnew am 10. November 1982 starb, wurde zwei Tage später Jurij Andropow zum neuen Generalsekretär der KPdSU gewählt. Obwohl er die Beseitigung der Mängel in der Partei- und Staatsführung schnell in Angriff nahm, konnte Andropow keine Erfolge erzielen. Innerhalb eines Jahres erkrankte er und starb am 9. Februar 1984.

Vier Tage später wurde Konstantin Tschernenko zu seinem Nachfolger gewählt. Der neue Generalsekretär war ein Kompromisskandidat des Politbüros, in dem die alte Breschnew-Clique und die Gefolgsleute des verstorbenen Andropow um die Macht stritten. Der vom körperlichen und geistigen Verfall gezeichnete 72-Jährige diente als Platzhalter, bis der Machtkampf im Politbüro entschieden war. In dem Gremium setzte sich mehr und mehr das jüngste Mitglied durch: Michail Gorbatschow. Er wurde, nach dem Tod Tschernenkos am 10. März 1985, zum neuen Generalsekretär der KPdSU bestimmt.

Gorbatschows Reformpolitik

Seine Wahl am 11. März 1985 markiert für die Welt eine tiefe Zäsur und für die Sowjetunion das Ende einer Übergangsperiode. Dass der Hoffnungsträger des Politbüros, der als Einziger in der Lage zu sein schien, den Reformstau zu bewältigen, der sich Mitte der Achtzigerjahre im Sowjetblock gebildet hatte, letztlich den Untergang der Sowjetunion und ihres Imperiums einleitete, war nicht abzusehen. Zunächst ging Gorbatschow behutsam ans Werk: Die marode Wirtschaft hoffte er mit einer besseren Arbeitsdisziplin zu sanieren. Seine Kampagne gegen den weit verbreiteten Alkoholmissbrauch brachte ihm den Titel »Mineral[wasser]sekretär« ein. Die Forderung nach »Beschleunigung« des sozioökonomischen Fortschritts blieb jedoch ohne nennenswerten Effekt.

Daher nutzte Michail Gorbatschow den 27. Parteitag der KPdSU im Frühjahr 1986, um die Notwendigkeit tief greifender Reformen zu betonen. Ein radikaler Umbau der Gesellschaft wurde eingeleitet. Die so genannte *Perestroika* sollte das Überleben des Sozialismus sichern. Die Reformen gingen von der Demokratisierung der Partei über eine wirtschaftliche Umgestaltung bis hin zu einer Justizreform und der Fortsetzung der Entstalinisierung. Dabei wurden nicht nur die Opfer des Stalinismus rehabilitiert, sondern auch die »weißen Flecken« im Wissen um diese Vergangenheit kritisch erforscht, wie Gorbatschow Anfang Februar 1987 forderte.

Michail Gorbatschow (rechts) in der Diskussion mit dem konservativen Kommunisten Jegor Ligatschow (links).

Dies gehörte zu jener neuen Offenheit und Transparenz des öffentlichen Lebens, die als *Glasnost* bezeichnet wurde. Neue Zeitungen und Zeitschriften erschienen, alte vollzogen eine Kehrtwende, die Auflagen stiegen in ungeahnte Höhen. Erstmals entstand so etwas wie eine kritische, pluralistische Öffentlichkeit in der Sowjetunion, die im krassen Gegensatz zur bisherigen Einparteienherrschaft der KPdSU stand. Gleichzeitig trieb Gorbatschow die wirtschaftliche Liberalisierung voran, führte Elemente des Marktes und der Konkurrenz ein. Eingeschränkt wurden sogar Privatunternehmen zugelassen.

Die nächste Stufe erreichte die Entwicklung Mitte 1988, als die 19. Parteikonferenz der KPdSU eine Demokratisierung der Sowjetunion und die Einberufung eines Volksdeputiertenkongresses beschloss. Zwar wurden ein Drittel der 2 250 Mitglieder von der Partei dele-

Kapitel 11

11.2 Michail Gorbatschow

Michail Gorbatschow und seine Frau Raissa beim Staatsbesuch in der Bundesrepublik Deutschland im Juni 1989.

Michail Sergejewitsch Gorbatschow wurde am 2. März 1931 in Priwolnoje, einem Dorf bei Stawropol im Norden des Kaukasus, geboren. Sein Vater war Bauer und arbeitete als Mähdrescherfahrer. Nach dem Besuch der Dorfschule ging Gorbatschow in der nächstgelegenen Kleinstadt auf die Mittelschule und arbeitete anschließend auf einer Kolchose. Er engagierte sich im Jugendverband Komsomol, wo er sich den »Rotbanner«-Orden verdiente. An der Universität von Moskau studierte Gorbatschow von 1950 bis 1955 Jura.

Nach dem Studium durchlief Michail Gorbatschow eine Parteikarriere: zunächst auf lokaler, dann regionaler Ebene des Jugendverbandes, ab 1962 auf lokaler, schließlich regionaler Ebene der KPdSU. In dieser Zeit besuchte er ein Agrarinstitut in Stawropol. Mit Landwirtschaftsversuchen, die zu erheblichen Ertragssteigerungen führten, erwarb er sich den Ruf eines Agrarexperten. 1970 erstmals in den Obersten Sowjet der UdSSR gewählt, kam Gorbatschow 1971 als Vollmitglied in das Zentralkomitee der KPdSU. Nachdem er im November 1978 zum ZK-Sekretär berufen und mit der Abteilung Agrarwirtschaft betraut worden war, siedelte er nach Moskau über. Ein Jahr später wurde er Kandidat des Politbüros und schließlich 1980 Vollmitglied dieses Gremiums, in dem er mit Abstand der jüngste Funktionär war. Ihm wurde eine der schwierigsten Aufgaben zugewiesen, für die er allerdings prädestiniert schien: Er musste die Verantwortung für die Landwirtschaft übernehmen, die sich trotz enormer Investitionen in einer Dauerkrise befand. Gorbatschow konnte sich – dank einer guten Ernte 1983 – so lange auf diesem Schleudersitz halten, bis wieder jüngere Kandidaten ins Politbüro einzogen, auf die sich die undankbare Aufgabe abwälzen ließ.

In der Auseinandersetzung um die Nachfolge Breschnews (▶ 11.1) hielt sich Gorbatschow zunächst zurück. Unter dem ebenfalls aus dem Kaukasus stammenden Andropow organisierte er die Ablösung korruptionsverdächtiger Gebietssekretäre und Minister. Nach dessen Tod konnte sich Gorbatschow unter Tschernenko als aussichtsreicher Nachfolgekandidat durchsetzen, sodass er am 11. März 1985 zum

giert, aber die Mehrheit in prinzipiell freien Wahlen unter mehreren Kandidaten bestimmt. So erlebte die staunende Bevölkerung im Frühjahr 1989 den ersten Wahlkampf. Der am 25. Mai 1989 eröffnete Volksdeputiertenkongress wählte als Exekutivorgan einen Obersten Sowjet, der mit seinen Vorgängern nur noch den Namen gemeinsam hatte. Die Gremien nahmen sich das Recht, nicht nur die Verfassung zu ändern, sondern auch alle Gesetze zu überprüfen.

Das politische Leben der Sowjetunion veränderte sich grundlegend: Über Politik wurde jetzt öffentlich diskutiert, und die Partei spaltete sich in Fraktionen. Am 13. März 1990 strich der Volksdeputiertenkongress den Artikel 6 der unter Breschnew novellierten Verfassung der UdSSR, der der KPdSU die führende Rolle in der Sowjetgesellschaft garantierte. Gleichzeitig schufen die Volksdeputierten das Amt eines Präsidenten der Sowjetunion. Gorbatschow wurde am 14. März 1990 in das neue Amt gewählt.

Unterdessen trieb die Wirtschaft auf den Abgrund zu. Die halbherzigen Reformen, die das Kernproblem, die Privatisierung auch des Grundbesitzes und der Landwirtschaft, bewusst aussparten, blieben wirkungslos. Gorbatschow wagte den systemüberwindenden Sprung nicht. Die Sowjetunion geriet im Winter 1990/91 in eine akute Versorgungskrise. Im folgenden Jahr machten Unabhängigkeitsbewegungen in verschiedenen Republiken und ein Putschversuch rückwärts gewandter Kräfte der Sowjetunion ein Ende (▶ 11.5).

444

Auf dem Weg zur einen Welt?

Generalsekretär der KPdSU gewählt wurde. Bald übte er harte Kritik an den Missständen in der Innen- und Wirtschaftspolitik. Die von ihm geforderte, aber halbherzig betriebene Politik des wirtschaftlichen und gesellschaftlichen Umbaus der Sowjetunion, unter dem Schlagwort *Perestroika* bekannt geworden, scheiterte jedoch. Gorbatschow trat im Dezember 1991 von seinen Staats- und Parteiämtern zurück, die Sowjetunion löste sich zum 31. Dezember 1991 auf (▶ 11.5).

Gorbatschows Versuch, als Vorsitzender einer Sozialdemokratischen Partei in die Politik zurückzukehren, schlug fehl. Viele Russen machten ihn für den Zerfall des sowjetischen Imperiums verantwortlich – auch eine Folge jener Außenpolitik, die ihm im Westen hohes Ansehen eintrug und die den Ost-West-Konflikt beendete. Für diese Leistung erhielt Gorbatschow 1990 den Friedensnobelpreis.

11.3 Tschernobyl

Am 26. April 1986 ereignete sich in dem Kernkraftwerk Tschernobyl der bisher folgenschwerste Reaktorunfall der Geschichte. Das Unglück in dem 130 Kilometer nördlich von Kiew gelegenen Ort wurde zuerst von skandinavischen Behörden gemeldet. Von Dänemark bis Finnland war erhöhte Radioaktivität gemessen worden. Erst am Abend des 28. April wurden in der Sowjetunion erste Meldungen über den Unfall verbreitet. Sein Ausmaß aber wurde so lange verharmlost, bis die sowjetische Führung ihre »Fehleinschätzung« eingestehen musste. Inzwischen hatte sich die radioaktive Wolke über Polen bis nach Westeuropa ausgebreitet. Verkaufsverbote für frische Lebensmittel wurden ausgesprochen, Warnhinweise ausgegeben und Importe aus Ost- und Mitteleuropa zurückgeschickt.

Tatsächlich war der vierte Block des Kernkraftwerkes bei einem Test in Brand geraten. Der Kühlmitteldurchfluss war so verringert worden, dass die Leistung des Reaktors unkontrolliert anstieg. Das verdampfende Kühlwasser rief eine Explosion hervor, die den Reaktor zerstörte. Die anschließende Wasserstoffexplosion beschädigte dann das Gebäude, das nicht mit einem druckfesten Sicherheitsbehälter abgeschirmt war. Unglücksursache war eine Kombination aus Bedienungsfehlern, Verstößen gegen die Betriebsvorschriften und konstruktiven Eigenarten des veralteten Reaktortyps.

Nach Abwurf von etwa 5 000 Tonnen wärmedämmenden und strahlungsabsorbierenden Materials auf den Reaktor sowie durch das Einleiten von Stickstoff war der Brand nach zehn Tagen gelöscht und die massive Abgabe von radioaktiven Stoffen gestoppt. Etwa 200 Helfer, vor allem Reaktorpersonal, Feuerwehrleute und Hubschrauberpiloten, starben an einer tödlichen Strahlendosis. Über 100 000 Menschen wurden kurz nach dem Unglück aus den am meisten betroffenen Ortschaften der 30-Kilometer-Zone evakuiert. Erheblichen Strahlenbelastungen waren auch die über eine halbe Million »Liquidatoren« ausgesetzt, die zu Aufräumarbeiten und zum Bau eines Stahlbetonmantels um den zerstörten Reaktor eingesetzt waren. Die gesundheitlichen Folgen sind nur schwer abzuschätzen. Sicher ist, dass die

Der zerstörte Reaktorblock IV im Kernkraftwerk Tschernobyl.

5-Kilometer-Kernzone um das Kernkraftwerk bis auf weiteres unbewohnbar bleibt. Stark verseucht wurde auch ein Gebiet von 25 000 Quadratkilometern um den Unglücksort, in dem etwa eine Million Menschen lebte.

In Westeuropa entbrannte unter Politikern, Experten und Umweltschützern ein Streit um Grenzwerte, der die Diskussion um die friedliche Nutzung der Kernenergie wieder belebte und der Ökologie-Bewegung weiteren Zulauf brachte (▶ 10.34).

11.4 Ende des Kalten Krieges

Unmittelbar nach dem Zweiten Weltkrieg entwickelte sich zwischen den USA und ihren Verbündeten einerseits und der Sowjetunion andererseits ein Konflikt um die politische Organisation der befreiten Länder. Dieser Kalte Krieg (▶ 8.27) erlebte nach seinem Höhepunkt in den Krisen um Berlin und Kuba dann während der Siebzigerjahre eine Entspannung, die jedoch spätestens nach dem sowjetischen Einmarsch in Afghanistan im Dezember 1979 einer neuen Eiszeit wich. Die Beziehungen zwischen Ost und West kühlten sich derart ab, dass der amerikanische Präsident Reagan im Frühjahr 1983 die Sowjetunion öffentlich als »Reich des Bösen« bezeichnete.

Nur ein Jahr später bot ebendieser Präsident – auch auf Druck des amerikanischen Senats und der Verbündeten Amerikas – dem dämonisierten Gegner Abrüstungsverhandlungen an. Das Entgegenkommen Reagans traf sich mit dem »neuen Denken« Gorbatschows, der in atemberaubendem Tempo ein Abrüstungsabkommen nach dem anderen vorschlug. Weil der amerikanische Präsident an seiner Strategischen Verteidigungsinitiative (*Strategic Defense Initiative*, SDI) festhielt, kam es aber auf dem amerikanisch-sowjetischen Gipfeltreffen in Reykjavík am 11. und 12. Oktober 1986 noch nicht zu einer Einigung. Die Begegnung war dennoch eine der Voraussetzungen für die zahlreichen Abrüstungsabmachungen, die in den folgenden Jahren geschlossen wurden (▶ 10.42).

Zunächst gelang den Amerikanern und Sowjets Ende 1987 der Abschluss des INF-Vertrages, der zur Vernichtung sämtlicher landgestützter Mittelstreckenraketen in Europa führte (▶ 10.41). Die seit März 1989 in Wien geführten Verhandlungen über die Begrenzung der konventionellen Streitkräfte in Europa konnten ebenfalls schnell abgeschlossen werden. Am 19. November 1990 wurde in Paris am Rande eines Sondergipfels der KSZE der Vertrag über die Begrenzung der konventionellen Streitkräfte in Europa (KSE) unterzeichnet. Zwei Tage später besiegelten die in der französischen Hauptstadt versammelten Staats- und Regierungschefs die »Charta von Paris«, die ein Bekenntnis zu den Menschenrechten und Grundfreiheiten, zur liberal-pluralistischen Demokratie und zur Rechtsstaatlichkeit enthielt. Außerdem verzichteten die 34 Unterzeichnerstaaten auf die Androhung und Anwendung von Gewalt.

Der Pariser KSZE-Sondergipfel markiert das Ende des Ost-West-Konflikts. Vier Monate später, Ende März 1991, löste sich die militärische Struktur des Warschauer Paktes (▶ 8.33) auf, Anfang Juli wurde auch die politische Zusammenarbeit des Bündnisses eingestellt, das 1955 infolge des Beitrittes der Bundesrepublik Deutschland zur NATO gegründet worden war. Intakt blieb die NATO (▶ 8.21), die den ehemaligen Gegnern eine politische Zusammenarbeit anbot: Am 13. Dezember 1991 wurde in Brüssel ein »Kooperationsrat« aus der Taufe gehoben, der die Beziehungen zwischen der NATO und den östlichen Nachbarn institutionalisierte. Mit Polen, Tschechien und Ungarn traten 1999 die ersten ehemaligen Warschauer-Pakt-Staaten der NATO bei. Im Frühjahr 2004 folgten

Boris Jelzin bei den ersten demokratischen Präsidentenwahlen in Russland im Juni 1991 auf dem Weg zum Wahllokal.

Auf dem Weg zur einen Welt?

Die Auflösung der Sowjetunion 1991

Bulgarien, Estland, Lettland, Litauen, Rumänien, die Slowakei und Slowenien. Ungeachtet dieser Osterweiterung unterhält die NATO gute Beziehungen zu Russland.

11.5 Auflösung der Sowjetunion

Die Politik der *Perestroika* (▶ 11.1) setzte in der Sowjetunion lange vergessene Kräfte frei. Schon im Dezember 1986 lieferten sich in der kasachischen Hauptstadt Alma-Ata Sicherheitskräfte blutige Zusammenstöße mit Nationalisten. Die Kasachen forderten die Wiederherstellung jener Unabhängigkeit, die sie nach der Februarrevolution 1917 bis zur Machtübernahme der Bolschewisten im Frühjahr 1920 hatten behaupten können. Im Sommer 1987 forderten die Moldawier, ihre Muttersprache wieder benutzen zu dürfen, und ein Jahr später die Krimtataren, in ihre angestammte Heimat zurückzukehren.

Im Oktober 1988 formierten sich in den baltischen Republiken so genannte Volksfronten, die die Unabhängigkeit Estlands, Lettlands und Litauens wieder herstellen wollten. Gorbatschow hoffte, mit einem neuen Unionsvertrag den Gesamtstaat retten zu können. Die im Frühjahr 1990 auch in den Republiken gewählten Volksdeputiertenkongresse waren jedoch entschlossen, die Sowjetunion auf jeden Fall zu verlassen. Am 11. März 1990 erklärte Litauen seine Unabhängigkeit; ihm folgten Estland und Lettland. Der größte Unionsstaat, die Russische Sozialistische Föderative Sowjetrepublik, erklärte sich am 12. Juni des Jahres für souverän.

Gorbatschow reagierte im Herbst 1990, nachdem sich auch Georgien und Armenien für unabhängig erklärt hatten, mit dem Entwurf eines neuen Unionsvertrages, der den noch interessierten Teilrepubliken aber nicht weit genug ging. Erst im Frühjahr 1991 begannen Verhandlungen, nachdem sich in einem Referendum über 75 Prozent der Bevölkerung für den Erhalt der Sowjetunion ausgesprochen hatten. In den »Neun-plus-Eins-Gesprächen« wurde ein Vertrag ausgehandelt, der am 20. August unterschrieben werden sollte. In ihm fehlte die Verpflichtung auf den Sozialismus als bindende Gesellschaftsform. Des Weiteren sollte die Stellung der Unionsmitglieder in einer »erneuerten Föderation gleichberechtigter Sowjetrepubliken« gestärkt werden. Sogar die Steuereinnahmen wären demnach dem Zentrum weitgehend entzogen worden. Immerhin schickten sich neun Republiken an, unter diesen Bedingungen beizutreten. Neben Russland waren dies Weißrussland, die Ukraine, Aserbaidschan, Kasachstan, Usbekistan, Kirgistan, Turkmenistan und Tadschikistan.

Der Putsch vom August 1991

Dem Zusammenschluss kamen Putschisten zuvor, die am 19. August 1991 versuchten, den sowjetischen Präsidenten abzusetzen. Die rückwärtsgewandten, Gorbatschows Reformkurs grundsätzlich ablehnenden Kräfte in der Sowjetunion hatten schon Ende 1990 den international hoch angesehenen Außenminister und Reformbefürworter Eduard Schewardnadse zum Rücktritt veranlasst. Seine Warnungen gerieten in Vergessenheit, bis ein Notstandskomitee mit dem Stellvertreter Gorbatschows an der Spitze die Macht im Lande übernehmen wollte. Gorbatschow weigerte sich jedoch, seine Befugnisse zu übertragen, und als sich Boris Jelzin, der 1991 in das neu geschaffene Amt des russischen Präsidenten gewählt worden war, ihren Panzern vor dem »Weißen Haus«, dem Tagungsort des russischen Volksdeputiertenkongresses, persönlich entgegenstellte, war der Putsch gescheitert. Zur Verstärkung der Putschisten anrückende Panzereinheiten blieben in einer Menschenmenge stecken, ohne von ihren Schusswaffen Gebrauch zu machen.

Michail Gorbatschow konnte zwar aus dem Urlaub in sein Amt zurückkehren, er und seine Politik aber waren gescheitert. Als am 1. Dezember 1991 die Bevölkerung der Ukraine die Unabhängigkeitserklärung vom 24. August des Jahres bestätigte und einen eigenen Präsidenten wählte, war das Ende der Sowjetunion besiegelt. Am 8. Dezember 1991 hoben die Präsidenten Russlands, der Ukraine und Weißrusslands in Minsk eine Gemeinschaft ostslawischer Staaten aus der Taufe, der am 21. Dezember 1991 insgesamt elf ehemalige Sowjetrepubliken beitraten. Vier Tage nach der Gründung der Gemeinschaft Unabhängiger Staaten (GUS) legte Gorbatschow die Präsidentschaft der Sowjetunion nieder; zum 31. Dezember 1991 löste sich die Sowjetunion auf – 69 Jahre nach ihrer Gründung 1922.

11.6 Russland und die GUS

Russland, die Ukraine und Weißrussland hatten am 8. Dezember 1991 in der weißrussischen Hauptstadt Minsk einen ostslawischen Dreibund gegründet, dem sich mit Ausnahme Georgiens und der drei baltischen Staaten noch vor dem Jahresende alle ehemaligen Sowjetrepubliken anschlossen. Diese »Gemeinschaft Unabhängiger Staaten« (GUS) war nicht nur Ausdruck der fortbestehenden engen wirtschaftlichen und sicherheitspolitischen Verflechtungen der Randstaaten mit Russland, sondern sie reflektierte auch den Wunsch, den Übergang gemeinsam zu bewältigen. Ein völliger Bruch war kaum möglich und hätte die Unabhängigkeit der neuen Staaten mit unkalkulierbaren Risiken belastet.

Die Gründungsurkunde der GUS legte fest, dass die Zusammenarbeit der Mitgliedstaaten auf dem Prinzip der Gleichberechtigung beruhen sollte. Die Gemeinschaft war »weder ein Staat noch ein überstaatliches Gebilde«. Die Mitglieder der GUS garantierten die Erfüllung der internationalen Vereinbarungen der früheren UdSSR und verpflichteten sich, einen gemeinsamen Wirtschaftsraum zu entwickeln, die Außen- und Verteidigungspolitik zu koordinieren und auf einer Reihe von Feldern wie dem Umweltschutz, der Bekämpfung der organisierten Kriminalität oder der Migrationspolitik zusammenzuarbeiten. Die Mitglieder der Gemeinschaft vereinbarten zudem die Schaffung eines gemeinsamen Kommandos über die »militärisch-strategischen Streitkräfte« und eine »singuläre Kontrolle der Kernwaffen«.

Allerdings waren die Beziehungen zwischen einzelnen GUS-Staaten fortan häufig von starken Spannungen gekennzeichnet: So gab es zwischen Russland und der Ukraine Konflikte um die Aufteilung der sowjetischen Schwarzmeerflotte und um die staatliche Zugehörigkeit der Krim. Russland und Georgien stritten um die russische Nationalitätenpolitik in Transkaukasien, Aserbaidschan und Armenien um den armenischen Anspruch auf Bergkarabach. Zwar wurde 1994 mit einem Vertrag über kollektive Sicherheit der Versuch unternommen, gemeinsame Sicherheitsstrukturen aufzubauen, Russlands Bemühen aber, als Ordnungsmacht in der GUS aufzutreten, erweckte immer wieder das Misstrauen einiger Mitgliedstaaten.

So erreichte die GUS als Nachfolgeorganisation der UdSSR nicht annähernd den Integrationsgrad ihrer Vorgängerin und konnte nicht zum Nukleus eines neuen Imperiums werden. Wechselnde Allianzen einzelner Mitgliedstaaten untereinander schienen attraktiver als die Wiederbelebung einer Großunion, die nationale und regionale Identitäten gefährden konnte. Weder der viel beschworene »innere Kern« der GUS, der Zweibund Russlands mit Weißrussland, noch die Gemeinschaft dieser beiden Staaten mit Kasachstan und Kirgistan kamen über die Erprobungsphase hinaus.

11.7 Osteuropa auf dem Weg der Demokratie

Die von Gorbatschow eingeleitete Politik von *Perestroika* und *Glasnost* konnte nicht ohne Rückwirkungen auf den unmittelbaren Einflussbereich der Sowjetunion bleiben. Mit nachlassendem Druck aus Moskau begehrten die Bevölkerungen Mittel- und Osteuropas auf.

Polen

Den Anfang machte Polen, wo zwar 1983 das Kriegsrecht aufgehoben worden war, die Unterdrückung aber andauerte (▶ 10.38). Nach neuerlichen Streiks im Frühjahr und Sommer 1988 setzte sich in der Warschauer Führung die Einsicht durch, dass ohne direkte Einbeziehung der demokratischen Oppositionsbewegung kein Ausweg aus der schweren Wirtschafts- und Vertrauenskrise zu finden war. Daher führten Regierung und unabhängige Gewerkschaft seit August 1988 Gespräche, die ab dem 6. Februar 1989 an einem »Runden Tisch« zwischen Regierung und Opposition fortgesetzt wurden. Neben Vertretern der Polnischen Vereinigten Arbeiterpartei (PVAP), der Blockparteien und der staatlichen Gewerkschaften nahmen auch 25 Vertreter der Opposition an den Verhandlungen teil. Sie mündeten am 5. April in einen »historischen Kompromiss«, der das Machtmonopol der PVAP beseitigte. Aus den ersten »halbfreien« Wahlen am 4. Juni 1989 ging die Opposition als Sieger hervor. Sie wählte Tadeusz Mazowiecki zum ersten nicht-kommunistischen Premierminister in einem Staat des Warschauer Paktes. Eineinhalb Jahre später wurde Lech Wałęsa, der Mitbegründer und Vorsitzende der *Solidarność*, zum Staatspräsidenten gewählt.

Ungarn

Diese atemberaubende Entwicklung hatte durch die Ereignisse in Ungarn weiteren Auftrieb bekommen. Am 20. Mai 1988 war mit Parteichef János Kádár der Mann zurückgetreten, der zwar in den Sechzigerjahren den mit marktwirtschaftlichen Elementen durchsetzten so genannten Gulasch-Kommunismus erfunden hatte, aber auch für die Niederschlagung des Volksaufstandes von 1956 stand. Sein Nachfolger wurde Károly Grósz, der für eine grundlegende Wirtschaftsreform eintrat, aber nur ein Minimum an politischer Veränderung wollte. Die Entwicklung hatte seine Vorstellungen überholt. Selbst in der kommunistischen Partei gewannen jene die Oberhand, die für eine radikale Umwandlung des politischen Systems eintraten. Diese Veränderung wurde im Juni 1989 offensichtlich, als Zehntausende der Umbettung der Gebeine Imre Nagys auf dem Budapester Zentralfriedhof beiwohnten. Der ehemalige Parteiführer war nach dem Aufstand vom Herbst 1956 hingerichtet, seine Leiche verscharrt worden. Mit dem erheblichen Reformwillen weiter Teile der Bevölkerung konfrontiert, wandelte sich die KP im Oktober 1989 in eine sozialdemokratische Partei. Auch neue Parteien bildeten sich, und das Parlament machte den Weg für Wahlen frei, die Ende März und Anfang April 1990 stattfanden. Anschließend teilten sich das Demokratische Forum und die Freien Demokraten die Macht.

Noch während der kommunistischen Herrschaft war eine Entscheidung gefallen, die der Weltgeschichte eine entscheidende Wendung geben sollte. Seit Mai 1989 bauten die Ungarn ihre Grenzbefestigungen zu Österreich ab. Im Juni des Jahres machte dies der ungarische Außenminister Gyula Horn bei einem Besuch im Nachbarland deutlich. Gemeinsam mit seinem österreichischen Amtskollegen Alois Mock schnitt er am 27. Juni demonstrativ ein

Kapitel 11

Alexander Dubček, die Symbolfigur des Prager Frühlings, bei der Demonstration am 25. November 1989.

Stück aus dem Grenzzaun. Seit dem Sommer 1989 nutzten Tausende DDR-Bürger diese Möglichkeit, ihr Land zu verlassen.

Tschechoslowakei

Während sich die friedliche Revolution in der DDR über Wochen und Monate hinzog, war sie in der Tschechoslowakei innerhalb von Tagen abgeschlossen. Zum 50. Jahrestag der Erschießung von neun Studenten und der Schließung aller tschechischen Universitäten durch die deutsche Besatzungsmacht war für den 17. November 1989 in Prag eine Demonstration geplant, an der vor allem Studenten, Künstler und Intellektuelle teilnahmen. Die Polizei vertrieb die rund 50 000 Teilnehmer vom Wenzelsplatz. 71 Verletzte, nach einigen Angaben auch Tote blieben zurück. Danach riefen die Oppositionellen für den 27. November zu einem Generalstreik auf. Während der Vorbereitungen bildete sich ein Bürgerforum, das die Aktivitäten der Opposition koordinierte. Täglich fanden Demonstrationen statt. Die kommunistische Jugendorganisation distanzierte sich von der KP ebenso wie die »Blockparteien«. Am 24. November trat das Politbüro zurück, zwei Tage später wurde auf einem Sonderparteitag ein neues Zentralkomitee gewählt. Am Ende der »samtenen Revolution« war mit Václav Havel einer der maßgeblichen Köpfe der in den Siebzigerjahren gegründeten Bürgerrechtsbewegung »Charta 77« Staatspräsident; der 1968 gestürzte Parteichef Alexander Dubček wurde Parlamentspräsident.

Bulgarien

In Bulgarien zwang das Politbüro am 10. November 1989 Todor Schiwkow zum Rücktritt. Das Gremium kürte Petar Mladenov zu seinem Nachfolger, der im Sinne Gorbatschows das Land reformierte. So konnte die in Sozialistische Partei umbenannte KP im Juni 1990 die ersten freien Wahlen nach dem Krieg gewinnen und sich noch Jahre an der Macht halten.

Rumänien

Der rumänische Machthaber dagegen ließ sich im Dezember 1989 nicht einfach absetzen. Obwohl ihm nicht nur die Bevölkerung, sondern auch die Armee die Gefolgschaft verweigerte, klammerte sich Nicolae Ceauşescu an die Macht. Nach einem Fluchtversuch verurteilte ein Militärgericht den Diktator und seine Frau Elena am 25. Dezember zum Tode und ließ sie am gleichen Tag hinrichten. Eine Woche lang kämpfte die berüchtigte Sicherheitspolizei des Regimes *Securitate* weiter, bis Anfang Januar 1990 die Nationale Rettungsfront die Lage unter Kontrolle bekam. Obwohl ihre Führer in Diensten des alten Regimes gestanden hatten, errang sie unter Ion Iliescu bei den Parlamentswahlen im Mai 1990 einen überwältigenden Sieg, den sie 1992 wiederholen konnte.

Albanien

Im kleinsten und rückständigsten kommunistischen Land Europas erfolgte der Umbruch in zwei Etappen. Enver Hoxha, Gründer der albanischen KP und seit 1954 Erster Sekretär des ZK der »Partei der Arbeit« Albaniens, starb im Frühjahr 1985. Ihm folgte mit Ramiz Alia ein wirtschaftlichen Reformideen aufgeschlossenerer Mann. Seit Mai 1990 musste auch er politische Zugeständnisse machen, ohne dass dem Land Hungerkatastrophen und Massenfluchten erspart geblieben wären. Siegten bei den ersten freien Parlamentswahlen am 31. März 1991 noch die Kommunisten, gewann ein Jahr später die Demokratische Partei die Abstimmung. Sie stellte mit Sali Berisha auch den neuen Präsidenten.

11.8 Von der Plan- zur Marktwirtschaft

Nach dem politischen Umschwung in Mittel- und Osteuropa stand am Anfang der Neunzigerjahre der wirtschaftliche Umbau auf dem Programm: Die bankrotten Planwirtschaften sollten über Nacht in erfolgreiche Marktwirtschaften überführt werden. Tatsächlich beschritten die betroffenen Staaten und Völker einen beschwerlichen Weg der Reform und Transformation.

Der erste Schritt war die Liberalisierung, d. h. die Freigabe der Preise, mit Ausnahme der Mieten sowie der Kosten für Energie und einige Grundbedürfnisse. Der Schock war groß und bewirkte einen Nachfrageeinbruch sowie einen Produktionsrückgang. Dennoch wurden nach und nach die kleinen und dann auch die großen Staatsunternehmen privatisiert. Die Privatisierungsmethoden waren unterschiedlich, ihr Ergebnis mehr oder minder gleich: Überdimensionierte Industriesektoren wurden abgebaut wie in der Tschechischen Republik, der Slowakei und Slowenien, das Gleiche geschah mit Teilen der Landwirtschaft in Polen. Die Arbeitslosenquote schnellte auf über zehn Prozent. Nur in Tschechien blieb sie deutlich darunter. Insbesondere die Empfänger staatlicher Transferleistungen wie Rentner und Arbeitslose litten unter dem Reformprozess. Mitte der Neunzigerjahre wurden Forderungen laut, die Marktwirtschaft sozialer zu gestalten.

Die Transformation der Volkswirtschaften wurde von ihrer Öffnung zur Weltwirtschaft begleitet. Der Rat für gegenseitige Wirtschaftshilfe (RGW, ▶ 8.20) löste sich im Sommer 1991 auf. Der Schritt auf den Weltmarkt hatte einschneidende Konsequenzen: Die zum Teil neu geschaffenen Währungen mussten angepasst, d. h. abgewertet werden, der Außenhandel erfolgte in konvertierbaren Währungen und zu Weltmarktpreisen. Der Handel insbesondere mit der Sowjetunion bzw. später mit Russland brach zusammen; die Leistungsbilanzen der mittel- und osteuropäischen Staaten gerieten ins Minus. Diese außenwirtschaftlichen Veränderungen verstärkten die »Transformationsrezession«, die die Länder schon aus binnenwirtschaftlichen Gründen ergriffen hatte.

Das Bruttosozial- bzw. -inlandsprodukt ging in den baltischen Staaten, in Ostmittel- und Südosteuropa um ein Viertel bis ein Drittel in der ersten Hälfte der Neunzigerjahre zurück. Erst 1996 wurde das Niveau von 1988 wieder erreicht. Seitdem verzeichnen die Transformationsstaaten ein zum Teil beachtliches Wirtschaftswachstum. Allerdings lagen die Zuwachsraten deutlich unter den Verlusten Anfang der Neunzigerjahre. Die Europäische Union unterstützte den Transformationsprozess von Anfang an. Schon 1989 legte sie das PHARE-Programm *(Poland Hungary Assistance for Reconstruction of the Economy)* auf, das bald auf alle Länder Mittel- und Osteuropas ausgedehnt wurde. Die jährlichen Hilfen stiegen von 475 Mio. Euro auf 1,6 Mrd. (2000) und wurden mehr und mehr zur Vorbereitung des angestrebten EU-Beitritts verwendet. Zwischen 1993 und 1996 schlossen alle Beitrittskandidaten Assoziierungsabkommen mit der EU. Diesen so genannten Europa-Abkommen folgten bald förmliche Aufnahmeanträge. Nach weiteren Reformbemühungen und langwierigen Verhandlungen konnte der Beitritt am 1. Mai 2004 vollzogen werden (▶ 11.12). Der EU-Beitritt Rumäniens und Bulgariens ist für 2007 avisiert.

11.9 Russlands Tschetschenienkonflikt

Nach dem Ende der Sowjetunion setzte sich der Zerfallsprozess in Russland fort. Das Land war nach Größe, Struktur und Ressourcen nichts anderes als eine Sowjetunion im Kleinen – Vielvölkerreich und übermächtiger Nachbar. Einzelne Autonome Republiken und

Kapitel 11

Kreise erklärten sich dennoch für souverän. So die Tschetschenen, die Ende Oktober 1991 Präsidentenwahlen durchführten, aus denen Dschochar Dudajew, Führer des tschetschenischen Nationalkongresses, als Sieger hervorging. Der Exgeneral hatte die Unabhängigkeitsbewegung im Baltikum erlebt. Anfang November 1991 verkündete er in der Hauptstadt Grosny die Unabhängigkeit der »Tschetschenischen Republik«. Die russische Regierung erklärte die Wahl und die Erklärung für ungültig. Ihr Versuch, durch eine militärische Intervention die staatliche Ordnung in ihrem Sinne wiederherzustellen, scheiterte kläglich. Im Frühjahr 1992 zogen die letzten in Tschetschenien stationierten russischen Truppen ab.

Nach und nach baute Präsident Dudajew ein autoritäres Regime auf. Die Opposition war politisch und nach Stämmen gespalten. Moskau unterstützte sie in der letztlich vergeblichen Hoffnung, den Präsidenten stürzen zu können. Als Ende 1994 bei einer gescheiterten Offensive der Opposition auch russische Offiziere und Soldaten in Gefangenschaft gerieten, fiel in Moskau die Entscheidung zu einer Militärintervention. Diese blieb bald vor Grosnyj stecken. Über Wochen berannten die russischen Truppen die tschetschenische Hauptstadt, die dabei stark zerstört wurde. Doch auch nach der Besetzung Grosnyjs Anfang Februar 1995 kam die abtrünnige Republik nicht zur Ruhe. Im August 1996 eroberten tschetschenische Kämpfer die Stadt zurück. Moskau entsandte den kriegserprobten, populären General Aleksandr Lebed, um einen Waffenstillstand auszuhandeln. Am 12. Mai 1997 wurde das Ende des ersten Tschetschenienkrieges durch einen Friedensvertrag zwischen der Russischen Föderation und Tschetschenien besiegelt, der allerdings die Frage des politischen Status ausklammerte bzw. bis 2001 vertagte.

Aus den Präsidentenwahlen im Januar 1997 ging Aslan Maschadow als Sieger hervor. Der populäre Führer der tschetschenischen Kämpfer bekam die Lage in dem verwüsteten Land aber nicht unter Kontrolle. Tschetschenien litt unter einer erheblichen Wirtschafts- und Gewaltkriminalität. Im August 1999 griffen islamistische Feldkommandeure in der Nachbarrepublik Dagestan ein und lieferten damit Moskau den Vorwand für ein erneutes Vorgehen gegen Tschetschenien. Der zweite Tschetschenienkrieg wurde durch den neuen Präsidenten Russlands, Wladimir Putin, von Anfang an als Kampf gegen lokale Terroristen und ihre ausländischen Komplizen ausgegeben. Grosny wurde in Schutt und Asche gelegt, seine Einwohner zwischen Regierungstruppen und Guerilla aufgerieben.

2000 verkündete die russische Regierung in der abtrünnigen Republik die »Normalisierung« und installierte den moskautreuen Achmed Kadyrow als Statthalter. Die Bevölkerung wählte ihn – unter massivem russischen Druck – dann zwar am 5. Oktober 2003 zum Präsidenten, doch galt der ehemalige Tschetsche-

Nur Trümmer blieben den Einwohnern von Grosnyj nach der Einnahme der Stadt durch russische Truppen.

nien-Kämpfer vielen als Verräter. Die Ermordung Kadyrows bei einem Bombenattentat am 9. Mai 2004 offenbarte das erneute Scheitern der russischen Tschetschenien-Politik. Sein Nachfolger, Alu Alchanow, ernannte Kadyrows 27-jährigen Sohn zum stellvertretenden Regierungschef. Dass Alchanow den blutigen Konflikt mit dem islamistischen Flügel unter Schamil Bassajew lösen kann, ist unwahrscheinlich.

11.10 Die »Wende« in der DDR

Die DDR-Führung blieb von der von Generalsekretär Gorbatschow in der Sowjetunion eingeleiteten Reformpolitik zunächst unbeeindruckt und beharrte auf ihrem Kurs. Dabei befand sich die DDR-Wirtschaft auf steiler Talfahrt: Um die hohe Auslandsverschuldung abzubauen, mussten die Importe gedrosselt und die Exporte erhöht werden. Das ging zulasten der Versorgung der Bevölkerung sowie des Erhalts und Ausbaus der Infrastruktur, es ruinierte das Bildungs- und Gesundheitssystem und führte zu einseitigen Produktionsschwerpunkten. Ende der Achtzigerjahre stand die DDR-Wirtschaft vor dem Bankrott.

Erich Honecker, seit 1971 an der Spitze der SED, seit 1976 auch an der des Staates, hatte sich stärker als sein Vorgänger Walter Ulbricht um die sozialen Belange der DDR-Bürger gekümmert, Löhne und Renten erhöht und auch den Wohnungsbau forciert. Der Preis war hoch, denn die Ausgaben dafür überstiegen das volkswirtschaftliche Leistungsvermögen der DDR bei weitem. Zudem verschlangen die Verwaltung und der aufgeblähte Sicherheits- und Kontrollapparat Unsummen.

Obwohl das Ministerium für Staatssicherheit (MfS) mit etwa 90 000 hauptamtlichen und beinahe doppelt so vielen Inoffiziellen Mitarbeitern (IM) die Bevölkerung bespitzelte, konnte sich vor allem unter dem Schutz der evangelischen Kirche eine Gegenöffentlichkeit bilden. Die DDR-Führung versuchte sie Ende der Achtzigerjahre mit einer Verhaftungs- und Ausweisungswelle auszuschalten. Proteste im In- und Ausland zwangen die Machthaber jedoch, die inhaftierten Dissidenten wieder freizulassen und sogar einigen Zwangsexilierten die Rückkehr zu gestatten.

Fluchtbewegung und Massenprotest

Gebannt blickten die Ostdeutschen im Frühjahr 1989 nach Ungarn und Polen, wo nicht für möglich gehaltene politische und gesellschaftliche Veränderungen in Gang gekommen waren (▶ 11.7). Dass solche Entwicklungen in einem Massaker enden konnten, zeigte sich am 4. Juni in Peking (▶ 11.15). Die Welt war geschockt, die Führung der DDR aber solidarisierte sich mit den chinesischen Machthabern, während sich ihre Bürger in Scharen nach Westen absetzten.

In den Sommerwochen strömten Tausende in die Botschaften der Bundesrepublik in Prag, Budapest und Warschau sowie in die Ständige Vertretung Bonns in Ost-Berlin. Die Flüchtlinge wollten mit Unterstützung der Bundesregierung in den Westen ausreisen. Andere überschritten die zusehends durchlässigere Grenze zwischen Ungarn und Österreich (▶ 11.7). Inzwischen bemühte sich Bonn um eine humanitäre Lösung des Flüchtlingsproblems. Seit Mitte September warteten Tausende in den Botschaften von Prag und Warschau auf die Ausreise. Schließlich erreichte Bundesaußenminister Hans-Dietrich Genscher in Gesprächen mit seinem Ost-Berliner Amtskollegen, dass in den ersten Oktobertagen etwa 15 000 Flüchtlinge in Sonderzügen über die DDR in den Westen ausreisen durften.

Die Protestbewegung in der DDR machte am 25. September mit der ersten nicht staatlich organisierten Großdemonstration auf sich aufmerksam: 8 000 Menschen forderten in Leipzig die Zulassung des Neuen Forums, einer Anfang September aus der Bürgerbewegung hervorgegangenen Gruppierung. Auf den in mehreren größeren Städten aufflackernden Protest reagierten die Sicherheitskräfte teils hilflos, teils mit brutaler Härte. Die Feiern zum 40. Jahrestag der Gründung der DDR am 7. Oktober standen vor der Tür. Gorbatschow warnte zwar Honecker mit den (sinngemäß übersetzten) Worten »Wer zu spät kommt, den bestraft das Leben«, konnte ihn aber ebenso wenig wie die reformwilligen Politbüromitglieder von seinem starren Kurs abbringen.

Am 9. Oktober kam es schließlich in Leipzig zum »Showdown« mit der Staatsmacht. Über 70 000 Menschen zogen friedlich über den Innenstadt-Ring und skandierten »Wir sind das Volk!«. Die schwer bewaffneten Sicher-

Kapitel 11

Die Grenze ist offen: am Übergang Sonnenallee strömen am 9. November 1989 DDR-Bürger nach West-Berlin.

heitsorgane kapitulierten angesichts der schieren Masse der Demonstranten und zogen sich zurück.

Im Politbüro wurde Honecker am 18. Oktober zum Rücktritt als Staats- und Parteichef gezwungen. Egon Krenz trat seine Nachfolge an und kündigte in einer Fernsehrede eine »Wende« an, mit der die Partei wieder das Geschehen in der DDR bestimmen wollte.

Der neuen DDR-Führung war klar, dass Reformen unumgänglich sein würden, um der Lage wieder Herr zu werden. Keinen Aufschub duldete die Neuregelung der Reisemöglichkeiten für DDR-Bürger. Schließlich flohen seit Anfang November täglich mehr als 10 000 Menschen über die Tschechoslowakei in den Westen. Prag drängte Ostberlin zu einer schnellen Antwort auf die Ausreisefrage. Die gab das Zentralkomitee der Partei am 9. November 1989. Im Vorgriff auf ein neues Reisegesetz winkte das Gremium eine »Verordnung« durch, welche die »ständige Ausreise über alle Grenzübergangsstellen der DDR zur BRD bzw. zu Berlin (West)« erlaubte. Noch am selben Abend verlas Politbüromitglied Günter Schabowski – eher versehentlich als geplant – die Verordnung auf einer internationalen Pressekonferenz. Die »Tagesschau«-Sendung in der ARD meldete daraufhin: »DDR öffnet Grenze.«

Der Fall der Berliner Mauer

Die Nachricht verbreitete sich wie ein Lauffeuer. Zu Tausenden strömten die Ostberliner zu den Grenzübergängen. Gegen 22 Uhr drohte die Lage außer Kontrolle zu geraten. Allein am Übergang Bornholmer Straße hatten sich etwa 20 000 Menschen eingefunden. Sie drängten gegen die Sperrgitter und forderten in Sprechchören den Durchlass nach West-Berlin. Noch vor Mitternacht öffneten sich die Schlagbäume. »Trabis« fuhren durch ein Spalier jubelnder Menschen, die sich vor Freude und Rührung umarmten. Andere tanzten ausgelassen auf der Mauerkrone. Bald waren die Straßen der West-Berliner City hoffnungslos überfüllt; die Bürgerinnen und Bürger der 28 Jahre lang geteilten Stadt feierten ein bewegendes Wiedersehen.

Nach dem Fall der Berliner Mauer war der politische Umschwung unausweichlich. Am 13. November wählte die Volkskammer den SED-Sekretär des Bezirks Dresden, Hans Modrow, zum Nachfolger Willi Stophs als Vorsitzenden des Ministerrats. Er führte eine Regierung aus SED und den bisherigen Blockparteien LDPD, CDU, NDPD und DBD. In seiner Regierungserklärung kündigte Modrow unter anderem Wirtschaftsreformen an. Das MfS sollte in ein Amt für Nationale Sicherheit (AfNS) umgewandelt und der Einfluss der SED auf die Regierung zurückgedrängt werden. Am 1. Dezember strich die Volkskammer die führende Rolle der SED aus der Verfassung, und zwei Tage später traten ZK und Politbüro der SED geschlossen zurück. Gegen Honecker, Stoph, Mielke und andere ergingen Haftbefehle. Auf einem Sonderparteitag benannte sich die SED in »Partei des Demokratischen Sozialismus« (PDS) um.

Zur Kontrolle der Regierungsarbeit wurde nach polnischem Vorbild am 7. Dezember ein Zentraler Runder Tisch eingerichtet, an dem Vertreter der Oppositionsgruppen, der Blockparteien und der SED/PDS unter Leitung der Kirchen berieten. Schon in der konstituierenden Sitzung einigte man sich auf vorgezogene Neuwahlen zur Volkskammer am 6. Mai 1990. Der Wahltermin wurde schließlich auf den 18. März vorgezogen. Die ersten freien Wahlen in der DDR endeten mit einer Überraschung: Entgegen allen Prognosen errang das konservative Wahlbündnis »Allianz für Deutschland« mit über 47 Prozent die meisten Stimmen. Verlierer waren die Sozialdemokraten, denen nur knapp 22 Prozent ihre Stimme gaben. Die PDS schnitt mit über 16 Prozent überraschend gut ab. Der CDU-Spitzenkandidat Lothar de Maizière wurde am 12. April Regierungschef einer Koalition von Allianz für Deutschland, Liberalen und SPD.

11.11 Die deutsche Wiedervereinigung

Mit dem politischen Umschwung in der DDR rückte die Frage einer deutschen Wiedervereinigung nach Jahrzehnten wieder auf die Tagesordnung der internationalen Politik. Die Parolen der Montagsdemonstranten in Leipzig und anderen Orten der DDR lauteten ab der Jahreswende zunehmend: »Wir sind ein Volk!« und »Deutschland einig Vaterland«. Bundeskanzler Helmut Kohl hatte die Vereinigungsforderung frühzeitig aufgegriffen und legte dem Bundestag am 28. November 1989 ein Zehn-Punkte-Programm vor, das auf die Schaffung konföderativer Strukturen zwischen beiden deutschen Staaten zielte. Am Ende eines langen Weges sollte ein gesamtdeutscher Bundesstaat entstehen.

Das Programm hatte Kohl im Alleingang verfasst. Nachbarn und Verbündete Deutschlands waren vorab nicht informiert worden – auch nicht die Parteien und Fraktionen der Regierungskoalition. Zuerst bekannten sich die USA zum Recht der Deutschen auf Selbstbestimmung, sofern die Bundesrepublik in der NATO bleibe und die bestehenden Grenzen bestätige. Die Sowjetunion warnte entschieden vor Versuchen, den *Status quo* in Europa zu verändern. Der augenscheinliche Zusammenbruch der DDR und die enormen inneren Probleme der sowjetische Regierung zwangen die Kremlführung jedoch zum Umdenken. Zur Überraschung der meisten Beobachter ließ Gorbatschow am 10. Februar 1990 in Moskau den Bundeskanzler und Außenminister Genscher wissen, dass er die Entscheidung der Deutschen respektiere, in Zukunft in einem Staat leben zu wollen.

Hingegen zögerten vor allem die britische Premierministerin Margaret Thatcher und der französische Staatspräsident François Mitterrand, den deutschen Einigungsprozess zu unterstützen. Sie sorgten sich vor einem zu mächtigen Deutschland. Schließlich setzte sich

Bundeskanzler Kohl und Außenminister Genscher besuchten am 15. Juli 1990 den sowjetischen Staats- und Parteichef Gorbatschow im Kaukasus.

in London und Paris die Ansicht durch, dass eine Verhinderungsstrategie riskanter sei als die Beteiligung an der Gestaltung des Unvermeidlichen. Kohls weitgehende Konzessionen auf dem Gebiet der europäischen Integration taten ein Übriges (▶ 11.12). Danach vereinbarten am Rande einer Konferenz zwischen den Staaten der NATO und des Warschauer Pakts im kanadischen Ottawa die vier Siegermächte und die beiden deutschen Staaten Verhandlungen über die Zukunft Deutschlands und die Sicherheit in Europa, die als Zwei-plus-Vier-Gespräche in die Geschichte eingingen.

Währungsunion und Einigungsvertrag
Währenddessen verhandelten die beiden deutschen Regierungen über die Verwirklichung der Einheit. Ergebnis war ein Vertrag über die Schaffung einer Währungs-, Wirtschafts- und Sozialunion, der am 18. Mai 1990 unterzeichnet wurde. Die DM wurde in der DDR als Zahlungsmittel eingeführt, vorhandene Guthaben bis zu 6 000 DDR-Mark eins zu eins umgestellt. Am 1. Juli trat der Vertrag in Kraft. Die politische Vereinigung wurde Ende August im so genannten Einigungsvertrag geregelt, den die Volkskammer am 20. September mit der erforderlichen Zweidrittelmehrheit akzeptierte. Schon am 23. August hatte das Gremium den Beitritt der DDR zur Bundesrepublik Deutschland beschlossen, der am 3. Oktober 1990 vollzogen wurde.

Die Vereinigung Deutschlands war möglich geworden, nachdem sich die vier für Deutschland als Ganzes Verantwortung tragenden Mächte mit den deutschen Regierungen über die äußeren Aspekte der Einheit verständigt hatten. Umstritten war vor allem die Bündniszugehörigkeit. Ein neutrales Deutschland vermochten sich weder die Westmächte noch die Bundesregierung vorzustellen. Den Verbleib Deutschlands in der NATO wollte hingegen die Sowjetunion zunächst nicht akzeptieren. Erst nachdem sich die Bundesrepublik bereit erklärt hatte, der wirtschaftlich angeschlagenen Sowjetunion finanziell unter die Arme zu greifen, insbesondere bei der Rückführung der sowjetischen Truppen aus Deutschland, gestand Gorbatschow Mitte Juli 1990 Deutschland nicht nur die volle Souveränität, sondern auch die NATO-Mitgliedschaft zu.

Der Zwei-plus-Vier-Vertrag
Nach der deutsch-sowjetischen Einigung kamen die Zwei-plus-Vier-Gespräche zügig voran. Unmut erregte das Feilschen zwischen Gorbatschow und Kohl um zweistellige Milliardenbeträge und die innenpolitisch motivierte Weigerung des Kanzlers, die polnische Westgrenze vor der Herstellung der deutschen Einheit völkerrechtlich anzuerkennen. Schließlich konnten am 12. September 1990 die Außenminister der vier Siegermächte, der Bundesrepublik und der DDR in Moskau den Vertrag »über die abschließende Regelung in Bezug auf Deutschland« unterzeichnen. Der Zwei-plus-Vier-Vertrag bestimmte, dass die Außengrenzen des vereinigten Deutschland denen der DDR und der Bundesrepublik entsprechen. Die Grenze zu Polen sollte in einem eigenen Vertrag zusätzlich bestätigt werden. Dies geschah am 14. November 1990. Der Zwei-plus-Vier-Vertrag bestätigte ferner den deutschen Verzicht auf die Herstellung, den Besitz und die Verfügung von ABC-Waffen und die Beschränkung der Bundeswehr auf jene Stärke, zu der sich die Bundesrepublik in dem Vertrag über die Begrenzung der konventionellen Streitkräfte in Europa verpflichtet hatte. Außerdem legte der Vertrag fest, dass die sowjetischen Streitkräfte bis Ende 1994 das Gebiet der damaligen DDR verlassen. Einzelheiten wurden in zwei Abkommen geregelt, die den deutsch-sowjetischen »Vertrag über gute Nachbarschaft, Partnerschaft und Zusammenarbeit« vom 9. November 1990 ergänzten. Mit dem Zwei-plus-Vier-Vertrag erlosch die Viermächteverantwortung für Berlin und Deutschland als Ganzes.

11.12 Vertrag von Maastricht. Der Euro

Die 1957 von sechs Staaten gegründete Europäische Wirtschaftsgemeinschaft (EWG) wuchs bis Mitte der Achtzigerjahre auf zwölf Mitglieder an. Die wirtschaftliche Integration der Teilnehmer sollte durch eine politische Union ergänzt werden. Die am 1. Juli 1987 in Kraft getretene Einheitliche Europäische Akte (EEA, ▶ 10.37) sah deshalb nicht nur die Verwirklichung eines europäischen Binnenmarktes vor, sondern auch eine außenpolitische Zusammenarbeit der EWG-Mitglieder. Der Europäischen Politischen Zusammenarbeit (EPZ) war – wie das Auftreten Europas in den Krisen am Ende des Ost-West-Konflikts zeigte – jedoch kein großer Erfolg beschieden.

Neuen Schub erhielt die politische Integration Europas durch die Entwicklung in Deutschland (▶ 11.11). Vor allem Frankreich wollte die wieder erstehende Macht in der Mitte Europas durch einen engeren Zusammenschluss Europas einbinden. Nachdem Bundeskanzler Kohl sein nicht abgestimmtes Zehn-Punkte-Programm zur deutschen Einheit vorgestellt hatte, musste er auf der Straßburger Tagung der europäischen Staats- und Regierungschefs Anfang Dezember 1989 der Einberufung einer Regierungskonferenz zustimmen, die eine vorgezogene Umsetzung der zweiten und dritten Stufe der Europäischen Wirtschafts- und Währungsunion (EWWU) vorbereiten sollte. Im Frühjahr 1990 initiierte Kohl mit Mitterrand eine zweite Regierungskonferenz, die zur Schaffung einer »Europäischen Politischen Union« (EPU) führen sollte.

Mitte Dezember 1990 nahmen die Regierungskonferenzen zur EWWU und EPU ihre Arbeit auf. Der Europäische Rat brachte sie in Maastricht zum Abschluss: Am 7. Februar 1992 wurde in der niederländischen Stadt der Vertrag über die Europäische Union (EU) unterzeichnet, der nach der Ratifikation durch die zwölf Mitgliedstaaten am 1. November 1993 in Kraft trat. Der EU-Vertrag ruht auf drei Säulen: der Europäischen Gemeinschaft, die aus den Gründungsverträgen von 1957 hervorgegangen ist, der Gemeinsamen Außen- und Sicherheitspolitik (GASP), die die außenpolitische Zusammenarbeit der Gemeinschaft verbessern soll, und auf der Zusammenarbeit im Bereich der Innen- und Rechtspolitik.

Die Wirtschafts- und Währungsunion

Kernstück des Vertrages war die Wirtschafts- und Währungsunion: Zum 1. Januar 1999 wurde die Einführung einer einheitlichen Währung vereinbart. Voraussetzung war, dass die möglichen Teilnehmer ihre Wirtschafts- und Währungspolitik anglichen und definierte Stabilitätskriterien erfüllten. Die Europäische Zentralbank, der Rat der Finanzminister sowie die Europäische Kommission wachten über die Einhaltung der Kriterien. Anfang Mai 1998 bestätigten die Staats- und Regierungschefs den Starttermin der Währungsunion. Belgien, Deutschland, Finnland, Frankreich, Irland, Italien, Luxemburg, die Niederlande, Österreich, Portugal und Spanien nahmen teil. Griechenland trat am 1. Januar 2001 der Währungsunion bei.

Euro – die europäische Währungseinheit. Bronzeplastik in Brüssel.

Während die Bemühungen um die Wirtschafts- und Währungsunion durchaus Erfolg zeitigten, blieben – wie die europäischen Krisen der Neunzigerjahre zeigten – die Gemeinsame Außen- und Sicherheitspolitik, aber auch die Zusammenarbeit in der Innen- und Rechtspolitik Stückwerk. Das erkannten auch die Staats- und Regierungschefs, die eine Regierungskonferenz zur Überarbeitung des EU-Vertrages von Maastricht einsetzten. Der am 2. Oktober 1997 in Amsterdam unterzeichnete Vertrag sah eine Reform der EU-Institutionen vor sowie eine engere Zusammenarbeit in der

Innen- und Rechtspolitik sowie der Gemeinsamen Außen- und Sicherheitspolitik.

Erweiterung und Verfassungsvertrag
Da sich dieser Reformschritt alsbald als zu kurz erwies, setzten die Staats- und Regierungschefs erneut eine Regierungskonferenz ein, die im Februar 2000 ihre Arbeit aufnahm. Ihre Aufgabe war auch, die Union auf die Aufnahme weiterer Mitglieder vorzubereiten. Nach den politischen Umwälzungen in Mittel- und Osteuropa hatte die EU im März 1998 Beitrittsverhandlungen mit Estland, Polen, Slowenien, Tschechien, Ungarn und Zypern aufgenommen. Ende 1999 beschloss der Europäische Rat in Helsinki, auch mit Bulgarien, Lettland, Litauen, Malta, Rumänien und der Slowakei entsprechende Verhandlungen zu eröffnen sowie der Türkei den Kandidatenstatus zu verleihen. Diese Erweiterung hätten die ursprünglich für sechs Mitglieder konzipierten Organe bzw. Mechanismen kaum verkraftet. Sie mussten reformiert werden.

Der Vertrag von Nizza, auf den sich die Staats- und Regierungschefs im Dezember 2000 einigten, bereitete zwar die EU auf den Beitritt der Kandidaten vor und ebnete den Weg für eine Europäische Verteidigungs- und Sicherheitspolitik (EVSP), erreichte aber den notwendigen Strukturwandel ebenso wenig wie der Amsterdamer Vertrag von 1997. Das räumten die Staats- und Regierungschefs in einer »Erklärung zur Zukunft Europas« auch ein. Sie setzten im Dezember 2001 einen Konvent zur Reform der EU ein. Der legte Mitte 2003 einen Verfassungsentwurf vor, den die Staats- und Regierungschefs der inzwischen 25 EU-Mitglieder in einen »Vertrag über eine Verfassung für Europa« umwandelten und am 29. Oktober 2004 in Rom unterzeichneten. Die Verfassung muss in allen Mitgliedstaaten ratifiziert werden. Einige lassen in einer Volksabstimmung darüber entscheiden. Abgelehnt wurde die Verfassung im Mai und Juni 2005 in Frankreich und den Niederlanden.

11.13 Der Zweite Golfkrieg

Während die politischen Umwälzungen in Mittel- und Osteuropa die internationale Aufmerksamkeit auf sich zogen, glaubte der irakische Präsident Saddam Husain im Nahen Osten die Grenzen neu ziehen zu können. Seit der Unabhängigkeit Kuwaits im Jahre 1961 erhob der Irak Anspruch auf das Emirat. Ziel war inzwischen aber nicht mehr nur ein breiterer Zugang zum Persischen Golf, sondern auch die Auffüllung der durch den Ersten Golfkrieg mit dem Iran (1980–88) geleerten Staatskasse durch Zugriff auf die kuwaitischen Ölreserven. Saddam Husain ließ seine Truppen am 2. August 1990 in Kuwait einmarschieren. Innerhalb von sieben Stunden war das Land besetzt. Der irakische Präsident setzte den nach Saudi-Arabien geflohenen Emir ab, bildete eine ihm ergebene Regierung und erklärte am 28. August Kuwait zur 19. Provinz seines Landes. Die in Kuwait lebenden Ausländer wurden als Geiseln genommen, etliche als »lebende Schutzschilde« an strategisch exponierte Orte verschleppt.

Auf Drängen Washingtons handelten die Vereinten Nationen schnell: Der Weltsicherheitsrat verurteilte noch am 2. August die Besetzung Kuwaits und beschloss einen Maßnahmenkatalog, der u. a. ein weltweites Wirtschafts- und Waffenembargo vorsah. Vor allem aber bereiteten die USA die militärische Befreiung Kuwaits vor: Bis Ende Oktober hatten sie 230 000 Soldaten im Nahen Osten zusammengezogen. Gleichzeitig schmiedete Washington eine Allianz gegen den Irak, der sich fast 30 Staaten, darunter auch arabische, anschlossen. Schließlich drohte der UN-Sicherheitsrat am 29. November dem Irak Vergeltungsmaßnahmen an, falls er sich nicht bis zum 15. Januar 1991 aus Kuwait zurückziehe.

Nachdem die Frist ungenutzt verstrichen war, eröffneten die Alliierten in der Nacht zum 17. Januar 1991 die Luftoffensive gegen den Irak. Im Gegenzug beschoss der Irak u. a. Saudi-Arabien und Israel mit Raketen. Allerdings sah Jerusalem auf Druck der USA von Gegenmaßnahmen ab, sodass eine antiisraelische Mobilisierung der Araber ausblieb. Am 24. Februar begannen die Alliierten ihre Bodenoffensive. Hunderte von Kampfpanzern drangen in Kuwait ein und stießen vom Westen her zum Euphrat vor. Die irakischen Verbände, darunter die Eliteeinheiten der Republikanischen Garde, wurden eingekesselt und größtenteils vernich-

Auf dem Weg zur einen Welt?

Bei ihrem Rückzug aus Kuwait hinterließen die Iraker brennende Ölfelder.

tet. Nach 100 Stunden Kampf akzeptierte der Irak bedingungslos sämtliche UN-Resolutionen zu Kuwait. Die Alliierten verzichteten auf einen weiteren Vorstoß auf Bagdad und damit auf den Sturz Saddam Husains. Am 11. April trat formell der Waffenstillstand in Kraft. Der Irak verpflichtete sich, keine Massenvernichtungswaffen herzustellen oder zu lagern. Dies sollten Inspekteure der UNSCOM *(United Nations Special Commission)* kontrollieren.

Die Folgen des Krieges waren weitreichend. Der Irak hatte rund 110 000 Gefallene zu beklagen; etwa 300 Soldaten der Alliierten fanden den Tod. Eine ruinöse Inflation und das aufrechterhaltene Embargo verurteilten viele Iraker zum Hunger; die Kindersterblichkeit verfünffachte sich. Im Süden des Landes erhoben sich am 3. März 1991 die Schiiten, im Norden folgten die Kurden ihrem Beispiel. Obgleich sie große Teile der von ihnen bewohnten Gebiete unter ihre Kontrolle bringen konnten, schlug Saddam Husain die Aufstände mit brutalem Militäreinsatz nieder. Die Alliierten proklamierten darauf im Norden bis zum 36. Breitengrad eine Schutzzone für die Kurden. Für den Süden setzten sie im UN-Sicherheitsrat eine Flugverbotszone durch. Die von den abziehenden irakischen Truppen in Brand gesteckten kuwaitischen Ölquellen konnten gelöscht werden. Die Weigerung Bagdads, auf Dauer mit den UN-Kontrolleuren zusammenzuarbeiten, führten schließlich zu einer erneuten Invasion des Landes und zum Sturz Saddam Husains (▶ 11.34).

11.14 Kriege auf dem Balkan. Abkommen von Dayton

Das Königreich der Serben, Kroaten und Slowenen war nach dem Ersten Weltkrieg aus Teilen der Habsburgermonarchie sowie den Königreichen Serbien und Montenegro entstanden. Der Vielvölkerstaat, der sich seit 1929 Königreich Jugoslawien nannte, wurde im Zweiten Weltkrieg von Deutschen, Italienern und Ungarn besetzt und zerschlagen, zwischen 1943 und 1945 jedoch als Föderative Volksrepublik Jugoslawien wieder hergestellt. Die Föderation der sechs Republiken und der zwei zu Serbien gehörenden autonomen Provinzen Wojwodina und Kosovo wurde seither durch die Kommunistische Partei und den – 1974 auf Lebenszeit ernannten – Präsidenten Josip Broz Tito, der kroatischer Herkunft war, zentralistisch geführt (▶ 8.23).

Nach dem Tod dieser Integrationsfigur im Mai 1980 setzte der Auflösungsprozess Jugoslawiens ein. Bereits im März 1981 forderte die albanische Bevölkerungsmehrheit im autonomen Kosovo die Erhebung der Provinz zu einer Teilrepublik. Die Auseinandersetzung um den Status der autonomen Provinzen Kosovo und Wojwodina erreichte im Oktober 1988 einen Höhepunkt. Die serbische Führung unter Slobodan Milošević, der 1986 die Leitung der Kommunistischen Partei übernommen hatte, reagierte mit einer weiteren Zentralisierung; die im März 1989 in Kraft getretene neue Verfas-

Das brennende Dubrovnik: Die Stadt an der Adria wurde schon zu Beginn des jugoslawischen Bügerkriegs schwer in Mitleidenschaft gezogen.

sung schränkte die regionale Selbstverwaltung ein. Die Verfassung Serbiens vom 28. September 1990 hob schließlich den autonomen Status ganz auf, die Provinzen Kosovo und Wojwodina wurden Serbien einverleibt.

Diese Zentralisierungsbestrebungen wurden mit der Behauptung gerechtfertigt, dass die Serben in Teilen Jugoslawiens als Minderheit bedroht seien. Sie lösten in Kroatien und Slowenien eine mächtige Gegenbewegung aus. National gesinnte und überwiegend antikommunistische Gruppierungen siegten bei den ersten freien Wahlen im April und Mai 1990 in den genannten Teilrepubliken, während sich in Serbien die ehemaligen Kommunisten an der Macht halten konnten. Nachdem Versuche einer föderativen Neuordnung Jugoslawiens zu keinem Ergebnis führten, setzten Slowenien und Kroatien »Volksabstimmungen« an, in denen sich die Bevölkerung im Dezember 1990 und im Mai 1991 mit überwältigenden Mehrheiten für die Unabhängigkeit aussprach. Am 25. Juni 1991 erklärten schließlich die beiden Teilrepubliken ihre Unabhängigkeit. Der Konflikt eskalierte. Der sich anschließende Krieg in Slowenien und Kroatien weitete sich – trotz der Vermittlungsbemühungen von EG und KSZE – auf Bosnien-Herzegowina aus, nachdem die Kampfhandlungen in Slowenien im Juli 1991 und in Kroatien im Januar 1992 beendet worden waren.

Bosnienkrieg und Dayton-Abkommen
Im mehrheitlich von Muslimen bewohnten Bosnien-Herzegowina versuchten die Serben, die etwa ein Drittel der Bevölkerung stellten, durch »ethnische Säuberungen« einheitliche Wohngebiete zu bilden, die durch Korridore miteinander verbunden werden sollten. Diese Bestrebungen führten zu Morden, Massenvertreibungen und -umsiedlungen. Der UN-Sicherheitsrat entsandte schon im Februar 1992 eine Schutztruppe (*UN-Protection Force*, UNPROFOR) nach Jugoslawien. Die blutigen Auseinandersetzungen zwischen den Volksgruppen konnte auch der Plan einer Föderation souveräner Gebiete nicht beenden. Die von Radovan Karadžić gegründete »Serbische Republik Bosnien-Herzegowina« rief im Juni 1992 den Kriegszustand aus und ordnete die Generalmobilmachung an. Trotz massiver Unterstützung aus islamischen Ländern, namentlich aus dem Iran, wurde die Lage der bosnischen Muslime zusehends aussichtsloser. Gleichwohl lehnten sie – wie die Serben – den von EG und UNO ausgearbeiteten Friedensplan ab.

Zwar konnte der ehemalige amerikanische Präsident Jimmy Carter Ende 1994 nach 33 Monaten Krieg in Bosnien und 1000 Tagen Belagerung Sarajewos durch die Serben einen Waffenstillstand zwischen den Volksgruppen erreichen. Gleichwohl stellten die Serben ihre Angriffe auf die UN-Schutzzonen Srebrenica und Bihać nicht ein. Die bosnischen Verteidiger reagierten am 16. Juni 1995 mit einer Großoffensive auf Sarajevo, dessen Belagerungsring gesprengt werden sollte. Noch am gleichen Tag entsandte der UN-Sicherheitsrat eine »Schnelle Eingreiftruppe« der NATO ins Land, die die Versorgung der Stadt sichern sollte. Als die Serben – trotz internationaler Warnungen – gleichwohl die ethnischen Säuberungen und die Angriffe auf die UN-Schutzzonen fort-

Auf dem Weg zur einen Welt?

setzten, griff die NATO im Spätsommer 1995 in den Krieg ein und bombardierte serbische Stellungen. Erst jetzt erklärten sich die Konfliktparteien zu Verhandlungen bereit.

Anfang November 1995 trafen sich im amerikanischen Dayton (Ohio) die Präsidenten Milošević (Serbien), Tudjman (Kroatien) und Izetbegović (Bosnien-Herzegowina), um ein Friedensabkommen auszuhandeln. Das am 14. Dezember 1995 in Paris unterzeichnete *Dayton Peace Agreement* enthielt ein Rahmenabkommen sowie Anhänge, die verschiedene Einzelaspekte der Friedensregelung betrafen. Das Abkommen teilte zwar Bosnien-Herzegowina in einen muslimisch-kroatischen und einen serbischen Teil, versuchte aber die staatliche Einheit des Landes zu wahren. Die Überwachung der Umsetzung des Abkommens wurde einer unter NATO-Kommando stehenden *Implementation Force* (IFOR) übertragen, die die UNPROFOR ersetzte. Nach der Entflechtung der gegnerischen Truppen übernahm die Ende 1996 in SFOR *(Stabilisation Force)* umbenannte multinationale Streitmacht auch Aufgaben beim Wiederaufbau des Landes. Ein Ende dieses Einsatzes, der seit Dezember 2004 unter EU-Leitung steht, ist nicht absehbar. EUFOR zählt noch immer 7 000 Soldaten.

11.15 Niederschlagung der Demokratiebewegung in China

Nach dem Tode Mao Zedongs im September 1976 rückte Hua Guofeng an die Spitze der Staats- und Parteiführung Chinas. Da er strikt auf dem Kurs des Großen Vorsitzenden blieb, zog er schnell die Gegnerschaft der reform- und modernisierungswilligen Kräfte auf sich. Gleichwohl leitete Hua Guofeng die Modernisierung des Landes ein. Der Alltag der Chinesen wurde entpolitisiert und entideologisiert, Staat und Partei wieder in ihre Funktionen eingesetzt.

Ende 1978 setzte Deng Xiaoping, stellvertretender Ministerpräsident unter Hua Guofeng, einen tief greifenden Reformprozess in Gang, der China in den Achtzigerjahren grundlegend verändern sollte. Er betraf nicht nur die Wirtschaft – u. a. wurden marktwirtschaftliche Elemente eingeführt und die Verwendung ausländischen Kapitals erlaubt –, sondern auch die Gesellschaft. Zeitweise entstand sogar eine kritische Öffentlichkeit, die aber immer wieder in ihre Schranken gewiesen wurde.

Ende der Achtzigerjahre konnten die von den Reformern geweckten Erwartungen nicht mehr erfüllt werden. Die Inflation drückte den Lebensstandard; die gesellschaftliche Liberalisierung ging vielen nicht weit genug. Als im Frühjahr 1989 der zwei Jahre zuvor aus dem Amt gejagte ehemalige Parteiführer Hu Yaobang starb, verdichtete sich diese Unzufriedenheit zu einem explosiven Gemisch. In Peking und vielen anderen Städten formierten sich Demonstrationszüge, wie sie die Chinesen seit Generationen nicht gesehen hatten. Die Demonstranten forderten Korrekturen am Regime und den Rücktritt zahlreicher Spitzenpolitiker.

Auf dem Höhepunkt dieser Bewegung stattete Michail Gorbatschow, der Generalsekretär der sowjetischen KP, der Pekinger Führung einen schon seit langem geplanten Staatsbesuch ab. Hunderttausende feierten ihn in Peking als politisches Vorbild. Unter den Augen der internationalen Medien hielten in der zweiten Maihälfte Tausende Studenten den Platz vor dem Tor des Himmlischen Friedens (Tian'anmen-Platz) besetzt und widerstanden allen Versuchen von Polizei und Militär, ihn zu räumen. Das war eine nie da gewesene Herausforderung für die Staatsmacht. Schließlich griffen in der Nacht vom 3. auf den 4. Juni 1989 auf Befehl von Deng Xiaoping schwer bewaffnete Armeeverbände ein und

Panzer schlagen die Studentendemonstration auf dem Tian'anmen-Platz in Peking blutig nieder (1989).

461

verursachten ein Blutbad, das wohl bis zu 3 000 Tote forderte. Das brutale Vorgehen schüchterte die Opposition auf Jahre ein. Teilweise erfolgreiche Versuche, die wirtschaftlichen Ursachen der Krise von 1989 zu beheben, dämpften den Protestwillen in der städtischen Bevölkerung zusätzlich. Hinzu kam, dass die Wortführer der Demokratiebewegung von 1989 kaum Programme entwickelt hatten, die sich in China hätten umsetzen lassen. Die durch das Massaker ausgelöste internationale Isolierung Chinas währte nicht lange. Zu groß waren die Verlockungen für den Westen, mit China Geschäfte zu tätigen. Als Deng Xiaoping am 19. Februar 1997 im Alter von 92 Jahren starb, hatte die politische Ordnung, die er aus den Trümmern des Maoismus gerettet hatte, die größte Krise überstanden. Wie die Aufstände religiöser, ethnischer oder anderer Minderheiten am Anfang des 21. Jahrhunderts zeigen, hat diese Ordnung weitere Bewährungsproben vor sich.

11.16 Wirtschaft in Ostasien

Eine Reihe von Volkswirtschaften Ost- und Südostasiens hat nach dem Zweiten Weltkrieg eine beispiellose wirtschaftliche Entwicklung durchlaufen: Als Entwicklungsländer angetreten, schafften sie den Sprung unter die Industrienationen der Welt. Aus diesem ethnisch, aber auch kulturell äußerst heterogenen Großraum schafften in den Achtzigerjahren zunächst Singapur, Hongkong, Taiwan und Süd-Korea und dann in den Neunzigerjahren auch Thailand, Malaysia, Indonesien und die Philippinen ein »asiatisches Wirtschaftswunder«.

Dem japanischen Vorbild folgend (▶ 9.9) setzten zunächst Singapur, Hongkong, Taiwan und Süd-Korea zum Sprung an. Seit den Sechzigerjahren erzielten die »vier kleinen Tiger« – allerdings von einem niedrigen Niveau ausgehend – zeitweise zweistellige Wachstumsraten. In den Achtzigerjahren wuchs ihr Bruttoinlandsprodukt durchschnittlich um 7 Prozent. Deutschland brachte es im gleichen Zeitraum auf 2,3 und das »Vorbild« Japan auf 4,1 Prozent. Diese kleinen, rohstoffarmen Länder Ostasiens setzten wie Japan auf den Export industrieller Fertigprodukte (z. B. Textilien, Unterhaltungselektronik), während sie ihre eigenen Märkte weitgehend abschotteten. Da die Löhne relativ niedrig gehalten wurden, konnten die ostasiatischen Schwellenländer ihre Produkte billiger anbieten als viele Industriestaaten.

Mit Thailand, Malaysia, Indonesien und den Philippinen machte sich in den Neunzigerjahren eine zweite Generation von »Tigerstaaten« auf einen ähnlichen Weg. Kontinuierlich steigende Exporterfolge führten zu einem hohen Wirtschaftswachstum. Bis Mitte der Neunzigerjahre wuchsen die Volkswirtschaften Thailands und Indonesiens durchschnittlich um 7,5 Prozent, Malaysias um 8,7 Prozent und der Philippinen immerhin um 3,3 Prozent. Da die Währungen der »Tigerstaaten« an den Dollar gekoppelt waren, führten dessen Abwertung und die Yen-Aufwertung Mitte der Achtzigerjahre zu einer Verbilligung der Exporte nach Japan. Gleichzeitig flossen Milliardeninvestitionen von dort zurück. An den Wertpapier- und Immobilienmärkten grassierte ein Spekulationsfieber, das auf weiteres Wachstum und einen schwachen Dollar setzte.

Als sich Mitte der Neunzigerjahre die amerikanische Währung wieder erholte und die japanische schwächelte, schien der Anfang vom Ende des »ostasiatischen Wirtschaftswunders« gekommen. Die Abkopplung des thailändischen Baht vom amerikanischen Dollar Anfang Juli 1997 löste eine schwere Finanz- und Börsenkrise aus. Im Oktober sackte der Dow-Jones-Index an der Wall Street um über 550 Punkte ab. Das war der größte Einbruch seit dem Börsencrash vom Oktober 1987. Da auch die Börsen in Europa und die aufstrebenden Volkswirtschaften in Asien von dem »Finanztaifun« gestreift wurden, wurde aus der regionalen Finanz- und Börsenkrise eine globale.

Ursachen der Entwicklung waren – abgesehen von überzogenem Optimismus der Spekulanten – die mangelhafte Kontrolle des Finanz- und Bankensystems der »Tigerstaaten« und die Vetternwirtschaft in diesen Ländern. Beides führte zu einer ungezügelten Kreditvergabe, die nicht nur das Wachstum, sondern auch die Spekulation weiter anheizte. Außerdem hatten die »Tigerstaaten« zu lange übersehen, dass China mit seinen südlichen Küstenprovinzen erfolgreich als Konkurrent auf den Weltmärkten auftrat.

11.17 Demokratisierung Lateinamerikas

Diktaturen waren zum Ende der Siebzigerjahre die dominierende Herrschaftsform in der »Dritten Welt« im Allgemeinen und in Lateinamerika im Besonderen. Mit Ausnahme Costa Ricas, Venezuelas und Kolumbiens hatten in den Staaten südlich der USA mehr oder minder autoritäre Regime die Macht inne. In den Achtziger- und Neunzigerjahren brachen viele dieser Diktaturen unter der Demokratisierungswelle zusammen, die die politisch-institutionelle Landkarte der Welt grundlegend veränderte.

Die Mütter der Plaza del Mayo protestierten in Buenos Aires gegen das spurlose Verschwinden ihrer Söhne.

Den Auftakt bildete 1978/79 Ecuador, wenig später folgten Peru, Bolivien und Argentinien. Im Laufe der Achtziger- und Neunzigerjahre versuchten dann fast alle Staaten der Region, wieder oder erstmalig eine liberal-demokratische Herrschaftsform zu etablieren. Mitte der Neunzigerjahre konnten 14 von 20 lateinamerikanischen Staaten uneingeschränkt als Demokratien betrachtet werden, unter ihnen so wichtige wie Argentinien und Brasilien; fünf Staaten befanden sich auf dem Wege zu vergleichbaren Verhältnissen, unter anderem Mexiko und Haiti. Lediglich Kuba blieb unter der Herrschaft Fidel Castros eine Diktatur. Zwar entwickelten einige der neuen Demokratien wie Peru unter Alberto Fujimori (1990–2000) oder Venezuela unter Hugo Chavez (seit 1999) autoritäre Züge, andere wie Haiti neigten zu politischer Instabilität. Der Demokratisierungstrend war jedoch nicht mehr aufzuhalten. Selbst die langjährigen Diktatoren in Paraguay, Alfredo Stroessner, und in Chile, Augusto Pinochet, wurden gestürzt.

Einer der Gründe für den Niedergang der autoritären Regime war ihre verfehlte Wirtschaftspolitik. Ein »verlorenes Jahrzehnt« mit wachsender Arbeitslosigkeit und Armut entzog den »Entwicklungsdiktaturen« die Legitimation. Mehr und mehr wurde die Beachtung der Menschenrechte eingeklagt. Die Proteste der Bevölkerung verursachten Spannungen innerhalb der Gruppe der regierenden Eliten bzw. im Militär. Dies förderte die Bereitschaft der Machthaber zu einer politischen Öffnung, die überall in eine Demokratisierung mündete.

Entsprechend historischen Traditionen und spezifischen Umständen nahm der Prozess unterschiedliche Verlaufsformen. In der Regel gingen die neuen Demokratien aber aus Absprachen zwischen dem Militär und zivilen Kräften hervor. So konnten sich die Generale eine Sonderstellung sichern und der strafrechtlichen Verfolgung entgehen. Eine Ausnahme machte Argentinien, wo die Militärs jeglichen Einfluss auf den Demokratisierungsprozess verloren, was auch an ihrer Niederlage im Falklandkrieg lag: 1982 hatten sie die seit 150 Jahren unter britischer Hoheit stehenden Inseln im Südatlantik besetzt, um mit einem spektakulären außenpolitischen Erfolg von den innenpolitischen Problemen abzulenken. Großbritannien eroberte die Falklands zurück und schwächte damit die politische Stellung der Militärs entscheidend.

11.18 Ära Clinton

Nachdem es in Reagans zweiter Amtszeit unerwartet zu einer weitgehenden Entspannung zwischen den Supermächten gekommen war, endete unter seinem seit 1989 amtierenden Nachfolger George Bush (dem Älteren) mit dem Zusammenbruch der kommunistischen Herrschaft in Osteuropa und der Auflösung der Sowjetunion der Ost-West-Konflikt. Die einzig verbliebene Supermacht USA untermauerte ihren nunmehr unumstrittenen Führungsanspruch, indem sie 1991 eine große Allianz gegen den irakischen Diktator Saddam Husain anführte (▶ 11.13). Weniger Erfolg hatte Bush in der Wirtschaftspolitik. Die USA litten unter einer schweren Rezession.

Kapitel 11

Auch deshalb siegte bei den Präsidentschaftswahlen im November 1992 William Jefferson Clinton, Bushs demokratischer Herausforderer. Im Jahre 1946 in Hope, Arkansas, geboren, avancierte er schon 1978 zum Gouverneur, dem jüngsten in der amerikanischen Geschichte. Als Präsident profitierte »Bill« Clinton von einem 1993 einsetzenden, lang anhaltenden Aufschwung, der von der Entwicklung neuer Technologien im Kommunikations- und Medienbereich ausgelöst wurde.

Die USA entwickelten sich in kurzer Zeit zum Weltmarktführer auf diesem Gebiet und konnten in den Neunzigerjahren vor allem im Dienstleistungssektor mehrere Millionen neue Arbeitsplätze schaffen. Die von der Regierung geplante und von der Ehefrau des Präsidenten, Hillary Rodham Clinton, vorangetriebene Reform des amerikanischen Gesundheitssystems fiel jedoch dem konservativen Klima im Lande zum Opfer. Die erdrutschartigen Gewinne der Republikaner bei den Kongresswahlen 1994 brachten den Präsidenten derart in Bedrängnis, dass er außenpolitisch den Kurs wechselte.

Bill Clinton mit Ehefrau Hillary Rodham Clinton und Tochter Chelsea bei der Vereidigung zu seiner zweiten Amtsperiode am 20. Januar 1997.

Zwei Ereignisse beförderten diese Wende: Anfang Oktober 1993 zogen triumphierende Somalis den Leichnam eines amerikanischen Marineinfanteristen durch die Straßen Mogadischus, nachdem die USA im Auftrag der UNO Truppen zur Stabilisierung des zerfallenden Landes entsandt hatten. Wenige Tage später mussten 200 amerikanische und kanadische Sicherheitskräfte unverrichteter Dinge vor Haiti abdrehen, wo sie die Wiedereinsetzung des gewählten, aber vom Militär gestürzten Präsidenten Jean-Baptiste Aristide hatten überwachen sollen. Eine bewaffnete Menge hatte das amerikanische Kriegsschiff unter anderem mit der Parole »Kein zweites Somalia« empfangen.

Clinton zog Konsequenzen aus diesen Demütigungen. Washington war in Zukunft nur noch zu umfassenden militärischen Operationen bereit, wenn sie vitale amerikanische Interessen betrafen. Zudem musste jeder Einsatz mit Beteiligung der USA unter deren Führung stehen. Diese Abkehr von kollektiv durchgeführten und verantworteten Militäraktionen hin zur von nationalen Interessen bestimmten Kriegführung praktizierten die USA erstmals in Bosnien, wo der Einsatz der Luftwaffe – legitimiert durch ein UNO-Mandat – die Konfliktparteien, insbesondere die Serben, an den Verhandlungstisch zwang (▶ 11.14).

Die Lewinsky-Affäre

Clinton wurde im November 1996 bei den Präsidentschaftswahlen in seinem Amt bestätigt. Der republikanische Kandidat, Senator Robert J. Dole, hatte angesichts der Popularität des Amtsinhabers und der guten Wirtschaftsdaten keine Chance. Clintons zweite Amtszeit stand ganz im Zeichen der Monica-Lewinsky-Affäre. Im August 1998 musste der Präsident unter dem Druck des vom Kongress eingesetzten Sonderermittlers Kenneth Starr eine »unangemessene und unschickliche« Beziehung zu einer früheren Praktikantin im Weißen Haus, Monica Lewinsky, einräumen. Gegen den Willen der Mehrheit der Amerikaner setzten die Republikaner im Kongress eine Anklage wegen Meineids und Behinderung der Justiz durch. Das Amtsenthebungsverfahren vor dem Senat endete jedoch am 12. Februar 1999 mit einem knappen Freispruch. Clintons Gegner standen zwar als Verlierer da, doch das Ansehen des Präsidenten war schwer beschädigt.

Dem Wirtschaftsboom waren weder der innenpolitische Streit noch die Finanzkrise in Asien abträglich. Obwohl sich die Schere zwischen Arm und Reich weiter öffnete, herrschten angesichts Vollbeschäftigung, Preisstabilität und Börsenboom Zufriedenheit und Optimismus in den USA. Die Regierung konnte nicht nur früher als geplant einen ausgeglichenen Haushalt vorlegen, sondern wies am Ende der Amtszeit Clintons einen Überschuss von mehr als 200 Milliarden Dollar aus. Obwohl der Präsident im Sommer 2000 ein israelisch-palästinensisches Gipfeltreffen in Camp David zustande brachte und sich erheblich im nahöstlichen Friedensprozess engagierte, konnte er – auch nachhaltig angeschlagen durch die Lewinsky-Affäre – keine spektakulären außenpolitischen Erfolge mehr erzielen.

11.19 Intifada: Palästinenser und Israeli

Der israelische Einmarsch in den Libanon im Frühsommer 1982 hatte zwar die PLO aus dem nördlichen Nachbarland weitgehend vertrieben, der Konflikt war damit aber keineswegs gelöst. Die Aufmerksamkeit richtete sich in den Achtzigerjahren auf die seit dem Sechstagekrieg 1967 besetzten palästinensischen Gebiete und die dortige israelische Siedlungspolitik. Zwischen 1984 und 1992 nahm die Bevölkerung in den 137 Siedlungen um 65 000 Personen zu.

Diese schrittweise Inbesitznahme des Gazastreifens und des Westjordanlandes mitsamt der Wasserressourcen trug zur Entstehung der *Intifada* bei. Die Erhebung der Palästinenser begann Anfang Dezember 1987. Vor allem die jüngere Generation rebellierte gegen die israelische Besatzungsmacht. Mit dem »Krieg der Steine« gingen ein Streik der etwa 100 000 in Israel arbeitenden Palästinenser, die Schließung von Geschäften in Ost-Jerusalem und anderen Städten sowie ein zeitweiliger Warenboykott einher. Die israelische Regierung unterdrückte den Aufstand mit harter Hand, musste aber erkennen, dass der zunächst sporadische und weitgehend spontane Widerstand in eine organisierte Erhebung überging, die breite Schichten der palästinensischen Bevölkerung und nahezu alle politischen und ideologischen Strömungen erfasste. Unter der Führung der PLO konnten die Palästinenser auch international weiter an Reputation gewinnen.

Eine Lösung des Konfliktes kam erst nach dem Ende des Ost-West-Konfliktes und einem Kurswechsel der PLO in Sicht. Nach der Niederlage Saddam Husains im Zweiten Golfkrieg

Palästinensische Jugendliche beschießen israelische Sicherheitskräfte mit Steinschleudern.

wandte sich die PLO von diesem ab und orientierte sich notgedrungen an der amerikanischen Politik, die den Problemen des Nahen und Mittleren Ostens nun wieder Priorität einräumte. Washington hatte seinen arabischen Kriegsalliierten eine Friedensinitiative versprochen; eine internationale Nahost-Friedenskonferenz begann Ende Oktober 1991 in Madrid. In den folgenden Jahren trafen sich wiederholt Delegationen Israels, Syriens, Jordaniens und Libanons zu offiziellen Begegnungen in Washington. Auch die Palästinenser hatten sich im September 1991 zu einer Teilnahme an den Nahostgesprächen entschlossen.

Gaza-Jericho-Abkommen
Nach dem Wahlsieg der Arbeitspartei in Israel im Sommer 1992 wurde Itzhak Rabin Ministerpräsident. In Geheimverhandlungen in Oslo gelang Israel und der PLO eine substanzielle Annäherung. Ergebnis waren eine am 13. September 1993 in Washington unterzeichnete Rahmenvereinbarung, das »Gaza-Jericho-Abkommen«, das einen Zeitplan für den israelisch-palästinensischen Ausgleich vorsah, und das Kairoer Abkommen vom 4. Mai 1994 über die Teilautonomie von Gaza und Jericho – beide Abkommen auch »Oslo I« genannt. Es folgten am 26. Oktober 1994 der Friedensvertrag zwischen Israel und Jordanien und am 28. September 1995 eine Vereinbarung über die

Ausdehnung der palästinensischen Selbstverwaltung im Westjordangebiet, die als »Oslo II« bezeichnet wird. Bis Ende Dezember 1995 zogen sich die israelischen Streitkräfte aus Gaza und Jericho sowie aus sechs weiteren Städten des Westjordanlandes zurück. Im Januar 1996 fanden in den palästinensischen Autonomiegebieten erstmals Wahlen statt.

Die Oslo-Verträge kamen zustande, weil zentrale Fragen wie der Status Jerusalems, das Flüchtlingsproblem und die Zukunft der Siedlungen ausgeklammert worden waren. Gleichwohl versuchten Extremisten beider Seiten, den Friedensprozess mit Terroranschlägen zu beenden. Ministerpräsident Rabin fiel am 4. November 1995 dem Attentat eines radikalen Israeli zum Opfer. Bei den israelischen Parlaments- und Ministerpräsidentenwahlen Ende Mai 1996 standen nicht nur innenpolitische Fragen zur Abstimmung, sondern auch die Weiterführung des Friedensprozesses. Die Wähler entschieden sich mit knapper Mehrheit für den *Likud*-Block, die grundsätzlich Oslo-kritische Rechte, die der »Land-für-Frieden«-Strategie ablehnend gegenüberstand. Die neue Regierung unter Benjamin Netanjahu führte die Gespräche mit den Palästinensern fort und schloss am 15. Januar 1997 das Hebron-Abkommen (die israelische Armee zog aus einem Großteil der Stadt ab) sowie am 23. Oktober 1998 das Abkommen von Wye: Israel versprach als Gegenleistung für palästinensische Sicherheitsmaßnahmen den Abzug aus 13 Prozent des Westjordanlands. Doch nur zwei Monate später stoppte Netanjahu die Umsetzung, weil die Palästinenser ihren Versprechungen nicht nachgekommen seien. Der Friedensprozess geriet ins Stocken.

Als am 17. Mai 1999 Ehud Barak als Vertreter der Arbeitspartei zum israelischen Ministerpräsidenten gewählt wurde, hofften viele Beobachter auf eine rasche Wiederaufnahme von Verhandlungen mit den Palästinensern. Dass an ihrem Ende ein unabhängiger Staat Palästina stehen würde, war allen Beteiligten klar. Die unter amerikanischer Vermittlung in Camp David geführten Verhandlungen, die einen Friedensvertrag zum Ziel hatten, scheiterten jedoch im Juli 2000. Barak und Arafat waren nicht in der Lage, sich in den Kernfragen zu einigen: der Frage des Status von Jerusalem, Grenzfragen (Umsetzung der UN-Sicherheitsratsresolutionen), der Zukunft der Siedlungen und der Flüchtlingsfrage (einschließlich der Problematik der Entschädigungen).

Die zweite Intifada

Die nach wie vor in großem Elend lebenden Palästinenser drohten mit einem erneuten Volksaufstand. In dieser Situation besuchte Likud-Führer Ariel Scharon am 28. September 2000 demonstrativ den in Ost-Jerusalem gelegenen Tempelberg, um vor der Al-Aksa-Moschee israelische Ansprüche geltend zu machen. Spontane Proteste der Palästinenser mündeten in Zusammenstöße mit israelischen Sicherheitskräften, die eine neue Spirale der Gewalt in Gang setzten.

Diese zweite Intifada versuchte der im Februar 2001 zum Ministerpräsidenten gewählte Scharon gewaltsam zu unterdrücken. Terrorakte militanter Palästinenser beantwortete die israelische Regierung mit Militärschlägen gegen die Palästinensische Autonomiebehörde. Im Frühjahr 2002 ließ Scharon die autonomen Städte der Palästinenser erneut besetzen. Der auch als *Al-Aksa-Intifada* bezeichnete Aufstand forderte bis zum Herbst 2004 mehrere Tausend Tote auf beiden Seiten. Die im Frühjahr 2003 vom so genannten Nahost-Quartett (EU, USA, Russland und UN-Generalsekretär) vorgelegte *Roadmap* zeigte einen friedlichen Weg zu einem palästinensischen Staat auf. Allerdings stand ab Herbst 2003 der Prozess still.

Der Tod Jasir Arafats (11. November 2004) und die Wiederwahl des amerikanischen Präsi-

Händedruck zwischen Itzhak Rabin und Jasir Arafat nach Unterzeichnung des Gaza-Jericho-Abkommens am 13. September 1993.

denten George W. Bush brachten neue Bewegung. Scharon und der neue Präsident der Palästinenser, Mahmud Abbas, vereinbarten im ägyptischen Scharm-esch-Scheich am 8. Februar 2005 eine Waffenruhe, worauf erneut Friedenshoffnungen aufkeimten.

11.20 Der Friedensprozess in Israel

Der Ende 1987 beginnende Volksaufstand der Palästinenser in den besetzten Gebieten, die erste *Intifada*, hatte tief greifende Folgen auch für die israelische Gesellschaft: Die 1967 begonnene und nach 1977 forcierte Verflechtung der besetzten Gebiete mit dem Kernland verlangsamte sich. Einbußen im Tourismus und erhöhte Besatzungskosten belasteten den Haushalt. Materiell nicht messbar war der moralische Schaden. Die Armee wurde in den Augen vieler zu einem Unterdrückungsinstrument, weshalb Wehrpflichtige den Dienst in den besetzten Gebieten verweigerten. Damit standen Selbstverständnis und Funktionsfähigkeit der Streitkräfte zur Diskussion. Die israelische Friedensbewegung, die zuletzt 1982 während des Einmarsches in den Libanon auf sich aufmerksam gemacht hatte, lebte wieder auf.

Gleichwohl ließ sich die Regierung Schamir nur unter amerikanischem Druck im Oktober 1991 auf Friedensgespräche ein. Sie war aber nicht bereit, über territoriale Zugeständnisse zu verhandeln. Dies änderte sich erst, als im Sommer 1992 die Arbeitspartei unter Itzhak Rabin die Parlamentswahlen gewann. Rabin vertrat die Ansicht, dass Sicherheit nicht primär von der Größe des Territoriums, sondern von der inneren Stabilität der Gesellschaft und der Qualität der äußeren Beziehungen abhängig sei. Die in Washington offiziell und in Oslo geheim geführten Nahostgespräche führten zum Erfolg. Der am 13. September 1993 unterzeichneten Grundsatzerklärung (Oslo I) folgte eine Reihe weiterer Abkommen, die einen Friedensprozess in Gang setzten. Er wurde jedoch durch Terroranschläge von Extremisten beider Seiten behindert.

Ministerpräsident Rabin fiel am 4. November 1995 auf einer Friedenskundgebung in Tel Aviv einem Mordanschlag eines jüdischen Fanatikers zum Opfer. Die Ermordung Rabins vertiefte die Kluft zwischen Befürwortern und Gegnern eines Ausgleichs mit den Palästinensern. Seit dem Sechstagekrieg ist sich die israelische Gesellschaft uneins darüber, ob man mit der Rückgabe der 1967 besetzten Gebiete einen dauerhaften Frieden mit den Arabern und insbesondere den Palästinensern schaffen könnte oder sollte.

Zu dieser politischen Spaltung gesellen sich soziale, religiöse und ethnische Trennlinien innerhalb der israelischen Gesellschaft. Aufmerksamkeit erregen immer wieder die Auseinandersetzungen zwischen orthodoxen und liberalen Juden. Differenzen religiöser Natur bestehen auch zwischen den Aschkenasim und den Sephardim, d. h. den »westlichen« Juden und den »spanischen« bzw. orientalischen Juden. Der jüdischen Mehrheit im Lande steht zudem eine zahlenmäßig wachsende arabisch-palästinensische Minderheit von fast 20 Prozent gegenüber.

Ausschlaggebend bleibt die politische Frage, ob der nahöstliche Friedensprozess durch die Rückgabe 1967 besetzter Gebiete zum Abschluss gebracht werden soll. Immerhin erhielt Ariel Scharon, seit Februar 2001 israelischer Ministerpräsident, Ende 2004 die Zustimmung des Parlaments, der Knesset, sowie des Likud zum Rückzug der Siedler aus dem Gazastreifen. Der Vorstoß deutet ein Umdenken des Likud-Führers an, das nach dem Tod des PLO-Führers Arafat zur Wiederaufnahme des Friedensprozesses führen könnte. Entscheidend für Fortschritte dürfte aber weiterhin die Haltung der USA sein, die sich nach dem Dritten Golfkrieg wieder stärker dem Nahen Osten zuzuwenden scheinen.

11.21 Umbruch in Südafrika

Die *Apartheid*politik führte Südafrika in den Achtzigerjahren immer tiefer in die Krise. Das Land war nicht nur außenpolitisch isoliert, sondern auch innenpolitisch unregierbar. Seit 1986 galt der Ausnahmezustand. Gleichzeitig litt Pretoria unter wirtschaftlichen Schwierigkeiten: Seit Mitte der Siebzigerjahre verfiel der Weltmarktpreis für Gold, einem der wichtigsten Exportprodukte Südafrikas. Massive Steuerausfälle gefährdeten den Staat, der immer mehr Geld für seinen überdimensionierten Sicherheitsapparat und seine schwerfällige Verwaltung ausgeben musste. Die vom Westen verhängten Sanktionen, aber auch Konsumentenboykotts und Streiks zeigten ihre Wirkung.

Nelson Mandela stellt im Wahlkampf 1994 das Programm des ANC vor.

Pieter Willem Botha, von 1978 bis 1984 Premierminister und anschließend Staatspräsident, leitete eine Lockerung der *Apartheid*politik ein. Die von ihm durchgesetzte Verfassung sah ein Parlament mit je einer Kammer für Weiße, Mischlinge und Asiaten vor. Die schwarze Bevölkerungsmehrheit blieb weiter von der politischen Mitsprache ausgeschlossen. Die Abschaffung einzelner *Apartheid*gesetze verbesserten deren Lebensumstände kaum. Angesichts des wirtschaftlichen Niedergangs des Landes, nach dem Verschwinden der kommunistischen Bedrohung und nach Abschluss eines Friedensabkommens mit Angola und Kuba über die Unabhängigkeit Namibias trat der auch gesundheitlich angeschlagene Botha 1989 zuerst als Parteichef, dann auch als Staatspräsident zurück.

Nachfolger wurde Fredrik Willem de Klerk, der mit einer zunächst streng konservativen Linie die *National Party* (NP, Nationalpartei) hinter sich zu bringen hoffte. Nach den Parlamentswahlen im Herbst 1989 begann der Staatspräsident sein Reformprogramm behutsam umzusetzen, bevor er im Februar 1990 zum Befreiungsschlag ausholte: De Klerk hob nicht nur das Verbot des Afrikanischen Nationalkongresses *(African National Congress,* ANC) und des Panafrikanischen Kongresses *(Pan African Congress,* PAC) auf, sondern ließ auch den 1964 zu lebenslanger Haft verurteilten Nelson Mandela frei. Im Juni 1991 wurden mit der Abschaffung der Gesetze über die Registrierung der Bevölkerung, über die nach Rassen getrennten Wohngebiete und über den Bodenbesitz die Grundlagen der Rassentrennungspolitik aufgehoben.

Trotz erheblicher Widerstände vieler Buren und ausbrechender Rivalitäten unter den Schwarzen – die Inkatha-Bewegung der Zulu bekämpfte den von den Xhosa beherrschten ANC – gelang es de Klerk in Zusammenarbeit mit dem ANC-Führer Mandela, die weiße Vorherrschaft in Südafrika friedlich zu beenden. Beide erhielten 1993 für diese Leistung den Friedensnobelpreis. Im Frühjahr 1994 gewann der ANC die Wahlen zur Nationalversammlung mit 62,7 Prozent der abgegebenen Stimmen, die NP de Klerks erhielt 20,4 Prozent. Am 9. Mai 1994 wählte das Parlament Nelson Mandela zum ersten schwarzafrikanischen Staatspräsidenten Südafrikas sowie den ANC-Vorsitzenden Thabo Mbeki und den bisherigen Staatschef de Klerk zu Vizepräsidenten. Der Inkatha-Führer Gatsha Mongosuthu Buthelezi wurde Innenminister. Im Mai 1996 wurde eine neue Verfassung verabschiedet, die im Januar 1997 in Kraft trat.

Unter der Hypothek der *Apartheid*politik leidet Südafrika bis heute. In den Achtzigerjahren nahm eine ganze Schülergeneration von Schwarzen nicht am Unterricht teil. Nach wie vor ist der Reichtum des Landes sehr ungleichmäßig verteilt. Die Verwaltung arbeitet noch immer ineffektiv und die Wirtschaft kommt in dem nur unzureichend erschlossenen Land kaum auf die Beine. Dennoch entwickelt sich Südafrika mehr und mehr zur Vormacht und zum Vorbild im südlichen Afrika, da das Land als Beispiel für einen gelungenen politischen Umschwung angesehen werden kann.

11.22 Nelson Mandela

Nelson Mandela wurde am 18. Juli 1918 als Sohn eines Häuptlings der Thembu, einer zum Xhosa-Volk zählenden Ethnie, in einem kleinen Dorf der Transkei geboren. Er besuchte bis 1934 eine Missionsschule und ging anschließend auf eine höhere Schule der Methodisten. An der »Farbigen«-Universität von Fort Hare nahm er ein Jurastudium auf, das er aber 1940 abbrechen musste: Als einer der Anführer eines Studentenstreiks wurde Mandela von der Hochschule verwiesen. Einer »Stammesheirat« entzog er sich durch einen Wechsel nach Johannesburg, wo er eine Anstellung in einer Anwaltskanzlei fand. Mit einem Fernstudium nahm er seine Hochschulausbildung wieder auf und legte 1942 an der Universität von Südafrika das juristische Examen ab. Mit Oliver Tambo eröffnete er 1952 das erste Rechtsanwaltsbüro in der Hauptstadt Johannesburg, das nicht von weißen Rechtsanwälten geführt wurde.

Schon 1944 war Nelson Mandela dem Afrikanischen Nationalkongress *(African National Congress*, ANC) beigetreten. Unzufrieden mit der gemäßigten ANC-Politik, gründete er mit Tambo eine Nachwuchsorganisation, deren Präsident er von 1951 bis 1952 war. 1952 stieg Mandela zum ANC-Vizepräsidenten auf. Er organisierte die Massenproteste und Kampagnen des zivilen Ungehorsams gegen die *Apartheid*gesetzgebung der Regierung Südafrikas. Nach den blutigen Unruhen in Sharpeville bei der Demonstration gegen die Passgesetze am 21. März 1960 folgten Bann, Verhaftung und Gerichtsverfahren. Dennoch setzte Mandela den Kampf fort. Nach dem ANC-Verbot gründete er im Dezember 1961 eine militante Untergrundorganisation, die das *Apartheid*regime mit Sabotageakten bekämpfte. Er warb in Großbritannien und in afrikanischen Staaten um finanzielle Unterstützung und für eine militärische Ausbildung der ANC-Kämpfer. Im Juli 1962 wurde Mandela erneut verhaftet und wegen verschiedener Protestaktionen zu fünf Jahren Gefängnis verurteilt. Im Sommer 1964 folgte die Verurteilung zu lebenslänglichem Zuchthaus.

Bis 1982 verbrachte Mandela seine Haft auf der Felseninsel »Robben Island« vor Kapstadt, anschließend in einem Hochsicherheitsgefängnis auf dem Festland, seit Ende 1988 in einem Haus auf dem Gelände des Victor-Verster-Gefängnisses bei Kapstadt. Der »berühmteste Gefangene der Welt« wurde zum Mythos eines schwarzen, freien Südafrika. Als ihm Staatspräsident Botha auf internationalen Druck 1985 die Freilassung anbot, wenn er öffentlich auf Gewalt verzichtete, lehnte Mandela ab und forderte im Gegenzug die Legalisierung des ANC und die Abschaffung der *Apartheid*. Nach dem Amtsantritt de Klerks wurden geheime Kontakte zwischen Mandela und der Regierung bekannt, die Mitte Dezember 1989 zu einem ersten Treffen mit de Klerk führten. Am 11. Februar 1990 wurde Mandela nach 26 Jahren aus der Haft entlassen.

Mit internationaler Unterstützung konnten er und seine freigelassenen Mitstreiter den Druck auf die Regierung aufrechterhalten und mit Präsident de Klerk das Ende des *Apartheid*regimes aushandeln. Nach den Parlamentswahlen wurde Nelson Mandela im Mai 1994 zum ersten schwarzen Präsidenten Südafrikas gewählt. Sein Nachfolger wurde im Juni 1999 Thabo Mbeki. Als *elder statesman* engagierte sich Mandela nicht nur als Vermittler bei innerafrikanischen Konflikten, sondern auch im Kampf gegen Aids (▶ 11.23).

11.23 Schwarzafrika – der vergessene Kontinent

Die weltpolitischen Umwälzungen Anfang der Neunzigerjahre leiteten auch in Afrika grundlegende Veränderungen ein. Das Ende des Ost-West-Konfliktes erlaubte die Einstellung der so genannten Stellvertreterkriege, wie sie in Angola, Moçambique und Äthiopien seit Jahrzehnten geführt worden waren, und erleichterte die Ablösung des *Apartheid*regimes in Südafrika. Eine Demokratisierungswelle ging über den Kontinent: In 44 der 48 Staaten südlich der Sahara wurden inzwischen Präsidentschafts- oder Parlamentswahlen mit Beteiligung mehrerer Parteien abgehalten.

Die Demokratisierungswelle in Schwarzafrika hatte ähnliche Ursachen wie in Lateinamerika (▶ 11.17). In erster Linie herrschte auch hier tiefe Unzufriedenheit über die desolate Wirtschaftspolitik der Einparteien- oder Militärregime. Außerdem konnten die afrikanischen Tyrannen nicht länger vom Ost-West-Konflikt profitieren. Experimente eines afrikanischen Sozialismus wie in Benin sahen sich ebenso ihrer politischen und finanziellen Unterstützung beraubt wie westlich orientierte Diktaturen etwa in Zaire. Überdies begannen die westlichen Geberländer die Entwicklungshilfe an politische Bedingungen zu knüpfen. Sie forderten u. a. die Einhaltung der Menschenrechte, die Einschränkung der Rüstungsausgaben, die Beteiligung der Bevölkerung an der politischen Willensbildung und *good governance*, also eine »gute Regierungsweise«.

In zahlreichen Staaten – etwa Benin, Gambia, Kongo, Kap Verde, Mali und Niger – fanden zu Beginn der Neunzigerjahre freie Wahlen statt. Die neuen Demokratien traten ein schweres Erbe an: Der Kalte Krieg hatte die wirtschaftlichen und politischen Probleme in den Ländern verschärft. So folgte der Euphorie die Ernüchterung. Bürgerkriege brachen nicht nur in Sub-Sahara-Afrika (im Gebiet um die Großen Seen) aus. Angesichts der ungezügelten Gewalt und offenkundigen Unfähigkeit der neuen Führungen zogen sich die westlichen Industrieländer zunehmend aus dem Afrika südlich der Sahara zurück. Der Subkontinent blieb sich und seinen Problemen überlassen. Einige der neu errichteten Demokratien wurden durch Militärputsche beseitigt.

»Kostenlose Behandlung für alle – gebt uns Hoffnung – tut etwas gegen das Stigma Aids« lautet die Botschaft dieser jungen Afrikanerin.

Aids

Seit Anfang der Achtzigerjahre breitet sich Aids explosionsartig auf dem Kontinent aus. Die unheilbare und oft tödliche Infektionskrankheit wird durch das menschliche Immunschwächevirus HIV hervorgerufen und insbesondere bei Sexualkontakten übertragen. Aids hat inzwischen Malaria als häufigste Todesursache abgelöst. Die UNO schätzt, dass von den 2004 weltweit etwa 40 Millionen HIV-Infizierten über 25 Millionen Menschen im subsaharischen Afrika leben. Afrika ist damit der am weitaus stärksten von der Seuche betroffene Kontinent, die Republik Südafrika das am stärksten betroffene Land. Nach offiziellen Angaben ist jeder achte Südafrikaner mit dem Virus infiziert. Es gibt kaum einen Südafrikaner, der nicht einen Aids-Fall in der Familie oder im näheren Umfeld hat. Bis 2010 wird die Lebenserwartung in dem Land um 20 Jahre auf 48 Jahre gesunken sein.

Gleichwohl greifen die Regierungen nicht konsequent ein. Das hat ebenso finanzielle wie kulturelle Hintergründe: Die Medikamente zur Behandlung sind teuer; Präventionskampagnen scheitern häufig an tradierten Lebensformen, wenn sie die nach wie vor weit verbreitete Vielehe und auch sexuelle Gewohnheiten infrage stellen. Vielfach vertraut sich die Bevölkerung daher eher Wunderheilern an. Die Ablehnung der katholischen Amtskirche gegenüber vor Aids schützenden Kondomen hat die Situation in vielen Ländern der »Dritten Welt« verschärft.

Das höchste Bevölkerungswachstum der Welt

Trotz der grassierenden Seuche verzeichnet Afrika das höchste Bevölkerungswachstum der Welt. 1950 stellte der Kontinent mit etwa 221 Millionen Einwohnern 8,8 Prozent der Weltbevölkerung, im Jahr 2000 mit 796 Millionen Einwohnern 13,1 Prozent. Für 2025 sind fast 16 Prozent prognostiziert. Von 1970 bis 1990 verzeichnete das subsaharische Afrika trotz zahlreicher Kriege, Hungerkatastrophen und der Ausbreitung von Seuchen ein Bevölkerungswachstum von 2,8 Prozent, von 1990 bis 1999 immer noch von 2,6 Prozent. In den Industrieländern lag die Wachstumsquote unter einem Prozent, in Ostasien unter zwei.

2003/2004 lebten im Afrika südlich der Sahara rund 690 Millionen Menschen. Mit dem rapiden Bevölkerungswachstum konnte die wirtschaftliche Entwicklung nicht Schritt halten. Der vom UN-Entwicklungsprogramm *(United Nations Development Program,* UNDP) entwickelte Index für menschliche Entwicklung *(Human Development Index,* HDI) weist für viele Länder Afrikas im Vergleich selbst zu anderen Entwicklungsländern extrem niedrige Indizes aus. Diese werden infolge des Aids-bedingten Rückgangs der Lebenserwartung weiter zurückgehen. Die hohe Fruchtbarkeitsrate bremst nicht nur das Wirtschaftswachstum, sondern verstärkt auch die ungleiche Reichtumsverteilung. Gleichzeitig werden Ressourcen immer knapper. Es fehlt insbesondere an Trinkwasser.

Trotz des Bevölkerungswachstums ging im subsaharischen Afrika der Anteil unterernährter Menschen von 1978/81 bis 1995/97 um vier Prozent zurück. Er liegt aber mit 33 Prozent weiterhin weltweit an der Spitze. In Mittel-, Ost- und im südlichen Afrika ist Anfang des 21. Jahrhunderts die Hälfte der Bevölkerung unterernährt, obwohl umfangreiche Investitionen in die Landwirtschaft gingen und die Nutzflächen erheblich ausgeweitet wurden. Bei der absehbaren Verdoppelung oder Verdreifachung der Bevölkerung in vielen Ländern dürfte sich diese Situation weiter zuspitzen.

11.24 Indien und Sri Lanka

Anfang der Achtzigerjahre verschärfte sich in Indien der Konflikt zwischen der Zentralregierung in Neu-Delhi und Extremisten der Religionsgemeinschaft der Sikhs. Diese forderten mehr Autonomie und die Vereinigung aller Sikhs in einem Unionsstaat. Nachdem Verhandlungen gescheitert und Aufständische sich im Goldenen Tempel von Amritsar, dem Heiligtum der Sikhs, verschanzt hatten, ordnete Premierministerin Indira Gandhi die Erstürmung an. Dabei kamen Anfang Juni 1984 der Führer der Radikalen und etwa 600 seiner Anhänger sowie 100 Soldaten ums Leben. Wenige Monate später tötete ein Sikh-Leibgardist in einem Racheakt Indira Gandhi. Nach Parlamentswahlen trat ihr Sohn Rajiv am 31. Dezember 1984 ihre Nachfolge an, verlor die Macht nach einer Legislaturperiode jedoch wieder. Seine Kongresspartei stellte weiterhin die größte Fraktion im Parlament, war aber alleine nicht mehr regierungsfähig. Sie sicherte sich die Teilhabe an der Macht, indem sie einige kurzlebige Minderheitsregierungen tolerierte.

Obwohl Rajiv Gandhi während des Wahlkampfes einem Bombenattentat zum Opfer fiel, erlangte die Kongresspartei 1991 wieder die absolute Mehrheit. Premierminister P.V. Narasimha Rao konnte sich bis 1996 an der Macht halten, musste aber nach dem Wahlsieg der hinduistisch-nationalen *Bharatiya Janata Party* (BJP) zurücktreten. Die fast durchgängige Herrschaft der Kongresspartei bzw. der Nehru-Gandhi-Dynastie hatte den Ruf nach einer Alternative immer lauter werden lassen. Erhebliche soziale Spannungen, die immer wieder aufflammenden, gewaltsam ausgetragenen kommunalen Konflikte sowie die Autonomie- bzw. Unabhängigkeitsbestrebungen in den Grenzgebieten des Nordwestens wie des Nordostens sorgten dabei für fortwährende Unruhe in der Innenpolitik.

Sri Lanka
In Sri Lanka (bis 1972 Ceylon) konnten konstitutionelle Zugeständnisse Ende der Siebzigerjahre die Spannungen zwischen der singhalesischen Bevölkerungsmehrheit und der tamilischen Minderheit nur vorübergehend beruhigen. Im Sommer 1983 führten schwere Zusammenstöße zwischen den Volksgruppen zu etwa 400 Toten und 100 000 Obdachlosen. Die radikale Tamilenpartei LTTE *(Liberation Tigers of Tamil Eelam,* »Befreiungstiger von Tamil Eelam«) forderte daraufhin einen unabhängigen Staat. Die Regierung schickte Truppen auf die Halbinsel Jaffna, um die Unabhängigkeitsbestrebungen der Tamilen militärisch zu unterdrücken.

Angesichts der fortdauernden Kämpfe rief die Regierung schließlich die indische Armee ins Land. Im Sommer 1987 schlossen Neu-Delhi und Colombo ein Abkommen, das die Entwaffnung der Tamilen und die Errichtung einer autonomen Republik im Norden der Insel vorsah. Drei Jahre später verließen die indischen Truppen Sri Lanka, ohne dass der Bürgerkrieg beendet gewesen wäre. Nachdem Regierungstruppen die Halbinsel Jaffna besetzt hatten, flammte er Mitte der Neunzigerjahre wieder auf. Auch die Armee konnte den Kämpfen zwischen den Volksgruppen und mit den LTTE keinen Einhalt gebieten. Über 60 000 Menschen fielen dem Bürgerkrieg zum Opfer.

Unter norwegischer Vermittlung einigten sich die Konfliktparteien Anfang 2002 auf eine unbefristete Waffenruhe. Der Friedensprozess geriet indes Ende 2003 ins Stocken, weil sich die Führung in Colombo nicht auf eine einheitliche Haltung gegenüber dem Lösungsvorschlag der LTTE einigen konnte. Diese hatten die Einsetzung einer tamilisch beherrschten Interimsregierung vorgeschlagen, die innerhalb von fünf Jahren eine politische Lösung finden sollte. Nach Ablauf der Frist sollten freie Wahlen das Problem lösen. Während Sri Lankas Ministerpräsident Ramil Wickremasinghe dem Vorschlag zustimmte, lehnte ihn die Staatspräsidentin Chandrika Kumaratunga ab. Diese Meinungsverschiedenheiten lähmen seit 2003 den Friedensprozess.

Die Flutkatastrophe vom 26. Dezember 2004 (▶ 11.37) richtete an der Ost- und Südwestküste der Insel schwere Zerstörungen an: Etwa eine Million Menschen wurden obdachlos und (nach Schätzungen von Anfang Februar 2005) mindestens 38 000 Menschen getötet.

11.25 EU-Osterweiterung

Nach dem Ende des Ost-West-Konfliktes stellte sich für die Europäische Union die Frage einer Erweiterung nach Osten. Dies entsprach dem Wunsch der meisten mittel- und osteuropäischen Staaten, die seit 1991 sukzessive Assoziierungsabkommen mit der EU schlossen. 1993 sicherten die Staats- und Regierungschefs der Europäischen Union den assoziierten Ländern den Beitritt zu, wenn sie eine Reihe von Bedingungen erfüllten. Die so genannten Kopenhagener Kriterien machten eine stabile demokratische Ordnung und eine funktionierende Marktwirtschaft zur Voraussetzung. Zudem mussten die Beitrittskandidaten ihre Rechts- und Wirtschaftsordnungen der EU anpassen und sich mit den Zielen der politischen wie der Wirtschafts- und Währungsunion einverstanden erklären.

Auf dieser Grundlage stellten zwischen 1994 und 1996 zehn Länder aus Mittel- und Osteu-

Europäische Gemeinschaft – Europäische Union: Phasen ihrer Erweiterung

ropa Aufnahmeanträge. Die Staats- und Regierungschefs der EU beschlossen Mitte Dezember 1997 auf dem Gipfel in Luxemburg die Aufnahme von Beitrittsverhandlungen mit Ungarn, Polen, Tschechien, Slowenien, Estland und Zypern. Zwei Jahre später wurden entsprechende Verhandlungen mit Bulgarien, Lettland, Litauen, Malta, Rumänien und der Slowakei eingeleitet. Der Türkei verlieh der Europäische Rat einen Kandidatenstatus.

Da die Wirtschaftskraft der Beitrittskandidaten weit unter dem westeuropäischen Niveau lag und die Landwirtschaft in Mittel- und Osteuropa eine zentrale Rolle spielt, warf die Osterweiterung erhebliche Probleme auf. Für die Gemeinsame Agrarpolitik wandte die Gemeinschaft etwa die Hälfte ihres Haushaltes auf. So viel kosteten die Stützung der landwirtschaftlichen Erzeugerpreise und die Direktbeihilfen für die Bauern. Die Staats- und Regierungschefs froren im März 1999 diese Kosten für den Zeitraum bis 2006 in Höhe von jährlich 40,5 Milliarden Euro ein. Mehr stand damit auch für die Zeit nach der Osterweiterung nicht zur Verfügung. Nach weiteren EU-internen Vorbereitungen wie auf dem Gipfel in Nizza, der die Institutionen der Union auf den Mitgliederzuwachs vorbereitete, konnten bis 2002 die Beitrittsverhandlungen abgeschlossen werden.

Mitte Dezember des Jahres beschloss der Europäische Rat auf dem EU-Erweiterungsgipfel in Kopenhagen den Beitritt der Kandidaten zum 1. Mai 2004. Bulgarien und Rumänien erfüllten die geforderten Kriterien noch nicht, werden der Union aber voraussichtlich 2007 beitreten. Kroatien strebt diesen Termin ebenfalls an, obwohl die Beitrittsverhandlungen nicht vor 2005 beginnen werden. Ende 2004 boten die Staats- und Regierungschefs der EU auch der Türkei Beitrittsverhandlungen an.

11.26 Weltbevölkerung

Im vergangenen Jahrhundert erlebte die Menschheit das größte Wachstum in ihrer Geschichte. Laut Weltbevölkerungsbericht der UNO lebten 2004 rund 6,4 Milliarden Menschen auf der Erde. Das waren doppelt so viele wie 1960. Anfang der Neunzigerjahre wuchs die Weltbevölkerung um fast 90 Millionen jährlich.

Zur Zeit wird der Zuwachs auf 77 Millionen Menschen im Jahr geschätzt. Für 2050 rechnet die UNO mit einer Weltbevölkerung zwischen neun und elf Milliarden Menschen.

In den am wenigsten entwickelten Ländern wird sich die Bevölkerung in diesem Zeitraum auf 1,7 Milliarden Menschen fast verdreifachen. Grund ist die hohe Geburtenrate, die in Afrika mit durchschnittlich fünf Kindern je Frau am höchsten ist. In Angola, Somalia, Niger, Mali oder Uganda liegt die durchschnittliche Kinderzahl sogar bei sieben. Der hohe Anteil der Landbevölkerung und die traditionell großen Familien lassen keinen Rückgang erwarten.

In den Industriestaaten dagegen nimmt die Bevölkerung seit Jahren nur noch langsam zu, und dies nur aufgrund von Einwanderung. In einigen Ländern, wie zum Beispiel in Deutschland, wird sie dennoch zurückgehen. Weltweit wird das prognostizierte Bevölkerungswachstum im Wesentlichen von acht Ländern getragen: Indien, Pakistan, Nigeria, den USA, China, Bangladesch, Äthiopien und der Demokratischen Republik Kongo. Das bevölkerungsreichste Land der Erde, China, wird aufgrund der staatlichen Geburtenplanung nur noch einige Jahrzehnte weiter wachsen und letztlich wohl bei 1,45 Milliarden Menschen im Jahr 2030 verharren. Nach UN-Prognosen wird Indien noch vor 2040 das höchste Bevölkerungswachstum aufweisen und 2050 über 1,5 Milliarden Einwohner zählen.

Die Folgen des Bevölkerungswachstums sind gravierend: Der Nahrungsmittel- und Trinkwasserbedarf, aber auch der Rohstoffverbrauch werden erheblich ansteigen. Die Konzentration von Treibhausgasen wird weiter zunehmen, und die verbliebenen Naturräume werden noch stärker bedroht werden. Weitere, bislang der landwirtschaftlichen Nutzung noch nicht ausgesetzte Regenwälder werden dieser Entwicklung zum Opfer fallen. Außerdem bremst das Bevölkerungswachstum die wirtschaftliche Entwicklung: Die armen Länder werden nach vielen Prognosen weiter zurückfallen.

11.27 Armut in der »Dritten Welt«

Die Hälfte der Menschheit lebt Anfang des 21. Jahrhunderts in Armut, d. h. von weniger als zwei US-Dollar pro Tag. Fast jeder Vierte muss mit weniger als einem Dollar täglich auskommen. Laut Weltbank sank die Zahl der in extremer Armut Lebenden zwischen 1990 und 1999 von 1,292 Milliarden auf 1,169 Milliarden. Der leichte Rückgang ist auf die insgesamt erfolgreiche Armutsbekämpfung in China und in anderen ost- bzw. südostasiatischen Ländern zurückzuführen. Lässt man China außer Acht, ist die Zahl der Armen von 917 Millionen im Jahr 1990 auf 945 Millionen 1999 gestiegen. In vielen Teilen der Welt hat sich die Situation nicht verbessert, sondern ist gleich geblieben oder sogar schlechter geworden.

Das Armenhaus der Welt ist nach wie vor Afrika, besonders der südlich der Sahara gelegene Teil. Eine Gruppe von Staaten dieser Region wies zwischen 1991 und 2001 wirtschaftliche und soziale Fortschritte auf, eine zweite zeigte keine einheitliche Entwicklung, und eine dritte fiel noch weiter zurück. In Kamerun, Sierra Leone, Simbabwe und Niger sank das Pro-Kopf-Einkommen und stieg die Kindersterblichkeit, während in Uganda und Moçambique die Wirtschaft schneller wuchs als die Bevölkerung, sodass das Pro-Kopf-Einkommen zunahm. Auch die Kindersterblichkeit sank.

Die unterschiedliche Entwicklung in den schwarzafrikanischen Staaten ist im Wesentlichen auf interne Ursachen zurückzuführen: In Ländern wie Sierra Leone, Liberia und dem Sudan haben die zum Teil seit Jahrzehnten andauernden gewaltsamen Auseinandersetzungen die Armutsbekämpfung nicht nur verhindert, sondern die Ausbreitung der Armut noch beschleunigt. Ähnliches gilt für Somalia und die Demokratische Republik Kongo, die von Bürgerkriegen heimgesucht werden. Dagegen hat das Ende des Krieges zwischen Äthiopien und Eritrea – den ärmsten Staaten der Welt – die Armutsbekämpfung dort erleichtert. Insgesamt verstärkt die weit verbreitete Korruption das Problem. Mit weiteren Rückschlägen muss durch die sich ausbreitende Aids-Epidemie gerechnet werden.

Zur Jahrtausendwende richtete die internationale Staatengemeinschaft ihre Aufmerksamkeit wieder stärker auf die Armutsbekämpfung. Die Vereinten Nationen verständigten sich auf ihrem Millenniums-Gipfel im September 2000 darauf, dass bis 2015 der Anteil der Weltbevölkerung, der in extremer Armut lebt, halbiert werden soll. Dieses Ziel wird nur zu erreichen sein, wenn sich die Staatengemeinschaft auf eine Weltwirtschaftsordnung verständigt, die den Ländern des Südens ein wirtschaftliches Wachstum erlaubt, das eine nachhaltige Reduzierung der Armut ermöglicht. Die

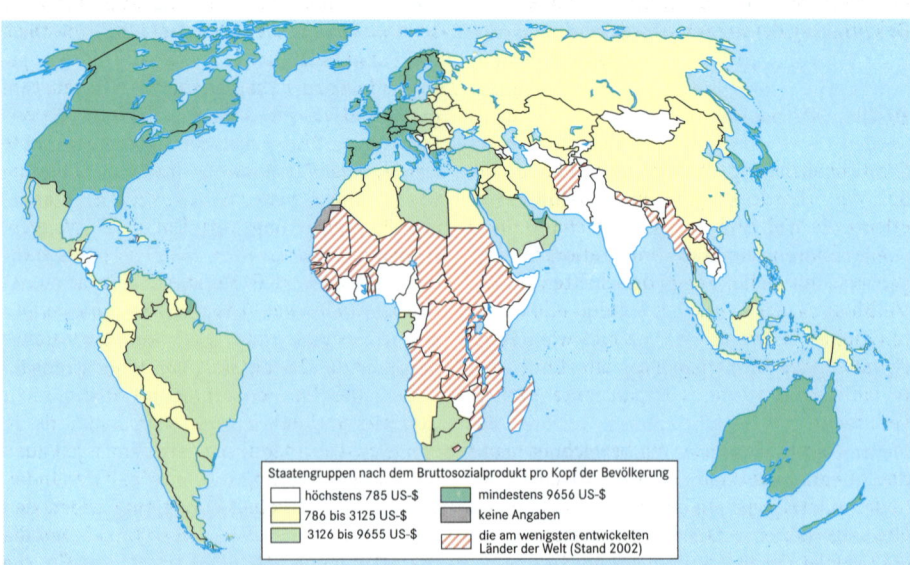

Globale Verteilung armer und reicher Länder

Auf dem Weg zur einen Welt?

Jährlich sterben rund vier Millionen Kinder in Entwicklungsländern an Hunger.

Voraussetzungen dafür sind aber noch nicht geschaffen. Bislang sind die Geberländer nicht bereit, die notwendigen Mittel zur Verfügung zu stellen. Die Bundesregierung z. B. will ihre Ausgaben für Entwicklungszusammenarbeit zwar von bislang 0,28 Prozent des Bruttosozialproduktes auf 0,33 Prozent erhöhen. Die UNCTAD II (▶ 10.2) hatte jedoch bereits 1968 ein Prozent vom Bruttosozialprodukt zur Bekämpfung der Armut gefordert.

11.28 Globalisierung

Die Globalisierung ist kein neues Phänomen. Seit den »Entdeckungen« im 16. Jahrhundert erlebte die Welt und die Weltwirtschaft immer wieder Phasen verstärkter Integration. Sie gingen stets mit technischen Fortschritten, die die Verbindung der Wirtschaftsräume erleichterten, einher. Teilweise waren damit – wie z. B. im Zeitalter des Imperialismus am Ende des 19. Jahrhunderts – auch Expansionsabsichten verbunden.

Der Begriff Globalisierung bezeichnet heute den Integrationsschub der Weltwirtschaft, der in den Achtzigerjahren begann und sich in den Neunzigerjahren verstärkte. Innovationen auf dem Gebiet der Informations- und Kommunikationstechnologien verbanden die regionalen Märkte für Waren, Dienstleistungen und Finanzen zu einem globalen. In den vergangenen beiden Jahrzehnten wuchs der weltweite Warenhandel doppelt so schnell wie die weltweite Warenproduktion. Zudem trat an die Stelle des traditionellen Austausches von Rohstoffen und Produkten immer mehr der Handel mit Dienstleistungen und Finanzen.

Diese Entwicklung wurde von einer Reihe von Faktoren begünstigt. Gefördert vom Internationalen Währungsfonds (IWF) und von der Welthandelsorganisation *(World Trade Organization,* WTO) liberalisierten viele Staaten ihren Außenhandel, indem sie Schutzzölle und Importbeschränkungen abbauten. Gleichzeitig deregulierten sie die Binnenwirtschaft und erleichterten den Kapitalverkehr. Geld selbst wurde zur Ware, Investitionen auf der ganzen Welt möglich. Die Vereinheitlichung technischer Normen, sinkende Transportkosten und die Entstehung eines globalen Kommunikationsnetzes (Internet, *World Wide Web)* waren die praktischen Voraussetzungen für die Entstehung einer stärker integrierten Weltwirtschaft. Die Öffnung der neuen Märkte in Mittel- und Osteuropa gab dem Prozess einen zusätzlichen Schub.

Die Folgen waren nicht nur ein erheblicher Zuwachs des weltweiten Handels, sondern auch eine globale Konkurrenz. Multinationale bzw. transnationale Konzerne entschieden sich mehr und mehr für die Länder, die die geringsten Lohnkosten, die niedrigsten Umweltstandards und die schwächsten Sozialsysteme versprachen. Diese Standortkonkurrenz übte erheblichen Veränderungsdruck auf alle Staaten aus. Die Gewerkschaften gehören mit anderen Nichtregierungsorganisationen *(Non-Government Organizations,* NGO) zu den schärfsten Kritikern der Globalisierung. Attac *(Association pour une taxation des transactions financières pour l'aide aux citoyens,* »Vereinigung für die Besteuerung von Finanztransaktion für die Hilfe von Bürgern«) kritisiert nicht nur die Senkungen von Sozialstandards in den Industrieländern, sondern bemängelt auch die Marginalisierung der Entwicklungsländer. Gewinner der Globalisierung sind neben den multi- bzw. transnationalen Unternehmen die Schwellenländer (▶ 11.16), in denen für die geforderten Tätigkeiten das hinreichend quali-

Kapitel 11

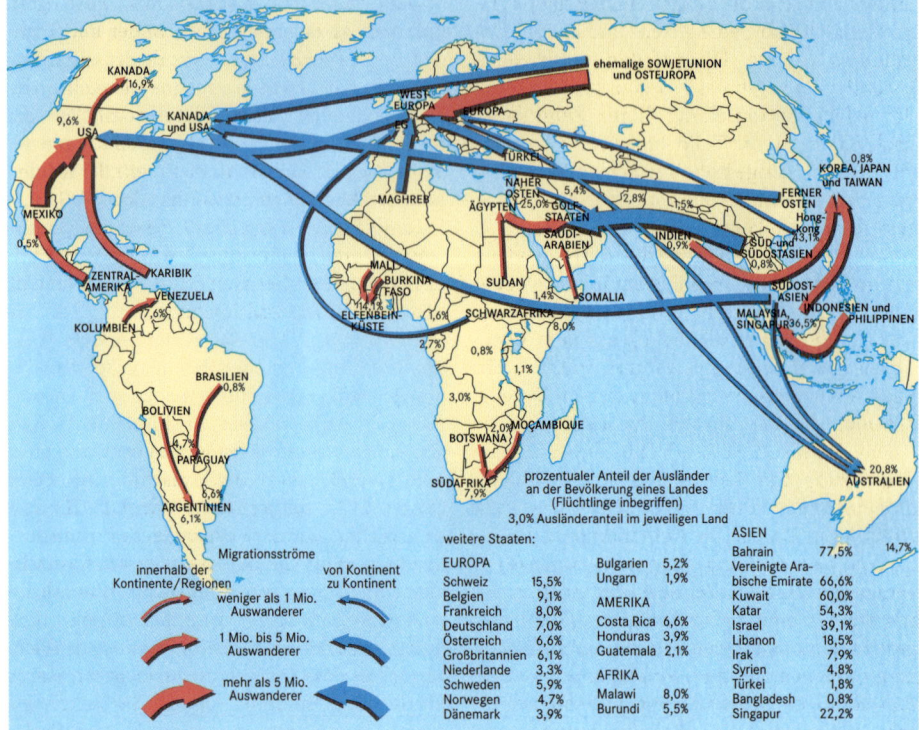

Weltweite Migrationsströme

fizierte Personal zu günstigen Bedingungen zur Verfügung steht. Mittelfristig werden sie in den Kreis der entwickelten Länder aufsteigen und die Konkurrenz der Standorte weiter verschärfen.

11.29 Weltumweltpolitik

Die Vereinten Nationen engagieren sich seit den Siebzigerjahren in der Umweltpolitik. Im Juni 1972 fand in Stockholm die erste UN-Umweltkonferenz statt, der 1982 ein zweites Treffen in Nairobi folgte. Hauptergebnis der ersten Konferenz war die Gründung des Umweltprogramms der Vereinten Nationen *(United Nations Environment Programm,* UNEP), das seinen Sitz in der kenianischen Hauptstadt Nairobi hat. Die Organisation beteiligte sich an der Ausarbeitung wichtiger internationaler Umweltkonventionen, wie zum Beispiel des Washingtoner Artenschutzabkommens (1973).

Ein Meilenstein in der Weltumweltpolitik war in den Achtzigerjahren die Verbindung mit der Entwicklungsproblematik. Da Armut, Unterentwicklung und Naturzerstörung eng zusammenhängen, müsse auch Umwelt- und Entwicklungspolitik im Zusammenhang gesehen werden. »Nachhaltige Entwicklung« wurde zum Leitbild: Wirtschaftlicher und sozialer Fortschritt sollten nicht mehr auf Kosten der Umwelt und nachfolgender Generationen erkauft werden. Eine Weltumwelt- und Entwicklungskonferenz *(United Nations Conference on Environment and Development,* UNCED) tagte vom 3. bis 14. Juni 1992 mit Vertretern aus mehr als 170 Staaten in Rio de Janeiro.

Zum Abschluss dieses »Umweltgipfels« verabschiedeten fast 120 Staats- und Regierungschefs die »Deklaration von Rio«: Dort wurden 27 Grundsätze der Umwelt- und Entwicklungspolitik festgelegt. Deren Umsetzung wurde mit der 400 Seiten starken, nicht rechtsverbindlichen »Agenda 21« angestrebt. Außerdem

Auf dem Weg zur einen Welt?

unterzeichneten die Staats- und Regierungschefs eine Klima-, eine Arten- und eine Waldschutzkonvention. Die auf den ersten Blick beachtlichen Ergebnisse sorgten für Euphorie, der jedoch Enttäuschung folgte: Zehn Jahre nach Rio zogen die Teilnehmer des »Weltgipfels für nachhaltige Entwicklung« in Johannesburg (26. August bis 4. September 2002) eine ernüchternde Bilanz.

Sie lässt sich am Beispiel des Klimaschutzes verdeutlichen. Die Grundlagen für eine globale Klimaschutzkonvention waren 1990 gelegt worden. Sie wurde schließlich auf dem Weltumweltgipfel verabschiedet und trat 1994 in Kraft. Im japanischen Kyoto waren im Dezember 1997 die Vertragsparteien aufgerufen, in einem Protokoll verbindliche Ziele für die Begrenzung und Reduzierung der Treibhausgasemissionen festzulegen. Schwerwiegende Differenzen führten die Verhandlungen mehrfach an den Rand des Scheiterns. Schließlich verabschiedeten die Vertreter der 155 beteiligten Staaten eine Reduzierung der Treibhausgase in den Industriestaaten um durchschnittlich 5,2 Prozent bis zum Zeitraum 2008/2012. Für die EU, die Schweiz und einige osteuropäische Länder gilt eine Reduktionsquote von acht, für die USA von sieben, für Kanada, Japan, Polen und Ungarn von sechs Prozent. Russland, die Ukraine und Neuseeland sollen ihre Emissionen stabilisieren, Norwegen darf seinen Ausstoß um ein Prozent erhöhen, Australien und Island dürfen ihre Emissionen um acht bzw. zehn Prozent steigern.

Obwohl der Kompromiss alle Beteiligten zufrieden stellen sollte, dauerte der Ratifikationsprozess sieben Jahre. Erst die Zustimmung Russlands im Oktober 2004 ermöglichte das In-Kraft-Treten des Kyoto-Protokolls am 16. Februar 2005. Ob die Vereinbarungen im angegebenen Zeitraum noch erfüllt werden können, darf bezweifelt werden, da die USA, die für ein Viertel der globalen Emissionen verantwortlich sind, auch unter dem wieder gewählten Präsidenten George W. Bush einen Beitritt zum Kyoto-Protokoll ablehnen.

11.30 Kosovokonflikt

Das Kosovo liegt im Süden Serbiens und wird mehrheitlich von muslimischen Albanern bewohnt. Das Gebiet besitzt jedoch für die Serben aufgrund der Schlacht auf dem Amselfeld – hier besiegten 1389 die Türken ein südslawisch-serbisches Heer – große nationalgeschichtliche Bedeutung. Verfassungsrechtlich seit 1974 autonome Provinz in der Teilrepublik Serbien, verlor das Kosovo im Herbst 1990 diesen Status wieder. Bereits im Juli des Jahres hatten die albanischen Abgeordneten des Kosovo-Parlaments die Unabhängigkeit der »Republik Kosovo« von Serbien verkündet. Belgrad löste darauf das Parlament und die Regierung des Kosovo auf. Im September 1990 gaben sich diese gleichwohl eine Verfassung und ernannten den Schriftsteller Ibrahim Rugova zum Präsidenten der Republik. Rugova und seine Partei

Der Klimawandel hängt entscheidend von menschlichen Aktivitäten ab, Luftverschmutzung gehört zu den gravierendsten Problemen.

der »Demokratischen Liga des Kosovo« gewannen im Mai 1992 die Wahlen, die im Untergrund abgehalten wurden. Ziel war die Schaffung einer international anerkannten Republik. Die Sezession wurde nicht nur von der serbischen Minderheit im Kosovo – etwa zehn Prozent der Bevölkerung – und von der Zentralregierung in Belgrad abgelehnt, sondern auch von der internationalen Staatengemeinschaft. Sie wollte den mit der Auflösung Jugoslawiens begonnenen Zerfallsprozess (▶ 11.14) aufhalten.

Anfang März 1998 eröffneten serbische Sicherheitskräfte eine Offensive gegen die »Befreiungsarmee des Kosovo« (UÇK), die zu »ethnischen Säuberungen« führte. Angesichts des brutalen Vorgehens der Serben drohte die NATO damit, in den Konflikt einzugreifen. Präsident Milošević lenkte ein und stimmte einer Stationierung internationaler Beobachter im Kosovo zu. Gleichzeitig drängte die Balkan-Kontaktgruppe, die schon 1997/98 von Deutschland, Frankreich, Großbritannien, Italien, Russland und den USA zur Steuerung des Konflikts in Bosnien-Herzegowina gegründet worden war, Serbien und die UÇK zu Verhandlungen, die Anfang Februar 1999 in Rambouillet bei Paris begannen. Während sich die Kosovo-Albaner konziliant zeigten, weigerten sich die Serben, den Friedensplan der Kontaktgruppe zu unterschreiben. Mitte März musste die Friedenskonferenz ergebnislos abgebrochen werden.

Nach dem Scheitern der Gespräche begann die NATO ihren ersten Kampfeinsatz, an dem auch deutsche Soldaten beteiligt waren. Ohne Mandat des UN-Sicherheitsrates bombardierten die Alliierten Ziele in Serbien. Am 9. Juni 1999 akzeptierte Belgrad den Friedensplan, sodass die NATO am 10. Juni – nach 79 Tagen – die Luftangriffe einstellte. Nach dem Abzug der serbischen Verbände aus dem Kosovo erklärte das Bündnis die Operation für beendet. Zwei Tage später rückte eine multinationale Streitmacht (*Kosovo Force*, KFOR) ein, die Ende 2004 immer noch fast 20 000 Soldaten umfasste. Angesichts der gewalttätigen Unruhen im Frühjahr 2004, bei denen 19 Menschen ums Leben kamen und fast 1000 verletzt wurden, ist ein Ende des Einsatzes nicht absehbar.

11.31   11. September 2001

Am 11. September 2001 verübten islamistische Terroristen mehrere Anschläge in den USA, die insgesamt über 3000 Todesopfer forderten. Die Attentäter kaperten kurz nach dem Start vier Verkehrsflugzeuge. Um 8.45 Uhr Ortszeit stürzte die erste Maschine in den nördlichen Turm des *World Trade Center* in New York, eine Viertelstunde später eine zweite Maschine in den südlichen Turm. Die beiden 110 Stockwerke hohen Häuser gerieten im oberen Drittel in Brand und stürzten wenig später ein. Viele in den Gebäuden arbeitende Menschen konnten die Hochhäuser nicht mehr rechtzeitig verlassen; auch mehrere Hundert Helfer, vor allem Feuerwehrmänner, Polizisten und Sanitäter,

Kosovo-Albaner auf der Flucht während des Kosovokrieges 1999.

Auf dem Weg zur einen Welt?

Die Zwillingstürme des World Trade Center am 11. September 2001.

wurden unter den Trümmern begraben. Die 1973 fertig gestellten *Twin Towers* galten als Symbole nicht nur der Finanzmetropole New York, sondern auch der Wirtschaftsmacht USA. Mehr als 50 000 Menschen arbeiteten in den Gebäuden, Tausende von Touristen strömten täglich auf die Aussichtsplattform im 107. Stockwerk.

Ein weiteres Verkehrsflugzeug wurde um 9.45 Uhr in das amerikanische Verteidigungsministerium bei Washington (D.C.) gesteuert und zerstörte einen Trakt des Pentagon. Die Regierung verfügte darauf die Räumung des Weißen Hauses, des Kapitols sowie weiterer Regierungsgebäude in der Hauptstadt. In New York wurde das UN-Hauptquartier evakuiert. Ein viertes Flugzeug hätte den Landsitz des amerikanischen Präsidenten in Camp David oder ein Regierungsgebäude in Washington treffen sollen. Doch die Maschine stürzte in Pennsylvania ab. Alle Insassen kamen dabei ums Leben. Offenbar hatten Passagiere die Entführer überwältigen können.

Der amerikanische Präsident George W. Bush kündigte an, die »Verantwortlichen für diese feigen Akte zur Strecke« zu bringen. Die amerikanischen Streitkräfte im In- und Ausland wurden in höchste Alarmbereitschaft versetzt. Drei Tage nach den Anschlägen erteilte der US-Kongress dem Präsidenten die Vollmacht, militärische Vergeltungsmaßnahmen gegen die Verantwortlichen für die Attentate vom 11. September einschließlich »notwendiger und angemessener Gewaltanwendung« zu ergreifen. Am 20. September 2001 erklärte Bush vor dem Kongress dem Terrorismus den »Krieg«: Er machte Osama Bin Laden und das Terrornetzwerk *al-Qaida* für die Anschläge verantwortlich. Das *Taliban*-Regime in Afghanistan wurde aufgefordert, Bin Laden auszuliefern und *al-Qaida* des Landes zu verweisen.

Staats- und Regierungschefs aus aller Welt erklärten der Administration und den Amerikanern ihr Mitgefühl und ihre Solidarität, darunter Bundeskanzler Gerhard Schröder vor dem Bundestag. Der Weltsicherheitsrat verurteilte die Anschläge und forderte in der Resolution 1373 vom 28. September 2001 alle Mitglieder zum Kampf gegen den internationalen Terrorismus auf. Der NATO-Rat stellte am 2. Oktober, erstmals in der Geschichte der Allianz, den Bündnisfall fest. Seit der zweiten Septemberhälfte bereiteten die USA und ihre Alliierten eine militärische Aktion gegen die Stützpunkte militanter Islamisten in Afghanistan vor. Anfang Oktober eröffneten die USA mit massiven Luftangriffen den Krieg gegen das Land. Nach wenigen Wochen brach das *Taliban*-Regime unter den Attacken der Alliierten und der mit ihnen verbündeten afghanischen Nordallianz zusammen (▶ 11.33).

11.32 USA und UNO

51 Staaten gründeten am 26. Juni 1945 in San Francisco die Vereinten Nationen *(United Nations Organization,* UNO). Mit der Gründung waren nach dem Zweiten Weltkrieg große Erwartungen verbunden. Doch die Weltorganisation konnte diese in der Praxis nur selten erfüllen. Insbesondere im Zeichen des Ost-West-Konflikts blockierten sich die fünf ständigen Mitglieder (USA, Sowjetunion, Großbritannien, Frankreich und China) im Sicherheitsrat. So spielte die UNO im Kalten Krieg auf der Bühne der Weltpolitik häufig nur eine Nebenrolle.

Anfang der Neunzigerjahre schien sich dies zu ändern. Der ideologische Gegensatz zwischen Ost und West hatte sich aufgelöst, eine multilaterale Kooperation im Rahmen der Ver-

Kofi Annan und George W. Bush am Rand der Generaldebatte über Irak am 12. Dezember 2002.

einten Nationen schien möglich. Aus diesem Grund griff der amerikanische Präsident George Bush (der Ältere) auf die Weltorganisation zurück, als er die Befreiung Kuwaits vorbereite. Die USA ließen sich Ende November 1990 ihr militärisches Vorgehen gegen den Irak vom Weltsicherheitsrat sanktionieren. Bush kündigte vor dem amerikanischen Kongress an, dass aus diesen »bewegten Zeiten« eine »neue Weltordnung« hervorgehen könne, die frei von Terror, gerechter und sicherer sei.

Dass Amerikas Rückgriff auf die UNO an Bedingungen geknüpft war, wurde der Welt schnell klar: Washington beanspruchte die Führungsrolle und entschied sowohl über den Beginn als auch über das Ende des »Wüstensturmes«. Die Zukunft des Irak und Saddam Husains lag in den Händen der USA. Insofern war die »neue Weltordnung« von Anfang an im Kern eine amerikanische.

Gleichwohl übernahmen die Vereinten Nationen eine aktivere Rolle in der Welt – auch mit amerikanischer Unterstützung. Zwischen 1988 und 1992 entsandten die UN 14 Friedensmissionen. Das waren fast so viele wie in den vier vorangegangenen Jahrzehnten zusammen. Allein 1993 kamen weitere sechs Friedenseinsätze hinzu, und trotz eines zeitweiligen faktischen Moratoriums in der Mitte der Neunzigerjahre erhöhte sich die Zahl der UN-Friedensmissionen auf insgesamt 54 bis zum Jahr 2001. Rund 56 000 Soldaten und Zivilisten waren im Sommer jenes Jahres in 15 Missionen weltweit im Auftrag der Vereinten Nationen im Einsatz.

Die USA hatten sich derweil von der multilateralen Zusammenarbeit im UN-Rahmen zurückgezogen. Anlass war die gescheiterte Mission in dem vom Bürgerkrieg zerrissenen Somalia. Nachdem Anfang Oktober 1993 der Leichnam eines US-Soldaten von triumphierenden Somalis durch die Straßen Mogadischus gezogen worden war, beschloss der amerikanische Präsident Bill Clinton kurzfristig eine Verstärkung der US-Truppen vor Ort, gleichzeitig aber ihren Abzug bis zum 31. März 1994. Den Vereinten Nationen blieb nichts anderes übrig, als diesen Schritt nachzuvollziehen. Ein Jahr später verließen die letzten Blauhelme das Land. Diese Ereignisse markierten die amerikanische Abkehr von kollektiv durchgeführten und verantworteten Militäraktionen. Die USA wollten auf der Welt nur noch eingreifen, wenn dies amerikanischen Interessen diente.

George W. Bush (der Jüngere), amerikanischer Präsident seit Januar 2001, spitzte den außen- und sicherheitspolitischen Politikwechsel seiner beiden Vorgänger zu. Nach den Anschlägen vom 11. September setzte er im »Krieg« gegen den Terrorismus nur noch rhetorisch auf die Vereinten Nationen. In Afghanistan führten die USA mit ausgewählten NATO-Partnern und Verbündeten im Land den Kampf gegen das Taliban-Regime (▶ 11.33). Im Dritten Golfkrieg gegen den Irak (▶ 11.34) verließ sich Präsident Bush allein auf eine »Koalition der Willigen«, deren Mitglieder bereit waren, auf ein Mandat des Weltsicherheitsrates zu verzichten. In der amerikanischen Außenpolitik am Anfang des 21. Jahrhunderts scheinen kurzfristige Allianzen mehr und mehr langfristige Bündnisse und Verpflichtungen zu ersetzen.

11.33 Das Ende der Taliban-Herrschaft in Afghanistan

Nach dem Abzug der sowjetischen Armee aus Afghanistan Mitte Februar 1989 (▶ 10.31) kam das Land am Hindukusch nicht zur Ruhe. Nach dreijährigem Bürgerkrieg wurde das von den Sowjets installierte Regime Mohammed Najibullahs gestürzt. Die *Mudjahedin,* die Sieger über die Sowjets, übernahmen die Macht. Dennoch ging der Bürgerkrieg weiter. Mitte der Neunzigerjahre setzten sich die nicht zuletzt von den USA unterstützten radikal-islamischen Milizen der *Taliban* durch: Am 27. September 1996 eroberten sie die Hauptstadt Kabul und riefen einen islamischen Gottesstaat aus. Die Kämpfe gingen aber weiter – vor allem um die Kontrolle über den Norden des Landes. Nach der Eroberung der Stadt Mazar-e-Sharif im Sommer 1998 schien der Krieg zu Ende zu sein, doch scheiterten die Friedensverhandlungen zwischen den *Taliban* und der Nordallianz im Frühjahr 1999.

Das *Taliban*-Regime geriet von Anfang an international unter Druck. Ihm wurde vorgeworfen, Osama Bin Laden und dem Terrornetzwerk *al-Qaida* Stützpunkte zu bieten. Im Sommer 1999 verhängten die USA Wirtschaftssanktionen gegen Afghanistan. Als sich trotz eines Ultimatums des Weltsicherheitsrates die *Taliban* weigerten, den Islamistenführer Bin Laden und den Talibanherrscher Mullah Omar auszuliefern, traten Mitte November desselben Jahres auch die von den UN angedrohten Sanktionen in Kraft. Die Einstellung des Luft- und Postverkehrs vertiefte die Isolation des Landes.

Nach dem 11. September 2001 (▶ 11.31) forderten die USA zum wiederholten Male die Auslieferung Bin Ladens, der als Drahtzieher der Anschläge galt. Gleichzeitig bereitete Washington einen Koalitionskrieg gegen das Land vor, der am 7. Oktober 2001 unter amerikanischer Führung begann. Bin Laden reagierte mit einem Aufruf zum Heiligen Krieg *(Djihad).* Schließlich griffen amerikanische Bodentruppen in die Kämpfe ein, die in der Hauptsache von der afghanischen Nordallianz getragen wurden. Nach der Eroberung Mazar-e-Sharifs rückten ihre Kämpfer am 13. November in Kabul ein. Anfang Dezember konnte auch die *Taliban*-Hochburg Kandahar eingenommen werden.

Währenddessen suchten die Vereinten Nationen auf dem Bonner Petersberg nach einer politischen Lösung für das Land. Im so genannten Petersberger Abkommen wurde eine Interimsregierung unter Hamid Karsai eingesetzt, die freie Wahlen vorbereiten sollte. Präsidentschaftswahlen fanden im Oktober 2004 statt, aus denen Karsai als eindeutiger Sieger hervorging. Der politische Neubeginn und wirtschaftliche Wiederaufbau wurde unter den Schutz einer internationalen Streitmacht (*International Security Assistance Force*, ISAF) gestellt. Im bergigen Grenzgebiet zu Pakistan ging die Suche nach Bin Laden und anderen Terroristen weiter. Sie blieb bisher erfolglos.

11.34 Dritter Golfkrieg

Der Irak hatte nach dem Zweiten Golfkrieg (▶ 11.13) die Resolution 687 des UN-Sicherheitsrats annehmen müssen, um den Waffenstillstand zu verlängern. Die Resolution sah u. a. die Zerstörung der irakischen Massenvernichtungswaffen vor. Zur Kontrolle setzten die Vereinten Nationen eine Sonderkommission

Saddam Husain am 14. Dezember 2003, einen Tag nach seiner Festnahme durch amerikanische Soldaten in Tikrit

(United Nations Special Commission, UNSCOM) ein, die bis Ende 1999 die Vernichtung der verbotenen Waffen überwachte. Anschließend beauftragte der Weltsicherheitsrat eine weitere Rüstungskontrollkommission (*United Nations Monitoring, Verification and Inspection Commission,* UNMOVIC) mit dieser Aufgabe. Obwohl eine »vollständige Zusammenarbeit« mit der UNMOVIC die Voraussetzung für die Aussetzung der Sanktionen gewesen wäre, war Bagdad nicht zu einer uneingeschränkten Kooperation bereit. Die sich aus dieser Haltung ergebenden Konflikte zwischen dem Irak und den UN bzw. den USA gewannen nach dem Ende der *Taliban*-Herrschaft in Afghanistan an Schärfe.

Die amerikanische Administration rechnete den Irak zu den »Schurkenstaaten«, die eine »Achse des Bösen« bildeten (▶ 11.35). Grund waren vermutete Massenvernichtungswaffen und angebliche Verbindungen zu *al-Qaida.* Offen diskutierte die Bush-Administration das Für und Wider eines präventiven Militärschlages gegen Saddam Husain und knüpfte damit an die Clinton-Regierung an: Schon im Dezember 1998 hatten die USA gemeinsam mit Großbritannien versucht, den irakischen Diktator mit Marschflugkörpern und Präzisionsbomben zur Einhaltung der UN-Resolutionen zu bringen.

Dieses einseitige, von der Mehrheit des Sicherheitsrates abgelehnte Vorgehen entsprach den Vorstellungen konservativer Vordenker, die schon im Januar 1998 den amerikanischen Präsidenten Clinton zum Sturz des irakischen Diktators aufgefordert hatten. Ihre konsequente Fortsetzung fand diese Haltung in der im September 2002 veröffentlichten Nationalen Sicherheitsstrategie der USA, die präventive Militärschläge als Teil der Gefahrenabwehr begriff. In diesem Sinne bereitete die Bush-Administration einen Angriff auf den Irak vor. Am 10. bzw. 11. Oktober 2002 ermächtigten beide Häuser des amerikanischen Kongresses den Präsidenten unter bestimmten Voraussetzungen zum Einsatz der Streitkräfte gegen den Irak, und am 24. Dezember 2002 ging der erste Marschbefehl für die amerikanischen Truppen an den Golf.

Krieg ohne Mandat des UN-Sicherheitsrates
Gleichzeitig suchten die USA Verbündete, vor allem im »neuen« Europa, wie der amerikanische Verteidigungsminister Donald Rumsfeld die vormaligen Ostblockstaaten des Kontinents bezeichnete. Während sich die mittel- und osteuropäischen Länder mit London, Rom und Madrid um die westliche Vormacht scharten, hielten sich namentlich Deutschland und Frankreich zurück. Sie lehnten das amerikanische Vorgehen gegen den Irak ebenso ab wie Russland und China.

Inzwischen lieferte das Land an Euphrat und Tigris den USA einen Kriegsgrund. UN-Chefinspekteur Hans Blix, der nach einem Entgegenkommen des Iraks im Herbst 2002 zu Inspektionen in das Land reisen konnte, forderte zwar bei der Vorlage seines ersten Berichtes Ende Januar 2003 mehr Zeit, musste aber auch eingestehen, dass der Irak nur lückenhaft informierte und nicht ausreichend kooperierte. Kriegsgegner wie -befürworter sahen sich durch die Berichte der Waffeninspekteure bestätigt. Als Blix am 7. März immer noch keine eindeutigen Ergebnisse vorlegen konnte, gewährten die USA – sie hatten ihren Aufmarsch noch nicht abgeschlossen – dem Irak eine letzte Frist für die »volle, bedingungslose, sofortige und aktive Zusammenarbeit«.

Nach Ablauf eines Ultimatums begann in den Abendstunden des 20. März 2003 der Angriff. Vor allem amerikanische und britische Streitkräfte rückten in den Irak ein. Mit dem Vorstoß amerikanischer Verbände ins Zentrum Bagdads am 9. April war das Regime faktisch zusammengebrochen. Am 1. Mai 2003 erklärte der amerikanische Präsident an Bord eines aus der Region zurückkehrenden Flugzeugträgers die »Hauptkampfhandlungen« für beendet. Saddam Husain wurde am 13. Dezember 2003 in Tikrit festgenommen.

Im Irak kehrte dennoch kein Frieden ein. Fast täglich forderten Bombenanschläge Opfer unter der Zivilbevölkerung, aber auch unter den Besatzern. Auch gegen die zahlreichen Entführungen konnte die Übergangsregierung mit ihren im Aufbau befindlichen Sicherheitskräften ebensowenig ausrichten wie die Besatzungstruppen. Massenvernichtungswaffen konnten im Irak nicht gefunden werden, auch die behauptete Zusammenarbeit des alten Regimes mit *al-Qaida* konnte nicht bewiesen werden. Die Parlamentswahl fand trotz anhaltender terroristischer Anschläge im Januar 2005 statt. Das schiitische Wahlbündnis Vereinigte Irakische Allianz gewann mit klarem Vorsprung, verfehlte aber eine absolute Mehrheit. In den sunnitischen Gebieten lag die Wahlbeteiligung teilweise nur bei zwei Prozent.

11.35 Internationaler Terrorismus und »Schurkenstaaten«

Nach den Anschlägen vom 11. September 2001 auf das *World Trade Center* und das Pentagon rückte der internationale Terrorismus ins Zentrum der weltweiten Aufmerksamkeit. Der in den Achtzigerjahren aufkommende, spätestens in den Neunzigerjahren bemerkbare, religiös motivierte Terrorismus führte zu einer beispiellosen Internationalisierung und Eskalation der Gewalt, wie die Giftgasanschläge der japanischen Aum-Sekte 1995 zeigten.

Weitaus größere Gefahren gingen in den Neunzigerjahren vom islamistisch motivierten Terrorismus aus. Nach der Revolution im Iran 1979 (▶ 10.35) breiteten sich islamistische Bewegungen aus. Diese verschärften nicht nur den politischen Konflikt im Nahen Osten, sondern auch die gesellschaftliche Auseinandersetzung in den Staaten der Region. Islamisch-fundamentalistische Gruppen bekämpften die prowestlichen Regierungen und trugen die Auseinandersetzung auch in und mit den europäischen Demokratien aus.

Mitte der Neunzigerjahre kamen bei einer Serie von Bombenattentaten in Paris, die gegen die Unterstützung der algerischen Regierung durch Frankreich gerichtet waren, acht Menschen ums Leben, 160 weitere wurden zum Teil schwer verletzt. Die Täter wurden im Umfeld der algerischen *Groupe Islamique Armée* vermutet. Ende Februar 1993 explodierte eine

Bei einem Terroranschlag wurden am 12. Oktober 2002 auf der indonesischen Insel Bali fast 200 Menschen getötet.

Autobombe in einer Tiefgarage des *World Trade Center*. Sechs Menschen starben, Hunderte wurden verletzt. Bei Selbstmordattentaten vor den US-Botschaften in Nairobi und Daressalam starben 1998 200 Menschen, mehrere tausend wurden verletzt. Die Terrorattentate vom 11. September 2001 (▶ 11.31) bildeten den Höhepunkt der islamistischen Anschlagserie, deren Drahtzieher nach allgemeiner Überzeugung der aus einer reichen saudiarabischen Familie stammende Osama Bin Laden war.

Die USA wandten sich insbesondere solchen Staaten zu, die der Unterstützung terroristischer Aktivitäten bezichtigt oder überführt werden konnten. Die Clinton-Administration sprach von »Sorgenstaaten« *(states of concern)*, die atomare, biologische oder chemische Massenvernichtungswaffen herstellen konnten und sich durch Aggressivität gegenüber den Nachbarstaaten auszeichneten. Nach dem 11. September 2001 kehrte die US-Administration zum Begriff der »Schurkenstaaten« *(rogue states)* zurück. Präsident Bush sprach Ende Januar 2002 von einer »Achse des Bösen«, auf der er den Irak, den Iran und Nord-Korea lokalisierte.

Der im September 2001 verkündete »Krieg gegen den Terrorismus« richtete sich nach dem Sturz der *Taliban* im Laufe des Jahres 2002 hauptsächlich gegen die Herrschaft Saddam Husains im Irak, die im Frühjahr 2003 mit dem Dritten Golfkrieg beendet wurde (▶ 11.34). Dass mit dem gewaltsamen Sturz der Regime in Afghanistan und im Irak dem internationalen Terrorismus nicht die Grundlage entzogen wurde, musste die Welt u. a. am 11. März 2004 bei verheerenden Bombenanschlägen in Madrid (▶ 11.36) zur Kenntnis nehmen.

11.36 Terroranschlag in Madrid

Am 11. März 2004 forderte ein Bombenanschlag islamistischer Extremisten in Madrid 191 Tote und mehr als 1000 Verletzte. Die Attentäter hatten über ein Dutzend Sprengladungen in vier von Pendlern stark frequentierten Vorortzügen deponiert. Kurz vor 8 Uhr lösten sie die Bomben durch Fernzündung über Mobiltelefone aus. Zu diesem Zeitpunkt befanden sich die voll besetzten Züge in verschiedenen Bahnhöfen der spanischen Hauptstadt. Der Anschlag war bisher der schwerste Terrorangriff in einem Land der Europäischen Union. König Juan Carlos und Premierminister José Aznar verkündeten eine dreitägige Staatstrauer. Millionen von Spaniern aus allen gesellschaftlichen Schichten beteiligten sich an Kundgebungen gegen den Terrorismus.

Sogleich wurde über islamistische Attentäter und einen Zusammenhang mit dem spanischen Engagement im Irak spekuliert. Die Regierung Aznar schrieb das Attentat aber der baskischen Untergrundorganisation ETA zu. Auf spanisches Drängen verurteilte der Weltsicherheitsrat in der Resolution 1530 noch am 11. März »die von der Terroristengruppe ETA« begangenen Anschläge. Die ETA selbst bestritt nachdrücklich jede Verantwortung für die Attentate. Zwei Tage später musste das Innen-

Ein zerstörter Zug am Bahnhof Atocha in Madrid nach dem Terroranschlag vom 11. März 2004, bei dem fast 200 Menschen getötet wurden

ministerium mitteilen, dass die Anschläge wahrscheinlich doch von islamistischen Terroristen verübt worden seien. Ein Bekennerschreiben des Terrornetzwerkes *al-Qaida* liege vor, mehrere Tatverdächtige seien festgenommen worden.

Diese Mitteilung hatte entscheidenden Einfluss auf den Ausgang der Parlamentswahl in Spanien am 14. März 2004. Abgesehen von den Aznar und seiner Volkspartei vorgeworfenen Falschinformationen über die Attentäter vom 11. März dürften zwei Faktoren den Sieg der Sozialisten unter José Rodríguez Zapatero verursacht haben: Die starke Wahlbeteiligung von über 75 Prozent kam in erster Linie den Sozialisten zugute, die zudem angekündigt hatten, die spanischen Truppen aus dem Irak zurückzuziehen, falls kein eindeutiges UN-Mandat erteilt werde.

Die Bombenanschläge vom 7. Juli 2005 in London, die über 50 Tote forderten, wiesen ein ähnliches Muster auf wie die in Madrid.

11.37 Flutkatastrophe in Südasien

Am 26. Dezember 2004 erschütterten mehrere Seebeben im Indischen Ozean vor der Küste der indonesischen Insel Sumatra Südasien. Die bis zu einer Stärke von etwa 9 auf der Richterskala reichenden Erschütterungen, die schwersten Erdbeben seit 40 Jahren, lösten eine Flutwelle aus, die weite Küstenstriche verwüstete. Die Katastrophe forderte über 200 000 Menschenleben. Die sich in flacheren Gewässern meterhoch auftürmende und alles mit sich reißende Welle traf die Bevölkerung unvorbereitet.

Am stärksten betroffen wurden Indonesien und Sri Lanka. Unter den Opfern waren auch zahlreiche Touristen, die Weihnachten an den Stränden am Indischen Ozean verbringen wollten. Nach den Vereinigten Staaten meldeten Deutschland und Schweden die meisten Vermissten. Insgesamt waren fast ein Viertel der Staaten der Welt direkt oder indirekt von der Naturkatastrophe betroffen. Über die modernen Kommunikationsmittel wurde die ganze Menschheit Zeuge der Katastrophe.

Das *Tsunami* (japanisch für »hohe Welle im Hafen«) genannte Phänomen ist nicht neu. Ausgelöst von Erdbeben oder Vulkanausbrüchen auf dem Meeresgrund entstehen insbesondere im Pazifischen, aber auch im Indischen Ozean an der Meeresoberfläche seismische Wogen, die sich ringförmig mit einer Geschwindigkeit von mehreren Hundert Kilometern in der Stunde über ganze Meere, ja Ozeane ausbreiten. Die geringe Wellenhöhe auf offener See türmt sich in flacheren Gewässern zu Wasserwänden von bis zu 35 Metern Höhe auf. Die Brecher verheeren die Küstenabschnitte und dringen nicht selten weit ins Landesinnere vor. Abrupte Verschiebungen der Erdplatten, die unter dem Meeresgrund verlaufen, können diese Seebeben verursachen.

Angesichts der Tsunami-Gefahr haben die reichen Anrainer des Pazifischen Ozeans, allen voran die Vereinigten Staaten von Amerika und Japan, ein Frühwarnsystem installiert. Jede Erschütterung des Erdbodens registrierend, werden mit Hilfe von Bojen Veränderungen der Meereshöhe festgestellt. Anhand von Küstenreliefen lässt sich mit diesen Daten die Richtung und das Ausmaß einer möglichen Flutwelle abschätzen und die Küstenbevölkerung mehr oder minder zuverlässig warnen. Die – ärmeren – Anrainer des Indischen Ozeans konnten bzw. wollten sich ein entsprechendes Warnsystem bisher nicht leisten.

Wegen des verheerenden Ausmaßes des Tsunami vom 26. Dezember 2004 und der Tatsache, dass Menschen aus allen Erdteilen betroffen waren, lief innerhalb von Tagen die größte Hilfsaktion der Geschichte an. Aus allen Teilen der Welt wurden Helfer und Hilfsgüter in die Krisenregion entsandt.

Dass die Katastrophe mit Aceh auf der Insel Sumatra und mit den Tamilengebieten Sri Lankas Regionen traf, die seit Jahrzehnten von Bürgerkriegen gezeichnet sind, erschwerte die Hilfe. Trotz der hohen Opferzahlen waren die unmittelbaren ökonomischen Schäden für die betroffenen Volkswirtschaften vergleichsweise gering. Die Küstenregionen sind arm und tragen wenig zum Bruttosozialprodukt bei, sieht man einmal von der Wachstumsbranche Ferntourismus ab. Indonesiens Wirtschaftswachstum soll auch 2005 über fünf Prozent betragen. Doch auf Dauer könnte ein Ausbleiben der Touristen große Schäden verursachen, tragen sie doch in vielen betroffenen Staaten entscheidend zum Bruttosozialprodukt bei.

Kapitel 11

Daten

11. März 1985	Wahl Gorbatschows zum Generalsekretär der KPdSU
26. April 1986	Reaktorunfall in Tschernobyl
Dez. 1987	Beginn der Intifada in den von Israel besetzten Gebieten
4. Juni 1989	Erste »halbfreie« Wahlen in Polen
4. Juni 1989	Niederschlagung der Demokratiebewegung in China.
9. Nov. 1989	Öffnung der Berliner Mauer
2. Aug. 1990	Irakischer Überfall auf Kuwait, das am 8. Aug. offiziell annektiert wird
3. Okt. 1990	Wiedervereinigung Deutschlands
19.-21. Nov. 1990	KSZE-Sondergipfel in Paris: Charta von Paris
16./17. Jan. 1991	Beginn des Zweiten Golfkriegs; Waffenstillstand am 11. April 1991
25. Juni 1991	Unabhängigkeitserklärung Sloweniens und Kroatiens. Am 27. Juni greift die jugoslawische Bundesarmee Slowenien, Mitte Juli Kroatien an
19. Aug. 1991	Putschversuch gegen Gorbatschow in der Sowjetunion
31. Dez. 1991	Auflösung der Sowjetunion nach Gorbatschows Rücktritt als Präsident
7. Febr. 1992	Unterzeichnung des Vertrags von Maastricht über die Europäische Politische Union und die Europäische Wirtschafts- und Währungsunion
3.-14. Juni 1992	Weltumwelt- und Entwicklungskonferenz in Rio de Janeiro: Agenda 21
13. Sept. 1993	Gaza-Jericho-Abkommen zwischen Israel und der PLO
9. Mai 1994	Nelson Mandela erster schwarzafrikanischer Staatspräsident Südafrikas
Ende 1994 – Mai 1997	Erster Tschetschenien-Krieg
14. Dez. 1995	Unterzeichnung des Dayton-Abkommens; Ende des Jugoslawienkrieges
27. Sept. 1996	Die Taliban erobern die afghanische Hauptstadt Kabul und rufen einen islamischen Gottesstaat aus
Juli 1997	Beginn einer schweren Finanz- und Börsenkrise in Ostasien, die die gesamte Weltwirtschaft in Mitleidenschaft zieht
1. Jan. 1999	Einführung des Euro, ab 1. Jan. 2002 als alleiniges Zahlungsmittel
24. März– 10. Juni 1999	Kosovokrieg: Luftangriffe der NATO auf Jugoslawien
1999–2000	Zweiter Tschetschenien-Krieg
28. Sept. 2000	Likud-Führer Ariel Scharon löst mit seinem Besuch auf dem Ost-Jerusalemer Tempelberg die zweite Intifada aus.
11. Sept. 2001	Terroranschläge auf das World Trade Center in New York und das amerikanische Verteidigungsministerium bei Washington, D.C.
7. Okt. 2001	Beginn des Afghanistankrieges
26. Aug.– 4. Sept. 2002	Weltgipfel für nachhaltige Entwicklung in Johannesburg
20. März– 1. Mai 2003	Dritter Golfkrieg, der zum Sturz Saddam Husains führt
11. März 2004	Bombenanschläge in Madrid
1. Mai 2004	Erweiterung der EU um zehn mittel- und osteuropäische Staaten
2. Nov. 2004	Wiederwahl des amerikanischen Präsidenten George W. Bush
26. Dez. 2004	Tsunamikatastrophe in Südasien fordert über 200 000 Menschenleben
7. Juli 2005	Bombenanschläge in London

Personenregister

Vorbemerkung
Die angegebenen Seitenzahlen beziehen sich auf Personennamen, die im Text genannt sind (in Normalschrift), die einem eigenen Artikel behandelt werden (in **fett** gedruckter Schrift) und die in Bildunterschriften vorkommen (in *Kursivschrift*).

A

Abbas, Ferhat 364
Abbas, Mahmud 467
Abd ül-Asis (Osmanisches Reich) 128, 132
Abd ül-Hamid I. (Osmanisches Reich) 30
Abd ül-Hamid II. (Osmanisches Reich) 129, *129*, 133
Abd ül-Medjid I. (Osmanisches Reich) 128
Adams, John Quincy *21*
Adenauer, Konrad 309, 313, 334, **335 f.**, *335,* 344, 354, 357, 383 f., *383,* 410
Aehrental, Alois von 172
Alchanow, Alu 453
Aldrin, Edwin E. 404
Aleksej Petrowitsch (Russland) 31
Alembert, Jean-Baptiste Le Rond d' 26
Alexander I. (Jugoslawien) 247
Alexander I. (Russland) 32, 45, 47, 49 f., 52, 54, 60, 64, 78, 91
Alexander II. (Russland) 116, 122, 134, 155, 168
Alexander III. (Russland) 168, 193
Ali Pascha (Albanien) 72
Alia, Ramiz 451
Allenby, Henry Hynman 198
Allende Gossens, Salvador *411,* 412
Amin, Hafisollah 426
Amundsen, Roald 184
Andropow, Jurij 443 f.
Annan, Kofi *480*
Anokye, Okomfo 56
Arafat, Jasir 419 f., 466 f., *466,* 486
Aristide, Jean-Baptiste 464
Armstrong, Neil A. 355, 404
Arndt, Ernst Moritz 65
Asquith, Herbert H. 192
Assad, Hafis al- 400
Atatürk, Mustafa Kemal 133, 207
Attlee, Clement 311, 315, 354
Aylwin, Patricio 412
Aznar, José 484 f.

B

Bâ, Amadou Hampâté 181
Baader, Andreas 417
Babeuf, François 112
Baden, Max von 203
Badoglio, Pietro 297, 322
Bahr, Egon 407 f., 410
Bailly, Jean Sylvain 37, 42
Bairaktar Mustafa Pascha (Bulgarien) 30, 72
Bakunin, Michail Aleksandrowitsch 116
Balfour, Lord Arthur James **197 f.,** *198,* 220, 239
Bao Dai (Vietnam) 349, 391
Barak, Ehud 466
Barnave, Antoine 36
Barras, Paul de 42 f.
Barton, Clara *121*
Bassajew, Schamil 453
Bassi, Ugo *87*
Batista y Zaldívar, Fulgencio 370
Baudouin (Belgien) 322
Bebel, August 113–115, *113,* 127, 163
Beck, Ludwig 302
Beecher-Stowe, Harriet 132
Beethoven, Ludwig van 142
Begin, Menachem 331, 420–422, *421*
Bell, Johannes 207
Ben Gurion, David **330–332,** *331*
Benedetti, Vincent Graf 124
Benz, Carl Friedrich 184
Berija, Lawrentii 352
Bering, Vitus J. 31, 91
Berisha, Sali 451
Berry, Charles Ferdinand Herzog von 74
Bessemer, Henry 68
Bethmann Hollweg, Theobald von 178, 184, 189, 191, *192,* 210
Bin Laden, Osama 479, 481, 484
Birnbaum, Nathan 155
Bismarck, Otto Graf von 96, 104, 114, *122,* 123, **124 f.,** 127 f., 131, 134, 142, 144, 149 f., *149,* 169 f., 173, 178
Blair, Tony 406, 436
Blanc, Louis 112, 114
Blanqui, Louis 98
Blix, Hans 482
Blomberg, Werner von 258
Bolívar, Simón **79 f.,** *79,* 81, 97
Borden, Robert 238
Bór-Komorowski, Tadeusz Graf
Bormann, Martin 265, 318
Börne, Ludwig 65
Borsig, August *101,* 106
Botha, Pieter Willem 468 f.
Bourguiba, Habib 364
Brandt, Willy 387, 407, *407,* **409 f.,** *410,* 435
Brauchitsch, Walther von 284
Braun, Karl Ferdinand 184
Brazza, Pierre Savorgnan de 149
Breschnew, Leonid 351, 353, *377,* 386, 388, 401, 425, 437, 439, 442–444
Briand, Aristide 192, **235 f.,** *235,* 238
Brockdorff-Rantzau, Ulrich Graf von 207
Brüning, Heinrich 255, 269

Brussilow, Aleksej Aleksejewitsch 193
Buback, Siegfried 417
Bucharin, Nikolaj 244
Buchez, Philippe 114
Büchner, Georg 65
Bülow, Bernhard Fürst von 164, 170, 173, 175, 177 f., 184
Burgoyne, John 22
Burke, Edmund 63
Burke, Robert O'Hara 139
Bush, George (d. Ä.) 438, 440, 442, 463 f., 480
Bush, George W. (d. J.) 438, 442, 467, 477, 479, *480*, 481–484, 486
Buthelezi, Gatsha Mongosuthu 468
Buxton, Sir Thomas Fowell, 1. Baronet 132
Byron, George Gordon Noel Lord 71

C

Cabet, Etienne 112
Caetano, Marcello José 415
Cambacérès, Jean-Jacques Régis de 43
Caprivi, Leo von 150, 178
Cárdenas, Lázaro 174
Carlyle, Thomas 131
Carnot, Lazare 41 f., 46
Carnot, Sadi 116
Carranza, Venustiano 174
Carson, Rachel 428
Carter, James Earl (Jimmy) 386, 421 f., *421*, 425 f., 437 f., 460
Castlereagh, Robert Stuart, Viscount 54
Castro Ruz, Fidel 357, 370–372, *371*, 385, 403, 463
Cavaignac, Louis Eugène de 76, 118
Cavour, Camillo Benso Graf 86–89, 95
Ceaușescu, Elena 450
Ceaușescu, Nicolae 450
Cézanne, Paul 142
Chamberlain, Arthur Neville 221, 267, 270, 278
Chamberlain, Austen 234, *235*

Chamberlain, Houston Stewart 154
Charlotte (Großherzogin, Luxemburg) 322
Chaumette, Pierre-Gaspard 40
Chavez, Hugo 463
Chiang Kai-shek 241–243, *242*, 248, 329 f.
Christian X. (Dänemark) 275
Chruschtschow, Nikita Sergejewitsch **352 f.**, 356–358, 369 f., *371*, 372 f., *372*, *384*, 385 f., 401, 408, 410, 442
Churchill, Winston 271, 277, **278 f.**, *278*, 285 f., *286*, 295 f., *295*, 303 f., *304*, 310 f., *315*, *315*, 319, 324, 338, 340, *340*, 354
Ciano, Galeazzo 263
Cixi (China) 136, 165, 176
Clarkson, Thomas 132
Clay, Lucius D. 332
Clemenceau, Georges 183, 204 f.
Clinton, Chelsea 464
Clinton, Hillary Rodham 464, *464*
Clinton, William Jefferson (Bill) 442, **463–465**, *464*, 480, 482, 484
Clive, Robert 59, *59*
Collins, Michael 404
Conrad von Hötzendorf, Franz Graf 188
Corts, Henri 68
Cowper, Edward 68
Cradock, Sir John Francis 57
Cremer, William Randall 159
Cripps, Sir Stafford 227
Cugnot, Nicolas 105
Curie, Marie 184
Curzon, George Nathaniel Lord 146, 224
Czartoryski, Adam Jerzy Fürst 78

D

Daimler, Gottlieb 184
Daladier, Édouard 270
Dalai-Lama 342, *342*
Dalhousie, James Andrew Lord 92

Danielewski, Nikolaj J. 134
D'Annunzio, Gabriele 261
Danton, Georges Jacques 42
Darby, Abraham 68
Darwin, Charles 100, 140
Dawes, Charles G. 233, *233*
Dayan, Moshe 412
Dean, James 379
Deane, Silas 22
Decazes, Élie Herzog von 74
Delacroix, Eugène *71*, *75*
Demirel, Süleyman 431
Dempsey, Jack 250
Deng Xiaoping 399, 461 f.
Desmoulins, Camille 42
Dessalines, Jean Jacques (Haiti) 58
Díaz, Porfirio 174
Diderot, Denis 26
Diebitsch, Johann Graf 53
Diederichs, O. 163 f.
Dilke, Sir Charles 131
Dingane (Zulu-König) 160
Disraeli, Benjamin, Earl of Beaconsfield 130, 148
Dole, Robert J. 464
Dollfuß, Engelbert 247
Dönitz, Karl 307, 318
Dooge, James 433
Dörr, Wilhelm 154
Dostojewskij, Fjodor Michailowitsch 134, 142
Dreyfus, Alfred **152 f.**, *152*, 155 f.
Drumont, Édouard A. 155
Dserschinski, Feliks 223
Dubček, Alexander 401 f., 450, *450*
Dudajew, Dschochar 452
Dudley, Dud 68
Dühring, Karl Eugen 154
Dulles, John Foster 338, *338*, *343*, 356
Dumouriez, Charles François 39
Dunant, Henri 64, 87
Duport, Adrien 36
Durkheim, Émile 142
Dutschke, Rudi 403

E

Ebert, Friedrich 201, 203 f., *203*, 214 f.
Eden, Anthony 360
Eduard VII. (Großbritannien) 165
Eichmann, Adolf 291
Einstein, Albert 184, 302
Eisenhower, Dwight David 287, 317, 338, 356, **378 f.**, 380, 394
Elisabeth (Österreich) 116
Elisabeth (Russland) 32
Elisabeth II. (Großbritannien) *389*
Elser, Georg 301
Engels, Friedrich 63, 98, 109, **110–112**, *111*, 113, 116
Ensslin, Gudrun 417
Enver Pascha 133, *133*
Erbakan, Necmettin 431
Erhard, Ludwig 357, 410
Erzberger, Matthias 203, *204*, 205, 210, 215
Esterhazy, Ferdinand 152
Eugénie (Frankreich) 147
Evren, Kenan 431

F

Falkenhausen, Alexander von 276
Faraday, Michael 105
Fehrenbach, Konstantin 217
Ferdinand VII. (Spanien) 51, 80
Ferry, Jules 169
Fillmore, Millard 94
Fischer, Fritz 186
Foch, Ferdinand 200, *204*, 205
Ford, Gerald Rudolph 386, 395, *416*, 437
Fouché, Joseph 52
Fourier, Charles 112, 114
Fowell, Thomas 132
Frahm, Herbert Ernst Karl → Brandt, Willy
Frahm, Ludwig 409
Franco, Francisco 261, 279, 403, 415
Frank, Hans 298, 318
Franklin, Benjamin *21*, 22
Franz Ferdinand, Erzherzog von Österreich 185, 188, 210

Franz II. (Hl. Röm. Reich; als Kaiser von Österreich: Franz I.) 44, 47, 50 f., 54, 60, 64
Franz II. (Sizilien) 88
Franz Joseph I. (Österreich-Ungarn) 87, 188, 202, *202*
Frei, Eduardo 411
Frick, Wilhelm 257, 265, 318
Fried, Alfred Hermann 159
Friedan, Betty 427
Friedrich II. (Preußen) 32 f.
Friedrich III. (Deutsches Reich) 127
Friedrich Wilhelm III. (Preußen) 48 f., 53 f., 64
Friedrich Wilhelm IV. (Preußen) 86, 97
Fritzsche, Hans 318
Fujimori, Alberto 463
Fulton, Robert 99
Funk, Walther 318

G

Gagarin, Juri A. 355, 404, *404*
Gama, Vasco da 58
Gambetta, Léon 124, 127
Gandhi, Feroze 377
Gandhi, Indira **376 f.**, *377*, 471
Gandhi, Mahatma **226 f.**, *226*, *328*, 376
Gandhi, Rajiv 377, 471
Gandhi, Sanjay 377
Garibaldi, Guiseppe 87 f., *87*, **89**
Garvey, Marcus M. 251
Gasperi, Alcide de 322 f.
Gauguin, Paul 142
Gaulle, Charles de *295*, 300, 321, *321*, 336, 356 f., 363, 365, 367, 383 f., *383*, 403, 422
Genscher, Hans-Dietrich 453, 455, *455*
Georg I. (Griechenland) 72
Georg III. (Großbritannien) 21
Gerassimow, Sergej *245*
Gershwin, George 252
Gierek, Edward 433
Giraud, Henri *295*
Gladstone, William 131
Glenn, John H. 355, 404

Gneisenau, August Wilhelm Graf 48
Gobineau, Arthur de 154
Goebbels, Joseph 285, 288, *288*, 318
Goerdeler, Carl 301
Gogh, Vincent van 142
Gomułka, Władysław 363, 433
Gorbatschow, Michail Sergejewitsch 388 f., 434, 437-440, 443, *443*, **444–445**, *444*, 446–450, 453, 455 f., *455*, 461, 486
Gorbatschowa, Raissa *444*
Göring, Hermann 257, 287 f., 291, 318
Gouges, Olympe de 41
Gowon, Jakubu 396
Goya, Francisco José de *51*
Grey, Sir Edward 171, 178
Grimm, Gebrüder 84
Grimm, Hans 282
Grósz, Károly 449
Grotewohl, Otto *334*, 335
Gruhl, Herbert 429
Grynszpan, Herschel 266
Guangzu (China) 135, 165, 176
Guevara Serna, Ernesto (Che) 370, *371*, 403
Guillaume, Günter 410
Guizot, François 74
Gutzkow, Karl 65

H

Hahn, Otto 303
Haile Selassie I. (Äthiopien) 396, 425
Håkon VII. (Norwegen) 276
Haldane, Richard Burdon 178, 184
Halder, Franz 284
Hallstein, Walter 363
Hamaguchi Yuko 228
Hamilton, Alexander 25
Hammarskjöld, Dag 366, *366*
Hanotaux, Gabriel 169
Hardenberg, Karl August Fürst von 48, 54
Harding, Warren G. 249, 252
Harkort, Friedrich *69*, 109
Harnack, Adolf 301

Hauptmann, Gerhard 142
Haussmann, Georges Eugène (Baron de)119
Havel, Václav 450
Hébert, Jacques René 42
Hedley, William 106
Heine, Heinrich 65
Heine, Thomas Theodor 163
Heinemann, Gustav 408
Heisenberg, Werner 303
Henlein, Konrad 267
Herrhausen, Alfred 418
Herzl, Theodor 155 f., *155*
Hess, Rudolf 318
Heuss, Theodor 334, *334*
Heydrich, Reinhard 265, 291 f.
Himmler, Heinrich 264 f., 291, 293, 298, 318
Hindenburg, Paul von 191 f., 200, 255, 258
Hirohito (Japan) 367
Hitler, Adolf 154 f., 213, 215, *218*, 220, 255–260, *256*, *258*, 262–265, *263*, *264*, 267–272, *268*, **273 f.**, *273*, 275–289, 291 f., 295, 297, 300–303, 306–311, 318, 322
Ho Chi Minh 348 f., *349*, *391*
Hobbes, Thomas 79
Hofer, Andreas 52, 60
Hoffmann, August Wilhelm 105
Holstein, Friedrich von 177
Honecker, Erich *416*, 440, 453 f.
Hong Xiuquan 92 f., *93*
Hoover, Herbert C. 253
Horn, Gyula 449
Horthy, Miklós 247, 306
Höß, Rudolf 293
Hötzendorf → Conrad von Hötzendorf
House, Edward 199
Hoxha, Enver 450
Hu Yaobang 461
Hua Guofeng 399, 461
Huber, Kurt 302
Huber, Viktor Aimé 115
Huerta, Victoriano 174
Hugenberg, Alfred 257
Humboldt, Alexander von 100
Humphrey, Hubert H. 394

Husain I. (Mekka) 198
Husain II. (Jordanien) 412, 420
Husain, Saddam 432, 442, 458 f., 463, 465, 480, 482–484, *482*, 487
Husaini, Muhammad Amin Al 221
Husák, Gustav 402

■ I

Ibáñez, Carlos 411
Ibrahim Pascha (Ägypten) 71 f.
Ibsen, Henrik 142
Ii Naosuke 94
Iliescu, Ion 450
Iliffe, John 180
Ismail Pascha (Ägypten) 147
Itō Hirobumi 136
Iwakuma Tomani 136
Izetbegović, Alija 461

■ J

Jahn, Friedrich Ludwig 65
Jarring, Gunnar 412
Jaruzelski, Wojciech 433 f.
Jefferson, Thomas 20 f., *21*, 82 f.
Jelzin, Boris 438, *446*, 448
Jemal Pascha (Osmanisches Reich) 198
Jérôme Bonaparte (Westfalen) 48 f.
Jiang Qing 399
Jinnah, Mohammed Ali 328 f.
Jodl, Alfred 318
Johannes IV. (Äthiopien) 151
Johannes Paul II. (Papst) 433
Johnson, Andrew 137
Johnson, James Weldon 252
Johnson, Lyndon Baines 380, 386, 391, 394
Joseph Bonaparte (Spanien) 49, 51 f., 80
Joseph II. (Österreich) 33
Juan Carlos I. (Spanien) 415, 474
Juarez, Benito 121
Juliana (Niederlande) 322

■ K

Kádár, János 358, 449
Kadyrow, Achmed 452 f.

Kaltenbrunner, Ernst 318
Kamenew, Lew 244
Kang Youwei 135 f.
Kania, Stanisław 433
Kant, Immanuel 16, 25, 27, *27*
Kapp, Wolfgang 215
Karadžić, Radovan 460
Karl Albert (Sardinien-Piemont) 85
Karl I. (Österreich-Ungarn) 202
Karl IV. (Spanien) 51
Karl Wilhelm Ferdinand, Herzog von Braunschweig 39, 49
Karl X. (Frankreich) 74–76
Karl XII. (Schweden) 31
Karl, Erzherzog von Österreich 52
Karmal, Babrak 426
Karsai, Hamid 481
Katharina II., die Große (Russland) 30, 32 f., 60, 77, 128
Keitel, Wilhelm 318
Kellogg, Frank B. 238
Kemal Atatürk, Mustafa 212, 224 f., *224*, **231 f.**, 269
Kemal Pascha, Ahmed 133
Kennan, George F. 375
Kennedy, Jacqueline (Jackie) Lee Bouvier 379
Kennedy, John Fitzgerald 357, 369 f., 372, *372*, **379 f.**, *379*, 385 f., 391, 394, 404, 428
Kerenskij, Aleksandr 195
Ketteler, Klemens von 165
Ketteler, Wilhelm von 109
Khamenei, Ali 431
Khomeini, Ruhollah Mussawi Hendi 388, 430 f., *430*
Kiderlen-Waechter, Alfred von 175
Kiesinger, Kurt Georg 403, 410
King, John 139
King, Martin Luther 379 f., **393 f.**, *393*, 403
King, William Mackenzie 239
Kipling, Rudyard 131
Kissinger, Henry A. 387, **394 f.**, 413, 420 f.
Kitchener, Horatio Herbert Lord 157

Klerk, Fredrik Willem de 468 f.
Knötel, Richard *163*
Koch, Robert 184
Koenig, Pierre 317
Kohl, Helmut 430, 440 f.,
 455–457, *455*
Kohl, Michael 408
Kollwitz, Käthe *110*
Kolping, Adolf 109
Kolumbus, Christoph 140, 158
Konjew, Iwan 306
Korherr, Richard 293
Korutürk, Fahri 431
Kościuszko, Tadeusz 33
Kotzebue, August von 64
Kreisky, Bruno *416*
Krenz, Egon 454
Krüger, Paul 173
Krupp von Bohlen und Halbach, Gustav 318
Krupp, Alfred 103, *103*, 110
Krupskaja, Nadeschda 193
Kumaratunga, Chandrika 472
Kun, Béla 247
Kustodijew, Boris *230*

L

La Fayette, Marie Joseph, Marquis de 28, 35, 37 f., 75
Lameth, Alexandre Graf von 36
Lammasch, Heinrich 202
Lansing, Robert 205
Lassalle, Ferdinand 113, *113*
Launay, Bernard Jordan de 36 f.
Le Barbier d. Ä., Jean Jacques 38
Lebed, Aleksandr 452
Lebrun, Charles François 43
Le Duc Tho 394
Lee, Richard Henry 20
Lenin, Wladimir Iljitsch 169, **193 f.**, *193*, 195 f., 228 f., *228*, 243, 269, 352
Leo XIII. (Papst) 109
Leopold I. (Belgien) 76
Leopold II. (Belgien) 149, 180, 182, 365
Leopold III. (Belgien) 322
Leopold, Prinz von Hohenzollern-Sigmaringen 124
Lesseps, Ferdinand de 147 f., 183

Lessing, Gotthold Ephraim 26, 154
Leutin, Theodor 166
Lewinsky, Monica 464 f.
Ley, Robert 318
Li Hongzhang 135 f., *136*, 166
Liang Qichao 135 f.
Liebig, Justus von 105, *105*
Liebknecht, Karl 203 f.
Liebknecht, Wilhelm 113, *113*, 127
Ligatschow, Jegor *443*
Lilienthal, Otto 142
Lilioukalani (Hawaii) *158*
Lin Zexu 76 f.
Lincoln, Abraham **119 f.**, 121, 137, 139, 392
Lisle, Roger de 39
List, Friedrich **96**, 107
Liu Shaoqi 398 f.
Livingstone, David 132
Lloyd George, David 186, 204 f.
Locke, John 25, 27, *27*, 79
Lorenz, Peter 417
Louis Philippe (Frankreich) 76, 85, 97, 118
Louis, Joe 252
Ludendorff, Erich 192, 200, 215
Lüderitz, Adolf Eduard 166
Ludwig XIV. (Frankreich) 28 f.
Ludwig XV. (Frankreich) 28
Ludwig XVI. (Frankreich) 22, 28 f., 35–40, 45, 60, 74
Ludwig XVIII. (Frankreich) 74
Lueger, Karl 155
Lumumba, Patrice 365 f.
Lüttwitz, Walter von 215
Luxemburg, Rosa 143, 203 f.
Lwow, Fürst Georgij 194, 210
Lynch, Jack *422*

M

MacArthur, Douglas 342
Macmillan, Harold *343*
Madero, Francisco Indalecio 174
Mahan, Alfred T. 138
Mahdi Mohammed Ahmed 157
Maherero, Samuel 166
Mahler, Horst 417

Mahmud II. (Osmanisches Reich) **72 f.**, 77
Maistre, Joseph de 74
Maizière, Lothar de 455
Major, John 436
Maklakow, Nikolai 168
Malan, Daniel F. 397
Mandela, Nelson **468 f.**, *468,* 486
Mann, Heinrich 163
Mann, Thomas 142
Manstein, Erich von 276
Mao Zedong **242 f.**, *243,* 312, 329 f., *330, 342,* 354, 367, 372 f., *395,* 398 f., 439, 461
Marchand, Jean-Baptiste 157
Marconi, Gugliemo 184
Marie Louise, Erzherzogin von Österreich 45
Maritz, Gertit 160
Marshall, George C. 326 f.
Martin, Pierre 69
Martow, Julij O. 169, 193
Marx, Karl 63, 99, 109, **110–112,** *111,* 113–116, *113,* 373
Maschadow, Aslan 452 f.
Mason, George 24
Masaryk, Tomáš *218*
Massu, Jacques 365
Maximilian (Mexiko) 121, 147
Mazowiecki, Tadeusz 449
Mazzini, Guiseppe 89
Mbeki, Thabo 468 f.
McCarthy, Joseph 378, *378*
McMahon, Henry 198
Meckel, Jacob 137, 154
Mehmed V. (Osmanisches Reich) 133, 179
Mehmed VI. (Osmanisches Reich) 231 f.
Meinhof, Ulrike 417
Meir, Golda 412
Mendelssohn, Moses 154
Mendès-France, Pierre 364
Menelik II. (Äthiopien) **150–152,** *151,* 184
Mengistu Haile Mariam 425
Méricourt, Théroigne de 41
Metternich, Klemens Wenzel Fürst von 53 f., *54,* **64–66,** 85
Midhat Pascha 129

Mielke, Erich 454
Mill, John Stuart 129
Milošević, Slobodan 459, 461, 478
Minto, Gilbert John Lord (Indien) 146
Mir Jafar *59*
Mirabeau, Honoré Gabriel, Graf von 35 f.
Mitterrand, François 419, 441, 455, 457
Mladenov, Petar 450
Mobutu, Sese-Seko (früher: Joseph Désiré) 366, 397
Mock, Alois 449
Modrow, Hans 454
Mohammed Resa Pahlewi (Iran) 403, 430
Mohammed V. (Marokko) 364
Mojaddedis, Sibghatullah 426
Molotow, Wjatscheslaw M. 268, 271, 274, *343*
Moltke, Helmuth Graf von 73, 124, 190
Mommsen, Theodor 154
Monnet, Jean 345, 362
Monroe, James 62, **73 f.**, *73*, 97
Monroe, Marilyn 379
Montesquieu, Charles de 16, 27, *27*, 79
Montgomery, Bernard Law 286, 317
Moro, Aldo 418, *418*
Moss, Moses 155
Mountbatten, Louis 329
Msilikasi (Ndbele-König) 160
Mubarak, Hosni 422
Mulai Hafid (Marokko) 169
Mullah Omar (Taliban-Führer) 481
Müller, Heinrich 291
Müller, Hermann 207, 254 f.
Museveni, Yoweri 396
Musharraf, Pervez 329
Mussolini, Benito 261–263, *262 f.*, 270, 279, 296 f., 310, 322
Mustafa IV. (Osmanisches Reich) 30, 72
Mutsuhito (Japan) 34, 136, *137*, 139

N

Nachtigal, Gustav 139
Nagib, Ali Mohammed 360
Nagy, Imre 358, 449
Najibullah, Mohammed 426, 481
Nansen, Fridtjof 139
Naoroji, Dadabhai 146
Napoleon I. (Napoléon Bonaparte) 17, 30, 32, 42, **43–45**, *43*, 46–51, *47*, *50*, **52 f.**, *52*, 54 f., 58, 60, 62, 64, 72, 74, 76, 78–80, 83, 117 f.
Napoleon III. (Louis Napoléon Bonaparte) 85, 87 f., 94, 97, 107 f., **118 f.**, *119*, 121, 124, 127, 139, 148, 162, 169
Nasser, Gamal Abd-el 353, *353*, 359, **360–362**, *361*, 399 f., 420
Necker, Jacques 36
Negrelli, Alois 148
Nehru, Jawaharlal 226, *328*, 329, 353, *353*, 376 f.
Nelson, Lord Horatio 43, 47, 60
Netanjahu, Benjamin 466
Neurath, Konstantin von 267, 318
Newcomen, Thomas 66
Newton, Sir Isaac 16
Ngo Dinh Diem 349, 391
Nguyen Van Thieu 391
Nightingale, Florence 94
Nikolaus I. (Russland) 79, 94, 134, 166
Nikolaus II. (Russland) 159, 168 f., 172, 189, 191, 210
Nixon, Richard M. 379, 386 f., **394 f.**, *395*, 412
Nkrumah, Kwame 353, 380, 382 f.
Nobel, Alfred 68, 162
Noske, Gustav 204
Numeiri, Jafar Mohammed an- 396

O

Obregón, Álvaro 174
Öcalan, Abdullah 432
Ohnesorg, Benno 403

Ojukwu, Odumegwu 395
Oppenheimer, Jacob Robert 303
Orpen, William *205*
O'Sullivan, John L. 137
Otto von Bayern (Griechenland) 72
Owen, Robert 112, 114
Owens, Jesse 252
Özal, Turgut 431 f.

P

Paine, Thomas 19, *19*
Pantschen-Lama *342*
Papen, Franz von 256 f., 318
Pasvanoglu, Osman 72
Paul (Prinzregent, Jugoslawien) 280
Paul I. (Russland) 32, 46, 91
Peary, Robert Edwin 184
Peel, Sir Robert 130
Perry, Matthew 94
Pétain, Philippe 276 f.
Peter I., der Große (Russland) **31 f.**, *31*, 91
Peter II. (Brasilien) 147
Peter III. (Russland) 32
Picquart, Georges 152
Pieck, Wilhelm *334*, 335
Piłsudski, Józef Klemens 223, 247, 269
Pinay, Antoine *343*
Pinkowski, Józef 433
Pinochet Ugarte, Augusto 412, 439, 463
Pinsker, Leon 155
Pitt d. Ä., William 59
Pitt d. J., William 47
Pius VII. (Papst) *43*, 44 f., 60
Pius IX. (Papst) 126
Plechanow, Georgij W. 169, 193
Pleven, René 346
Pogodin, Michail P. 134
Polignac, Jules Auguste Fürst von 75
Polk, James K. 83 f.
Ponto, Jürgen 417
Potgieter, Andries Hendrik 160 f.
Presley, Elvis 379
Princip, Gavrilo 188

Primo de Rivera y Orbaneja 260
Probst, Christoph *301*
Proudhon, Pierre Joseph 112, 116
Putin, Wladimir 452
Pu Yi (China) 248

Q

Qianlong (China) 30
Quidde, Ludwig 163
Quisling, Vidkun *275*

R

Rabin, Itzhak 421, 465–467, *466*
Raeder, Erich 275, 318
Rahmat Ali 328
Raiffeisen, Friedrich Wilhelm 115
Rao, Pamulaparti Venkata Narasimha 471
Rapacki, Adam 363
Rath, Ernst Eduard vom 266
Rathenau, Walther 215, 231
Ray, James Earl 394
Reagan, Ronald 386, 388, 425 f., 431, 436–439, *436*, 446, 463
Rebeque, Benjamin Constant de 74
Remarque, Erich Maria 190
Resa Pahlewi → Mohammed Resa Pahlewi
Reschid Pascha, Mustafa 128
Retief, Peter 160
Rhodes, Cecil 131, 141, 143 f., 161, 170
Ribbentrop, Joachim von 267 f., 271, 274, 277, 318
Richelieu, Armand Emmanuel du Plessis, Herzog von 74
Risa, Ahmed 133
Roberts, Frederick Sleigh 173
Robespierre, Maximilien de 41 f., *42*, 43, 60
Rodríguez, Simón 79
Rogers, William 412
Röhm, Ernst 258, *258*, 265
Roland, Manon de 41
Rommel, Erwin 279, 286 f.
Röntgen, Wilhelm Conrad 184
Roosevelt, Franklin Delano 240, **253 f.**, 269, 272, 286, *286*, 293, 295 f., *295*, 302–304, *304*, 310 f., 315, 319
Roosevelt, Theodore 160, 162, 167 f., 183, 199
Rosenberg, Alfred 318
Rothschild, Lionel Walter, Lord 198
Rousseau, Jean-Jacques 16, 27, *27*, 79
Royer-Collard, Pierre Paul 74
Rugova, Ibrahim 477
Rumsfeld, Donald 482
Rushdie, Salman 431
Ruth, George H. 250
Rykow, Aleksej 244

S

Sadat, Anwar as- 362, 420–422, *421*
Said Pascha (Ägypten) 147
Saigō Takamori 34, 136
Saint-Simon, Claude Henri, Graf von 112
Sait (Scheich, Zaza-Kurden) 232
Salazar, Antonio 415
Salisbury, Lord 150
San Martín, José de 80
Sand, Karl 64
Santa Anna, Antonio López de 121
Sauckel, Fritz 289, 318
Schabowski, Günter 454
Schamir, Yitzak 467
Scharnhorst, Gerhard Johann David von 48
Scharon, Ariel 466 f., 486
Schdanow, Andrej 325 f.
Scheel, Walter 407, 410
Scheidemann, Philipp 203, 214, *215*
Schelichow, Grigorij Iwanowitsch 91
Schenk von Stauffenberg, Claus Graf 302, 310
Schewardnadse, Eduard 448
Schieder, Theodor 51
Schirach, Baldur von 318
Schiwkow, Todor 450
Schleicher, Kurt von 255, 258
Schleyer, Hanns Martin 417 f.
Schlieffen, Alfred Graf von 186, 190
Schlüter, Andreas 32
Schmidt, Helmut 388, *416*, 424
Schmorell, Alexander 302
Scholl, Hans 301 f., *301*
Scholl, Sophie 301 f., *301*
Schönerer, Georg Ritter von 155
Schröder, Gerhard 442, 479
Schubert, Johann Andreas 106
Schukow, Georgij 306, 317
Schulze-Boysen, Harro 301
Schulze-Delitzsch, Hermann 109, 115
Schuman, Robert 344 f., *345*
Schurpin, V. Fjodor *244*
Schuschnigg, Kurt 247, 264
Schuwaloff, Graf Paul von 150
Schwarzer, Alice 428
Schweinfurth, Georg 139
Scopes, John T. 251
Scott, Robert Falcon 184
Scott, Winfield 84
Selim III. (Osmanisches Reich) **29 f.**, 46, 72 f.
Seymour, Edward H. 165
Seyß-Inquart, Arthur 318
Sharp, Granville 132
Shastri, Lal Bahadur 377
Siemens, Friedrich 69
Siemens, Werner von 99, 105
Siemens, Wilhelm 69
Sieyès, Emmanuel Joseph Graf (Abbé Sieyès) 28, 41
Simons, Walter 271
Sinowjew, Grigorij 244
Soares, Mario 415
Sokolowskij, Wassilij 327
Solschenizyn, Alexandr Issajewitsch 245
Sossi, Mario 418
Spaak, Paul-Henri 362
Speer, Albert 288, 306, 318
Spencer, Herbert 142
Spinola, Antonio de 415
Stalin Josef 229 f., 241, **243–245**, *244*, 246 f., 267–272, *268*, 280, 283, 285, 296, 299, 303–305, *304*, 307–312, 315, *315*, 317 f.,

326, 330, 338–340, 344, 347, 352–354, 357, 372
Stanislaus II. August Poniatowski (Polen) 33
Stanley, Sir Morton 139, 149
Starr, Kenneth 464
Stauffenberg → Schenk von Stauffenberg
Stein, Heinrich Friedrich Karl Reichsfreiherr vom und zum 48
Stephenson, George 97, 102, 106
Stephenson, Robert 102, 106
Steuben, Friedrich Wilhelm von 22
Stoph, Willi 407, *407,* 454
Straßmann, Friedrich 303
Streicher, Julius 318
Stresemann, Gustav 213, 218, 234, **235 f.**, *235 f.,* 237
Strindberg, August 142
Stroessner, Hugo 463
Stürgkh, Karl Graf von 202
Suarez, Adolfo 415
Suarez, Pino 174
Sukarno, Achmed *353,* 361
Sun Yatsen 176 f., *176,* 241, *242*
Suttner, Arthur Gundacca von 161 f.
Suttner, Bertha von 159, **161 f.**, *161,* 184
Szálasi, Ferenc 306

■■■ T ■■■■■■■■■■■■■■■■■■■■■■■■
Taft, William 199
Talat Pascha, Mehmed 133
Talleyrand, Charles Maurice de 35, 54
Tambo, Oliver 469
Thatcher, Margaret 436, *436,* 441, 455
Theodorus II. (Äthiopien) 151
Thiers, Adolphe 75, 127
Thomas, Sydney 69
Tirpitz, Alfred von 173, 178
Tito, Josip Broz 281, 311, 339 f., *339,* 353, *353,* 361, 459
Togo Heihachiro 167

Tokugawa Ieyasu 33
Tolstoj, Lew Nikolajewitsch 142
Toussaint Louverture, François Dominique 58
Treitschke, Heinrich von 154
Trevithick, Richard 105
Troeltsch, Ernst 25
Trotha, Lothar von 166
Trotzkij, Leo (Lew) 169, 194–196, 222, 244
Truman, Harry S. 308, 311 f., 315, *315,* 326, 342, 354, 393, 414
Tschernenko, Konstantin 437, 443 f.
Tshombé, Moïse 365 f., *366*
Tudjman, Franjo 461
Tunney, Gene 250
Tutu, Osei 56

■■■ U ■■■■■■■■■■■■■■■■■■■■■■■■
Ulbricht, Walter 335, 347 f., 453
Uljanow, Alexander 193
Uljanow, Wladimir Iljitsch → Lenin

■■■ V ■■■■■■■■■■■■■■■■■■■■■■■■
Vance, Cyrus 421
Viktor Emanuel II. (Sardinien-Piemont, Italien) 87 f., 296
Viktor Emanuel III. (Italien) 297, 322
Viktoria (Großbritannien) 76, 100, **129–131,** 139, 144 f., 173
Villa, Francisco 174, *174*
Villèle, Jean-Baptiste Graf de 74 f.
Vo Nguyen Giap 391
Voltaire 16, 26 f., 79
Vorster, John 398

■■■ W ■■■■■■■■■■■■■■■■■■■■■■■■
Wagner, Richard 155
Wałęsa, Leszek (Lech) 433 f., *434,* 449
Waldeck-Rousseau, René 153
Wartenburg, Yorck von 53
Washington, George 21–24, **25,** 38
Watt, James 66 f., *66,* 98, 102

Weber, Max 142
Weißkopf, Gustav Albin 142
Weizmann, Chaijim 198, 332
Wellesly, Sir Arthur, Herzog von Wellington 51
Werner, Anton von *123,* 125
Westphalen, Jenny von 111
Weygand, Maxime 276
Wichern, Johann Heinrich 109
Wickremasinghe, Ranil 472
Wielopolski, Graf Alexander 122
Wilberforce, William 132
Wilhelm I. (Niederlande) 76
Wilhelm I. (Preußen, Deutsches Reich) *123,* 124 f., 127
Wilhelm II. (Deutsches Reich) 125, 127, 142 f., 154, 157, 162 f., 170 f., 173, 175, 177 f., 188 f., 196, 203, *208,* 214
Wilhelmina (Niederlande) 322
Wills, William John 139
Wilson, Harold 390, 422
Wilson, Thomas Woodrow 183 f., 187, 197, **199,** 203–205, 207, 210 f., 219, 249
Windthorst, Ludwig 126
Wirth, Joseph 217, *231,*
Witte, Ludo de 366
Wöhler, Friedrich 105
Wojtyła, Karol → Johannes Paul II.
Wright, Orville und Wilbur 142, 184
Wyszyński, Stefan Kardinal 433

■■■ Y ■■■■■■■■■■■■■■■■■■■■■■■■
Yifru, Ketema 382
Young, Owen D. 233, *233*
Ypsilanti d. J., Alexandros Fürst von 71
Yuan Shikai 176 f.

■■■ Z ■■■■■■■■■■■■■■■■■■■■■■■■
Zapata, Emiliano 174, *174*
Zapatero, José Rodríguez 485
Zhou Enlai 395, 399
Zimmermann, Arthur 197
Zola, Émile 142, 152, *152*

Sachregister

Vorbemerkung
Das Sachregister enthält eine Auswahl historischer Sachbegriffe und geografischer bzw. historisch-geografischer Namen. Die Seitenzahlen sind bei im Text genannten Stichwörtern in Normalschrift, bei den in einem eigenen Artikel behandelten Begriffen in **fett** gedruckter Schrift und bei den in Bildunterschriften vorkommenden oder auf Bildern dargestellten Sachverhalten *kursiv* gesetzt.

0–9

11. September 2001 → Elfter September
17. Juni 1953 → Siebzehnter Juni
20. Juli 1944 → Zwanzigster Juli

A

ABC-Waffen 347, 350, 392, 484; → Atomwaffen
ABM-Vertrag 405, 411, 438
Abrüstung 337, 353, 355, **363 f.**, 374, **384**, 388, **402**, 407, **410 f.**, 417, 427, **437 f.**, *437*, 446
Absolutismus 15 f., 25–27, 30, *36*, 37, 39, 56, 64, 118, 129
Abukir 43
Adel 16, 26, 28, 31, 33–38, 76, 103, 112, 117 f., 122, 126, 130, 135, 161, 193, 209, 324
Adrianopel, Frieden 71, 77
Afghanistan 141, 145, *145*, 328, 388, 416, **425 f.**, 438 f., 442, 446, 479 f., **481**, 482, 484, 486
Afghanistankrieg 425 f., 470, 474, 480, **481**, 486
Afrika 16, 29, 55–57, 100, 131 f., 139, 140 f., 143, **148–150**, *148 f.*, 151, 156 f., 159, 165, 169 f., 173, 179 f., **181 f.**, 184,
251, 270 f., 277, **279 f.**, 285, **286 f.**, 294–296, 310, 332, 353, 359, **364–366**, **380–383**, *380*, 389 f., **395–398**, 402, 413, 415, 425, 435, 467 f., **469–471**, 473 f., 486
Afrikakonferenz → Berliner Afrikakonferenz
Afrikanischer Nationalkongress (ANC) 397 f., 468 f., *468*
Afroamerikaner 16, 21–23, 82, 100, 119–121, 131 f., 149, 250–252, 379 f., **392–394**, 439; auch → Sklaverei
Ägypten 29 f., 43, 46, 71 f., 78, 131, 139–141, 146–148, 151, 157, 170, 184, 198, 270, 279 f., 310, 324, 332, 353, 356, **359–362**, *361*, 364 f., 380, 396, 399 f., 412 f., 419–422, 439, 467
Aids 469–471, *470*, 474
Aigun, Vertrag 96 f.
Akwamu 55
Albanien 72, 179, 212, 269 f., **279–281**, 325, 336, 339, 351, 376, 401, **450 f.**
Algeciras, Konferenz 170 f., 175, 177, 184
Algerien 78, 119, 169, 182, 280, 287, 324, 359, **364 f.**, *364*, 381, 383, 385, 413, 483
Algerienkrieg 365, 381, 385
Allgemeines Zoll- und Handelsabkommen (GATT) 390
Allianz für Deutschland 455
Alliierte Kommandantur 303, 312 f.
Alliierte
- Dritter Golfkrieg 481 f.
- Erster Weltkrieg 187, 190, 192, 193, 196, 200, 202, 204 f. 210–213, 216–218, *217*, 224, 231, 233 f., 261, 269
- gegen Napoleon 45
- Krimkrieg 94 f., *95*
- Opiumkrieg 95 f.
- Zweiter Golfkrieg 458 f., 464 f.
- Zweiter Weltkrieg 222, 272, 275 f., 278, 280, **285 f.**, 287 f., 295, **296 f.**, 298, *298*, **299 f.**, *300*, 302–311, 313, 319, 322, 332–334, 346, 369 f., 378, 380, 407 f.; → Anti-Hitler-Koalition
Alliierter Kontrollrat 312 f., 316 f., *316*, 327, 332, 354, 387
alliierte Landung 1944 296, 299 f.
al-Qaida 479, 483 f.
Amerikanische Revolution → Revolutionen
Amiens, Frieden 30, **46 f.**, 57
amnesty international 39
Amsterdam, EU-Vertrag 350, 424, 457 f.
Anarchismus 63, 85, 115, **116 f.**, 118, 381, 399
Anatolien 231, 431; → Türkei
ANC → Afrikanischer Nationalkongress
Ancien Régime 25, 27, **28 f.**, 30, 34 f., **36 f.**, *36*, 38, 40, 54, 56
Angola 381 f., 388, 398, 415, 425, 468 f., 473
»Anschluss« Österreichs 207, **263.**, *264*, 270, 301
Antifaschismus 261, 322, 370
Anti-Hitler-Koalition 278, 285, 295, 303, 308 f., 311, 315–318, 324–326, 332, 343 f.
Antikominternpakt 270, 274, 279
Antikommunismus 241, 256, 273, 306, **378**, 385, 391, 414, 460
Antisemitismus 152, **154 f.**, 156, 161, 185, 247, 256, 259, 273, 282

ANZUS 376
Aowin 55
Apartheid 382, **397 f.**, *397*, 467–469
Araber 17, 198, 220 f., 224, 331 f., 354, 356, 359–362, 364, 399 f., 413, 419 f., 431, 439, 458, 465, 467
Arabische Liga **323 f.**, *323*, 354
Arabisch-israelischer Krieg
 → Nahostkonflikt
 - erster 332, 354, 360, 419,
 - zweiter 356, 385,
 - dritter → Sechstagekrieg
 - vierter → Jom-Kippur-Krieg
Arbeiter, -innen 58, 63, 85, 89, 99, 102 f., 108-110, 112, 115 f., 118, 126 f., 130, 168, 174, 183, 186, 194 f., **200 f.**, 218, 227, 241, 250, *254*, 322, 330, 347, 364, 367, 370, 378, 397, 399, 403, 433 f., 465
Arbeiteraufstand (Polen 1956) 358
Arbeiteraufstand (DDR 1953)
 → Siebzehnter Juni
Arbeiterbewegung 109-113, *113*, **114–116**, 118, 143, 168 f., 194 f., 201, 203 f., 223, 226, 228, 241, 303, 331 f., 340, 356, 409, 433, 449
Argentinien 81, 147, 402, 463
Armenien 133, 196, 223, 232, 447 f.
Arm und Reich *435*
Articles of Confederation 23
Aserbaidschan 223, 448
Ashantireich **55 f.**
Aspern, Schlacht 52
Äthiopien **150–152**, *151*, 184, 262 f., 380, 382, 388, **396**, 425 f., 469, 473 f.
Atlantikcharta **285 f.**, *286*, 296, 309 f., 319
Atomenergie 302 f., 362 f., 429, **445 f.**, *445*
Atomteststoppabkommen 355, **384**, *384*, 385, 410

Atomwaffen 272, **302 f.**, *302*, 307 f., *307*, 310, 337 f., 347, 350, 355–357, 360, 363, 368, 371 f., **373 f.**, 377, 380, 384, 387 f., 395, 402, 404 f., 410 f., 424 f., 436–439, 448, 484
Atomwaffensperrvertrag **402**, 439
Attac 475
Aufklärung 16 f., 19, **25–28**, *25*, 32, 38, 41, 112, 154
Augustdekrete 35, **37**, 38
Auschwitz *291*, **292 f.** *293*, 310;
 → Vernichtungslager
Austerlitz, Dreikaiserschlacht 47, 60

■■■ B ■■■■■■■■■■■■■■■■■■■■■■■■■

Baden 45, 48, 86, 96, 159
Baden-Württemberg 316
Bagdadpakt 376
Bailén 52
Balfour-Deklaration 156, **197 f.**, 210, 220, 330
Balkan 30, 71 f., 91, 95, 117, 119, 131, 133–135, 139, 142, 150, 171 f., *172*, 178 f., *180*, 185, 188, 191, 202, 219, 270 f., 284, 296 f., 339, 442
Balkankriege 142, **178 f.**, 279, **280 f.**, **459–461**, *460*, **477 f.** *478*, 486
Ballhausschwur 35, *35*
Bandung, Konferenz **353**, 354
Bangladesh 329, 377, 473
Basel, Sonderfrieden 46, 58, 60
Bastille, Sturm auf die 16, 35, **36 f.**, 40, 60
Batavische Republik 57
Bauern 16, 27 f., 30, 32, 34, 37, 57, 82, 86, 92, 108, 115, 119, 122, 128, 135, 145, 160, 164, 166, 168, 174, 182, 195, 222 f., 225 f., 229, 240, 242, *243*, 246, 249 f., 254, 342, 362, 373, 396, 398, 421, 429, 473
Bayern 47 f., 51, 52, *126*, 256, 316, 334
Beamte 24, 29 f., 35, 40, 65, 96, 103, 110, 133, 145, 180,

193, 218, 231, 259, 265, 377, 383
Befreiungskriege 1813–1814 50, **53**, 65, 117 f.
Belgien 45, 61 f., 70, **76**, 97, 102, 104, 141, 149, 159, 180, *181*, 182, 186, 189 f., 196, 213, 218, 234, 271, 276, 289, 299, 310, 321 f., 337, 340, 362, 365 f., 376, 381, 383, 385, 389, 411, 423, 425 f., 457
Belgrad 189, 280, 311, 324 f., 339, 353
Beneluxstaaten 321, 327, 337, 344 f., 349
Bengalen 59
Bergpartei 41, 43
Berlin 49, 51, 55, 86, 105–108, 110, 124 f., 128, 131, 133–135, 139, 141 f., 148 f., 150, 154, 159, 169–173, 178 f., 181, 184, 188, 191, 197, 203 f., 215, 218, 236, 262 f., 267, 269 f., 274, 285, 288, *288*, 291, 297, 303, **305 f.**, *305*, 310–313, 317, 324, *325*, 327, 331–335, *333*, 346–348, *348*, 354, 356 f., 368–371, *369*, 380, 386, 403, 407–410, 446, 453 f., *454*, 456
Berliner
 - Afrikakonferenz 141 **148–150**, *149*, 159, 169, 173, 179, 181, 184
 - Blockade 327, **332 f.**, 337 f., 343, 354
 - Deklaration 307
 - Kongress 125, 131, **133 f.**, 135, 139, 150, 172 f., 178
 - Mauer **368–370**, *369*, 371, 385 f., 440, **454**, 486
 - Ultimatum 385
 - Viermächteabkommen 387, **408 f.**, 439, 456
Bessarabien 72, 133, 219, 268, 274, 280, 282
Bevölkerungswachstum 470, **473**
Blitzkrieg 271, **276 f.**, 284

Blockfreie 340, **353**, *353*, 354, 361, 377
Bolivien 80 f., 147, 463
Bolschewiki, -ismus 169, 193–195, 199, 203, 205, 213, 215, 222 f., 228 f., *230*, 244, 247, 281, 306, 447
Bombenkrieg 272, **277 f.**, *277*, 289, **297 f.**, *298*
Bosnien 133 f., **172 f.**, 178, 184, 188
Bosnien-Herzegowina 172, 218, 339, 460 f., *464*
Bosnienkrieg → Balkankriege
Bosporus → Meerengen
Boston 19, 21 f., 393;
- Tea Party **19 f.**, *20*, 60
Boxeraufstand 141 **164 f.**, *164*, 167, 176, 184
Brasilien 97, 132, 147, *147*, 402, 463
Bremen 316
Breschnew-Doktrin **351**, 401, 416
Brest-Litowsk, Frieden 186, **195 f.**, 204, 210, 222
Briand-Kellogg-Pakt 236, **237 f.**, *237*, 247, 269
Britische Kolonien 15, 17–20, *18*, **21–23, 56–59**, *59*, 60, 76–78, 83, 92, 97, 100, 131 f., 137, 139, 140–146, 148 f., 156 f., 160 f., 170, 184, **220 f., 224–227**, 238, 270, 294, 328–331, 359 f., 377, 380 f., **389 f.**, 396, 419, 463; → Commonwealth
Britisch-französisches Geheimabkommen (1815) 54
Britisch-japanische Allianz 253
Britisch-sowjetischer Bündnisvertrag 285, 296, 310,
British Empire 131, 139, 144, 238 f., 299, 360, **389 f.**; → Commonwealth
Brüssel 45, 76, 110, 235, 337, 363, 366 f., 383, 422, 425, 446, *457*

Brüsseler Vertrag (1948) 321 f., 328, 337, 340, 349, 354
Bukarest, Frieden 179
Bulgarien 72, 133 f., 179, 191, 200, 202, 204, 207, 210–213, 218, 220, **280 f.**, 304–306, 311, 336, 339, 376, 447, **450**, 451, 458, 473
Bundesrepublik Deutschland 312 f., 327, **332–335**, *334 f.*, 336 f., 343–347, 349 f., 354, 356 f., 362, 368 f., 376, 383 f., 385, 387 f., 403, **407 f.**, 409 f., 414, *416*, 417 f., 423, 425 f., 428 f., 437, 439 f., *444*, 446, 454, 456, 462
Bundeswehr 313, 336, 346, 363, 427, 456
Buren 57, 97, 160 f., 173, 468
Burenkrieg 131, 139, **160 f.**, *161*, 184
Bürgerkrieg(e)
- in Afrika 366, 382, **395–397**, 439, 470, 474, 480
- Amerikanischer 61, 84, 100, **119–121**, *120 f.*, 132, 137 f., 139, 392
- chinesische 92 f., 242 f., **329 f.**, *330*, 367, 372, 394
- Griechischer 326, 414
- Mexikanischer **121**
- Russischer 211, **222 f.**, *222*, 227, *230*, 244 f.
- Spanischer **260 f.**, 262, 269, 409
Bürgerliches Gesetzbuch 45, 184
Bürgerrechte und -freiheiten 15–18, 24–26, 28, 37, **38 f.**, *38*, 40 f., 43, 48, 58, 61, 64, 74, 118, 132, 135, 142, 161, 198, 203, 226, 259; → Grundfreiheiten
Bürgerrechtsbewegung (USA) 379 f., 393, *393*, 403, 427, 439
Bürgertum 26, 28, 36, 41, 84 f., 109, 114, 117 f., 122, 126, 143, 155, 163, 185, 209, 213
Burgfrieden 189, 191
Burundi 396

■■■ C ■■■■■■■■■■■■■■■■■■■■■■■■

Camp David **420–422**, *421*, 439, 465 f., 479
Campoformio, Frieden 43, **45 f.**, 60
Casablanca **295 f.**, *295*, 297, 310
CDU 334 f., 410, 417, 427, 429, 454 f.
CENTO 376
Ceylon 46, 54, 471; → Sri Lanka
Charta 77 450
Chemie 68, 98 f., 102 f., 105, 147, 347, 350, 392, 484
Chile 80, 147, **411 f.**, *411*, 439, 463
China **30 f.**, 59, **76 f.**, *77*, 91, **92–96**, 97, 100 f., 119, **135 f.**, *136*, 137, 139, 141, **153 f.**, 159, **163–165**, 166, 169 f., **176 f.**, 184, 210, 212, 220, 227 f., **241–243, 247–249**, *248*, 253, 269, 294, 296, 307, 312, 319 f., **329 f.**, 341, **342 f.**, 349, 354 f. 367, **372 f.**, 374, 376, 384, 387 f., 390, 394, *395*, **398 f.**, 401 f., 439, **461 f.**, 473 f., 480, 482, 486
Chinesisch-japanischer Krieg **153 f.**, 184, 243, 329
Chinesisch-sowjetischer Konflikt **372 f.**, *372*, 387, 399
Cisalpinische Republik 43
Club of Rome 429
Code civil (Code Napoléon) 17, 41, 44, **45**, 48, 74, 128
COMECON → Rat für gegenseitige Wirtschaftshilfe
Commonwealth **238 f.**, 363, 366, 381, **389 f.**, *389*, 398, 405, 422
Communauté Française 381
Containment → Eindämmungsstrategie
Costa Rica 81, 463
CSU 334, 410
Curzon-Linie *206*, **223 f.**, 303

■■■ D ■■■■■■■■■■■■■■■■■■■■■■■■

Daily-Telegraph-Affäre 171, **173**, 184

497

Dalmatien 47, 55, 202, 207, 212
Dampfkraft **66 f.**, *66*, 69 f., 78,
  97–99, 101 f., 105–107, 135,
  143, 145
Dänemark 55, 123, 132, 139,
  213, 271, 275, 307, 310, 337,
  340, 366 f., 376, **422**, 423,
  439, 445
Danzig 33, 274, 433
Danzig-Westpreußen 275, 282
Dardanellen 78, 193, 278;
  → Meerengen
Dawesplan **232–234**, *233*, 235 f.
Dayton-Abkommen **459–461**,
  486
Denkyira 55
Deutsche Demokratische Partei 214
Deutsche Demokratische
  Republik 312–314, 316, 318,
  332–335, *334*, 336, 338, 343,
  347 f., 351, 354, 356–358,
  363, 368–371, 376, 387, 402,
  407 f., *407*, 409–411, *416*,
  439 f., 450, **453–455**, *454*,
  456
Deutsche Fortschrittspartei
  122 f.
Deutsche Volkspartei 159, 236
Deutscher Bund 55, 64, 84–86,
  96 f., 123 f.
Deutscher Flottenverein 117,
  159, 163, 173
Deutscher Zollverein 65, **96**,
  104, 118, 124
Deutsches Reich 45, 64, 86, 104,
  122–128, *126*, 139, 141–143,
  149 f., 157, 159, 162–166,
  169–171, 173, 175, 180, 185,
  187–189, 191, 197, 199,
  201 f., 205, 211–213, 216,
  218, 231, 233, 235, 265
Deutsch-Französischer Krieg
  73, 88, 100, 119, **124**, 127,
  139, 169, 344, 357
Deutsch-französischer Vertrag
  336, **383 f.**, 385, 357
Deutschland 16, 18, 25 f., 28, 39,
  46, **47–48**, 50 f., 53–55,
  61–65, 67–70, 84, *85*, 86, 90,
  96–99, 102–115, 117 f.,

122–125, 127 f., 134,
  140–144, 147, 150, 152,
  154 f., 162–165, 170 f., 173,
  175 f., **177–181**, *179*, 184,
  186 f., **189–193**, 196–202,
  203–208, 210 f., 213–215,
  217 f., *218*, 220 f., 223 f., 228,
  231–235, **236 f.**, 238–241,
  247, 252, 254–259, *259*,
  260–273, **274 f.**, 276–283,
  276 f., *284*, 285–299, *290*,
  300–302, 303–305, **306 f.**,
  308–315, **316 f.**, 318 f., 321,
  321, 324, 328, 332 f., 335,
  339–341, 343–345, 347,
  351 f., 367, 369, 386 f.,
  409 f., 417, 423, 440–442,
  450, **455 f.**, 457, 459, 473,
  478, 482, 485 f.; → Bundesrepublik Deutschland,
  → Deutsche Demokratische
  Republik
Deutschlandvertrag **345–347**,
  349–351, 354
Deutschnationale Volkspartei
  155, 215
Deutsch-Ostafrika 180, 237
Deutsch-sowjetischer
  Nichtangriffspakt **267 f.**,
  269–271, 274, 283, 303, 317
Deutsch-sowjetischer
  Vertrag
  - von 1926 260
  - von 1970 407, 439
Deutsch-Südwestafrika 149,
  166, *166*, 184, 382
Dien Bien Phu 312
Direktorium **42 f.**, 46, 60
DKP 427
Dreimächtepakt 280, 310
Dreyfusaffäre **152 f.**, *152*, 155 f.,
  183 f.
Djihad 481
Dritte Welt 15, 353, 361, 386,
  402 f., 425 f., 434 f., 441, 470,
  473–475
Dritter Stand 16 f., 28, *29*,
  34–36, 60, 117
Drittes Reich 257–260,
  262–268, 273 f., 301, 306,
  408

■■■ E ■■■■■■■■■■■■■■■■■■
EAC → Europäische Beratende
  Kommission
ECOSOC 320
Ecuador 79, 81, 413, 463
Edirne → Adrianopel
Edo → Tokio
Edozeit 34
EFTA → Europäische Freihandelszone
EG → Europäische Gemeinschaft(en)
EGKS → Montanunion
Eindämmungsstrategie 326,
  338, 344, 375
Einheitliche Europäische
  Akte (EEA) 424, **432 f.**, 439,
  456
Einigungsvertrag 456
Eisen- und Stahlproduktion
  67, **68–70**, 77, 91,
  99–101, *101*, 103, 107,
  129, 135, 196, 206, 344 f.,
  368, 398, 423
Eisenbahn 67, 69 f., 95–100,
  102 f., **105–107**, *106*, 128,
  135, 143, 145, 152, 164–166,
  182, 199, 204, 245 f., 248 f.,
  248, 293, *368*
Eiserner Vorhang 309, **324 f.**,
  325
Elsass 152, 165, 171, 276
Elsass-Lothringen 191, 202,
  204, 206, 216
El Salvador 81
Elba 45, 47, 53, 60, 74
Elektrizität 68, 98 f., 105, 147,
  229, 249, 332, 361, 445 f.
Elfter September 442,
  478–480, *479*, 481, 483 f.,
  486
Emanzipation
  - Frauen **40 f.**, *41*, 56, 63, 89,
    93, 126, 130, 142, 161, 186,
    194, 204, 232, 250, **288 f.**,
    289 f., 379, 395, **427 f.**, *428*,
    430
  - Juden 48, 154 f.
  - politische 27, 61 f., 85,
    144, 364, 397, 402–405
England → Großbritannien

498

Entente cordiale 158, **165f.**,
170f., 175, 184
Ententemächte 175, 192, 195f.,
202, 210
Entmilitarisierung 95,
205–208, 213, 260, 263, 269,
301, 304
Entnazifizierung 304, 316
Erdöl 147, 183, 249, *252*, 253,
280, 285, 288, 294 f., 298, 324,
359, 371, 388, 395, **413 f.**,
414, 420, 429, 431, 439, 442,
458 f., *459*
Eritrea 151, 263, 396, 474
ESA → Europäische Weltraumagentur
Estland 212, 218, 268, 271, 274,
292, 441, 447, 458, 473
Etrurien 50
EU → Europäische Union
EUFOR 461
EURATOM 356, **362 f.**, 385,
423
Euro 161, 441, **456 f.**, *457*, 472,
486
Europäische
- Beratende Kommission
(EAC) 303
- Freihandelszone (EFTA)
363, **366 f.**, 385, 422 f.
- Gemeinschaft(en) (EG)
345, 363, 367, 414, **422**,
422, 423, 432 f., 439, 457,
460, *472*
- Union (EU) 341, 345, 350,
363, 367, 390, 423 f., 432 f.,
441, 451, **456–458**, 461,
466, **472 f.**, *472*, 477, 484,
486
- Verteidigungsgemeinschaft (EVG) 313,
345–347, 349
- Weltraumagentur (ESA)
405
- Wirtschafts- und Währungsunion (EWWU)
363, 441, 457, 472, 486
- Wirtschaftsgemeinschaft (EWG) 336, 356 f.,
362 f., 366 f., 383, 385, 422,
456 f.

Europäischer
- Gerichtshof 363, 340
- Rat 341, 423, 432, 457 f.,
473
- Wirtschaftsraum, EWR
367
Europäisches Parlament 363,
423 f., *423*, 433, 439
Europarat **340 f.**, 354
EU-Verfassungsvertrag 458
Evening Standard (engl. Zeitung) 268
EVG → Europäische Verteidigungsgemeinschaft
EWG → Europäische Wirtschaftsgemeinschaft
EWR → Europäischer Wirtschaftsraum
EWWU → Europäische Wirtschafts- und Währungsunion

■ F

Falklandkrieg 463
Fante-Staaten 55 f.
Farmer → Bauern
Faschismus
- deutscher → Nationalsozialismus
- italienischer 185, 219,
242, 247, 256, 260, **261 f.**,
269 f., 297, 322
Faschodakrise 141, **156–158**,
165, 170, 184, 396
FDP 334, 403, 410
Finnland 142, 168, 193–196,
212, 218, 220, 268, 271, 274 f.,
275, 281, 306, 312, 366, 411,
415, 423, 441, 445, 457
Flucht und Vertreibung 18, 35,
57, 83, *90*, 116, 160, 212, 221,
223, 224, 249, 266, 306, 309,
314, *314*, 315, 329, 331 f.,
336, *364*, 365, 392, 396 f., *396*,
405, 419, 441, 466, *478*
Fomenta, Vertrag 56
Fontainebleau 45, 53, 60,
Frankreich 15–17, *18*, 19, 22 f.,
25–30, 32, **34–48**, *40*, *44*,
50–55, 57–60, 62–65, 69–73,
74–76, 77 f., 80, 85, 87 f., 90,

93–95, 97, 99, 102–104,
107–109, 113–115, 117,
118 f., 121 f., 124 f., 127, *130*,
131 f., 139–145, 147–159,
157, 162, 164 f., **169 f.**, 171,
173, 175 f., 178, 181,
183–193, 196, 199–202,
205–207, 210 f., 213, *217*,
218–221, 224, 228, 231,
234–237, 239 f., 247, 253,
262–264, 267, 269, 271,
274–276, 278 f., 287, 289,
296 f., 299 f., *300*, 303–305,
309 f. 312 f., 316 f., 319–321,
321, 336 f., 340, 344–346,
348–350, 354–357, 359 f.,
362–365, *364*, 367, 373, 376,
381, **383 f.**, 390, 402 f., 408,
417 f., 422 f., 425, 430, 441 f.,
457, 478, 480, 482 f.
Französische Revolution
→ Revolutionen
Französisch-Guayana 152,
169
Frauenbewegung → Emanzipation
Freihandel **103 f.**, 128, 130, 149,
319, 324, **366 f.**, 385, 422
French and Indian War 15, 19,
25
Friedensbewegung 159, 161 f.,
171, 197, 425, **426 f.**, *427*,
467
Friedland, Schlacht 49
Fundamentalismus **250–252**,
396, 422, **483 f.**

■ G

Galicien (Spanien) 70
Galizien 33, 55, 79, 97, 191 f.,
202, 210, 305
Gallipoli, Schlacht 78, 193
GATT → Allgemeines Zoll- und
Handelsabkommen
Gemeinschaft Unabhängiger
Staaten (GUS) **448 f.**
Generalplan Ost 282
Generalstände 17, 34, 60
Genfer Konventionen 159,
308
Genozid → Völkermord

Georgien 196, 223, 447 f.
Gestapo **264 f.**, 266, 291, 301
Gewaltenteilung 16, 23 f., *24*, 26–28, 38, 118
Gewerbefreiheit 48, 118, 230
Gewerkschaften 99, 109, 114 f., 126, 201, 204, 215, 229, 253 f., 258, 331, 427–429, 433 f., 436, 449, 475
Ghana 55, 380, 382 f.
Girondisten 34, 39, 41
Glasnost **442–444**, 449
Globalisierung 338, 462, *474*, **475 f.**
Goldküste 55 f., 380, 382
Golfkrieg
  - Erster 414, 432, 431, 441 f., 458
  - Zweiter 441 f., **458 f.**, 465, 481, 486
  - Dritter 414, 432, 433, 441 f., 467, 481–483, 486
Greenpeace *429*
Griechenland 29, 61 f., 64, **71 f.**, *71*, 78, 97, 179, 191, 207, 212, 219, **224 f.**, 247, 270, 279–281, 304, 306, 310–312, 337, 350, 376, 403, **414**, 420, 423, 432, 457
Griechisch-türkischer Krieg 212, **224 f.**.
Grosnyj 452
Großbritannien, 15–17, *18*, 19–23, 25, 27, 29 f., 32, 44–47, 49–54, **56–60**, 62–64, 66–71, 73, 76–78, 83, 87, 90, 92–95, 97–106, 108–110, 112, 114 f., 118–122, 125, 127 f., **129–131**, 132–135, 137, 139, 142–153, 156 f., *157*, 159, 160 f., 164 f., 167, 169–171, 173, 175–178, 180 f., 183 f., 186–193, 196–201, *197, 200*, 203–207, 210 f., 213, *217*, **220 f.**, 222, **224 f.**, *225*, 226–228, 231, 234–241, 247, 252 f., 262–264, 267–269, *268*, 271, 274–276, **277 f.**, *277*, 279–281, 285–287, 289, 294, 296 f., 299, 303–305, 308,

310 f., 315–317, 319 f., 322, 324, 327–331, 333, 335, 337–340, 343 f., 346, 349, 355–357, 360, 363, 366, 368, 373, 376, 382, 384, **389 f.**, 395, 402, 405 f., 408, 411, **422-424**, 436, 439, 441, 455, 463, 480, 483; → Commonwealth
Großkolumbien 79–81
Grundfreiheiten 319, 340, 416, 446; → Bürgerrechte
Grundgesetz 28, 327, 334 f., 354, 408, 428
Grundlagenvertrag 408, 410, 439
Gruppe der 77 **390**
Guadalupe Hidalgo, Frieden 83 f., 121, 197
Guam 158
Guantánamo 159, 371
Guatemala 81
Guernica 261
GUS → Gemeinschaft Unabhängiger Staaten

H

Haager
  - Friedenskonferenzen 143, **159 f.**, 184, 196 f.
  - Landkriegsordnung 159, 308
Habsburgerreich 51, 54 f., 76, 84 f., 87, 117, 123, 134, 172, 178, 188, 191 f., **202**, 207 f., 218 f., 459
Haiti 17, **57 f.**, 80, 132, 463 f.
Hallsteindoktrin 363
Hambacher Fest 55, 62, 65, 79, 84, 97
Hamburg 125, 159, 215, 297, *298*, 316
Handel 16, 19, 22, 29, 30–32, 34, 45, 50, 52, 56–59, 76 f., 83, 91, 94–97, 100–104, 120, 128, 130, 131 f., *132*, 135, 147, *147*, 149, 153, 157 f., 164 f., 170 f., 173, 176, 182, 196, 201, 206, 208, 230 f., 239, 286, 337, 363, 371, 390, 416, 422, 435 f., 451, 475; → Freihandel

Händler → Kaufleute
Handwerker 28, 34, 57, 82, 85, 96, 101 f., 110, 113, 115, 246
Hannover 49, 55, 65, 84, 96, 129
Heilige Allianz 32, **64**, 72 f., 94, 97, 122
Heiliges Römisches Reich *33*, 48, **50 f.**, 53–55, 60
Hereroaufstand **166**, *166*, 181, 184
Herzegowina 133, 172, 178, 184; → Bosnien-Herzegowina
Hessen 65, 96, 316
Hitler-Stalin-Pakt → Deutschsowjetischer Nichtangriffspakt
Hohenlinden, Schlacht 44, 46
Holland → Niederlande
Holocaust → Judenverfolgung
Holstein 55, 123
Honduras 81
Hyderabad 58

I

IFOR 461
Impeachment 23, 464
Imperialismus 49, 100, 118, 131, 135, 137 f., 140 f., **142–144**, 145 f., 158 f., 162, **169 f.**, 177, 182, 191, 197, 220, 227 f., 241, 282, 352, 386, **389 f.**, 440, 443, 445, 475; → Kolonialismus
Indianer 15 f., 18 f., *20*, 82 f., *90*, 97, *137*, 138
Indien 31, **58 f.**, *59*, 77 f., *77*, **92**, 97, 100, 131, 139, **144–146**, *144*, 184, 187, **225–227**, *225*, 238, 295, 307, **328 f.**, 343, 353 f., 376, 389, 402, **471 f.**, 473
Indios 82
Indischer Nationalkongress **146**, 184, 226, 328, *328*
Indisch-pakistanischer Krieg 329, 377
Indochina 100, 145, 170, 294, 312 f., **348 f.**, 354, 376, 386, 390 f.
Indonesien 353, 361, 413, 462, *483*, 485

Industrie 62 f., 67, **68–71**, 84, 90, 96, 98–112, *103*, 114, 119, 122, 128 f., 131, 135, 138, 140–143, 145, 147–149, 158, 164, 186, 190, **200 f.**, 203, 207 f., 215 f., 218, 227, 230, 240 f., 244, **245 f.**, 249 f., 253 f., 258, 261, 269, 277, 283, 285, 287–290, *289*, 293, 297 f., 313, 316, 322 f., 330, 332, 336, 344, 347, 352, 361, 367 f., 393, 397 f., 413, 417, 429, 434 f., 443, 451, 462, 475, 477
Industrielle Revolution 98 f., **101–103**, 104 f., 107, 109, 443
Inflation *435*
INF-Vertrag **436 f.**, 439, 446
Internationale Bank für Wiederaufbau und Entwicklung → Weltbank
Internationale
- Erste 111, 113, **115 f.**, *115*, 139
- Zweite 116
- Dritte → Komintern
Internationale Ruhrbehörde 344
Internationaler Gerichtshof 320, *320*
Internationaler Währungsfonds (IWF) 319, 431, 435, 475
Internationales Friedensbüro 159, 162
Intifada *419*, 420, 439, **465–467**, 486
Invasion 1944 → alliierte Landung 1944
Irak 29, 207, 221, 321, 324, 332, 376, 400–402, 413, 430–432, 441, 458 f., *459*, 463, 480–486, *480*
Irakkrieg → Golfkrieg, Dritter
Iran 312, 332, 376, 388, 400, 402, 413 f., 426, **430 f.**, 432, 439, 442, 458, 460, 483 f.
Irland 89, 130, 197, 238, 340, 389, 405 f., **422**, *422*, 423, 439, 457

Islam 30, 100, 128, 133, 146, 226 f., 232, 323, 328 f., 364 f., 376, 395 f., **422**, 426, 430–432, 439, 453, 460 f., 477 f., 480 f., 483–486
Islamische Revolution → Revolutionen
Island 337, 366 f., 376, 477
Israel 155 f., 323 f., **330–332**, *331*, 354, 356, 359–362, 385, **399–401**, *400*, 402, **412 f.**, *413*, **419–422**, 431, 439, 458, **465–467**, *465 f.*, 486
Italien 43, 46 f., 55, 61, 63, 84 f., **86–88**, *88*, 89, 95, 97, 99, 115 f., 119, 125, 140 f., 144, 150 f., *151*, 178, 184, 191, 193, 202, 207, 210–212, 220, 224, 234, 242, 247, 260, **261–263**, *263*, 264, 267–270, 277, 279–281, 285–287, 290, 295, **296 f.**, *296*, 299 f., 306–308, 310, **322 f.**, *322*, 337, 339 f., 345, 347, 349, 362, 376, 380, 382 f., 396, 417, **418**, *418*, 423, 425, 459
IWF → Internationaler Währungsfonds

J

Jakobiner 17, 34, 39, 41 f., 58, 112
Jalta, Konferenz **303 f.**, *304*, 310, 312, 315 f., 318, 387
Janitscharen 29 f., 72 f.
Japan 33 f., 91, **94**, 97, 101, **107 f.**, 135, **136 f.**, 139–141, 143, **153 f.**, *153*, 159, 164 f., **166–168**, 170, 176 f., 184, 191, 210, 212, 220, 222, **227 f.**, *227*, 240–243, **247–249**, *248*, 252 f., 260, 263, 268–272, 277, 280, 285 f., 294 f., 303 f., **307 f.**, 309–311, 329, 341, 348, **367 f.**, *368*, 373, 386, 403, 462, 477, 483, 485
Japanisch-chinesischer Krieg **247–249**, 269 f.
Jassy, Vertrag 30, 32
Jemappes, Schlacht 39

Jena 48 f., 65, 110
Jena und Auerstedt, Doppelschlacht 48 f.
Johannesburg 161, 397, 469, 477, 486
Jom-Kippur-Krieg 388, 401, **412 f.**, 420, 439
Jordanien 324, 332, 376, 400 f., 412, 419, **420**, 465
Juden 48, 128, 152, **154–156**, *155*, 168, 197 f., 214, **220 f.**, *221*, 251, 259, 264 f., **266**, 269–271, 274 f., 281–282, 284, **290–293**, *291*, **298 f.**, 301, 309 f., 330–332, 419, 467; auch → Israel
Judenverfolgung und -vernichtung 271, 274 f., 281–284, **290–293**, *292*, **298 f.**, *299*, 306, 309 f., 319, 419
Jugoslawien 207, 212, 219, 247, 262, 280 f., 304, 306, 309–311, 314, 325 f., **338–340**, *339*, 353 f., 361, 417, 441 f., **459–461**, *460*, 478, 486
Jugoslawienkrieg → Balkankriege
Julikrise 179, 185, **188 f.**
Julirevolution 62, 65, **75 f.**, *75*, 84, 97, 112
Jungtürken 129, **132 f.**, *133*, 139, 172

K

Kalisch, Vertrag 53
Kalkutta 59, 145 f.
Kalter Krieg 147, 212, 272, 308, 311 f., 317, 320, 323, 337, *338*, 341, **343 f.**, *343*, 345–347, 355, 357, 365, 367, 371–376, 384, 386–388, 390, 402, 405, 407, 426, 433, 436 f., 440, **446 f.**, 470, 480
Kamerun 149, 175, 389, 474
Kamtschatka 31, 91
Kanada 16, 83, 131, 137, 225, 238 f., 286, 297, 337, 375, 388 f., 411, 415, 456, 464, 477
Kanagawa, Vertrag 34, **94**, 97, 136

501

Kapital 57, 101–103, 127, 131, 143, 147 f., 174, 183, 217, 240, 249, 360, 368, 371, 433, 461, 475
Kapitalismus 16, 109, 111 f., 114, 116, 254, 256, 262, 268, 311, 324, 336, 343 f., 358, 412
Kapitulation, deutsche
- Erster Weltkrieg 204 f., 276
- Zweiter Weltkrieg 272, *284*, 295–297, 300, **306 f.**, 310 f.
Kapitulation, japanische 272, **307 f.**, 310, 348, 367
Kapkolonie 54, **56 f.**, 60, 160 f.; →Südafrika
Kaufleute 28, 31, 34, 56–58, 77, 82, 87, 91, 93, 95, 110, 131, 135, 141, 166, 181, 246, 266
Kenia 131, 139, 381, 389, 476
Kernenergie →Atomenergie
Kernwaffen →Atomwaffen
KFOR 478
Kinderarbeit 99, 101, **108 f.**, 199, 253
Kirchen 16, 26 f., 35, 37, 41, 44 f., 48, 64, 71, 74, 76, 81, 109, 118, 121, 126, 130, 147, 195, 250, 260–262, 265, 290, 300, 341, 403, 415, 433, 453, 455, 470; →Klerus
Kirchenstaat 46, 50, 88
Kleine Entente 219
Klerus 16, 28, 34 f., 38, 60, 80, 112, 117, 118, 126, 275, 321, 430; →Kirchen
Koalitionskrieg
- Erster 25, 39, 46, 58, 60, 117
- Zweiter 32, 44, 46, 60
- Dritter 45, 47, 49, 60
- Vierter 45, 60
Kohle 66, **67 f.**, 69–71, 91, 101, 103, 105, 107, 183, 206 f., 218, 245, 285, 332, 344 f., 423
Kollaborateur, Kollaboration *275*
Kollektivierung 116, 230, *245*, 246, 330, 339, 398; →Zwangskollektivierung

Kolonialismus 15–17, 54, 57, 59, 62, 73, 80 f., 90, 98, 100 f., 119, 131, 139–141, 143 f., *143*, 146, **148–151**, *148*, 156, 158 f., 166, 169 f., 173, **179–182**, *181*, 187, 213, 225, 278, 282, 294, 312, 320–322, 328, 348 f., 353, 359 f., 364–366, 377, **380–382**, *381*, 386, 389 f., 395 f., 405, 415, 425, 434; →Imperialismus
Kolumbien 80 f., 147, 183, 463
Kominform **325 f.**, 327, 337, 339 f., 354
Komintern (Dritte Internationale) **228 f.**, *228*, 263, 269 f., 325
Kommunismus 63, 93, 97, 110–113, *111*, 115 f., 185, 204, 209, 215, 222 f., 228–230, *229*, 241–244, *245*, 247, 249, 258, 265, 268–270, 281, 300 f., 305, 311–313, 315, 321–323, 325–328, 329 f., 332, 337–339, 341–344, 348 f., 352 f., 357–359, 362 f., 367, 369, 372 f., 376, 378, *378*, 386–389, 391, 394, 397, 401 f., 417, 425, 433, *443*, 449–451, 459 f., 463, 468
Kommunistisches Manifest 63, 97, **111 f.**, *111*, 113, 115
Konferenz über Sicherheit und Zusammenarbeit in Europa →KSZE
Kongo 365 f., 385, 470
- Belgisch-Kongo 365, 381
- Demokratische Republik Kongo 397, 473 f.
- Kongo-Brazzaville 365, 442
- Zaire 366, 397, 469
Kongokrise **365 f.**, 385
Konservatismus 17, 61, 63 f., 72, 75, 80, 85, 115, 117, 121 f., 130, 135–137, 146 f., 169, 195, *198*, 201, 209, 244, 254–256, 258, 260 f., 273,

278 f., 315, 322, 323 f., 335 f., 352, 379, 394, 411, 429, 436, 455, 464, 468, 482
Konstituante (Frankreich) **34–36**, 37 f., 58
Konstitutionelle Monarchie 17, 37, 39, 60, 62, 76, 80 f., 129 f., 203, 414
Konsulat (Frankreich) 30, **43 f.**, *43*, 58, 60
Konsum 110, 201, 208, 249, 347, 352, 359, 378 f., 424, 468
Kontinentalkongresse 20 f., 60
Kontinentalsperre 17, 32, 46, **49 f.**, 51 f., 60
Konzentrationslager 290 f., *292*, 293, 309, 319; auch →Vernichtungslager
Korea 135, **153 f.**, *153*, 167, 309, 312–314, **341 f.**, *341*, 376, 402, 462, 484
Koreakrieg 312, 338, **341 f.**, 343, 345 f., 354, 378, 394
Kosovo 321, 339, 442, 459 f., **477 f.**, *478*, 486
KPCh 241, **242 f.**, 329 f., 372 f., 398 f.
KPD 204, 215, 255, 257, 301, 334; →DKP, →SED
KPdSU 244 f., 269, 326, 339, **352 f.**, 354, 358, 372, 388, 401, 437, 439, 442–445, 486
- Vorgängerorganisationen 193 f., 228 f., *230*
Kriegsächtung **237 f.**, *237*, 269; →Friedensbewegung
Kriegsgefangene 281, *284*, 285, 287, 289 f., 305, **308 f.**
Kriegsverbrechen 187, 249, 266, **318 f.**, 354, 367, 392
Krim 30, 32, 63 f., 87, **94 f.**, 128, 222, 283, 285, 293, 304, 447 f.
Krimkrieg 63 f., 87, **94 f.**, 97, 119, 122, 128, 133 f.
Kroatien 55, 61, 188, 207, 212, 218 f., 247, 281, 339, 459–461, 473, 486
KSZE 387 f., 411, **415–417**, *416*, 433, 439, 446, 460, 486

Kuba 132, 147, 158, 184, 336, 357, **370–372**, *371,* 380, 385 f., **388**, 396, 425, 463, 468
Kubakrise 356 f., **371 f.**, *372,* 374, 380, 384 f., **386**, 402, 408, 410, 446
Kulturrevolution **398 f.**, *399,* 439
Kuomintang 227, **241 f.**, 243, 329 f.
Kurden 232, *232,* 432, 459
Kuwait 324, 413, 441 f., **458 f.**, *459,* 480, 486
Kyoto-Protokoll 477

L

Landwirtschaft 28, 34, 70, 82, 90, 98, 100, 102, 105, 107, 119, 128, 130, 145, 147, 160, 166, 174, 174 f., 206, *221,* 230, 239 f., 253, 258, 290, 330, 352, 363, 365, 367, 398 f., 444, 451, 471, 473
Langer Marsch **242 f.**, *243*
Lateinamerika 17, **57 f.**, 61 f., 73, 79, *79,* **80–82**, *81,* 97, 100, 141, **147**, 169, 174, **239 f.**, **252 f.**, 390, 435, **463**, 469
Lausanne, Frieden 224, 232, 269
Lebensraumideologie 273, 276, 281, **282 f.**
Legion Condor 261
Leibeigenschaft 27, 32, 139
Leipzig, Völkerschlacht 32, 45, 53, 60
Leningrad 283 f.; → Petersburg, → Petrograd
Leoben, Vorfrieden 46
Lettland 212, 218, 268, 271, 274, 292, 441, 447, 458, 473
Libanon 29, 221, 324, 376, 412, 419 f., 422, 465, 467
Liberalismus 16 f., 61–65, 74–76, 80, 84, 86, 103, 109 f., 113, 115, **117 f.**, 121–123, 126, 130, 146 f., 168, 174, 192, 194, 208 f., 214, 222, 228, 236, 247, 250, 254 f., 260, 278, 322, 344, 367, 397 f., 401,

435 f., *436,* 443, 446, 451, 455, 463, 475
Liberia 149 f., 380, 442, 474
Libyen 262, 270, 279, 287, 324, 380, 413
Liechtenstein 366 f.
Ligurische Republik 43
Litauen 192, 207, 210, 212 f., 218, 224, 247, 268, 271, 274, 292, 441, 447, 458, 473
Locarno, Konferenz **234 f.**, *234 f.,* 236 f., 260, 269
Lombardei 46, 55, 87
Lomé (OAU-Gipfeltreffen) *382*
London 19 f., 23, 57, 59, 63, 71, 76–78, *108,* 111 f., *111,* 115, 129, *129,* 131, 139, 141, 145 f., 148, 165, 169, *172,* 173, 179, 198, 225–228, 231, 233, 238, 261, 263, 268, 276 f., 297, 304 f., 319, 321 f., 327, 340, 356 f., 359 f., *359,* 363, 366 f., *389,* 390, 394, 405–407, 422, 425, 456, 482, 485
Londoner
- Abkommen 318
- Friedensvertrag 179
- Fünfmächtekonferenz 76
- Konventionen **77 f.**, 97
- Neunmächtekonferenz 349
- Protokolle 71, 76, 78, 303, 408
- Sechsmächtekonferenz **327 f.**, 332 f., 344, 354
Lothringen 70, 165, 171, 216, 345
Luftbrücke → Berliner Blockade
Luftkrieg → Bombenkrieg
Lunéville, Frieden **46 f.**
Luxemburg 45, 55, 70, 96, 191, 271, 276, 310, **321 f.**, 337, 340, 345, 362 f., 376, 383, 411, 423, 457, 473

M

Maastricht, EU-Vertrag 345, 424, 433, 441, **456–458**, 486

Madras 59, 145
Madrid 51 f., *51,* 80, 261, 416, 465, 482, **484 f.**, 486
- Anschlag 11. März 2004 **484 f.**, *484*
Mailand 43, 46, 85, 418, 432
Mainz 39, 48, 109
Makedonien 133, 179, 207, 339
Malta 46, 54, 280, 441, 458, 473
Mandschu 30, 93, 176
Mandschukuo **247–249**
Mandschurei 166 f., 242, 247 f., *248,* 269 f., 294, 330
Mantua 46, 52
Marengo, Schlacht 44, 46
Marokko 165, 169, **170 f.**, **175 f.**, *175,* 184, 280, 287, 295 f., 324, 359, **364 f.**, 380
Marokkokrisen 165, **170 f.**, **175 f.**, 184
Marxismus 111 f., 114, 247, 339, 412; → Kommunismus
Massenmedien 250, 357, 370, 378–380, 403 f., 428, 433, 454, 461, 454
MBFR **410 f.**
McCarthyismus 378
Mediatisierung 48 f., 54
Meerengen 32, 72, **77 f.**, 135, 150, 172, 191, 207, 224, 400
Meijizeit 34, 101, **136 f.**, 139
Menschenrechte 15 f., 17, 20, 21, 24–26, 37, **38 f.**, *38,* 41, 43, 58, 60, 64 f., 118 f., 319, 340, 388, 392, 416, 446, 463, 470
Menschewiki 169, 193 f.
Mexiko 80 f., 84, 90, 119, **121**, 147, 159, **174 f.**, *174,* 197, 370, 403, 435, 463
Militarismus 125, 143, 161, **162 f.**, 171, 189, 199, 317
Minsk *281*
Mittelmeerentente 184
Moçambique 381 f., 389, 415, 425, 442, 469, 474
Moldau 30, 94
Moldawien 95, 447
Monroedoktrin 62, **73 f.**, 97, 121, 137, 253

Montanunion **344 f.**, 354, 423
Moskau 31 f., 53, 78, 134, 169, 195, 229, 267 f., 272, 282, **283 f.**, 288, 303, 305, 307, 309 f., 324–328, 332, 336, 338–340, 347, 351 f., 356, 360, 363, 369, 371–375, *371*, 380, 387 f., 394 f., 401 f., 407 f., 410 f., 425 f., 436–438, 440, 444, 449, 452, 455 f.
Moskauer Vertrag → Deutschsowjetischer Vertrag von 1970
MSPD → SPD
Mulatten 58, 82
Münchener Abkommen **267**, 269 f., 302, 408
Muslime → Islam
Mutlangen *427*

■■■ N ■■■■■■■■■■■■■■■■■■■■■■■■■■
Nachrüstung 388, 425 f., 427, *427*, 438
Naher Osten 207, 220 f., **252 f.**, 332, 359 f., 399, 441, 458, 465, 467, 483
Nahostkonflikt 356, 388, 399 f., *400*, 412 f., **419–421**, **465–467**
Nama 166
Namibia 166, 184, 282, 389, 468; → Deutsch-Südwestafrika
Nanking, Frieden **76 f.**, 94, 97
Nasjonal Samling 275
Nationale Volksarmee (DDR) 313, 351, 357
Nationalismus 15, 17, 33, 61 f., 65, 84 f., 89, 92, 97, **117 f.**, 136, 138, 143, 146, 148, 152, 155, 162, 168, 175 f., 185, 188, 215, 220, 222, 227 f., 247, 253, 261, 309, 322 f., 328 f., 339 f., 359–361, **364 f.**, 367, 383, 397, 405 f., 431, 447 f., 452, 460, 468, 471, 477
Nationalkonvent (Frankreich) 34, 36, 39–43
Nationalliberale Partei 236
Nationalsozialismus 117, 213, 221, 242, 247, 255, **256 f.**, 258–263, **264 f.**, 266, 270,

273, 282, 287, 289, 292 f., *292*, 300–302, 308 f., 314, 317–319, 321, 324, 330 f., 335, 338, 344, 352, 409
Nationalversammlung
- deutsche 86, 97, 113, 204, 214
- französische **34–36**, 37 f., *38, 40 f.*, 60, 127, 313, 321, 346, 354
- griechische 71
- österreichische 202, 210
- türkische 224, 231
NATO 313, 321, 333, 336, **337 f.**, 340, 344, 346 f., 351 f., 354, 356, 363, **374–376**, 378, 384, 388, 390, 411, 414–416, **424 f.**, 426 f., 436, 438–441, 446 f., 455 f., 460 f., 478, 480 f., 486
Neapel 44, 46 f., 87 f., 297
Neapel-Sizilien 87 f.
Neues Forum 453
New Deal 240, **253 f.**, 269, 393
New York 19 f., 116, 197, 239, *241*, 250 f., 253, 269, 320, 331, *353*, 363, 393, 442, 478 f., 486; auch → Elfter September
Nicaragua 81, 147
Niederlande 22, 46, 50, 55–58, 61, 76, 90, 94, 97, 102, 104, 131 f., 159, 203, 240, 271, 276, *276*, 294, 299 f., 307 f., 310, 321 f., 337, 340, 362, 376, 383, 411, 413, 423, 425 f., 457
Niedersachsen 70, 316, 429
Niger 470, 473 f.
Nigeria 381 f., 389, **395**, 413, 439, 473
Nizza, EU-Vertrag 424, 458
Nordafrika 286, *287*
Nordirland 238, *320*, **405–407**, *406*
Nordische Kriege 31
Nordrhein-Westfalen 316, 355
Nord-Süd-Konflikt *287*, 410, **434**.
Normandie 272, 298, **299 f.**, *300*, 378

Norwegen 142, 271, 275 f., 278, 308, 310, 337, 340, 366 f., 376, 409, 422, 472, 477
Novemberrevolution **203 f.**
NSDAP 155, 213, 255, **256–259**, 265, 270, 273 f., *273*, 403
Nuklearwaffen → Atomwaffen
Nürnberger Prozesse 317, **318 f.**, *318*, 354

■■■ O ■■■■■■■■■■■■■■■■■■■■■■■■■■
OAPEC 324, 413
OAU → Organisation für afrikanische Einheit
Oder-Neiße-Linie 311, 314 f., **317 f.**, 407
OEEC → Organisation für Europäische Wirtschaftliche Zusammenarbeit
Ökologie 362, 392, 395, 402, 424, **428–430**, 445 f., 448, 473, 475, **476 f.**, *477*, 486
Oktoberrevolution → Revolutionen
Ölkrise 388, **413 f.**, *414*, 420, 429, 431, 439
OPEC 324, **413 f.**
Opiumkriege 31, **76 f.**, *77*, 94 f., 97, 100
Organisation für Europäische Wirtschaftliche Zusammenarbeit (OEEC) 327, 336, 340, 354
Organisation für afrikanische Einheit (OAU) **382 f.**, *382*, 398
Organisches Statut 79
Osmanisches Reich **29 f.**, 60 f., 64, 71, **72 f.**, 78, 94 f., 97, 100, **128 f.**, 132–135, 139, 149 f., 172, 179, 191, 198, 207, 212, 2188, 220 f., 231
Ostermarsch-Bewegung 427
Österreich 29, 32 f., 39, 43–48, 50–55, 61–64, 71 f., 78 f., 85–89, *87*, 94–97, 114, 116 f., 121–124, 139, 150, 155, 159, 161–163, 172, 177, 185 f., 188 f., 191–193, **202**, *202*, 204, 207, 210, 211–213, 218,

220, 223, 239 f., 247, **263 f.**, *264,* 267, 269, 273, 302 f., 311, *343,* 358, 366, 411, *416,* 423, 441, 449, 453, 457
Österreichischer Staatsvertrag *343*
Österreich-Ungarn 87, 94 f., 114, 125, 133–135, 139, 140, 142, 144, 150, 165, 171 f., 178, 184 f., 188, 191 f., **202,** 210, 212, 218, 223
Ostindienkompanie
- britische 19, 31, **58 f.**, 77, 92
- französische 58 f.
- niederländische 58
Ostpreußen 33, 49, 53, 192, 210, 274, 302, 304–306, 311, 318
Ostverträge 387, **407 f.**, 410
Ost-West-Konflikt 311, 320, 427
OSZE 417

P

Pakistan 226, **328 f.**, 354, 376 f., 389, 402, 426, 473, 481
Palästina 155 f., *156,* 197 f., 204, 207, **220–222,** *221,* 324, 330–332, 359, 400, 412, **419 f.**, 421, 439, **465–467,** *465,* 486
Palästinensische Befreiungsorganisation, PLO 324, 400, 412, **419 f.**, 421, 465, 467, 486
Panafrikanischer Kongress (PAC) 397 f., 468 f.
Panafrikanismus 365
Panama 79, 147, 182 f.
Panamakanal 141, 147, **182 f.**, *182,* 184
Pandschab → Punjab
Panslawismus 117, 133, **134 f.**, 172, 178, 188, 207
Paraguay 81, 463
Paris 16, 28, 32, 35–43, 45, 53 f., 58–60, 64, 74–76, 78 f., 84 f., 88, 91, 95, 97, 104, 110 f., 118 f., 124, **127,** 128, 133, 139, 142, 158, 162, 165, 171

173, *189,* 190, 194, 205, **207,** 210–213, 217, 220, 231, 233, 235, 238, 241, 266, 276, 300, 304, 313, 321, 327, 344, 346, 356 f., 359 f., 383, *383,* 392, 394, 417, 478, 483, 486
Pariser
- Charta (1990) 417, 446, 486
- Frieden (1783) 16, 23, 60,
- Frieden (1814) 53
- Frieden (1856) 91, 95, 97, 119, 128, 133,
- Frieden (1898) 158 f.,
- Friedenskonferenzen (1919) 53, **205–207,** 210 f., 220, 238, 241, 261; →Versailler Vertrag
- Kommune 39, 42, **127,** 139
- Verträge 347, 349 f., 354
- Vorortverträge **207,** 210–213, 218, 220, 224
Pax Britannica **144–146**
Pazifikflotte 310
Pazifikkrieg 272, 293–295, *294,* 303, **307 f.**, 311
PDS 454 f.
Perestroika 344, 352, **442–444,** 445, 447, 449
Pershing II *427;*
Persien 17, 171, 403; →Iran
Peru 80 f., 463
Petersburg (Sankt) 32, *32,* 124, 166, 168, *168,* 173, 184, 193 f., 222; →Leningrad →Petrograd
Petrograd 193–196, *193,* 222, 229; →Leningrad →Petersburg
Philadelphia 20, 22 f., 60, 250, 393
Piemont 47, 87–89,
Pilgrim Fathers 15, 18
Pillnitzer Deklaration 39
Plassey, Schlacht 59
Plevenplan 346
Pogromnacht 1938 **266,** *266*
Polen **33,** 45, 54, 62, **78 f.**, 97, 115, 119, **122,** 134, 139, 168, 191 f., 196, 202, 206 f., 210,

212 f., 218, 222, **223 f.**, *223,* 234 f., 240, 247 f., 268–272, **274 f.**, 276, 278, 282, 289–293, 298 f., 301, 303–305, 308–312, 314 f., 317 f., 325, 327, 336, 351, 356, 358, 363, 376, 387, 401 f., 407, 411, 416, **433 f.**, *434,* 439, 441, 445 f., 449, 451, 453, 455 f., 458, 473, 477, 486
Polnische Teilungen 32, **33,** *33,* 60, 78
Polnisch-russischer Krieg 222, **223 f.**, *223*
Poltawa, Schlacht 31
Pommern 33, 274, *314,* 318
Portsmouth, Frieden 167, 184
Portugal 44, 46, 50 f., 54, 58, 73, 90, 97, 131 f., 140 f., 149, 247, 337, 350, 366, 376, 381 f., **414 f.**, *415,* 423, 425, 432, 439, 457
Prag 53, 70, 85, 134, 161, 267, 311, 324, 328, 401, 408, 450, 453 f.
Prager
- Frieden 123 f.
- Frühling 351, **401 f.**, *401,* 403, 439, *450*
- Vertrag 408, 410
Pressburg, Frieden 47, 51
Pressefreiheit 26, 38, 42, 45, 65, 74 f., 84, 118, 242, 257
Preußen 17, 22, 32 f., 39, 45–49, 53–55, 58, 60, 62–64, 77-79, 86, 88, 94, 96 f., 107, 109 f., 113, 115, 117, 119, **122–126,** 128, 136 f., 139, 162, 255, 257, 264, 317
Preußische Reformen 48
Punjab 328, 377

R

Rapacki-Plan **363 f.**
Rapallo, Vertrag **230 f.**, *231*
Rassismus 57, 82, 138, 143, 154 f., 179-182, 214, **250–252,** 257, **259 f.**, 264, 270 f., 273 f., 281 f., 284, 290, 308 f., 353, 379 f., 382, **392 f.**, **397 f.**, 467 f.

Rat für gegenseitige Wirtschaftshilfe (RGW) **336 f.**, 339 f., 351, 354, 376, 451
Reichsdeputationshauptschluss 47, 51, 60
Religionsfreiheit 16, 18, 24, 38, 44, 65, 74, 128, 319, 416
Reparationen 127, 176, 187, 191, 204, 207, 211, 213, 216, **217 f.**, 231, 233 f., *233*, 240, 252, 255, 269, 304, 316 f., 323
Restauration 17, 54, 60, 62, **74 f.**, 76, 84, 117, 158, 322
Revanchismus 209
Revisionismus 209, 212 f., 219, 234, 236 f., 256, 260, 267, 273, 286, 339 f., 399
Revolution(en)
- 1848–1849 55, 62 f., 76, **84–86**, *86*, 90, 97, 111 f., 114, *117*, 118, 139
- Amerikanische 15 f., **17–19**, 21–23, 57
- Französische 15–17, 28, *29*, 33, **34–44**, *41*, 45, 47, 52, 56-58, 61 f., 74 f., 117 f., *117*, 405, 417
- Islamische/Iranische 376, 414, 426, **430 f.**, 483
- Kubanische **370 f.**, 372, 385, 403
- Mexikanische **174 f.**, *174*
- Russische 141, **168–169**, 185, 193, **194–196**, 198, 210, 222, 228, 244
Rheinbund 46–48, 51 f., 60
Rheinland 213, 216, 233 f., **260**, 263, 269, 301
Rheinland-Pfalz 316
Rheinprovinz 55
Rhodesien 131, 139, 161, 382, 289; → Sambia, → Simbabwe
Roll back **338**, 356
Römische Verträge 356, **362 f.** *362*, 366 f., 383, 385, 422, 457
Rote Armee 285, 304, **305 f.**, *305*
Rote Kapelle 301
Ruanda 396 f., *396*

Ruhrgebiet 67, 69 f., 102, 215–218, 231, 269, 300, 327, 344
Ruhrkampf 215 f., **217 f.**, 231 f., 235 f., 269
Rumänien 95, 134, 172, 178 f., 184, 191, 207, 210, 212, 219, 247, 268, 274, 280, 285, 288, 304–306, 311, 336, 351, 376, 383, 401, 447, **450**, 451, 458, 473
Russische Revolution → Revolutionen
Russisch-japanischer Krieg 141, **166–168**, 170, 184
Russisch-polnischer Krieg 212, 269
Russisch-türkischer Frieden 71
Russland 17, 27, 29 f., **31–33**, 44, 46, 49–54, 60, 62–64, 71–73, 76–79, **90 f.**, 94–97, **107 f.**, 111, 116 f., 122, 125, 127 f., 133–135, 137, 139, 141–145, 150, 153–155, 159, 164 f., 166–169, *167*, 170–173, 175, 177–179, 184–186, 188 f., 191–193, **194–196**, 198 f., 202, 205, 208, 210–213, 218, **222–224**, **228 f.**, 247, 269, 405, 438, 442, 445, *446*, 447, **448 f.**, **451 f.**, *452*, 466, 477 f., 482, 486; → Sowjetunion
Rüstungswettlauf 144, 173, **177 f.**, *177*, 252, 276, 287 f., 337, 341, 355, 357, 363, 372, **373 f.**, 380, 384, 388 f., 405, 425, 436, 438, 440

S

SA *155*, 256, 258 f., *258*, 264 f.
Saarland 70, 191, 216, 263 f., 316, 347
Sachsen 49, 54 f., 65, 67, 70, 96, 215
Säkularisierung 16, 26, 35 f., 44 f., 48 f., 54, 60, 147
SALT I und II 387, 405, **410 f.**, 424–426, **437 f.**, 439
Sambia 382, 389

Sardinien-Piemont 55, 63, 85, 87, 89, 95
Saudi-Arabien 324, 413, 484
Schlesien 53, 68, 85, 97, 103, 207, 216, 274, 304, 318
Schleswig 123
Schleswig-Holstein 316, 429
Schogunat **33 f.**, 94, 136
Schönbrunn, Frieden 52
Schweden 31, 47, 54, 55, 68, 159, 275, 340, 366, 409, 417, 423, 441, 485
Schweiz 46, 55, 89, 114, 142, 190, 193 f., 366 f., 377, 477
SDI **437 f.**, 446
SEATO 376
Sechstagekrieg 362, **399–401**, 412, 419, 439, 465, 467
SED 334 f., 347 f., 369 f., 440, 453–455; → PDS
Sepoyaufstand 59, **92**, 97, 100
Serbien 75, 78, 134, 172, 179, 185, 188 f., 191 f., 210, 218, *280*, 281, 308, 441, 459–461, 477 f.
Sezessionskrieg → Bürgerkrieg, Amerikanischer
SFOR 461
Shanghai 77, 135, 241 f., 248
Shimonoseki, Frieden 154, 184
Sibirien 31, 91, 107, 135, 141, 193 f., 223, 246, 309
Siebenjähriger Krieg 15, 19, 22, 32, 49, 59
Siebzehnter Juni 347 f., *348*
Siedlungspolitik 283
Sierra Leone 389, 474
Simbabwe 382, 474
Sizilien 87, 89, 272, 285, 295, **296 f.**, 299, 310
Skandinavien 46, 99, 309, 445
Sklaverei 16 f., 21–23, 56–58, 80, 82, 84, 100, 112, **119–121**, 128, **131 f.**, 138 f., 149, 160, 181 f., 228, 282, 293, 380, 392 f.
Slowakei 207, 219, 274, 280 f., 441, 447, 451, 458, 473
Slowenien 207, 212, 219, 339, 441, 447, 451, 458–460, 473, 486

Solidarność **433 f.**, 449
Somalia/Somaliland 131, 139, 151, 170, 263, 324, 396, 418, 426, 464, 473 f., 480
Sowjetunion 185, 205, 208-211, 213, 215, 220, **222-224**, **228-230**, 231 f., *231*, 237-239, 242, **243-246**, *244*, 247 f., 260-262, 267-272, 274 f., *275*, 277-280, **281 f.**, 283-287, 290, 292 f., 295 f., 300 f., 303-318, *305 f.*, 320, 324-330, 332 f., 336-344, 347, *348*, 349-358, *358*, 360 f., 363, 365-367, 369-371, **372 f.**, 374-377, *377*, 380, 384-389, *384*, 394-396, 398, 400-402, *401*, 404 f., *404*, 407-409, 411-413, 415-417, 420, 424, **425 f.**, *425*, 434, 436-440, 442-446, **447 f.**, *447*, 449, 451, 453, 455 f., *455*, 461, 463, 480 f., 486; auch → Russland
Sozialdemokratie 111, **113 f.**, 116, 124, 127, 143, 163, 168 f., 177, 189, 191-193, *203*, 210, 214, 229, 255 f., 387, 407, 409 f., 428, 430, 445, 449, 455; → SPD, → USPD
Soziale Frage 32, 62, 84, 90, 99, **109 f.**, 112
Sozialgesetzgebung, 99, 130
Sozialismus 63, 85, 111, **112-114**, *113*, 115 f., 118, 127, 153, 155, 168 f., 192, 194, 201, 203, 209, 215, 222, 224, 228, 235, 244, 246, 260, 265, 269, 300 f., 305, 321 f., 325 f., 330 f., 335 f., 339 f., 342 f., 346 f., 349, 351-353, 358, 360-362, 365, 369-371, 373, 375 f., 392, 398, 401, 403, 409-412, 415, 428, 440, 443, 447, 450, 454, 469, 485
Sozialistengesetz 114, 126 f.
Sozialstaat 254, 334 f., 436, 451, 475
Spanien 17, 22, 46 f., 50, **51 f.**, 53 f., 57 f., 60, 62 f., 70, 73, 79 f., 82 f., 90, 116, 121, 124,
132, 138, 140 f., 147, 149, **158 f.**, 183 f., 247, **260 f.**, 277, 279, 337, 350, 364, 414, **415**, 423, 432, 457, **484 f.**
Spanisch-Amerikanischer Krieg 138, **158 f.**, 184
Spanischer Bürgerkrieg → Bürgerkriege
SPD **113 f.**, 126, 184, 192, 201, 203, 210, 214, *215*, 255, 258, 301, 334 f., 409 f., 427, 455
Sri Lanka **471 f.**, 485
SS 256 f., 259, 264 f., **265 f.**, 271, 282, 290 f., 293, 298 f., 305, 318
Stalingrad 272, **284 f.**, *284*, 287 f., 296, 310
Stalinismus 242, **243-245**, 247, 262, 283, 342, 347, 352, 358, 372, 443
Stalin-Kult 347
Ständegesellschaft 17, 19, **28 f.**, **30 f.**, 34-36, 48, 55, 64, 101
START I und II **437 f.**
Steuern 16, 19 f., 28-30, 44, 59, 92, 96, 104, 129, 145 f., 176, 180 f., 216, 226, 229, 254 f., 436, 448, 475
Straßburg 39, 341, 423, *423*, 457
Studentenbewegung **402-404**, 417, 427, 429
Südafrika 57, 60, 82, 131, 141, 182, 226, 238, 382, 389, **397 f.**, 402, 413, **467-469**, 470, 486
Südafrikanische Union 131, 161, 184, 225, 397
Sudan 29, 131, 139, 146, 157, *157*, 324, 380, **396**, 442, 474
Sudetenkrise **267**, 270, 302
Südtirol 52, 207, 212, 262, 323; → Tirol
Suezkanal 131, 143 f., **147 f.**, 151, 182, 221, 279 f., 294, 360, 390, 401, 412 f., 421
Suezkrise (1956) 148, 358, **359 f.**, *359*, 385, 389, 399
Syrien 72, 78, 133, 207, 221, 232, 324, 332, 361, 376, 400 f., 412 f., *413*, 420, 431 f., 439, 465

T

Taipingaufstand **92 f.**, *93*, 97, 135
Taliban 426, 442, 479 f., **481**, 482, 484, 486
Tansimatzeit 73, **128 f.**, 139
Tauroggen, Konvention 53
Technologie 30, 66-70, 98-102, **104 f.**, 106 f., 119, *129*, 135, 142, 147, 190, 283, 295, **302 f.**, 337, 355, 363, 368, *368*, 374, 377, 402, **404 f.**, 416, 422, 424, 429, 438, 443, 462, 464, 475
Teheran, Konferenz **303 f.**, 310, 315, 318
Terrorherrschaft **41 f.**, 60, 195, 213, 244 f., 257, **264 f.**, 291, 298, 309, 432
Terrorismus 116, 127, 221, 241, 331, 365, 377, 406, 412, **417-419**, 420, 431 f., 439, 442, 452, 466 f., **478-480**, 481, **483-485**, *483 f.*, 486
Thorn 33
Thüringen 96, 215
Tibet 146, 177, **342 f.**, *342*, 354
Tientsin, Verträge 93, **95 f.**, 97
Tikrit 483
Tilsit, Frieden 32, 45, 48, **49**, 52, 60
Tirol 47, 52, 60; → Südtirol
Togo 149, 182
Tokio (Edo) 34, 94, 136, 176, 248, 308, 367 f.
Trafalgar, Schlacht **47**, 49, 60
Trinidad 46
Tripelentente **171 f.**, 177
Truman-Doktrin 312, **326 f.**, 354, 414
Tschechien 85, 97, 222, 441, 446, 451, 458, 473
Tschechoslowakei 212 f., **218 f.**, 224, 234 f., 239, **267**, 269 f., 274, 299, 311 f., 314 f., 327, 332, 336, 351, 376, 387, **401 f.**, 407, 416, 441, 446, 450, 454
Tschernobyl 439, **445 f.**, *445*, 486
Tschetschenien **451-453**, 486

Tsunamikatastrophe **485**, 486
Tunesien 140 f., 170, 287, 324, 359, **364 f.**, 380
Türkei 44, 46, 71 f., 78, 94 f., 129, **132 f.**, *133*, 135, 139, 141 f., 172, 192 f., 204, 207, 210–213, 220, **224 f.**, **231 f.**, 269, 312, 326, 332, 337, 357, 372, 376, 403, 414, **431 f.**, *432*, 439, 458, 473, 477; → Anatolien
Türkenkriege 32

U

U-Boot-Krieg 100, 186, 197, *197*, 199 f., 210, 197, 277, 294, 299
UdSSR → Sowjetunion
Uganda 131, 139, *282*, 389, 396, 473 f.
Ukraine 194–196, 219, 222–224, 282 f., 292 f., 318, 352, 448, 477
Umwelt → Ökologie
Unabhängigkeitserklärung (USA) 15 f., **20 f.**, *21*, 28, 38, 60
Unabhängigkeitskrieg(e)
- Amerikanischer 15 f., *18*, 20, **21–23**, *22*, 25, 29, 120
- Griechischer 61, **71 f.**
- lateinamerikanische 62, 79–81, 97
- Spanischer **51 f.**
UNCED 476
UN-Charta 286, 319 f., 321, 380
UNCTAD 390, 439, 475
UNDP 471
UNEP 476
UN-Friedenstruppen 341, 360, 362, 400, 413, 420, 480
Ungarn 84 f., 97, 188, *202*, 207, 210–213, 218 f., 247, 280 f., *291*, 304–306, 311, 314 f., 327, 336, 351, 356, **357–359**, *358*, 360, 368, 376, 385, 401 f., 441, 446, **449 f.**, 451, 453, 458 f., 473, 477; auch → Österreich-Ungarn

UNMOVIC 482
UNO 39, 160, 220, 286, 296, 304, 309, 312, **319–321**, *320*, 329, 331, 337, 340, *341*, 354, 356, 360, 363, 366, *366*, 380, 384, 390, 398, 400–402, 405, 408, 412, 419–422, 426, *428*, 435, 439, 442, 458–460, 464, 466, 470, 473 f., 476, 479, **480 f.**, 482, 485
UNPROFOR 460 f.
UN-Schutzzonen 460
UNSCOM 459, 482
UN-Sicherheitsrat 320, *320*, 341, 401 f., 459 f., 466, 478, 482, 484 → Weltsicherheitsrat
Unternehmen »Zitadelle« 285
Unternehmertum 28, 99, **102 f.**, *103*, 108, 110, 112, 118, 141, 174, 204, 228, 242, 254, 287, 290, 330, 360, 368, 370, 436, 443, 451, 475
UN-Umweltkonferenz 476
Uruguay 81, 89
USA 15–17, *18*, 19–25, 28, 34, 60–62, 67, 69, 73 f., *73*, 76 f., **82–84**, 90 f., *90*, 94–97, 99–101, 103, 107, **108 f.**, 115, 119, 121, 131 f., **137–138**, 139–144, 147, 149, 158 f., *158*, 165, 167–169, 174, 178, 183–187, 191 f., 194, **196 f.**, 199 f., 210 f., 217, 220, 227 f., *227*, 233, 235 f., **239–241**, **249–254**, *252*, 270–272, 277 f., 281, 284–287, **293–295**, 296–300, 302–304, *306*, 307–313, 315–317, 319 f., *320*, 322–324, *325*, 326 f., 329, 331–333, 335, 337 f., 338, 341–344, *341*, 346, 349, 355–357, 360, 362 f., 365–368, 370–376, **378–380**, *378 f.*, 384, 386–389, **390–395**, *395*, 396, 399, 402–405, 407 f., 410–415, *416*, 420–422, 424–428, *424*, *429*, 431,

436–442, 446, 455, 458, 460–462, **463–465**, 466 f., 473, 477–479, **480 f.**, 482–486
USPD 192, 203 f., 210, 214

V

Valmy 49
Venedig 85
Venetien 46 f., 55, 87 f.
Venezuela 79, 81, 147, *252*, 413, 463
Vereeniging, Frieden 161
Vereinigte Arabische Emirate 324, 413
Vereinigte Arabische Republik 361, 400
Vereinigte Staaten von Amerika → USA
Vereinigtes Königreich → Großbritannien
Vereinte Nationen → UNO
Verfassung
- Belgien 61, 76
- Bundesrepublik Deutschland → Grundgesetz
- China 135, 176
- DDR 334 f., 454
- Deutschland 28, 55, 64, 84, 86, 97, 122, 124, 126, *126*, 178, 203 f., 214, 255, 269
- EU 458
- Frankreich 28, **34–36**, 37–40, *38*, *40*, 42–44, 60, 74, 118, 321, 364
- Griechenland 72
- Indien 146, 225, 329
- Iran 431
- Irland 238, 405
- Japan 136, 139
- Kosovo 477
- Kuba 147
- Mexiko 121, 174
- Österreich 247
- Osmanisches Reich 129, 133, 172
- Polen 33, 78 f.
- Russland 194, 244
- Serbien 460, 477

- Sowjetunion 444
- Südafrika 468
- Türkei 172, 232, 431
- USA 16, **23 f.**, *24,* 25, 28, 60, 119–121, 392 f., *428*
- Virginia 20
- Weimarer 28, 214, 255, 269, 334

Verfassungsstaat 26, 62, 118, 126, 208, 327
Vernichtungslager 271, 282, 290 f., **292 f.** *292 f.,* 298 f., *299,* 306; → Konzentrationslager
Versailler Vertrag 187, 196, 199, **205–207,** *206,* 209–214, 216 f., 220, 223, 227, 234–236, 252, 256, 260, 263, 269, 273
Versailles 34–37, *35,* 40, 60, *123,* 124, 127, 187, 199, *205,* 207, 211, 234
Versammlungsfreiheit 16, 65, 84, 257
Vertreibung → Flucht und Vertreibung
Vietnam 169 f., 312, 336, 348 f., *349,* 376, 380, 386–388, 390–392, 394
Vietnamkrieg 312, 349, 386 f., **390–392,** *391,* 394, 403, 427, 439
Virginia 17, 20, 23, 25, 199
Virginia Bill of Rights 16, **24 f.**
Völkerbund 187, 199, 205, 207, **219 f.**, 234 f., **236 f.**, 238, 247 f., 252, 260, 269, 274, 319, 330
Völkermord 271, 274 f., 281–284, **290–293,** 298 f., 306, 309 f., 319, 331, 396, 419, 441
Volkssouveränität 15, 23, 26, 28, 38, 61, 64, 76, 84

W

Wagram, Schlacht 52
Wahlrecht 24, 40–44, 63, 65, 75, 86, 113 f., 126, 130, 142, 161, 169, 203 f., 232, 393, 430
Währungsreform, deutsche 217, 313, 327, 333
Walachei 30, 45, 48 f., 94
Wannseekonferenz 271, **290–292,** 293, 310
Warschau (Herzogtum) 45, 48 f., 54, 78
Warschau 78 f., 192, 224, 275, 292, 297–299, 304–306, 310, 324, 331, 351, 356, 363 f., 407 f., 410, 433, 449, 453
Warschauer
- Aufstand **304 f.**, 310
- Getto 275, 292, **298 f.,** *299,* 310, 407
- Pakt 313, 344, 347, **350–352,** *351,* 354, 356, 358, 363, **374–376,** 401, 411, 416, 424, 439 f., 446, 449, 456
- Vertrag 318, 407, 410
Wartheland 275, 282
Wasserkraft 66 f., 246, 361
Wasserstoffbombe 355, 373
Waterloo, Schlacht 45, 52, 60
Weimarer Republik 28, 155, 201, **203 f.**, 207, 213, **214 f.**, *214,* **216 f.**, 236, *247,* **254–256,** 269, 334
Weiße Rose 301
Weißrussland 196, 223 f., 293, 341, 448 f.
Weltbank 319, 435, 474
Welthandelsorganisation (WTO) 475
Weltkrieg, Erster 53, 61, 95, 102, 108, 104, 114, 116, 125, 127, 140, 142 f., 144, 146 f., 159, 170, 173, 177, 179, **185–210,** 211–227, *217,* 231 f., 234–236, 238, 240 f., 244, 246 f., 249 f., 252, 255 f., 260 f., 272–274, 278, 288 f., 297, 301, 316, 344, 362, 364, 411, 419, 459
Weltkrieg, Zweiter 39, 185, 212 f., 222, 224 f., 227, 236, 239, 252, 254, 262, 265, 267, **270–310,** 311, 314, 316–319, 321–323, 326–328, 331, 339, *339,* 341, 343 f., 348, 352 f., 362, 364, 380, 386–389, 393, 397, 407, 409, 411, 442, 459
- im Pazifik 272, 293–295, *294,* 303, **307 f.**, 311
Weltraumfahrt 355, 374, **404 f.**, *404,* 438
Weltsicherheitsrat → UN-Sicherheitsrat
Weltwirtschaftskrise 147, 213, 217, 227, 233, **239–241,** *241,* 253, 255–257, 269 f.
»Wende« (DDR) **453–455**
Westeuropäische Union, WEU 313, **349 f.**
Westfalen 48 f. 55
Westfälischer Frieden 50, 53
Westminster-Statut 225, **238 f.**, 389
Widerstand, deutscher 272, **300–302,** 310
Wiederbewaffnung (Bundesrepublik Deutschland) 313, 335 f., 350, *350;* → Bundeswehr
Wiedervereinigung, deutsche 407, 423, 441, **455 f.**, 486
Wien 17, 32, 46, 51, 65, 85, 97, 123, 128, 142, 150, 155, 161 f., 172, 179, 188 f., *188,* 264, 273, 324, *343,* 411, 417, 425, 437, 446
- Frieden 88
Wiener Kongress 15, 17, 32, 45, **53–55,** *54 f.,* 60, 64 f., 76, 78 f., 117, 122, 124
Wirtschaft 16–18, 23, 25, 28, 31, 34, 46, 49 f., 59, 63, 66, 68, 72, 78, 80, 91 f., 96, 101, **102–104,** 107–110, 112, 114, 116, 118 f., 121 f., 124, 126, 128, 130 f., 136, 138, 140 f., 143, 145, 147, 151, 163, 158–161, 165, 168, 170 f., 175, 182 f., 186, 190 f., 194, 199, 201, 203, 205 f., 208 f., 213 f., **216 f.**, 218, 220, 223, **227 f.**, *227,* **229 f.**, 231–233, 235 f., *236,* **239–241,** 244–246, 249, 252–257, 259–261, 263 f., 275, 277,

280, 282–284, 286 f., 289, 292, 294, 296–298, 301, 309, 316–327, 330, 332 f., 335–337, 339 f., 344 f., 347, 350–353, 356–363, 365–366, **367 f.**, 369–373, 375–377, 379 f., 383, 385 f., 388, 390, 397 f., 403, 412 f., 415 f., 420, 423, 427, 429, 431–434, **435 f.**, *436*, 440 f., 443–445, 448 f., **451**, 452–454, 456–458, 461, **462**, 463 f., 466–474, **475 f.**, 479, 481, 485 f.
Wissenschaft 26, 29, 41, 100, 101, **104 f.**, 110–112, 142 f., 149, 154, 185, 199, 251, 259, **302 f.**, 340, **404 f.**, 416, 427
Wohlfahrtsausschuss (Frankreich) 41 f.

WTO → Welthandelsorganisation
Württemberg 48, 96, *126*, 159; → Baden-Württemberg

X

Xhosa 57

Y

Yorktown, Sieg 23
Youngplan 211, **232–234**, *233*

Z

Zaire → Kongo
Zensur 45, 65, 74, 232
Zensuswahlrecht 36, 43, 75
Zentralismus 19, 23, 25, 43, 45, 62, 73, 81, 116, 176, 223, 244 f., 259, 273 f., 287, 327, 335, 459 f.

Zentrumspartei 104, 124, 126, 205, 214, 217, 255, 257, 334, 335
Zionismus **155 f.**, 184, 197 f., 220, **330–332**, 419
Zölle 19, 23, 77, 95 f., 98, 103 f., 128, 130, 153, 164, 216, 233, 239, 278, 345, 362, 366–368, 390, 475; → Deutscher Zollverein
Zwangsarbeit 288, **289 f.**, *290*, 291–293, 298 f., 308 f., 319
Zwangskollektivierung 244, **245 f.**, 352
Zwanzigster Juli 301
Zwei-plus-Vier-Vertrag 311, 456
Zypern 131, 134, 224, 280, 414, 441, 458, 473

BILDQUELLEN

aisa, Archivo iconográfico, Barcelona *27, 32, 47, 54, 59, 79, 129, 241, 251, 262 f., 300, 333, 335*
akg-images, Berlin *20, 22, 27, 35, 41–43, 58, 69, 71, 87, 93, 95, 103, 111, 119, 123, 136 f., 158, 163 f., 168, 171 f., 177, 182, 188, 198, 224, 227, 234, 244, 249, 258, 275 f., 279 f., 287 f., 304–306, 343, 349, 436*
Archiv der sozialen Demokratie der Friedrich-Ebert-Stiftung, Bonn *203*
Artothek, J. Hinrichs, Weilheim *51*
Bertelsmann Chronik Verlag, Gütersloh *277, 296*
Bettmann/Corbis, Düsseldorf *237*
Bibliographisches Institut & F. A. Brockhaus, Mannheim *18 f., 24, 27, 33, 40, 44, 50, 52, 55, 81, 86, 88, 90, 106–108, 115, 120, 125 f., 130, 132, 144, 148, 156, 161, 167, 180–182, 190, 195, 201, 206, 214, 217, 223, 232, 292, 294, 318, 320, 323, 326, 330, 338, 371, 375, 381, 391, 400, 447, 472, 474, 476*
Bibliothèque Nationale de France, Paris *29, 82*
Bildarchiv Preußischer Kulturbesitz, Berlin *31, 101, 105, 117, 151, 153, 175, 179, 205, 221 f., 225, 228, 247, 281, 307*
A. Burkatovski, Rheinböllen *230, 245*
J.-L. Charmet, Paris *157, 240, 321*
Corbis, London und Düsseldorf *121, 477*
DAS FOTOARCHIV, Essen *392*
Deutsches Historisches Museum, Berlin *89, 110, 143, 256, 289 f., 346*
C. Elsler, Historisches Farbarchiv, Norderney *129*
Gamma, Studio X, Limours *302, 361*
Bildarchiv Hansmann, München *208*
Image Source, Köln *457*
State of Israel, Government Press Office, Jerusalem *466*
Klingwalls Geografiska Färgfotos, Sala, Schweden *147*
Library of Congress, Washington D. C. *83, 254*
LOOK/C. Heeb, München *397*
Nobelstiftelsen, The Nobel Foundation, Stockholm *278*
picture-alliance/akg-images, Frankfurt am Main *21, 25, 27, 36, 38, 66, 73, 75, 85, 113, 122, 145, 149, 152, 166, 176, 189, 193, 196 f., 200, 202, 204, 216, 226, 235, 242, 259, 264, 266, 283 f., 291, 293, 298 f., 314 f., 328, 334, 339, 341, 348, 358, 362, 369, 378, 383, 416, 427*
picture-alliance/dpa, Frankfurt am Main *155, 243, 273, 295, 316, 325, 331, 334, 340, 342, 345, 351, 366, 371, 374, 377, 379, 382, 384, 389, 391, 395 f., 399, 403 f., 406 f., 410 f., 413 f., 418 f., 421 f., 424 f., 428, 430, 432, 434 f., 437, 444–446, 450, 452, 454 f., 459–461, 464 f., 468, 470, 475, 478–480, 482–484*
thepicturedesk, London *77*
Agenzia Fotografica L. Ricciarini, Mailand *322*
Süddeutscher Verlag Bilderdienst, München *91, 233, 238, 248, 301, 393*
ullstein bild, Berlin *133, 174, 215, 218 f., 231, 236, 252, 286, 350, 353, 359, 364, 368, 373, 401, 415, 423, 429, 436, 443, 463*
ullstein bild/Archiv Gerstenberg, Berlin *65, 192, 268*
U. S. Information Service, Bonn *372*
Reproduktionsgenehmigungen für Abbildungen künstlerischer Werke von Mitgliedern und Wahrnehmungsberechtigten wurden erteilt durch die Verwertungsgesellschaft BILD-KUNST/Bonn.